Hamburger Wortschatz

kūmm rop
ūn
snack di ūt

Peter Schmachthagen

Hamburger Wortschatz

Schnacks und Begriffe aus Stadt und Land

MIT DER HEIMAT IM HERZEN • DIE WELT UMFASSEN

Der Autor wurde 1941 in Bad Oldesloe geboren und wuchs kriegsbedingt auf dem Lande in plattdeutscher Umgebung zwischen Großeltern, Tanten, Kusinen und ausgebombten Hamburgern auf. Der Vater war im Felde, und die Mutter musste sich um zwei Buchhandlungen in Stormarn und Altona kümmern. Nach dem Studium der Germanistik und Geschichte war er erst Chefredakteur einer Zeitung in Schleswig-Holstein und anschließend bis zur Pensionierung im Jahre 2006 Chef vom Dienst des Hamburger Abendblatts. Peter Schmachthagen ist auch bekannt für seine beliebte Sprachkolumne „Deutschstunde" im Hamburger Abendblatt.

Liebe Leserinnen, liebe Leser,

der Erfolg hält an, das Interesse ist ungebrochen. Seit dem 2. Dezember 2008 erscheint die Rubrik „Sprechen Sie Hamburgisch?“ täglich im Hamburger Abendblatt. Sie wird erwartet und geliebt nicht nur von den Älteren, die sich bei vielen Stichwörtern an ihre Kindheit erinnert fühlen, sondern auch von den Jüngeren, die in ihrer digitalen Welt des Internets mit Erstaunen zur Kenntnis nehmen, wie Eltern und Großeltern gelebt, gesprochen, gefeiert und gelitten haben. Dieses Buch ist mehr als ein Wörterbuch. Es soll eine Botschaft aus dem alten Hamburg sein.

Doch halt! Zwar steht die Hansestadt an Elbe und Alster im Mittelpunkt, aber wir greifen weit über die Grenzen der Stadt hinaus, zumal das Hamburger Staatsgebiet erst 193 seine heutige Ausdehnung erreicht hat. Bis dahin gehörten zum Beispiel Bramfeld, Altona, Wandsbek oder Harburg zu Preußen[1]. Das alte Hamburg hatte nicht nur einen Hafen, Werften, Kaufleute, Speicher, Handwerker, Gängeviertel und die Elbinseln mit Kuttern und Fischern, sondern umfasste auch die → *Walddörfer* von Farmsen-Berne bis Schmalenbeck sowie die → *Vierlande* mit bäuerlichem Leben und Landwirtschaft. Deshalb ist zu hoffen, dass auch die Leser im Umland, wenn nicht gar in der gesamten Metropolregion, dieses Werk als ein Heimatbuch betrachten werden.

Der Autor hatte die schöne Aufgabe, die rund 20 000 Einsendungen und Vorschläge der Abendblatt-Leser zu ordnen, zu redigieren, neu zu fassen und zu erweitern. Daraus sind die beiden Bestseller „Sprechen Sie Hamburgisch?“ entstanden. Inzwischen ist das Manuskript um mehr als die Hälfte angewachsen. Statt nun einen dritten Band herauszugeben und den Lesern zuzumuten, den Querverweisen über drei Bücher zu folgen, haben wir das Neue und das Alte in diesem Großband zusammengefasst. Er ist so umfangreich geworden, dass wir es wagen, ihn „Hamburger Wortschatz“ zu nennen. Selbst wenn Sie die beiden ersten Bände besitzen oder kennen, werden Sie so viel bisher Unbekanntes entdecken, dass auch dieses Werk Sie begleiten sollte und Sie hoffentlich erfreuen wird. Vielleicht eignet es sich ja auch als Geschenk für Verwandte, Freunde oder als Gruß aus der Heimat an → *Butenhamborger* in aller Welt.

Peter M. Schmachthagen

Hamburg, im Herbst 2014

E-Mail-Adresse:
briefe@abendblatt.de (Betreff: Hamburgisch)

1 siehe S. 20 f.: Als Hamburg größer wurde.

Blick in die Welt
Coca-Cola

Inhalt

Einleitung

Der Wortschatz

Anhang

Ein Wortschatz nicht nur für Hamburger

Es geht nicht darum, heute in Hamburg oder Umgebung Hamburgisch zu lernen oder hamburgisch zu reden. In Hamburg wird, wenn überhaupt, jetzt hochdeutsch gesprochen. Es geht um die Erinnerungen an die Zeit, als Großmutter *'n lütt Deern weer,* an die Begriffe und Redensarten, die wir als Kind gehört und danach wieder vergessen haben und die nun bis auf einige Reste aus der Umgangssprache verschwunden sind. Die Älteren sehen das alte Hamburg vor sich, aber auch die Jüngeren werden neugierig und fragen, wie es früher war.

Muttersprache Plattdeutsch

Die meisten Begriffe fußen auf dem Plattdeutschen oder sind als Redensart reines Platt. Die Muttersprache der Hamburger war bis in die erste Hälfte des 20. Jahrhunderts das Plattdeutsche. Zwar gibt es viele regionale und chronologische Abstufungen zwischen dem Niederdeutschen und dem sauberen Hochdeutsch. Doch auch die Mischung der verschiedenen Sprachebenen, das Hamburger → *Missingsch,* setzt das Plattdeutsche als Grundlage voraus. Der Ausdruck „Missingsch" bezeichnet keinen Mischdialekt aus Hoch- und Niederdeutsch, sondern vielmehr den missglückten Versuch eines Plattdeutschen, hochdeutsch zu sprechen. Da heute auf der Straße nicht mehr plattdeutsch gesprochen wird, ist auch das richtige Missingsch ausgestorben.

Über die DNA unserer Sprache

Bestimmte Sprachgruppen haben eine entsprechende Erbanlage, quasi eine DNA, die ihre Verwandtschaft untereinander belegt. Verfolgen wir das Deutsche bis tief in die Vergangenheit, so treffen wir zwar nicht auf Adam und Eva, aber auf ein Steppenvolk nördlich und nordöstlich des Schwarzen Meeres. Im Laufe der Jahrhunderte zogen verschiedene Stämme bis nach Indien, Persien, ans Mittelmeer und breiteten sich über ganz Europa aus. Die Sprachen der jeweiligen Völker entwickelten sich fort, lassen sich aber unter Beachtung der lautlichen und grammatischen Gesetzmäßigkeiten auf eine Ursprache zurückführen. Diese europäische Ursprache nennen wir nach den am weitesten im Osten (Inder) und im Westen (Germanen) siedelnden Völkern das *Indogermanische*. Da der Begriff „Germanen" nach dem Zweiten Weltkrieg ein wenig in Verruf geraten war, wird seitdem häufig der Name *Indoeuropäisch* verwendet. Beide Ausdrücke bedeuten dasselbe.

Es gibt keine schriftliche Überlieferung des Indogermanischen, nur etymologische Rückschlüsse auf gewisse Urwörter unserer Sprachen. Das ursprüngliche Siedlungsgebiet der Germanen war Südskandinavien, Dänemark und Norddeutschland zwischen Elbe und Oder, das sich, weil sich das Klima damals verschlechterte, wegen der dadurch erzwungenen Wanderung der Völker immer mehr nach Süden ausbreitete.

Das Urgermanische unterschied sich vor allem durch die erste, die „germanische“ *Lautverschiebung* vom Indogermanischen. Durch eine zweite, die „hochdeutsche“ Lautverschiebung wurde das Sprachgebiet der alten germanischen Stammessprachen in einen südlichen und einen nördlichen Bereich geteilt. Sie trennten die hochdeutschen von den westgermanischen und altsächsischen Sprachen, die die zweite Lautverschiebung nicht mitmachten, also nicht hochdeutsch wurden. Dazu gehört auch das Niederdeutsche, das den Eigennamen *Plattdeutsch* trägt und das noch bis in das letzte Jahrhundert hinein die Muttersprache in Hamburg und um Hamburg herum war[2].

Das Hochdeutsche kam mit der Reformation als Fremdsprache in den Norden und nach Hamburg, vor allem durch Luthers Bibelübersetzung.

Nördlich der *Benrather Linie* gibt es viele Dialektareale (→ Karte S. 14), und selbst auf Hamburger Gebiet muss man zwischen Finkenwerder und den Walddörfern sowie zwischen Blankenese und den Vierlanden differenzieren.

Kein einheitliches Hamburger Platt

Hamburg mag viele typische Eigenschaften haben, ein typisches Platt hat es nicht! Diese Aussage aus berufenem Mund stammt von den Germanistik-Professoren Dieter Möhn und Jürgen Meier. Hamburg ist uneinheitlich gewachsen und zusammengefügt worden, sodass ein Ausgleich der auf Hamburger Gebiet gesprochenen Mundarten nicht stattgefunden hat. Die Professoren 1979: „Die Unterschiede in den Mundarten beschränken sich nicht nur darauf, dass identische Wörter in den einzelnen Regionen Hamburgs unterschiedlich ausgesprochen werden (z. B. *ik weer – weur – wüür, wi söllt – schöllt, Deern – Diern, Bett – Bitt, von – van – vun, soss – söss* usw.), vielmehr ist auch der Wortschatz teilweise verschieden.“[3]

Das → *Ohnsorg-Theater* und NDR 90,3 benutzen deshalb eine sprachliche Ausgleichsform, der die Mundarten Holsteins, Nordniedersachsens, Bremens, Hamburgs und Teilen Mecklenburgs zugrunde liegen. Wer ausführlicher ins Plattdeutsche hineinhorchen möchte, dem sei der kleine „Sprachführer Plattdüütsch“ von Hartmut Cyriacks und Peter Nissen empfohlen[4].

Sass'sche Regeln

Die Hamburger Abendblatt und die → *„Quickborn“*-Redaktion lassen jedem Schreiber seine eigene Schreibweise für seine Plattdeutsch-Beiträge. Unsere Hamburgisch-Bücher müssen allerdings eine gewisse Einheitlichkeit aufweisen. Abgesehen von historischen Zitaten wie denen von → *Michael Richey*, in denen bewusst die Patina früherer Jahre durchschimmern soll, haben wir uns nach Möglichkeit nach den Sass'schen Regeln der Fehrs-Gilde gerichtet. Teilweise sind Aussprachehinweise

2 nach Peter Schmachthagen: Über die DNA der europäischen Sprachen. HA 26.11.2013 S. 2

3 HA 4.4.1979 S. 11

4 bibliografische Angaben zu allen Titeln im Literaturverzeichnis S. 568 ff.

Die Sprachgrenze zwischen den hochdeutschen Dialekten im Süden und den niederdeutschen im Norden verläuft in West-Ost-Richtung ungefähr am Rande der Mittelgebirge und wird festgemacht an der Isoglosse[5] *maken–machen, also nördlich der gedachten Linie maken, südlich machen. Nach dem Schnittpunkt mit dem Rhein in Benrath wird sie Benrather Linie genannt.*

eingefügt. Wer trotzdem meint, bei den Nachbarn seiner Großeltern habe es *gohn* statt *gahn* und *seut* statt *sööt* geheißen, mit dem werden wir keinen Disput anfangen. In diesem Buch werden die Wörter geschrieben, nicht gesprochen – was ein erheblicher Unterschied sein kann.

Es ist nämlich nicht so, dass die Niederdeutschen unter sich ein einig Volk von plattdeutschen Brüdern und Schwestern sind – ganz im Gegenteil. Die Gerichte wurden bereits mehrfach mit der Frage befasst, ob ein Verb mit *a* oder *o* zu schreiben sei.

Trotz der Fülle gibt es Lücken

Die Auswahl der Stichwörter musste trotz der Fülle des Materials unvollständig bleiben, wenn auch die ganz typischen Ausdrücke, die mit Hamburg und dem Norden verknüpft sind, nicht fehlen durften. Der eine oder andere wird gerade das Wort vermissen, das er für unverzichtbar hält. Wir erlebten es beim Schreiben und Recherchieren: Jeder Begriff hat viele Kinder und Verwandte und zieht zahlreiche andere Ausdrücke nach sich. Die Sprache unserer Eltern und Großeltern war überaus reichhaltig, anschaulich und häufig sehr direkt.

Wie gesagt, das bedeutet nicht, dass alle Begriffe ausschließlich in Hamburg zu hören waren, sondern dass sie *auch* in Hamburg und vielleicht häufiger in Hamburg als anderswo gebraucht worden sind. Es bringt wenig, jetzt auf alle Orte und Ortsteile hinzuweisen in denen die Nachbarin ein Wort aus dem *Wortschatz* ebenfalls gekannt hat. Wir müssen als Verbreitungsgebiet die Hamburger Metropolregion annehmen, in Einzelfällen sogar den gesamten niederdeutschen Norden.

5 Linie auf Sprachkarten, die Gebiete gleichen Wortgebrauchs begrenzt

Nicht nur in Hamburg wurde gefeudelt

Wenn wir uns auf das hätten beschränken müssen, was zwischen Hafen und Barmbek gesprochen worden ist, und zwar nur und ausschließlich dort, wäre es ein dünnes Buch geworden. Was norddeutsch ist, ist für Hamburger Leser einer Hamburger Regionalzeitung auch hamburgisch. Wir können den → *Leuwagen* oder den → *Feudel* nicht deshalb in einem Hamburger Wörterbuch weglassen, weil auch in Bremen, Lübeck oder gar in Ahrensburg oder Schulau gefeudelt worden ist.

Obwohl im Vordergrund dieser Veröffentlichung die hamburgische und norddeutsche Mundart stehen soll, haben wir verstärkt Hamburger Geschichte und Geschichten, Bräuche, Personen, Aberglaube und Einrichtungen aufgenommen. → *Stintfang,* → *Lombardsbrücke,* → *Hagenbeck,* → *Planten un Blomen* oder der → *Conventgarten,* um nur einige zu nennen, sind nicht nur Namen, sondern → *Hamburgensien.*

Stadt und Land

Die übervölkerten Bereiche der → *Alt-* und → *Neustadt* sowie die bürgerlichen und herrschaftlichen Haushalte mussten versorgt werden, mit Fisch aus Finkenwerder, Obst aus dem → *Alten Land,* Gemüse aus den Vierlanden, Torf aus Harksheide, bäuerlichen Produkten aus den → *Wald-* und → *Rümerdörfern* bis hin zu Spezialitäten wie → *Mööschenkränze,* → *Bickbeeren* und sogar → *Grashüpfer* und Vogelnester (vgl. → *Ausruf*) als „Spielzeug“. Täglich strömte eine Vielzahl von → *Hamborgföhrern*, Bauerweibern, → *Hökern*, Händlern, Hausierern und Dörflern in die Stadt und belebte die Märkte und Gassen, sodass sich, auch in Sprache und Dialekt, ein permanenter Kontakt und Austausch mit der Landbevölkerung ergab.

Die Mittel- und Oberschicht aus Harvestehude oder → *Uhlenhorst* mit ihren Landsitzen und Villen in den Elbvororten hatte einen großen Bedarf an Dienstpersonal. Junge Mädchen, aber auch junge Männer aus Holstein, Stormarn, Lauenburg und vor allem aus Mecklenburg (vgl. → *Mekelnborch*) gingen, kaum den einklassigen Dorfschulen entronnen, nach Hamburg in → *Stellung* als Dienstmädchen oder → *Kööksch.* Häufig heirateten sie hier einen Handwerker oder Arbeiter, oder sie kehrten später, hamburgisch beeinflusst, in ihre Dörfer zurück.

Ut dat Land Eien

Die Zuwanderung erfolgte damals nicht aus fremden Sprach- und Kulturräumen, nicht aus anderen Ländern und Erdteilen, sondern aus der plattdeutschen Nachbarschaft. Zum Beweis der Integration war kein Einbürgerungs- und Sprachtest erforderlich. Das Hamburgische formte die Zugezogenen, die → *Quiddjes,* und die Neubürger formten ein wenig das Hamburgische, ohne es im Wesentlichen zu verändern. Hamburg war kein Schmelztiegel der Kulturen, sondern eine niederdeutsche Metropole.

Nach der Aufhebung der Leibeigenschaft in Mecklenburg erbte nur der älteste Sohn die Kleinbauernstelle, die häufig zahlreichen Geschwister, die der Hof nicht mehr ernähren konnte, wanderten aus oder ab, zu Tausenden nach Hamburg und vor allem nach Hammerbrook. Hamburg wurde vor dem Ersten Weltkrieg die „Hauptstadt Mecklenburgs“ genannt. Während in Berlin das Niederdeutsche überlagert wurde durch unterschiedliche Mundarten heterogener Zuwanderer-Gruppen, nicht nur aus Sachsen und Schlesien, sodass kein Dialekt, sondern die seltene Form eines *Metrolekts*[6], einer isolierten Großstadtsprache, entstand, blieben in Hamburg die Plattdeutschen im Wesentlichen unter sich. Die zugewanderten Mecklenburger wurden zwar an der Aussprache des Diphthongs[7] *ei* [wie *ai*] erkannt und deshalb scherzhaft *de ut dat Land Eien* genannt, aber auch sie sprachen ein Platt, das sich kaum vom Hamburger Platt unterschied.

Alltagssprache Plattdeutsch

Die ursprüngliche Sprache Hamburgs ist also nicht Hochdeutsch, sondern Niederdeutsch. Und damit sind wir bei einem wesentlichen Punkt: Die Alltagssprache war noch in der Zeit, die wir betrachten (als Großmutter noch *'n lütt Deern weer*) und erst recht in der Zeit, auf die wir weiter zurückblicken, das Plattdeutsche. Ein Gegensatz zwischen Hamburgisch und Plattdeutsch darf nicht gezogen werden.

Plattdeutsch blieb bis in die Neuzeit auch offizielle Amtssprache Hamburgs (neben Latein) und die Sprache des Senats. Noch 1844 wurde der Bürgereid in niederdeutscher Sprache abgelegt. Hochdeutsch war die Sprache der Lutherbibel, des Kleinen Katechismus, des Gottesdienstes und auch der Schule, um Lesen und Schreiben zu lehren. Pastoren, Lehrer und Väter lasen aus Bibel und Katechismus, damals häufig die einzigen Bücher des Haushalts, auf Hochdeutsch vor. Da es sich beim niederdeutschen Gebiet nördlich der Mittelgebirge seit der Reformation (nach 1517) um eine weitgehend evangelische Region handelte, war das lutherische Neuhochdeutsch im Norden eine Art Fremdsprache. Deshalb bildeten sich hier im Gegensatz zum hochdeutschen Süden auch keine neuhochdeutschen Dialekte aus.

Plat, nicht platt

Der Name *Plattdeutsch* für das Niederdeutsche kommt aus den Niederlanden. 1524 erschien in Delft ein Neues Testament, verfasst in *goede platten duytsche,* also in guter klarer Volkssprache – nicht in den Gelehrtensprachen Griechisch und Latein. Die gute klare Volkssprache war das Plattdeutsche.

Obwohl das Plattdeutsche in der Norddeutschen Tiefebene und seinerzeit in dem noch tiefer gelegenen Holland gesprochen wurde, kommt der Name nicht vom „platten, flachen Land“, sondern vom ndl. Adjektiv *plat* für „klar, deutlich, jedermann verständlich“. Jedermann verständlich war Platt.

De snackt so gediegen

Es gab Kinder, die bis zur Einschulung kaum Hochdeutsch verstanden. In einem Brief wird geschildert, wie eine Sechsjährige nach dem ersten Schultag, von der „fremdsprachlichen“ Umgebung verschreckt, heulend nach Hause zurückkam: *„Dor gah ik nich wedder hen, de snackt so gediegen!“*

Die sozialen Prozesse des 19. und 20. Jahrhunderts, die Entwicklung zur modernen Gesellschaft, die Demokratisierung der Bildung, die Zugänglichkeit der Medien und die Bürokratisierung des Lebens drängten das Plattdeutsche im Alltag immer mehr zurück, im 20. Jahrhundert auch in den Hamburger Familien. Hinzu kam ein massiver, für die Betroffenen natürlich unfreiwilliger Zustrom

6 In großstädtischen Zentren aus unterschiedlichen Mundarten entstandene Stadtsprache.

7 Doppelvokal

nach 1945 von Flüchtlingen und Vertriebenen aus anderen Dialekträumen und danach im Zuge des Wirtschaftswunders von Menschen aus fremden Ländern, die kaum Deutsch, auf jeden Fall aber kein Plattdeutsch sprachen. Das mehr oder weniger gut beherrschte Hochdeutsch wurde Gemeinschaftssprache. Plattdeutsch hat sich zu einer Zweitsprache gewandelt, die man lernen kann, aber nicht lernen muss – frei nach dem Motto: *Hochdüütsch kann jeden Döösbartel snacken, Platt is för de Plietschen!*[8]

Hamburger Regiolekt: Missingsch

Wenn Hamburger mit plattdeutscher Muttersprache versuchten, im Alltag hochdeutsch zu sprechen, weil sie es wollten oder mussten, kam meistens ein Mischmasch aus Hochdeutsch und Plattdeutsch heraus. Diesen typisch Hamburger Regionaldialekt (*Regiolekt*) nannte man *Missingsch*. Zwar wurde auch in anderen Städten wie z. B. in Kiel, Bremen, Bielefeld und früher sogar in Danzig Missingsch gesprochen, nur wurde es dort nicht unbedingt so genannt. Die Bezeichnung „Missingsch" kommt von *Meißnerisch,* der Meißner Kanzleisprache, aus der das Neuhochdeutsche hervorgegangen ist.

Die Grammatik und der Satzbau sind beim Hamburger Missingsch vorwiegend niederdeutsch, das Vokabular ist eine Mischung aus Standardhochdeutsch und niederdeutschen Ausdrücken mit ins vermeintlich Hochdeutsche gezwungenen plattdeutschen Wörtern und Redensarten. Der Plattdeutsche krabbelt die Leiter zum Hochdeutschen empor und stolpert alle Naslang wieder in sein geliebtes Platt zurück[9] – das Ganze kräftig gewürzt mit Hamburger Akzent und Betonung. Stets lag dabei ein *s-pitzer S-tein* im Weg, den Frau Pumeier überbetont vornehm und akzentuiert schon mal als *Sch-tein* bezeichnete. Denn ursprünglich kannte das Hamburgische kein anlautendes *sch* vor Konsonanten, sondern hatte dort ein scharfes *s* (vgl. → *Slackermaschü,* → *sludern,* → *snopen*).

Hafenplatt

Seeleute aus aller Welt brachten Ausdrücke von weit her in den Hamburger Hafen. Vor allem kennt die *Seemannssprache* viele Entlehnungen aus dem Niederländischen (→ *Buscherump,* → *Duckdalben*) und dem Englischen (→ *Kaffeteng,* → *Bagalut,* → *Geng*). Das *Hafenplatt* der → *Schauerleute,* Werftarbeiter, Schiffer und Matrosen schmeckte ein wenig nach weiter Welt. Die → *Schietgengs* hatten zu Zeiten der Dampfschifffahrt eine interne Geheimsprache, die → *Ketelklopper-Sprache,* die mit ihren puzzleartigen Konsonantenverschiebungen samt angehängtem *i* wohl weniger formbildend für ganz Hamburg denn eine Abschirmung gegen andere Gruppen und Schichten war, um Außenstehende auszuschließen[10]. Wenn Kinder sie spaßeshalber lernten, verwirrten sie damit höchstens die Eltern am Abendbrottisch: *ibgi irmi ittebi almi idi utterb i*[11].

Nachtjargon

Der Abschirmung gegen Außenstehende diente ferner der Hamburger → *Nachtjargon,* die auch

8 Hochdeutsch kann jeder Dummkopf sprechen, Platt ist etwas für die Schlauen!

9 lt. Kurt Tucholsky

10 Christoph Rind: Hamburgs Geheimsprache. HA 12.2.2002 Wissen S. 1

11 Gib mir bitte mal die Butter.

IDIOTICON
HAMBVRGENSE
oder
Wörter-Buch,
Zur Erklärung
der eigenen,
in und üm Hamburg gebräuchlichen,
Nieder-Sächsischen
Mund-Art.
Jetzo vielfältig vermehret,
und mit
Anmerckungen und Zusätzen
Zweener berühmten Männer,
nebst einem Vierfachen Anhange,
ausgefertiget
von
Michael Richey, P.P.

Das erste Hamburger Mundartwörterbuch stammt aus dem Jahre 1743, erweitert 1755: das Idioticon Hamburgense von Michael Richey.

als *Luden-Abc* bezeichnete interne Sprache auf dem → *Kiez* von St. Pauli. Die Akteure des mehr oder weniger horizontalen Vergnügungsgewerbes, die Zuhälter, Prostituierten, Türsteher, → *Koberer* (Animateure), Barbesitzer, Kellner und Zocker verstanden sie, die Freier hingegen sollten sie nicht verstehen. Teilweise handelte es sich um Verfremdungen scheinbar alltäglicher Wörter[12], wenn ein → *Lude* sein Mädchen mit Blick auf einen Kunden verschlüsselt anwies, das Doppelte zu verlangen.

Der Nachtjargon war im Wesentlichen fixiert auf den Stadtteil, in dem das Nachtleben stattfand. Natürlich ließ es sich nicht vermeiden, dass das eine oder andere Wort das Millerntor passierte. Jürgen Roland (1925–2007) gab uns 1964 in seinem Film „Polizeirevier Davidswache“[13] einen Einblick in das Milieu und den Jargon des Hamburger Rotlichtviertels. In jener Zeit begann allerdings bereits der Untergang der Kiezsprache. In den Achtziger- und Neunzigerjahren des vergangenen Jahrhundert wurden die deutschen „Rotlichtkönige“ durch anderssprachige Gruppen verdrängt. Mit den Russen, Türken und Albanern änderte sich der Umgang und vor allem die Umgangssprache.

Rotwelsch

Der Sammelbegriff für die Geheimsprache gesellschaftlicher Randgruppen wird als → *Rotwelsch* bezeichnet oder schlicht als „Gaunersprache“ bzw. „Bettlerlatein“. *Rot* hieß im späten Mittelalter der lügend und betrügend umherziehende

12 sog. Neosemantisierung

13 Im Filmtitel schreibt sich die Davidwache fälschlicherweise mit Fugen-s.

Berufsbettler, Possenreißer und Gaukler, eben das gesamte fahrende Volk, als *welsch* galten die romanischen Sprachen, und weil man sie nicht verstand, war eine welsche Redeweise gleich einer unverständlichen Redeweise[14] (vgl. *Kauderwelsch*[15]).

Rotwelsch ist im Laufe der Jahrhunderte keineswegs geheim geblieben. Viele Begriffe gingen in die Alltagssprache ein, auch in Hamburg wie → *Kaff*, → *Kien*, → *Monarch*, → *Schlawiner* oder → *Schmu*. Viele Leser kannten sie und erinnerten sich, sodass wir sie nicht aus unserer Sammlung verbannen wollen, nur weil ihr Ursprung nicht direkt zur Alsterquelle weist.

Schimpfwörter

Geschimpft wird überall. Das entspannt die Seele und reinigt die Atmosphäre – oder beschäftigt den Amtsrichter und ernährt den Advokaten. Ob in Hamburg mehr geschimpft wird als anderswo, wage ich nicht zu entscheiden. Es fällt jedoch auf, dass es Reinhard Goltz (geb. 1953 auf Finkenwerder) gelang, auf den 160 Seiten seines „Schimpfwörterbuchs“ mehr als 2000 Hamburger Schimpfwörter von → *Achterloder* bis *Zwickel*[16] zusammenzutragen[17].

Geschimpft wurde in Hamburg hauptsächlich auf Platt. Das klingt nicht so hart. Stellen Sie sich vor, Ihr Nachbar nebelt Sie auf Ihrer Terrasse gerade mit dem Qualm eines Kartoffelfeuers ein, und Sie nennen ihn laut durch die Siedlung einen *blöden Dummkopf*, dann springt bestimmt sogleich ein unterbeschäftigter Anwalt aus dem Busch. Murmeln Sie aber ein verächtliches → *Döösbartel*, dann wird er in sich gehen und das Feuer austreten.

Es verbietet sich auch, auf Hochdeutsch das Wort *Sch...kerl* zu benutzen, das wir an dieser Stelle nur mit drei Pünktchen wiederzugeben wagen. Sagen Sie aber stattdessen auf Platt → *Schietbüdel*, dann klingt das recht vertraulich. Einem kleinen Jungen gegenüber kann man *mien lütt Schietbüdel* sogar ein Kosename sein, der in seinem Zärtlichkeitsgehalt nur noch vom → *Büxenschieter* übertroffen wird.

14 Wolf: Wörterbuch des Rotwelschen S. 9
15 kaudern: hausieren, makeln
16 eitler Mann
17 Goltz: Von Blubberbüxen, Landhaien und Troonbüdels. Das Schimpfwörterbuch für Hamburger.

Als Hamburg größer wurde

Heute scheint es selbstverständlich zu sein: Hamburg, Stadt und Bundesland zugleich, erstreckt sich von Rissen bis Rahlstedt, von Wohldorf bis Marmstorf. Aber diese Ausdehnung umfasst auf der Zeitleiste der Geschichte nur eine kurze Spanne. Erst gut 75 Jahre ist es her, dass die Reichsregierung am 26. Januar 1937 das sogenannte → *Groß-Hamburg-Gesetz* erließ, das am 1. April in Kraft trat und bis zum 31. März 1938 vollzogen wurde.

Die Städte → *Altona* und Wandsbek aus der preußischen Provinz Schleswig-Holstein und Harburg-Wilhelmsburg aus der Provinz Hannover wurden Hamburg zugeschlagen, dazu 27 Gemeinden. Die Hamburger Verluste fielen dagegen kaum ins Gewicht: die Städte Geesthacht und Cuxhaven (mit den Gemeinden des Amtes Ritzebüttel und der Insel → *Neuwerk*) sowie die Stormarner Exklaven Groß Hansdorf und Schmalenbeck gingen an Preußen. Das Hamburger Stadtgebiet vergrößerte sich auf einen Schlag von 415 auf 745 Quadratkilometer, also um rund 80 Prozent. Die Bevölkerung wuchs von 1,19 Millionen auf 1,68 Millionen Einwohner (um rund 40 Prozent). Hamburg wurde direkt der Reichsregierung unterstellt und bewahrte damit in gewisser Weise seine „Reichsunmittelbarkeit". Machthaber an der Elbe war der „Reichsstatthalter" und NS-Gauleiter *Karl Kaufmann* (1900–1969). Hamburg verlor übrigens den Zusatz „Freie" und hieß als Einheitsgemeinde nur noch *Hansestadt Hamburg*.

Das, immerhin, wurde nach dem Krieg, als man daranging, nicht nur die Trümmer, sondern auch den braunen Müll wegzuräumen, wieder korrigiert: Seit 1952 heißt es wieder ebenso melodisch wie gewichtig *Freie und Hansestadt Hamburg*. Das Groß-Hamburg-Gesetz hingegen blieb in seinen territorialen Konsequenzen erhalten – obwohl es sich um ein Gesetz des „Dritten Reiches" handelte, wie bis heute ab und zu vorwurfsvoll angemerkt wird. Offenbar war es jenseits aller Propaganda der damaligen Machthaber in seinem Kern logisch und praktikabel. Es stellt sich ohnehin die Frage, ob länderübergreifende Gebietsveränderungen dieses Ausmaßes in einem demokratischen Staat mit Volksabstimmungen und Parlamentsbeschlüssen zu erreichen gewesen wären, denken wir nur an die gescheiterten Bemühungen zwischen Berlin und Brandenburg oder an das jahrelange vergebliche Rufen nach einem Nordstaat.

1768 winkte Hamburg mit dem Geldbeutel

Eine Möglichkeit scheidet angesichts der leeren Kassen des Finanzsenators heutzutage leider aus, die der Rat 1768 im *Gottorfer Vergleich* erfolgreich angewendet hatte: Hamburg winkte mit dem Geldbeutel, erließ der dänischen Krone die Rückzahlung gewährter Anleihen in Höhe von vier Millionen → *Bankomark* und erhielt dafür nicht nur die Elbinseln zurück, die es im 14. und 15. Jahrhundert schon einmal besessen hatte, sondern endlich auch die Anerkennung als Freie Reichsstadt, die Dänemark seit 1618 verweigert hatte.

Als Preußen 1866/67 die dänischen Provinzen Schleswig und Holstein im Norden und das Königreich Hannover im Süden annektierte, fand Hamburg sich, ursprünglich in aller Bescheidenheit hervorgegangen aus der bischöflichen → *Altstadt* und der gräflichen → *Neustadt,* als Insel im größten deutschen Flächenstaat, in Preußen, wieder. Preußen schien nicht abgeneigt, ganz Hamburg zu schlucken, stärkte zudem 1927 seine Städte → *Altona* und Wandsbek durch Eingemeindungen und vereinte Harburg und Wilhelmsburg zur Metropole an der Süderelbe. Durch die Aktivitäten der Nachbarstädte fühlte Hamburg sich eingeengt, die Nachbarn beklagten dagegen die größere wirtschaftliche Potenz der Hansestadt. Hamburg wehrte sich etwa gegen den Erfolg des Altonaer Fischereihafens, der nur wenige Schritte jenseits von St. Pauli lag, indem es einen eigenen Fischereihafen im fernen Cuxhaven baute. Einer der bekanntesten Männer aus der Hamburger Geschichte, *Max Brauer* (1887–1973), war bis 1933 übrigens gar kein Hamburger, sondern Oberbürgermeister von Altona.

Regionale Neuordnung mit Preußen

Es gab schon lange vor Hitlers Machtübernahme Bestrebungen, zu einer regionalen Neuordnung zu kommen, wobei die Bildung von Groß-Berlin (1920) als Beispiel dienen sollte. Preußen brach derartige Gespräche allerdings 1926 ab, weil Hamburg als Morgengabe nicht zuerst die preußischen Randgemeinden sanieren wollte. Immerhin kam es 1928 zu dem Vertrag über die Hamburg-Preußische Hafengemeinschaft, bei dem ein weiterer späterer Hamburger Bürgermeister auf der „falschen“ Seite verhandelte: der damalige preußische Regierungsrat *Herbert Weichmann* (1896–1983). In einer Diktatur bedarf es für eine Lösung, davor wird zu Recht gewarnt, nur eines „Federstrichs“, wie Hitler im Hamburger Fall gesagt haben soll. *Hermann Göring* (1893–1946), dessen zweite Frau Emmy Sonnemann aus Hamburg stammte, stattete dem „Mustergau Hamburg“ am 12. November 1936 einen privaten Besuch ab. Der besagte NS-Reichsstatthalter Karl Kaufmann nutzte die Gelegenheit, dem Gast, angeblich in weinseliger Stimmung, seine Klagen über die mangelnde Kooperationsbereitschaft preußischer Dienststellen im Umland vorzutragen. Göring, der neben unzähligen anderen Ämtern auch das des preußischen Ministerpräsidenten innehatte, erteilte Kaufmann daraufhin die Weisungsbefugnis gegenüber diesen preußischen Stellen.

Göring setzte auf die Hamburger Karte

Nun gibt es selbst in totalitären Strukturen keinen Beamten, der sich ohne Gegenwehr die Kompetenzen beschneiden ließe. Göring erhielt in Berlin prompt die Beschwerde seiner Dienststellen im Hamburger Umland mit dem süffisanten Hinweis, dann könne man sich ja gleich nach Hamburg eingemeinden lassen, was ein preußischer Ministerpräsidenten doch wohl nie zulassen werde. Wider Erwarten setzte Göring aber auf die Hamburger Karte. Dazu mag beigetragen haben, dass er Beauftragter für den *Vierjahresplan* war, der nichts anderes zum Ziel hatte, als die deutsche Wirtschaft autark, also unabhängig vom Ausland, und damit kriegstauglich zu machen. Eine wichtige Rolle spielte dabei die Werftindustrie, die im Hamburger Raum aber bis dahin auf drei Städte aufgesplittert war. Göring gewann Hitler für sein Vorhaben. Die Zustimmung eines Parlaments war nicht erforderlich: Die Reichsregierung erließ das Groß-Hamburg-Gesetz. Göring wurde Hamburger Ehrenbürger, 30 000 Parteigenossen, die SA mit Fackeln, marschierten beim Inkrafttreten am 1. April auf dem Adolf-Hitler-Platz *(Rathausmarkt)* auf, die NS-Prominenz grüßte vom Balkon, Gegenstimmen wurden nicht geduldet. Kritik, die sich vor allem südlich der Elbe regte, musste subtiler verpackt werden. An jenem Tag entstand der Harburger „Überlebensspruch“: „Von heute an sind alle Harburger Hamburger, aber glücklicherweise sind damit nicht alle Hamburger zu Harburgern geworden!“ [18]

18 nach Peter Schmachthagen: Als Hamburg größer wurde. HA 8.10.2002 Wissen S. 3

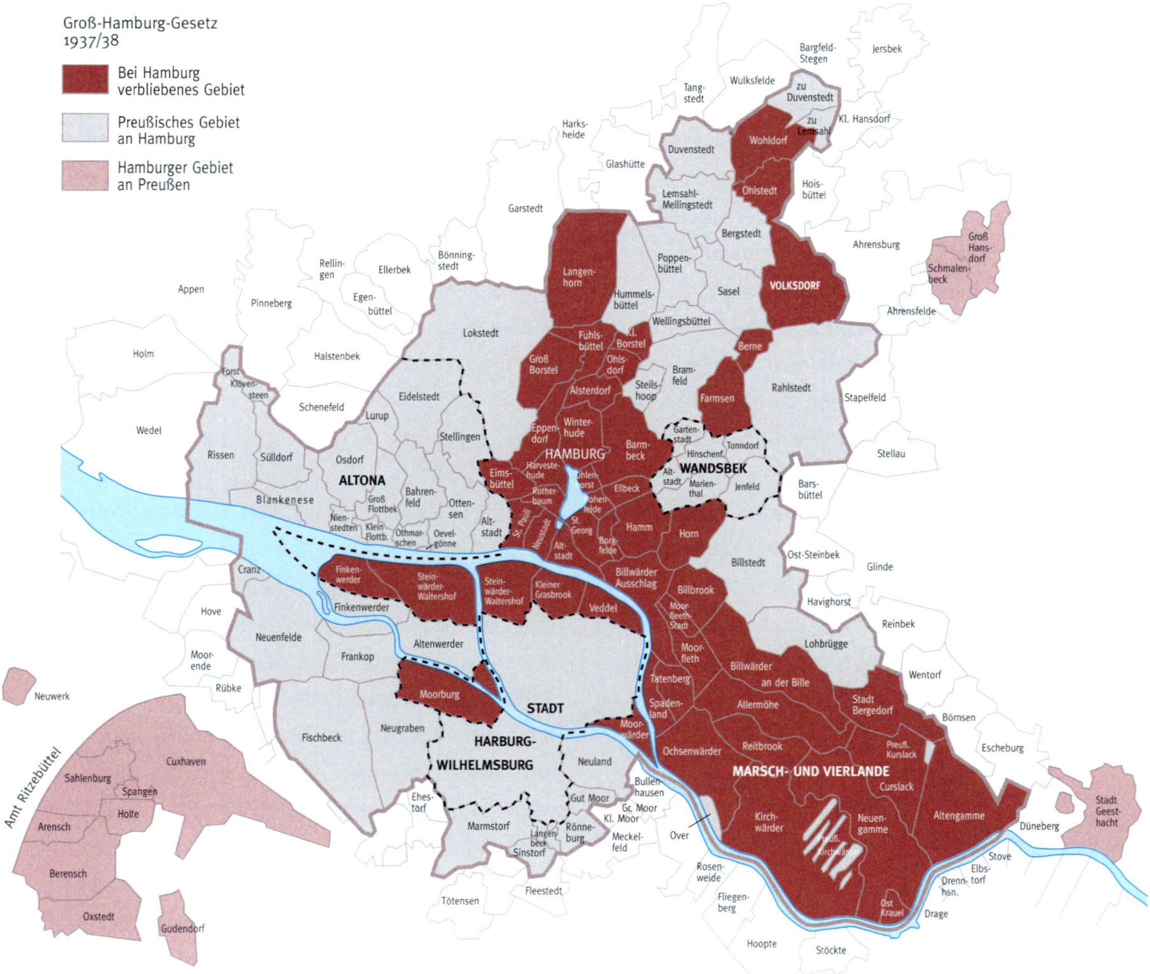

’n beten Platt vörweg

Keine Bange, keine Scheu – die Sprache dieses Buches ist Hochdeutsch! Aber die Stichwörter, Schnacks und Zitate, die erklärt werden, erscheinen zum großen Teil in Platt oder Missingsch. Sie brauchen kein Plattdeutsch zu sprechen, um den Inhalt dieses Bandes zu verstehen. Doch vielleicht wollen Sie zur Einstimmung einmal eine Geschichte in der Sprache lesen, die früher die Muttersprache in Hamburg und im Hamburger Umland gewesen ist – eine Geschichte aus der Zeit, in der nicht nur wir Älteren, sondern auch das Abendblatt noch jung an Jahren war.

Dat Abendblatt an ’n Wiehnachtsavend

Von Silke Frakstein

Dat weer al jümmers so. As Teenager wull ik geern ’ne Nietenbüx hebben. „Kümmt överhaupt nich infraag, wie sieht das aus – usw., usw.“ ’ne Gabardinehose mutt ik antrecken, hett veel Geld kost. Un wiel ik al jümmers mit Fohrrad ünnerwegens weer, weer ook de Büx ratz, fatz in Dutt un kaputt. Flicken rop (entsetzlich!). Also de Flicken vun binnen (gräsig!). Dat hett schüürt un zwickt un zwackt.

Aver! Ik harr mien egen Geld, jawoll, un heff mi en Nietenbüx köfft! Ik heff dat Hamburger Abendblatt utdragen. Dat eerste Stück Freeheit in mien Leven. Jungs un Deerns, all so üm de veerteihn oder föffteihn Johr oolt. Dat weer en Kichern un Rumalbern, so as hüüt.

Un ik in mien Nietenbüx. Hensetten gung nich un alleen antrecken ook nich. De weer passend mookt. Also: Büx antrecken – rin in de Balje mit heet Water – jümmers noch ’n lütt beten mehr heet Water. Bet ik keen Luft mehr kreeg – un denn harr se ’n „Schick“. So, un de Büx harr ik in de Zeitungsagentur „deponeert“. Brav mit de Gabardinebüx vun to Huus weg un brav mit de Gabardinebüx wedder na Huus. Bet ’ne Naversch klatscht hett.

Nu keem de Zeitung ja jedeen Dag to ’n anner Tiet. Dat weer gor nich na mien Mütz. Ik weer al as Teenager en ganz Korrekte. 75 Mol Hamburger Abendblatt jümmers to de sülvige Tiet dörch ’n Breefslitz in de Wahnung. Ahn Fohrstohl, versteiht sik, bet na ’n veerten Stock. Na veer Weeken hebbt de Lüüd al op mi töövt, un wehe, dat weer fief Minuten över de Tiet: „Na, du kommst heute aber spät!“ Tja, dat kümmt dorbi rut.

Wenn de Tasch leddig weer, weer ik kaputt, stolt un glücklich. Ik heff mi ruhig an ’n Schleemer Bach doolsett un nadacht. Dat geev dor op dat letzte Stück een Familie, dree Generationen ünner dat sülvige Dack. Oma un Opa legen in de achterste Stuuv in 't Bett. Opstahn wullen se nich mehr un güng wohrschienlich ook nich.

Se hebbt den ganzen Dag op mi töövt. Ik weer ehr Sünnschien, hett de Dochter mi vertellt. Wat hebbt de beiden sik freit, wenn ik in de Döör keem. Oma mit de langen griesen Hoor, keen Tähn mehr, de Fingers blass un dünn. Opa mit Boort, ook blass, ook ahn Tähn. De Hannen hebbt se mi strokelt un ünner dat Koppküssen en spitze Tüüt mit Bontjes rutholIt.

Twee Stück, jedeen Dag. Ik weer ja so 'n Leckertähn mit mien veerteihn Johr. Dat Problem bi düsse Bontjes weer: Dat hett in de Stuuv bestialisch na Urin stunken. Ik heff dat nich fardig kregen, de Dinger in 'n Mund to stecken. Wegsmieten? Ne, de hebbt mi so leef dorbi ankeken. Ik heff se sammelt un in en Doos packt.

Tja, un denn keem dat erste Wiehnachten. De Agenturchefin hett Order geven: „Ihr müsst am 24. überall klingeln und ein frohes Fest wünschen." I nee, heff ik dacht, dat süht na Betteln ut, mook ik nich. Weer ook nich nödig.

De hebbt op mi töövt, bi jedeen Döör. Ook dor, wo ik dat nie nich dacht harr. Wat hebbt de Lüüd mi allens schenkt! Un wo fein weer dat allens inpackt. De grote gröne Tasch vun 't Abendblatt weer vull mit Appeln, Nööt un Mandelkern, ja, so kunn man dat seggen. Un Geld bavento. Duppelt so veel as de faste Bedrag för een Maand vun de Agentur. Pünktlich weer ik bi de letzten Kunnen nich mehr. Ik kunn dat allens nich begriepen, so veel Lüüd hebbt an mich dacht. Mi weer ganz düselig in 'n Kopp. So veel Freud an 'n Wiehnachtsavend!

Dat hett lang duert, bet ik to Huus weer. Dörch de Snee (de geev dat dunntomalen noch) un de Küll, an den Schleemer Bach vörbi, bet hen na 'n Similiberg, so üm un bi teihn Kilometer.

Wat sünd dat doch schöne Erinnerungen. Vun dat „Moos" heff ik mi 'n Mantel köfft un mi an 'n Schleemer Bach sett. De Steerns hebbt plinkert, un mien Hart weer so vull vun Glück.

Silke Frakstein verkloort: En echt Hamborger Deern bün ik. De Börgerbreven vun Groot- un vun Urgrootvadder heff ik noch. To Welt komen bün ik in de Finkenau. Plattdüütsch heff ik mit mien Mudder snackt. Theoter heff ik ook speelt. Un as ik markt heff, mit dat Plattdüütsche geiht dat so 'n lütt beten bargdool, is dat mien Levensinhalt worrn. Nu mook ik Plattdüütsch in 'n Rundfunk, bi dat Hamborger Lokalradio. In de Volkshochschool heff ik 'n lütt Krink, un denn bün ik noch as „Hamborger Kööksch" in de Szene ünnerwegens.

Siglen

Borcherdt	Albert Borcherdt: Das lustige alte Hamburg, I u. II (1891 ff.)
Duden	Das große Wörterbuch der deutschen Sprache (4. Aufl.) [CD] (lag nicht gedruckt, sondern auf CD vor, was die Arbeit ungeheuer erleichterte, aber keine Seitenangaben in den Fußnoten zuließ)
Duden	Deutsches Universalwörterbuch (6. Aufl.)
Grimm	Jacob u. Wilhelm Grimm: Deutsches Wörterbuch (33 Bde., dtv)
HA	Hamburger Abendblatt
HWB	Hamburgisches Wörterbuch (1956 ff.; 5 Bde.)
Kluge	Etymologisches Wörterbuch der deutschen Sprache
Küpper	Heinz Küpper: Wörterbuch der deutschen Umgangssprache
Laur	Wolfgang Laur: Die Orts- und Gewässernamen der Freien und Hansestadt Hamburg (2012)
Lübben	August Lübben: Mittelniederdeutsches Handwörterbuch (1885)
Mensing	Otto Mensing: Schleswig-Holsteinisches Wörterbuch (5 Bde., 1927 ff.)
Oppens	Edith Oppens: Hamburg zu Kaisers Zeiten
Richey	Michael Richey: Idioticon Hamburgense (1755)
Röding	Johann Hinrich Röding: Wörterbuch der Marine (1798)
Sass	Plattdeutsches Wörterbuch (6. Aufl. 2011)
Suhr	Christoffer Suhr: Der Ausruf in Hamburg (1808)
→	Verweis auf ein anderes Stichwort
Titel 1/22	Zitatformat bei Grimm, HWB od. Mensing: z. B. HWB Band/Spalte

Ein Verzeichnis der Abkürzungen und Fachbegriffe finden Sie auf S. 566 f.,
ein ausführliches Literaturverzeichnis auf S. 568 ff.

A–Z

A

A-a Kinderspr. für „großes Geschäft", Kot; *A-a moken.* Standardfrage meiner Mutter während meiner ersten Lebensjahre: „Muss Klein Peter *A-a* od. nur Piesch?" Erw.: *A-a-Pott* (Nachttopf für Kinder).

Aadje [spr.: *odsche*] eigentl. die Koseform des Vornamens Adolf, bei Hamburger Waisenkindern aber auch die scherzh. Bezeichnung für den Brotknust[19].

Ein Aal in der Elbe – auf dem Weg nach Hamburg

Aal [spr.: *o:l*] (a.: *Ool*). Obwohl die Flussaale weit wandern und weit verbreitet sind, scheint ihnen ganz Deutschland einen besonders engen Bezug zu Hamburg zu unterstellen. Sobald sich der Aal im Frühjahr in der Elbe zeigt *(de Ool löppt al),* beginnt der Fang und dauert bis in den Winter. Bei schwülem Wetter beißen die Aale besonders gut (*de Ool bitt*). Jungaale nach der langen Rückreise vom Laichplatz in der Sargossosee sind Glasaale *(Glasool),* größere zum Beispiel *Poggenslucker* („Froschschlucker") od. *Spitzkopp.* „Spitzkopfaal" auf der Speisekarte ambitionierter Restaurants klingt nach etwas Besonderem, ist es aber meistens nur beim Preis. Der Kopf des Aals galt als giftig. Um Trunksüchtige zu heilen, flößte man ihnen Branntwein ein, in dem ein Aal verendet war. Warzen wurden mit Aalblut betupft, das, wie wir heute wissen, ein Nervengift enthält. Deshalb muss dieser Fisch immer gekocht od. geräuchert werden. Junge Aale und anderes Getier verstopften im 19. Jahrhundert häufig die maroden Hamburger Wasserleitungen. Daher die Redensart: *se hett 'n Ool in de Waterleitung* (sie ist schwanger).

Aale, Aale (Aalverkäufer) → *Aalweber.*

Aalgriepen „Aalgreifen", eine frühere Jahrmarkts- und Dorffestbelustigung, die heute wegen der damit verbundenen Tierquälerei glücklicherweise nicht mehr betrieben wird. In einem Bottich schwammen lebende → *Aale.* Gegen einen Betrag, der weit unter dem Wert des Aals lag, der beim Fischmann zu bezahlen gewesen wäre, durfte man einmal in den Bottich greifen und einen Aal zu erwischen versuchen. Falls man den Aal festhalten konnte, was bei den glitschigen und sich windenden Tieren meistens nicht gelang, konnte man ihn behalten. Teilweise galt es auch, mit einem Fahrrad am Bottich vorbeizufahren, im Fahren einen Aal zu greifen und ihn bis zu einem fünf Meter entfernten weißen Strich nicht wieder loszulassen. Noch früher betrieben Burschen und Knechte das Aalgreifen auch zu Pferde mit Stange, Speer od. → *Aalsteker,* wobei die Fische häufig so zugerichtet wurden, dass sie für den Verzehr nicht mehr geeignet waren. Stattdessen wurde dafür das unblutige → *Ringreiten* gepflegt[20].

Aalkraut (*Aalkruut*), h.: Kurzf. für *Aalsuppenkraut (Aalsuppenkruut),* das den Hamburger Hausfrauen früher als Bund verschiedener Kräuter zum

19 HWB 1/1

20 lt. Anfrage bei Hans-Hermann Wölfert

Würzen der → *Aalsuppe* in wechselnder Menge und Zusammenstellung auf den Märkten angeboten wurde: Basilikum, Estragon, *Ysop*[21], Kerbel, → *Köll* (Bohnenkraut), → *Mairaan* (Majoran), Zitronenkraut (Zitronenmelisse), Pimpinelle[22], Pfefferminze, *Portulak*[23], Weinraute, Salbei, Thymian und → *Trippmadamm* (Fetthenne)[24].

Aalquappe (Süßwasser-Speisefisch) → *Quappaal.*

Aalsteker Aalstecher, drei- bis sechszinkige Gabel zum Fang von → *Aalen* und anderen Fischen im Schlick. Das *Aalsteken* ist eine bereits seit 1596 verbotene Fangart, wird aber heimlich immer wieder angewendet[25].

Aalsuppe Kein Hamburger muss die heimische *Aalsuppe* mögen (und die meisten mögen sie auch nicht), aber jeder Hamburger sollte das wohl berühmteste Gericht der Hansestadt kennen, und sei es zur Warnung. Es handelt sich um eine → *Suursupp* (saure Suppe), die man besser als süßsaure Suppe bezeichnen könnte. Übrigens: Aal kann heutzutage, muss jedoch nicht hinein, aber sonst so ziemlich alles, was Speisekammer und Kräuterbeet an Resten hergeben. Und dann wäre da noch ein deftiger Schinkenknochen, der dem Ganzen diesen eigenartigen Geschmack verleiht. Familien, Wirte und manche Vereine benutzen unterschiedliche Rezepte, die teilweise recht aggressiv verteidigt werden. Nach 1800 wetteiferten die Hamburger Gasthäuser mit dem Angebot spezieller *Aalsuppenessen.* Jeder Hamburger Haushalt von einiger Bedeutung gab wenigstens einmal im Jahr seine *solenne Aalsuppe*[26] und lud dazu Verwandte und Bekannte ein, und selbst das → *Hospital zum Heiligen Geist* schrieb in seiner Küchenordnung von 1756 zur Sommerzeit *Aalsuppen* vor, *wenn sie nicht zu teuer*[27] waren. An dieser Stelle pflegt häufig der Einwand zu kommen, es handele sich um ein phonetisches Missverständnis, und die *Aalsuppe* sei eigentlich eine „All-Suppe“, eine Restesuppe ohne teuren Aal mit *allem,* was übrig geblieben sei. Das ist natürlich unzutreffend. In Zeiten ergiebiger Flussfischerei wurden → *Aale* (wie übrigens auch Taschenkrebse; vgl. → *Dwarslöper*) körbe- od. schubkarrenweise in den Straßen und auf den Märkten angeboten und waren auch für die unteren Schichten erschwinglich. Das *Hamburgische Wörterbuch* überliefert ein altes Rezept[28]: 1 Pfund mittelstarke Aale, 1 Schinkenknochen, 1 Pfund Ochsenfleisch, 1 Pfund Karotten, 3 *Mairüben*[29], 5 Petersilienwurzeln, 1 Pfund Erbsen, 1 Pfund Backobst (od. frische Kochbirnen), 1 Bund → *Aalkraut,* 1 Glas Essig, 1 Lorbeerblatt, etwas weißen Pfeffer, Salz und Zucker, 4 Löffel Butter, 2 Löffel Mehl, dazu Mehlklöße od. → *Schwemmklöße.*

Aalweber → Biografie S. 30.

21 *Ysop:* Pflanze mit länglichen Blättern und blauen od. auch rosafarbenen Blüten, die als Heil- und Gewürzpflanze kultiviert wird

22 *Pimpinell(e):* Pflanze mit Fiederblättern u. weißen bis gelblichen od. rosafarbenen Blüten

23 Der *Portulak* ist eine in vielen Arten verbreitete Pflanze mit dickfleischigen Blättern und häufig unscheinbaren Blüten. Von lat. *portulaca,* zu: *portula,* Verkleinerung von *porta* (Pforte) nach den sich mit einem Deckelchen öffnenden Samenkapseln. Duden: Universalwörterbuch S. 1302.

24 HWB 1/6

25 HWB 1/7

26 lat. *solenn* (feierlich, festlich)

27 HWB 1/7 f.

28 HWB 1/7 f.

29 ndd. *Mairööv* (Mairübe): Unterart der Wasserrübe, Futterrübe mit hohem Wassergehalt

KARL WEBER

MIT WESTE UND ZYLINDER: AALE, AALE!

Aalweber war ein bekanntes Hamburger Original während der Biedermeierzeit namens Karl Weber, von Haus aus eigentlich ein Bürstenmacher. Er hatte eingesehen, dass sich geräucherte Aale besser an den Mann bringen ließen als Bürsten und Schrubber, und so zog er abends in heller Jacke, roter Weste und mit weißem Zylinder durch Straßen und Kneipen, um seine Aale feilzubieten. Wegen seiner flotten Sprüche wurde er die Ware reißend los, trotzdem starb er 1854 mittellos im Armenhaus. Da geräucherte Aale zu Hamburg gehören wie Elbe und Alster, hat er viele Nachahmer gefunden, die sich ebenfalls *Aalweber (Aalwever)* nannten. Das rhetorische Talent eines dieser fliegenden Fischverkäufer, der stets mit einer blumengeschmückten Melone auf dem Kopf auftrat, reduzierte sich allerdings auf den stereotypen Ausruf *„Aale, Aale!"*. Deshalb wurden er und Marktschreier seines Schlages nach dem Zweiten Weltkrieg spöttisch so genannt. Mit bürgerlichem Namen hieß er Karl-Wilhelm Schreiber. Er starb 1970 in Farmsen.

Aant [spr.: *o:nt*] Ente. Wer *Aanten vun 'n Diek*[30] *fleiten* will, bemüht sich vergebens. Enteneier galten im Volksglauben als giftig. Angeblicher Grund: *Aanten poort sik mit Snaken* (Enten paaren sich mit Schlangen). Übertr. *Aantje in 'n Sack* (ein im Tuch gekochter Pudding); *twee dulle Aanten* (bildl. für die Zahl 22). Vgl. → *Entenflott.*

Aap (Plur. *Apen*). 1. Der Affe gehört bekanntlich zu den höheren Primaten, bei denen auch der Mensch eingeordnet werden muss (natürlich nur systematisch). Eine gewisse Ähnlichkeit im Benehmen und (Pardon!) Aussehen zwischen Affe und Mensch wird zumindest dann unterstellt, wenn die Schimpfwörter zwischen zwei Streithähnen hin und her fliegen. Der Affe war in einer Hafenstadt wie Hamburg als Reiseandenken der Seeleute aus fernen Ländern bereits vor → *Hagenbeck* bekannt, wenn die armen Tiere danach auf dem *Leierkasten* od. als Jahrmarktsbelustigung auch ein wenig artgerechtes Leben führen und für den *Leierkastenmann* bei den Umstehenden Geld sammeln mussten (→ *Leier*); *wat ward doch nich allens för Geld mookt, sä de Buer, und dor sehg he 'n Aap.* Raa.: *he sitt op 'n Peerd as 'n Aap op 'n Sliepsteen* (wie ein Affe auf dem Schleifstein sitzen); *ik hau di op 'n Kopp, dat du dörch den Brustkasten kiekst as so 'n Aap dörch 't Gitter!* Sprichw.: *wat vun Apen kümmt, will → lusen, wat vun Katten kümmt, will musen* (jeder muss nach seinem angeborenen Charakter handeln). 2. übertr. für einen eingebildeten Menschen; *so 'n Aap!* 3. Buckel (ähnlich einem sich auf dem Rücken des Schaustellers festklammernden Affen); *hest dien Aap al Water geven?*, wurde ein Buckliger gehänselt, wie früher überhaupt körperliche Fehlbildungen auf der Straße brutal und ohne die geringste Rücksicht verspottet wurden. 4. Tornister beim alten Bürgermilitär, wie ein Buckel auf dem Rücken getragen.

Aars (Hintern) → *Oors.*

Aas (Plur. *Öös*, verst. *Ööster*) bedeutet hier nicht 1. Kadaver, sondern 2. lästiger Mensch od. ein widerborstiges Tier, auch fehlerhafte Sache; *keen Aas* (keiner); *'n fienes Aas* (ein vornehmer Zeitgenosse); *dat Aas vun Melkmann; wat harrn de Ööster doch wedder 'n Barg Ogen!* (die Kartoffeln waren voller Augen).

-aasch Suffix von frz. *-age* (z. B. → *Bammelaasch*).

abbe Das *abbe* Stuhl- od. Tischbein, der *abbe* Haken, der *abbe* Henkel, der *abbe* Türgriff etc. – die Deutschlehrer schütteln sich, die Pisa-Quote stürzt ab, aber dennoch war dieser Begriff in der Hamburger Umgangssprache gang und gäbe für abgebrochen od. abgerissen. Das Gleiche passiert mit dem Wörtchen *zu* im Sinne von ver- od. geschlossen. So gibt es den *zuen* Laden, die → *zue* Tür, das *zue* Auto (für Limousine im Gegensatz zum Cabrio).

ABC-Straße Hier geht es um eine Straße in der → *Neustadt* zwischen → *Fuhlentwiete*/→ *Caffamacherreihe* und Gänsemarkt, die zwischen 1615 und 1623 an ihrer Südseite bebaut worden ist. Die Häuser wurden nicht mit Nummern, sondern mit den Buchstaben des Alphabets gekennzeichnet, was zur Straßenbezeichnung führte. Die Abzweigung in Richtung Valentinskamp ist die *Neue ABC-Straße.*

30 Teich

Abendblatt Als junger Mann wollte *Axel Springer,* geboren am 2. Mai 1912 in → *Altona,* gestorben am 22. September 1985 in Berlin, Sänger werden. Er schwärmte für den Tenor Richard Tauber (1891–1948). Daraus wurde nichts. In den letzten Kriegsjahren hatte er dann den Traum, später das größte Zeitungshaus Europas zu schaffen. Diesen Traum verwirklichte er nach 1945 von Hamburg aus. Nach den „Norddeutschen Heften" und der „Hörzu" wollte er unbedingt eine Tageszeitung herausgeben, die ganz anders als die damaligen Blätter sein sollte. Die englischen Presseoffiziere erteilten aber keine Lizenz an Einzelpersonen. Neben der britischen „Die Welt" für das gesamte Besatzungsgebiet und der Wochenzeitung „Die Zeit" gab es in Hamburg vier Partei- od. parteinahe Zeitungen, die natürlich nicht daran interessiert waren, das Programm des politischen Gegners objektiv darzustellen[31]. Erst als das Lizenzierungsverfahren in deutsche Hände überging, bekam Axel Springer 1948 vom Senat der Hansestadt die Lizenz Nr. 1 zur Herausgabe einer Tageszeitung. Diese Lizenz war mit mancherlei Auflagen (etwa zum Schutz der westlichen Alliierten und des britischen Königshauses) verknüpft, enthielt aber vor allem das strikte Verbot, eine weitere Parteizeitung in Hamburg zu gründen. Die neue Zeitung sollte über den Parteien stehen und über Politik berichten, aber keine Politik machen. Daher stammt die Bezeichnung „Überparteilich" im Titelkopf. Und sie sollte unabhängig von Zuschüssen des Staates, der Parteien, Kirchen od. Gewerkschaften sein und sich aus eigener wirtschaftlicher Kraft selbst tragen können, was zur zweiten Angabe „Unabhängig" führte. Am 14. Oktober 1948 erschien die erste Ausgabe, die auf der Rotation[32] des damals eingestellten → *Fremdenblatts* an den Großen Bleichen gedruckt wurde. Das hatte zwei Folgen: Erstens musste das übergroße (nordische) Format des „Fremdenblatts" übernommen werden, was bis heute Auswirkungen auf die Zeitungslandschaft in Deutschland hat, und zweitens musste sich Springer mit seinem Druckauftrag hinten anstellen. Seine neue Zeitung wurde erst mittags nach den anderen Titeln gedruckt und kam abends zum Leser. Was lag näher, als die Zeitung *Hamburger Abendblatt* zu nennen? Dieses Markenzeichen blieb natürlich erhalten, als das Abendblatt 1993 zur Morgenzeitung geworden war. Das Motto, das im Titelkopf das älteste bekannte Stadtsiegel unserer Stadt umschließt, stammt aus einem Text des Finkenwerder Seefahrtdichters → *Gorch Fock* (1880–1916), dessen richtiger Name *Johann Wilhelm Kinau* war: *Mit der Heimat im Herzen die Welt umfassen,* mit der Welt vor Augen die Heimat liebend und bauend durchdringen. Dieses Motto ist eines der Elemente, die vom ersten Erscheinungstag an unverändert zum Abendblatt gehören. Gorch Focks Spruch fasst ein wichtiges Stück der Abendblatt-Philosophie zusammen.
Es ist eine Zeitung, die vor allem für die Region Hamburg gemacht wird. Deshalb klopfen die Redakteure alle Nachrichten, auch aus Berlin od. New York, immer darauf ab, was sie für die Menschen der Hansestadt bedeuten. „Die Welt umfassen" meint aber auch, dass das Abendblatt in der guten Hamburger Tradition steht, die die Stadt als Tor zur Welt sieht – weltoffen, hanseatisch liberal, gastfreundlich und gegenüber neuen Ideen aufgeschlossen. Das Abendblatt wurde bald zur Zeitung Nummer eins in Hamburg.
Am 17. Oktober 1950 begannen die Baggerar-

31 Zur Hamburger Zeitungsgeschichte der Nachkriegszeit vgl. Christian Sonntag: Medienkarrieren

32 Zeitungsdruckmaschine

beiten für den Bau von Axel Springers eigener Druckerei auf dem Trümmergrundstück des → *Conventgartens* zwischen → *Fuhlentwiete* und Kaiser-Wilhelm-Straße. 1953 bis 1956 folgte das Verlagshaus an der Gabelung von Fuhlentwiete und Kaiser-Wilhelm-Straße, das heute die Adresse *Axel-Springer-Platz 1* hat. Das *Hamburger Abendblatt* ist wie alle Regionalzeitungsgruppen der Axel Springer SE sowie deren Programm- und Frauenzeitschriften einschließlich der „Hörzu" am 1. Mai 2014 von der Funke Mediengruppe (WAZ) in Essen übernommen worden.

abkönnen (*afkönen*) „Das kann ich nicht ab – *dat kann ik nich af!"*, sagt der Hamburger, wenn er etwas nicht vertragen kann od. ertragen will: den Lärm, das scharf gewürzte Essen, ein bestimmtes Getränk od. das schwüle Wetter.

abkriegen heißt ugs. abbekommen. „Da krieg ich aber was von ab!", meldete sich der Bruder, wenn die Schwester eine Tafel Schokolade geschenkt bekam.

[1] Abwasch (zusammenhängende, häufig unangenehme Pflichtaufgaben) → *in eins.*

[2] Abwasch (Geschirr spülen) → *Afwaschwater.*

achteihn Zahlw. achtzehn. Bei einer so relativ hohen Zahl bestand die sprichwörtliche Befürchtung, es könnte nicht korrekt gezählt worden sein, unter Umständen mit Absicht; *he hett söventeihn Handwark un achteihn Unglück* (er fängt zu viel an und bringt nichts ordentlich zu Ende). Übertr. zur negativen Verstärkung gebraucht: → *Tüffelachteihn* (ein nicht mehr zu übertreffender Trottel), *Püttjerachtein* (Pedant).

Achterflicken „Hinterflicken", das ist die Ledersohle am Schuhabsatz, die Hacke; *enen mit 'n Achterflicken geven* (einen Fußtritt austeilen); *op de Achterflicken slaan* (geringschätzen; a.: den Dienst kündigen). Übertr. Trinkgeld. Richey: *Achter-Flikken: Die Sohle unter dem Absatz. Und weil diese unter den spitzigen Weiber-Schuen leicht abgelauffen wird, so pflegt man ein kleines Trinck-Geld, das einem Dienst-Mägdgen gegeben wird, een Paar Achter-Flikken zu nennen*[33].

Ein Damen-Knöpfstiefel mit abgelaufenem Achterflicken

Achtergatt (Hintern) → *Oors.*

Achterloder „Hinterlader", nicht nur auf alte Schusswaffen, sondern übertr. auch auf Leute mit einer bestimmten sexuellen Orientierung angewendet.

achtern – schon häufig gebraucht, für diejenigen Leser, die nur bayerisch od. gar bairisch sprechen, sei noch einmal ausdrücklich erwähnt, dass *achter* „hinter" und *achtern* „hinten" heißt. So bedeutet die *Achterdöör* eine Hintertür, die man

33 Richey S. 1

sich immer offenhalten sollte, ein *Achtergedanke* einen Hintergedanken, den man *achtersinnich* (hinterlistig) haben mag, und das *Achterbeen* das Hinterbein, von dem auch ein Mensch übertr. zwei hat, wenn er sich stur auf dieselben stellt: *sik op de Achterbeen stellen* (sich auf etw. versteifen). Die *Achtersiet* bezeichnet die Rückseite, der *Achtersteven* weist auf den Hinterteil eines Schiffes (od. eines Menschen), und der *Achternaam* [spr.: *-no:m*] ist natürlich der Nachname, weil er hinten steht – jedenfalls in Hamburg; in Oberbayern sind die Bewohner in dieser Hinsicht häufig etwas verdreht.

Achterreep „Hintertau", der lange, starke Strick, mit dem der → *Binnelboom* hinten über dem hoch beladenen Erntewagen niedergezogen und festgezurrt wird [34]. Ggs.: *Vörreep* („Vordertau").

achterrut segeln seem. bedeutet, dass ein Besatzungsmitglied, das bei einem Landgang zu viel „getankt" hatte, das Auslaufen eines Schiffes verpasst hat. Heutzutage lassen sich ausgelaufene Schiffe schwer wieder einholen, und selbst im Segelschiffzeitalter half es nicht, „hinter zu segeln". Der Matrose konnte höchstens versuchen, mit dem Zug nach Cuxhaven zu fahren, und dort bitten, zusammen mit dem Lotsen übergesetzt zu werden.

achterrut wesen heißt, untendurch, also im moralischen Sinne erledigt zu sein.

Achtersteven vgl. → *achtern;* → *Oors;* → *Steven.*

achtertrüch Adv. weiter hinten.

34 Mensing 1/35

Ackewars sind Umstände. Dieser Ausdruck ist erstaunlich vielen älteren Hamburgern bekannt, obwohl er angeblich nur in Flensburg und Angeln gebräuchlich gewesen sein soll; *mook nich so veel Ackewars* (mach nicht so viele Umstände); *wat 'n Ackewars* (was für ein Aufhebens um etwas Geringfügiges); *he mook so veel Ackewars mit sien Kinner* (er nimmt seine Kinder zu wichtig) [35].

Adeboor (Storch) → *Ebeer.*

adjüüs (Abschiedsgruß) → *Tschüs.*

Wappen der Hamburger Admiralität

Admiralität Die *Admiralität* war, nach heutiger Definition, eine Art „Schifffahrtsbehörde", 1623 durch Rats- und Bürgerbeschluss zur Sicherung der Schifffahrt der Hansestadt eingesetzt und 1814 nach der → *Franzosenzeit* aufgehoben. Dem Kollegium gehörten Vertreter des Rats, der Kauf-

35 Mensing 1/42

mannschaft und der Schiffer an. Neben der Seegerichtsbarkeit und so praktischen Dingen wie der Unterhaltung der → *Blüsen* (Leuchtfeuer) und → *Baken* (Seezeichen) auf → *Neuwerk* und *Helgoland* führte die *Admiralität* die Aufsicht über die Lotsen, den Uferschutz (→ *Stack*), über das Assekuranz-(Versicherungs-) und *Dispachewesen* (→ *Dispacheur*). Auch der Betrieb der → *Dröge* – ab 1620 hinter der → *Reeperbahn* –, der Einrichtung zum Bereithalten trockener *(dröger)*, meist geteerter Schiffstaue, gehörte zu ihrem Aufgabenbereich[36]. Ab 1707 unterhielt die *Admiralität* ein Arsenal in der → *Neustadt*, und zwar in einer Straße, die deshalb noch heute *Admiralitätstraße* heißt. Die zeitweise wichtigste Aufgabe war jedoch eine kriegerische. Michael Sachse schildert das so: „Hamburgs Handel war bedeutend, aber seine Macht war begrenzt. Die → *Hanse* war seit der Erschließung der Neuen Welt keine politische Kraft mehr, Kaiser und Reich boten keinen Schutz, schon gar nicht auf See. Immer wieder fielen hamburgische Schiffe im Mittelmeer und vor der portugiesischen Küste den Korsaren in die Hände. Der Ausbruch des Dreißigjährigen Krieges brachte einen neuen Höhepunkt der Seeräuberei. Die Klagen hamburgischer Bürger über das Leiden ihrer Angehörigen in der Sklaverei mehrten sich. Kaufleute und Schiffer forderten Gegenmaßnahmen vom Rat der Stadt.“[37] Deshalb wurde die *Admiralität* gegründet, die 1623 die *Admiralschaftsordnung* erließ. Danach sollten sich für die Fahrt *um die West*[38] jeweils wenigstens sechs Schiffe mit dem gleichen Ziel zum → *Konvoi* zusammenschließen, der nach Möglichkeit von einem bewaffneten → *Konvoischipp* gedeckt wurde. Nachdem 1622 von Schiffern und Steuerleuten eine private Lösegeld-Versicherung ins Leben gerufen worden war, folgte 1624 zum Freikauf der gesamten Besatzung die hamburgische → *Sklavenkasse*, die als erste obligatorische Sozialversicherung in Deutschland gilt. Etym.: *Admiral* von frz. *amiral* aus arab. *amīr ar-raḥl* (Befehlshaber des Transports).

Adschewinas bedeutet Unsinn; *mach kein Adschewinas* (mach keinen Unsinn, mach keinen Mist)[39].

Afaart die Abart. Adj. *afaardich* (anomal veranlagt); *'n afaardigen Keerl; wat is dat hüüttodaags för 'n afaardigen Wind!*

afblieven ableiben, hintun, mit anfangen; fernbleiben; *wohen schall ik denn mit düsse neemoodschen Kraam afblieven?* (was soll ich damit anfangen?); *blievt dor vun af!* (lasst die Finger davon!).

afbuddeln (*abbuddeln; afsupen*). 1. ertrinken, versinken, untergehen, z. B. von Schiffen; *he hett den → Ewer*[40] *afbuddeln loten; de Kasten is uns afbuddelt.* 2. Da ein → *Buddel* alles Mögliche, aber bekanntermaßen nicht selten Schnaps enthalten kann, bedeutet jmdn. *afbuddeln* auch, einen Zechbruder unter Alkohol zu setzen, bis er vollkommen → *duun* war; *wi harrn em bannig afbuddelt*, hieß es dann.

36 Hamburg-Lexikon S. 17
37 Sachse: Es waren Räuber auf dem Meer S. 130
38 frz. Insel *Ouessant* vor der bretonischen Küste am westlichen Ausgang des Ärmelkanals und der Einfahrt in den Atlantik
39 Siewert: Nachtjargon S. 39
40 Elbsegelschiff

Aufforderung zum Tanz in einer Tanzschule im Jahre 1963. Damals lernte man in der Tanzschule ein wenig tanzen, aber auf jeden Fall das Benehmen, wie es während der steifen Nachkriegsjahre vorgeschrieben war.

Afdanzball Abtanzball, die Schlussveranstaltung nach dem Tanzstundenunterricht, bei der es in der Regel recht steif zuging. Die jungen Herren trugen ihren zu klein gewordenen Konfirmationsanzug, die jungen Damen einen Petticoat, und die Eltern wussten vor Verlegenheit nicht, wo sie ihre Hände lassen sollten. Der Besuch der Tanzstunde war damals für uns Gymnasiasten ein Muss. Mein Vater hatte mich zwangsangemeldet. Ich höre noch, wie die nicht mehr ganz frische und überstark geschminkte Tanzlehrerin in dem kahlen und kalten Nebenraum eines Hotels zum Kratzen ihres Grammofons befahl: *links, rechts, seitwärts, Schluss*. Offenbar wollte sie uns den Foxtrott beibringen.

afdeffendeern (heftig abstreiten) → *deffendeern.*

afgieren seem. das Abweichen eines Schiffes vom Kurs. Vgl. → [1] *gieren.*

Afgunst (Neid) → [1] *Niet.*

Afkaat (Plur. *Afkaten*). Ein *Afkaat* ist ein Advokat, ein Rechtsanwalt, also ein Jurist. Der Autor zögert ab und zu, negative Pauschalurteile weiterzugeben, selbst wenn sie im Volksmund verbreitet waren. In diesem Fall erscheint es angebracht, nicht nur eine prophylaktische, sondern auch eine salvatorische Bemerkung vorwegzuschicken, um im Vorwege klarzustellen: Die Juristen sind ein ehrenwerter Stand! Nie würden wir uns erlauben, den Bayern Ludwig Thoma (selbst ein Jurist)[41] zu zitieren, der geschrieben hat: Er war Jurist und auch sonst von mäßigem Verstande. Und dennoch, die *Afkaten* hatten im alten Hamburg einen derart miserablen Ruf, wie er heute höchstens von Politikern od. Journalisten unterboten wird. Advokaten wurden ab und zu gebraucht, aber nicht geliebt. Ein Advokat kann reden *(snacken as 'n Afkaat)*, ein Advokat kann lügen *(segg mi man de reine Wohrheit, sä de Afkaat, dat Lögen will ik woll doon)*, ein Advokat hat es in erster Linie auf den Geldbeutel seines Klienten abgesehen *(dat wüllt wi woll kriegen, sä de Afkaat, he meen aver dat Geld)*, und ein Advokat ist bestechlich *(dat Geföhl na hett de Mann recht, sä de Afkaat, as ik em een Goldstück in de Hand schoov)*, denn: *Wogenrööd un Afkaten mööt smeert warrn.* Es gab ein bekanntes Sprichwort, das wir hier nur zitieren, das wir uns aber selbstverständlich nicht zu eigen machen wollen: *Gleich und Gleich gesellt sich gern, sä de Düvel, dor güng he mit een Afkaat spazeren.* Negative Steigerung: *Winkelafkaat.* Erw.: *Afkatenkneep* (jur. Winkelzüge).

afmackeln jmdn. töten, um die Ecke bringen od. aus dem Verkehr ziehen, und zwar nicht heimlich und hinterlistig, sondern quasi öffentlich und gewaltsam; *ik heff den miesen Keerl afmackelt.* Syn.: *an die Siet bröcht*[42]. Von rotw. *abmecken, abmacken, ausmecken* (beseitigen, umbringen, töten) aus jidd. *mocho* (ausgelöscht, vertilgt); *du sollst ausgemeckt werden* (du sollst krepieren)[43].

41 Ludwig Thoma (1867–1921), in Oberammergau geborener Rechtsanwalt, Schriftsteller und zeitweise Chefredakteur des „Simplicissimus", stellte wie kaum ein Zweiter die im Kaiserreich und im Königreich Bayern herrschende Scheinmoral, den Pickelhauben-Militarismus und die Bigotterie der Kirche satirisch bloß, glitt im Ersten Weltkrieg aber in Antisemitismus und Nationalismus ab.

42 lt. Carl Groth

afmaracken schwer arbeiten, schuften. Syn.: *afarbeiten;* → *afrackern.* Vgl. → *maracken.*

afmelen Kinderspr. für abzählen, um die Rollen für das Spiel zu verteilen. Der *Afmeler* (das Kind, das das *Afmelen* übernimmt) sagt einen Spruch auf und deutet bei jeder Silbe auf ein anderes Kind in der Gruppe. Wen die letzte Silbe trifft, der scheidet aus. Dazu gab es typische Verse wie *ele, mele, mu, raus bist du* od. auch Straßennamen wie → *Hei-den-kamps-wech* bzw. *Ep-pen-dor-per-wech* (*wech* für *weg*).

afpedden 1. abtreten; *de Fööt afpedden* (die Schuhe auf der Fußmatte reinigen); *enen de Hacken afpedden* (jmdm. in die Hacken treten); *kort afpedden* (sich beeilen)[44]. 2. ugs. häufig für tanzen, zum Tanzen gehen, „eine flotte Sohle aufs Parkett legen" gebraucht; *enen afpedden* (fröhlich tanzen). Von → *pedden* (treten).

afpreestern sich durch salbungsvolles Reden wie ein Priester abmühen, einen Streit zu schlichten od. eine Sache wieder in Ordnung zu bringen. Je nach theologischer Vorbildung kann dabei das eine od. andere Bibelzitat fallen (natürlich nur aus dem Neuen Testament!) sowie der Geist der Bergpredigt beschworen werden.

afrackern schwer arbeiten, schuften, unangenehme od. schmutzige Arbeit tun; *ik heff mi afrackert.* Von → *Racker* (Schinder). Syn.: → *afmaracken; afarbeiten.* Vgl. → *maracken.*

43 Wolf: Rotwelsch S. 31

44 HWB 1/68

aframmen verprügeln; *güstern hebbt se Hein op 'n Kiez ganz fürchterlich aframmt*[45].

afrüschen Uwe Diedrichsen erklärt das so: Wenn de Jungs op de Straat sik mol richtig haut harrn un ener oordig wat op dat Fell kregen harr, denn is he *afrüscht* worrn. Liekers wenn de Schoolmeester mol mit sien → *Reetje* den → *unnaschen* Schöler den → *Achtersteven* versohlt harr, is de ook *afrüscht* worrn.

afsacken tut jemand, der beim Trinken in der → *Köminsel* die Kontrolle verliert und endgültig in einen Vollrausch abgleitet, an dessen Einzelheiten er sich am nächsten Tag nicht mehr erinnern kann. Wer heute von einem „Absacker" spricht, verschleiert, dass er immer noch nicht Schluss machen kann od. gar nicht Schluss machen will, weil der Abend anderswo und ganz anders fortgesetzt werden soll.

afschelpern abblättern, sich abschuppen, wie man es bei trockener Haut erlebt, die sich in kleinen Teilen löst: sie schält sich ab. Auch die Farbe alter Anstriche *schelpert* gelegentlich ab.

afschepen jmdn. wegschicken, abwimmeln. Von *schepen* (verschiffen). Syn.: *afsmöken, afsnuten, afspiesen, afstaffeern, afstaven, afwimmeln*[46].

afsnuteln ist eine Tätigkeit, die andernorts als Katzenwäsche bekannt ist. Wenn Mutter die Kinder abends gründlich abgeseift hatte, fuhr sie ihnen am nächsten Morgen häufig nur noch mit einem kalten, nassen Waschlappen über die Schnute. Nach dem *Afsnuteln* waren die Kinder wach und konnten mit einem einigermaßen sauberen Gesicht zur Schule geschickt werden. Syn.: *afsputeln.*

afsölen heißt, etwas nur oberflächlich zu reinigen. Wer nach dem Abräumen den Tisch mit einem vielleicht nicht ganz sauberen → *Fatuch* nur flüchtig *afsöölte,* der ließ nicht die erforderliche Sorgfalt und Reinlichkeit walten.

afstrippen „abstreifen", und zwar die essbaren Grünkohlblätter vor dem Kochen vom harten → *Strunk.* Da der → *Grünkohl* nach dem ersten Frost od. sogar bei Eis und Schnee geerntet wurde (sonst schmeckt er zu bitter), saß die gesamte Familie mit klammen Fingern in einem ungeheizten Raum (Veranda, Schuppen od. Waschküche) und *strippte* den Grünkohl in große → *Baljen.* Diese Riesenmenge zerfiel beim Blanchieren im Salzwasser in eine familiengerechte Portion. Mit gehackten Zwiebeln in Schweine- od. besser noch in Gänseschmalz angeschmort und zwei Stunden mit geräucherter Schweinebacke, Kasseler und Kohlwurst gekocht, wird der Grünkohl zu *dem* winterlichen Festessen in Hamburg und Umgebung – da mögen → *Quiddjes,* Zugereiste und irgendwelche Kostverächter jenseits des Weißwurstäquators auch noch so sehr die Nase rümpfen! Vgl. → *strippen* (melken).

afströpeln (*afstrippen*) Grünkohl, Fliederbeeren usw. vom Strunk od. Zweig abstreifen.

Aftritt (Abort) → *Paddemang.*

---

45 lt. Hermann Axnick

46 lt. HWB 1/72

Afwaschwater 1. Abwaschwasser, Wasser, in dem Geschirr gespült worden ist, entweder in der in den → *Handstein* gestellten Abwaschschüssel od. in zwei weißen Emailleschüsseln, die in einem Gestell unter Omas Küchentisch hervorgezogen werden konnten, was vor der Einführung der Spülmaschine geradezu als Luxuseinrichtung für die Hausfrau galt. Da nicht ausgeschlossen werden konnte, dass sich noch entfernte Fett- und Nahrungsreste in dem Abwaschwasser befanden, wurde es nicht weggegossen, sondern kam in den → *Drankammer.* Auf dem Bauernhof rührte man damit das Schrot für die Schweine an. 2. scherzh. für viel zu dünn geratenen Tee od. Kaffee. Syn.: *Schöttelwater, Smeerwater.*

Afwieser „Abweiser", großer Prellstein an Hausecken und Tordurchfahrten zum Schutz vor Beschädigungen durch Fuhrwerke. Solche Steine gibt es auch heute noch, aber während sie damals unverzichtbar waren, weil keine Ziegelecke den eisenbereiften Stellmacher-Rädern der Pferdewagen mit ihren klobigen Naben widerstanden hätte, scheinen sie jetzt oftmals den eher ideologischen Zweck zu haben, den Autofahrern die Durchfahrt od. zumindest das Parken zu erschweren.

afwimmeln (abweisen) → *afschepen.*

ahoi seem. der Anruf eines anderen Schiffes auf Rufweite od. von Brücke zu Brücke – mit „Flüstertüte" od. heute mit Megafon, etwa: „Ahoi, ‚Jan Rasmus'!" Ist der Schiffsname nicht lesbar, wird der Schiffstyp gerufen: „Ahoi, Lotsenboot!" Von engl. *ahoy* (Interj.).

Akree lautet der Name für ein Versteckspiel der Kinder, und zwar für ein Versteckspiel mit Anschlag, denn der Begriff kommt von *ankreen* (anschlagen). Der Spieler, der die anderen suchen musste, schrie, wenn er einen Versteckten entdeckt hatte, z. B.: *akree, akree för Heini!* Wer das Mal ungesehen erreicht hatte, war frei und rief: *akree, akree för mi!* Das Spiel *Akrill* ist kein Synonym, sondern eine Variante von *Akree.* Bei diesem Versteckspiel wirft man eine Dose aus dem Mal heraus und ruft: *akrill, akrill, de Pott is weg!* [47]

Akrill → *Akree.*

Akzise hieß eine hamb. Verbrauchssteuer, die im 16. Jahrhundert zuerst auf eingeführtes Bier erhoben wurde, denn der Rat wollte die heimischen Brauer und den damaligen Exportartikel Nummer eins, das → *Bier,* vor auswärtiger und womöglich billigerer Konkurrenz schützen. Weil das so gut klappte, wurden später auch eingeführte Waren wie Mehl, Wein, Vieh, Kornbranntwein, Holz, Torf, Kohlen und Salz abgabepflichtig innerhalb der *Akzise-Linie,* die an den Stadtwällen verlief und St. Georg sowie den Grasbrook einschloss. Neubürger mussten im *Bürger-Eid* schwören, *getrüwlick* mancherlei Abgaben zu zahlen, darunter die *Akzise.* Das ging so weiter, bis 1806 die Franzosen einmarschierten. Kaum waren sie 1814 wieder weg, lebte die Akzise für den Import von Korn- und Kartoffelbranntwein, Genever, Essig, Bier, Selterswasser, Mehl, Grütze, geräuchertes und gepökeltes Fleisch, Butter, Käse und Kerzen erneut auf. Die Abgabe betrug rund drei Prozent des Verkaufswertes. Man kann vielerlei totschlagen, aber keine seit Jahrhunderten erhobene Steuer. Endgültig gelang das in Bezug auf die Akzise erst 1920 [48].

47 HWB 1/84 f.
48 Hamburg-Lexikon S. 23

HANS ALBERS

DER GROSSE BLONDE AUS DER LANGEN REIHE

Der „große, blonde Hans mit den blauen Augen", der Schauspieler, der in 500 Bühnenstücken und 176 Filmen zu sehen war, der Draufgänger, für den unsere Mütter und Großmütter schwärmten, der Sänger, der nicht gerade schön, aber unverwechselbar „La Paloma" und „Auf der Reeperbahn nachts um halb eins" singen konnte, war ein echter Hamburger Jung. Hans Albers wurde am 22. September 1891 in St. Georg, Lange Reihe 71, geboren.

Sein Vater war ein wohlbestallter Schlachtermeister, der seine Söhne am liebsten als seine Nachfolger zwischen Leberwurst und Ochsenschwanz gesehen hätte. Hans wollte jedoch zum Theater. Man kennt solche Geschichten: Der strenge Vater versteht die Welt und den Sohn nicht mehr, der Sohn kneift aus, die Mutter unterstützt ihn heimlich. Hans Albers schaffte den Sprung nach Berlin, und er schaffte auch den Sprung vom Stumm- zum Tonfilm. Obwohl seit dem „Blauen Engel" (1930, mit Marlene Dietrich und Emil Jannings) ein Star der Ufa und 1943 Hauptdarsteller im Jubiläumsfilm „Münchhausen", hielt er Distanz zum NS-Regime, musste allerdings auch Distanz zu seiner Lebensgefährtin Hansi Burg (1898–1975) halten, die als Jüdin Deutschland verlassen hatte.

„Ich bin auch ein König!", herrschte er einen Abgesandten Hitlers an, als der ihn aufforderte, seine Suite im Hotel Adlon für den bulgarischen König Boris zu räumen. Die Gestapo [49] schritt ein, doch seine unglaubliche Popularität schützte ihn. Hans Albers als Idol der Massen schien unersetzlich.

Sein St.-Pauli-Film „Große Freiheit Nr. 7" (1944) unter der Regie von Helmut Käutner durfte im Reichsgebiet nicht gezeigt werden. NS-Propagandaminister Joseph Goebbels störte sich an dem Milieu der Prostitution, und er störte sich wohl auch daran, dass der Film keine Seehelden zeigte und nur wenig Siegeszuversicht vermittelte, weil der alternde Hans Albers zum Schluss nicht in der sonstigen Hoppla-jetzt-komm-ich-Manier der Sieger war, sondern dem jüngeren Rivalen (Hans Söhnker) beim umworbenen Mädchen (Ilse Werner) den Vortritt lassen musste. Die Dreharbeiten waren schwierig. Für eine Barkassenfahrt im Hamburger Hafen mussten die dort liegenden Kriegsschiffe mit Tarnnetzen abgedeckt werden. Der Film wurde in Prag fertiggestellt und uraufgeführt.

Hans Albers starb am 24. Juli 1960 am Starnberger See und wurde in → *Ohlsdorf* beigesetzt. Zur Erinnerung an den großen Hamburger, der im Tode heimgekehrt war, heißt der Wilhelmplatz auf St. Pauli seit 1964 *Hans-Albers-Platz*.

49 Geheime Staatspolizei im NS-Staat

Albers, Hans → Biografie S. 40.

Alkoven Wandbett, Schlafgemach, in die Wand eingebaute Schlafstätte mit Klapp- od. Schiebetüren. Der Begriff ist alles andere als hamburgisch und lässt sich bis ins Arabische zurückverfolgen (üb. frz. *alcôve*), die Einrichtung war aber auch in den Bauern- und Fischerhäusern in Blankenese, den Vierlanden, Finkenwerder und Moorburg stark verbreitet. Dort auch zu *Alkoje* umgebildet, worin natürlich das Wort *Koje* zu erkennen ist. Syn.: → *Kabutz;* → *Kabuff.*

alle sein aufgebraucht, zu Ende sein; *das Mehl ist alle!* Auch ein Mensch kann *alle sein,* wenn er nach schwerer Arbeit erschöpft auf den Stuhl sinkt.

Allmannshoor gemeine Dirne. Richey: *Eene allemanns Hoore: eine gemeine Hure*[50]. Syn.: *Alldaagshoor.* Von → *²Hoor* (Hure).

Allmende Die *Allmende* bezeichnet die von allen Bauern eines nicht gutsabhängigen Dorfes gemeinsam genutzten Acker-, Weiden- und Wiesenländereien sowie die Wald-. Moor- und Heideflächen. Sie verschwand mit der → *Verkoppelung* und Aufhebung der → *Feldgemeinschaft* Ende des 18. Jahrhunderts, also mit der Teilung und Privatisierung des bis dahin genossenschaftlichen Eigentums.

Alsterwasser An einem Sonntag im Juni 1922 sah sich Franz Xaver Kugler, der Wirt einer Ausflugsgaststätte vor den Toren Münchens, einem großen Ansturm einkehrender Radfahrer gegenüber, sodass ihm seine Biervorräte auszugehen drohten. Er streckte das Bier für die durstigen Radler mit Zitronenlimonade, was sich als überaus erfrischend erwies. Das neue Getränk verbreitete sich rasch als *Radler* und wurde in Norddeutschland wegen seiner reinen und hellen Farbe *Alsterwasser* od. kurz *Alster* genannt. Wirklich, gemeint ist das Hamburger Binnengewässer, das damals eine Farbe gehabt haben muss, wie es sie später nicht mehr hatte und heute noch nicht wieder hat. Die beiden Namen streiten in Deutschland um Alleingültigkeit, sodass manche Brauereien, die den Bier-Limonaden-Mix fertig in Flaschen vertreiben, vorn „Radler" und hinten „Alsterwasser" auf die Etiketten schreiben, eine Brauerei ganz im Norden mit ihrem konservativen Bügelverschluss allerdings dick „Radler" statt „Alster", was man schon fast als Verrat an der norddeutschen Eigenständigkeit betrachten könnte.

Altengamme („Alte Erde") → *Gamm.*

Ältermann → *Öllermann.*

Altes Land Geborene Hamburger bitte weghören! Nur zur Vorsicht, dass Touristen, Neubürger und → *Quiddjes* wirklich rein gar nichts mit diesem Begriff anfangen können, sei erklärt: Das *Alte Land* ist ein Teil der Elbmarsch südlich der Elbe und umfasst heute die Gemeinde Jork, die Samtgemeinde Lühe und den Neu Wulmsdorfer Ortsteil Rübke in Niedersachsen sowie die Hamburger Stadtteile → *Neuenfelde*, Cranz und Francop, die 1937 aufgrund des → *Groß-Hamburg-Gesetzes* in die Hansestadt eingemeindet worden sind. Der Name entstand aus der Bezeichnung *Olland,* hochd. Altland, und weist auf die Siedlungsgeschichte durch holländische Kolonisten hin. Das *Alte Land* ist in drei Zonen unterteilt, die traditionell *Meilen* genannt wurden: die *Erste*

50 Richey S. 4

Zwei hochbetagte Altländerinnen aus Neuenfelde

Meile umfasste das Gebiet zwischen den Flüssen Schwinge und Lühe, die *Zweite Meile das* zwischen Lühe und Este und die *Dritte Meile* das zwischen Este und Süderelbe, die zwischen 1140 und dem Ende des 15. Jhs. eingedeicht und damit bewohnbar gemacht wurden. Das *Alte Land* ist das größte zusammenhängende Obstanbaugebiet Mitteleuropas. Die Beziehung zur Hansestadt war stets eng und durchaus wechselseitig: Das *Alte Land* lieferte Obst und landwirtschaftliche Produkte für die Hamburger Märkte und war umgekehrt Ausflugsgebiet für die Städter. Zur Kirsch- od. Apfelblüte setzten sich ganze Völkerscharen aus Hamburg ins *Alte Land* in Bewegung.

Altjahrsabend (*Ooltjohrsavend*, a.: *Neejohrsavend*) Silvester, der Tag und die Nacht vor Neujahr. Ihm folgt der *Neejohrsdag*, der erste Tag des neuen Jahres. Der Jahreswechsel war von allerlei Bräuchen, Lärm und Aberglauben begleitet. Das *Afscheten*[51] des alten Jahres, das Abfeuern von Schüssen, wurde wiederholt und im 19. Jh. schließlich ganz verboten. Man behalf sich mit Feuerwerk – bis heute. Die Kinder liefen → *Rummelpott*.

Altona Jeder kennt den westlichen Bezirk *Altona*, der heutzutage ein entscheidender Teil der Freien und Hansestadt Hamburg ist. Er wurde aber erst 1937 mit dem Vollzug des → *Groß-Hamburg-Gesetzes* eingemeindet, und zwar als bis dahin selbstständige Großstadt in der preußischen Provinz Schleswig-Holstein. 1640 war die Stadt unter dänische und 1866 unter preußische Herrschaft gekommen. Die Keimzelle soll aber eine Rotbierkneipe von üblem Ruf gewesen sein, die 1536 ein Mann von der nicht mehr existenten Insel Grevenhof gegründet hatte und um die herum sich Handwerker und Fischer ansiedelten – nach Ansicht des Hamburger Rates *al to nah* (allzu nah) an der Stadtgrenze. Reim: *Hamborg is 'n grote Stadt,/ Altona is ook noch wat,/ Niemöhlen is 'n Waterpool*[52]*,/ Ottensen is 'n Schietstohl.* Zwischen Hamburg und Altona herrschte lange Zeit eine Rivalität, die bis zur Überheblichkeit gehen konnte: *Platz dor! In 'n Rönnsteen*[53]*!, sä de Hamborger to 'n Altonaer, ik bün en Hamborger Börger!*

51 Abschießen

Altonaer Balkon → *Kap Kiekut.*

Altstadt Wenn die alten Hamburger sagten, sie wollten „in die Stadt“ fahren, so meinten sie damit das Kerngebiet der Hansestadt, die Innenstadt, die etwa die ursprünglich bischöfliche *Altstadt* und die gräfliche → *Neustadt* der Schauenburger umfasste. Das heutige Hamburger Staatsgebiet entstand erst 1937 mit dem → *Groß-Hamburg-Gesetz*. Eine historische Altstadt mit Gebäuden aus früher Zeit gibt es kaum noch. Hamburg ist mehrfach abgebrannt (→ *Großer Brand* 1842), abgerissen (→ *Gängeviertel*) und vor allem ausgebombt worden (→ *Gomorrha* 1943). So steht das älteste erhaltene Gebäude Hamburgs auch nicht in der *Altstadt*, sondern mehr als hundert Kilometer entfernt in der Elbmündung. Es ist der 1310 fertiggestellte Wehrturm der Insel → *Neuwerk*.

Altstädter (Mütze) → *Elbsegler.*

52 Wasserpfütze
53 Rinnstein

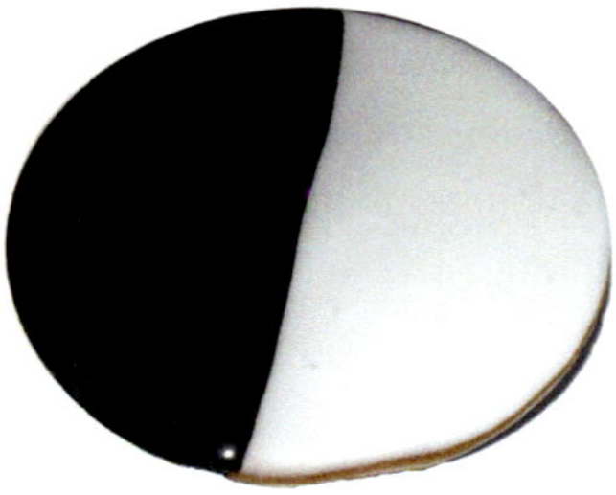

In schwarz-weißem Design wurde der ansonsten rot-weiße → Hanseat Amerikaner genannt.

Amerikaner kann mancherlei bedeuten: 1. natürlich jemand aus Amerika, 2. ein amerikanisches Schiff im Hafen, 3. ein Kastendrachen, 4. ein Blindgänger beim Militär, aber wir wollen uns 5. auf das Gebäckstück konzentrieren, das andernorts auch Sandbrötchen od. Ammonplätzchen heißt. Es handelt sich um eine feine, leichte Backware aus Mehl, Zucker, Ei, Fett und Milch, die auf gefetteten und bemehlten Blechen halbrund gebacken und mit Backpulver aufgetrieben wird. Nach dem Backen wird auf der flachen Seite eine dickflüssige Zuckerglasur aufgetragen, meistens ganz in Weiß, selten in der Mitte geteilt mit einer kakaohaltigen Hälfte in Schokoladenbraun. Die Farbkombination in Rot und Weiß war mehr dem → *Hanseaten* vorbehalten. *Amerikaner* wurden nicht nur in Hamburg gegessen, aber wir Hamburger denken bei diesem Begriff an unsere Schulzeit und an den Besuch beim Bäcker auf dem Weg, um den Sechser auszugeben, den Mutter uns heimlich zugesteckt hatte. Woher der Name kommt, ist letztendlich ungeklärt. Naturwissenschaftlich begabte Zeitgenossen mit einer Eins in Chemie präsentieren die etwas weit hergeholte Erklärung, es handele sich um eine → *Verballhornung* des Backtriebmittels *Ammoniumhydrogencarbonat*, wobei aus dem Wortungetüm „Ammoniakaner" ugs. *Amerikaner* geworden sei (einfachere Mitmenschen nehmen ohnehin Backpulver aus der Tüte). Andere behaupten, mit den amerikanischen Besatzungssoldaten sei nach dem Krieg das Gebäck *Black and White Cookies* nach Deutschland gekommen, und da die Deutschen damals mit den Anglizismen noch nicht so vertraut gewesen seien und zuvor noch nie farbige Soldaten gesehen hätten, hätten sie schlicht *Amerikaner* zu dem ufoförmigen Kuchenstück gesagt.

Amidaam [spr.: *'o·mi·do:m*] m., Stärke, Wäschestärke, hamb. mundartl. auch *Oomdoom* (mit Nasal) genannt; *in Amidaam sacken* (ohnmächtig werden), wobei *Ahmacht* (Ohnmacht) hier scherzh. in *Amidaam* umgedeutet wird. Vgl. frz. *amidon* (Stärke), mnd. *amedam*. *Amidaamwater* war das Stärkewasser der Wäscherinnen, ein *Amidaamkaker* ist ein Stärkekocher. Vgl. → *Amidammachergang*. *Amidaam* wird auch als Bezeichnung für Kleister benutzt, denn früher musste angerührtes Stärkemehl häufig die damals noch gar nicht vorhandenen Klebstoffe heutiger Tage ersetzen. Nach dem Krieg ließen wir kleinen Jungen gern selbst gebaute Drachen steigen, die mit Zeitungspapier bespannt waren, das wir mit angefeuchtetem Kartoffelmehl od. notfalls nur mit einer aufgeschnittenen Kartoffel um den Rahmen geklebt hatten. Natürlich löste sich die Bespannung oben in der feuchten Luft, und das Drachengestell stürzte in einen regenwassergefüllten Bombentrichter. Vgl. → *Bott*.

Amidammachergang Mit der Bebauung des → *Gängeviertels* in der → *Neustadt* zwischen 1612 und 1630 entstand dieser Gang, der seinen Namen nach einem dort ansässigen Gewerbetrieb erhielt, in dem → *Amidaam*, also Stärke, gekocht wurde. Er war ursprünglich Teil des *Ehebrechergangs* (1880: *Ebräergang*), der so hieß, weil dort alle Voraussetzungen zum Ehebruch gegeben waren: ein Bordell neben dem anderen. Auch in anderen Städten wurden Bordellstraßen *Ehebrechergang* genannt. Später teilte man die Abschnitte *Langer Gang, Kornträgergang* und *Specksgang* ab. Das Gängeviertel wurde bis zum Zweiten Weltkrieg abgebrochen[54].

Ammel (Finkw. für Eimer) → *Ammer.*

Ammenbeer wird das alkoholarme → *Braunbier* mit Zucker genannt, das wir heute alkoholfrei als Malzbier kennen. Es war sehr nahrhaft und wurde stillenden Frauen, die die eigenen od. als *Amme* auch fremde Säuglinge mit Muttermilch versorgten, zur Stärkung von Frau und Kind verabreicht. Deshalb versuchten Hamburger Brauereien vor dem Krieg auch die Bezeichnung *Gesundheitsbier* dafür einzuführen. Teilweise verstand man auch leichtes, dünnes Bier darunter, das als minderwertig galt und das *ammerwies* (eimerweise) verkauft wurde. Dazu sagte der Hamburger scherzh. *Ammerbeer* (→ *Amme*).

Ammer Eimer, auf Finkw. propr. *Ammel* genannt, heute aus Metall od. Plastik, früher aus Holz mit (Messing-)Reifen und (Metall-)Bügel. Feuereimer waren aus Leder, und jeder Hausherr war verpflichtet, *'n leddern Ammer* griffbereit zu haben. „Hamburger Eimer" mit besonders glänzenden und breiten Messingringen wurden aus Hohegeiß im Harz geliefert, bes. in den herrschaftlichen Bürgerhaushalten benutzt und von der → *Kööksch* od. den Dienstmädchen zum Einkaufen mitgenommen. Das führte bei den Fischweibern auf dem Markt zu der Ra.: *tööv man, bet de Deerns mit de blanken Ammers kaamt, de betoolt* – was bedeutete: Die armen Frauen aus dem Volk knauserten, handelten und feilschten morgens am Fischstand, aber die Dienstmädchen bezahlten später ohne Murren von dem Geld ihrer Herrschaft, was verlangt wurde. Ähnlich: *ik kann töven, bet de Deerns mit de blanken Ammers kaamt* (auf ein besseres Angebot warten); *dat regent, as wenn 't mit Ammers gütt* (wie aus Eimern gießen); *de lett dörch as so 'n drögen Ammer* (schwatzhaft); *op 'n Ammer sitten* (völlig erschöpft sein); *de Fro is as 'n Ammer ohn Borrn* (Frauen sind wie ein Eimer ohne Boden, nämlich verschwenderisch)[55]. Adv. *ammerwies* (eimerweise). Erw.: → *Ammerbeer;* → *Ammerländer;* → *Koppammer;* → *Sootammer.*

Ammerbeer (Bier eimerweise verkauft) → *Braunbier;* → *Ammenbeer.*

Ammerländer Spottn. aus Finkenwerder gegenüber den Leuten aus Altenwerder, weil diese den Eimer → *Ammer* nannten (wie übrigens auch der Rest von Hamburg) und nicht propr. *Ammel* wie auf Finkw.[56]

Amt h.: frühere Bezeichnung für eine Handwerkerzunft, für den Zusammenschluss der Meister eines bestimmten Handwerks. 1850 gab es in Hamburg 32 Ämter und acht als → *Bruderschaft* bezeichnete Ämter[57]. Dem *groot Amt* gehörten alle Meister des jeweiligen Amtes an, das *lütt Amt* war der Vorstand (vgl. → *Öllerlüüd*). Die regelmäßigen Zusammenkünfte in *Amtsdracht*

54 Pabel: Alte Hamburger Straßennamen S. 28

55 HWB 1/96 f.

56 lt. Dr. Joachim Holst

57 Hamburg-Lexikon S. 18 f.

(Amtstracht) im *Amtshuus* (Zunfthaus) unter Aufsicht des Rates waren mit reichlichem Essen und Trinken verbunden, das aus der Amtskasse bezahlt wurde, in die die Mitglieder bei Verstößen gegen die *Amtsrolle* (Satzung) einzahlen mussten (od. sie hatten eine *Bierstrafe* zu leisten, also eine od. mehrere Runden auszugeben). Frischgebackene Meister waren zur Ausrichtung eines reichhaltigen Festessens verpflichtet – in Hamburg wurde schwer gearbeitet, aber auch häufig gefeiert. Die Jahreshauptversammlung des Amtes hieß *Morgensprache*. Die → *Schaffer* fungierten als Kassenwarte und Festleiter. Die Aufgaben des Amtes waren die Kontrolle der Berufsausübung in Bezug auf Qualität und Ausbildung, die soziale Fürsorge für Kranke und Hinterbliebene (vgl. → *Krameramt*), die *Leichenfolge* bei der Beerdigung verstorbener Meister und die strikte Abwehr nicht zünftiger Konkurrenz, also von „Schwarzarbeitern" (vgl. → *Bönhase*), denn nur zünftige Handwerker durften den Beruf ausüben. Dieser Zunftzwang fiel mit der Einführung der Gewerbefreiheit 1863, was zum Ende der Ämter führte. Ihre Aufgaben übernahmen die Gewerke und Innungen.

Amtsrolle (Zunftsatzung) → *Amt.*

an od. ab? Diese Frage stellte z.B. der Junge dem Mädchen, um herauszufinden, ob es ihn mag und mit ihm „gehen" will[58].

Anbinner od. ein *Anbinnerjung* war ein Arbeiter, der die Hafenfähren vertäute. Von *anbinnen* (anbinden). Vgl. → *Fastmoker.*

58 lt. Karin Offen

anblaffen ugs. noch heute verbr. für anschnauzen, anfahren, anbellen. Syn.: *anbölken, angrölen* (anschreien). Vgl. → *blaffen* (kläffen).

Anböterholt (Anmachholz) → *Sprock.*

Andriever *Een gode Andriever is beter as teihn fule Arbeiter* – das wird im privaten Bereich höhnisch demjenigen vorgehalten, der meint, sich als *Antreiber* gegenüber den anderen gebärden zu müssen.

anduunt (angeheitert) → *anscheten.*

angehn „Das kann doch nicht *angehn!*", sagt der Hamburger, wenn er meint: „Das darf doch wohl nicht wahr sein!"

Angeld Das *Angeld* war in Hamburg die Anzahlung.

angetütert ist jemand, der nicht mehr ganz nüchtern ist und sich einen Schwips angetrunken hat, sodass er mit dem, was er tut und redet, ein bisschen in → *Tüdel,* also durcheinanderkommt. Vgl. → *antüdeln.*

anköteln bedeutet sich anbiedern, einschmeicheln, heranmachen; *de will sik bloots anköteln.* Schimpfw.: *Anköteler* (Schmeichler).

ankrögern sich beim → *Kröger,* beim Krugwirt, in der Kneipe einen Rausch antrinken. Vgl. → *besopen.*

anmeiern bedeutet betrügen, beim Spiel schummeln, jmdn. anführen. Nicht jeder Betrüger heißt Meier, aber der häufigste Familienname auf den Elbinseln und südlich der Süderelbe war der Name Meyer, allerdings mit y. Der 1862 in Moorburg geborene Lorenz Heinrich Meyer, mein Großvater, pflegte seinen Massennamen mit der Bemerkung aufzuwerten: „Ypsilons sind selten und daher vornehm.“ Nur nicht bei Meyer. In dieser Hinsicht war er *angemeiert* … Grundschüler mit diesem Namen mussten sich auf dem Schulhof Spottreime anhören: *Peter Meier, leggt de Eier, in den Sand, mit Verstand, kümmt de Geier, fritt de Eier, o, wat schreet de Peter Meier* …

anmicheln jmdn. anführen, betrügen. Syn.: → *bedregen*.

anökeln (verspotten) → *ökeln*.

anplünnern anziehen, in die → *Plünnen* (Kleidung) kommen, ausgehfertig machen; *nu plünner di mol an!*, schimpfte Mutter, wenn die Tochter morgens immer noch nicht ihre Schulkleidung anhatte.

anscheten bedeutet „anschießen“ und nicht etwa ein Verb, bei dem die i/e-Folge gedreht ist (→ *anschieten*). Das Part. Perf. lautet *anschoten; he is anschoten*, sagt man, wenn jemand leicht betrunken und angeheitert ist. Syn.: *anduunt*.

anschieten Dieses Verb sollte besser nicht wörtl. ins Hochdeutsche übersetzt werden, wird allerdings auch meist übertr. für hereinlegen, übervorteilen, betrügen gebraucht; *dor hebbt se uns mit anscheten* (damit haben sie uns übervorteilt). Ra.: *anscheten, Herr Paster!* Das kam so: Ein Hamburger Pastor, der meinte, dass der Herrgott ihm unendliches Wissen verliehen habe, ließ sich jeden Morgen um sieben von seinem Hausknecht wecken und das Wetter ansagen: *Moin, Herr Paster, wi hebbt Klock söven un buten schient de Sünn!* Der Pastor: „Das weiß ich doch längst, mein Sohn!“ Eines Tages hatte der Knecht verschlafen, sagte aber gewohnheitsgemäß wieder sieben Uhr und Sonnerschein an. Der Pastor: „Das weiß ich doch längst, mein Sohn!“ Nun reichte es dem Hausknecht: *Anscheten, Herr Paster, dat is jüst bi Klock negen, un buten regent dat junge Katten!*

anseggen „ansagen“ im Sinne von bekannt geben, ankündigen, mitteilen. Da es früher noch keine Familienanzeigen in Zeitungen gab und erst recht keine Kommunikation über E-Mail, Twitter od. Facebook, wurde bei Geburt, Taufe, Hochzeit, Todesfall od. Beerdigung das Dienstmädchen (begleitet von einem Waisenknaben) losgeschickt, um den Verwandten, Bekannten und Nachbarn das Ereignis anzusagen und sie eventuell einzuladen. In ganz vornehmen Haushalten schickte die Herrschaft auch den Diener herum, auf dem Lande die großen Bauern entsprechend die Magd od. den Knecht. Das war der *Ansegger* bzw. die *Anseggersch*, die traditionsgemäß ein Trinkgeld von den Benachrichtigten erhielten, das sogenannte *Anseggergeld. Füür anseggen* (Feueralarm geben); *en Doden anseggen*. Formel z. B.: *ik schall gröten vun Hein Meiners sien Fro, he harr Fieravend mookt* (er ist gestorben)[59]. Einladungen zur Hochzeit sprach meistens der → *Köstenbidder* aus.

anstehen (*anstahn*). 1. sich schicken, geziemen; *dat steiht mi nich an* (das schickt sich nicht für mich); vgl. → *tieren*. 2. in der Schlange vor dem Laden *anstehen* (was übrigens nach dem Krieg auch im Westen Alltag war). 3. die Tür *anstehen* lassen, sie nicht ganz schließen, sondern sie nur eng an den Rahmen lehnen. So konnte man mit spitzen

59 HWB 1/137 f.

Ohren lauschen, was im Nebenzimmer gesprochen wurde. Wenn man etwa beide Hände am voll beladenen Tablett hatte, ließ sich die Tür durch einen leichten Stoß mit dem Hinterteil öffnen.

antüdeln sich nach und nach und Glas für Glas einen Schwips antrinken, bis man → *tüdelich* (unsicher) auf den Beinen ist.

anwecken Zwar kann man Oma durch einen Telefonanruf auch wecken, falls sie gerade im Sessel eingeschlummert sein sollte, aber das ist mit diesem Verb nicht gemeint – *anwecken* war der gängige hamb. Ausdruck für (telefonisch) anrufen.

Anzeiger Der „Anzeiger" wurde von dem Essener Großverleger Wilhelm Girardet (1838–1918) am 2. September 1888 als „General-Anzeiger für Hamburg-Altona" [spr.: Hamburg *und* Altona] gegründet und 1922 mit „Neue Hamburger Zeitung" zum „Hamburger Anzeiger" zusammengelegt. Girardet brachte damit den Zeitungstyp „Generalanzeiger" nach Hamburg – kurze Artikel, populäre Themen, niedrige Bezugs- und Anzeigenpreise, sodass der *Anzeiger,* wie er in Hamburg ugs. nur genannt wurde, in der Weimarer Republik der meistgelesene Titel der Hansestadt war. Im „Dritten Reich" gleichgeschaltet, wurde er kriegsbedingt am 1. September 1944 mit dem → *Fremdenblatt* und dem → *Tageblatt* (der Hamburger NS-Zeitung) zur → *Hamburger Zeitung* zwangsvereinigt (bis 30. April 1945). Nach dem Krieg bekamen tatsächlich od. vermeintlich vorbelastete Zeitungen keine Lizenz der britischen Besatzungsmacht. Erst am 13. September 1952 startete der „Anzeiger" einen Neuanfang, vereinigt mit der FDP-Parteizeitung „Hamburger Freie Presse" (1946 – 1952), in die ihrerseits die CDU-nahe „Hamburger Allgemeine Zeitung für christlich-demokratische Erneuerung" (1946–1950) aufgegangen war. Der „Anzeiger" brach einen ruinösen Preiskrieg gegen das → *Abendblatt* vom Zaun, den er verlor – und das nicht nur aus wirtschaftlichen Gründen. Am 31. März 1957 gab der „Anzeiger" endgültig auf.

apartich Adj. eigenartig, von besonderem Reiz; *dat is 'ne apartige (aparte) Deern,* sagte der Hamburger, wenn er einem geschmackvollen und bewusst höflich auftretenden Mädchen gegenüberstand. Von frz. à part (abgesondert, eigenartig), worauf auch das *Appartement,* die abgesonderte Wohnung, zurückgeht. Ndl. *apart,* zu dem *afrikaans* die *Apartheid* (Gesondertheit), die Rassentrennung zwischen weißer und farbiger Bevölkerung, gehört.

appeldwatsch ist eine Steigerung von *dwatsch*, etwa in *dat is appeldwatsch*, was so viel bedeutet wie *dat is dumm* → *Tüüch* (dummes Zeug). *dwatsch* ist der Missingsch-Ausdruck für das ndd. → *dwars* od. *verdwars* (quer, querköpfig, verschroben, albern, wunderlich, schlecht gelaunt, grob, frech); *komm mi nich dwars!* ist eine Warnung und heißt: „Komm mir bloß nicht dumm!" *dwars un dweer* ist kreuz und quer, *dwars kieken* ist schielen, *Dwarsdriever* bedeutet Dickkopf od. Quertreiber und in der Seemannssprache jemand, der sein Schiff falsch steuert. Ein → *Dwarslöper* ist ein Tier, das *dwars*, also quer läuft; hochd. sagen wir Krebs dazu und im übertr. Sinne Querulant.

Appelgriepsch heißt der nicht mitgegessene Rest des Apfels (Blüte, Kerngehäuse, Stiel).

appelkatoolsch Steigerung von → *katoolsch.*

Appelklauerbüx ist die spöttische Bezeichnung für eine weite od. zu weite Hose, bei der man scherzh. unterstellen kann, sie eigne sich bestens zum Verstecken geklauter Äpfel und anderer Gegenstände, die man aus Nachbars od. Pastors Garten heimlich hat mitgehen lassen. Und welche Hosen sind geradezu prädestiniert als Bekleidung beim Klauen? Richtig, die → *Knickerbocker!*

Appelknuust Das war ein hamb. Bratapfel, aber kein Bratapfel, wie wir ihn heute mit entferntem Stiel und ausgestochener Blume kennen. In ländlicher Umgebung wurde früher einfach ein Brotteig gefertigt, per Hand geknetet und flachgedrückt. Dieser Teig wurde um einen nicht zu großen Apfel mit Stiel, Blume und Kerngehäuse geformt (so etwa, wie man einen Schneeball macht) und ca. 25 Minuten in die Ofenklappe gelegt. Fertig war der *Appelknuust!*[60]

Appelpannkoken Wie man *Pannkoken* (Pfannkuchen) eigentlich nicht essen sollte, hat uns → *Henry Vahl* als „Schneider Nörig" im → *Ohnsorg-Theater* unvergesslich vorgemacht: zu heiß, zu kalt, zu süß, mit „zweierlei" Marmelade – dem alten → *Gnadderbüdel* (Nörgler) war nichts recht, obwohl seine Tochter (Hilde Sicks) sich alle Mühe gegeben hatte. Pannkoken werden zu *Appelpannkoken,* indem man den Teig mit Apfelspalten belegt.

Arfen [spr.: *a:fen*] (Plur.) sind natürlich die Erbsen, also Hülsenfrüchte, die als Nahrung für breite Volksschichten dienten, häufig in Form von → *Arfensupp* (Erbsensuppe); *dick Arfen* (Erbsenbrei); *gröne Arfen* (junge Erbsen); *gele Arfen* (getrocknete Erbsen); *griese Arfen* (graue Felderbsen); *Arfen sünner Schell* (Zuckererbsen in der Schote). Raa.: *dor hett de Düvel Arfen seit* (Pockennarben im Gesicht); *du müsst de Arfen mit Speck planten* (zur Köchin, die Erbsen ohne Speck gekocht hat); *de kannst in de Arfen stellen* (als Vogelscheuche – über eine schlecht gekleidete Frau); *he mookt en Gesicht as 'n Pott vull suur Arfen* (über einen Schlechtgelaunten)[61].

Arfenbusch Erbsenbusch, mannshoher Reisig, auf das Beet mit den in zwei parallelen Rillen gesäten Erbsen gesteckt, damit die Pflanzen daran hochranken können. Früher ein alltäglicher Anblick in jedem Gemüsegarten, heute, falls sich ein Schrebergärtner überhaupt noch mit Erbsen abgibt od. gemäß Vereinssatzung abgeben muss, durch ein Ranknetz aus Plastik abgelöst. Abergl.: Da die Erbsen zur Ernährung der Familie unerlässlich waren, durfte man sie, sollten sie gedeihen, nicht einfach so in die Erde geben: *Arfen schall man nich vör 'n olen → Maidag* (10. Mai) *un nich an 'n -dag planten* (also nur am Mittwoch od. Sonnabend). Dazu muss der Mond zunehmen und der Wind mild sein, damit die Erbsen schneller wachsen und weich werden.

Arfensupp Erbsensuppe, heute eher ein trendiger Eintopf in der Kantine und auf Gartenfesten, war früher Volksnahrungsmittel, das an guten Tagen mit Schweineteilen, Schlachtresten, geräucherter Schweinebacke od. durchwachsenem Speck gekocht wurde.

as mi dat Muul schüümt Ra.: Wie mir das Wasser im Munde zusammenläuft.

as Adv., Konj. wie, als. Der bekannteste Ausspruch mit *as,* der in Hamburg und über Hamburg hinaus zum geflügelten Wort wurde, stammt aus

60 lt. Hans-Hermann Wölfert

61 HWB 1/161 f.

dem Schwank „Dat Hörrohr“ von *Karl Bunje*[62]*: As du meenst, Bertha!* In einer bekannten Inszenierung im → *Ohnsorg-Theater,* damals an den Großen Bleichen, spielte Jochen Schenk den tutigen Hoferben Jochen Meiners und Christa Wehling seine herrische Frau Bertha, die ihren Mann so unter dem Pantoffel hatte, dass er pausenlos nur noch geknickt die besagte Antwort murmeln konnte. Da in Volksstücken böse Frauen auf der Bühne zum Schluss zur Freude des Publikums ihr Fett wegbekommen, kann man sich denken, dass der letzte Spruch in der letzten Szene umgekehrt lautete: *As du meenst, Jochen!* Im Plattdeutschen wird *as* als „wie“ gebraucht, oft auch als „als“. Daraus entstand im Hamburgischen das „als wie“; aber nicht nur in Hamburg, denn Goethe ließ seinen Faust sagen: „Da steh ich nun, ich armer Tor, und bin so klug *als wie* zuvor.“ Die Hamburger gingen mit schlüpfrigen Redewendungen nicht gerade zimperlich um. So sagt man bei Schnupfen: *mien Nees löppt as ’n Brögamsdiddel*[63]. Und „Kommt Zeit, kommt Rat“ heißt auf Plattdeutsch: *Koomt Kinner, koomt Titten*[64].

62 *Karl Bunje* wurde 1897 in Neuenburg/Friesland geboren und starb 1985 in Köln. Von ihm stammt auch das Stück „De Etappenhas“ (1935), das – ins Kölsche übertragen – untrennbar mit *Willy Millowitsch* verbunden ist.

63 → *Brögam* ist der Bräutigam, und der → *Dietel (Diddel)* ist das, was der Bräutigam hat, die Braut aber nicht. Dafür hat die Braut → *Titten,* der Bräutigam nach konservativer Zuordnung jedoch nicht.

64 lt. Gerhard von Harscher

In den Nachkriegsjahren gab es weder Kitas noch Spielplätze – die Kinder spielten draußen zwischen den Ascheimern, wie hier im Hinterhof der Poststraße 36 (Neustadt).

Ascheimer So bezeichnen die Hamburger bis heute häufig ihre Mülltonnen. Der Begriff stammt aus den Zeiten, in denen die Wohnungen noch mit Briketts, Koks, Holz od. Torf beheizt wurden, deren Asche jeden Morgen in den *Ascheimer* wanderte. Diese waren aus Metall, mit Bügel od. mit Griffen an der Seite und einem abnehmbaren Deckel obendrauf. Kunststofftonnen wie heute waren damals ungeeignet, mussten sie doch Sicherheit bieten gegen Glutreste od. heiße Asche. Entleert wurden sie in der Regel auf einen offenen Pferdewagen, was entsprechend staubte und stank, eine Drecksarbeit, die nur noch von der Abfuhr der Fäkalieneimer unterboten wurde. Die Mitarbeiter der Müllabfuhr heißen immer noch *Ascheimerleute*.

Ascher (Spaten) → *Escher.*

asen aasen. 1. Kot hinterlassen; *de Peer harrn dor aast.* 2. schmutzige Arbeit machen; *in 'n Schiet asen.* 3. meist jedoch im Sinne von verschwenden, mit etw. nicht sparsam umgehen gebraucht: *aas nich so mit de Botter!*

asich (ösich) Adj. hässlich, unangenehm, widerwärtig; *asige Küll* (grimmige Kälte): *'n ösigen Keerl* (ein fieser Zeitgenosse). Adv. sehr; *dat deit asich weh.*

Asmus ist eines der vielen Hamburger Schimpfwörter für einfältige Personen. Schlagen wir nach bei Richey: *dumme Asmus, dumme Drütje, dumme Jens, dumme Jürcken, dumme Olf, und Peetjen dumm sind bey uns die gewöhnlichsten Benennungen einfältiger und alberner Menschen. Warüm aber diese vorberegte Nahmen hiezu insonderheit gebraucht worden, ist wol keine andere Ursache, als weil sich etwan einmahl dumme Leute gefunden, die von ungefehr so geheissen, und daher ihr Nahme zum Sprichwort geworden. Also ging vor einigen 50 Jahren in Hamburg geraume Zeit ein schwachsinniger Mann herüm, Nahmens Asmus, welcher allen Leichen im letzten Paare zu folgen, und aus alten Gazetten neue Zeitungen zu lesen pflegte. Seitdem ist es bey uns zur Gewohnheit geworden, daß man einen aberwitzigen Menschen einen dummen Asmus nennet*[65].

asten schwer schleppen, sich angestrengt fortbewegen; *den Berg hinauf asten.*

astrant Adj. unverschämt, grob, frech herrisch. Von frz. *assurance* (Selbstsicherheit).

auf Arbeit Wenn die Frauen od. Kinder über Tag gefragt wurden, wo denn ihre Männer od. Väter seien, kam die Antwort: *auf Arbeit.*

auf ab „Da kannst *auf ab!*", sagte Frau Dibbermeier zur Nachbarin, was bedeutete: Darauf können Sie sich verlassen, das ist sicher.

aufbüdeln Wenn ich unseren neuen Kaffeevollautomaten betrachte, frage ich mich, wie die Leute eigentlich früher Kaffee gekocht haben. Ich erinnere, dass sonntags der Kaffee erst einmal gemahlen werden musste. Das geschah mit Handarbeit in einer hölzernen Kaffeemühle mit Eisenkurbel oben, die man sich im Sitzen fest zwischen die Beine klemmte. Das musste ich machen, obwohl ich als Kind gar keinen Bohnenkaffee trinken durfte. Beim Aufbrühen entstand feiner Kaffeesatz, der auch in die Tassen gelangte und den Trinkgenuss verleidete, wenn er sich zwischen den Zähnen festsetzte. Man konnte nicht schlucken, durfte nicht spucken und wischte sich verstohlen die

65 Richey S. 46

Zunge mit der Serviette ab. Deshalb benutzte Mutter bald einen Stofffilter, einen → *Büdel* (Beutel), um den Kaffee ohne Schwebstoffe *aufzubüdeln.* Selbst als dann die viel praktischeren Papierfiltertüten von Melitta in Gebrauch kamen, blieb es bei der Bezeichnung *Kaffee aufbüdeln.*

aufkriegen 1. öffnen. 2. aufessen. Wenn jemand ein Stalltor nicht *aufkriegt,* hat er „zu wenig Schmalz". Wenn aber einer die reichliche Portion beim Wirt nicht *aufkriegt,* hat er sich, oft ohne es selbst zu merken, als Hamburger zu erkennen gegeben.

aufrappeln (*oprappeln, oprabbeln*) bedeutet, sich aufzuraffen, wieder zu Kräften zu kommen, mühsam aufzustehen, sich zusammenzunehmen; *ik wull mi noch wedder oprappeln, aver dor mark ik al, dat mien Been nich mehr wullen; as de Polizei keem, dor harr he sik al oprappelt; rappel di man mol 'n beten op!* (nimm dich zusammen!)

aufröbbeln (*oprebbeln, obreppeln* od. *opröbbeln*). Die Schreibweise ist variabel, die Tätigkeit jedoch eindeutig: die Maschen von Gestricktem auflösen und den so gewonnenen krausen Wollfaden zum Glätten wieder stramm zum Knäuel aufwickeln. In der schlechten Zeit um 1946 bemühte sich meine Mutter, mir aus allerlei Wollresten einen Pullover zu stricken, aber da es schwer war, einen Teddy als Muster hineinzustricken, *röbbelte* sie das Fertige mehrmals wieder *auf.* Danach musste ich die Hände, die Daumen zur Decke, vorstrecken, und die Wolle wurde erst stramm in Schlaufen um meine Hände geschlungen, damit die Mutter besser ein Wollknäuel wickeln konnte. Wenn Mutter strickte, verkrümelte ich mich gern auf die Straße. Allerdings hatte man als Kind zu so einem Pullover eine viel „persönlichere" Beziehung als heute zu einem anonymen Stück aus dem Kaufhaus.

aufsacken eine Krankheit „einfangen". Wo hast du dir denn die Erkältung *aufgesackt?,* hieß es.

auftun „Ich tu jetzt auf!" Mit diesen Worten rief Mutter die Familie zum Essen, was bedeutete: Alle zu Tisch, ich fülle die Teller!

Ausland Das „Ausland" kannte jeder Hamburger Jung – gemeint ist → *Barmbek,* das wegen seiner relativ weiten Entfernung vom Zentrum diesen Namen erhalten hatte.

Ausruf Ausrufe waren früher gang und gäbe und wurden von Ausrufern vorgenommen, die mit einer Glocke durch die Stadt zogen, in gewissen Abständen läuteten und dann eine Bekanntmachung vortrugen. Auch die Straßenverkäufer, die Lebensmittel, Handwerksartikel, Naturalien, Brennmaterial, Fisch, Geflügel und Kleintiere anboten, hatten im 19. Jh. ihre festen, meist wenig einfallsreichen Rufe, sodass in den Gassen, Gängen und Märkten der Hansestadt ein pausenloses Geschrei geherrscht haben muss. Im „Hamburger Ausruf" von 1808 hielt *Christoffer Suhr* die unzähligen Straßenverkäufer in Kupferstichen fest. Zu den Blättern gab es gedruckte Erläuterungen. Dabei klangen durchaus nachdenkliche Töne an, etwa zu dem Bild der Singvogelverkäuferin: „Zuweilen gehen auch einige Bauerweiber damit in der Stadt umher, und bieten ihre Waaren mit dem eintönigen Geleier: *ook Singvagels*, zum Verkauf aus. Der Ton liegt hierbei auf der letzten Sylbe. [...] Zuweilen sieht man wohl auch Bauerknaben, besonders bei den kleinen Torfwagen, mit ganzen Vogelnestern, welche sie für eine Kleinigkeit verkaufen, wobei aber der Käufer die Mühe der Atzung hat. Dieser Handel sollte nicht so ohne Einschränkung erlaubt sein. Man würde auf den Gärten in

Seinerzeit eine Hamburger Institution, heute verschwunden: „Schümanns Austernkeller" am Jungfernstieg. Das Foto zeigt die letzte Inhaberin, Jutta Schümann, im November 1994 vor dem Austerntresen in ihrem Restaurant.

Barenfeld[66], Eimsbüttel, Bostel u.s.w. nicht so viel von Fliegen und Mücken geplagt werden, wenn die Vögel vor Nachstellungen sicherer wären; des Vergnügens nicht zu gedenken, welches der Gesang gewähren würde."

Außenbordskameraden Der Angler od. Fischer sitzt im Boot, die Fische schwimmen außerhalb im Wasser, und wenn sie gefangen werden, gibt's zu Mittag Außenbordskameraden zu essen. Fisch kam auch im protestantischen Hamburg häufig freitags auf den Tisch.

Austernkeller Im Internet steht er noch heute als Hamburger Restauranttipp, so als gäbe es ihn noch: *Schümanns Austernkeller* am Jungfernstieg 34. Doch am 28. Dezember 2000 wurde das Lokal geräumt, das Mobiliar eingelagert und 2003 versteigert. Die letzte Besitzerin, Jutta Schümann, starb am 8. April 2006 im 86. Lebensjahr. Damit endete eine Hamburger Tradition, die August Wilhelm Daniel Schümann im Sommer 1884 begründet hatte. Schümann hatte beim Fischfeinkosthändler Johann Cölln gelernt, wie man Austern und Hummer zubereitet, und eröffnete im Keller von *Streit's Hotel* ein Restaurant mit Nischen und Séparées, in denen Kaufleute, Künstler, Politiker und Beamte gut und vor allem hanseatisch diskret speisen konnten. 1903 zog er ins Nebenhaus um. 1938 „arisierten" die Nationalsozialisten den Betrieb, der 1950, hoch verschuldet, an die Familie zurückfiel. 1984 schrieb der damalige Bürgermeister Klaus von Dohnanyi zum 100-jährigen Bestehen des Austernkellers, er präsentiere lebendige Kulturgeschichte und sei aus Hamburg nicht wegzudenken. Doch bald ging es zu Ende. Angeblich hatten die gastronomischen Leistungen stark nachgelassen, und der Hauseigentümer, die Campe'sche Historische Kunststiftung, mahnte eine der Lage angemessene Miethöhe an[67].

66 Zitat in hist. Schreibweise

67 Eigel Wiese: Hummer im Séparée. HA 30.7.2009 S. 13

auswringen → *wringen.*

Aven [spr.: *o:bm*] Ofen, womit im Gegensatz zum Küchenherd der Stuben- od. Kachelofen gemeint ist; *wat in 'n Aven leggen* (einheizen; vgl. → *inböten); 'n beten in 'n Aven smieten* (nachheizen). Raa.: *he sett sik achtern warmen Aven* (Stubenhocker); *dor mit lockst du keen Katt achtern Aven rut* (zwecklose Bemühung). Erw.: *Avenbank* (Ofenbank); *Aveneck* (Ofenecke); → *Avenfenner* (Ofenschutzschild); → *Avenkass* (Nische im Ofen); *Avenklapp* (Ofentür, die nicht seitwärts, sondern nach oben od. unten geöffnet wird); → *Avenkruper* (Ofenkriecher); *Avenschott* (Ofenschieber zur Regulierung der Luftzufuhr)[68].

68 HWB 1/176 ff.

Avenfenner Ofenschutzschild, meist vor den Ofen gesetzte Eisenplatte mit niedrigem Rand, damit Glut und Funken kein Feuer auf dem Fußboden entfachen konnten, wenn sie beim Heizen od. Schüren aus dem Ofenloch stoben.

Avenkass Nische oben im Kachelofen, offen od. mit einer Eisenklappe verschließbar, in der Speisen und Getränke warm gehalten werden konnten.

Avenkruper „Ofenkriecher", was 1. ein verweichlichter Mensch sein kann, ein Stubenhocker, der die warme Ofenbank der frischen Luft vorzieht, aber auch 2. eine Kakerlake, die im, hinterm od. unterm Ofen ein angenehm warmes Versteck gefunden hat.

Stehlampe, Esstisch (ausziehbar), an der Wand der billige Nachdruck eines Stilllebens, dazu der Ofen mit Avenkass – Mutter und Sohn litten offenbar nicht unter der sonst üblichen Wohnungsnot und Raumenge. Da konnte man als Junge leicht zum Stubenhocker werden, von den Altersgenossen draußen verächtlich Avenkruper genannt.

B

b. b. b. Abk. für *bums büst buten!* (sonst fliegst du raus!)[69]. Vgl. → *buten* (draußen).

Baak [spr.: *bo:k*]. Eine Bake ist ein Seezeichen zur Kennzeichnung von Untiefen, der Fahrrinne od. der Hafeneinfahrt; *achter de Baken liggen* (im Hafen od. auf der Reede). Die Form reichte vom schwimmenden Holzklotz über eine verankerte → *Tonne* bis zum festen Holzgerüst. Eine Bake mit Leuchtfeuer hieß → *Blüse*.

Baantje [spr.: *bo:ndje*] („kleines Amt") ist eigentlich ein „Bähnchen", wird aber übertr. in der Bedeutung (An-)Stellung bzw. Posten gebraucht, bes. im Sinne von Nebenbeschäftigung od. Ehrenamt; *he hett 'n feinen Baantje kregen.* Wenn Vater von der Schicht im Hafen nach Hause kam, freute er sich schon mal, an dem Tag einen guten *Baantje* gehabt zu haben, also für eine Arbeit eingeteilt gewesen zu sein, die nicht so anstrengend war. Ein *Baantjejager* war ein Postenjäger und ein *Baantjemann* ein städtischer Angestellter – offenbar war früher die heute häufig bestrittene Überzeugung verbreitet, dass Beschäftigte im öffentlichen Dienst einen sicheren, ruhigen und gut bezahlten Arbeitsplatz hatten, eben einen *Baantje*[70]. Von ndl. *baantje*, Dimin. zu *baan* (Job, Arbeit, Beschäftigung); ndl. *een vet baantje* (eine fette Pfründe).

Baas ist 1. der, der zu sagen hat: Herr, Meister, Chef, Boss; Anrede der Lehrlinge und Gesellen gegenüber den Handwerksmeistern (ein *Schoosterbaas* z.B. ist ein Schuhmachermeister), ebenso im Hafen bei den → *Quartiers-* und → *Schauerleuten*, → *Ewerführern* usw. Matrosen redeten den Herbergswirt (*Slaapbaas* od. *Slummerbaas*) od. den Stellenvermittler für Seeleute (→ *Hüerbaas*) so an. Der Spielleiter einer → *Speeldeel* ist der *Speelbaas*. 2. *Baas* war aber auch der Erste auf seinem Gebiet, der Beste, der Überlegene; *he is de Baas in de School.* → *Jan Baas* bezeichnet einen starken, kräftigen Menschen, während *Baaskeerl* für einen „Helden" eher ironisch gemeint ist.

Babutz (→ *Barbier*) → *Putzbüdel.*

back Adv. zurück; gegen den Wind.

[1]Back 1. Wange; *dicke Back* (Zahngeschwür); *den kann man dat Vadderunser dörch die Backen blasen* (sagt man über einen Hohlwangigen). Ra.: *so em geiht de Backen, so geiht em de Hacken* (wie er isst, so arbeitet er auch). 2. der Rücken. Syn.: → *Rüüch.* 3. übertr. Hügel (in Flurnamen).

[2]Back seem. 1. großes Gefäß, eine runde Schüssel, aus der eine Gruppe von sechs bis zehn Seeleuten (bes. Matrosen auf Kriegsschiffen) gemeinsam aßen; später der große Kübel, in dem das Essen für die Seeleute aufgetragen wurde. 2. eine *Backschaft*, eine Gruppe von sechs bis zehn Seeleuten, die gemeinsam aus einer *Back (1)* aßen. 3. der Tisch, an dem die Matrosen essen; er wird nach der Mahlzeit gewöhnlich an die Decke gezogen. 4. Aufbau im Vorschiff[71].

Backbeer im Backofen gedörrte Birne, „Backbirne"; *dröög as 'n Backbeer.* Die Bedeutung im Plur. als → *Backberen(moos)* bezieht sich nicht

69 HWB 1/364
70 HWB 1/184

71 HWB 1/189 f.

mehr auf das schrumpelige und trockene Dörrobst, sondern auf den Plunder od. → *Krempel.*

Backberenmoos Dieser Ausdruck wird scherzh. für die Siebensachen od. das Hab und Gut gebraucht. Alte Hamburger sagten zum → *Krempel* häufig *Backberenmoos* od. nur *Backberen,* womit nicht die → *Backbeer,* die gedörrte Birne, sondern übertr. der Plunder od. → *Krimskraams* gemeint war.

Backbord bezeichnet seem. die linke Schiffsseite (in Fahrtrichtung gesehen). Die *Backbordseite* wird immer rot gekennzeichnet. In alter Zeit war das Steuer auf der rechten Seite des Decks angebracht (→ *Steuerbord*), sodass die linke hinter dem Rücken (→ [1] *Back*) des Steuermanns lag. *Bord* (h.: oberster Rand des Schiffes).

backe Kinderspr. für fein, gut; *au backe, dat ward 'n Ei.*

backen blieven war der Albtraum ganzer Schülergenerationen: sitzenbleiben, am Ende des Schuljahres nicht versetzt werden.

Bäckers Kinder stand für übertr. die Kinder eines bestimmten Handwerks- od. Ladengeschäfts, die man mit den Waren der Eltern nicht beschenken od. belohnen wollte. Als Sohn eines Buchhändlers bekam ich nie ein Buch ab, wenn der Lehrer od. Pastor Bücher verteilte. Eine kleine Geschichte von Gabriele Gelbrich: Meine Eltern hatten ein Gemüsegeschäft, und als Kind musste ich oft Ware ausliefern. Mühsam habe ich die schweren Netze und Körbe bis in den 4. Stock geschleppt (Altbau), und wenn ich gedacht hatte, es gäbe ein bisschen Trinkgeld (Taschengeld war in den Fünfzigerjahren für uns ein Fremdwort), gab es nichts mit der Bemerkung: *Bäckers Kinner Stuten geven, gifft dat nich!* Ich habe danach immer eine Freundin hochgeschickt, und wir haben uns das Trinkgeld geteilt.

backich (*backsich*). 1. klebrig. 2. muffig; wenn das Heu warm und schimmelig geworden war, war es *backich.*

Backpfeife Eine *Backpfeife* ist ein Schlag, der um die *Backen* (Wangen) *pfeift,* hochspr. auch Ohrfeige genannt. Der Hamburger sprach kürzer von einem → *Backs.*

Backs leichte Ohrfeige, Schlag ins Gesicht; *'n Backs kriegen, dat du platt op de Eer liggst* od.: *dat du in de Alster fallst; de Buddel 'n Backs geben* (einen gehörigen Schluck aus der Flasche nehmen). Verb → *backsen* (ohrfeigen). Syn.: → *Backpfeife;* → *Flicken;* → *Riestüten.*

Backschaft (Gruppe von Seeleuten) → [2] *Back.*

backsen 1. ohrfeigen. Subst. → *Backs.* Vgl. → *kleven (2).* 2. → *Marmeln* spielen.

baden Wenn sich abends der Nebel am Fluss und über den Niederungen zeigt, dichtet → *Matthias Claudius,* der den Mond aufgehen sieht, „und aus den Wiesen steiget der weiße Nebel wunderbar". Die Norddeutschen benutzen einen etwas nüchternen Vergleich: *de Voss baadt sik* (der Fuchs badet). Das soll übrigens ein Vorzeichen für gutes Wetter sein. Wenn ein Vogel allerdings im Sand badet, gibt's angeblich Regen.

Bagaasch Bagage, eigtl. *Packelaasch* für Gepäck, übertr. Pack, Gesindel; *de ganze Bagaasch.* Von frz. *bagage* (Gepäck).

Bagalut (*Bagaluut*) bedeutet so viel wie Lump, Grobian, Radaubruder od. Spitzbube, wenn auch mit kumpelhaftem Unterton. Vermutlich stammt das Wort aus der Seemanns- und Hafensprache und ist aus dem engl. *bag o'loot* ([Beutel voller] Diebesware, Plündergut) bzw. aus *bag o'lout* („Krawallbeutel") von engl. *lout* (Flegel, Rüpel) hervorgegangen.

[1] Baggerbüdel Hier hat der *Baggerbüdel* sozusagen im wahrsten Sinne des Wortes tatsächlich etwas mit dem Baggern zu tun. Es handelt sich um einen Art → *Kescher,* um einen Lederbeutel an einer langen Stange, mit dem von einer → *Baggerschuut* aus der Grund von Alster und den → *Fleeten* ausgebaggert wurde. Vgl. → *baggern.*

[2] Baggerbüdel *Bagger* und *Büdel* stehen ugs. für eine Reihe von Ausdrücken, die scherzh. etwas Großes und Unförmiges bezeichnen. 1. Ein *Baggerbüdel* ist übertr. eine große, unförmige Hand- od. Tragetasche, in der Großmutter ihren halben Hausrat bzw. den Einkauf für eine ganze Woche unterbringen konnte. 2. In manchen Familien verstand man unter einem *Baggerbüdel* eine altertümliche, bis an die Knie reichende Damen- bzw. eine lange Herrenunterhose, die Kindern in der schlechten Zeit schon einmal als Pyjamaersatz zugemutet werden musste. Wenn Großmutter od. Tante Frieda ein solches Ungetüm tragen mussten, sprach man auch von einem → *Schinkenbüdel* od. als Folge des Anblicks von einem *Liebestöter.* Vgl. → *Baggermaschien* (unförmige Person). 3. Große, ausgeleierte Lederhandschuhe hießen im Volksmund ebenfalls *Baggerbüdel.*

Baggereer ausgebaggerte Erde. Kinder nannten in Anlehnung jeden Matsch und Schlamm, in dem sie wühlen (um nicht zu sagen: suhlen) konnten, deshalb → *Baggermatsch.*

Baggerkuhle ausgebaggerte Kies- od. Tongrube, die sich mit Grundwasser gefüllt hat und trotz Verbots oft zum Baden benutzt wird. Weil in den Zwanzigerjahren für viele Familien der Eintrittspreis für die städtischen Bäder zu hoch war, fuhren sie mit dem Fahrrad zu den nicht mehr genutzten Tongruben im näheren Umfeld Hamburgs zum Baden. Leider konnte man damals sehr oft in der Zeitung lesen, dass insbesondere Kinder ertrunken waren. Das steil abfallende Ufer wurde ihnen zum Verhängnis[72].

Baggermaschien ist nicht nur ein Bagger, also eine Maschine zum Baggern, sondern übertr. auch eine dicke und unförmige Person.

Baggermatsch Sicher hat der *Baggermatsch* etwas mit dem Bagger od. dem Baggern zu tun, aber in der Kindersprache bedeutet der Ausdruck generell Matsch od. Schlamm, der früher wie heute die Kinder magisch anzieht, besonders wenn sie gerade fein herausgeputzt worden sind. Syn.: → *Slackermatsch.*

baggern mit einem Bagger, einer → *Baggermaschien,* einem *Baggerschipp,* → *Baggerschuut* od. *Baggerewer* bezeichnet eine Tätigkeit, ohne die in Hamburg, aber beileibe nicht nur in Hamburg, jeglicher Tief-, Fluss- od. Hafenbau undenkbar wäre. Wenn es heute darum geht, die ganze Elbe zwischen Cuxhaven und der Hansestadt zu vertiefen, also auszubaggern *(utbaggern),* waren die Anfänge noch recht bescheiden. Harry Braun aus Quickborn schildert das so: Die erste *Hand-*

72 lt. Hermann Axnick

baggerei fand auf der Alster und auf den → *Fleeten* statt. Es waren kleine hölzerne → *Schuten,* die am Ort, der ausgebaggert werden sollte, mit → *Peekhaken* fixiert wurden. Das machte man, indem man vorn und achtern, → *Backbord* und → *Steuerbord,* je einen Peekhaken schräg von der Schute in den Grund steckte und daran die Schute festmachte. Dann begann die Arbeit. Zwei Schiffer kratzten mit einem → *Kescher* über den Grund, nahmen somit Sand und Schlamm auf, hoben die → *Baggereer* an Deck und entleerten sie in die Schute. Dieser Kescher war der → [1]*Baggerbüdel:* ein Eisenring an einer langen hölzernen Stange, an dem ein Lederbeutel befestigt war. Für die Schiffer eine Mordsarbeit! Es wurde im Akkord nach der Menge, die gebaggert wurde, bezahlt.

Baggerschuut 1. → *Schute,* von der aus die → *Fleete* und die Alster ausgebaggert od. mit der die → *Baggereer* (ausgebaggertes Gut) weggefahren wurde. Syn.: *Baggerewer.* 2. scherzh. für einen Hut mit breiter Krempe.

Bagno Gefängnis für Sklaven in Algier, mit dem viele Hamburger Seeleute Bekanntschaft machen mussten, bevor sie eventuell von der → *Sklavenkasse* freigekauft werden konnten.

bäh! Interj. in der Kinderspr. als Warnung vor der Berührung von Schmutz, als Ausdruck des Widerwillens od. der Schadenfreude; *mien Jung, dat is bäh!* Wie → *igittigitt.* Der Autor überlegt nun, ob das Lamm in der Kindersprache deshalb *Bählamm* genannt wird, weil es *bäh* wäre, es zu streicheln, od. ob wir es doch besser *Mählamm* heißen sollten, was gar nicht *bäh,* sondern *mäh* ist, wenn das Lämmlein auf der Weide nach der Mutter ruft. Wiegenlied aus dem nördl. Umland:

Bählamm bäh, dat Bählamm güng to Holt [73] *un stööt sien lütten Tähneken an en grote Steneken; dor schree dat Bählamm bäh!* [74]

Bai Der *Bai* war ein Wollstoff, der für die Vierländer Tracht verarbeitet wurde.

Balch (Plur. *Balgen*). 1. Balg, ein unartiges Kind; *en fulen Balch* (Faulpelz). 2. urspr. (Tier-)Haut, daher der *Blasebalg.*

Nicht gerade der Luxus von heute, aber immerhin bereits ein Anflug von Komfort: Diese Balje war nicht mehr aus Holz, sondern aus Zink gefertigt.

Balje (Plur. *Baljen*) bezeichnete urspr. einen großen runden Holzzuber, der entweder auf drei Beinen od. auf einem Waschbock stand. Später wurde die *Balje* aus Zink gefertigt und erhielt eine ovale Form. Eine solche Wanne war unverzichtbar zum Wäschewaschen od. um die Kinder sonnabends in der Küche nacheinander in demselben Wasser abzuseifen (→ Köllisch: *de Mudder seept de Gööm, vun achtern un vun vörn*). Eine *Balje* war größer als eine → *Bütt,* aber nicht so tief wie eine → *Tünn* (Tonne). Ein Zuber mit drei Beinen zum Wäschewaschen wurde auch → [2] *Töver* genannt.

73 in den Wald
74 Mensing 1/246

Ballerbüdel Trinker, Alkoholiker. Einen *Ballerkopp* hat man am nächsten Morgen nach reichlichem Alkoholgenuss am Vorabend. Von → *ballern (3).*

Ballerbüss Das war eine „Knallbüchse“, ein Kinderspielzeug, das aus einem ausgehöhlten Holunderstock selbst hergestellt werden konnte: Die Röhre wurde vorn und hinten mit Erbsen od. Eicheln verschlossen. Wenn das eine Ende nun mit einem kleineren Stock ruckartig hineingeschoben wurde, knallte der Verschluss am anderen Ende laut heraus[75].

ballern 1. krachen, knallen, barsch schelten; → *bullern un ballern* (donnern); *an de Döör ballern* (laut anklopfen); *in de Büx ballern* (nicht stubenrein zu übersetzen – es handelt sich hier um eine Tätigkeit, wegen der Säuglinge Windeln tragen, die einem Erwachsenen aber nicht mehr passieren darf). 2. schießen, stoßen, knallend werfen; *de Döör in 't Slott ballern; Löcker in de Luft ballern* (daneben schießen, was sowohl bei der Jagd als auch in der Bundesliga beim HSV passieren kann). Drohung: *ik will di ficks wat ballern!* Subst. *Balleree* (Knallerei, Lärm). Adj. *ballerich* (lärmend, laut, barsch). → *Ballerbüss* (Knallbüchse); → *Bullerballer* (Grobian). Vgl. → *bullern.* 3. übermäßig Alkohol trinken, ugs. sich einen „ansaufen“; *he hett ficks enen ballert!* (er ist volltrunken). Erw.: → *Ballerbüdel* (Trinker).

Ballkens (Fleischklößchen) → *frische Suppe.*

Bambuse (*Bambuus*) ist das Schimpfw. für 1. einen Taugenichts od. einen Strolch. 2. urspr. war damit ein ungelernter Seemann, ein schlechter Matrose od. ein Schiffszimmermann gemeint, der bloß als Handlanger diente. 3. *Bambusen* wurden (z. B. 1821) auch Streikbrecher genannt od. Gesellen, die aus dem Gesellenverband ausgestoßen worden waren[76].

Bammel bedeutet 1. ugs. Furcht, Angst, eine innere Unruhe, wie sie mit dem Hin- und Herschwingen (der bimmelnden und *bammelnden* Glocke) vergleichbar ist; *ik heff so 'n Bammel in de Büx.* 2. Gehänge – (ebenfalls) von → *bammeln* (baumeln); man kann im Sitzen seine Beine bammeln und hin und her schwingen lassen, und man kann sonst noch so allerlei bammeln lassen, was der Hamburger zusammenfassend als die *Bammelaasch* (*-aasch* von frz. *-age*) bezeichnet, also als das Herabhängende. Bevor nun falsche Gedanken aufkommen, sei gesagt, dass sich der Begriff nicht auf einen Körperteil bei Klein Bubi, sondern ausschließlich auf Sachen bezieht, so auf zu lange Ärmel od. auf die Anhänger an der Uhrkette. Man sagt auch *Bimmelbammel* dazu.

Bammelaasch (Gebaumel) → *Bammel.*

bammeln heißt hochd. baumeln, hängen, schlenkern od. schweben; *mit de Been bammeln;* Doppelformel: *allens wat dor an bimmelt un bammelt* (alles, was dazugehört). Syn.: → [1] *bummeln.* Vgl. → *Bammel;* → *Bammelaasch.*

Bananendampfer wurde ein schnelles Frachtschiff für den Transport von Südfrüchten, meist aus Mittelamerika, genannt, in der Regel als Kühlschiff ausgelegt.

75 HWB 1/201

76 HWB 1/202 f.

Bandmoker Hierbei handelt es sich um einen historischen Beruf. Früher wurden Fässer vom → *Böttjer* aus Holz hergestellt. Die → *Dauben* – die einzelnen Seitenbretter – wurden zur Tonne zusammengefügt. Zum Halt mussten sie mit Reifen umspannt werden. Hierfür verwendete man die Weidentriebe von Korbweiden, denen man die Rinde entfernte – *entbastete* –, die Triebe dann aufspaltete und zu Ringen bog, die um die Fässer gelegt wurden. Dies alles war die Tätigkeit der *Bandrieter* od. *Bandmoker*. Die Jungens verdienten sich manch Taschengeld durch das → *Entbasten*. Sie waren die *Stöckebaster*. Der Beruf war an der Unterelbe zu finden, ist aber ausgestorben. Hetlingen (Haseldorfer Marsch) nennt man das *Bandmokerdorf*. In Haseldorf gibt es noch Vorführungen. Heute nimmt man Metallringe od. gleich Metallfässer[77].

Bangbüx Unter *Bangbüx* versteht man in Hamburg „Angsthase", obwohl die exakte Übersetzung „Angsthose" lauten müsste. Aber nach der alten Volksweisheit macht sich die Angst ja manchmal sehr unangenehm in der Hose bemerkbar. Die → *Büx* ist die Hose, *bange* ist ängstlich. Der Angsthase wird seit Jahrhunderten wie der Hasenfuß auf das Stereotyp vom furchtsamen Hasen bezogen.

Bangerottsmöhl (von *Bankrott*) – so nannte Großmutter die Kaffeemühle. Fest zwischen die Beine geklemmt, mahlte Oma so lange, bis die kleine Schublade voll war[78].

Bankomark (Mark Banco). Das *Bankogeld* war eine weitgehend wertstabile Verrechnungseinheit der 1619 eingerichteten *Hamburger Bank*, das im Gegensatz zur *Kurantmark* nicht ausgeprägt war und durch vollständige Einlage in Edelmetall (Silberbarren, vollgewichtigen Reichstalern) gedeckt werden musste. Ende 1619 unterhielten 539 Firmen mit einem Jahresumsatz von zusammen 16,3 Millionen Mark Banco ein Konto bei der Hamburger Bank. Allein auf die Brüder Amsinck entfielen 641 845 Mark Banco. Der Verrechnungskurs der Bankomark war mit einem Drittel zum Reichstaler fixiert. Die alte lübische Mark zählte drei Reichstaler, anderthalb Gulden entsprachen einem Reichstaler. Die Bankomark entwickelte sich zu einer stabilen Handelswährung in ganz Europa und wurde erst 1876 durch die Reichswährung ersetzt[79].

bannig (*bannich*) heißt als Adj. außerordentlich; *dat hett uns bannigen Spaß mookt*. Als Adv. steigert *bannig* eine Aussage: *du hest bannig Glück* (großes Glück); *he is bannig klook*; *dat sneet bannig* (schneit stark); *dat güng ja bannig* (schnell).

Barbarien od. *Barbaresken* wurden in Hamburg die nordafrikanischen Seeräuberstaaten Algier, Tunis und Tripolis genannt, die bis zur Eroberung Algiers durch die Franzosen 1830 jahrhundertelang das westliche Mittelmeer, aber auch die Atlantikküste Portugals terrorisiert und den europäischen Handelsmächten schwere Verluste an Menschen und Fracht zufügt hatten. Algier war eine Piratengründung und lebte bis ins 19. Jh. vom *Kapern* und dem Sklavenhandel. Die gefangenen christlichen Seeleute und Passagiere mussten von ihren Heimatländern gegen hohes Lösegeld freigekauft werden. Auch *Miguel de*

77 lt. Hans-Hermann Wölfert
78 lt. Ehrhard Erichsen
79 nach: Hamburg-Lexikon S. 65

Cervantes (1547–1616), der Dichter des „Don Quichotte", war von 1575 bis 1580 Sklave in Algier. Hamburg litt sehr unter den Piraten. Die → *Ranzionierung*, den Freikauf, wickelte die Hamburger → *Sklavenkasse* ab.

Heute nicht mehr in Gebrauch: ein Rasiermesser, zu dem der Rasierpinsel, die Rasierseife, die Schaumschale und vor allem viele Blutstillstifte gehörten.

Barbier In Hamburg bildeten die *Barbiere* 1486 eine eigene Zunft außerhalb der *Bader* (Betreiber einer Badestube zur Körperpflege und einfachen medizinischen Behandlung). Ihr Angebot war vielseitig und reichte bis zur Tätigkeit als „Arzt der kleinen Leute". Sie zogen Zähne, heilten Brüche, *schröpften* die Menschen (ließen sie zur Ader), verabreichten Einläufe, stachen die Augen beim Star, amputierten Gliedmaßen und „operierten" bei schwierigen Geburten. Als es (glücklicherweise) immer mehr akademisch ausgebildete Mediziner gab, blieben für den Barbier nur die gering bezahlten Tätigkeiten als Perückenmacher, aus dem sich der Damenfriseur entwickelte, und das Bart- und Haarschneiden als Herrenfriseur – nach der Erfindung des Rasierapparats 1901 durch King C. Gilette zum Hungerlohn. Der Begriff stammt vom lat. *barbarius* (Bartscherer). Vgl. → *Putzbüdel;* → *Schrapenpüüster.*

[1] Barch (Plur. *Bargen*) bedeutet Berg und ist ein Allerweltswort, bietet aber im Hamburger Platt anschauliche Redensarten: *Bulen un Bargen* (ein Acker nach dem Pflügen voller Unebenheiten); *achter 'n Barch holen* (verheimlichen); *achter de Bargen wohnt ook Lüüd* (Hamburg ist nicht der Nabel der Welt); *em kümmt de → Bookweten-Grütt to Barch* (hängt zum Halse heraus). Scherzh.: *worüm löppt de Haas övern Barch? (weil he ünnen nich dörch kann).*

[2] Barch Der *Barch* bezeichnete früher auch einen offenen Schober mit spitzem Schutzdach aus Reet, der damals an jedem Bauernhof in der Marsch zu finden war, sozusagen ein kleiner Selbstbau-Silo zum Schutz vor allem von Heu und Stroh im Freien. Ein → *Heubarch* ist also nicht unbedingt ein Berg mit Heu, sondern ein Heuschober[80].

barfoot barfuß, mit nackten Füßen; *barfoot gahn; barfoot lopen.* Verkürzt: *barf* od. *barft.* Der urspr. Genitiv „barfoots" wurde zu *bars* od. *barst; op barfte Fööt; de löppt mit 'n Kopp barfoot* (geht ohne Kopfbedeckung). Ra.: *Schoosters Kinner gaht foken bars* (ausgerechnet die Kinder des Schusters haben keine Schuhe); *dor gaht de Göös ook bars* (svw. „dort wird auch nur mit Wasser gekocht"); *du kümmst hüüt Avend barfoot to Bett* („barfuß ins Bett" – scherzh. Drohung)[81]. Syn.: → *plattbarft.*

Bark seem. Segelschiffstyp mit mehreren Masten. Erw.: *Dreemastbark, Veermastbark, Fiefmastbark; Barkschipp.* Vgl. → *Barkasse.*

80 vgl. aber Beckershaus: Straßennamen S. 163
81 HWB 1/213

Die Hamburger Straße zu Zeiten, als die → Elektrische der Linie 9 noch fuhr und Barmbeck mit ck geschrieben wurde.

Barkasse seem. 1. Motorboot im Hafenverkehr zur Beförderung von Personen und Gütern od. zum Schleppen von → *Schuten,* meist mit überdachtem Führerstand. Der Barkassenführer hieß in Hamburg scherzh. *Barkassenkutscher.* Von span. *barcaza* (Beiboot auf Kriegsschiffen; kleines Hafenboot).

Barm† (Bierhefe) → *Barmbeker.*

Barmbek basch (flegelhaft wie in Barmbek) → *basch.*

Barmbek [spr.: *-beek*], bis 1946 althamb. *Barmbeck* mit *ck* geschrieben, war der Hamburger Stadtteil, der angeblich eine überaus derbe, dreiste, verwegene und proletarische Bevölkerung beherbergte, mit der die „feineren" Stadtteile an der Alster und in den → *Walddörfern* nichts zu tun haben wollten. *Barmbek* und → *basch* (barsch) wurden stets in einem Atemzug genannt, und die → *Brieten* (Rüpel, Halbstarke) waren erst dann richtig bezeichnet, wenn sie das Attribut *Barmbeker Brieten* erhalten konnten. Eine Leserin berichtet, dass ein Lehrer in Sasel einen neuen Schüler, der aus Barmbek stammte, so vorstellte: „Wir haben jetzt leider einen *Barmbeker Brieten* in der Klasse!" Das Ganze war natürlich übertrieben, ja sogar lokaler Rufmord. Ein Vergleich mit den heutigen Krawallmachern und Brandstiftern aus dem Schanzenviertel verbietet sich, denn die Barmbeker waren echte Hamburger, vielleicht sogar die hamburgischsten Hamburger an sich. Der Name *Barmbek* geht auf den Fluss *Bernebeke* (heute *Osterbek*) zurück. 1871 wurde Barmbek Vorort und 1894 Stadtteil der Hansestadt. Wegen der relativ weiten Entfernung von der *Altstadt* wurde Barmbek von den alten Hamburgern → *Ausland* genannt.

Barmbeker Briet (Rüpel) → *Briet.*

Barmbeker Schweiz Spottn. für den Stadtpark.

Barmbeker Ein Barmbeker ist ein Bewohner von → *Barmbek,* aber das meinen wir in diesem Zusammenhang nicht. Als *Barmbeker* wurde vielmehr ein großes Glas, bes. ein großes Glas Schnaps od. Kümmel, auch ein zu voll geschenktes Glas od. eine übergelaufene Tasse bezeichnet. Der Ausdruck geht wohl auf das geräumige Hefeglas in alten Brauereien zurück, zusammengesetzt aus *Barm*† (Hefe) und *Beker* (Becher). Die Bezeichnung *Barm* für die Bierhefe od. die Rückstände des Bierbrauens ist heute nicht mehr gebräuchlich und hatte nie etwas mit dem Stadtteil *Barmbek* zu tun. Richey: *Bier-Hefen: Der Pöbel hat davon ein schmutziges Sprichwort: in den Barm schyten; d. i. eine Sache noch zuletzt am Ende verderben; dat geit wedder na 'm olen Barm to: das geräth wieder auf die alte Weise*[82].

bars (barfuß) → *barfoot.*

Bartels, Daniel → *Grillenscheucher.*

Barthel weiß, wo er seinen Most holen muss, und wer das genau beobachtet hat, ist gewitzt und kennt alle Kniffe. Natürlich ist diese Redensart bis in den letzten Zipfel des deutschen Sprachraums verbreitet, aber eine Hamburger Leserin behauptet nun, in der Hansestadt beziehe sich „Most" in diesem Zusammenhang auf Senf. Ihr Vater habe den Spruch immer zitiert, wenn er zum Senfglas gegriffen habe. Wir wollen einräumen, dass es manchmal nicht so leicht sein mag, den Senf zur Bockwurst auf einem überladenen Abendbrottisch zu finden, aber hier geht es bei „Most" selbstverständlich um rotw. *Moos,* um das Geld der Gauner und Diebe. *Barthel* (verallgem. aus Bartholomäus) weiß, wo er einbrechen, stehlen und betrügen kann, um sich in fremden Taschen und Schränken zu bereichern. Das Ganze ist → *Rotwelsch,* und es gibt Etymologen, die *Barthel* sogar auf den *Schoberbartel* beziehen, auf das Brecheisen, das beim nächtlichen Einbruch bekanntlich illegale, aber erfolgreiche Dienste leisten kann. Zu jidd. *schóbar* (Schaber) und rotw. *Barschel* (Eisen)[83]. Falls es sich jedoch um einen dummen, verträumten od. ungeschickten Menschen handelt, also um einen *dösigen Barthel,* sprechen die Hamburger von einem → *Döösbartel* (ugs. häufig abgeschliffen zu *Döösbattel,* was jedoch von der Entstehung her nicht ganz richtig ist).

Bartschraper (Friseur) → *Putzbüdel.*

Barz Die *Barz* war im Straßenjargon ein Zigarettenstummel und der *Barzensammler* ein Stummelsammler[84]. Als Kinder waren wir nach dem Krieg immer, vor allem im Umfeld britischer Besatzungssoldaten, auf der Jagd nach weggeworfenen → *Kippen,* die damals noch kein Filterstück hatten. Wir sammelten sie in einer kleinen Blechdose und tauschten sie bei einem Nachbarn, der wegen seiner Tabaksucht bereit war, auf einige Lebensmittelmarken zu verzichten. Die Stummel wurden *aufgepult* und zu einer Selbstgedrehten verarbeitet.

basch steht im Plattdeutschen für derb, scharf, rau, grob, frech, dreist od. verwegen. So kann

82 Richey S. 10

83 Roth: Barthel und sein Most S. 15

84 HWB 1/217

eine Speise *basch* gewürzt od. der Käse *basch,* also überreif sein. 1. *basch* bedeutet darüber hinaus rüpelhaft, was in dem Ausdruck *Barmbek basch* dokumentiert wird, mit dem die Barmbeker Jugend aus der Sicht „vornehmerer" Stadtteile belegt worden ist. Ein einzelner Halbstarker aus jener Gegend mit dem schlechten Image wird *en Barmbek-Baschen* genannt. *Barmbek basch danzen* (Walzer mit einem Doppelschritt tanzen) gehörte auch nicht zur Etikette. 2. Der Begriff *basch* kann aber auch einen positiven Sinn haben: „Das ist basch!" soll in der neudeutschen Umgangssprache ausdrücken: „Das ist cool!"

Baschkopp Schimpfw. für einen Grobian, für einen barschen Menschen. Von → *basch* (derb).

Base altd. für Cousine, hamb. → *Weesch* od. *Kusien.*

Bast m., Pflanzenfaser, Haut unter der Baumrinde. Früher haupts. durch das → *Entbasten* der → *Korbweiden* gewonnen.

baten 1. wachsen; *de lütt Jung baat goot* (der Knabe wächst heran); *dat baat goot* (gedeiht gut). 2. nützen. Ra.: *baat dat nich, so schaad dat nich* (von einem Mittel, das zwar nichts nützt, aber wenigstens nicht schadet, was die alten Hamburger schon vor dem Boom der Homöopathie erkannt hatten) [85].

batz 1. Interj. patsch! klatsch! 2. Adv. plötzlich, unvermittelt; *batz lett he loos.* Vgl. → *miteens* (plötzlich).

85 Mensing 1/245

Der Baumwall noch unzerstört mit Straßenbahn, Pferdefuhrwerk und Schottscher Karre am Straßenrand

Baum Mit einem *Baum* ist in diesem Zusammenhang eine Weg- od. Hafensperre gemeint, also in den meisten Fällen ein Schlagbaum. Und davon mussten an Hamburgs Stadtgrenze viele passiert werden. Namen wie Rotherbaum, Eppendorfer Baum od. Hammer Baum zeugen noch heute davon. Meistens kassierte man dort eine Abgabe od. erhob die → *Akzise (Akziesboom).* Die Zufahrt zum Binnenhafen wurde bis 1852 nachts und in Kriegszeiten durch einen schwimmenden Baumstamm, später durch Flöße aus Baumstämmen abgesperrt (*Niederbaum, Oberbaum,* → *Winser Baum*), nicht zuletzt, um Schmuggler abzuwehren, die die Akzise umgehen wollten. Schiffer, die zu spät kamen, kamen nicht mehr hinein; *he kann nich mehr in den Boom komen* (der Hafen ist geschlossen). Ra.: *loop to, loop to, de Ewer liggt an 'n Boom!* (nun aber schnell!). Vgl. → *Baumwall.*

Baumwall Der *Baumwall* bezeichnet zum einen eine bekannte Station der U-Bahn, die hier wie ein stählerner Viadukt als Hochbahn geführt wird, zum anderen einen Straßenzug in der → *Neustadt* zwischen *Kajen* und → *Vorsetzen.* Das Grundwort „Wall" bezieht sich auf einen Befestigungswall aus dem Jahre 1531, das Bestimmungswort → *Baum* auf einen schwimmenden Baumstamm, mit dem Hamburgs Binnenhafen bis 1852 nachts und bei Gefahr abgesperrt wurde. Dabei handelte es sich um den sogenannten *Niederbaum* im Gegensatz zu seinem Gegenstück, dem *Oberbaum* in Höhe des Meßbergs. Bei einem Baum blieb es nicht im Laufe der Zeit; die Stämme wurden zu Flößen verbunden, sodass eine Passage zur gegenüberliegenden Insel → *Kehrwieder* möglich war. Heute führen zwei parallele, 1978 erneuerte *Niederbaumbrücken* zur Kehrwiederspitze.

Bavendöör Obertür, der obere Teil einer waagerecht geteilten Haustür, → *Blangendöör* od. die beiden Oberflügel der → *Grootdöör.*

Beachcomber (seem.). Ein *Beachcomber* ist ein Aussteiger, genauer: ein am Strand (engl. *beach*) od. an der Küste lebender Herumtreiber (von engl. *to comb* – durchkämmen, durchsuchen), ein oft zwielichtiger Mensch, der sich früher auch im Hamburger Hafen auf den Schiffen herumtrieb und versuchte, etwas abzustauben od. zu stehlen. Oft schmeichelte er sich, wie Abendblatt-Leser Kurt Flechsenhar es beschreibt, bei Besatzungsmitgliedern ein, z. B. beim Koch, und nahm ungefragt an den Mahlzeiten teil. Angeblich kannte er an Land gute Möglichkeiten zum Einkaufen od. um Frauen kennenzulernen und hatte noch so manchen kleinkriminellen Tipp parat. Meistens handelte es sich um arbeitslose od. gestrandete Seeleute. Früher waren die Häfen offen und für jedermann erreichbar. Seit 2002 der ISPS-Vertrag[86] in Kraft trat, sind die meisten Häfen gesperrt und nicht mehr für die Öffentlichkeit zugänglich. Auch im Hamburger Hafen sind die Liegeplätze jetzt durch Zäune und Wachposten geschützt. Seitdem dürfte es kaum noch *Beachcomber* geben.

Beamtengans Scherzn. für Schweinerippe mit Apfelfüllung. In Beamtenhaushalten ging es angeblich so knapp zu, dass eine echte Gans nicht auf den Tisch kam („Mein Mann ist Beamter, ich weiß nicht, was ich kochen soll"). Das galt auch für das *Beamtensteak* (gebratene Scheiben durchwachsenen Specks) und den *Beamtenstipp* (Zwiebeln und Speck gedünstet, mit Milch abgelöscht, zu Pellkartoffeln gegessen), den es nicht nur bei

86 International Ship and Port Facility Security Code (ISPS)

den schlecht besoldeten Beamten, sondern sonnabends und vor allem am Monatsende in vielen Hamburger Haushalten gab.

bebern Das Verb bedeutet hochdeutsch „zittern" im Sinne von „Angst haben": *de Bangbüx kriggt dat Bebern in de Been.* Zum Unterschied dazu steht *bibbern* für „zittern" aus Kälte: *de Frostkötel bibbert so, dat em de Tähn klappern*[87].

-beck in Ortsnamen weist auf eine → *Beek,* einen kleinen Fluss, hin und wird im Ndd. immer lang gesprochen [spr.: *beek*]. Das *„c"* ist hier ein Längenzeichen. Zum Beispiel hatte die *Eckhorst* nichts mit einer Ecke zu tun, sondern es handelte sich um eine *Eek-Horst,* um einen Eichenwald. Als Folge des → *Groß-Hamburg-Gesetzes* wurde die althamb. → *Schreibweise -beck* wie in *Barmbeck* 1946 für das gesamte neue Hamburger Staatsgebiet zu *-bek* vereinheitlicht. Das 1937 an den Kreis Stormarn abgegebene → *Walddorf Schmalenbeck,* das danach nicht mehr der hamburgischen Legislative unterstand, schreibt sich noch heute mit *-ck.*

[1] bedregen betrügen. Raa.: Wer tauscht, der betrügt: *de geern tuuscht, de geern bedrücht; bedregen gellt nich* (beim Kartenspiel); *he bedrücht sien egen Oors* (von einem, der sich übergibt)[88]. Der genannte Körperteil wird auch um die wärmende Wirkung betrogen, wenn der Mantel od. die Jacke zu kurz ist und denselben nicht bedeckt; dann haben wir es mit einem → *Oorsbedreger* („Arschbetrüger") zu tun.

[2] bedregen refl. sich betragen, benehmen. Syn.: *opföhren, schicken.*

87 lt. Olaf Haselhorst
88 HWB 1/232

bedrippst (bedrückt) → *bedrüppelt.*

bedrüppelt ist jemand, der sich offenkundig bedrückt od. betroffen zeigt und ein dementsprechendes Gesicht macht. Er sieht aus, als hätte er gerade einen Eimer Wasser über den Kopf bekommen, eben „betropft", begossen od. *bedrüppelt;* hamb. auch *bedrippst* od. *bedröppelt; di bedrüppel ik mol mit dien egen Fett* (das werde ich dir heimzahlen). Von → *drüppeln* (tröpfeln).

Beek f., Bach, Rinnsal, kleines fließendes Gewässer. Häufig das Grundwort in Orts- und Flurnamen. Heute *-bek* geschrieben *(Barmbek, Wandsbek),* früher hamb. →*-beck,* wobei das „c" ein Längenzeichen war [spr.: *beek*] – damals *Barmbeck, Wandsbeck* und noch heute *Schmalenbeck* od. *Lübeck.*

Bees [spr.: *bei:s*] 1. Binse, Teichbinse, a.: Schilf od. Schachtelhalm. 2. Docht aus Binsenmark für die Tranlampe; → *Traanbees.*

[1] Beest 1. allg. ein Tier, ein Biest; *so dick wesen as 'n Beest* (total betrunken sein); *loot den Kater musen, de Katt is ook 'n Beest* (lass der Sache ihren Lauf). 2. großes, wildes od. ungestümes Tier. 3. Kuh, die zum ersten Mal gekalbt hat; *in 'n Beest liggen* (kalben). Vgl. → *Beestmelk.* 4. grobes Schimpfw.: *ool Beest* (altes Biest); *he is 'n Beest* (niederträchtiger Kerl); *'n Beest vun Keerl* (grober Mensch). Adj. *beestich* (biestig).

[2] Beest → *Beestmelk.*

Beestmelk od. kurz [2] *Beest:* Biestmilch, Muttermilch, die die Kühe in den ersten Tagen nach dem Kalben geben. Sie gerinnt leicht und wird warm gegessen. Richey: *Beest: die erste Milch von der*

Kuhe, nachdem sie gekalbet, welche pfleget etwas geronnen zu seyn, und warm gegessen zu werden: daher es auch gemeiniglich heisset warm Beest [89]. Laut HWB wird sie zum Backen und zum Bohnern (!) benutzt [90]. Und noch eine Nutzung ist bekannt: Zu der Zeit, als der Tierarzt noch kein Dauergast auf den Höfen sein konnte, griffen die Bauern zu einem Hausmittel und gaben der Kuh nach dem Kalben die *Beestmelk* mit Tabak zu saufen, damit die Nachgeburt abging.

beet [spr.: *bäit*] 1. „stichlos", ohne Stich od. ohne genügende Augen beim Kartenspiel sein, auf der ganzen Linie verlieren; *beet sien* ([mit „Schwarz"] verloren haben); *he is beet as 'n Rott* (vollkommen erledigt); *he hett beet mookt* (er hat das Spiel verloren); *he is nich beet to kriegen* (man kann ihm nichts anhaben). Ra. beim Skat: *du warrst beet vun de Schoolmeester sien Reet* [91]. Subst. *dat* [2]*Beet* (das Verlieren beim Kartenspiel); *eerst Beet is 'n Daler weert* (wichtig sind nur die Spiele, die viele Punkte bringen). 2. Adv. fertig, erledigt, erschöpft; *düsse Polka mookt mi beet* (atemlos vom Tanzen). Von frz. *bête* (Biest) in der Wendung *faire la bête* (einen Bock schießen) [92].

[1] Beet (Runkelrübe) → *Bete.*

[2] Beet (das Verlieren beim Kartenspiel) → *beet.*

Beffken (Plur. *Beffkens*) n. Das *Beffken* (hamb.) bzw. *Beffchen* (hochd.) ist eine seit ca. 1680 von Männern getragene Halsbinde mit zwei auf die Brust herabhängenden Leinenstreifen. Urspr. sollte das Beffchen die Tracht od. den Talar vor der Verschmutzung durch den Vollbart des Trägers schützen. Es gehört noch jetzt zur Amtstracht evangelischer Pastoren, wie sie König Friedrich Wilhelm III. (1770–1840) zum schwarzen Talar in Preußen zwingend vorgeschrieben hatte. Im Kernbereich Hamburgs und in den Hansestädten hat sich hingegen bis heute der → *Mühlsteinkragen,* die voluminöse gefältelte → *Halskrause,* gehalten. Das Beffchen besteht aus zwei Streifen weißen Leinenstoffs, die bei den Lutheranern im Winkel von 30 Grad auseinandergehen, für andere Konfessionen jedoch eine andere Form aufweisen. Von lat. *biffa* (Halsbinde) über mnd. *beffe, beve* (Chorhut und Chorrock der Prälaten) [93].

begäng 1. gang und gäbe, üblich, gebräuchlich; *dor is nix mehr vun begäng* (aus der Mode sein). 2. anwesend; *he is nich begäng* (er ist nicht da).

beglupschen begaffen, anstarren. Geschah das mit offenem Mund (→ *Snuut*), so sprach man von *beglupsnuten* (anstaunen).

begööschen hieß, jmd. zu besänftigen, durch gutes Zureden zu beschwichtigen und vor allem Kinder, die sich wehgetan hatten, zu trösten; wohl von *Gööschen* (Gänschen), das nicht nur in Hamburg häufig in Trost-Versen für Kinder auftaucht („Heile, heile, Gänschen"). Selbst heute hört man diesen Ausdruck in der täglichen Hamburger Umgangssprache: „Frau Merkel will uns ja nur *begööschen!"*, sagte mein Nachbar, als die Bundeskanzlerin mal wieder die Euro-Rettung verkündete.

begrasmardeln (*beglasmarmeln*) bedeutete urspr., jmdn. beim → *Marmelspiel* um eine *Glasmarmel*

89 Richey S. 11
90 HWB 1/241
91 → *Reetje* (Rohrstock)
92 Mensing 1/271 f.

93 Lübben S. 50

zu betrügen, falsch spielen, bestehlen, den anderen „anführen" (täuschen). Raa.: *sik begrasmardeln loten* (die Flinte ins Korn werfen); *dat wüllt wi woll begrasmardeln* (fertigbringen); *loot di begrasmardeln!* (lass dich begraben). Der damalige Bundesfinanzminister Hans Apel (1932–2011), ein echter Barmbeker Jung, sagte 1974 in einem „Spiegel"-Interview, ohne Solidarität könne sich die SPD *begrasmarmeln* (begraben) lassen. Der „Spiegel": „Begrasmarmeln ist uns neu." Dieser hamburgische Ausdruck wurde danach durch die Republik gereicht, aber kaum jemand verstand ihn.

begriesmulen 1. prüfen, misstrauisch betrachten; *dat mutt wi eerst noch begriesmulen.* Syn.: → *bekieken.* 2. jmdn. anführen, beschwindeln; *wi hebbt em begriesmuult* (hinters Licht geführt); *dat hett em begriesmuult* (er ist hereingefallen). Von → *gries* (grau) in der Bedeutung „gewitzt, durchtrieben, gerissen".

begrootsnuten bedeutet so viel wie den Mund aufreißen, prahlen, seinen Senf dazugeben, alles besser wissen.

Behrmann Das geflügelte Wort: *Behrmann, de Ecken!* bezog sich angeblich auf einen Pastor Behrmann, der keine Haushälterin fand, seine Wohnung selbst säubern musste und sich nun allerlei schadenfrohe Ratschläge anhören durfte[94].

behumsen heißt betrügen od. übervorteilen. Der ugs. Ausdruck ist mündl. in Berlin belegt, wurde aber auch in Hamburg häufig gebraucht, und zwar vornehmlich auf dem Vieh- und Pferdemarkt. Wenn der Viehhändler einem Bauern einen alten Klappergaul als bestes Pflug- und Wagenpferd angedreht hatte (selten auch umgekehrt), fühlte der sich *behumst,* wenn die Schindmähre nicht einmal den Heimweg schaffte. Früher scheint es beim Pferdehandel zugegangen zu sein, wie wir es nach der Motorisierung nahtlos im Gebrauchtwagenhandel kennengelernt haben. Laut Grimm ist *humsen* (mausen, stehlen) ndd., *behumsen* (betrügen) hingegen obersächs.[95] Kluge verweist bei *humsen* (stehlen) auf *hümpler* (Stümper, Pfuscher)[96], während Küpper jidd. *behemo* (Vieh) od. → *Humse* (Vulva[97]) anführt und folgert: *in beiden Fällen ist ein Täuschen gemeint, entweder beim Viehhandel od. beim Geschlechtsverkehr*[98]. Wie dem auch sei: Seien Sie wachsam und lassen Sie sich nicht *behumsen!*

bei mich bei „Und ich hab gar kein' Schirm *bei mich bei!*", klagte Tante Dibbermeier[99], als es zu regnen anfing.

beiderstädtisch Die beiden dominierenden Hansestädte Hamburg und → *Lübeck* drohten sich mit ihren regionalen Interessen zwischen Elbe und Trave im späten Mittelalter in die Quere zu kommen. Dörfer wurden erworben od. verpfändet. Die Lübecker hatten sich immerhin bis nach Bergedorf „vorgearbeitet", wurden aber 1401 vom Lauenburger Herzog vertrieben. Gemeinsam sind wir stark, sagten sich Hamburg und Lübeck – und eroberten 1420 das Amt Bergedorf mit den Vierlanden und der Dorfschaft Geesthacht. Das Gebiet wurde *beiderstädtisch* im Wechsel von den Hansestädten verwaltet, eine seltene staats-

94 HWB 1/252

95 Grimm 10/1910
96 Kluge S. 92
97 weibl. Geschlechtsteil
98 Küpper S. 88; Wolf: Rotwelsch S. 140.
99 Figur bei → *Arnold Risch*

rechtliche Konstruktion; *Lübeck un Hamborg, de regeert, zu Bardörp*[100] *ward de Klaag anhöört;* Hamburg kaufte 1868 den Lübecker Anteil. Geesthacht fiel mit dem → *Groß-Hamburg-Gesetz* 1937 an Preußen (Lübeck allerdings auch).

Beiderwand [spr.: *baiavant*] m., früher *Beierwand* ohne „d" geschrieben, grober, gestreifter Wollstoff für Frauenröcke *(Beierwandsrock).*

beipulen (*bipulen*) kann bedeuten, 1. jmdm. etwas schmackhaft zu machen od. durch die Betonung der Details zu überzeugen, aber auch 2. jmdm. eins auszuwischen. Von *pulen* (herausklauben) wie *Krabben pulen* od. *'n Appelsien* od. *'n Ei afpulen.* Das Pulen von Hülsenfrüchten (Erbsen, Bohnen) nennt man → *palen.*

bekakeln (durchsprechen) → *kakeln.*

bekieken „begucken", besehen, prüfen, abschätzen. Ra.: *sik vun binnen bekieken* (schlafen). Vgl. → *begriesmulen.*

belatschern übernommener salopper berlin. Ausdruck für: zu etwas überreden; *ihn belatschern.*

belemmert bedeutet niedergedrückt, übel, schlimm und wurde im 18. Jh. aus dem Niederdeutschen in die hochd. Umgangssprache übernommen, und zwar als 2. Part. des mnd. *belemmeren* (hindern, hemmen, beschädigen; verlegen machen)[101]. Etym. korrekt erschien *belemmern* deshalb mit *e* wie Emil in den ersten 20 Auflagen des Dudens bis 1991 und bot fiesen Deutschlehrern über Generationen die Möglichkeit, im Schuldiktat gemeine Fallen zu stellen. In Presse und Literatur wurde das Wort kaum gebraucht, bis es 1998 zum Schlag-, ja zum Kampfwort der Gegner der überfälligen Rechtschreibreform geriet, denn die Reformer wollten *belämmert* nun mit *ä* schreiben lassen, wie die meisten Menschen, die es schreiben mussten, unbewusst bereits geschrieben hatten. Konservative, die die inzwischen arg unübersichtliche alte Rechtschreibung zwar auch nicht fehlerfrei beherrschten, sie aber als angeblich klar und klassisch auf das Heftigste verteidigten, unterstellten den Reformern, sie wollten den Stamm von *belämmern* vom Lamm ableiten, das *belämmert* und blökend auf der Weide stand und nach der Mutter suchte, obwohl wir uns natürlich an „lähmen/lahm" halten müssen – *belemmeren* ist ein Iterativum[102] zu mnd. *belemmen* (lähmen)[103]. Hamb. bleibt es hist. bei *belemmert: dat geiht em belemmert* (es geht ihm schlecht); *dat belemmerte Smutteldwedder.* Ra.: *all dat anner is belemmert* (taugt nichts)[104]. Schon Richey kannte das Wort 1755 als Hamburger Mundart: *belemmern: besetzen, bekramen, belegen, so daß man nicht hindurch kann. belemmert: obstructus, impeditus*[105] [106].

Bellerboom (Stange auf dem Heuwagen) → *Binnelboom.*

benaut fühlt man sich, wenn man betrübt, bedrückt od. verlegen ist.

---

100 Bergedorf

101 Lübben S. 37

102 Duden, Bd. 5, S. 384: *Iterativ[um]* (Plur. *Iterativa*): Verb mit *iterativer* (wiederholender) Aktionsart, die eine häufige Wiederholung von Vorgängen ausdrückt (z. B. *sticheln* aus *stechen*).

103 Duden, Bd. 7, S. 80

104 HWB 1/259

105 lat. verschlossen, gehemmt

106 Richey S. 12

benschen hochscheuchen, antreiben, wegjagen; *ut de Puuch rutbenschen* (jmdn. aus dem Bett jagen, mit Gewalt wecken). Ein genannter Bezug zum rotw. *benschen* (segnen) od. jidd. *benschen* (auf jüdische Art beten mit Riemchen um die Knöchel) erscheint fraglich[107].

beölen unbeherrscht lachen; sich ausgelassen amüsieren; vor Schadenfreude nicht mehr an sich halten können, und zwar nicht nur oben, sondern auch unten. Wir versuchen einmal, den Vorgang möglichst jugendfrei zu umschreiben: *ölen* steht hier ugs. für eine Tätigkeit, die Alt wie Jung besser auf der Toilette erledigen sollten. Bei wem nun die Schadenfreude so ungehemmt hervorbricht, dass er sich nass macht, hat sich *beöölt* – wir hoffen allerdings, dass das Verb heutzutage nicht mehr wörtlich, sondern nur noch übertr. zu verstehen ist[108].

beplierögen [spr. *be´plier´ö:gen*] bedeutet anschauen, begutachten, feststellen wollen. Wenn der Kaufmann dies in seinem → *Kontor* sagte, war klar, dass er zum Abnehmen einer neuen Warenpartie in den Hafen musste. Kommt man zum Erstempfang eines neuen Erdenbürgers, möchte man *to eerst dat Wurm beplierögen,* bevor man zur allgemeinen Begrüßung schreitet.

berappen (bezahlen) → *betahlen.*

Bergfahrt seem. Fahrt stromaufwärts.

Besan hieß seem. der hintere Mast eines Dreimasters.

Beschüt (Plur. *Beschüten*) m., seem. harter Schiffszwieback, *Hartbrut,* „doppelt Gebackener", iron. verballh. aus frz. *biscuit,* womit ja eigentl. ein Feingebäck aus Mehl, Eiern und Zucker bezeichnet wird, während die *Beschüten* einfache Zwiebäcke waren, die nur mit Mehl, Salz und Wasser gebacken wurden und sich normalerweise sehr lange hielten. Aber wenn sie durch widrige Umstände an Bord nass wurden und der Witterung und anderen Dingen ausgesetzt waren, dann kamen die Maden, und die Beschüten liefen dann aufgrund des großen Madenbefalls „von selbst weg". Im → *Shanty* vom „Hamborger Veermaster" heißt die dritte Strophe: Dat Logis weer vull Wanzen, de Kombüs weer vull Dreck, to my hoodah, to my hoodah. *De Beschüten, de löpen von sülven al weg,* to my hoodah, hoodah ho. Blow, boys, blow, for Californio. There is plenty of gold, so I am told, on the banks of Sacramento[109]. Syn.: *Tweeback;* → *Moschüt.*

besmiemelt ist jemand, der beim Feiern durch den Genuss von Alkohol angeheitert, aber noch nicht → *duun* od. → *besopen* (betrunken) ist.

besopen Part. betrunken, ein Zustand, der ugs. meist direkter als „besoffen" ausgedrückt wird und der bekanntlich eine Folge von → *supen* (saufen) ist. Ob früher mehr Alkohol getrunken wurde als heute, sei dahingestellt, aber der Hamburger Alltag und damit die Hamburger Mundart gingen zumindest offener damit um. Dierk Puls zählt in seinem → *Döntje* „Besapen od. verrückt"[110] als Beweis für die Vielseitigkeit der plattdeutschen Sprache folgende Begriffe

107 Wolf: Rotwelsch S. 49

108 Küpper S. 94

109 Wiegandt, Hamburger Liederbuch, Bd. 1, S. 77; Bd. 2, S. 19. Mensing 1/302.

110 Dierk Puls vertellt S. 98 f.

für die Folge von reichlichem Alkoholgenuss auf: → *besmiemelt*, → *duun, 'n* → *Kliester hebben*, → *Brand, Koken*, → *Boots*, → *Semikolon*, → *Lütten in de Kist, 'n Lütten to veel, en in de* → *Kiep, en in de Kroon, en* → *zwitschert, en ophackt, en ankrögert, en övern* → *Timpen haut*, → *schicker*, → *staff, dull un vull sopen* – und das dürfte noch lange nicht alles sein.

Bessen (Plur. *Bessens*). 1. Ein *Bessen* ist natürlich ein Besen, ein Haushaltsgerät, das bis heute nicht ersetzt werden konnte und vielfältig eingesetzt wurde und wird. Der Besen war mit allerlei Brauchtum und Aberglauben verknüpft: Wenn ein Bauherr beim Richtfest nicht genug zum Trinken anbot, befestigte man statt des Kranzes einen alten Besen am Dachstuhl. Lehnte ein Mädchen einen Tanz ab, musste es zur Strafe mit einem Besen tanzen. Kreuzweise vor die Tür gelegte od. gestellte Besen schützten Vieh, Kinder und vor allem Wöchnerinnen vor Hexereien. Schob eine Besucherin das Besenkreuz beiseite, galt sie als Hexe. Wenn Hühner Windeier legten, ließ man sie das Futter aus einem Besen picken[111]. Erw.: → *Bessenbinner* (Besenbinder); → *Bessenheini* (Steward); *Bessenschapp* (Besenschrank); *Bessensteel* (Besenstiel); → *Sneebessen* (Schneebesen); Adj. → *bessenrein* (besenrein). 2. übertr. für eine strenge und oft zänkische Frau; *so 'n olen Bessen!* Syn.: *Höllenbessen* („Höllenbesen"). Vgl. → *Schüürbessen* (Putzteufel).

111 HWB 1/282

Bessenbinner Der Besenbinder übte im vorindustriellen Zeitalter eine nicht zünftige und wenig geachtete Tätigkeit als Hausierer aus, der durch die Straßen und von Haustür zu Haustür lief und seine aus Birkenreisig od. Ginster (→ *Bessenkruut*) gebundenen Straßen- und Stallbesen zu verkaufen suchte, häufig von Spott und Häme begleitet. Daher der Ausdruck: *he löppt as 'n Bessenbinner* (es eilig haben). Offenbar trug er seinen geringen Verdienst danach ins Wirtshaus, denn man sagte auch: *he suupt as 'n Bessenbinner* (viel trinken). Der Straßenname Besenbinderhof (1899) in St. Georg geht auf die Gastwirtschaft „Beim Besenbinderhof" zurück. In Langenhorn sang man: *Mäken, nimm keen Timmermann;/ lever nimm 'n Bessenbinner,/ de mookt di dat Huus vull Kinner!*[112]

Bessenheini Auf Finkenwerder sprach man von einem *Bessenheini*. Das war der Spottname für einen angehenden Steward, der noch nicht in der ersten Klasse bedienen durfte, sondern erst einmal die Zimmer fegen musste.

Bessenkruut „Besenkraut", anderer Name für Ginster, wenn er zum Binden von Straßenbesen genutzt wurde.

bessenrein Adj. besenrein, also nur gefegt; *bi 'n Ümtog mutt de Wahnung bessenrein aflevert warrn* (dem Nachmieter die Wohnung besenrein übergeben).

besupen (sich betrinken) → *supen*.

112 HWB 1/282

betahlen heißt natürlich „bezahlen“, eine Tätigkeit, um die man nicht herumkommt, um die sich mancher aber gern drücken möchte: *du hest den Snieder woll noch nich betahlt,* sagte man, wenn Reihfäden auf dem neuen Anzug zurückgeblieben waren; auch Schuhe, die knarrten, waren angeblich noch nicht bezahlt. Ra.: *he löppt, as wenn he dat betahlt kriggt* (eilig von der Bildfläche verschwinden); übertr.: *dat betahl ik di mol wedder* (Drohung: das werde ich dir heimzahlen). Syn.: *berappen.*

Bete f., veralt. für die kleine Runkelrübe als Gemüse, ndd. [1] *Beet* (Plur. *Beten*) von mnd. aus lat. *beta* (Mangold, Bete), nur noch in der Verbindung *rode Beet* (hochd. rote Bete). In der Gemüseabteilung der Supermärkte und ab und zu auch bei der Landfrau auf dem Wochenmarkt findet man noch eine Kiste mit roten Rüben im Ganzen, aber wir kennen sie heutzutage eher eingelegt und in Scheiben im Glas, aus dem sie als unverzichtbare Beilage zum → *Labskaus* herausgefischt werden. Früher, als noch nicht an jeder Straßenecke eine Apotheke das erdrückende Angebot der Pharmaindustrie darbot, höhlte das Kräuterweib auf dem Dorf eine rote Rübe aus, füllte braunen Zucker hinein, der sich mit dem Rübensaft vermischte und eine klebrige Flüssigkeit absonderte – und fertig war der selbst gemachte Hustensaft, der sogar bestens half; jedenfalls bei mir: Immer wenn ich mich als kleiner Junge auch nur leicht räusperte, griff meine Großmutter besorgt zu der braunen Flasche mit der ekligen Flüssigkeit, was bei mir stets aus Abscheu eine Blitzheilung und die Flucht hinter den → *Knick* auslöste. Seinerzeit konnte man die orthografische Bildung des → *Grünhökers* daraus ersehen, ob er auf seiner Schiefersecktafel mit Kreide *Rote Bete* auch richtig mit nur einem e aufgemalt hatte, aber nach dem Wirrwarr, den der Rat für deutsche Rechtschreibung 2006 angerichtet hat, kann man *Rote Beete* auch mit Doppel-e schreiben, soll laut Duden-Empfehlung aber bei *Bete* bleiben, muss jetzt jedoch in der Schule das Adjektiv *Rote* als Eigenname großschreiben [113].

Bett od. Wiege? Wenn Mutter → *Rundstücke* aufschnitt und jedes Kind ein halbes Stück mit Butter und Marmelade bekam, fragte sie die Älteste: „Bett od. Wiege?“ Die wählte natürlich die *Wiege,* die obere, gewölbte Hälfte, denn die war größer und weicher, und nicht das *Bett,* die untere gerade und härtere Hälfte.

Bettstein Hier handelt es sich um einen im Kachelofen angewärmten Ziegelstein, den Oma, in Zeitungspapier gewickelt, mit in ihre eiskalte Schlafstatt nahm, damit er ihr beim Einschlafen die Füße wärmte.

bi de Gas besagte, bei den Hamburger Gaswerken beschäftigt zu sein. Vgl. → *Hein Gas.*

bibbern (vor Kälte zittern) → *bebern.*

Bibelgeeschen Frömmlerin; *de Bibelgeeschen, fromm as 'n Kerzenlicht: de seggt di dat Vaderunser butenkopps vun achtern nah vörn op* (sie sagt das Vaterunser auswendig und rückwärts auf) [114].

113 Kluge S. 103; Mensing 1/271; HWB 1/242.
114 Goltz: Schimpfwörterbuch S. 18

Wer früher in Hamburg einen solchen Bibi trug, geriet leicht in den Verdacht, der Unterwelt nicht fernzustehen.

Bibi 1. Der *Bibi* war ein Hut, und zwar meist ein steifer Hut wie → *Melone* od. Zylinder, teilweise aber auch ein weißer Filzhut, wie er in Filmen durch die Paten der Mafia bekannt ist. Auch in Hamburg war der *Bibi* vom Hautgout des Gangsters umgeben, denn der bis dahin schlimmste heimische Verbrecher, *Julius Adolf Petersen* (1882–1933), trug so eine Melone und war überhaupt stets derart elegant gekleidet, dass man ihn den → *Lord von Barmbeck* nannte. Anfeuerung bei Straßenschlägereien: *jümmers op den Bibi!* Heute ist der *Bibi* ein „Fremdwort" in Hamburg, weil der Begriff jetzt mit einem kleinen, runden und farbigen Hütchen verbunden ist, das mit einem Gummiband unter dem Kinn gehalten und im Kölner Karneval, von Clowns und als Silvesterscherz getragen wird. 2. Eine Bude auf dem → *Dom,* in der mit Bällen nach ständig bewegten Hüten geworfen werden musste, hieß ebenfalls *Bibi*[115].

Bickbeere Die Hamburger sprechen nicht von Heidel- od. Blaubeeren, sondern von *Bickbeeren*. Ruf der Straßenhändler und Marktweiber: *himmelblaue Bickbeern! grote blaue Bickbeern!* Gegenruf der Straßenjungen: *dicke Deern!* Erw.: *Bickbeernmuul* (blauer Mund); *Bickbeernwater* (schlechter, gepanschter Rotwein); *bickbeernblau* (total betrunken). Getrocknete Bickbeeren sollten ein Mittel gegen Durchfall sein[116]. Von mnd. *bikbêre,* wegen der schwarzen Farbe wohl zu → *Pick* (Pech). Syn.: → *Heidelbeere,* Blaubeere, Maulbeere, Waldbeere od. Schwarzbeere.

Bickbeernbarg scherzh. für den obersten Rang im Theater, in dem die „kleinen" Leute ungeordnet durcheinandersaßen wie die → *Bickbeeren* in der Schüssel. Vgl. → *Prüntjeböön.*

Bickbeernbuer scherzh. für den Dominostein mit 18 Augen, dessen Punkte scheinbar so zahlreich waren wie → *Bickbeeren* im Korb.

Bickbeernpannkoken aufgerollte Mehlpfannkuchen mit einer Füllung aus Bickbeerenkompott. Man konnte auch noch etwas Zucker und an Sonn- und Feiertagen sogar Puderzucker auf die Pfannkuchenrolle streuen.

Bickbeernschweiz lautete nördlich der Süderelbe im Volksmund die Bezeichnung für die Harburger Berge. Bekanntlich erhält in Norddeutschland jede Erhebung über zehn Meter die Bezeichnung „Schweiz" wie die Stormarner Schweiz od. die Holsteinische Schweiz, aber die Harburger Berge waren nicht nur durch einige Hügel, sondern auch durch Scharen von Hamburger Ausflüglern geprägt, die → *Bickbeeren* suchten.

Bickbeerntiet Zeit der Bickbeerenreife, während der die Hamburger zum Pflücken aufs Land od. in die sog. → *Bickbeernschweiz,* in die Harburger Berge, ausschwärmten.

115 HWB 1/309

116 HWB 1/311 f.

Bidaag (Plur.) waren sog. „Beitage", an denen der Vierländer Gemüsebauer mit seiner Ware zum Markt nach Hamburg fuhr [117].

Bieberhaus (Heidi-Kabel-Platz 1) → *Ohnsorg-Theater.*

Bier (*Beer*). „Der Reichtum der Kaufleute in der Hansestadt beruhte früher in erster Linie auf Hering und Bier", schreibt → *Edith Oppens* [118]. Während der Handel mit Heringen ein Transithandel war, wobei die Ware aus Skandinavien und Holland über Hamburg weitervermarktet wurde (und wofür sich die hiesigen Kaufleute von den Binnenländern als → *Heringsbändiger* beschimpfen lassen mussten), war das Bier Eigenprodukt und wichtigster Exportartikel. Im 14. Jahrhundert galt Hamburg mit rund 500 größeren und kleinen Brauereien als das „Brauhaus der Hanse" (wie Köln das „Weinhaus der Hanse" war). Gerste und Hopfen wurden im ländlichen Umland angebaut. Wegen des Wassers lagen die Brauereien in der Nähe der → *Fleete.* Es war zeitweise verboten, frisches Wasser aus Brunnen zum Brauen zu entnehmen, nur das „würzige, aromatische" Wasser der Fleete durfte verwendet werden. Ein Betrieb, der sich nicht an diese Vorschrift hielt, wurde amtlicherseits geschlossen. Reden wir nicht drum herum: Die Würze und die spezielle Süffigkeit des Hamburger Biers kam von den Fäkalienschwebteilchen, die in den Fleeten, die gleichzeitig als Kloake dienten, herumwaberten. Obwohl es immer wieder Epidemien gab, scheinen überraschend viele Hamburger diesen Trank überlebt zu haben. Bier galt bis ca. 1800 nicht als Getränk, sondern als tägliches Nahrungsmittel. Im späten Mittelalter musste der Rat bei Kriegszügen für je 20 Mann im Felde täglich eine Tonne Bier liefern. Ohne nun allzu hämische Vermutungen anstellen zu wollen, sei mitgeteilt, dass vor der Reformation jede als „Klosterjungfrau" so bezeichnete Nonne jährlich 14 Tonnen Bier konsumierte. Was schenkte der Rat der Hansestadt Hamburg den Wittenberger Reformatoren Luther, Melanchthon und Bugenhagen im Jahre 1541 als allerhöchste Auszeichnung? Vier Tonnen Bier! [119] Na, denn Prost! Die Brauerknechte beanspruchten dementsprechend eine herausgehobene Stellung mit eigenem → *Bruderschaftshaus* am Rödingsmarkt, eine Stellung, die sie auch durch Krawall und Gewalt erzwangen (man kennt das ja bis heute). Alle zwei Jahre feierten sie ein aufwendiges Freudenfest, die → *Höge.* Die Bedeutung der Hamburger Brauereien ging in der Neuzeit rapide zurück. Als letzte verlor die Holsten-Brauerei 2004 ihre Selbstständigkeit – was natürlich nicht bedeutete, dass in Hamburg kein Bier mehr getrunken wird. Vgl. → *Lütt un Lütt (en Köm un Beer),* → *Köminsel,* → *Ammenbeer,* → *Braunbier,* → *Alsterwasser.* Raa.: *dor hett de Broer* [120] *sien Stevel in wuschen* (Dünnbier); *Beer mit Musik* (ein Glas Bier mit einer Zitronenscheibe und braunem Zucker); *kiek, wat dat Beer nich deit!* (bei einem Dickwanst); *wenn de Medizin nich helpt, denn mutt Beer un Broot helpen* (muss die Natur sich selbst helfen); *op sien egen Kann Beer to Wark gahn* (aus eigenem Antrieb handeln) [121]. Vgl. *Bierprobe* unter → *wracken.*

117 HWB 1/312
118 HA 17./18.10.1981 S. 9

119 nach Oppens, ebenda. Martin Luther (1483–1546), Philipp Melanchthon (1497–1560), Johannes Bugenhagen (1485 bis 1558; Kirchen- und Schulreformator u. a. in Hamburg)
120 Brauer
121 HWB 1/237 f.

Hamburger Bier gab es in vielen Sorten: De Dre vun St. Pauli sünd bekannt langs de ganze Waterkant.

bileggen 1. beilegen, dazulegen, hinzufügen; *legg man noch twee Mark bi* (gib noch zwei Mark dazu). 2. seem. beidrehen, aus dem Wind nehmen, literarisch für einen alten Seemann, der sich zur Ruhe gesetzt hat: *he hett bileggt.* Vgl. → *Bilegger* (Beilegerofen).

Bilegger Ein *Bilegger* war ein Beilegerofen, ein von außen, in der Regel von der Küche aus beheizter Stubenofen, der Wärme für zwei Räume lieferte, aber Dreck und Asche von der → *guten Stube* fernhielt. Häufig handelte es sich um einen in die Wand eingelassenen Kachelofen. Verb → *bileggen* (beilegen, dazulegen).

Bilge (Kielraum eines Schiffes) → *Bilsch.*

Bilöper „Beiläufer", Mitläufer. 1. der zweite → *Viez* bei den Schauerleuten im Hafen. 2. Stiefkind od. uneheliches Kind, das nebenbei „mitlief", das damals aber nicht die Rechte der ehelichen Kinder hatte, nicht → *reell* war.

Bilsch (Plur. *Bilschen*) Bilge. Die *Bilsch* ist der Lenz- od. Kielraum, in dem sich das Wasser im Schiff sammelt. Von engl. *bilge* (Bilge).

bilütten Adv. allmählich, bei Kleinem, nach und nach; *dat kümmt bilütten as bi de olen Froonslüüd de Melk; so bilütten, seggt Fro Schütten, kümmt mien Dochter ook an 'n Mann*[122].

Bimmelbammel (Anhängsel) → *Bammel.*

bimsen urspr. mit Bimsstein bearbeiten, übertr. schleifen, einexerzieren (auf dem Kasernenhof od. die Vokabeln vor der Klassenarbeit).

Bindersch war die Magd, → *Deern,* Tagelöhnerin od. (meist polnische) Wanderarbeiterin, die bei der Getreideernte hinter dem Mäher ging und die mit der Sense geschnittenen Halme zu Garben zusammenband.

Bindfaden ist der Bindfaden. Ra.: *dat regent Bindfadens* (es gießt in Strömen).

Binnelboom „Bindebaum", eine rund 15 Zentimeter dicke Rundholz-Stange, um die hoch aufgetürmte Ladung aus Heu od. Getreidegarben eines Erntewagens oben in Längsrichtung festzuzurren, damit das Fuder nicht wegkippte od. beim Einfahren

122 HWB 1/319

vom Winde verweht wurde. Der „Baum“ (Rundholz) musste mit *Binnelreeps* (Bindetauen) niedergeschnürt werden. Das vordere Tau hieß *Vörreep,* das hintere → *Achterreep.* Bei der letzten Fuhre eines Tages zur Scheune od. Diele saßen die Erntehelferinnen sowie einige Dorfkinder hoch oben auf dem Wagen, hielten sich am *Binnelboom* fest und ließen sich von den Ackergäulen vom Feld heimfahren. Von *binnen* (binden). Der *Binnelboom* scheint aber um Hamburg herum und in Holstein viele Namen gehabt zu haben[123]: *Biddelboom* (Altengamme, Volksdorf, Elmshorn); *Biddelboll* (Vierlande); *Binnerboom* (Finkenwerder, → *Altes Land*); *Bellerboom* (Neuenfelde)[124]; *Pollerboom* (Geestland); *Weesboom* (Lauenburg); *Winnelboom* (Stormarn) und *Görtelboom* (Elbmarsch).

In die Binsen gegangen sind hier die geflochtenen Binsen in der Sitzfläche des Stuhls.

Binse (*Bees*) bedeutet die Teichbinse. Aus *Binsen* wurden Stuhlsitze geflochten (die hart und rechtwinklig auch als Folterinstrument geeignet gewesen wären), man konnte damit die Pfeife putzen und das Mark als Docht für die Tranfunzel verwenden. Sobald der Jäger von den Binsen spricht, meint er das Schilf am Uferrand. Wenn eine Wildente schrotdurchlöchert vom Himmel fällt und sich flatternd und zappelnd noch mit letzter Kraft ins Schilf rettet, kann der Jagdhund sie nicht mehr erreichen. Sie ist dem Jäger also *in die Binsen gegangen* (verloren gegangen). Das geschah allerdings eher nicht in der Innenstadt …

Birnen, Bohnen, Speck Dieses typisch nordd. Gericht aus Brechbohnen, Kochbirnen und durchwachsenem Speck, in einigen Familien auch *Gröner Heini* genannt, muss man Besuchern aus Süddeutschland auch in Hamburg in der Regel zuerst aufzwingen, bevor sie zugeben:
Es schmeckt vorzüglich!

birsen rennen, unruhig herumlaufen, was besonders beim Rindvieh auf der → *Koppel* vor einem drohenden Gewitter zu beobachten ist, wenn es in drückender Luft besonders schlimm von aggressiven Bremsen geplagt wird und das Schlagen mit dem Schwanz die blutsaugenden Insekten nicht mehr vertreiben kann; *de Köh birst.* Richey: *bissen: hin und wieder lauffen*[125]. Übertr. auf den Menschen, bedeutet *birsen* schnell laufen, hasten, sich beeilen. Subst. → *Birser* (unsteter Mensch). Vgl. → *wetten* (wetzen).

Birser m., ist ein Mensch, der *birst,* der also umherläuft, hastet, sprunghaft und unstet ist. Ugs. nennt man so einen Zeitgenossen bekanntlich auch einen „Windbeutel“[126]. Von → *birsen* (hin und her rennen).

---

123 HWB 1/321 f.; Mensing 1/354
124 lt. Heinz Oellrich
125 Richey S. 15
126 HWB 1/328

bis die Tage! Dieser Ausdruck, der sich so hamburgisch und gemütlich anhört, ist ein Gruß zum Abschied, der vielen vertraut sein dürfte.

Bislag [spr.: *bi'slag*] 1. Unter einem *Bislag* („Beischlag") verstand man im Allgemeinen einen auf die Straße führenden Treppenvorbau an alten Häusern. Die breiten, steinernen Wangen konnten als Sitzplatz für schwatzende Kinder od. von alten Leuten benutzt werden, die ihren → *Priem* kauten und die Vorbeigehenden beobachteten. Auf den Wangen ließ sich aber auch allerlei Ware von → *Krämern,* Straßenhändlern und Anwohnern ausbreiten, die in der Art eines heutigen Flohmarktes feilgeboten wurde. Ra.: *he hett bi → Klotz in de Avendschool op 'n Bislag seten* (er hat so gut wie nichts gelernt)[127]. In Hamburg hieß ein Treppenvorbau von der Straße zum Hochparterre → *Treppenstohl.* Auf diese Weise sparte man das Treppenhaus im Innern des Gebäudes und verlegte es in den Verkehrsraum einer öffentlichen Straße. Ein Niedergang von der Straße zum Keller war der → *Kellerhals.* Im Zuge des zunehmenden Verkehrs wurden diese Vorbauten bis 1890 nach Möglichkeit abgeschafft – in Hamburg, nicht in → *Altona.* Das verhalf den Hamburgern zu einem Anflug weltstädtischer Überlegenheit gegenüber der preußischen Nachbarstadt, denn damals bemühte man sich in der Hansestadt noch, den Straßenverkehr flüssiger zu gestalten und nicht, wie heute, mit immer neuen Schikanen zu versehen. 2. Der *Bislag* konnte auch ein angebauter Stall zu beiden Seiten einer Kate, eine Gerätekammer bzw. ein Verschlag neben der Diele od. unter der Treppe sein, der in kinderreichen Familien teilweise als Schlafkammer benutzt werden musste[128].

bitieden Adv. 1. beizeiten, rechtzeitig. 2. manchmal. 3. früh.

Black n., (schwarze) Tinte. Syn.: *Blacking* von engl. *black ink.* Ra.: *de hett Black sopen* (der ist nicht bei Trost), dazu *Blackkopp* (Dummkopf). Erw.: *Blacklaad* (Federkasten); *Blackpapier* (Schreibpapier); *Blackputt, Blackfatt* (Tintenfass); *Blackschieter* („Tintenscheißer", ein wenig geliebter Schreiberling).

Blackfatt Tintenfass. Von → *Black* (Tinte); *Blackfatt un → Posen* (Tintenfass und Gänsefeder).

Blackschieter (Schreiberling) → *Black.*

blaffen ugs. für laut bellen, kläffen. Ein *Blaffköter* od. kurz nur → *Blaffer* ist ein Kläffer, ein *Blaffer* ein großer, laut bellender Hund und ein *Blaff* der Schreck, den man erfährt, wenn man so angegangen wird. Der Übeltäter konnte ein Vierbeiner, aber auch ein Mensch sein. So ein Zeitgenosse wurde in Hamburg → *Jan Blaff* (Flegel) genannt, der nicht ruhig diskutieren wollte, sondern andere Menschen gleich → *anblaffte* (anschnauzte).

Blaffer bezeichnet einen großen, bellenden Hund, der (hoffentlich!) eher laut als gefährlich ist. Das heißt, ein kleiner Hund wie ein Spitz od. Terrier *blafft* (kläfft) meistens noch mehr, wenn er hinter dem Gartenzaun ein Spektakel veranstaltet, um den Briefträger zu vertreiben. Naheliegend, dass dieser Ausdruck „vermenschlicht" worden ist: Unter einem *Blaffer* auf zwei Beinen verstehen wir einen Schreihals od. einen Prahler; *ik warr den Blaffer glieks mol 'n Hamborger Bodderbroot geven, dat em dat Muul schüümt* (ich werde ihn verhauen)[129].

127 HWB 1/327
128 Mensing 1/361 f.
129 Goltz: Schimpfwörterbuch S. 19

Blagentüüch war das Schimpfw. für eine Anzahl ungezogener Kinder, die im Hof lärmten, den Kirschbaum plünderten od. der Katze eine Blechdose an den Schwanz banden. Wohl von nrhein. *Blarck* (Blage) für ein unartiges Kind.

blangen Adv./ Präp. seitwärts, neben, an der Seite; *blangen dat Huus* (neben dem Haus); *vör un achter un blangen* (vorn, hinten und an der Seite); *vun blangen* (von der Seite); *he sitt blangen mi* (er sitzt neben mir). Erw.: → *blangenlopen, blangenangahn* (nebenhergehen); → *Blangenbipeerd* (Nebenpferd, drittes Pferd vor dem Pflug); → *Blangendöör* (Seitentür); *Blangenstuuv* (Zimmer an der Längsseite eines Bauernhauses).

Blangenbipeerd drittes Pferd vor dem Pflug, das → *blangen* (an der Seite) des Gespanns läuft und besonders auf schweren Böden die beiden anderen Zugpferde unterstützt.

Blangendöör 1. Nebentür an der Längsseite eines Bauernhauses im Ggs. zur → *Grootdöör,* häufig horizontal geteilt, sodass sie oben aufgeklappt, unten aber noch geschlossen bleiben konnte. Auf Abbildungen sieht man ab und zu oben den Kopf eines neugierigen Pferdes aus der *Blangendöör* gucken. Ra.: *de Buerfro kann in de Schört mehr ut de Blangendöör rutdregen, as de Buer mit twee Peer in de Grootdöör rinfohrt* (gegen eine verschwenderische Ehefrau lässt sich kein Wohlstand erarbeiten). Von → *blangen* (seitwärts). 2. Während das Bauernhaus eine → *Grootdöör* als Einfahrt zur Diele hatte, durch die sogar ein hoch beladener Erntewagen passte, gab es in der Kate der Tagelöhner und Landarbeiter, die sich in der Regel zwei Familien teilen mussten, den Eingang durch die *Blangendöör,* die direkt in die Küche führte. Von außen betrachtet, lagen in der Mitte der Längsseite einer Kate häufig zwei *Blangendöören* nebeneinander, die aber zu verschiedenen Wohneinheiten gehörten. Die *Blangendöör* war geteilt. Das Oberteil stand im Sommer meist offen. Die untere Hälfte blieb zu, weil sonst fremde Hunde, Katzen und Ratten in die Küche kamen. Sie wurde auch → *Klööndöör* genannt, weil man im Vorbeigehen wegen des geöffneten oberen Flügels leicht einen → *Klöönsnack* halten konnte. Zum Verschließen war innen am Türblatt ein → *Warvel* (Drehriegel) angebracht. Man drehte ihn in einen Schlitz im Türpfosten[130]. 3. In der Stadt bedeutete der Ausdruck *Blangendöör* den Lieferanteneingang; *de keen Geld hett, mutt to de Blangendöör ingahn*[131].

blangenlopen nebenherlaufen; *dat lütt Göör löppt blangen an de Wand* (der kleine Knirps tastet sich auf unsicheren Beinen an der Wand entlang). Wurde bei der Feldarbeit ein drittes Pferd vor den Pflug gespannt, das → *blangen,* also an der Seite der beiden anderen lief, so handelte es sich um ein → *Blangenbipeerd.*

Blarrbüdel „Plärrbeutel", einer, der oft weint. Kinder weinen häufig dann, wenn sie etwas ausgefressen haben, um unter Tränen eine zu erwartende Bestrafung zu mildern; *de Jung is 'n groot Blarrbüdel.* Von → *blarren* (weinen).

blarren plärren. 1. laut weinen, bes. von kleinen Kindern; *blarr nich so!; enen de Ohren vull blarren.* Wiegenlied: *Grise, Grise, slaap,/ un blarr nich wie so 'n Schaap*[132]. 2. plärrend singen

130 lt. Heinz Oellrich
131 HWB 1/336
132 HWB 1/338

od. quäkende „Musik" machen, vornehmlich mit einer Kindertrompete vom Jahrmarkt, einer sogenannten Tröte, was Klein Bubi bekanntlich derart ausdauernd praktizieren konnte, bis der Nachbar von unten mit dem Besenstiel an die Decke klopfte und Mutter das Lärminstrument einkassierte. 3. Bei Richey stand *blarren* auch für das Blöken, Meckern und Muhen von Tieren[133]. Adj. *blarrich* (weinerlich). Erw.: → *Blarrbüdel* (einer, der oft weint); *Blarrlieschen* (Heulsuse); *Blarrkater* (Schreihals); *Blarrdings* (Kindertrompete).

Blaubeere (Heidelbeere) → *Bickbeere.*

Blauer Peter 1. Es soll Touristen geben, die vermuten hinter einem *Blauen Peter* einen betrunkenen Hamburger gleichen Namens, aber spätestens während der obligatorischen Hafenrundfahrt werden sie aufgeklärt: Es handelt sich um die internationale Signalflagge für den Buchstaben „P", die anzeigt, dass das Schiff binnen 24 Stunden den Hafen verlassen wird. Früher bedeutete das für die Mannschaft auf Landurlaub die Aufforderung, an Bord zurückzukehren, und für Lieferanten und Dienstleister, schnellstens die offenen Außenstände zu kassieren. 2. Übrigens hieß in den Sechzigerjahren ein bekanntes und beliebtes Nachtlokal in der Nähe der → *Reeperbahn* ebenfalls „Blauer Peter", das erst morgens um vier Uhr öffnete und um zehn Uhr schloss. Es war ein überaus gut besuchtes Lokal mit unglaublicher Stimmung und einem Hauch von → *Hans Albers,* in dem sich viele Prostituierte, Seeleute und Nachtbummler trafen[134]. Heute gibt es am Hamburger Berg 19 die Szenekneipe „Blauer Peter IV", die jetzt bereits um 20 Uhr öffnet, aber immer noch bei günstigen Getränkepreisen und guter Laune als Anlauflokal für einen Reeperbahnbummel am Wochenende gilt.

Blaufisch (Seelachs) → *Kolja.*

Blaukopf ist ein kleiner, blauer Stahlnagel mit breitem, flachem Kopf. Vor Verbreitung des Tackers (Gerät zum Heften) unverzichtbar, um etwa die Dachpappe auf dem Kaninchenstall zu befestigen. Blauköpfe kaufte man lose beim Eisenwarenhändler *(Iesenkramer),* der sie flüchtig abwog, eine spitze Papiertüte drehte und sie dann aus der Waagschale hineinschüttete – meistens teilweise auf den Fußboden, was schon mal zur Kundenbeschimpfung führen konnte in dem Sinne, warum man keine anständigen Nägel kaufe.

Bleefedder (od. *Bleesticken*), der Bleistift, gehört bis heute in jede Federtasche. Die ganz alten Hamburger haben als Abc-Schützen ihre ersten a, e und i noch mit dem Griffel auf die Schiefertafel gemalt, die mit einem kleinen Schwamm aus der Schwammdose gereinigt werden musste. Dieser Schwamm war entweder knochentrocken od. so klitschnass, dass er Ranzen und Fibel durchweichte. Deshalb schrieb man so bald wie möglich mit dem Bleistift in ein Heft, das Doppellinien für die Unter-und Oberlängen aufwies. Da die Schüler jedoch nahezu pausenlos den → *Ratschefummel* (Radiergummi) benutzten, mussten Klassenarbeiten mit Tinte angefertigt werden. In den alten Pulten à la „Feuerzangenbowle" waren oben kleine, offene Tintenfässer eingelassen, die der Hausmeister eifrig aus einer Schnabelkanne mit Schultinte auffüllte – leider meistens zu voll, sodass es kaum einen Schüler ohne Tintenflecke an Kleidung und Händen gab.

133 Richey S. 17
134 lt. Karin Kaufhold

Bleefoot Früher, im Hafenjargon, als noch schwere körperliche Arbeit vorherrschte, gab es den *Bleefoot* (Bleifuß). Damit bezeichnete man Personen, die herumstanden od. sich nur schwerfällig bewegten. Ihr Gegenteil waren die → *Leifigen,* jene schnellen, gewandten, geübten od. anstelligen Personen an Bord und an Land[135].

Bleichen → *Heuberg.*

Bleistiftakrobat Schimpfw. der Straßenjungen für einen Gleichaltrigen, der es zu einer ordentlichen Lehrstelle in einem Laden gebracht hatte. Weniger abfällig wurde er als jüngster Lehrling ansonsten → *Stift* genannt.

Blocksbarg Hexensammelplatz, abergl. auf mehrere Erhebungen in Norddt. angewendet, durch Goethes „Faust" jedoch vor allem auf den *Brocken* im Harz bezogen. Auch in den Vierlanden starteten in der *Walpurgisnacht* vom 30. April auf den 1. Mai die Hexen auf dem Besenstiel von der Diele durch das → *Hooptlock* und das → *Ulenlock* zu ihrem Tanz auf dem *Blocksbarg.*

Blockwagen Der *Blockwagen*, ein vierrädriger Handwagen mit Deichsel, war im Krieg und in den Nachkriegsjahren ein lebenswichtiges, ja überlebenswichtiges Transportmittel. Mit ihm ließen sich größere Gegenstände des täglichen Bedarfs wie Hausrat, Trümmerholz zum Heizen, geklaute Kohlen vom Güterwagen, Kartoffeln (wenn es welche gab), Kaninchenfutter, Pferdeäpfel für das Erdbeerbeet, die kleinen Kinder und notfalls auch die hinfällige Großmutter durch die Stadt und aufs Land zum Hamstern ziehen. Es gab Flüchtlinge, die im kalten Winter 1945 den weiten Weg von Ostpreußen bis nach Hamburg mit dem Blockwagen bewältigt hatten. Der Blockwagen war größer und stabiler als das „Spielzeug", das heute im Baumarkt unter dem Namen *Bollerwagen* angeboten wird. Ein Leser hat genaue Erinnerungen: „Der Blockwagen war ein Miniaturackerwagen mit eisenbereiften Rädern, Bretterseitenwänden und je einem herausnehmbaren Holzschott vorn und hinten. Er wurde von unseren Eltern für Gartenurbarmachungen und Transporte, für die eine Schubkarre nicht mehr reichte, benutzt. Als Jungen war er für uns ein tolles Spielzeug. Die Schotten wurden herausgenommen, einer setzte sich vorne hinein, nahm die Deichsel zum Steuern zwischen die Beine, einer setzte sich rückwärts hinten hinein und gab mit den Beinen Schwung, und dann sausten wir die Straße hinauf und hinunter und konnten gar nicht genug davon bekommen." Vgl. → *bullern.*

blömerant elend, unwohl, blass; a.: *blumerant, blümerant, plümerant.* Von frz. *bleu mourant* („sterbendes Blau", also blass, elend).

Blümchenkaffee hieß Blümchenkaffee, weil er so dünn war, dass man das Blumenmuster am Boden der Tasse erkennen konnte. Notgedrungen musste er während der schlechten Zeit häufig so serviert werden. Natürlich gab es nicht nur in Hamburg dünnen Kaffee. In Sachsen hieß er „Bliemchenkaffee". Als der Kaffee nach der Währungsreform (1948) nicht mehr auf dem *Schwarzmarkt* [136], sondern wieder im Laden gekauft

135 lt. Hans-Alfred Berger

136 *schwarzer Markt, Schwarzmarkt:* illegaler (Tausch-) Handel mit verbotenen od. rationierten Waren bes. zwischen 1945 und der Währungsreform 1948; von der Besatzungsmacht streng verfolgt, aber nicht zu unterbinden.

werden konnte, servierten die entwöhnten Hamburger Damen unbeschadet späterer Warnungen der Mediziner häufig *nördlichen Kaffee* – der so stark war, dass „der Löffel darin stehen blieb“: kräftig und gut, eben *nördlich!*

Blüse (Plur. *Blüsen*). Die *Blüse (Blüüs)* war die Glut, seem. auch das Leuchtfeuer od. der Leuchtturm bzw. eine Fackel an einer Stange, die auf Segelschiffen in Notlagen geschwenkt wurde. Richey: *Blüse: Feuer-Thurm, Warte: Pharus*[137]*: dergleichen Hamburg auf seinem Neuen Wercke*[138] *und auf Helgeland unterhält, zum Behuf der Schiffe, die sich des Nachts am Munde der Elbe nach diesem Feuer richten*[139]. Verb *blüsen* (leuchten, ein Leuchtfeuer anzünden). Erw.: *Blüser* (Leuchtfeuerwärter).

Blutgeschwür (Getränk) → *Mutterglück*.

Blutquese (*Blootquees*) Blutblase nach einer Quetschung.

boen [spr.: *beon*] bauen; *dor kannst en Huus op boen* (das steht fest); *dor hett de Ebeer*[140] *nich op boen mücht* (ein Haus ohne Kinder); *för em is narms en Galgen boot* (er entgeht der gerechten Strafe). Soldatenspr.: *Bedden boen* (Betten bauen)[141]. Es gibt Menschen, deren Talent darin besteht, etwas aufzubauen, und nicht darin, das Aufgebaute auch zu bewahren. Sie reißen mit dem Hintern ein, was sie kurz zuvor mit den Händen geschaffen haben: *wat du mit de Hänn opboost, dat stöttst du mit 'n Oors wedder üm*[142]. Konjug.: *boen; ik bo* – ich baue/baute, *du boost* – du baust/bautest, *wi boen* – wir bauten; *boot* – gebaut.

Boje (*Booj*). *Bojen* sollten auch von Landratten in Hamburg besser nicht mit → *Tonnen* verwechselt werden! Sie sind zwar auch Schwimmkörper, verankert auf dem Fluss- od. Meeresgrund, sind aber zum Festmachen da und bieten auch entsprechende Möglichkeiten zur Vertäuung; *Bojen utleggen* (Seezeichen verankern); *wedder an de Boje komen* (wieder glücklich den Hafen erreichen)[143].

bölken brüllen, → *grölen*. Im Allgemeinen *bölkt* das Vieh – die Kühe, wenn sie gemolken werden wollen, die Kälber, wenn sie trinken wollen, od. das Schwein um sein Leben, wenn es auf den Schlachthof gezerrt wird. Aber auch Menschen können *bölken,* wenn sie sich lautstark danebenbenehmen od. betrunken unanständige Lieder durch die nächtlichen Straßen *bölken*. Erw.: → *Bölkrohr* („Flüstertüte“).

Bölkrohr Ein *Bölkrohr* wurde auch „Flüstertüte“ genannt, was natürlich ironisch gemeint war, denn mit dem Sprechtrichter aus Blech, den man vor den Mund hielt, wollte man nicht flüstern, sondern → *bölken,* also brüllen und seine Ansage akustisch verstärken, etwa bei Sportveranstaltungen. Heute hat so ein Ding ein elektronisches Innenleben und heißt *Megafon*. Der Zeichner und Motorrad-Fan Rötger Feldmann alias Brösel alias Werner nennt in seinen Cartoons einen Angeberauspuff ebenfalls *Bölkrohr*.

137 lat. Leuchtturm
138 Insel Neuwerk
139 Richey S. 18
140 → *Ebeer* (Storch)
141 HWB 1/372
142 lt. Olaf Haselhorst
143 lt. Carl Groth

Bollerwagen (Handziehwagen) → *Bullerwagen.*

Bollwaas (Reisigbündel zur Uferbefestigung) → *Waas.*

Bönhase Ein *Bönhase* (ndd. *Böönhaas*) war kein Hase, sondern bedeutete nach unserem heutigen Sprachgebrauch so viel wie „Schwarzarbeiter" od., genauer gesagt: ein Handwerker, der heimlich ohne Genehmigung arbeitete. Da er und seine Leidensgefährten ihre Tätigkeit angeblich versteckt auf dem Dachboden, dem *Böön,* in der Nachbarschaft zu den *Dachhasen,* den Katzen, ausübten, wurden sie im Volksmund Bönhasen genannt. Ihnen fehlte im streng geregelten Zunftwesen früherer Jahrhunderte die Genehmigung der für ihr Gewerbe zuständigen Ämter (heute würden wir Handwerkskammern sagen). Als Bönhasen galten auch freischaffende Handwerker aus dem Hamburger Umland, die ihre Waren in die Stadt schmuggelten od. dort ihre Dienste anboten. Die offiziellen Handwerksmeister, die sogenannten Amtsmeister, die um ihre Kundschaft und ihr Einkommen fürchteten, verfolgten diese nicht zünftige Konkurrenz unerbittlich. Wurde ein Bönhase entdeckt, durfte er öffentlich und von jedermann wie Freiwild über die Stadtmauer gejagt werden, was häufig nicht ohne Folgen für Leib und Leben der Verfolgten abging. Solche *Bönhasenjagden* waren lange Zeit an der Tagesordnung. *Böönhaas* steht auch scherzh. für den Schornsteinfeger, weil der ja auch oben auf dem Dach herumturnen musste.

Bontje (*Bontsche*) gleich Bonbon. Die *Bontjes* waren in *Bontjehaven,* in großen Glasgefäßen, beim → *Krämer* auf der → Tonbank untergebracht. Wenn wir uns für einen Sechser, an guten Tagen sogar für einen Groschen, Bontjes kaufen durften, drehte der Krämer eine kleine, spitze Tüte und griff mit seinen meist nicht ganz sauberen Fingern in den → *Glashaven* – nach heutigen Maßstäben nicht unbedingt hygienisch, aber damals kannten wir es nicht anders. Vgl. → *Kientje,* → *Snoopkraam.*

Die Sehnsucht unserer Großeltern, als sie noch Kinder waren: die Bontjes im großen Glashaven auf der → Tonbank des Krämers.

Bood Bude. 1. kleiner Bau, Holzhütte, Schaubude (→ *Speelbood),* Verkaufsstand; *de Bood tomoken* (Bankrott machen); einstöckiges Wohnhaus („Gottesbude"), Behelfsheim. 2. kleine Wohnung in solchen Häusern, Behausung, Zimmer des Untermieters; *Maiseverbood* (Unterkunft klein wie eine „Maikäferwohnung"; → *Maisever*). Syn. → *Huus.*

Booj (Seezeichen) → *Boje.*

Böök die Buche, der häufigste Laubbaum im Hamburger Gebiet (Finkw. nicht umgelautet *Book*). Die Frucht der *Böök* war die → *Bookecker.* Erw.: *Bookfink* (Buchfink).

[1]Book Buchecker, Syn. zu → *Bookecker.*

[2]Book (Plur. *Böker*). Das *Book* als Buch brauchte hier eigentlich nicht näher vorgestellt zu werden, aber die Quellenlage lässt die Vermutung aufkommen, dass lange, lange vor dem digitalen Zeitalter gedruckte Bücher in Hamburg nicht gerade zum Alltag der breiten Bevölkerungsschichten gehörten. Wer lesen und schreiben konnte und gar noch hochdeutsch sprach od. zu sprechen versuchte, galt schon als *'n bannig plietschen Keerl; de Nees in 't Book stecken* (lesen); *se snackt as 'n Book – bloots nich so klook; en Waschfro, as se in 't Book steiht* (eine typische Hamburger Waschfrau); *to Book stahn* (zu Buche stehen – Soll und Haben); *dat sleit to Book* (das ist finanziell spürbar); *to Book geven* (zu Protokoll geben); *dat is just in mien Book* (das kommt mir gerade recht); *se keem toletzt in 't ole Book* (sie wurde alt und vergessen)[144]. Erw.: *Bookbinner* (Buchbinder); *Bookdrücker* (Buchdrucker); *Bookföhrer* (Buchhalter). Abergl.: Wenn die plattdeutschen Kinder in der Schule mit hochdeutschen Büchern wie → *Fibel* und Rechenbuch gequält wurden, legten sie das Buch abends unter das Kopfkissen, damit sie den Text im Schlaf lernten. Das half zwar nichts, war aber der letzte Versuch, bevor man morgens dumm und zitternd in die Klasse schlich.

Bookecker Buchecker, Frucht der Buche (→ *Böök*). Syn.: *[1]Book*. Bucheckern und Eicheln waren früher wichtig für die Schweinemast in den Laubwäldern der → *Walddörfer.* Vgl. dazu → *Eek* (Eiche).

Bookweten → *Buchweizen.*

144 HWB 1/389 f.

böömsch böhmisch im Sinne von fremdländisch, seltsam, unverständlich; *böömsche Dörper* (böhmische Dörfer – übertr. eine unverständliche Angelegenheit); *dat kümmt mi böömsch vör.*

Böör Bahre, Tragbahre, Totenbahre. Von → *bören* (heben, tragen).

Boots 1. Stoß. 2. übertr. Rausch; *en Boots hebben; sik 'n ölligen Boots opladen* (sich schwer betrinken)[145]. Vgl. → *besopen.*

Bordsteinschwalbe (Straßenprostituierte) → *Kantstein.*

bören [spr.: *bö:en*] 1. heben, und zwar ganz hoch heben im Ggs. zu → *[1]lüchten* (anheben). Syn.: *opbören* (aufheben). Erklärung für Anfänger: *wat man nich bören kann, mutt man liggen loten.* Raa.: *de Nees bören* (die Nase arrogant hoch tragen; *den Hintern nich bören könen* (vor Schwäche nicht auf die Beine kommen). Erw.: *sik verbören* (sich verheben). Subst. → *Böör* (Bahre). Daher hochd. die *Bürde,* die schwer zu tragende Last. 2. (ein Haus) richten, den Dachstuhl aufrichten[146]. Subst. → *Huusböör* (Richtfest).

Born m. 1. Quelle, feuchte Stelle durch Quellwasser. Vielfach in Flur- und Straßennamen: *Bornblick* (Bramfeld); *Bornbrook* (Lohbrügge); *Borndeel* (Niendorf); *Borndiek* (Osdorf, Iserbrook); *Bornheide* (Lurup, Osdorf); *Bornkamp* (Marienthal); *Bornkampsweg* (Bahrenfeld); *Bornmoor* (Stellingen); *Bornstraße* (Rotherbaum); *Bornwisch* (Bergstedt). 2. Brunnen, dafür häufiger → *Soot; Born trecken* (Brauwasser

145 HWB 1/403
146 HWB 1/407

herbeischaffen). 3. Viehtränke, auch als die *Börn* bekannt. Erw.: *Peerborn* (Pferdetränke) und *Stadtborn*, bis 1850 eine Pferdetränke in der → *Neustadt* [147] – denn, banal ausgedrückt, Pferde brauchten zwar noch kein Benzin, aber viel Wasser zum Saufen.

Borstel in od. als Ortsname bedeutet „Abbau“, also eine Tochtergründung aus einem vorhandenen Mutterdorf[148].

Börte (*Bört*). Urspr. festgesetzte Reihenfolge im Schiffsverkehr und Lotsendienst, später die ausgehandelte od. auch ausgeloste Reihenfolge des Dienstes bes. der → *Böschlotsen; mien Bört is jetzt* (ich bin an der Reihe, ein Schiff als Lotse nach Hamburg zu führen); *dat Slimmste, wat een kann passeren, is op de Bösch de Bört verleren* (durch eigene Schuld im Lotsendienst überschlagen zu werden) [149]. Der Ausdruck ist in Hamburg nicht mehr gebräuchlich, begegnete aber jahrzehntelang Hamburgern, die mit den Bäderschiffen nach Helgoland gefahren waren. Die Schiffe wie die inzwischen abgewrackte „Wappen von Hamburg“ mussten auf der → *Reede* vor Helgoland Anker werfen, und die Passiere wurden in hölzernen Lotsenbooten, den sogenannten *Börtebooten*, zur Insel gebracht – schwankend, spritzend, teuer und zeitraubend. Nach kurzem Aufenthalt ging es auf gleiche Weise zurück zum Schiff. Es mag ein, zwei Touristen geben, die das Ausbooten als Abenteuer betrachten, aber viele lassen sich dadurch von einer Reise zur deutschen Hochseeinsel abhalten. Die Gästezahl geht dramatisch zurück. Experten raten, die Landungsbrücke zu verlängern und dort Platz für sieben Schiffe zu schaffen, wodurch das Ausbooten wegfallen könnte. Doch die Börte lebt. 30 Familien leben von den Börtebooten, und manch Besucher findet sich an die alte Strandräubertradition erinnert, die da hieß: „Beinehmen ist kein Verlust!“ Von Hamburg steuert nur noch der Katamaran „Halunder Jet“ regelmäßig den roten Felsen an, der direkt im Südhafen anlegen kann und nicht ausbooten muss [150].

Böschlotse Lotse, der Schiffe von der Lotsenstation *Bösch* bei St. Margarethen elbaufwärts zum Hamburger Hafen bringt [151]. Vgl. → *Börte*.

Bossel Kugel zum Werfen, Kegelkugel. Erw.: *Bosselbahn* (Kegelbahn). Adj. *bosselrund* (kugelrund). Verb *bosseln* (Kugeln werfen, kegeln).

Bostdook Brusttuch, bei Männern 1. Weste, Unterjacke od. dunkles Chemisette [152], das anstelle des Vorhemds getragen wurde, bei Frauen 2. steifer Brusteinsatz der Vierländer Tracht *(gollen un sülvern Bostdöker)*, aus Gold- od. Silberbrokat gewebt bzw. mit Metallfäden bestickt, oben mit Samt und metalldurchwirkten Tressen besetzt. Zur Aufbewahrung gab es extra eine *Bostdookschachtel* (Brusttuchschachtel) aus reich bemaltem Spanholz [153].

Bötel [spr.: *boüdl*]. Der *Bötel* ist 1. urspr. ein Hammel od. ein Bocklamm, 2. übertr. aber ein kleiner Junge, ein Knirps; *'n lütt Bötel*. Besonders die Schüler der untersten Klasse nannte man in Hamburg so. Dementspr. war eine *Bötelschool* die Eingangsklasse einer Knabenschule. In Lok-

147 lt. HWB 1/412 f.
148 Wülfingen/Frahm: Stormarn S. 158
149 HWB 1/415 f.
150 Axel Tiedemann: Die Insel ist reif. HA 6.2.2009 S. 3.
151 HWB 1/417
152 gestärkte Hemdbrust für Frack und Smoking
153 HWB 1/420 f.

stedt gibt es seit 1949 die Straße *Bötelkamp,* benannt nach dem gleichnamigen Flurstück, das wohl „jüngst gerodetes Feld" bedeutet[154].

Böten Ein *Böten* ist eines der vielen Ausdrücke für ein Kinderlätzchen, das man dem *lütt* → *Bötel* umband, damit er beim Gefüttertwerden seinen Strampelanzug nicht vollsabberte. Man sagte u. a. *Böörten, Böörtjen, Buuschen, Severlappen, Slackerböörtjen, Slabberbartjen, Klacker-, Klecker-, Sabbel-, Slabber-* od. *Slackerbuuschen* dazu. Die Vielzahl der Synonyma zeigt, wie wichtig ein solcher Brustlatz zu der Zeit war, als Mutter noch alles mit der Hand waschen musste und die Kinderkleidung nicht mal eben mit Ariel bei 30 Grad in den Schonwaschgang der Maschine stecken konnte.

böten h.: im Herd od. Ofen heizen, Feuerung nachlegen; *Füür böten* (Feuer anzünden); *Oostermoond böten* (Osterfeuer abbrennen); → *inböten* (einheizen); übertr. *nix to bieten und nix to böten* (nichts zu beißen und nichts zu brennen – bitterarm sein).

Bott Das *Bott* ist eigentlich 1. ein Stück Tau od. alles Tau- und Kettenwerk an Bord; *Bott geben* (mehr Leine lassen); *Bott hebben* (Spielraum haben). 2. Bekannt ist *Bott* vor allem als lange Schnur beim Drachensteigenlassen; *Bott afwickeln* (Drachenleine geben); *dat Bott is all* (die gesamte Schnur ist abgewickelt). Wenn der Drachen hoch am Himmel stand, schickten die Kinder gern einen Himmels- od. Drachenbrief, *Bottschechter*[155] genannt, mit dem Wind die Schnur entlang hoch. Dazu riss man ein kleines Stück Papier bis zur Mitte ein, setzte es auf die Leine und schob es an, bis es nach oben geblasen wurde. Man konnte auch eine Botschaft auf den Drachenbrief schreiben, etwa: „Lieber Gott, sorge dafür, dass mir mein Lehrer keine Fünf in Mathe gibt!"

Botten bezeichnet heute einen Fachbegriff der Schuhmode für Überschuhe od. Plastikstiefel, hatte früher jedoch eher einen abwertenden Klang für plumpe, große Schuhe. Obwohl es sich um keinen typ. hamb. Begriff handelt, ist er auch mit heimischen Kindheitserinnerungen verbunden, wenn die *Gören* in den Hamburger Etagenhäusern in *Holzbotten* über die Holzdielen klapperten und die Mieterin in der Wohnung darunter voller Wut mit dem Besenstiel an die Decke klopfte. Von poln. *bot* (Schneeschuh, Überschuh) und frz. *botte* (Stiefel).

Botter ist die Butter, auch *beste Botter* od. *gute Butter* zur Unterscheidung von Margarine genannt. Butter auf dem Tisch war seinerzeit für weite Kreise eine Ausnahme. Umso mehr tauchte der Begriff in Redensarten auf: *enen de Botter op 't Broot nich günnen* (missgünstig sein); *sik nich de Botter vun 't Broot nehmen loten* (sich nicht übervorteilen lassen); *ficks in de Botter hauen* (sich heftig zur Wehr setzen); *as Botter in de Sünn stahn* (ratlos sein). Abergl.: Wer die Butter mit dem Messer anschnitt, musste angeblich sieben Jahre lang auf einen Mann warten. Sprichw.: *bi uns herrscht Ordnung, sä de Fro, dor liggt de Kamm in de Botter.* Erw.: → *Botterbloom,* → *Botterböter, Botterbroot* (belegte Brotscheibe), → *Botterbuer, Botterfatt* (Fass zur Butterzubereitung), → *Botterfranzbroot,* → *Botterlicker,* → *Bottermelk,* → *bottern.*

---

154 vgl. Beckershaus: Straßennamen S. 57
155 *schechten* = h.: schnell laufen, sich fortschieben

Botterbloom Butterblume (Löwenzahn), heute der Schrecken aller Kleingärtner und Einzelhausbesitzer, weil die feinen Samenstände vom Wind in die Nachbarschaft geweht werden und dort tief im Rasen wurzeln. Bei Kindern, die sie abpflückten und selbst kräftig pusteten, hieß die Blume nur „Pusteblume". Wenn alte Leute das heimlich taten, sollte die Zahl der übrig bleibenden Samen die Zahl der verbleibenden Lebensjahre ergeben. Wenn eine → *Deern* gegen die Samen blies und keiner blieb zurück, so war ihr Schatz ihr treu. Syn.: *Kohbloom* („Kuhblume"); → *Pissandiek.*

Botterböter So wird im Umland häufig der Schmetterling genannt (hamb. → *Botterlicker*). War der erste Schmetterling im Jahr bunt, so gab es eine Hochzeit, war er gelb, so wies das auf eine Kindstaufe hin, war er jedoch weiß od. schwarz, musste man demnächst einen Toten beklagen.

Botterbuer wurde ein Landbewohner genannt, der bei den Bauern in den Dörfern Butter aufkaufte und sie in Hamburg anbot. Schickte er seine Frau in die Stadt, war das die *Botterfro* (Butterhändlerin).

Botterfranzbroot (Butterfranzbrötchen) – kleines, längliches, fettreiches Hefegebäck, gilt als Hamburger Spezialität, das man etwa in Lüneburg nur unter der Bezeichnung „Hamburger" kennt, aber von Bäckerei zu Bäckerei verschiedene Formen und Zutaten haben und auch mit Zimt und Guss veredelt sein kann. Es wird mit feinem Mehl und Butter angesetzt und in der Fettpfanne ausgebacken[156].

156 Vgl. Tilgner: Kleines Lexikon Hamburger Begriffe S. 52

Botterlicker Ein *Botterlicker* heißt auf Hochdeutsch wörtlich „Butterlecker" und steht 1. für ein Kind, das gern Butter nascht, 2. für Gemüse, das mit viel Butter zubereitet werden muss, 3. für einen Schmetterling (Tagfalter), aber übertr. vor allem für 4. eine große Haar- od. Busenschleife, mit der kleine Mädchen an Sonn- und Feiertagen ausstaffiert worden sind. Auch die Krawattenschleife, die sogenannte Fliege, wurde mit diesem Scherznamen belegt. Gymnasiasten und Jungen aus feinen Familien hatten in den Augen der breiten Bevölkerung viel od. zu viel Butter zu lecken und wurden als *Botterlicker* verspottet. Neckvers: *Botterlicker heet ik, wat ik kann, dat weet ik.* Erw.: *Botterlickerkescher* (Schmetterlingsnetz).

Bottermelk Buttermilch wurde weit verbreitet als *Bottermelksupp* gegessen, zum Teil mit Speck, Birnenscheiben od. Backobst, auf jeden Fall aber mit → *Klüten* (Klößen), was nicht gerade zur Begeisterung beitrug; *vör Arbeit, Dood un Bottermelksupp bün ik jümmers bang vör west.* Wenn ein Mann seine Frau auf der falschen, der linken Seite von sich gehen ließ od. wenn die Braut bei der Trauung gar links vom Bräutigam kniete, befand sie sich an der *Bottermelksiet* („Buttermilchseite"), was ihr ein Leben lang nachgesagt wurde.

bottern (buttern) heißt 1. Butter machen, und diese Tätigkeit war zur Hause od. auf dem Bauernhof ohne die professionellen Einrichtungen der Meierei von Pannen und Missgeschicken bedroht und somit von mancherlei Aberglaube umgeben. Das Butterfass durfte nicht ausgeliehen werden und nachts nicht draußen bleiben, damit es nicht verhext werden konnte. In einigen Dörfern legte man vorsichtshalber ein Hufeisen od. eine kreuzförmig geöffnete Schere unter das

Fässer jeder Größe stellten die Böttjer, → Küper und → Kiemer her. Als es noch keine Container und Plastikbehälter gab, herrschte großer Bedarf an den hölzernen Gefäßen. Hier eine Werkstatt um 1880.

Fass. Trotzdem, der Erfolg war nicht garantiert; *dat bottert nich, un wenn 'n dor in schitt* (es ist misslungen). 2. übertr.: wenn eine Uhr ungenau geht, vor allem nachgeht, denn buttert sie; *de → Klock bottert* (geht falsch).

Böttjer (Böttcher, Fassmacher). Handwerker, der hölzerne Gefäße herstellt. Zur Zeit der → *Hanse* hatte dieses Handwerk Hochkonjunktur, weil für die damaligen Haupthandelsgüter Hering und → *Bier* zahlreiche Fässer und Tonnen aus Holz benötigt wurden. Vgl. → *Küper* und → *Kiemer.*

Bottschechter (Drachenbrief) → *Bott.*

Braam steht für Ginster, der *Braambusch* ist der Ginsterbusch. *Braam* ist auch der Namensgeber des Stadtteils Bramfeld, weil der Ginster eine typische Pflanze für die dort früher vorherrschende Heidelandschaft war. Das Bezugswort „Feld" deutet darauf hin, dass das Dorf im 13. Jh. auf waldfreiem Gebiet angelegt worden ist. Bramfeld kam erst 1937 mit dem → *Groß-Hamburg-Gesetz* von Preußen zu Hamburg.

brabbeln kindlich lallen, undeutlich sprechen; urspr. Speichelbläschen mit dem Munde machen[157].

Brack n., Wasserloch, Tümpel, Wasserrest an Land nach der Flut od. Deichbruch. Wetterregel im → *Alten Land: wenn dat Water in 't Ollanner Brack so geel utsüht, gifft dat Storm*[158]. Adj. → *¹ brack.* Erw.: → *Brackwater;* → *Hasselbrack.*

157 HWB 1/441
158 HWB 1/441

[1] brack Adj. brackig, salzig wie → *Brackwater; dat Water smeckt na Brack.*

[2] brack Adj. besiegt (beim Marmelspiel), bankrott. Von *breken* (gebrochen); mnd. *braken* (gebrechend, mangelnd)[159], engl. *broke* (abgebrannt, pleite, blank).

Brackwater Unter *Brackwater* (Brackwasser) versteht man Fluss- od. Meerwasser mit einem Salzgehalt von 0,1 bis 1,0 Prozent. Wasser mit geringerem Salzgehalt heißt Süßwasser, Wasser mit höherem Salzgehalt Salzwasser. An der Elbmündung bei Brunsbüttel findet man *Brackwater.* Von → *Brack,* einem vom Meer gefüllten Tümpel in der Marsch.

Braden Braten, Sonntags- od. Festtagsgericht, z. B. bei Hochzeiten gereicht. Übertr.: *den Braden rüken* (etwas Böses ahnen). Abergl.: Ein Mädchen, das den Braten anschneidet, bleibt ledig. Vgl. → *Bradenfreter;* → *Bradenrock.*

Bradenfreter Die etwas respektlose Übersetzung „Bratenfresser" bezeichnet einen wohlhabenden und meist auch wohlgenährten Mann, der reichlich isst, sich viel und den Armen angeblich eher nichts gönnt. Läuteten wochentags die Glocken von St. Petri, St. Nikolai od. St. Katharinen, hieß es: *dor is wedder 'n Bradenfreter storben* (ein Reicher wird zu Grabe getragen). Nach der Eröffnung der Eisenbahnlinie Hamburg–Lübeck 1865 wurde extra für die Familienausflüge gut situierter Hamburger zwischen Bargteheide und Oldesloe die Haltestelle *Kupfermühle* eingerichtet. Sonntags saß die Dorfjugend am Bahnsteig, begrüßte die Besucher aus der Stadt mit dem Ruf: *De Bradenfreters koomt!* und begleitete sie zum Restaurant „Rohlfshagener Kupfermühle". Erw.: *Bradenfreterrock* (Gehrock); *Bradenfreterveddel* („Bratenfresserviertel") – gemeint ist das vornehme → *Uhlenhorst* im Ggs. zum benachbarten *Armbeck* (Barmbek).

159 Lübben S. 65

Bradenrock Sonntagsanzug, Gehrock, „Bratenrock", wobei unterstellt wird, dass die Kleidung dem Sonntagsbraten angemessen war. Syn.: *swatte Rock; swatte Tweern.*

bramborsch [spr.: *brambo:'as*] Adj. grob, barsch, polternd. Wohl zu hochd. *barbarisch*[160]. In Hamburg überliefert in: *de mit den dicken Buuk un so 'n bramborschen Döst* (schrecklichem Durst). Vgl. → *brammen* (Lärm machen).

Brammbotter Aus dem Holsteinischen übernommenes Rezept: Butter mit Zwiebeln braun gebraten, als Soße zum Suppenfleisch od. zum Eisbein gereicht. Teilw. auch Speckgrieben mit Zwiebeln, die über die → *frische Suppe* gegossen wurden.

brammen 1. „wollüstig schreien", wobei wir hier nicht bestimmte Geräusche aus hellhörigen Nachbarwohnungen meinen, sondern die Töne, die der Hengst von sich gibt, wenn er die Stute besteigt; *de Hingst brammt.* Bei Menschen: *he brammt as 'n Wallach* (wobei sich die Frage stellt, ob die bäuerlich entwöhnten Hansestädter hier tatsächlich nicht den entscheidenden Unterschied zwischen einem Wallach und einem Hengst kannten). 2. lärmen, poltern, schelten, ängstlich brüllen; *de ool Naver brammt ook den ganzen Dag; de See brammt* (wogt und schäumt bei Sturmflut)[161].

160 Mensing 1/500
161 Mensing 1/501

bramsich Adv. eigentl. „brandig“, zu stark gebrannt. 1. wütend, dreist, großmäulig; *he keek mit ’n bramsigen Gesicht ut ’t Finster; dat is ’n bramsigen Keerl, dat deit de Köm; dat Wedder is bramsich* (es hagelt, regnet und stürmt). 2. angebrannt bei Speisen, bitter und scharf im Geschmack; *dat Fleesch is bramsich* (hat einen Stich). 3. brünstig (von → *brammen*); *dat Beest is bramsich* („übergeschnappt“, weil paarungsbereit)[162].

Brand h.: Rausch; *’n Brand hebben* (betrunken sein); *en Brand as so ’n Huus hooch; in ’n Brand liggen* (den Rausch ausschlafen). Vgl. → *besopen.*

bräsig hörte man ab und zu auch in Hamburg. Urspr. ndd. für kräftig, wohlgenährt, wird es später im Sinne von dickfellig od. unwillig gebraucht. Lautvariante: *brösich.* Allgemein bekannt wurde das Wort durch die breit mecklenburgische Figur des *Onkel Bräsig* in Fritz Reuters Roman „Ut mine Stromtid“[163]. In der ARD-TV-Serie von 1978 spielte der niederdeutsche Schauspieler Fritz Hollenbeck (geb. 1929 in Lübz) diese Rolle.

brass Adj. prahlerisch, gewaltig; *’n brass Fohrt ophebben* (das Schiff macht eine außergewöhnlich schnelle Fahrt). Subst. *Brass* (Erregung, Wut); *in de Brass wesen* (aufgebracht sein)[164]. Schimpfw.: *Jan Brass* (Grobian, Großmaul). Der Kolumnist *Edgar Walsemann* (1890–1977) benutzte für seine plattdeutschen Kolumnen das Pseudonym „Jan Brass“.

brassen schnell und rücksichtslos gehen, wie man es in Hafennähe vor allem bei betrunkenen Seeleuten beobachten konnte, wenn sie friedliche Fußgänger brutal zur Seite rammten.

Bratten [spr.: *bro:tn*] Der heiße Dampf, der aus einem kochenden Topf od. Flötenkessel strömte, wurde in Hamburg *Bratten* genannt.

Braunbier Das *Braunbier,* hamb. *Bruunbeer* gesprochen, wird im Duden als „alte Biersorte“ erklärt. Es ist nicht genau zum → *Ammenbeer* (Stärkung für Wöchnerinnen und Ammen), *Ammerbeer* (Bier eimerweise gekauft), Malzbier und „Gesundheitsbier“ abzugrenzen. Es handelte sich wohl um eine Sammelbezeichnung für im weiteren Sinne jedes aus Gerstenmalz gebraute Bier. Bis 1800 war es in Hamburg Hausgetränk und galt als tägliches Lebensmittel. Alle Hausbiere dürften damals obergärig gewesen sein, zudem offenbar stark gemalzt und alkoholarm. Die Farbe wird als „bernsteinfarben“ überliefert, was wohl etwas beschönigend für das dünne, fahle und fade Getränk ausgedrückt ist, wenn ich an den urspr. berlin. Ausspruch meines Vaters denke, sobald ich blass und käsig daherkam: „Du siehst aus wie Braunbier mit Spucke!“ Wer beim Wirt *en Schimmel un ’n Brunen* verlangte, bekam seinerzeit ein Glas Kümmel und ein Glas Braunbier. Verhärtete Kuheuter, die sich schlecht melken ließen, wurden mit einem Aufguss von *Bruunbeer* und Butter weich gemacht. Um die Nachgeburt abzutreiben, gab man der armen Kuh eine Mischung von → *Theriak* und Braunbier ein[165]. Vgl. → *Bier.*

162 HWB 1/444; Mensing 1/502

163 Fritz Reuter (1810–1874) war nicht gerade das, was man vor 1848 als einen obrigkeitstreuen Konservativen bezeichnet hätte. Als aufmüpfiger Burschenschaftler wurde er zum Tode verurteilt, dann zu Festungshaft begnadigt. Er versuchte danach zeitweise als Volontär auf Gut Demzin wieder Fuß zu fassen. Einen derartigen Landwirtschaftseleven nannte man in Mecklenburg einen → *Strom.* Die hochd. Übersetzung des Romans heißt dementspr. auch „Das Leben auf dem Lande“.

164 HWB 1/448

165 HWB 1/498

Brause Die Kinder sagten nicht „Limonade“ – es hieß *Brause*, genauer: gelbe od. weiße Brause, also Orangen- od. Zitronenlimonade.

bräuten † (zur Frau machen) → *brüden (3).*

Brautkiste → ² *Pesel.*

Brauttür 1. Die Brauttür ist ein typisches Merkmal Altländer Häuser. Die hölzernen Türen sind reich verziert mit Schnitzereien und Ornamenten. Sie konnten nur von innen geöffnet werden und führten direkt in die Kofferkammer, die „Schatzkammer“ der Familie. Außer im Notfall bei Feuer wurden sie nur bei zwei Gelegenheiten geöffnet: Wenn der Bräutigam die Braut über die Schwelle trug und die Mitgift in einer od. mehreren Truhen ins Haus schaffte – od. wenn nach einem Todesfall der Leichnam eines Familienmitgliedes aus dem Haus getragen wurde. 2. Brauttür, Brautpforte od. *Bruuthuus* wird auch der Vorbau od. der Nebeneingang einer Kirche genannt, durch den die Brautleute früher zur Trauung eintraten.

Bredullje für Verlegenheit, schlimme Lage ist natürlich das hamb. abgewandelte frz. *bredouille* (Misserfolg); *in de Bredullje sitten* (in der Klemme sein); *enen in de Bredullje kriegen* (jmdn. festnageln).

Bregen 1. Gehirn, Schädel od. die Stirn; *di is woll de Bregen dünn worrn vun de Hitten, is di woll!*, schrie der Bauer seinen ungeschickten Knecht bei der Ernte an, doch der antwortete: *un di, di hebbt se woll in 'n Bregen scheten un vergeten umtoröhren!* Da verlor der Bauer die Beherrschung und schlug dem Knecht mit der → *Forke* auf den *Bregen:* mehrfacher Schädelbruch. Vgl. engl. *brain* (Gehirn); Adj. → *bregenklöterich* (schwachsinnig). 2. *Bregen* hat man nicht nur im Kopf, sondern kann man auch essen, ja, dieses Gericht galt auf dem Lande geradezu als Delikatesse. Am Abend der Hausschlachtung wurde das Schweinehirn in der Pfanne gebraten und mit Brat- od. Pellkartoffeln verspeist. Wer will, kann das auch heute noch ausprobieren. An der Fleischtheke im Supermarkt findet man häufig in einer flachen Porzellanschale so ein wabbeliges Schweine- od. Kalbshirngewimmel[166].

bregenklöterich Wer *bregenklöterich* ist, ist schwachsinnig, verwirrt, verrückt, trübsinnig od. benommen. *Opa is al bannig bregenklöterich*, soll andeuten, dass der alte Mann nicht mehr alles auf die Reihe bringt und ein bisschen → *tüdelich* ist. Der → *Bregen* ist das Gehirn od. der Schädel (engl. *brain*), → *klötern* heißt klappern, rasseln, sodass im Plattdeutschen wieder einmal ein überaus anschaulicher Ausdruck zusammengesetzt worden ist für den Zustand, bei dem „das Gehirn im Schädel klappert“.

Bremen Die Bewohner der konkurrierenden, aus Sicht eines geborenen Hamburgers aber keineswegs gleichrangigen Hansestadt Bremen werden oft in Redensarten verspottet. Noch heute ist die Wendung „Ich bin doch kein Bremer!“ bekannt, was bedeutet: Ich lass mir von dir doch die Arbeit nicht aus der Hand nehmen! Auf Hamburgisch hörte sich das so an: *ik bün doch keen Bremer, ik loot mi keen Arbeit ut de Hand nehmen* (ich mache meine Arbeit selbst). Daraus lässt sich schließen, dass die Einwohner von Bremen außerhalb Bremens für Faulpelze gehalten wurden. Wenig nett auch: *so 'n Bremer mookt ut 'n Scheet en Dunnerslach* (milde über-

166 Goltz/Nissen: Plattdeutsch für Zugereiste S. 28 f.

setzt: Ein Bremer macht aus jedem Haufen einen Weltuntergang). Wenn etwas misslungen war, hieß es bei Seeleuten: *dreemol is Bremer Recht* (man darf es drei Mal versuchen – beim ersten Mal schafft es ein Bremer ohnehin nicht). Sobald von etwas Schiefem od. Krummem die Rede war, höhnten die Hamburger: *dat is scheef as de Weg na Bremen.* Zu Kindern sagte man: *schall ik di mol Bremen wiesen* (soll ich dir mal Bremen zeigen?) und hob sie dann am Kopf hoch.

Brick Eine *Brick* war ein Pferdewagen mit Bänken an beiden Längsseiten, der Ende des 19. Jahrhunderts bis zu 40 Personen befördern konnte. Im Gegensatz zum → *Stohlwagen* war sie überdacht.

Bricken (Plur. *Brickens*). 1. Das *Bricken* ist eine runde od. rechteckige Holzscheibe, häufig als Frühstücksteller od. als Unterlage z. B. beim Schinkenschneiden benutzt. Carl Groth erinnert sich noch an eine weitere Verwendung: „Wer über längere Strecken Wasser in Eimern heranschleppen muss, wie seinerzeit nach Fliegerangriffen, wenn wir das Wasser vom Hydranten holen mussten, tut in solchem Fall gut daran, auf der Wasseroberfläche ein *Bricken* schwimmen zu lassen – das verhindert das *Überschülpern*, das Überschwappen, aus dem Eimer." 2. Ein Untersatz, der nicht immer aus Holz sein muss, wird auch so bezeichnet, etwa ein Bierfilz.

Briet Das Schimpfwort *Briet* hat, was im englandfreundlichen Hamburg auch verwundern würde, nichts mit den Briten zu tun, sondern kommt als → *Verballhornung* aus der → *Franzosenzeit* Anfang des 19. Jahrhunderts vom frz. *brute* [spr.: *bryt*] (brutaler Kerl, Rüpel). Flegelhafte Straßenjungen wurden als *Brieten* bezeichnet, und wenn man diesen Ausdruck noch steigern wollte, sprach man von *Barmbeker Brieten,* denn → *Barmbek* galt aus der Sicht „feinerer" Stadtteile als Hort des groben Proletariats. Kennzeichen der dortigen Halbstarken: Klapphose, Mütze schief und Pullover.

Brigg Segelschiff mit zwei Masten, kleiner als eine *Fregatte.*

Britsch (*Pritsch*). Die *Britsch* ist vor allem 1. eine einfache hölzerne Bettstelle, ein Feldbett, eben eine Pritsche; *smiet dat Swien op de Britsch!,* riefen die Schutzleute beim Einliefern eines Betrunkenen[167]. Die Britsch hat weitere Bedeutungen: 2. Es kann sich auch um einen Holzrost als Bodenbelag in Waschküchen und Badezimmern handeln, aber auch um einen Rost im Schweinestall, damit die Tiere nicht in der Gülle liegen (was die „Schweinerei" aber häufig nur noch schlimmer machte). Die Britsch ist zudem 3. der Arbeitstisch des Schusters und 4. veralt. ein Schlagholz (*Britschholt* – „Fastnachtspritsche" Hamburger Gesellen), woraus übertr. ein Begriff für Schläge od. Prügel sowie das Verb → *britschen* (prügeln) entstanden sind. Der *Britschhamer* (Hammer) der Kupferschmiede dient zum Plattschlagen des Metalls.

britschen schlagen, prügeln; von → *Britsch (4).*

Britschhamer → *Britsch.*

britzen bedeutet schnell laufen, sich beeilen. Man hört geradezu, wie der Sand zur Seite spritzt, wenn man sagt: *he kümmt angebritzt.* Nicht zu verw. mit → *Britzen* od. → *britschen.*

167 HWB 1/468 f.

Britzen Das *Britzen* war ein → *Marmelspiel,* bei dem der Spieler die Marmeln zu treffen versuchte, die ein Mitspieler zuvor ausgeworfen hatte.

Broer Brauer. Subst. *Broeree* (Brauerei). Verb *broen* [spr.: *breo:n*] (brauen). Da das Bier der wichtigste Hamburger Exportartikel war und bei den Einwohnern und selbst Kindern täglich als eine Art Lebensmittel getrunken wurde, galt die Braukunst als ein herausgehobenes Gewerbe, das auch die selbstbewusste Stellung der Brauerknechte erklärte, die alle zwei Jahre ihre → *Höge* (Freudenfest) mit großem, reichhaltigem Festessen im Bruderschaftshaus am Rödingsmarkt feierten.

Brögam Bräutigam (am Hochzeitstag), vor der Trauung auch *Bruutmann* genannt. Zudem Bezeichnung für Verlobter, Liebhaber, Schatz. Dauerte das Verhältnis länger an, handelte es sich um *en fasten Brögam.* Am Polterabend lautete der Ruf, wenn die Scherben klirrten: *Glück för de → Bruut, Glück för den Brögam.* Die Kinder sangen vor dem Hochzeitshaus: *De Brögam un de Bruut, de Hochtiet is bald ut; denn geiht das Jammern an, se hett en jungen Ehemann* [168].

Brook tief gelegenes, meist versumpftes und feuchtes Gelände *(Duvenstedter Brook; Grasbrook; Hammerbrook);* hochd. *das* Bruch (Sumpfland), etwa in *das Od.bruch* nördl. Frankfurt/Od.

Broschek-Haus → *Fremdenblatt.*

Brösel 1. kurze Pfeife, auch als *Bröselpiep* bezeichnet. 2. dunkelhäutiger od. sonnengebräunter (brauner) Mensch, daraus allg. Schmutzfink.

168 HWB 1/473 ff.

Verb → *bröseln.* Subst. *Bröselee* (beim Arbeiten beschmutzte Näharbeit). Adj. *bröselswatt* (schmutzig von der Arbeit) [169].

bröseln schmutzige Arbeit verrichten, im Schmutz leben; *de bröselt in de Köök so weg* (die Frau wird mit der Hausarbeit nie fertig).

Brott (*Bruut*). Das *Brott* ist die hochd. Brut in den Bedeutungen: 1. n., Fischlaich, junge Fische. 2. Bienenbrut (Eier und Larven). 3. Eianlage im Eierstock von Hühnern. 4. f., Nachkommenschaft von Tieren, übertr. aber auch herablassend die Nachkommenschaft und Kinderschar von unliebsamen Menschen im Sinne von „Gesindel“ [170]; *de Bruut vun ehr Naver.*

[1] bruddeln brodeln, Blasen aufwerfen, aufwallen, was sich bes. auf die kochende Flüssigkeit im Topf od. die stürmische See beziehen kann, aber auch auf den aufsteigenden Nebel: *de Voss bruddelt* („der Fuchs brodelt“, d. h.: der Nebel wallt auf).

[2] bruddeln 1. stümpern, fehlerhaft beim Stricken, Häkeln od. Nähen arbeiten; *du brüddelst di dor wat her!* Syn.: *pruddeln* (schlecht stricken). Das Schimpfw. *Brüddeltasch* (Stümperin) bekam ein Mädchen zu hören, das fehlerhaft gestrickt hatte. Adj. *bruddelich* (schlecht gehandarbeitet). Richey: *brüddeln: ungeschickte Hand-Arbeit machen. Brüddeley: Stümperey* [171]. 2. in Unordnung bringen, verwirren, verderben.

bruddich (*bruttig*) Adj. schwül, brütend heiß, gewittrig. Wenn man sagt, die Luft sei *bruddich,* so

169 HWB 1/485
170 HWB 1/485
171 Richey S. 25

bedeutet das, dass die Wetterlage drückend ist. Die Luft „steht", es weht keine frische Brise, der Kreislauf wird belastet, die geringste Anstrengung führt zur Erschöpfung, und selbst die Einkehr in ein Freiluftrestaurant ist keine reine Freude mehr. Es droht ein Gewitter, unter diesen Umständen sogar ein „reinigendes Gewitter". Intens. *bruddichheet.* Nicht zu verw. mit *bruddelich* (unordentlich gestrickt).

brüden 1. necken, foppen, mit Worten ärgern; *wat sik leef hett, dat brüdet sik* (was sich liebt, das neckt sich); *de 'n Buer brüden will, mutt 'n Buer mitbringen* (zum Ärgern gehören immer zwei). Richey: *brüden: hudeln, scheren, vexiren. He brüdet ju wat: Er vexiret* euch[172]. 2. Mühe machen, plagen; *wie hett mi de Köter brüüdt!* (wie hat mich der Hund geplagt), Subst. *Brüderee* (Schererei, Plackerei). 3. Bedeutungswandel: urspr. *bräuten*† (zur Frau – → *Bruut* – machen, beischlafen, vergewaltigen).

Bruderschaft (*Bröderschop*). Die Bruderschaften als kirchlich-religiöse Vereinigungen von Geistlichen und Laien zur Fürbitte und Fürsorge für das Seelenheil verloren mit der Reformation (nach 1517) in evangelischen Ländern ihren Sinn, während sie in katholischen Gebieten erhalten blieben (z. B. Herz-Jesu-Bruderschaft, Rosenkranz-Bruderschaft). Im protestantischen Hamburg verstand man danach, obwohl es auch hier Zusammenschlüsse mit spirituellem Hintergrund gab, unter einer *Bröderschop* vor allem berufsbedingte Vereinigungen (Kaufleute, Lotsen, Schiffer, → *Krämer*) und zunftähnliche Verbände, und zwar nicht der in den → *Ämtern* organisierten Meister, sondern der Gesellen und Knechte (Brauer, Böttjer). So gab es die hamb. *Bröderschop* der *Ieslandfahrer* (mit Island Handel treibender Kaufleute).

brüggen Straßen, Wege und Dielen pflastern.

Brummknuust (Ende des Brotlaibs) → *Knust (1)*

Lange vor Computer, iPhone und Playstation reichte ein einfacher Brummkreisel, um die Kinder zu erfreuen.

Brummkrüsel 1. Brummkreisel, ein großer Kreisel als Kinderspielzeug, der nicht mit einer Peitsche, sondern durch das „Pumpen" mit einer Spindelstange in der Mitte in Betrieb gesetzt wurde und ab einer gewissen Drehzahl ein unsympathisches Brummen hören ließ. Vgl. → ²*Krüsel.* 2. übertr. ein mürrischer Mensch od. eine brummige Frau. Richey: *Brumm-Krüsel: ein Kugel-runder hohler Kreusel, mit einem Loche, welches im Lauffen ein Gebrumme machet.* Metaphorice[173]: *ein murrischer Mensch, den wir sonst auch eenen Brumm-Kater nennen*[174]. Verb *brummkrüseln*

172 Richey S. 25

173 bildlich, übertragen

174 Richey S. 25,142

(nörgelnd schimpfen). Adj. *brummsch* (brummig, mürrisch, verdrießlich, ärgerlich, unzufrieden). Vgl. → *Stinkbüdel (1).*

brummsch (brummig) → *Brummkrüsel.*

Brustklammer spez. Sackkarre für Ladearbeiten im Hafen, deren Bezeichnung darauf schließen lässt, welcher Körperteil der Hafenarbeiter zum Abstützen des Ladeguts malträtiert werden musste.

Bruunbeer → *Braunbier.*

Bruus Bei diesem Ausdruck stoßen wir auf eine Anzahl von Homonymen, auf gleich geschriebene Wörter verschiedener Bedeutung[175]:

[1] Bruus m., Braus; *in Suus un Bruus* (in Saus und Braus).

[2] Bruus f., Brauselimonade; *'n Bruus mit Schuss* (mit einem Zusatz von Kirschsaft). Erw.: *Bruusbuddel* (Limonadenflasche). Vgl. → *Brause;* → *Fassbrause.*

[3] Bruus f., Brausche, Beule am Kopf, die entsteht, wenn man fällt, sich stößt od. eine gelangt bekommt.

[4] Bruus f., Brause, Aufsatz auf der Gießkanne. Erw.: *Bruuskann* (Gießkanne).

[5] Bruus f., großer Bügel an der Sense mit angenähtem Sack, dem *Hakentüüch,* in dem der → *Buchweizen* beim Mähen aufgefangen wurde[176].

175 lt. HWB 1/499 f.
176 HWB 1/500

Bruut (Plur. *Bruten*) Braut (am Hochzeitstag), auch Verlobte *(en faste Bruut),* Liebste *(en lüttje Bruut).* Vgl. → *Brögam* (Bräutigam). Mit der Braut war eine Fülle von zum Teil noch heute gepflegten Hochzeitsbräuchen verknüpft wie das Abtanzen von Kranz und Schleier. In den Vierlanden wurden der Braut nachts um zwölf Uhr die Haare abgeschnitten und die Haube aufgesetzt. Abergl.: Gab es in einem Haus gleich zwei Bräute, wurde eine der beiden Ehen unglücklich. Raa.: *de Bruut hett de Katt nich goot fuddert* (wenn es am Hochzeitstag regnet); *jümmers langsom mit de Bruut in 't Bett* (Warnung vor Übereilung).

Bruuthuus (Vorbau einer Kirche) → *Brauttür.*

Bruutmann (Verlobter) → *Brögam.*

Buchweizen Der *Buchweizen* (od. sagen wir besser im Hinblick auf die Zeit, die wir im Auge haben, ndd. *Bookweten*) ist heute als angebliche Heilpflanze in die Apotheken und Reformhäuser abgedrängt worden, war früher jedoch weit verbreitet und galt als das „Getreide des armen Mannes". Dabei gehört der Buchweizen, der im Laufe der Jahrhunderte seinen Weg von der Mongolei nach Mitteleuropa gefunden hat, nicht zu den Getreiden, sondern zu den Knöterichgewächsen. Sein Name kommt von der Bucheckern-Form der Samen. Da der Buchweizen auf kargen Böden gedeiht („Heidekorn"), war er die Hauptanbaufrucht der Geestbauern. Von seinem Ertrag hing das Überleben vieler ländlicher Familien ab. Die enthülsten Samen wurden als Grütze, aber auch als Mehl verbraucht, mit dem man zwar kein Brot backen, aber diese schrecklichen *Bookwetenklüten* mit Fett und heißem Wasser herstellen konnte, die an den besseren der schlechten Tage mit Buttermilch, Sirup od. Schwarzsauer gegessen wurden[177]. Ansonsten kam in den Geestdörfern, aber auch in den Hamburger Arbeiterhaushalten fast täglich Buchweizengrütze *(Bookwetengrütt)* auf den Tisch. In der schlechten Zeit gab es auch bei uns Buchweizengrütze, und nach der Währungsreform nahm ich mir vor, eher zu verhungern, als mich dieser zähen Pampe noch einmal zu nähern, in der beim Erkalten der Löffel senkrecht stehen blieb. Sprachl.: *Bookweten stuken* (in Haufen zum Trocknen setzen). Bauernregel: *wenn an Neejohrsmorgen veel Drüppen*[178] *an de Bööm hangt, so gifft veel Bookweten över 't Johr.* Ein → *Quiddje* musste den Grad seiner Integration beweisen, indem er im schönsten Hamburger Platt aufsagte: *baven op 'n böversten Boord steiht en Pott mit Bookwetengrütt.* Die Besucher vom Lande, die im Allgemeinen selbst vom einfachsten Hamburger von oben herab wie lauter Dorftrottel behandelt wurden, verspotteten ihrerseits die Städter als naive Dummköpfe in landwirtschaftlichen Fragen: *wi wüllt 'n beten vör 't Steendoor*[179] *gahn un sehn, ob de Bookwetengrütt al blöhen deit, seggt de Hamborgers.* Die *Bookwetenpannkoken* (Buchweizenpfannkuchen) waren früher das übliche Mittagessen beim Torfstechen.

Bückel 1. Kurzf. für Bückling, für einen geräucherten Hering. Die *Fischoolsch* rief: *Bückel, frische Bückel, warme Bückel vun de Koor, lüübsche Bückel,* und die Straßenjungen, die (schon) damals eine wahre Plage gewesen sein müssen, ergänzten: *un rüükt se nich, so stinkt se.* Der Geruch war es auch, der dem Bückling seinen Namen gab. Zwar meint → *Edith Oppens,* ein Johannes Böckel habe den Bückling erfunden und ihm seinen Namen verliehen[180], aber wir sollten uns doch besser an das mnd. Wort *buckink* für den geräucherten Hering halten[181], und das hat etwas mit dem *buck,* dem Ziegenbock, zu tun: Beide riechen stark – od. geradeheraus gesagt: Sie stinken! Dass der Bückling, wie so vieles, über Holland nach Hamburg gekommen ist, ist allerdings unbestritten. 2. scherzh. für eine übertrieben tiefe Verbeugung.

177 Mensing 1/426 ff.
178 Tropfen
179 Steintor

Bückelhuut Die *Bückelhuut,* und zwar eine *opgepuuste,* müssen wir nicht unbedingt dem → *Bückel* abziehen, sondern als Schimpfw. für einen unangenehmen Menschen sehen; *mit di opgepuuste Bückelhuut ward wi al lang fardich!* Diese Redensart von der „aufgeblasenen Bücklingshaut" lässt sich nicht übersetzen, die lässt sich nur genießen; *sik opspelen as so 'n opgepuuste Bückelhuut* (etwa: übertrieben wichtig tun).

bückeln weglaufen, *utbückeln.* Von einem Händler, der aus Leichtsinn Pleite gemacht hatte, sagte man: *he hett sik total achterrut bückelt.*

Bucklamm (männl. Lamm) → *Lemmer.*

Bückling (geräucherter Hering) → *Bückel.*

Buddel an de Kai 1. Laufspiel. 2. Marmelspiel.

Buddel Der od. die *Buddel* (von frz. *bouteille*) ist die Flasche, und dieser Ausdruck begleitet die Hamburger ein Leben lang, womit nicht gesagt werden soll, dass jeder vom Säugling bis zum Greis pausenlos eine Flasche am Hals hat. Ein „Buddel Bier" od. „aus der Buddel trinken" sind

180 HA 17./18.10.1981 S. 9
181 Lübben S. 69

in die aktuelle Umgangssprache übergegangen. Raa.: *de Buddel op 'n Kopp hollen* (ganz austrinken); *as de Buddels noch keen Hals harrn* (ganz früher); *nix im Buddel* (nichts zu trinken); *he hett to deep in 'n Buddel keken* (er ist betrunken). Erw.: *Buddelbreef* (Flaschenpost), *Buddelbloom* (Teichrose), *Buddelböst* (Flaschenbürste), *Buddelschapp* (Flaschenschrank), *Buddelwicks* (Schuhwichse in Flaschen). Vgl. → *Buddelkamp;* → *Buddelkind;* → *Buddelschieter;* → *Buddelschipp.*

Diese historischen Buddels der Brauerei Gertig, der Elbschloss-Brauerei, der Bahrenfelder Brauerei und der Löwen-Brauerei waren noch mundgeblasen und hatten einen Champagner-Verschluss (aus: Hamburg und sein Bier).

Buddelkamp Scherzn. für den Gleisanschluss, der zur Holsten-Brauerei führte. Vgl. → *Buddel.*

Buddelkind Ein Säugling, der nicht an der Mutterbrust, sondern mit der → *Buddel*, der Milchflasche, aufgezogen worden ist; *'n Kind mit 'n Buddel groot moken* (mit der Milchflasche großziehen).

[1] **buddeln** trinken, und dieses Homonym kommt natürlich von → *Buddel* und die vom frz. *bouteille* (Flasche).

[2] **buddeln** im Sinne von „graben, in der Erde wühlen" ist etwas anderes und hat nichts mit der → *Buddel* (Flasche) zu tun. Wahrscheinlich handelt es sich um die nordd. Form von *pud(d)eln* (im Wasser plätschern)[182], wie der → *Pudel* ja urspr. ein Wasserhund war; *'n Groben buddeln* (einen Graben ausheben); *Kantüffeln buddeln* (Kartoffeln ernten).

Buddelschieter ist wie ein → *Büxenschieter 'n lütt Göör,* das noch einen so kleinen → *Moors* hat, dass es in den Hals einer Flasche (→ *Buddel*) → *schieten* könnte.

Buddelschipp Flaschenschiff. Seeleute und Bastler montieren Schiffsmodelle in die Flasche (→ *Buddel*), deren Masten höher sind als die Flaschenöffnung, was zum Staunen Anlass gibt. Daher die Ra.: *wenn dat Wenn nich weer, kunnst Hamborg in 'n Buddel köpen.*

Büdel Ein *Büdel* ist natürlich ein Beutel od. ein kleiner Sack mit einer Reihe von Nebenbedeutungen wie Schinkenbeutel (gegen die Fliegen), Fischbeutel (am Grundnetz), Siebbeutel (in der Mühle), Sack des Weihnachtsmanns, Marmelbeutel od. Hodensack. Ra.: *pedd di man nich op 'n Büdel* (mach dich nicht wichtig). Vor allem weist der Begriff jedoch auf den Geldbeutel hin: *Kniepen im Büdel* (kein Geld haben); *Dumen op 'n Büdel hollen* (geizig sein); *sien egen Büdel bi de Ohren kriegen* (selbst bezahlen müssen); *nix in 'n Büdel bringen* (nichts einbringen).

182 Duden, Bd. 7, S. 118 u. S. 637

-büdel bildet das Grundwort für weit mehr als hundert Zusammensetzungen wie *Klammerbüdel, Klingelbüdel,* → *Putzbüdel* und allein im Hamburgischen Wörterbuch für 56 Schimpfwörter[183], darunter so bekannte wie → *Blarrbüdel,* → *Dröhnbüdel,* → *Gnadderbüdel, Knickerbüdel,* → *Quarkbüdel, Quasselbüdel,* → *Reesbüdel,* → *Sabbelbüdel,* → *Schietbüdel,* → *Tüderbüdel,* → *Tüünbüdel* od. *Windbüdel.*

Budike (*Budiek*) lautet die Bezeichnung für eine kleine Kneipe. Urspr. wohl berlin., ist der Ausdruck vom frz. *boutique* (Geschäft) abgeleitet. Heute verstehen wir unter einer *Boutique* keine Gastwirtschaft mehr, sondern einen überschaubaren Laden in einer teuren Einkaufspassage, in der Kleidung, Mode und Accessoires zu weniger überschaubaren Preisen für eine Kundschaft angeboten werden, die mehr auf die Marke und das eingenähte Label als auf den Geldbeutel zu gucken gewohnt ist. Der Wirt einer *Budike* hieß früher *Budiker,* und eine *Zigarrenbudiek* bezeichnete einen der jetzt immer mehr aussterbenden Tabakläden, in denen man persönlich bekannt war, Zigaretten, Zigarren, Zeitungen, Zeitschriften kaufen und ab Mitte der Fünfzigerjahre auch seinen Lottoschein abgeben konnte. Syn.: → *Köminsel;* → *Spelunk.*

Buer (Plur. *Buern*) bezeichnet den Bauern, einmal im Sinne von Landwirt, aber übertr. galt der Bauer als Dummkopf, Tölpel und Grobian, der dem Städter angeblich weit unterlegen war. Und wenn er einmal etwas zustande brachte, hatte er eben Glück, aber keinen Verstand gehabt. Das kommt beispielhaft in dem arroganten Ausspruch: *de dummsten Buern hebbt de gröttsten Kantüffeln* zum Ausdruck. Ra.: *wüllt ji mi för 'n Buern hollen?* (wollt ihr mich zum Narren halten?).

Buertööt (Schimpfw.) → *Tööt.*

Buffer In den Fünfzigerjahren benutzten die Jungs den Ausdruck *Buffer* für Fußballschuhe, die damals ja noch Seltenheitswert hatten.

Bugsbunnyhill Scherzw. für → *Mümmelmannsberg.*

Buhne (*Buun*) ist ein im rechten Winkel zum Ufer an der See od. an der Elbe verlaufender Damm aus Pfählen mit Buschwerk (→ *Faschinen*) od. aufgeschütteten Steinen zur Regulierung, Uferbefestigung od. Landgewinnung. Von mnd. *bune.* Vgl. → *Stack.*

Bühnenvullmoker Die „Bühnenvollmacher" sorgten dafür, dass die Stars, Schauspieler od. Sänger bei einer Aufführung nicht allein auf der Bühne standen, sondern dass ein bisschen Volk dabei war, damit das Ganze nicht zu leer wirkte, wenn das Textbuch Betrieb vorschrieb. Heute sagt man „Statisten" dazu.

[1] Bull (Plur. *Bullen*) Bulle, Stier. Einerseits ist er gefährlich und hat manchen Bauer od. Knecht schon Gesundheit und Leben gekostet, andererseits war er unverzichtbar für die Nachzucht, eben weil es sich um einen Stier und nicht um einen Ochsen handelte. Für Kindergartenkinder der Merkspruch: Ohne Bullen keine Kälbchen. Ein bezeichnendes Sprichw.: *'n goden Bullen un 'n goden Schoolmeester is veel weert för 'n Dörp.* Man beachte die Reihenfolge: erst der Bulle, dann der Lehrer – aber immerhin der erste Ansatz dörflicher Bildungspolitik ... Da es früher noch keinen Tierarzt gab, der mit seinem Geländewagen vor dem Kuh-

183 HWB 1/526

stall bremste, heraussprang und mit der Kuh das machte, was irgendwie gemacht werden musste (obwohl der liebe Gott sich diesen Vorgang eigentlich anders vorgestellt hatte), hielt sich jeder größere Bauer seinen eigenen Bullen. Da stand er nun allein auf der Bullenkoppel, massig, muskulös, drohend. Vor den Kopf hatte der Bauer ihm ein verrostetes Stück Bleck gebunden, in das man mit einem großen Nagel siebähnlich kleine Löcher geschlagen hatte, damit er etwas sehen konnte, aber nicht zu viel. Wir hätten uns vorbeischleichen können, wenn mein Vater nicht aus scheinbar sicherer Entfernung ein lang gezogenes „Muuuhuuhu“ losgelassen hätte. Allerdings waren die Zaunpfähle während des Krieges morsch geworden, der Stacheldraht geflickt, sodass der Bulle, als er sich brüllend in Bewegung setzte, auf kein ernsthaftes Hindernis traf. Um es kurz zu machen: Mein fünfjähriges Leben wurde gerettet, weil man mich durch ein Knickloch schmiss, während mein Vater eine Pfahleiche erklomm und dort oben mit ansehen musste, wie das wild gewordene Tier in Großmutters Garten die Spätkartoffeln umpflügte und zertrampelte. Das hatte im folgenden Hungerwinter schlimme Auswirkungen auf die Ernährung der Familie, und man hörte Großmutter murmeln, *de Bull harr liekers de Döösbartel in de Tünn pedden schallen as de goden Kantüffeln.* Um ihrem Schwiegersohn, meinem Vater, posthum nicht zu nahe zu treten, sei an dieser Stelle auf eine Übersetzung verzichtet.

²Bull (Plur. *Bullen*). 1. seem. kleines, Ponton-ähnliches Schiff. 2. Beiboot, Kahn. 3. spött. für einen abgetakelten → *Ewer.* 4. schwimmende Landungsbrücke, 1842 in Blankenese *(Op 'n Bullen),* später auf Finkenwerder und anderswo verankert. Etym. kommt dieses Wort *Bull* nicht vom tierischen Bullen, sondern von einer hölzernen Bohle.

Bullauge (*Bulloog*) – rundes Fenster in der Schiffswand, auch → *Ossenoog* od. → *Klüüs* genannt.

bullen brünstig sein, was sich natürlich auf die Kuh bezieht – od. noch einmal für Vorschüler erklärt: Die Kuh freut sich, wenn der → *Bulle* kommt.

Bullenhusen Ochsenzoll zum Beispiel trägt die Ochsen nicht im Namen, weil dort der HSV trainiert, sondern weil es sich bekanntlich um die Zollgrenze für die Ochsenherden aus Jütland handelte, während *Bullenhusen* nun gar nichts mit dem Rindvieh zu tun hat. Vielmehr wohnte dort 1523 der Vogt *Hans Bulle,* der der Gegend seinen Namen gab. Straßenn.: *Bullenhuser Damm* (Rothenburgsort)[184].

Bullenpesel 1. Bullenrute od. Bullenpenis. 2. Daraus hergestelltes Prügelinstrument aus geflochtenen Riemen (Hundepeitsche, → *Karbatsche*[185]), mit denen nicht nur Hunde, sondern auch Schüler geprügelt wurden, was heutzutage glücklicherweise beides nicht mehr geduldet wird. 3. übertr. Botan. Blütenrispe verschiedener Pflanzen, vor

184 Beckershaus: Straßennamen S. 69
185 Riemenpeitsche. Vgl. → ²*Klabatsch.*

allem des Schilfrohrs, dessen braune Kolben von Kindern meist als → *Pompesel*, von Erwachsenen häufig auch als *Lampenputzer* bezeichnet wurden, weil sich damit der Glaskolben der Öl- od. Petroleumlampe mehr schlecht als recht reinigen ließ.

Bullenstall Passage, enger Durchgang durch ein Haus als Verbindung zweier Straßen. Die nicht ganz stubenreine Erklärung für den Namen rührt daher, dass die Männer dort nicht an sich hielten und heimlich ihr Geschäft im Stehen verrichteten.

Bullerballer (Grobian) → *bullerich*.

Bullerbüx 1. Hose mit zu weitem Boden. 2. Grobian, auch *Bullerjaan* od. *Bullerjoochen*.

bullerich ist jemand, der polterig, grob od. aufbrausend daherkommt. Ein solcher Mensch muss sich *Bullerballer* (Grobian), *Bullerjaan*, *Bullerjoochen* od. *Bullerjohann* nennen lassen. Vgl. → *bullern*.

bullern poltern, lärmen, laut pochen, grob und zornig sprechen. Adj. *bullerich, bullerballerich* (grob, polternd). Erw.: *Bullerballer* (Grobian, aufbrausender Mensch, Polterer); *de grote Bullerballer* (der große Nordweststurm). Ein → *Bullerwagen* ist demnach ein „Polterwagen“, was sich sowohl auf einen Ackerwagen mit eingesetzten Schotten als auch auf einen Handwagen beziehen konnte.

Bullerwagen 1. Ackerwagen, Leiterwagen mit eingesetzten Schotten. 2. Handziehwagen *(Bollerwagen)*. Vgl. → *Blockwagen*.

Bulljongkeller wurde scherzh. ein kleines Restaurant od. eine Kneipe im Souterrain genannt, bei der man kein „richtiges“ Essen bekommen konnte, sondern höchstens eine heiße Bouillon mit od. ohne Ei.

Bumann ist 1. ein Gespenst, mit dem man Kinder erschreckt od. einschüchtert, zudem 2. ein Mensch, dem man nicht trauen kann (Schlingel, Tunichtgut, Bösewicht), aber vor allem 3. ein Nasenpopel.

Bummel 1. Spaziergang, und zwar ruhig, schlendernd und ohne festes Ziel. 2. Streifzug durch die Gemeinde, und zwar weniger ruhig, mehr eine Zechtour durch einschlägige Lokale, die für Hamburg europaweit mit dem Ziel → *Reeperbahn* verbunden wird. Hören wir doch einmal → *Hans Albers: Wer noch niemals in lauschiger Nacht solchen Reeperbahn-Bummel gemacht, ist ein armer Wicht, denn er kennt dich nicht, mein St. Pauli, St. Pauli bei Nacht*[186]. Von → ²*bummeln*.

Bummelant ist lt. HWB ein: Bummler; unpünktlicher, nachlässiger od. unzuverlässiger Mensch; Faulpelz, Nichtstuer; Arbeitsscheuer, Herumtreiber; Taugenichts; Nachtschwärmer, Vergnügungssüchtiger [187]. Der Autor erinnert sich, dass *Bummelant* während der Studentenzeit das Fazit der Väter war, wenn er und seine Kommilitonen um den Monatsscheck baten und der alte Herr stirnrunzelnd die steigende Anzahl der Semester zählte.

bummelich 1. Adv. ungefähr, zirka, etwa, über den Daumen gerechnet; *so bummelich dörtig Johr* (rund 30 Jahre); *he wiggt so bummelich hunnert Pund* (an die 100 Pfund wiegen); *se hett bummelich 40 Poor Schoh* (sie besitzt grob gerechnet

186 Wiegandt: Hamburger Liederbuch, Bd. 1, S. 15 f.
187 HWB 1/543

Der in der Bünn zappelnde reichliche Fang der Fischer wird angelandet. Damals war frischer Fisch in Hamburg noch wirklich frisch.

wenigstens 40 Paar Schuhe). Verdrehung von *um un bi.* 2. Adj. nachlässig, unordentlich, vergesslich, faul; *dat süht so bummelich ut; he is ja woll bummelich* (verrückt)[188].

[1] bummeln baumeln, herabhängen, am Galgen hängen; *de mutt bummeln* (er wird gehenkt). Ra.: *mit de Fuust op 'n Disch hauen, dat de Klüten in de Gardinen bummelt.* Syn.: → *bammeln.*

[2] bummeln herumstreifen, sich herumtreiben, faulenzen, unsolide in den Tag hinein leben; *bummeln gahn* (schlendern, einen Bummel machen). Subst. → *Bummel.* Erw.: → *Bummelant.*

Bummeltog Bummelzug, ein Personenzug, der an jeder Station hält, auf der Fahrt nach Lübeck früher also z. B. auch in Hasselbrook, Wandsbek-Ost, Kupfermühle und Lübeck-Niendorf.

Bummeltörn Streifzug „durch die Gemeinde", sprich: durch alle erreichbaren Kneipen.

Bummfiedel Ein *Bumm* ist ein dumpfer, kräftiger Ton und eine → [1] *Fiedel* eine Geige. Also ist eine *Bummfiedel* eine Geige mit einem dunklen, lauten Klang und wird allgem. als *Bassgeige* bezeichnet. Wer nun glaubt, das Verb *bummfiedeln* bedeute, auf der Bassgeige zu spielen, hat nicht weit genug gedacht: *bummfiedeln* ist einer der Ausdrücke, die in den älteren Wörterbüchern als *coire* auf Latein und bei Richey sogar auf Griechisch erklärt werden. Die Kurzform lautet im Straßenjargon *bumsen,* worauf wir nicht extra eingehen wollen. Doch *enen anbumfiedeln* bedeutet wiederum, jmdm. eine Lobrede halten, sodass der Angesprochene sich *gebummfiedelt*

188 Mensing 1/581 f.

fühlen darf, was als geschmeichelt und nicht etwa als missbraucht übersetzt werden muss.

Bundaal (Plur.). Das waren etwa zehn dünne, geräucherte → *Aale,* die im Bund verkauft wurden.

Bundholt war im kleinen Bündel zusammengebundenes Spaltholz – nicht zum Heizen, sondern zum Anheizen, das massenhaft aus den → *Walddörfern* nach Hamburg eingeführt wurde und sich hier leicht verkaufen ließ.

Bunker 1. seem. Kohle- und Treibstoff-Vorratsraum auf Schiffen, entspr. engl. *bunker.* Verb → *bunkern.* Erw.: *Bunkerlüüd* (Kohlenarbeiter, die die Schiffe mit Kohlen beladen). Übertr. 2. militär. Unterstand. 3. ugs. Gefängnis. 4. Luftschutzraum.

bunkern seem. Kohlen laden, heute a.: Treibstoff aufnehmen. Übertr. an Land: den Wintervorrat an Kohlen und Kartoffeln einkellern. Subst. → *Bunker* (Kohle- und Treibstoffvorratsraum).

Bünn seem. Fischbehälter in älteren Fischereifahrzeugen. Der od. die *Bünn* ist ein mittschiffs eingebauter Wasserkasten in einem Boot, → *Ewer* od. Kutter, der durch Löcher im Boden *(Bünnlöcker)* mit dem Außenwasser in Verbindung steht[189]. Der Bünn reichte von einer Schiffsseite zur anderen, war vorn und hinten mit wasserdichten Schotten, oben mit dem *Bünndeck* abgeschlossen, das eine Luke *(Bünnluuk)* aufwies, durch die der Fang lebend eingeworfen und wieder herausgeholt werden konnte. Damals kamen die Fische im wahrsten Sinne des Wortes „springlebendig“ in die Küche und mussten nicht erst eine Weltreise um den halben Erdball antreten. Ältere Hamburger können es beurteilen: Man schmeckte den Unterschied!

bunter Joseph (Züchtigungspeitsche) → *Tagel.*

Bürgerworthalter Die Bezeichnung war in Hamburg nicht üblich, aber im Umland. Laut Schleswig-Holsteinischer Städteordnung von 1869 ist der (ehrenamtliche) Bürgerworthalter stimmberechtigter Vorsitzender der Stadtverordnetenversammlung, also erster Bürger der Stadt, während der (meist hauptamtliche) Bürgermeister dem Magistrat, der Stadtverwaltung, vorsteht. Heute wird das Amt *Bürgervorsteher* genannt, nur in Bad Oldesloe, der Stadt mit uraltem Stadtrecht zwischen Hamburg und Lübeck, blieb es gemäß Kieler Ausnahmegenehmigung bei der traditionellen Bezeichnung *Bürgerworthalter.* Das Ganze hat natürlich etwas mit „Wort halten“, „zu einem Beschluss stehen“ zu tun; *Woort hollen, to sien Woort stahn* (sein Versprechen halten). Die ausgestorbene Bezeichnung *Woortholler* stand für den Sprecher einer Handwerkerzunft.

burrjacken heißt „die Jacke ausklopfen“, also übertr. prügeln. In Verbindung mit → *ticktacken* (necken): *Klock teihn fungen se an, sik to ticktacken, Klock ölven weer dat al burrjacken worrn.*

Burstah Der *Große Burstah* (mit dem Abzweig *Kleiner Burstah*) in der *Altstadt* gehört zu den ältesten Straßen, die Hamburg zu bieten hat (1332 *Burstat;* 1449 *uppe deme Burstade*). Nach einer Überlieferung geht der Name auf eine deftige Prügelei zwischen Brauereiknechten und Bauern zurück. Die Bauern ergriffen die Flucht, und die Brauer riefen: *Buer stah!* – Bauer, bleib stehen! Es gibt aber stets Historiker, die solch schöne Legenden aus dem Heimatkundeunterricht gna-

189 HWB 1/550

denlos zerpflücken. Demnach bedeutet mnd. *bur* nicht Bauer, sondern „Wohnstätte, Haus, Ansiedlung" und alts. *staath,* mnd. *stad* so viel wie „Platz, Stelle", am → *Fleet* umgedeutet in „Gestade, Ufer". Mnd. *burstat* ist demnach als „Wohnplatz am Ufer", als bewohntes Ufer bzw. als Ufer der Bewohner zu erklären[190].

Buschermann Kinder nannten einen düsteren („schwarzen") Mann auch *Buschermann.* Diesen Ausdruck benutzten sie auch für jemanden, über den sie sich aufregten: „Das ist vielleicht ein Buschermann!" (unmöglicher Kerl!).

Buscherump Der „Finkenwerder Fischerhemd" genannte Arbeitskittel aus Leinen od. Baumwolle reicht bis zur Hüfte, ist blau-weiß (selten: rot) gestreift und wird von Fischern, Seeleuten und Hafenarbeitern über der übrigen Kleidung getragen. Auch Handwerker (Maurer) und Buchdrucker (aber nicht bei Axel Springer) trugen *Buscherumps.* Entertainer wie → *Walter Rothenburg* statteten zudem Volkssänger (→ *Charly Wittong*) und Shantychöre damit aus; von ndl. *boezeroentje.*

buten 1. Adv. draußen, außen, außerhalb des Hauses, im Freien; *dat is buten so koolt; dor ganz buten achter Barmbek* (weit hinter Barmbek); *buten blieven* (seem. auf See bleiben); *buten loten* (nicht erwähnen); *buten un binnen* (draußen und drinnen). Ra.: *buten ficks, binnen nix* (gut gekleidet, aber charakterlos); *de beste Siet na buten keern* (sich von der besten Seite zeigen); *na buten trecken* (aufs Land ziehen). 2. Präp. außerhalb; *buten Hamborg; buten Deck* (außerhalb des Schiffs); *buten de Elv* (außerhalb der Elbmündung); *butendörps* (außerhalb des Dorfs); *butendieks* (vor dem Deich); *butenwarts* (auswärts); *butenkopps* (auswendig); *buten dat* (außerdem). Straßenn.: *Butenfeld* (Lokstedt, Eppendorf); *Butenkamp* (Winterhude); *Butenwarf* (Finkenwerder). Erw.: *Butenalster* (Außenalster); *Butenbett* (Bett für Knechte auf der Diele); *Butenhuut* (seem. Außenhaut des Schiffs).

Butenhamborger waren Hamburger, die nicht in Hamburg lebten, sondern → *buten,* außerhalb der Stadt – und das größtenteils höchst unfreiwillig „aus kriegsbedingten Gründen". Nach den Luftangriffen 1943 verließ rund eine Million Menschen, mehr als die Hälfte der Bevölkerung, die zerstörte Stadt und flüchtete nach Schleswig-Holstein, Hannover, Mecklenburg, Brandenburg, Anhalt, Danzig, Westpreußen und Bayreuth. Viele konnten nicht und ganz wenige wollten nicht gleich zurückkommen. Wohnungsmangel, noch verschärft durch die Aufnahme von 250 000 Vertriebenen und Flüchtlingen, verzögerte manche Rückkehr um zehn Jahre nach Kriegsende. Im Zuge der Kinderlandverschickung wurden zudem 150 000 Jungen und Mädchen in angeblich sichere Gebiete des Reiches und nach Dänemark und Ungarn verfrachtet, sodass manch Hamburger Jung und manche Deern gar nicht in hamburgischer Umgebung und Sprache aufgewachsen ist.

butt Adj. stumpf, rundlich; schroff, kurz angebunden, frech; *butt to* (gerade zu, derb drauflos). Vgl. → *basch.*

Bütt breiter, niedriger Holzkübel, meist mit Handgriff, kleiner als eine → *Balje*. Das *Büttenpapier,* das aus der *Bütt* per Hand geschöpfte Papier, darf getrost zu diesem Stamm gerechnet werden. Im Rheinland drehte man die *Bütt* um, stieg hinauf und hielt im Karneval dumme und närrische

190 Laur S. 84 f.

Reden, die im Saal mit Geschrei sowie mit *Alaaf!* und *Helau!* begleitet wurden. Der kühle Hamburger konnte darüber nur den Kopf schütteln.

[1] Butt (Plur. *Bütt*) Flunder, Plattfisch; Schollenart mit stacheliger Seitenlinie, lebt im → *Brackwasser* und verträgt Süßwasser. *Bütt* werden in Netzen gefangen, aber auch im Watt aufgesammelt (→ *Buttgriepen*), wenn die Fische bei Ebbe liegen geblieben sind; daher der Ausdruck → *Buttpedder* (Küstenfischer). Ra.: *nu is de Butt vergallt* (vergällt; nun haben wir Ärger verursacht, ohne es zu wollen). Der *Butt* darf nicht mit dem als Speisefisch geschätzten *Steinbutt* verwechselt werden, der bis zu einem Meter lang wird und in der Nord- und Ostsee in einer Tiefe bis zu 70 Metern lebt.

[2] Butt stumpfes Stück, Ende, Baumstumpf. Adv. → *butt* (stumpf, grob, plump, dumpf); *beter butt as opsternaatsch.*

[3] Butt Knirps; *'n lütten Butt.* Vgl. → *Buttje;* → *buttjern.*

[4] Butt Handpflug, von zwei Männern gezogen.

[5] Butt Kurzf. von → *Hagebutte* (Frucht der Heckenrose). Von → *Haag* (Eingehegtes) und mnd. *but* (stumpf, plump, grob).

[6] Butt Blinddarm, Endstück des Dickdarms *(Buttdarm).*

-büttel In Ortsnamen das Grundwort für Wohnstätte, Siedlung, z.B. Barsbüttel, Eimsbüttel, Fuhlsbüttel, Hoisbüttel, Hummelsbüttel, Poppenbüttel, Tremsbüttel, Wellingsbüttel. Es handelt sich urspr. um kleinere Dörfer, meist als Gründung von Einzelpersonen, auf minderwertigem Boden, etwa → *Fuhlsbüttel* („Sumpfsiedlung"). Von mnd. *botl* (Haus) zu *buan* (wohnen, bauen).

Butterhexe (*Botterhecks*) ist ein weiteres Schimpfw. für eine alte, unbeliebte Frau; *ole Botterhecks!; krumm as so 'n Botterhecks.* Im Abergl. verhindert die *Botterhecks* angeblich das Abscheiden der Butter, weshalb man beim Buttern allerlei Gegenzauber trieb. Vgl. → *bottern.*

Buttgriepen Joachim Wolters aus Fuhlsbüttel schildert, wie die → *Bütt* bei Ebbe gefangen werden konnten: Wi harrn 'ne Wattwanderung op Amrum mitmookt; un denn keem dat *Buttgriepen.* Dor möten wi all in eene Reeg dörch dat → *Priel* gahn un denn mit de Fingers dörch den Modder grabschen. Und wenn man denn en Butt tofootkriegt, denn smeet wi em op Land, wo links un rechts en Mann lang gahn weer mit 'ne groote Tüüt un harr se dor denn rinsmeten. As ik dat eerste Mool enen berühren dee, dor harr ik dacht, ik berühr 'n Stück Holt; dor aver mookt dat flutsch – un weg weer de Butt! Man mutt glieks ganz fast togriepen!

Buttje 1. Ein *Buttje* (*Buttjer, Buttscher*) ist nur als Kosename ein Synonym für einen kleinen Jungen od. Knirps, also für etwas Kleines und Niedliches. In diesem Zusammenhang müssen sich auch Scharen von Wellensittichen diese Bezeichnung gefallen lassen. 2. Häufig nennt man jedoch einen Lümmel so, wobei sich folgende (hier stark gekürzte) Reihe noch fortsetzen ließe: frecher Kerl, Flegel, Rüpel, Grobian, Strolch, Herumtreiber, Faulenzer, Tagedieb, Landstreicher, Trunkenbold od. Bettler. Spottvers: *Hamborger Buttjer, Fingerlutscher!* Die Hamburger *Buttjes* verfügen von Haus aus über drei Sprachen: Hochdeutsch, das sie nicht sonderlich gut beherrschen, Plattdeutsch, bei dem es ihnen nicht viel besser geht, und → *Missingsch,* das sie vorzüglich meistern und deshalb auch immer wieder bevorzugen[191]. Syn.: → *Briet.* Erw.: *Buttjestreich* (böser Lausbubenstreich); *Buttjekoor* (Lumpenpack); *Buttjeball* (Böse-Buben-Ball, Tanzvergnügen der untersten Gesellschaftsschicht); *Buttje-Bödel-Klubb* (Verein ungebildeter Menschen). Syn.: *Brietenklubb.* Verb → *buttjern* (herumstrolchen).

buttjern draußen herumstrolchen, herumstreichen. Verb zu → *Buttje (2).* Scherzh. auch bei Erwachsenen für: um den Block ziehen, einen Schaufensterbummel machen.

Buttpedder Ein Elb- od. Wattfischer wurde im Gegensatz zum Hochseefischer spöttisch *Buttpedder* genannt. *Butt pedden*: auf die bei Ebbe liegen gebliebenen Plattfische „treten" (→ *pedden*) und sie dann einsammeln. Vgl. → *Butt.*

Butz (Plur. *Butzen*). Wandbett mit Vorhängen, a.: Verschlag. Vgl. → *Alkoven;* → *Kabuff.*

butz! Ausr., der den kurzen und dumpfen Knall eines fallenden od. zusammenstoßenden Gegenstands nachahmt; *butz, dor liggt he!* Von *butzen* (kurz tönen; zusammenstoßen); *mutzen un butzen* (unfreundlich sein, zanken)[192].

Butzhoot Ein *Butzhoot* war ein „Fallhut", eine gepolsterte Kappe, die in den Vierlanden kleinen Kindern beim Laufenlernen über den Kopf gezogen wurde, damit sie im Fallen etwas geschützt waren, wenn sie mit Tischbeinen, Stühlen und dem Fußboden zusammenstießen. Vgl. → *butz!*

Richtfest für den Gemüsegroßmarkt Klostertor am 6. Oktober 1962, von den Grünhökers de Buuk vun Hamborg genannt.

Buuk vun Hamborg *De Woor is taufrisch, ik koom stracks vun 'n Buuk vun Hamborg!,* begrüßte der → *Grünhöker* früher seine Kunden. Damit meinte er den Großmarkt für Obst und Gemüse in Hammerbrook. Die 1962 fertiggestellten neuen Markthallen mit ihrer besonderen dreiwellig gewölbten Dachkonstruktion waren der Hamburger Frischemarkt, den man damals noch den „Bauch von Hamburg" nannte. Die Bezeichnung mag in Anlehnung an die weltbekannten alten Markthallen („Les Halles") von Paris entstanden sein, die sowohl durch Émile Zolas Roman „Der Bauch

191 nach Hermann Quistorf
192 HWB 1/575

von Paris“ als auch durch Billy Wilders Film „Das Mädchen Irma la Douce“ aus dem Jahre 1963 bekannt waren.

Buukgrimmen Bauchschmerzen. Syn.: → *Buukkniepen* (Leibschmerzen).

Buukkniepen Das sind Bauch- od. Magenbeschwerden, wobei man den Ausdruck Schmerzen vorerst vermeidet. Immerhin handelt es sich um eine unangenehme Belästigung. Manchmal wird *Buukkniepen* aber auch als Ausrede benutzt, wenn man sich vor einer Arbeit drücken od. keine Schularbeiten machen will. Syn.: *Buukgrimmen*.

Buuschen m., Brustlatz, Umbindemundtuch; wohl von frz. *bouche* (Mund). 1. Kinderlätzchen, das den lieben Kleinen um den Hals gebunden wurde, um das Schlimmste zu verhüten, wenn sie beim Essen sabberten, den Spinat ausspuckten od. den Wurzelbrei in einer Fontäne wieder aus dem Mund herausbrüllten. Für dieses waschlappengroße Lätzchen aus Frottee mit den zwei Bändchen waren mehrere Bezeichnung gebräuchlich: → *Böten, Klackerbuuschen, Kleckerbuschen, Slackerbuuschen, Sabberbuuschen, Severlappen*. 2. Schürzenlatz. 3. spez. beim Melken getragener Brustlatz. Syn.: *Melkdook*. 4. Brustlatz der Matrosen, auch *Swinnelbuuschen* genannt, weil die nackte Brust nicht, wie vorgeschrieben, mit einem Hemd, sondern nur zum Appell mit einem *Buuschen* bedeckt war. 5. übertr. weißer Brustfleck der Katze[193].

Büx (*Bücks*) ist die Hose, das Beinkleid seinerzeit vorwiegend für Männer; wohl verschliffen von *Buck-Hose*, der bocksledernen Hose. Die erste *Büx* für kleine Jungen hatte hinten eine Klappe, die aufgeknöpft wurde, wenn sie „groß“ mussten. Ra.: *dat kannst du enen vertellen, de de Büx noch achtern toknööpt*. Lange Büxen trugen die Knaben zum ersten Mal bei der Konfirmation. Zur *Pingsttour* gehörte *de witte Maibüx* (→ *Hein Köllisch*). Den *Melkmann sien Büx* war natürlich weiß und bedeutete übertr. die Haut od. den Rahm auf der Milch (→ *Melkhöker*). Raa.: *en Jack un Büx* (Hosenmatz); *dat is allens een Jack un Büx* (das ist allerlei); *de Büx vull hauen* (versohlen): *enen bi de Büx kriegen* (jmd. erwischen); *de Büxen anhebben* (die Frau hat zu sagen); *ut de Büx gahn* (Notdurft verrichten), *ik bün mol ut de Büx* (ich geh auf die Toilette); *dat Leven is bloots Büx an un Büx ut* (immer dasselbe). Wie *büdel* bildet auch *-büx* das Grundwort für zahlreiche Komposita[194], z. B. für → *Bangbüx*.

Büxenschieter Hosenmatz, ein kleiner Junge, dem man unterstellt, noch nicht ganz „stubenrein“ zu sein, od. ein erwachsener Mann, den man nicht für voll nimmt; *na, du Büxenschieter, kannst de Arms vör Kraft woll nich an ’t Lief kriegen, wa?* (du fühlst dich wohl besonders stark)[195]. Syn.: → *Schiet-in-de-Büx*. Vgl. → *Büx*; → *schieten*.

193 HWB 1/588

194 Zusammensetzungen

195 Goltz: Schimpfwörterbuch S. 25

C

Caffamacher Da der Eingang zur Redaktion die Adresse Caffamacherreihe 1 hatte, mussten wir häufiger diesen Begriff erklären. Neue Kolleginnen und Kollegen denken an „Kaffeemacher" und tippen zuerst in Richtung „Kaffeerösterei", aber das ist weit gefehlt. Der Name hat nichts mit Kaffee, sondern mit dem ndl. *Caffa* zu tun, einer schweren Samtstoffart, die von den Webern angefertigt wurde, die sich hier um 1630 angesiedelt hatten. Das waren die *Kaffamaker* in der *Kaffamacher-Reege*[196]. Caffa geht wahrscheinlich auf *Kaffhaar* zurück, in dem das niederdeutsche Wort → *Kaff* für Spreu, für die Hülsen des Getreides, steckt. Die Samtstoffe aus Seide wurden zunächst in Schlingen gewebt und dann abgeschoren. Die abgeschorenen Fäden bezeichnete man, weil sie wie Haarspreu aussahen, als Kaffhaar. Ein Teil der Caffamacherreihe, Fortsetzung der → *Fuhlentwiete*, hieß bis 1900 *Kleine Drehbahn*.

196 Richey S. 106

Campe, Julius → Biografie S. 108.

Chaise Die *Chaise* [spr.: *schääs*], die andernorts auch ein klappriges Auto od. sogar eine heruntergekommene alte Frau, in Berlin eine zweisitzige Kutsche und im Badischen einen Handwagen mit geflochtenem Aufbau bezeichnet, steht in Hamburg als *Schese* [spr.: *schäse*] für die *Chaiselongue* (von frz. *chaise longue* – langer Stuhl).

Ecke Valentinskamp/Caffamacherreihe im Jahre 1951

Urspr. handelte es sich um ein Sitzmöbel von ausgesuchter Unbequemlichkeit in höfischer Umgebung französischer Salons. Als Fachbegriff für ein niedriges, gepolstertes Liegemöbel für eine Person hieß es später „moderne Chaiselongue“. Wenn Vater selbstständig od. Angestellter war und in der Mittagspause zum Essen nach Hause gehen konnte, legte er sich, wenn die Zeit es zuließ, gern noch für ein Nickerchen auf die *Schese*. Nicht so bequem wie ein Sofa, nicht so praktisch wie eine Couch, ist auch die „moderne“ *Schese* heute so unmodern geworden, dass sie nicht mehr zur Wohnungseinrichtung gehört.

Die Chaise gehörte erst zu den höfischen, dann zu den bürgerlichen Salons. Dieses Exemplar scheint allerdings aus einem weniger seriösen Etablissement zu stammen.

Cholera Die Cholera ist keine Hamburger Krankheit, aber nach dem → *Großen Brand* und vor den Bombennächten des Zweiten Weltkriegs war sie die größte Heimsuchung, die den Hamburgern im Gedächtnis geblieben war. Epidemien dieser schweren Infektionskrankheit hat es in Hamburg seit 1831 mehrere gegeben. Das Krankheitsbild ist durch Diarrhö, Brechdurchfall, Muskelkrämpfe und Kreislaufzusammenbruch gekennzeichnet. Robert Koch (1843–1910) entdeckte 1883 den Cholera-Erreger. Trotzdem kam es von August bis Oktober 1892 in Hamburg zu einer großen Epidemie mit 16956 Erkrankungen und 8605 Todesfällen, was ein überaus schlechtes Licht auf die Stadt und die hygienischen Verhältnisse vor allem in den → *Gängevierteln* warf – denn die Übertragung war nur über Wasser od. Lebensmittel möglich, die mit Bakterien aus dem Stuhl von Cholera-Patienten verunreinigt waren. Das Trinkwasser wurde damals ungefiltert der Elbe entnommen.

Claudius, Hermann → Biografie S. 110.

Claudius, Matthias → Biografie S. 109.

Club der 50 Brüder hieß eine Vereinigung, die etwa in der Zeit von 1880 bis 1910 bestand und der vornehmlich Handwerksmeister der Hamburger → *Altstadt* angehörten. Dieser Club diente in erster Linie der Fürsorge für Witwen und Waisen seiner Mitglieder. Andererseits bot er im Lauf der Jahreszeiten auch einen Rahmen für Veranstaltungen und Ausflüge der Mitglieder und ihrer Familien. Für solch einen Ausflug ins „Grüne“ war vor 120 Jahren eine Fahrt mit dem Alsterschiff vom → *Jungfernstieg* zum damals noch kaum bebauten Mühlenkamp am Langenzug, mit Einkehr im „Ballsaal im Himmel“ – Ecke Preystraße –, schon eine angemessene Feiertagsunternehmung. Zu persönlichen Jubiläen und ähnlichen Anlässen wurden sogar Garnituren silberner Kaffeelöffel mit Emblemgravur vergeben. Diese Vor- und Fürsorge-Vereinigung nahm in gewisser Weise – wie auch die Gründungen vieler anderer Kassen, → *Gilden* und → *Bruderschaften* – in kleinem und privatem Rahmen die staatliche Sozialgesetzgebung vorweg[197].

197 lt. Carl Groth

JULIUS CAMPE

VERLEGER DES DEUTSCHLANDLIEDES

Der Buchhändler und Verleger *Julius Campe* (geb. 1792 in Deensen bei Holzminden, gest. 1867 in Hamburg) nahm als schwarz-rot-goldener Lützower Jäger 1813 an den Befreiungskriegen teil und erlernte seinen Beruf bei seinem Halbbruder August in Hamburg. 1823 übernahm er von ihm den Verlag Hoffmann und Campe, den er zu einem der führenden deutschen Verlage ausbaute, in dem auch Zeitkritik und die Autoren des *Jungen Deutschlands* wie Heinrich Heine (1797–1856) und Ludwig Börne (1786 bis 1837) erscheinen konnten. Er verlegte 1841 das → *Deutschlandlied* von Heinrich Hoffmann von Fallersleben (1798–1874). Preußen verbot in jenem Jahr das gesamte Verlagsprogramm. Doch Geldstrafen, Zensur und Inhaftierungen konnten Julius Campe nicht einschüchtern. Als Heinrich Heine auf dem Sterbebett gefragt wurde, wo er ein Denkmal errichtet haben wolle, meinte er, er habe doch schon eins – das schöne Haus seines Verlegers Campe in Hamburg [198].

198 Hamburg-Lexikon S. 102

Commerzdeputation (Handelskammer) → *Ehrbarer Kaufmann.*

Consorten 1. *Consorten* mit C, Abk. *Cons.,* waren Teilhaber in einer → *Quartiersleutefirma,* die etwa als *Wilh. Meyer & Cons. GmbH* firmierte. 2. *Konsorten* mit K ist das Schimpfw. für eine Gruppe rüpelhafter Personen; *ji Konsoorten!*

Conventgarten Der *Conventgarten* war bis zu seiner Zerstörung in einer verheerenden Bombennacht während der britischen „Operation → *Gomorrha*“ vom 25. Juli bis zum 3. August 1943 ein bekannter Konzert- und Ballsaal. Eröffnet wurde er am 24. Juli 1853 auf dem Gartengrundstück *Neustädter* → *Fuhlentwiete Nr. 67,* das bis zum Kornträgergang reichte, und zwar als Biergarten mit Musikpavillon und Springbrunnen. Eigentümer des *Wörmer'schen Conventgartens* war der gelernte Buchdrucker Johann Jacob Siegmund Wörmer (1808–1881), der schon nach einem Jahr sein Angebot um einen Saal für Vergnügungen aller Art erweiterte [199]. Bald kamen Konzerte dazu. Ab 1871 besaß der Conventgarten eine Orgel und eine Bühne, die groß genug war, einen Chor auftreten zu lassen. Dank einer zweiten Galerie hatte er ein Fassungsvermögen von 1100 Plätzen, das später sogar auf 1500 Plätze aufgestockt werden konnte. In der Nachbarschaft zur Musikhalle gab es damit eine zweite Spielstätte, von deren Akustik noch heute geschwärmt wird. Das alte holzgetäfelte Gebäude soll einen Klang wie eine alte Geige gehabt haben. Als 1891 die repräsentative Kaiser-Wilhelm-Straße durch das alte Viertel geführt wurde, ging viel von dem Grundstück verloren. Die damaligen Besitzer des Conventgartens sahen sich gezwungen, die

199 Borcherdt I, S. 65 f.

Holzplanke an der Front zur neuen Straße durch einen angemessenen Eingangsbau mit Künstlerzimmern und Proberäumen im wilhelminischen Stil zu ersetzen. Auf dem Trümmergrundstück an dieser Stelle zwischen Fuhlentwiete und Kaiser-Wilhelm-Straße baute Axel Springer (1912–1985) von 1950 bis 1956 sein erstes Verlagshaus mit Druckerei. An der Fassade an der Kaiser-Wilhelm-Straße erinnert eine Gedenktafel[200] an den Standort des Conventgartens[201].

Convoy (Handelsschiffsverband) → *Konvoi.*

Couplet Ein *Couplet* ist so etwas wie ein „Liedchen mit gereimten Strophen", ein Spottlied, das in Opern, Operetten od. Possen als Gesangseinlage eingefügt od. auf der Kleinkunstbühne als Kabarettstück zur eigenständigen Form wurde. Der Ausdruck ist entlehnt aus dem frz. *couplet* (Reimpaare), einer Verkleinerungsform zu frz. *couple* (Paar), das auf das lat. *copula* (Vereinigung) zurückgeht. Im alten Hamburg bekam das *Couplet* durch die Auftritte der volkstümlichen Sänger wie → *Hein Köllisch, Gebrüder* → *Wolf* und → *Charly Wittong* eine Verbreitung wie in kaum einer anderen Stadt. Sie belegten gängige Schlager neu mit witzigen Texten, und das unter dem Jubel ihrer Zuhörer meist auf Plattdeutsch od. in Missingsch. Jahrelang gab es keine Pfingstausgabe Hamburger Zeitungen ohne eine Kostprobe aus dem Couplet „De Pingsttour" (Köllisch: *To Pingst'n, ach wie scheun, wenn de Natur so*

200 Die Tafel nennt den 24. Juli 1943 als Datum der Zerstörung. Die Luftangriffe der „Operation → *Gomorrha*" begannen allerdings erst um Punkt 1 Uhr am 25. Juli. Wahrscheinlich ist der Conventgarten zusammen mit dem → *Heuberg* gleich von der ersten Welle getroffen worden.

201 Vgl. Joachim Mischke in: HA 28.5.2008 S. 7; Bahnsen/ v. Stürmer: Musentempel mit Vergangenheit. In: Die Stadt, die sterben sollte S. 91 ff.

MATTHIAS CLAUDIUS
EIN BOTHE AUS WANDSBECK

Am 15. August 1740 als Pastorensohn in Reinfeld zwischen Oldesloe und Lübeck geboren, führte *Matthias Claudius* als Redakteur, Schriftsteller, Sekretär, Übersetzer und Revisor ein bescheidenes Leben. Von 1771 bis 1775 redigierte er den „Wandsbecker Bothen" und trat in der damals dänischen Stadt entschieden für die Aufklärung ein. Dabei wandte er sich gegen den Sklavenhandel, an dem auch der Wandsbeker und Ahrensburger Gutsherr Heinrich Carl Graf von Schimmelmann (1724–1782) beteiligt war. Als Dichter fand Claudius eine unverwechselbar einfache und klare Sprache, etwa in seinem bekannten Abendlied („Der Mond ist aufgegangen"). Er starb am 21. Januar 1815 am Jungfernstieg im Haus seines Schwiegersohns, des Verlegers *Friedrich Christoph Perthes* (1772–1843). Der niederdeutsche Dichter → *Hermann Claudius* (1878–1980) ist ein Urenkel von ihm.

HERMANN CLAUDIUS

DE LÜNKEN VUN DE JACOBIKARK

Hermann Claudius, Urenkel vom „Wandsbecker Bothen" → *Matthias Claudius* (1740–1815), wurde am 19. Oktober 1878 in Langenfelde bei Altona geboren (heute zu Stellingen) und starb hochbetagt am 8. September 1980 in Grönwohld (Kreis Stormarn). Bis 1934 Volksschullehrer in Hamburg, trat Claudius mit plattdeutscher Großstadtlyrik hervor. Er galt als volksnaher Dichter von ergreifender Einfachheit, Innerlichkeit und tiefer Weltfrömmigkeit *(To Bargstedt bi de ole Kark)*. Im Ersten Weltkrieg vaterländisch gesinnt, später nicht immer gegen Hitler-Jubel gefeit („Herrgott, steh dem Führer bei, dass sein Werk das deine sei!"), wird er wegen sozialer Verse dennoch als Arbeiterdichter bezeichnet. Der Altonaer Arbeiterjugendchor sang 1916 zum ersten Mal seine „Hymne der Arbeiterbewegung": „Wann wir schreiten Seit an Seit [...] Mit uns zieht die neue Zeit!", die dann auch beim Wandervogel[202] und in den Jugendherbergen angestimmt wurde. Als die Medien 2009 von einem dramatischen Rückgang der Hamburger Spatzenpopulation berichteten, erinnerten mehrere Abendblatt-Leser an die „Hamborger Lünken"[203] „von Claudius" – ja, aber nicht von Matthias Claudius, sondern vom Urenkel: *De Lünken vun de Jacobikark, de larmt ehr Fröhjohrsleed, de Lünken vun de Jacobikark, de markt dat fröher as de Lark*[204]*, de weet dormit Bescheed. Schiet, schiet, schiete-riet-schiet-schiet, ut is de Winterstiet.*

---

202 Jugendbewegung vor und nach dem Ersten Weltkrieg
203 Hamburger Spatzen
204 Lerche

greun ...), und jeder kennt die Verse *An de Eck von de Steenstroot steiht 'n Oolsch mit Stint, will mi vertellen, dat dat Schellfisch sünd* (Wittong) od. *An de Eck steiht 'n Jung mit 'n Tüdelband, in de anner Hand 'n Bodderbroot mit Kees* (Wolf/Walter Rothenburg). Die Volkssänger verkauften ihre Couplets auch auf den Straßen und Märkten als „Fliegende Blätter" („Köllisch-Couplets: 10 verschiedene für 5 Mark franko"), was zur massenhaften Verbreitung beitrug.

Cremon So hieß urspr. die ganze Insel zwischen den Alsterarmen und der Elbe, die 1188 den ersten Siedlern der gräflichen → *Neustadt* als Weideland zugewiesen wurde. Es folgten die Anlage eines Ringdeichs und die Einteilung des Cremons in 30 gleich große, streifenförmig geschnittene Grundstücke. Ihre Schmalseite lag an dem Hauptabfluss der Alster, dem Nikolaifleet, und hier entwickelte sich das Hamburger Bürgerhaus als typische Wohnform. Die alte Bausubstanz ging 1943 während der Luftangriffe verloren. Ein hinterer Entwässerungsgraben, das Katharinenfleet, wurde 1946 zugeschüttet. Der Straßenname Cremon ist einer der ältesten in Hamburg und im Laufe der Zeit vielfältigen Deutungsversuchen ausgesetzt gewesen, die wir hier nicht alle wiedergeben können und angesichts der eigenartigen Geistesblitze mancher Heimatforscher auch besser nicht wiedergeben sollten. Wahrscheinlich ist es ganz einfach: Cremon wurde vom Namen eines frühen Anwohners abgeleitet (1255: Gottschalk de Cremun, 1333: Bertram de Cremon)[205].

Cremon, im Hintergrund die Nikolaikirche

205 Pabel: Alte Hamburger Straßennamen S. 70 f.; Hamburg-Lexikon S. 152 f.

D

da hab ich nix für über bedeutet auf Miss.: Das schätze ich nicht, dafür gebe ich nichts, daran beteilige ich mich nicht.

da nich für (*dor nich för*) sagt der Hamburger, wenn ihm gedankt wird und er abwehrend zum Ausdruck bringen will: „Keine Ursache! Gern geschehen!"

daddeldu Das Adv. *daddeldu* bedeutet „vorbei, beendet", als Ausruf in der Seemannsspr. auch: „Alles in Ordnung!", vom engl. *that will do* (das genügt); *nu is daddeldu* (nun ist Schluss). *Kuddel Daddeldu* war ein Spottname für die Seeleute. Der Schriftsteller Joachim Ringelnatz[206] schuf die bekannte Kunstfigur *Kuttel Daddeldu*.

Daddelkönich wird jemand genannt, der ständig beim Karten-, Automaten- od. Glücksspiel gewinnt. Von → *daddeln (1)*.

daddeln bedeutet 1. spielen an *Daddelautomaten* in der Kneipe od. *Daddelhalle* (Spielhalle). Großvater, wenn er früher am Sonntagvormittag in die Eckkneipe zum Frühschoppen ging, warf immer mindestens einen → *Heiermann* in einen *Daddelautomaten*. Glück hatte er so gut wie nie, trotzdem war ihm das Geld dafür nicht zu schade[207]. 2. spielen, rumtrödeln, sich ohne Ziel mit unwichtigem Kleinkram beschäftigen. Mutter zur Tochter: *daddel nich rüm, wi wüllt loos!*[208] Vgl. → *dammeln* (trödeln).

Dag/Daak/Dack Diese Homofone[209] werden leicht verwechselt: 1. *Dag* (Plur. *Daag*) m., der Tag. 2. *Daak*, m., leichter Nebel. 3. *Dack* (Plur. *Däcker*) n., das Dach.

dagern Wenn die Großeltern ein neues Foto benötigten, ließen sie sich *dagern*. Das hieß, sie wurden „daguerreotypisiert", also mittels einer lichtempfindlichen Platte fotografiert. Nach *Louis Daguerre* (1787–1851), dem Erfinder der *Daguerreotypie*, des ersten erfolgreichen fotografischen Verfahrens.

Dalben (Plur., ndl. für grobe Stämme), Kurzf. von → *Duckdalben*.

dalvern (*dalbern*) herumalbern, sich kindisch benehmen. Subst. *Dalveree* (Albernheit). Adj. *dalverich, dalvsch* (kindisch).

Damengedeck (Kombination aus Sekt und einem alkoholfreien Getränk) → *Herrengedeck*.

Damm *auf 'n Damm sein* bedeutet, gesund und munter sein. Der Damm ist hier eine befestigte Straße, und wer darauf geht, kommt gut voran.

Dammdoor Dammtor, urspr. das Haupttor Hamburgs im Norden; *Gott vör 'n Dammdoor*, fluchte Großvater, wenn er das direkte *Gottverdammi*

---

206 Joachim Ringelnatz (1883–1934) hieß eines der Pseudonyme für den in Wurzen (Sachsen) geborenen Hans Gustav Bötticher, der sich während seines chaotischen und von Armut, Hunger und Krankheit bedrohten Lebens in 30 Berufen – auch in Hamburg – versuchte, dabei aber stets eine Vorliebe für die Seefahrt erkennen ließ. Immerhin brachte er es im Ersten Weltkrieg bis zum Marine-Reserveoffizier.

207 lt. Olaf Haselhorst

208 lt. Britta Busche

209 Homofone: gleich lautende, aber verschieden geschriebene Wörter

(vgl. → *dammi*) umgehen wollte; *scheun greun buten 'n Dammdoor* (schön grün vorm Dammtor) kündigte ganz früher einen der häufigen Familienausflüge in die ländliche Umgebung an, äffte später, mit breitem *eu* gesprochen, die diphthongierte[210] Aussprache der Hamburger nach und ist heute eine leere Redensart[211].

dammeln bedeutet trödeln, schlendern, langsam gehen, Zeit vertun od. verträumt durch den Tag leben. Adj. *dammelich* (trödelig, dumm, albern), Subst. *Dammelee* (albernes Gehabe). Eine *Dammeldeern* war ein Mädchen, das bei der Arbeit trödelte und nicht fertig wurde, und eine *Dammelbruut* („Tändelbraut") ein hoffendes weibliches Wesen, mit dem man ein Verhältnis hatte, das der Mann jedoch nicht ernst nahm.

dammi (*dammich*) Interj. verdammt. Ausruf des Erstaunens od. der Entrüstung, gekürzt aus *Gott verdamm mi (Gottverdammi!); dammi noch mol!; dammi un → dori!* Syn.: *verdammi.*

Damperjantje → *Putzlaputz (3).*

dänisch *Nu ward Poppenbüttel dänisch!* sollen ganz alte Hamburger gerufen haben, wenn sie eine große Verwunderung ausdrücken wollten. Seit 1815 gehörten die Herzogtümer Holstein und Lauenburg mit Poppenbüttel, → *Altona,* Wandsbek, Rahlstedt und großen Teilen des heutigen Hamburgs nördlich der Elbe zwar zum Deutschen Bund (Schleswig nicht), wurden in Personalunion als Teil des dänischen Gesamtstaates jedoch vom König in Kopenhagen regiert, waren also *dänisch,* bis Preußen diese Gebiete 1866 annektierte und zur (vielfach ungeliebten) *preußischen* Provinz Schleswig-Holstein machte (gleichzeitig schluckte Bismarck das Königreich Hannover mit Harburg). Zu Hamburg kamen diese preußischen Städte und Gemeinden erst am 1. April 1937 mit dem → *Groß-Hamburg-Gesetz.*

Dannenberg, Friedrich Eduard → Biografie S. 114.

Danzorner „Tanzordner", Angestellter in einem *Danzlokaal* (Gasthaus mit Saal zum Tanzen), der von den Tänzern, die *dat Danzbeen röhren* (tanzen) wollten, für jeden Tanz eine Pfenniggebühr kassierte[212].

Das is mich eins sagte → *Klein Erna,* wenn sie meinte: Das ist mir egal.

dascha (Missg.) ugs. Kontr. aus *dat is ja,* etwa *dascha gediegen* (das ist ja eigenartig), *dascha zu und zu schön* (besonders schön) od. *dascha vigeliensch* (das ist aber verzwickt). Vgl. → *gediegen.*

Dassel m., eine der vielen hamb. Bezeichnungen für den Kopf od. Schädel; *enen an 'n Dassel kriegen* (sich eine Ohrfeige einfangen).

Dat Hart geiht op holten Tüffeln – das Herz schlägt vor Schreck od. Aufregung so laut, dass es sich scheinbar anhört, als ginge man geräuschvoll auf Holzpantoffeln.

Dat löppt sik allens wedder trecht! sagt der Hamburger, wenn er einen Mitmenschen nach einem Unglück trösten will: Das läuft sich alles wieder zurecht, das kommt alles wieder in Ordnung.

210 Diphthong: Doppelvokal
211 HWB 1/647

212 HWB 5/928

FRIEDRICH EDUARD DANNENBERG

ALS FAUST SEIN GRETCHEN HEIRATETE

Dannenberg war nicht Mattler, sondern dessen Nachfolger. Trotzdem wurden sie in einen Topf geworfen, wie es in Hamburg ohnehin üblich war, bei einer Geschäftsübergabe den neuen Inhaber ganz einfach weiter mit dem Namen des Vorgängers anzureden.

Johann Gottfried Ehrenfried → *Mattler,* der 1857 starb, betrieb vor dem Millerntor auf St. Pauli ein Marionettentheater. Im Umfeld der → *Reeperbahn* hatten sich ambulante Händler, Schausteller, Zauberer, Wahrsager, → *Plünnenhöker,* → *Menagerien* sowie Spiel- und Amüsierbetriebe niedergelassen, weshalb man die ungeordnete Ansammlung von Buden aus Holz und Segeltuch treffend als → *Spielbudenplatz* bezeichnete.

Mattler führte mit seinen hölzernen Marionetten gar schauerliche Stücke auf. Dr. Faustus wurde im Stundentakt ins Fegefeuer gestoßen. Besonders beliebt war das Spiel über die öffentliche Enthauptung des Fräuleins Dorothea, die so gut gelang, dass das Publikum mehrere Wiederholungen forderte, bis sich der Kopf nicht mehr auf dem Rumpf der Puppe befestigen ließ.

Der Zuspruch für Mattlers Darbietungen mit toten Puppen ging allerdings existenzbedrohend zurück, bis er auf die Idee kam, eine lebendige Puppe tanzen zu lassen: seine zehnjährige Tochter. Den Besuchern gefiel es, warum, das wollen wir hier nicht näher untersuchen. Das Dumme war nur, dass das Mädchen im Laufe der Jahre größer wurde, weshalb immer weniger von ihm im Bühnenausschnitt des Puppentheaters zu sehen war. Schließlich tanzten scheinbar nur noch nackte Mädchenbeine auf den Brettern. Die Matrosen und Seeleute johlten und pfiffen vor Vergnügen, warum, das brauchen wir nun wirklich nicht näher zu untersuchen.

1840 verlangte die Polizeibehörde, die leichten Buden wegen der Feuergefahr durch feste Gebäude zu ersetzen. Die Häuserreihe an der Südseite des Spielbudenplatzes entstand. Mattler baute unter großen finanziellen Anstrengungen sein Elysium-Theater, und ganz St. Pauli freute sich: *se speelt bi Mattler nu mit ornliche, lebennige Minschen!*

Die Zuschauer strömten herbei. Zur Eröffnung hatte Mattler Bühne und Saal mit vier statt mit zwei Laternen beleuchtet, die aber im Tabaksqualm der Besucher nicht zu sehen waren. Der Beginn der Vorstellung verzögerte sich, weil Mattler von den gerade erzielten ersten Eintrittsgeldern noch schnell Requisiten und Kostüme kaufen musste, die die Handwerker ohne Barzahlung nicht herausgerückt hatten.

Als es endlich losging, sahen die Besucher, dass Mattler als Schauspieler einfach die Nachbarn von der Straße engagiert hatte (eine Methode, die man sich für einige heutige Gerichts- und Vorabendserien im Fernsehen abgeguckt haben dürfte). Herzliche Begrüßungen zwischen Zuschauerraum und Akteuren wurden ausgetauscht. Nur *Friedrich Eduard Dannenberg* war neu – ein kräftiger Mann mit noch kräftigerem Organ, aber abschreckender Hässlichkeit und breiter Sattelnase, der die „Heldenrollen" spielen sollte. Mattlers Gläubiger machten Dannenberg bald zum Geschäftsführer und Nachfolger als Direktor.

Niemand konnte behaupten, dass Dannenberg nicht fleißig war und nicht jeden Sechser mitnahm. Morgens arbeitete er als Ausrufer, schwang eine große Glocke und brüllte die neuesten Angebote heraus, etwa: *gode Kantüffeln, Kohl un gele Wötteln vun 'n Ewer in 'n Fleet bi de Slamatjenbrüch* [213], oder er warb für → *Hagenbeck*s Menagerie. Danach verrichtete er Hilfsarbeiten, schaufelte Torf in den Keller, trug Unrat weg und machte Wohnungsumzüge.

Erst mittags wurde aus Dannenberg ein Theaterdirektor und Schauspieler. Er schlüpfte in seine Ritterrüstung mit Federhelm und versuchte als *Recommandeur* [214], Zuschauer anzulocken und sein Theater zu füllen. Erst wenn es sich lohnte und genügend Besucher im Saal waren, begann eine Vorstellung. Er hielt es für eine Beleidung, wenn sich jemand um das Eintrittsgeld drücken wollte: 1. Platz vier Schillinge, 2. Platz zwei Schillinge und 3. Platz, *fast geht es meiner Künstlerehre zu nahe, es auszusprechen, nur einen einzigen Schillingen die lumpige Person.*

Viele Jungen versteckten sich nach der Vorstellung unter den Bänken, um eine weitere Aufführung mitzuerleben, ohne zu zahlen. Dannenberg kannte das. Er nahm einen kräftigen Knüppel und schlug unter die roh gezimmerten Besucherbänke, bis nach vielen Schmerzensschreien der Saal wirklich geleert war.

Er hielt nichts von langen Aufführungen. Man solle die Zuschauer nicht überfordern. Eine Dreiviertelstunde sei genug. Er versah seine Plakate mit der Aufschrift „gekürzt und verbessert", aber da es keine Textbücher gab, dauerte es manchmal sehr lange, bis das Stück mit vielen Hängern und Improvisationen doch zu einem Ende gebracht werden konnte. Das Publikum spielte mit, rief allerlei Vorschläge auf die Bühne oder warf auch mal mit Würsten oder → *Heetwecken*. Eines Abends, man spielte Schillers „Räuber", lag Amalie „erschossen" auf den Brettern, als ein dösiger Seebär in der ersten Reihe seinen durchgekauten *swatten Priem* in gekonntem Bogen auf die „Tote" spie. Die schrie auf, wurde wieder lebendig und verschwand heulend hinter der Bühne. Dannenberg krempelte die Ärmel hoch: *De mien Amalje den Swatten mank de Titten smeten hett, de schall sik mellen! Ik will em en Gratisvörstellung geven!* Der Übeltäter suchte das Weite.

Prügel bekam auch der einzige Redakteur, der jemals etwas über das Mattler-Theater geschrieben hatte, und zwar etwas durchaus Positives. Dannenberg stürmte in die Redaktionsstube, packte den Schreiberling und hielt ihn aus dem Fenster. Bleich und stotternd winselte der, sich doch überaus lobend geäußert zu haben. Dannenberg schimpfte, das sei es ja gerade! Auch seine Leute hätten den Schmierkram gelesen, hielten sich jetzt für Künstler und forderten eine Erhöhung ihrer Gagen.

213 Slamatjenbrücke über das Alsterfleet
214 Anreißer, Koberer

Ansonsten verirrten sich die gebildeten oder eingebildeten Kreise selten ins Elysium. Es kam jedoch vor, dass sich einige wohlsituierte Hamburger einen Spaß machten und sich einmal so richtig über das Schmierentheater amüsieren wollten. Davon hörte eine alte Dame, die entsetzt war über die Sittenlosigkeit eines gewissen Herrn Goethe, der einen Herrn Faust ein Mädchen schwängern und dann sitzen ließ. Sie bat Dannenberg, das Stück zu „verbessern", der sich natürlich gegen die Werktreue und für das Honorar entschied. So kam es, dass Doktor Faust am Spielbudenplatz sein Gretchen doch noch geheiratet hat.

Wegen der nächtlichen Torsperre mussten die Aufführungen rechtzeitig beendet sein, damit die Besucher aus der Stadt ohne Strafgeld durch das Millerntor zurückkehren konnten. Als es zum zweiten Mal vom Millerntor läutete, rief Dannenberg zur Bühne: *Mookt to! Mookt to! Dat hett al tweemal lüüdt!* Es kam zurück: *De König is noch nich doot!* Dannenberg, mit den Nerven am Ende: *Denn pedd em in 'n Moors!*

1860 wurde die Torsperre aufgehoben. Bis dahin waren alle Veranstaltungen am Spielbudenplatz Tagesveranstaltungen, da die Stadttore bei Einbruch der Dunkelheit geschlossen wurden. Nun begann das Nachtleben auf St. Pauli. Neue Etablissements, Theater, Varietés und große Bierlokale eröffneten. Gegen dieses Angebot kam Dannenberg nicht mehr an. 1868 musste er Konkurs anmelden. Er konnte seine siebenköpfige Familie nicht mehr ernähren. Als er am 21. März 1885 im Alter von 68 Jahren starb, mussten die beiden jüngsten Töchter ins Waisenhaus gegeben werden[215].

215 Vgl. Borcherdt: Das lustige alte Hamburg I u. II u. Kopal: Mattler sin Hahnrieder. Dannenberg und Döntjes von St. Pauli

Der Spielbudenplatz um 1800

Dat weet mien Mors! Das sagte Großmutter immer, wenn ihr etwas längst Bekanntes erzählt wurde.

dat Bei *dat* muss man genau hinhören, ob es sich um 1. den Artikel „das" (*dat Göör*) od. das Demonstrativpronomen „dies", 2. das Personalpronomen „es" (*dat blarrt*) bzw. 3. die Konjunktion „dass" handelt. Ein Beispiel: → *Klein Erna* sieht, wie ein Kind im → *Baggermatsch* spielt. *Dörv dat dat?*, fragt sie. *Dat dörv dat*, sagt Mutter Pumeier. Darauf Klein Erna: *Dat dat dat dörv!* Das Ganze noch einmal auf Barmbeker Hochdeutsch: „Darf das das?" „Das darf das." „Dass das das darf!"

Dat 's all verschieden! Kam man in einen Krämerladen und fragte z. B., was ein Pfund Kaffee koste, dann sagte der → *Krämer: dat 's all verschieden!* od.: *dat kümmt ganz op an!*, denn er hatte ja verschiedene Sorten anzubieten.

Dattelmatsch Datteln waren in einer Hafenstadt wie Hamburg seit Langem bekannte Südfrüchte. Auf dem → *Dom* konnte man früher billig *Dattelmatsch* kaufen[216]. Das waren Datteln, die beim Transport mit Seewasser in Berührung gekommen waren; süße Früchte im salzigen Wasser – das muss grausam geschmeckt haben!

Daube gebogenes Seitenbrett eines Fasses, wie der → *Böttjer* es herstellt.

Dauerpedder Ein *Dauerpedder* war ein Fahrrad ohne Freilauf, das man ständig treten musste.

Davidwache Polizeikommissariat 15 an der → *Reeperbahn* Ecke Spielbudenplatz/Davidstraße, bekanntestes Polizeirevier in Hamburg und darüber hinaus[217]. Vgl. → *Warmteewache*.

de hett 'n Sprunk in de Schöttel (Riss in der Schüssel) bedeutet, der andere sei nicht ganz richtig im Oberstübchen.

Deel Diele; *Grootdeel* (im Bauernhaus); *Danz op de Deel* (Dorfvergnügen). → *Speeldeel*.

Deern (Plur. *Deerns*) ist einer der häufigsten Ausdrücke in Hamburg. Er kommt von „Dirne". Urspr. war er die Bezeichnung für ein unverheiratetes Mädchen von niederem Stand im Ggs. zur → *Jungfer* aus gehobenen Kreisen. Heute verstehen wir darunter: 1. ein junges od. kleines Mädchen; *lütt Deern*. 2. die Tochter; *Jungs un Deerns* (Söhne und Töchter); *sien groot Deern* (erwachsene Tochter). 3. die Liebste; *mien sööt Deern*. 4. ein Dienstmädchen od. eine Bauernmagd. Ra.: *Deerns, de fleiten, un Höhner, de kreihen, schall man bilütten den Hals ümdreihen.*

Deert (Plur. *Deerten*) n., das Tier allgemein, auch Untier, wildes Tier, Biest, Ungetüm; *keen Minsch un keen Deert harr em sehn; dat arme Deert deit mi so leed.* Übertr. ein Schimpfwort für den Menschen od. für schlimme Dinge: *ool Deert* (altes Biest); *lopen as 'n dull Deert* (sehr schnell); *as dreven Deerten* (wie in einer Viehherde); *dat Deert vun Klock* (störende Uhr). Erw.: → *Söögdeert* (Säugetier); *Deertenvereen* (Tierschutzverein); *Schockschwerenootsdeert* (Ausr. des Erstaunens)[218].

216 HWB 1/666

217 Die Davidwache schreibt sich ohne Fugen-s, also nicht „Davidswache".

218 HWB 1/695 f.; Mensing 1/716

deffendeern (sich) verteidigen (gegen Vorwürfe, im Gespräch, vor Gericht), sich rechtfertigen; *ik wull mi deffendeern.* Wenn hochaktuelle Nachrichten auf Plattdeutsch im Radio zu hören sind, so stehen die Autoren häufig vor der Schwierigkeit, Begriffe und Amtsbezeichnungen übersetzen zu müssen, die es früher gar nicht gegeben hat. Heute ist ein kaiserlicher Kriegsminister zum demokratischen „Verteidigungsminister" geworden, den sie als *de Minister för 't Deffendeern* umschreiben. Erw.: *afdeffendeern* (heftig abstreiten). Vgl. lat. *defendere* (wegstoßen, abwehren) od. hochd. *Defensive* (Abwehr, Verteidigung).

deien wiegen, eine Wiege hin- und herschaukeln. Vgl. → *Hinkedei* (ein hinkender Mensch).

Demel Dummkopf, hamb. eigentlich → *Dömel,* aber in Blankenese in Anspielung auf die Volksschüler der ehemaligen Richard-Dehmel-Schulen in der Karstenstraße bzw. im Kahlkamp[219] ugs. *Demel* ausgesprochen, was phonetisch so schön dämlich klingt.

219 Die heutige Gorch-Fock-Grundschule in der Karstenstraße (Blankenese) wurde 1929 vom damaligen Altonaer Oberbürgermeister Max Brauer (1887–1973) als Richard-Dehmel-Schule eingeweiht. 1937 erfolgte die Umbenennung durch die Nationalsozialisten. Seit 2010 erinnert eine Gedenktafel am Schuleingang an den Schriftsteller und Dichter *Richard Dehmel* (1863–1920). Er lebte von 1905 bis zu seinem Tod in der Blankeneser Westerstraße 1, die nach ihm seit 1928 *Richard-Dehmel-Straße* heißt. Nach dem Krieg behielt die Gorch-Fock-Schule ihren Namen, eine neue Schule am Kahlkamp bekam wiederum den Namen *Richard-Dehmel-Schule.* Den verliert sie endgültig 1971, als die Schule im Kahlkamp aufgrund der steigenden Schülerzahlen dem Gymnasialbereich zugeordnet wird. Heute ist im Kahlkamp die Unterstufe des Gymnasiums Blankenese untergebracht.

Demelack Dummkopf, *Dämlack.* Nicht urspr. nordd., wohl von ndd. *demelen* (nicht recht bei Sinnen sein) und frz. *laquais* (Diener). Diesen Sprachwurzeln verdanken wir natürlich das hochd. *dämlich,* das bair. *damisch* und den oberd. *Lackel* für einen ungehobelten, groben, ungeschlachten Menschen. In Hamburg kannte man keinen *Lackel;* der kam eher bei Ludwig Thoma od. Hans Moser vor. Vgl. → *Dömel.*

Demijoon (*Demijong*) ist eine Ballon-Korbflasche, meist mit Weidengeflecht überzogen, die 5 bis 25 Liter fasst und zum Versand von Flüssigkeiten (Rum, Wein, Genever, Spiritus) dient.

denn und wenn statt *dann und wann* ist umgangssprachliches Hamburgisch: *Nur denn und wenn kommt er mal vorbei*, besucht uns also dann und wann, manchmal, sporadisch, gelegentlich[220].

denn steht nordd. und hamb. für *dann,* und zwar ugs. ausschließlich; *denn man zu!; na, denn nich!; ik heff lang töög, denn keem he.*

Deputat Ein *Deputat* ist eine zum Lohn gehörende Sachleistung[221]. Das kann die Deputatkohle der Bergleute od. der Haustrunk der Brauerknechte sein. In unserem Fall geht es aber um den *Deputatlohn* eines Landarbeiters, der zum Beispiel aus freier Wohnung, Lebensmitteln, Viehfutter, Brennholz und einem Ferkel zum Mästen bestehen kann. Vgl. → *Insten.*

220 lt. Ingrid Rudolf

221 Ein Deputat kann auch die Anzahl der Unterrichtsstunden bedeuten, die eine Lehrkraft zu leisten hat. Aber das ist nicht typisch hamburgisch.

Deputation 1. Abordnung. 2. Ausschuss; die Festordner für das Schützenfest der *Harburger Schützengilde,* bestehend aus Kommandeur, zwei Patronen, zwei → *Schaffern* und vier Kapitänen [222]. 3. in Hamburg heute ein bei jeder Fachbehörde gebildetes und der Behördenleitung zugeordnetes Gremium aus 15 von der Bürgerschaft gewählten, ehrenamtlich tätigen bürgerlichen Mitgliedern. Den Vorsitz hat der jeweilige Senator inne. Bereits seit 1563 gab es entsprechende *Deputationen* der Kämmerei und des Bauhofs. Im 18. Jh. zählte man etwa 30 solcher Einrichtungen.

detsch (*ditsch*). Wer beim Marmelspiel ausscheidet, ist *detsch.* Er hat beim *Detschen* (Werfen) einen Fehlwurf getan. Von → *detschen* (werfen).

detschen (*ditschen*). 1. Beim Marmelspiel mit dem *Detscher,* der eisernen Wurfmarmel, werfen und nach Möglichkeit sein Ziel treffen. Die Spielregeln waren dabei, wie überhaupt im Umfeld der → *Marmel,* vielfältig und häufig von Straße zu Straße verschieden. 2. *ditschen* bedeutet auch, einen flachen Stein flach übers Wasser werfen, sodass er auf der Wasseroberfläche hüpft. 3. Das *Ditschen* blieb jahrelang eine weit verbreitete Sitte in Großraumbüros, die humorlose Kolleginnen (seltener Kollegen) und Vorgesetzte allerdings eher als Unsitte ansahen. Dabei wurden Markstücke auf dem Teppichboden möglichst nahe an die Plastikfußleiste *geditscht* (geworfen), und wessen Münze der Wand am nächsten liegen blieb, der hatte gewonnen. Übrigens: Mit Euro-Münzen habe ich das Spiel nie mehr gesehen. Das mag an meinem Alter liegen od. daran, dass die neue Währung von Anfang an nicht den richtigen Spaß vermittelte – schon lange bevor die Griechen sie in die Krise schummelten.

Deutschlandlied Auf dem → *Jungfernstieg* vor Streit's Hotel wurde das „Lied der Deutschen" („Deutschland, Deutschland über alles") am 5. Oktober 1841 uraufgeführt. Mitglieder der Hamburger Turnerschaft von 1816 und der Liedertafel von 1823 brachten einem Hotelgast, dem badischen Politiker Karl Theodor Welcker (1790–1869), ein Ständchen. Eine Kapelle des Bürgermilitärs begleitete die Sänger. Als Melodie wählte sie die Kaiserhymne aus einem Streichquartett von Joseph Haydn (1732–1809; „Gott erhalte Franz den Kaiser") [223]. Den Text hatte *August Heinrich Hoffmann von Fallersleben* (1798 bis 1874), der anwesend war, wenige Wochen zuvor, am 26. August 1841, auf der damals englischen Insel Helgoland in tiefer Sehnsucht nach der deutschen Einheit geschrieben und an den Hamburger Verleger → *Julius Campe* (1792 bis 1867) verkauft. Reichspräsident Friedrich Ebert (1871–1925) erklärte das Deutschlandlied 1922 zur Nationalhymne. Seit 1952 wird bei offiziellen Anlässen nur noch die dritte Strophe gesungen („Einigkeit und Recht und Freiheit"), weil die Aufzählung des früheren deutschen Sprachraums „von der Maas bis an die Memel, von der Etsch bis an den Belt" nach zwei verlorenen Weltkriegen nicht mehr zeitgemäß und im höchsten Grade missverständlich schien. Seit 1991 ist die dritte Strophe des „Deutschlandliedes" offiziell die Nationalhymne der geeinten Bundesrepublik Deutschland.

222 HWB 1/713

223 Die Melodie des Deutschlandlieds stammt aus dem zweiten Satz von Joseph Haydns Streichquartett Nr. 77, C-Dur, op. 76, Nr. 3, dem „Kaiserquartett" (1797).

dibbern auf jmdn. ständig einreden, schwätzen, dummes Zeug von sich geben; mäkeln, nörgeln; hamb. formelh.: *bibbern un dibbern; jibbern un dibbern; dibbern un dabbern* (schwätzen). Von jidd. zu hebr. *dibûr* (das Reden): leise miteinander sprechen; leise auf jemanden einreden[224]. → *Arnold Risch* erfand die Figur „Tante Dibbermeier". Syn.: → *quengeln;* → *quesen.*

dickdreevsch Adj. dickfellig, phlegmatisch.

[1] Diek Teich, eigentl. ein künstlich angelegtes Gewässer für die Fischzucht. Von mnd. *dîk,* das sowohl *Teich* als auch *Deich* (→ [2] *Diek* – Damm) bedeuten kann. Die Grundbedeutung geht zurück auf idg. „stechen", also etwas „Ausgestochenes", und zwar einerseits bezogen auf den Graben od. Teich, andererseits auf den daraus aufgeworfenen Erdwall. Wie wir alle wissen, was aber leider in den aufgeklärten Hamburger Schulen nicht mehr gelehrt wird, holt der Storch (→ *Ebeer*) die kleinen Kinder aus dem Teich; *över 'n groten Diek* (über den „großen Teich", den Atlantik). Häufig in Flur- und Straßennamen, die im Folgenden alle etwas mit dem Teich und nicht etwa mit dem Deich zu tun haben: *Söbendieken* („sieben Teiche"; Nienstedten); *Diekmühlenweg* (Langenhorn); *Diekbarg* (Lemsahl-Mellingstedt); *Diekdamm* (Rönneburg); *Diekredder* (Volksdorf); *Diekweg* (Osdorf); *Diekwisch* (Langenhorn).

[2] Diek Deich, künstlich aufgeschütteter Erdwall an der Küste und an Flüssen zum Schutz tiefer gelegener Landteile vor Hochwasser. Eigentl. etwas „Ausgestochenes": zur Etym. → [1] *Diek* (Teich). Wer gedacht hatte, dass in Hamburg, 100 km von der Elbmündung entfernt, die Sturmfluten nie die Dramatik erreichen würden, wie Theodor Storm sie im „Schimmelreiter" geschildert hat, sah sich am 16./17. Februar 1962 eines Schlechteren belehrt, als bei der Jahrhundertflut die Deiche brachen und 317 Menschen allein in Hamburg ertranken; *achtern Diek* (hinterm Deich auf der Landseite, auf Finkenwerder jedoch an der Wasserseite); *op 'n Diek* (Weg auf der Deichkrone). Raa.: *dor is de Katt mit övern Diek gahn* (das ist spurlos verschwunden); *övern Diek wesen* (ausgegangen sein); *vun 'n Diek komen* (Pleite machen). Erw.: *Diekdoor* (Deichtor, Stadttor am Stadtdeich).

Diekpedder Ein „Deichtreter" ist nicht, wie man etwa denken könnte, ein Inspekteur von Hochwasserschutzanlagen, sondern so nennt man im → *Alten Land* ein Mischgetränk aus Obstbrand und Apfelsaft. Heiß od. kalt genossen, ist es ein anregendes und wohlschmeckendes Getränk für jede Jahreszeit[225].

Diener (Verbeugung) → *Knicks.*

Dietel (*Dittel, Diddel*) ist von der Deichsel abgeleitet, bezeichnet in der Kinderspr. aber auch – etwas kürzer – das männl. Glied[226].

dippen heißt senken, und zwar nur in Bezug auf die Flagge, die bei der Begegnung von Schiffen kurz zum Gruß *gedippt* wird.

Dispacheur frz. Seeschadensberechner. Der Hamburger Rat bestellte zur Feststellung und Zuordnung der Schäden an Schiffen und Ladungen

224 Duden: Das große Wörterbuch der deutschen Sprache o. S.

225 von Olaf Haselhorst

226 Mensing 1/735

seit 1639 einen *Dispacheur.* Das *Dispachewesen* unterstand von 1783 bis 1811 der → *Admiralität,* ab 1815 der Hafen- und Schifffahrtsdeputation und deren Nachfolgeorganisationen, bis das *Dispache-Kontor* im April 1924 aufgelöst wurde. Vereidigte Sachverständige übernahmen dessen Aufgabe[227].

ditschen → *detschen.*

döbbeln Bodenstücke an Fässern mit Holzpflöcken (Subst. Plur. *Döbbels*) verbinden. Auch der hochd. *Dübel* war urspr. kein Plastik-Spreizdübel aus dem Baumarkt, sondern ein Pflock od. Zapfen, der eingeschlagen wurde. Ein *Dübel* ist also eigentlich etwas Eingeschlagenes, das Subst. von einem ausgestorbenen Verb für schlagen (ostfr. noch *düven* – schlagen)[228].

Dock Anlage auf Werften und in Häfen für das Warten, Überholen und den Bau von Schiffen.

Dockschwalbe So wurde im Hafen eine Dame des horizontalen Gewerbes genannt, die nahe bei ihren potenziellen Kunden „arbeitete" und sich den Seeleuten prostituierte, die es nach langer Fahrt nicht mehr abwarten und die wegen kurzer Liegezeit die → *Herbertstraße* nicht erreichen konnten. Eine → *Bordsteinschwalbe* war dagegen mehr im Landinneren zu finden.

Dodder Eidotter. Abergl.: Eine Frau, die ein Ei mit doppeltem Dotter isst, gebiert Zwillinge. Eine gelb blühende Pflanze hieß *Dotterbloom,* z.B. *Sumpfdotterblume.*

227 Hamburg-Lexikon S. 177

228 Duden, Bd. 7, S. 158

[1] Dödel od. ein *Dödelfritz* ist ein Bummelant, ein langsamer, behäbiger, dickfelliger Mensch; → *dödeln* bedeutet trödeln od. bummeln, aber auch ausgedehnt dummes Zeug, nämlich *Dödelkraam,* reden; *de dickdreevsche Dödel kümmt un kümmt nich in de Gang* (er lässt sich extrem viel Zeit)[229].

[2] Dödel Holzkeil, Pflock, Dübel; *Dödels steken* (festkeilen). Ein *Dödelmoker* war ein Schiffszimmermann auf der Werft. Übertr. *dicke Dödels* (dicke Finger); *'n lütt Dödel* bezeichnet zudem einen kleinen Knirps, allerdings auch einen männlichen Körperteil, dessen Kleinheit in gewissen Situationen am wenigsten erwünscht ist. Vgl. → *döbbeln* (dübeln).

dödeln trödeln, bummeln, a.: quasseln, ohne zum Ende zu kommen, also → *tüdeln.*

Dodenkopp So lautete früher die Bezeichnung für den „Knochen" in der Fahrradtasche, für ein vielfach gebrauchtes Werkzeug aus leichtem Metallguss, das jeder Radfahrer bei sich hatte. Ein kurzer, flacher Steg hat an beiden Enden einen hohlen Kopf, der zu verschiedenen Schraubenmuttern passende Löcher in unterschiedlicher Größe aufweist. Diese Köpfe sehen aus wie Totenköpfe. Bei Reifenpannen hieß es gleich: *wokeen hett 'n Dodenkopp dorbi?* Solche *Dodenköppe* sind für moderne Fahrräder kaum geeignet, da diese hauptsächlich Innensechskantschrauben verwenden.

Dom 1. Als *Ansgar* (801–865), der „Apostel des Nordens", in Hamburg wirkte und hier 831 zum Bischof geweiht wurde, dürfte auch eine der Jungfrau Maria gewidmete Kathedralkirche ge-

229 Goltz: Schimpfwörterbuch S. 29

baut worden sein. Dieser Holzbau brannte beim Wikingerüberfall 845 ab. Danach verlegte Ansgar wegen der Wikingergefahr das Bistum nach Bremen, das 864 zum Erzbistum aufstieg. Trotzdem bewahrte der Hamburger *Mariendom,* im 11. Jh. als steinerne Kirche neu erbaut, mit seinem Domkapitel[230] alle Rechte einer Bischofskirche. Auch nach der Reformation (ab 1517), als Hamburg evangelisch wurde, blieb die *Domimmunität,* die Hoheit über das Domareal in der → *Altstadt,* beim Erzbischof von Bremen und seinen weltlichen Nachfolgern (Schweden, Kurfürstentum Hannover). Als der Dom mit dem *Reichsdeputationshauptschluss*[231] 1803 an Hamburg fiel, riss man das Gebäude 1804 bis 1807 ab – erstens war es baufällig und zweitens hatte es immer auswärtige Herrschaftsansprüche in einer Freien Stadt symbolisiert[232]. Der inoffiziell so genannte Domplatz zwischen Pressehaus, Altem Fischmarkt und Petri-Kirche, der nach dem Krieg ein Parkplatz war und damit eine einigermaßen praktische Funktion hatte, dann den Archäologen als Ausgrabungsort diente, ist jetzt mit eigenartigen Plastiken, Blechwällen und Bänken verunziert, die weniger an das Mittelalter als an den Fundus des Raumschiffs Orion erinnern. 2. Sakralbauten zogen nicht nur Gottesfürchtige, sondern auch Händler, Handwerker, → *Bönhasen,* Gaukler, Wahrsager, Schausteller und Schankwirte an, die bevorzugt im Innern der Kirche zu finden waren. 1384 verbannte Erzbischof Burchard von Bremen das bunte Volk aus dem Haus Gottes, was ihm die Hamburger Kirchgänger aber äußerst übel nahmen. Deshalb durften die Händler bis zum Abriss 1804 wieder die Kirche als Markthalle benutzen, aber nur bei schlechtem Wetter, sonst mussten sie ihre Stände draußen aufbauen. Dieses Treiben am Dom nannten die Hamburger ebenfalls kurz *Dom.* 1893 wurde den Schaustellern als fester Platz das → *Heiligengeistfeld* zugewiesen. Der *Hamburger Dom* entwickelte sich zum größten Volksfest im Norden. Seit 1947 gibt es neben dem Winterdom auch den Sommerdom. 1948 kam der Frühlingsdom dazu.

Dömel Ein *Dömel* ist ein Dummkopf, auch *Demel* gesprochen und in Blankenese mit den Schülern der Richard-Dehmel-Schule am Kahlkamp bzw. vorher in der Karstenstraße in Verbindung gebracht, was aber eine Verleumdung sein und nichts mit dem Scheitern der Primarschule zu tun haben dürfte. Das Schimpfwort wurde auch als → *Demel, Dömelack, Dämlack,* → *Demelack, Dömelkopp, Dömelklaas* od. *Dömelsack* gebraucht.

Döns ist die veralt. Bezeichnung für eine Stube od. Bauernstube. Im Gegensatz zu einer *Kammer* od. einem → *Pesel* handelt es sich hierbei um einen beheizbaren Raum (meist mit einem → *Bilegger*), der jedoch nicht immer geheizt wurde, weil sich das tägliche Leben besonders auf dem Lande meist in Küche od. Diele abspielte; *Pesel, groot Döns* od. *best Döns* sagte man zu dem größeren Raum, der nur an hohen Festtagen benutzt wurde, während die *lütt Döns* die Alltagsstube war. In den Vierlanden ist die *lütt Döns* das Zimmer der Altenteiler, die *groot Döns* das der Bauernfamilie, der *Dönsenböön* der meistens in Kammern aufgeteilte Bodenraum über den Wohnräumen. Vgl. → *gute Stube.*

230 Zusammenschluss der Geistlichen an Kathedralen
231 Letztes bedeutendes Gesetz (Abschluss) des Heiligen Römischen Reichs, am 25. Februar 1803 vom Immerwährenden Reichstag in Regensburg beschlossen und am 27. April 1803 vom Kaiser ratifiziert. Es regelte u. a. die Säkularisierung (Verstaatlichung) des Kirchengutes.
232 Hamburg-Lexikon S. 179 f.

Döntje (Plur. *Döntjes*). Ein *Döntje* ist eine kleine Geschichte od. Anekdote in kunstloser Form, aber mit großem Heimatbezug. Viele der Döntjes werden immer wieder erzählt od. gesammelt wie die von → *Klein Erna.*

doof (*dove*) Adj. 1. taub; betäubt, gefühllos, abgestorben; *so doof as 'n Muursteen; op dat Ohr is he doof* (davon will er nichts wissen); *as doof un blind* (wie von Sinnen); *mien Finger sünd ganz doof* (abgestorben). 2. nicht ertragreich, trocken, nicht schiffbar; *Dove Elv* (abgedämmter Elbarm), *Dovenfleet* (Altstadt), *Dovenkamp* (Lemsahl-Mellingstedt). 3. übertr. dumm, und in dieser abwert. ugs. Bezeichnung hört man *doof* heutzutage am häufigsten; *doof op beide Ohrn* (schwer von Begriff). Spottn.: → *Hein Doof* (Dummkopf)[233]. Von mnd. *dôf* (taub).

Döörnrieter („Dornenreißer") bezeichnet ein Gerät zum Pflegen und Verjüngen des → *Knicks* (Wallhecke), der alle sieben Jahre *auf den Stock gesetzt,* also *geknickt* werden musste, damit er nicht auswuchs und seinen Charakter als Feldhecke und Biotop verlor.

Döösbartel (*Döösbattel, Döösbaddel*) Dummkopf, Einfaltspinsel. Wenn es sich um einen dummen, verträumten od. ungeschickten Menschen handelt, also um einen *dösigen Barthel* (Bartholomäus), sprechen die Hamburger von einem *Döösbartel* (ugs. häufig abgeschliffen zu *Döösbattel,* was jedoch von der Entstehung her nicht ganz richtig ist); *de Döösbartel hett woll een an de Böönluuk* (er ist an der „Bodenluke", also im Kopf, nicht ganz richtig)[234]. Vgl. → *dösen* (träumen); → *Barthel.*

233 HWB 1/759
234 Goltz: Schimpfwörterbuch S. 29

Dööts (Plur. *Döötsen*) ist einer der zahlreichen Ausdrücke für den Kopf od. den Schädel; *enen an 'n Dööts hauen* (eine Ohrfeige austeilen).

Doppelpedder wurden Tretroller (meist mit Ballonreifen) genannt, die groß genug waren, dass ein kleineres Kind vorn und ein größeres Kind dahinter auf dem Trittbrett stehen konnte. Wenn das eine sich mit dem linken und das andere sich mit dem rechten Fuß abstieß, wurde eine beachtliche Geschwindigkeit erreicht. Man könnte auch sagen: ein Tandem für Kinder. Von → *pedden* (treten).

Dor is dat End vun weg! drückt aus: Das ist ja nicht zu fassen!

Dor kann ik mi ook nix för köpen! Ra.: Das hilft mir auch nicht weiter.

Dor kannst op af! heißt: Darauf kannst du dich verlassen.

Dor kannst op speen! „Da kannst du drauf spucken!" bedeutet so viel wie: In dieser Angelegenheit kannst du ganz sicher sein.

Dor luur man op! iron. Redewendung für: Darauf kannst du lange warten!

dori Interj. „alle Wetter!"; Fluch: *dori noch mol!;* → *dammi un doria!*

döschen 1. Korn ausdreschen. Wer heute die riesigen Mähdrescher über die Felder fahren sieht, kann sich gar nicht mehr vorstellen, welche Schwerarbeit vor der Einführung der Dreschmaschine per Hand geleistet werden musste. Früher wurde die gesamte Ernte mit dem → *Flegel* abgedroschen, zum kleinen Teil das noch in den

Hocken stehende Korn *(ut de Sünn döschen)*, vor allem aber in den Wintermonaten auf der Diele od. in der Scheune. Größere Höfe und Güter benötigten zur Unterstützung *Döscher* (Drescher) als Wander- od. Akkordarbeiter, die ihr Handwerkszeug mitbrachten und außer freier Beköstigung als Lohn jeden zwölften → *Scheffel* des ausgedroschenen Korns bekamen; *se döscht för dat twölfte Korn*. Zur Kontrolle kerbte der Bauer od. der Gutsverwalter für jeden ausgedroschenen Scheffel einen Strich in einen ellenlangen Stock, den sogenannten *Kornknüppel*. War der Stock voll, wurde er der Länge nach gespalten. Die eine Hälfte bekamen die Döscher, damit sie sehen konnten, dass sie nicht übers Ohr gehauen wurden – eine weitaus anschaulichere Abrechnungsart als der digitale Wust, der heute aus den Computern kommt[235]. 2. übertr. verdreschen, verprügeln, hart schlagen; *he dösch em 'n → Backs; wi döscht allens kort un kleen.*

dösen ein Schläfchen machen, im Halbschlaf sein, träumen. Adj. → *dösich*. Syn.: → *²mulschen*.

dösich Adj. dösig, einfältig, gedankenverloren; *dumm un dösich*; *so dösich as lang*. Sprichw.: *duun sien vergeiht, aver dösich sien blifft*. Syn.: → *tüffelich*.

Dössel 1. feste od. bewegliche Schwelle der → *Grootdöör; övern Dössel pedden* (in Besitz nehmen). 2. bzw. aushebbarer Mittelpfosten der *Grootdöör*. Bei einer Hofübernahme schlug der neue Bauer einen Span aus dem Dössel, um zu zeigen, dass er jetzt die Befugnis über seinen Besitz besaß[236].

235 Mensing 1/819 ff.
236 HWB 1/809

dötsch Adj. dumm, närrisch, einfältig, sonderbar; *sik dötsch hebben* (sich dumm anstellen); *'n dötschen Keerl* (ein sonderbarer Zeitgenosse)[237]. Vgl. rotw. *verdetscht* (dumm)[238].

dove (taub, abgestorben) → *doof*.

Dovenhof (erstes Hamburger Kontorhaus) → *Kontorhaus*.

Drachbenner (Plur.) sind „Tragebänder", die die Aufgabe haben, die Hose daran zu hindern, in die Kniekehle zu rutschen. Auf Hochdeutsch sagen wir Hosenträger dazu.

Draht 1. gedrehter Faden zum Nähen, Sticken, Stricken und Stopfen, auch Segelgarn, dünne Schnur od. Bindfaden. Der Schuster benutzte einen mit Pech verstärkten und versteiften Faden, den → *Pickdraht*. 2. aktuell nur noch in der Bedeutung *Metalldraht* gebraucht.

Drahtziege Spottn. für das Fahrrad.

Drank 1. bedeutet eigentl. „Trank", wird in dieser Bedeutung aber kaum gebraucht, ugs. sagt man dazu eher *wat to drinken*. 2. Unter *Drank* versteht man im Allgemeinen flüssigen Küchenabfall für die Schweine bzw. dünnes Schweinefutter. In der Küche stand unter der Spüle od. dem → *Handstein* der *Drankammer* [spr.: *drank'ammer*], der Eimer für die Schweine, in den nicht nur Reste, Abfälle und Verdorbenes, sondern auch das Spülwasser geschüttet wurde. Im Stall stand die größere *Dranktünn*, die Tonne mit dem Schweinefutter, deren Inhalt wir hier nicht im Einzelnen

237 HWB 1/810
238 Wolf: Rotwelsch S. 338

untersuchen wollen, um dem geschätzten Leser nicht den Appetit auf die nächste → *Karbonade* zu verderben. Raa.: *he mookt sien Mogen to 'n Dranktünn* (er isst alles durcheinander); *veel Swien mookt den Drank dünn,* sagte man bei reichem Kindersegen od. dann, wenn eine Erbschaft über allzu viele Köpfe geteilt werden musste[239].

Drehkuhle (*Dreihkuhl*) ist der volkstümliche Ausdruck für durch Wasserwirbel ausgewaschene Vertiefungen in der Alster. Dadurch entstanden Wirbel im Wasser, die den Badenden (ganz früher hat man tatsächlich noch in der Alster gebadet) gefährlich werden konnten.

Drei-Achtel-Viez Ein *Viez* ist ein Vorarbeiter, etwa der → *Stauerviez* im Hafen. Bei einem *Drei-Achtel-Viez* reicht es hingegen nicht zu vier Achteln, also noch nicht einmal zu der Hälfte dessen, was man als Qualifikation bei einem Vorgesetzten voraussetzen sollte. Mit diesem Begriff wurde ein Besserwisser, Wichtigtuer od. Maulheld verspottet.

Driakel (*Thriakel*) m., hamb. für → *Theriak,* früher ein Allheilmittel aus mehreren wechselnden, aus heutiger Sicht zum Teil lebensgefährlichen Zutaten. Solche Arzneien warfen nicht die Frage auf, ob sie dem Patienten halfen, sondern ob er ihre Einnahme überlebte. Richey: *Driakel: Theriaca. Driakel up Gum: Emplastrum Diachylon cum Gummis* (*Gummiplaster,* vgl. → *Gummi*)[240]. Erw.: *Grau Driakel* (Bleipflaster). Von ndl. *triakel*[241].

239 Mensing 1/836

240 Richey S. 41. Benutzer eines hamburgischen Mundartwörterbuchs im Jahre 1755 taten gut daran, perfekt Latein und Griechisch zu können.

241 HWB 1/843

driedeln langsam gehen, schlendern, betont lässig arbeiten; a.: sich herumtreiben, um die Ecken ziehen, sich in schlechter Gesellschaft vergnügen. Vgl. → *drieseln.*

drieseln 1. langsam und fein regnen, rieseln; hochd. „leise rieselt der Schnee". Vgl. → *fisseln* (schneien) od. → *drüppeln* (tröpfeln). 2. zögern, langsam gehen, schlendern, bummeln. Richey: *dryseln: zögern, tändeln, hinlässig arbeiten. Dryseler: langsamer Mensch, der nichts mit Fleiß und Ernst angreiffet. Dryselmatz: Idem*[242]. Vgl. → *driedeln* (trödeln).

drillen 1. drehen (etw. in *Drillbohrer*). 2. bedrängen, quälen, mit Worten antreiben. 3. exerzieren, in Waffen üben, Rekruten schleifen. Vgl. → *Drillhuus.*

Drillhuus Exerzierhaus der Hamburger Bürgerwehr beim Holzdamm bis 1802. Von → *drillen (3).*

Droge (Trockenware) → *Dröögaptheker.*

[1] Dröge (*Dröög*) Einrichtung zur Bereithaltung trockener *(dröger),* meist geteerter Schiffstaue, erst am Hafentor, ab 1620 an der → *Reeperbahn.* Diese logistische Aufgabe war so wichtig, dass die → *Admiralität* sich darum kümmerte. Richey: *de Dröge: ein Haus hinter der Hamburgischen Reeper-Bahn, der Löbl. Admiralität gehörig, allwo die Theer-Tauen getrocknet werden.* Weiter Richey: *Hans up der Dröge: ein Wirth, der nichts zu trincken hat*[243].

[2] Dröge Subst. von → *dröög:* das Trockene, festes Land*; 'n Drögen* (nüchterner Mensch); *'n*

242 Richey S. 41. Lat. *idem* (der-, dasselbe), Abk. *id.*

243 Richey S. 42

lütten Drögen (altkluges Kind); *wat Dröges* (feste Speise); *sien Schaap in 'n Drögen hebben* (den Gewinn sicher haben). Ein Tischgebet ist aus Fuhlsbüttel überliefert – kurz, op Platt und vorm Essen kaum störend: *düt und dat, dröög un natt, bescheert uns Gott*[244].

Drögeldook Löschpapier. Von → *drögen* (trocknen). Richey: *Drögeldock: Lösch-Papier.* Syn.: *Drögerblatt* (Löschblatt).

drögen trocknen; *Tüüch drögen* (Wäsche trocknen). Wer in den Vierlanden gutes Trockenwetter haben wollte (damals gab es noch keine Wäschetrockner, sondern die Wäsche wurde im Garten mit Wäscheklammern auf die zwischen den Wäschepfählen gespannte Wäscheleine gehängt), musste das Haus zum Waschtag gut geputzt haben. Wetterregel: *sünnavends schient de Sünn, de Paster mutt sien Krogen drögen* (der liebe Gott muss am Sonnabend gutes Wetter schicken, weil der Pastor seinen weißen Kragen, die gefältelte → *Halskrause,* die noch heute zum Talar getragen wird, für den Sonntagsgottesdienst gewaschen hat); *sik den Mund drögen* (leer ausgehen); *dat dröögt in de Hoor* (das gerät in Vergessenheit)[245]. Adj. → *dröög.*

Dröhn Geschwätz ohne realen Hintergrund; *dat is 'n Dröhn* (da ist nichts hinter). Von meinem Großvater mütterlicherseits wird berichtet, dass er während des gemeinsamen Nachbarschaftsempfangs einer Führerrede nicht mehr an sich halten konnte, aufsprang, mit der Faust auf den Tisch schlug und laut *„Dröhn!"* gegen das mit Bleiakkus betriebene Radio brüllte. Zum Glück für ihn drang dieser Vorfall damals nicht über die Dorfgrenze hinaus. Verb → *dröhnen* (faseln).

Dröhnbüdel (Faselhans) → *dröhnen.*

dröhnen bedeutet langatmig reden, auch faseln od. Unsinn von sich geben. Dementsprechend ist ein *Dröhnbüdel, Dröhnbartel* od. *Dröhnpeter* ein langweiliger, schwerfälliger Mensch od. ein sogen. Faselhans. Adj. *dröhnich* (schwerfällig, langweilig); *'n dröhnigen Keerl.* Subst. → *Dröhn* (Geschwätz).

drollich ist ugs. als drollig für spaßig, possierlich, auch sonderbar und lächerlich weit verbreitet, kommt jedoch aus dem Niederdeutschen über ndl. *drol* (Knirps, Spaßmacher). Bei Richey noch *drullig: possierlich. Een drulligen Jung: ein possierlicher Knabe*[246].

Drömel Ein *Drömel* ist ein Träumer od. ein Tollpatsch. Von *drömeln* (im Halbschlaf od. gedankenlos sein). Adj. *drömelich* (verträumt; tölpelhaft). Vgl. → *drömen.*

drömen träumen. Raa.: *he dröömt vun Eier, de morgen eerst leggt warrn schüllt* (er baut Luftschlösser); *vun gele Eier drömen* (geistesabwesend sein); *drööm warm Rundstück, hest morgen wat to eten* (Gutenachtgruß). Sprichw.: *dem vun Schullen dröömt, de itt geern Fisch* (wer von Schollen träumt, der isst gern Fisch – jeder Traum hat einen realen Bezug). Abergl.: Was man in der Nacht zum Freitag träumt, wird wahr; der erste Traum in einem fremden Haus geht in Erfüllung; junge Mädchen legten ein Stück eines Brautschleiers unters Kopfkissen, was sie

244 HWB 1/855 f.
245 HWB 1/851
246 Richey S. 44

dann träumten, sollte eintreffen; ein Traum mit Zahlen kündigte einen Lotteriegewinn an [247]. Vgl. → *Drömel.*

dröög trocken, vertrocknet, aber auch langweilig od. humorlos; *'n drögen Minschen, 'n drögen Buer* (schüchterner und schweigsamer Zeitgenosse); *drögen Snack* (trockener Humor); *he seggt nich dröög noch natt* (er ist einsilbig); *dröög lopen* (bei Ebbe); *dröög leggen* (entwässern); *dröög liggen* (wenn Schiffe bei Ebbe festsitzen); *drögen Köm* (Kümmel); *dröög stahn* (Kühe vor dem Kalben); *dröge Amme* (eine Amme, die nicht zum Säugen, sondern als Kinderwärterin gebraucht wird); *dröög sitten* (durstig sein); *dröög wesen* (keinen Alkohol trinken); *dat blifft dröög* (weiterhin trockenes Wetter); *dröge Hitt* (Dürre). Ra.: *bannig dröge Luft hier!* (Aufforderung, eine Runde auszugeben). Wetterregel: *dröge Mart, natte April, köhle Mai füllt Schüün un Keller und bringt goot Hei* (wenn der März trocken, der April nass und der Mai kühl ist, füllt's dem Bauern Scheun' und Fass – ach ja, und die Heuernte im Juni gelingt auch). Subst. → *[2]Dröge; Dröögnis* (Trockenheit). Erw.: *Dröögaal* (geräucherter Aal); → *Dröögaptheker* (Drogist); *Dröögdook* (Geschirrtuch); *Drööglüchten* (Wetterleuchten); *Dröögmariner* (Landratte); *Dröögmaschien* (Gestell zum Geschirrtrocknen; Syn.: *Pütterbuck*); *Dröögschipper* (Frachtschiffer) [248].

Dröögappel Aus Sicht der körperlich arbeitenden Landbevölkerung waren die Beamten und Kommunalbediensteten *de Dröögappeln vun 't Raathuus,* die wie „ausgetrocknete Äpfel" in ihren geheizten Büros hockten und vom schweren Los der Arbeiter und Tagelöhner vermeintlich keine Ahnung hatten [249]. Noch heute hört man in diesem Zusammenhang Ausdrücke wie „Sesselpupser", die der Autor, um nicht einen Großteil seiner Leser zu verärgern, ausdrücklich als vollkommen unzutreffend zurückweisen möchte.

Dröögaptheker Ein „Trockenapotheker" ist ein Drogist. Flüssige Arzneien gab es früher nicht in der Drogerie, sondern nur in der Apotheke, selbst das Benzin musste sich der gute alte Carl Friedrich Benz 1886 bei seiner ersten Autofahrt bekanntlich beim Apotheker kaufen. Drogerien, also Geschäfte für nicht apothekenpflichtige Heilmittel und Kräuter, Kosmetika und Artikel für Sachpflege in Haus und Garten, fand man noch in den Fünfzigerjahren fast in jeder Straße, bis diese Einzelhandelsdrogerien, in denen der Inhaber noch selbst die grüne Seife umfüllte und die Mottenkugeln abzählte, von den großen Drogerie-Ketten und den Abteilungen in den Supermärkten zurückgedrängt wurden. Die *Droge* ist seit dem 16. Jh. die Bezeichnung für getrocknete Ware im Gegensatz zur flüssigen Ware aus frz. *drogue,* mnd. *droge* (Trockenes), ndl. *droog* (Trockenware) und ndd. → *dröög* (trocken). Erst im 20. Jh. bezeichnen *Drogen* auch medizinische Präparate und weiterführend Rauschgifte [250]. Es soll heutzutage Kinder geben, die glauben, sich in einer *Drogerie* mit dem gewünschten Stoff für die nächste Party eindecken zu können, was Sie Ihren Kindern und Enkeln – speziell und überhaupt – aber schnellstens ausreden sollten.

247 HWB 1/853
248 HWB 1/853 ff.
249 lt. Hans-Hermann Wölfert
250 Duden, Bd. 7, S. 157

Dröögwahner „Trockenwohner“, Mieter einer feuchten Neubauwohnung, die er bei einem geringeren Mietzins durch fleißiges Heizen trockenwohnen soll.

Drucker, Ernst → *St.-Pauli-Theater.*

drullen stehlen, → *²klauen (3),* etwas (von meist geringem Wert) wegnehmen, was oft gar nicht als Diebstahl gilt; das Stück Speck zur Warzenbehandlung soll man *drullen*[251].

Drümpel Ein *Drümpel* ist ein Tölpel, ein ungeschickter, tollpatschiger Mensch, ja sogar ein Dummkopf, auch *Drümpelbüdel, Drümpeljoochen* od. *Jan Drümpel* (Schimpfw.) geheißen. *drümpelich* (tölpelhaft); *drümpeln* (schwerfällig gehen).

drüppeln (*dröppeln*) tröpfeln, in feinen Tropfen regnen, nieseln. Bei Temperaturen um od. unter null werden die Tropfen zu Schnee, und dann → *fisselt* es in Hamburg. Erw.: → *bedrüppelt* („begossen“, bedrückt). Vgl. → *pladdern* (gießen).

druseln Wenn Oma sich nach dem Mittagessen auf das Sofa legte od. in ihren Ohrensessel setzte und die Augen schloss, um ein klein wenig zu ruhen, hieß es: „Oma will ein bisschen *druseln.*“[252] War sie dann eingenickt, ging man auf Zehenspitzen und flüsterte: *Oma is indruselt!*

Drüüt f., einfältige und unordentliche Frau, eine sogenannte Trudsche. Auch *Drütje,* vgl. → *Asmus.*

251 lt. Helmut Vick; HWB 1/865.

252 lt. Anke Zoellmer

Du hest Rotten op ’n Böön! Wer Ratten auf dem Boden hat, bei dem läuft im Oberstübchen einiges durcheinander.

Du Das *Hamburger Du,* auch *Kassiererinnen-Du* genannt, ist die vertrauliche Anrede eines Ranghöheren gegenüber einem Rangniederen, bei der der Familienname genannt, dann aber geduzt wird: „Frau Schmidt, komm doch mal!“ od.: „Frau Pumeier, weißt *du,* ob die Post schon da war?“ Das Gegenstück ist das sogenannte *Hamburger Sie,* bei dem man jemanden beim Vornamen nennt, danach aber siezt: „Miriam, kommen *Sie* bitte mal.“

Dubbas m. 1. Ein *Dubbas* ist ugs. ein „grober Klotz“, was sich nicht nur auf einen unförmigen Gegenstand, den man nicht näher bezeichnet, sondern übertr. auch auf einen rohen Menschen beziehen kann. Der Begriff scheint aus dem Osten eingewandert und von den Elbinseln in die Stadt gelangt zu sein. Früher hießen die Holzstücke, die an den Fischernetzen angebracht waren, um diese schwimmend zu halten, in Hamburg *Dobbers*† („Schwimmbojen“). Von poln. *dubas* aus russ. *dub* (Eichenholz)[253]. 2. Unförmig und schwer war auch der Vorhaltehammer der Kesselschmiede, der deshalb ebenfalls *Dubbas* genannt wurde[254], während ein Vorschlaghammer im Volksmund bekanntlich ein → *Lemann* war.

Duckdalben (*Düükdalven*). 1. Die Rammpfahlgruppen zum Festmachen der Schiffe im Hafen od. vor dem Deich zum Befestigen von Seezeichen (zur Markierung der Fahrrinne im Wattenmeer) nennt man in Hamburg, aber nicht nur in Ham-

253 Eine *Dubasse* ist ein flaches, barkenähnliches Ruderboot in Polen und Russland.

254 HWB 1/871

burg *Duckdalben*. Nach den Erfahrungen mit früheren Veröffentlichungen dieses Begriffs versuchten wir uns um die Herkunft dieser Bezeichnung herumzumogeln, was natürlich nicht gelang: Zahlreiche Leser holten den 4. spanischen Herzog von Alba (1537–1583) hervor, der entweder der Erfinder od. der Namensgeber dieser praktischen Hafenbaueinrichtung gewesen sein soll. Das klingt als lautmalerische Rückkoppelung ganz nett und eignet sich seit langer Zeit als Märchen im Heimatkundeunterricht od. als → *Döntje* von → *He lücht* während der Hafenrundfahrt, ist aber natürlich unzutreffend. Zwar hat sich der Herzog im 16. Jahrhundert während der Besetzung der Niederlande nicht gerade beliebt gemacht, zwar mögen zu seiner Zeit die *Duckdalben* massenhaft für seine Armada eingeschlagen worden sein, aber das Wort stammt von *Dalben* (ungeschlachte Gegenstände) für einen dicken, groben Stamm (auch der Daumen, der dicke Finger, geht darauf zurück) und war bereits vorhanden, bevor die Spanier die Niederländer terrorisierten. Unklar ist nur, ob der Ausdruck vom ndl. *dukdalf* (eingetauchte od./und geneigte Pfähle) und ndl. *duiken* (sich ducken, tauchen) od. vom fries. *diekdalven* (Pfahlgruppe vor dem Deich) nach Hamburg gekommen ist. Im Übrigen musste man, um überhaupt eine phonetische Übereinstimmung zu jenem Spanier konstruieren zu können, die frz. Form *Duc d'Albe* statt der span. *Duque de Alba* hervorkramen, was reichlich widersinnig ist. Zudem erbte der angebliche Namensgeber erst kurz vor seinem Tode 1582 den Herzogtitel und hieß bis dahin und auch während seines Aufenthalts in den Niederlanden *Fadrique Álvarez de Toledo y Pimentel*. Ziemlicher → *Tüünkraam* wäre es natürlich anzunehmen, holländische Hafenbauer hätten sich noch hundert Jahre später beim Einschlagen der Pfähle im Hamburger Hafen so sehr über den

Hamburger Hafen vor 1945 mit Blick auf Vorsetzen und Michel. Im Vordergrund die Duckdalben genannten Rammpfahlgruppen.

spanischen Herzog geärgert, dass sie ihm symbolisch mit jedem Schlag eins auf den Kopf geben wollten (wie wir es in der Schule gelernt haben). 2. *Duckdalben* ist auch der Name einer im Hamburger Hafen beheimateten und unter Seeleuten weltbekannten Seemannsmission, in der sie beim Besuch der Hansestadt „festmachen" können.

ducknackt niedergedrückt, mit gesenktem Kopf, sinngemäß mit „krummem Buckel und eingezogenem Kopf voraus (mit geducktem Nacken)". Wenn man einem Menschen schon an der Körperhaltung seine Niedergeschlagenheit, seine Enttäuschung od. sein schlechtes Gewissen ansah, sagte man: *de is jo bannig ducknackt*[255]. Angeblich sollen früher viele Kirchgänger in den Dörfern *ducknackt* auf den harten Bänken gesessen haben, wenn der Pastor vor versammelter Gemeinde die Laster seiner Schäfchen donnernd verurteilte und die armen Sünder sich angesprochen fühlten.

duff Adj. – wenn Möbel, Leder, Stoff od. Metall glanzlos, Glas beschlagen od. Farben trist und stumpf sind, bezeichnet man diesen Zustand als *duff*. Vgl. → *doof* (taub).

Düker 1. berufsmäßiger Taucher od. ein Schwimmer, der taucht, auch ein Wasservogel (*Dükerent*, Tauchente, Haubentaucher). 2. übertr. ein Duckmäuser, der sich wegduckt. 3. unter einem Wasserlauf durchgeführte Gas-, Wasser- od. Sielleitung. Von *dükern (duken)* für tauchen, untertauchen, ducken; *de Aanten dükert* (die Enten gründeln); *sik dükern* (sich ducken bzw. sich unterwürfig zeigen). Ein *Dükerpattje* ist ein Taucheranzug und ein *Dükermeister* eine Schöpfkelle mit Löchern.

255 lt. Hans-Hermann Wölfert. Mensing 1/899.

Dükermeister (Schöpfkelle mit Löchern) → *Düker*.

Dullkist Die „Tollkiste" war in Hamburg das Gewahrsam für Geisteskranke, früher sagte man auch unverblümt „Irrenanstalt" dazu. Die *Dullkist* befand sich zuerst in einem Mauerturm, dann im Heiligengeist-Hospital und zuletzt im → *Pesthoff*[256]; *ut de dulle Kist weglopen* (aus der Anstalt ausbrechen); *dat is 'n Stück ut de Dullkist* (etwas total Unsinniges und Unglaubliches). In Volksdorf ist der Flurname *Dullkist* erhalten, was darauf hindeutet, dass dort früher weitab des Dorfes eine entsprechende Einrichtung bestanden hat[257].

Dullkopp Ein *Dullkopp* ist ein Hitzkopf, bei dem man jederzeit mit einem Ausbruch von Wut und Jähzorn rechnen muss. Adj. *dullköppich* (eigensinnig).

dumm Tüüch (Blödsinn) → *Tüüch*.

dummerhaftich Adj. dumm, töricht, tölpelhaft, einfältig, ungeschickt; *wat för 'n dummerhaftigen Snack!; dummerhaftigen Kraam.*

Dunner (Donner) ist der akustische Teil eines Gewitters, der bei den meisten Mitmenschen blanke Panik auslöst; übertr.: *mit Dunner un Lüchten*[258] (mit Gewalt); *mit Dunner un Krachen* (mit Getöse); *Dunner un Doria!; he mookt 'n Gesicht as de Katt, wenn 't dunnert.* Abergl.: Donner und Blitz bei der Trauung bedeuten Unglück für die Ehe. Der *Dunnerslach* ist der Donnerschlag, ein plötzlicher und vernichtender Schlag vom Himmel. Mit

256 HWB 1/880
257 lt. Hans-Hermann Wölfert
258 Blitzen

dem zündenden Blitz vom Himmel fällt angeblich auch ein *Dunnerkiel,* ein „Donnerkeil“, etwa ein versteinerter Seeigel. Wer so ein Exemplar fand, war vor Blitzschlag geschützt. Eine alte Nachbarin legte bei Gewitter ihren Donnerstein auf den Tisch und sich darunter. Bei jedem Schlag hüpfte er, was aber wohl daran lag, dass die Frau sich zitternd und bebend an die Tischbeine klammerte. Erw.: *Dunnerkruut* (Botan. Fetthenne), *Dunnerkatt* (Hexe). Vgl. → *Dunnerlittjen.*

Dunnerlittjen („Donnerleuchten“) ist ein Ausruf höchsten Erstaunens, sozusagen Blitz und Donner zur gleichen Zeit, was ja bekanntlich bedeutet, dass es gerade eben eingeschlagen hat. Syn.: *Dunnerwedder* (Donnerwetter!), *Dunnerlüchting, Dunnerjaan, Dunnerparaplü* (Ausr.).

Düpe Dieser Begriff bedeutet so viel wie Tiefe (ndd. *düpen* – vertiefen, tauchen, aber auch einstippen, etwa den Keks in den Kaffee *düpen*). Hier geht es um die *Düpe* als Bezeichnung für eine hinreichende Wassertiefe im Hamburger Hafen, die nicht erst heutzutage angesichts der Elbvertiefung ein Problem darstellt. Seit 1555 führten die beiden jüngsten Ratsherren als *Düpeherren*, später als Präsides der *Düpekommission* die Aufsicht über das Fahrwasser, deren Aufgaben 1814 auf die Schifffahrts- und Hafendeputation und 1863 auf den *Strom- und Hafenbau* überging. Die Düpeherren kümmerten sich auch um die Reinhaltung der *Fleete*, sodass sich der Ausdruck → *Fletenkieker*, der später zur Bezeichnung der privaten Abfallsammler wurde, ursprünglich auf sie bezog.

Duplikaatviez Der → *Stauerviez* war der Verantwortliche bei den Hafenarbeitern für die Be- und Entladung von Schiffen und abhängig von den Weisungen des Ladungsoffiziers. Der zweite Stauerviez als sein Vertreter wurde scherzh. *Biloper* (Mitläufer) od. auch *Duplikaatviez* („die zweite Ausfertigung“) genannt. Vgl. → *Drei-Achtel-Viez.*

durabel Das meist adv. gebrauchte *durabel* für dauerhaft, haltbar od. solide ist aus der humanistischen Wissenschaftssprache in die hamb. Umgangssprache gelangt und geht letztlich auf das lat. *durus* (hart) zurück. Auch das Tongeschlecht Dur ist im Vergleich zum weicheren Moll ja die härtere Variante.

durch hin Ein hamb. Ausspruch, der oft dann benutzt wurde, wenn irgendjemand irgendwie „durcheinander“ war, lautet: „Da komme ich *ganz durch hin!*“

Dusel m. 1. Halbschlaf, Träumerei, Alkoholrausch; *in ’n Dusel* (gedankenverloren). Adj. *düselich* (schwindlig, benommen). Von → *dösen* (schlummern). 2. Glück; *Dusel hebben* od. *in ’n Dusel sitten* (Glück haben).

düselich Adj. schwindlig, benommen. Von → *Dusel (1).*

Dutt 1. Ein *Dutt* bezeichnet einen Haufen, und zwar im wörtlichen wie im übertragenen Sinne; *in ’n Dutt gahn* (entzweigehen); *in ’n Dutt hauen* (kurz und klein schlagen); *op ’n Dutt kleien* (zusammenkratzen); *op ’n Dutt smieten* (zusammenwerfen); *wat op ’n Dutt hebben* (Geld gespart haben); *sien fief Swien op ’n Dutt hebben* (seine fünf Sinne beisammen haben). 2. *’n lütt Dutt* od. *’n ficksen*

Dutt kann auch der Kosename für einen kleinen Jungen sein. 3. Und dann ist der *Dutt* die Bezeichnung für einen Haarknoten, wie ihn zum Beispiel Lehrerinnen streng im Nacken trugen, als es noch kaum Lehrerinnen gab.

Düükdalven → *Duckdalben.*

duuknacksch Adj. niedergedrückt. trübsinnig, mutlos, traurig. Das Befinden wird hier quasi durch die Körpersprache signalisiert, wenn der Kopf in den Nacken „geduckt" ist.

duun ist jemand, der angetrunken ist, sich einen → *angetütert* hat, unsicher auf den Beinen wirkt od. gar *Schlagseite* aufweist. Wer stockbetrunken ist, wird als → *stickeduun* bezeichnet. *duun* bedeutet eigentl. dicht, eng, nahebei (Adv.) od. eben betrunken, ursprünglich jedoch geschwollen od. straff (Adj.), was in dem Ausdruck *sik dick un duun eten* (frei übersetzt: essen, bis man platzt) erhalten geblieben ist. *duunsupen* heißt trunksüchtig od. besoffen, während wir unter *Duuntje* sowohl einen leichten Alkoholrausch verstehen als auch einen Zeitgenossen, der ihn hat. Syn.: → *knüll.* Vgl. → *supen* (saufen).

düüster (*duster*) Adj. dunkel, ohne Licht, trübe; *dat ward düüster* (es dämmert); *düster moken* (verdunkeln). Ra.: *de Luft is düüster un stinkt no Kees* (es ist etwas faul an der Sache). Erw.: *Düüsterndoor* (ugs. das alte, 1668 abgebrochene Millerntor), danach die *Düsternstraße* (Neustadt)[259].

Duvenklapper Taubenzüchter, die ihr Steckenpferd häufig auf Dachböden ausübten, hießen *Duvenklapper.* Dort hatten sie ihre Verschläge gebaut. Die Tauben starteten durch die Dachluken und wurden mit Tüchern an langen Stangen wieder in ihren Verschlag gewinkt. Alte Hamburger erinnern sich, dass diese Beschäftigung in den Zeiten der großen Arbeitslosigkeit vor 1933 sehr verbreitet war.

dwall (*dwallerich*) Adj. 1. dumm, närrisch, irre, töricht, albern, kindisch. Vgl. → *dwallerwatsch.* 2. unsicher, unstet beim Gehen. Verb → *dwallen* (herumirren).

dwallen (*dwaljen*) 1. herumirren; → *dwall* (unstet, unsicher) gehen. 2. schlendern, trödeln. Vgl. → *dweieln.*

dwallerwatsch dumm, unsinnig, verkehrt; *so 'n dwallerwatschen Kraam* (dummes Zeug); *enen dwallerwatsch moken* (konfus werden)[260]. Vgl. → *dwall* (närrisch).

dwars bedeutet quer (*dwars un dweer* – kreuz und quer), querüber (*se leeg dwars vun Glückstadt*), zuwider, verkehrt (*dwars vör 'n Steven kummen* – in die Quere kommen). Als *Dwarsdriever* od. *Dwarsbüdel* bezeichnet man einen Querkopf, Quertreiber od. einen Steuermann, der mit seinem Kahn anderen Schiffen in die Fahrrinne schippert. Syn.: → *dweer.* Vgl. → *Dwarslöper.* Straßenn.: *Dwarspriel* (Finkenwerder; quer zum Außendeich verlaufender → *Priel*); *Dwarstwiete* (Bergedorf; kleine Quergasse); *Dwasweg* (Farmsen-Berne).

259 HWB 1/902

260 HWB 1/913

Dwarsbüdel (Querkopf, Nörgler, Besserwisser, Dummkopf, Tölpel). Von → *dwars* (quer).

Dwarslöper 1. Welches Krustentier läuft quer, also → *dwars*? Richtig, der Krebs! Ein *Dwarslöper* ist ein Taschenkrebs od. eine kleine Sandkrabbe. 2. Übertr. kann Dwarslöper auch Besserwisser, Querkopf od. Grobian bedeuten. Syn.: → *Dwarsbüdel.*

dweer [spr.: *dweia*] od. *dwer* [spr.: *dwea*], hamb. auch *dwaier, dwier* od. *tweer.* Adv. quer[261]. Syn.: → *dwars; dwars un dweer* (kreuz und quer). Subst. *Dweerblock* (einzelnes Feldstück quer zum zusammenhängenden Acker); *Dweerflaag* (kurzer Queracker; vgl. → *²Flaag*); *Dweerkopp* (Querkopf); *Dweerlicht* (Irrlicht); *Dweerstall* (Pferdestall im rechten Winkel zum Kuhstall); *Dweerweg* (Querweg). Verb → *dweren* (queren). Straßenn.: *Dweerblöcken* (Sasel), *Dweermoor* (Hummelsbüttel).

Dweiel m. 1. Ein *Dweiel* ist seem. ein fest am Stiel angebrachter Scheuerlappen, sozusagen eine Kombination aus → *Feudel* und → *Leuwagen.* Während der *Feudel* (das Bodenwischtuch) ja bekanntlich noch um den *Leuwagen* (den Schrubber) geschlagen werden musste, war der Lappen beim *Dweiel* fest am Stiel angenagelt. Er wurde vornehmlich bei Seeleuten, Fischern und früher von Walfängern benutzt, um die gespülten Decksplanken zu schrubben und trocken zu wischen, eben zu → *¹dweieln.* Manchmal befestigte man statt eines Lappens auch mehrere Taustücke am Stiel, womit wir den → *Mopp* erfunden hätten. Von ndl. *dweil* (Tuch). Richey: *Dweuel: Wischer mit einem Stiele, welcher ins Wasser getuncket und zu Reinigung der Schiffe gebrauchet wird.* 2. Hand- od. Tischtuch (Vierl.). Richey: *Dwehl: Hand-Tuch, womit man die Hände trocknet*[262]. 3. Wischer od. Besen zum Backofenreinigen[263].

¹dweieln seem. mit einem → *Dweiel* die gespülten Decksplanken trocken wischen. Richey: *dweueln: mit dem Wischer über etwas herfahren*[264].

²dweieln ist ein in dieser Bedeutung eher in Dithmarschen angesiedeltes, aber ab und zu auch in Hamb. zu hörendes Verb für schlendern, langsam und ziellos gehen, trödeln; *nu dweielt de Muulaap al wedder övern* → *Diek* (nun geht der Angeber schon wieder übern Deich)[265]. Vgl. → *dwallen* (schlendern).

dweren 1. ziellos hin und her gehen. 2. übertr. beim Reden abschweifen, stets widersprechen od. sinnloses Zeug schwatzen. Von → *dweer* (quer).

261 HWB 1/918

262 Richey S. 50
263 HWB 1/916 f.
264 Richey S. 50
265 lt. Heinz Barghusen. Vgl. Mensing 1/973.

E

Ebeer (a.: *Adeboor*, *Stork*) Storch, Adebar. Der *Ebeer* bringt nicht nur die kleinen Kinder (*de Ebeer hett em bröcht*), der Storch ist bis zum heutigen Tage mit vielerlei Aberglaube und Brauchtum verbunden. Er gilt als Glücksbringer, wer den Nestbau stört, zieht Unglück an. Wo ein Storch nistet, schlägt der Blitz nicht ein, verweigert der Storch jedoch das Nest des Vorjahres, ist das Haus feuergefährdet. Beißen sich zwei Störche auf dem Dach, herrscht Unfriede unter den Menschen im Haus. Kommen die Störche früh, wird das Jahr unfruchtbar, ziehen sie früh wieder fort, droht ein strenger Winter. Klappert der Storch auf dem Schornstein, kündigt er Nachwuchs für die Menschen an. Stiehlt er einem Mädchen ein Wäschestück, bekommt es ein uneheliches Kind. In die Richtung Biologieunterricht weist folgende Feststellung: *wo Ebeers sünd, dor sünd ook Poggen* (Frösche). Erw.: → *Ebeersbeen* („Storchbein"), *Ebeersbloom* (Storchblume, gelbe Schwertlilie), *Ebeerssnavel* (Botan.: Storchschnabel).

Die meisten Störche im Hamburger Stadtgebiet traf man in den Vierlanden.

Ebeersbeen Spottn. für jemanden mit auffallend dünnen Beinen, mit „Storchbeinen"; angewendet auf die Leute aus Kirchwerder, zu deren Tracht rote Strümpfe gehörten, besonders auf die von dort in der Innenstadt kommenden Straßenverkäuferinnen, die → *Hamborgföhrer*. Vgl. → *Ebeer*.

Eben or uneben? Das war ein Kinderspiel für zwei Personen. Man griff sich eine Handvoll Marmeln aus der Tasche, die man immer bei sich hatte, und sagte zu seinem Macker: *Eben or uneben?* Und dann kam es auf das Glück an. Sagte er „eben!" und der andere hatte eine gerade Anzahl Marmeln in der Hand, hatte er gewonnen. Dann musste der ihm die Marmeln geben. Hatte er falsch geraten, wurde er zum Ansager. Bei diesem Spiel konnte es vorkommen, dass jemand seinen gesamten Vorrat verlor[266].

Ecke Schlump/Palmallje (Pamaille). Wer in Hamburg nach einer genauen Adresse gefragt wird und sie nicht kennt od. nicht preisgeben will, antwortet schon mal mit „Ecke Schlump/Palmallje". Natürlich gibt es und gab es keine Berührung dieser beiden Straßen, aber beide Namen sind originell und einmalig. → *Hans Albers,* ein echter Hamburger Jung, aufgewachsen in St. Georg, hat diesen Ausdruck gern benutzt[267].

Ecker [spr.: *e:ker*] 1. Eichel, Frucht der Eiche. Eicheln (und Bucheckern) dienten früher in den Eichen- und Laubwäldern der Hamburger → *Walddörfer* zur *Eichelmast* der Hausschweine vor dem Schlachten, die zum Fressen in den Wald getrieben wurden. Das ergab festes Fleisch und besten Schinken. Vgl. → *Eek* (Eiche). Richey: *Ecker-*

266 lt. Hans-Hermann Wölfert
267 lt. Jasper Vogt

Speck: fester Speck von der Eichel-Mast. Wird auch schertzweise von Menschen gesagt, die wol bey Leibe sind, und kein schlaffes Fleisch haben[268]. Straßenn.: *Eckerkamp* (Wellingsbüttel); *Eckerkoppel* (Wandsbek, Farmsen-Berne); *Eckernwoort* (Groß Flottbek). 2. a.: Buchecker, Frucht der Buche, ndd. → *Bookecker.*

Eek (Plur. *Eken*) Eiche. Die Eiche muss nicht näher vorgestellt werden. Der *Eekboom* ist stark, hoch, knorrig, hart – um nicht zu sagen: deutsch (obwohl auf der gesamten Nordhalbkugel der Erde verbreitet). Er kann angeblich bis zu 1300 Jahre alt werden. Das Holz der Eiche war gerade in Hamburg unverzichtbar für den Schiffs- und Häuserbau. Auf dem Lande stand am Rande des Hofs immer eine Eiche als Blitzschutz und auf dem Dorfplatz eine besonders ehrwürdige als Wahrzeichen, unter der schon die Germanen Gericht gehalten hatten und bei der noch heute am Volkstrauertag der Gefallenen gedacht wird. Vergl.: *stark as 'n Eek; 'n Keerl as 'n Eek.* Die Rinde der Eiche lieferte den Gerbstoff und durfte nicht von Pferden, Kühen und Schafen angeknabbert werden; die konnten daran sterben. Auch die Frucht der Eiche, die → *Ecker* (Eichel), war gerbstoffhaltig und für Mensch und Tier ungenießbar, es sei denn, man zerstieß sie in der schlechten Zeit notgedrungen zu Eichelmehl und wässerte den Brei mehrmals, bis die Gerbstoffe herausgezogen waren. Was für Mensch, Pferd, Kuh und andere Vierbeiner lebensgefährlich war, war für die Schweine früher geradezu eine Delikatesse: die *Eichelmast.* Man trieb die Hausschweine in die riesigen Eichen- und Laubmischwälder der Hamburger → *Walddörfer* und in den *Sachsenwald,* damit sie sich vor der Schlachtung im November od. Dezember Fleisch und Speck anfraßen. Da die Sauen dabei häufig von Wildschweinebern gedeckt wurden, sah seinerzeit das Hausschwein dem Wildschwein recht ähnlich. Eine Mast in reinen Eichenwäldern ergab ein derbes Schweinefett, in Buchenwäldern ein weiches Fett mit tranigem Beigeschmack, sodass ein gemischter Bestand aus Eichen und Buchen (die sog. *Schmalzweide*) mit einer reichlichen Kost aus Eicheln und Bucheckern das beste Fleisch für den Schinken erzeugte. Der Schinken hing mit den Mettwürsten dann den Winter über in der *Kate* im Rauch, um im Juni mit Spargel und jungen Kartoffeln im Dorfkrug angeboten zu werden. Wer noch nie richtigen *Katenschinken* aus der Räucherkate (vgl. → *Rökerkaat*) genossen hat, weiß gar nicht, welche gespritzten Gemeinheiten die Nahrungsmittelindustrie uns heute im Supermarkt als angeblichen Katenschinken anzubieten wagt; *de Swien, de Eckern kriegt, hebbt scheunen Speck.* Der Wert eines Eichenwaldes wurde zu jener Zeit nicht nach dem Holzertrag, sondern nach dem Eichelerlös berechnet. Allerdings ist die Eichelmast längst passé. Die Eichenwälder wurden im Zuge der Industrialisierung im 19. Jh. zu Eisenbahnschwellen verarbeitet, und im Hinblick auf die heutige Massentierhaltung mit automatischer Fütterung und eigener Biogasanlage für die Gülle ließe sich auch nicht mehr jedes Schwein zum Schlachten einzeln aus dem Wald holen. Syn.: *Schinkenboom* (Eiche).

Eekkater (Eichhörnchen) → *Katteker.*

[1] Eemk (a.: *Eemken,* Plur. *Eemkens*) f., die *Eemk* ist die Ameise, ein *Eemkendutt* ist ein Ameisenhaufen. Vgl. → *Sprockeemk* (Waldameise).

268 Richey S. 50

[2] **Eemk** (a.: *Eemken*; Plur. *Eemkens*) n., das *Eemk* ist das Heimchen, die Grille. Abergl.: *wenn dat Eemken so schreet, dat bedüüd 'n Doden* (der Ruf des Heimchens kündigt einen Sterbefall an); bei Michael Richey ist es 1755 gerade umgekehrt: *eine Art Ungeziefer, das sich üm die Aerndte-Zeit in den Caminen der Land-Häuser hören zu lassen, und von abergläubischen Leuten für ein Glücks-Zeichen gehalten zu werden pfleget*[269].

Eemkendutt (Ameisenhaufen) → [1]*Eemk.*

Effeff in der Wendung: *ut 'n Effeff* (etwas wie im Schlaf beherrschen).

Ehebrechergang (Bordellstraße) → *Amidammachergang.*

Ehe-Zarter schriftlicher Ehevertrag zur Regelung der Vermögensverhältnisse nach der Hochzeit, svw. „Ehezertifikat". Aus einem Ehevertrag von 1846: *unter obrigkeitlicher Confirmation nachfolgender Ehe-Zarter verabredet*[270]. Von frz. *chartre,* lat. *charta,* mnd. *zarte.*

Ehrbarer Kaufmann Jeder Kaufmann sollte ehrbar sein. Dass das heutzutage leider nicht immer so ist, zumal im Internetzeitalter, zeigt ein Blick in die Zeitungsspalten und Gerichtsakten. Umso mehr gelten in der Freien und Hansestadt Hamburg die Grundsätze des *Ehrbaren* od. *Gemeinen Kaufmanns.* Die zur See handelnden Kaufleute wählten 1517 als Interessenvertretung ein achtköpfiges Gremium, den *Gemeinen Kaufmann,* nachdem der Einfluss der → *Hanse* und die Bedeutung des Ostseehandels immer weiter zurückgegangen waren. Neben der Ehrengerichtsbarkeit und berufsständischen Organisation gehörte auch die Verwaltung der 1558 vom *Gemeinen Kaufmann* gegründeten *Börse* zu seinen Aufgaben. Ende des 16. Jh. trat der *Ehrbare Kaufmann* als Versammlung aller seehandelnden Kaufleute an seine Stelle. Der *Ehrbare Kaufmann* beteiligte sich 1623 neben dem *Rat* und den Schiffern an der Gründung der → *Admiralität* und rief 1665 die *Commerzdeputation* als eigenes Exekutivorgan ins Leben, aus dem 1867 die *Handelskammer* hervorging. Seit 1700 konnte jeder christliche und erst seit 1856 auch jeder nicht christliche Hamburger Kaufmann Mitglied werden. Diese Kaufleute bildeten den Wahlkörper für die Commerzdeputation bzw. Handelskammer, bis diese 1943 unter dem Druck der Nationalsozialisten ihre Tätigkeit einstellte. 1954 errichtete die Handelskammer die *Versammlung Eines Ehrbaren Kaufmanns zu Hamburg e. V.* neu. U. a. lädt der *Ehrbare Kaufmann* jeweils zu Silvester zur Jahresschlussansprache des *Präses der Handelskammer* in die Börse[271].

eien streicheln, liebkosen; *se eit em den Kopp; de Wind eit de Eer* (→ *Hermann Claudius*); *mit krumme Finger eien* (kratzen); *Pack sleit sik, un Pack eit sik* (Volk schlägt sich, und Volk verträgt sich). Kinderspr.: *ei machen* (streicheln).

Eierkaker Der steife, runde schwarze Hut, der sonst als Melone, Glocke, Koks (unter Wandergesellen) od. → *Bibi* (im Kölner Karneval) bekannt ist, wurde in Hamburg spöttisch als *Eierkaker* („Eierkocher") bezeichnet. Thomas Bowler fertigte ihn in Southwark (London) seit 1860, weshalb er in England nach seinem Erfinder *Bowler* heißt.

269 Richey S. 52
270 Mensing 5/756
271 Hamburg-Lexikon S. 187 f.

Gentlemen wie Winston Churchill (1874–1965) trugen ihn, aber auch mit ironischer Attitüde Schauspieler und Spaßmacher wie Charlie Chaplin, Laurel und Hardy, Pan Tau, Dr. Watson od. John Steed[272]. Wer in der Hansestadt mit einer solchen Kopfbedeckung seine Stellung zu betonen versuchte, fiel häufig dem Spott anheim. Neben *Eierkaker* sind die Bezeichnungen *Dintenproppen, Fiefliterhoot* u. Ä., *Giftboomast, Knallarf, Spint* und *Teerkaker* überliefert[273].

ein bei ein Ra.: eins nach dem anderen.

einholen Wollten die Eltern und Großeltern Dinge des täglichen Bedarfs od. Zutaten für die Mahlzeiten besorgen, gingen sie in den kleinen Geschäften der Nachbarschaft *einholen,* wenn sie größere Besorgungen und Anschaffungen machen mussten, fuhren sie *einkaufen,* etwa in die Innenstadt.

einkacheln 1. Das Verb *einkacheln* kommt vom Einheizen des Kachelofens, des Wärmespenders vergangener Tage: „Ihr habt hier aber tüchtig *eingekachelt“,* sagt man, wenn ein Zimmer od. eine Wohnung überheizt ist. 2. übertr. : „... dem werd ich mal ordentlich *einkacheln“,* heißt, ihm die Meinung sagen, ihn unter Druck setzen – auch im Sinne von *ihm einheizen*[274].

einkriegen sich beruhigen, sich fassen. Fietje erzählte gern → *Döntjes* (Witze, lustige Begebenheiten), über die seine Kumpels am Stammtisch so laut lachten, dass sie sich gar nicht *wieder einkriegen* konnten.

einmal stechen durften wir Kinder in den Dreißigerjahren im Kaffee- und Bonbonladen, wenn wir 5 Pfennige auf den Tresen legten und dann mit hoher Kinderstimme sagten: *Einmal stechen!* Auf der Vorderfront eines aufrecht stehenden Pappkastens waren kleine Kreise vorgestanzt, die man mit einer Art Griffel an selbst erwählter Stelle durchstechen konnte. Hinten kam dann zum Vorschein, was diese Kinderlotterie uns erbracht hatte: Bonbons, Nappos od. Lakritzschnecken – manchmal auch nur ein Spruch auf gerolltem Papier. Nie habe ich erlebt, dass ich mehr erspielt hatte, als die fünf Pfennige wert waren und ich für dieses Geld auch direkt hätte kaufen können, denn die Kastenkonstruktion musste sich ja auch bezahlt machen ... Ein Lotteriespiel zum Abgewöhnen, wie ich als Kind schon empfand, erinnert sich *Carl Groth, Neumühlen.*

Einundzwanzig! Manchmal taten → *Schauerleute* etwas Verbotenes – sie rauchten im Laderaum od. stahlen Stücke von der Ladung. Damit das möglichst nicht geschah, kontrollierten Schiffsoffiziere und andere Besatzungsmitglieder die Löscharbeiten. Wenn sich eine Aufsichtsperson näherte, warnten sich die Schauerleute im Hamburger Hafen mit dem Ruf: *Einundzwanzig!* Sie glaubten, im Hafen, wo man sich ständig irgendwelche Zahlen zurief, falle das nicht auf. Der Ruf *Einundzwanzig!* bedeutet also: „Vorsicht, da kommt einer!“[275]

einwecken Heutzutage im Zeitalter der Tiefkühltruhen frieren wir Lebensmittel zur Aufbewahrung ein, früher war Großmutter am Ende des Sommers wochenlang damit beschäftigt, Obst und Gemüse aus dem Garten als Wintervorrat *einzu-*

272 Patrick Macnee in: Mit Schirm, Charme und Melone
273 HWB 1/960
274 lt. Carl Groth
275 von Kurt Flechsenhar

Gläser, Topf und Zubehör für das Einkochen zu Hause lieferte die Firma Weck, sodass alle Welt vom „Einwecken" sprach.

wecken od. einzumachen, d.h., im Wasserbad in speziellen Gläsern mit Weckgummi und Glasdeckel, der während des Erhitzens mit einer Metallklammer angepresst wurde, einzukochen, sodass nach dem Erkalten im Glas ein Unterdruck entstanden war. Gläser und Zubehör liefert die Firma Weck, sodass der Firmenname zum Verb wurde. In Österreich heißt dieser Vorgang übrigens *einrexen,* und dort gibt es dafür die *Rexgläser.*

Eisbein → *Iesbeen.*

eisch Wenn man zu einem Kind sagt: „Du bist eisch!", dann will man ausdrücken, dass es böse od. ungezogen ist. Das Wort kann jedoch auch eine positive Verstärkung der Aussage sein, sodass man genau hinhören muss. „Du hast aber ein *eisches* Kleid an!", will sagen: „Du hast aber ein schickes Kleid an!"

Eisenbahn Die erste Hamburger Eisenbahn fuhr nur bis Bergedorf. Nachdem die technische Revolution des dampfgetriebenen Transportwesens auf Schienen von England aus auch Deutschland erreicht hatte, als die erste Strecke 1835 von Nürnberg nach Fürth und die erste Fernbahn 1839 von Leipzig nach Dresden gebaut worden waren, bemühten sich fortschrittliche Kreise in Hamburg, leistungsfähige Schienenverbindungen zum Massentransport von Gütern und Menschen nach → *Lübeck* und nach Berlin zu schaffen. Das war jedoch nicht so einfach. Hamburg war im Süden vom Königreich Hannover und nördlich der Elbe von den dänisch regierten Herzogtümern Lauenburg und Holstein umgeben, die eigene Interessen verfolgten und Hamburg nicht zur Entfaltung kommen lassen wollten. Dänemark baute gerade eine Chaussee vom (dänischen) → *Altona* zum (dänischen) Kiel, um Lübeck als Tor zur

Ostsee abzulösen. Die direkte Verbindung von Hamburg nach Lübeck gelang erst 1865 durch die → *Lübeck-Büchener Eisenbahn*. Hamburg plante deshalb erst einmal eine Strecke nach Bergedorf, die später über Magdeburg nach Berlin verlängert werden sollte, denn Bergedorf wurde → *beiderstädtisch* von den beiden Hansestädten regiert und lag somit auf eigenem Territorium. Wer nun glaubt, das Projekt habe breite Zustimmung gefunden, der täuscht sich (das ist bekanntlich bis heute bei technischen Projekten nicht anders). Binnenschiffer, Hufschmiede, Bauern aus Billwerder und sonstige Eisenbahngegner wandten sich lautstark gegen das Vorhaben. Die *Dove-Elbe* werde versanden, die Häuser, Wälder und Ernten würden abbrennen, die Menschen nicht mehr atmen können, die Vögel tot vom Himmel fallen und die Kühe ihre Milch verlieren, klagten sie. Von den 85 Ankäufen für die Trasse gelangen 60 nur über eine gerichtliche Enteignung. Die Strecke führte vom „inneren" Bahnhof am Deichtor über den „äußeren" Bahnhof (den Betriebsbahnhof) in Hammerbrook 16 km zunächst ohne Zwischenhalt nach Bergedorf. Die Firma Stephenson & Co. in Newcastle lieferte vier Lokomotiven samt Lokomotivführer, Hamburger Firmen bauten die Personenwagen 1. und 2. Klasse, und für Fahrten bei schönem Wetter gab es zwei offene Wagen, in denen das „Tabacksrauchen" gestattet war. Die feierliche Eröffnung mit Sonderfahrten und vielen Ehrengästen war für den 7. Mai 1842 geplant. Es kam anders. In der Nacht zum 5. Mai 1842 brach der → *Große Brand* aus, der 83 Stunden wütete und ein Viertel der Stadt in Schutt und Asche legte. Die Direktion der Bahn gab bekannt: *Die auf den 7ten dieses Monats angesetzt gewesene Eröffnung der Hamburg-Bergedorfer Eisenbahn ist auf eine betrübende Weise durch die Feuersbrunst vereitelt worden; eben so wenig konnten die regelmäßigen Fahrten für das Publicum am Sonntage den 8ten wie es bekannt gemacht war, beginnen. Bei der gegenwärtigen ernsten Stimmung aller Gemüther glaubt die unterzeichnete Direction an die Eröffnung durch eine Lustfahrt, wie es früher beabsichtigt war, nicht mehr denken zu dürfen, und beschränkt sich darauf, dem geehrten Publicum anzuzeigen daß die regelmäßigen Fahrten in Gemäßheit des bereits früher veröffentlichten Fahr-Planes am Dienstage den 17ten Mai beginnen werden*[276].

Eisenbahner (Kuchen) → Leserbriefe S. 141

Elbschwanenorden → *Sprachgesellschaften*.

Elbsegler Hierbei handelt es sich nicht um ein Segelschiff auf der Elbe, sondern um eine dunkelblaue Schirmmütze, die an Bord, aber auch an Land von Leuten getragen wird, die eine gewisse Affinität zum Salzwasser signalisieren wollen. Der *Elbsegler* ist aus Marinetuch gefertigt, hat einen drei Zentimeter hohen Rand mit Verzierungen und einen Lederriemen, der unters Kinn geklemmt werden kann, damit die Mütze bei Sturm nicht über Bord geweht wird. Wenn sie größer und mit einer Kordel an Stelle des Riemens versehen ist, spricht man von einem *Altstädter*. Niemand konnte ihn besser tragen als → *Hans Albers* im Film „Große Freiheit Nr. 7", während Helmut Schmidt als Kanzler nicht mit einem Elbsegler, sondern mit einer *Helgoländer Lotsenmütze* auf dem Kopf unterwegs war.

ele Anfangswort in zahlreichen Kinderreimen beim → *Afmelen* (Abzählen); *ele mele mu, af büst du!*

---

276 vgl. Erich Staisch: Hauptbahnhof Hamburg S. 12 ff.

od. *ele mele mink mank,/ Kohschiet blink blank, ele mele mu,/ af büst du!*[277]

Elektrische Am 5. März 1894 fuhr die erste Straßenbahn in Hamburg mit Elektroantrieb und wurde seitdem liebevoll *die Elektrische* genannt. Nach der *Ringlinie Hamburger Innenstadt* stellte man innerhalb von vier Jahren alle wichtigen Linien der → *Pferdebahn* (zwischenzeitlich mit Dampfantrieb) um. Die Elektrische wurde zum innerstädtischen Massenbeförderungsmittel, das alle Schichten vom Direktor bis zum Arbeiter nutzten. Die Fußgänger gewöhnten sich allerdings nur zögernd an dieses schnelle Schienenfahrzeug, das ihnen nicht wie die Fuhrwerke und früher die Pferdeomnibusse ausweichen konnte. Immer wieder gerieten Kinder, Radfahrer, Betrunkene und Tagträumer unter die Straßenbahn. Edith Oppens schreibt: „Zum Glück gab es seit 1904 eine Auffangvorrichtung an den Triebwagen. Sobald ein Tastgitter zwischen den Schienen auf Widerstand stieß, senkte sich ein Fangnetz und

277 HWB 1/967 f.

Straßenbahnen („Elektrische") der Linie 6 und der Linie 9 auf dem Barmbecker Markt, um 1906

sammelte Kinder, Radler und unaufmerksame Fußgänger ein. Viele kamen unverletzt davon, aber immerhin gab es in einem Durchschnittsjahr 59 Unfälle, von denen drei tödlich waren."[278] Im Juni 1900 bekamen die Linien Nummern. 1912 war der Ausbau des engmaschigen Straßennetzes mit 40 Linien im Wesentlichen abgeschlossen. 1957 gab es noch 18 Linien (1–9/11–19), aber am 30. September 1978 war alles vorbei: Die letzten Wagen der Linie 2 starteten von Schnelsen zum Rathausmarkt. Ist wirklich alles vorbei? Seitdem gibt es keinen Wahlkampf, in dem nicht gefordert wird, das wieder aufzubauen, was man gerade abgebaut hat – und sei es auch weniger aus verkehrspolitischer Notwendigkeit denn aus ideologischer Sicht, um dem Individualverkehr per Auto Einhalt zu gebieten.

Elvenfinger Spottn. für jmdn., der so flink mit den Händen war (und sei es auch in fremden Taschen), dass man annehmen musste, er besitze elf statt zehn Finger.

Emer (Engerling) → *Maisever.*

Ende Das Ende bedeutet im Hamb. nicht nur das Gegenteil vom Anfang, sondern auch etwas schier Unglaubliches od. Schockierendes, das man so kommentierte: *Da is das Ende von weg!* (das ist unerhört, das ist kaum zu glauben!).

enkelt heißt einzeln; *en lütt Dörp mit enkelde Hüüs.*

entbasten den → *Bast,* die Pflanzenfaser, durch Abschälen der Baumrinde gewinnen.

278 Oppens S. 22 f.

Eisenbahner (1)

Eisenbahner nannten wir die Kuchen, die von Bäcker Kloss od. der Bäckerei „Einigkeit" hergestellt wurden. Diese sollen aus den Kuchenresten des Vortages zusammengeknetet und dann auf einem Backblech in Stücke geschnitten worden sein. Mit Zuckerguss und farbigen Streifen darauf gab es die für einen Groschen. Sie schmeckten leicht nach Rum. Ebenso gab es Rumkugeln, die mit Schoko-Streuseln versehen waren.

Ewald Bergeest, Reinbek

Eisenbahner (2)

Hallo, Herr Schmachthagen, ja, die Eisenbahner! Wir nannten sie Punschschnitten, sie hatten ja auch etwas Rumaroma und waren vom Geschmack her zu schön. Oft sind wir nach Schulschluss noch bei unserem Bäcker Timm vorbeigegangen, um uns für wenig Geld eine Punschschnitte zu holen. Manchmal kamen wir auch um eine zweite nicht herum, was zur Folge hatte, dass wir zu Hause beim Mittagessen Mühe hatten zu verbergen, dass wir eigentlich satt waren; denn die Schnitten waren sehr gehaltvoll.

Hans-Hermann Wölfert, Volksdorf

Eisenbahner (3)

Um die Sache mit den Punschschnitten zu vervollkommnen: Wir in Winterhude hielten uns an Rumkugeln od. Abfall davon. Das waren eiergroße Kugeln aus einer braunen, klebrigen Masse – Teig mochte man das kaum nennen. Die schmeckten süßlich-rumartig und waren außen mit zuckerigen Muusköteln umhüllt (groß wie Ameiseneier), damit die Kugeln beim Anfassen nicht so klebrig waren.

Carl Groth, Neumühlen

Entenflott (a.: Entengrütze; ndd. *Aantenflott*) ist ein grüner Teppich aus Wasserlinsen, der sich im Spätsommer auf Teichen und stehenden Gewässern ausbreitet und den Kindern das Baden und Schwimmen verleidet.

Ernst, Otto → Biografie S. 144.

Ernst-Drucker-Theater → *St.-Pauli-Theater.*

Esau war die Bezeichnung für ein stark behaartes neugeborenes Kind. Auch einen am Körper, besonders an der Brust, übermäßig mit Haarwuchs ausgestatteten Mann nannten die Hamburger *en → rugen Esau,* einen *rauen* Esau, was eigentlich ein Pleonasmus[279] ist. Das Ganze geht natürlich auf das Alte Testament zurück. Als Rebekka, Isaaks Weib, gebären sollte, siehe, da waren Zwillinge in ihrem Leibe. Der erste, der herauskam, war rötlich und ganz rau wie ein Fell. Sie nannten ihn Esau. Danach kam heraus sein Bruder. Der war glatt und unbehaart. Sie hießen ihn Jakob[280]. Gott hatte jedoch den jüngeren Jakob dazu bestimmt, den Samen des Volkes Israel weiterzutragen, sodass sich der arme Esau mancherlei Ungemach ausgesetzt sah. Erst luchste ihm Jakob, als Esau hungrig von der Jagd heimkam, das Erstgeborenenrecht für ein schnödes *Linsengericht* ab, dann wurde der auf dem Sterbebett liegende und erblindete Isaak getäuscht, als er seinem Ältesten den Erstgeborenensegen erteilen und damit das Erbe übergeben wollte. Statt Esau kniete Jakob vor dem Bett nieder, der seine glatten Hände mit dem Fell eines Lamms umhüllt hatte. Der greise Vater ertastete den falschen Sohn. Die Bibel ist seit Kain und Abel übrigens voll von solchen „christlichen" Geschichten über Intrigen, Morde, Kriege und Rechtsbrüche, die nach heutiger Auffassung sämtliche Gerichte in Karlsruhe und Straßburg über Jahre beschäftigen würden ...

[1] Esch (*Eschenboom*) f., Esche, ein heimischer Laubbaum, der mit einer Wuchshöhe von 40 Metern zu den höchsten Laubbäumen Europas zählt und sich durch eine hervorragende Holzqualität auszeichnet. Eschenholz wurde immer dann eingesetzt, wenn es auf hohe Festigkeit bei gleichzeitiger Biegsamkeit ankam, z. B. für Werkzeug- od. Spatenstiele (vgl. → [1] *Escher*). Buchen verdrängen Eschen, und seit rund 20 Jahren ist der Bestand wegen eines europaweit auftretenden Eschensterbens bedroht, das ein Schlauchpilz verursacht. 2001 wurde die Esche zum (gefährdeten) „Baum des Jahres" bestimmt. Wetterregel: *gröönt de Esch vör de Eek, gifft dat 'ne grote Bleek*[281]*, gröönt de Eek vör de Esch, gifft dat 'ne grote Wäsch*[282]. Abergl.: *de Esch is 'n hilligen Boom, de Slang geiht lever dörch Füür, as dat se in 'n Schatten vun 'n Esch krüppt*[283]. Erw.: *Eschenholt* (Eschenholz), *Eschenholt to Spanten* (Spanten aus Eschenholz). Adj. *eschenhart* (hart wie Eschenholz), *he weer een vun de Eschenharten* (er war unbeugsam). Bei der sprachlichen Zuordnung der → *Everesch* (Eberesche) handelt es sich um einen Irrtum der Botanik.

[2] Esch m., gemeinsames Saatland innerhalb der → *Allmende,* im Ggs. zum → *Kamp* nicht einge-

279 verbale Redundanz („doppelt gemoppelt"), z. B. tote Leiche, runde Kugel, weißer Schimmel

280 1. Mose 25, 23 ff.

281 einen trockenen Sommer

282 viel Regen

283 HWB 1/995

hegt und nicht in Privatbesitz. Heute nur noch in Flur- und Straßennamen erhalten: *Harnisch* (Bramfeld; von *Hain-Esch*), *Borgesch* (St. Georg) od. *Osteresch* (Bahrenfeld). Von mnd. *esch* (offenes, uneingehegtes Saatfeld)[284].

[3] Esch im althamb. Kartenspiel das Ass; *all de Eschen un de ganze Hand vull Trüüv* (Asse und Trümpfe auf der Hand). Erw.: *Harten-Esch* (Herz-Ass), *Piek-Esch* (Pik-Ass), *Ruten-Esch* (Karo-Ass), *Krüüz-Esch* od. *Klever-Esch* (Kreuz-Ass); *op 'n Klever-Esch töven* (lange und vergeblich warten). Ansage beim Skat: *allens is düster un leer, un Klever-Esch is Trump.* Schimpfte Großvater nachts in Neuenfelde auf dem Heimweg: *harr ik Ruten-Esch speelt, harr ik wunnen hatt!*

[1] Escher Spaten, Gartengerät zum Graben. Der Name weist darauf hin, dass der Spatenstiel urspr. aus dem äußerst festen und trotzdem elastischen Holz der Esche (→ [1] *Esch*) gefertigt war. Die Verben [1] *eschern* bzw. *afeschern* bedeuten „sich anstrengen", was derjenige nachempfinden kann, der einmal bis zur totalen Erschöpfung einen Garten Stich für Stich umgegraben hat; *een Escher deep graven* (einen Spatenstich tief umgraben). Syn.: *Ascher* (holst.), *Schüffel* (Finkw.), *Spaden.*

[2] Escher Kompost, mit dem die Wiesen gedüngt wurden *(övereschern).* Das Wesentliche war, dass er nicht nur Stallmist, sondern auch die *Asche* des Hausbrands enthielt. Verb [2] *eschern* (beim Gerben mit Aschenlauge behandeln).

284 Lübben S. 106

Esp Espe, Zitterpappel, am weitesten verbreitete Gattung der Pappeln; *zittern as Espenloof* (wie Espenlaub zittern). Straßenn. *Espenreihe* (Iserbrook), *Espellohweg* (Groß Flottbek; „Espenwaldweg").

estemeern heißt hochd. ästimieren und bedeutet achten, beachten, gut behandeln, ehren; *de sien Foottüüch nich deit estemeern, mutt den Schooster sien Geldbüdel smeern* (wer nicht sorgsam auf sein Schuhwerk achtet, muss beim Schuster teure Reparaturen bezahlen).

Etage (*Etaasch*) bedeutete in Hamburg mehr als nur das Stockwerk eines Hauses: *op de Etaasch wohnen* drückte aus, besser und vornehmer zu wohnen als im Erdgeschoss, Souterrain, Hinterhof od. im → [1] *Saal.* Am vornehmsten wohnten bürgerliche Familien in den wilhelminischen Bürgerhäusern in der 1. Etage. Dort ging es nicht ohne entsprechendes Hauspersonal ab; *ik wohn eerste Etaasch.*

Eten das Essen, die Speise, die Mahlzeit. Verb *eten* (essen). Richey: *Een wabbelig Eten: eine allzu weiche Kost*[285]. Raa.: *sik dat Eten in de Fööt pedden* (einen Verdauungsspaziergang machen); *se kann 'n goden Mund vull Eten koken* (sie ist eine gute Köchin). Abergl.: Um einer werdenden Mutter und ihrem ungeborenen Kind keinen Schaden zuzufügen, musste strikt darauf geachtet werden, dass das für sie bestimmte Essen nicht übergekocht war[286].

285 Richey S. 329
286 HWB 1/1001 f.

OTTO ERNST

EIN LEBEN FÜR APPELSCHNUT

Appelschnut war der Kosename („Apfelmund", ndd. *Appelsnuut*), den der Dichter Otto Ernst seiner jüngsten Tochter Senta-Regina gab. Seine einfühlsamen und humoristischen Erzählungen über die Kindheit von „Appelschnut" (1907) wurden immer wieder aufgelegt. Otto Ernst (eigtl. Otto Ernst Schmidt, geb. 7. Oktober 1862 in Ottensen, gest. 5. März 1926 in Groß Flottbek) war erst Lehrer, dann freier Schriftsteller („Flachsmann als Erzieher", 1901) und gehörte zu den erfolgreichsten Bühnenautoren seiner Zeit.

Tochter Senta-Regina Möller-Ernst (geb. 19. März 1897, gest. 30. Oktober 1998) hat ihr Leben lang im Elternhaus in der 1928 nach dem Vater benannten *Otto-Ernst-Straße* (heute Othmarschen) gewohnt und als Appelschnut hingebungsvoll das väterliche Erbe gepflegt.

Otto Ernst schrieb auch die Ballade „Nis Randers", die eine dramatische Aktion aus der Frühzeit der Seenotrettung schildert. Nis Randers springt trotz des Flehens seiner Mutter, die nicht auch noch ihren letzten Sohn verlieren will, nachdem dessen Bruder Uwe seit Jahren verschollen ist, mit sechs anderen bei tosender See ins Boot, um einen Schiffbrüchigen vom Wrack auf der Sandbank zu holen. Der knapp Gerettete erweist sich als der verschollene Bruder. Nis' Ruf bei der Rückkehr, er schreit's durch die Hand: *„Sagt Mutter, 's ist Uwe!"* wurde zu einer Art Motto der Seenotrettung.

Die Deutsche Gesellschaft zur Rettung Schiffbrüchiger (DGzRS) taufte einen Seenotrettungskreuzer nach der Hauptfigur auf den Namen „Nis Randers".

etepetete 1. penibel, peinlich ordentlich. 2. vornehm tuend, geziert; *se snackt so etepetete*; wohl berlin. aus frz. *être, peut-être* (kann vielleicht sein).

Etmal (*Ettmaal*) bedeutet seem. 1. den Zeitraum von 24 Stunden, gerechnet von Mittag zu Mittag, bzw. 2. die in diesem Zeitraum von einem Schiff zurückgelegte Strecke.

Ettgröön Das *Ettgröön* bezeichnet das „zweite Grün“, den zweiten Grasschnitt im Sommer auf den Wiesen. Syn.: *Namatt* (Nachmahd)[287].

Eumel saloppe Bezeichnung für jede Sache od. jede Person, sprachl. Joker. Verb *eumeln* (1. tanzen, feiern. 2. Geschlechtsverkehr haben).

Ever Eber, männl. Schwein, nicht zu verw. mit → *Ewer* (Frachtsegler).

Everesch Eberesche, die rispenförmige Blätter hat wie die → *Esch* (Esche), aber ansonsten mit jenem imposanten Baum wenig zu tun hat. Die Eberesche gehört zur Familie der Rosengewächse, zur Gattung der Mehlbeeren als Art der *Vogelbeere*. Dieser Name stammt von den leuchtend roten beerenartigen Früchten, die im Frühherbst gern von den Vögeln gefressen werden. Allerdings: Botan. handelt es sich gar nicht um Beeren, sondern um kleine Apfelfrüchte! Trotz dieser einladenden Bezeichnung sollten die Menschen die Früchte wegen der enthaltenen Apfelsäure und der Gerbstoffe besser meiden. So groß kann die Not gar nicht sein, um aus den Vogelbeeren Marmelade kochen zu müssen! Und da wir gerade dabei sind: Eine Eberesche heißt nicht etwa deshalb Eberesche, weil sich ein Eber unter der angeblichen Esche gewälzt hat, sondern kommt angeblich von der Eibe, die wie die Eberesche rote Früchte hat[288]. Aber das führt nun wirklich zu weit...

Ewer Als kleine, flachbodige Frachtsegler mit einem, seit ungefähr 1820 auch zwei Masten, zwölf bis 17 Meter lang, waren die *Ewer* bis ins vorige Jahrhundert das wichtigste regionale Transportmittel auf der Elbe. Sie brachten Gemüse aus den Vierlanden, Milch von den Elbinseln od. Obst aus dem → *Alten Land* zu den Hamburger Märkten, beförderten im Fährverkehr Personen und dienten der Küstenfischerei, wobei der Fang in der mittschiffs liegenden → *Bünn* lebend angelandet wurde. Von der Oberelbe aus verkehrten die längeren *Stroh-Ewer* (ca. 20 m). Größter Ewer-Hafen war Hamburgisch Finkenwerder (*HF* im Segel). Abgetakelte Ewer wurden als → *Schuten* genutzt, weshalb der Führer einer Schute mit seinem → *Peekhaken* zum Staken bis heute *Ewerführer* genannt wird. Ein Leser teilte noch eine andere Bezeichnung für einen Ewerführer mit: *Kastenschutenschipperschafföör.*

ewig und dree Dag auf alle Ewigkeit, Dauer ohne absehbares Ende; *dat höllt ewig un dree Dag* (das geht nie wieder kaputt); *dat duert ja ewig un dree Dag* (wenn jemand mit seiner Arbeit nicht fertig wird).

287 Mensing 1/1071

288 Kluge S. 203

F

Faden h.: 1. Raummaß, vorwiegend für geschnittenes und gestapeltes Feuerholz *(Fadenholt)*. Ein *Faden* war in Hamburg unterschiedlich groß. So umfasste ein *Walddörfer Faden* 2,63 bis 2,85 Kubikmeter, ein *Meßberger Faden* jedoch 3,77 Kubikmeter[289]. Syn.: *Klafter*. 2. seem. Längenmaß (1,83 m), bes. zur Angabe der Wassertiefe; *bloots twee Faden Water ünner sik hebben.*

faken (*foken*) Adv. oft; *he is faken krank; dat kümmt fakener vör* (häufiger); *dat richtig Gode kann een nich faken genug hören.* Von mnd. *vaken* (häufig). Syn.: *mennichmol.*

Fallreep seem. urspr. ein vom Schiff herabgeworfenes Tau, um außenbords an Bord zu hangeln, später eine Strickleiter für den gleichen Zweck. Auch der → *Ewerführer* benutzte ein *Fallreep,* um von der Schute im → *Fleet* in den Speicher zu klettern. Vgl. → *Reep.*

Falscher Hase (Hackbraten) → *Haas.*

fardig mit Jack un Büx Das ist der Zustand, bei dem man hoffnungslos am Ende ist, sich restlos verkalkuliert hat od. aber sich bei einer Wette als absoluten Verlierer sieht, *denn is man fardig mit Jack un Büx.*

Farken (Plur. *Farkens*). Ein *Farken* ist ein Ferkel, und ein Ferkel ist ein junges Schwein – doch nicht immer! Auch ein Kind kann ein *Farken* sein, wenn es sich schmutzig gemacht hat; *du büst 'n lütt Farken!* Abergl.: Ferkel wurden nach dem

Ein Lotse geht über das Fallreep an Bord eines Frachtdampfers, 1933.

289 HWB 2/10

Kauf rückwärts aus dem Stall getragen, damit die Dorfhexe das Tier nicht sehen konnte. Ra.: *dat is 'n Tofall, veerteihn Titten un sössteihn Farkens!* Straßenn.: *Farkenwisch* (Ferkelwiese) in Duvenstedt. Zu mnd. *verken/varken* (Ferkel).

Färse (junge Kuh) → *Stark.*

Farv *Kumm mi nich an de Farv!,* schimpfte der Großvater, wenn ihm jemand zu nahe trat (an die Farbe – zu nahe). Der Urenkel würde heute auf dem Schulhof zu seinem Kumpel sagen: „Mach mich nicht an!"

Faschinen (Plur.) sind zusammengebundene Reisigbündel, die zur Befestigung von Böschungen und bes. an der Küste und Elbe zum Bau von → *Buhnen* bzw. → *Stacks* benötigt werden. Aus dem Hochd., die alte ndd. Bezeichnung war → *Waas (1).*

Fassbrause ist eine Limonade mit natürlichen Fruchtzutaten und wurde früher aus Fässern gezapft. Ältere Leser denken bei diesem untypischen Hamburger Getränk sofort an die „Fischbratküchen" von Daniel Wischer, in denen es den Rotbarsch als „Goldbarsch", den hausgemachten Kartoffelsalat ohne Mayonnaise und dazu eine große od. kleine *Fassbrause* gab (auch heute noch). Sie ist Berliner Ursprungs und heißt an der Spree ugs. *Sportmolle*[290]. Die Alpenländler sprechen von *Almdudler*, und volkseigene DDR-Betriebe mischten, als sie noch mischen durften, eine sogenannte *Rote Fassbrause* zusammen. Ich möchte nicht als Besserwessi gelten, aber als man mir damals in Leipzig (gegen D-Mark) ein solches Getränk anbot, sehnte ich mich nach Daniel Wischer und bestellte doch lieber ein Radeberger[291].

Fastbecker† Im Zuge der Zunftpolitik spaltete sich im 16. Jh. das → *Amt* der *Fastbecker* („Schwarzbrotbäcker") von den *Wittbeckers* („Weißbrotbäckern") ab. Sie stellten das *faste* (feste) Roggenbrot her, das häufig so hart war, dass man die *Fastbecker* mit den Ziegeleiarbeitern verglich und sie *Tegelstrieker* („Ziegelstreicher") schimpfte. Vgl. → *Tegelee.* Die Aufspaltung des Bäckerhandwerks entwickelte sich im 19. Jh. wieder zurück[292].

fastbuddeln bezeichnet als Verb die Erfolglosigkeit bei einem Vorhaben; *he hett sik wedder mal fastbuddelt*, kommt mit seinem Tun nicht voran; wobei *buddeln* nicht von der → *Buddel*, der Flasche, kommt, sondern vom *Buddeln*, nämlich dem Graben in der Erde.

Fastelavend (Tag vor Aschermittwoch) → *Fastnacht.*

Fastmoker Im Hamburger Hafen fuhren früher die *Fastmoker* (Festmacher) mit kleinen offenen Booten zum Liegeplatz der ankommenden Schiffe, um deren Leinen an der → *Pier* (Anlegestelle) zu befestigen od. beim Ablegen wieder loszumachen. Auch heute müssen die Schiffe noch vertäut werden. Rund 100 Festmacher sind jetzt in der Arbeitsgemeinschaft Hamburger Schiffsbefestiger organisiert. Voraussetzung für den Beruf ist mittlerweile die Ausbildung zum Hafenschiffer. Vgl. → *Anbinner.*

290 berlin. Molle: Bier

291 Exportbier der Brauerei aus Radeberg bei Dresden

292 HWB 2/27

Fastnacht Ob die Fastnacht, im Hamburger Raum früher als *Fastelavend* bezeichnet (mnd. *vastel-avent*, eigtl. Vorabend des großen Fastens), nun von *faseln* im Sinne von „sich närrisch und töricht benehmen" herzuleiten ist, wie einige germanisch gepolte Volkskundler vor 1945 meinten, od. ob wir uns doch besser an den Beginn des 40-tägigen kirchlichen *Fastens* vor Ostern halten, braucht an dieser Stelle nicht geklärt zu werden. Sicher ist, dass – zumal nach der Reformation – um *Fastelavend* in Hamburg häufig ausgelassen, aber auf jeden Fall ausgiebig gefeiert, getrunken, gegessen, umhergezogen und gerauft wurde. Dabei dehnte man die närrischen Tage sehr aus – teils von Donnerstag vor Estomihi[293] bis zum Dienstag vor Aschermittwoch, wenn nicht gar weit darüber hinaus. Die Obrigkeit sah sich wiederholt gezwungen, das Fastnachtstreiben, das meist mit Trunk und Völlerei endete, per Verordnung zu regeln, einzuengen od. ganz zu verbieten. Die Dauer des *Fastelavends* verkürzte sich im Stadtgebiet dadurch erst auf drei Tage (Sonntag bis Dienstag; 18. Jh.), dann auf einen Tag (Montag; 19. Jh.) – falls man sich daran hielt. Die Fastnachtsbräuche füllen Bände, wobei auffällt, dass auch in Hamburg wie im Rheinland die kirchliche und weltliche Ordnung für einige Tage umgekehrt worden ist: Die Männer bewirteten die Frauen, die Meister die Gesellen und die Bauern die Knechte. In den Dörfern zog das → *Gesinde* verkleidet zu den Großbauern und ließ sich bedienen. Falls sich die wohlhabenderen Bürger zur eigenen Feier in ihren Kreisen zurückzogen, kamen sie wenigstens für die Kosten der Feiern ihrer Bediensteten auf. Dazu diente das *Fastelavendgeld* der Arbeitgeber, aufgestockt durch den Erlös öffentlicher Sammlungen. Kinder zogen mit → *Rummelpott* und Holzhämmerchen singend und bettelnd um die Häuser. Dieses *Fastelavendlopen* hieß in den Vierlanden → *Hammer-Hü*. Ein wichtiges Fastnachtsgericht war der geräucherte *Swienskopp* (Schweinekopf), den die Wirte ihren Stammgästen notgedrungen gratis servieren mussten. Auf Finkenwerder aß man *Schoosterklüten* (gebratenen Speck und gebratene Mettwurst mit Klößen), in Moorburg Sauerkraut mit Speck. Auf keinen Fall durften als Gebäck die *Heetwecken* (→ *Heißwecken*) fehlen. Obwohl der *Fastelavend* je nach Datierung des im Kalender wandernden Osterfestes bis zu 35 Tage früher od. später eintreten konnte, galt er auf Finkenwerder als fester Termin, die Fangreisen wieder aufzunehmen, und auf Bauernhöfen, von nun an nur noch bei Tageslicht zu arbeiten und zu essen; *Fastelavend hett Petrus 'n hitten Steen in 't Water smeten*, und dieser heiße Stein vom Himmel hatte die Eisdecke zum Schmelzen gebracht[294].

293 der Sonntag vor Aschermittwoch

Fatt (Plur. *Fatten;* a.: *Vatt, Vathe, Faate, Föt*). 1. Schüssel, Küchengefäß, Teller; *'n Fatt mit Nööt un Appeln; 'n deep Fatt* (tiefer Teller). Vgl. → *Fatuch* (Wischtuch). 2. Fass, Tonne; *'n* lütt Fatt Rum. Ra.: *et regnet, as wenn 't mit Vaten gütt*[295]. Wetterregel: *is de Mai koolt un natt, füllt den Buern Böön un Fatt* (ein nicht zu trockener und nicht zu heißer Mai führt später zu einer reichen Ernte). 3. altes Hohlmaß für Getreide, Mehl, Malz, Hopfen, Erbsen, Bohnen. Ein *Fatt* (Fass) Weizen od. Roggen fasste in Hamburg 52,65 Liter[296]. Vgl. → *Last*. Von mnd. *vat* (Fass, Gefäß, Behälter, bestimmtes Maß)[297].

294 Vgl. HWB 2/ 27 ff.; Mensing 2/25 ff.

295 Richey S. 320

296 HWB 2/35

297 Lübben S. 470

Fechtbrüder auf der Walz – hier Zimmerleute im Jahre 1956 im Hamburger Hafen

Fatthööch Spottn. für einen zu klein geratenen Mitmenschen, der nur die „Höhe eines Fasses" hat. Körperliche Mängel wurden früher gnadenlos angesprochen.

Fatuch [spr.: *fa:tuch*] Küchenwischtuch zum feuchten Reinigen von Tellern, Schüsseln, Töpfen, Küchenmöbeln usw. Obwohl einige Hamburger das *Fatuch* gern mit „fahren" in Verbindung bringen möchten, weil man damit angeblich so schön auf der Tischplatte „herumfahren" kann, müssen wir die Erklärung beim → *Fatt* (Schüssel) suchen. Die ndd. Form lautet *Faatdook* (Plur. *Faatdöker*) mit ganz langem a. Bei Richey: *Vatt: Schüssel. Vadook, für Vate-Dook: Wisch-Hader der Schüssel-Wäscherinnen*[298]. Als Synonym wird *Schötteldook* angegeben. Die Schreibweise *Fatuch* dürfte eine nicht ganz od. nur halb gelungene Übernahme ins Hochdeutsche sein. Während das *Fatuch* früher eines der wichtigsten Utensilien in jeder Küche war, ist es heute verschwunden. Jetzt benutzen wir saugfähiges Papier, weitaus hygienischer und bequemer, aber auch ein wenig teurer.

Fau [spr.: *fo:*] Fehler (frz. *faute*, engl. *foul*). Machten die Kinder z. B. beim Ballspielen, Springtauspringen od. Hinkefuß einen Fehler, dann hieß es: „Du hast *Fau!*", und der Nächste war an der Reihe. Damit wurde ein Fehltritt (*Fauxpas*) ausgerufen. Kinderspr.: du bist *fau* (du hast einen Fehler gemacht). Eine *Fautfracht* ist eine Schiffsfracht, die nicht zur Verladung kommt.

Fechtbroder Unter einem „Fechtbruder" verstehen wir hier nicht etwa einen Hollywood-Helden à la Errol Flynn in einem Mantel-und-Degen-Film,

298 Richey S. 320

sondern einen Handwerksgesellen auf Wanderschaft, der auf der Walz um seinen Lebensunterhalt → *fechten* (betteln) muss. Urspr. gingen nur Handwerksburschen *fechten*. Als „Freifechter von der Feder" verlieh Kaiser Rudolf II. (1552–1612) ihnen am 7. März 1607 sogar Privileg und Wappen. Später bezeichnete man als *Fechtbroder* allg. einen Wanderbettler, Vagabunden, Gaukler od. Akrobaten, also einen Angehörigen des fahrenden Volkes, das in die Stadt einfiel und für seine Darbietungen eine Belohnung erbat[299]. Die Fechtbrüder fochten auf den Märkten und in den Straßen Scheinkämpfe mit Degen od. Florett aus und kassierten danach die Umstehenden ab. Ihre Nachfahren in der Spitalerstraße machen es sich heute einfacher: Sie erzeugen grausige Töne auf irgendeinem Instrument od. hocken nur stumm mit einem Mitleid erregenden Hund an der Hauswand und sammeln die Münzen ein, die die Vorbeigehenden in die offen auf dem Boden liegende Mütze geworfen haben; *de Handwarksgesellen güngen fechten; he kümmt an 'e Dööör to 'n Fechten.*

fechten 1. kämpfen. 2. h: rotw. betteln; *he fecht sik wat* (erbettelt sich etw.). Duden: *von Tür zu Tür, Haus zu Haus o. Ä. gehen und betteln* [300].

Fedderflunk Ein Fedderflunk war ein getrockneter Gänseflügel in vollem Federkleid, der zum Staubputzen und Krümelfegen in der Küche verwendet wurde. Vgl. → *Handeule.*

Feek Treibgut-Streifen aus abgestorbenen Pflanzen, Gras, → *Binsen* (Schilf), Stroh, Zweigen und Dreck am Uferrand; *he harr sik in 't Feek fastschippert.* Ra.: *Fett un Feek drifft baven!* Ein *Feekfischer* ist ein schlechter Fischer, der keine Fische, sondern nur Dreck und Gerümpel im Netz hat. Vgl. → *Leesch.*

feer Adj. nicht trächtig, unfruchtbar (bei Tieren), trocken stehend (bei Kühen); *de Koh is feer* (die Kuh ist nicht trächtig). Ra.: *'n fere Koh 'n Kalf affragen* (lästig fragen). Erw.: *Feerjohr* (Jahr, in dem eine Kuh nicht trächtig ist); *Feerkoh* (eine Kuh, die nicht trächtig geworden ist). Vgl. → *güüst* (trocken, unfruchtbar).

Feez ist Spaß; *dat gifft doch 'n feinen Feez* (das wird viel Spaß machen).

Feger Ein *Feger* steht hier abwert. für eine leichtlebige junge Frau mit wechselnden Männerbekanntschaften, für ein weibliches Wesen, das nichts anbrennen lässt und schon einen leicht lädierten Ruf hat; *dat is 'n ficksen Feger,* staunte Opa, als er mit großen Augen der aufgedonnerten Nachbarstochter nachblickte (während Oma drohend zum Nudelholz griff).

Fegsel (*Fegels*) ist 1. das Zusammengefegte, der Kehricht, Unrat, der zusammengekehrte Haus- und Straßenschmutz. Abergl.: Wenn man über einen Kehrichthaufen tritt, gibt's ein Unglück, wenn man einem Besucher den Schmutz auf die Füße fegt, droht ein Zerwürfnis. 2. der nach einem Ladevorgang zusammengefegte Rest einer trockenen Ware wie Kaffeebohnen (grüne), Zucker, Getreide od. Gewürze, den die Hafenarbeiter und Matrosen als ihr Eigentum betrachteten und vornehmlich im → *Zampelbüdel* nach Hause transportierten. Die Zöllner am Ausgang des Freihafens hatten oftmals eine gänzlich andere Auffassung von der Art des Fegsels im

299 Wolf: Rotwelsch S. 92 f.
300 Universalwörterbuch S. 557

Zampelbüdel und bezeichneten die schönen Kaffeebohnen schlicht als Schmuggelware.

Feldgemeinschaft In nicht gutsabhängigen Dörfern Holsteins wurde die Weidefläche eines Dorfes, die → *Allmende,* gemeinsam genutzt, während die Ackerfläche genossenschaftlich in → *Gewanne* unterteilt war, in denen die einzelnen Bauern schmale Streifen als Anteile besaßen. Ein → *Hufner* (Vollbauer) konnte 50 bis 110 solcher Streifen in den verschiedenen Gewannen haben[301]. Diese Gemengelage führte dazu, dass ein *Gewann* nur einheitlich als *Feldgemeinschaft* bewirtschaftet werden durfte, also gemeinsam besät, geerntet und gepflügt werden musste. Man sprach vom → *Flurzwang,* der mit der → *Verkoppelung* um 1800 wegfiel.

Fellvoll Ein *Fellvoll bekommen* bedeutet in Hamburg so viel wie eine Tracht Prügel beziehen, die nicht nur bei Kindern und Jungs unter sich, sondern durchaus auch einmal vom Vater od. Lehrer, als das noch nicht verpönt und verboten war, am widerspenstigen Nachwuchs vorgenommen wurde. Man sprach von *dat Fell* (die Haut) *versahlen, dat Fell vullkriegen.* Solche Abreibung konnte auch als → *Jackvoll* od. im Straßenjargon als *Arschvoll* od. → *Morsvull* bezeichnet werden. Raa.: *dat Fell versupen* bedeutete übrigens, beim Leichenschmaus ordentlich hinzulangen, und jemandem *dat Fell över de Ohrn trecken* (ziehen) hieß, jemanden auszunehmen, auf üble Weise zu betrügen od. auszunutzen.

Fenner (Plur. *Fenners*) Fender. 1. seem. Schutzpolster an Bordwänden, Kaianlagen und Pontons, um Stöße beim Anlegen abzufedern und die Reibung zu vermindern. Früher benutzte man verschiedene Materialien wie Korkkissen, Rundhölzer od. Tauwerk, heute der Einfachheit halber alte Autoreifen – nicht nur in Hamburg, aber gerade in Deutschlands größter Hafenstadt. 2. Kamingitter, Ofenvorsetzer, eiserner Schild, um Funken und Glut vom Fußboden fernzuhalten (vgl. → *Avenfenner*)[302]. Von engl. *fenner* (seem. Fender, Kamingitter, Kotflügel).

Feudel Tuch zum Aufwischen. Ein *Feudel* ist der Scheuerlappen, mit dem der Boden *gefeudelt* (aufgewischt) wird (ndd. *Feueldoog*). Der Feudel wird über einen Schrubber gelegt, der in Hamburg → *Leuwagen* heißt (Scheuerbürste mit langem Stiel), nachdem er in das Wasser des *Feudeleimers* eingetaucht und mit großem Körpereinsatz ausgewrungen worden ist. Der Eimer wurde am → *Handstein* gefüllt und geleert (Ausguss mit hoch angebrachtem Wasserhahn). Von nordd. *feul* über ndl. *feil* aus frz. *faille* (grober Seidenstoff). Vgl. → *Dweiel* (Schiffsmopp).

Feudelstrich („Fußleiste", die nur aus einem handbreiten Ölfarben-Schutzanstrich besteht) → *Lamperie.*

Fibel Die *Fibel* ist nicht nur in Hamburg das Lehrbuch für Leseanfänger, aber vielleicht sollte ein Schulsenator od. eine Schulsenatorin, um nicht noch einmal durch einen Volksentscheid gestoppt zu werden, ganz einfach das pädagogische Universalprogramm aus Finkenwerder übernehmen: *Eerst in de Fibel,/ denn in de Bibel,/ denn in 't Book,/ denn büst klook.*

301 Schleswig-Holstein-Lexikon S. 143

302 HWB 2/50

ficheln fächeln, sanft streicheln wie der Wind, liebkosen, schmeicheln; *week und warm fichel de Wind; se fichel em üm 'n Boort.*

fickerich ugs. ungeduldig, nervös, aufgeregt; *so 'n ganz fickerigen Keerl.*

fickfacken tändeln, umhertreiben; *nu man nich lang fickfacken!* Subst. *Fickfackereen* (Plur.): Possen, Hokuspokus; *de Keerl mookt allerlei Fickfackereen.*

ficks (a.: fix). 1. schnell, flink; *dat geiht ganz ficks; bannig ficks op de Been sien.* Ra.: *bang bün ik nich, aver lopen kann ik ficks!* Syn.: → *gau.* 2. gut, trefflich; *'n ficksen Keerl; 'n söte (seute) Deern, flink un ficks.* Ra.: *buten ficks un binnen nix* (aufgeputzter Angeber). 3. viel, groß, umfangreich, stark, heftig, sehr; *ficks in de Gangen* (eifrig am Wirken); *ficks koolt* (sehr kalt); *ficks od. nix* (gründlich od. gar nicht). Ra.: *ik will di ficks wat schieten!* (ich tue dir den Gefallen nicht); *lang man ficks to!* (Nötigung zum Essen).

Fidelkumstmit unveräußerlicher Erbbesitz. Verballh. aus *Fideikommiss* (unteilbares und unveräußerliches Familienvermögen).

Fidibus (Plur. *Fidibussen*) ist ein gefalteter Papierstreifen zum Anzünden od. Weiterreichen des Feuers.

Fiduuz Vertrauen, Mut; auch Freude, Lust, Gefallen; *jümmers 'n beten Fiduuz to di sülven hebben* (Selbstvertrauen haben); *dat weer nich na sien Fiduuz* (das passte ihm nicht). Von lat. *fiducia* (Vertrauen, Zuversicht, Mut)[303].

Fie Sumpf, → *Brook,* feuchtes Land in Flur- und Straßennamen. Von mnd. *vî* (n., Sumpf, Brook, Bruch; Sumpfwald; Teich)[304]; *Vielohkamp, Vielohweg* (Schnelsen, Niendorf) bedeutet Sumpfwald, *Vielohwisch* (Schnelsen) bewachsene Sumpfwiese.

[1] Fiedel Saiteninstrument, Geige. Erw.: *Fiedelspeler* (Geigenspieler); *Fiedelstock* (Geigenbogen); *Fiedelkasten* (Geigenkasten). Verb → [1] *fiedeln.* Syn.: → *Vigelien.*

[2] Fiedel Tragbrett für 25 bis 30 Ziegelsteine, die der Steinträger vor dem Einsatz von Kränen auf dem Bau schultern und zu den Maurern auf das Gerüst tragen musste. So entstanden früher Büro- und Wohnblöcke. Die *Fiedel* war leicht nach innen gewölbt od. mit Randleisten versehen, damit die Steine nicht abrutschten und vom Rohbau regneten, wenn der Träger auf der Leiter seinen Balanceakt vollbrachte. Vgl. → *Puhahn.*

[1] fiedeln Geige spielen; *he fiedel för de danzlustigen jungen Lüüd; dat geiht nich anners, sä de Jung un fiedel op 'n Stock*[305].

[2] fiedeln unsauber schneiden, umständlich sägen; *he fiedel sien Wust un Schinken.* Subst. *Fiedelkraam* (unsauber Abgeschnittenes, Fetzen).

Fiefgroschenjung Eckensteher, Taugenichts, Nichtsnutz, ein Gelegenheitsarbeiter, der kaum zu gebrauchen ist und dessen Arbeit mit fünf → *Groschen* bereits überbezahlt wäre.

Fieg [spr.: *fiech*] (Plur. *Fiegen*) Feige, getrocknete Feigenfrucht. Eine *Fiegensnuut* („Feigen-

303 lt. Carl Groth

304 Lübben S. 478

305 HWB 2/63

schnauze") war ein Kind, das gepetzt hatte[306]. Vgl. → *Klafferkatt* („Petze"). Spottreim: *Klafferkatt/ gah to Stadt,/ kööp för 'n Groschen Snuuftoback,/ kööp för 'n Groschen Fiegen,/ dor kannst du goot no swiegen.*

fieken ein kreischendes Geräusch machen[307]; *dat fiekt,* etwa, wenn eine klemmende Schublade geöffnet wird, wenn ein Sägeblatt sich festläuft und wenn ein Ferkel an der Hinterbeinen gegriffen wird, um verladen zu werden: *dat Farken fiekt.*

Fienbroot Feinbrot, Brot aus gesiebtem Roggenmehl od. Mischbrot aus Weizen- und Roggenmehl. Helles Weizenbrot hieß Weißbrot, dunkles Brot → *Swattbroot* (Schwarzbrot). Vgl. → *Pumpernickel.* Spottn.: → *Hein Fienbroot* (jmd., der ein Schwächling ist, od. jmd., der vornehm und gebildet tut).

Fierbaas arbeitsloser und meist auch arbeitsscheuer Mann, Tagedieb; *dat is so 'n Fierbaas, de de Arbeit nich funnen hett*[308].

¹ fieren seem. langsam senken, herunterlassen. Ggs.: → *hieven* (hochwinden).

² fieren feiern. Subst. *Fier* (Feier), *Fiereree* (das „Gefeiere") Vgl. → *Fierbaas.*

fiet Interj. zur Verhöhnung od. Verspottung, die in Hamburg zusammen mit dem ausgestreckten, geschabten od. sogar mit dem Stinkefinger gebraucht wurde[309].

Fietje ist die Koseform des Vornamens Friedrich, der *Fietjekraam* ist ein Dummejungenstreich, die *Fietjepupereen* weisen auf sexuelle Flatterhaftigkeit hin (die allerdings nicht nur auf Hamburger mit dem Vornamen Friedrich beschränkt gewesen sein dürfte), während *mien söten Fietjepuper* wiederum ein Kosename für Mädchen und Frauen war, die alles andere als *Fietjepupereen* betrieben, sondern *Fietje* treu und schmachtend ansahen.

Fietje-Bood wurde ugs. nach 1900 ein Fahrradkarussell in einer Bude am Millerntor genannt, das mit Pedalkraft in Bewegung gesetzt werden musste[310].

Fietje-Goorn ugs. Name für ein früheres Tanzlokal in der Hamburger Straße (Barmbek-Süd), den „Victoria-Garten"[311].

Fietjepupereen (Flatterhaftigkeit) → *Fietje.*

Fimmel 1. Verrücktheit, Spleen; *'n Fimmel hebben.* 2. Rausch. Syn. → *Glimmer.*

Fink (Plur. *Finken*). 1. Unter *Finken* verstand man bis ins 19. Jahrhundert sämtliche jagdbaren Singvögel, die damals in allen Hamburger Bevölkerungsschichten viel gegessen wurden. Wer nun in historischem Zorn nach Nabu und Greenpeace ruft, muss sich leider sagen lassen, dass das Vogelfangen seinerzeit nicht strafbar war und diese Taten heute ohnehin verjährt wären. 2. Die Finken in → *Pluckfinken* waren glücklicherweise keine Vögel, sondern in kleine Stücke geschnittener Walspeck. Andererseits – Wale sollen wir ja

306 Mensing 2/82
307 Mensing 2/82 f.
308 HWB 2/70
309 HWB 2/71
310 HWB 2/71
311 lt. Hermann Axnick

auch nicht mehr fangen. Die Zeiten ändern sich, und sie ändern sich teilweise zu Recht.

Finkeljoochen minderwertiger Branntwein, billiger Schnaps, → *Fusel; dat is keen Finkeljoochen, dat is Gottes Woort,* wurde der Wirt gelobt, wenn er mal eine bessere Sorte ins Glas gegossen hatte[312]. Von rotw. *finkeln* (brennen) und jidd. *jajin* (Wein)[313].

Finkwarder Speck Trockenschollen hießen auf Finkenwerder *Finkwarder Speck*. Es waren die ersten kleinen → *Maischollen,* die unter dem Dachüberstand, vorwiegend am Auedeich, zum Trocknen aufgehängt wurden. Sie mussten trocken sein, bevor die Fliegen anfingen, ihre Larven in den Schollen abzulegen. Zu Bier und → *Köm* wurden Streifen abgeschnippelt und als Snack[314] gegessen[315].

Finkwarder Speeldeel → *Speeldeel.*

[1] Fips m., Spottn. für ein kleines, dünnes Kerlchen; *wat wüllt du lütte Fips vun mi?!* Häufig als Hundename gebraucht, und zwar bevorzugt für kleine Kläffer, für die es höchstens zum Wadenbeißer, aber nicht zum Kampfhund reichte; *'n Freten för Fips* („Hundefraß“)[316]. Adj. → *fipsich.*

[2] Fips Kartenspiel, bei dem jeder Spieler fünf Karten erhält. Die Karo-Sieben ist der höchste Trumpf[317].

fipsen stehlen, schnell etwas greifen[318].

312 HWB 2/78
313 Wolf: Rotwelsch S. 98
314 h.: engl. kleiner Imbiss
315 lt. Inge Foerster-Baldenius
316 Mensing 2/108
317 lt. HWB 2/85
318 HWB 2/85

fipsich Adj. winzig, schwächlich, unscheinbar; *so 'n fipsigen Keerl.* Von → [1] *Fips* (kleiner Kerl).

Firstrieder Auf manchen Bauernhäusern sieht man zum Dachgiebel hin Gestelle, die die Störche zum Nestbau verleiten sollen. Manchmal wurden alte Wagenräder verwendet. Das waren die *Firstrieder,* die Firstreiter. Nahm ein Storchenpaar das Nest erst einmal an, kamen die Vögel oft jahrelang zu ihrem angestammten Nistplatz zurück.

Fischkistendörp Abf. Bezeichnung für *Lurup* während der Weltwirtschaftskrise Anfang der Dreißigerjahre, als viele arbeitslos gewordene Beschäftigte der Altonaer Fischindustrie, die die Miete in der Stadt nicht mehr zahlen konnten, in den Ort zogen und dort in Behelfsheimen, Bretterbuden und Lauben hausten[319].

Fischmarkt Einen Fischmarkt findet man in vielen Städten, aber „den“ *Fischmarkt* als Attraktion und Volksfest gibt es nur in Hamburg an der Großen Elbstraße zwischen St. Pauli und Altona. An jedem Sonntagmorgen zwischen ca. 5 und 10 Uhr schiebt sich eine unübersehbare Menschenmenge an den Imbissbuden, Ständen und den Marktschreiern vorbei – Nachtschwärmer vom → *Kiez,* Besucher von außerhalb und Frühaufsteher aus der Stadt. Fisch gibt es zwar immer noch zu kaufen, frisch und in geräucherter Form (→ *Aale, Aale*), aber das Angebot an Trödel, Kitsch, *Tinnef* (rotw. Schund), Blumen, Obst, Gemüse, Bananen (lastwagenweise), lebenden Hühnern, Gänsen und Enten und den hässlichen mannshohen Grünpflanzen aus Holland überwiegt.

319 lt. Hans-Hermann Wölfert

Fisikus hamb. Arzt im städtischen Dienst, hochspr. *Physikus* (Bezirksarzt, Kreisarzt). Von lat. *physicus* (Naturkundiger).

Fisimatenten (*Fisematenten*) bedeutet Unsinn, Blödsinn, Sperenzchen, eine Tat, die böse Folgen haben könnte. Während der französischen Besetzung zu Zeiten Napoleons sind zahlreiche verballhornte frz. Ausdrücke in die deutsche Umgangssprache übergegangen, viele auch ins Hamburgische. Wie es bei Besatzungssoldaten und vor allem deren Offizieren üblich war, warfen sie schon mal ein Auge auf die einheimischen Mädchen mit der eindeutig-zweideutigen Aufforderung *visitez ma tente* (besuchen Sie mein Zelt). Die Hamburger Mutter, um den Ruf der Tochter besorgt, rief entsetzt: Mach bloß keine *Fisimatenten!* Ra.: *to so 'n Fisimatenten hebbt wi keen Geld to.* Eine andere Quelle führt die Ausrede *je visite ma tante* (ich besuche meine Tante) des frz. Soldaten gegenüber dem Wachtposten am Tor an. Strenge Sprachforscher verweisen auf das lat. *visae patentes* (ordnungsmäßig verdientes Patent), auf das mhd. *visamente* (Zierrat) od. schreiben fantasielos gleich *H. u.* (Herkunft ungeklärt) in ihre Etymologie [320]. Nicht nur Hamburg, auch Berlin und unzählige andere Städte in Deutschland erheben den Anspruch auf den Ursprung des Ausdrucks *Fisimatenten.*

320 Herkunftswörterbuch

Reges Treiben auf dem Alten Fischmarkt zwischen Domplatz und Brandstwiete, um 1900

Fissel m. 1. Ein *Fissel*, Adj. *fisselich*, ist das kleine Stück eines Fadens, auch beim Regnen od. Schneien. Verb → *fisseln* (nieseln, fein regnen od. schneien).

fisseln 1. nieseln, langsam und fein regnen od. schneien; *dat fisselt un drisselt den langen Dag.* Subst.: → *Fissel* (kleines Stück eines Fadens). Vgl. → *drieseln* (nieseln); → *krömeln* (krümeln). 2. Richey hatte 1755 noch eine weitere Erklärung: *einen heimlichen Wind lassen*, was hier nicht näher ausgeführt werden soll und was Richey zusätzlich mit dem lat. Verb *pedere* erklärt, das das Gleiche aussagt[321]. Wer sich damals als gelehrter Humanist mit der hamburgischen Mundart beschäftigte, sprach selbstverständlich unter seinesgleichen trotzdem lateinisch od. griechisch.

fix (flink) → *ficks.*

[1]Flaag [spr.: *flou*] (Plur. *Flagen*). Regenguss, Bö, plötzlicher und heftiger Schauer (mnd. *vlage*); ein verfliegendes Wetter vom Winde od. Regen[322]; *'n böse Flaag mit Hagel un Storm.* Vgl. → *Stintflaag.*

[2]Flaag (Plur. *Flagen*). 1. eine Fläche, ein Streifen Land. Erw.: *Dweerflaag* (kurzer Queracker). 2. eine Strecke, ein Stück des Weges, bes. der Teil einer Straße od. eines Deiches, der von dem betreffenden Anlieger zu unterhalten war. Syn.: *Flach* (Stück Land, Parzelle; Strecke).

Flach (Strecke) → [2]*Flaag.*

Fladduus (Plur. *Fladdusen*) bezeichnet einen „schrägen" Damenhut, eine unordentliche Frisur od. übertr. gleich ein flatterhaftes Mädchen.

Fladen 1. Flaches, Ausgebreitetes, flach und breit sich erstreckende breiige Masse. *Kuhfladen* (Kot von Rindern), bei Richey sehr direkt: *fladdern: dünne scheissen, wie die Kühe ihre Fladen fallen lassen*[323]. 2. großes flaches Stück Brot od. Kuchen.

Flapp Flappe, „Hängemaul", schiefer Mund, vergrößerte Unterlippe; *treck man nich so 'n grote Flapp!* (zum bockig weinenden Kind); *de Flapp hangen loten* (Gesichtsausdruck nach einer Enttäuschung); *he mookt 'n Flapp* (zieht einen → *Flunsch*). Richey: *Flabbe: ein breites und hangendes Maul, dergleichen die Ketten-Hunde haben*[324]. Verb *flappen* (die Lippen hängen lassen, schmollen, maulen). Von mnd. *vlabbe (breithangendes Maul, bes. verächtl. Bezeichn. eines schwatzhaften Mundes. flabbe-munt, Maulaffe, Maulheld)*[325]. Vgl. → *Flunsch;* → [1]*Flotz.*

Flaps m., Flegel, Lümmel; *du Flaps!; dat is 'n groten Flaps.* Adj. *flapsich* (flegelhaft).

Fleder Holunder wurde ugs. nur *Fleder* (Flieder) genannt. Der weit verbreitete und schnell wachsende Strauch mit seinen Fruchtdolden lieferte nicht nur Tee aus den Blüten, sondern auch Saft aus den Früchten und Heilmittel für fast jedes Wehwehchen. Bei Durchfall od. Bauchschmerzen gab es *Fledertee*: *Fledertee, Fledertee, Mudder, mi deit de Buuk so weh!* Kein Familienmitglied entging bei Husten od. Schnupfen Großmutters

321 Richey S. 57
322 Richey S. 57
323 Richey S. 57
324 Richey S. 57
325 Lübben S. 482

Die Fleete, wie in Hamburg die binnenstädtischen Kanäle genannt werden, waren noch im Jahre 1920 unverzichtbar für den Warenverkehr zwischen Hafen und Innenstadt. Sie wurden mit Schuten oder Ewern befahren, wie hier das Fleet beim kleinen Jungfernstieg, 1884.

→ *Grog* aus → *Fliederbeersaft* (Erwachsene mit einem Schuss Rum, Kinder ohne). In den Marschgebieten galt der Flieder sogar als Beschützer von Haus und Hof: *ahn Fleder vör 'n Huus is dat Huus man half.* Nicht zu verwechseln mit dem spanischen od. türkischen Flieder, der hauptsächlich in Operetten vorkommt. Zur Unterscheidung vom Holunder spricht man hier vom *fienen Fleder* od. → *Sireen.*

Fledertee (Tee aus Holunderblüten) → *Fleder.*

fledich (*flödich*) Adj. 1. leicht gebaut, zerbrechlich, schwach, dünn, zart; *de lütt fledige Boom; de smalle, fledige Jung.* 2. weich, geschmeidig, fließend; *fledich un flink* (wie ein Vogel). Richey: *fledig Ledder, fledig Linnen*[326]. Adv. 1. leicht, mühelos; *ehr Arbeit kann se fledich doon.*

Fleet n., schiffbarer Kanal in norddeutschen Küstenstädten, besonders in Hamburg, wo die innerstädtischen *Fleete* der Hansestadt einen Anklang an Venedig beschert haben. Die Wasserläufe waren teilweise Mündungsarme von Alster und Bille in die Elbe, teils Überlaufgräben des aufgestauten Alsterbeckens, teils angelegte Gräben entlang der Straßen. Auf → *Schuten* und abgetakelten → *Ewern* wurde die Ladung auf den großen Fleeten zu den Speichern gebracht. Da man die Kanäle früher nicht nur zur Trinkwasser-Entnahme, sondern auch als Abort und Mülldepot benutzte, ergaben sich schlimme hygienische Zustände und pestilenzartiger Fäkaliengestank. Das Verkehrsnetz aus 29 Fleeten bei 18 Wasserstraßen wurde nach dem → *Großen Brand* 1842 und nach 1945 im Innenstadtbereich auf fünf Fleete vermindert. Von *fleten* (fließen) aus mnd. *vlêt* (fließendes Wasser). Erw.: *Binnenfleet* (Fleet im eingedeichten Marschland). Vgl. → *Fletenkieker.*

326 Richey S. 60

Flegel 1. Dreschflegel, grober Knüppel zum Dreschen per Hand (vgl. → *döschen*). 2. übertr. Lümmel, grober Zeitgenosse. Ra.: *beter lütt un kregel as so 'n groten Flegel.* Vgl. → *Briet* (Rüpel); → *Flaps,* → *Snösel* (Flegel).

Flegenklapp Fliegenklatsche, die man selbst heute noch für 25 Cent als leichtes Kunststoffgeflecht im Supermarkt kaufen kann. Auch bei mir wird bei solchen Begriffen die Kindheit wieder lebendig, und ich erinnere mich an die urige, aber überaus wirkungsvolle *Flegenklapp,* die sich mein Großvater auf dem Dorf aus einer alten Schuhsohle und einem Haselstock gebastelt hatte. Im Sekundentakt knallte sie auf den Tisch in der Wohnküche, und dann wurden die breiigen Reste des erschlagenen Brummers geschickt mit der Kante der Klatsche von der Wachstuchtischdecke auf den Zementfußboden befördert. Von der Decke hingen über und über mit im Todeskampf zappelnden Tierchen bedeckte Fliegenfänger in Form von Leimruten. Von → *Klein Erna* wissen wir, dass es dann an der Zeit war, relativ unbelästigt im → *Schiethuus* sein Geschäft zu erledigen, denn mittags waren die Fliegen alle in der Küche und nicht am besagten Örtchen.

Flegenschapp Der Fliegenschrank *(Flegenschapp)* war ein an den Seiten mit einem feinmaschigen Drahtgeflecht verkleideter Schrank od. besser ein auf Maß in der Speisekammer fest eingebautes Regal, in dem zu Zeiten, als die Küchen noch nicht mit Tiefkühlkombinationen ausgestattet waren, die Esswaren luftig und sicher vor Fliegen aufbewahrt werden konnten. Übrigens waren die Fliegen das kleinere Problem, viel lästiger waren die Mäuse, die sich durch die Bretter nagten. Es mag Einbildung sein, aber nach 1945 schienen auch die Mäuse so viel Hunger zu haben, dass es in unserer Mansardenwohnung von diesen Tieren geradezu wimmelte und sie trotz aller Vorsorge immer einen Weg zu unseren kargen Essensvorräten fanden. Meine Mutter stopfte die genagten Löcher mit einem zerknüllten Küchenhandtuch wieder zu, aber am nächsten Morgen war auch das durchgenagt. Faltete man es auseinander, sah man auf ein fast „künstlerisches" Lochmuster.

Flegenweert war der Inhaber einer kleinen Gastwirtschaft. Die hochd. Übersetzung „Fliegenwirt" hat nichts mit den Fliegen zu tun, obwohl die in der Gaststube, in der Küche und vor allem im Toilettenhäuschen auf dem Hof reichlich herumgeschwirrt sein dürften, sondern mit dem Fliegen: urspr. *flegen Weert* (fliegender, umherziehender Wirt), der seine Getränke wechselnd an verschiedenen Plätzen anbot, im Hafen sogar vom Ruderboot aus. Vgl. → *Kröger.*

Fleit (Flöte) → [1] *Piep (1).*

Fleitjepiepen Dieser Ausruf bedeutet so viel wie „Pustekuchen!".

Fleken (Plur., Sing. *Fleek*) Flechtwerk. 1. Seitenbretter des bäuerlichen Wirtschaftswagens, früher aus Weidenruten geflochten[327]. 2. aus Weidenruten geflochtener, beweglicher Zaun, der z. B. als Schafshürde diente. 3. aus Schilf od. Stroh geflochtene Matten zum Abdecken der Frühkulturen als Schutz vor den Nachtfrösten. Vom mnd. *vlecht* (Geflecht aus Zweigen, Hürde), *vlechten* (flechten, winden, binden)[328].

327 Ann: Erinnerungen S. 31
328 Lübben S. 483

flennen weinen; *se mookt 'n → Flapp un flennt.* Subst. *Geflenn* (Heulerei). Vgl. → *Flunsch* (mauliges Gesicht).

flensen 1. hist. einen Wal abspecken, daher die Bezeichnungen *Flenshaken* (Speckhaken), *Flensmesser, Flensgatt* (Speckluke), *Flensdeck* (Zerlegedeck auf Walfangschiffen) und *Flenser* (Walfänger) – Leute und Werkzeuge, die heute in Hamburg glücklicherweise ins Museum gehören. Vgl. ndl. *flenzen.* 2. übertr. erhalten geblieben in der Bedeutung „über Bord werfen, hinauswerfen, kündigen, schlagen"; *he is flenst worrn* (er wurde gefeuert); *ik flens di glieks een!* (du kriegst gleich eine gescheuert!) [329].

Fletenkieker (*Fleetenkieker*), also ein „Fleet-Schauer", war urspr. ein vereidigter Aufseher, der die Fahrwassertiefe in Häfen und → *Fleeten* sowie die Reinhaltung der Gewässer zu überwachen hatte. Später wurden die Lumpensammler so verspottet, die mit Langschäftigen, Sack, Korb, Hacke und → *Peekhaken* die bei Ebbe leergelaufenen Fleete nach noch verwertbarem Gerümpel absuchten. Spottruf: *Fletenkieker, Büxenschieter!*

Flett m. od. n., Vordiele in alten Bauernhäusern, quer über die gesamte Breite zwischen Kammerteil (vgl. → *Döns*) und Wirtschaftsteil (Stall) verlaufend.

Flickbusch Bei ihrer Rückkehr im Frühjahr beziehen die Störche oft das Nest vom Vorjahr. Dann sind einige Reparaturen erforderlich. Hierfür werden zum Flicken für die gröber gebauten Nester kleine Zweige und ähnliches Material herangeschafft od. von den Dorfbewohnern bereitgelegt, der sogenannte *Flickbusch.*

329 HWB 2/123

Flicken In früheren Jahren gehörte die Androhung einer Ohrfeige (hamb. *Flicken,* → *Backs*) durchaus zum allgemeinen Erziehungsstil. War der Junge vorlaut od. frech, wurde er von seinem Großvater hin und wieder folgendermaßen verwarnt: *Pass op, kriegst glieks 'n Flicken!* [330] Häufiger war jedoch die Ankündigung, gleich ein paar *achter de* → *Riestüten* (Ohren) zu bekommen.

Fliederbeere (*Flederbeer*). In Dolden wild wachsende Frucht des Holunderstrauchs (→ *Fleder*). Im Herbst zogen die Hamburger zu den → *Knicks* der Umgebung und pflückten *Fliederbeeren.* Die Beeren wurden zu Hause mit einer Gabel von den Stielen abgestreift, im großen Topf mit Zucker aufgekocht und gefiltert. Heute gibt es Entsafter, damals stellte Mutter einen Küchenstuhl mit den Beinen nach oben auf den Küchentisch, band ein Tuch an die vier Beine, stellte eine große Schüssel in den Stuhl und goss den heißen Inhalt des Topfes oben in das Tuch, um Fruchtfleisch und Saft zu trennen. Häufig gab es dabei ein Malheur. Es werden noch jetzt Küchenstühle aus Holz von Generation zu Generation weitervererbt, die unten diese typischen dunkellila Fliederbeerflecken aufweisen.

Fliegender Hamburger Der erste Dieselschnelltriebwagen der Deutschen Reichsbahn-Gesellschaft (DRG) und gleichzeitig erster Stromlinienzug im planmäßigen Einsatz trug die offizielle Bezeichnung DRG 877 a/b, fuhr od. besser „flog" die Strecke vom Berliner Lehrter Bahnhof bis Hamburg Hbf. jedoch so schnell, dass er in der Öffentlichkeit nur „Fliegender Hamburger" genannt wurde. Er stellte während einer Probefahrt am 19. Dezember 1932 einen Geschwindigkeitsrekord

330 lt. Olaf Haselhorst

Der „Fliegende Hamburger" am Hauptbahnhof vor der Abfahrt zum Lehrter Bahnhof nach Berlin. Am 15. Mai 1933 nahm der Schnelltriebwagen den fahrplanmäßigen Verkehr zwischen den beiden größten deutschen Städten auf.

auf und benötigte im fahrplanmäßigen Einsatz ab 15. Mai 1933 für die 286 km lange Strecke 138 Minuten, eine Zeit, die erst ein ICE im Jahre 1997 um drei Minuten unterbot. Der Abstand der Vorsignale zu den Hauptsignalen musste von 700 m auf 1200 m erweitert werden, um den nötigen Bremsweg zu bekommen. Der „Fliegende Hamburger" war ein im Windkanal entwickelter Triebwagenzug aus zwei Großraumwagen mit 98 Sitzplätzen 2. Klasse und einem Büfett für vier Personen. Zwei jeweils 410 PS starke Dieselmotoren trieben Gleichstromgeneratoren an, die den Strom für die Fahrmotoren lieferten. Es gab zwei Führerstände vorn und hinten, sodass er in jede Richtung gefahren werden konnte, ohne gedreht werden zu müssen. Lackiert war er cremefarben und violett, was damals höchsten Luxus signalisierte, denn dabei handelte es sich um die Farben des weltbekannten „Rheingold"-Zuges. Im Zweiten Weltkrieg wurde der Triebwagen abgestellt, 1945 von der französischen Besatzungsmacht beschlagnahmt und 1949 an die Deutsche Bundesbahn zurückgegeben, die ihn bis 1957 als Baureihe DB VT 04.0 betrieb, bis er im Verkehrsmuseum Nürnberg landete. Die vordere Triebwagenhälfte musste aus Platzmangel für die Ausstellung zerschnitten werden, der Rest und der hintere Teil landeten in der Schrottpresse. Übrigens sollte der „Fliegende Hamburger" nicht mit dem „Fliegenden Holländer" verwechselt werden, obwohl das zur Verzweiflung der Eisenbahnfreunde in den heimischen Publikationen immer wieder geschieht. Merke: Der „Fliegende Hamburger" war ein Luxuszug zwischen Hamburg und Berlin, der „Fliegende Holländer" jedoch ein Geisterschiff, auf dem der Teufel mit dem Kapitän um dessen Seele würfelte. Vgl. → *Schienenzeppelin.*

Flinkfleuter Kennen Sie den Begriff *Flinkfleuter?* Mit diesem Ausdruck bezeichneten einige Hamburger Familien einen leichtfertigen Menschen[331].

flitich Adj. fleißig, eifrig, arbeitsam, unermüdlich; *flitich as 'n Imm* (fleißig wie eine Biene); *al so flitich?* (noch immer fleißig?). Ra.: *avends ward de Fuul flitich* (abends wird der Faule fleißig). Botan.: *flitige Liese* (Fleißiges Lieschen).

Flitsche (Katapult) → *Flitzbogen.*

Flitzbogen war ein unverzichtbares Gerät beim Indianerspielen, nämlich ein selbst gebastelter Bogen zum Abschießen von selbst gebastelten Pfeilen. Der Stock aus Hasel od. Buche wurde aus dem → *Knick* geschnitten und mit einer einfachen Schnur krumm und auf Spannung gebogen. Zur weiteren „Bewaffnung" gehörte eine *Flitsche* od. *Fletsche.* Das war ein aus einer Astgabel gefertigtes Katapult. Dazu benutzten wir das Weckgummi[332] eines großen Einmachglases, dessen Zuglasche als „Munitionshalter" diente. Als ich 1947 nicht nur die Wohnzimmerscheibe zerlegt, sondern auch eine Legehenne der Nachbarin per Notschlachtung in den Kochtopf befördert hatte, wurde dieses äußerst gefährliche Spielzeug konfisziert. Auch für den *Flitzbogen* durfte ich nur noch Reetpfeile mit Flaschenkorken auf der Spitze benutzen. Dadurch überlebten zwar die restlichen Hühner, aber die „Jagd" machte nun keinen Spaß mehr. Die Pfeile *flitzten* nicht, sondern glichen in ihrer Flugbahn eher einer Papierschwalbe. Subst. *Flitz* (Pfeil), Verb *flitzen* (sich pfeilschnell bewegen), mnd. *flitze* (langer Pfeil), ndl. *flits* aus frz. *flèche* (Pfeil).

[1] Floor Hausflur, Diele.

[2] Floor Flor, feines Gewebe, Schleier. Erw.: *Floordook* (Halstuch).

Flööz →[1+2] *Flotz.*

Flott (Plur. *Flööt*). 1. Botan. Wasserlinse; vgl. → *Entenflott.* 2. Fettschicht auf gekochter Milch. 3. Schwimmkörper am Fischernetz.

[1] Flotz f., ugs. derb für Mund, Maul, loses Maulwerk; *de Flotz hangen loten.* Hamb. teilw. auch *Flööz.* Syn.: → *Flapp* (Flappe); → *Flunsch.*

[2] Flotz m., Schimpfw. für frecher Kerl, Flegel, Grobian, → *Briet,* → *Snösel; du Flotz, du!; so 'n Flotz vun Keerl;* scherzh.: *bi Blohm un Flotz arbeiden* (bei Blohm + Voss beschäftigt sein)[333]. Hamb. teilw. auch *Flööz.* Adj. → *flotzich* (frech).

flotzich (*flötzich*) Adj. frech, grob, flegelhaft; *man nich glieks so flotzich!*

flucks veralt. Adv. für schnell, umgehend, flugs. Richey: *He meent, man mutt em flucks uphüppen: er meinet, man müsse ihm sogleich aufwarten*[334].

331 lt. Astrid Dittmer
332 Weck ®: Firmenname (für Einkochgläser und -geräte)
333 HWB 2/138
334 Richey S. 100

Fludder m., Durchfall; *ik heff den Fludder.* Wenn jemand oben statt unten, also durch den Mund, viel Unsinn und rhetorischen Unrat von sich gibt, nannte man so einen → *Flunkerbüdel* spött. auch einen *Fludderbüdel.*

flümen Als Kinder sagten wir *pupsen* dazu, seriöse Wörterbücher drücken sich gewählter aus: eine Blähung leise abgehen lassen[335]. Wenn der Nebel steigt, hieß es: *de Voss flüümt,* wobei der Fuchs allerlei Blähungen hätte abgehen lassen müssen, um eine Stadt wie Hamburg einzunebeln.

Flunk (Plur. *Flünk*). 1. Flügel; *enen bi 'n Flunk kriegen* (jmd. festhalten); *sik bi de Flünk hebben* (sich streiten); *de Flünk hangen loten* (verzagt sein). 2. übertr. Arm des Menschen; *enen wat op de Flünk geven* (sich prügeln). Eine *Flunkmadamm* ist ein flatterhaftes, junges Mädchen. Adj. *flunkich* (flügge).

Flunkerbüdel ist jemand, der es mit der Wahrheit nicht besonders genau nimmt, der aufschneidet, ausschmückt, hier und da ein bisschen lügt und sich selbst in den Mittelpunkt jeder Erzählung zu rücken weiß – eben einer, der *flunkert.* Es ist bezeichnend, dass dieses Schimpfw. besonders häufig auf Angler angewendet wird, wenn in deren Schilderung der Hungerkarpfen, den sie aus dem Rückhaltebecken gezogen haben, nach der zehnten Lage → *Lütt un Lütt* am Stammtisch allmählich zu einem Walfisch mutiert ist von einer Größe, die nicht mehr in die Binnenalster gepasst hätte; *vun dat, wat de ool Flunkerbüdel preestert, is dat Halve logen un dat anner nich wohr.* Syn.: *Flunkerbüx, Flunkerhans, Flunkerjoochen, Flunkermarten* (männl.) und *Flunkertasch* (weibl.)[336]. Von → *flunkern.*

Flunkeree Flunkerei, Halb- od. Unwahrheit. Von → *flunkern* (es mit der Wahrheit nicht sonderlich genau nehmen).

flunkern bedeutet *schwindeln* und stammt aus dem Niederdt., hat aber ugs. die Grenzen unserer Region längst überschritten, weil man mit diesem Verb so schön ausdrücken kann, dass jmd. etwas nicht ganz der Wahrheit Entsprechendes erzählt. Urspr. *glänzen, schimmern,* dann *glänzen wollen,* und wer in seinen Erzählungen mit sich selbst im Mittelpunkt glänzen will, der *schneidet auf,* der *flunkert.* Subst. → *Flunkeree.* Schimpfw.: → *Flunkerbüdel.* Wie ndl. *flonkeren* (glänzen, schimmern).

Flunki 1. Spottn. für einen Kellner, bes. seem. für den Steward od. Messejungen; *he harr as Flunki fohrt* (war als Steward zur See gefahren). 2. übertr. ein leichtfertiger, unzuverlässiger junger Mann, eben ein *Deernsjager* (Weiberheld). Von engl. *flunky* (Lakai).

Flunkmütz Eine *Flunkmütz* war z. B. auf Finkenwerder ein Teil der Festtagstracht bei Frauen, und zwar eine Kappe mit halbmeterhohen flügelähnlichen und reich bestickten Aufsätzen an beiden Seiten[337]. Von → *Flunk* (Flügel).

Flunsch Der od. die *Flunsch* bezeichnet einen verzogenen Mund; *'n Flunsch trecken* (ein mauliges Gesicht machen); *den Flunsch hangen loten* (mutlos sein). *Flunsch* ist verwandt mit dem Verb

335 HWB 2/141

336 Goltz: Schimpfwörterbuch S. 44

337 HWB 2/142

1962: Zwei Hamburger Hafenarbeiter machen „Foffteihn", eine Pause von rund 15 Minuten.

flennen (den Mund verziehen, weinen); mhd. *vlans* (abwert. Maul). In Hamburg bezeichneten die Kinder auch die Kuhle beim → *Marmelspiel* als *Flunsch.*

Flurzwang hieß die Anordnung, die oft extrem schmalen Ackerstreifen eines → *Gewanns* gemeinsam in → *Feldgemeinschaft* zu bewirtschaften, weil dort individuelles Pflügen, Säen und Ernten des einzelnen Bauern od. gar eine unterschiedliche Fruchtfolge nicht möglich waren. Der *Flurzwang* fiel nach der Neuaufteilung des Landes mit der → *Verkoppelung* im 18. und 19. Jh.

Flusen (Plur., Sing. *Fluus*). Flausen – allg. Woll- od. Haarbüschel, übertr. Hirngespinste bzw. mehr od. weniger lustige Einfälle; *de hett Flusen in 'n Kopp; sett di man keen Flusen in 'n Pelz* (bring dich bloß nicht in Schwierigkeiten); vgl. → *Grappen.* Verb *flusen* (zerzausen, etwas Lockeres durcheinanderbringen), Adj. *flusich* (unordentlich, zerstreut).

Fock, Gorch (Pseud. von Johann Kinau, *Gorch* eigentl. Vorname) → *Gorch Fock.*

Foffteihn (*föffteihn*). 1. Die Zahl Fünfzehn. 2. Die Arbeitspause von ungefähr 15 Minuten; *wi wüllt eerst mol Foffteihn moken*; *Foffteihn!* (Ruf als Aufforderung, eine Pause zu machen). Es gibt Deutungen, dass sich die Fünfzehn nicht auf die Minuten, sondern auf das Zählen bei schwerer Tätigkeit beziehen könnte. Arbeiter an der Ramme zogen 14 Mal an, beim 15. Mal machten sie Pause. Auch beim Laden von Gütern wurde beim 15. Stück od. Sack eine Trinkpause eingelegt. Zähllied: ... *dörteihn, veerteihn, föffteihn, stop, bi föffteihn kümmt 'n Sluck boben op!* od. *op föffteihn gifft 'n Drinker*[338]*, denn geiht 't bi sössteihn flinker.* Vgl. → *Halbe* (Pause von 30 Minuten).

foken (oft) → *faken.*

Föötken [spr.: *feuken*] n., Untertasse (Finkenw. u. Altes Land), eigentl. Dimin. zu *Fatt* (Fässchen), ugs. aber mit *Foot* (Füßchen) verknüpft als Untersatz einer Tasse; *Küppen un Föötken* (Tasse und Untertasse)[339].

Foottappen (Fußspuren) → *Tapp.*

för lau wie → *för natt* (umsonst, unentgeltlich). Hier geht *lau* nicht auf das hochd. [1] *lau* für *mild* zurück, sondern auf das jidd. [2] *lau* für *nichts, kein, nein, ohne*[340]; für *lau* arbeiten (ohne Bezahlung arbeiten).

för natt bedeutet für umsonst bekommen, ohne Gegenleistung ergattern, ohne Einsatz beim Spielen gewinnen; *dat kann ik di för natt besorgen,* also umsonst. Wie → *för lau.*

Forke 1. Die *Forke* war und ist eines der wichtigsten Arbeitsgeräte des Bauern. Es handelt sich um eine große Gabel mit in der Regel zwei bis fünf Zinken und hölzernem Stiel *(Forkensteel)* zum Auf- und Abladen sowie zum Verteilen von Heu, Stroh, Garben (*Heugabel,* zwei- od. dreizinkig), Dung (*Messfork* – Mistforke, vier od. fünf Zinken) od. zum Umgraben (→ *Graavfork* – Grabgabel). Eine *Rübengabel* hat zehn Zinken mit kugelförmigen Enden, um ein Aufspießen der Rüben zu vermeiden, und eine *Futtergabel* zum

338 Schnaps
339 HWB 2/158
340 Wolf: Rotwelsch S. 194

Streuen der geschredderten Silage sogar 12 bis 20 Zinken. Der Stiel der Heugabel ist lang und gebogen, der der Mistforke kürzer und kräftiger, und die Grabgabel hat einen Griff am oberen Stielende. Von lat. *furca,* mnd. *vorke*[341]. Abergl.: Zu Zeiten, als der Bauer weniger dem Tierarzt als der → *Spökenkiekerei* (Geisterglaube) vertraute, musste eine neu gekaufte Kuh rückwärts über die Stallschwelle geschoben werden, auf der kreuzweise eine Axt und eine Forke gelegt worden war, die Axt mit der Schneide nach innen. Das sollte vor Hexen, Krankheiten und Fehlgeburten schützen[342]. 2. Ganz, ganz früher nannte man die Gabel als Essgerät ebenfalls *Forke.* Das ist glücklicherweise überholt, denn wer wollte schon mit *Messer und Forke* am Tisch sitzen?

Franzbrot (Hefegebäck) → *Botterfranzbroot.*

Franzosenzeit Die französischen Ausdrücke kamen in großer Zahl nach Hamburg, weil Hamburg zeitweise ein Teil Frankreichs sein musste. Nach dem Sieg über Preußen bei Jena und Auerstedt ließ Napoleon am 19. November 1806 auch das neutrale Hamburg besetzen und am 1. Januar 1811 sogar seinem Kaiserreich einverleiben. Diese *Franzosenzeit,* die erst am 30. Mai 1814 endete, brachte den Hamburgern Unterdrückung, Steuerlast, Kriegsdienst, Festungsbau, Belagerung, Aufstände, Hungersnot, Vertreibung (allein 1183 Tote auf der Flucht), aber auch vielfältige und nachhaltige Begegnungen mit der französischen Sprache und Kultur, dem neuen Zivilrecht und den ja nicht nur negativen Errungenschaften der Französischen Revolution. Zwischenzeitlich waren die Franzosen 1813 für zweieinhalb Monate zum Abzug gezwungen, und zwar von einer damals hoch willkommenen russischen Armee unter dem General Friedrich Carl Freiherr von Tettenborn, den die Hamburger aus Dankbarkeit gleich zum ersten Ehrenbürger der Stadt machten.

Franzosenzeit – Besatzungszeit. In der Weihnachtsnacht 1813 ließ Marschall Davout 2000 Hamburger Einwohner aus der Stadt vertreiben, weil sie sich nicht mit Lebensmitteln für sechs Monate hatten versorgen können. 1183 Menschen kamen auf der Flucht um. Auf dem Gemälde von Siegfried Bendixen die Petrikirche, einer der Sammelplätze zur Vertreibung.

341 schon bei Richey S. 66: Forke: Gabel; Meß-Forke: Mist-Gabel

342 HWB 2/163

Frederik VIII. (König von Dänemark) → *Kalkhof.*

Freetsack (Plur. *Freetsäck*) Schimpfw. Fresssack (starker Esser). Syn.: *Freetbüdel* (Vielfraß). Vgl. → *freetsch* (gefräßig).

freetsch Adj. gefräßig; *freetsch as 'n jungen Hund.* Verb *freten* (fressen).

Fregatt „Fregatte", auffällig herausgeputzte, meist ältere Frau (Bezug nehmend auf den aufwendig getakelten Dreimaster); *de optakelte Fregatt hett sik utstaffeert as 'n Dannenboom to Wiehnachten*[343].

Freiwache seem. dienstfreie Zeit des Seemanns an Bord. Vgl. → *Hundewache;* → *glasen.*

Fremdenblatt Das „Hamburger Fremdenblatt", das vielen als Qualitätszeitung der Vorkriegszeit im Gedächtnis geblieben ist, wird fälschlicherweise häufig für den Vorläufer des Hamburger Abendblatts gehalten. Das → *Abendblatt* ist eine Neugründung aus dem Jahr 1948, das *Fremdenblatt* geht auf die Liste der ankommenden Fremden in Hamburg (ab 1828) zurück, erschien vom 24. September 1864 an als „Hamburger Fremden-Blatt", kam 1907 zum Verleger *Alfred Broschek* (1858 bis 1925), wurde 1936 von den Nationalsozialisten enteignet und 1944 mit anderen zur → *Hamburger Zeitung* zwangsvereinigt. Nach 1945 für die Besatzungsmacht nicht lizenzfähig, unternahmen Broscheks Erben 1954 einen kurzen, erfolglosen Versuch der Wiederbelebung. Danach führte das Abendblatt bis zum 4. April 1992 den Namen *Hamburger Fremdenblatt* in Lizenz als Untertitel, um ihn für Mitbewerber zu sperren. Um 1925 wurde der Gebäudekomplex des *Broschek-Hauses* an der Ecke Heuberg/Große Bleichen vom Architekten *Fritz Höger* (1877–1949) erweitert und mit seiner prägnanten Fassade ausgestaltet. 1979 bis 1982 erfolgte die Ergänzung und der Umbau zum Hotel.

Frikadelle Der gebratene Kloß aus Hackfleisch heißt in Hamburg *Frikadelle* und nicht etwa berlin. Bulette. Aus Gründen den Sparsamkeit od. der weicheren Konsistenz wird das Hackfleisch mit eingeweichtem altem Brot gestreckt. Das kann zu viel werden, sodass sich dann die Frage stellt, ob die Frikadelle vom Schlachter od. vom Bäcker stamme. Es gab früher in Hamburg eine bekannte Bäckerei Kloss, und wenn die Frikadellen recht viel Brot enthielten, dann wurde gesagt: *düsse Frikadellen sünd mehr Kloss as Oss*[344] (enthalten mehr Brot als Fleisch).

frische Suppe Suppe aus frischem (Rind-)Fleisch und frischem Gemüse, früher ein Festtagsessen od. gar ein Hochzeitsessen. Dazu kaufte Mutter Kochfleisch (Hochrippe od. Rinderbeinscheiben) und, falls sie das Suppengrün nicht ohnehin im Garten hatte, beim → *Grünhöker* ein → *Suppenbund,* das er aus einer halben Sellerieknolle mit Kraut, Porree, krauser Petersilie, Wurzeln und einer Petersilienwurzel zusammengestellt hatte. An guten Tagen kamen noch *Ballkens* (Fleischklößchen) und *Eierstich* (im Wasserbad gestockte Ei-Masse) in die Suppe.

Frostkötel Ein *Frostkötel* bezeichnet einen leicht frierenden Menschen, und wenn Kinder sich so schimpften, so meinten sie, der Beschimpfte sei ein Stubenhocker.

343 Goltz: Schimpfwörterbuch S. 45

344 Ochse

Fruchtjager (Schiffstyp) → *Lüjoll.*

fuchtich Statt → *Tschüs* hörte man häufig *holl di fuchtich!* od. auch *holl di stief!* („halt den Nacken steif, mein Junge, lass dich nicht unterkriegen, so schlimm wird's schon nicht werden!") 1. *sik fuchtich hollen* (gesund und munter bleiben); 2. Adj. *fuchtich* (wütend).

Fugenkieker Zwar legen wir mit diesem Band kein Kinderbuch vor, doch bei manchen Ausdrücken hat der Autor Bedenken, ob er sie selbst Erwachsenen mitteilen darf. Dazu gehört auch der *Fugenkieker,* dessen medizinische Tätigkeit wir hier nicht näher beschreiben wollen, dessen überdeutliche Bezeichnung im Volksmund früher aber gang und gäbe war. Es handelt sich um einen Frauenarzt od. Gynäkologen.

Fuhlentwiete Die *Fuhlentwiete* in der → *Neustadt* weckt Erinnerungen. Axel Springers (1912–1985) 1956 eingeweihtes Verlagshaus, das seit 1996 unter Denkmalschutz stehende sogenannte „Hochhaus", hat inzwischen die Postadresse Axel-Springer-Platz 1, liegt aber im spitzen Winkel zwischen Kaiser-Wilhelm-Straße und Fuhlentwiete. Jahrzehntelang prägten zwei jetzt abgerissene Fußgängerbrücken zum Niedersachsenhaus und zum ehemaligen Zeitschriftenhaus („Hörzu") das Straßenbild. Natürlich hat die Fuhlentwiete schon weitaus schlechtere Zeiten erlebt. Die Bezeichnung *fule Twiete* weist auf eine schmutzige und sumpfige Landstraße vom Graskeller zum Dammtor hin, die sich laut Beckershaus in einem „jämmerlichen" Zustand befunden haben muss. Die Erklärungen unter → *fuul* sprechen für sich. Zitieren wir die anschauliche Beschreibung von Horst Beckershaus: „Die Hamburger Straßen hatten früher eine Breite von fünf bis zehn Metern und waren für den Verkehr kaum nutzbar, denn die Kellereingänge ragten meistens noch in die Straße hinein. Die Handwerker arbeiteten vielfach auf der Straße und nahmen zusätzlich mit ihren Gerätschaften noch Platz von der Straße weg. Bürgersteige gab es nicht, und die Abflüsse lagen in der Mitte der Straße und führten von dort in das nächste → *Fleet.*" [345]

Fuhlsbüttel ist seit 1913 Stadtteil von Hamburg. Der Name dürfte ähnlich wie bei der → *Fuhlentwiete* etwas mit → *fuul* zu tun haben. Es handelte sich also um eine Siedlung *(Büttel)* auf sumpfigem Gelände *(fuul).* Der Lauf der Alster war noch ungeregelt und führte zu häufigen Überschwemmungen [346]. Heute denkt man eher an die zubetonierten Flächen des Flughafens und an die festen Bauten der Justizvollzugsanstalten Suhrenkamp, Am Hasenberge und Nesselstraße (→ *Santa Fu*), deren Namen Fuhlsbüttel sich zurechnen lassen muss, obwohl sie heute zum Stadtteil → *Ohlsdorf* gehören.

Funzel Lampe mit schwachem und häufig flackerndem Licht.

fuschen pfuschen, schlecht arbeiten; *enen in 't Handwerk fuschen* (sich einmischen). Subst. *Fuscher* (Stümper, schlechter Arbeiter).

Fusel 1. ndd. abwert. für schlechten Branntwein od. billigen Schnaps. Richey: *schlechter Brantewein* [347]. Verb *fuseln* (schlechten Schnaps trinken). Erw.: *Fuselbuddel* (Flasche mit Fusel); *Fuselkröger* (Wirt einer billigen Kneipe). Wegen

345 Beckershaus: Straßennamen S. 117
346 Beckershaus: Stadtteile S. 44 f.
347 Richey S. 67

seines zollfreien und deswegen reichlich genossenen Sprits wurde Helgoland bei Hamburger Seglern stets *Fuselfelsen* genannt[348]. Syn.: → *Finkeljoochen.* 2. zu dünner Kaffee.

Fuselfelsen (Helgoland) → *Fusel (1).*

futern ausschimpfen, zetern, polternd schelten, mit Worten antreiben; *he futert dor op loos* (er pöbelte los*); sien Oolsch futert den ganzen Dag so rüm* (sein Eheweib zeterte den ganzen lieben langen Tag); *ik will em futern* (ich will ihm Beine machen)[349]. Von frz. *foudre* (Blitz, „Donnerschlag"). Intens. → *schafutern.*

futsch Adv./Interj. verloren, verschwunden (wie im Hochd.); *dor geiht de ganze Hoff mit futsch* (bankrott); *futsch! dor is he weg!; de Deern is ganz un gor in den Schoolmeester futsch* (verliebt). Scherzh. Erw. *futschikato.*

fuul Adj. faul. 1. schmutzig, unrein. 2. morsch, stinkig. Erw.: *fulet Water* (abgestandenes Wasser); → *Fuulbrass* (Abfalleimer). 3. träge, arbeitsscheu. Wer *fuulkrank* ist, ist gar nicht krank, sondern tut nur so aus Faulheit – auf Neudeutsch sagt man, er mache blau. Erw.: *fulet Reck* (träger Zeitgenosse). 4. zweifelhaft; *fule Kraam* (undurchsichtige Angelegenheit). Vgl. → *Fuhlentwiete,* → *Fuhlsbüttel,* → *Fuulbrass.*

Fuulbrass 1. seem. Abfalleimer der Schiffskombüse. 2. übertr. Faulpelz; vgl. → *Fuuljack.*

348 lt. Karl Elend
349 Mensing 2/251

Fuuljack m., Schimpfw. für einen Faulpelz; *dat is 'n ool Fuuljack.* Ra.: *'n goden Andriever is beter as teihn Fuuljacken.* Von → *fuul* (faul).

füünsch Adj. wütend, aufgebracht, heftig; *ik bün füünsch* (ärgerlich); *'n füünsch* Gesicht *moken*; *de Oolsch harr mi füünsch afneiht* (geschlagen); *'n füünschen* Winter (strenger Winter); *so 'n füünschen* Walzer (wilder Tanz).

Füürhaken (Schürhaken) → *Peek.*

Füürkiep Hierbei handelt es sich um eine innen mit Blech ausgeschlagene Holzkiste (ca. 30 x 30 x 30 cm), die oben als Wärmespeicher eine mit Ornamenten verzierte Keramikplatte hatte. Die *Füürkiep* dient zu Zeiten, als noch keine Zentralheizung das Haus gleichmäßig warm hielt, zum Füßewärmen, wenn der Kachelofen niedergebrannt war und das Zimmer wieder kalt wurde. Die letzten noch glühenden Kohle- und Brikettreste wurden auf einer Schieblade aus Blech in die Kiste geschoben. Teilweise lag oben auf der Platte noch ein → [1] *Muff* aus Schaffell, in den man die Füße stecken konnte. Von einer alten Neuenfelderin ist überliefert, dass sie die *Füürkiep* stets als „das Zweitbeste im Leben" anpries[350].

fuurts (*foorts*) Adv. gleich, sofort, auf der Stelle.

350 lt. Heinz Oellrich

G

Gah mi af! lässt sich nur sinngemäß ins Hochdeutsche übersetzen und bedeutet etwa: Lass mich damit in Ruhe!

Gall (*Gallappel*). 1. Gallapfel. 2. Geschwulst am Pferdebein. 3. mit Harz gefüllte Lücke im Holz; *he sehg ut, as wenn em sien Oolsch mit Gallappel middags trakteert harr* (er sah verdrießlich aus).

Galleriewagen (Ausflugswagen) → *Stohlwagen.*

Gallizismen (Plur., Sing. *Gallizismus*). Wer sich heute über die Flut der *Anglizismen* (engl. Wörter im Deutschen) aufregt, die angeblich aus unserer Muttersprache ein *Denglisch* genanntes Gemisch gemacht haben, übersieht leicht, wie viele *Gallizismen* (aus dem Franz. stammende Ausdrücke) uns täglich begleiten. Nicht nur die → *Franzosenzeit* (1806–1814) hinterließ ihre sprachlichen Spuren, auch die *Gründerjahre* nach dem Krieg gegen Frankreich 1870/71 brachten einen Schub. In der täglichen Umgangssprache breiter Schichten wurden Begriffe wie → *Trottoir* (Bürgersteig), *Billett* (Fahrkarte), *Coupé* (Abteil), → *Perrong* (Bahnsteig), *Plafond* (Zimmerdecke), → *Lamperie* (Wandverkleidung), *Chaussee* (Landstraße), *Soupé* (Festessen), → *Kommi* (Handelsgehilfe), *Passepartout* (Bildumrahmung), *Concierge* (Hausmeister) od. *Parterre* (Erdgeschoss) wie selbstverständlich gebraucht. Im Zuge der Propaganda gegen den Kriegsgegner Frankreich begann 1914 die große Welle der Eindeutschungen, die einiges an der Umgangssprache, aber wenig an der Sprache der Diplomatie, Mode, Kunst od. Gastronomie änderte. Und wenn Klein Fritzchen im Schulaufsatz plötzlich den Ausdruck „Geldbörse“ benutzen sollte, so bedeutet das noch lange nicht, dass er so spricht, sondern dass er das Wort *Portemonnaie* nicht schreiben kann. Auch wir *Journalisten* (frz. *le jour* – der Tag) wurden davor bewahrt, nach 1945 unseren *Chefredakteur* weiterhin „Hauptschriftleiter“ nennen zu müssen.

galsterich Wenn der Speck od. das Fett am Schinken gelb anläuft, ranzig wird und übel schmeckt, sagt man, es sei *galsterich* geworden; von *Galster* (überjähriges, gelb verfärbtes Fett).

Gamm Die *Gamm* od. *Gamme* bezeichnet seit 1188 eine Landschaft in den Vierlanden mit den Orten Altengamme (1237 *Antiqua Gamma*), Neuengamme (1228 *Nova Gamma*) und Curslack. Während die Herkunft des Namens allg. als ungeklärt gilt, weist Beckershaus auf das idg. **gham(a)* für Erde hin. Demnach bedeutete *Antiqua Gamma* also „Alte Erde“ [351].

Gammel Der *Gammel* ist Ausschuss, Abfall, minderwertige Ware, Verdorbenes, altes Fleisch *(veel Gammel)* od. in der Fischerei der nicht marktfähige Teil des Fangs, der zu Tierfutter od. Düngemittel verarbeitet wird. Vgl. mnd. dän. *gammelmat* (alte Speise, Pökelfleisch) [352]. Erw.: *Gammelfischer* (Fischer mit minderwertigem Fang); *Gammelhöker* (Trödelhändler); *Gammelkraam* (Minderwertiges, Verdorbenes).

gammelich Adj. alt, faul, verdorben; *dat Fleesch is gammelich* (das Fleisch fault schon); *gammelige Wust; dat rüükt so gammelich; so 'n gammeligen Keerl* (abgelebter Mann); *ik bün gammelich* (ich fühle mich schlecht). Von → [1] *gammeln* (faulen). Vgl. → *galsterich.*

351 Beckershaus: Stadtteile S. 9
352 Lübben S. 199

[1] gammeln schlecht werden, in Fäulnis übergehen; *dat Fleesch gammelt al.* Syn.: *vergammeln*. Von mnd. *gammelen* (alt werden). Subst. → *Gammel.* Adj. → *gammelich.*

[2] gammeln 1. stehlen, sich etw. unrechtmäßig aneignen. Daher hamb. → *Gammler (1)* für „Spitzbube". 2. Die übertr. Bedeutung des Verbs *gammeln* als „dem lieben Gott die Zeit stehlen, müßiggehen, arbeitsscheu sein" ist eine „Nachkriegserscheinung" und keineswegs auf die Hansestadt beschränkt; daraus der bekannte → *Gammler (2).*

Gammler 1. Spitzbube. 2. Nach dem Krieg und bundesweit: arbeitsscheuer, von Herkommen, Pflichten und Tugenden gelangweilter Halbwüchsiger, der sich in Kleidung, Haartracht und Anstand absichtlich vernachlässigt[353]. Von → *[2] gammeln.*

Gang Schmale, nur wenige Meter breite Straße mit hoher seitlicher Bebauung, teils sogar überbaut, die in der → *Altstadt* und → *Neustadt* zu verwinkelten *Gängevierteln* als Wohnquartier für die Unterschicht verdichtet wurde. Die überbevölkerten und unhygienischen Bereiche verelendeten immer mehr und waren Ausgangspunkt für Krankheiten und Seuchen (*Cholera* 1892), sodass sie in der ersten Hälfte des 20. Jahrhunderts niedergelegt werden mussten. Vgl. → *Geng* (Gang).

Gatt (Plur. *Gaten*). 1. enge Durchfahrt. 2. Hintern, After, Loch. Vgl. → *Oors.*

gau (Komp. *gauer*, Superl. *gaust*) schnell, flink, gewandt; *mook 'n beten gau!* (beeil dich!); *de schütt gau op* (wachsen kräftig); *se weer flinker un gauer as sünst* (sagt ein Entenjäger, der nicht getroffen hat). Sprichw.: *je öller een ward, je gauer löppt de Tiet* (im Alter vergeht die Zeit scheinbar schneller). Ein besonders flinker Dieb, ein sogenannter Schnellfinger od. Taschendieb, wurde auch als *Gaudeef* bezeichnet, dessen man sich (nicht ganz im Sinne der heutigen Menschenrechte) an der *Gaudeefsklock* (Galgen) entledigte.

Gau Unter einem *Gau* (mhd. *gou*) wollen wir im Hinblick auf die sprachliche Zielsetzung dieses Buches nur die Bezeichnung für einen geschlossenen Siedlungsraum der Germanen verstehen, in Nordelbien (→ *Nordalbingien*) also die Gaue Holstein, Dithmarschen und → *Stormarn* (später übertragen auf Landschaften od. Verwaltungseinheiten). Dass nach den Turnern auch die Nationalsozialisten ihre höchste regionale Organisationseinheit als *Gau* bezeichneten, wobei Hamburg unter dem „Reichsstatthalter" Karl Kaufmann (1900–1969) sogar ein „Mustergau" gewesen sein soll, sei hier überschlagen. Nicht zu verw. mit ndd. → *gau* (schnell) od. dem Akronym *GAU* (größter anzunehmender Unfall).

Gaudeef (Taschendieb) → *gau.*

Gaudeefsklock (Galgen) → *gau.*

Geblaff Gekläffe, nicht nur von Hunden, sondern auch von menschlichen Schreihälsen. Vgl. → *blaffen* (bellen).

Geborene Wer in Hamburg geboren wurde, also Hamburg als Geburtsort in der Geburtsurkunde stehen hat, ist ein *gebürtiger* Hamburger. Mehr nicht. Ein *geborener* Hamburger wird man erst,

353 lt. Küpper S. 269

Hinterhof Schulgang 8 im ehemaligen Gängeviertel der Neustadt zwischen Kornträgergang und Fuhlentwiete

wenn die Familie seit Langem in Hamburg ansässig ist. Als Mindestvoraussetzung zum Geboren-Sein heißt es: selbst in Hamburg geboren, beide Elternteile in Hamburg geboren. Eine Abendblatt-Leserin berichtet leicht irritiert, sie sei in den Fünfzigerjahren in Hamburg zugezogen und habe einen Geborenen geheiratet. Als die gemeinsame Tochter zur Welt gekommen sei, habe sie gedacht, das Mädchen wäre als Kind eines Geborenen nun auch eine geborene Hamburgerin. Weit gefehlt! Das sei nur eine „Geworfene", wurde ihr bedeutet, denn die Mutter sei schließlich ein → *Quiddje*. In früheren Jahren stellten diese Begriffe im allgemeinen Verständnis sogar teils strenge gesellschaftliche Gegensätze dar, jedenfalls in Bezug auf die bürgerliche Oberschicht. Eine Geborene od. ein Geborener gehörte einer der alteingesessenen und renommierten Hamburger Familien an, während dem bloß Gebürtigen der gesellschaftliche Umgang od. gar die Einheirat nicht ohne Weiteres gewährt wurde. Vgl. → *Verein geborener Hamburger*.

gebummfiedelt (geschmeichelt) → *Bummfiedel*.

gediegen Obwohl *gediegen* im deutschen Sprachraum etwas stark, rein und makellos Gewachsenes bezeichnet, hat dieser Ausdruck in Hamburg einen etwas anderen Beigeschmack. Wenn → *Heidi Kabel* im → *Ohnsorg-Theater* „Dat ischa gediegen" sagte und misstrauisch auf den Kleiderschrank guckte, in den → *Henry Vahl* gerade mit einer Flasche selbst gebrannten → *Köms* verschwunden war, meinte sie damit, dass die Angelegenheit sonderbar, eigenartig, merkwürdig und seltsam anmutete und – „*Düvel ook!*" (zum Teufel noch mal!) – genauer untersucht werden sollte; *gediegen* ist das alte Partizip des Präteritums von *gedeihen*, ahd. *gidigan*, mhd. *gedigen*. Als 1909 einen Mädchen, das zu Haus nur Platt kannte, heulend vom ersten hochdeutschen Schultag zur Mutter kam, schluchzte es: *Mudder, dor gah ik nich weder hen, de snackt so gediegen!*

Gedööns (ugs. *Gedöns*) 1. Aufheben[s], Lärm, lästiges Gerede, Geschwätz; *mach nicht so 'n Gedööns* (rede nicht so viel herum); *he mookt 'n Gedööns dorvun* (er bauscht die Angelegenheit unnötig auf); *veel Gedööns* (viel Aufhebens). Gerhard Schröder (SPD) verblüffte, als er noch Kanzler war, damit, dass er das MInisterium für Familie, Senioren, Frauen und Jugend kurz als Ministerium für Frauen und anderes *Gedööns* bezeichnete. 2. norddt. auch → *Krempel,* Plunder, überflüssige Gegenstände).

Gedröhn Das *Gedröhn* umschreibt 1. einen anhaltenden dumpfen Lärm, aber 2. das lästige, nicht enden wollende Gerede, die permanente Nörgelei; *nu loot man dat olle Gedröhn!* Ein → *Dröhnbüdel* ist ein schwerfälliger Quatschkopf. Vgl. → *dröhnen;* → *Gedööns.*

geel 1. gelb; *geel* ist als Adjektiv in vielen Begriffen enthalten. 2. *geel* bedeutet aber auch „hochdeutsch", und das aus der Sicht der Plattdeutschen mit deutlich abwertendem Unterton: *geel snacken* (hochdeutsch reden) tut jemand, der sich bewusst von seiner plattdeutschen Umgebung abheben will, um gebildet und vornehm zu erscheinen (*de Fienen snackt bloots noch geel*). Manch → *Quiddje* sah sich schon mit der Einschätzung: *dat is 'n Geler!* in seiner neuen Hamburger Umgebung isoliert; seine Ehrlichkeit, od. ganz modern ausgedrückt: seine Integrationsfähigkeit wird angezweifelt. Wenn die *Finkwarder* → *Speeldeel* geel singt, singt sie auf Hochdeutsch. Anm.: Gelb gilt als Farbe des Neides, der Gier und vor allem der Falschheit; *he lacht recht so geel* (höhnisch); *geel snacken* taten die Leute, die sich ihrer plattdeutschen Muttersprache schämten und ins Hochdeutsche wechselten, ohne es recht zu können, sodass häufig ein peinliches, affektiertes und geziertes Gemisch beider Sprachen herauskam: *he snackt geel mit gröne Pricken* (hochdeutsch mit plattdeutschen Ausdrücken). Auch ein zugewanderter *Quiddje* (Nicht-Hamburger) *snackt geel,* wenn er sich allzu schnell anpassen will: *he is man knapp acht Daag in de Stadt, nu kann he al geel snacken!* Wenn sich ein Plattdeutscher als etwas Besseres dünkte und hochdeutsch radebrechte, bekam er den Spottnamen → *Geelsnacker* od. als Frau *Tante Gele*. Ra.: *Gele Spraak is nich mien Saak, hoch leev mien plattdüütsche Moderspraak!*[354]

Geelsnacker jmd., der → *geel* (hochd.) redet, obwohl er gern Hamburger Platt sprechen würde, es als → *Quiddje* (Fremder) aber nicht korrekt beherrscht.

354 Mensing 2/330 ff.

Geest An der Küste bezeichnet die *Geest* im Gegensatz zur *Marsch* das höher gelegene, sandige und wenig fruchtbare Land. *Geestlüüd* und *Geestbuern* aus den *Geestdörfern* im Norden der Hansestadt waren arme Bauern, die von den reichen Marschbewohnern als *Geestkeerls* beschimpft wurden. Trieb sich gar ein unbekannter Eckensteher auf den Hamburger Märkten herum, so nannte man ihn (alle Fremden sind verdächtig!) abf. einen *Geestbutscher.* Von mnd. *gêst* (das hohe, trockene Land).

Geflenn (Heulerei) → *flennen.*

Gefrees „Gefresse", Völlerei, so etwas Ähnliches wie „das große Fressen", in das Festmahle und Zunftessen häufig ausarteten.

Gefritz nennt man Speisen auf dem Teller, die nicht zueinander zu passen scheinen, unappetitlich aussehen od. die man nicht anrühren mag. Ausspruch mit Skepsis und Ablehnung: Was ist das denn *für 'n Gefritz?!* Wir wissen ja: *wat de Buer nich kennt, dat fritt he nich*[355].

Gemüseschlosser Spottn. für den Blumenbinder, den man heute reputationssteigernd Florist nennt.

Geng (*Gang;* Plur. *Gengs*) von engl. *gang.* Eine *Geng* war eine Gruppe von Arbeitern im Hafen, die aus fünf bis zehn Mann bestand und einem Vormann (→ *Viez*) unterstand. Ein Trupp, der nur Drecksarbeit zu leisten hatte (→ *Pansenklopper,* → *Ketelklopper*), wurde → *Schietgeng* genannt. Die dunkel gekleideten Zollfahnder waren als *swatte Geng* gefürchtet. Hatten alle Matrosen Landgang, hieß es: *de Geng geiht an Land.*

355 lt. Carl Groth

Genöök ist eine abfällige Sammelbezeichnung für Menschen und Sachen; *ool Genöök* (Scheusal); *so 'n lütt Genöök* (z.B. für einen zu klein geratenen Wagen).

Geplöter (Geschwätz) → *plötern.*

Germer, Richard → Biografie S. 174.

gernhaben (mögen). Die Hamburger sind im Ausdrücken eigener Gefühle ein wenig zurückhaltend. Wo man anderswo rasch und ungeniert das Wort Liebe ausspricht, umschreibt es der Hamburger gern bildhaft und sagt: *ik heff di to 'n Freten geern!* (ich hab dich zum Fressen gern); *gernhaben* im negativen Sinne, nämlich „du kannst mich mal gernhaben!", bedeutet allerdings: *klei mi an 'n Moors!* (rutsch mir den Buckel runter!)[356].

Geschi Kurzf. für *Geschichtenball.* Das war ein Spiel mit dem Ball, der in wechselnder Art an die Wand geworfen und wieder gefangen werden musste. Dabei wurden frei nach „Schnauze" Geschichten erzählt. Wurde der Ball fallengelassen, durfte der Nächste eine *Geschi* erzählen. Ohne Geschichten hieß das Geschicklichkeitsspiel mit dem Ball *Probe.*

Geschirrbüdel Scherzw. für den Werkzeugbeutel, den der Handwerker sich *op 'n Nacken smeet,* wenn er → *auf Arbeit* ging.

Gesinde Gesamtheit der Knechte und Mägde auf einem Bauernhof od. in einem Stadthaus; *Gesindestube* (Aufenthaltsraum für die Bediensteten).

356 lt. Carl Groth

RICHARD GERMER
DER MANN MIT DER LAUTE

Richard Germer war jahrzehntelang einer der populärsten Hamburger Volkssänger mit Basslaute und maritimem Bezug. Besonders in den Fünfziger- und Sechzigerjahren gab es kaum eine Sendung von „Haifischbar“ oder „Hafenkonzert“, in der er nicht für Stimmung sorgte. Jochen Wiegandt erinnert sich: Germer kannte das Hafenmilieu und hatte eine tiefe innere Beziehung zu Matrosen, Schiffen, Möwen und dem Fernweh. Und so kamen seine Lieder, die er in unnachahmlicher Weise vortrug, auch aus dem Herzen[357].

Am 4. November 1900 in Barmbek geboren, „entfloh“ er der kaufmännischen Lehre bei Blohm + Voss und trat schon 1927 als Sänger bei der → *NORAG* im Rundfunk auf. 1935/36 schrieb → *Hans Leip* ihm einige Liedtexte, die er vertonte. Der Schlager „Einmal noch nach Bombay“ wurde ein Hit.

Richard Germer starb am 12. September 1993. Das → *Abendblatt* rief ihm nach: Buchstäblich alle Welt sang mit oder schmunzelte, wenn Germer seine Lieder vortrug. Und so entstand der Slogan: „Hamburg wäre ärmer ohne Richard Germer.“ Jetzt ist es ärmer[358].

Germer war der Stiefvater von Hans-Olaf Henkel (geb. 1940), dem späteren BDI-Präsidenten und Europa-Abgeordneten der AfD.

357 Wiegandt: Hamburger Liederbuch, Bd. 2, S. 60 f.
358 HA 16.9.1993 S. 19

Gesocks ugs. für Gesindel, Pack, umherziehendes Volk (*socken* – davonlaufen), abwertend für Gruppen, die als asozial angesehen und abgelehnt werden.

Gest Bier- und Backhefe, in Hamburg als Stadt der Brauer und Bäcker eine wichtige Zutat. Vgl. engl. *yeast* (Hefe) und hochd. *Gischt* (Schaum).

gestovte Kantüffeln (Rahmkartoffeln) → *stoven.*

Gesundheitsbier → *Ammenbeer.*

getroost Adv. ohne Bedenken, ruhig; *dat köönt ji mi getroost gloven.*

getüütje (*getuutje*) Adv. gemächlich, auffällig und nicht selten aufreizend langsam; *getüütje arbeiden; sik getüütje daalsetten; wat getüütje angahn loten.* Syn.: → *suutje.* Steigerung der Gemächlichkeit: *suutje-getuutje.*

gewaar [spr.: *gewo'a*] Adv. in *wat gewaar warrn.* 1. etw. wahrnehmen, bemerken; *he ward mi gor nich eerst gewaar* (er bemerkte mich nicht). 2. etw. bekommen; *de kann wat gewaar warrn!* (Prügel androhen).

Gewann in schmale Streifen eingeteilte gemeinsame Ackerfläche mit verschiedenen Anteilsberechtigten, urspr. die Ackergrenze, an der der Pflug *gewendet* wird. Die *Gewanne* konnten nur in genossenschaftlicher → *Feldgemeinschaft* mit jeweils gleicher Fruchtfolge bewirtschaftet werden, was zum → *Flurzwang* und im 18. und 19. Jh. zur Neuaufteilung der landwirtschaftlichen Fläche eines Dorfes führte. Diese → *Verkoppelung* wurde auch im holsteinischen Hamburger Umland durchgeführt. Vgl. → *Allmende.*

Gewese (*Gewees*). 1. aufwendiges Tun, übertriebenes Gehabe; *dor mook man nich so 'n Gewees vun!* 2. Anwesen, Grundbesitz; *dat lütt Gewees an de Straat.*

Gewoddel bedeutet Durcheinander, Menschengewühl, Gedränge. *Gewoddel* gibt es z.B. in der Spitalerstraße während der Adventszeit. Auch ein vertüdeltes Wollknäuel kann als Gewoddel bezeichnet werden. Syn.: *Gewöhl.*

Gick (Klappergestell) → [2] *Gig.*

[1] gieren (seem.) 1. Das Hin- und Herdrehen eines Schiffes in der Längsachse bei starkem Seegang. Erw.: → *afgieren* (vom Kurs abweichen). 2. das Pendeln von Schiffen, die vor Anker liegen.

[2] gieren gierig sein, heftig begehren; *de Hund giert na de Wust*[359].

Giez ist der Geiz od. die Habgier, die bekanntlich manchen Zeitgenossen fest im Griff hat. Raa.: *em fritt de Giez op* (von Geiz zerfressen); *bi em kunn vör Giez de Boort nich wassen; Giez helpt opladen, aver nich schuven.* Ein Geizhals ist ein *Giezknüppel; de Giezknüppel kriggt den Hals nich eher vull, as bet he em vull Eer hett* (geizig bis in den Tod). Syn.: *Giebuck, -düvel, -hals, -hammel, -knuppen, -kragen, -lappen, -pegel, -pesel, -pinsel*[360].

Giezknüppel (Geizhals) → *Giez.*

Giftmischer Spottn. für den Apotheker.

359 HWB 2/336
360 HWB 2/332

[1] Gig f., schlankes, schnelles Ruderboot für Wanderfahrten und zum Training, meist als Vierer mit Rollensitzen gebaut (engl.). Auf Großseglern ließ sich der Kapitän in einer besonders gepflegten *Gig* an Land rudern[361].

[2] Gig (*Gick*) f. 1. ein kleines, schnelles, zweirädriges Kutschfahrzeug. Die *Gig* war als Einspänner ausgelegt, hatte eine Gabeldeichsel und wurde meist nur von einer Person gefahren. Es gab sie als offenes, aber auch mit einem Verdeck od. Klappverdeck versehenes Gefährt und diente früher meist auf Schlossanlagen od. Gutshöfen dem Hausherrn für schnelle Inspektionsfahrten. 2. Heutzutage benutzt man den Ausdruck *Gig* als *Gick, Gicke* od. *Jick* zeitweilig noch, wenn man sein Erstaunen über ein daherkommendes ungewöhnliches, allgem. schlechtes Fahrzeug ausdrücken will: *mit wat för 'n Gig kümmt de denn dor?*[362]n der Schülerspr. war *Gick* auch die spött. Bezeichnung für ein altes Fahrrad („Drahtesel"). Von engl. *gig* (Einspänner). Der „Einspänner" zu Wasser als schnelles Beiboot für Kapitäne und Offiziere hieß ebenfalls → *[1]Gig.*

Gilde (*Gill, Gille*). Eine *Gilde* war der Zusammenschluss zur Verfolgung beruflicher, kirchlicher od. wohltätiger Zwecke[363], eine Gesellschaft od. → *Bruderschaft* bes. der Kaufleute und Handwerker, als *Schippergill* eine der Seefahrer. Als Versicherung gegen Feuer *(Füürgill),* Hagelschlag, Sturm, Knochenbruch, Viehseuchen *(Swiensgill)* war sie auch bei den Bauern auf dem Lande verbreitet. Schon mnd. *gilde* (f.) genannt, und zwar *die* Gilde, während *dat gilde* (n.) die Gildeversammlung od. der Gildeschmaus war (mnd. *dat gilde denen* – den Schmaus für die Gilde ausrichten[364]). Früher scheint keine Gelegenheit ausgelassen worden zu sein, aus der Gemeinschaftskasse od. auf Kosten Einzelner (z.B. neuer → *Amtsmeister*) ausgiebig zu schmausen, zu trinken und zu feiern. Dieser Brauch hält sich zäh bis heute. Die Würde eines Schützenkönigs hat mancherorts den geehrten Schützenbruder so arm gemacht, dass er seinen guten Schuss bitter bereut hat, und selbst bei uns auf dem Dorf gehört ein deftiges → *Grünkohlessen* im Anschluss an die Jahreshauptversammlung der Freiwilligen Feuerwehr immer noch dazu, was die Erledigung der Tagesordnung vorweg übrigens erheblich beschleunigt. Bis heute tragen Schützenvereine den Gildenamen. Das kann man südlich der Elbe eindrucksvoll mit Schießen, Feiern und Marschieren an der *Harburger Schützengilde* studieren. In (Bad) Oldesloe heißt die entsprechende Vereinigung *Bürgerschützengilde von 1627,* wobei der Zusatz „Bürger" auf die Entwicklung aus einer gegen die Unterschicht abgegrenzten Bürgerwehr und die Gründungszeit 1627 auf den Dreißigjährigen Krieg hinweisen, als es galt, sich gemeinsam gegen entwurzelte Banden und marodierende Söldner zu wehren. Da das Sterben (zumindest für die Hinterbliebenen) schon immer teurer war als das Leben, existierten viele Sterbekassen *(Lieknaamsgillen)* als Gilde. Schon als Junge freute ich mich über den Namen *Hökertotengilde,* den (wiederum Oldesloer) Sterbeverein der → *Höker,* der bis heute sein Gildetreffen am Dienstag nach Pfingsten amtlich bekannt macht, gemeinsam die Kasse zählt und sich pro Person ein Katenschinkenbrot mit Pfeffer, Gurke und Tomate gönnt.

Glasaal (junger Aal) → *Aal.*

361 HWB 2/333
362 lt. Hans-Hermann Wölfert. Vgl. Mensing 2/329 u. 5/506.
363 HWB 2/334
364 Lübben S.124

glasen seem. die Schiffsglocke zur Zeitangabe anschlagen, wobei ein *Glas* einer halben Stunde entsprach. Der Brauch stammt aus der Zeit, als das *Glas* einer Sanduhr eine halbe Stunde brauchte, um leerzulaufen, und dann umgedreht werden musste. Der Tag an Bord wird in Wachen und Glasen eingeteilt: 1 Wache = 4 Stunden = 8 Glasen. 8 Glasen und damit Wachwechsel gab es um 0 Uhr, 4 Uhr, 8 Uhr, 12 Uhr, 16 Uhr und 20 Uhr. Die unbeliebteste Wache war die Wache zwischen Mitternacht und vier Uhr und wurde deshalb *Hundewache* genannt.

Glashaven (großes Glasgefäß) → ²*Haven*

Glimmer 1. Glanz; *keen Glimmer hebben* (keine Ahnung haben). 2. Rutschbahn, Glitsche; *Platz för de Glimmer!* 3. Rausch; *he hett 'n Glimmer* (er ist betrunken); *mit 'n Glimmer na Huus*. Syn.: *Boots*, → *Brand, Brandi, Brattje, Bummel, Dunas, Dunst, Duuntje, Kömduuntje* (vgl. → *duun*), → *Fimmel, Klüten, Krei*, → ²*Krüsel (2), Leff, Polli*, → *Semikolon, Sever*, → *Sirrs, Swips, Timpen, Traan*, → *Zacken*[365].

Glimmerholt Wenn totes Holz od. abgebrochene Zweige auf dem feuchten Boden faulen, phosphoreszieren die Faulstellen, sie → *glimmern* (leuchten).

glimmern funkeln, glänzen, leuchten, flimmern, Erscheinungen, die bes. bei Sternen, Eiskristallen und Wassertropfen zu beobachten sind. Vgl. → *Glimmer (1)*. Erw.: → *Glimmerworm* (Glühwürmchen); → *Glimmerholt*[366]. Syn.: → *glüüstern*.

365 HWB 2/347
366 HWB 2/347

Glimmerworm Wenn der Johanniskäfer in milden Hochsommernächten im Dunkeln leuchtete, sprachen die Hamburger von einem *Glimmerworm*, von einem „leuchtenden Wurm". Auf Hochdeutsch sagen wir Glühwürmchen dazu. Von → *glimmern* (glänzen).

glippen gleiten, rutschen; *glippen loten* (gleiten lassen); *dat is mi ut de Hand glippt*. Subst. → *Glipper* (Glitsche). Adj. *glipschich* (glitschig).

Glipper Rutschbahn, Glitsche auf dem Eis. Von → *glippen* (rutschen). Syn.: → *Glitsche*.

Glitsche (*Glitsch*) heißt 1. die Rutschbahn auf dem Eis od. auf vereister Fläche. Bei Kältegraden schütteten die Kinder früher gern einige Eimer Wasser auf eine leicht abschüssige Stelle, damit über Nacht eine Rutschbahn entstand; *'n Glitsch anleggen;* wenn die Jungen und Mädchen mit Anlauf alle hintereinander *glitschten*, schafften sie sich mit typischen Warnrufen Platz: *weg vun den Glitsch!; heda, vun den Glitsch!; hacker de Glitsch!;* → *Hengilidoor!, Platz för de Glitsch!* 2. übertr. *op de Glitsch wesen:* einen Seitensprung od. einen zwielichtigen St.-Pauli-Bummel gemacht haben.

glotzen (stieren) → *glupen*.

glupen 1. heimlich, verstohlen, aber auch heimtückisch von unten herauf blicken; *de Kinner gluupt verschüchtert op den Vadder*. Richey: *nicht frey aus den Augen sehen*[367]. Von mnd. *glupen: einen heimlichen Blick mit halb geöffneten Augen thun, lauern, heimtückisch*

367 Richey S. 76

sein[368]. Subst. → *Gluup* (lauernder Blick). Adj. → *gluupsch* (bösartig). Erw.: → *Gluupschtog* (heimlicher Zug). 2. mit großen Augen gucken, glotzen, stieren; *de gluup as so 'n Poggüüts* (er glotzte wie ein Frosch). Syn.: *gluupschen*. Erw.: → *Gluupschoog* (Glotzauge).

Gluup lauernder, heimtückischer Blick. Von → *glupen*.

gluupsch Adj. 1. falsch, bösartig; *he kiekt so gluupsch*. 2. mürrisch; *'n gluupsch Gesicht*. 3. grob; *so 'n gluupschen Slag*; *gluupsch mit Anloop* (mit aller Kraft). Verb → *glupen*.

gluupschen (glotzen) → *glupen*.

Gluupschoog [spr.: *guupsch'oog*] (Plur. *Gluubschogen*) „Glotzaugen", große, vorstehende Augen. Ein kleiner, neugieriger Junge kann Glubschaugen machen, aber auch ein Tier wie ein Schaf od. ein Frosch. Von → *glupen*.

Gluupschtog (Plur. *Gluubschtöög*) heimlicher Zug, überraschender Zugriff; *mit 'n Gluupschtog* (blitzschnell ohne Vorwarnung). Richey: *Glup-Töge: heimtückische Streiche: insonderheit wann einer, ohne des andern vermuthen, durch einen heimlichen Zug etwas zu sich raffet*[369]. Von → *glupen*.

glüüstern leuchten, funkeln. Syn.: → *glimmern*.

Gnadderbüdel Ein *Gnadderbüdel* ist ein übellauniger Mensch, ein unzufriedener Zeitgenosse, ein Nörgler. Er ist *gnadderich* (ärgerlich, gereizt). Die Fülle der Synonyma für *gnadderich* könnte leicht zu dem unzutreffenden Schluss verleiten, die Hamburger seien ein mürrisches Völkchen: *brummich*, *brummsch*, *gnargelich*, *gnarrich*, *gnarrsch*, *gnattjebrummich*, *gnattsch*, *gnattschappich*, *gnattscheevsch*, *gnattschich*, *gnattsteertich*, *gnegelich*, *gnesich*, *gneterich*, *gneetsch*, *gneetschich*, *gnietsch*, *gnittelich*, *gnitterich*, *gnittscheevsch*, *gnitzich*, *gnurrisch*, *grantich*, *quarkich*, *quarrisch*, *quengelich*, quesich[370].

gnadderich (ärgerlich, gereizt) → *Gnadderbüdel*.

gnickeln (*gniggeln*) verstohlen lachen, kichern; *de Froonslüüd gnickelt un juucht*.

gniedeln kann bedeuten, 1. etw. kurz od. erneut zu → *plätten*, 2. etw. zu polieren od. blank zu reiben (*Gniedelpeter* – Glättstein), 3. mit stumpfem Messer etw. zu schneiden versuchen, 4. zu glitschen od. in den Straßen Schlittschuh zu laufen (bei Glatteis) od. 5. ein Musikinstrument erbärmlich schlecht zu spielen, wobei das Gniedeln auf der Geige eine besondere Zumutung für die Nachbarn ist (*op de Vigelien*[371] *gniedeln*; *'n Leed gniedeln*); eine Ziehharmonika spielte man nicht, die *gniedelte* man: *de gniedel effenweg op sien* → *Quetschkommood*. Eine Schraube, deren Schlitz od. deren Gewinde abgenutzt ist, wird in Hamburg *afgniedelt* od. *övergniedelt* genannt.

Gnudderhex Gemeint ist eine maulige, unfreundliche Person, die pausenlos herummäkelt und an allem etwas auszusetzen hat.

gnurrsch Adj. mürrisch, nörgelig, ärgerlich.

368 Lübben S. 126
369 Richey S. 76
370 HWB 2/358
371 Geige

Zerbombt, zerstört, ausgebrannt, die Bewohner tot oder obdachlos – Hamburg bestand nach den Bombenangriffen im Zweiten Weltkrieg weitgehend nur noch aus Trümmern.

Gnursch (*Gnusch, Gnuss*). Das *Gnursch* bedeutet Knorpel od. Sehnen, *gnurschich* (knorpelig); *dat gnurschich Fleesch; dat Fleesch is hart un gnurschich;* formelh.: *Gnusch un Gnasch* (kein schieres Stück; wenig dran; Knochen und Sehnen).

Goldammer („Goldeimer"). Zu der Zeit, als es noch nicht überall Wasserklosetts gab, wurden die *Schiet-Ammer der Plumpsklos* – am längsten noch in ländlichen Außenbezirken – wöchentlich von speziellen Fuhrunternehmen abgeholt. Die feinere Bezeichnung für die zugedeckelten Behältnisse am Straßenrand war dann der ironisch übertriebene Ausdruck *Goldammer,* nämlich Goldeimer für diese übelriechenden Fäkalienkübel[372]. Für die Männer, die mit diesen unappetitlichen Eimern hantieren mussten, gibt es den beschönigenden Ausdruck *Schokoladenmänner.* In früheren Zeiten mussten → *Karrensträflinge* die Fäkalien in offene Kastenwagen kippen.

Gomorrha Sodom und *Gomorrha*[373] hießen zwei Städte im Alten Testament, auf die der Herr einen Regen aus Feuer und Schwefel niedergehen ließ, weil die Bewohner der Sünde anheimgefallen waren. Gott hätte sie verschont, wenn nur zehn Gerechte unten ihnen zu finden gewesen wären. Sie fanden sich nicht. Lediglich Lot, ein Neffe Abrahams, konnte mit seiner Familie Sodom im letzten Augenblick verlassen, aber als sich Lots Frau entgegen dem Gebot der Engel zum brennenden Inferno umdrehte, erstarrte sie zur Salzsäule[374]. *Gomorrha* war in Anlehnung an diese

372 lt. Carl Groth

373 bibl. Gomorra

374 1. Mose 18 u. 19

alttestamentarische Schilderung das damals in Hamburg noch nicht bekannte Codewort, das der britische Luftmarschall Arthur Harris (1892–1984) im Jahr 1943 einer beispiellosen Operation gab, die zum Ziel hatte, die zweitgrößte deutsche Stadt durch ein Flächenbombardement dem Erdboden gleichzumachen. Dabei wurde diesmal gar nicht erst nach Gerechten gesucht. In dem apokalyptischen Feuersturm starb Hamburg und starben mehr als 40 000 Hamburger Zivilisten, 900 000 wurden obdachlos. Die „Operation Gomorrha“ vom 25. Juli bis zum 3. August 1943 war das Schlimmste, was eine Großstadt vor Hiroshima (6. August 1945) erleiden musste[375].

Göör (Plur. *Göörn*). Als *Göör* wird jedes Kind bis zum Alter von ungefähr 15 Jahren bezeichnet; *dat söte Göör* (die süße Kleine); *vertagen Göör* (verzogener Balg); wenn ein Kind „ich will“ sagte, hieß es: *Göörn mit 'n Willen, kriegt wat op de Brillen!*

Goordampers sind Bratkartoffeln von rohen Kartoffeln, die, in dünne Scheiben geschnitten, mit Speck, Zwiebeln (od. besser Schalotten) in zugedeckter Pfanne auf kleiner Flamme 20 bis 45 Minuten im *Damp* (Dampf) *goor* (gar) gebraten werden. Man sollte sie dabei nicht zu häufig wenden und während der letzten fünf Minuten den Deckel von der Pfanne nehmen, um sie zu bräunen. Syn.: → *Smuddkantüffeln.*

Goos [spr.: *geo:s*] (Plur. *Geus* od. *Göös*) ist natürlich die Gans, und zwar die schlachtreife weibliche Gans im Ggs. zum *Ganner* (*Ganter*, Gänserich) od. *Gössel* (Gänseküken). Wer schon einmal von einer Gänseschar vom Hof gejagt worden ist, mag nicht glauben, dass die Gans dumm ist, aber sie gilt im Volksmund so; *de dumme Goos* für einen einfältigen Menschen führte schon Richey auf[376]: *achter eenanner gahn as de Geus* (im Gänsemarsch marschieren); *sitten Goos* nennt man ein Mädchen, das nur im Sessel hockt; *ünner de Goos krupen* (unter die Bettdecke mit Gänsefedern kriechen). Mahnung an aushäusige Kinder: *gode Deerns un gode Geus koomt bi Tieden to Huus* (zeitig wie die Gänse heimkommen).

Göpel Der *Göpel* ist eine durch im Kreis herumgehende Menschen od. Tiere bewegte große Drehvorrichtung zum Antrieb von Arbeitsmaschinen[377]. Der Begriff stammt aus dem Ostmitteldeutschen, doch diese Vorrichtung wurde auch in den Hamburger Elbmarschen benutzt, wobei wir unterstellen wollen, dass dort die Bauern od. Knechte nicht selbst im Rad drehten, sondern dass je nach Bedarf zwei od. vier Pferde im Kreis gingen, die von einem *Peerdriever,* einem Jungen, in Bewegung gehalten werden mussten; *an 'n Göpel gahn* (von Pferden). Otto Ann (Jg. 1896) erinnerte sich an sein Elternhaus in Moorfleet: Der *Göpel* aus zwei gekreuzten Zugbalken stand im Freien. In der Mitte befand sich eine Plattform für den Pferdetreiber, der im Winter, um sich warm zu halten, jedoch hinter den Pferden lief. Die Drehbewegung wurde durch ein Zahnradgetriebe auf eine Antriebswelle umgelenkt, die durch die Hauswand und die *Geschirrkammer* auf die *Landdiele*[378] führte. Dort diente sie vor allem als Antrieb für die Dreschmaschine, die nach 1870 den → *Flegel* abgelöst hatte. Über Riemen-

375 vgl. Uwe Bahnsen/Kerstin von Stürmer: Die Stadt, die sterben sollte

376 Richey S. 78

377 Duden: Das große Wörterbuch der deutschen Sprache o. S.

378 Das Bauernhaus besaß im Wohnbereich noch eine abgeteilte *Vordiele.*

scheiben konnte die Welle in der Geschirrkammer auch kleinere Geräte wie Häckselschneider, Rübenschneider, Schrotmühle od. Schleifsteine antreiben[379].

Göps Die Köchin maß die Kartoffeln mit beiden Händen ab: *för jeedeen Kopp*[380] *'n Göps vull!* (zwei Hände voll, a: große Hand voll). Die *Göps* ist der Hohlraum der beiden nebeneinander gelegten Hände.

Gorch männl. Vorname, ndd. Form von Georg. Bekannter Namenträger: → *Gorch Fock.*

Gorch Fock → Biografie S. 182.

Gösch (seem.) f., kleine viereckige Flagge mit dem Wappen des Heimathafens, die am Flaggenstock am Bug eines Schiffes nur während der Liegezeiten im Hafen, aber nicht auf See gezeigt wird. Die Hamburger Gösch zeigt ein weißes Tor auf rotem Grund, die Bremer Gösch einen Schlüssel[381].

Gössel n., Küken einer Gans. Vgl. → *Piepgööschen.*

Gotteskasten Im Zuge der Umgestaltung des Armenwesens während der Reformation richtete man 1527 erst in den → *Kirchspielen,* 1528 dann zentral einen *Gotteskasten* als Armenkasse ein. In diese *gemeine Kiste* flossen als Einnahmen milde Gaben, Nachlässe, Erträge aus Leibrenten und die Kapitalien aus aufgelösten Klöstern, → *Bruderschaften* und Stiftungen. Verwaltet wurde der *Gotteskasten* von zwölf → *Oberalten* (eine Art Kirchenvorsteher), die bedürftigen Armen und Alten aus der Kiste Unterstützung gewähren konnten. Übrigens verbot die *Kistenordnung* das Betteln[382].

graad (gerade) → *liek.*

Graavfork Grabgabel, eine → *Forke* mit drei bis fünf Zinken und einem Griff am Stielende zum Graben.

Grabbel an de Wand hieß ein → *Marmelspiel,* bei dem eine Kugel an eine Wand gelegt wurde. Wer sie mit einer anderen Marmel traf, bekam alle Marmeln, die nicht getroffen hatten. Syn.: *Tick an de Wand.*

Grabbel ist das Subst. zu → *grabbeln* (greifen, tasten); *in de Grabbel komen* (verloren gehen). Ein *Grabbeltisch* ist ein Wühltisch mit Billigware im Kaufhaus. Er steht meistens vor den Kassen, damit man in der Schlange noch etwas in seinen Einkaufswagen legt, was scheinbar ein Schnäppchen, in Wirklichkeit aber ein Ladenhüter und vollkommen überflüssig ist.

Grabbelbüdel umschreibt einen Beutel od. eine kleinere Tasche, in der vor allem Frauen überwiegend unnützen *Grabbelkraam* mit sich führten, in dem sie im Ernstfall hektisch → *grabbelten,* ohne das, was sie suchten, finden zu können. Wer einmal beobachtet hat, wie Frau Pumeier bei der Fahrscheinkontrolle in ihrer Handtasche herumwühlte, allerlei Müll wie Sicherheitsnadeln, Heftpflaster, Kleingeld, Rabattmarken, abgerissene Schnürsenkel und Bleistiftstummel auf dem Nebensitz ausbreitete und trotzdem ihr *Billjett* (Fahrkarte) nicht fand, der weiß endgültig, was ein *Grabbelbüdel* ist.

379 Otto Ann: Erinnerungen eines 80-jährigen Bauernsohnes aus der Hamburger Elbmarsch S. 30 f.
380 für jede Person
381 lt. Kurt Flechsenhar
382 Hamburg-Lexikon S. 254 f.

GORCH FOCK
SEEFAHRT IST NOT

Gorch Fock ist das Pseudonym [383] des am 22. August 1880 auf Finkenwerder geborenen Dichters Johann Wilhelm Kinau, der neben Kurzgeschichten und Gedichten vor allem den 1913 erschienenen Roman „Seefahrt ist Not!" schuf, dessen Titel zum Schlagwort seiner Zeit wurde [384]. Obwohl der Sohn eines Hochseefischers die Seefahrt nicht vertragen konnte und als kaufmännischer Angestellter arbeitete, wurde er im Ersten Weltkrieg zur Marine eingezogen und fiel am 31. Mai 1916 in der Seeschlacht am Skagerrak. Nach dem Dichter, älterer Bruder von → *Rudolf Kinau*, ist das Segelschulschiff „Gorch Fock" der Bundesmarine benannt, und der Verleger Axel Springer (1912–1985) wählte das Gorch-Fock-Zitat „Mit der Heimat im Herzen die Welt umfassen" zum Motto auf Seite 1 seines → *Hamburger Abendblatts*, auf der es noch heute steht.

---

383 Die alphabetische Einordnung des Pseudonyms *Gorch Fock*, das der Finkenwerder Schriftsteller *Johann Wilhelm Kinau* (1880–1916) neben den Autorennamen *Jakob Holst* und *Giorgio Focco* benutzte, schwankt. Einerseits bezog sich Kinau auf den ndd. Vornamen „Gorch" und den Nachnamen „Fock", den Mädchennamen seiner Großmutter, was auf den Buchstaben F verweist, andererseits ist er als Namensgeber mehrerer Schiffe (darunter aktuell des Segelschulschiffs „Gorch Fock" der Bundesmarine), des Gorch-Fock-Walls in der → *Neustadt* sowie der Eimsbütteler Gorch-Fock-Straße unter G zu finden.

384 Der Ausspruch geht allerdings auf den römischen Feldherrn *Pompeius* (106–48 v. Chr.) zurück, der ausrief, als die Seeleute wegen eines Unwetters nicht auslaufen wollten und damit die Getreideimporte Roms gefährdeten: *navigare necesse est, vivere non est necesse* (abfahren ist notwendig, leben ist nicht notwendig). Der lat. Spruch ziert noch heute als Inschrift das Portal des Hauses der Seefahrt in Bremen [lt. Duden: Das große Buch der Zitate S. 682].

Grabbelheini Schimpfw. für einen Schürzenjäger od. für ein männliches Wesen, das gern Frauen anfasst, selbst dann, wenn diese davon ganz und gar nicht erbaut sind. So ein Typ wird auch *Grabbelschorsch* genannt; *wenn düsse Grabbelschorsch mien Susi noch mol an de Plünnen kümmt, denn ward he Kusen speen* (dann wird er seine Zähne ausspucken können)[385].

grabbeln greifen, mit den Fingern wühlen, suchend herumtasten. Subst. → *Grabbel* (f.); *in de Grabbel komen* (verloren gehen); *in de Grabbel smieten* (etw. in die Menge, bes. unter die bettelnden Kinder werfen – Richey: *wann man Kindern Pfenninge od. Nüsse hinwirfft, daß greiffen möge, wer kann*[386]). Brauchtum: Mit der Schulentlassung und Konfirmation endete die Kinderzeit unwiderruflich. Zum Zeichen des Abschieds wurden deshalb bei der Schulentlassung → *Bontjes* und alle angesammelten → *Marmeln,* mit denen man nun nicht mehr spielte, *in de Grabbel,* also unter die jüngeren Kinder, geworfen *(Konfirmannenbontjes, Grabbelbontjes).* Ein Zollbeamter am Freihafen, der an den → *Schauerleuten* und in deren → *Zampelbüdels herumgrabbelte,* um Schmuggelware zu entdecken, wurde als *Grabbelviez* verspottet. Vgl. → *Grabbelbüdel;* → *Grabbelheini;* → *Grabbel an de Wand.*

grall → *krall.*

[1] Granaat Garnele, Nordseekrabbe; *Garnelen un Granaten.* Kurzf. → *Knaat.* Syn.: → *Krabb (2).*

[2] Granaat Sprengkörper, Granate.

[1] Grand Erde, grobkörniger Sand od. Kies als Belag von Wegen und Plätzen. Noch heute spricht man von einem *Grandplatz,* wenn ein Sportverein od. eine Schule sich keinen Rasenplatz leisten kann, sondern in Kauf nehmen muss, dass Schüler und Spieler sich beim Hinfallen die Knie aufscheuern. Davon → *Grandi* (Landratte) und → *Grandje* (Landstreicher).

[2] Grand höchstes Spiel beim Skat; *rut för 'n Grand* (ausspielen); *Grand mit veer Buern* (mit vier Buben). Von frz. *grand jeu* (großes Spiel).

grandessich 1. aufsässig, kratzbürstig, aufgebracht (bei Menschen), bockig (bei Pferden); *wenn he eerst grandessich ward, is mit em nix optostellen.* Von → *grantich* (übellaunig). Syn.: → *opsternaatsch.* 2. Eine andere Bedeutung von *grandessich* ist „großspurig", und die geht auf frz. *grandeur* od. span. *grandeza* (Großartigkeit im Auftreten) zurück; *Hein lehn grandessich an 't Schapp.*

Grandi seem. 1. Werftarbeiter. Aus Sicht der Schiffer und Hochseematrosen waren die Werftarbeiter zwar notwendig, gehörten aber nicht zu den Seefahrern, die sich auf dem Wasser den Gefahren der See aussetzten, sondern die sicher auf dem Land, auf dem → [1] *Grand,* arbeiteten. Deshalb wurden sie abwertend *de Grandis* genannt. 2. Nichtseemann, Zivilist, Landratte. Es handelt sich um eine abwertende Bezeichnung für Landarbeiter, Erdarbeiter, Landstreicher und kommt von [1] *Grand* (grober Kiessand, Erde). Ein → *Grandje* ist ein wandernder Erd- od. Erntearbeiter, kurz: ein Landstreicher.

385 Goltz: Schimpfwörterbuch S. 56
386 Richey S. 79

Grandje Ein *Grandje* ist ein wandernder Erd- od. Erntearbeiter, abwert. auch für Landstreicher od. Bettler. Wohl von → [1] *Grand* (Erde). Vgl. → *Grandi* (Landratte).

Grandmonarch Ein *Grandmonarch* od. kurz → *Monarch* bedeutet nicht etwa so etwas Ähnliches wie ein Großherzog od. Alleinherrscher, sondern bezeichnet ganz im Gegenteil einen Bettler und Landstreicher. Der Begriff *Monarch* für den Landstreicher ist → *Rotwelsch* und als Kontamination entstanden aus jidd. *makor* (Kamerad) und jidd. *nechor* (Fremdling). Das Bestimmungswort *Grand* kommt wahrscheinlich von rotw. *granten* (betteln) aus mnd. *granten* (gierig nach etwas sein)[387]. Also ist ein *Grandmonarch* ein „bettelnder Landstreicher".

grantich grantig, übellaunig, ärgerlich; *'n grantigen Gast*. Vgl. → *grandessich (1)*.

Grapen m., großer gusseiserner Kessel zum Kochen über offenem Feuer, dreibeinig od. mit Bügel zum Aufhängen an einer Zahnstange.

Grappen (Plur.) Grillen, → *Flusen*, sonderbare, närrische od. spaßige Einfälle, Possen, Streiche; *nix as Grappen in 'n Kopp hebben* (nur dummes Zeug machen). Ein *Grappenbook* ist ein Witzbuch, ein *Grappenmoker* ein Possenreißer.

Grashopper Heuschrecke, a.: Feldgrille, früher nicht sehr artgerecht von fliegenden Händlern aus dem Landgebiet lebend als Kinderspielzeug verkauft, und zwar im *Grashopperbuer* (Grillenkäfig) aus Pappe in Form eines kleinen Hauses. Übertr. 1. junger, unerfahrener Mensch, 2. Zollbeamter (wegen der grünen Uniform). 3. *Grashopper un witte Müüs* bezeichnet in Hamburg einen speziellen Bohneneintopf.

Der Grashüpferfänger nach Christoffer Suhr:
In der Heuerndte geben sich Leute, welche fast kein sicheres Gewerbe haben, damit ab, Grashüpfer (gryllus viridiss.) zu fangen, dieselben in papierne mit kleinen Glasfenstern versehene Käfige zu setzen, und an solche Leute zu verkaufen, welchen das Zirpen dieser Insecten Vergnügen macht. Man kann ein solches Thier wohl bis Weihnachten lebend erhalten.

Grasmieger ist die abfällige Bezeichnung für ein neugeborenes Mädchen, vor allem wenn sich Vater und Großvater einen Stammhalter gewünscht hatten. Ein erster Blick auf den Säugling, und dann die Enttäuschung: *al wedder 'n Grasmieger!* Mieger kommt von → *miegen* (urinieren), und dafür hat die Natur bei den Geschlechtern bekanntlich einen kleinen Unterschied geschaffen. Während die Jungs sich aufrecht hinterm Baum erleichtern konnten, mussten die kleinen Mädchen in die Hocke gehen, um *ins Gras zu miegen*.

387 Wolf: Rotwelsch S. 121 f. u. Lübben S. 228.

Graumann Hierbei handelt es sich um einen Handlanger im Hafen.

Gresen (Plur.) Grauen, Angstschauder; *se kriegt de Gresen; kole Gresen* (Schüttelfrost). Verb *gresen* (grausen, vor Angst od. Kälte schaudern). Von mnd. *grese* (Schauder, Grauen)[388]. Vgl. → *gresich.*

gresich (gräsig) Adj. 1. grässlich, grauenhaft, kalt; *'n gresigen Wind; dat weer slecht Wedder, düster un koolt un gresich.* 2. gewaltig, groß; *dat deit gresich weh.* Subst. → *Gresen.*

grienen schmunzeln, lächeln, still lachen; *se grient, as wenn ehr dat bannig veel Spaaß mookt.* Syn.: → *smuustern, smuustergrienen.*

gries heißt 1. grau, aber mehr als die einfache Farbbezeichnung enthält *gries* den Beigeschmack von Alter, Sorgen, Einfachheit und Armut; *de griese Hund* ist ein einsamer Wolf, *de griese Elv* muss früher schon ab und zu so ausgesehen haben wie das Elbwasser vor der Wiedervereinigung, *griese Arfen* sind die einfachen, grauen Felderbsen, *griese Sneehümpels* schmutzige Schneereste im Frühjahr, und *'n grieser Novemberdag* ist ein nebliger Tag im Spätherbst. Altersjahre sind *griese Johren,* eben *gries un grimmelich.* Opa wird zum *Grieskopp* (Graukopf, Greis) od. zum *Griesbaart* (Graubart, alter Mann). Ra.: *de Buer ward gries, aver nich wies* (alt, aber nicht weise, weil der Bauer das Wetter nicht beeinflussen kann). Übrigens: *'n groten Griesen* ist etwas Farbloses im kleinen Glas, nämlich ein doppelter Korn. 2. *gries* steht jedoch auch für gewitzt, durchtrieben, hinterlistig; *he dünkt sik gries; he is 'n ganzen Griesen* (ein großes Schlitzohr); *enen för 'n Griesen hebben* (jmd. zum Narren halten). Vgl. → *griesgrimmelich.*

grieseln fein regnen, nieseln. Vgl. → *fisseln,* → *drieseln,* → *pieseln.*

Griesgraam Der Griesgram ist nur um drei Ecken mit dem Adj. → *gries* (grau) verwandt, der Begriff kommt vielmehr von *grisgramen* (mürrisch sein, mit den Zähnen knirschen)[389]. Ein mhd. *grisgram* war wörtl. ein mit den Zähnen Knirschender. Nur gut, dass so ein grämlicher Mensch nicht auf Hamburg beschränkt ist.

griesgrimmelich schmutzig grau, bedrückend, freudlos. Intensivbildung aus → *gries* (grau) und *grimmelich* (schmutzig); *griesgrimmelige Tieden* (freudlose Zeiten). Nicht zu verw. mit *griesgrammich* (griesgrämig).

Griffelkasten Ein hölzerner, mit einem (meist klemmenden) Schiebedeckel versehener Behälter zur Aufbewahrung der *Griffel,* der Schreibstifte für die Schiefertafel – ein typisches Utensil für die Schulanfänger früherer Jahre.

Grillenscheucher Wer im übertr. Sinne Grillen fängt, der bläst Trübsal und hängt missmutigen Gedanken nach, wer Grillen im Kopf hat, der macht sich unnötige Sorgen, aber wer Grillen verscheucht, der schafft gute Laune und Zuversicht. Das erreichte der Heimatdichter *Daniel Bartels* mit seinen hamb. Gedichten, Texten und Parodien, die er unter dem Titel „Grillenscheucher" publizierte. Bartels wurde am 18. November 1818

388 Lübben S. 128

389 Richey S. 81: *grysegrammen* (heimlich murren)

in Lübeck geboren, arbeitete in Hamburg erst als Malermeister und dann ab 1854 als Bürochef eines Rechtsanwalts und starb hier am 13. Juni 1889. Der architektonisch bedeutende Daniel-Bartels-Hof (1928) am Alten Teichweg und der Daniel-Bartels-Weg (1933) in Horn tragen noch heute seinen Namen.

„Der Grillenscheucher" – eine Gedichtsammlung von Daniel Bartels, die die Grillen verscheuchen, also gute Laune schaffen soll.

Grimme, Adolf → *NWDR.*

grimmeln Diesen Ausdruck benutzte Großmutter für einen Vorgang, den Michael Richey ausführlich beschrieb: *schmutzig werden, schimmeln, die Farbe verlieren. ingrimmelig: angelauffen, falbe*[390]*. ingrimmeln: wann der Schmutz schon fest sitzet, und die Farbe verschossen ist*[391]. Besonders die Wäsche konnte früher grimmelich (schmutzig grau) sein, als es noch keine dieser von strahlenden Hausfrauen in den Werbeblöcken des Fernsehens präsentierten Waschmittel gab, die die Stücke angeblich wie von allein nicht nur sauber, sondern rein und weiß machen. Auch der Hals bei de *lütt Deern* sah nach der Katzenwäsche noch *wat grimmelich ut*. Eine alte Frau, die ihren letzten Tagen entgegenging, schaute → *gries un grimmelich, se harr keen Farv mehr.* Vgl. → *Grimmelpott* (Schmutzfink).

Grimmelpott Schimpfw. für einen schmutzigen Menschen, also für einen *Schmutzfinken,* der nachlässig in der Körperpflege ist; *de ole Grimmelpott wascht sik to Wiehnachten den eenen un to Oostern den annern Foot*[392].

Grips (Krips) Nacken; *enen bi 'n Grips kriegen* (jmdn. zu fassen bekommen); *sik bi 'n Grips hebben* (sich streiten). Syn.: *Nack;* → *Wickel.* Vgl. → *Slafittchen.*

Grog Ein typisches Heißgetränk, das in Hamburg als *stieben* für *steifer Grog* weit verbreitet war und mit dem Spruch „Rum muss, Zucker darf, Wasser kann" hinlänglich beschrieben ist: einen Stößel od. Teelöffel in ein Grogglas stellen, Zucker (etwa zwei TL) einfüllen, sprudelnd kochendes Wasser hinzugießen, umrühren, vier Zentiliter Rum (od. eben mehr) hineinkippen, wieder umrühren und genießen. Angeblich geht der Ausdruck auf den englischen Admiral Vernon zurück, der *Old Grog* genannt wurde und seine Matrosen anwies, ihre Rumration mit Wasser zu mischen. In Wirklichkeit verbirgt sich dahinter das westindische Wort *grog* für eine Mischung aus Rum und Wasser. Das engl. *groggy* (erschöpft) bedeutet so viel wie „vom Grog betrunken sein".

grölen laut schreien, laut und hässlich singen, „mit der Stimme laut sein"; *de Dunen*[393] *gröölt op de Straat; sien Grölen kunn dat ganze Dörp hören.* Von mnd. *gralen* (lärmen) zu mnd. *gral* (Krach, lärmende Festlichkeit im Freien mit Spiel

390 falb: ein fahles Gelb aufweisend
391 Richey S. 80
392 Goltz: Schimpfwörterbuch S. 58
393 die Betrunkenen

und Tanz)[394]. Schimpfw.: *Gröölhans* (Schreihals). Vgl. → *bölken.*

grönen Aal Frische, noch nicht verarbeitete Exemplare werden grüner Aal *(gröön Aal)* genannt. Ruf der Fischhändler in den Straßen: *wöllt ji gröne Aal?* Echo der Straßenjungen: *de Trepp hendaal!* Früher war *grönen Aal* ein weit verbreitetes Hamburger Gericht, als die Elbfischer die lebenden Aale zahlreich auf den Märkten der Stadt anboten. Dafür gibt es mehrere Rezepte, zum Beispiel: Leicht gesalzenes Wasser mit trockenem Weißwein, Lorbeerblatt, Pfefferkörnern, Zitronenscheibe und einer klein geschnittenen Zwiebel kräftig durchkochen, den Aal abziehen und, in vier Zentimeter lange Stücke geschnitten, 15 Minuten in dem Sud garen lassen. Herausnehmen, warm stellen, die Flüssigkeit mit Sahne und Eigelb legieren, mit Stärke binden und mit reichlich frischen Dillspitzen noch einmal auf- und einkochen, mit Salz, Pfeffer und Zitronensaft abschmecken und über die Aalstücke geben. Dazu reicht man Salzkartoffeln und Gurkensalat.

Gröner Heini → *Birnen, Bohnen, Speck.*

Gröölhans (Schreihals) → *grölen.*

gröönt dörch Wenn es jemandem nach einer Krankheit wieder besser geht, wenn er übertr. wie ein verdorrter Baum wieder grüne Triebe zeigt, sagt man: *he gröönt wedder dörch*[395].

Grootbuer Großbauer, Vollhufner, Besitzer einer Vollbauernstelle von wenigstens 20 → *Morgen.* Ggs.: *Lüttbuer* (Kleinbauer).

Grootdeern Großmagd auf einem Bauernhof, die auch im Stall und auf dem Feld mitarbeiten musste. Ggs.: *Lüttdeern* (Kleinmagd).

Grootdöör großes, zweiflügeliges Haupttor zur Diele an der Schmalseite eines Bauernhauses im Ggs. zur → *Blangendöör* (Nebentür an der Längsseite). Die Flügel der *Grootdöör,* die durch den herausnehmbaren → *Dössel* (Mittelpfosten) getrennt werden, sind jeweils horizontal in → *Bavendöör* und → *Ünnerdöör* geteilt[396]. Häufig ist in eine *Ünnerdöör* auch noch eine Art Haustür eingearbeitet, die die Bewohner benutzen können, ohne jedes Mal die riesige Konstruktion öffnen zu müssen.

Groothunnert 120 Stück, bei Austern 110 Stück. Noch heute gibt es beim Muschelkauf eine Handvoll obendrauf, um pauschal die Exemplare auszugleichen, die beschädigt od. geöffnet sind.

Grootkind (Plur. *Grootkinner*) Enkel.

Grootschaffer (Knecht als Mitglied eines dörflichen Festausschusses) → *Lüttschaffer.*

Grootseil n., seem. Großsegel, das untere bzw. das Gaffelsegel am *Grootmast*[397]. Vgl. → *Toppseil* (oberes Segel).

Grootsnuut *(Grootmuul)* ist jemand, der großkotzig, bevormundend, in überzogener Selbstdarstellung od. auch drastisch besserwisserisch auftritt. Über diesen sagt man: *dor hööր man nich hen, dat is 'n Grootsnuut*[398].

394 Lübben S. 129 f.
395 lt. Waltraut Langer
396 HWB 2/432
397 HWB 2/435
398 lt. Hans-Hermann Wölfert

Groschen Der *Groschen* gehörte während unserer Kindheit so sehr zum täglichen Vokabular, dass wir ihn damals bestimmt nicht als typischen und schon gar nicht als typisch hamburgischen Ausdruck ins Wörterbuch aufgenommen hätten. Aber seit der Einführung des Euro droht er mehr und mehr in Vergessenheit zu geraten. Oder haben Sie schon einmal gehört, dass jemand ein Zehn-Cent-Stück als *Groschen* bezeichnet hat? Deshalb sei der nachwachsenden Generation mit auf den Weg gegeben, dass man früher unter einem *Groschen* zehn Pfennig verstand, und zwar nicht etwa zehn einzelne Pfennige, sondern ein Zehnpfennigstück als Münze. Für uns Kinder war ein *Groschen* bereits ein kleines Vermögen, für das wir beim → *Krämer* eine große Tüte → *Bontjes* bekamen, wenn wir *för 'n Groschen* → *Snoopkraam* verlangten. Beim Eismann auf dem Schulweg erhielten wir für einen Groschen zwei Kugeln Sahneeis auf die Waffeltüte, doch als der Preis auf nur eine Kugel pro Groschen erhöht wurde, drohte mein kindlicher Glaube an das beginnende Wirtschaftswunder der Nachkriegszeit ins Wanken zu geraten. Ich ging zu meinem Vater und verlangte entsprechend eine Verdoppelung meines Taschengeldes. Der schmiss mich raus und riet mir: „Leck doch die Hälfte!" Raa.: *dree Stück för 'n Groschen; he hett keen lusigen Groschen op de Noht* (er ist pleite); *de sitt de Groschens so loos* (sie ist verschwenderisch); *he dreiht den Groschen dree mol üm* (er ist sparsam); *dree mol seggen kost 'n Groschen!* (hör doch besser zu!); *de is nich ganz bi Groschen* (er ist wirr im Kopf); *he is 'n falschen Groschen* (er ist nicht aufrichtig). Sprichw.: *dumme Goos, dien Groschen büst loos!* (das hast du leichtfertig vertan); *en düchtige Fro mookt den Mann den Groschen to 'n Daler* („und drinnen waltet die sparsame Hausfrau"). Erw.: → *Fiefgroschenjung* (Taugenichts); *Fiefgroschenstück* (Fünfzigpfennigstück); → *Groschenstück* (Kuchenstück beim Bäcker); *Nootgroschen* (eiserne Geldreserve); → *Smugroschen* (unerlaubt abgezweigtes Geld); → *Snoopgroschen* (Trinkgeld).

Groschenstück Der → *Groschen* als europäische Silbermünze ist als Begriff noch in den Zeiten der Reichs- und D-Mark in Hamburg lebendig geblieben; beispielsweise auch bei den sog. *Groschenstücken* vergangener Tage vom Bäcker. Zum Geburtstagskaffee musste es noch in den Dreißigerjahren nicht unbedingt die Torte sein, so man sie nicht selber gebacken hatte. Groschenstücke, beim Bäcker od. Konditor gekauft, taten es auch. Das waren die heute preiswert erscheinenden einfachen Stücke des → *Platenkokens* od. Blechkuchens, nämlich *Butterkuchen, Bienenstich, Plummsnitten* und andere – auch tortenartige Backwerke wie Marzipanschnitten und *Punschschnitten*. Für einen Groschen, also zehn Reichspfennig, waren die damals zu haben als Konditorwaren des kleinen Mannes. Was davon zerbrochen od. auch ein Kantenstück war, bekamen die Kinder für fünf Pfennig in einer großen Tüte unter der Bezeichnung *Kuchenabfall* [399].

Großer Brand In der Nacht zum 5. Mai 1842 entwickelte sich ein Speicherbrand in der Deichstraße 38 zur schlimmsten Feuerkatastrophe, die Hamburg vor der Operation → *Gomorrha* (1943)

399 von Carl Groth

erlebt hat. Die Flammen fraßen sich in der eng bebauten Stadt, begünstigt durch vorangegangene Trockenheit und ungünstige Winde, durch das alte Hamburg, bis sie am 8. Mai nach 83 Stunden an den Wallanlagen zum Erlöschen kamen. Die Straße an dieser Stelle heißt deshalb seit 1843 *Brandsende*. Man hatte versucht, durch die Sprengung des alten Rathauses an der Trostbrücke eine Schneise zu schaffen, konnte den Feuersturm dadurch jedoch nicht stoppen. Der *Große Brand* forderte 51 Tote und 130 Verletzte. 1750 Häuser wurden zerstört, 20 000 Menschen waren obdachlos. Die für den 7. Mai 1842 geplante feierliche Eröffnung der ersten → *Eisenbahn* nach Bergedorf fiel aus. Statt der Ehrengäste mussten Flüchtlinge transportiert werden.

Der Hopfenmarkt und die alte Nikolaikirche beim Großen Hamburger Brand im Mai 1842. Die Kirche war nicht zu retten. Sie wurde mit dem dritthöchsten deutschen Steinkirchturm wieder aufgebaut.

Großer Hans Der *Große Hans* war ein Pudding aus Brotresten, an guten Tagen mit Rosinen, der in einer speziellen gewellten, konischen Pufferform mit einem Rohr in der Mitte im Wasserbad gegart und mit Fruchtsoße serviert wurde. Vgl. → *Puffer.*

Groß-Hamburg-Gesetz Mit dem „Gesetz über Groß-Hamburg und andere Gebietsbereinigungen“ vom 26. Januar 1937, das am 1. April 1937 in Kraft trat und bis zum 31. März 1938 vollzogen wurde, bekam Hamburg seine heutige Ausdehnung. Preußen musste die Städte Altona (mit Elbvororten), Wandsbek und Harburg-Wilhelmsburg abtreten, dazu die Gemeinden Bergstedt, Billstedt, Bramfeld, Duvenstedt, Hummelsbüttel, Lemsahl-Mellingstedt, Lohbrügge, Poppenbüttel, Rahlstedt, Sasel, Steilshoop und Wellingsbüttel aus dem Kreis Stormarn; Lokstedt mit Niendorf und Schnelsen aus dem Kreis Pinneberg; Cranz aus dem Kreis Stade; Altenwerder, Finkenwerder, Fischbeck, Frankop, Gut Moor, Preuß. Kirchwärder, Langenbeck, Marmstorf, Neuenfelde, Neugraben, Neuland, Rönneburg, Sinstorf und einen Teil von Over aus dem Landkreis Harburg sowie Pr. Kurslack aus dem Kreis Herzogtum Lauenburg. Dafür gingen Geesthacht, Groß Hansdorf, Schmalenbeck, Cuxhaven, Arensch-Berensch, Gudendorf, Holte, Spangen, Oxstedt und Sahlenburg auf Preußen über. Zur Vorgeschichte → S. 20. Vgl. → *Schreibweisen.*

Groth, Klaus → *Quickborn.*

Grüner Harry „Ehrenbezeichnung“ auf dem Schulhof für einen besonders „fetten“ und ekligen → *Qualster* aus Schleim und → *Rotz,* den ein Schüler hochgezogen hatte. Man beachte die Farbbezeichnung „grün“, um die Konsistenz dieser Kreation einschätzen zu können.

Grünhöker (*Gröönhöker*) ist ein Gemüsehändler im Laden um die Ecke od. ein Gemüsebauer, der seine Ware auf dem Markt selbst verkauft, z. B. auf dem Hopfenmarkt an der Nikolaikirche. Schickte er seine Frau in die Stadt, war das *de Gröön-*

hökersch. Diesem Erwerbszweig ging Ende des vergangenen Jahrhunderts der Nachwuchs aus, sodass Zuwanderer aus der Türkei od. Indien in die Bresche sprangen.

Grünkohl (*Gröönkohl*). Der *Grünkohl* gehört zu Norddeutschland, und es interessiert uns im Norden überhaupt nicht, wenn Leute südlich des Mains uns deshalb unterstellen, in unseren Essgewohnheiten noch nicht über die Zeit der Landsknechte und Fuhrleute hinausgekommen zu sein. Grünkohl ist ein deftiges Gericht im kalten Winter. Vor dem Ernten muss er Frost bekommen haben, um einen leicht süßlichen Geschmack anzunehmen. Er wird je nach Region anders zubereitet, in Holstein anders als in Bremen, in Bremen anders als in Oldenburg, und er darf um Himmels willen nicht mit den wässrigen Fladen verwechselt werden, die unwissende Kantinenköche offensichtlich nach dem Rezept von gehacktem Spinat gekocht und das Ganze dann als Grünkohl und Delikatesse angepriesen haben. In Hamburg wurde er früher mit *Swienskopp un söte Röstkantüffeln* gegessen, vor allem als → *Fastnachtsgericht; wer den Gröönkohl nich mag, kriegt ook nix vun 'n Swienskopp af!*, hieß es. Bei der Holsteiner Version, die sich hier durchgesetzt hat, streift man den Grünkohl nur grob von den Stielen ab und lässt ihn „lang". In einem großen Topf wird eine gehackte Zwiebel in Schweine- od. Gänseschmalz angeschwitzt und darin der Grünkohl angeschmort, bevor er, mit Brühe aufgegossen, zusammen mit einer großen geräucherten Schweinebacke wenigstens zwei Stunden kochen muss. Dazu kommt ein Kilo Kasseler od. noch besser Nackenkasseler im Stück. Man legt Kohlwürste auf den Kohl, die man zum Schluss im Topf anstechen sollte, damit sie beim Anschneiden am Tisch ihr Fett nicht in einer Fontäne über den Tellerrand sprühen. Der Grünkohl muss glänzen, darf aber nicht schwimmen. Er wird vor dem Servieren auf einer Schaumkelle ausgedrückt. Dazu reicht man „süße Kartoffeln", das sind kleine gepellte Kartoffeln, die in der Pfanne in Fett goldbraun gebraten, mit Zucker bestreut und karamellisiert werden. Es gibt Gäste, die schlägt allein der Ausdruck „süße" Kartoffeln in die Flucht, aber glauben Sie mir: Wer einmal in Hamburg od. im Umland Grünkohl so gegessen hat, wie Grünkohl sein sollte, der wird sein Leben lang nicht mehr vom Grünkohl lassen.

Grüttwust (Finkw. *Göttwust*) war die Grützwurst, gefüllt mit in der Wurstsuppe eingeweichter Hafergrütze. Es gab sie mit Rosinen (mit rotem Faden abgebunden) od. ohne Rosinen (mit grauem Band). Großmutter kannte *witte Grüttwust, rode Grüttwust* und *swatte Grüttwust,* die zusätzlich mit Blut angemacht war. Bei der Hausschlachtung wurde der Rest des Kesselinhalts in die Grützwurst gefüllt, deshalb übertr.: *man jümmers mitten dörch de Grüttwust!* (immer rein ins Gewühl!); *hau man ran an de Grüttwust!* (Anfeuerungsruf); *dat geiht total in de Grüttwust* (das geht völlig daneben)[400]. Wurde die Grützwurst gebraten mit Kartoffeln od. Klößen gegessen, gehörte unbedingt Apfelmus dazu. Vgl. → *Himmel und Erde*. Unser → *Schlachter* auf dem Lande fertigt die Grützwürste noch selbst nach altem Rezept, aber in vielen Supermärkten sucht man sie heute vergebens.

Gruus Das *Gruus* war etwas Zerkleinertes, Zerbröckeltes, feiner Schutt, vor allem von Torf, Kohle, Stein od. Zucker; *in Schutt un Gruus* (total zerstört); *de See sleit em sien Schipp to Gruus*

400 HWB 2/446

(Schiffsuntergang); *wat in Gruus un Muus hauen* (zusammenschlagen).

Gruusoort Im Volksmund ein Ortsteil von Moorburg, in dem die Torfhändler saßen und von wo aus sie ihre Ware in die Stadt verschifften[401]. Von → *Gruus.*

Gummel steht für eine bes. große und nicht gerade schöne Nase; *de hett 'n bannigen Gummel.*

Gummi (*Gum*) klebriger Pflanzensaft, der in Hamburg früher für Heilpflaster und zum Steifen von Hutbändern verwendet wurde *(Arabicum),* später Kautschuk *(Elasticum); de is → taach as Gum* (für einen scheinbar schwächlichen, aber widerstandsfähigen Menschen). Erw.: *Gummiballer* (Kinderspielball aus Gummi); *Gummiplaten* (Gummischürze); *Gummidriakelplaaster* (Gummipflaster, Vgl. → *Driakel*); *Gummistevel* (Gummistiefel). Vgl. → *Gummisnuut.*

Gummisnuut aufgedunsenes Gesicht eines Säufers od. – leider gibt es das auch – einer Säuferin. Kinderspott auf eine Trinkerin: *Doris mit de Gummisnuut, süppst mi alle Buddels ut*[402].

Gurk (Gurke) → *Kumkummer.*

güst Kinnelbeer Unter → *güst* wird einschränkend gesagt, dass die Bedeutung „unfruchtbar" höflicherweise nur in Bezug auf Tiere gebraucht werden sollte, aber hinter vorgehaltener Hand wurden auch kinderlose Ehepaare so genannt. Leute ohne Kinder feierten bei den → *Kinnelbeers,* den Tauffesten, kräftig mit, wären aber nie in die Verlegenheit gekommen, selbst eine solche Feier veranstalten zu müssen. Da bis heute die einfache Regel gilt, dass, wer eingeladen wird, auch einladen muss, hatten kinderlose Ehepaare zum Ausgleich ein *güst Kinnelbeer* auszurichten als Entschädigung für den Besuch von Kindtaufen bei Verwandten und Nachbarn[403].

güst Adj. 1. nicht trächtig, nicht milchgebend (bei Kühen), unfruchtbar (bei Tieren); *de Koh steiht güst* (die Kuh hat keine Milch); *güste Koh* (nicht tragende Kuh). Syn.: → *feer* (nicht trächtig). Richey: *güst: trocken, unfruchtbar. Wird eigentlich von den Kühen gebrauchet, wann sie keine Milch mehr geben*[404]. 2. Auch Fische ohne Milch und Rogen werden als *güst* bezeichnet. 3. dürr, trocken, ertragsarm beim Ackerboden, wie wir ihn auf der → *Geest* (hohes, trockenes und unfruchtbares Land) vorfinden – wobei wir etym. bei der Substantivierung von *güst* (mnd. *gêst*) wären. Noch einmal Richey: *In der Nachbarschaft*[405] *sagt man goest: und es ist glaublich, daß Geest-Land daher seinen Nahmen habe, weil es trocken, und nicht so fruchtbar ist, wie die so genannte Marsch*[406]. Erw.: *Gose Elv* („trockene" Elbe) in den Vierlanden; *Gussau* („trockener" Bach) in Volksdorf; → *güst Kinnelbeer* („Ersatz"-Tauffeier kinderloser Ehepaare).

gute Stube Wohnzimmer, das nur bei besonderen Gelegenheiten od. am Sonntag benutzt wurde, angeblich „bessere Möbel" enthielt, die aber teilweise ererbt und somit eine Ausgeburt von Ungemütlichkeit waren. Vgl. → *Stuuv;* → *Döns;* → [2] *Pesel.*

401 HWB 2/446
402 HWB 2/448 f.
403 Mensing 2/457
404 Richey S. 82
405 im Hamburger Umland
406 Richey S. 82

H

H.z.H.G. Abk. für → *Hospital zum Heiligen Geist.*

haagböken Adj. hanebüchen, aus dem Holz der Hagebuche, das als hart und knorrig galt. Deshalb nahm das Adj. übertr. die Bedeutung „grob und derb" an. Subst. *Haagböök* (Hagebuche od. Hainbuche). Der Stamm *Haag* (→ *Hagen*) deutet auf einen umfriedeten, eingehegten Ort, auf einen Hain, ein Gehege, eine Hecke, eine Weide hin. Verb *hegen*. Der hochd. *Hagestolz* war urspr. der Besitzer eines *Haags*, eines Stücks Land neben einem großen Hof, das so klein war, das es keine Familie ernähren konnte. Der *Hagestolz* musste also unverheiratet bleiben und geriet mit der Zeit zum Synonym für einen alten, verschrobenen Junggesellen. Straßenn.: *Hagebökenholt* (Farmsen-Berne). Vgl. → *Haagdoorn* (Weißdorn).

Haagdoorn Weißdorn (Heckenrose), stachelige Hecke zum Einhegen einer Weide od. eines Stücks Land (→ *Haag, Hagen*). Ihre Frucht ist die → *Hagebutte*. Der *Haagdoornwinter* bezeichnet die Kälteperiode nach der Weißdornblüte. Wetterregel: *wenn de Haagdoorn blöht, denn ward dat koolt*. Straßenn.: *Hagebuttenweg* (Lurup). Die *Hagedornstraße* in Harvestehude hat allerdings nichts mit der Heckenrose zu tun, sondern ist nach dem Dichter *Friedrich von Hagedorn* (1708–1754) benannt.

Haaksch Hebamme; *ool Haaksch*. Ra.: *se hett dat so hild as Mudder Haaksch* (sie hat es sehr eilig) [407]. Vgl. → *Mudder Griepsch.*

407 HWB 2/453

Haas [spr.: *ho:s*] ist der Hase und braucht hier nicht näher erklärt zu werden; *lopen as 'n Haas* (schnell weglaufen); *weten, wo de Haas löppt* (Bescheid wissen); *dor leggt de Haas in 'n Peper* (das ist die Ursache des Problems). Der Hase war Namensgeber für allerlei Sinnübertragungen. 1. Wenn Großmutter einen *Falschen Hasen* servierte, handelte es sich nicht etwa um einen Hasenbraten, sondern um einen mit altem Weißbrot od. → *Rundstücken* vom Vortag gestreckten Hackbraten. 2. Ein *Hasenfoot* ist ein ängstlicher Mensch, eben ein Hasenfuß. 3. *Hasenpeper* (Hasenpfeffer) bezeichnet ein Fleischgericht, bei dem Innereien des Hasen in Sauer und mit viel Pfeffer gekocht werden. 3. Ein *Hasennicker* ist ein kurzer, unruhiger Schlaf, aus dem man so leicht hochschreckt wie ein Hase, der ja angeblich mit *Hasenogen*, mit offenen Augen, schläft. 4. Der *Hasenschacht* bezeichnet den Beinteil eines Strumpfes. Vgl. → *Strumpschacht*. 5. Eine *Hasenscharte* [408], eine gespaltene Oberlippe, heißt hamb. *Hasenlipp*. 6. *Hasensocken* sind kurze Strümpfe (→ *Strumpsocken*), und ein *Hasenkeerl* ist der Hausierer, der sie verkauft. Richey: *up Hasen-Sökken gahn: auf den blossen Strümpffen, ohne Schue od. Pantoffeln gehen* [409]. Vgl. → *Hasenbrot;* → *Hasenmoor.*

hachpachen 1. keuchend atmen, nach Luft ringen, aus der Puste sein; bei Hunden: hecheln; *se hachpacht, as wenn se keen Luft kriegen köönt; se hachpachen achter mi ran* (hinterherkeuchen) [410].

Hacke Die *Hack* in der Bedeutung „Hacke, Ferse" hatte einige schöne Komposita: *Hackenafdrei-*

408 „Hasenscharte" wird von den Betroffenen heutzutage als abwertend empfunden und soll im Sinne der Pol. Corr. durch „Lippenspalte" ersetzt werden.

409 Richey S. 89

410 HWB 2/463 f.

her (Marmelloch, mit dem Absatz in die Erde gedreht); *Hackenpietscher* („Hackenpeitscher", Gehrock mit langen Schößen); *Hackendeef* („Hackendieb", Loch in der Strumpfferse); → *Hackenpedder* (kleines Kind, das ständig an den Füßen der Mutter klebt); *Hackenputzer* (Lakai, Offiziersbursche) od. *Hackenbieter* („Fersenbeißer", kleiner, heimtückischer Hund).

Hackenpedder Ein kleines Kind, das pausenlos am Rockzipfel der Mutter hing und ihr in die → *Hacken „peddete"* (trat), ihr überallhin folgte und ständig im Weg stand, wurde *Hackenpedder* genannt. Vgl. → *pedden* (treten).

Hackenrieter („Hackenreißer") Befestigung des Schlittschuhs mittels krallenartiger Metallzwingen am Schuh, was in der Regel zur nachhaltigen Beschädigung von Ledersohle und Absatz führte. Vgl. → *Strietschoh* (Schlittschuh).

hacker! (Interj.) Warnruf beim Glitschen od. Rodeln, lautm. von *hackern* (dem Vordermann beim Glitschen in die Hacken fahren); *hacker de Glitsch!* (Platz frei auf der Glitsche). 1. Das Verb *hackern* weist auf das Subst. *Hack* (Hacke) hin. Beim Kinderspiel *Hack op Hack* ging es darum, in dichter Folge auf Eis od. Schnee zu glitschen. 2. *hackern* kann auch bedeuten, auf einem Fuß od. Schlittschuh zu gleiten und sich mit der Hacke des anderen Fußes abzustoßen. Vgl. → *Glitsche;* → *Hengilidoor!*

hackern (glitschen) → *hacker!*

Hafenplatt Seeleute aus aller Welt brachten Ausdrücke von weit her in den Hamburger Hafen. Vor allem kennt die Seemannssprache viele Entlehnungen aus dem Niederländischen (→ *Buscherump,* → *Duckdalben*) und dem Englischen (→ *Kaffeteng,* → *Bagalut,* → *Geng*). Das *Hafenplatt* der → *Schauerleute*, Werftarbeiter, Schiffer und Matrosen schmeckte ein wenig nach weiter Welt.

Hafentaxe war die Umschreibung für den Rettungswagen. Das ging so: Zu Beginn der Schicht leicht mit dem Hammer auf den Daumen hauen, Schwerverletzten markieren, ab ins *Hafenkrankenhaus,* vorher reichlich unverzollten Schnaps und Zigaretten im → *Zampelbüdel* bunkern – und dann mit Blaulicht unkontrolliert durch den Zoll. Die Schicht wurde selbstverständlich bezahlt. Eine solche nicht gerade vorbildliche Arbeitsmoral soll bei unständigen[411] Hafenarbeitern häufiger zu beobachten gewesen sein[412].

Hagebutte ist die Frucht der Heckenrose, hamb. auch *Hunnenbeer* genannt. Die vitaminreichen Früchte, die im Winter auch eine wertvolle Nahrung für die Standvögel bilden, waren ein wichtiger Bestandteil für Großmutters Hausmittelchen und sind noch heute Grundlage für überteuerte Früchtetees aus dem Reformhaus. So ein Aufguss schmeckt abschreckend. Großvater bekam ihn gegen seine Arthrose (kann sogar gewirkt haben). Wir Kinder hatten etwas anderes vor und pulten die widerhakenbestückten Samenkerne aus dem Inneren der Frucht, trockneten sie und bekamen ein äußerst wirkungsvolles Juckpulver. In der Grundschule war es für uns Jungen ein schlimmer Pausenspaß, uns den Mädchen auf dem Schulhof von hinten zu nähern, die geflochtenen Zöpfe hochzuhalten und schnell das Juckpulver in den Kragen zu schütten. Die Mädchen heulten und zeterten, die Jungen lachten, und die Aufsicht

411 nicht fest angestellten

412 lt. Jan Kömm

Geh'n wir mal zu Hagenbeck – Eingangstor des 1907 eröffneten Tierparks in Stellingen.

führende Lehrerin im langen Rock mit schwarzen Schnürstiefeln, grauem Haarknoten und Nickelbrille kam drohend und schimpfend angehumpelt, sodass es angezeigt schien, schnell in der Knabentoilette zu verschwinden.

Hagen Gehege; eingefriedeter, umhegter Ort; Bauernland, kultivierter Bereich, Siedlung. Der Ortsname *Schmachthagen* (Kreis Stormarn) aus mnd. *smacht* (Hunger) und *-hagen* bedeutet also „Hungersiedlung auf ärmlichen Boden". Die *Hagenau* in Eilbek od. der *Hagendeel* in Lokstedt haben ebenfalls nichts mit dem Bösewicht aus dem Nibelungenlied zu tun, sondern beziehen sich auf den Fluss im od. den Teil einer früher eingehegten Fläche. Auch im Familienn. → *Hagenbeck* steckt der „Bach im Gehege".

Hagenbeck [spr.: *hagenbe:k*]. Hagenbeck ist in Hamburg kein Name, Hagenbeck ist eine Institution. Wenn die Hamburger sagen od. singen: *Geh'n wir mal zu Hagenbeck*[413], so kündigen sie einen Besuch im Tierpark an. Der einzige in Privatbesitz befindliche Großzoo Deutschlands, den Carl Hagenbeck (1844–1913) am 7. Mai 1907 im damals noch preußischen Stellingen eröffnete, wird seit mehreren Generationen von der Familie Hagenbeck geführt. Auf einem 27 Hektar großen Gelände präsentiert der Tierpark rund 1850 Tiere größtenteils in Freigehegen und noch einmal ca. 14 300 Tiere im Tropen-Aquarium. Das Ganze begann 1848 mit dem Vater *Gottfried* Claes Carl

413 Text und Melodie in Wiegandt: Hamburger Liederbuch, Bd. 1, S. 75 f.

Hagenbeck (1810–1887), einem Fischhändler auf St. Pauli, dem Fischer sechs Seehunde überlassen hatten, die er in einem Bottich gegen Geld zur Besichtigung feilbot. Daraus entwickelte sich eine → *Menagerie* am Spielbudenplatz 19 samt Tierhandel und 1863 die Firma *Carl Hagenbeck's Handels-Menagerie,* die sein ältester Sohn *Carl* Gottfried Wilhelm Heinrich Hagenbeck 1866 übernahm und zur größten Tierhandlung der Welt ausbaute. Er eröffnete ein größeres Geschäft am Neuen Pferdemarkt 13 und nannte es bereits *Hagenbeck's Thierpark.* Seit 1875 veranstaltete er Völkerschauen. 1887 kam ein Zirkus dazu. 1896 ließ er sich eine gitterlose Zoo-Anlage patentieren, in der die Tiere in einer weitgehend artgerechten Umgebung, von den Besuchern durch Gräben getrennt, gezeigt werden konnten. Nach diesem Konzept baute er seinen Tierpark in Stellingen, der 1907 mit Freigehegen und künstlichen Felsen eine Weltsensation darstellte. Auch Kaiser Wilhelm II. kam zu Besuch. Der *Zoologische Garten Hamburg* bestand unabhängig von Hagenbeck von 1863 bis 1930 auf dem jetzigen Gelände von → *Planten un Blomen.*

Hagestolz (Junggeselle) → *haagböken.*

Hahnrei Das ndd. Wort *Hahnrei* bezeichnete urspr. einen kastrierten Hahn (→ *Kapuun*), dem man die Sporen abgeschnitten und in den Kamm eingepflanzt hatte, wo sie wie Hörner festwuchsen, um ihn als kastrierten Hahn in der frei laufenden Hühnerschar zu kennzeichnen bzw. auf den ersten Blick identifizieren zu können. Schließlich wollte die Bäuerin ihn nicht zur Nachzucht verwenden od. – schlimmer noch – umgekehrt ihren potenten Zuchthahn irrtümlich in den Suppentopf befördern. Einen Ehemann, der keinen Geschlechtsverkehr mit seiner Frau hatte od. haben konnte, weil er wie der beschnittene Hahn impotent war, wurde als Hahnrei verspottet. Wenn die Frau ihm dann „Hörner aufsetzte" wie dem Kapaun, ihn also betrog, war der Ärmste ein *Hahnrei,* ein „gehörnter" Ehemann. Dabei handelte es sich sicherlich um einen grenzübergreifenden Vorgang. Es ist nicht bekannt, ob eheliche Untreue in Hamburg besonders häufig od. eher unterdurchschnittlich zu verzeichnen war – *war,* wohlgemerkt. In den Vierlanden jedenfalls sang man bei der Feldarbeit: *Dat weet ein jeder ganz gewiss,/ dat mien Mann Hahnrei worden is,/ dat freuet mi vun Harten./ Juchhei, Hahnrei, Höhnerdreger,/ Schornsteinfeger wirst du kriegen/ und musst fremde Kinder wiegen*[414].

Hahnrieder „Hahnreiter". Es sind häufig die niveaulosesten Darbietungen, die im Gedächtnis bleiben und zum geflügelten Wort werden – nicht nur heute im Fernsehen, sondern auch damals am Spielbudenplatz. Bei → *Mattler* im Marionettentheater war einmal sein Ausrufer *Jakob Meier Abraham* (1783–1851), auch *Jakob Pijatz* (Possenreißer) genannt, auf einem Automaten geritten, der einen Hahn darstellen sollte. Ganz Hamburg sprach daraufhin jahrzehntelang von *Mattler sien Hahnrieder* und übertrug diese Bezeichnung sogar auf Mattlers Nachfolger, den Herrn Direktor → *Dannenberg,* obwohl der nie etwas mit Hühnern und Hähnen zu schaffen gehabt hatte, sondern meistens im Ritterkostüm herumlief[415]. Vgl. → *Pajatz.*

Hahntrapp So kurz der *Hahntrapp* zwischen → *Hopfenmarkt* und → *Großem Burstah* (Altstadt) ist, der 1372 zuerst als *Nicolai-Stegel* (Zugang)

414 HWB 2/455 f.
415 Kopal: Mattler sin Hahnrieder S. 41 ff.

erwähnt wurde, so lang ist die Liste der Erklärungsversuche seines Namens. Der Volksmund macht es sich am einfachsten: Die Gasse sei so kurz wie der *Trapp* (Tritt) eines Hahns. Da auch die Bezeichnung *Hanenspar* überliefert ist, meinen einige, der Name deute auf die Spuren *(spar/spor)* hin, die das Federvieh an Markttagen hinterlassen habe, weil die *Höhnerplückers* (Geflügelhändler) dort ihre Stände hatten. Von einer hohen Treppe zum → *Burstah* (*han* – hoch; vgl. *Hannover* – „hohes Ufer“) über *by de Handdrapers* (holl. Tuchmacher) bis zum Weg zum → *Hagen* (Nikolaifriedhof; mhd. *hagen* – eingefriedeter, umhegter Ort) gibt es weitere Deutungen.

Häkelbüdelclub ist ein häufiger Name im Umland für den dörflichen Handarbeitsklub, der vor allem eines ist: exklusiv weiblich. In der Regel alle 14 Tage treffen sich die meist älteren Frauen der Gemeinde im Nebenzimmer der stillgelegten und zum Gemeinschaftshaus umgestalteten Dorfschule od. im Schulungsraum der Freiwilligen Feuerwehr zum Stricken, Häkeln und Sticken – und vor allem zum Klönen. Dazu gibt es selbst gebackenen Topfkuchen und Kaffee aus der Thermoskanne. Falls ein männliches Wesen versehentlich die Tür öffnen od. neugierig durchs Fenster blicken sollte, werden es ein Dutzend abweisender Augenpaare schnell wieder vertreiben. Die angefertigten Topflappen, Handschuhe, Untersetzer und Pulswärmer werden im November auf einem Bazar zugunsten der Kita „Uns lütt Kinner“ verkauft, wobei schon einmal 50 Euro zusammenkommen. Wenn die Damen besonders unternehmungslustig sind, machen sie auch einen Jahresausflug nach Hamburg – nein, nicht nach St. Pauli! Ins → *Ohnsorg-Theater* natürlich!

Hakentüüch (Sack an der Sense) → [5]*Bruus.*

Halbe Im Hafen wurde in drei Schichten gearbeitet. Jede Schicht dauerte acht Stunden, die erste Schicht von 7 bis 15 Uhr, die zweite von 15 bis 23 Uhr, die dritte von 23 bis 7 Uhr. Jede Schicht wurde von zwei Pausen unterbrochen. Eine betrug 15 Minuten und wird → *Foffteihn* genannt. Eine weitere Pause dauerte eine halbe Stunde und hieß *Halbe*. Die *Halbe* fand jeweils nach vier Stunden statt, also von 11 bis 11.30 Uhr, 19 bis 19.30 Uhr od. 3 bis 3.30 Uhr. Es war Usus, dass die einzelnen Schichten um eine Viertelstunde verkürzt waren, um die Übergabe für die nächstfolgende Schicht vorzubereiten[416].

Halfplattdüütscher Dass Menschen im plattdeutschen Elternhaus aufgewachsen sind, merkt man sofort am Tonfall ihrer Aussprache und der ganzen plattdeutschen Denkweise. Wenn jemand hochdeutsch denkt, aber plattdeutsch spricht, ist er an der nicht typischen Aussprache und dem Einstreuen von hochdeutschen Wörtern zu erkennen. Die Großeltern sagten dazu: *dat is en Halfplattdüütschen!*[417]

Hallifacks (Plur.). Im → *Alten Land* gebräuchliche Bezeichnung für die Schlittschuhe, die wohl auf einen alten Firmennamen zurückgeht [418]. Vgl. → *Strietschoh.*

Halskrause gefältelte Rüsche, meist aus weißem, gestärktem Leinen, als Halsabschluss des Gewandes od. bes. der Amtstracht getragen. Die steife separate Halskrause der spanischen Mode

416 lt. Hans-Uwe Schulte
417 lt. Hans-Hermann Wölfert
418 HWB 2/480

Ende des 16. Jhs. breitete sich in der ersten Hälfte des 17. Jhs. bei allen Potentaten, Amtsträgern und Patriziern als Bestandteil der gehobenen Ausgeh- od. Amtskleidung sowohl bei Männern als auch bei Frauen über ganz Europa aus und erreichte ihr größtes Volumen im → *Mühlsteinkragen,* mit dem sich jahrhundertelang auch in Hamburg alle Bürgermeister, Senatoren, Professoren etc. zum Talar schmücken mussten und mit dem sich bis auf den heutigen Tag die Hauptpastoren während der Predigt herumzuquälen haben. Vgl. → *Kruus.*

halven Slach (umgekrempelte Hose) → *Slach.*

Halvenkilokieker scherzh. für Ladungskontrolleur.

Hamborger Bodderbroot übertr. eine Tracht Prügel nach Hamburger Art, also mit schmerzhaften Zutaten.

Hamborgföhrer Straßenhändler, die „nach Hamburg", also in die → *Alt-* und → *Neustadt,* kamen und dort die Erzeugnisse der Vierländer Gemüsebauern verkauften. Früher waren es vor allem Händlerinnen, Frauen aus Kirchwerder, die wegen ihrer engen roten Trachtenstrümpfe als → *Ebeersbeens* („Storchbeine") verlacht wurden.

Hamburg Süd (Reederei) → *HSDG.*

Hamburgensie Eine *Hamburgensie* ist etwas unverwechselbar auf Hamburg Bezogenes, nur od. hauptsächlich in Hamburg Vorkommendes. Im engeren Sinne galt der Begriff für die pittoreske grafische Darstellung Hamburger Motive (*Peter Suhr*, 1829) od. Hamburger Lebensart. Mit etwas Verwegenheit könnte man die Stichwörter dieses Buches Hamburgensien nennen.

Hamburger Abendblatt → *Abendblatt.*

Hamburger Anzeiger → *Anzeiger.*

Hamburger Fremdenblatt → *Fremdenblatt.*

Hamburger Normalziegel (Mauerstein) → *Tegel.*

Hamburger Sie → *Du.*

Hamburger Speck ist ein bei Kindern und auf dem → *Dom* beliebtes Schaumnaschwerk aus Zucker in den Landesfarben Rot und Weiß. Es heißt so, weil es in der Schichtung Rot-Weiß-Rot an durchwachsenen Speck erinnert. Sollten Ihnen einmal Stücke begegnen, bei denen die Farbe Rot durch Grün ersetzt worden ist, so handelt es sich um *Helgoländer Speck.*

Hamburger Tageblatt Das NS-Kampforgan *Hamburger Tageblatt* erschien zuerst am 1. Januar 1931. Es entstand aus der Fusion der entsprechend eingefärbten Zeitungen „Hamburger Volksblatt" und „Hansische Warte". Das Tageblatt-Motto: „Den Staat zerstört man nicht, man erobert ihn." Als die Nationalsozialisten bald danach tatsächlich die Macht im Staat ergriffen hatten, wurde aus dem Kampfblatt ein Gaublatt. Als wie wichtig im „Dritten Reich" solche Zeitungen von den braunen Machthabern betrachtet wurden, zeigt die Teilnahme von Reichspropagandaminister Joseph Goebbels an der Grundsteinlegung des *Pressehauses* am Speersort am 22. Oktober 1938: „Die Presse ist die geistige Waffe im Kampf um Deutschlands Weltgeltung." Das Pressehaus konnte am 1. Juli 1939 bezogen werden. Im August 1944 musste das Tageblatt mit den verbliebenen Zeitungen → *Fremdenblatt* und → *Anzeiger* eine Kriegsarbeitsgemeinschaft bilden. Vom 1. September 1944 bis zum 30. April 1945 erschienen sie gemeinsam unter dem Titel → *Hamburger Zeitung*. Nach dem Krieg wickelte die britische Besatzungsmacht das Tageblatt ab.

Hamburger Tee Wer sich unter dieser Bezeichnung etwas Besonderes vorstellte und eine spezielle Mischung erwartete, die der Teekoster in der alten Speicherstadt zusammengestellt hatte, konnte böse hereinfallen: *Hamburger Tee* war ein Abführmittel. Danach bekam man die *Schieteree* (Durchfall).

Hamburger Zeitung Die *Hamburger Zeitung* erschien vom 1. September 1944 bis zum 30. April 1945 als Kriegsarbeitsgemeinschaft der drei verbliebenen Titel → *Hamburger Tageblatt*, → *Hamburger Fremdenblatt* und → *Hamburger Anzeiger*.

Hamburgisches Wörterbuch (HWB) → *Idioticon Hamburgense*.

Hamen Der *Hamen* war die Nachgeburt bei Kühen und Pferden. Abergl.: Der Hamen wurde in einen Baum gehängt, auf dass das Kalb od. das Fohlen gut gedeihe. Bei Pferden sollte dieser Brauch auch bewirken, dass das Fohlen lange Läufe bekommt und den Kopf hübsch hoch trägt. Es soll auch vorgekommen sein, dass der Bauer, wenn er sich verletzt hatte, etwas von der Nachgeburt auf seine Wunde legte[419].

Hamlet Diese Figur von Shakespeare hatten die alten Hamburger zwar nicht von Maximilian Schell verkörpert im Schauspielhaus gesehen, aber wahrscheinlich als Marionettenspiel bei → *Mattler* am Spielbudenplatz. Dabei beeindruckte die große Zahl der „tot" ausscheidenden Puppen sowie die beklagenswerte Gestalt des Dänenprinzen; *utsehn as Hamlet* (bleich, krank, elend aussehen).

Hammer-Hü hieß das *Fastelavendlopen* zu → *Fastnacht* in einigen Teilen der Vierlande, bei dem die Kinder mit einem Holzhammer *(Hamer)*, den ihr Vater ihnen aus zwei Holzstückchen gebastelt hatte, an die Türen der Häuser klopften und um kleine Gaben wie → *Snoopkraam* baten. Die Größeren untermalten ihren Auftritt mit dem Gebrumm eines → *Rummelpotts*. Dabei sangen sie zum Beispiel: *Hamer, Hamer, heda,/ Hamer, Hamer, Fastelavend!/ Geevt de lütten Kinner wat,/ giff mi ook wat./ Loot mi nich so lang stahn,/ ik mutt noch een Huus wieder gahn.* Ernst Finder (1885–1940) beschreibt den Brauch: „Die ganze Fastnachtswoche zogen Vierländer Kinder in Trupps von zehn und mehr, von den kaum gehfähigen bis zu den konfirmationspflichtigen, und nicht nur die der minderbemittelten Eltern, mit Hammer od. Rummelpott ausgestattet, durch das Land. Am Montag wurde Bergedorf, am Dienstag Neuengamme, am Mittwoch Curslack und Altengamme, am Donnerstag Kirchwerder-Norderseite und am Freitag Kirchwerder-Süderseite besucht. Einzelne dehnten ihre Rummelgänge auch auf die Winsener Marsch aus."[420]

Hammonia ist die Hamburger „Stadtmutter" und Schutzpatronin, eine ganz und gar weltliche und überaus friedliche Person, die meist mit Merkurstab, Mauerkrone und Freiheitshut auf der Stange

419 HWB 2/489

420 Ernst Finder: Fastnachtsbräuche in Vierlanden. In: De Latücht. Zeitschrift des Vierländer Kultur- und Heimatvereins. Nr. 67 (März 2007) S. 13 f. (→ *Schreibweisen* im Zitat angeglichen)

abgebildet wird. Da es sich um keine historische, sondern um eine allegorische Figur handelt, waren der Fantasie wilhelminischer Bildhauer keine Grenzen gesetzt. Manchmal fragt man sich bei der Betrachtung solcher Statuen, ob sie nun *Hammonia* od. doch Germania, Genovefa od. Elsa von Brabant darstellen sollen. Vgl. → *Hammonia-Lied.*

Hammonia-Lied heißt die inoffizielle „Nationalhymne" Hamburgs, benannt nach der Schutzpatronin → *Hammonia.* Sie wurde am 19. April 1828 beim Stiftungsfest der Liedertafel uraufgeführt und zur 300-Jahr-Feier der Reformation am 29. September 1828 als Schluss eines Schauspiels im Stadt-Theater einem größeren Publikum vorgestellt. Die Melodie stammt vom Hamburger Komponisten Albert Methfessel (1785–1869). Der Text umfasste ursprünglich sieben Strophen und musste im Laufe der Jahre mehrmals redigiert und gekürzt werden. Bei den heutigen vier Strophen schaffen es die meisten Hamburger allerdings nur bis zur Eingangszeile „Stadt Hamburg an der Elbe Auen". Das macht aber nichts. Wenn das Polizeiorchester am Neujahrsmorgen auf dem Rathausmarkt laut und würdig die Hymne anstimmt, kommt es auf den Text nun auch nicht mehr an, zumal es sich dabei um alles andere als ein sprachliches Kunstwerk handelt: *Stadt Hamburg an der Elbe Auen,/ wie bist du stattlich anzuschauen/ mit deiner Türme Hochgestalt/ und deiner Schiffe Mastenwald./ Heil über dir! Heil über dir/ Hammonia, Hammonia!/ O, wie so herrlich stehst du da!* [421]

Handeule (*Handuul*). Zum Aufnehmen des Zusammengefegten hantiert man mit *Handeule und Schaufel* (Handfeger und Kehrblech). Der Name ist entstanden, weil früher die Flügelfedern der Eule zum Fegen benutzt worden sind. Vgl. → *ulen* (fegen). Scherzh. auch für Koteletten gebraucht: *he hett Handulen an de Backen.*

Handschenmoker ist ein Handschuhmacher, was aber – ohne diesem Beruf allzu nahe treten zu wollen – übertr. für einen energielosen, wenig dynamischen Menschen gebraucht wird.

Handstein (*Handsteen*) ist ein Ausguss in der Küche für schmutziges Wasser, meist mit hoch angebrachtem Wasserhahn, sodass der → *Feudeleimer* zum Füllen druntergestellt werden konnte. In Mietshäusern hatte früher jede Küche so ein emailliertes gusseisernes Becken, doch urspr. war der Ausguss – daher der Name – aus Sandstein gefertigt und häufig mit bunten Kacheln belegt od. mit Marmor eingefasst. In Kaufmannshäusern stand dieses Schmuckstück auch auf der Diele.

Handsteinperle ist kein eingetragenes Warenzeichen, sondern steht spöttisch für das „Mineralwasser des kleines Mannes", das man aus dem Ausguss mit Wasserhahn, dem → *Handstein,* ins Glas laufen ließ. Um es noch einmal ganz deutlich zu sagen: Es handelt sich schlicht um Leitungswasser zum Trinken.

Hangelbangelkraam sagt man zu einer Sache, die nichts Halbes und nichts Ganzes ist.

Hangelkamer „Hängekammer". Darunter verstand man in den Bürgerhäusern mit den hohen Hausdielen eine Kammer, die quasi unter dem Dach „hing", kein Fundament im Fußboden hatte, sondern mit Balken und Eisenstangen am Dachstuhl „aufgehängt" war. Sie diente den Hausmädchen als Schlafplatz.

421 vgl. Wiegandt: Hamburger Liederbuch, Bd. 2, S. 161

Hannemann 1. In Hamburg Spottn. für einen od. für alle Dänen, ansonsten 2. der Kosename von Johannes; *kiek, dor kümmt Herr Hannemann!; Hannemann, gah du voran! Du hest de gröttsten Stevel an!*[422]

Hannen an warmen *Dor kannst di doch de Hannen an warmen,* sagt der Hamburger, wenn er ausdrücken will: Das kannst du vergessen – uneffektiv, zweifelhaft, betrügerisch und wenig vorbildlich!

Hans op der Dröge (Wirt, der nichts zu trinken hat) → *¹ Dröge.*

Hans ut Hamm ist das Pseudonym des Journalisten und plattdeutschen Schriftstellers *Hans Reimer Steffen*, das er nach seinem Wohnort am Hammer Park gewählt hat. Geboren wurde er am 25. April 1897: *in de Eimsbüttelerstroot in Altno hett Onkel Doktor to mien Vadder seggt:* „Ich gratuliere, ein strammer Junge!“ *Op 'n Grindelbarg hebbt se mi mit 'n Melkbuddel groot mookt*[423]. Nach dem Ersten Weltkrieg arbeitete er als Sportredakteur beim Hamburger → *Fremdenblatt* und wurde durch seine humoristischen → *Döntjes* und Kolumnen als *Hans ut Hamm* weit über die Grenzen der Hansestadt hinaus bekannt und beliebt. Niemand hat damals das Hamburgische so treffend wiedergeben können wie er. Insofern sind und bleiben seine Texte eine reiche Quelle auch für dieses Buch. Ihm wird vorgeworfen, seine Popularität als *Hans ut Hamm* in den letzten Kriegstagen für in Platt geschriebene Durchhalteparolen in der → *Hamburger Zeitung*[424] missbraucht und auch im Oktober 1946 in der *Freien Presse*[425] nicht die notwendige Einsicht gezeigt zu haben[426]. Danach erschien bis zu seinem Tode keine einzige Glosse mehr unter seinem Pseudonym. Hans Reimer Steffen starb am 29. Dezember 1950 in seiner Heimatstadt. „Einer ging von dannen“, schrieb das → *Abendblatt* und zeigte sich aufs Tiefste erschüttert[427].

Hanse Das Attribut „Freie“ hat Hamburg zeitweise verloren (etwa von 1937 bis 1952), aber die Bezeichnung „Hansestadt“ führt die Stadt unverrückbar im Namen und sogar im Autokennzeichen. Die *Hanse* war bekanntlich ein Kaufmanns- und Städtebund im späten Mittelalter, dessen Bedeutung zurückging, als die Ost- und Nordsee nach der Entdeckung neuer Erdteile zu Randmeeren wurden. Zur Blütezeit galt → *Lübeck* als „Vorort“ der nur locker verbundenen Städte. Auch Hamburg spielte während der Spätzeit eine wichtige Rolle. Sein Hauptexportartikel war das → *Bier.* Ein hansischer Spruch charakterisiert die Zuteilung: *Lübeck ein Kaufhaus,/ Lüneburg ein Salzhaus,/ Danzig ein Kornhaus,/ Köln ein Weinhaus,/ Hamburg ein Bierhaus.* Als die Hanse verfiel, wurde Hamburg 1629 zusammen mit Lübeck und → *Bremen* von den verbliebenen Hansestädten beauftragt, die letzten gemeinsamen Interessen wahrzunehmen (heute würde man so etwas als Insolvenzverwaltung bezeichnen). Der letzte

422 Bei dieser Redensart handelt es sich offensichtlich um die hamburgische Adaption des Schwanks von den „Sieben Schwaben“, in dem der kleine Hannemann angesichts eines „furchterregenden“ Tieres nach vorn geschickt wird. Das angeblich gefährliche Tier war übrigens nur ein harmloser Hase.

423 Hans ut Hamm vertellt S. 5

424 Zeitung für Hamburg als Kriegsarbeitsgemeinschaft vom 1.9.1944 bis 30.4.1945 der Titel „Hamburger Fremdenblatt“, „Hamburger Anzeiger“ und „Hamburger Tageblatt“.

425 parteigebundene Lizenzzeitung der Liberalen 3.4.1946 bis 12.9.1952

426 Sonntag: Medienkarrieren S. 145

427 HA 30.12.1950 S. 19

historische Hansetag fand 1669 in Lübeck statt, obwohl die Hanse offiziell nie aufgelöst worden ist. Hamburg konnte danach im Gegensatz zu Lübeck seine Position als führende Handelsstadt behaupten und zum „Tor der Welt" ausbauen[428].

Hanseat Der *Hanseat* ist ein typisches Hamburger Gebäck, das aus zwei runden Mürbeteigscheiben mit gezacktem Rand besteht. Zwischen den etwa fünf Millimeter dicken Scheiben befindet sich eine dünne Schicht Erdbeer- od. Himbeermarmelade. Die obere Scheibe ist mit einer Zuckerglasur versehen, bei der die eine Hälfte weiß, die andere rot gefärbt ist. Diese Farben weisen auf die Hamburger Flagge und die → *Hanse* hin, was dem Gebäck den Namen gegeben hat. Nicht zu verwechseln mit dem → *Amerikaner,* der eine halbrunde Form hat.

Hans-tapp-in-de-Grütt (Tollpatsch, der kein Fettnäpfchen auslässt) → ² *tappen.*

Happen bedeutet ein kleiner Bissen, ein *Happs,* ein Mundvoll; *'n Happen dösich* ist jemand, der sich unklug und dämlich gezeigt hat, wobei die Mengenangabe *Happen* hier als iron. Untertreibung zu verstehen ist*; 'n Happen Broot; 'n Happen eten* (Zwischenmahlzeit); *keen Happen Bildung* (total dumm); *nich en Happen bang* (neg.: überhaupt nicht ängstlich); *'n drolligen Happen* (ein drolliger Kerl, was sich durchaus auf einen verschrobenen Alten beziehen kann). Ra.: *ik heff 'n lütten Happen Fleesch probeert* (ich habe 'ne Deern geküsst); *de eerste Happen smeckt jümmers an 'n besten* (Erinnerung an den ersten Kuss)[429]. Vgl. → *Happenpappen* ([zu] kleine Mahlzeit).

428 vgl. Hamburg-Lexikon S. 315 f.
429 HWB 2/517

happen od. *hapsen* bedeutet schnell zuschnappen, nach etw. gieren, was bei Tieren, aber auch bei Kindern zu beobachten ist; *he happt dor nach.* Adj. → *happich.*

Happenpappen kleiner Imbiss; *ik heff nur so 'n lütten Happenpappen kregen.* Wohl von → *Happen* (Happs, Bissen, Mundvoll).

happich Adj. 1. gierig, heftig begehrend; *de Oolsch weer so happich op sien Geld.* 2. unverschämt, unbescheiden; *happige Wünsche.* 3. heftig, arg; *dat weer 'n beten happich* (das war zu heftig).

Happytown Scherzw. der Segler und Bootsbesitzer für Glückstadt.

Harburg od. Hamburg? Offenbar fühlen sich viele Harburger auch heute noch durch das → *Groß-Hamburg-Gesetz* von 1937 zwangseingemeindet. Manche Fahrgäste räumen erst nach Passieren der Elbbrücken Richtung Norden ein, in Hamburg zu sein, manche warten damit sogar, bis die S3 die Spaldingstraße überquert und zum Hauptbahnhof einbiegt ... Wenn ein Harburger in die Hamburger Innenstadt will, fährt er schlicht *über die Brücken.*

Hartenlena sagt man im Norden beim Kartenspiel zur Herzdame. Entsprechend wird der Herzbube als *Hartenjung* bezeichnet. Mit *Hartenlena* kann etwas verschlüsselt auch die Herzallerliebste gemeint sein.

Hasen h.: Auf Stückgutschiffen lag altes Stauholz, das nicht mehr benötigt wurde, überall herum und wurde auf See außenbords geworfen. Viele → *Schauerleute* zerkleinerten daher Stauholzbretter und verschnürten sie zu einem handlichen Bündel, das sie mit nach Hause nahmen. Dort diente es als Brennmaterial für den Ofen. Solche Stauholzbündel nannte man im Hamburger Hafen *Hasen*[430].

Hasenbrot Frühstücksbrote, die Vater von der Schicht (nicht nur in Hamburg, aber gerade im Hamburg der Hafen- und Werftarbeiter) od. Klein Bubi von der Schule wieder mit nach Hause brachte – die geklappten Schnitten nicht mehr frisch, angetrocknet od., falls die flache Brotdose aus Blech auch noch in der Sonne gelegen hatte, warm und → *durchgesapst*. Die Kinder, damals bekanntlich keineswegs verwöhnt und permanent hungrig, hofften auf einen Extrahappen und empfingen den heimkehrenden Vater: *Vadder, hest Hasenbroot?* Was hat altes Brot nun mit dem Hasen zu tun? Das ist ungeklärt. Eventuell versuchte man Mutter, die die Schnitten morgens mit wenig Zutaten, aber viel Liebe geschmiert hatte und die nun ihre Mühe nicht gewürdigt sah, mit dem Scherz abzulenken, man habe das Brot nicht essen können, weil ein Hase daran geleckt od. genascht habe. August Heinrich Hoffmann von Fallersleben (1798–1874), der Texter des → *Deutschlandliedes*, schrieb das Gedicht „Hasenbrot", das von einem Vater handelt, der in die Stadt geht und der, obwohl er kein Geld hat, seinen Kindern etwas mitbringen will: *Er bringt mir immer Etwas,/ Sollt's trocken Brot auch sein./ Das trockne Brot, das schmeckt gar gut,/ Denn wie mein Vater sagt,/ So hat er's auf dem Felde/ Dem Hasen abgejagt.* Eventuell hat der Vater dem Hasen Salz auf den Schwanz gestreut…

Hasenklever Sauerklee, lat. *Oxalis acetosella* und hochd. auch *Hasenklee* genannt. Syn.: *Suurklever.* Erw. zu → *Klever* (Klee).

Hasenmoor ugs. für einen offenen Abzugsgraben im Stadtgebiet, durch den Abwässer, Unrat, Gülle und Fäkalien in die Flüsse und → *Fleete* geleitet wurden. Sie strömten üble bis bestialische Gerüche aus.

Hassel (*Hasselbusch*). Botan. Hasel, Haselstrauch. Erw.: *Hasselnutt* (Haselnuss). Straßenn.: *Hasselbrookstraße* in Eilbek (1866, Flurname: mit Haselbüschen bewachsene Niederung); *Hasselwisch* in Wohldorf-Ohlstedt (1929, „Haselnusswiese"); → *Hasselbrack* in Neugraben-Fischbek. Syn.: *Klöterbusch* („Klapperstrauch"), *Nöötboom* (Nussbaum).

Hasselbrack n., Flurn. in Neugraben-Fischbek, der etwa bedeutet: von → *Hasseln* (Haselsträuchern) umwachsener Tümpel od. sumpfiges Land mit Haselsträuchern (vgl. → *Brack*). Beim *Hasselbrack* in den *Schwarzen Bergen* findet man die höchste natürliche Erhebung des Landes Hamburg, eine 116,2 m hohe Anhöhe, die eigenartigerweise keinen Namen hat[431]. Ein Tümpel eignet sich schließlich schlecht als Bezeichnung für einen Berg od. sagen wir besser: Hügel.

Haumiblau ist der versteckte Imperativ von „Hau mich blau!", den man natürlich nicht als Ware wie Mehl od. Grieß kaufen kann. Am 1. April wurden Kinder, die weder auf das Datum noch auf den Begriff achteten, zum → *Krämer* losgeschickt, um *för 'n Groschen Haumiblau* zu kaufen. Es soll vorgekommen sein, dass unser genervter Gemischtwarenhändler bei der fünften Rotznase, die *Haumiblau* verlangte, nicht mehr zwischen Täter und Opfer unterscheiden konnte und den Wunsch erfüllte – mit einer kräftigen Ohrfeige. Das erin-

430 von Kurt Flechsenhar

431 Hamburg von Altona bis Zollenspieker S. 725

Start zur Hafenrundfahrt im Juli 1953. Mit an Bord auch der Autor als Zwölfjähriger (Pfeil).

nert mich daran, dass wir früher, als die Zeitung noch in der Bleisetzerei umbrochen wurde, frischgebackene Volontärinnen am ersten Tag zur Konkurrenz geschickt haben, um ein Viertelpfund Rasterpunkte zu kaufen. Die kamen stets mit einem hochroten Kopf zurück, und eine hat sofort heulend den Beruf gewechselt. Heute zu Zeiten von Alice Schwarzer und der Arbeit an Keyboard und Flachbildschirm geht das nicht mehr.

Hausschneiderinnen (*Huusschniedersch*) kamen früher tageweise in die bürgerlichen Haushalte, um Kleidung zu ändern, auszubessern od. Betttücher zu → *stürzen*. → *Edith Oppens* schreibt: „Hausschneiderinnen an der Nähmaschine waren zu früh gealterte, bescheidene bis säuerliche Mädchen.“ [432]

Haute volaute – und zwar das frz. *Hautevolee* [spr.: *o:tvo'le:*] betont hamb. einschließlich des „H“ ausgesprochen und verballhornt [spr.: *haute'wolaute*], meint spöttisch die vornehme Gesellschaft od. die tatsächliche bzw. die eingebildete Oberschicht mit ihrem Gehabe und Getue. Im Zeitalter der Anglizismen sagen wir heute H*igh Society* dazu.

[1]Haven Hafen, aber:

[2]Haven großes Gefäß aus Glas, Porzellan od. Steingut zum Aufbewahren von Süßigkeiten od. zum Einlegen z. B. von Gewürzgurken. Erw.: *Glashaven, Bontjehaven.*

He lücht! Dieser Ausspruch heißt auf Hochdeutsch „Er lügt!“ und wurde und wird auch heute noch von Arbeitern und Seeleuten auf den Kais, Docks und großen *Pötten* den Passagieren zugerufen, die auf Barkassen und Schiffen in Hamburg eine

432 Oppens S. 125

Hafenrundfahrt machen und dabei den Übertreibungen, den → *Döntjes* (Anekdoten) und dem → *Tüünkraam* (Flunkereien) der Fremdenführer am Mikrofon ausgesetzt sind. Den Landratten kann man nämlich allerlei erzählen … *He lücht!* wandelte sich von einem Ausruf zur Berufsbezeichnung. „Wussten Sie, verehrte Herrschaften, dass man vom Turm des Michels drei Meere sehn kann? *Wie dat?* Tags das Häusermeer, abends das Lichtermeer und inne dunkle Nacht gornix mehr!"

Hechtsuppe Nicht nur in Hamburg *zieht es wie Hechtsuppe,* wenn es hier wegen der windigen norddeutschen Witterung auch häufiger ziehen mag als anderswo. Und mit einem Fischgericht hat das Ganze erst recht nichts zu tun, zumal der Hecht als Edelfisch für eine banale Suppe eigentlich zu schade wäre. Die Leseranfrage, ob dieser Ausdruck hamburgisch sei, kann mit einem klaren Nein beantwortet werden: Er ist berlin. mit rotw. Herkunft und offenbart sich als sinnlose Eindeutschung des jidd. *hech supha* („wie Sturmwind") [433].

[1] **Heck** (Plur. *Hecken*) n. 1. Pforte zur Weide od. zum Hofplatz. Syn.: → [2] *Schütt.* 2. Umzäunung, meist aus Latten.

[2] **Heck** (Plur. *Hecks*) n., der hinterste Teil des Schiffes.

[3] **Heck** (Plur. *Hecken*) f., die Hecke als „lebender Zaun". Syn.: *Heckentuun; 'n Heckentuun vun Hagebutten* (Wildrosenhecke).

Heckschuur „Heckschauer", freier Raum vor der großen Dielentür bei alten Bauernhäusern

433 Wolf: Rotwelsch S. 134

Heed [spr.: *hei*] Werg, Hede [434], lt. HWB Sammelbezeichnung für kurze, grobe Flachs- od. Hanffasern, die als minderwertiges Produkt an der *Hechel* [435] zurückbleiben [436] und → *verheddert* (durcheinander) am Boden lagen. *Heed* diente zum → *Kalfatern* (Fugendichtung) bzw. als Polster- und Füllmaterial. Wenn es auf Finkenwerder bei scharfem Westwind schneite, sagte man dort: *de Olanners* (die Bewohner des → *Alten Landes*) *smiet mit Heedklatten* (Hedeflocken).

heel 1. Adj. heil, unbeschädigt; *mit hele Huut dor vun afkomen* (etwas unbeschädigt überstehen); *wat heel moken* (reparieren). Sprichw.: *wenn 't Hart man goot is un de Stevel man heel, denn kann 't an nix fehlen.* 2. Adv. ganz, sehr; *heel un deel* (ganz und gar); *de Kark weer heel ganz mit afbrennt; se is heel krank* (sehr krank); *wi harrn dat heel hild* (sehr eilig); *se is mi heel gewogen* (sie liebt mich innig) [437].

heesch Adv. heiser; *heesch snacken* (heiser reden); *wi hebbt uns heesch sungen* (singen bis zum Stimmverlust).

Heia Kinderspr. für Wiege od. Bett, ahmt die sinnfreie Lautmalerei in Wiegenliedern wie *Eia popeia* nach; *Heia machen* (schlafen gehen). Schon als Zweijähriger fand ich es albern, wenn meine Mutter verkündete: „Peter muss jetzt *Pipi* und dann *Heia* machen." Ich hielt weder die Sprache noch die Ankündigung für angemessen und krabbelte unters Sofa. Mutter zog mich sanft am Fuß wieder hervor.

434 nordd. für *Werg*

435 landwirtschaftliches Gerät, kammartig mit spitzen Drähten gefertigt, durch die die Hanf- od. Flachsfasern zum Reinigen gezogen wurden. Heute gibt es moderne „Faseraufschlussmaschinen".

436 HWB 2/557

437 HWB 2/557 ff.

Heid (Plur. *Heiden*) h.: die Heide, eine unbebaute, unfruchtbare, meist mit Heidekraut *(Erica)* bewachsene Fläche. Ein Bewohner dieser kargen Gegend hieß *Heidjer.* Aus Hamburger Sicht häufig eingegrenzt auf die Lüneburger Heide: *de Heiden von Lünborg bet Bremervör* (Gorch Fock)[438]. Raa.: *dat de Heid wackelt* (sich wild gebärden); *över de Heid gahn* (durchgehen); *över Heid un Weid lopen* (weite Wege zurücklegen). Vgl. → *Heidsnuckenlüüd.*

Heidelbeere auch Blaubeere, Maulbeere, Waldbeere od. Schwarzbeere genannt, heißt in Hamburg → *Bickbeere.* Eigtl. „die auf der Heide Wachsende"; südwestd. *Heidel,* daher der Ortsn. *Heidelberg.*

Heidenkampswech Straßenn. Heidenkampsweg in Hammerbrook und Rothenburgsort, früher von den Kindern viel als Abzählvers beim → *Afmelen* gebraucht: *Hei-den-kamps-wech* (*wech* gleich *weg*). Übrigens hat der *Heidenkampsweg* nichts mit der Heide zu tun, sondern wurde um 1775 nach dem Gehöft des Johann Hinrich Heidenkamp so benannt[439].

Heidschnucken (Plur.) sind eine höchst genügsame Schafsrasse, die in der Lüneburger od. Fischbeker Heide anzutreffen ist und heute vor allem der Landschaftspflege od. als nostalgisches Fotomotiv für den Tourismus dient. Gerade für Großstädter symbolisiert eine wandernde Schafherde einen letzten Rest von Nomadentum und Freiheit in der Natur. Den Ausflüglern wird gern erzählt, die *Heidschnucke* sei ein Schaf, das am Heidekraut *schnuckt* (nascht; nordd. nicht gebr. *schnucken* – lecken, Naschwerk verzehren, schnalzen mit der Zunge), aber es gehört schon viel Fantasie dazu, das harte Gestrüpp als Naschwerk zu bezeichnen. Eher von ndd. → *snucken* (schluchzen, Laut geben) – also wäre eine Heidschnucke eine → *Snuck* (Schnucke), die auf der Heide (vor Hunger) blökt[440]. Vgl. → *Heidsnuckenlüüd.*

Heidsnuckenlüüd (Plur.) war der verächtliche Ausdruck für das einfache, grobe Volk, wenn es sich aus der → *Heid(e)* in die Hamburger Region traute, bezogen auf die ganz armen Bauern, die sich von der Zucht der → *Heidschnucken* kärglich ernähren mussten und von dem Wohlstand in den Marschgebieten nur träumen konnten.

Heiduck (Plur. *Heiducken*) Schimpfw. für Halunke, Lump; *so 'n Heiducken köönt wi hier nich bruken.* Erw.: *Heiduckenkraam* (dummes Zeug); → *Heiduckenland* (fremdes Land). Im 15. und 16. Jh. war ein *Heiduck* ein ung. Söldner, ein Freischärler, zur Unterstützung Österreichs in den Türkenkriegen, später der Diener eines österreich-ung. Magnaten.

Heiduckenland abf. für ein fernes, unbekanntes Fantasie-Land; *gah hen no dien Heiduckenland!* (geh hin, wo der Pfeffer wächst!).

Heidudelkraam 1. Gerümpel, wertloses und überflüssiges Zeug; *he smeet den ganzen Heidudelkraam in den Eck.* Ra.: *dor hebbt wi den Heidudelkraam* (da haben wir die Bescherung). 2. tolles Treiben, Unfug; *dor weer Halloh un Heidudelkraam; se wüllt sik den Heidudelkraam mol ankieken* (das Jahrmarktstreiben). Syn.: → *Heiduckenkraam* (dummes Zeug).

438 nach: HWB 2/565
439 Beckershaus: Straßennamen S. 153
440 Kluge S. 364

Die letzte innerstädtische Hamburger Windmühle stand auf dem Heiligengeistfeld beim Schlachthof.

Heiermann Die Bedeutung im Straßenjargon war bis zur Einführung des Euro klar (Fünfmarkstück), die Herkunft weniger. Unter Umständen begegnen wir hier dem Substantiv *Heuer,* also dem Handgeld, das Matrosen beim Anheuern bekamen – und das sie, wie Erzählungen bezeugen, oft noch schnell vor dem Auslaufen des Schiffes bei gewissen Damen anlegten, die gewisse Dienstleistungen für einen *Heiermann* anboten. Allerdings ist *hei* in der Händlersprache auch die Bezeichnung für fünf (*he* – fünfter Buchstabe im hebr. Alphabet).

Heiligengeistfeld heißt eine fast 30 Hektar große Fläche nördl. von St. Pauli, weil sie urspr. dem → *Hospital zum Heiligen Geist* gehörte und als Weideland diente. Als Hamburg zwischen 1615 und 1626 zur Festung ausgebaut wurde, musste das Gelände teils in die Wallanlagen einbezogen werden, teils diente es als *Glacis*[441], um freies Schussfeld zu haben. Das *Heiligengeistfeld* blieb unbebaut – bis auf zwei Hochbunker während der NS-Zeit, von denen ein 47 Meter hoher Betonklotz noch heute steht und das Stadtbild nachhaltig verschandelt. Trotzdem bleibt noch genügend Platz, um dort den → *Dom,* Zirkusgastspiele und mancherlei Veranstaltungen abhalten zu können.

441 *Glacis* (frz.): ungedecktes, (einer Festung) vorgelagertes Gelände

Hein Gas ist die scherzh. Personalisierung der Hamburger Gaswerke. „Hein Gas kommt!" bedeutete, dass der Gasableser zu erwarten war. Wer → *bi de Gas is,* war bei den Hamburger Gaswerken beschäftigt.

Hein Kurzf. des Vornamens Heinrich *(Heinerich),* der so verbreitet war, dass er ohne Bezug zu einer bestimmten Personen allgemein in einer Reihe von Spott- od. Schimpfnamen auftauchte, z. B.: *Hein Daddel* (Seemann), *Hein Doof* (Dummkopf), *Hein* → *Fienbroot* (häufig geckenhaft gekleideter Weichling), → *Hein Gas* (Hamburger Gaswerke), *Hein Grootmuul* (Angeber), *Hein* → *Lehmann* (irgendwer), *Hein süst mi woll* (eingebildeter Mensch), *Hein Tüün* (Faselhans), *Hein Unklook* (Dummbeutel), *Hein wehr di!* (fette Speise), *Hein Stinkbüdel* war die scherzh. Auflösung der Initialen *H. St.* an den stinkenden Kohlendampfern der Reederei Hugo Stinnes. *Hein, kümmst mit lang* ist die Umschreibung für einen Dieb, *Hein Klapperbeen* od. *Gevatter Hein* die für den Tod. *Hein Mück* kommt nicht nur aus Bremerhaven, sondern stand in ganz Hamburg liebevoll für einen kleinen Jungen, auch *lütt Heini* genannt. Wurde Heini größer, müssen wir den Namen allerdings mit „Kerl" übersetzen: *wat för 'n Heini hett sik dat wedder utklamüüstert.*

Heißwecke Wenn ein Bäckermeister in einem abgelegenen Stadtteil heutzutage seine nostalgische halbe Stunde hat, bietet er schon mal „Heißwecken" an, aber was er liefert, sind meistens einfache Rosinenbrötchen. Alte Hamburger wissen es besser: Ein *Heetweck* (Plur. *Heetwecken*) war ein oft nicht ganz gar gebackenes kleines, rundes Brötchen aus Weizenmehl unter bevorzugter Beimengung von Kardamom[442], → *Kaneel,* Korinthen (vgl. → *Krinthen*) od. Rosinen[443]. Je nach Zubereitung und Aussehen unterschied man *Botter-, Broot-, Rundstück-, Zuckerheetweck, Büchsenknoop,* → *Ossenoog* od. *Timpenstuten.* Damit die „Heiß"wecken warm blieben, deckte man sie mit einem Kissen zu. Wer am Fastnachtsmorgen als Letzter aus den Federn kam und sich unter seinem Kissen heißgeschlafen hatte, wurde aus dem Bett geprügelt *(Heetweck afpitschen).* Die Heißwecken sind seit dem 15. Jahrhundert als Fastnachtsgebäck bezeugt. Kinder, die zu → *Fastnacht* herumzogen, riefen: *Fastelavendfliegen, kann ik nich 'n lütten Heetweck kriegen?*

Heister *(Heester)* heißt die Elster, und der Elster wurden und werden allerlei unschöne Eigenschaften nachgesagt. Vor allem: Sie stiehlt; *klauen as 'n Heister; de Heister nimmt allens mit, wat blank is. Elsterei* war der Scherzn. für eine klatschsüchtige, verlogene und zänkische Person: *se hett Heistereier eten.*

Helgoländer Lotsenmütze → *Elbsegler.*

hendaalklabastern klappernd hinunterlaufen; *de Trepp hendaalklabastern*[444].

Hengilidoor! *(Hanglidaar!)* Warnruf beim Rodeln od. Glitschen; *Hengelidoor, Platz för de Glitsch!* Var.: *Hengilidoor, de Klüten sünd goor!* Syn.: *Hackerdiglitsch! (hacker de Glitsch!).*

442 Ingwergewächs, dessen Samen gemahlen als Lebkuchengewürz gebraucht werden
443 HWB 2/563
444 HWB 5/932

Ebenso bekannt wie berüchtigt: die Herbertstraße, als sie noch Heinrichstraße hieß.

Herbertstraße Die *Herbertstraße* auf St. Pauli hieß bis 1922 Heinrichstraße und hatte einen denkbar schlechten Ruf. Deshalb musste sie in Herbertstraße umgetauft werden, was den Ruf allerdings nicht besserte. Im Gegenteil, der wurde noch schlechter. Die Herbertstraße besteht nämlich ausschließlich aus Bordellen, in denen rund 200 Prostituierte schichtweise „Dienst" tun. Praktischerweise für den, der's nötig hat, sitzen die Damen mehr od. weniger bekleidet im Erdgeschoss hinter den *Koberfenstern,* also wie im Schaufenster quasi zum Aussuchen aufgereiht. In einem Anflug von „deutscher" Moral ließ die NS-Gauleitung 1933 die Eingänge der Straße mit Eisentoren und Sichtblenden versehen. Prostitution war nicht erlaubt, aber wenn man sie schon nicht ganz unterbinden konnte, sollte man sie wenigstens nicht von außen sehen. Das lockte und lockt erst recht Touristen an. Schon immer waren dort mehr Sehleute als Seeleute zu finden. Der Durchgang ist nur Männern über 18 gestattet, Frauen gar nicht. In den Siebzigerjahren glaubte die Polizei, mit entsprechenden Verbotsschildern die öffentliche Ordnung aufrechterhalten zu können. Wir wollen hier nicht erörtern, ob ein solches Verbot im Zeichen der Gleichberechtigung in Karlsruhe Bestand hätte, sondern neugierige Mitbürgerinnen lediglich zur Vorsicht ermahnen, falls sie sich hinterher kein gut gezieltes Ei aus ihrer Frisur waschen wollen. Als ortskundige Studenten mussten wir immer den Fremdenführer für neu hinzukommende Kommilitonen von außerhalb spielen. Da ging doch so ein flaumbärtiger Noch-nicht-mal-Quiddje aus einem Dorf im Zonenrandgebiet vor mir mit großen Augen durch die Herbertstraße und pikte aus Übermut einer kräftigen Freudendame, die ihr nacktes Oberteil über das Fensterbrett hängen ließ, mit dem Finger in den Busen. Die holte aus, er duckte sich weg, und ich bekam die volle Ladung auf die Nase, sodass ich mich tagelang nicht ins Seminar traute (zumal sich schnell herumsprach, woher ich die Verletzung hatte). Weshalb heißt die Herbertstraße eigentlich Herbertstraße? War Herbert ein besonders zahlungskräftiger und gern gesehener Freier? Nein, in dem Viertel wurden die Straßennamen früher alphabetisch nach männlichen Vornamen vergeben, und bei der Freudengasse war eben das H wie Heinrich od. Herbert an der Reihe.

Heringsbändiger (*Heringsbenniger*) wurden die Hamburger Kaufleute geschimpft, und zwar nicht nur die kleinen, die → *Krämer,* sondern auch die Großkaufleute, die seit Zeiten der → *Hanse* mit der Transitware „Hering" reich geworden waren. Gefangen wurde der Hering in Skandinavien und später von den Niederländern in der Nordsee, aber vermarktet von den Hamburgern. Am (Alten) Fischmarkt stand ein Heringshaus, in dem die Fische eingelegt, gesalzen od. geräuchert werden konnten, um dann in großen Fässern ins Inland verschickt zu werden. Hamburg beanspruchte geradezu ein Monopol für den Heringshandel, was mehrmals zu Auseinandersetzungen und Konflikten führte. Frischfisch, an der Küste ein tägliches Gericht, ließ sich bei den damaligen Kühl- und Konservierungsmöglichkeiten nämlich schlecht über Land verkaufen. Mein Urgroßvater weigerte sich in seinem Stormarner Dorf sein Leben lang, Fisch zu essen. Wenn der *Fischhöker* mit seinem Hundekarren die Glocke schwang, lästerte er: *Dor sünd de Brummers ja al achterup* (ganz frei übersetzt: Der Fischhändler wird ja schon von einem Fliegenschwarm über die Dörfer verfolgt).

Herr jeminee! (Interj. Herr Jesus!) → *jeminee!*

Herrengedeck ist die Kombination zweier alkoholischer Getränke, das in ganz Deutschland häufig als Erstbestellung bei Tanz- od. Varietéveranstaltungen, aber auch im Rotlichtmilieu serviert wurde. Es unterscheidet sich vom leichteren *Damengedeck,* das aus Sekt und einem alkoholfreien Getränk bestand. In Hamburg galt ein *Herrengedeck* mit einer Flasche Bier und einer kleinen Flasche Sekt (0,2 Liter) früher rund um die → *Reeperbahn* als obligatorischer Mindestverzehr, wenn in den Bars mit nacktem od. halbnacktem Beiprogramm mit freiem Eintritt geworben worden war. Der Preis für die Erstbestellung lag in der Regel deutlich höher als für eine Zweit- od. Nachbestellung, was der schmierige Anreißer auf der Straße, der sogenannte → *Koberer,* der die Touristen in das schlecht beleuchtete Etablissement zu drängen versuchte, aber verschwiegen od. nur undeutlich gemurmelt hatte.

Herrgottspfuscher war der Spitzname für den Gaslaternenanzünder. Er pfuschte dem lieben Gott ins Handwerk, weil er das in der Schöpfung vorgegebene Dunkel der Nacht durch die Straßenbeleuchtung taghell machte (na ja, nicht so hell wie heute, aber doch ein wenig heller, als es im „dunklen Mittelalter" in den Gassen war). Vgl. → *Lateernansteker.*

Hest em bi di? Freunde, Kegel- od. Stammtischbrüder ließen sich oft etwas einfallen, um Geld in ihre Kasse zu bekommen. So musste jeder von ihnen einen kleinen Gegenstand, etwa eine Medaille, stets bei sich tragen. Wenn er auf die Frage *Hest em bi di?* (Hast du ihn bei dir?) diesen nicht vorzeigen konnte, musste er eine Mark für die Gemeinschaftskasse opfern[445].

445 lt. Gerhard von Harscher

Heuberg (*Heubarch*). Der *Heuberg*, von alters her eine Verbindung zwischen den Großen und Hohen Bleichen in der → *Neustadt*, hat auf jeden Fall etwas mit dem *Heu* zu tun, dem gemähten Gras, während der „Berg" entweder auf die Anhöhe an dieser Stelle zurückgeht, die für Hamburger Verhältnisse schon einen respektablen Berg darstellt[446], wahrscheinlich aber auf → ²*Barch*, einen großen Heuschober, in dem das Heu der Bleichenwiesen zusammengetragen wurde. Um die Fläche zum Bleichen nutzen zu können, musste das Gras kurz gehalten werden. Zeitweise bleichten dort sowohl die Anwohner ihre Wäsche als auch Weber, Färber und → *Kattundrucker* ihr Leinen und ihre Stoffe.

Heuer (Arbeitslohn des Seemanns) → *Hüer*.

Heuerbaas (Stellenvermittler für Seeleute) → *Hüerbaas*.

Heugabel → *Forke*.

Heuke Der *Heuke* od. *Heuken* war ein mantelartiges Kleidungsstück ohne Ärmel, das in früheren Jahrhunderten von Männern wie von Frauen getragen wurde. Erhalten geblieben ist die Bezeichnung noch in dem Begriff *Heukendreger* für Schmeichler, Opportunist, in den Vierlanden auch für Verleumder.

Heven Himmel; *de Heven steiht vull Flammen* (es blitzt); *de Scheper höddt sien Schaap an 'n Heven* (Schäfchenwolken am Himmel); *holl di an 'n Tuun, de Heven is hooch* (Rat an Betrunkene); *Heven un Höll!* (Ausr. des Entsetzens).

446 vgl. Pabel: Alte Hamburger Straßennamen S. 113

Hibbelmoors ist ein hibbeliges, unruhiges, nervöses Kind, das nicht stillsitzen kann vor lauter Zappeligkeit und Lebhaftigkeit. Es wird auch als → *Wippsteert* bezeichnet (wie die Bachstelze, die auch dauernd mit dem *Steert wippt*). Bei Erwachsenen sagt man auch, *de hett Immen in de Büx* (Bienen in der Hose), die ihn nicht zur Ruhe kommen lassen[447]. Vgl. → *Hiddelbiddel* (Zappelphilipp).

Hiddelbiddel nervöser, aufgeregter, unruhiger Mensch, eine Art Zappler od. Zappelphilipp. Von → *hiddeln*.

hiddelich Adj. nervös, unruhig, aufgeregt, übereifrig. Syn.: *hiddelbiddelich*; → *hippelich*.

hiddeln sich unruhig bewegen; *dat Göör hiddelt mit 'n Stohl*. Adj. *hiddelich* (nervös). Vgl. → *Hiddelbiddel*.

hieven seem. hochwinden, eine Last hochziehen, Ggs.: → *fieren* (absenken).

hild bedeutet eilig, eifrig, lebhaft, geschäftig; *hild gahn* (eilig zugehen); *he hett dat so hild as de Katteker*[448] *mit 'n Steert*. Vgl. → *schietenhild*.

Hill (Plur. *Hillen*) f., im Bauernhaus der Boden über den Ställen beiderseits der Diele, im Blankeneser Fischerhaus der Stauraum über den Stuben und Kammern, der tiefer lag als der große Hausboden. In der *Hill* wurden Futter, Feuerholz, Torf und Gerätschaften bzw. Fischereizubehör und aufgefischtes Treibholz gelagert. Ra.: *he hett sik wat op de Hill steken* (er hat sich Geld zurückgelegt)[449].

447 lt. Carl Groth
448 → *Katteker* (Eichhörnchen)
449 HWB 2/639

Himmel un Höll Hüpfspiel für Kinder, ähnlich → *Hinkebock*, bei dem die äußersten Felder einer auf die Erde gezeichneten Felderkette als Himmel und Hölle bezeichnet werden. Nacheinander wird in jedes Feld ein Gegenstand geworfen, der im ersten Durchgang durch Hüpfen, beim zweiten Mal durch Hinken, dann durch Hüpfen mit Drehen auf einem Bein und schließlich durch Hüpfen mit verbundenen Augen wiedergeholt werden muss. Wer auf einen Strich wirft od. tritt, ist → *fau*. Wer in die Hölle statt in den Himmel trifft, muss von vorn anfangen.

Himmel und Erde In der Nachkriegszeit gab es häufig *Himmel und Erde* als Mittagessen. Das war Kartoffel- mit Apfelmus. Als die Zeiten besser wurden, reichte Mutter ab und zu Grützwürste dazu, am liebsten solche mit Rosinen, die der → *Schlachter* mit einem roten Bändchen abgebunden und gekennzeichnet hatte. Meine Schwester mochte keine süßen Innereien; sie bekam eine Grützwurst mit grauem Bändchen – ohne Rosinen. Nicht nur *Himmel und Erde* ist aus den Speiseplänen verschwunden, auch die typische Hamburger Grützwurst scheint heutzutage Hausverbot in den Supermärkten zu haben. Vgl. → *Grüttwust.*

Himmelfohrt Himmelfahrtstag (Christi Himmelfahrt). Die Stellung (Arbeitsstelle) wurde häufig nicht nur zu → *Martini* (Martinstag, 11. November), sondern auch zu Himmelfahrt gewechselt; *Himmelfohrt gah ik af* (scheide ich aus dem Dienst). In den Vierlanden mussten zu Himmelfahrt die letzten gelben Wurzeln, die sogenannten *Himmelsfohrtswörteln*, gesät sein. Das ist in Bezug auf die Jahreszeit nicht ganz logisch, da Himmelfahrt auf 35 Daten zwischen dem 30. April (so im Jahre 1818) und dem 3. Juni (z. B. 1943) fallen kann.

Himmelsbreef (Drachenbrief) → *Bott.*

Himmelslotse seem. Scherzn. für den Schiffspfarrer. Ohne die Lotsen an Bord findet ein Schiff die Fahrrinne und den Hafen nicht, und ohne den *Himmelslotsen* an Bord wird die Besatzung nicht auf den rechten Weg geleitet.

Himmelszeeg Das ist die Bekassine od. Sumpfschnepfe, ein in Moorlandschaften und Feuchtwiesen lebender, vom Aussterben bedrohter Vogel. Er wird wegen seiner eigenartigen Rufe beim Balzflug *Himmelszeeg* („Himmelsziege“) genannt. Wenn die Leute diesen Ruf wahrnahmen, sagten sie: *ik höör de Himmelszeeg, nu ward dat Fröhjohr!*[450]

Himphamp unnützes od. lästiges Zeug, → *Krempel,* Gerümpel, auch Narrenkram und Aberglaube; *he hett den ganzen Himphamp tosamenpackt.* Nach dem Besuch bei der Wahrsagerin auf dem Jahrmarkt: *dat so ’n ole utgewussene Lüüd noch an so ’n Himphamp glöövt* (Kinau). Vgl. → *Höhnergloov* (Aberglaube).

Himten (*Himpten, Himpen*) alte Maßeinheit. 1. Hohlmaß für Getreide, seltener auch für Kartoffeln, Hülsenfrüchte und Nüsse. In Hamburg und Altona entsprach *ein Himten* Weizen od. Roggen 27,481 Litern, in Holstein 34,78 Litern und in Harburg 31,152 Litern[451]. Nach 1868 noch ugs. im Gebrauch: *een Himten – veertig bet föfftig Pund.* 2. Flächenmaß: die Ackerfläche, die mit *einem Himten* Saatgut bestellt werden kann. 3. Messgefäß für einen *Himten.* Da dieses Gefäß eine entfernte Ähnlichkeit mit einem hohen Hut

450 lt. Hans-Hermann Wölfert
451 HWB 2/645

hatte, wurde scherzh. auch der 4. Zylinderhut so genannt. Vgl. → *Pettinhimpen* (unbeholfener Mensch); vgl. → *Scheffel.*

Hinkebock war eines der vielen Spiele im Freien, mit denen sich die Kinder früher auf der Straße stundenlang beschäftigen konnten. Mit einem Stock od. Taschenmesser auf der Erde od. mit Kreide auf den Gehwegplatten wurden Felder aufgezeichnet, durch die man *hinken* (auf einem Bein hüpfen) musste, ohne die Begrenzungslinien zu berühren. Geschah das doch, war man → *fau.* Auch → *Hinkepoot* genannt. Var.: → *Himmel un Höll.*

Hinkedei ist einen weitere, nicht gerade rücksichtsvolle Bezeichnung für einen hinkenden Menschen. Von → *deien* (wiegen, hin- und herschaukeln).

Hinkepoot 1. Heute würde man einen körperlich eingeschränkten Menschen nicht mehr als „Hinkpfote" bezeichnen, doch früher war der Ausdruck sehr verbreitet. 2. Syn. für das Hüpfspiel → *Hinkebock.*

hinten drauf Wenn die Hausfrau ihren Gästen nach dem Hauptgang verspricht, jetzt gebe es was *hinten drauf*, so wurden damit keineswegs Prügel angekündigt. Gemeint ist das Dessert, der Nachtisch.

Hin-und-her-Büdel liest sich schon im Namen wie die Gebrauchsanweisung für eine Einkaufstasche: leer hin zum Einholen beim → *Krämer,* zurück gefüllt mit den Waren, die Mutter zum Kochen der nächsten Mahlzeit brauchte.

hippelich bedeutet unruhig, nervös, aufgeregt; *du büst mi veel to hippelich*. Syn.: → *hiddelich.*

Hochbahn In Hamburg heißt die U-Bahn *Hochbahn,* denn sie fährt nicht nur im Untergrund, sondern schwingt sich aus der Tiefe ans Licht, um ihre Fahrt oberirdisch und teilweise auf Stelzen über der Straße fortzusetzen. Die Betreibergesellschaft heißt dementsprechend *Hamburger Hochbahn AG (HHA),* die am 27. Mai 1911 als Konsortium der Firmen Siemens & Halske und AEG gegründet wurde, sich heute aber im Eigentum der Stadt Hamburg befindet. Seit Jahren waren immer wieder Pläne vorgelegt worden, um die Straßenbahn (→ *Elektrische*) auf längeren Strecken zu entlasten und die entstehenden Wohngebiete in den Vororten sowie den Zentralfriedhof → *Ohlsdorf* an die City und den Hafen anzubinden. 1912 bekam Hamburg als zweite deutsche Stadt nach Berlin eine kombinierte Untergrund-/Hochbahn, damals auch *Ringbahn* genannt. Die Strecke zwischen Rathausmarkt und Barmbek wurde als erste freigegeben. Zwei Wochen lang wurden nur Ehrengäste befördert. Die Hamburger waren über die neue Bahn und die kühnen Bauten im Straßenbild je nach Einstellung entweder begeistert od. entsetzt. Eine Zeitung schwärmte über den Abschnitt am Rödingsmarkt, bei dem die Hochbahnstrecke aus Richtung → *Baumwall* im Untergrund verschwindet: *In gewaltiger Anspannung legt sich der gleißende Leib der Hochbahnschienen über Hamburgs Straßen und Wasser, drängt sich hinunter mit wühlenden Kräften in der Erde Dunkelheiten, ausgereckt zu fossiler Größe wie ein Nachkomme der Midgardschlange*[452]. Ohne

452 Die *Midgardschlange* lag im Weltmeer rings um die als Scheibe gedachte bewohnte Welt. Sie wurde von Thor getötet. Zitiert nach Oppens S. 23 f.

Im Jahre 1906 begann in Hohenfelde der Bau des Hochbahnrings, der 1912 fertiggestellt wurde. Hier an der Grenze zur Uhlenhorst eine „hoch über der Erde" fahrende U-Bahn auf der Kuhmühlenbrücke über den Eilbekkanal.

Mythologie (diesmal ausnahmsweise keine griechische, sondern altnordische) ließ sich damals die moderne Technik offensichtlich nicht erklären. Wenn wir Journalisten heute so schreiben würden, würde der Chefredakteur sehr ärgerlich werden.

Hochtiet (Hochzeit) → *Köst (3).*

Hoffmann von Fallersleben, August Heinrich → *Deutschlandlied.*

Höft (Plur. *Höfte*) n. 1. natürlicher Ufervorsprung. 2. vorspringende Ecke von Kaimauern im Hafen. *Willkommen-Höft Schulau* (Schiffsbegrüßungsanlage in Wedel). Von mnd. *hövet* (Haupt, Kopf).

Höge Freudenfest der Dienstboten, der Knechte od. des ganzen Dorfes. Vgl. → *högen* (sich freuen); → *Johannishöge* (Gesindefest am 24. Juni).

högen Wer sich högt, der freut sich diebisch, amüsiert sich prächtig, schlägt sich vielleicht sogar auf die Schenkel, und das nicht nur aus reiner Freude, sondern häufig auch aus Schadenfreude über das Missgeschick anderer. *högen* ist das ndd. Verb für „sich freuen". Dazu gehört das Substantiv *Höög* für Vergnügen, Freude, Fest. Als Hamburg noch die Hochburg der Brauereikunst war, feierten die Beschäftigten dieses Gewerbes alle zwei Jahre ihre → *Höge* (Freudenfest) mit großem, reichhaltigem Festessen im Bruderschaftshaus am Rödingsmarkt.

Höhnergloov Aberglaube; *dat weer wedder nix as Höhnergloven, dor glööv keen Minsch mehr an; dat is Höhnergloven, wo de Hohn nix afweet.*

Höhnergriepen Hühnergreifen – einer der zahlreichen Hochzeitsbräuche. Stand, vor allem im Süderelberaum, eine Bauernhochzeit bevor, schwärmten alle Männer des Dorfes aus und griffen sich auf jedem Hof die frei laufenden Hühner, drehten ihnen sofort den Hals um, banden sie in der Reihe an eine lange, geschulterte Stange und lieferten sie im Hochzeitshaus ab.

Höhnerkraam ist etwas Belangloses, Unsinniges, Wirkungsloses, Unüberlegtes od. Sinnloses, so wie man den Hühnern unterstellt, dass sie scheinbar planlos im Boden picken und scharren. Vgl. → *Tüünkraam.*

Höhnerplücker (Geflügelhändler) → *Hahntrapp.*

hojappen heißt gähnen; *loot dien Gehojapp!*, meinte die Großmutter zum Großvater, wenn der nach dem Essen mit dem Gähnen gar nicht aufhören wollte. Syn.: → *jappen* (nach Luft schnappen).

Höker Händler. Ein *Höker* war ursprünglich ein kleiner → *Krämer* (Gemischtwarenhändler), der nicht zu einem → *Amt* (Zunft) gehörte, dann generell ein Kleinhändler od. Hausierer im Gegensatz zum *Koopmann* (Kaufmann), zum Großhändler. *hökern* bedeutet verkaufen (Käsehöker, Fischhöker, → *Grünhöker*). *Höker* kommt von der → *Hucke*, der Traglast od. dem Bündel des Hausierers; *huckeback* (südd. *huckepack* – auf dem Rücken), *hucken* (als Last tragen), *Back* (Rücken). Früher kannte man noch den *Plünnenhöker* (Lumpensammler), der mit einem Sack auf dem Rücken von Tür zu Tür ging und für wenige Pfennig Lumpen aufkaufte. Vgl. → *Krämer*, → *Koopmann*, → *Plünnen.*

holl di fuchtich! („halt dich steif!") → *fuchtich.*

Höllenbessen (zänkisches Weib) → *Bessen.*

Holsteiner Knicklandschaft (typisches Landschaftsbild nördlich und östlich von Hamburg) → *Verkoppelung.*

Holtbuer Ein „Holzbauer" war ein Bauer, der mit Holz handelte. Heute würde man „Forstwirt" sagen, aber seinerzeit geriet alles Bäuerliche aus Sicht der Städter leicht zum Schimpfwort. So bezeichnete der Ausdruck *Holtbuer* denn auch einen Dummkopf vom Lande, dessen negativer Anklang höchstens noch vom → *Torfbuern* übertroffen werden konnte.

Holtsleef 1. Kochlöffel, der früher ausschließlich aus Holz geschnitzt und in jeder Küche in verschiedener Größe zum Umrühren im Kochtopf vorhanden war. Vgl. → *Sleef (1).* 2. Eine besonders große Ausführung des *Holtsleefs,* die wie ein Ruder aussah, wurde benutzt, um in der Waschküche die heißen und schweren Wäschestücke aus dem mit Holz beheizten Waschkessel in die → *Balje* zu befördern, damit sie geruffelt (vgl. → *Ruffel*), ausgewrungen od. mit der Hand gemangelt werden konnten. Dazu war viel Kraft erforderlich, sodass Waschfrauen mit entsprechendem Körpergewicht und Oberarmen dick wie Baumstämme im Vorteil waren. Unbewusst wendeten sie dabei das Hebelgesetz an, indem sie den Stiel des *Holtsleefs* lang über die Kante des Waschkessels hinausragen ließen und sich dann mit ihrem Körper darauf legten. Waschmaschinen mit Schleudergang gab es ja noch nicht.

Holzmiete (aufgeschichtetes Brennholz) → *Miete.*

Holzteller (Frühstücksbrett) → *Bricken.*

Hööghof jährlich wechselnder Bauernhof, auf dessen Diele Dorffeste gefeiert wurden. Vgl. → *Johannishöge.*

Hooptlock ist das Ernteloch in der Dielendecke des Bauernhauses, unter das zum Abladen und Hochwerfen der Garben der Erntewagen gefahren wird. Abergl.: In der Nacht zum 1. Mai, der Walpurgisnacht, fahren die Hexen auf einem Besenstiel von der Diele durch das *Hooptlock* und das → *Ulenlock* zum → *Blocksbarg,* nicht in ganz Hamburg und noch nicht ab Fuhlsbüttel, aber in den Vierlanden. Stand der Tod eines Menschen bevor, sagte man: *dor is wat in dat Hooptlock flogen*[453], und zwar eine Eule, ein Totenvogel.

[1] Hoor [spr.: *ho:r*] (Plur. *Hoor*) Haar; *de Hoor oppluustern* (die Frisur toupieren).

[2] Hoor [spr.: *houa*] (Plur. *Hooren*) Hure. Das angeblich älteste Gewerbe der Welt blühte zu jeder Zeit ungeachtet der pietistischen, christlichen und altjüngferlichen Bemühungen gerade in Hafenstädten, also auch in Hamburg. Trotz aller bigotten Schimpfwörter wie *ole Hoor, asige Hoor, naakte Hoor, utfuxte Hoor* und *verlögene Hoor* schlichen sich nicht nur Seeleute, sondern auch der männliche Teil der angeblich besseren Gesellschaft zur *Hoor in Düüstern,* darunter am 14. Mai 1912 der dänische König über den Gänsemarkt in die Bordelle der Schwiegerstraße (→ *Kalkhof*). Seine Majestät holte sich dabei allerdings den Tod, weil er den Anstrengungen nicht mehr ge-

Ein Seemann verhandelt im Juni 1952 auf der Großen Freiheit mit einer Prostituierten über gewisse Dienste, für die nicht nur Seeleute nach St. Pauli kamen und kommen. Zum Abschied sagte er: „Gode Nacht, Marie, Geld liggt op 'n Lüchter."

453 HWB 2/705

wachsen war. Die Hamburger sagten zu einem Mädchen mit zweifelhafter Tugend: *en Jungfer mit en H.* (der Großbuchstabe H steht als verhüllende Abkürzung für *Hoor*). Lange bevor St. Pauli das wurde, was es ist od. besser einmal war, gab es bereits so etwas wie eine od. mehrere → *Herbertstraßen*. Die Geschäfte der Kupplerinnen umschrieb man: *se hebbt Hooren op de Klapp sitten.* Richey benutzt einen anschaulichen Vergleich: *dat steit em an, as der Hore dat spinnen: d. i. er weiß damit nicht ümzugehen: er hat kein Geschicke dazu*[454]. Ra.: *noch een Mol, seggt de Deern, denn en Hoor bün ik doch.* Sprichw.: *ik bün de eerste nich und ook de letzte nich, is aller Horen Troost.* Pubertierende Jungen, die sich zur Konfirmation eine Uhr wünschten, verspottete man auf Finkenwerder: *eerst en Uur, denn en Huur, und gifft dat ook jümmers Reparatuur*[455]. Erw.: *Allmannshoor* (Jedermanns-Hure); *Hoorbuck* (Hurenbock der menschl. Gattung); *Hoorkind* (uneheliches Kind).

Hoorbüdel wäre wörtl. übertragen ein Haarbeutel, aber wenn man sagt, *he hett 'n ficksen Hoorbüdel,* meint man, er sei → *duun,* also betrunken. Kenner dieses Zustands erinnern sich bestimmt an das ziehende und einengende Gefühl um den Kopf, das damit einhergeht.

Höörken n., Gerät zum Wurststopfen, unverzichtbar bei der Hausschlachtung. Das *Höörken* wurde urspr. aus einem Kuhhorn gefertigt.

Höörn f., Ecke, Winkel, Biege; Landstück, spitz geformt wie das Horn eines Tieres; veralt., aber in Flur- und Straßennamen erhalten: *Mushörn* (Tonndorf), *Bredenbekhörn, Papenhörn* (Wohldorf-Ohlstedt); *Blakshörn* (Farmsen-Berne); *Rammhörn* (Sasel); *Schleusenhörn* (Allermöhe).

Hoorn n., Horn in vielfacher Bedeutung, von „Stirnauswuchs bestimmter Tiere" über das Blasinstrument bis zu einem spitz zulaufenden Stück Land. Daher die Ortsn. *Horn, Langenhorn, Stillhorn* od. Straßenn. wie *In der Horn* (Bergedorf); *Hornsand* (Waltershof).

Hoppenmarkslööv ist ein Gelegenheitsarbeiter auf dem → *Hoppenmarkt* (Hopfenmarkt), der sich für wenig Geld zum Transport und dem Ab- und Umräumen der Waren verdingte. Die *Hoppenmarktslöven* waren vor dem Ersten Weltkrieg ein auffälliger Teil des Marktgeschehens, weil sie zerlumpt und meistens total betrunken daherkamen; *supen as 'n Hoppenmarkslööv.* Es muss sich wohl um sehr derbe und wild aussehende Gesellen gehandelt haben. Ihr Äußeres diente als mahnender Vergleich für nachlässige Bekleidung: *du sühst ut as 'n Hoppenmarkslööv,* schimpfte der Vater, wenn der Sohn nicht korrekt gekleidet war. Vgl. → [2] *Lööv.*

Hoppenmarkt (Hopfenmarkt). Der *Hopfenmarkt* an der Nikolaikirche ist nach dem heute recht trostlosen Fischmarkt in der → *Altstadt,* der seit 1949 zur Unterscheidung vom → Fischmarkt auf St. Pauli „Alter Fischmarkt" heißt, der älteste Hamburger Markt und war bis 1911 der quirligste und geschäftigste Platz der Hansestadt; bis 1346 *nige market* (Neuer Markt), dann *hoppenmarket.* Dort befand sich u. a. der *Hoppensaal,* der Lager- und Verkaufsraum für Hopfen, der von den im 14. Jh. rund 500 kleinen und größeren Brauereien dringend benötigt wurde. Seit 1609 waren hier auch die Verkaufsstände der Schlachter. Später

454 Richey S. 98
455 HWB 2/705 f.

Reges Marktgeschehen auf dem Hopfenmarkt im Jahre 1910. Im Hintergrund die nach dem → Großen Brand wiederaufgebaute Nikolaikirche.

war der Hopfenmarkt bis 1911, bis zur Verlagerung auf den Deichtorplatz, ein wichtiger Markt für Gemüse und Obst, hauptsächlich aus den Vierlanden. 1907 wurden mehr als 900 Verkaufsstände gezählt. Jetzt beherbergt er immerhin noch einen kleinen Wochenmarkt[456]; *dat gellt bi Pein op 'n Hoppenmarkt* (das ist Trödel zum Wegwerfen); *gah na 'n Hoppenmarkt* (hau ab, verzieh dich!). Vgl. → *Hoppenmarkslööv.*

Hoppop *Was ist das?,* fragt eine Leserin. Anzubieten hätten wir höchstens den Ausdruck *Hoppop* aus der Kindersprache für einen Eimer.

Hörner aufsetzen → *Hahnrei.*

[1] Horst f., eine inselartige, aus dem Sumpfland hervorragende, bewaldete Stelle[457]. Von mnd. *horst (niedriges Gestrüpp, bes. die abgeholzte Stelle im Walde, wo junge Schösslinge nachwachsen; Krüppelbusch; überh. wüster, wilder Ort)*[458].

[2] Horst Flurname für eine höher gelegene Fläche, häufig von Sumpf umgeben. In Orten der höhere Teil der Gemeinde; *büst woll vun de Horst!* (in Altengamme zu einem ganz Dummen)[459].

Hospital (*Hospitaal*) alte Bezeichnung für ein Krankenhaus, das früher in der Regel auch Armen- od. Siechenhaus (→ *Sekenhuus*) war. Syn.: *Spitaal.* → *Hospital zum Heiligen Geist.*

Hospital zum Heiligen Geist (Abk.: H.z.H.G.) wurde im 12. Jh. in Hamburg für durchreisende Pilger sowie für kranke, alte und arme Menschen am Ende des Großen → *Burstah* gegründet und erlangte, wie damals fast alle Klöster und Orden, ein umfangreiches Vermögen aus Grundbesitz, Erbschaften, Renten, dem → *Heiligengeistfeld,* dem Dorf Barmbek und Teilen von Horn, Hammerbrook, Ottensen, Lüneburg und Krempe. Im Zuge der Reformation und der Neuordnung des Hamburger Armenwesens gingen Verwaltung und Besitz des Hospitals an die → *Oberalten* über. Der Gottesdienst musste 1805 wegen Baufälligkeit der zugehörigen Kirche eingestellt werden. Während der → *Franzosenzeit* diente sie als Heuschober. Der Neubau an der Richardstraße in Eilbek und das *Oberalten-Stift* am Mühlendamm fielen 1943 den Bomben zum Opfer. Beide Einrichtungen sind seit 1951 im *Maria-Magdalenen-Kloster* in Poppenbüttel untergebracht[460].

HSDG Hamburg Südamerikanische Dampfschifffahrts-Gesellschaft (HSDG), kurz: *Hamburg Süd,* ist eine Reederei mit Sitz in Hamburg, 1871 als Aktiengesellschaft gegründet und heute im Besitz der Oetker-Gruppe. Uns interessiert im sprachlichen Sinne das Akronym *HSDG,* das im Volksmund scherzh. als *Hier suup di gesund!* aufgelöst wird. Vgl. → *supen.*

hucheln Großmutter sagte zur Enkelin, wenn diese herumgekichert hatte: *du alte Huchel-Liese!* Offenbar benutzte man in einigen Stadtteilen das Wort *hucheln* für kichern.

Hucke (Nacken) → [2] *Huuk.*

Huckel Buckel, kleiner Hügel, leicht gewölbte, ausgebuchtete Stelle im Boden. Früher bevorzugten

456 HWB 2/718; Hamburg-Lexikon S. 351 f.; Beckershaus: Straßennamen S. 174.
457 Beckershaus: Straßennamen S. 175
458 Lübben S. 149
459 HWB 2/724
460 Hamburg-Lexikon S. 353 f.

die Kinder beim Schlittenfahren *huckelige* Pisten, um ein wenig abheben zu können. Dieses bescheidene Vergnügen kann die heutige Jugend angesichts von Skateboard und Halfpipe[461] nicht mehr nachempfinden.

Hude (*Huud*) norddt. urspr. Anlegestelle für Kähne und Flussschiffe, Stapelplatz für Waren (*Winterhude, Harvestehude*). In Bergedorf gibt es noch eine *Hude*, und der Platz, an dem in Oldesloe[462] die Waren auf dem Weg von Hamburg nach Lübeck auf die Traveboote umgeladen worden sind, heißt bis heute *Hude*. Mitteld. *hüte, höde,* worunter man dort landsch. eine Viehweide versteht, eigentl. einen Ort, wo man etwas bewacht (zu *hüten*).

Hüer 1. Heuer, Lohn des Seemanns; *ik versuup mien ganze Hüer.* Vgl. → *Hüerbaas.* 2. Dienstverhältnis; *ik heff noch 'n Hüer achter de Hand* (ich habe noch eine Stelle in Aussicht); *se hett keen Hüer hatt* (sie hatte keinen Tanzpartner gefunden, war Mauerblümchen geblieben). Ra.: *Heirat brickt Hüer* (eine Magd darf das Dienstverhältnis vorzeitig verlassen, wenn sie heiratet)[463]. Von mnd. *hure* (Heuer, Miete, Pachtgeld)[464].

Hüerbaas od. *Heuerbaas* war ein Arbeitsvermittler, der im Auftrag des Kapitäns gegen entsprechende Gebühr Seeleute anheuerte. Darunter gab es auch immer wieder Betrüger, weshalb dieser Beruf stark in Verruf geriet. Er wurde Anfang des 20. Jahrhunderts gesetzlich abgeschafft. Vgl. → *Baas;* → *Hüer.*

461 Bahn, geformt wie untere Hälfte einer Röhre, in der Kunststücke mit Skateboard od. Snowboard ausgeführt werden können.

462 seit 1910 Bad Oldesloe

463 HWB 2/762 f.

464 Lübben S. 154

Hufe bäuerliche Hofeinheit in Holstein und → *Stormarn* mit dem Recht, die genossenschaftlichen Gemeinländereien eines Dorfes anteilig zu nutzen. Die *Hufe* war keine Maßeinheit, ihre Größe konnte schwanken. Aus den *Elbmarschen* sind Größenordnungen von 16 bis 24 Hektar überliefert. Durch Teilungen wurden immer mehr *Vollhufen* zerschlagen, sodass es teilweise zu *Teilhufen* bis hinunter zur $^1/_{64}$-Hufe kam[465]. Der Besitzer einer *Hufe* war der → *Hufner* im Ggs. zum → *Kätner*. Von mnd. *hove* (Bauerngut, Hufe, gew. 30 → *Morgen* enthaltend, aber auch nur 10)[466].

Hufner Bauer, → *Grootbuer,* im Ggs. zum → *Kätner* Besitzer einer → *Hufe* als Voll- od. Teilhofeinheit.

hulterdipulter Adv. holterdipolter, Hals über Kopf. Richey: *hulterpulter: über Hals und Kopff, in unordentlicher Eile*[467].

Hummel, Hummel → Biografie Johann Wilhelm Bentz S. 220.

Hümpel ist ein kleiner Haufen, eine geringe angehäufte Menge: *'n Hümpel schietiger Plünnen* od. *'n griesen Sneehümpel* (schmutziger Schneerest bei Tauwetter). Das Verb *hümpeln* besagt: etwas ansammeln, horten, vermehren: *se hebbt al wat tosamenhümpelt*, zusammengespart.

Humpelrock hieß ein sich zu den Knöcheln hin stark verjüngender Damenrock, der den Schritt so sehr einengte, dass man damit nur *humpeln* (hinken) konnte.

465 Schleswig-Holstein-Lexikon S. 236

466 Lübben S. 150

467 Richey S. 100

JOHANN WILHELM BENTZ

HAMBURGER SCHLACHTRUF

Hummel, Hummel – Mors, Mors! Die Geschichte geht angeblich auf den Stadtsoldaten Daniel Christian Hummel in der → *Franzosenzeit* zurück, der wegen seiner Kriegserzählungen bei den Straßenjungen aus der → *Neustadt* sehr beliebt war. Schon von Weitem begrüßten sie ihn mit einem lauten „Hummel, Hummel". Als Hummel starb, bezog der Wasserträger Johann Wilhelm Bentz (21. Januar 1787–15. März 1854) dessen Wohnung an der Großen Drehbahn Nr. 36.

Bentz war ein verbitterter Mann und beantwortete den spöttisch auf ihn übertragenen Hummel-Ruf der Straßenjungen jedes Mal ärgerlich mit einem deftigen *Mors, Mors,* was auf Plattdeutsch nichts anderes bedeutet als *Klei di an 'n Mors* und sich im Hochdeutschen am anständigsten mit dem Götz-Zitat umschreiben lässt. Der Ruf und die Antwort gerieten zum Hamburger Schlacht- und Erkennungsruf. Der Bildhauer Richard Kuöhl (1880–1961) schuf zur Erinnerung an den Wasserträger den Hummel-Brunnen am Rademachergang (Neustadt).

Das heimische Autokennzeichen HH bedeutet übrigens nicht, wie Fremde (vorwiegend südlich der Main-Linie) ab und zu vermuten, Hummel, Hummel, sondern schlicht Hansestadt Hamburg.

Humse Vulva, weibl. Geschlechtsteil; daher → *behumsen* ([beim Geschlechtsverkehr] täuschen).

Hundewache (Schiffswache ab Mitternacht) → *glasen.*

Hundkojen (schwer zugängliche Schlafplätze auf Segelyachten) → *Kojen.*

Hunger mussten früher viele Familien und ganze Gesellschaftsschichten leiden. Die sogenannte Überflussgesellschaft ist erst eine zweifelhafte Errungenschaft des Wirtschaftswunders nach dem Zweiten Weltkrieg. Der Hunger taucht denn auch in vielen hamb. Komposita auf: Blieb vom Apfel nur das Kerngehäuse zurück, von dem man nicht mehr satt werden konnte, sprach man von einem → *Hungerbeen.* Die Angelrute, die man ins Wasser hielt und mit der man doch keine Fischmahlzeit zusammenbekam, war die → *Hungerpietsch.* Am *Hungerdook* nagte man, wenn man Not litt od. in ärmlichen Verhältnissen lebte (vgl. → *Smachtlappen*). Um noch die allerletzten Ähren auf einem abgeernteten Feld zusammenzuharken, gab es die breite *Hungerhark* mit langen Zinken. Die letzte Hocke auf dem Feld war die *Hungerhock,* wohl weil nun feststand, dass die Ernte wieder nicht ausreichen werde, den Hunger zu vertreiben. Die Redensart *an de Hungerpoten sugen* steht für arm sein, nichts zu essen haben wie der Bär, der sich keinen Winterspeck angefressen hat und nun an seinen Tatzen saugen muss. Der *Hungerremen* ist der Leibriemen, allgemein Gürtel genannt, den man bekanntlich umso enger schnallen muss, je magerer ein Hungerleider wird. Trifft man auf einen wegen Nahrungsmangels ausschwärmenden Bienenschwarm, ist man einem *Hungerswarm* begegnet. Bei einem *Hungertitt* handelt es sich um die Entzündung des Nagelfleisches, was auf falsche od. fehlende Ernährung zurückzuführen ist[468]. Vgl. → *smachten* (hungern).

Hungerbeen Obstrest, Kerngehäuse von Äpfeln. Richey kannte die *Hunckbuncke* (ein mageres Thier, dem die Knochen hervor ragen, insonderheit ein Ochse) und den *Hunknust* (das Kerngehäuse in *Aepffeln od. Birnen*)[469]. Später nannte man das Kerngehäuse im Obst, bes. beim Apfel, jedoch ein *Hungerbeen*. Auch die Ausdrücke *Hunkel, Hunkelhuus, Hunkelpunker* od. → *Appelgriepsch* bzw. *Appelhunger* waren für das Kerngehäuse in Gebrauch.

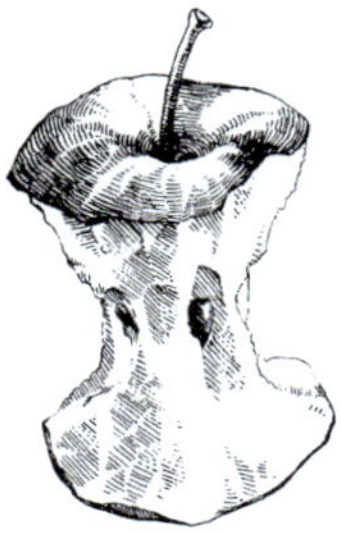

Eigenartig – die deutschen Dialekte kennen gleich 50 verschiedene Bezeichnungen für den abgeknabberten Rest des Apfels, in Bayern zum Beipiel Opflibutzen und in Hamburg unter anderem Appelgriepsch oder Hungerbeen.

Hungerhark (Ährenharke) → *Hunger.*

Hungerpietsch Die *Pietsch* ist die Peitsche, doch *Hungerpietsch* wird scherzh. die Angel genannt. Die Ähnlichkeit zwischen Peitsche und Angel ist allerdings rein äußerlich. Die eine knallt und schmerzt, die andere wird eher still mit Haken und Wurm ins Wasser gehalten, oft stundenlang ohne Erfolg, sodass derjenige, der auf den Fang angewiesen ist, zwischenzeitlich schon mal verhungern kann. Vielleicht kennen Sie „Das Fischessen", die lustige Illustration des schwedischen Malers Robert Högfeldt (1894–1986), auf der am Ufer Köchin, Serviermädchen und die Herrschaft mit umgebundener Serviette und das Besteck bereits in den Händen hungrig auf die Fischmahlzeit warten, während der Angler davor seine *Hungerpietsch* in den Fluss hält – und kein Fisch beißt an.

Hungerremen (Gürtel) → *Hunger.*

Hunkel od. *Hunkknust* bezeichnete den ärmlichen Obstrest, das Kerngehäuse vom Apfel. Vgl. → *Knust (4);* → *Hungerbeen;* → *Appelgriepsch.*

Hunkelpunker Kerngehäuse des Apfels. Vgl. → *Hungerbeen.*

Hunkenbüdel Schimpfw. für einen Dummkopf, der gerade so viel od. besser so wenig im Kopf hat wie ein → *Hunkel,* das Kerngehäuse des Apfels, das einem bleibt, wenn alles Essbare entfernt worden ist.

Hunnen hageln un Katten sneen „Hunde hageln und Katzen schneien". Wenn jemand versprach, etwas nicht Alltägliches zu erledigen, besiegelte er das mit den Worten: *dat kann Hunnen hageln un Katten sneen, ik mook dat kloor!* Das klang fast so wie ein Eid.

Hunnenbeer → *Hagebutte.*

Husch un Snusch wurde der Holsteiner Gemüseeintopf → *Schnüs* auch genannt, weil die Zutaten „quer durch den Garten" gingen. Die Hamburger dachten bei diesem Begriff jedoch eher an 1. eine „bunt durcheinandergemischte Gesellschaft" niederer Stände, an Pöbel, → *Gesinde* od. Ge-

468 HWB 2/744 ff.
469 Richey S. 28 u. 100

Ein Hutschefiedel! Und ist das Auto noch so klein …

sindel, an → *Hüün un Perdüün*, od. an 2. Unrat, unnützen Kram[470]. Richey: *Hüsch un Snüsch: allerhand durch einander. Wird verächtlich gesagt, z. E. von Speisen, da allerley zusammen gemenget ist, wie auch von einer Gesellschaft, die aus vielerhand schlechten Leute zusammen gelauffen*[471].

hüsern hinaufziehen, hochwinden, etw. mit der Speicherwinde hochziehen; *de swore Kist na baven hüsern*. → *ophüsern*.

Hutschefiedel scherzh. für ein kleines Auto – od. sagen wir besser: für ein sehr kleines Auto, in das kaum der Fahrer hineinpasste. In den Fünfzigerjahren gab es solche rollenden Missgeschicke auf den Straßen wie Borgward Lloyd, Messerschmitt Kabinenroller, Goggomobil od. BMW Isetta, nicht zu vergessen die Meisterleistung der ostdeutschen Ingenieurskunst aus Zwickau, genannt Trabant.

Hütt un Mütt *'n Hütt* ist eine Hütte, *'n Hüttendag* ist ein Regentag, den man im Hause zubringen muss, aber das lautm. *Hütt un Mütt* bedeutet so etwas wie den gesamten Inhalt einer „Hütte" sächlicher und menschlicher Art; *de kümmt mit Hütt un Mütt antrocken* (schleppt allerlei Gegenstände herbei); *he kümmt mit Hütt in de Mütt* (er bringt seine gesamte Familie mit). Vgl. → *Hüün un Perdüün*.

Hutten (*Huttjen*) war ein leichter Schlag od. ein leichter Windstoß.

[1]Huuk (Plur. *Huken*). 1. Winkel, Ecke eines Raums, vorspringende Ecke; *in allen Huken* (überall); *he seet kommodig in de Huuk* (gemütlich in der Stubenecke); *he keek üm de Huuk* (um die Ecke

470 HWB 2/755
471 Richey S. 101

lugen). 2. Straßenecke, Landspitze; *bi Hein an de Huuk 'n Grog genehmigen* (in der Eckkneipe); *op de lütt spitze Huuk, dor kümmt uns Huus hin* (auf der Landspitze bauen). 3. kleiner Verschlag, Hühnerkoben[472].

[2] Huuk 1. Buckel, gekrümmter Rücken; *de Huuk vull kriegen* (verprügelt werden); *he lach sik de Huuk vull* (schadenfroh lachen); *in de Huuk lögen* (jmdn. belügen). 2. Hocke; *in de Huuk sitten* (hocken). 3. buckelförmiger Absatz am Dachgiebel.

[3] Huuk Halszäpfchen, das bes. so genannt wird, wenn es geschwollen ist. Der Mensch ist dann heiser und erkältet.

Huulbessen Ein „Heulbesen" ist ein Besen, der heult: ein Staubsauger.

Hüün un Perdüün Es gab Tratschen, *Froonslüüd* und → *Oolschen*, die den ganzen lieben Tag lang im Treppenhaus lungerten od. am offenen Fenster hingen und jeden ins Gespräch zogen. Niemand entging ihnen. Aber dafür kannten sie *Hüün un Perdüün*, nämlich Gott und die Welt, Hans und Franz od. Hinz und Kunz; *de kennt Hüün un Perdüün; se snackt över Hüün un Perdüün*. Subst. *Hüün* (alle möglichen Gegenstände und Personen). Vgl. → *Hütt un Mütt*.

Huur (Hure) → [2] *Hoor.*

Huus (Plur. *Hüüs*) als „Haus" ist auch im Niederdt. ein Allerweltswort mit zahlreichen Komposita. Syn. u.a. → *Bood, Gebüüd, Hoff* (Bauernhof), Hüsen, Hüsung, Hüüschen, Hütt, Kaat (Kate; → *Kätner*), → *Kabuff* (Verschlag), *Kasten,* [1] *Lööv* (Laube), *Schuppen, Schüün* (Scheune), *Schuur* (Schuppen, überdachter Holzbau mit offenen Seiten), *Slott* (Schloss), → *Spelunk* (verrufene Kneipe), *Villa;* im Innern: *Afsiet* (Abseite), *Arkner* (Erker), *Böön* (Hausboden), → *Deel* (Diele), → *Döns* (Stube), *Dönsenböön,* → *Etaasch* (oberes Stockwerk), → *Flett* (Vordiele), → [1] *Floor* (Hausflur), → *Hill* (Boden über den Ställen), *Hangeböön* (Trockenboden; scherzh. für den oberen Rang im Theater), → *Hangelkamer* („hängende Kammer"), → *Heckschuur* (Heckschauer, freier Raum vor der großen Dielentür), *Kamer* (Kammer), *Keller, Köök* (Küche,→ *Kööksch*), → *Kontor, Klosett,* → [1] *Lucht* (Dachboden), → *Oken* (Boden), → *Privee* (Abort), → [1] *Saal* (Obergeschoss eines einfachen Miethauses), *Spitzböön, Spieker* (Speicher), *Stall,* → *Stuuv* (Wohnstube), *Treppenhuus, Utlucht* (→ *Utbuur,* Schaufenstervorbau eines Ladens), *Windfang, Zibüürken*[†] (Pförtnerloge)[473]. Formeln: *Huus un Hoff* (Grund und Boden); *vun Huus un Hoff komen* (den Besitz verlassen müssen); *Huus an Huus* (ein Haus neben dem anderen). Raa.: *vun Huus ut* (von früher her); *wat an 't Huus bringen* (Geld verdienen). Sprichw.: *de keen Huus hett, den weiht keen Dack af* (wer nichts hat, kann nichts verlieren); *wat beter is as 'n Luus, dat nehm ik mit na Huus; wenn de Katt nich to Huus is …* (→ *Katt*).

Huusböör Richtfest. Von → *bören (2)* (den Dachstuhl aufrichten).

Huuswisch abgeteilte Weide od. eingezäuntes Stück einer → *Koppel* direkt am dörflichen Bauernhaus. Von → [1] *Wisch* (Weide). Wie → *Wischhoff.*

472 HWB 2/761

473 Zusammenstellung von HWB 2/264 ff.

I

idelich (*iddelich*) komisch, seltsam, wunderlich; *'n ideligen Keerl* (ein wunderlicher Zeitgenosse); *mi weer ganz idelich* (mir war seltsam zumute).

Idioticon Hamburgense hieß das erste Mundartwörterbuch für das Hamburger Gebiet, 1743 auf Anregung von Gottfried Wilhelm Leibniz von → *Michael Richey* veröffentlicht und 1755 stark erweitert. Bereits darin finden wir Begriffe, die wir noch heute als typisch hamburgisch bezeichnen. Ein *Idiotikon* ist ein auf eine Sprachlandschaft begrenztes Wörterbuch. Seit ca. 1855 legte Christoph Walther sein „Hamburger Idiotikon od. Hamburgisch-Mundartliches Wörterbuch gesammelt aus dem Munde des Volks“ an. Dieses handschriftliche und verzettelte Material mit rund 12 000 Einzelbelegen versuchte → *Agathe Lasch* 1917 druckfertig zu machen, musste jedoch einen Neuanfang auf wissenschaftlicher Grundlage starten. Das war die Geburtsstunde des *Hamburgischen* Wörterbuchs [HWB], das Richeys und Walthers Idiotika auf breiter Grundlage fortsetzte. Die erste Lieferung (*A–annemen*) erschien erst

Stangeneis in einem Eiskeller des Jahres 1930

1956 bei Wachholtz in Neumünster, die 30. (*Weten–zwutschen* und *Nachträge*) unter der Leitung von Jürgen Meier im Jahre 2006, gedruckt mit Unterstützung der Hamburger Sparkasse. Das Wörterbuch mit rund 40 000 Stichwörtern, jetzt in fünf Bänden zusammengefasst, ist nicht nur eine überreiche Fundgrube für das Hamburgische, sondern war auch die Quelle, die unsere populär gehaltenen Bestseller „Sprechen Sie Hamburgisch?“ sowie das vorliegende Buch erst ermöglicht hat[474].

Iesbahn In früherer Zeit griffen Kälte, Frost, Schnee und Eis weitaus bedrohlicher in das Leben der Hamburger ein als in unserer heutigen zentralbeheizten Umgebung. Umso freudiger wurde dem Winter im Freien mit kleinen Vergnügungen begegnet und ungeduldig erwartet, dass sich die Gewässer der Stadt endlich in eine *Iesbahn* (Eisbahn, spr.: *-bo:n)* verwandelten; *de Bahn steiht* – hoffentlich hält sie auch ... Michael Richey warnte 1755 in seinem Mundartwörterbuch: *dat Ys is verrethlick – dem Eise ist nicht zu trauen*[475]. Um die → *Glitsche* (Gleitbahn auf dem Eis) freizubekommen, hörte man vielfache Warnrufe: *Platz op de Bahn, morgen gifft 't Lebbertran!* Bekannt ist auch → *Hengilidoor, de Klüten sünd goor!*

Iesbeen Eisbein, nordd. für Teil des Hinterbeins vom Schwein. Frisch, gepökelt od. geräuchert und drei Stunden gekocht, mit Sauerkraut und Erbspüree gereicht, gilt es im Ausland (nicht ohne einen Anflug von Abscheu) als das Nationalgericht der Deutschen, wird im Inland aber häufiger zitiert als gegessen. In Hamburg sprach man von *Iesbeen un Suurkohl.* Der Name „Eisbein“ geht nicht darauf zurück, dass man die deftige Mahlzeit besonders bei eisigem Winterwetter angeboten bekam, sondern darauf, dass bereits die Germanen aus den gespaltenen Röhrenknochen (den *Beinen*) Knochenschlittschuhe zum Laufen auf dem *Eis* herstellten.

Iesernbregen Die Lebendigkeit der plattdeutschen Sprache zeigt sich u. a. daran, dass sie auch moderne Begriffe in ihren Wortschatz aufnimmt wie z. B. den Computer als *Iesernbregen* (*iesern* = hd. eisern, *Bregen* = hdt. Gehirn). Vgl. → *Spegelschieven* (CDs).

Iesjökel (Eiszapfen) → *Jökel.*

Ieskeller Der Eiskeller war zu Zeiten, als die Lebensmittel noch nicht elektrisch tiefgekühlt bei – 18 °C konserviert werden konnten, ein mit Natureis kalt gehaltener Keller od. Raum in Schlachtereien und Brauereien, auf den Gütern der Umgebung od. als Gemeinschaftseinrichtung eines Dorfes, z. B. in Jersbek (Kreis Stormarn). Die Eisschicht der Teiche wurde im Winter aufgebrochen und mit einer Säge *(Iessaag)* in Blöcke *(Iesblöck)* zerteilt. Man hoffte, damit kühl über die heißen Sommertage zu kommen, bevor das Eis wieder zu Wasser geworden war. Ältere Fischereifahrzeuge besaßen einen *Iesruum* (Kühlraum), in dem die gefangenen Fische auf Natureis lagerten. Man sortierte sie an Bord nach Sorte und Größe in *Ieskisten,* in mit Eis gefüllte Kisten, die an Land an die Händler versteigert werden konnten.

igitt Interj. zum Ausdruck von Abscheu und Ekel, so viel wie *pfui!; igitt, du hest ja Lüüs!; igitt, wat büst du doch för 'n slechten Minschen!* In Ham-

474 Idiotikon (*Idioticon;* Plur. Idiotika): Mundartwörterbuch, eigentl. Verzeichnung der einer bestimmten Mundart ausschließlich eigenen Besonderheiten. Von griech. ídios (eigen, privat, eigentümlich) lt. Kluge S. 393.

475 Richey S. 323

burg häufig als Warnung in der Kindersprache gebraucht: *Das ist igitt!,* warnte meine Mutter, wenn ich als Zweijähriger etwas anfassen wollte, was ich nicht anfassen sollte. Falls das noch nichts half, rief sie: *Peterle, dat is → bäh!* Steigerung: *igittigitt* od. gar *igittigittigitt.* Wohl ein Hüllwort für *o Gott, ogottogott* [476], denn, das sei den Jüngeren ins Gedächtnis gerufen, es gab ein 2. Gebot, das da lautete (und das genau genommen immer noch gilt): „Du sollst den Namen des Herrn, deines Gottes, nicht missbrauchen; denn der Herr lässt den nicht ungestraft, der seinen Namen missbraucht.“

Ik schiet di wat! bedeutet so viel wie: Du kannst mich mal! Eine hochd. Übersetzung schenken wir uns.

Imme (*Imm*; Plur. *Immen*) Biene. Die Biene ist fleißig, sie sammelt Honig, aber sie kann sich auch wehren, und kostet es sie das Leben; *Immen köönt ook steken.* Auf Bienenstiche träufelte man zur Linderung Pappelsaft. Ra.: *he hett dat so hild as de Immen in 'n Bookweten* [477]. Wetterregel: *dat gifft Regen, wenn de Immen avends lang buten sünd.* Die Bienenzucht galt wie die Schafzucht als sehr risikoreich: *de sien Geld weet keen Raat, de leggt dat an in Immen un Schaap.* Der Bienenzüchter heißt bekanntlich *Imker,* doch ein Immenhof (*Immenhoff*) ist nicht etwa ein Ponygestüt in der Holsteinischen Schweiz, wo die verstorbene Heidi Brühl blond und jung seit 60 Jahren über den Bildschirm reitet, sondern ein eingezäunter Bienenstand.

in 'n Tüffel scheten Ra.: *he hett sik sülven in 'n Tüffel scheten* – das bedeutet, weniger drastisch ausgedrückt: Wer anderen eine Grube gräbt, fällt selbst hinein.

in de Kniep ist jemand. der sich in einer aussichtslosen Lage befindet und nicht weiß, wie es weitergehen soll. Denn *is he bannig in de Kniep* od. auch *in 'n Moors knepen.*

in eins bedeutet „zugleich“ od. „gleichzeitig“: Das erledigen wir doch *in eins,* sagte man od. auch *in einem Abwasch,* wobei der Begriff „Abwasch“ sich hier nicht auf schmutziges Geschirr, sondern auf unangenehme Tätigkeiten bezieht, die trotzdem pflichtgemäß erledigt werden müssen.

inböten einheizen, Feuer anmachen; *ik heff goot inbööt, de Stuuv is schöön warm.* Vgl. → *böten.*

inbuchten (einsperren) → *Puuch.*

De Immen brummt un summt üm de Blomen. Die Honigbiene gilt als das wirtschaftlich wertvollste Insekt. Sie produziert außer Honig auch Bienenwachs – Dinge, die im alten Hamburg eine viel größere Bedeutung hatten als heute.

476 Universallexikon S. 867
477 Buchweizen

Indje (*Indsche*) Indianer. *Indjes un Trapper* war ein verbreitetes Kinderspiel, bei dem die Trapper die Indianer zu fangen und am Marterpfahl zu fesseln versuchten (od. umgekehrt), die aber wieder befreit werden konnten. Das ging so lange, bis alle Indianer gefangen waren od. die Mutter auftauchte und die Kinder laut schimpfend nach Hause jagte. → *Hans ut Hamm* erzählt von der großen Indianerschlacht, *as sik de Jungs vun Grindelbarg un de ut de Kielortallee in de Wull harrn*. Auslöser war *de lütt dralle Deern vun Slachter Speckmann*, die die Stämme ungleich mit den *Wustzippeln* aus Vaters Laden versorgt hatte. *Annern Dag gung dat los*, und die Schlacht *an de Eck vun de Hansastroot* soll ähnlich viele Opfer gefordert haben wie der Untergang General Custers am Little Big Horn, zumal sich danach die Herren Lehrer, die keinerlei Spaß verstanden, mit dem Rohrstock auf den Kriegspfad begaben[478].

indruseln (einnicken) → *druseln*.

inkulen vergraben, beerdigen; *de Doden worrn op 'n Karkhoff inkuult*. Vgl. → *Kuul* (Grube, Grab).

inlullen jmdn. leise singend od. summend zum Einschlafen bringen, was die Mutter häufig Abend für Abend an der Wiege od. am Kinderbett versuchen musste; *enen in 'n Slaap lullen*.

innicken in einen Halbschlaf fallen, leicht einschlafen; *he weer över de Zeitung innickt* (wobei wir hoffen, dass es sich dabei nicht um das Abendblatt handelte, und wenn ja, dann wegen der Quantität und nicht wegen der Qualität des Inhalts ...).

478 Hans ut Hamm vertellt S. 145 ff.

inremsen etw. mit Nachdruck einprägen, mit Nachdruck lehren; *de Schoolmeester harr em dat gehörig inrems*.

inschütten Tiere od. auch Menschen einsperren (→ *verschütten*). Vgl. → *²Schütt*.

insteken h.: jmdn. ins Gefängnis sperren; *ik heff Angst, se steekt mi in*.

Insten (Plur.). Ganz am Ende der dörflichen Hierarchie standen, vor allem in den Geest- und Gutsdörfern, die *Insten* (mnd. *insâte, inste* – „Eingesessener, Häusler"), die weder Haus noch Land besaßen und sich als Tagelöhner verdingen mussten. Eine Beschreibung aus dem Jahre 1789 besagt: *Insten sind Miethlinge der Hüfner*[479], *wohnen in einer Kathe fremden Eigenthums, und müssen ihren Miethsherren contractmäßige Hofdienste leisten*[480]. Noch heute sieht man auf den Gütern die niedrigen Instenhäuser, die sich, getrennt vom Herrenhaus, um den Gutshof gruppieren. Meistens waren die *Insten* → *Deputatarbeiter*, die statt Lohn Wohnung und Nahrungsmittel erhielten. Vgl. → *Kätner*, → *Hufner*.

Is was? ist die Kurzform für „Was ist hier los?" od. „Willst du dich etwa mit mir anlegen?"

Ische ist eine abfällige Bezeichnung für ein Mädchen od. eine Frau bzw. für eine liederliche, feile Dirne; von jidd. *ischa* (Frau).

Itsche (Frosch, Kröte) → *Üüts*.

479 → *Hufner* (Vollbauern)
480 HWB 2/829

J

jachtern bedeutet eine Steigerung von laufen im Sinne von toben od. von schnell rennen, z. B. beim Fußball: *se jachtern achter 'n Ball her.* Es kann aber auch abhetzen bedeuten; *wat harr ik mi abjachtert, den Bus to kregen*... und auch brünstige Katzen *jachtern* (od. → *katern*). Intens. zu *jagen.*

jackeln 1. mit etw. wackeln od. an etw. rütteln; *he jackelt an de Döör.* Wenn das Kind mit dem Stuhl wippte, schimpfte Mutter: *loot dat Jackeln na!* 2. sich unsicher fortbewegen; *he jackelt lang de Straat.* Adj. *jackelich* (wackelig); *de Stohl is jackelich* (der Stuhl wackelt). Syn.: *juckeln* (langsam und schaukelnd fahren).

Jackvoll (*Jackvull*) bezeichnet anschaulich, die Jacke voll zu hauen, also eine Tracht Prügel einzustecken od. zu verabreichen; *dat gifft 'n Jackvull; ik harr eerst dat tweete Jackvull in de School achter mi.* Vgl. → *Fellvoll;* → *Morsvull.*

Jahrende [spr.: *jaren'de*] „Hamburger Plural" von Jahr. Wenn Frau Pumeier einen langen, nicht genau zu bestimmenden Zeitraum ausdrücken wollte, sagte sie nicht: das dauerte Jahre, sondern: das dauerte *Jahrende!*

Jahrmarkt (ein- od. mehrmals im Jahr stattfindender Markt mit Verkaufs- und Schaubuden, Karussells o. Ä.). Vgl. → *Rummel.*

Jakobsleiter Eine *Jakobsleiter* ist seem. heute an der Küste und in der Seefahrt die Strickleiter mit Holzsprossen, auf der der Lotse am Schiffsrumpf hochklettert; ursprünglich die Himmelsleiter, ein biblisches Traumsymbol (1. Mose 28,12). Maritime Vorstufe ist das → *Fallreep*[481].

Jammerlappen Ein *Jammerlappen* ist ein weinerlicher Mensch, der ständig klagt. Vordergründig bedeutet *Jammerlappen* ein zum Abwischen der Tränen dienendes Tuch, etym. ist dieser Ausdruck jedoch wohl abgeleitet vom mhd. *lappe* (einfältiger Mensch)[482]. Dieser Begriff wird deutschlandweit gebraucht.

Jan Brass Pseudonym des Schriftstellers *Edgar Walsemann* (1890–1977) für seine plattdeutschen Kolumnen. Vgl. → *brass.*

Jan Rapp un sien Maat steht für gemeine Matrosen, für das derbe Volk, für den Pöbel, der die Hafenkneipen unsicher macht; von → *rapp (2).* Überhaupt wird *Jan* als Kurzform von *Johann(es)* od. *Jehann* für allerlei Personifizierungen gebraucht: *Jan Ballhoorn* (Dummkopf), *Jan Baas* (kräftiger Kerl), *Jan Blaff* (Flegel), *Jan Blank* (Wellen, Flut, Hochwasser), *Jan Brass* (Grobian)[483], *Jan Brattje* (derber Kerl), *Jan Dattel* (Gernegroß), *Jan Fummel* (Nichtsnutz), *Jan Kack* (Schimpfw., das nicht näher erläutert werden soll), *Jan Kabelgaarn* od. *Jan Klatter in de Mast* (Spottn. für einen Matrosen), *Jan* (od. → *Hein*) → *Klapperbeen* (der Tod), *Jan Klook* (Schlauberger), *Jan Maat* (Seemann auf großer Fahrt), *Jan Quast* (Einfaltspinsel), *Jan Rasmus* (die See bei Sturm) od. *Jan Tünn* (Straßenmusikant)[484].

Jantje Dim. zum Vorn. Jan. 1. scherzh. für einen Seemann, vor allem für Matrosen, die auf große

481 lt. Carl Groth
482 Duden-Newsletter 2.9.2011
483 vgl. → *Jan Brass* als Pseud.
484 HWB 2/856

Fahrt gehen wollten, durch St. Pauli wankten, die letzte Heuer auf den Kopf hauten und ein neues Schiff suchten. Ein *Fischdamperjantje* fuhr nicht ganz so weit. Syn.: → *Jan Maat.* 2. Ein *Jantje Kontrari* ist jemand, der dauernd widerspricht, der zwar nicht alles, aber grundsätzlich alles besser weiß. Solche Zeitgenossen findet man allerdings eher außerhalb der Seefahrt.

jappen nach Luft schnappen, gähnen; *nich mehr jappen könen* (tot sein); *de Snuten de jappt* (die Sohle hat sich von der Stiefelspitze gelöst). Ra.: *dat is so heet, dat de Kreih op 'n Tuun jappt.* Sprichw.: *gegen den Backaven lett sik nich jappen* (gegen eine Übermacht kann man nichts ausrichten). Abergl.: Wer genau um Mitternacht gähnt, dem kugelt der Unterkiefer aus. Syn.: → *hojappen* (gähnen).

jeminee! Interj.: Ausruf des Bedauerns od. des Mitleids. Hüllwort von lat. *Jesu domine!,* denn bekanntlich soll man nach dem Zweiten Gebot den Namen des Herrn nicht missbrauchen. Deshalb auch *Herr jeminee!* od. *Herrje!* (Herr Jesus). Ausr.: *jeminee! nu is se twei!* (um Himmels willen, nun ist sie kaputt!). Michael Richey weiß es ganz genau: *[...] sind Verwunderungs-Wörter, die auch wol von Klagenden gebraucht werden [...] sondern weil unsere Leute bisweilen ausdrücklich das Wort Herr davor setzen, und sagen Herr je! Herr jemi! so siehet man klärlich, daß es eine Verstellung des heiligen Nahmens Jesu sey, welchen man nicht ausdrücken, und also den Schein des Misbrauchs nicht haben will*[485].

Jick („Drahtesel") → *¹Gig.*

485 Richey S. 103

Jidder Euter von Kuh, Ziege od. Schaf. Von mnd. *jeder.* Syn.: *Gesöök* (Gesäuge). Wenn die Kuh nach dem Kalben eine Euterentzündung hatte, sagte man: *de Koh hett dat Schreen in 't Jidder.* Zur Heilung wurde das Euter mit Butter eingerieben, in die Schafgarbe geknetet worden war, während andere Bauern auf eine Packung aus Pferdedung schworen. Wenn das nicht anschlug, mussten übersinnliche Kräfte helfen: Man nahm bei Mondschein einen Stein aus einer gepflasterten Hofstelle, bestrich dreimal damit das Euter, spritzte Milch auf den Stein und legte ihn schweigend wieder an seine Stelle[486]. Es soll vorgekommen sein, dass das Rindvieh vor Schreck schnell gesund geworden ist. Gegen derartige frühesoterischen Methoden hat die Veterinärmedizin natürlich keine Chance. Heute würden solche Mondscheinheiler durch sämtliche Talkshows gereicht werden.

Jiedel Spottn. für einen Teilnehmer der Wandervogelbewegung am Anfang des vorigen Jahrhunderts, die weniger der Körperertüchtigung als der freiheitlichen und volkstümelnden Lebenshaltung diente. Syn.: *Jied, Jiedelbriet, Jiedelhopser.* Spöttisch: *Jiedel, Jiedel, kumm nich mit de Been in 'n Tüdel,* denn die Wandervögel wanderten nicht nur, sondern versuchten sich auch unter Drehen und Springen beim Volkstanz. Noch spöttischer: *Jied, Jied, die Heide blüht,* wenn eine Jugendgruppe laut singend in der Lüneburger Heide durch die Gegend stapfte[487]. Mit dieser Jugendbewegung ist auch der Begriff *Jiedel* verschwunden. Die Wandervögel dürfen keinesfalls als Vorläufer der heutigen Jogger und Walker gesehen werden, zumal es sich jetzt eher um äl-

486 Mensing 2/1035
487 HWB 2/869

Jiedel, Jiedel, kumm nich mit de Been in 'n Tüdel, hieß es spöttisch, wenn im Zuge der Wandervogelbewegung eine Jugendgruppe durch die Natur stapfte. Hier eine Mädchenschar mit Gitarren um das Jahr 1913.

tere Zeitgenossen beiderlei Geschlechts handelt, die einen letzten Versuch der Körperertüchtigung unternehmen. Als ich einen Nordic Walker, der mir stur in die Hacken gelaufen war, einen *Jiedel* schimpfte, verstand er mich zwar nicht, schlug aber trotzdem mit seinem krummen Skistock erst nach mir und dann nach meinem Hund, der mich verteidigen wollte.

Jieper Gier, Verlangen; *wat heff ik wedder för 'n Jieper op 'n Glimmstengel* (Zigarette).

jiffeln (*jiffen*) bedeutet hamb. „mit hohem Ton bellen od. kläffen"; *de → Köter jifft jümmers egalweg. Jiffel* od. *Jiffer* war ein gebräuchlicher Ausdruck für einen kleinen, kläffenden Hund. In aller Vorsicht sei angemerkt, dass von einer Frau, die pausenlos mit schriller Stimme ihren Mann ankeifte, ebenfalls gesagt wurde: *se jifft*. Auch ein Kind, das nervte und bettelte, fing sich diese Bezeichnung ein.

Jimp (Plur. *Jimpen*) – auf Finkenwerder die Bezeichnung für den Gemeinen Stichling; *Jimpen pöddern för de Höhner*. Vgl. → *Stickel.*

Johanni Nach der Reformation blieben einige Tage aus dem kath. Heiligenkalender als markante

Fixpunkte im Jahresablauf in Hamburg ugs. im Gebrauch. z. B. *Johanni,* Geburtstag des Täufers Johannes am 24. Juni. Da dieses Datum fast mit dem Mittsommertag zusammenfiel, ließ sich das Jahr mit *vör Johanni* und *na Johanni* in zwei gleich große Hälften teilen. Wetterregel*: vör Johanni bitt um Regen, noher kümmt he ungelegen.* Regnet es ergiebig zu *Johanni* (→ *Johannisfloot*), gibt es in Blankenese die nächsten vier, in den Vierlanden sogar die nächsten sechs Wochen Regen. Um *Johanni* fängt man an zu heuen und sammelt Heilkräuter, vor allem eignet sich der Tag für Mittsommer- und Dorffeste wie die → *Johannishöge.* Die *Johannisbeere* reift um *Johanni.* Vgl. → *Johannistrieb.* Erhalten geblieben im Hamburger Jahreskalender war auch *Michaeli* od. *Micheli,* der Tag des Erzengels Michael am 29. September, als Datum für Dienst-und Wohnungswechsel sowie als Zahlungstermin für Miete, Abgaben und Lohn. → *Martini,* der Namenstag des heiligen Martin am 11. November, war ein weiteres Rudiment aus dem kath. Heiligenkalender im reformierten Norden.

Johannisfloot starke Regenfälle um → *Johanni,* die angeblich für das Wetter der kommenden Wochen nichts Gutes verhießen. Damals, als die Menschen noch nicht mit Kachelmanns Epigonen im Fernsehen gesegnet waren, hatte jeder Dorfbewohner für jeden Anlass eine Wetterregel parat, die so parodiert wurde: Kräht der Hahn auf dem Mist, ändert sich das Wetter, oder es bleibt, wie es ist. Allerdings soll die Trefferquote der damaligen Wetterbauern die der heutigen Meteorologen häufig übertroffen haben.

Johannishöge Die *Johannishöge* (von → *högen* – freuen, sich vergnügen) war früher das große Mittsommerfest des Dienstvolkes am 24. Juni (→ *Johanni)* und dem darauffolgenden Sonntag. Alle machten mit: Bauer, Gesinde, Jung und Alt. Man feierte jährlich wechselnd auf der Diele eines anderen Hofes, dem → *Hööghof.* Als Festausschuss fungierten aus den Reihen der Knechte zwei → *Lüttschaffer,* ein *Grootschaffer* (vgl. → *Schaffer*) und ein *Höögvadder.* Die Erlaubnis erteilte der *Waldherr* (Vertreter der Obrigkeit in den Hamburger → *Walddörfern*). Es fand stets ein großes Fest statt, für das es allerdings auch Reglementierungen gab, so z. B., sorgfältig mit Feuer, Licht und Tabak umzugehen und beim Rauchen keine Pfeife *ohne Kopf* (Deckel) zu benutzen, und die nachdrückliche Ermahnung, nach den zwei Tagen seine Arbeit wieder aufzunehmen. Im *Volksdorfer Museumsdorf* wird in Erinnerung an dieses Fest jedes Jahr ein historischer Jahrmarkt für die ganze Familie veranstaltet[488].

Johannistrieb nennt man den zweiten Blattaustrieb der Laubbäume um → *Johanni* (24. Juni), mit dem die Natur die Dürre- und Fraßschäden des Frühjahres kompensiert. Diesen Ausdruck übertrug der Volksmund spöttisch auf alte Männer, die unvermittelt eine scheinbar jugendliche Manneskraft in sich fühlten und anfingen, jungen Mädchen nachzusteigen – obwohl sie ihre Familien- und Ehepflichten eigentlich längst erfüllt hatten.

Jökel 1. nach unten spitz zulaufende → *Boje* in der Fischerei. 2. Eiszapfen, mnd. *jokel* von altnord. *jokull* (herabhängender Eiszapfen, Gletscher), schwed. *jökel*[489]. Selten so gebraucht, deshalb zur Verdeutlichung meist *Iesjökel* genannt, schon bei Richey: *Isjäkel: Eis-Zapfe*[490].

---

488 von Hans-Hermann Wölfert
489 Mensing 2/1058
490 Richey S. 413

jöken jucken. Raa.: *em jöökt dat Fell* (er ist übermütig); *mi jöökt dat in de Finger* (ich bin ungeduldig). Abergl.: Wem das linke Auge juckt, der wird bald Grund zum Weinen haben, juckt das rechte Auge, gibt es etwas zum Lachen[491].

Jonni Kosef. des Vorn. Johannes, übertr. 1. die Bezeichnung eines bes. großen Exemplars einer Gattung; *so 'n Jonni!*, wobei der Erzähler seine Arme als unterstützende Geste weit ausbreiten wird. 2. flache Schnapsflasche (Flachmann); *de Jonnis utsupen.*

Jöökappeln [spr.: *jö:k'appeln*] (Plur.) sind → *Hagebutten,* wobei → *jöken* für jucken steht. Als Kinder zerdrückten wir die Hagebutten und sammelten die Kerne als „Juckpulver" in einer kleinen Tüte. Auf dem Schulhof hoben wir von hinten die Zöpfe der Mädchen an und schütteten ihnen eine Prise *Jöökappeln* auf den Rücken. Es kam stets, wie es kommen musste: Geschrei, Tränen, empörte Klassenlehrerin, In-der-Ecke-Stehen, Nachsitzen, Ärger zu Hause. Wenn dann aber die Hagebutten wieder reif waren...

jööksch Adj. kribbelig, unruhig vor Verlangen, und das durchaus im erotischen Sinne. Als unsere Großmütter junge Mädchen waren, wurden sie streng ermahnt, nicht zu viele Hühnereier zu essen, um nicht *jööksch* zu werden. Wer jööksch war, war angeblich anfällig für sexuelle Avancen. Nach heutigen Erkenntnissen kommt es dabei aber auf die Hühnereier wirklich nicht an... Verb → *jöken.* Vgl. → *Jieper* (Gier, Verlangen).

juckeln (langsam und schaukelnd fahren) → *jackeln.*

491 HWB 2/875 f.

Jungfer (*Jumfer*). Bis gegen 1800 gebräuchliche Bezeichnung für ein unverheiratetes Mädchen od. eine unverheiratete Frau, und zwar, im Gegensatz zur → *Deern,* von höherem Stande; *wat bi uns Deern heet, heet in de Stadt stracks*[492] *Jungfer.* Das männl. Gegenstück war der *Jungkeerl* od. *Junggast* (Junggeselle). Während die höheren Töchter zunehmend *Frollein* (Fräulein) genannt wurden, ging der Begriff auf unverheiratete Dienstmädchen und sitzengebliebene alte Frauen (*ole Jungfer*) über, ist aber noch im hamburgischsten aller Hamburger Straßennamen erhalten geblieben: → *Jungfernstieg.* Eine Jungfer sollte seinerzeit natürlich eine *Jungfro* (Jungfrau) sein, was aber schon damals nicht immer zutreffen musste.

Jungfernstieg Dieser Prachtboulevard an der Binnenalster zeigt mit seiner Eleganz und seinem Flair aller Welt, dass es sich bei unserer Stadt um eine schöne Stadt handelt. 1235 hatte er den weitaus banaleren Zweck, als Damm das Flüsslein Alster aufzustauen, um eine Wassermühle anzutreiben, die der Müller Reese pachtete. Der Damm, *Reesendamm* genannt, wurde 1665 mit Bäumen bepflanzt und vom weiblichen Geschlecht und den wohlbehüteten höheren Töchtern, den → *Jungfern,* eifrig als Promenade genutzt, sodass die im Volksmund leicht spöttisch gemeinte Bezeichnung *Jungfernstieg* zum amtlichen Straßennamen geriet.

Juppdi 1. kurzer Augenblick, Nu; *in Juppdi* (im Nu); *he weer in Juppdi wedder op de Been.* 2. schnelle Bewegung, Sprung; *enen mit 'n Juppdi ut de Döör setten* (jmdn. im hohen Bogen rausschmeißen)[493].

492 → *stracks* (geradezu, umgehend)
493 lt. Ursula Erdmann

Der Jungfernstieg vor dem Ersten Weltkrieg mit dem Alsterpavillon, der damals recht anders aussah als heute. Über dem Pavillon weht auch die Kaiserflagge Schwarz-Weiß-Rot (r.).

Juuchhei (*Juuchhee*) bezeichnet eine ausgelassene und (zu) laute Festlichkeit od. ein lärmendes Feiern. Michael Richey merkt tadelnd an: *Juch hey: Fröhlichkeit mit pöbelhaftem Gelaut*[494]. Das *Juuchheiwater* ist der Sammelbegriff für alkoholische Getränke, bei denen es nicht mehr auf den Geschmack, sondern auf die möglichst schnell benebelnde sowie Stimme und Benehmen lösende Nebenwirkung ankam; *'n Buddel Juuchheiwater; dat klöterige Juuchheiwater,* hieß es für das dünne Bier, das der Wirt mit Wasser gestreckt hatte, wenn zu fortgeschrittener Stunde die Wahrnehmungsfähigkeit seiner Kundschaft stark eingeschränkt war. Vgl. → *juuchheien;* → *Klöter.*

juuchheien Das Wort *juuchheien* (jubeln) drückte die Missbilligung eines übermütigen, leichtsinnigen Handelns aus, *verjuuchheien* (verjubeln) dann die Verschwendung größeren Besitzes und Gutes.

494 Richey S. 104

K

Kaakfro (Kochfrau) → *kaken.*

kabarietsch (abgel. von frz. *capricieux* – kapriziös, launenhaft, eigenwillig) wird gebraucht für störrisch od. widerspenstig. Sagte doch die 92-jährige Oma: „Die ist aber *kabarietsch!"*, als sich ihre Urenkelin nicht anziehen lassen wollte. Eine Steigerung davon ist → *opstinaatsch* für starrköpfig, zänkisch bis aggressiv[495].

kabbeln sich mit Worten streiten; *se kabbeln sik mol wedder.* Adv. *kabbelich* für seem. unruhiges Wasser, das entsteht, wenn die Oberfläche durch kurze durcheinanderlaufende Wellen bewegt wird; *dat Water is allerwegens kabbelich un kruus.* Vgl. → *kreteln* (zanken).

Kabel, Heidi → Biografie S. 236.

Kabelgaarn (Hanffaden) → *Reepschläger.*

Kabelgatt seem. Raum im Vorschiff zur Aufbewahrung von Tauwerk und Ketten.

Kabellänge seem. Längenmaß, 185 Meter, der zehnte Teil einer Seemeile.

Kabuff Verschlag, ein enger, meist fensterloser Wohn- od. Lagerraum; abwert.: *he hett in de fuchtich[496] Kabuff twee Jahr wohnt.*

Kabutz steht in den Elborten bis in die erste Hälfte des 20. Jahrhunderts für den → *Alkoven,* eine in die Wand eingebaute Schlafstätte. Danach verschwand mit der Einrichtung auch der Begriff[497].

Kachelaven 1. Kachelofen, Ofen aus gebrannten Ziegeln od. Kacheln, vor dem Zeitalter der Zentralheizung häufig das Schmuckstück in der Bürger- od. Bauernstube. Teilw. als → *Bilegger* ausgeführt, also von der Küche aus beheizt.
2. Spottn. für den von 1900 bis 1913 bestehenden Bau des *Alsterpavillons* am → *Jungfernstieg,* der arg verkachelt gewesen sein muss[498].

kacken Hier haben wir mal wieder so ein Verb, das heute zwar ugs. immer noch so heißt, bei dessen Gebrauch ich jedoch selbst als Siebzigjähriger im Geiste den strafenden Blick meiner verstorbenen Mutter spüre – „Kot ausscheiden" hätte sie als Erklärung gerade noch durchgehen lassen. Aber früher liebte man es drastischer in Hamburg. Ra.: *de kacken will, mutt sien Oors dorto doon; se kackt un pisst in een Pott* (sie lacht und weint zugleich). Subst. *Kack* (Kot); *Kackeree* (Durchfall; *dat Göör hett de Kackeree*). Schimpfw.: *Kacker* bzw. → *Krinthenkacker* (Kleinigkeitskrämer od. Geizhals, der nur etwas in der Größe von → *Krinthen* – Korinthen – herausrückt). Erw.: *Kackpott,* im HWB des guten Tones willen als „Bedürfnissitz kleiner Kinder" erklärt[499]. Adj. *kackfideel* (lustig, vergnügt). Syn.: → *schieten,* das wir ebenfalls nicht allzu wörtlich ins Hochdeutsche übersetzen wollen.

Kackeree (Durchfall) → *kacken.*

Kackerlatje Kakerlake, Küchenschabe, ein besonders ungern gesehener „Gast" in der Wohnung,

495 lt. Margrit Winter
496 feuchtem
497 HWB 2/906
498 HWB 2/909
499 HWB 2/910

der früher in Hamburg Armut und Unsauberkeit signalisierte, während er heute den Hamburgern im Urlaub mehr als Fotoobjekt in mediterranen Hotelzimmern zu dienen scheint, um einen Teil des Reisepreises zurückzuklagen; *besonners in de molligen warmen Kellerköken wimmel dat freuher vun grote un lüttje Kackerlatjes.* Wenn ein Kind dem anderen auf dem Schulhof auf den Fuß trat, rief es: *mien Mudder hett seggt, ik schall all de swatten Kackerlatjen dootpedden.* Erw.: *Kackerlatjenfööt* (Spottn. für bes. große Füße)[500]. Ein *Kackerlatjengang* bezeichnete ugs. eine ärmliche Gasse im → *Gängeviertel,* eine *Kackerlatjenstraat* einen Wohnbereich, der sehr niedergekommen war.

kackfideel (vergnügt) → *kacken.*

Kackstelzen (Plur.). Meine Eltern benutzten diesen Ausdruck nicht, aber allem Vernehmen nach soll er den Leuten als Schimpfwort häufiger um die Ohren geflogen sein: „Nimm deine *Kackstelzen* aus dem Weg!" Es dürfte klar sein, dass mit den Stelzen die Beine gemeint sind, und zwar vornehmlich lange, dünne und hässliche Beine, und dass die Erweiterung zu *Kackstelzen* aus der übel riechenden Soldatensprache stammt. Man unterstellte, dass die Stelzenbeine auf der Latrine nur die Aufgabe hatten, den Oberkörper beim K..., na, Sie wissen schon, zu stützen – schenken wir uns eine nähere Beschreibung!

kaduck kaputt, niedergedrückt, hinfällig; *he is ganz kaduck* (kleinlaut); *kaduck gahn* (bankrottgehen), von lat. *caducus* (gefallen).

[1] Kaff Spreu, die ausgedroschenen leeren Hülsen der Getreidekörner. Vgl. → *Caffamacher.*

[2] Kaff (rotw.) bezeichnet ein kleines, armseliges Dorf.

Kaffee (ndd. *Kaffe* mit nur einem „e"; engl. *coffee*) wurde in Hamburg spätestens seit 1668 ausgeschenkt. 1677 wird hier nach Londoner Vorbild das erste Kaffeehaus eröffnet. Als Luxusgetränk erobert er bald die Bürgerhaushalte, während sich die breiten Schichten mit preiswertem Ersatzkaffee (vgl. → *Muckefuck*) begnügen müssen[501]. Volksgl.: Wer Blasen auf dem Kaffee hat, wird einen Kuss bekommen; od. kalter schwarzer Kaffee macht schön. Der *Kaffedick* ist der Kaffeesatz, der *Kaffeklatsch* die Zusammenkunft mehrerer Frauen am Nachmittag zur *Kaffetiet* zum Tratschen und Kaffeetrinken, wobei das *Kaffewater* noch im Kaffeekessel auf dem Herd heiß gemacht werden musste. Damit der Kaffee warm blieb, bekam die *Kaffekann* auf dem *Kaffedisch* einen *Kaffewarmer* verpasst, eine wattierte Hülle, die häufig mit Schleifen und Bommeln verziert war. Vgl. → *Kaffeeklappe,* → *Kaffeteng.*

Kaffeeklappe (*Kaffeklapp*). Die Kaffeeklappen waren eine Art Kantine für die Hafenarbeiter, die als soziale, aber auch als die Moral unterstützende Einrichtungen zur Ausgabe von warmem Essen und alkoholfreier Getränke konzipiert war. Urspr. dienten sie als Gegenangebot zum → *Flegenweert,* der vom Boot aus im Hafen vor allem Hochprozentiges an den Mann brachte und damit angeblich Lohn und Gesundheit seiner willigen Kundschaft aufs Spiel setzte. Der Verein gegen den Missbrauch geistiger Getränke eröffnete die erste solcher Hallen 1885 in der Wexstraße, ab 1888 entstanden mehrere Kaffeeklappen im Hafen unter der Trägerschaft des Vereins für Volkskaffeehallen; *Foffteihn moken un in de*

500 HWB 2/909 f.

501 HWB 2/912

Kaffeklapp gahn. 1959 unterhielt der Verein noch fünf Haupt-, neun Nebenkaffeehallen und vier Verkaufsstände in Schuppen. Die letzte Kaffeeklappe schloss 1985 am Kaiser-Wilhelm-Hafen[502]. Vgl. → *Klapp*.

Kaffeteng ist der „Kaffeetank" vor allem der Hafenarbeiter, in dem der zu Hause von der Frau gekochte Kaffee mit zur Arbeit genommen wird. Es handelte sich urspr. um einen flachen Behälter aus Blech, der mit einem Korken zugestöpselt und zusammen mit dem *Brootbüdel* (→ *Zampelbüdel*) am Riemen über der Schulter getragen wurde; *he nehm sien Kaffeteng un sien Brootbüdel över de Nack*. Von engl. *tank* (Flüssigkeitsbehälter). Syn.: *Kaffebuddel*. In späteren Zeiten ersetzte die doppelwandige Thermosflasche das einfache Blech- od. Glasgefäß.

Kahl (Plur. *Kahlen*) f., Kohle. Obwohl in Hamburg kein Bergbau betrieben wurde, spielte die Kohle eine überragende Rolle in der Hanse- und Hafenstadt: in der Dampfschifffahrt, bei der Eisenbahn bis in die Sechzigerjahre und beim Hausbrand. Erw.: *Kahlenbrenner* (Köhler); *Kahlendamper* (Frachtschiff, das Kohle transportiert); *Kahlenfreter* („Kohlenfresser", Hafenschlepper mit überdimensionierter Rauchfahne); → *Kahlenjumper* (Kohlenträger); *Kahlenkeller* (Kohlenkeller); *Kahlenklau* (Kohlenklau vom Güterwagen, in der Zeit nach den Kriegen fast eine Notwendigkeit zum Überleben); *Kahlenschüffel* (Kohlenschaufel mit kurzem, kräftigem Stiel und mehreren Zinken); *Kahlentrimmer* (Arbeiter auf Dampfschiffen bei der Handels- und Kriegsmarine, der die Kohle aus den → *Bunkern* vor die Kessel transportierte). Verb *kahlen* (seem. Kohlen in ein Schiff laden).

502 Hamburg-Lexikon S. 379

HEIDI KABEL

GANZ HAMBURG SAGT IHR TSCHÜS

Hoch in 't Öller, in ehr sössunnegentigst Levensjohr, is Heidi Kabel an 'n 15. Juni 2010 in Freden inslapen. Man för uns all jümmers noch veel to fröh. Höört man den Namen Hamborg, denn denkt de Minschen an de Alster, an den Michel un an Heidi Kabel. So weer dat un so ward dat ook blieven. [...] Leve Heidi Kabel, slaap in Freden – wi warrt di nie nich vergeten.

Christa Heise-Batt[503]

503 Nachruf im → „Quickborn"-Heft 3/2010 S. 11 f.

Niemand war hamburgischer als *Heidi Kabel*, niemand hat das Hamburgische so überzeugend in die Welt getragen wie die Schauspielerin und Sängerin, die 66 Jahre lang auf der Bühne des → *Ohnsorg-Theaters* stand. Selbst wenn sie im Fernsehen nicht plattdeutsch sprach, nicht sprechen durfte, weil man sie sonst südlich des Mains nicht verstanden hätte, verkörperte sie die typisch norddeutsche Frau aus dem Volke, die sich nicht unterkriegen ließ. Ganz Deutschland spürte es: Wo Heidi Kabel war, war Hamburg.

Am 15. Juni 2010 hat sie uns verlassen. Sie starb im 96. Lebensjahr an Altersschwäche. Hamburg sagte ihr Tschüs. Die Trauerfeier im → *Michel* wurde im NDR übertragen. Ihre letzte Ruhestätte fand sie auf dem Nienstedtener Friedhof an der Seite ihres 1970 gestorbenen Mannes → *Hans Mahler.*

Heidi Kabel wurde am 27. August 1914 im Haus Nr. 30 der Großen Bleichen geboren, das direkt gegenüber dem langjährigen Domizil des Ohnsorg-Theaters liegt. Ihr Vater war der Druckereibesitzer und Verleger Ernst Kabel (1879–1955), der lange als Vorsitzender des → *Vereins geborener Hamburger* amtierte. Heidi sollte Konzertpianistin werden, landete aber 1932 bei der Niederdeutschen Bühne, als sie eine Freundin zum Vorsprechen begleitete und → *Dr. Richard Ohnsorg* sie vom Fleck weg engagierte.

1937 heiratete sie ihren Kollegen Hans Mahler, mit dem sie drei Kinder hatte, darunter die 1944 geborene Heidi Mahler, die als Ohnsorg-Schauspielerin in die Fußstapfen ihrer Mutter getreten ist.

Heidi Kabel hat in mehr als 250 plattdeutschen Stücken mitgewirkt, darunter in ernsten Stücken wie „Mudder Mews", aber meist in heiteren Aufführungen. Die erfolgreichste Komödie, die jemals im Fernsehen gesendet wurde, sahen die Zuschauer am Silvesterabend 1966. Heidi Kabel spielte die Rolle ihres Lebens in „Tratsch im Treppenhaus"[504].

Am 14. September 1968 übertraf sie sich selbst als „Kartenlegerin" Wilhelmine Lührs bei der Auftaktsendung zur Fernsehlotterie, die die ARD bundesweit ausstrahlte. In dieser hochdeutschen Sondersendung traten auch Gaststars wie Willy Millowitsch und Freddy Quinn auf. Heidi Kabel spielte den Rest des Ensembles derart an die Wand, dass Millowitsch als Amtsrichter und Karl-Heinz Kreienbaum (1915–2002) als schappiger Staatsanwalt alle Mühe hatten, ihre ernsten Mienen beizubehalten, was nicht immer gelang.

Am 4. September 2011 wurde auf dem Hachmannplatz das Heidi-Kabel-Denkmal, eine von der Künstlerin Inka Uzoma geschaffene lebensgroße Bronzefigur, mit einem Festakt eingeweiht. Gleichzeitig wurde ein Teil des Platzes vor der neuen Spielstätte des → *Ohnsorg-Theaters* in *Heidi-Kabel-Platz* umbenannt, womit das Ohnsorg-Theater nun die Adresse *Heidi-Kabel-Platz 1* hat. Eigentlich hätte Hamburg Heidi Kabel kein Denkmal zu setzen brauchen. Das tat sie selbst.

504 Vgl. Spiekermann: 100 Jahre Ohnsorg S. 85

Kahlenjumper Kohlenträger. 1. seem. beim Entladen von Kohleschiffen beteiligter Arbeiter. Ra.: *eten as 'n Kahlenjumper na teihn Stünn swore Arbeit.* 2. Zu Zeiten unserer Groß- und Urgroßeltern heizte man außer mit Torf und Holz mit Kohlen od. Briketts, und zwar nicht zentral, sondern jede Wohnung od. sogar jedes Zimmer einzeln. Hermann Axnick erinnert sich: „Die Kohlen wurden im offenen Wagen vor Ort gefahren und erst beim Kunden vor dem Haus in nicht zugebundene Zentnersäcke (50 Kilo, 100 Pfund) gefüllt. Da feuchte Kohle mehr Gewicht brachte, lieferte man möglichst bei Regen od. goss klammheimlich Wasser über die Kohle. Aber die Hausfrauen passten auf und schimpften: *So nich, mien Jung, dat löppt bi mi nich! Dat kann di woll so passen, wedder mol achtig för hunnert!* Für alte Hamburger ist dieser Spruch noch heute ein geflügeltes Wort. Die Säcke wurden im Kohlenkeller od. auf den Böden der Miet-Etagenhäuser entleert, nachdem man sie an der Außenfront der Häuser → *ophüsert* (mit dem Flaschenzug hochgewunden) od. über die Treppen getragen hatte. Diese schwere Arbeit leisteten die *Kahlenjumper* – eine Zunft, die sich gern durch mancherlei Tricks, nicht nur durch das Befeuchten des Brennmaterials, ein paar Mark dazuverdienen wollte. Zum Beispiel legten sie den Hausfrauen die geleerten Säcke gefaltet als Stapel zum Nachzählen vor die Füße, doch der eine od. andere Sack besaß eine geschickt drapierte Doppelfalte.“ Syn.: *Kahlendreger.*

Kai seem. mit Mauern befestigte Uferstrecke als Anlegestelle für Schiffe; *de Damper liggt an de Kai.* Raa.: *enen an de Kai schicken* (jmdn. abschieben od. entlassen); *gah an de Kai!* (hau ab).

kakeln [spr.: *ko·ugln*] 1. gackern. Hühner gackern oft, Gänse seltener. Ra.: *de 'n Ei ünnern Steert hett, hett goot kakeln.* Wetterregel: *wenn de Höhner so veel kakelt, ward 't regen.* 2. übertr. plappern, auch schelten, schimpfen, weitertragen; *de Oolsch kakelt dat vun Huus to Huus.* Wenn eine Angelegenheit in allen Einzelheiten und von vorn und hinten beredet werden musste, so *bekakelte* man sie.

kaken ist das hochd. Verb *kochen* und darf um Himmels willen nicht mit einer Tätigkeit aus der Fäkalsprache verwechselt werden, die wir mit kurzem a und ck schreiben (vgl. → *kacken*). Ein → *Kömkaker* ist also ein Köm„koch“, ein Schnapsbrenner, und nicht etwa ..., ebenso → *Amidaamkaker* (Stärkekocher), → *Eierkaker* („Eierkocher“, → *Melone*) od. *Boltjekaker* („Bonbonkocher“, → *Krämer*). Der Hamburger spricht meistens *ko:kn,* aber alle Mundartlexika erfassen den Infinitiv als *kaken; jeder mutt sien Kohl kaken as he mag* (jeder nach seiner Fasson); *anner Lüüd kaakt ook mit Water* (anderswo wird auch nur mit Wasser gekocht); *lütt Pött kaakt licht över* (kleine Leute sind schnell aufgebracht); *de Ketel kaakt* (der Kaffeekessel kocht über). Rätsel: *ward nich kaakt un ward nich eten un smeckt doch mennigeen goot* (Kuss)[505]. Erw.: *kakenhitt* (kochend heiß); *Kaakfro* (Kochfrau, die gegen Entgelt tageweise bei größeren Gesellschaften die Köchin od. Hausfrau unterstützt); *Kaakmaat* (Küchendiener).

kakenhitt (kochend heiß) → *kaken.*

505 Mensing 3/17 f.

Kalebus seem. Gefängnis im Ausland[506]. Wenn ein Matrose od. gar der Kapitän selbst nicht von großer Fahrt nach Hamburg zurückkam, weil er irgendwo in einem exotischen Hafen eingebuchtet worden war, sagte man: *he sitt in 'n Kalebus.* Von span. *calabozo* (Gefängnis).

Kalenner (*Klenner*) Kalender, vor allem im Sinne von Almanach, Hausbuch, Voraussagen und Regeln für das kommende Jahr; *de Kalennermokers sitt in 'n Hamborger Klockentorm un mookt dat Wedder* (spött. für die Wetterpropheten).

kalfaten (*klafaten*) bedeutet, die Fugen zwischen den hölzernen Schiffsplanken mit Werg od. geteertem Tau abzudichten. Das war auf See die Arbeit des Schiffszimmermanns. Hatte er nicht aufgepasst und zog das Schiff Wasser, erschien ihm angeblich der → *Klabautermann.*

Kalit Wenn die Brotdose aus Aluminium auf der Hamburger Werft *Kalit* genannt worden ist, haben wir einen hamburgischen Bezug. Ursprünglich handelt es sich um die Bezeichnung eines geflochtenen Weidenspankorbs mit Deckel aus der Uckermark, in dem die Bauern und Knechte ihre Mahlzeiten mit zur Feldarbeit transportierten. Ehm Welk machte einen solchen Korb in seinem Roman „Die Heiden von Kummerow" deutschlandweit bekannt. Zu poln. und russ. *kalita* (Beutel, Korb).

Kalkhof heißt seit 1922 eine kleine, vom Gänsemarkt abzweigende Straße in der → *Neustadt,* die an den städtischen Kalkhof erinnert, der hier von 1616 bis 1826 bestand. Der Kalk kam aus Segeberg und war bis dahin unverzichtbar als Bindemittel beim Häuserbau. Er musste von *Kalkbrennern* zu Maurerkalk gebrannt werden. 1826/28 wurde er von Zement abgelöst, was den Rest des Segeberger Kalkbergs vor dem Abtransport bewahrte, uns hingegen in dem bis dahin abgetragenen Teil eine akzeptable Freilichtbühne für die Karl-May-Festspiele hinterließ. Das → *Fleet* od. besser den Graben, über den der aus Segeberg kommende Kalk angeliefert wurde, schüttete man zu und baute darauf die *Große Theaterstraße*[507]. Für die Straße *Kalkhof* musste die *Schwiegerstraße,* eine nur 15 Fuß breite Gasse parallel zur Dammtorstraße, 1829 von Christian Diedrich Gerhard Schwieger erbaut, ihren Namen lassen[508]. Das hatte weniger historische denn moralische Gründe, denn die Schwiegerstraße war eine verrufene Bordellstraße. Nach dem Ersten Weltkrieg versuchte man in Hamburg mehrfach, durch Straßenumbenennungen deren schlechten Ruf zu vertuschen. Aber genauso wie der Ruf der *Heinrichstraße* als umbenannte → *Herbertstraße* nicht besser wurde, haftete auch dem Namen *Kalkhof* die Vergangenheit als *Schwiegerstraße* an, zumal es wenige Jahre zuvor dort zu einem diplomatischen Skandal gekommen war, über den noch heute getuschelt und gelästert wird. Am 13. Mai 1912 war der dänische König *Frederik VIII.* (1843–1912) mit großem Gefolge, Königin, Prinz und Prinzessin inkognito als *Graf Kronsborg* im feudalen „Hamburger Hof" am Jungfernstieg abgestiegen. Am Abend schlich er sich in ein Bordell in der *Schwiegerstraße* und wurde dort, den speziellen Anstrengungen nicht mehr gewachsen und von Altersschwäche übermannt, von den „Damen" mit dem Ruf *„Wat 'n Schiet!"* auf die Straße gesetzt. Nach einem

506 HWB 2/920

507 Beckershaus: Straßennamen S. 193

508 Pabel: Alte Hamburger Straßennamen S. 129 u. 223

Schlaganfall torkelte er über den Gänsemarkt. Ein zufällig vorbeikommender Arzt ließ ihn ins Hafenkrankenhaus bringen, doch auf der Fahrt dorthin verstarb er an einem zweiten Schlaganfall. Erst sein Leibdiener identifizierte den unbekannten Toten, und der Hamburger Senat hatte alle Mühe, den Leichnam einerseits mit allen militärischen Ehren zum Hauptbahnhof zu überführen, damit er mit einem Sonderzug nach Travemünde gefahren werden konnte, andererseits aber zu verschleiern, an welchem peinlichen Ort der König gestorben war. Diese pikante Episode aus Hamburgs Vergangenheit wird immer wieder einmal infrage gestellt, und sei es aus diplomatischer Rücksichtnahme od. wegen der guten Nachbarschaft zu Dänemark. Angeblich habe der König nur in einem Café in der Schwiegerstraße einen Kaffee getrunken und eine Postkarte geschrieben [509]. Weshalb er seinen Kaffee nicht in dem seriösen Alsterpavillon gegenüber dem Hotel zu sich genommen, die Karte nicht von seinem Sekretär im Hotel hat schreiben lassen und ausgerechnet in die verruchte Schwiegerstraße geschlichen war, in der ein regierender Monarch nun wirklich nichts zu suchen hatte, wird damit nicht beantwortet.

Kalkuut (Plur. *Kalkuten*) m., der Truthahn, Puter, f. die Truthenne, Pute. Truthühner waren zeitweise angesichts ihres zarten Fleisches in der Hansestadt sehr begehrt, kamen wegen ihres faden Eigengeschmacks auf Dauer aber gegen den Gänsebraten nicht an; abgel. vom Städtenamen Kalkutta nach der vermeintlichen Herkunft aus Indien („Indisches Huhn"). Attr. *kalkuutschen Hohn; de löppt rüm as so 'n kalkuutschen Hohn* (der ist wütend).

509 Matthias Gretzschel: Der tote König von Hamburg. HA 9.5.2012 S. 6

Kalvertähn sind hier keine Zähne von Kälbern, sie sehen nur so aus. Gemeint sind große Graupen.

Kamm bi de Botter Wenn man von einem unsauberen, ja liederlichen Haushalt sprach, hatte man schnell den Ausdruck *dor liggt de Kamm meist bi de Botter* parat. Mit dem Kamm bei der Butter war der abstoßende Zustand klar definiert.

Kamp Der *Kamp* ist, ganz einfach ausgedrückt, ein Stück Land, und zwar urspr. im Gegensatz zum offenen, gemeinsam genutzten → [2]*Esch* ein eingehegtes Flur- od. Waldstück, das sich schon frühzeitig in Privatbesetz befand. Vielfach Grundwort in Flur- und Straßennamen, z. B. *Gazellenkamp* (Stellingen, Lokstedt) od. *Osterkamp* (Marienthal; „östliches Feld"). Von mnd. *kamp* (ein eingezäuntes Feld, als Ackerland, Weide, Wiese, Hölzung etc. dienend) aus lat. *campus* (Feld). Vgl. → *Kösters Kamp* (Friedhof).

Kanapee von frz. *canapé* für Couch od. Sofa. Dieses Möbelstück kam in der → *Franzosenzeit* nach Hamburg. Vgl. → *Chaise* („Schese").

Kanaster → [2]*Knast*.

kandidel (aufgedreht) → *überkandidelt*.

Kaneel ist Zimt. Dieses Gewürz war teuer, deshalb galt als sparsame Hausfrau, wer *bannig op 'n Kaneel* aufpasste; *dicken Ries mit Zucker un Kaneel* war ein vollwertiges Gericht (Milchreis mit Zimt und Zucker); dagegen bedeutete *Schiet un Kaneel* so viel wie unbrauchbares Zeug. Ein *Kaneelpuper*, also ein „Zimtscheißer", bezeichnete als Kosename ein kleines Kind, aber auch den Geliebten od. die Geliebte; *mien lütt Kaneel*. Wurde jedoch ein Erwachsener als *Kaneelpuper*

Die Kartoffelernte war 1931 Schwerstarbeit. Auf den Knien, mit Hacke, Korb und Händen schufteten die Frauen bis zur Erschöpfung. Danach wühlten sich die ärmsten Dorfbewohner in einem zweiten Durchgang durchs Feld, um noch die eine oder andere Erdfrucht für den Eigenbedarf zu finden. Das nannte man das Nachpurren.

bezeichnet, so war aus dem Kosenamen ein Schimpfwort geworden, das ausdrücken sollte, der andere benehme od. äußere sich nicht seinem Alter gemäß – obwohl er den zimtfarbenen Säuglingsstuhl doch eigentlich schon überwunden haben sollte.

Kanthaken bedeutet 1. Kopf od. Nacken in der Redensart: *enen bi 'n Kanthaken kriegen* (jmd. am Kragen packen). 2. Eigentl. ist der *Kanthaken* ein eiserner Haken mit quer angebrachtem hölzernem Griff zum Kanten und Fortbewegen von Lasten wie Kisten, Balken od. Baumstämmen.

Kantstein (*Kantsteen*) heißt bei uns im Norden der Randstein des Bürgersteigs, auch → *Rinnstein* od. auf Hamb. *Rönnsteen* genannt. Und dann gibt es noch die Bezeichnung *Bordstein,* der in dem Ausdruck *Bordsteinschwalben* überliefert ist. Dabei geht es übrigens nicht um Vögel, sondern um gewisse Damen, die, aufgereiht am Bordstein, in gewissen Straßen gewisser Stadtteile gewisse Dienste anbieten. Bei solchen Schwalben handelt es sich eher um Stand- als um Zugvögel, es sei denn, sie zogen mit gewissen Herren los, stundenweise und gegen Bezahlung, versteht sich. „Arbeitete" eine solche Prostituierte hingegen kundennah im Hafen, wurde sie → *Dockschwalbe* genannt. Vgl. → *Mietje.*

Kantüffel ist die Kartoffel, und die dürfte so bekannt sein, dass wir uns hier jede Erklärung sparen können. Kartoffeln wurden in Hamburg als Gartenfrucht zuerst um 1750 angebaut, als Feldfrucht großflächig rund 40 Jahre später; *rin in de Kantüffeln un rut ut de Kantüffeln,* sagt man, wenn sich jemand nicht entscheiden kann. Es handelt sich um die plattdeutsche Form einer weit verbreiteten Redensart, die aus der Soldatensprache stammt. Während der kaiserlichen Manöver im Herbst waren die Kartoffeläcker noch nicht abgeerntet, und es stellte sich die Frage, ob diese militärische Übung wirklich so wichtig war, dass Manöverschäden an dem Grundnahrungsmittel der Bevölkerung in Kauf genommen werden sollten. Während der eine Vorgesetzte die Kompanie in die Kartoffelfelder jagte, pfiff ein anderer sie wieder zurück, worauf der Oberst wiederum kehrt befahl. Verzweifelt meinten die Soldaten: rin in die Kartoffeln, raus aus die Kartoffeln – *wat denn nu?*

Kantüffelferien (Kartoffelferien) wurden auf dem Lande die Herbstferien genannt, die urspr. gar keine Ferien waren (denn das Wort „Ferien" kommt vom lat. *feriae* und bedeutet „Festtage"), sondern schulfreie Tage im Oktober für die Dorfkinder, damit sie bei der Kartoffelernte helfen konnten. Überhaupt ruhte damals faktisch die Schulpflicht, wenn die Jahreszeiten einen Ernteeinsatz der Landjugend erforderten. Kinderarbeit war nicht nur üblich, sondern überlebensnotwendig, und zwar sowohl für die Familien der Landarbeiter und Tagelöhner als auch für den Bauern selbst. Und fand einmal Unterricht statt, schickte der → *Schoolmeester,* seinerzeit ohne GEW[510] und Beamtenstatus ums tägliche Brot kämpfend, seine Schüler häufig tagelang zur Arbeit in den eigenen Garten und auf das Land, das er von Amts wegen statt eines Gehalts nutzen durfte, wie meine Mutter und meine Großmutter übereinstimmend aus eigenem Erleben in Tremsbüttel berichteten. Für das Sammeln der Kartoffeln war (und ist) Handarbeit angesagt, selbst wenn sie zuvor hochgepflügt od. -geschleudert werden[511]. Die Frauen und die Kinder des Dorfes gingen frühmorgens aufs Feld und rutschten auf den Knien die Furchen entlang. Das gelbe Kartoffelkraut warfen sie beiseite und kratzten mit einer Handhacke die Knollen aus der Erde, die sie in einen Korb warfen. Von Zeit zu Zeit wurden die Körbe in Säcke geleert, die der Bauer auf einem Pferdewagen verstaute und möglichst bald zum Einkellern in Hamburg verkaufte. Teilweise überwinterten die Kartoffeln auch in einer → *Miete* am Feldrand. Die Frauen und Kinder bekamen als Lohn einen Vorrat an Winterkartoffeln und weitere → *Deputate,* möglichst, wenn alle zusammenlegten, sogar ein neues Ferkel, das, übers Jahr im Verschlag gemästet, im November endlich geschlachtet werden konnte. Mittags trugen die Kinder das Kraut zusammen und entzündeten ein *Kartoffelfeuer,* an dem die durchgefrorenen und nicht selten durchnässten Erntehelfer ihre klammen Glieder wärmen konnten. Wem einmal der typische Geruch eines solchen Feuers in die Nase gezogen ist, der vergisst ihn sein Leben lang nicht mehr. Häufig warfen wir auch ein paar frische Kartoffeln in die Glut, die, schwarz von Asche, zwar nicht so gut aussahen wie heute eine Grillkartoffel in Alufolie, die aber weitaus besser schmeckten (die Erinnerung verklärt manches ...).

Kantüffeln afgeten Noch eine Umschreibung für ein menschliches Bedürfnis: Verabschiedet sich jemand vom Biertresen mit den Worten: *ik mutt mol eben Kantüffeln afgeten* („Kartoffeln abgießen"), kündigte er an, ein „kleines Geschäft" machen zu wollen.

510 Gewerkschaft Erziehung und Wissenschaft

511 mit einem Schleuderrad- od. einem Schwingsiebroder

Kanuut (Plur. *Kanuten*). *Kanuten* sind nicht etwa Kanufahrer aus dem Ruderclub, wie eine Leserin meinte, sondern Kameraden, Genossen, Spießgesellen im Sinne von Rüpeln od. Flegeln; *he speelt buten mit sien Kanuten; sien Kanuten moken em* → *duun* (betrunken). Der hamb. *Kanuut* ist natürlich die *Kanaille* (Schurke, Schuft), die wiederum auf das frz. *canaille* (Hundepack, Gesindel) zurückgeht. In allem steckt als Kern das lat. *canis* (Hund).

Kap Hoorn Das *Kap* ist ein vorspringender Teil einer Felsenküste od. Vorgebirge; ndd. aus lat. *caput* (Kopf, Spitze). In Hamburg war viel vom *Kap Hoorn,* der Südspitze Südamerikas auf der Insel *Hoorn,* die Rede, die zu umsegeln fast unmöglich gewesen sein soll. Das schaffte 1788 nicht einmal Kapitän William Bligh, wie wir aus diversen „Bounty"-Filmen wissen, was den Samen der Meuterei in sich trug. Geht man jedoch in eine Hamburger Hafenkneipe, so scheinen mehr Seeleute das stürmische Kap umrundet zu haben, als es seinerzeit Einwohner gegeben hat, und nach jedem → *Grog* werden es mehr. Ein richtiger *Kaphoornier* ist jedoch nur, wer auf einem Frachtsegler, der nicht mit einem Motor od. Hilfsmotor ausgerüstet ist, Kap Hoorn bezwungen hat. Bis 2003 gab es die weltweite Vereinigung der *Internationalen Bruderschaft der Kapitäne auf großer Fahrt, Kaphoorniers,* die 1937 in Saint-Malo als *Amicale Internationale des Capitaines au Long Cours, Cap Horniers (A.I.C.H.),* gegründet worden war. Da seit Langem keine reinen Frachtsegler mehr das Kap Hoorn umfahren (selbst Schulschiffe und Touristiksegler benutzen dort heute Motorkraft), starb die Bruderschaft wegen ihrer Altersstruktur aus. Sie wurde am 15. Mai 2003 in Saint-Malo aufgehoben. Weltweit gab es nicht einmal mehr 400 Mitglieder, deren Altersdurchschnitt bei 87 Jahren lag. Im September 2004 löste man bei einem Abschlusstreffen in Hamburg auch die deutsche Abteilung der *Kaphoorniers* auf.

Kap Kiekut nannte → *Hans Leip* den *Altonaer Balkon,* die Aussichtsplattform südlich des Altonaer Rathauses am Steilufer der Elbe. Von hier hat man einen wunderbaren Ausblick über die Elbe zu den Werft- und Containeranlagen, kann weit bis ins → *Alte Land* sehen und dabei richtig Hamburger Luft atmen und hamburgische Atmosphäre in sich aufnehmen[512].

Kaperbrief Hier handelt es sich weniger um einen Hamburger Ausdruck als um ein Hamburger Leiden zur Zeit der → *Hanse* und der Piratenüberfälle im Mittelmeer vor 1820. Ein *Kaperbrief* war eine staatliche, meist königliche Vollmacht, die die Seeräuber zur Erbeutung von feindlichen Handelsschiffen ermächtigte. Von *kapern* (auf See ein Handelsschiff überfallen und ausrauben). Vgl. → *Sklavenkasse.*

Kapitänskopf wird scherzh. der schwarze *Ankerball* genannt, den ein Schiff od. ein Boot als Signal setzen muss, wenn es vor Anker liegt und somit gegenwärtig manövrierunfähig ist. Der Ankerball bestand früher aus Rohrgeflecht; heute werden zwei runde Scheiben ineinandergesteckt und hochgezogen. Sie sehen dann wie ein Ball aus, sind aber innen hohl und leer – wie der Kopf des Kapitäns möglicherweise.

Kapittelmütz Hier können wir auf die gute, alte deutsche Zipfelmütze verweisen, wie sie bes. in den → *Vierlanden* als Haus- od. Schlafmütze getragen wurde. Es handelt sich bei der *Kapit-*

---

512 lt. Hans-Hermann Wölfert

telmütz um eine blaubunt geringelte Wollmütze mit Troddel, deren Zipfel rund 70 Zentimeter herunterhing. Allerdings war eine solche Mütze auch andernorts weit verbreitet. Der deutsche Michel, die Symbolfigur für den weltfremden, unpolitischen, schlafmützigen Deutschen, wurde in Karikatur und Literatur stets mit einer Zipfelmütze dargestellt.

Kapphahn (Kapaun) → *Kapuun.*

Kapphingst Hier haben wir es mit einem Hengst zu tun, der *gekappt,* also kastriert worden ist. Im Allgemeinen nennt man ihn einen Wallach. Wenn bei einem Hengst ein od. beide Hoden statt im Hodensack im Leistenkanal od. in der Bauchhöhle stecken geblieben sind, haben wir es mit einem *Klopphingst* (Spitzhengst) zu tun. Dabei handelte es sich um eine erbliche Pferdekrankheit. Da so ein armes Tier weder kastriert werden konnte noch zur Zucht zugelassen werden durfte, landete es früher in der Regel beim Pferdeschlachter.

Kapuun ist ein kastrierter Masthahn, ein Kapaun od. ein sogenannter *Kapphahn.* Vgl. → *Hahnrei.*

Karbonade Die Bezeichnung *Karbonade* für das Kotelett ist zwar nicht auf Hamburg beschränkt, ist hier aber ein Muss. Wer ein Kotelett statt Karbonade verlangen sollte, läuft Gefahr, der Stadt verwiesen zu werden. An die Elbe kam der Ausdruck für das bekannte gebratene Fleischstück am Knochen mit den französischen Besatzungssoldaten 1806 bis 1814. Die Grundbedeutung ist Rostbraten. Um 1700 entlehnte das Französische das Wort als *carbonade* aus dem ital. *carbonata,* das mit „auf Kohlen geröstetes Fleisch" zu übersetzen ist.

karbonieren Am 6. Januar wurde in den meisten Hamburger Familien der Tannenbaum *abkarboniert* (abgeschmückt), abgebaut und zu Feuerholz zerhackt, eben *karboniert.* Zu lat. *carbo* (Holzkohle).

Kardeel (Plur. *Kardeele*) n., seem. Strang eines starken Taus od. einer Trosse. Aus *ndl. kardeel* zu *lat. chorda* (Darmsaite, Kordel).

Karjeer schnellste Gangart eines Pferdes, gestreckter Galopp (Karriere reiten); übertr. in voller Fahrt, mit Karacho, sehr schnell; *he reed in vull'n Karjeer ut de Stadt rut; he keem in vulle Karjeer anlopen, alle Lüüd in een Karjeer achter ran.* Von frz. *carrière* (Rennbahn, Laufbahn), spätlat. *via carraria* (Fahrweg). Vgl. → *Karjool.*

karjolen urspr. mit der → *Karjool* fahren, schnell und wendig, *rümkarjolen* (durch die Gegend fahren), später jegliches zügige Fahren mit Kutsche, Auto od. Boot im Hafen[513].

Karjool (Plur. *Karjolen*). Im 18. und 19. Jh. war die *Karjool* als leichter, zweirädriger, einspänniger Pferdewagen mit zwei Sitzen sehr beliebt. Das ist er auch heute noch, nur jetzt wird er nicht mehr mit nur einer Pferdestärke gefahren, sondern mit einem aufgemotzten Motor unter der Haube, Ledersitzen und Stahlverdeck von betuchten Leuten. Man nennt so ein Gefährt nun bekanntlich *Cabrio,* denn *Karjool* kommt vom frz. *cabriolet.* Seinerzeit erwies die *Karjool* sich als überaus wendig und schnell, sodass diese Art des Fahrens mit dem Verb → *karjolen* bezeichnet wurde. Ra.: *mit vulle Karjool* (sehr schnell); *en Karjool mit een Rad* bezeichnete scherzh. die *Schiebkarre.* Vgl. → *Karjeer* (Geschwindigkeit).

513 lt. Hans-Hermann Wölfert

karjuckeln schlecht und holpernd fahren; *de Zigeuners karjuckelten wedder in dat Dörp; de Damper is na Hamborg karjuckelt.* Kontr. aus → *karjolen* und → *juckeln* (schaukelnd fahren).

karkenoolt (uralt) → *öllerhaft.*

Karkhoff Kirchhof, veralt. für den Begräbnisplatz um eine Kirche, später, als die Begräbnisplätze bei steigender Bevölkerungszahl ausgelagert werden mussten, weiter als ugs. Bezeichnung für den *Friedhof* im Gebrauch.

karnen (buttern) → *Karnmelk* (Buttermilch).

Karnmelk 1. Der *Karn* ist der Kern, 2. die *Karn* jedoch ein Gefäß zum Buttern; *karnen* heißt buttern (→ *bottern*), und zurück beim Buttern bleibt die *Karnmelk*, die Buttermilch; *as Kees un Karnmelk* (bleich aussehen).

Karpen (*Karp*). Karpfen; *Karpen fangen* od. *slachten*; *küne Karpen* (schwache, verendete Karpfen, die billiger verkauft werden); *Karpen blau mit Meerrettich un Botter* (mit Essig übergossen, im Sud gegart und mit frisch geriebenem Meerrettich und zerlassener Butter gereicht). Karpfen aß man vorwiegend im Dezember und Januar. Sie wurden im 19. Jahrhundert auch in Hamburg zum typ. Gericht zu Heiligabend und Silvester.

Karpensnuut heißt, ein Gesicht wie ein Karpfenmaul zu machen. Dies ist bei Kindern der Ausdruck für trotziges Beleidigtsein, um doch noch etwas zu erreichen. Solchen Missmut im Gesicht gibt es allerdings auch bei Erwachsenen – vorgeschobene Unterlippe, leicht gesenkter Blick, möglichst noch eine krause Stirn: *de kümmt al wedder mit 'n Karpensnuut an!* Vgl. → *Karpen.*

Karrensträfling Vgl. → *Schottsche Karre.*

Karstadt-Fleisch war kein Fleisch, sondern die flapsige Bezeichnung für Halbschalen aus Schaumstoff aus dem Kaufhaus, die sich junge Mädchen früher heimlich in den BH od. Bikini klebten, um den Busen zu heben[514].

Kartoffelpuffer (Reibekuchen) aus geriebenen rohen Kartoffeln in heißem Fett von beiden Seiten knusprig braun gebratene Pfannkuchen, wobei der Kartoffelteig beim Backen häufig ein „puffendes" Geräusch machte.

Kaschemme übel beleumundetes Lokal (rotw.).

Kassbeer (Plur. *Kassberen*) ist die ältere Bezeichnung für die Kirsche; *dicke, swatte Kassberen, all sööt un gesund!* (Ausruf); *mit em is nich goot Kassberen eten* (mit ihm ist nicht zu spaßen). Von mnd. *kasbere* (Kirsche). Syn.: → *Morell, Kirsch.*

katern (sich wie brünstige Katzen verhalten) → *jachtern.*

Kätner (*Kötner*). 1. Ein *Kätner* ist, ganz einfach ausgedrückt, ein Landarbeiter, der in einer *Kate* wohnt, die zu einem Bauernhof gehört (vgl. → *Insten*). 2. In den Marschgebieten und der nordwestlichen → *Geest* verstand man unter einem *Kätner* jedoch den Besitzer einer kleinen Bauernstelle, der zumindest ein Pferd, Ziegen, Schafe, Schweine, Hühner, Gänse und Enten besaß und auch ein kleines Stück Land bebaute. Wenn es sich um „abgeteilte" Bauernkinder handelte, lagen die Katen am Rande eines Hofes, sonst außerhalb des Dorfes; *de lütten Buern*

514 lt. Ingrid Rudolf

hebbt se fröher Kötter nennt. Als mit der → *Verkoppelung* das Gemeineigentum des Dorfes, die → *Allmende* und die → *Gewanne*, aufgeteilt wurde, gingen die Kätner leer aus.

katoolsch (katholisch) werden hieß, sauer od. erbost werden, in Wut geraten; *wenn du mi nich in Roh lettst, denn warr ik noch katoolsch!* Wir wollen mit diesem Beispiel keineswegs den ökumenischen Gedanken beschädigen, aber es lässt sich nicht verschweigen, dass zu Zeiten, als Hamburg noch weitgehend protestantisch war, der Ausdruck *katoolsch* nicht nur „zur katholischen Glaubensgemeinschaft gehörend", sondern auch „von Sinnen, verrückt sein" bedeutete. Schimpfw.: *du büst woll katoolsch!* Negative Steigerung: → *appelkatoolsch* für → *appeldwatsch* (verrückt, unsinnig, verschroben).

Katsch (*Katt, Kett*) Schilf; *wi mööt noch den Kett hollen vun 't Swiensand* (Elbinsel Schweinesand). Erw.: → *Katschsnieder* (Schilfschneider). Syn.: → *Reet.*

katschen (ungeschickt) schneiden, stutzen, ohne Gefühl und handwerkliches Können einen missratenen („verkatschten") (Haar-)Schnitt verpassen. Erw.: *verkatschen* („verschneiden"); → *Katschsnieder* (Schilfschneider).

Katschsnieder Arbeiter, der bes. im Winter und auf zugefrorenen Gewässern → *Katsch* (Schilf, → *Reet*) für Reetdächer schneidet[515].

Katt (Plur. *Katten*), männl. od. weibl. Katze, das Haustier, das am häufigsten anzutreffen und wegen der permanenten Mäuseplage unverzichtbar war. Dementsprechend häufig ist die Katze in der hamburgischen Sprache vertreten. Raa.: *de Katt in 'n Sack köpen* (ohne Prüfung kaufen); *dat is för de Katt* (ist unbedeutend); *he wull de Katt den Steert afhauen* (Unmögliches versuchen); *de Katt fallt jümmers op de Been* (unbekümmert immer Glück haben); *de Katt de lett dat Musen nich* (niemand kann wider seine Art); *wenn de Katt nich to Huus is, danzt de Müüs op 'n Disch* (ohne Aufsicht wird man übermütig). Wetterregel: *wenn de Katten Gras freet, gifft dat Regen.* Volksglaube: *wenn de Katt sik putzt, gifft dat Besöök*, und zwar Damenbesuch beim Putzen mit der linken Pfote, mit der rechten Herrenbesuch. Abergl.: Hexen verwandeln sich gern in schwarze Katzen und bringen Unglück; *wenn 'n Katt övern Weg löppt, mutt man 'n Schritt trüchgahn, sonst hett man Unglück.* Erw.: *Kattenkopp* (als Pflasterstein verwendeter Feldstein); *Kattengewinn* (bedeutungsloser Erstgewinn); *Kattensteert* (Katzenschwanz). Und dann haben wir da noch den *Kattenschiet* od. *Kattendreck*: Im Allgemeinen ist die Katze ein stubenreines Tier, das sein Geschäft im Freien mit Erde bedeckt, aber wenn das nicht gelingt, wird sich ein bestialischer Gestank im Haus verbreiten; *de kann Kattenschiet in 'n* Düüstern rüken (jmd., der sich bei Selbstverständlichkeiten sehr klug dünkt – denn Katzendreck zu riechen ist nun wahrlich nichts Besonderes).

kattameng *Dat geiht nur kattameng* od. *dat möken wi kattameng* bedeutet die Aufforderung, mit anzupacken, etwas zu zweit zu erledigen, weil es für eine einzelne Person allein nicht od. nur schwer zu schaffen wäre. Es handelt sich hier um die phonetische Übernahme eines frz. Begriffs in die Umgangssprache: *à quatre mains* heißt „zu vier Händen" od. „vierhändig auf dem Klavier spielen".

515 HWB 2/983

Katteker [spr.: *katt'e:ker*] ist ein Eichhörnchen od. wörtl. eine Eichkatze; *hild as 'n Katteker* (geschäftig); *de hett dat in sik as de Katteker in 'n Steert* (gerissen, arglistig); *as 'n Katteker ohn Steert* (eine Sache od. ein Vorgang, bei dem etwas Entscheidendes fehlt). Syn.: *Eekkater* („Eichkater").

Kattrepel Der Name der Straße in der → *Altstadt* ist seit 1278 belegt, und fast so lange streiten sich Sprachforscher und Historiker über die Herkunft der Bezeichnung *Kattrepel,* die keine → *Hamburgensie* ist, sondern auch in anderen norddeutschen Orten vorkommt. Wahrscheinlich handelte es sich um eine schmutzige, ungepflegte und vielleicht auch etwas unheimliche Örtlichkeit außerhalb des → *Doms* und der ältesten Stadtmauer. Die Wörter Kot, Katze, Kate und *Reep* (Seil als Maß der Breite eines Katengrundstücks) sind schon zur Erklärung herangezogen worden, sodass es möglich, wenn auch ein wenig weit hergeholt wäre, Kattrepel als Gegend zu bezeichnen, in der Katzen sich raufen (mnd. *Katte* – Katze, *repeln* – balgen). Wolfgang Laur zerlegt den Namen in *Katt* (Katze) und → [1] *Repel* (schmaler Streifen), sodass *Kattrepel* als „schmaler Gang, in dem nur eine Katze gehen kann" zu verstehen wäre[516], den man auch als *Kattenstieg* bezeichnen könnte.

Kattun (*Katt'uun*) ist ein fester, meist bedruckter Baumwollstoff, früher auch die importierte rohe Baumwolle (engl. *cotton*), und insoweit kein typisch Hamburger Ausdruck. Doch 1. die bekannten Redensarten aus der Soldatensprache „Kattun bekommen" od. „Kattun kriegen" hörte man in der Hansestadt häufig als *dat gifft Kattuun*

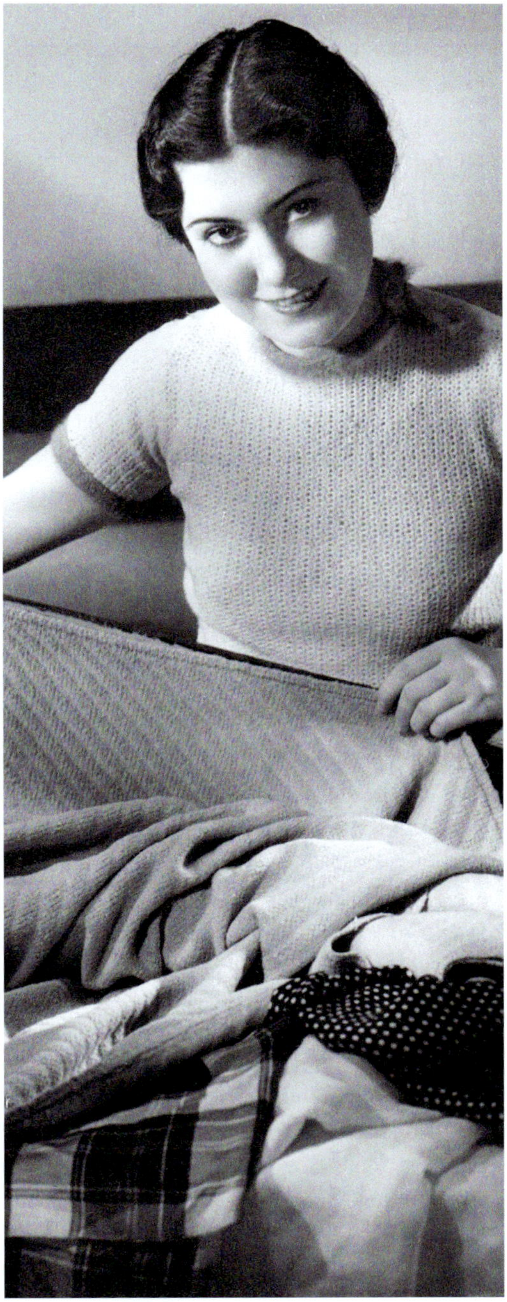

Kattun und andere Stoffe – das Selbstschneidern war in der Vor- und Nachkriegszeit weit verbreitet. Hier eine Textilverkäuferin im Jahre 1933.

516 Laur S. 149

bzw. *Kattuun kriegen* (Schelte, Prügel). 2. übertr. *mehr Kattuun hebben* (mehr Hitze od. Gas geben). Erw.: *Kattuundrucker* (Stoffdruck-Fabrikant; Ende des 18. Jhs. waren bei den Hamburger *Kattuundrückers* rund 6000 Menschen beschäftigt, darunter 1000 Musterzeichnerinnen[517]); Straßenn.: *Kattunbleiche* (seit 1951 in Wandsbek nach den ehem. Bleichflächen der Kattundruckereien beiderseits der Wandse). Vgl. → *Kattuunrieter.*

Kattuul [spr.: *katt'u:l*] f., Syn. für die → *Uul* ([Schleier-]Eule) od. den Kauz, wobei der Name *Kattuul* darauf anspielt, dass die Eule nachts im Baum aktiv ist und ein Gesicht wie die → *Katt* (Katze) hat; *se sünd sik so liek as en Kattuul un en Botterlicker* (so ähnlich wie eine Eule und ein Schmetterling, also: ganz verschieden); *utsehn as 'n Kattuul* (hässlich); *blind as 'n Kattuul bi Dag*[518].

Kattuunrieter („Kattunreißer") – scherzh. für einen Textilwarenhändler od. Stoffverkäufer. Für die Hausschneiderei wurde der Stoff lose gekauft. Großmutter ließ sich im Geschäft einen Ballen nach dem anderen aus dem Regal holen, aufschlagen und möglichst auch noch vor der Ladentür ins Tageslicht halten, um die Wirkung der Farben zu überprüfen. Wenn sie sich dann nach langem Zögern (schließlich gab's nur ein neues Kleid im Jahr) entschieden hatte, maß der Verkäufer die Länge mit dem Stab ab, machte mit der Schere einen kleinen Schnitt an der Seite und riss die Bahn mit einem kräftigen Ruck auseinander. Vgl. → *Kattun.*

Kaventsmann (*Kavenzmann*). 1. Ein „Prachtexemplar", etwas überaus Großes. 2. seem. Riesenwelle.

517 HWB 2/992
518 HWB 2/991

Keesblatt 1. lt. HWB „kleine Zeitung mit anspruchslosem Inhalt"; *steiht nich veel in in dat Keesblatt*[519]. Eine solche Zeitung enthält angeblich nur „Käse" (Unwichtiges)[520]. 2. schlechtes Schulzeugnis, das Klein Fritzchen seinen Klassenkameraden gegenüber abfällig als *Keesblatt* bezeichnete, obwohl er im Stillen zitterte, wenn er an seinen Vater und dessen Rohrstock dachte.

[1]Kegel Holzfigur beim Kegelspiel.

[2]Kegel uneheliches Kind; *mit Kind un Kegel* (mit der gesamten Familie) bedeutete urspr. „mit allen ehelichen und unehelichen Kindern".

Kehr-di-an-nix ist das Phlegma od. die Dickfälligkeit; *he hett ook so 'n Kehr-di-an-nix as du* (er ist genauso dickfällig wie du). Schimpfname: *Johann Kehr-di-an-nix.*

Kehrwieder Eine der schönen Legenden aus dem Heimatkundeunterricht besagt, an der in die Norderelbe hineinragenden *Kehrwiederspitze* hätten sich früher die Frauen der Seeleute versammelt und ihren Männern auf den auslaufenden Schiffen ein „Kehr wieder!" nachgerufen. Das mag vereinzelt zu Zeiten, als die Matrosen auf großer Fahrt noch deutsch und die Großsegler und Überseedampfer noch hamburgisch waren, tatsächlich geschehen sein, denn die Familien wären in große Not geraten, wären die Männer nicht wiedergekehrt, aber das hat der Insel nicht den Namen gegeben. Ein *Keerwedder* (von ndl. *keerweer*) ist eine „Straße ohne Ausgang"[521], eine Sackgasse, die in unserem Fall am Wasser

519 HWB 2/1001
520 Küpper S. 399 f.
521 HWB 2/1000

Als die Kehrwieder- und frühere Brookinsel noch nicht zur HafenCity gehörte, schloss sie den Binnenhafen nach Süden ab. Sie war einseitig bebaut. Wer bis zur Kehrwiederspitze ging oder fuhr, musste umkehren und „kehrte wieder" zu seinem Ausgangspunkt zurück.

endet und bis ca. 1900 nur einseitig bebaut war. Das führte zu der Redensart: *op 'n Keerwedder backt se de Pannkoken man op een Siet.*

kein Stück Etwas vollkommen Unmögliches, nicht Realisierbares wird mit dem Ausruf „kein Stück!" kommentiert.

Kellerhals Zugang zum Keller von außen. Der Niedergang war teils überdacht, teils offen, teils mit Geländer versehen. Bei unbewohnten Kellern konnte der Zugang nach unten, besonders an der Straßenseite, auch mit einer Klappe *(Kellerluuk)* verdeckt sein, über die auf dem Bürgersteig die Fußgänger liefen. Sie wurde aufgeklappt, wenn der Kohlenhändler Koks und Briketts od. ein Bauer mit Pferd und Wagen die Einkellerungskartoffeln für den Winter lieferte.

Kerbholz bis ins 18. Jh. weltweit gebrauchter längs gespaltener Holzstab, auf dessen nebeneinanderliegenden Hälften durch Kerben Warenlieferungen, Arbeitsleistungen und Zahlungsverpflichtungen eingekerbt werden, die bei der fälligen Abrechnung genau miteinander verglichen wurden, im Hamburger Hafen noch lange beim → *Tallymann* (Warenkontrolleur), der vom engl. *tally* (Kerbholz) seinen Namen erhalten hat (Harry Belafonte: *Come, Mister Tallyman, tally me banana*). Heute benutzt man Computer, und der Spiel- od. Punktestand wird engl. *score* (Kerbe) genannt. Es wäre auch ein bisschen umständlich, etwa beim *Flipper* nach jedem Kontakt der Kugel die neuen Punkte in einen Holzstab zu kerben.

Kescher m., um einen Ring mit Griff gespanntes Netz zum Fangen von Fischen, Krebsen, Insekten o. Ä. Von ostndd. *Kesser* aus mnd. *kesser*[522].

---

522 Duden: Das große Wörterbuch der deutschen Sprache o. S.

In den Ottenser Eisenwerken wurden 1931 noch Schiffszylinderkessel gebaut. Die Kessel später zu reinigen war eine der anstrengendsten und schmutzigsten Arbeiten im Hafen. Die Ketelklopper gehörten zu den → Schietgengs, zu den Trupps, mit denen niemand tauschen wollte.

Ketelfett war kein Fett, sondern schlicht heißes Wasser aus dem Kessel *(Ketel)* auf dem Herd, mit dem Speisen angerichtet und Suppen od. Soßen gestreckt wurden. Als es in der schlechten Zeit kein Fett gab und Großmutter die Kartoffeln in der Eisenpfanne ohne Speck, Schmalz od. Margarine zu braten versuchte, gab sie immer einen Schuss *Ketelfett* dazu, damit die Kartoffelscheiben feucht blieben und nicht zu schnell verbrannten. In diesem Zusammenhang bezeichnete das „Fett" aus dem Kessel natürlich selbstironisch den Willen, sich von dem herrschenden Mangel nicht unterkriegen zu lassen.

Ketelflicker Kesselflicker, ein Schimpfwort für einen Blechschmied od. Klempner. Diese Tätigkeit hatte ein äußerst geringes soziales Prestige. Die von Dorf zu Dorf umherziehenden Kesselflicker und Scherenschleifer waren zumeist → *Zigeuner* und galten als grob und dreist [523]; *'n Muul an 'n Kopp hebben as 'n Ketelflicker; → grölen as 'n Ketelflicker.* Verb *ketelflicken* (ständig streiten). Ein Schluderweib war ugs. eine *Ketelflickersch.*

Ketelklopper (a: *Kedelklopper*, Plur. *Ketelkloppers*) sind Schiffskesselreiniger, die steinharte Ablagerungen im Innern der Kessel früher mit Hammer

523 Küpper S. 408

und Meißel, später mit Pressluft Stück für Stück herausklopften. In der Hierarchie der Hafenarbeiter standen die *Ketelklopper* ganz unten, wie Jochen Wiegandt im Anhang zum „Hamburger Liederbuch“ schreibt: Das war Drecksarbeit, das machten die → *Schietgengs*. Die erkalteten Kesselrückstände waren hart wie Stein. Die Kesselreiniger sollen sich in einem bestimmten Slang, der → *Ketelkloppersprache*, verständigt haben, den heute niemand mehr versteht. Ketelklopper, Kesselschmiede, Nietenklopper od. Schweißer kamen während der Arbeit auf der Werft notgedrungen schwarz und schmierig daher, umso mehr Wert legten sie darauf, in der Freizeit piekfein gekleidet zu sein („Det Sünndags aber fein in Schale“). Die *Nieter* erschienen in den Dreißigerjahren im blau-weißen Hamburger Kittel, am Hals ein weißes Heizertuch, blaue Hose mit Schlag – und schwarzen Lackschuhen. Gemeinsam hatten sie „ihr“ Lied, das „Hamborger Kedelklopper-Leet“: „Det morgens schon um halbig söß, dann könnt ji uns al sehn, dann goht wie hen na Blohm un Voss, uns Geld dor to verdeen.“ [524] Von *Ketel* (Kessel) und → *kloppen*.

Ketelkloppersprak [spr.: *-spro:k*] Die → *Schietgengs* hatten zu Zeiten der Dampfschifffahrt eine interne Geheimsprache, die *Ketelklopper*-Sprache, die mit ihren Puzzle-artigen Konsonantenverschiebungen samt angehängtem i wohl weniger formbildend für ganz Hamburg denn eine Abschirmung gegen andere Gruppen und Schichten war, um Außenstehende auszuschließen [525]. Wenn Kinder sie spaßeshalber lernten, verwirrten sie damit höchstens die Eltern am Abendbrottisch: *ibgi irmi ittebi almi idi utterbi* [526]. Das funktioniert so: Beginnt ein Wort (natürlich plattdeutsch) mit einem od. mehreren Konsonanten, werden diese weggelassen und am Ende wieder angebaut. Den Abschluss bildet dann ein i. Beginnt das Wort mit einem Vokal, wird nur ein i angehängt. Also: Das Wort „Ketelkloppersprak“ zu *Etelki opperkli aakspri*. Noch ein Beispiel: *udi annstki imi almi ami orsmi einkli* heißt „du kannst mich mal am (usw.)“. Eigentlich ganz einfach. Man muss nur ein bisschen üben.

Ketelkohl (Kohl im Kessel) war früher ein ausgesprochenes Herbstessen, nämlich eine deftige Kohlsuppe mit gepökeltem Eisbein, frischen Rippen, Suppengrün, Hafergrütze und natürlich → *Grünkohl*. Gekocht wurde zunächst noch über dem offenen Feuer mit einem eisernen Kessel, dem → *Grapen*. Dieser hing an einer gezähnten eisernen Stange, mit der man den Grapen zur erforderlichen Hitzeausnutzung einen Zahn höher od. tiefer hängen konnte. Daher stammt der Ausspruch *einen Zahn zulegen*, wenn etwas schneller gehen sollte. Damals musste der Grünkohl Frost bekommen haben, um den typisch herben Geschmack zu mildern. Das ist heute aufgrund von Züchtungen nicht mehr nötig [527].

Kett (Schilf) → *Katsch*.

Kibbelkabbel So wurde ein Kinderspiel im Freien genannt, das ohne großen Aufwand viel Freude bereitete. Man benötigte dazu lediglich einen *Kibbel*, ein rund zehn Zentimeter langes Stöckchen, das mit dem Taschenmesser an beiden Enden angespitzt worden war, und einen *Kabbel*,

524 Wiegandt: Hamburger Liederbuch. Bd. 1, S. 82 ff.
525 Christoph Rind: Hamburgs Geheimsprache. HA 12.2.2002 Wissen S. 1
526 Gib mir bitte mal die Butter.
527 lt. Hans-Hermann Wölfert

einen einfachen längeren Stock. Die Spielregeln variierten. Hier eine Version: Der Kibbel wurde quer über ein Loch im Erdboden gelegt und mit dem Kabbel in die gegnerische Hälfte geschleudert. Fing dort ein Spieler das Wurfgeschoss, gab es Punkte, und der Fänger durfte versuchen, beim Zurückwerfen den niedergelegten Kabbel zu treffen. Gelang das, war der Schläger *af* (ab, am Ende) und musste ausscheiden, im anderen Fall schlug er auf das spitze Ende des Kibbels, sodass dieser hochsprang. Je häufiger er mit dem Kabbel in der Luft getroffen wurde, desto mehr Punkte wurden gezählt.

kiebich (*kievich*) bedeutet 1. nordd. frech, vorlaut, patzig (sei nicht so kiebig!) von mhd. *kibic* (zänkisch); *wenn du kievich büst, kriggst een lang de Bast*[528]. 2. ndd. stark, kräftig; *'n kievigen Keerl.*

Kiek mol wedder in hieß die plattdeutsche Formel in Hamburg, wenn der Besuch an der Haustür od. Gartenpforte verabschiedet wurde („schau mal wieder vorbei!“).

kieken ndd. für gucken, norddt. → *kucken* gesprochen; *kiek ut!* (pass auf!, Vorsicht!), a.: → *Kiekut* (Aussichtspunkt). Erw.: → *Kiekkasten* (Fernsehapparat); → *Kieker* (Fernglas); *Kieklock* (Loch jeder Art zum Durchgucken und Spionieren).

Kieker kommt von → *kieken* (gucken), und wer jemanden *auf dem Kieker hat,* der beobachtet ihn genau und misstrauisch. Eigentl. „Fernglas“.

Kiek-in-de-Büx war der Riss in der Hose, und ein *Kiek-in-de-Köök* war ein Topfgucker, der in der Küche neugierig und kontrollierend die Topfdeckel anhob – nach Richey: *ein Mann, der immer Acht giebt, was beym Heerde und in der Küche vorgehet*[529]. Ein *Kiek-in-de-Welt* war ein vorwitziger junger Mann, der nicht einsehen wollte, dass er noch nicht trocken hinter den Ohren war. Schließlich umschrieb *Kiek-in-'n-Busch* (in Harburg auch *Kiek-an-'n-Tuun*) die Kapuzinerkresse.

Kiekkasten 1. „Guckkasten“ in der *Kiekkastenbood* auf dem Jahrmarkt früherer Tage, als man sich zum → *Dombummel* noch nicht risikoversichern und nicht erst ein Astronautentraining absolvieren musste, sondern sich durch die Effekte von Vergrößerungslinsen, gewölbten Spiegeln und Kaleidoskopen unterhalten ließ. 2. Fernsehapparat, in den man auch hineinstarrt, wozu man allerdings nicht extra auf den Jahrmarkt zu gehen braucht.

Kiekut m., imper. zu → *utkieken* (Ausschau halten); *Kiekut hollen.* Syn.: → *Utkiek.* 1. Aussichtspunkt, z. B. die Elbhöhe beim → *Stintfang.* → *Gorch Fock* nennt das höher gelegene Blankenese den *Kiekut von Hamburg*[530], → *Hans Leip* den „Altonaer Balkon“ → *Kap Kiekut.* 2. kleines Fenster im Dach. 3. Schmuckleder auf dem Schuh bzw. Ziertuch an den Kissen („das, was herausschaut“). Richey: *Kykuht: das hervorragende Leder am Schu, über der Schnalle. Auch nennet man also den Striemel od. die Kappe von Damast, welche an die Seite eines Haupt-Küssens gesetzet wird, üm durch die feinen Spitzen der Ueberzüge durchzuscheinen*[531]. 3. seem. Ausguck → *Utkiek.*

Kiemer Ein *Kiemer* ist ein → *Böttjer* für große Behälter, für Braukufen, Lohgruben und Elbtonnen.

528 Haut, h. Ohrfeige

529 Richey S. 114

530 lt. HWB 2/1020

531 Richey S. 114

Böttjer, → *Küper* und Kiemer waren bis Mitte des 19. Jh. in einem → *Amt* vereinigt. Die Böttjer lieferten vor allem Fässer mittlerer Größe für Bier, Wein, Heringe, Tran und Öl, die Kiemer große Bottiche, die Küper hingegen kleine Behältnisse wie Eimer, → *Baljen* od. Butterfässer[532].

[1]Kien in den Redensarten *bannig op 'n Kien wesen* (auf der Hut sein) od. *wat op 'n Kien hebben* (gewitzt sein) war auch in Hamburg zu hören, ist allerdings Rotw. (jidd. *kiwen* – aufmerksam). Vgl. → *Quivive.*

[2]Kien 1. Harz; *wenn dor Kien an is, is dat goot* (am Feuerholz). Mit Tran und Ruß vermischt, wurde *Kien* als schwarze Schuhwichse benutzt. 2. Kurzf. für *Kienholt,* harzhaltiges Holz. Erw.: → *Kienappel* (Tannenzapfen); → *Kienspan* (Leuchtspan).

Kienappel Tannen-, Kiefern- od. Fichtenzapfen, der sehr harzreich und gut brennbar ist.

Kienholt (Feuerholz) → [2]*Kien.*

Kienpott Lichtspielhaus, Kino der frühen Jahre in der Nebenstraße, als es dort noch gemütlich zuging, der Tonfilm sich nur zögernd durchsetzte und Farbfilme unbekannt waren. *Will een mit na 'n Kienpott?,* fragte Mutter.

Kienspan Holzspan aus harzreichem Holz, früher als Leuchtmittel unverzichtbar.

Kientje (Plur. *Kientjes*) hieß der große, meist rote od. braune Lutschbonbon aus fester, glasartiger Zuckermasse, wegen seiner Herkunft aus Holland (ndl. *kokinje*) auch *hollandsche Kientje* genannt[533]. Auf dem Dom fand man ihn massenhaft als *Kientjestang* (Zuckerstange). Der *Kientjekacker* war der Zuckerbäcker. In den schlechten Jahren nach dem Krieg, als die Kinder Schokolade und Bonbons nur vom Hörensagen kannten, versuchten sie häufig mit od. ohne mütterliche Erlaubnis die Kientjes selbst herzustellen. Dazu wurde die Pfanne auf der Gasflamme erhitzt und Fett und Zucker geschmolzen. Das Produkt hatte mit dem feinen → *Snoopkraam* vom Dom nur den Namen gemeinsam. Würde man unserem verwöhnten Nachwuchs heutzutage so etwas anbieten, würde er wegen seelischer Grausamkeit sofort eine Beschwerde ans Jugendamt richten.

Kiep ist ein Tragekorb aus ungeschältem Weidengeflecht, in hoher Form mit zwei Handgriffen, in kleinerer Ausführung auch mit einem Bügel versehen. In *Kiepen* beförderten Landbewohner und fliegende Händlerinnen unzählige Waren, Nahrungsmittel und Gebrauchsgüter in die Stadt. Schlachter, Fischhöker und teilweise auch Bäckerburschen trugen ihre Ware in *Holzkiepen* auf der Schulter zu den Kunden.

[1]Kiewitt (Plur. *Kiewitten*) m., Kiebitz. Der Name ist aus dem Ruf des Vogels abgeleitet: *Kiewitt, wat vun 'n schönen Vagel bün ik!* Raa.: *he is bang vör 'n doden Kiewitt* (er ist überängstlich, ein „Angstmeier"); *de Kiewitt will das ganz Moor verbidden* (schützen), *kann aver sien egen Nest nich verbidden* (wer sich dauernd um fremde Angelegenheiten kümmert, aber seine eigenen vernachlässigt). Der Kiebitz gilt sowohl als Frühlingsbote als auch als Unglücksvogel. Abergl.: Begegnet man einem Kiebitz in der Früh, geht

532 HWB 1/436

533 HWB 2/1024

RUDOLF KINAU

BRUDER VON GORCH FOCK

Dem Sohn eines Schiffers aus Finkenwerder war es nicht in die Wiege gelegt, ein bekannter niederdeutscher Schriftsteller zu werden. Am 23. März 1887 geboren, half er nach dem Besuch der Volksschule einige Jahre bei der Elbfischerei, besuchte die Seemannsschule und diente in der Marine, bevor er Prokurist der Fischauktionshalle wurde.

1916 griff er zur Feder und schrieb einen Nachruf auf seinen Bruder Johann Wilhelm Kinau (1880–1916), dessen Romantitel „Seefahrt ist not!" zum Schlagwort seiner Zeit geworden war: Wir kennen den Bruder alle unter dem Pseudonym → *Gorch Fock*; er fiel in der Seeschlacht am Skagerrak. Kinau veröffentlichte bis zu seinem Tod am 19. November 1975 33 Bücher sowie Hörspiele und Theaterstücke. Viele werden sich an ihn noch als plattdeutschen Erzähler im Rundfunk erinnern („Hör mal 'n beten to").

Als Rudolf Kinau einmal mit dem Zug fuhr, unterhielt er sich im Abteil mit einem Fahrgast angeregt auf Platt, bis ein deutschbewusster Herr mit → *Vatermörder* und Kaiser-Wilhelm-Bart ihn missbilligend unterbrach: „Sie sprechen plattdeutsch?!" „Jo!" „Immer?" „Nee", smuustergrient Kinau, „bloots wenn ik mol wat to seggen heff." „Aus Prinzip?" „Nee, ut Finkwarder!"

an diesem Tag alles schief[534]. Straßenn.: *Kiebitzdeich* (Neuendamme); *Kiebitzhegen* (Farmsen-Berne); *Kiebitzhof* (Eilbek); *Kiebitzstieg* (Poppenbüttel); *Kiebitzstraße* (Eilbek). Naturschutzgebiet *Kiebitzbrack* (Neuengamme/Kirchwerder).
Vgl. → *Brack* (Tümpel, Wasserrest nach der Flut).

[2] Kiewitt „Kiebitz", unerwünschter Zuschauer beim Skat.

Kiez In Hamburg bedeutet *Kiez* in der Umgangssprache das Vergnügungsviertel auf St. Pauli rund um die Reeperbahn und die Große Freiheit, während in Berlin der Stadtteil, in dem man zu Hause ist und der eine eigene Identität entwickelt hat, so genannt wird; *kiez* od. *kietz* ist im Slawischen zunächst bezeugt als „Ort, wo die Fischer wohnen" und wurde dann auf die den Burgen vorgelagerten Siedlungen niederer slawischer Dienstleute angewendet. Daraus entstand im Volksmund der spöttische Begriff *Kiez* für *„ärmliche Vorstadt"*. Inwieweit diese Bedeutung heutzutage auf St. Pauli zutrifft, mag jeder durch eigenen Augenschein entscheiden.

Kimm f. 1. seem. der Meereshorizont, die Linie, in der sich Himmel und Wasser zu berühren scheinen. 2. Übergang vom Boden zu den Seitenwänden eines Segelschiffes[535]. 3. „äußerster Rand" beim geflochtenen Weidenkorb, beim → *Böttjer* der Rand der Dauben, der den Fassboden überragt. 4. übertr. der Rand des Blickfeldes in der Landschaft; daher *Kimmung:* ein weißes Wölkchen, das eben an der *Kimmung* aufstieg[536].

534 Mensing 3/110 f.
535 HWB 2/1029
536 Klaus Groth, zitiert nach Mensing 3/112

Kimmung (Horizont) → *Kimm.*

Kinau, Rudolf → Biografie S. 254.

Kinnelbeer Tauffeier im Anschluss an den kirchlichen Taufakt. Solche Feiern wie auch Hochzeiten und selbst Leichenschmause arteten früher in den Landgebieten regelmäßig in – nennen wir es beim Namen – ausschweifende Besäufnisse des ganzen Dorfes aus, sodass die Obrigkeit eingriff. Danach durften beim *Kinnelbeer* nicht mehr als zwei Tonnen Bier ausgeschenkt werden, sonst gab's eine Strafe in Höhe von 10 Mark Lüübsch. Zeitweise musste der Gastgeber des *Kinnelbeers* eine Anzahl Bäume pflanzen und unterhalten[537], wohl damit ihm bewusst wurde, dass das Leben nicht nur aus Feiern und Trinken, sondern auch aus Wachsen und Gedeihen besteht. Da auch kinderlose Ehepaare mitfeierten, die selbst nie eine Tauffeier auszurichten brauchten, mussten sie zum Ausgleich zum → *güst Kinnelbeer* einladen; vgl. → *güst* (unfruchtbar).

Kinner (Plur. von *Kind*). Kinder gibt es nicht nur in Hamburg, sondern in der ganzen Welt – glücklicherweise, sonst wäre es um die Zukunft der menschlichen Art schlecht bestellt. Aber wegen der Wichtigkeit des Nachwuchses rankt sich hamb. mancher Aberglaube und manche Redensart um die → *Lütten,* wie im Hamburgischen Wörterbuch übermittelt[538]. In Allermöhe ließ man ein Kind zwischen Geburt und Taufe nicht allein draußen stehen, weil es dann leicht verhext werden konnte. Kam es zum ersten Mal ins Freie, musste man in den Vierlanden mit ihm rückwärts über die Schwelle gehen. Wird ein Kind durch das offene Fenster od. die obere Türhälfte hinausgereicht, wird es nicht richtig wachsen. Kleine Kinder und kleine Katzen durften nicht gemeinsam groß werden, glaubte man in Langenhorn. Wenn Kinder mit Geld spielen, wird die Familie verarmen.

Kinnergröön „Kindergrün", Schulfest im Frühjahr, wenn das Laub grün ist, mit Umzug, Spielen und Tanz. Uralter Brauch, bereits bei Richey 1755: *Grön: Das erste Sommer-Fest der Schul-Kinder, da ihnen ein gewisser Tag zu ihrer Erlustigung im Grünen ausgesetzet wird. Daher: in 't Grön gahn*[539]. Hermann Axnick erinnert sich: „Meine verstorbene Frau, in Schnelsen aufgewachsen, dachte gern an das *Kindergrün* ihrer Kindheit. Im Frühjahr war alles auf den Beinen. Die Schulkinder zogen in einem großen Umzug durch das Dorf. Jeweils zwei Kinder trugen einen großen, mit Blumen geschmückten Drahtrundbogen. Den Schluss bildeten blumengeschmückte, von Pferden gezogene Wagen. Und am Abend, aber ohne Kinder, gab es *Danz op de Deel.*" Vgl. → *Panteljoon,* → *Wesengröön* (Umzug der Waisenkinder zum Spendensammeln mit anschl. Volksfest vor dem Steintor); auch → *Vogelschießen.*

Kinnings ist eine Anrede für eine Gruppe befreundeter Menschen, wobei es sich nicht etwa um Kinder, sondern durchaus um Erwachsene handelt. *Ina Müller* gebraucht den Ausdruck häufig im Fernsehen.

Kinnschieber Typische Bezeichnung unter halb- und viertelwüchsigen Jungen auf dem Schulhof für den Kinnhaken, den mit geschlossener Faust auf die Kinnspitze gezielten Schlag. „Du kriegst

537 HWB 2/1034
538 HWB 2/1030 ff.
539 Richey S. 82

gleich *'nen Kinnschieber!"*, war weniger der Auftakt für eine Klopperei als ein Droh- und Stärkeritual zwischen zwei Knaben. Nach meiner Erinnerung waren es meistens die leistungsschwachen Schüler, die ihre Muskeln spielen ließen und mir ihre Faust unter die Nase hielten.

¹Kipp f., Schräglage; *op de Kipp stahn.*

²Kipp f., aufgeschüttetes od. aufgespültes Gelände; *dor buten op de Kipp.*

³Kipp f., steife Frauenkappe, die nur den Hinterkopf bedeckt (Vierlanden).

⁴Kipp (Plur. *Kippen*) f., Zigarettenstummel; *na Kippen söken; Kippen smöken.*

⁵Kipp n., Packen, Bund[540].

Kirchenschnaps Einen → *Köm* auf Kosten des Hauses spendierte der Wirt am Sonntagmorgen seinen Gästen, die statt zum Gottesdienst in der Kirche zum Frühschoppen gekommen waren. Diese Gratisrunde wurde ugs. *Kirchenschnaps* genannt[541]. Es lässt sich nicht verschweigen, dass selbst in früheren Zeiten jedenfalls beim männlichen Teil der Hamburger der Frühschoppen am Sonntag in der Stammkneipe weitaus beliebter war als die langatmige Predigt evangelischer Pastoren in sterilen Kirchenräumen.

Kirchspiel Die ursprünglich vier *Kirchspiele* Hamburgs waren erst kirchliche, dann gleichzeitig bis zur Verfassung 1860 städtische Verwaltungsbezirke, die jeweils einer der *Hauptkirchen* zugeordnet waren: *St. Petri* (1195 belegt) Urkirchspiel für die bischöfliche → *Altstadt*, St. Nikolai (1195) für die gräfliche → *Neustadt, St. Katharinen* (1251) für die Marschinseln → *Cremon* und Grimm und St. Jacobi (1255) für die Erweiterung entlang der Steinstraße. 1647 wurde *St. Michaelis* als fünftes Kirchspiel von St. Nikolai abgetrennt. Die soziale Struktur wird in einem alten Spruch charakterisiert: *St. Petri de Rieken* (Reichen), *St. Nikolai desglieken* (desgleichen), *St. Katharinen de Sturen* (Vornehmen), *St. Jacobi de Buren* (Bauern), *St. Michaelis de Armen, dat mag Gott woll erbarmen.*

Kirschböller Um die reifen Kirschen im Obstanbaugebiet → *Altes Land* vor dem Fraß der Vögel, vor allem vor den Schwärmen der Stare (→ *Spree*) zu schützen, stellten die Obstbauern von alters her Knallapparate in ihre Plantagen, die *Kirschböller* od. *Spreenhüter* genannt wurden. Diese Kanonenschläge waren täglich bis zu 15 Stunden lang kilometerweit zu hören und vertrieben weniger die Stare, die sich schnell daran gewöhnt hatten, als die Besucher.

Kistenordnung (Satzung der Armenkasse) → *Gotteskasten.*

kitt Adv. besiegt beim Marmelspiel, sobald ein Spieler alle → *Marmeln* verloren hat; *wi sünd kitt.*

Kittjen Gefängnis; *he sitt in 't Kittjen.* Von rotw./berlin. *Kittchen* (Gefängnis). Dimin. aus rotw. *Kitt* (Haus, öffentliches Haus, Zuchthaus)[542]. Hamb. auch → *Bunker (3), Bullenstall, Kaan, Kalebusch, Kasten, Lock, Spind,* → *Schapp (2),* → *Vadder Philipp*[543].

540 vgl. HWB 2/1038
541 lt. Manfred A. Sahm
542 Wolf: Rotwelsch S. 166
543 nach HWB 2/1044

Kittkrauter Spottn. für den Glaser. Der *Kitt* war und ist bekanntlich das Dichtungsmittel der Glaser und Maler vor allem zum Einkitten der Fensterscheiben. Syn.: *Kittmeister, Kittschieter, Kittpuler*[544].

Kivief (auf der Hut) → *Quivive*.

[1] Klabatsch Die *Klabatsch* (Plur. *Klabatschen*) ist ein Kahn mit flachem, vorn stark hochgezogenem Boden[545]. Sie hat keinen → *Steven* und wird besonders von Flussfischern benutzt; *gegen Avend güngen se mit ehr Klabatsch los to 'n Fischen.*

[2] Klabatsch (a.: tschech. *Krabatsch*) „Karbatsche", dicke Riemenpeitsche[546]. Vor allem wurde die große Peitsche, die man als Kutscher auf dem Bock eines Vierspänners benötigte, so bezeichnet. Übertr. für einen Grobian od. Schlägertyp: *he is so 'n Hans Klabatsch*. Verb *klabatschen* (mit der Peitsche schlagen, prügeln).

Klabautermann (seem.). Wie in allen Häfen, so hauten früher die Seeleute nach der Rückkehr von großer Fahrt auf St. Pauli die Heuer auf den Kopf und gaben, meist reichlich abgefüllt mit → *Grog* und → *Köm*, allerlei → *Seemannsgarn* zum Besten. Neben Seeungeheuern, Jungfrauen, → *Kaventsmännern*, Piraten und Kannibalen ging es dabei zum Schluss bestimmt um den *Klabautermann*. Im Aberglauben war das ein Kobold, der geheimnisvoll an die Schiffswand klopfte, um den Schiffszimmermann zu erinnern, sobald das Schiff undichte Stellen aufwies od. Gefahr drohte. Wer den Klabautermann sah, dessen Schiff ging unter; *he harr al dree Scheep mit verloren, un jümmers harr he den Klabautermann sehn*. Etym. zu *klafatern* (→ *kalfatern*, die Fugen zwischen den Schiffsplanken mit Werg abdichten).

Klabauts! Ausr. beim Sturz eines Menschen.

Klackerbüdel ist ein Kind, das beim Essen kleckert. Ein *Klackerbuuschen* ist ein Lätzchen, das dem Klackerbüdel umgebunden wird, und *Klackerkraam* bezeichnet den → *Krempel*, den unbrauchbaren Kleinkram. Von → *klackern*.

Klackerklüten sind kleine ungeformte Klöße, die mit Mehl, Flüssigkeit und Ei angerührt und in die kochende Suppe „gekleckert" werden; von → *klackern* und → *Klüten*. Wenn sie gar sind, schwimmen (*swemmen*) sie nach oben, deshalb werden sie auch → *Schwemmklöße* genannt.

klackern (*klacken*) kleckern. 1. Kleckse machen. 2. Klümpchen fallen lassen; *af un an klackt mi wat op 'n Kopp* (Spatzendreck). Vgl. → *Klackerbüdel*.

Klacks h.: ein Nichts; *dat is 'n Klacks* (das ist eine Kleinigkeit).

Kladderadatsch Der „Kladderadatsch" war eine politisch-satirische Zeitschrift, die von 1848 bis 1944 erschien. Der Name ist hergeleitet vom lautmalerischen (Berliner) Ausdruck *Kladderadatsch*, der etwa bedeutet: etwas fällt herunter und bricht mit Krach in Scherben. Dieser Begriff gehörte auch in Hamburg zur Umgangssprache, und zwar in der Bedeutung „Krimskrams, wertloses Zeug, Regenwetter, heilloser Zustand". Alte Sozialdemokraten erinnern sich in diesem Zusammenhang an den früheren SPD-Vorsitzenden

544 HWB 2/1044
545 HWB 2/1050
546 Mensing 3/128

August Bebel (1840–1913), der der kapitalistischen Wirtschaftsordnung und der bürgerlichen Gesellschaft bei jeder passenden und unpassenden Gelegenheit den „großen Kladderadatsch“ (Zusammenbruch) prophezeite.

August Bebel, der Führer der deutschen Sozialdemokratie vor dem Ersten Weltkrieg, hatte eine enge Beziehung zu Hamburg. Von 1883 bis 1893 und von 1898 bis zu seinem Tode im Jahre 1913 vertrat er den Wahlkreis Hamburg I im Reichstag und warnte stets vor dem „großen Kladderadatsch“ der bürgerlichen Gesellschaft. Sein Genosse Hermann Molkenbuhr hatte diesen Wahlkreis zwischen 1893 und 1898 inne. Bebels Hamburger Nachfolger im Reichstag wurde Otto Stolten (1853–1928), der spätere Zweite Bürgermeister der Hansestadt.

klaffen petzen, anschwärzen. Zu → *Klaffer.*

Klaffer (*Klafferkatt*) Denunziant, Petzer, Anschwärzer. Ein Schüler, der seinen Banknachbarn beim Lehrer verpetzte, war eine *Klafferbüx* (männl.), eine Schülerin eine *Klaffertasch* od. *Klaffertriene* (weibl.). Verb *klaffen* (petzen, anschwärzen, klatschen); *töөv man, nu klaffer ik dat an Grootmudder* (warte nur, das sag ich der Großmutter). Spottreim: *Klafferkatt,/ weetst noch wat?/ Hest 'n Schilling,/ vertell mi dat!*

Klafter → *Faden.*

klamm 1. klemmend; *de Döör is klamm* (die Tür klemmt). 2. feucht; *mi ward de Betten klamm, wenn dor keen in liggen deit.* 3. knapp bei Kasse; *ik heff em twee dusend Mark geben, as he so klamm weer.* 4. kalt; klamme Fingern kriegen; *klamm wesen* (frieren).

Klammerbüdel Der *Klammerbüdel* ist ein weiterer → *Büdel,* nämlich ein Beutel für Wäscheklammern, übertr. allerdings jemand, der als verrückt angesehen wird; *den hebbt se woll mit 'n Klammerbüdel pudert* (wer sich mit dem Klammerbeutel pudern lässt, der hat nicht mehr alle beisammen).

Klamotten (Kleidung) → *Plünnen.*

klamüsern od. *klamüüstern* bedeutet sinnen, grübeln, tief nachdenken. Es kommt von *kalmäusern* (studieren) aus lat. *calamus* (Schreibrohr). Ein *Kalmäuser* ist jemand, der zurückgezogen lebt und seinen Gedanken nachhängt. *utklamüsern, utklamüüstern, utklabüüstern* (austüfteln, ausknobeln, geschickt ausdenken, etwas herausfinden); *dat hest du di wedder goot utklamüsert!*

[1] Klapp Unter *de Klapp* war in alten Bauernhäusern eine Klappe in der Wand zur Knechtekammer zu verstehen, die der Bauer von der Diele aus öffnen konnte, um die Knechte zu kontrollieren, zu wecken od. ihnen Anweisungen zu geben. Von einer Klappe zur Mägdekammer ist übrigens nichts bekannt. Wahrscheinlich verhinderte die misstrauische Bäuerin solche Einblicke in weibliche Gefilde. Die *Klapp* wurde bald übertr. als Bezeichnung für jede Schlafkammer des → *Gesindes* gebraucht. Daher die Ra.: *ik goh to Klapp*

(ich gehe schlafen). Mein Vater sagte zu mir auf Hochdeutsch: „Ab in die Klappe!“, wenn ich als Kind zu Bett gehen sollte.

[2] Klapp Die *Klapp* steht nicht nur für eine Klappe, sondern auch für einen Schlag od. Verschlag sowohl für Tauben (→ *Duvenklapper*) als auch für die → *Oolsch* im Schuppen, die dort wohnte und dort gleichzeitig → *Köm* und Ähnliches ausschenkte. Daraus entstand im Volksmund die ironische Bezeichnung → *Kaffeeklappe*. „Kaffee“ deshalb, weil in jenen sozialen Einrichtungen streng auf Alkoholfreiheit geachtet wurde. Alte Mitarbeiter von Axel Springer erinnern sich noch an die Zeit vor 1982, als die Zeitungen des Hauses nachts an der → *Fuhlentwiete* gedruckt wurden und die „Klappe 7“ im siebten Stock für das leibliche Wohl der Drucker, Setzer und für die Spätgebliebenen aus der Redaktion sorgte. Ein wehmütiger Blick zurück auf die lange Schlange von Mitarbeitern sei einem Ruheständler gestattet, denen die Köche um vier Uhr morgens jedem sein Steak und die Wurst genau nach Wunsch individuell zubereiteten.

Klapperbeen Ein *Klapperbeen* bezeichnet ein sehr dürres Bein. *Jan Klapperbeen* ist die Personifizierung für den Tod; *Jan Klapperbeen wull em noch nich hebben* (er erholte sich von einer schweren Krankheit).

Klapperhack Schimpfw. für jmdn., der laut und ohne Rücksicht auf andere Leute auf Holzpantoffeln durch den Tag lärmt.

Klapperjass ist ein Kartenspiel, das dem Schafkopf ähnelt und früher viel auf den Schulhöfen gespielt wurde.

Klapperlatschen Kurz vor Kriegsende und kurz danach, als es kein ordentliches Schuhwerk gab, trugen die Kinder häufig *Klapperlatschen*. Das waren Sandalen mit einer Holzsohle. Die Sohle war im Ballenbereich quer geteilt und mit einem „Gelenk“ in Form eines mit Nägeln befestigten Lederstreifens versehen. Beim Gehen klapperte das immer[547].

Klapperschullen Das sind Schollen, die früher frisch vom Kutter kamen und sich beim Verkauf noch bewegten od. dem Fischmann gar aus der Kiste sprangen. Teilweise zuckten die Nerven so heftig, dass sie ein platschendes Geräusch machten. Sie wurden von den Fischweibern schon vom Hafen aus lautstark mit: *Hüüt frische Klapperschullen!* angepriesen. Heute gibt es keine Klapperschullen mehr, weil der Fang meistens lappig, eingefallen od. gar aufgetaut von weit her kommt. Größtenteils werden sie jetzt „küchenfertig“ angeboten, also bereits beschnitten und fertiggemacht, was den Aushilfsverkäuferinnen auf dem Wochenmarkt den Griff zur Schere erspart, die Frische und Haltbarkeit aber nicht gerade erhöht. In der Grundschule hatten wir eine Lehrerin, deren Tierliebe auch die Schollen einbezog, sodass sie ihre Viertklässler veranlasste, kindliche Briefe an den Fischhändler zu schreiben, in denen er aufgefordert wurde, die Tierquälerei zu unterlassen und keine lebenden Schollen mehr zu verkaufen.

Klapperstorch Das ist der Vogel, der die kleinen Kinder bringt. Das glauben Sie nicht? Das sollten Sie aber, denn woher kämen sonst die vielen Säuglinge? In der Neujahrsnacht scheint der *Klapperstorch* sogar das Nachtflugverbot über

547 lt. Ernst A. Steffenhagen (Bargteheide)

Hamburg zu missachten, denn Jahr für Jahr legt er wenige Minuten nach Mitternacht irgendwo in der Hansestadt ein Baby ab, das ebenfalls Jahr für Jahr – noch wenig fotogen, aber dreispaltig – im → *Abendblatt* als erste Neuerwerbung des Jahres vorgestellt wird. Vgl. → *Ebeer.*

klar Schiff (aufräumen) → *kloor moken (2).*

klareen (*klaren, kloor moken*) seem. 1. etwas klarmachen, einsatzbereit machen; *dat mutt klaart warrn; klar bei, klar zu* (bereit!); *klar* zum Anlegen!, *klar* zum Wenden!, *klar* zum Ankerlichten! od. gar: *klar* zum Entern! 2. ins Reine bringen, reinigen; *klar Schiff machen; se klaart de Finster un mookt allens schier un glatt.* 3. klarieren: Formalitäten beim Ein- und Auslaufen eines Schiffes mit den Hafenbehörden regeln, an- od. abmelden; *einklarieren, ausklarieren* (Schiff und Güter bei der Einfahrt bzw. Ausfahrt verzollen).

Klatschbutter nannten die Kinder in den Dreißigerjahren die lose im Milchladen verkaufte *Fassbutter,* und das hatte etwas mit dem Geräusch zu tun, das der Milchmann beim Portionieren erzeugte. Er holte mit zwei handtellergroßen Klopfbrettern die Butter in der verlangten Menge aus dem Fass und brachte sie mit Kraftaufwand und demonstrativ *klatschendem Geräusch* auf dem Einwickelpapier in eine verpackungsgerechte Form, wog sie ab und faltete mit breitem Daumen das Einpackpapier zusammen. Das abgezählte Geld schob er in einen Schlitz in seiner Marmor-Tresenplatte. Die Milch, die es damals noch nicht im Tetrapack aus dem Kühlregal gab, holte er mit einem langstieligen, metallenen Milchmaß aus dem Bottich und füllte sie in die mitgebrachte Kanne od. in eine dickhalsige Milchflasche, die er mit seinem Daumen mit einer hineingedrückten Pappscheibe verschloss[548]. Am Sonntagmorgen öffnete der Milchmann sein Geschäft für einige Stunden, um die Nachbarschaft mit frisch geschlagener Sahne zu versorgen, die Mutter der Familie zu ihrem selbst gebackenen Kuchen spendierte. Meist wurden wir Kinder geschickt und warteten mit unseren leeren → *Kummen* in langer Reihe im Laden, dass der elektrische Schneebesen in der großen Rührschüssel, kritisch vom Milchmann überwacht, die Sahne endlich steif werden ließ.

Klaubaum (*Klauboom*) stangenförmiges Gerät mit einem gekrümmten und gespaltenen Ende in Form einer → *Klaue* (Tierkralle, gespaltener Huf) zum Ausziehen großer Nägel. Besser unter dem Namen *Kuhfuß (Kohfoot)* bekannt.

Klaue f., Tierkralle, Teil des gespaltenen Hufs, übertr. ugs. für die menschliche Hand.

[1]klauen 1. veralt. für → *kleien* (mit Fingernägeln od. Krallen kratzen); mnd. *klouwen* (mit den Nägeln kratzen)[549]. 2. (beim → *Marmelspiel*) betrügen. 3. stehlen; *Appels klauen; klaute Saken* (Diebesgut); *de* → *Heister klaut* (diebische Elster)[550].

[2]klauen in Finkw., bes. bei → *Gorch Fock* und → *Rudolf Kinau,* für klettern, (unter Zuhilfenahme der Hände) steigen; *Klaas klaut wedder op sien Schipp; op 'n Bitt* (Bett) *klauen; in 'n Boom klauen; an 't Deck klauen; na boben klauen*[551]. Von mnd. *klouwern* (klettern)[552].

548 lt. Carl Groth
549 Lübben S. 178
550 HWB 2/1068
551 lt. Helmut Vick; HWB 2/1068.
552 Lübben S. 178

Kleckerbuschen (Lätzchen) → *Klackerbüdel;* → *Böten.*

Kledaasch 1. Wenn von *Kledaasch* (Kledage) gesprochen wurde, war damit die Bekleidung gemeint. Deshalb sprach man auch scherzhaft von „Kledaasch und Oelke" nach dem bekannten Hamburger Ausstatter Ladage & Oelke am Neuen Wall; *he harr sien beste Kledaasch an; 'n Jung is veel erer in Kledaasch* (ist leichter einzukleiden). Ra.: *enen op de Kledaasch rücken* (jmdm. zu Leibe rücken, drohen). Syn.: *Klamotten, Kledung,* → *Plünnen,* → *Tüüch.* 2. abw. für „Volk", Gesindel, Pack*; so 'n Kledaasch!* Vgl. → *Bagaasch.* Von *Kleed* (Kleid) mit der frz. Endung *-age*[553].

kleden 1. kleiden, bekleiden, anziehen; *he is veel moodscher kleed* (modisch angezogen); *he kann sik nich so kleden* (er hat kein Geld für die Kleidung). Subst. *Kledung, Kleed* (Kleid). 2. spez. „einen Toten in Staat bringen"[554]. Vgl. → *Kleedfro (Kledersch).*

Kledersch (Leichenfrau) → *Kleedfro.*

Klederseller m., Trödler, mobiler „Kleiderhändler". Richey: *Kleeder-Seller: Trödeler, der allerhand alte Kleider und Geräthe zu verhandeln hat. In Holland heissen Boekzellers diejenigen, so Bücher feil haben*[555]. Vgl. engl. *to sell* (verkaufen). Bis ins 19. Jh. war „Kleiderseller" die amtl. Bezeichnung für den Mobilienhändler od. Trödler. Anstelle von Kleidern wurden häufig gebrauchte Möbel verkauft; mnd. *kleder-seller* (Kleiderhändler)[556].

553 HWB 2/1070
554 HWB 2/1071
555 Richey S. 254
556 Lübben S. 175

Kleedfro Leichenfrau, eine meist alte Frau, die beim (Sarg-)Tischler, der gleichzeitig dörflicher Beerdigungsunternehmer war, die Leichen wäscht, ankleidet und herrichtet. Von → *kleden* (2. einen Toten in Staat bringen). Im Alten Land und in den Vierlanden *Kledersch* genannt. Früher gab es in den Dörfern noch keine speziellen schwarzen Leichenwagen. Dann wurden die Toten im Bauernwagen zum Kirchhof gebracht, und der Pastor sprach am offenen Grab[557].

Kleevluus (Plur. *Kleevlüüs*) Botan. Klebkraut, Klette. Von → *kleven* (festkleben).

Klei 1. Der *Klei* bezeichnet „fette Erde", fruchtbaren Marsch- od. Ackerboden; *Klei ünner de Fööt hebben* (wohlhabend, reich sein). Wenn die wenig attraktive Tochter eines reichen Bauern, sagen wir in den Vierlanden, in fortgeschrittenen Jahren doch noch zum Traualtar schritt, tuschelten die Nachbarn: *de hett Klei an de Hack*, will sagen, hier werde weniger die Tochter als der Hof geheiratet. 2. *Klei* kann auch Grabenschlamm od. Schmutz bedeuten, worauf der Ausdruck *Gräben kleien* (Gräben reinigen, im Feuchten arbeiten) zurückgeht. Vgl. → *Schüffelfett.*

kleien 1. sich od. andere kratzen: *klei di an 'n Moors* od.: *klei di an de Fööt, denn warst du sööt; Kantüffeln kleien* (Kartoffeln ernten). Wer zu lange Fingernägel hatte, über den sagte man: *de kann sien Grootmudder ut de Eer kleien.* 2. schmieren, nachlässig mit der Hand schreiben; *he hett mit Bleesticken dor in dat Book kleit.* Vgl. → *klieren.*

557 lt. Hans-Hermann Wölfert

Eine typische Hamburger Familie, wie Ute Martens sie sieht und sie liebevoll gezeichnet hat: Klein Bubi, Klein Erna und die Mutter, Frau Pumeier.

KLEIN ERNA

PLIETSCHES GÖÖR MIT GANZ DUMMEN SCHNACKS

Klein Erna – jeder Hamburger kennt sie, dabei hat es sie gar nicht gegeben, jedenfalls nicht als Person aus Fleisch und Blut. Und dennoch weilte sie unter uns, an den Stammtischen, auf den Schulhöfen, während des Geburtstags von Opa nach dem zweiten Korn oder sogar an den Abendbrottischen der sogenannten anständigen Familien. Das fiktive → *Göör* nahm Gestalt an als *die* typische Hamburger → *Deern*, die → *Missingsch* sprach und dabei nicht auf den Mund gefallen war, selbst wenn ihr Mund und noch einiges andere an ihr nie ganz sauber waren.

Auch die Witze und Sprüche, in der Hansestadt sagen wir → *Döntjes* dazu, die man über sie erzählte oder die man ihr in den Mund legte, waren häufig schmutzig, aber auf jeden Fall so schrecklich dumm, dass es in Wirklichkeit keine klügeren und treffenderen Beispiele für typische Hamburger → *Schnacks* gibt. Niemand charakterisierte seinerzeit die Lebensart breiter Bevölkerungsschichten an Alster und Elbe besser als dieses fiktive Mädchen.

Die kleine Erna lebte mit ihrer Mutter, das war die Frau Pumeier, und ihrem noch kleineren Bruder, genannt Klein Bubi, irgendwo auf → *Etage.* Frau Kripgans war die Nachbarin. Ob diese Hamburger → *Bagaasch* nun aus Barmbek, St. Georg, St. Pauli oder sonst woher stammte, lässt sich nicht genau ausmachen. Klein Erna tauchte in ganz Alt-Hamburg auf.

Die Schriftstellerin Vera Möller (1911–1998) sammelte, als ihr Mann täglich mit einem neuen Witz über Klein Erna nach Hause kam, so um das Jahr 1938 die Döntjes und schrieb sie auf. Sie fand keinen Verleger und musste die Druckkosten selbst bezahlen. Erst als die Auflage explodierte, witterte der Christians Verlag ein Geschäft und stieg mit einem Vertrag ein. Nach dem Krieg kamen noch vier Bände hinzu – alle fünf zusammen „in Tüte".

Heute gibt es weitere Klein-Erna-Bücher und viele Seiten im Internet. Und fast überall finden wir wortgleich die Behauptung, die Figur der Klein Erna gehe auf ein Mädchen namens Erna Nissen zurück, das 1906 aus Niebüll über Preetz nach Hamburg gezogen sei und das sich einmal bei einer Bootstaufe ganz dumm angestellt habe. Diese Geschichte aus ungesicherter Quelle klingt doch arg wie nachträglich übergestülpt. Wer mit einem Mal in der Öffentlichkeit steht, sei es fiktiv oder nicht, hat plötzlich viele Verwandte.

Einer der kürzesten Witze ist auch einer der charakteristischen: Frau Pumeier ist mit Klein Erna bei Hagenbeck und sagt: „Geh nich so nah ran an die Eisbärn! Büst sowieso schon so erkältet!"

Klein Erna kommt in die Schule und stinkt wie ein Ascheimer. Die Lehrerin schreibt ins Verkehrsheft: „Werte Frau Pumeier! Klein Erna riecht jümmers so streng, und ich bitte Sie, Klein Erna regelmäßig zu waschen." Nächsten Tag steht als Antwort drunter: „Wertes Frollein! Klein Erna is keine Rose. Sie solln ihr nicht riechen, Sie solln ihr was lernen!"

Manchmal döst Klein Erna in der Schule vor sich hin und passt nicht auf, während die ältliche Lehrerin die Tuwörter und die Zeiten erklärt. „Ich werde heiraten. Klein Erna, was ist das?" Klein Erna schreckt hoch und sagt: „Dat ischa denn man auch höchste Zeit für Sie, Frollein!"

Eines Tages sollen die Schülerinnen sich ein Gedicht ausdenken, das sich reimt. Klein Erna trägt vor: „Ein Fischer stand am Elbestrand/ und hielt 'ne Angel in der Hand!/ Er wollte fangen einen Barsch,/ das Wasser ging ihm bis zum Knie." „Das reimt sich ja gar nicht", protestiert die Lehrerin. „Doch, Frollein", antwortet Klein Erna. „Warten Sie mal, bis Flut is, denn reimt sich das!"

Die Pumeiers fahren mit dem Schiff von den Landungsbrücken nach Blankenese. In Blankenese fehlt Klein Bubi. „Wo is Klein Bubi?", fragt Frau Pumeier. Darauf Klein Erna: „Der is schon bei Neumühlen in die Elbe gefallen." „Dummes Göör, muscha gleich sag'n!"

Klein Erna will sich für zehn Pfennig eine Schokoladen-Puppe kaufen. „Willst du einen Schokoladen-Jungen oder ein Schokoladen-Mädchen", fragt die Krämersfrau. „Ooch", überlegt Klein Erna. „Denn gebn Sie man 'nen Jungen, da is mehr dran!"

Als Klein Erna größer wurde, hatte sie einen englischen Freund, was nicht ohne Folgen blieb. Allerdings starb das kleine Mädchen bereits drei Tage nach der Geburt. „Ach, lass man", tröstet Frau Pumeier ihre Tochter, „wir hätten die Lütte sowieso nich verstehn können. Wir sprechen ja kein Englisch!"

Klein Erna hatte bald danach einen neuen Freund. „Is das was Ernstes?", fragt Frau Kripgans. „Nee", sagt Frau Pumeier, „das is rein platonisch." „Platonisch, was is das?" „Das wissen Sie nich?", staunt Frau Pumeier. „Platonisch is, wenn sie kein Geld dafür nehmen tut!"

Eines Tages schreit Klein Erna im Keller. Mutter Pumeier ruft von oben die Treppe runter: „Klein Erna, was is?" „Hier is 'n Mann." „Och, lass ihn doch!" „Hab ich ja, aber er will noch mal!"

Als Klein Erna schließlich heiratet, schenkt Tante Frieda aus Reinbek ihr eine nagelneue Klobürste. Erna hängt sie auch gleich neben der Toilette auf. Nach einigen Wochen erkundigt sich Tante Frieda nach der Bürste. „Ach, weißtu, Tante", meint Klein Erna. „Die Bürste ischa sehr schön, aber ich sach dir: Papier bleibt Papier!"

Sagt Klein Erna im Ohnsorg-Theater zu ihrem Mann Heini: „Hier ischa 'ne ganz schlechte Akustik!" Heini: „Wo du das jetzt sachst, riech ich dat auch."

Klein Jerusalem So lautete der volkstümliche Name für das Grindelviertel, also für das Gebiet Hamburg-Rotherbaum zwischen Eimsbüttel und Harvestehude. Hier lebten bis vor dem Zweiten Weltkrieg sehr viele jüdische Mitbürger und prägten dort eine ihrem Lebensstil entsprechende Atmosphäre. Der Mittelpunkt war die Synagoge am Bornplatz, die 1938 in der „Reichspogromnacht" zerstört wurde. Danach und im Zuge der gegen die Juden gerichteten Verbrechen verlor sich hier das jüdische Leben. In den Sechzigerjahren entstand dann wieder eine Synagoge an der Hohen Weide[558].

Klemm fiktiver Familienn. von → *klemmen* (klauen); siehe *Klemm un* → *Lange.*

klemmen Außer in der üblichen Wortbedeutung ist *klemmen* ein verharmlosender Ausdruck für *klauen* od. *stehlen.* Von einem Zeitgenossen, der im dringenden Verdacht stand, gewohnheitsmäßig Diebereien nachzugehen, sagte man in Berlin, aber auch in Hamburg: *Der arbeitet bei Klemm, Klau & Lange.* Von rotw. *klemmen* (stehlen) aus *Klamme* (Klaue, Hand)[559]. Vgl. → *Lange.*

Klenner (Kalender) → *Kalenner.*

klentern verschwenden, Geld für überflüssige und unnütze Dinge ausgeben; *mien Oolsch hett bannig klentert,* schimpfte der Großvater, wenn Großmutter voll bepackt aus der Stadt zurückkam.

kleven 1. kleben, festkleben; haften. 2. jmdn. ohrfeigen; *he hett mi een kleevt* (er hat mir eine geklebt). Syn.: → *backsen;* → *langen.*

Klever 1. Klee. Erw.: Botan. *Kleverblatt* (Kleeblatt); *Kleverboom* (Goldregen); → *Hasenklever* (Sauerklee). 2. die Spielkartenfarbe Kreuz; *'n goden Klever Solo in de Hand* (Kreuz Hand). Erw.: *Klever-Esch* (Kreuz-Ass; vgl. → [3] *Esch*); *Klever-Buer* (Kreuz-Bube); *Klever-Wief* (Kreuz-Dame).

klieren schmieren, unsauber schreiben: *klier nich so!* Vgl. → *kleien (2).*

Kliester 1. Kleister, Klebstoff. 2. übertr. Rausch, ein zeitweise „verklebtes" Bewusstsein haben; *'n ficksen Kliester hebben* (völlig blau sein); *mit 'n Kliester to Huus komen.*

Kliff Klippe, Steilküste; *rode Kliff, witte Kliff, dat hoge Kliff* – wohl eher an der Westküste und auf den Nordseeinseln zu finden als in Hamburg[560].

klimpern Man kann mit Münzen klimpern od. mit den Wimpern klimpern, und man kann *auf dem Klavier klimpern*, also die Tasten ziemlich wahllos anschlagen. Das nervt die Mitbewohner, weshalb das Klavier ugs. auch *Klimperkasten* genannt wird.

Klipp Schlagholz für das Schlagball- od. hamb. → *Klippball*-Spiel. Die Schlagfläche des Holzes war mit Leder überzogen. Heutzutage benutzt man Baseballschläger – das heißt, man benutzt sie meistens leider nicht zu sportlichen Zwecken, sondern bei kriminellen Tätigkeiten. Wenn es so viele Baseballspieler wie Baseballschläger in Hamburg gäbe, müsste Baseball Volkssport sein.

Klippball ist der ältere Name für das Schlagballspiel *(Slachball),* das auf der Straße od. beim Turnunterricht in der Schule gespielt wurde. Vgl. → *Klipp.*

558 lt. Hans-Hermann Wölfert
559 Wolf: Rotwelsch S. 170
560 Mensing 3/156

Klipper (engl. *Clipper*). Der *Klipper* war ein Schnellsegler, meist ein dreimastiges Vollschiff mit scharf geschnittenem Rumpf und hervorspringendem Vordersteven.

Klippfisch bezeichnet aufgeschnittenen, gesalzenen und anschließend getrockneten Kabeljau; *dröge Klippfisch in de* → [1] *Back hebben* (essen). Von norw. *klippa* (schneiden). In Hamburg wurden ab und zu auch getrocknete Schollen so bezeichnet.

Klippschool Früher die ugs. Bezeichnung für eine wenig angesehene private Einrichtung irgendwo im Hinterhof od. Winkel (Syn. *Winkelschool*), in der Kinder der Unterschicht beim *Klippschoolmeester* ein bisschen lesen und schreiben lernen konnten. Später abwert. für die Volksschule gebraucht.

Klöben Rosinenbrot; *Klöven; Stollen.* Der *Klöven* (Klöben) war ein längliches Weißbrot, das der Länge nach eingeschnitten war, woher sein Name kommt (→ *Klööv* – Spalte, *klöven* – spalten). Manche Frauen buken ihn mit Korinthen und/od. Rosinen, dann wurde er auch teilweise *Rosinenstuten* genannt. Einen Höhepunkt stellte der Klöven als Festtagsgebäck dar, besonders zu Weihnachten. Dann enthielt er auch Sukkade und anderes und war dann das, was man später auch → *Stollen* nannte. Wer seine Liebste od. ihren Liebsten scherzhaft *Klöven* nennt, macht ihr od. ihm ein Kompliment, will sagen, dass er sie od. sie ihn am liebsten vernaschen möchte.

Klock (Plur. Klocken) f., Uhr, Glocke. 1. Zeitmesser; *de Klock bottert* („buttert", geht falsch); *de Klock opwinnen* (aufziehen); *he lett sien Klock hebräisch lehren* (er hat seine Uhr beim Pfandleiher versetzt). Abergl.: Wenn die Uhr stehen bleibt, droht ein Todesfall. Beim Eintritt des Todes wird die Uhr im Haus angehalten. 2. Uhrzeit; *de Klock is halvig dree* (14.30 Uhr); *so bi Klock twölf rüm* (gegen Mittag). 3. Glocke, Kirchenglocke, Torglocke (läutet vor Schließung des Stadttores), Schiffsglocke (Signal beim → *Glasen*), Handglocke (des → *Ausrufers*); *wenn de Klock antreckt* (zu läuten beginnt); *de Köster lüüdt de Klock* (der Küster läutet die Kirchenglocke); *de Klock hett teihn slagen, teihn is de Klock!* (Ruf des Nachtwächters); *wat an de grote Klock hangen* (etwas ausposaunen). Ra.: *he höört de Klocken lüden un weet nich, so se hangt* (er redet über etwas, ohne es genau zu wissen)[561].

Klockenschooster Ein → *Schooster* (Schuster) repariert Schuhe und gilt nicht viel, ein Uhrmacher repariert Uhren *(→ Klocken)* und muss doch viel feinere Arbeit leisten. Trotzdem wurde er im Volksmund scherzh. *Klockenschooster* od. *Klockenflicker* genannt. Vgl. → *Uurmaker.*

klönen Wer *klöönt* (redet), der plaudert behaglich, unterhält sich unter Freunden und Bekannten, verweilt bei einem *Klöönsnack* (→ *snacken*). Die gemütliche Komponente bekam das *Klönen* erst in neuerer Zeit, denn im 18. Jh. verstand man etwa unter *klöön mi nich de Ohren vull* so viel wie: Verschone mich mit deinem Gejammer. Wer hingegen tratscht od. klatscht (*tratschen, klatschen* – schwätzen), der zieht über andere her, verbreitet Gerüchte und Bosheiten, der *sludert,* verbreitet *Sluderkraam* (→ *sludern* – übel nachreden, verleumden). Hervorragend konnte → *Heidi Kabel* solche Tratschweiber auf der Bühne des → *Ohnsorg-Theaters* darstel-

561 Vgl. HWB 1094 f.

len, etwa im Stück „Tratsch im Treppenhaus". Vgl. → *Klöönkasten* (Telefon); → *Klööndöör* (geteilte Haustür).

Klookschieter So wird in Norddeutschland jemand bezeichnet, der *klook* (klug, schlau, gescheit) und viel daherredet, ohne immer so klug zu sein, wie er zu sein vorgibt, eben ein Besserwisser, Neunmalkluger – od. sagen wir es direkt auf Hochdeutsch: ein Klugscheißer. Von → *Schiet*.

Klööndöör quergeteilte, aus einer oberen und einer unteren Hälfte bestehende Haus- bzw. Seitentür, die ihren Scherznamen nicht wegen der Bauart, sondern wegen des Nebenzwecks erhalten hat: Wenn der obere Flügel geöffnet war, konnte die Hausfrau, der Altenteiler od. die Großmutter sich bequem von innen auf die untere, geschlossene Hälfte stützen und ausgiebig mit der Nachbarin und den Vorbeikommenden → *klönen* (plaudern) und tratschen. Vgl. → *Blangendöör* (Nebentür).

Klöönkasten ist die Bezeichnung für unseren guten, alten Fernsprechapparat, kurz Telefon genannt. Mit seiner Hilfe kann man → *klönen* (plaudern) und mit dem Teilnehmer am anderen Ende der Leitung einen ausgedehnten *Klöönsnack* halten. Der konnte Stunden dauern, was spätestens dann bewusst wurde, wenn die Fernsprechrechnung kam.

Klöönsnack (Unterhaltung) → *klönen*.

kloor moken 1. vorbereiten, einsatzbereit machen; *den Disch kloor moken* (aufdecken); seem. *dat Boot kloor moken* (fertig machen zum Auslaufen). 2. in Ordnung bringen, aufräumen, säubern. So heißt in der Seemanns- und übertr. auch in der Umgangssprache *kloor Schipp moken* so viel wie putzen, schrubben und die Unordnung beseitigen. Der Autor ist sich im Klaren, dass an dieser Stelle mit Protesten von Lesern zu rechnen ist, die meinen, *klar Schiff* sei das Kommando für „Klar zum Gefecht!". Da wir aber in Hamburg nicht bei der Marine sind, wollen wir uns wie auch der Duden und das HWB an die zivilere Fassung halten[562]. Syn.: *rein Schipp moken.* 3. anrichten; *mook dat Eten man kloor!* 4. *enen wat kloor moken* (erklären, beibringen).

Kloosterjumfer (*Klosterjungfer*) Nonne.

Kloot (Plur. *Klöten*). 1. Kloß, Kugel, Kegelkugel. 2. Hoden. Erw.: *Klootsack* (Hodensack); *Klootsnieder* (Viehkastrierer). Schimpfw.: *Klötenkopp* (dummer Mensch).

Klööv Der *Klööv* ist die Spalte, etwa ein Riss in einem Gefäß od. der Zwischenraum zwischen zwei Kegeln, *klöven* dementsprechend spalten; → *Stubben klöven* bedeutet nicht nur, einen Baumstumpf zu spalten, sondern auch beim Tanz nicht aufgefordert zu werden. Vgl. → *Klöven.*

Kloppe Es kam vor, dass die Jungs eines Wohnblocks, einer Straßenseite, einer Schule od. einer Schulklasse gegen die Jungs der anderen Straßenseite, der anderen Schule od. der anderen Klasse antraten, um *Kloppe zu machen,* schlicht gesagt, um sich zu prügeln (→ *kloppen*). Die gleichaltrigen Mädchen mit ihren geflochtenen Zöpfen standen auf dem Fußweg und feuerten ihre Freunde an. Dabei gab es schon einmal ein blaues Auge od. eine blutende Nase, die Ausein-

562 Duden, Bd. 11, S. 618: klar Schiff machen (Seemannsspr.) *das Schiff sauber machen, aufräumen.* Vgl. HWB 2/1047.

andersetzung hatte aber eher sportlichen Charakter und war weit entfernt von der Brutalität heutiger Jugendbanden.

kloppen klopfen, hämmern, zerklopfen, herausklopfen, sich prügeln. Subst. *Klopperee* (Prügelei).

Klopphingst (halbkastrierter Hengst) → *Kapphingst.*

Klötenköm umschreibt scherzh. ein klebriges, dickflüssiges, gelbes Gesöff, das kein richtiger → *Köm* ist, sondern ein Gemisch von Eigelb und Rum samt Gewürzen, das „richtige" Männer meiden und das höchstens für die *Froonslüüd* zum Kaffeeklatsch geeignet ist od. als Mitbringsel für die verwitwete Tante Frieda zum 70. Geburtstag, damit sie die einsamen Abende und das Fernsehprogramm leichter ertragen kann. Sie merken es: Wir reden von einem Getränk, das beschönigend unter dem Namen *Eierlikör* vertrieben wird. Die Bezeichnung hat nichts mit Klumpen, Klüten od. Klößen zu tun, weil Oma beim Ansetzen nicht sorgfältig genug mit dem Schneebesen gearbeitet hat, sondern stammt von → *Klöter* (fades Getränk). Es gibt Leute, die reden von „Klütenköm" und weisen auf die Nebenbedeutung von → *Klüüt* als Hoden hin, der vulg. bekanntlich auch so bezeichnet wird wie ein Hühnerprodukt mit zwei Buchstaben, aber das dürfte weder zutreffend noch stubenrein sein und riecht ein wenig nach einem lauten Stammtisch in der Eckkneipe kurz vor der Polizeistunde. Der Eierlikör eignet sich wirklich nicht zum männlichen Potenzgehabe – ganz im Gegenteil!

Klöter Der *Klöter* ist ein fades Getränk od. eine wässrige Suppe, eben → *Plöör* (dünn und gepantscht); *so 'n Klöter un nix dorto* (nur eine Wassersuppe); *Klöter un keen* → *Punsch.* Adj. *klöterich* (flau, dünn, armselig, krank); *klöterich tomoot wesen* (sich krank fühlen). Das Bestimmungswort *Klöter-, Klöten-* od. *Klüten-* (*Klüten* ist eine ndd. Lautvariante zu *Klöten*) führt in Zusammensetzungen zur Abwertung: → *Klötenköm* (Eierlikör nur für Frauen), *Klöterjüüch* (fader Schnaps od. Dünnbier), *klöteriges* → *Juuchheiwater* (vom Wirt mit Wasser gepanschtes Bier), *Klöterkraam* (Kleinkram, Unwichtiges, Plunder). Die *Klöteree* (→ *Krempel*) ist der Sammelbegriff für allerlei Kleinigkeiten ohne Wert. Ein → *Klütenewer* umschreibt wenig nett, aber deutlich einen Elbkahn kurz vor dem Absaufen, und ein *Klütenschipper* ist ein Binnenschiffer fern der großen Meere (mehr so in Richtung Oberelbe, Bille und Bergedorf unterwegs).

Klöterkraam (Plunder) → *Klöter.*

klötern heißt 1. klappern, rasseln, rauschen; *mit 'n Geldbüdel klötern*; *he sleit mit de Fuust op 'n Disch, dat de Tassen man so klötert*; *de Regen klötert an de Finster*; *he is so mager, dat he klötert*: *klöterich* (klapperig); *dat is all man bannig klöterigen Kraam.* Erw.: *Klöterbusch* (Haselstrauch), *Klöterbüss* (Klapperbüchse für Kleinkinder). 2. Wasser lassen (Kinderspr.); *muttst du ook mol klötern?*

klöternatt klitschnass, ganz durchnässt; *klöternatt Tüüch anhebben.* Vgl. → *klötern.*

Klotz un Flotz scherzh. Bezeichn. für die Werft Blohm + Voss; *bi Klotz un Flotz* od. *bi Blohm un Flotz arbeiden* (bei Blohm + Voss beschäftigt sein). Von → *Klotz* (Hilfsschüler) und → [2] *Flotz* (Grobian, frecher Kerl).

Klotz hamb. Synonym für schlechte, unzureichende, wenn nicht gar erfolglose Schulbildung in privaten Hinterhofklitschen. Nach *Johannes Klotz,* der Anfang des 19. Jhs. Leiter einer wenig angesehenen und im Volksmund verspotteten Abendschule war; *de hett bi Klotz in de Avendschool gahn* (er hat wenig gelernt)[563].

Klöven (Klöben) heißt das Rosinenbrot mit vor dem Backen eingeschnittener Spalte, dem → *Klööv,* und ein *Klövenmoors* ist doppeldeutig der Spottn. für den Bäcker. Siehe → *Klöben.*

Klumpatsch Kram, → *Krempel,* Gerümpel, Menge unnützer Gegenstände, unerfreuliche Dinge; *nimm den ganzen Klumpatsch weg; lass mich mit diesem Klumpatsch in Ruhe.* Aus → *Klumpen* und *Quatsch.*

Klumpen (*Klump*) Haufen, Ansammlung; *in Klumpen tohoop stahn* (in Fußballreportagen jetzt „Rudelbildung" genannt); *dat kümmt wedder allens op een Klumpen to liggen.* Erw.: *Klumpfoot* (Klumpfuß).

Klüten (Klumpen, Klöße) → *Klöter.*

Klüteneis Das waren Eisstangen, die man zur Kühlung brauchte und die von Eisträgern mit ledernem Schulterschutz und einem Eishaken in die Gastwirtschaften und auch in Privathaushalte mit Eistruhen gebracht wurden.

Klütenewer lautete die etwas herablassende Bezeichnung, die Hamburger Hafenschiffer, Lotsen od. gar Überseebesatzungen für die ehemaligen Frachtensegler der Küstenschifffahrt gebrauchten. In ihren letzten Einsatzjahren segelten sie nicht mehr, sondern wurden von einem Diesel- od. tuckernden Glühkopfmotor angetrieben. Als Wetterschutz erhielten sie ein meist hölzernes Ruderhaus. Ihre früheren Großsegelbäume waren zum Ladegeschirr umfunktioniert worden. Diese „Klein-Kümos" erledigten den Nahverkehr zwischen Hamburg und den Kleinhäfen an den Nebenflüssen der Niederlebe sowie an den größeren Entwässerungskanälen der Marsch. Inzwischen sind die *Klütenewer* aus dem Hafenbild verschwunden. Ihre Aufgaben haben Lkw übernommen[564]. Abwert. von → *Klöter.*

Schuten mit Steinkohle dienten der Versorgung der Stadt und des Hafens auf dem Wasserwege. Links liegt ein Klütenewer, ein abgetakelter Küstensegler, der die Waren aus dem Umland und den Nebenflüssen der Elbe heranschaffte.

563 HWB 2/1109

564 lt. Gert Hagemann

Klüteree (Schneeballschlacht) → [2] klütern.

Klüterkamer (Bastelkeller) → [1] *klütern.*

Klüterkraam (Herumgepussel) → [1] *klütern.*

[1] klütern werkeln, im Nordd. das handwerkliche Herumpusseln und Zusammenbasteln, das Ausführen von *Klüterkraam* (kleineren behelfsmäßigen Arbeiten) in der *Klüterkamer* (Bastelkeller; bäuerl. Werkstatt). *Er ist schon wieder am Klütern.*

[2] klütern klumpen, bezeichnet (auch) das Schneeballwerfen, eine *Klüteree* ist eine Schneeballschlacht. *Klüüt em!* (wirf mit Schneebällen od. Erdklumpen nach ihm); *klütern* kommt hier von den → *Klüten* od. *Klüütjen,* den (Mehl-)Klößen, das *Klüütjenbacken* ist das Klößekochen, der *Klüütjendeech* der Kloßteig; *de, de keen Mehl hett, is dat Klüütjenbacken verbaden.* Kleine, lockere Klöße in Milchsuppen heißen in den Vierlanden *Klüüterklüüt.* Das Adj. *klüterich (klütich)* bedeutet klumpig bes. bei Mehl, Zucker od. der Milch; *de Melk ist klüterich* (ist geronnen).

Klüüs (Plur. *Klüsen*). 1. seem. Durchlauf für die Ankerkette, Guckloch, Bullauge. 2. im übertragenen Sinne das Auge (*Oog*) beim Menschen; *de kriggt mol wedder de Klüsen nich op; du kriggst welk in de Klüsen!*

Klüüt (Plur. *Klüten*). 1. Mehlkloß; *glitschige Klüten* (halbgare Klöße); *Plummen un Klüten* (mit Backpflaumen, weit verbreitet); *Klüten un Fleesch* (mit Rauchfleisch, dazu Steckrüben, Birnen und Kartoffeln); *bunt Klüten* (mit Rosinen angemacht); *de Klüten swemmt al baven* (das Essen ist fertig). 2. *groot Klüüt* (im Beutel gekochter Kloß mit Rosinen; vgl. → *Großer Hans*). 3. *lütte Klüten* (kleine Fleischklöße in der Suppe).

Klüüterklüüt (kleine Suppenklöße) → [2] *klütern.*

Knaat [spr.: *kno:t*] Kurzf. für → [1] *Granaat* (Garnele, Krabbe*); 'n Bütt vull Knaat.* Erw.: *Knaatfischer* (Krabbenfischer); *Knaatkutter* (Krabbenkutter).

Knacken (Knaggen). 1. großes Stück vom Brot, Kuchen, Käse od. der Wurst (vgl. → *Knust*); *een Knagge Brodt. He hett all eenen goden Knaggen to Lyve: er hat schon ein gutes Stück verzehret* (Richey)[565]; *wat hest du dor för 'n dicken Knacken Broot?* 2. weiter Richey: *ein höltzerner Wirbel an Thüren und* Flügeln[566]. 3. oberstes Stockwerk eines kleinen Hauses; *he wohnt op 'n Knacken* (er haust in einer winzigen Wohnung unterm Dach); vgl. → [1] *Saal.*

Knacker 1. alter Mann – spielt vulg. auf das Skelett an, dessen Knochen man knacken hört, und deshalb ist das Wort auch kaum ohne das Adjektiv *oolt* zu hören; *so 'n olen Knacker* od. *griesen Knacker; 'n → utverschaamten Knacker* schimpfte man zu Beginn der Gewerkschaftsbewegung einen nicht organisierten Arbeiter, der keinen Beitrag bezahlte, sich nicht solidarisch erklärte und als Streikbrecher auftrat[567]. 2. eine dicke → *Knackwurst.*

Knackwurst (auf Platt *Knackwust* ohne r) war eine Wurst, die knackte, wenn man sie durchbrach. Schon Richey (1755) kannte sie: *Knapp-Wust, besser Knack-Wurst: eine dünne und harte*

565 Richey S. 127
566 ebd.
567 HWB 2/1126

Mett-Wurst, die im brechen knacket[568]. Später jede Brühwurst, die vor allem auf Märkten, auf den Straßen und bei Massenvergnügungen im Freien angeboten wurde („heiße Würstchen!"). Selbst die Wirtin in der Eckkneipe, die mit dem Ausschenken von Bier und → *Köm* ausgelastet war, hatte außer → *Frikadellen* als Grundlage vor der nächsten Runde wenigstens *Knackwust mit Kantüffelsalat* anzubieten. Der Kessel, in dem die Knackwürste auf dem Markt heiß gemacht wurden, war der *Knackwustketel,* und der Verkäufer war der *Knackwustkeerl.* Häufig stand auch dessen Eheweib am Kessel – vulgär, dick, breit, stämmig mit prallen *Knackwustfingern,* die in der Form nicht von den Knackwürsten zu unterscheiden waren, und mit *Knackwustarms,* also mit Oberarmen, die einen Umfang hatten wie weiland die Oberschenkel von Gerd Müller. Es ist anzunehmen, dass die Würste nicht nur in Hamburg knackten, aber der Begriff war doch so eng mit der Kindheit an der Alster verbunden, dass ich staunte, als jetzt ein Lehrmädchen hinter der Fleischtheke im Supermarkt auf meinen Wunsch nach fünf Knackwürsten erst seine Augen hilflos über die rund 30 Wurstsorten aus aller Herren Länder schweifen ließ, mich schüchtern ansah und „Die haben wir nicht" sagte.

Knallköm scherzh. für Sekt. Es knallt so schön, wenn der Korken wie ein Geschoss aus der Flasche springt. Für manche Leute scheint das Knallen, Schäumen und Duschen wichtiger zu sein als das Trinken (nicht nur bei der Siegerehrung nach einem Formel-1-Rennen). Schade drum!

knasch (*knarsch*) Adj. 1. hart, fest, knackig; *de Gröönkohl weer al knasch froren* (hat schon Frost bekommen); *Fleesch knasch koken* (auf höchster Stufe kochen). 2. kurz angebunden; *knasch spreken.* 3. fest, eng, nahe bei; *man nich to knasch* (nicht zu nahe); *knasch an mi vörbi* (direkt an mir vorbei).

[1] Knast (Plur. *Knassens*). 1. Astwurzel, „die Stelle im Holze, wo ein Ast seinen Anfang genommen"[569]. Raa.: *he is al an 'n Knast* od. *he is op 'n Knast stöten* (er schnarcht so laut wie eine Säge, die auf eine Astwurzel trifft); *bannig to Knast gahn* (viel Lärm machen); *sik 'n Knast lachen* (ausgelassen lachen); *smiet noch 'n Knast ünner!* (leg Feuerholz nach). 2. übertr. und abwert.: widerlicher Mann; *'n olen Knast* (ein alter harter Kerl). 3. Kopf, Beule, Nase, Buckel; *he hett enen vör 'n Knast kregen* (er hat einen Schlag abbekommen); *se nimmt enen mit 'n Knast* (sie heiratet einen buckligen Mann).

[2] Knast 1. Gefängnis; *in Fuhlsbüttel in 'n Knast sitten.* 2. Strafe; *he hett twee Johr Knast opbrummt kregen* (zu zwei Jahren Gefängnis verurteilt worden sein). Rotw. aus jidd. *knas* (Geldstrafe), Verb *verknacken.*

Knaster ist die abfällige Bezeichnung für billigen, stinkenden Tabak, meist in der Pfeife geraucht. Während der schlechten Zeit baute Opa ihn, erlaubt od. nicht, im Schrebergarten an. Die Tabakblätter wurden im Schuppen getrocknet, klein geschnitten, mit abenteuerlichen Aromastoffen gewürzt (z.B. Rosenblättern) und mit Todesverachtung geraucht – ein lebensgefährlicher Genuss; *Knaster för sien lange → Piep. Knaster* ist ein Beispiel für die Abwertung eines Begriffs im Laufe der Zeit, denn ursprünglich verstand

568 Richey S. 128

569 Christoph Walther: Idiotikon (1890)

man darunter nur edle und würzige Tabaksorten aus Süd- und Mittelamerika, die, um sie frisch zu halten, in einem geflochtenen, mit Bleifolie ausgefütterten Versandkorb über den Atlantik kamen. Ein solcher Korb zum Transport von Gewürzen, Tabak, Tee etc. war der *Kanaster* (von span. *canasto* – Tragekorb); *1 Canaster Caneel* (Zimt); *Thee in Canastern; Tobak een Canaster – Canastertobak – Knaster.*

Knee krumm moken Wenn Opa ein Bedürfnis verspürte, pflegte er zu sagen: *ik mutt mol → gau de Knee krumm moken!*

Knick Wallhecke. *Knicks* sind charakteristisch für die Holsteiner Landschaft, und Holstein reichte noch 1936 bis hinab nach Bramfeld und Steilshoop. Als → *Hein Köllisch* seine bekannte „Pingsttour“ ins Rodenbeker Quellental machte, schrieb er: *un dorbi alle Ogenblick verswind mol ener achtern Knick.* Die *Knicks* entstanden am Ende des 18. Jahrhunderts im Zuge der Agrarreform mit Auflösung der → *Feldgemeinschaft,* der → *Verkoppelung* und dem Einhegen von Wiesen und Feldern. Die gesammelten Feldsteine wurden am Rande aufgeschichtet, mit der Erde der beidseitig ausgehobenen Entwässerungsgräben bedeckt und mit Sträuchern wie Hasel, Holunder, Weißdorn, Ahorn, Eiche, Hainbuche, Esche und Weide bepflanzt, sodass eine Abgrenzung wie auch ein Windschutz entstand. Alle sieben Jahre wurde der Knick abgeholzt, also *geknickt*, damit er nicht auswuchs, wobei die so genannten *Pfahleichen* stehen blieben. Im Zuge der großflächigen Landwirtschaft gerieten die Knicks immer mehr in Gefahr. Die ökologisch wertvollen Biotope mit ihrem Vogel- und Artenreichtum mussten unter gesetzlichen Schutz gestellt werden. Ein Feldweg zwischen den Knicks wird → *Redder* genannt.

Wochenendausflug 1927, zünftig und bequem mit Knickerbockern, Kniestrümpfen und Halbschuhen.

Knickerbocker (Plur.) sind weite Überfallhosen mit Bündchen unter dem Knie. Sie waren bei den Holländern verbreitet, die sie auch bei der Gründung von Neu-Amsterdam (dem späteren New York) trugen, und galten in Hamburg als affig. Man sah sie ab und zu bei Oberstudienräten für Deutsch und Latein od. beim Primus[570] der Oberprima[571], der sich das auf Geheiß seines Vaters antun musste. Die Hamburger Mitschüler verspotteten die Hose als → *Appelklauerbüx* od. → *Kötelbüx.* Von engl. *knickerbockers* nach dem fiktiven holländischen Gelehrten Diedrich Knickerbocker im Roman „A History of New York“ von Washington Irving (1783–1859).

Knickerbüdel nennt man einen Zeitgenossen, der → *knickerich,* also ein Geizhals ist. Syn.: *Knicker.*

knickerich geizig, knapp; *an Bord gung dat bannig knickerich to.* → *Knickerbüdel.*

570 Klassenerster
571 früher letzte Klasse eines Gymnasiums vor dem Abitur

Knicks 1. heute im antiautoritären Zeitalter undenkbar, damals ein Zeichen für die gute Erziehung der Kinder und deren Respekt vor Erwachsenen: der *Knicks,* die Verneigung mit eingebogenen Knien. Mädchen im Schul- und Konfirmationsalter grüßten so. Die Jungen machten einen *Diener,* eine tiefe Verbeugung. Verb *knicksen* (einen Knicks machen). 2. Bruch, Sprung im Glas; *de → Buddel kriggt 'n Knicks.* Syn.: *Knacks.*

kniepsteertich Adj. unterwürfig, ängstlich, mutlos – eine Eigenschaft, bei der jemand den *Steert,* den Schwanz, einkneift wie ein geprügelter Hund.

Knippken ein Schnippen mit den Fingern; *en Knippken slaan;* a.: eine Kleinigkeit, die man zwischen den Fingern fassen kann: *'n Knippken Broot*[572]. Vgl. → *knips.*

Knippknapp (Peitsche) → *knips.*

Knippmess (Taschenmesser) → *knips.*

Knipptasch (Geldtasche) → *knips.*

knips (*knipp*). Interj. lautm. für das scharfe, kurze Geräusch, das beim Knipsen zu hören ist, wenn man mit den Fingern schnippt od. eine Schere bzw. Messer zusammenklappt. Subst. *Knipp.* Deshalb hieß ein Taschenmesser, das man zusammenklappen konnte, wegen des Klappgeräuschs auch ein *Knippmess.* Eine Peitsche war die *Knippknapp,* und da beim Zusammenknipsen der Metallnippel an der Geldbörse auch ein *Knipp* zu hören war, nannte man die Geldtasche auch die *Knipptasch*[573].

572 Mensing 3/216 f.
573 Mensing 3/216 f.

knöken 1. koten; *ik mutt mol gau to 'n Knöken* soll die etwas unfeine Mitteilung: „Ich muss mal schnell auf die Toilette!“ verhüllen, von noch direkteren Ansagen in der Fäkalsprache ganz zu schweigen. Von ndd. *Knöken* (Knochen)[574]. 2. „Darmwinde entweichen lassen“[575]. Adj. *knökern* (knöchern).

Knööv bedeutet Körperkraft, Stärke; *Knööv in de Arms; dat köst Knööv; dor hööart bannig veel Knööv to.* Wenn so ein Barmbecker Kutscher zu Zeiten, als Barmbek noch mit ck geschrieben wurde, vor lauter *Knööv* nicht laufen konnte, sagte man: *nix to boxen, nix to ringen, keen Klavier to 'n Böön to bringen?*[576]

Knösel kurze Tabakpfeife; *den Knösel ansteken.* Vgl. → [1]*Piep.*

knüchen bellend und ausdauernd husten, keuchen bzw. sich laut räuspern, was bes. im Theater, Kino od. in der Musikhalle äußerst unbeliebt ist; *he knüücht jümmers noch so doll.* Vgl. → *kröcheln.*

Knufflook Knoblauch; *Knufflook un Zucker goot vermengeln.*

Knull (Plur. *Knullen*) f. Die *Knull* bezeichnet eine Pflanzenknolle, speziell die Sellerieknolle, kurz den Sellerie. Zusammen mit → *Pree* (Porree) und *Wörteln* (→ *Wurzeln*) unverzichtbarer Bestandteil der Hühnersuppe od. der → *frischen Suppe; sünndags geev dat frische Supp mit Knullen.*

574 lt. Hans-Hermann Wölfert
575 Küpper S. 437
576 lt. Hermann Axnick

Knüll (Plur. *Knüllen*) m. 1. Der *Knüll* benannte einen Hügel, eine Anhöhe od. kleine Erhebung. Der Begriff ist heute noch in Flur- und Straßennamen zu finden: *Knüllwisch* („buckelige Wiese") in Fischbek, *Am Knill* in Rahlstedt. 2. eingefalzte Ecke einer Buchseite als Lesezeichen. In den Vierlanden machte man in der Silvesternacht einen *Knüll* in die Seite einer wahllos aufgeschlagenen Bibel und betrachtete den Inhalt der betreffenden Stelle als Voraussage für das neue Jahr[577].

knüll Adj. betrunken; *du büst ja knüll!* Syn.: → *duun.*

Knüllhahn Knurrhahn, ein auch in der Nordsee vorkommender bodenbewohnender Meeresfisch, der zum Hamburger Fischangebot gehörte, als es noch ein heimisches Fischangebot gab. Der *Knüllhahn* schmeckt weitaus besser als er aussieht. Sein drachenähnlicher Kopf schreckte manche Hausfrau vom Kauf ab, und besonders die → *Köökschn* vom Lande musste häufig energisch angehalten werden, diesen geschätzten Speisefisch zuzubereiten.

Knust (*Knuust*). 1. Jeder Brotlaib hat einen Anfang und ein Ende, *Knust* geheißen, der, schneidet man ihn ab, eine mehr od. weniger → *krosche* Rinde auf seiner Rückseite hat. Kann man beim frischen *Anfangsknust* noch lachen, so ist der *Endknust,* wenn die Familie sich bis dahin vorgearbeitet od. „vorgegessen" hat, hart, zäh und ausgetrocknet, schlicht gesagt: zum Weinen. Deshalb wurden Anfang und Ende des Brotes auch *Lach- und Weinknust* genannt (wobei nach mehreren empörten Leserbriefen nicht unerwähnt bleiben soll, dass bei einigen Leuten zum Schluss nicht nur geweint, sondern sogar geheult worden ist, weshalb das letzte Ende dazu passend als *Heulknust* bezeichnet werden muss). Als Kinder rissen wir uns lachend um die Knüste, aber jetzt im Alter bilden sie doch zunehmend eine Gefahr für die dritten Zähne; deshalb sei endlich die einzig wahre hamb. und zudem seniorengerechte Bezeichnung hervorgeholt: *Lach-un Brummknuust.* Vgl. → *Platten.* Der *Knust* bedeutet auch: 2. eine Beule; *he hett Knüüst op 'n Kopp hatt.* 3. ein knorriges Stück Holz, ein knotiger Auswuchs; *de Ekenboom weer vull Knüüst.* 4. das Kerngehäuse vom Apfel od. der Birne (*Hunkknuust*; vgl. → *Appelgriepsch*). 5. der Haarknoten der Frauen; vgl. → *Dutt (3).*

Koben (Schweinestall) → *Swienskaven.*

Koberer sind die Portiers und Anmacher auf dem → *Kiez,* die sich den vergnügungsbereiten Touristen, vornehmlich denen aus der Provinz und aus Skandinavien, in den Weg stellen, sie schon mal am Arm od. Revers packen (obwohl das nicht erlaubt ist) und sie mit abenteuerlichen Versprechungen über und unter der Gürtellinie und mit falsch gemurmelten Preisangaben in ihr Etablissement zu locken versuchen. Ein *Koberfenster* zeigt die dienstbereiten professionellen Damen aufgereiht in der → *Herbertstraße.* Von rotw. *Kober* (Wirt, Zuhälter), *Koberin* (Kupplerin), *kobern* (koitieren, als Dirne arbeiten), *ankobern* (Kunden ansprechen)[578].

kodderich Adj. 1. körperlich übel, ein Gefühl kurz vor dem Erbrechen; *mi is ganz kodderich tomoot.* 2. frech, unverschämt; *holl dien kodderigen Sabbel!* – womit wir schon dicht an der berlin. → *Kodderschnauze* sind. Vgl. → *köddern.*

577 HWB 2/1157

578 Wolf: Rotwelsch S. 176

Hamburger Kogge mit einem Mast mit einem Mast und Rahsegel aus der frühen Zeit der Hanse. Unterhalb der Mastspitze befindet sich das „Krähennest", der Ausguck.

köddern heißt plaudern od. schnattern, wurde allerdings schon 1755 von Michael Richey als nicht typisch hamburgisch zurückgewiesen: *schwatzen, sprechen, ist Braunschweigisch; die Lüneburger machen daraus kören, und in Hamburg heisst es snakken.* Richey bringt in diesem Zusammenhang allerdings auch das inzwischen ausgestorbene Subst. *Ködder* für 1. den Hautlappen unter dem Schnabel des Hahns, aber wichtiger 2. für einen Kropf od. ein stark ausgeprägtes Doppelkinn: *wann iemand mit zurück gezogenen steiffen Halse und verdoppelten Kinne hochmüthig redet, das nennen wir över den Ködder spreken*[579]. Vgl. → *Kodderschnauze.*

Kodderschnauze Den Berlinern traut man allerlei zu, Gutes wie Schlechtes, vor allem ein loses Mundwerk, das sie *Kodderschnauze* nennen und auf das sie auch noch stolz sind. In Hamburg wurde der Begriff *Kodderschnuut* vereinzelt als Schimpfwort übernommen. Ob er nun auf ndd. → *kodderich* (übel, unverschämt), → *köddern* (plaudern) od. gar auf den ostpreuß. *Kodder* (Lappen, Lumpen) zurückgeht, sei dahingestellt[580].

Kogge 1. Die *Kogge* war ein robustes Handels- und Kriegsschiff der → *Hanse* im 12. bis 16. Jh. *(Hansekogge)*, das durch seine erhöhten Aufbauten Schutz gegen Piratenüberfälle bot. Bei der Kogge handelte es sich nicht gerade um einen wendigen Schnellsegler, aber das bis zu 20 Meter

579 Richey S. 133

580 vgl. Küpper S. 441

lange Schiff konnte max. 400 Tonnen Handelsware transportieren und war dort, wo es schiffbare Wasserwege gab, der unsicheren und langwierigen Beförderung mit Fuhrwerken über Land weit überlegen. Seinen Namen soll es wegen seiner bauchigen, runden Gestalt vom Wortstamm der Kugel bekommen haben; mnd. *kogge,* ahd. *kocho,* afrz. *coque* (Schiff), frz. *coque* (Rumpf). 2. Auch eine → *Marmel* hat eine Kugelform, weshalb eine bestimmte Marmelsorte ebenfalls *Kogge* hieß.

Koh Eine *Koh* ist eine Kuh, ein weibliches Rind, nachdem es das erste Mal gekalbt hat[581], und kommt mannigfach in hamb. Redenarten vor; *de Koh ward dörch dat Muul molken* (sollte gut gefüttert werden); *de Koh is buukt* (hat sich überfressen); → *Melkmann sien Koh* (Wasserpumpe); *klook as Kösters Koh wesen* (sich überaus klug vorkommen); *de Koh dat Kalf afsnacken* (auf lästige Art überreden*); loot dat 'n Koh kosten!* (koste es, was es wolle); *wo kann 't angahn, dat en swatte Koh witte Melk gifft!* (Ausruf des Erstaunens); *dat Kalf is klöker as de Koh* (sagt man zu einem naseweisen Kind). Sprichw.: *de Koh vergitt, dat se en Kalf wesen is* (die Alten vergessen, dass sie auch einmal jung waren); *dat is nich allens Melk, wat vun de Koh kümmt, sä de Düvel, dor harr he in 'n Kohschiet pedd.* Erw.: → *Kohfladder, Kohkackel* (Kuhfladen); → *Kohkalf; Bruutkoh* („Brautkuh"; am Sonntag nach der Hochzeit besuchten die Frischvermählten die Eltern des Ehemannes, um sich aus deren Viehbestand das zweitbeste Pferd und die zweitbeste Kuh auszusuchen). Frage*: wat is achter de Koh?* Antwort: *de Steert!*[582]

581 Vor dem Kalben wird das weibl. Rind *Färse,* →¹ *Queen* od. →¹ *Starke* genannt.

582 HWB 2/1164 ff.

Kohbloom (Löwenzahn) → *Botterbloom.*

Kohfladder Kuhfladen, flacher Kothaufen der Kuh. Syn.: *Kohkackel; Kohdreck; Kohschiet.* Vgl. → *Koh.*

Kohfleeg „Kuhfliege", Bremse, große Stechfliege.

Kohkackel (Kuhfladen) → *Koh.*

Kohkalf weibl. Kalb.

Köhlbrand Der *Köhlbrand,* die mehr als 300 Meter breite Fahrrinne zwischen Süder- und Norderelbe, entstand im Laufe des 14. und 15. Jahrhunderts, als schwere Sturmfluten die Elbinsel Gorieswerder in zwei Teile getrennt hatten. Der Name rührt daher, dass an seinen Ufern Köhler Holzkohle brannten und an die Schiffer verkauften. Bis ins 19. Jh. war der Köhlbrand ein Werftenstandort. Nach dem 3. Köhlbrandvertrag zwischen Preußen und Hamburg von 1908 wurde der Elbarm vom heutigen Kohlenschiffhafen 600 Meter westlich verlegt und auf damals 8,40 Meter vertieft. Die Landzunge Köhlbrandhöft mit dem 1961 errichteten Klärwerk trennt die alte von der neuen Durchfahrt, die nicht zu verfehlen ist: Ein Wahrzeichen Hamburgs, die *Köhlbrandbrücke,* überspannt weit sichtbar den Elbarm.

Kohldampf Wer großen Hunger hat, *schiebt Kohldampf.* Während und nach den beiden Weltkriegen gehörte „Kohldampf schieben" auch an Elbe und Alster zur täglichen Klage. Der Ausdruck *Kohldampf* stammt aus der Gaunersprache (→ *Rotwelsch*), und beide Bestandteile bedeuten Hunger: rotw. *Kohler* (Hunger) und rotw. *Dampf* (Hunger). Auch *schieben* weist auf die Gaunersprache hin (rotw. *schefften* – machen, tun).

Die Köhlbrandbrücke 1973 im Bau

Kohlhof Auf dem Land hatte jeder unmittelbar hinterm Haus einen Garten, *Kohlhof* genannt. Hier wurde unter anderem dafür gesorgt, dass zum Herbst ausreichend → *Grünkohl* für den → *Ketelkohl* zur Verfügung stand.

Kohmuul „Kuhmaul", übertr. kleines, halbrundes Scheunenfenster in den Vierlanden[583]. Dafür häufiger → *Ossenoog.*

Kojen (Plur.) heißen seem. die seitlich in der Schiffskajüte eingebauten schmalen Betten, was sich weit über Hamburgs Grenzen hinaus herumgesprochen haben dürfte. Sie sind oft als zweistöckige Konstruktion mit Schubkästen als Stauraum unterhalb der unteren Schlaffläche ausgelegt. Auf kleineren Yachten werden die schwerer zugänglichen Kojen als *Hundkojen* bezeichnet, die wegen ihrer Gemütlichkeit dennoch recht beliebt sind.

Kolani seem. für das bei der Marine getragene zweireihige Jackett aus dickem, dunkelblauem Wollstoff mit Messingknöpfen. Angeblich geht die Bezeichnung auf einen Kieler Schneider namens *Colani* od. so ähnlich zurück, was aber überaus ungewiss ist. Man sagte auch *Pijacke* von engl. *pea-jacket* dazu.

Kolja Speisefisch: Seelachs, Blaufisch, wegen seines dunklen Rückens auch als *Köhler* bezeichnet; Kabeljauart aus der See um Island. Galt früher als minderwertiger Fisch. Noch heute ist das Seelachsfilet meistens am billigsten am Fischstand, während man für Rotbarschfilet häufig das Doppelte hinlegen muss.

583 HWB 2/1185

Köll Botan. Bohnenkraut, vielfältig als Küchenkraut und Gewürz zum Füllen benutzt, gehört zu den → *Aalkräutern.*

Köllisch, Hein → Biografie S. 278.

Köm Kümmel. Für Nichthamburger: *Köm* bedeutet Kümmel, Korn, klarer Schnaps. Die Eck- od. Stehkneipe wurde dementsprechend → *Köminsel* genannt, der Wirt dort → *Kömkaker.* → *Lütt un Lütt* od. *Köm un 'n Beer* muss auch heute noch jeder richtige Hamburger Wirt kennen. Erw.: *Kömbroder* (Trunkenbold); → *Kömbuddel* (Schnapsflasche); *Kömduuntje* (Rausch); *Kömglas* (Schnapsglas); *Kömkopp* (Säufer); *Kömladen* (Schnapsladen); *Kömnees* (Schnapsnase); *Kömsnuut* (Trinker); *Kömweert* (Kneipenwirt).

Kombinatioon od. eine *Kombineschen* trug Vater nicht nur im Winter: eine Hemdhose mit langem Bein. Sie reichte vom Hals bis zum Knöchel und war von oben durchgeknöpft bis zum Beinabsatz [584].

Kömbuddel Schnapsflasche, symb. für (übermäßigen) Alkoholgenuss; *mit 'n Kömbuddel verheiroot wesen* (ein Trinker sein); *to deep in 'n Kömbuddel keken hebben* (betrunken sein). Tanzreim: *O, wat bün ik mööd,/ o, wat bün ook matt,/ lang* [585] *mi mol den Kömbuddel her,/ ik heff so lang keen hatt* [586]. Vgl. → *Köm.*

Kombüse (seem.) ist die Schiffsküche, das Reich des → *Smuttjes*; urspr. ein Bretterverschlag auf dem Deck, der zum Schlafen und Kochen diente.

584 lt. Claus Günther
585 → *langen* (reichen)
586 HWB 2/1180

Köminsel (Eckkneipe) → *Köm.*

Kömkaker „Schnapskocher", Destillateur, Schnapsbrenner, ugs. meist der Wirt einer → *Köminsel.*

Kömkees Kümmelkäse, klumpige, mit Kümmel durchmengte gekäste Milch, die früher, zu Klößen geformt, als Brotaufstrich diente. Irgendwie erinnert mich diese Schilderung an den Verkaufswagen des Griechen vor unserem Supermarkt, um dessen Angebot ich immer einen weiten Bogen mache. Raa.: *Kömkees un Quark, dat mookt stark!; he is witt as 'n Kömkees* [587].

Kommi (Plur. *Kommis*). Der *Kommi* war ein Handelsgehilfe, ein kaufm. Angestellter, Verkäufer, Kontorist od. Ladendiener. Von frz. *commis* (Schreiber, Beamter).

kommood (*kommodich*) Adj. gemütlich, bequem.

Kompotthoot kleiner, verzierter Frauenhut, dessen Name nicht von Kompott stammt, selbst wenn er entfernte Ähnlichkeit mit der Nachspeise aus gekochtem Obst hat, sondern von frz. *capote* (Verdeck, Kapuze).

Kontor Ein richtiger Hamburger Kaufmann hatte kein Büro, wie man heute sagt, sondern ein *Kontor.* So nannte er seinen Schreib- und Geschäftsraum. Im alten Bürgerhaus befanden sich Kontor und Wohnung noch unter einem Dach, bevor mit dem → *Kontorhaus* ein rein geschäftlicher Bürohaustyp entstand. Ra.: *dat is 'n Slach in 't Kontor* (ein geschäftlicher Fehlschlag). Syn.: *Schriefkamer* (Schreibkammer). Von frz. *comptoir* (Theke, Verkaufstisch).

587 HWB 2/1182

HEIN KÖLLISCH
HAMBORGER PINGSTEN

Heinrich Köllisch, genannt „Hein", war ein echter Junge aus St. Pauli. Geboren am 19. September 1857 am späteren Paulsplatz, der 1949 ihm zu Ehren in Hein-Köllisch-Platz umgetauft wurde, wuchs er als Sohn eines Schuhmachers auf, der Schuhcreme in Flaschen abfüllte (→ *Buddel*) und sich Fabrikant nennen durfte. Er lernte das Schlosserhandwerk, ging auf Wanderschaft, doch nach dem Tod des Vaters kam er zurück nach Hamburg.

Aus Spaß trug er an seinem Stammtisch in einer Eckkneipe an der Bartelsstraße plattdeutsche Lieder und Parodien vor. Dabei fiel er dem Besitzer des Cabarets „Im siebten Himmel" (später „Walhalla") auf, der ihn für die damals enorme Summe von 300 Reichsmark im Monat engagierte. 1894 eröffnete Hein Köllisch sein eigenes Theater am Spielbudenplatz, das „Universum". Hein Köllisch, der Hüne mit dem prägnanten Schnauzbart, trat aus Respekt vor der Kunst und dem Publikum stets in Frack und Zylinder auf die Bühne. „Für meine Muttersprache ist mir der beste Anzug gerade gut genug", sagte er.

Neben plattdeutschen Theaterstücken schrieb er mehr als 150 → *Couplets,* darunter „De Orgel kummt", „De Reis' na Helgoland" und vor allem „De Pingsttour". Abend für Abend stand er auf der Bühne. Das Publikum jubelte ihm zu. 1901 musste er aus Erschöpfung eine Erholungsreise antreten, bei der er in Rom an Lungenentzündung erkrankte. Frau und Tochter eilten zu ihm und drückten dem Sterbenden am 18. April 1901 einen Strauß Flieder in den Arm. Zum letzten Mal leuchteten seine Augen auf: „Hamborger Pingsten!", hauchte er und starb.

Als Hamburger Jung wurde sein Leichnam in die Hansestadt übergeführt. Als sich der Trauerzug nach → *Ohlsdorf* in Bewegung setzte, folgten Tausende dem Sarg. Der Verkehr brach zusammen, die → *Elektrische* musste umgeleitet werden. „Er gehört nicht nur euch, er ist unser!", riefen die Menschen den Hinterbliebenen zu.

Kontorhaus Nach amerikanischem Vorbild entstanden vor und nach dem Ersten Weltkrieg zahlreiche Kontorhäuser als reine Bürogebäude, die den Bedürfnissen Hamburgs als modernes Handels- und Geschäftszentrum Raum gaben. Den Standard setzte 1885/86 der Architekt Martin Haller (1835–1925) mit dem *Dovenhof* Ecke Dovenfleet/Brandstwiete, der 1967 abgerissen werden musste. Das Gebäude enthielt → *Paternoster*, Hauspost, Zentralheizung und gemeinsame Sanitäranlagen. In den Zwanzigerjahren wuchs nach Sanierung des → *Gängeviertels* in der → *Altstadt* ein das Stadtbild in der City bis heute auszeichnendes *Kontorhausviertel* zwischen Steinstraße und Meßberg um den Burchardplatz empor. Die Fassaden sind durch das dunkle Rot des Backsteins geprägt. Am bekanntesten ist das *Chilehaus* (1922/24) von Fritz Höger (1877–1949). Das *Pressehaus* am Speersort wurde 1939 als letztes Bauwerk dieser Reihe eingeweiht[588].

Konvoi h.: unter Begleitschutz fahrender (Hamburger) Handelsschiffsverband, bes. im 17. und 18. Jh. unverzichtbar zum Schutz des Mittelmeerhandels vor den Piraten der nordafrikanischen Sklavenstaaten Algier, Tunis und Tripolis (→ *Barbarien*). Trotz aller Bemühungen waren die „türkischen" Korsaren den Hamburger Schiffen in vielen Fällen überlegen, was zum Verlust der Ladungen und zur Versklavung der Besatzungen führte. Zum Freikauf (vgl. → *Ranzion*) musste die Hamburger → *Sklavenkasse* gegründet werden[589].

Konvoischipp bewaffnetes Begleitschiff zur Bedeckung eines (Hamburger) → *Konvois* (Handelsschiffsverbands), vor allem zum Schutz gegen die Piraten an den Küsten Portugals und Nordafrikas. Von der → *Admiralität* gestellt, Syn.: → *Oorlogsschipp*.

Kööksch kommt von *Köök* (Küche) und bedeutet demnach Köchin, und zwar Köchin im bürgerlichen od. herrschaftlichen Stadthaushalt. Das Bekochen der Familie nach Anweisung der „gnädigen Frau" sowie das → *Einholen* der Zutaten auf dem Markt od. beim → *Krämer* sowie das Bestellen und Entgegennehmen der Waren der → *Höker* am Lieferanteneingang waren ihre Hauptaufgaben. Konnte sich die Familie nur ein *Alleinmädchen* leisten, wurde es häufig auch *Kööksch* genannt. In Junggesellenhaushalten verstand man unter einer Kööksch unter Umständen eine Haushälterin. Vgl. → *Stellung*.

Köökschenball (Tanz fürs Personal) → *Köökschendag*.

Köökschendag Früher hieß der Mittwoch in Hamburg der *Köökschendag*, weil der Mittwoch in der Regel der einzige freie Nachmittag für das meist weibliche Hauspersonal war (→ *Kööksch* – Köchin). Der Ausgang der Dienstboten war streng geregelt. Sonntagsruhe war unbekannt. Deshalb schmiss man sich am Köökschendag in seine feine → *Kledaasch* (Kleidung), um zum *Köökschenball* od. *Rangdewu* (Rendezvous, Treffen, Verabredung von Verliebten) zu gehen. „Pingel" am Mittelweg war ein beliebtes Tanzlokal.

Köökschengardinen Mit dem Begriff *Köökschengardinen* sind Spinnweben gemeint, die sich an der Decke od. in den Ecken befinden und vermuten lassen, dass dort lange nicht mehr sauber gemacht worden ist.

---

588 Hamburg-Lexikon S. 307 f.

589 Vgl. Sachse: Sie waren Räuber auf dem Meer

Koolkarken Ortsn. Kaltenkirchen; *he geiht na Koolkarken, he hoolt sik 'n Farken...*

Köölschapp n., Kühlschrank. Dementspr. ist ein *Köölhuus* ein Kühlhaus, unter dem wir uns vor der Elektrifizierung aus heutiger Sicht primitive Einrichtungen mit Stangeneis od. zerschlagenen Eisschollen vorstellen müssen.

Koopmann (Plur. *Kooplüüd*) bedeutete urspr. nur Großhändler, der Waren en gros an die Kleinhändler lieferte, also das, was man auf gut Hanseatisch unter einem „Kaufmann" versteht. Ab 1900 vermischten sich aber die Begriffe *Koopmann*, → *Höker* und → *Krämer* in der Umgangssprache.

Kopenhagener h.: Gebäckstück mit Puddingfüllung und Marmeladenklecks.

Kopp (Plur. *Köpp*). Beginnen wir mit der Etymologie: Der *Kopf* kommt von lat. *cupa* (Tonne) und dem spätlat. *cuppa* (Becher, Trinkgefäß) und wurde dann als Bezeichnung auf die Hirnschale übertragen. Ob das scherzhaft geschah od. ob die Germanen sich mangels mitgeführten Hausrats während der Völkerwanderung dementsprechend bei ihren erschlagenen Feinden bedienten, sei dahingestellt – jedenfalls lässt das ahd. *chopf* für „Becher" einiges vermuten. Im Mittelniederdeutschen gibt es noch den [1]*kop* für den Becher und schon den [2]*kop* für den Kopf[590]. Heute kann man sagen: Der Kopf, ndd. *Kopp*, sitzt in der Regel oben – beim Kohl (immer), bei den Tieren (meistens) und natürlich beim Menschen, sofern sie nicht *'n dicken Kopp* haben (betrunken sind). Es gibt eine unübersehbare Fülle an Komposita und Redensarten mit *Kopp*, z.B.: *mit bloten Kopp* (barhäuptig); *den Kopp in 'n Nacken smieten* (hochmütig sein) od. hamb. nach 1912: *stööt di man nich dien Kopp an de Hochbahn!; 'n Kopp kriegen* (erröten); *enen vör 'n Kopp stöten* (jmdn. beleidigen); *den Kopp dalleggen* (sterben); *mit Kopp un Steert* (ganz und gar); *de Klock is op 'n Kopp negen* (es ist genau neun Uhr); *du anner mit 'n Kopp!* (Anrede an einen Unbekannten); *koomt wi övern Kopp, denn koomt wi ook* övern *Steert* (klappt das eine, klappt auch das andere); *mit dullen Kopp* (wütend); *'n Kopp hebben* (klug sein); *söven Köpp hooch* (mit sieben Personen)[591]; *op 'n Kopp haun* bedeutet nicht, jmdm. mit dem Knüppel den Kopf zu zerschlagen, sondern etwas zu verjubeln. Reim: *Oh, harrn wi doch bloots so 'ne lüttje Million, wat wi dormit moken, dat weet wi schon, denn haut wi, tipp, topp, ganz Hamborg op 'n Kopp!*[592]

Koppammer „Kopfeimer", ein Milcheimer, der früher von der Magd auf dem Kopf getragen wurde[593]. Zwischen Kopf und → *Ammer* (Eimer) legte man eine → *Waas*, ein Kopfpolster.

[1]**Koppel** Unter einer *Koppel* verstehen wir ein durch Zaun, Graben od. → *Knick* eingezäuntes Stück Weideland; ndd. von mnd. *koppel* (Umzäunung; eingezäuntes Landstück), eigentl. *Band* (→ [2]*Koppel* u. [3]*Koppel*). Ein mit dem Pflug bearbeitetes Feld nennen wir dagegen *Acker*. Vgl. → *Verkoppelung*, die Privatisierung, Aufteilung und Einzäunung der vorher gemeinsam ge-

590 Lübben S. 183

591 HWB 2/1209 ff.

592 lt. Hermann Axnick

593 HWB 2/1212

nutzten landwirtschaftlichen Fläche eines Dorfes in Holstein.

²Koppel n. 1. Zu einer Uniform gehörender breiter Gürtel. Von mhd./mnd. *koppel* (Band). 2. (Jägerspr.) Gurt des Jägers.

³Koppel unbest. Zahlwort für eine gekoppelte, mit einer *Koppel* (Leine) „zusammengebundene" Menge; von mhd./mnd. *koppel* (Band); eine *Koppel* Jagdhunde. Übertr. auch auf Menschen angewendet, falls man ihre Anzahl nicht genau durchzählen kann: *dor weer 'ne ganz Koppel Lüüd; de hebbt 'ne ganz Koppel Kinner.*

köppeln sich zusammenfinden; *wenn de Lüüd sik köppelt hebbt, denn steiht 'n ganzen Hupen vun jem tosamen.*

Köppen Kaffee Die alte Tante kam immer zu einem schönen *Köppen Kaffee* (übernommen von dem englischen *Cup of coffee* in der Besatzungszeit). Der *Köppen Kaffee* hat sich bei uns bis heute gehalten.

Köpper 1. Kopfsprung ins Wasser; *denn jump he mit 'n Köpper rin.* Übrigens: Wer mit unter das Kinn gezogenen Knien und mit dem Hintern zuerst in Wasser sprang, machte eine *Bombe,* wer – gewollt od. nicht – mit Brust und Bauch auf die Wasseroberfläche krachte, produzierte einen *Bauchklatscher.* 2. Der *Köpper* ist auch ein Kopfstoß beim Fußballspielen.

koppheister *Kopp* ist der Kopf, und *heistern* heißt „wie eine Elster (→ *Heister*) umherspringen", *koppheister* also kopfüber *scheten* (schießen), *gahn* (gehen) od. *flegen* (fliegen). Ein *Koppheisterscheter* ist ein Luftspringer bzw. freiwilliger od. unfreiwilliger Bodenturner, und das *Koppheisterwater* bezeichnet einen minderwertigen Schnaps, nach dessen Genuss der Trinker mit Sicherheit *koppheister* gehen wird.

Koppheisterscheter (Bodenakrobat) → *koppheister.*

Koppheisterwater (Fusel) → *koppheister.*

Korbweide an Bach- und Flussufern wachsende Weide mit schmalen, langen, am Rand gewellten Blättern, deren Zweige zu Korbwaren verarbeitet wurden. Vgl. → *Bandmoker.*

Korinthenkacker (Kleinlichkeitskrämer) → *Krinthen.*

Kornknüppel (Kerbholz beim Dreschen) → *döschen.*

Köst 1. Kost, Speise, Essen. 2. Verpflegung; *för de Köst arbeiten.* 3. Hochzeitsfeier, bekanntermaßen auch *Hochtiet* genannt. Natürlich kommt *Köst* von beköstigen und nicht von Geld kosten, aber das eine bedingt das andere. Teilweise wurde so lange und ausschweifend gefeiert, dass die Obrigkeit im Laufe der Jahrhunderte mehrmals mäßigend eingreifen musste. Je nach Gästezahl unterschied man *lütte Köst* und *grote Köst,* auch die *halve Köst* mit bis zu 80 Gästepaaren und die *ganze Köst* mit 120 Paaren. Kein Wunder, dass die Brautleute es manchmal mit der *stillen Hochtiet* im Hause versuchten, zu der nur enge Verwandte und beste Freunde eingeladen waren. Das war allerdings verpönt, sodass man sich im letzten Augenblick doch noch für die *Frünnenhochtiet* im weiteren Verwandten- und Freundeskreis od. gar für die *lustige Hochtiet* mit allen Dorfbewohnern im größten Saal der Gastwirtschaft entschied. Die Einladungen überbrachte der → *Köstenbidder.* Vier Gänge waren beim

Festessen ein Muss: *Höhnersupp* od. → *frische Supp* (klare Gemüsesuppe) mit *Fleeschklüten* (Fleischklößen), *Ossen-* und *Swiensbraden, Brootpudding* (→ *Mehlbüdel*) und *achterup* noch Brot und Käse, Milchreis mit Zimt und Zucker, → *rode Grütt* od. Ähnliches. Dazu wurde reichlich getrunken und getanzt[594]. Verb → [1] *kösten* (kosten).

[1] kösten probieren, kosten, schmausen. Subst. → *Köst (1)* (Speise).

[2] kösten (Geld) kosten. Subst. *Kösten* (Kosten).

Köstenbidder Hochzeitsbitter, Einladender zur Hochzeitsfeier. Der *Köstenbidder* musste ledig sein und war meist ein enger Verwandter der Brautleute. Als Zeichen seiner Würde trug er einen langen, geschmückten Stab (Spieß), den *Köstenbidderspeet.* Seine Einladung brachte er als *Köstenbidderleed* in Reimform vor. Dabei wurde er sehr ausführlich und betete die zu erwartende Speisefolge herunter. Kostprobe: *twintig Höhner sünd slacht för de Supp, teihndusend Fleeschklüten sünd rullt, 'n Ossen un 'n Swien sünd slacht för den Braden, ook gifft dat Ries mit Zucker un Kaneel överstreut, dat sik dat Herz im Leibe freut; ook lustige Musik speelt dorto...*[595] Von → *Köst (3).* Vgl. → *anseggen.*

Köster m. Ein Küster ist ein Kirchendiener.

Kösters Kamp Beim → *Kamp* des → *Kösters* (Küsters, Kirchendieners und Totengräbers) handelt es sich zwar auch um ein eingezäuntes Feld, das aber nicht landwirtschaftlich genutzt wird, sondern als Friedhof dient; *na* Kösters Kamp *komen* (sterben).

594 HWB 2/654
595 HWB 2/1234 f.

Kostkind Pflegekind, das bei Pflegeeltern aufwächst, die dafür ein *Kostgeld* bekommen. Kostgeld bezahlte auch ein *Kostgänger,* ein Essensgast, der regelmäßig gegen Entgelt bei anderen Leuten aß. Ein Untermieter mit Vollpension wurde *in Kost und Logis* genommen.

Kötel kleiner, rundlicher Kotklumpen, Exkrement; *de hett sien letzten Kötel scheten* (über einen Sterbenden). Erw.: *Kötelbüx* (scherzh. → *Knickerbocker*); *Kötelfeger* (Spottn. Straßenfeger); *Kötelkamer* (Toilette); *Kötelkist* (Hintern; *ik pedd di in dien Kötelkist*).

Köter (abwert. für Hund) → *kötern.*

kötern Ein *Köter* ist ein Hund, od. etwas abfällig ausgedrückt: ein Hund „gemeiner Art", eben ein Köter – od. noch abfälliger: ein Straßenköter. Zu Zeiten, als es weder Leinenzwang noch Hundeführerschein gab und die Futtermittelindustrie noch keine Milliarden mit Trocken- und Saftmenüs für die ganz jungen, jungen, ausgewachsenen und älteren Vierbeiner kleiner, mittlerer und größerer Gestalt umsetzte, *köterten* die oft herrenlose Hunde durch die Stadt und versuchten, hier und da einen Bissen aus dem Abfall zu ergattern. Raa.: *dor ward de Köter in de Pann verrückt!* (Ausruf des Erstaunens); *as 'n lahmen Köter op dree Been lopen* (langsam und unbeholfen gehen). Übrigens gibt es den Köter auch in weiblicher Form, genannt *de Kötersch.* Allerdings müssen wir dazu das Tierreich verlassen und ganz vorsichtig und zurückhaltend erklären, dass damit in Hamburg laut Wörterbuch ein „sich herumtreibendes, bissiges und klatschhaftes Frauenzimmer" bzw. ein „gemeines Weibsbild" gemeint war[596].

596 HWB 2/1239

Kötersch (gemeines Frauenzimmer) → *kötern.*

Krabauter Spottn. für ein kleines, wildes Kind, meist für einen Jungen, was liebevoll, aber auch tadelnd gemeint sein kann; *de lütten Krabauters in de söövte Klass; se harrn licht noch 'n poor Krabauters nahebben kunnt* (sie hätten leicht noch ein paar Kinder mehr bekommen können). Entstanden zur Zeit des Dreißigjährigen Krieges aus *Kroate,* weil die Landknechte aus jenem Land als wüst, roh und rücksichtslos galten[597]. Zuerst auf einen erwachsenen Rüpel angewendet, dann diminuiert auf den ungebändigten Nachwuchs. Syn.: *Bengel,* → *Briet,* → *Buttje,* → *Gö̈ör, Knirps,* → *Krabb.*

Krabb (Plur. *Krabben*), n. 1. *dat Krabb* ist ein kleiner Mensch, ein Kind, gebraucht mit einem liebevollen Unterton; *dat leve lüttje Krabb; sik 'n lüttje söte Krabb angeln* (mit einem jungen Mädchen anbändeln). Von der *Krabbe* (f.), dem kleinen Meereskrebs bzw. einem kleinen Taschenkrebs, wobei auch hier die Betonung auf „klein" liegt. Vgl. → *Krabauter;* → *Buttje.*

Krähennest (seem.) Ausguck oben am vorderen Mast eines Schiffes. Übrigens hatte auch die „Titanic" zwei Matrosen im *Krähennest,* denen die Reederei aus Kostengründen noch nicht einmal Ferngläser mitgegeben hatte. Als sie den Eisberg sahen, war es schon zu spät. Das größte Schiff seiner Zeit sank während der Jungfernfahrt. Der Name leitet sich her von den *Krähen,* die man zur Landsuche ehedem an Bord mitführte und denen man folgte, nachdem man sie hatte auffliegen lassen.

Krakeel Lärm, Streit, Zank; *Krakeel moken* (Lärm machen); *denn güng bi em to Huus de Krakeel los; den Hoot op Krakeel hebben* (streitlustig sein). Verb *krakelen* (lärmend streiten). Syn.: → *Krambool.*

krall (in der Marsch und auf den Elbinseln vorwiegend *grall* gespr.). 1. munter, vergnügt; *munter un krall; em weer ganz krall to Sinn* (er war vergnügt); → *Hermann Claudius: so krall un* → *kregel as 'n Ulenspegel* (Eulenspiegel). 2. gesund (bei Jüngeren), rüstig (bei Älteren); *'n lütt Deern vun teihn Johr, krall un stramm; de Oolsch weer 'n oolt krall Minsch.* 3. drall; *'n lütt dicken, krallen un puusbackigen Jung.* 4. hell scheinend; *krall vun 'n Heven lücht de Sünn.* 5. straff gespannt od. gewickelt; *dat Tau is krall.*

Krambool Lärm, Geschrei. Syn.: → *Krakeel.*

kramen in etw. herumwühlen, etw. heraussuchen; nicht zu verwechseln mit *kramern* – geschäftig sein; dazu Subst. *Kramer* (→ *Krämer*).

Krämer (*Kramer*) ist ein Detailhändler mit einem kleinen Gemischtwarenladen. Nach 1890, als das Deutsche Reich spät, aber heftig in die Verteilung der überseeischen Gebiete eingestiegen war, nannte sich jeder provinzielle Krämer scheinbar weltläufig „Kolonialwarenhändler", selbst wenn Frau Pumeier von nebenan dort nichts anderes kaufte als Salz, Mehl, Grieß und Buchweizengrütze. Spottn.: → *Heringsbenniger,* → *Krinthenschieter* („Korinthenkacker"), → *Plummhöker,* → *Tütendreiher.* Die Krämer waren im → *Krameramt* organisiert. Sprachl. lässt sich keine feste Grenze zum → *Koopmann* od. → *Höker* ziehen. Während man in jüngerer Zeit unter einem Krämer vorwiegend einen Lebensmittelhändler versteht, haftet dem Hö-

597 Mensing 3/291

Wir schreiben das Jahr 1958, und dieser alte Kaufmann, der vor der Tür auf Kundschaft wartet, nennt sein Geschäft im Valentinskamp noch „Kolonialwarenladen".

ker immer noch der Bezug zum fliegenden Händler (→ *Melkhöker*), Marktbeschicker (→ *Grünhöker*) od. Hausierer (→ *Plünnenhöker*) an.

Krameramt Das *Krameramt* war zwischen 1375 und 1866 die Zunft der Hamburger Kleinhändler (→ *Krämer*), das um 1800 etwa 450 strengen Regeln unterworfene Mitglieder aufwies[598]. Zur Versorgung von Witwen und arbeitsunfähigen Angehörigen erbaute die Zunft 1676 als frühe Sozialeinrichtung die sogenannten *Krameramtwohnungen* am Krayenkamp nahe dem → *Michel*, die erhalten sind.

Krauter Spottn. für einen kleinen → *Krämer.*

Kraveel Karavelle, im 15. und 16. Jh. gebauter schmaler Schiffstyp mit drei Masten, der im Gegensatz zur bauchigen → *Kogge* keine überlappenden, sondern aneinanderstoßende Planken hatte; *twee Kravelen seilt de Elv rop.*

[1]Kreek (Plur. *Kreken*) ist ein kleiner, einfacher Handschlitten, häufig nur mit Sitzbrett und mit Bandeisen beschlagenen Seitenbrettern gebaut. „Die *Kreek* ist ein flacher Holzschlitten, auf dem wir in Blankenese mit einem Steuerknüppel die Neue Wiese *runtergerüüscht*[599] sind", schreibt eine Abendblatt-Leserin. „Die Nacht vorher wurde diese Wiese mit Wasser bespritzt, damit über Nacht das Wasser zu Eis gefrieren konnte. Eine Kreek gab es nicht einfach so zu kaufen, diese wurde extra von einem Zimmermann angefertigt für ein, zwei od. drei Personen. Die Rodler auf der Kreek hielten sich gegenseitig und am Steuerknüppel fest."

598 HWB 2/1252 f.
599 gefahren

Auch der Hund hat noch Platz auf der Kreek, einem typisch Blankeneser Rodelschlitten.

[2]Kreek (Plur. *Kreken*). Die Krieche, *Kricke,* Kriechpflaume, Rosinenpflaume, lat. *Prunus insititia,* ist eine verwilderte Zuchtpflaume, eine etwa kirschgroße, runde, geschmacklich der Zwetsche ähnliche, gelb bis violette Frucht. Wenn man jemanden *malle Kreke* schimpfte, bedeutete das hochd. etwa: ... du bist vielleicht 'ne Pflaume! In Haus- und Bauerngärten fanden sich früher zahlreiche *Krickenbäume,* und die reichlich sprießenden Ableger (die allerdings den Rasen zerstörten und die Terrassenplatten anhoben) wurden in der Nachbarschaft weitergereicht. Da man nichts umkommen ließ, was der Garten bot, kochte Mutter eine Suppe aus den Früchten – nicht entkernt, denn die Steine sind schwer vom Fruchtfleisch zu trennen. Die Familie wagte kaum zu schlucken und war weniger mit dem Essen als mit dem Ausspucken der Kerne beschäftigt. Deshalb nannten wir eine solche Suppe auch → *Spucksuppe.* Nicht zu verw. mit → [1]*Kreek* (Kinderschlitten).

Kreet Streit, Zank. Sprichw.: *vorher Bescheed, gifft naher keen Kreet* (vorherige genaue Absprache vermeidet späteren Streit). Verb → *kreteln* (zanken). Adj. *kretelich* (streitsüchtig). Erw.: *Kreetler* (Spielverderber); *Kretelbüx* (Streitmacher); *Kretelmeier* (Zänker); *Kreteltasch* (zänkisches Weib). Straßenn.: *Kreetkamp* (Othmarschen; ein Feld, um das es Zank und Streit gegeben hat); *Kreetslag* (Finkenwerder; umstrittener Streifen Land).

kregel Adj. 1. lebhaft, rege; *he is kregel as 'n Swiensteert.* 2. gesund; *ganz kregel wesen* (sich wieder gut fühlen).

krellen (ringeln) → *krillen.*

Krempel 1. unnütze und wertlose Gegenstände; *de ganze Krempel* (das ganze Gerümpel). 2. lästige Angelegenheit; *nu geiht de ganze Krempel wedder vun vörn los.* Vgl. → *Klöter.*

krengen seem. krängen, sich auf die Seite neigen (von Schiffen); *dat Schipp krengt bannig!* Von ndl. *krengen* (sich abwenden).

Krenzchen Kränzchen, „regelmäßige gesellige Zusammenkunft im kleinen Kreis bes. von Frauen und Mädchen“, hamb. auch → *Krink (2)* genannt.

kresich Adj. munter, kräftig, mutig; *he is kresich* (er ist stark); *he sett sik kresich to Wehr* (sich mit aller Kraft wehren); *kresich un kregel* (munter); *kresich Beer* („munteres“ Bier, das stark aufschäumt, weil es nicht kühl gestanden hat)[600].

kreteln streiten, zanken; *se hebbt sik bannig kretelt.* Syn.: *kreten, krekeln,* → *kabbeln.* Subst. → *Kreet* (Streit). Adj. *kretelich* (zänkisch). Erw.: *Kretelbüx, Kretelkopp, Kretelmeier, Kretelpott* (Streitmacher, männl.) bzw. *Kreteltasch* (Streitmacherin, weibl.).

kriegen Der Hamburger bekommt nichts, erhält nichts, schafft und beschafft sich nichts, gebärt nichts, erreicht nichts, fängt nichts, ergreift nichts, packt nichts – der Hamburger *kriegt* etwas. So und nicht anders. Das mag stilistisch ein wenig eintönig sein, ist in der Umgangssprache aber äußerst praktisch. Nur der Deutschlehrer malte im Aufsatz immer ein rotes „A“ an den Rand als Aufforderung, sich sofort einen Ausdruck aus der Hochsprache zu suchen; *dat in 'n Kopp kriegen* (verrückt werden); *klook kriegen* (begreifen); *kloor kriegen* (fertigstellen); *to veel kriegen* (nicht mehr ertragen können). Zur Entspannung ein Kinderreim: *Wullt mi hebben,/ kannst man seggen,/ moogst mi lieden,/ kannst mi kriegen.*

krillen (*krellen*). 1. drehen, wenden, ringeln; *dat Hoor krillt in 'n Nacken.* 2. einlaufen; *dat Tüüch krillt* (die Wäsche läuft ein). 3. beim Schlagen fest werden (Sahne, Zucker). Subst. *Krill* (f., Drehung, Wendung).

Krimsche 1. Kriminalbeamter; *he weer mol Krimsche west bi de Kriminalpolizei.* Syn.: *Kriminaal.* 2. Kriminalroman od. Kriminalfilm; *as ik den Krimsche leest heff.*

Krimskraams m., unnütze Gegenstände, Plunder, Tand; *se bugseert all ehrn Krimskraams vun een Wahnung na de anner.* Zum Teil auch nicht gegenständlich für etwas scheinbar Überflüssiges: *all de Krimskraams, wat de Kinner hüüt op de School lehren mööt.* Syn.: → *Backbeernmus;*

600 HWB 2/1269

→ *Himphamp;* → *Klackerkraam;* → *Klöterkraam, Klöteree;* → *Klumpatsch;* → *Krempel;* → *Kröpelkraam.*

Krink m. 1. Kreis, Umkreis, kreisförmige Anordnung; *in 'n Krink üm de beiden stahn* (im Kreis um die beiden stehen); *de Eer dreiht sik in 'n bannig wieden Krink üm de Sünn; in 'n Krink kieken* (nach allen Seiten Ausschau halten); *he fohrt jümmers in 'n Krink rüm* (immer im Kreis fahren). Wetterregel: *Krink üm 'n Maan, dat kann noch gahn, Krink üm de Sünn, dat bringt den Seemann swore Stünn.* Adj. *krinküm* (ringsum); *krinkwies* (kreisförmig)[601]. 2. Nun bedeutet der Krink als Kreis aber auch noch etwas ganz anderes, nichts Geometrisches, sondern etwas Soziales, kein weltweites, anonymes Netzwerk wie Facebook, sondern etwas durchaus Lokales, Niederdeutsches und vor allem Heimatliches. Das HWB erklärt den Begriff folgendermaßen: „kleine, meist gegenüber äußeren Einflüssen abgeschlossene Gruppe"[602]; *de Froonslüüd hebbt sünndags ehrn Krink* (ihr Kränzchen). Häufig begegnet uns der Ausdruck als *Plattdüütsch Krink* (od. *Kring*). Das sind Leute fortgeschrittenen Alters, Männer wie Frauen, die sich einmal in der Woche im ungeheizten Klassenzimmer der stillgelegten Dorfschule treffen, selbst gebackenen Streuselkuchen und eingemachte Fliederbeermarmelade verteilen, umständlich Kaffee → *aufbüdeln* und dann plattdeutsch od. Plattdeutsch vorlesen – mal ein Stück → *Kinau* od. → *Hermann Claudius,* aber meist Selbstgeschriebenes. Als Journalist ist es mir nie gelungen, in solch eine „abgeschlossene Gruppe" einzudringen, so als scheue sie die Öffentlichkeit. In unserem Dorf gibt es auch einen *Krink* als → *Häkelbüdelclub,* der natürlich nur aus Frauen besteht, die sich dienstags in der alten Schule treffen und, wenn ich heimlich durchs Fenster schaue, keineswegs häkeln, sondern eifrig reden. → *Krenzchen.*

Krinthen (Plur., Sing. *Krint*). 1. Korinthen, kleine getrocknete Rosinen, die in keiner Hamburger Küche od. Backstube fehlen durften; *mien Krinthen kann jedeen sehn, sä de Becker, dor harr he Krinthen op 'n Stuten*[603] *backt, aver keen binnen in.* 2. kleine Kotbällchen vom Schaf; *dat fallt em to as den Schäper de Krinthen* (ohne Zutun Glück haben). Erw.: Ein *Krinthenball* ist ein Tanzvergnügen für Kinder od. ein Ball für Erwachsene in ärmlichem Ambiente. Eine *Krinthenhüll* war scherzh. eine Schlafmütze, wie sie alte Männer nachts im Bett auf dem Kopf hatten (vgl. → *Kapittelmütz*), während die *Krinthenjack* eine weiße Leinenjacke war, die die → *Krämer* stolz in ihrem Lebensmittelgeschäft trugen, selbst wenn sie von ihrer Kundschaft abfällig *Krinthenpuler* od. *Krinthenpuper* genannt wurden. Ein → *Stift* od. Kaufmannslehrling wurde als *Krinthenjung* verspottet und jemand mit pockennarbigem Antlitz als *Krinthenklövengesicht. Krinthenklüten* sind Mehlklöße mit Rosinen. Was aber bedeutet der Ausdruck *Krinthenkacker* od. *Korinthenkacker?* Das war das Schimpfwort für einen unerträglich kleinlichen Menschen, für einen Kleinlichkeitskrämer, od. für einen Geizhals, der auch noch das Geringste zusammenkratzte.

Krinthenkacker (Kleinigkeitskrämer) → *Krinthen.*

Krips (Nacken) → *Grips.*

601 HWB 2/1284 f.
602 HWB 2/1285
603 Rosinenbrot

kröcheln husten, hüsteln, zwanghaft und ausdauernd räuspern ist, was man bei bei alternden Menschen, aber auch beim Vordermann im Theater od. Kino immer wieder antrifft: Sein ständiges *Kröcheln* geht einem ja wirklich auf die Nerven, schimpft er. Vgl. → *knüchen.*

Kröger Ein *Kröger* war ein 1. Gastwirt, der einen *Kroog*, einen Krug, betrieb, od. 2. ein Kleinhändler, der zumeist als *flegen Kröger,* als fliegender Händler, Getränke und Esswaren zum sofortigen Verzehr anbot und im Hafen vom Ruderboot aus vor allem an die Werftarbeiter verkaufte. Das war zwar verboten, wurde aber geduldet, Vgl. → *Flegenweert.*

Krökel f. 1. Hautfalte, Runzel. Adj. *krökelich* (runzlig); *krökelich in 't Gesicht* (faltiges Antlitz). 2. Eselsohr an einer Seite od. an einem Blatt. Richey: *Krökeln vorn Kopp: Runzeln auf der Stirne. Krökel im Booke: gebrochene Blätter, od. eingeschlagene Ecken*[604].

Krömelsnee („Krümelschnee") → *krömen.*

krömen „einbrocken", in Krümeln hineingeben. Ra.: *wat oder nix in den Melk to krömen hebben* (wohlhabend od. arm sein); *de hett nix in de Melk to krömen* (sie bekommt keine Mitgift); *dat krömelt al* (es beginnt fein zu schneien, es fällt *Krömelsnee*). Syn.: *krömeln* (krümeln). Adj. *krömelich* (krümelig). Erw.: *inkrömen, inkrömeln, inbrocken, inbröseln; Krömelee* (Kleinigkeiten). Vgl. → *fisseln.*

Kroonsbeer (Plur. *Kroonsberen*) f., Preiselbeere, Frucht des Preiselbeerenstrauchs; rote, herb schmeckende Waldbeere. Eigtl. „Kranichbeere" von mnd. *krōn* (Kranich), da die Beere gern von Kranichen gefressen wird.

604 Richey S. 140

Kroonsommer „Kranichsommer", Bezeichnung einer Schönwetterphase im Oktober, eine Jahreszeit, in der im Allgemeinen die Kraniche wegziehen (Vierl.)[605].

Kroos (Plur. *Kröös*) m., Trinkgefäß, Krug, Becher, blecherne Tasse mit Henkel, auch hölzerner Bierkrug mit Zinndeckel; *'n Kroos Beer op 'n Disch.* Trinkspruch am Stammtisch: *Proost!, seggt Joost und stickt sien Nees in 'n Kroos*[606].

Kröpel m., Krüppel. 1. behinderte Person; *enen to 'n Kröpel hauen.* 2. verkümmerte Pflanze. 3. Zahnstumpf; *he hett bloots noch Kröpels in 'n Mund.* 4. aus der Form geratener → *Pannkoken* od. misslungene Backware. Adj. *kröpelich* (gebrechlich, kümmerlich, armselig); *krank un kröpelich* (alt und gebrechlich); *dat kröpelige Leven* (das beschwerliche Dasein).

Kröpelkraam → *Krempel,* wertloses Zeug. Von → *kröpeln.*

kröpeln sich abmühen, um seinen Lebensunterhalt kämpfen müssen; *he hett ficks wat to kröpeln.*

Kropp Kropf, dicker Hals, Doppelkinn; *övern 'n Kropp snacken* (hochnäsige Reden führen).

Kroppstück „Halsstück", gebogener Teil des Treppengeländers[607]. Vgl. → *Kropp.*

605 HWB 2/1294
606 HWB 2/1294
607 HWB 2/1297

Kropptüüch (*Kruuptüüch*) Kroppzeug, was sich auf 1. kleines Getier, 2. auf die durcheinanderlaufende Kinderschar, 3. auf Versager, auf ärmliche, kleine Leute bzw. allgem. auf das Pack und Gesindel od. 4. auf etwas Wertloses beziehen kann. Von ndd. → *krupen* (kriechen), Subst. → *Kruup* (kriechendes Wesen, Kleinvieh) aus mnd. *krôp* (Vieh)[608]. Vgl. → *Kröpelkraam.*

krosch (*kross*), heute deutschlandweit gebraucht und den Zuschauern in jeder nervigen Fernsehkochshow im Minutentakt um die Ohren geschlagen, ist norddeutschen Ursprungs und bedeutet: 1. knusprig (von Gebackenem und Gebratenem). 2. spröde, leicht brechend (von Holz; Zweige vom *krossen* Himbeerbusch). 3. kräftig, hart; *'n kroschen Ball* beim Schlagballspiel. 4. prahlend, großspurig; *nu man to, sä he kross.*

Kru hamb. für engl. *crew* (Mannschaft, Schiffsbesatzung, scherzh. für die gesamte Familie).

kruden [spr.: *kru:n*] 1. jäten, Unkraut ziehen. 2. verunkrauten, mit Unkraut zuwachsen. Adj. *krudich* (mit Unkraut überwachsen); *de Stiegen sünd all so krudich*[609].

krüderich Adj. würzig, aromatisch. Von → *Kruut* (Plur. *Krüder*), also Kräuter, womit hauptsächlich Küchenkräuter gemeint sind, die zum Würzen verwendet werden. Ist einer Hausfrau das Essen besonders wohlschmeckend gelungen, sagte man lobend: *dat Eten is besonners scheun krüderich worrn.* Wenn es aber zu stark gewürzt war, konnte man hören: *dat is mi aver meist to krüderich*[610]*; dat Hei rüükt so krüderich* (das Heu hat einen würzigen Duft).

Kruke (*Kruuk*). 1. Gefäß aus Ton, Keramik od. Porzellan, häufig mit Deckel, für Esswaren, Zutaten, Gewürze od. Flüssigkeiten. Ein *Krukenbord* war ein offenes Regal an der Küchenwand mit meist drei Brettern, auf denen mehrere weiße *Kruken* aufgereiht standen für den schnellen Zugriff auf Zucker, Mehl, Grieß, Salz, Gewürze etc. beim Kochen. 2. seltsames Geschöpf, Kauz, verschrobenes Weib; *du ole Kruuk!* 3. *Anno Kruuk* (zu einer lang zurückliegenden Zeit); *dat is vun Anno Kruuk, as de Buern noch op 'n Ossen to de Kark rieden doon* (das ist längst veraltet). Von mnd. *krûke* (Krug)[611].

Krüll (Locke) → *Krülliesen.*

Krülliesen od. *Krülltang*, so hieß früher das *Lockeneisen* und war das Heimwerkzeug der Frauen, die sich am Gasherd mit einer solchen erhitzten Zange ein paar Kräusellocken machten. Das Gerät bestand aus einem langen, runden Zangenteil, der in einen gleich langen hohlgeformten Teil eingriff. Die Haare mit dem nicht zu heißen Eisen gefasst und mit ein paar Drehungen bis zum Abkühlen gepresst – und schon war die Heißwelle erreicht. Das *Krülliesen* war der Vorläufer des heutigen Lockenstabes. Von *Krüll* (Locke).

krupen kriechen, sich geduckt (Mensch und Tier) od. auf allen vieren (Mensch) fortbewegen; *as 'n Aal, de ut de Rüüs*[612] *krüppt; de Hund krüppt ünner de Bank; wat krupen loten* (etw. auf sich beruhen lassen); *to Krüüz krupen* (klein bei-

608 Küpper S. 264
609 HWB 2/1300
610 lt. Hans-Hermann Wölfert
611 Lübben S. 191
612 Reuse

geben); *in 't Muuslock krupen* (Angst haben); *eerst krupen, denn gahn* (immer der Reihe nach); *mi ward dat bilütten krupen* (ich werde langsam nervös)[613]. Subst. → *Kruup* (Kleinvieh); → *Kruupünner* (Krupunder).

Krupunder (Ortsn.) → *Kruupünner.*

krüsch (*krüüsch*). Wenn → *Klein Erna* ihren Spinat nicht essen wollte, lustlos in der Buchweizengrütze ohne Zucker und mit Magermilch od. im pappigen Kartoffelmus herumstocherte, sagte Mutter Pumeier: „Nu sei maa nich so krüsch!", was bedeutete: Nun sei nicht so wählerisch, iss, was auf den Tisch kommt! Das ndd. Adjektiv *krüsch* (wählerisch) ist wahrscheinlich aus der umgangssprachlichen Umstellung von *kürsch* (*kürisch*) entstanden, das zu dem Verb *küren* (wählen, ausprobieren) gehört; *de Deern is so lang krüsch, bet se kenen afkriggt* (ein Mädchen ist so lange wählerisch, bis sie überhaupt keinen Mann abzubekommen scheint); *man nich so krüüsch sien, goot Swien fritt allens* (man nicht so krüsch, ein gutes Schwein frisst alles).

kruse Dellen bezeichnet die Dauerwelle, die 1906 von dem Deutschamerikaner *Karl Nessler* (1872–1951) erfundene Methode, das Damenhaar mit allerlei Chemikalien (dem Bleichmittel *Wasserstoffperoxid*, H_2O_2, damals in der Umgangssprache nur *Wasserstoffsuperoxyd* genannt[614]) zu malträtieren und zu verunstalten. Glücklicherweise ist die Dauerwelle heute etwas aus der Mode gekommen, aber in den Fünfzigerjahren kämpften die Frauen aller Schichten geradezu um die Friseurtermine, um ihre Frisur in *kruse Dellen* legen zu lassen. Da saßen sie nun mit rotem Kopf und straff angezogenen Lockenwicklern in der Reihe unter den riesigen Wärmehauben, lasen die „Mappe"[615] od. versuchten ein Gespräch mit der Nebenfrau, was wegen der Föhngeräusche aber sehr mühsam war. Meine Mutter war nach so einem Friseurbesuch immer tagelang wie erschlagen, sodass in der Familie eine gelinde Panik ausbrach, wenn sie verkündete, dringend eine neue Dauerwelle zu benötigen.

[1] Krüsel m., Öllampe *(Krüsellamp)*, im vorelektrischen Zeitalter zur Beleuchtung im Haus, Stall od. in der Werkstatt unverzichtbar. Da das Öl teuer war, wurde häufig der billigere → *Traan* (Tran) verwendet, deshalb auch *Traankrüsel* od. *Traanfunzel* genannt. Laut HWB besteht sie aus einem Gefäß für Öl *(Schipp)* mit meist mehreren Ausbuchtungen für den Docht aus getrocknetem Binsenmark (→ *Traanbees*) od. Baumwollfäden. Dieses Gefäß steht in der Regel in einem weiteren Gefäß *(Leckschaal)*. Als Hängelampe hängt der *Krüsel* am → *Krüselhaken*, als Stehlampe am → *Krüselstock*[616]. Dim. von mnd. *krûs* (Kanne, Trinkkanne, Krug)[617]. Erw.: *Krüsellicht* (typ. Licht von einer Öllampe).

[2] Krüsel 1. Kreisel (Kinderspielzeug). Sicher, früher gab es weder Computer, Internet, Facebook, Handy, iPhone od. MP3-Player, mit denen die Jugend jetzt vollständig ausgelastet ist, aber dass sie sich damals, wie nach alten Quellen und Wörterbüchern zu vermuten steht, pausenlos

613 HWB 2/1304 f.

614 daher der frühere Ausdruck *Wasserstoffblondine*

615 mehr od. weniger aktuelle Zeitschriften, damals mit einem mappenähnlichen Zusatzumschlag aus braunem Packpapier versehen, die Friseursalons und Arztpraxen wochenweise mieten konnten

616 HWB 2/1306

617 Lübben S. 191

entweder mit den → *Marmeln* od. den Kreiseln beschäftigt hat, wirkt aus heutiger Sicht nun doch etwas abgestanden. Für beide Beschäftigungen gab es unzählige Ausdrücke, Regeln und Vorschriften, die den Kindern offenbar wichtiger waren als alles andere auf der Welt. Das HWB kennt folgende Kreiselarten: *Beerbuuk, Beertünn, Berta, Brummer,* → *Brummkrüsel, Dickkopp, Druutje, Druuv, Eierbeker, Eiergeel, Eierkoker, Eierkrüsel, Eiertünn, Eiertüüt, Gnurrkater, Heister, Huulkrüsel, Kaffeputt, Kaffetüüt, Langbeen, Lutscher, Proppentrecker, Schievenspringer, Snurrkater, Steenstöter, Teebrett, Tütenkrüsel* und *Tüüt*[618]. 2. Rausch; *'n ficksen Krüsel hebben* (total betrunken sein). Auch hier dreht sich etwas wie ein Kreisel, und zwar die Welt scheinbar vor den Augen des *dunen Kopps.* Adj. [1] *krüselich* (verwirrt, konfus im Kopf). Syn.: → *Glimmer (3).*

Krüselhaken von der Decke herabhängendes sägeförmiges Gestänge, an dem der → [1] *Krüsel,* die Öllampe, in beliebiger Höhe aufgehängt werden konnte[619].

Krüsellamp (Öllampe) → [1] *Krüsel.*

[1] krüseln mit dem Kreisel spielen; *de Gööm krüselt.* Von → *Krüsel*[2] *(1).* Vgl. → *küseln* (wirbeln).

[2] krüseln kräuseln, in feine Falten od. Locken legen. Zu *kruus* (kraus). Adj. [2] *krüselich* (gekräuselt). Subst. → *Kruus.*

Krüselstock Laternenständer, in der Diele von Bauernhäusern teilw. zwei Meter hoch mit Fußgestell und Querstange zum Aufhängen der → [1] *Krüsel* (Öllampe).

Kruup n., (Klein-)Vieh, kriechendes Wesen, krabbelnde Kinderschar. Aus → *krupen* (kriechen) von mnd. *krûp* od. *krôp* (Vieh, bes. Rindvieh). Sprichw. holst.: *keen Kruup is in de ganze Welt, dat nich sien Deel is bestellt* (jedes Geschöpf hat seine Bestimmung)[620]. Vgl. → *Kropptüüch.*

Kruupünner Der *Kruupünner* war ein „Kriechunter", ein kleiner Mensch, besonders jedoch ein ganz kleines Kind, das sich unter Mutters Rock versteckte, wenn ihm etwas nicht geheuer war od. wenn ein Fremder laut und vereinnahmend auf es zukam. Im Westen gab es früher ein Wirtshaus, in dem man auf dem Weg nach Altona *ünnerkrupen* (einkehren) konnte. Daraus ist der heutige Ortsname *Krupunder* entstanden.

Kruus (Plur. *Krüsen*) f., Krause, von → [2] *krüseln* (in Falten legen, kräuseln). 1. reihenweise angeordnete Fältchen in Stoffen. 2. → *Halskrause,* die als Teil der Amtstracht wie ein voluminöser → *Mühlsteinkragen* aus gestärktem weißem Leinen noch heute von Hamburger Hauptpastoren um den Hals getragen wird.

Kruut (Plur. *Krüder*) Kraut. Erw.: → *Aalkruut;* → *Bessenkruut;* → *Dunnerkruut* (Fetthenne); → *Rottenkruut* (Rattengift); → *Unkruut;* → *Wustkruut. Adj.* → *krüderich* (würzig). Verb → *kruden* (jäten).

kucken *kucken, nordd. für gucken,* so steht es seit Jahrzehnten im Duden. Und tatsächlich kennt der Hamburger das Wort *gucken* gar nicht. Er

618 HWB 2/1306 f.
619 HWB 2/1307
620 Mensing 3/345

sagt (und schreibt) *kucken* (schauen), *Kuckfenster*, *Kuckloch* (Spion), *Topfkucker* (Neugieriger in der Küche), *Kuckkasten* (Bildbetrachter), *Auskuck* (Ausblick) und *Hinkucker* (Blickfang)[621]. Die Lautveränderung dürfte auf die ugs. Angleichung an → *kieken* zurückzuführen sein.

Kuddel Daddeldu ist der Spottn. für einen Seemann. Joachim Ringelnatz (1883–1934) nennt seine entsprechende Figur *Kuttel Daddeldu*. Vgl. → *daddeldu.*

Kuddeljux (Matjessalat) → *Kuddelmuddel.*

Kuddelkraam (verschlissene Wäsche) → *utkuddeln.*

Kuddelmuddel für 1. Durcheinander, Wirrwarr ist ein Berliner Ausdruck, der nach 1900 auch die Hamburger Umgangssprache erreicht hat. Es handelt sich um eine Wortdoppelung aus ndd. *koddeln* (nicht sauber waschen) und ndd. *Modder* (Dreck, Schlamm). 2. *Kuddelmuddel* steht auch für das Durcheinander kleiner unbedeutender Sachen. Der *Kuddelmuddelmarkt* war der Teil des Dommarktes, auf dem nur alte abgelegte Gegenstände verkauft wurden. Heute würden wir *Flohmarkt* dazu sagen. Wenn wir ein *Kuddelmuddel* aus Matjesstücken, Tomaten, Gewürzgurken und Zwiebeln anrichten, erhalten wir einen echt Hamburger Matjessalat, der in einigen Familien treffend *Kuddeljux* genannt wurde [622]. Vgl. → *Kuddelmuddeldanz.*

Kuddelmuddeldanz ist ein Tanz, bei dem die Musik mehrmals stoppt, worauf hin auf der Tanzfläche die Partner gewechselt werden müssen, sodass sich ein → *Kuddelmuddel*, ein großes Durcheinander der Paare, ergibt.

Kuddelmuddelmarkt (Flohmarkt) → *Kuddelmuddel.*

Kuff (Plur. *Kuffen*) f. 1. Die *Kuff* war ein breites, flaches Segelschiff mit Groß- und → *Besanmast* und geringem Tiefgang zur Beförderung von Frachten vor der ostfriesischen und niederländischen Küste, die auch als „alter Kahn" den Hamburger Hafen anlief. Von fries. *kufschip*, ndl. *kof*, verwandt mit *Kufe*[623]. 2. Daraus entstand in der hamb. Hafensprache das Schimpfw. *Kuffen* (Plur.) für ältere Mädchen und abgetakelte, rundliche → *Jungfern; 'n poor verdammt rundboote Kuffen sünd ji!*

Kufferbuer („Kofferbauer"), so bezeichnete man den nicht vermögenden Ehemann, der eine reiche Hoferbin geheiratet hatte. Mit viel Ironie und Neid ging man davon aus, dass er bei der Hochzeit seine Habseligkeiten in einem einzigen Koffer verstauen konnte.

Kujambelwasser (seem.) ist 1. eine Art Limonade, die von den Besatzungen der Segelschiffe, der alten Dampfer und Hochseetrawler[624] getrunken wurde – od. besser gesagt: getrunken werden musste. Für uns Landratten ist es immer wieder schwer einzusehen, dass inmitten eines Ozeans Wassermangel herrschen soll, aber das Trinkwasser an Bord war früher knapp und schmeckte im Laufe der Reise von Tag zu Tag schlechter und abgestandener. Um den fauligen Geschmack zu

621 lt. Gerhard von Harscher
622 lt. Ursula Erdmann
623 Duden: Das große Wörterbuch der deutschen Sprache o. S.
624 Fischfangschiff

verbergen, versetzte der → *Smuttje* das Wasser mit einem Schuss Essig und einem Glas Marmelade, sodass eine Art Limonade entstand, die besonders in den tropischen Breiten für Erfrischung sorgte. Bis heute heißt in der Bundes- und Handelsmarine die Limonade an Bord *Kujambel,* nur dass jetzt keine Marmelade, sondern Konzentrat od. frisch gepresste Früchte verwendet werden. Übrigens: *Kujambelwasser* gibt es auch an Land, besonders in Hafennähe, aber wer auf St. Pauli Kujambelwasser bestellt, sollte sichergehen, dass es sich wirklich „nur" um Limonade handelt.
2. Mit *Kujambels* od. *Kujampels* wurden in der Handelsschifffahrt auch exotische Währungen bezeichnet, jedenfalls in den Fünfziger- und Sechzigerjahren. Typische Frage damals: Wie viele *Kujambels* kostet das?

kulen graben, in der Erde wühlen, beerdigen; *denn kuult se mi in 'ne Eer.* Von → *Kuul* (Grube, Grab).

Kulengrever (Totengräber) → *Kuul* (Grab).

Kuli h. seem.: Schimpfw. für den Heizer der Kaiserlichen Kriegsmarine, dann allgem. bis zum Zweiten Weltkrieg: Matrose der Kriegsmarine[625].

Küll f., Kälte; *'n asige Küll* (grimmige Kälte); *teihn Grood Küll* (Frost). Raa.: *wat goot is för de Küll, is ook goot för de Hitt* (sagt Großvater, wenn er im Sommer → *Grog* trinkt); *vun de Melk is de Küll vun af* (die Milch ist von der fürsorglichen Mutter angewärmt worden, was den Kindern aber gar nicht zusagte).

Kumkummer [spr.: *kumku'mα*] f. 1. hamb. für Gurke, womit bes. die große, ausgereifte Frucht zum Einmachen gemeint war, die die Bauersfrauen auf den Hamburger Märkten anboten und in den Hamburger Straßen ausriefen; *'ne lange, grote Kumkummer!*[626] Entspr. dem südwestd. *Kukumer* von frz. *concombre* (Gurke). Syn.: *Gurk*. Erw.: → *Kumkummersnuut* (Kleinlichkeitskrämer).
2. übertr. für große, unförmige Nase, die ja bekanntlich heute noch überall respektlos „Gurke" genannt wird.

Kumkummersnuut Schimpfw. für einen → *Krämer,* der seinen Kunden gegenüber so kleinlich ist, dass er das Pfund Gurken, das auf der Waage 509 Gramm anzeigt, nicht im Ganzen abgibt, sondern von der letzten Gurke entsprechend abschneidet. Von → *Kumkummer* (Gurke)[627].

Kumme (*Kumm*). 1. Schüssel zum Anrühren und Servieren von Speisen; *bimm, bamm, bumm, Klüten in de Kumm.* 2. eine große Schüssel, um sich darin zu waschen. Zimmer mit fließendem, gar mit kaltem und warmem Wasser sind eine relativ neue Einrichtung. Seinerzeit wurde in den Herbergen und auch im häuslichen Schlafzimmer eine *Waschkumme,* dazu eine hohe Wasserkanne, Waschlappen, Handtuch und Kernseife auf dem *Waschtisch* (die Luxusausführung mit Marmorplatte und Wandspiegel) bereit gelegt.

Kummerlüüd (Müllwerker) → *Kummerwagen.*

Kummerwagen Im 19. Jahrhundert amtliche Bezeichnung für den Müllwagen, mit dem Abfälle, Schmutz und Fäkalien aus der Stadt transportiert

625 HWB 2/1327

626 HWB 2/1324
627 Vgl. Mensing 3/363

wurden. Ursprünglich zogen den Wagen keine Pferde, sondern Sträflinge, die von einem Wärter begleitet wurden, der den armen Männern vor dem *Wagen* mit seinem Stock *Kummer* bereitete. Die Müllwerker wurden deshalb noch bis ins 20. Jh. hinein *Kummerlüüd* genannt. Einer dieser *zur Karre* verurteilten Sträflinge war *Michael Schott*, der nach seiner Entlassung diesem Gewerbe treu blieb und der → *Schottschen Karre* den Namen gegeben haben soll[628]. Das dürfte allerdings ein Heimatkunde-Märchen sein.

Kümmt nich in de Tüüt! wörtl.: Kommt nicht in die Tüte, gemeint ist damit aber: Auf keinen Fall, ganz und gar nicht, das wollen wir nicht, das schließen wir aus, niemals, nicht mit mir!

Küper 1. wie → *Böttjer* etc. 2. Warenkontrolleur im Hafen.

Küsel Wirbel, Drehbewegung. Von → *küseln* (sich schnell drehen). Vgl. → ² *Krüsel* (Kreisel). Erw.: → *Küselstroom* (Wasserwirbel); → *Küselwind* (Wirbelwind).

küseln 1. sich schnell drehen, wirbeln; kreisen. Dabei kann es sich um Wind *(de Wind küselt in de Bööm)*, Wasser *(dat Water küselt un schüümt)*, aber auch um Gedanken handeln: *dat küsel dörch unsen Kopp*. Subst. → *Küsel* (Wirbel). 2. taumeln; *he küselt, he is duun* (er kann sich nicht mehr auf den Beinen halten). Adj. *küselich* (schwindelig). Vgl. → ² *krüseln* (mit dem Kreisel spielen).

628 lt. Tilgner: Kleines Lexikon S. 132. Das HWB weist den Namen allerdings dem Adj. *schottsch* (schottisch) zu (HWB 4/148). Der Name *Schottsche Karre* taucht zum ersten Mal 200 Jahre nach dem Tod von Michael Schott auf, sodass ein Bezug nicht gegeben sein kann.

Küselstroom Strömung mit Strudeln. Syn.: *Trudelstroom*[629].

Küselwind Wirbelwind mit dauernd drehenden Windrichtungen, wie er vor einem Gewitter auftritt; *de Küselwind suust över dat Feld.* Richey: *küseln: taumeln, rund herüm lauffen. Küsel-Wind: Wirbel-Wind*[630].

Kusen (Backenzähne) → *Kusentrecker.*

Kusenprökel Dieses Wort dürfte Großmutter noch nicht gekannt haben. Als die Hamburger Profis Hartmut Cyriacks und Peter Nissen „Harry Potter" ins Plattdeutsche übersetzten („Harry Potter un de Wundersteen"), stießen sie auf das Wort „Zahnstocher", für das es keine eingeführte Entsprechung gab. *Tähnstocher?* Nein, sie kreierten das Kompositum *Kusenprökel* aus → *Kusen* (Backenzähne) und → *prökeln* (stochern)[631]. Plattdeutsch lebt!

Kusentrecker Die *Kuus* (Plur. *Kusen*) ist der Backenzahn, häufig der Ort für → *Tähnpien* (Zahnschmerzen), und der 1. *Kusentrecker* ist der „Zahnzieher", der Zahnarzt od. ehemals der Dentist. Zahnärzte bereiteten Schmerzen und waren deshalb durchgehend unbeliebt, wobei sie sich noch dem Verdacht aussetzen mussten, ihr Bankkonto sei umgekehrt proportional zu ihrer Beliebtheit (was mein Zahnarzt aber heftig bestreitet); der hamb. Volksmund kannte viele abfällige Begriffe; *Kusendokter, Kusenklempner, Kusenknacker, Kusenknieper, Kusenrieter* od. *Kusenschooster*, um nur einige zu nennen. 2. Ab und zu geht das Zahnziehen auch einfa-

629 HWB 2/1346
630 Richey S. 145
631 Alexander Schuller: Die Platt-Macher. HA 23.12.2010 S. 12

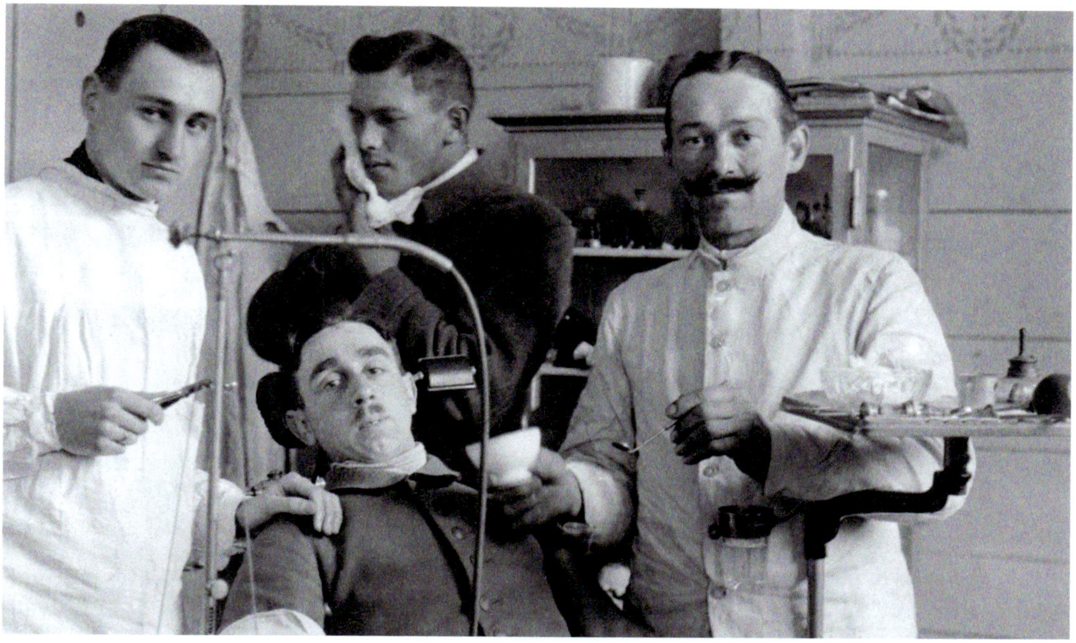

Der Kusentrecker, der Zahnarzt, nähert sich im Jahre 1910 mit der Zange in der Hand seinem vor Angst misstrauisch dreinblickenden Patienten. Die Angst ist bis heute geblieben, nur die Ausstattung der Praxen präsentiert sich jetzt weitaus moderner.

cher, wenn auch unfreiwillig vonstatten – ein klebriger Bonbon *mank de Kusen* genügt, um Plomben und ganze Zähne zu entfernen; deshalb heißt der Rahmbonbon scherzh. auch *Kusentrecker*. 3. Zudem wird der Kuhfuß, das Hebelwerkzeug zum Nägelziehen, *Kusentrecker* genannt.

Küste h.: In Hamburg hießen die Straßen direkt am Hafen auch *Küste*.

Kutsch (Gerbstoff) → [1] *Loh*.

Kuttenlicker (seem.). Der Eckenpinsel mit abgewinkeltem Stiel zum Streichen schwer erreichbarer Stellen wird auch scherzh. *Kuttenlicker* genannt. Kleiner Hinweis: Die *Kutt* ist das weibl. Geschlechtsteil (lat. *vulva*).

Kuul (*Kuhl*) Erdloch, flache Grube, muldenartige Vertiefung, Kuhle. Von mnd. *kule* (Grube, Grab). Im Plattdeutschen klingen viele derbe Ausdrücke bei Weitem nicht so hart wie im Hochdeutschen. Dasselbe gilt auch für die Umschreibung körperlicher Gebrechen. Anstatt einfach zu sagen: „Er hinkt“, benutzte Großmutter die Phrase: *he pedd so 'n beten in 'ne Kuhl* [632]. Subst. *Kulenpedder* (Hinkender). Verb → *kulen* (in der Erde wühlen, graben, beerdigen). Syn.: → *inkulen* (begraben). Erw.: *Kulengrever* (Totengräber, Friedhofsarbeiter). Straßenn.: *Kuulsbarg* (Blankenese); *Püttkuhl* (Osdorf).

küün (*küüm*) matt, schwach.

632 lt. Olaf Haselhorst

L

laat [spr.: *loot*] Adv. spät; *wo laat is dat?* (wie spät ist es?), Komp. *later* (später); *Vadder kümmt later; je later an 'n Avend, je scheuner de Gäst,* begrüßte man späten od. unverhofften Besuch.

Labberdiedel Es gab einmal einen Lehrer, der wie ein Gammler herumlief und zudem auch noch sehr schlecht lehrte. Er war ein richtiger *Labberdiedel,* mit dem war nichts los. *Schlappschwanz* könnte man vielleicht auch sagen[633].

labbern seem. für schlaff werden (von Segeln) aus ndl. *labberen* (sich schlaff hin und her bewegen). Das Verb ist wohl mit → *Lappen,* schlapp, schlaff (→ *lappsich*) verwandt. Auch im *Schlaf* wird der Mensch schlaff[634].

Labskaus Ein traditionelles Gericht der Segelschiffzeit, das der → *Smuttje* (Schiffskoch) den Matrosen quasi als „täglich Brot" darbot, weil seine Grundbestandteile vor der Erfindung modernerer Konservierungsmethoden an Bord länger haltbar waren: Die Grundmasse bestand aus durchgedrehtem und aufgekochtem Pökelfleisch (vgl. → *pökeln*) mit gestampften Kartoffeln, häufig mit gehacktem Salzhering, Zwiebeln und zerkleinerten Salzgurken verfeinert. An Land galt *Labskaus* (von engl. *lobscouse*) lange als Arme-Leute-Essen, bis es im Zuge nostalgischer Hinwendung zu alten Rezepten auf die Speisekarte aller traditionsbewussten Restaurants geriet. Labskaus wird jetzt meist mit Rollmops, Gewürzgurke, Roten Beten und pro Portion mit einem Spiegelei serviert.

633 lt. Hans-Hermann Wölfert
634 Duden Bd. 7 S. 469

lack Adv. 1. ausgetrocknet, eingeschrumpft. 2. locker, lose; *de Gardien hangt lack hendaal.* 3. leer od. besiegt beim → *Marmelspiel; de Pott is lack* (das Marmelloch enthält keine Marmeln mehr); *du büst lack* (du hast verloren)[635].

lackeern 1. lackieren, mit Lack streichen; *so 'n lackierten Aap* (herausgeputzter Zeitgenosse). 2. beschummeln; *de Schietkeerl hett uns lackiert* (betrogen). Vgl. → *lackmeiern.*

lackmeiern täuschen, betrügen; *he is lackmeiert worrn.* Subst. *he is de Gelackmeierte* (man hat ihn angeschmiert).

lahmlennich (erschöpft) → *maddelich.*

Lameng ist die Hand (von frz. *la main*); *aus der Lameng* (aus der Hand, so mit links, ohne großen Aufwand); *ut de Lameng spelen* (beim Skat aus der Hand spielen).

Lamperie Der *Lambris* ist die frz. Bezeichnung für die untere Wandverkleidung in hochherrschaftlicher Wohnumgebung aus Holz, Marmor od. Stuck. Landschaftlich wurde *Lambrie* od. *Lamperie* daraus, womit der Hamburger ursprünglich wohl etwas spöttisch die Fußleiste meinte, zu der die edle Holzverkleidung geschrumpft war. Sparsame Hauswirte schenkten sich auch noch die Fußleiste und begnügten sich in Treppen- und Bürohäusern mit einem handbreiten *Feudelstrich* aus Ölfarbe, der die Wand schützen sollte, wenn Frau Pumeier mit → *Feudel* und → *Leuwagen* (Wischtuch und Schrubber) in alle Ecken fuhrwerkte.

635 HWB 3/7 f.

Land ist der Teil der Erdoberfläche, der nicht mit Wasser bedeckt ist. Bevor der geneigte Leser den Autor nun der Banalität bezichtigt, sei gesagt, dass es sich hierbei um die Erklärung in einem seriösen Lexikon handelt[636]. Schenken wir uns weitere Zitate bis auf eine Redensart, die nichts mit Erde od. Wasser zu tun hat: *loot mi an Land!* bedeutet: das interessiert mich nicht!

Langdarm Spottn. für einen langen und hageren Menschen. Syn.: *Langbeen.*

Lange Familienn., der ohne bestimmten Personenbezug spött. für „lange Finger" steht; *bi Klemm un Lange arbeiden* (stehlen); *en vun Klemm un Lange* (Dieb); *bi Klemm un Lange in de Lehr west sien* (zum Diebstahl angeleitet worden sein).

langen 1. geben; *enen wat langen* (jmdn. ohrfeigen). 2. ausreichen, genügen; *dat langt för hüüt.* 3. greifen; *em hett de Düvel in de Tasch langt* (er hat alles verloren). 4. her- od. hinüberreichen; *lang mi mol den Kömbuddel her!*

Langsaamgahn umschreibt das Langsamgehen, und dazu gibt es eine alte Redensart, die vermuten lässt, dass die Null-Bock-Mentalität der Schulabgänger nicht unbedingt eine Erfindung der vergangenen Jahre sein muss: *he geiht al in de letzte School, he lehrt al dat Langsaamgahn.*

Langschefters (Plur.) sind die Stiefel mit langem Schaft, auch *Langscheftige* od. *Langstevels* genannt. Jahrhundertelang fertigte man sie aus Leder, erst in der ersten Hälfte des 20. Jahrhunderts *ut Gummi.* Die wasserdichten Gummistiefel wurden dann auch in Europa massenhaft produziert, etwa von der *Harburger Gummiwarenfabrik Phoenix AG.*

langssiet längsseits, außen an der Längsseite des Schiffes; *he liggt bi uns langssiet; langssiet komen.* Übertr. *mien lütt Enkelsöhn is langssiet bi mi ünner de Slaapdeek kropen.*

langstielich waren nicht nur Blumen mit langen Stielen, sondern auch Zeitgenossen mit „langer Leitung".

¹Lapp (*Laps*) m., „Laffe", einfältiger Mensch, Flegel; a.: ein Mensch mit langen Gliedmaßen, der nicht weiß, wohin damit; *du lange Lapp, fall man nich över dien egen Fööt!* Verb → *lappen* (schlaff herunterhängen). Adj. → *lappsich* (wie ein *Lapp*). Erw.: *Lappoors* (schlapper Mensch)[637].

²Lapp → *Lappen.*

Lappen minderwertiges Stück Stoff. 1. Brannte in der Hafenkneipe die Luft, war die letzte Heuer immer noch nicht versoffen und wurde eine Runde nach der anderen geschmissen, konnte der Wirt nicht jedes Kornglas einzeln und sorgfältig füllen. Er stellte die kleinen Gläser in einer langen Reihe auf einem feuchten → *Fatuch* auf und fuhr mit der Schnapsflasche die Reihe in bemerkenswerter Geschwindigkeit ab. Ein gut Teil des Korns landete dabei im *Lappen.* Wer kein Geld mehr hatte, konnte ihn sich → *auswringen* lassen. Er bestellte dann *enen ut 'n Lappen,* dazu vielleicht noch ein → *Leckbier.* Auf dem Grindelberg hieß ein dementsprechendes Wirtshaus „Im smerigen Lappen". 2. Urspr. etwas schlaff Herabhängendes.

636 HWB 3/16

637 Mensing 3/411 f.

In der Jägerspr. haben die *Lappen* verschiedene Bedeutung, etw. die Lefzen des Hundes, vor allem aber an langen Schnüren aufgehängte Stofftücher, die bei Treibjagden das Wild abschrecken sollen, aus einem Sektor seitlich auszubrechen, damit sie so in eine bestimmte Richtung vor die Flinten der Jäger getrieben werden konnten. Brach trotz der Markierung Wild aus, so war es *durch die Lappen gegangen* (entkommen), hamb. *enen dörch de Lappen gahn* (entwischen).

lappsalven (seem.) zur Konservierung mit Teer einreiben, mit einen Lappen „salben". Vor allem Tauwerk wurde früher *lappsalvt.* Von ndl. *lapzalven*[638].

lappsich Adj. schlapp, weich, labbrig; nordd. fade, gehaltlos zu → *labbern* (schlaff werden); *wat hett de denn för 'n lappsigen Hänndruck.*

Lapüüster Reimwort zu → *Lateern* im Lied beim Laternenumzug: *Lapüüster, Lapüüster,/ de ganze Welt is düüster./ Grootmudder kann ehr Bett nich finn',/ fallt mit de Nees in 'n Pisspott rin!*

Lasch, Agathe → Biografie S. 301.

Last 1. schweres Transportgut; *de Oolsch hett ehr Last afsett.* 2. Bürde, Mühsal; *sik ne grote Last opsacken.* Ra.: *Besitt bringt Lasten, nich bloots Lusten* (wer Besitz hat, hat auch Sorgen). Sprichw.: *Alldagsgast*[639] *ward bald to Last* (man darf es mit der Gastfreundschaft nicht übertreiben). 3. altes Hohlmaß für Getreide, Mehl, Malz, Hopfen, Erbsen, Bohnen, Früchte; in Hamburg maß eine *Last* etwa 33 Hektoliter, unterteilt in drei *Wispel,* 30 *Schepel* (→ *Scheffel*), 60 → *Fatt* (ein *Fatt* = 52,65 l), 120 → *Himten, 480 Spint*[640].

Lateern (a.: *Lanteern*) tragbare od. fest angebrachte Laterne im Freien; Straßenlaterne od. Papierlaterne, wie die Kinder sie beim Laternegehen benutzten. Syn.: → *Latücht;* → *Lücht.* Vgl. → *Lapüüster.* Erw.: → *Lateernansteker.*

Lateernansteker öffentl. Bediensteter, der in der Hansestadt die Straßenlaternen anzündete. Laut HWB seit 1672 nachgewiesen. Mit der Einführung der automatischen Zündung und der Elektrifizierung wurde er überflüssig[641]. Da die Straßenlaternen das Dunkel erhellten, wenn sie brannten, pfuschte der *Lateernansteker* dem Herrgott also in den natürlichen Ablauf der Schöpfung hinein. Er wurde deshalb auch → *Herrgottspfuscher* genannt.

Latschen (Plur.) abgetragene und ausgetretene Schuhe, vor allem Hausschuhe und Pantoffeln; *ut de Latschen kippen* (ohnmächtig werden). Verb → *latschen.* Vgl. → *Klapperlatschen.*

latschen auf od. wie auf → *Latschen* gehen, sich schlurfend und nachlässig fortbewegen; *he latscht üm den Eck.* Adj. *latschich* (nachlässig, schlaff, träge).

Latücht (a.: *Lantücht*) 1. Laterne. Kontam. aus → *Lateern* und → *Lücht.* Ra.: *em geiht 'n Latücht op* (ihm geht ein Licht auf). 2. Nasenschleim. Wenn jmdm. der → *Snodder* aus der Nase lief, sagte der Hamburger: *he hett sien Latüchten ansteken.* Syn.: → *Snapp;* → *Rotz.*

638 HWB 3/36
639 Dauergast
640 HWB 3/40
641 HWB 3/14

Läuseglitsche (Scheitel) → *Luuspadd.*

Läusetante In der Schülersprache die sogenannte Beauftragte der Schulbehörde, die in der Nachkriegszeit die Haare der Kinder durchkämmte und auf Läusebefall untersuchte.

läuten und beuten Nach dem Vorgespräch zur kirchlichen Trauung od. Beerdigung sagte der Pastor zum Schluss: *nu krieg ik noch twintig Mark för dat Läuten und Beuten.* „Beuten" od. → *böten* bedeutet einheizen, und geheizt wurde in Kirchen nur nach Bedarf sowie gegen Bares. Auch fürs Kirchengeläut musste extra gezahlt werden[642].

Lebberplack Leberfleck, bräunliche Verfärbung auf der Haut.

Lebbertraan Lebertran, aus der Leber von Fischen gewonnenes Öl, das Kindern, und zwar in der Kriegszeit fast allen, gegen Auszehrung zwangsverabreicht wurde. Das Zeug schmeckte furchtbar. Besser Lebertran als gar keine Vitamine, könnte man sagen, aber noch heute möchte ich die Flucht ergreifen, wenn ich das Bild meiner Kindheit vor mir sehe, als meine Mutter in bester Absicht mit der braunen Flasche und dem Kinder-Esslöffel auf mich zukam. Vgl. → *Traan.*

Lebberwust war 1. die gute, alte Leberwurst, der früher bei der Hausschlachtung od. beim Landschlachter tatsächlich noch Tierleber beigegeben wurde. So eine Hausmacher-Leberwurst war eine Delikatesse, der wir Älteren seit Jahrzehnten an den verschiedenen Fleischtheken der Supermärkte nachjagen, ohne auch nur etwas im Entferntesten Vergleichbares zu finden. Die Produkte, die heute als Leberwurst verkauft werden, scheinen häufig nicht mehr aus der Wurstküche, sondern aus dem Chemielabor zu stammen. Das sogar damals Zweifel an den Zutaten bestand, zeigt ein Kinderreim: *Hest Lebberwust, hest Lebberwust,/ hest Lebberwust nich sehn?/ Bi Köllisch in 'n Beckergang/ dor is se so schöön.* Unser Schlachter konnte richtig → *füünsch* werden, wenn eine Kundin sich über zu viele Knochen im gekauften Fleisch beklagte: *de Ossen loopt nich op Lebberwust, seggt he denn.* 2. seem. hieß der Hafenarbeiter, der dem → *Viez* als Handlanger an der Luke zugeteilt wurde, ebenfalls *Lebberwust; gah du mit as Lebberwust,* hieß es dann bei der Arbeitseinteilung[643].

Leckbier Das Zapfen eines guten Pils dauert sieben Minuten, wie mir ein Gastwirt der alten Schule nachdrücklich erklärte, als ich als junger Student drängelte. Aber selbst standesbewusste Wirte geraten bei großem Andrang schon einmal in die Versuchung, den Zapfhahn zu weit aufzudrehen od. den Schaum vom Glas abzustreifen. Das Übergeschäumte und Abgestreifte sammelt sich in der Wanne unter der Zapfanlage. In der Eckkneipe wurde diese Leckage häufig an finanziell Minderbemittelte verkauft. „Gib mir mal *'n Leckbier!"*, hieß es dann, wenn Hein od. Jan seine letzten Pfennige zusammenklaubte.

Leckertähn Leckermaul; *sik de Leckertähn uttrecken loten* (seine Ansprüche zurückschrauben). Vgl. auch → *Seep.*

Lee seem. die windabgekehrte Seite eines Schiffes. Ggs.: → *Luuv.*

642 lt. Olaf Haselhorst

643 HWB 3/49

Leesch Schilf, Schilfgras, Bezeichnung für alle am Elbufer beheimateten Arten. Als abgestorbenes Treibgut bildeten sie zusammen mit anderen Wasserpflanzen das → *Feek*. Darin schwammen früher häufig Erdnüsse, die beim Entladen od. Reinigen der Schiffe über Bord gefallen waren. Die Kinder auf Finkenwerder nannten diese durchweichten Erdnüsse *Leeseier.*

Leeseier → *Leesch.*

Leesteken [spr.: *le:s'te:ken*] Lesezeichen.

Leesten Schusterleisten, Nachbildung der Fußform aus Holz od. Eisen, die zum Anfertigen und Reparieren von Schuhen gebraucht wird. Der Schuster „schlug" das Leder über den Leisten; *Schohwark op 'n Leesten slaan; enen övern Leesten kriegen* (jmdn. verprügeln). Ra.: *Schooster, bliev bi dienen Leesten!* (versuche dich nicht im fremden Handwerk, das du nicht beherrscht).

Lehrjohr sünd Peerjohr! hamb. für das hochd. Sprichwort: Lehrjahre sind keine Herrenjahre. Auf dem Lande drückte man das drastisch aus, wenn man die schwere Arbeit mit den Pferden mit dem verglich, was ein Lehrjunge hinnehmen musste. *Holl op to meckern un holl di lever ran, Lehrjohr sünd Peerjohr!*

leicht zu *dat is leicht zu!* bedeutet in Hamburg: Das kann schnell passieren!

Leier f. 1. Drehorgel, die bair. *Werkel*, schweiz. *Handorgel*, nordd. aber *Leierkasten* heißt. Der *Leierkastenmann* zog damit durch die Straßen und Hinterhöfe und bettelte wie alle Straßenmusikanten um ein paar → *Groschen.* Als Attraktion besonders für die Kinder turnte ein alles andere als artgerecht gehaltenes verkleidetes Äffchen (→ *Aap*) auf dem Instrument. Das geschah nicht nur in Hamburg, sondern in allen, auch kleinen Städten, vor allem aber in Berlin. Die Hausfrauen wickelten einen Groschen in ein herausgerissenes Stück Zeitungspapier und warfen ihn aus dem Fenster in den Hof. Wir erinnern uns an die Szene aus Zuckmayers „Hauptmann von Köpenick", in dem das todkranke Mädchen Wilhelm Voigt bittet, ihre letzten Münzen den Drehorgel-Musikern hinunterzuwerfen. Von griech. *lýra* (Zupfinstrument). 2. Der *Leierkastenmann* dreht und dreht und dreht an seiner Kurbel, und doch hört man nur die arg begrenzte Zahl der immer gleichen Musikstücke, eben ugs. immer wieder die *gleiche* od. *alte Leier; ole Leier; jümmers de sülve Leier* (abf.). Man kann es schon nicht mehr hören: *de Leier vun de goden olen Tieden.* Ra.: *över sien egen Leier fallen* (seine schlechten Angewohnheiten nicht ablegen können).

leifich (*geleifich*) Adj. 1. schnell, flink, gelenkig; *so 'n leifige Finger heff ik eenfach nich mehr; leifich as 'n → Katteker* (flink wie ein Eichhörnchen); *leifich mit de Tung wesen* (schnell und viel reden). 2. problemlos; *twölf Koken hett se ganz leifich vermöbelt* (ohne Schwierigkeiten vertilgt). 3. freundlich; *'n netten leifigen Minschen.* 4. hübsch*; se weer jung, adrett, leifich un smuck.* Subst. *Leifigkeit* (Geschicklichkeit, Beweglichkeit) [644].

Leip, Hans → Biografie S. 302.

644 HWB 3/76 f.

AGATHE LASCH
DAS HAMBURGISCHE AN DER UNIVERSITÄT

Agathe Lasch war nicht nur die erste Professorin der 1919 gegründeten Hamburger Universität, sondern auch die erste Germanistik-Professorin in Deutschland. Sie begann 1917 mit der Arbeit an dem Hamburgischen Wörterbuch [HWB], das erst 90 Jahre später abgeschlossen werden konnte. Ohne diese schier unerschöpfliche Quelle wäre unser vorliegender Hamburger Wortschatz nicht möglich gewesen.

Agathe Lasch wurde am 4. Juli 1879 in Berlin geboren, hatte als Frau in der damaligen Zeit aber große Hindernisse zu überwinden, um das Abitur nachzuholen, in Heidelberg zu promovieren und sich schließlich 1919 in Hamburg zu habilitieren. 1923 wurde sie zur Professorin berufen, von den Nationalsozialisten als Jüdin 1934 jedoch aus dem Staatsdienst entlassen, ihrer Bibliothek beraubt, mit Publikationsverbot belegt, 1942 schließlich nach Riga deportiert und dort am 18. August, dem Tag ihrer Ankunft, ermordet.

Seit 1971 gibt es den *Agathe-Lasch-Weg* in Othmarschen und seit 2004 in Berlin den *Agathe-Lasch-Platz.* Die Universität Hamburg benannte 1999 einen Hörsaal nach ihr, und seit 1992 wird der Agathe-Lasch-Preis für besondere Verdienste um die norddeutsche Sprachforschung vergeben. Gegen das Vergessen verlegte man auf Initiative des Vereins für Hamburgische Geschichte für Agathe Lasch einen Stolperstein vor dem Haus Nr. 9 in der Eppendorfer Gustav-Leo-Straße (früher Rehhagen). Vgl. → *Idioticon Hamburgense.*

HANS LEIP
SEHNSUCHT NACH LILI UND MARLEEN

Wenn der Name Hans Leip fällt, ist alle Welt versucht, „Vor der Kaserne, vor dem großen Tor" zu summen, die Eingangszeile aus seinem Abschiedslied → „Lili Marleen", das er 1915 als Gardefüsilier vor dem Einsatz an der Ostfront für seine Freundinnen Lili und Marleen geschrieben hat. Seit 1941 ist es, gesungen von Lale Andersen, das bekannteste Soldatenlied aller Zeiten.

Hans Leip, geboren am 22. September 1893 als Sohn eines Hamburger Hafenarbeiters, wuchs in St. Georg auf. Nach Volksschule, Seminar und Präparandenanstalt [645] unterrichtete er ab Ostern 1914 in Rothenburgsort die Fächer Sport und Religion.

1915 wurde er zum Kriegsdienst eingezogen und 1917 verwundet wieder entlassen. Leip kehrte zunächst in den Lehrerberuf zurück, betätigte sich daneben aber als Schriftsteller, Journalist, Grafiker, Zeichner und Bildhauer. Seinen Durchbruch schaffte er 1925 mit dem Seeräuberroman „Godekes Knecht" aus der Zeit der → *Vitalienbrüder*. Sein Roman „Jan Himp und die kleine Brise" (1934) über die Jugendliebe eines Bootsjungen zu einer Reederstochter spielt in Övelgönne, wo er lange gewohnt hat. Er unterhielt ein enges Verhältnis zu den Pfadfindern, denen er das Gedicht „Und irgendwo die Steppe" widmete, das zum Bundeslied der Pfadfinderschaft avancierte.

Nach 1940 kehrte Hans Leip nur noch selten in seine Heimatstadt zurück. Der Hamburger Senat verlieh ihm die Medaille für Kunst und Wissenschaft, den Professorentitel und die Biermann-Ratjen-Medaille. Hans Leip starb am 6. Juni 1983 in Fruthwilen/Schweiz. Er hinterließ ein umfangreiches und vielfältiges Werk, aber weltbekannt machte ihn ein einziges Gedicht: seine sehnsuchtsvollen Verse an Lili und Marleen.

645 früher Schule zur Ausbildung von Volksschullehrern

Lemann 1. (Allerwelts-)Familienname „Lehmann“; *dat kann Hein Lehmann sien Kutscher ook* (das kann jeder). 2. Vorschlaghammer, großer Hammer *Lemann* ndd. ohne h, scherzh. Bezeichnung bes. bei Dachdeckern und Zimmerleuten. Mit einem *Lemann* (Vorschlaghammer) sollte man sich nicht auf seinen Finger hauen.

Lemmer (Plur.) Lämmer. 1. Wir wollen das Lamm, das junge Schaf od. die junge Ziege hier keineswegs als typ. hamburgisch vorstellen, aber früher hatten Schaf, Ziege, Schwein od. Federvieh eine herausragende Bedeutung auch in einer Stadt wie Hamburg und wurden in Stall od. Hinterhof gehalten. Jährlich am Freitag vor Pfingsten fand der → *Lemmeravend* statt, ein Lämmermarkt mit Volksfestcharakter vor dem Steintor. Ein weibl. Lamm hieß *Mudderlamm*, ein männl. *Bucklamm.* Das Lamm galt als Sinnbild der Unschuld; *fromm as 'n Lamm.* Daher stammt das hochd. Wort *lammfromm* (unschuldig). Abergl.: *wenn en swatt Lamm geboren ward, denn gifft dat 'n Doden.* Straßenn.: *Lämmersieth* („Lämmerweide“; Barmbek-Nord); *Lämmertwiete* (Harburg).

Lemmeravend wurde der Lämmermarkt jährlich am Freitag vor Pfingsten in St. Georg am Steintor genannt, der Volksfestcharakter mit allerlei Belustigungen hatte und überaus beliebt war. Die Kinder freuten sich, weil nicht nur lebendige Lämmer, sondern auch hölzerne als Spielzeug feilgeboten wurden. Nach 1878 feierte man den *Lemmeravend* zwischen Lübecker Tor und Wallstraße, zuletzt 1914. Nach Kriegsausbruch wurde er eingestellt[646].

lenzen seem. eingedrungenes Wasser aus dem Schiff pumpen. Das Gegenteil vom *Lenzen* ist das *Fluten,* ein Schiff od. ein Schwimmdock unter Wasser setzen. Auch eine Schnapsflasche kann man *lenzen,* austrinken, leeren, bis auf den letzten Rest von ihrem flüssigen Inhalt befreien.

Lepel (Plur. *Lepels*) m., Löffel. 1. Der Löffel ist in erster Linie ein Esswerkzeug mit Mulde und Stiel, das als Symbol abendländischer Kultur betrachtet werden darf und im Laufe der Jahrhunderte irgendwann auch in Hamburg angekommen sein muss, sodass der Gebrauch der Finger beim Essen in der Hansestadt zeitweise zurückgegangen sein soll. Heutzutage verschmäht unser Nachwuchs, wenn er über die allgegenwärtigen Fast-Food-Gerichte herfällt, wieder zunehmend das Besteck. *'n Lepel vull Grütt; kenen Lepel in 'n Lief kriegen* (hungern); *'n Kind op 'n Lepel groot moken* (ohne Muttermilch aufziehen); *dicht bi 'n sülvern Lepel wesen* (kurz vor dem Erfolg stehen); *de hett de Klookheit nich mit Lepels eten* (er ist dumm). In alter Zeit steckte man den Löffel nach der Mahlzeit hinter den Fensterhaken od. in die Öse eines Riemens, der an der Wand hing. Wer den Löffel für immer abgegeben hatte, der war gestorben: *den Lepel opsteken* (sterben)[647]. Doch *enen övern Lepel balbeern* (jmdn. über den Löffel balbieren) bedeutet, einen Mitmenschen plump zu betrügen. Das kam von der üblichen Gewohnheit der → *Barbiere,* alten, faltigen und damals durchgehend zahnlosen Männern zur leichteren Rasur einen Löffel in den Mund zu schieben, um die eingefallenen Wangen nach außen zu wölben, wodurch die Falten ja nur scheinbar und nicht tatsächlich verschwanden. *Da hast du dich ganz schön über den Löffel balbieren lassen!* od.: *ganz schöön anscheten*

646 HWB 3/78 f.

647 HWB 3/83 f.

hebbt se di![648] Größere Löffel zum Schöpfen od. Umrühren hießen *Kell,* → *Sleef,* → *Holtsleef* od. → *Politikus.* In Altona gab es um 1850 den *Smerigen Lepel* – das war ein verrufenes Gasthaus, das ausschließlich von den unteren Schichten besucht wurde. 2. In der Jägerspr. hat der Hase keine Ohren, sondern Löffel *(Lepel),* eine Bezeichnung die in abfälliger Weise auch auf das Ohr des Menschen übertragen worden ist; *welk achter de Lepels kriegen* (eine „gescheuert" bekommen).

leppern nach und nach ansammeln, Kleinigkeiten allmählich anhäufen; *dat leppert sik* (da kommt einiges zusammen).

Feudel und Leuwagen – typische Haushaltsutensilien in Hamburg und um Hamburg herum. Wir finden sie noch heute im Supermarkt, nur heißen sie dort jetzt anders.

Leuwagen 1. In Hamburg und um Hamburg herum war der *Leuwagen* eine kurzborstige Scheuerbürste mit langem Stiel zum Nassreinigen von Böden und Wänden, meist zusammen mit einem → *Feudel* benutzt („Feudel und Leuwagen"), der um den Leuwagen geschlagen wurde. In dem Namen steckt das ndd. *leu* (*loi, lei*) für faul und *wegen* für bewegen; ein *Leuwagen* war also ein „Leichtbeweger". *leu* wird oft zur Bezeichnung eines der Bequemlichkeit dienenden Hilfsmittels gebraucht[649]. Der Stiel an dem Schrubber gestattete Großmutter, im Stehen zu *feudeln*, statt auf den Knien rutschen zu müssen. 2. *Leuwagen* ist seem. auch die Bezeichnung eines Stahlbügels auf dem Segelschiffdeck, auf dem die Schot des Segels gleiten kann. Vgl. → *Schoot.*

Leuwagenkarbonade Wenn die *Gören* es damals wieder einmal zu bunt trieben, „versprachen" ihnen die Eltern eine *Leuwagenkarbonade* (Prügel). Dann konnte es etwas mit dem → *Leuwagen* (Schrubber) auf die → *Karbonade* (Hintern) geben. Na ja, meistens blieb es bei dem Versprechen ...[650]

Libertatem Freiheit auf Latein: *Libertatem quam peperere*[651] *maiores digne studeat servare posteritas.* Dieses Motto steht eingemeißelt, mit Goldfarbe ausgelegt und gekrönt vom Stadtwappen, über dem Eingangsportal des Hamburger Rathauses und hat sich seit Generationen nicht nur als Schrecken der Schüler lokalpatriotischer Lateinlehrer erwiesen, sondern zeigt auch das Selbstbewusstsein eines reichsunmittelbaren Stadtstaates, der jedwede Fürstenherrschaft abgestreift hat. Auf Deutsch besagt die Aufforderung sinngemäß: *Die Freiheit, die die Vorfahren errungen haben, möge die Nachwelt stets wür-*

648 lt. Carl Groth

649 Kluge S. 517

650 lt. Ulrich Banze

651 lat. *parere (pario, peperi, partus):* erwerben, gewinnen, gebären

dig zu bewahren wissen. Eigentlich sollten am neuen Rathaus nur Inschriften in deutscher Sprache zu lesen sein, aber da der Spruch bereits am Deichtor, Millerntor und im Alten Rathaus an der Trostbrücke gestanden hatte, wurde er schließlich als → *Hamburgensie* in Latein akzeptiert.

Lichthopper ist der Feuerschein aus der geöffneten Ofenklappe, der an der Decke des Zimmers hin und her „hopst"; *de Füürschien sprüng in de → Döns jümmers op un daal un hin un her.*

Liebestöter (unkleidsame Damenunterhose) → *Schinkenbüdel.*

liek 1. Adj. gerade, nicht gebogen; gleich; *de ene is bucklich, de anner is liek* (gerade gewachsen). Ra.: *dat geiht so liek as den Weg na → Bremen* (krumm und schief). Syn.: *graad*. 2. Adv. gleich, gleichermaßen, gleichmäßig; *wi sünd beide liek stark*. Erw.: Adv. *liekdaal* (geradewegs herunter); *liekdörch* (geradewegs hindurch); *lieköver* (unmittelbar gegenüber); *lieksterwelt* (ganz gleich, genauso).

[1] Liek m., Leib, Körper, Fleisch (veralt.). Daher der → *Liekdoorn* (Hühnerauge), der „Stachel im Körper".

[2] Liek f., Leiche; *to 'n Liek gahn* (auf eine Beerdigung gehen); *Liek anseggen* (zum Leichenschmaus einladen); *lang Liek* (großes Leichengefolge). Ra.: *beten Spaaß mutt sien bi de Liek* (man sollte nicht alles so ernst nehmen). Erw.: *Liekfohrer* („Leichenkutscher", Beerdigungsunternehmer); *Lieklaken* (Leichentuch).

[3] Liek n., (Plur. *Lieken*) bezeichnet in der Seefahrt die rundum laufende, angenähte Tau-Einfassung bzw. Umkleidung von Segeln od. Persenningen und anderem Tuchwerk.

[4] Liek m., Fischeier, Laich der Fische. Erw.: *Froschliek*. Von → [2] *lieken* (laichen).

Liekdoorn m., „Leichdorn", Hühnerauge; *he hett 'n Liekdoorn op 'n lütten Tehn; enen op 'n Liekdoorn pedden* (jmdn. empfindlich treffen). Ra.: *pedd di man keen Liekdoorn in 'n Foot!* (zu einem Hochnäsigen). Wetterregel: *Regen gifft dat, wenn de Liekdoorn riet* (schmerzt). Hühneraugen können uns noch heute den Tag verderben od. das Laufen unmöglich machen. Früher holte man sich deshalb ein *Liekdoornplaaster* (Hühneraugenpflaster) vom Kräuterweib (half nichts) od. ging zum *Liekdoornsnieder* – das war ein lebens- und hühneraugenerfahrener Altenteiler, der die Zeckenzange ansetzte (tat weh). Die letzte Möglichkeit war, mit einer Speckschwarte drei Mal über das Hühnerauge zu streichen und sie dann einem Toten in den Sarg zu legen, damit mit dem Leichnam auch der Hühneraugenschmerz begraben werde. Das half erst recht nichts, aber die Menschen versuchten es immer wieder. Wo? Natürlich in den → *Vierlanden!*[652] Wörtl. „Dorn im Körper" zu → *Liek* in der alten Bedeutung „Leib" aus mnd. *lîk-dorn* (Dorn im Fleische; Hühner- od. Elsterauge an den Zehen; Gerstenkorn am Auge)[653]. Das hochd. Hühnerauge bekam seinen Namen wegen der Ähnlichkeit

652 HWB 3/109

653 Lübben S. 206. Kluge S. 512: Eigentlich „Dorn, Stachel im Körper, Fleisch" zu *Leiche* in der alten Bedeutung „Körper". Mensing (3/485): Liekdorn, m., „Leichdorn", „Hühnerauge"; eigentl. „Dorn im Körper" zu *Liek* in der früheren Bdtg. „Leib", „Körper". GRIMM (12/612): LEICHDORN, m., dorn im körper, name der schmerzenden hornhaut am fusze, der zufrühest in niederdeutschen und mitteldeutschen gegenden nachzuweisen ist.

mit einem Vogelauge – einer runden Erhebung von einem Hornring umgeben – seit dem 16. Jh. als Lehnwort aus dem lat. *oculus pullinus*[654] gleicher Bedeutung[655], landsch. auch Krähenauge od. Elsterauge genannt.

Liekedeler waren „Gleichteiler“, aber was sie zu gleichen Teilen in der Gruppe aufteilten, war nicht etwa ehrlich erworbenes Gut, sondern als Piraten geraubte Ware von Handelsschiffen meist der → *Hanse*. Es handelte sich schlicht um Seeräuber, teilweise mit → *Kaperbriefen* ausgestattet, die keinerlei soziales Anliegen hatten. 1389 bis 1392 versorgten sie das von der dänischen Königin Margarete (der Ersten, nicht der heutigen) belagerte Stockholm mit Lebensmitteln *(Vitalien)* und hießen deshalb auch *Vitalienbrüder*. 1398 wurden sie vom Deutschen Orden von ihren Stützpunkten auf Gotland vertrieben und verlegten ihre Kaperfahrten in die Nordsee. Die Hanse besiegte die Freibeuter 1400/01 unter der Führung Hamburgs. Die Anführer → *Klaus Störtebeker* und Godeke Michels wurden 1401 mit ihren Kumpanen auf dem Grasbrook in Hamburg hingerichtet. Von → *lieken* (gleich sein).

[1] lieken gleichen, gleich sein. Adv. → *liekers* (gleichwohl); *liekdöör* (geradewegs hindurch); *lieköver* (gleich gegenüber; *lieköver vun Blanknees*); *liekto* (geradewegs, ohne Umschweife); → *liekut* (geradeaus); *liekveel* (einerlei); *liekweg* (ohne Umschweife); *liekwoll* (gleichwohl).

[2] lieken laichen, den Laich ablegen. Ra.: *platt as 'n Butt no 't Lieken* [656].

liekers 1. Adv. ebenso, in gleicher Weise, trotzdem, dennoch; *Vadder in Swatt, Mudder un de Göörn liekers* (ebenso). 2. Konj. obwohl; *de Hand weer warm, liekers se keen Handschen kenn; liekers em de Deern leed dä* (obwohl).

liekut Adv. 1. geradeaus, „immer der Nase nach“; *liekut lopen; hier üm de Eck un denn jümmers liekut* (Wegbeschreibung). 2. offen, ehrlich, gerade heraus; *ik bün jümmers liekut!* Syn.: *liekan*, nur in der Verdoppelung *liekut un liekan: he bleev dor liekut un liekan* (sich selber treu)[657]. Richey: *lyk uht un lyk an: ohne falsch*[658].

Lieschen Allerlei Schimpfw. für ein Flittchen od. eine Geliebte, die fremdgeht und allerlei Freier hat; *dat is ook man so 'n Lieschen Allerlei, de hett mehr Mannslüüd, as de däänsche König Suldoten hett*[659].

Lili Marleen Das berühmteste Soldatenlied aller Zeiten („Vor der Kaserne, vor dem großen Tor“) wurde von einem Hamburger geschrieben, dem Lehrer und Dichter → *Hans Leip* (1893–1983), als er 1915 vor seinem Einsatz an der russischen Front als Gardefüsilier Wache vor der Berliner Kaserne Kesselstraße stand. 1937 vertonte (nach Rudolf Zink) einer der Komponisten des „Dritten Reiches“, *Norbert Schultze* (1911–2002, „Bomben auf Engeland“), erneut die sentimentalen Reime eingängig im Marschrhythmus. Sängerin war *Lale Andersen*[660]. Der Start der Platte geriet zum Reinfall. Nur wenige Exemplare wurden verkauft,

654 lat. *pullus* (Hühnchen, Küken, Junges)
655 Kluge S. 386
656 HWB 3/118
657 HWB 3/111
658 Richey S. 153
659 Goltz: Schimpfwörterbuch S. 90
660 Lale Andersen, d. i. Lise-Lotte Helene Beul, geb. Bunnenberg, geb. 1905 in Lehe (heute zu Bremerhaven), gest. 1972 in Wien, beigesetzt auf Langeoog

bis der deutsche Soldatensender Belgrad am 18. August 1941 das Lied zum ersten Mal spielte und seinen Erfolg bei allen Armeen und über alle Fronten hinweg begründete.

lingelang Adv. sehr lang, der ganzen Länge nach; *de Büx is lingelang tweireten; he fallt lingelang op de Nees* (er fällt der Länge nach hin).

Linie twee Hierbei handelt es sich nicht etwa um die Straßenbahnlinie 2, sondern um die zwei Beine, auf die man sich notgedrungen machen muss, wenn man kein Fahrgeld hat.

link Adj. auf der linken Seite befindlich; *linker Hand* (zur Linken); *mit dat linke Oog in de rechte Westentasch kieken* (schielen). Ra.: *linke Hand geiht vun Harten* (die Linke kommt vom Herzen – Entschuldigung, wenn beim Gruß die linke Hand gereicht wird). Abergl.: Wer morgens mit dem linken Bein zuerst aus dem Bett sprang, der hatte während des gesamten Tages Pech. Syn.: → *lucht.*

Linkerpoot bezeichnet einen Linkshänder. Es fiel immer sofort auf, wenn jemand mit links schrieb. Das war früher die Ausnahme, da Linkshänder strikt dazu angehalten wurden, mit der rechten Hand zu schreiben. *Linkerpoot haut den Düvel doot*, hieß es. Vgl. → *link.*

Linnen Leinen, Kleidung aus Leinen. *Linnenschapp* ist der Wäscheschrank, *Linnentüüch* das Leinenzeug. Dieser Ausdruck bezeichnet aber auch die Aussteuer, die die → *Jungfer* ansammelte und mit der sie hoffte, ihre Heiratschancen zu verbessern; *se sitt bet an de Ohren in Linnen.*

Lipper (*Lippscher*) war südlich der Elbe ein Synonym für die Ziegelei-Wanderarbeiter. Heinz Oellrich aus Neuenfelde erklärt das so: Eine → *Tegelee* (Ziegelei) produzierte Tonziegel (→ *Tegel*). In den Anfängen wurden Ziegel mit der Hand gefertigt. Dazu *kloppte* „Mann" mit einem Holzklöppel vorgeknetetes Lehm-Sand-Gemisch in einen Holzrahmen, schön satt voll, es durfte keine Luft mehr im Lehm sein. Anschließend wurde mit einem Holzstrich glattgezogen. Handstrichziegel sind heute noch zu haben. Für diese Arbeit benötigte man schon damals Gastarbeiter, und zwar aus der Lippe-Detmolder Gegend: die *Lipper.* Arbeitszeitregelungen gab es noch nicht, die kloppten Tag und Nacht Steine. Die Anwohner freuten sich, wenn sie wieder weg waren. Einige sind auch hängengeblieben. Der Herr aller Dinge war der *Lippschermeister,* der kannte keine Freundschaften. Er war auch Chefkoch und wusste, was seine Jungs mochten: Erbsensuppe, drei Mal in der Woche und zwischendurch auch noch mal! Der Meister war sehr bemüht, möglichst viel zu produzieren, weil er dann am Saisonende eine gute Prämie bekam. Da er als Einziger im Betrieb eine Taschenuhr besaß, konnte er die Arbeitszeiten und die Pausen bestimmen, indem er mit einem Hammer gegen eine frei aufgehängte Stahlplatte schlug, was kilometerweit zu hören war. Auch die Anwohner in der Umgegend richteten sich danach. Hatte er den Eindruck, dass zu wenig geschafft worden war (fast immer), drehte er die Uhr nachmittags eine halbe Stunde zurück, morgens eine halbe Stunde vor! Irgendwann, so wird erzählt, bekamen die Lippscher mit, dass die Schläge des Meisters nicht mit der kirchlichen Betglocke übereinstimmten. Sie haben ihn nachts im Bett verprügelt und in den Schlickgraben geworfen, was ihn bald das Leben gekostet hätte. Seitdem ging die Uhr immer richtig. Auch die

Mittagspause wurde ein- und ausgeläutet, sehr knapp bemessen. Beim letzten Schlag fiel der Löffel in den Teller. Der Spruch des Meisters lautete: *slucken, slucken – kauen kannst noher!*

lo Adj. lau, mild; *de Harvst weer licht und lo* (der Herbst war heiter und mild).

Löffel → *Lepel.*

[1] Loh Lohe, zerkleinerte Eichenrinde, deren Extrakt zum Gerben diente. Auch Taue und Segel der Fischereifahrzeuge wurden damit imprägniert, wodurch sie haltbarer, aber auch hässlich braun wurden. Syn.: *Kutsch* (brauner Gerbstoff). Vgl. → *Lohbad;* → *Lohmühle.*

[2] Loh bedeutet „kleines Waldstück" od. „sumpfige Stelle" in Flurnamen; *Lohe* (Duvenstedt); *Lohbrügge*; *Lohheide* (Rahlstedt); *Lohhof* (Hamm-Nord); *Lohkamp* (Billstedt); *Lohkoppel* (Bramfeld); *Lohstücken* (Hummelsbüttel); *Lohwisch* (Tonndorf, Rahlstedt); *Lohwurt* (Eidelstedt); *Osterloh* (Iserbrook). Von mnd. *lo* (Gehölz, Busch, Waldwiese)[661].

[3] Loh Flamme, flammendes Feuer. Das Wort gehört zu der Wurzel idg. **licht,* z. B. schwed. *låga* (Flamme). Walhall[662] ist versunken in *wabernder Lohe,* was sicherlich kein hamburgisches Ereignis war, aber bei uns ist der Begriff noch erhalten in der → *Lohdiele,* auf der in alten Bauernhäusern bei offener Flamme gekocht wurde.

Lohbad Fuß- od. gar Vollbad in einem Sud aus Eichenrinde. Ein solches *Lohbad* färbte die Haut gelblich braun, galt aber früher auf dringende Empfehlung von Kräuterweibern und Großtanten als Mittel gegen Rheuma, Frostbeulen und Schweißgeruch. Von → [1] *Loh* (Lohe).

Lohdiele Hier handelt es sich in alten Bauernhäusern um den Bereich der Diele, in dem auf offener Flamme gekocht wurde. Meist war dort alles voller Ruß, da es für die offene Feuerstelle keinen Schornstein od. sonstigen Rauchabzug gab. So musste sich der Rauch einen mühsamen Weg ins Freie suchen, sodass er nur langsam durch Fenster, Türen, Luken und das → *Ulenlock* abzog. Deshalb war im Haus fast alles ver- und geräuchert, nicht nur die Schinken, Würste und Speckseiten, die auf der *Lohdiele* an Stangen aufgehängt waren, sondern auch Heu, Stroh und Korn, das oben auf dem Boden lagerte. Der Geruch war nicht unangenehm. Er vermischte sich vielmehr mit dem aus dem Kuhstall und ergab so den eigentümlich würzigen Bauernhausduft[663]. Von → [3] *Loh* (flammendes Feuer).

Lohmühle eine Mühle, in der Eichenrinde zu Gerberlohe zermahlen wird. Eine solche Wassermühle am Reesendamm (→ *Jungfernstieg*) wurde 1642 aufgegeben und durch eine entsprechende Windmühle in Höhe der heutigen *Lohmühlenstraße* (St. Georg) ersetzt, die bis 1854 in Betrieb war.

Lolli Lutschbonbon am Stiel. Von engl. *lollipop* (Lutscher).

661 Lübben S. 208

662 für Nicht-Wagner-Fans: Halle Odins, Aufenthalt der im Kampf gefallenen germanischen Helden. Nicht zu verwechseln mit der *Walhalla,* der deutschen „Ruhmeshalle" am nördlichsten Punkt der Donau bei Regensburg, durch die in der Reisezeit ganze Busladungen von Touristen geschleust werden und den Marmorbüsten heute unbekannter deutscher Geistes- und Kriegsgrößen den letzten Hauch von Ehrfurcht nehmen.

663 nach Hans-Hermann Wölfert

Lombard Bis 1813 der Name eines öffentlichen Leihhauses an der Dammtorseite der danach benannten Lombardsbrücke, 1615 errichtet und 1827 abgerissen. Der Rat hatte die gute Absicht, die Bürger, die „in Nothfällen" ihre Güter verpfänden mussten, „aus den Händen gewissenloser Wucherer" zu retten. Der Name stammt aus der Lombardei, wo es zuerst entsprechende Einrichtungen gegeben hat. *Lombarden* waren im Mittelalter italienische Kaufleute, die berechtigt waren, gegen Zinsen od. Pfand Geld zu verleihen[664].

[1] Lööv f., die Laube. 1. Rathauslaube im alten Rathaus, 24 Meter langer, aber nur vier Meter breiter Raum für Empfänge. 2. hölzerner Vorbau an der Wasserseite von älteren Wohngebäuden, die an → *Fleeten* lagen. 3. Gartenlaube.

[2] Lööv m., 1. Gelegenheitsarbeiter, der sich vor allem auf Märkten aufhielt und gegen Trinkgeld kleine Hilfsdienste leistete, das Entgelt aber in der Regel sofort in Alkohol umsetzte. Urspr. auf dem Hopfenmarkt beheimatet; vgl. → *Hoppenmarkslööv*. 2. Übertr. für Säufer, Lungerer, Tagedieb; *Löven un anstännige Minschen; dröög as de Kehl vun en Lööv* (iron.).

[3] Lööv m., der Löwe.

Lorbass Der Ausdruck *Lorbass* für Lümmel od. Schlingel ist eigentlich ein typisch ostpreußischer Begriff. Er mag nach 1945 zurückgewandert sein. Davor ist er in Hamburg nur vereinzelt als Schimpfwort für einen dickfelligen Menschen belegt: *he will nich mehr, de Lorbass!*

Julius Adolf Petersen, der „Lord von Barmbeck", mit → Bibi und Schnurrbart, um das Jahr 1927.

Lord von Barmbeck Hier handelt es sich um einen Begriff, der nichts zur Hamburger Sprach-, aber viel zur Hamburger Kriminalgeschichte beigetragen hat. Gemeint ist ein Kaschemmenwirt namens *Julius Adolf Petersen*, geboren am 7. Oktober 1882, der als seinen Beruf „Ein- und Ausbrecher" angab und als bis dahin schlimmster Verbrecher der Hansestadt galt. In seiner Kneipe an der Ecke Beim Alten Schützenhof und Bartholomäusstraße verkehrte allerlei lichtscheues Gesindel, darunter *Lockenfietsche, Rabenmax* od. *Schlachterkarl*, die sich dort mit *Knabbergeschirr* versorgten, mit Werkzeug zum Aufbrechen der Geldschränke. Mit dieser Bande, genannt die

664 vgl. auch Beckershaus: Straßennamen S. 234

Barmbecker Verbrechergesellschaft od. höhnisch der *Petersen-Konzern,* verübte er zahlreiche Einbrüche und Raubüberfälle. Die Polizei schrieb 20 Meter Akten und erlangte 3000 Haftbefehle gegen Petersen und seine Komplizen. Seinen Beinamen *Lord von Barmbeck*[665] erhielt er, weil er in den wenigen Jahren, in denen er nicht in → *Santa Fu* einsaß, stets überkorrekt gekleidet mit → *Bibi* (Melone) und Gehrock auftrat, so als käme er gerade aus einem Londoner Club. Als er wieder einmal verhaftet wurde, erhängte er sich am 21. November 1933 in seiner Zelle im Untersuchungsgefängnis. Seine während der Haft geschriebene Autobiografie wurde 1973 mit *Martin Lüttge* in der Hauptrolle verfilmt.

Loreleybrühe Vor allem auf dem → *Kiez* serviertes minderwertiges Getränk, bei dem man nicht erkennen kann, ob es sich nun um Kaffee, Tee od. → *Schöttelwater* (Abwaschwasser) handeln könnte. Anspielung auf die bekannte „Loreley"-Zeile von Heinrich Heine (1797–1856): „Ich weiß nicht, was soll es bedeuten."

Lork „Du verdammtes Lork!", schimpfte die Mutter. *Lork* (a.: *Luurk*) bedeutet eigentlich Lurch, Kröte, Schlange, übertr. unartiges Kind (aber nicht sehr böse gemeint): *du Lork; 'n vertagen Lork* (verzogenes *Göör*); *dat lütt Lork.*

löschen kann man Daten, den Durst, das Feuer und das Licht, was nicht typ. hamb. wäre, aber wenn im Hafen ein Schiff gelöscht wird, so bedeutet das nicht, dass es Feuer gefangen hat, sondern dass es entladen, *gelöscht,* wird.

665 Barmbek wurde bis 1946 mit *ck* geschrieben. Vgl. → *Schreibweisen.*

Lot (*Loot*) n. 1. Senkblei, mit dem Maurer, Zimmerleute, Tischler und Maler die Senkrechte überprüften, bevor die Wasserwaage mit Laserpointer die Aufgabe übernahm. 2. die Senkrechte; *de Muern sünd ut 't Loot* (sind schief); *wat in 't Loot bringen* (etw. in Ordnung bringen). 3. alte Gewichtseinheit: 1 Lot entsprach in Hamburg 15 bis 16 Gramm. Nach der gesetzl. Abschaffung 1872 dient das Lot in privaten Haushalten bis heute als Maß: *een Loot Kaffe för een Tass.* 4. Selbst den teuersten Kaffeevollautomaten liegt immer noch ein *Lot* als Messgefäß für gemahlenen Kaffee bei.

lötern Neben dem bekannteren Verb *pieschern* für „Wasser lassen, pinkeln" gibt es noch das Synonym *lötern; ehr dat wi na Huus föhrt, mutt ik noch maal lötern,* sagte der Onkel, ehe er aufbrach[666].

Lü Lühe, linker Nebenfluss der Elbe mit der Mündung im Bereich des → *Alten Landes.* Früher bedeutender Schifffahrtsweg zum Transport von Obst und Torf nach Hamburg. Nicht zu verw. mit der Luhe, einem Nebenfluss der Ilmenau in Nordost-Niedersachsen. Das in der Hansestadt häufig bespöttelte Autokennzeichen *WL* bedeutet übrigens nicht „Wilder Landwirt", sondern bezieht sich auf die Kreisstadt *Winsen an der Luhe.*

Lübeck Die Stadt an der Trave war jahrhundertelang das Oberhaupt der → *Hanse* und das Tor zur Ostsee, wie Hamburg das Tor zur Nordsee und dann, jedenfalls nach eigener Einschätzung, das Tor zur Welt war. Eine gewisse Rivalität trennte die beiden Hansestädte zeitweise, während gemeinsame Interessen ein Zusammen-

666 lt. Olaf Haselhorst

gehen erforderten wie 1420 gegen den Herzog von Lauenburg, was zur → *beiderstädtischen* Verwaltung von Bergedorf und Geesthacht führte. Nach der Entdeckung neuer Erdteile (1492) geriet *Lübeck*[667] ein wenig an den Rand des Weltgeschehens. Eine Redensart bringt das zum Ausdruck, wobei man wissen muss, dass Westwinde in unseren Breiten häufiger als Ostwinde zu verzeichnen sind: *West*[668] *is de Hamborger ehr Best, Oost*[669] *is de Lübecker ehr Troost.* Das → *Groß-Hamburg-Gesetz* vom 1. April 1937 hatte für die beiden Städte ganz unterschiedliche Folgen. Hamburg war so sehr mit dem eigenen Wachsen beschäftigt, dass zum Teil bis heute an der Elbe nicht bewusst geworden ist, wie sehr die andere Hansestadt an der Trave die Zeche zu zahlen hatte. Das Gesetz über Groß-Hamburg lautete weiter *„... und andere Gebietsbereinigungen“,* und diese „Bereinigungen“ trafen vor allem Lübeck. Als Entschädigung für das an Hamburg abgetretene → *Altona* kam Lübeck zu Preußen. Über Nacht wurde aus der Freien und Hansestadt eine einfache Kreisstadt in der preußischen Provinz Schleswig-Holstein. Lübeck verlor nach 711 Jahren die Reichsfreiheit, die Kaiser Friedrich II. der Stadt 1226 verliehen hatte. Als Glück im Unglück erwies sich nach der deutschen Teilung, dass Bestrebungen, die Stadt 1937 nach Mecklenburg zu geben, nicht verwirklicht worden waren. Die Zonenrandlage direkt am *Eisernen Vorhang* eröffnete nach 1945 allerdings keine Chance, Hauptstadt des neuen Bundeslandes Schleswig-Holstein zu werden.

667 Spr. -be:k mit langem e. Das c in *-beck* ist in diesen Fällen stets ein Dehnungszeichen für das vorangehende e.

668 Westwind, zum Segeln auf der Elbe nach Hamburg erforderlich

669 Ostwind, notwendig, um auf der Trave Lübeck zu erreichen

Lübeck-Büchener Eisenbahn Wenn die Hamburger vor 1938 sagten, sie wollten mit der „Lübeck-Büchener“ fahren, so wollten sie nicht etwa nach Büchen reisen, sondern nach → *Lübeck* od. Travemünde. Jahrhundertelang hatten Lübeck als Tor zur Ostsee und Hamburg als Tor zur Nordsee versucht, einen sicheren und effektiven Transportweg zwischen den beiden Hansestädten zu schaffen. Der Landweg mit Fuhrwerken über nicht befestigte Wege, von Räubern und Raubrittern bedroht, war unsicher und gefährlich, der lange Schifffahrtsweg durch das Skagerrak[670] war nicht weniger gefährlich, wurde von Stürmen begleitet und vom erheblichen dänischen *Sundzoll* verteuert. Alle Kanalbauten wie der *Alster-Trave-Kanal* (1529–1550), der *Stecknitzkanal* zwischen Lübeck und Lauenburg od. der *Eiderkanal* zwischen Kiel und Rendsburg erwiesen sich als unzureichend. Zwar passierten um 1830 jährlich rund 1260 Schiffe den Eiderkanal, aber sie durften nur einen Tiefgang von bis zu neun Fuß haben. Die Durchfahrt dauerte acht bis 14 Tage, was für den schnellen Massentransport im beginnenden industriellen Zeitalter inakzeptabel war[671]. Einen Ausweg schien nach 1835 das neue Transportmittel, die → *Eisenbahn,* zu bieten. Eine direkte Verbindung zwischen Hamburg und Lübeck musste aber über dänisch regiertes Holsteiner Gebiet führen. Das verbot der König in Kopenhagen und begünstigte die Strecke zwischen seinen Städten → *Altona* und Kiel. Deshalb baute die am 27. Februar 1850 gegründete *Lübeck-Büchener Eisenbahn-Gesellschaft (LBE)* erst eine Linie über Ratzeburg und Mölln nach Büchen, um dort Anschluss an die Berlin-Hamburger Bahn zu erhalten. Diese am 15. Oktober 1851 eröffnete indirek-

670 Teil der Nordsee nördlich von Jütland

671 vgl. Staisch: Hauptbahnhof S. 9

te Verbindung zwischen den Hansestädten war 35 km länger, als der Weg durch → *Stormarn* gewesen wäre. Erst am 1. August 1865 konnte die direkte Strecke vom Bahnhof vor dem Holstentor in Lübeck über Reinfeld, Oldesloe, Bargteheide, Ahrensburg, Rahlstedt und Wandsbek bis zum Lübecker Bahnhof an der Spaldingstraße in Hammerbrook nach zweijähriger Bauzeit ihren Betrieb aufnehmen. Die Trasse wurde 1882 bis Travemünde und 1898 bis Travemünde-Strand verlängert. 1906 gliederte man auch die „Lübeck-Büchener" in den neuen Hamburger Hauptbahnhof ein. Am 1. Januar 1938 wurde die LBE, die als Privatbahn Wegbereiter neuer Verkehrstechniken wie des Doppelstock-Stromlinien-Wendezug-Betriebs geworden war, verstaatlicht und der Deutschen Reichsbahn angeschlossen.

lübsch (*lüübsch*) zu → *Lübeck* gehörend, nach Lübecker Art; ein *Lübsches Rundstück* war ein belegtes Brot aus einer Feinbrotscheibe und einem halben → *Rundstück*; *Mark lüübsch* (Lübecker Währung); *Lübische Herberge* (Unterkunft für Lübecker Gesandte in Bergedorf); bis 1881 *lübsche Buden* an der Jakobikirche längs der → *Steinstraße* mit niedrigen Verkaufsläden, in denen die Fuhrleute aus Lübeck ihren Bedarf deckten; *lübsche Landstraße* in Hohenfelde (seit 1858 Lübecker Straße).

[1] Lucht Teil alter Bauernhäuser. Dachboden, oberste Etage des Hauses, spez. die düstere Ecke od. der dunkle Winkel seitlich unter dem Dach bzw. neben dem → *Flett* (Vordiele). In der *Lucht* ließ sich nur Gerümpel lagern, aber keinesfalls etwas Essbares, weil es dort von Mäusen, Ungeziefer, Wespen- und Vogelnestern so sehr wimmelte, dass sich selbst Katzen nur hineintrauten, wenn sie extrem furchtlos und hungrig waren. Der *Luchtbalken* war ein besonders starker Längsbalken im Bereich des Fletts.

[2] Lucht Lichtöffnung, Fenster, spez. die nach unten aufklappbare Fensterluke, auch die lichte Weite eines Fensterlochs; *he steiht mi in 'n Luchten* (er steht mir im Licht); *dor wahnt Hans vun den Luchten,* sagte man zu einem total verfallenen Haus.

lucht (Komp. *luchter*) Adj. linksseitig. Wer beim → *Kleigraven*, beim Grabenreinigen, den Schlamm *luchterhand* auswarf, also nach links, bekam weniger Lohn als derjenige, der *rechterenhand,* nach rechts, schaufelte[672]. Syn.: → *link.*

Lücht Laterne, Lampe, Leuchte; *avends wenn de Lüchten brennt; loot di man nich de Lücht utgahn* (spöttischer Gruß im Vorbeigehen an einen schwer Arbeitenden). Syn.: → *Lateern.* Beim Laternenumzug sangen die Kinder: *Oolsch mit de Lücht,/ de de Lüüd bedrüggt,/ de de Eier hoolt/ un se nich betohlt./ Laterne, Laterne,/ Sonne, Mond und Sterne.*

[1] lüchten (an)heben; *sien Mütz en beten lüchten* (andeutungsweise grüßen); (seem.) *den Anker lüchten* (den Anker hochziehen). Zu → [2] *Lucht* (Luft); daher auch *lüften.* Erw.: *Lüchtstang* (Brechstange, Hebestange); → *Lüchtwark* (Hebevorrichtung).

[2] lüchten 1. leuchten, Helligkeit abgeben; scheinen, strahlen; *de Steerns lücht; enen to Huus lüchten* (jmdm. heimleuchten). Zu → *Lücht* (Laterne). 2. blitzen; *dat lücht noch, aver dat Gewitter is vörbi.* Subst. *Lüchten* (Blitz)[673]. Erw.: *Lüch-*

672 HWB 3/166
673 HWB 3/167 f.

tengeld (Abgabe für die Straßenbeleuchtung); *Lüchtfüür* (Leuchtfeuer); *Lüchttoorn* (Leuchtturm).

Lüchtwark Hebevorrichtung in der Mühle, mit der man den Abstand der Mühlsteine und damit die Feinheit des gemahlenen Mehls einstellen kann. Von → [1] *lüchten* (anheben).

Lude Zuhälter gibt es allen Drohungen im Strafgesetzbuch zum Trotz in vielen Städten, und *Luden* werden sie nicht nur in Hamburg genannt, aber der Hansestadt wird von Besuchern aus ganz Deutschland offenbar ein besonderer Bezug zum Rotlichtmilieu unterstellt, wenn Busladungen von vergnügungsbereiten Kegelklubs und Thekenmannschaften den Bereich zwischen Millerntor und Nobistor ansteuern. Der ugs. Ausdruck *Lude* kommt vom frz. Vornamen *Louis* (dt. Ludwig) und bezieht sich auf die gleichnamigen Könige im 17. und 18. Jahrhundert, die zwar keine Prostituierten laufen hatten, aber eine Schar von Mätressen unterhielten. Nicht jeder Hamburger Zuhälter war ein *Erfolgslude* und konnte sich allerlei *Ludenspielzeug* leisten (Straßenkreuzer, Rennboote, Dreirad-Chopper). Ein *Hartgeldlude* od. *Heiermannslude* mit nur einem mäßig verdienenden Mädchen hatte dagegen nur einige Münzen und keine Scheine im Portemonnaie[674]. Syn.: → *Lui, Louis, Ludewig.*

Luden-Abc (Kiezsprache) → *Nachtjargon.*

luder Adv. 1. lauter, nichts als; *luder Mannslüüd* (nur Männer). 2. unvermischt, von reiner Substanz; *dat is de ludere Wohrheit* (die reine, lautere Wahrheit).

674 Siewert: Nachtjargon S. 118 f.

Luffen Rosinenbrötchen wurden bes. südlich der Elbe auch *Luffen* genannt.

Lui 1. männl. Vorn. Louis. 2. Halbstarker, der randaliert und sich prügelt. Erw.: *Luibüx* (Hose mit Schlag, wie Halbstarke sie trugen). 3. Zuhälter wie → *Lude.* Erw.: → *Pissbuden-Lui* (Strichjunge).

Lüjoll Lühe-Jolle, Schiffstyp aus der Gegend der → *Lü* (Lühe) zum Obsttransport aus dem → *Alten Land* nach Hamburg. Sie hatte einen geschlossenen Rumpf, eine große Ladeluke und einen umlegbaren Mast, um auch unter Brücken in die → *Fleete* fahren zu können. Spottn. der Hamburger: *Fruchtjager.*

[1] Lukas Eponym[675] für die Parkwächter in den Wallanlagen, das als Gattungsbezeichnung aus dem Vornamen Lukas eines bekannten Aufsehers entstanden ist, der sich nebenbei als Musikus auf Festen und Hochzeiten etwas dazuverdiente. Spottvers: *Lukas, mit 'n Brummbass, mit 'n Fiedelstock, mit 'n Stintrock*[676]*, mit dat Morslock, mit de Stummelpiep, geiht to Hochtiet.* Warnruf der Straßenjungen bis ins 20. Jh.: *Lukas kümmt!* [677]

[2] Lukas Jahrmarktsbelustigung nicht nur in Hamburg, bei der man an einem Apparat seine Kraft erproben konnte. Mit einem schweren Hammer schlug man auf einen → *Pluck,* wodurch ein Gewicht einen Mast hochgetrieben wurde und oben eine *Lukas-Figur* zum Überschlagen bringen sollte. Gerade die kräftigsten Kerle, die ihren

675 *Eponym:* Gattungsbezeichnung, die auf einen Personennamen zurückgeht (z. B. *Zeppelin* für Luftschiff)

676 → *Stintrock:* frackartige Jacke mit kurzen Schößen

677 HWB 3/170 f.

Mädchen imponieren wollten, schafften das meistens nicht, sodass dem Schausteller wegen angeblichen Betrugs schon einmal Prügel angedroht wurden, bis der, der den Trick beim Schlagen kannte, es vormachte und bewies, dass es doch eigentlich ganz leicht sei.

Lukenviez Der *Lukenviez* ist der Vorarbeiter für einen Laderaum auf dem Schiff. Manchmal steht er auch an Deck, sodass er die Last gut einsehen kann, und gibt dem *Winschmann* (dem Arbeiter an der → *Winsch*), der von seiner Position aus die Last nicht immer sieht, Handzeichen, wie die *Ladewinden* zu bedienen sind. Die weltberühmte Christus-Statue auf dem Gipfel des Corcovado in Rio de Janeiro wird von Hamburger Seeleuten spaßeshalber „Lukenvize" genannt. Die beiden segnend ausgestreckten Arme mit der flachen Hand dieser Statue bedeuten im Decksbetrieb: *Fier beide!* [678] (→ [1] *fieren* – langsam senken). Vgl. → *Stauerviez* (Vorarbeiter aller Schauerleute).

Lulle 1. Die *Lulle* bedeutete über Hamburg hinaus einen Schnuller, an dem die Säuglinge → *lullen* (saugen). Wenn Mutter das lullende Baby dabei auch noch in den Schlaf sang, wurde es *eingelullt* (→ *inlullen*). 2. Etwas unfeiner klingt der Ausdruck in der Halbstarkensprache: Dort war die *Lulle* eine Zigarette, eben der Schnuller für Erwachsene; *'ne Lulle quälen* (eine rauchen gehen). Und was war eine *kastrierte Lulle?* Natürlich eine Filterzigarette! 3. Noch einen Grad unfeiner ist der Bezug der *Lulle* auf den Penis, der im Straßenjargon auch *Lullemann* genannt wurde [679].

lullen 1. lautm. für das Geräusch, das Säuglinge erzeugen, wenn sie am Schnuller saugen. Von → *Lulle.* Vgl. → *inlullen.* 2. Rauch einsaugen, also eine Zigarette rauchen.

Lümmeltüte In den Fünfzigerjahren unter der Hand beim Friseur und in der Drogerie gekauft, dann aus den typischen schmalen Automaten in der Herrentoilette gezogen, nach Verbreitung der Pille kaum mehr benötigt, werden heutzutage unter der Aids-Bedrohung Präservative bestimmt nicht mehr *Lümmeltüten* genannt.

lummerich ist in Hamburg und anderswo oft die Luft, wenn sie warm, feucht, trüb od. gewitterig ist – für Kreislaufschwache nicht das ideale Wetter: *wat is dat denn hüüt wedder för 'n lummerige Luft,* heißt es.

Lümp (Plur.) Eingeweide von Tieren, bes. die essbaren Teile wie Milch und Rogen von Fischen [680].

lungern 1. sich herumtreiben, müßig herumstehen, eben „herumlungern". Syn.: *rümlungern.* Richey: *lungern: 1. faullentzen. Lunger-Banck: Faul-Bette.* 2. gierig sein nach, betteln; *dat Göör lungert na Snoopkraam; de Köter lungert wiel 't Eten; du schallst nich lungern!* (betteln). Richey: *lauren auf etwas, das man gern haben will. He lungert dana: ihm stehet der Lecker darnach* [681].

Lünk (Plur. *Lünken*). Die *Lünken* sind die Sperlinge, die Spatzen, die nicht nur in Hamburgs Gärten, sondern auch auf Hamburgs Straßen allgegenwärtig waren. Im Frühjahr 2009 gab es „Spatzenalarm" im Abendblatt, weil diese Vögel

678 lt. Kurt Flechsenhar
679 Küpper S. 508
680 Mensing 3/548
681 Richey S. 157

angeblich vom Aussterben bedroht sind. Eine Zählung brachte jedoch das Ergebnis, dass es sich nach wie vor um eine sehr verbreitete Singvogelart handelt, nur nicht mitten auf der Steinstraße, weil dort keine Pferdeäpfel mehr zu finden sind. Leser erinnerten sich wehmütig an das Gedicht von → *Hermann Claudius*: *De Lünken vun de Jacobikark, de larmt ehr Fröhjohrsleed …* Ra.: *'n Lünk in 'n Nacken hebben* (schnippisch sein); *nu geiht de Reis los, sä de Lünk, as de Katt mit em na 'n Böön lööp.* Erw.: *Lünkenlarm* (Spatzenlärm, übertr. Gezänk um nichts).

luren [spr.: *lu:an*] bedeutet warten, achtgeben, aufmerksam sein, lauern, horchen; *he luurt op 'n goden Wind; ik luur op de Post; de Katt luurt op de Muus.* Der Stadtteilname *Lurup* ist eine Zusammenziehung aus *luur up* und war ursprünglich der Name eines Gasthofs. Weshalb dort jemand wem auch immer aufgelauert haben soll, ist nicht bekannt, unter Umständen lauerte der Wirt auf die seltenen Gäste. Das Adj. *lurich* drückt die Eigenschaft lauernd, hinterhältig od. heimtückisch aus; *de is so lurich as 'n Katt.* Vgl. → *lüstern.*

Lusche (Versager) → *Luusche.*

lusen lausen, jmdm. zu Leibe rücken; *ik denk, mi luust de* → *Aap* (Verwunderung). Von → *Luus* (Laus). Vgl. → *lusich.*

lusich 1. kommt von → *lusen* und bedeutet dementsprechend lausig, und zwar 1. Adj. von Läusen befallen od. nachlässig bis schlampig gekleidet sein. Eine → *Luusche* ist folglich eine auffällig lässig od. gar liederlich erscheinende Frauensperson; *se is en ole Lusche,* eine vernachlässigte Alte. 2. übertr. gering, unbedeutend; *föfftig lusige* → *Schillens* (Schillinge); *keen lusigen Daler op den Noht hebben* (völlig pleite sein). 3. Adv. sehr (verst.): *dat is lusich koolt* (lausekalt).

lüstern heimlich lauschen, horchen, Ausschau halten, abgucken; *üm de Eck lüstern; Mudder lüstert dörch de Ritz; kiek, wat de Hund lüstert!* Syn.: → *luuschen.* Vgl. → *luren.*

Lütt un Lütt bedeutet: kleines Bier und kleiner Korn. Viele werden sich erinnern, wie → *Henry Vahl* als Schustergeselle Matten im → *Ohnsorg-Theater* auf die fünf Mark Trinkgeld des Bürgermeisters guckte, die er als vermeintliche Bestechung eigentlich wegwerfen wollte, dann aber ausrechnete, wie viele schöne Lagen *Lütt un Lütt* er dafür in seiner Stammkneipe bekommen würde. Auf Hochdeutsch „Klein und Klein", ist *Lütt un Lütt* ein kleiner → *Köm* (2 cl) und ein kleines Bier (0,1 l)[682], ursprünglich → *Braunbier,* mit dem nachgespült od. das sogar artistisch gleichzeitig getrunken wird. Leser Jochen Blanken weiß es genau: Für *Lütt un Lütt* gab es spezielle kleine Biergläser (*Lütte*) mit 0,1 Liter Inhalt. Das lütte Bierglas wurde zwischen Daumen und Zeigefinger und das Schnapsglas zwischen Zeigefinger und Mittelfinger einer Hand gehalten. Beim Trinken lief dann der Köm ins Bier und beides auf einen Zug in den Mund des Trinkers. Gläser mit 0,25 Litern wären für diese klassische Zeremonie von *Lütt un Lütt* eine viel zu große Menge gewesen. Diese Größe kam erst später auf, als es in den meisten Kneipen die 0,1-Liter-Gläser nicht mehr gab. Das entspricht eher der in ganz Norddeutschland verbreiteten Trinksitte von *Köm un Beer.* Auch der Begriff → *Lüttje Lage* ist zu hören, die in Hannover als örtliche Spezialität reklamiert wird. Ein *Lütt-un-Lütt-Weert* war in Hamburg um

682 später 0,25 Liter

1900 der Wirt einer *Lütt-un-Lütt-Weertschaft,* einer Hafenkneipe, in der die Hafenarbeiter nach der Schicht erst einmal einen (od. mehrere) *Lütt un Lütt* kippten, bevor sie nach Hause fuhren. Vgl. → *Köm.*

lütt heißt 1. klein; *he is so 'n lütten Dutt* (so klein); *groot od. lütt schrieven* (Rechtschreibung auf Platt); *dat Lütte* (das Neugeborene); *de Lütten* (die Kinder); *se schall wat Lütts hebben* (sie ist schwanger); *lütt Huus* (Abort); *Lüttdeern* (Kleinmagd, die meistens gleich nach der Schule eine Stelle angenommen hatte); *Lüttbuer* (Kleinbauer). *'n Lütten weg haben* heißt allerdings: nicht ganz richtig im Kopf sein. 2. Kosew. lieb; *mien lütt, söte Mudder; mien lütt Fro* (meine liebe Frau, die von Gestalt durchaus groß sein konnte). Raa.: *lütt Broot mookt fett, aver bloots den Becker; lütte Kinner, lütte Sorgen, grote Kinner, grote Sorgen; beter lütt un kregel as so 'n groten Flegel.* Vgl. → *Lütt un Lütt.*

Lüttbuer (Kleinbauer) → *Grootbuer.*

lütten Lecken Flüssigkeitsrest in der Tasse od. Kanne; *'n lütten Lecken Kaffe.*

Lüttje Lage Die Bezeichnungen *Lüttje Lage,* → *Lütt un Lütt* und *Köm un Beer* existieren in Norddeutschland nebeneinander und bedeuten stets ein kleines Bier und einen → *Köm,* die nacheinander od. sogar gleichzeitig gekippt werden. Während den Hamburgern in der Regel die Bezeichnung *Lütt un Lütt* zugeteilt wird, reklamieren die Hannoveraner die *Lüttje Lage* als ihre ureigene Spezialität, die dort den Volksfesten und vor allem dem bekannten Schützenfest der niedersächsischen Landeshauptstadt ihre besondere feucht-fröhliche Note verleiht. Sie besteht aus einem extra gebrauten obergärigen Lüttje-Lagen-Schankbier und einem Korn und ist verknüpft mit einer traditionellen Trinkweise, bei der ein niedriges Glas Bier (5 cl) zwischen Daumen und Zeigefinger genommen wird, während der Mittel- und der Ringfinger derselben Hand ein mit Korn gefülltes Schnapsglas (1 cl) hält. Beim Trinken liegt das Schnapsglas über dem Bierglas, sodass der Korn zusammen mit dem Bier in einem Zug getrunken werden kann. Dazu gehört einige Übung. Damit die unter Umständen nicht mehr ganz nüchternen Schützenbrüder nun nicht ihre Uniformen bekleckern, liegen spezielle Schürzen und Lätzchen bereit. Wir wollen den Hannoveranern ihre Trinksitten nicht streitig machen, müssen aber anmerken, dass in Hamburg *Lütt un Lütt* früher in einschlägigen Kneipen genau auf die gleiche Art und Weise getrunken wurde.

Lüttschaffer war ein Knecht, der zusammen mit dem *Grootschaffer* und dem *Könich* bzw. *Höögvadder* den Festausschuss z. B. zur Vorbereitung des → *Ringreitens* od. der → *Johannishöge* bildete. Vgl. → *Schaffer.*

Lüttstadt Kleinstadt (mit weniger als 20 000 Einwohnern).

Lütt-un-Lütt-Weertschaft (Hafenkneipe) → *Lütt un Lütt.*

Lüüd (Plur.) Leute; *vör all Lüüd* (öffentlich); *leve Lüüd* („meine Damen und Herren"); *de Lüüd vun 't Amt* (Behördenmitarbeiter).

Lüünborger 1. Bürger der Stadt *Lüünborch* (Lüneburg). 2. Eine Bezeichnung für die Bewohner des südlichen Teils der ehemaligen Elbinsel Finkenwerder, der bis 1705 zum Herzogtum Lüneburg gehörte und erst 1937 mit dem → *Groß-Hamburg-Gesetz* von Preußen zu Hamburg kam; *de Lüünborger Siet* (das südliche Finkenwerder); *Lüüd vun de Lüünborger Kant* (vom südlichen Elbufer); *Lüünborger Elv* (ehem. Süderelbe). Die Hamburger Bürger des nördlichen Teils von Finkenwerder nannten die je nach Lauf der Weltgeschichte Lüneburger, Hannoveraner od. preußischen Bewohner des südlichen Teils der Elbinsel abfällig *Lüünjippers*, was aus dem Tierreich entlehnt ist: eigentl. Spatzen, Sperlinge; *na de Lüünjippers gahn*.

Luus (Plur. *Lüüs*) Laus; *Lüüs hebben* (verlaust sein); *de Luus in de* → *Pickbalje* (Teertopf) *söken* (jede Kleinigkeit zum Anlass für einen Streit nehmen); *de kriegt Lüüs* (der bekommt Ärger). Raa.: *he is bang, dat sien Lüüs en Snööf kriegt* (wer bei heißem Wetter mit Kopfbedeckung geht); *man kann en Luus nich mehr nehmen as dat Leven*[683]. Erw.: *Luusangel* (unsauberer Mensch); *Luushark* (Taschenkamm mit eng stehenden Zinken). In der Nachkriegszeit kam regelmäßig die sogenannte → *Läusetante* in die Klassen und kämmte den Kindern mit der Luushark über einem weißen Stück Papier das Haar, um es auf eventuellen Läusebefall zu untersuchen. → *Luuspadd* (Scheitel).

Luusche 1. Auch in Hamburg sprach man ugs. von *Luuschen* (Luschen), wenn man Versager, liederliche Zeitgenossen od. Schwächlinge bezeichnen wollte bzw. Personen, die eine Arbeit nicht od. nicht ordentlich ausführten. Von ostmitteld. *Lusche* (läufige Hündin als Ausdruck der Minderwertigkeit). 2. minderwertige Spielkarte, die keinen Zählwert hat; nur noch *Luuschen* auf der Hand. Vgl. → *Stackel (2)*.

luuschen schielen, listig um die Ecke spähen. Die Schwiegermutter *luschte* durch das Schlüsselloch, und Klein Fritzchen *luschte* während der Klassenarbeit auf das Heft des Banknachbarn. Von frz. *loucher* (schielen)[684]. Vgl. → *lüstern*.

Luuspadd („Läusepfad“). Früher hatte man einen kurzen strammen Haarschnitt zu tragen. So mancher präsentierte dazu einen schön gerade gezogenen Scheitel. Sollte der besonders gut sitzen, wurde schon mal etwas Pomade genommen. Wenn man von solch einem Jüngling sprach, war das „der mit dem strammen *Luuspadd*“. Der Scheitel wurde auch *Läuseglitsche* genannt.

Luuv seem. die dem Wind zugekehrte Seite eines Schiffes. Ggs.: → *Lee*. Einem Segelschiff den Wind nehmen, indem man an seiner Windseite fährt: *enen dat Luuv afwinnen* (Röding). Syn.: *Luuvkant, Luuvsiet*. Verb *luven* (seem. gegen den Wind ansteuern).

luven (gegen den Wind steuern) → *Luuv*.

683 HWB 3/195 ff.

684 Küpper S. 510

M

Macker 1. guter Freund, Kamerad, Kumpel. 2. Arbeitskollege. 3. (Geschäfts-)Partner, Mitinhaber, Schiffsteilhaber; *mit eenuntwintig*[685] *is he Macker vun sien Vadder worrn.* Von *mackern* (zusammenhalten, miteinander auskommen, geschäftlich verbunden sein). Vgl. → *Mackerschop.*

Mackermenten (Plur.) Schwierigkeiten, Umstände; *mit so 'n Mackermenten hett he uns argert.* Von ndl. *mankement*, frz. *manquement* (Vergehen). Vgl. → *Malesche.*

Mackerschop Fischer, die gemeinsam ein Schiff besaßen und den Fang zusammen vermarkteten, bildeten eine *Mackerschop* (Partnerschaft unter Fischern od. Schiffern). *Mackerschop moken* (gemeinsam fischen). Vgl. → *Macker.*

macklich Adj. 1. gemächlich, langsam, gemütlich, ruhig; *macklich Wedder* (windarmes Wetter); *macklich gahn* (schlendern). 2. lässig, mühelos; *macklich in de Welt leven* (in den Tag hinein leben, heute würde man sagen: null Bock haben). Von mnd. *gemak* (Gemächlichkeit, Bequemlichkeit).

maddelich matt, erschöpft, entkräftet; *mööd, maddelich un slapp vun de swore Arbeit.* Syn.: *lahmlennich* (schwach, kraftlos)

Mahler, Hans → Biografie S. 319.

Mai Der Monat Mai, *de Maimoond,* ist der Monat der Liebe, der Hochzeiten, des Frühlings, des Pfingstfestes; dementspr. existieren zahlreiche Komposita: → *Maiaap* („Maiaffe", ein Geck, ein Dummkopf), *Maibloom* (Maiglöckchen), *Maiboom* (Birkengrün zum Schmuck der Häuser zu Pfingsten), *Maibotter* (erste Butter der gerade ausgetriebenen Kühe), *Maibüx* (weiße Hose, ein Muss um 1900), → *Maidag* (1. Mai), *Maifier* (Feier der Gewerkschaften am 1. Mai mit organisiertem Umzug, dem *Maitog*), *Maikatt* (im Mai geborene Katze, gilt als widerstandsfähiger und lebendiger als eine Novemberkatze), → *Mainacht* (Walpurgisnacht), → *Maischull* (Maischolle), → *Maisever* (Maikäfer).

Maiaap [spr.: *mai'o:p*] „Maiaffe". 1. Schimpfw. für einen Gecken, für einen übermäßig herausgeputzten Jüngling; *dor stünn he nu mit sien witte Maibüx, stieven Hoot un bottergele Handschen, de ole Maiaap.* 2. ein Dummkopf; *kiek nich so dösich, du Maiaap!* 3. Borcherdt berichtet von einem bekannten Kauz, der um 1860 täglich von den Elbinseln herüberkam, um frisch geschnittenes Gras als Futter für das städtische Kleinvieh zu verkaufen, seinen Kahn aber weder im Sommer noch im Winter, weder tags noch nachts verließ, sondern dort unter einer Plane schlief. Die Milchleute, mit denen er verfeindet war, brüllten ihm, wenn er die → *Fleete* befuhr, ein gehässiges *Maiaap!* hinterher, aber er antwortete mit *Water un Melk!*, was seine Widersacher schwer traf, denn so ganz abwegig scheint die sprichwörtliche Behauptung nicht gewesen zu sein, dass Milchbauern und Milchhändler die Menge ihrer Milch durch das → *Panschen* mit Wasser mühelos verdoppeln konnten – wenigstens verdoppeln![686]

685 Bis 1975 begann in der Bundesrepublik die Volljährigkeit erst mit der Vollendung des 21. Lebensjahres.

686 Borcherdt I, S. 42

HANS MAHLER
SCHAUSPIELER UND OHNSORG-INTENDANT

Hans Mahler war Schauspieler und Theaterregisseur, vor allem war er jedoch seit 1949 Intendant des → *Ohnsorg-Theaters* und damit maßgeblich an der Pflege der heimischen Mundart auf der Bühne an den Großen Bleichen beteiligt. Seine eigenen zwar nicht auf Platt, aber gegen seine Überzeugung auf → *Missingsch* im Fernsehen ausgestrahlten Inszenierungen machten das Hamburgische in ganz Deutschland bekannt und bescherten der ARD Traumeinschaltquoten.

Die Reihe reicht von „Dat Herrschaftskind" (1955) mit → *Walter Scherau* bis „Minsch sien mutt de Minsch" (1970) mit Werner Riepel, Edgar Bessen, Gisela Wessel und Heini Kaufeld. Hans Mahler war seit 1937 mit → *Heidi Kabel* verheiratet. Die gemeinsame Tochter Heidi Mahler (geb. 1944), ebenfalls Schauspielerin, trägt den Namen des Vaters, sodass vielen Zuschauern gar nicht bewusst war, dass hier Mutter und Tochter zusammen auf der Bühne standen, wenn Heidi Kabel und Heidi Mahler bei Ohnsorg Triumphe feierten. Hans Mahler wurde am 15. August 1900 in Rothenburgsort geboren und starb unerwartet am 25. März 1970. An diesem Abend stand Heidi Kabel bei Ohnsorg auf der Bühne. In der Pause überbrachte ihre Tochter Heidi ihr die schreckliche Nachricht: „Papi ist tot, Mami. Wir brechen die Vorstellung ab." Heidi Kabel erstarrte. Um Zeit zu gewinnen, den Tod ihres geliebten Mannes zu realisieren, erwiderte sie: „Nein, wir spielen den dritten Akt noch. Lasst wieder einklingeln, damit wir das hinter uns bringen!" [687] Hans Mahler fand seine letzte Ruhestätte auf dem Nienstedtener Friedhof. Seine Frau liegt jetzt neben ihm.

687 Gerd Spiekermann: 100 Jahre Ohnsorg S. 89

Maidag 1. Es handelt sich um den ersten Tag im Monat Mai, an dem Zahlungen fällig waren, Dienstverhältnisse gekündigt werden konnten od. die Kühe ausgetrieben wurden; *de Köh ward Maidag op de Weid jagt.* 2. Der *ole Maidag* fiel hingegen auf den 10. Mai nach heutiger Zeitrechnung. Papst Gregor XIII. ließ 1582 den julianischen durch den gregorianischen Kalender ablösen und dabei zehn Tage „ausfallen"; auf den 4. Oktober 1582 folgte unmittelbar der 15. Oktober 1582. Der neue Kalender setzte sich in protestantischen Ländern nur langsam durch, sodass der *ole Maidag* und der *nie'e Maidag* nebeneinander existierten. Wegen drohenden Nachtfrostes durften Erbsen, Bohnen und Gurken nicht vor dem olen Maidag ausgesät werden. In Langenhorn und teilweise den Vierlanden legte man diesen Termin auch auf den 12. Mai.

Mainacht Das war die Nacht vom 30. April auf den 1. Mai, andernorts auch *Walpurgisnacht* genannt, in der angeblich finstere Mächte die Menschen bedrohten. Von wegen Aufklärung: Noch im 19. Jahrhundert sollten auch im protestantischen Hamburg Kreuze an den Haustüren vor Ungemach schützen, die die Straßenjungen gegen Entgelt aufmalen durften. Die Hexen ritten auf dem Besenstiel zum Blocksberg, und angeblich starteten besonders viele Teilnehmerinnen an diesem Besenstiel-Konvent in den Vierlanden von der *Grootdeel* des Bauernhauses durch → *Hooptlock* und → *Ulenlock* zum → *Blocksbarg.*

Mairaan Majoran, Küchenkraut, das nicht nur den Thüringer Bratwürsten, sondern auch dem Gänsebraten und bei der hiesigen Hausschlachtung der Hausmacher-Leberwurst den speziellen Geschmack gibt; gehört in Hamburg deshalb zum → *Wustkruut* (Wurstkraut).

Maischull (Plur. *Maischullen*). Maischollen waren im Mai gefangene Schollen, die als besonders wohlschmeckend galten, weil sie abgelaicht und wieder Fleisch angesetzt hatten. Man erkannte sie an den roten Flecken auf der Oberseite. Meine Mutter kaufte Schollen nur in den Monaten, die kein „r" im Namen hatten (Mai bis August). Wohlgemerkt, wir sprechen von Schollen, wie sie früher dem Fischmann aus dem Schaufenster und dem → *Buttpedder* (Elbfischer) aus dem → *Ewer* sprangen, nicht von den heute häufig angebotenen schlaffen Exemplaren, die irgendwo zwischen Sibirien und Cuxhaven aufgetaut worden sind und die schon mal ein Jahr „überflogen" haben. Echte Maischollen werden zart in Butter gebraten, die anderen bereitet man besser nach *Finkenwerder Art* zu. Über Geschmack lässt sich nicht streiten, und ich möchte den Freunden auf der ehemaligen Elbinsel keineswegs zu nahe treten, aber solche in ausgelassenem Speck gebratenen Schollen schmecken mir – Pardon! – mehr nach Schwein als nach Fisch. Vgl. → *Schull* (Scholle).

Maisever [spr.: *mai´sewer*] (Plur. *Maisevers*). Die Maikäfer krabbelten nicht in jedem Jahr aus dem Boden, aber wenn sie kamen, dann in Massen – seinerzeit eine Plage im schönen Monat Mai. Sie ernährten sich vor allem von Eichenblättern, fraßen aber auch Ahorn, Buche und die Obstbäume kahl. Ihre Larven, die *Engerlinge (Emer; Severworm)*, leben drei bis fünf Jahre unter der Erde; man bekämpfte sie nach dem Krieg gezielt mit Insektiziden und einem tödlich wirkenden Pilz, sodass heute viele Kinder den Maikäfer nur noch als Schokoladenfigur kennen. Früher war das anders. Ra.: *dat gifft Mietjes as Maisevers* (Prostitution an jeder Ecke). Ein Vergnügen war es damals für die Kinder, Maikäfer zu fangen und zu tauschen. Sie waren begehrter als die sonstige „Kinderwährung", die → *Marmeln.* Je nach Farbe des Halsschildes unterschied man zwischen einem *Sottje* (dunkel, „Schornsteinfeger"), *Mehlhöker* (hell, „Müller") und *Kaiser* (rötlich). Beim Fliegenlassen sang man: *Maisever fleeg op, fleeg na 'n hogen Heven rop.* Erw.: *Maiseverbood* („Maikäferbude"), wie eine sehr kleine Wohnung scherzh. genannt wurde. Vgl. → *maisevern.*

maisevern [spr.: *mai'servern*] bedeutet, Vorbereitungen für etwas treffen, und zwar wie ein Maikäfer (→ *Maisever*), der zur Probe die Flügel bewegt, bevor er losfliegt. Man sagte dann: *he tellt* (er zählt). Wenn jemand beim Skat den Betrieb dadurch aufhielt, dass er dauernd die Punkte nachzählte, schimpften die anderen: *he tellt as 'n Maisever.* Über einen Brautvater, der immer unruhiger wurde, weil er gleich die Tischrede halten sollte, lästerte der Großvater: *he maisevert al, glieks ward he losscheten.*

Majorette (Angl.: eigentl. weiblicher Tambourmajor) → *Tambuur.*

Malesche Es ist ja nicht so, dass nur Hamburger *Malesche* (Unannehmlichkeiten, Schwierigkeiten) haben konnten, aber das Wort scheint doch sehr in der Umgangssprache unserer Eltern verwurzelt gewesen zu sein und ist es teilweise auch heute noch; *dor hett man bloots Maleschen vun; dor kriegst noch ficks Maleschen mit.* Von frz. *malaise* (Unbehagen). Vgl. → *Mackermenten.*

mall sein bedeutet, angeblich nicht ganz bei Verstand od. gar verrückt zu sein. Auch der Wind, der beim Segeln umspringt und plötzlich aus einer ganz anderen Richtung weht, wird als *mall* bezeichnet, was dann als → *Mallöör* empfunden werden könnte.

malle Kreke → ^{2}*Kreek.*

Mallöör (von frz. *malheur*) ist das Pech, Missgeschick od. Unglück; *he hett Mallöör hatt* (hat Pech gehabt); *dat is keen groot Mallöör* (nicht besonders schlimm). Ra.: *wenn du Mallöör hebben schallst, denn brickst di den Dumen in de Nees af* (wenn du Unglück hast, brichst du dir den Daumen in der Nase ab). Verb *mallören* (misslingen, schiefgehen).

Malzkaffee Kaffee-Ersatz existierte schon lange vor dem letzten Krieg. Der bekannteste war *Kathreiner Malzkaffee.* Dazu gab es in gepresster Form das Kaffeearoma von *Pfeiffer & Diller*[688]. Vgl. → *Muckefuck.*

Mammy's Chair (seem.) ist ein Korb od. ein Kasten, der an einem Kran od. an einem Ladebaum hängt und mit dem man Personen von einem Schiff in die Boote setzt. Im Hamburger Hafen benutzte man so eine Einrichtung auch, um Menschen von einem Schiff im Schwimmdock an Land zu → *hieven* – natürlich keine Seeleute, die würden das als Beleidigung empfinden, sondern ängstliche, meist weibliche und angesichts des Wassers in Panik verfallende Landratten, wie die ironische Anspielung auf das meist übergewichtige, farbige und furchtsame Kindermädchen, die *Mammy,* zeigt[689].

man zu ...! (*man to*) ist die Kurzform einer Aufforderung an den Zögernden, den Zauderer, das Anstehende, das Besprochene (endlich) zu tun. Um dem Nachdruck zu verleihen, heißt es dann: *nu man to!*

688 lt. Gerhard von Harscher
689 lt. Kurt Flechsenhar

Mandrill Ein *Mandrill* ist ein Affe in den westafrikanischen Regenwäldern mit Stummelschwanz und auffälliger Färbung von Gesicht und Gesäßschwielen, aber das hat erst einmal nichts mit Hamburg und noch nicht einmal etwas mit → *Hagenbeck* zu tun. Vielmehr geht es um das Gemälde „Der Mandrill" (1913) von Franz Marc (1880–1916), um ein Meisterwerk des Expressionismus, das seit 1919 in der Hamburger Kunsthalle hing (heute in München), bis die Nationalsozialisten 1937 das Gemälde als „entartete Kunst" beschlagnahmten und abtransportierten. Dieses „bravourös in leuchtende, umgrenzte Farbflecke aufgelöste Tierbild", das den Affen allerdings alles andere als gegenständlich darstellt, spaltete die Hamburger und wurde zum Symbol für die Auseinandersetzung mit der neuen Kunstrichtung. → *Edith Oppens* gibt ihrem Buch über Hamburgs Zwanzigerjahre den exemplarischen Titel „Der Mandrill". Sie schreibt: „Vor dem ‚Mandrill' standen ständig Leute mit verrenktem Hals und suchten den Kopf od. Schwanz des Tieres. Wenn sie ihn ohne Hilfe gefunden hatten, rechneten sie sich das als Pluspunkt im Erfassen moderner Malerei an. Einige versuchten, mit dem Finger den Umriss zu erforschen. Das Ölbild musste gegen solche Gründlichkeit durch eine Glasscheibe geschützt werden."[690] Das mit der Glasscheibe klingt hübsch, war aber nicht unbedingt auf die moderne Kunst beschränkt. Zum Schutz vor dem Dreck der rußenden und dampfenden Lokomotiven auf der neben der Kunsthalle verlaufenden Bahnstrecke zwischen Dammtor und Hauptbahnhof hatte bereits Alfred Lichtwark (1852–1914), Direktor von 1886 bis 1914, die Bilder verglasen lassen.

690 Oppens: Der Mandrill S. 90 f.

mank Präp. inmitten. Wenn sich etwas innerhalb einer Gruppe od. Menge befindet, heißt es *mank: mank de Minschen; mank uns mank is een mank, de nich mank uns mank hören deit*[691]. Wenn sich jedoch etwas zwischen zwei Punkten befindet, gebrauchen wir → *twüschen* (dazwischen): *twüschen Döör un Disch.* → *mittenmank* bedeutet mittendrin.

Mann in de Tünn (urspr. Pastor in der Kanzel) → *Mann.*

Mann (Plur. *Mannslüüd*) ist zwar ein Allerweltswort, kommt aber gerade deshalb in einer Fülle von Erweiterungen, Komposita, Familiennamen und Redensarten vor, z. B.: *mit Mann un Muus* (mit allem, was dazugehört); *so de Mann is, so ward em de Wust braadt* (jeder bekommt, wie er es verdient hat). → *Rudolf Kinau* hat beobachtet: *je wieder na 'n Süden – je fliediger*[692] *de Froons un je fuler un dickfelliger de Manns.* Ausrufe des Erstaunens od. der Verwunderung: *Mannomann!* (Mann o Mann); *Mannometer!* (Mann o Meter). Die Wendung *Mann in de Tünn!* (Mann in der Tonne) bekommt dann einen Sinn od. vielmehr Hintersinn, wenn man weiß, dass urspr. der Pastor in seiner tonnenähnlichen Kanzel gemeint war, dessen Predigt offenbar weniger geistliche Erbauung vermittelte denn Erstaunen hervorrief.

mannen etw. schaffen od. bewältigen; *du mannst dat nich* (du schaffst das nicht)[693].

manoli heißt so viel wie verrückt od. meschugge und ist, das sei mit aller Deutlichkeit gesagt,

691 Cyriacks/Nissen: Sprachführer S. 72
692 fleißiger
693 HWB 3/241

eigentl. kein hamb. od. nordd. Wort. Vielmehr handelt es sich um einen urberlinischen Ausdruck aus der Kaiserzeit und Weimarer Republik, der heute wohl vergessen wäre, wenn nicht ausgerechnet in der viel gesehenen NDR-Fernsehserie „Neues aus Büttenwarder", die aus dümmlichen Klischees besteht, aber in südlicheren Gefilden der Republik für ein reales Abbild des niederdeutschen Lebens gehalten wird, Kurt Brakelmann (Jan Fedder) seinen Freund-Feind Adsche (Peter Heinrich Brix) so beschimpfen würde: *„Büst du völlig manoli?"* Uns erreichten mehrere Anfragen, was das Wort bedeute und wo es herkomme: *Manoli* war eine bekannte Zigarettenmarke, 1897 in Berlin als Kunstwort entstanden aus dem rückwärts gelesenen Namen *IlonaM*[andelbaum], der Gattin des jüdischen Tabakfabrikanten Jakob Mandelbaum. Für die Marke wurde ab 1910 mit der ersten Leuchtreklame der Hauptstadt geworben, mit dem fünf Meter messenden *Manoli-Rad* am Alexanderplatz. Ein phasengesteuerter Kranz von Glühbirnen täuschte eine kreisende Bewegung vor, was damals enormes Aufsehen erregte, heute jedoch auf jedem Jahrmarkt zu sehen ist. Wenn ein Berliner eine entsprechende Bewegung mit dem Zeigefinger vor der Stirn vollführte, wollte er ausdrücken, sein Gegenüber sei *manoli* und habe ein Rad ab. 1. *manoli linksrum* (völlig verrückt). Die von der Lichtreklame vorgetäuschte Kreisbewegung lief entgegen dem Uhrzeigersinn, also linksherum. 2. *manoli sein* bedeutete, was man früher nicht offen aussprach, auch *schwul sein,* denn die Lichtrotation bewegte sich, wie gesagt, linksherum[694].

Manschester war und ist ein strapazierfähiger, samtartiger, gerippter Baumwollstoff, der seinen Namen natürlich von der engl. Stadt *Manchester* hat, die seinerzeit noch nicht wegen ihrer Fußballklubs, sondern wegen ihrer Industrieprodukte bekannt war. Die *Manschesterbüx* war eine widerstandsfähige Arbeitshose, die bis heute zur Zimmermannskluft gehört, ansonsten aber den Jeans weichen musste.

694 Küpper S. 520; Jüdische Allgemeine 20.1.2011 S. 17

Mantillje Mantille, seidener, ärmelloser Umhang, der auch in Hamburg im 19. Jh. von den Damen der Gesellschaft um Kopf und Schultern getragen wurde.

maracken [spr.: *mo:racken*] schwer arbeiten, sich abmühen. Wer nahezu bis zur totalen Erschöpfung arbeitet, der *marackt,* der hat sich *afmarackt* (abgeschuftet). Richey: *ick hebbe my to deger afmaracht* (ich habe mich dermaßen abgearbeitet)[695]. Vgl. → *afmaracken.* Var.: *marachen, moracheln,* → *waracken.* Syn.: *afarbeiten, wurachen* (sich abrackern). Von rotw. *sich abmarachen* (sich anstrengen, aufreiben), jidd. *rach* (zart, schwach)[696].

Marlspieker seem. ein an einem Ende spitz zulaufender, rund 30 cm langer Rundstab aus Hartholz (eventl. mit Stahlspitze) bes. für Arbeiten am Tauwerk[697]. Von *Spieker* (seem. langer Nagel) und mnd. *marlink* (ein aus zwei Strängen zusammengedrehtes Tau)[698]. Vgl. *marlen* (seem. Segel mit speziellem Knoten befestigen) und → *spleißen.*

695 Richey S. 161
696 Wolf: Rotwelsch S. 31
697 HWB 3/260
698 Lübben S. 220

Marmel (*Mardel*, *Murmel*). Heutzutage spielen die Kinder nicht mehr mit *Marmeln*, sondern sitzen am Computer, aber früher gehörte das Marmelspiel zur täglichen Freizeitbeschäftigung der Jungen und auch der Mädchen im Freien – am Straßenrand, auf dem Fußweg od. in der Pause auf dem damals durchweg unbefestigten Schulhof. Marmeln sind farbige Spielkugeln aus Ton, Stein od. Glas, selten auch aus Stahl, die je nach Größe und Beschaffenheit einen unterschiedlichen Tauschwert haben. Aufbewahrt im Marmelbeutel, der Marmelkiste od. dem Kasten mit Fächern zum Ordnen der Kugeln, waren sie der Stolz ihrer Besitzer und bildeten eine Art „Kinderwährung". Sie wurden aber nicht nur getauscht, sondern auch beim Spiel gewonnen od. verloren. Die Spielregeln variierten zum Teil von Straße zu Straße, die Ausrufe, Verbote und „Fachbegriffe" waren unüberschaubar und nicht selten der Grund für Kindergeschrei und pausenlose Zankereien. Meist wurde mit dem Stiefelabsatz ein Loch in die Erde gedreht, die umliegende Fläche festgetreten und von jedem Spieler aus gleicher Entfernung eine bestimmte Anzahl Marmeln in Richtung des Lochs geworfen. Wer dabei am besten abschnitt, durfte als Erster versuchen,

Hier geht's um Marmeln und um die Ehre: Barmbeker Jungs im April 1931 im Wettstreit. Die Gymnasiasten unter den Kindern haben die damals gebräuchlichen Schülermützen in den Farben der Klassenstufen auf dem Kopf.

die außen liegenden Marmeln mit den Fingern in die Kuhle zu stoßen od. zu schnippeln. Klappte das nicht, kam der Nächste an die Reihe. Wer die letzte Marmel einlochte, erhielt den gesamten Inhalt. Schlimm für denjenigen, der alle seine Kugeln verloren hatte. Er bettelte sich bei Mutter od. Großmutter ein paar Pfennig zusammen, ging in einen dieser Stubenläden mit Spielwaren, die sitzengebliebene alte Fräuleins betrieben, und bekam nagelneue Marmeln in die Hand abgezählt. Der → *Krämer* hatte die Marmeln in großen → *(Glas-)Häven* untergebracht, gleich neben den Gläsern mit den Bonbons, was man tunlichst nicht verwechseln sollte. Übrigens: Mit der Konfirmation war man erwachsen und spielte fortan keine Marmeln mehr. Die bis dahin angesammelten Kugeln wurden den Jüngeren zusammen mit Bonbons zugeworfen (*Konfirmannenbontjes*).

Martensgoos Martinigans, die erste gebratene Gans des Jahres, die zu → *Martini* (11. November) verspeist wurde. In früheren Jahrhunderten hatten die „hohen Herren" das Recht auf Abgabe je einer *Martensgoos* ihrer Abhängigen, und auch die → *Schoolmeester*, die sich bekanntlich damals noch ohne Beamtenbesoldung von → *Deputaten* sowie dem Ertrag des eigenen Gartens und des zur Verfügung gestellten Koppel- und Ackerlandes mühsam ernähren mussten (in den → *Walddörfern* auch als Schweinehirten), hatten Anspruch auf eine *Martensgoos* von jedem Schüler.

Martini Martinstag, der Namenstag des heiligen Martin am 11. November, war als Fixpunkt im Hamburger Jahresablauf neben → *Johanni* und → *Michaeli* ein weiteres Überbleibsel nach der Reformation aus dem kath. Heiligenkalender. Zu *Martini* wurde teilweise auch das Dienstverhältnis gewechselt und waren bestimmte Abgaben fällig, vor allem aber freute man sich auf die erste gebratene Gans des Jahres, die → *Martensgoos*.

masseln mischen, und zwar von Mehl und Getreide in der Mühle, wodurch das Mahlgut verderben konnte. Davon gebildet: *vermasseln* (in Unordnung bringen, verwirren, verderben) [699].

Matjes ist ein noch nicht geschlechtsreifer fetthaltiger Hering vor der ersten Laichreife, der urspr. von holländischen Fischern von Mitte Mai bis Anfang Juni vor der schottischen und irischen Küste gefangen und, in milde Salzlake eingelegt, in ganz Norddeutschland als Delikatesse angeboten wurde. Gegenüber dem mit Milch od. Rogen gefüllten *Vullhering* [700] hieß es: *de Matjes koomt fröher* (werden früher im Jahr angeboten). In Hamburg aß man sie mit Pellkartoffeln und → *Speckstippe* od. einer Sahnesoße mit Äpfel und Zwiebeln nach Hausfrauenart. Glückstadt machte sich einen Namen als „Matjesstadt". Noch heute wird dort die Eröffnung der Matjessaison gefeiert. Von ndl. *maatjesharing* („Mädchenhering", junger Hering) aus ndl. *maagdeke* (Mädchen).

Mattei am Letzten [spr.: *matte'ī*] zu Ende, am Ende. Die ugs. Redensart „Bei jmdm. ist Matthäi am Letzten" hat auf Hochd. die Bedeutung „Jemand hat das Schlimmste zu erwarten, ist (finanziell) am Ende". Der Ausdruck *Matthäi am Letzten* findet sich im 4. Hauptstück von Luthers Katechismus, es heißt: „Da unser Herr Jesus Christus spricht Matthäi am Letzten: Geht hin in alle Welt ...". Der Ausdruck bedeutet also in

699 Mensing 3/599
700 „Vollhering", ausgereifter Hering

Luthers Text so viel wie „am Ende des Matthäus-Evangeliums“. Dieses Evangelium schließt mit den Worten „bis an der Welt Ende“; die Redewendung spielt also indirekt auf den Weltuntergang, auf das Ende aller Dinge an[701]. Vielfach in die hamb. Alltagssprache übernommen: *dat geiht mit em Mattei am Letzten* (er liegt in den letzten Zügen); *wi sünd mit unsen Grog Mattei am Letzten* (bitte eine neue Runde!) od.: *och, de Zucker is ook al Mattei am Letzten* (der Zucker ist alle).

Matthiae-Mahl Aus dem Jahre 1356 ist ein *Convivium*[702] *Eines Ehrbaren Rathes* überliefert, das, „wenn die Zeitläufe es erlaubten“, stets am Tag des heiligen Matthias[703] ausgerichtet wurde. Der Matthiae-Tag (24. Februar) galt volkstümlich als Frühlingsanfang mit allerlei Wetterregeln, Orakeln, Dienstbotenwechseln, aber auch mit der Neuverteilung der Aufgaben im Rat (heute → *Senat*) und der Wahl des neuen Bürgermeisters aus diesem Kreis. Zur Senatsumsetzung war es Brauch, „auf des Rates Tische“ vor den Vertretern der „Hamburg wohlgesonnenen Mächte“ ein „Messer aufzudecken“ – was zu Zeiten, in denen man mit den Fingern aß, als hohe Ehre galt. Heute findet das *Matthiae-Mahl,* das älteste noch begangene Festmahl der Welt, stets an einem Freitag Ende Februar im Großen Festsaal des Rathauses statt. Eingeladen werden ein ausländischer und ein deutscher Ehrengast sowie rund 400 weitere Gäste, darunter die Leiter der Konsulate. Der „Silberschatz“ des Rathauses wird ausgepackt, es erklingt die von Georg Philipp Telemann (1681–1767) 1724 komponierte Tafelmusik, und zwischen den einzelnen Gängen des Mahls werden Reden gehalten. Alles geschieht genau nach der Tradition des Hamburger Protokolls.
So empfängt der Bürgermeister seine Ehrengäste nicht etwa vor dem Eingang, sondern am oberen Absatz der Senatstreppe. Man wollte ihn früher als obersten Repräsentanten einer freien Stadt nicht der Verlegenheit aussetzen, einem zu Pferde angereisten Staatsgast etwa beim Absteigen die Steigbügel halten zu müssen. Zwar steht heute nicht mehr zu befürchten, dass ein Gast im Sattel seines Pferdes erscheint, aber man weiß ja nie, wozu das Protokoll gut sein könnte ...

Weder Mattler noch sein Nachfolger Dannenberg sind jemals auf einem Hahn geritten, sondern sein → Pajatz (Possenreißer) Jakob Abraham erlaubte sich diesen derben Scherz. Das machte einen solchen Eindruck, dass Mattler sien Hahnrieder zum geflügelten Wort in Hamburg wurde.

701 Duden. Das große Buch der Zitate und Redewendungen, Mannheim 2007 [CD]

702 lat. Gastmahl, Schmaus, Gelage; Tischgesellschaft

703 Matthias war der zwölfte Apostel, der nach dem Verrat und Selbstmord Judas Ischariots in die Gruppe der Jünger nachrückte. Einige Kirchenhistoriker halten allerdings Paulus von Tarsus für den zwölften Apostel und nennen Matthias deshalb den „dreizehnten Apostel“. Sein Gedenktag war der 24. Februar, heute in der katholischen Kirche auf den 14. Mai verlegt.

Mattler Ganz, ganz alte Hamburger kennen vielleicht noch diesen Ausdruck, der für ein Marionettentheater am Spielbudenplatz steht, in dem nicht nur tote Puppen, sondern auch die zehn Jahre alte Tochter Mattlers auf der kleinen Bühne tanzte. Besitzer war *Johann Gottfried Ehrenfried Mattler,* der 1857 starb; *ik bün güstern bi Mattler wesen un heff 'n grote Oper sehn.* Die große Oper bestand aus solchen Schauerstücken wie „Des Faustens Teufelszwang, Leben und Höllenfahrt". Ursprünglich nur eine Bude neben einer → *Menagerie,* mussten Mattler und andere Schausteller 1840 nach einem Theaterbrand in Wien auf Anordnung der Polizei ein festes Haus am Spielbudenplatz bauen. So entstand sein „Elysium-Theater", und durch St. Pauli ging es wie ein Lauffeuer: *se speelt bi Mattler nu mit ornliche, lebennige Minschen!* Einer dieser Schauspieler war → *Friedrich Eduard Dannenberg,* der später nicht nur Bühne und Theater von Mattler übernahm, sondern auch die auf ihn gar nicht zutreffende Bezeichnung *„Mattler sin Hahnrieder".* Vgl. → *Hahnrieder.*

mau Adj., Adv. nicht besonders gut, ziemlich schlecht, schwach, flau; *maue Tieden* (schlechte Zeiten); *mit de School is dat aver recht mau bestellt* („Versetzung gefährdet"); *uns güng dat man mau* (wir waren knapp bei Kasse); *he is mau!* (wenn ein Spieler alle → *Marmeln* verloren hat); *em weer mau to Sinn* (er hatte ein schlechtes Gewissen).

Mau f. 1. weiter (häufig bestickter) Ärmel. Übertr.: *enen wat op de Mau binnen* (jmdm. etwas weismachen); *ut de Mau schütteln* (aus dem Ärmel schütteln, ohne große Anstrengung überlegen sein); *in de Mau scheten* (schnell wachsen, beruflich rasch vorwärts kommen). Vgl. → [1] *Mauken.* 2. Jäckchen, Ärmeljacke für Kinder, in den Vierlanden Teil der Taufkleidung. Von mnd. *mouwe* (weiter Ärmel)[704].

Die Hausfrau trug 1940 gewissenhaft jede Ausgabe ins Haushaltsbuch ein. Damit die Ärmel ihres Kleides nicht abnutzten, hatte sie Ärmelschoner übergestreift – in Hamburg auch Mauken genannt.

[1] Mauken (Plur.) Ärmelschoner, Überziehärmel, wie sie früher vor allem die Kontoristen während der Arbeit trugen. Vgl. → *Mau.*

[2] Mauken (Plur.) große Füße; *nimm dien Mauken vun 'n Disch!* Erw.: *Käsemauken* (entsprechend stinkende Füße). Vgl. → *Quanten.*

Maulbeere (Heidelbeere) → *Bickbeere.*

704 HWB 3/276 f.

Max (seem.). Auf größeren deutschen Handelsschiffen gehörte früher ein Wäscher zur Besatzung. Das war meistens ein Chinese. Da niemand sich die Mühe machen wollte, sich einen chinesischen Namen zu merken, wurden diese Wäscher auf Hamburger Schiffen immer *Max* genannt. Auf Bremer Schiffen hießen sie dagegen *Fritz* [705].

Mehlbeutel (*Mehlbüdel*). Ursprünglich ein im Beutel gekochter und mit Rosinen gefüllter großer Kloß aus Brotteig od. Mehl, der je nach Zutaten ein Festtags- od. Alltagsgericht war. In der Stadt wurde er mit Fruchtsoße, Backobst od. Apfelmus gegessen, auf dem Lande auch mit Fleisch; *so groot un dick as 'n Mehlbüdel* [706]. Später nicht mehr im Beutel, sondern in einer Metallform im Wasserbad gekocht und dann meist → *Großer Hans* genannt.

Meier (*Meyer*) In Hamburg überaus verbreiteter Familienname, auf den Elbinseln als Meyer mit y sogar der häufigste, in vielen Zusammensetzungen, Verallgemeinerungen (*Schlaumeier, Kretelmeier* – Zänker), Fantasienamen *(Frau Pumeier, Frau Dibbermeier)* und → *Verballhornungen* (→ *Tante Meier*) vorhanden. Vgl. → *lackmeiern* bzw. → *anmeiern* (täuschen, betrügen).

[1] **Meile** altes Längenmaß. Seemeile 1852 Meter, der zehnte Teil einer Seemeile heißt → *Kabellänge;* eine Deutsche Landmeile betrug in Hamburg, Dänemark und Preußen 7532,5 Meter.

[2] **Meile** (Zone in der Elbmarsch) → *Altes Land.*

Meister Pick (Schuster) → *Pickdraht.*

Mekelnborch (Mecklenburg) lautete in Hamburg die Bezeichnung für das Großherzogtum Mecklenburg [707], das ja gleich hinter Ratzeburg, Büchen od. Schwarzenbek begann. Die schlechten Lebensbedingungen in Mecklenburg veranlassten vor dem Ersten Weltkrieg viele Bewohner, nach Hamburg und vor allem nach Hammerbrook abzuwandern. Wie alle Zuwanderer wurden sie von den Alteingesessenen nicht gerade mit offenen Armen empfangen und fanden sich in erster Generation auch in der Hansestadt am unteren Ende der sozialen Skala wieder. Nicht ohne Vorbehalt hieß es: *Hamborg is doch de Hauptstadt vun Mekelnborch,* und weniger freundlich: *wenn in Mekelnborch en Kind boren ward, ward dat mit 't Gesicht nach Hamborg dreiht und dorbi seggt: kiek, dat is dien Heimat!* Was Wunder, dass die Mecklenburger für negative Attribute herhalten mussten. *Mekelnborger Ananas* hat nichts mit der exotischen Frucht zu tun, sondern bedeutete schlichtweg Steckrüben, und die *Mekelnborger Sünn* leuchtete nicht etwa am Tag strahlend vom Himmel, sondern war die ironische Bezeichnung für den Mond. Vater zeigte auf den Vollmond und rief: *süh, Hein Mekelnborch!* Erw.: *Mekelnborger Schilling* (ungültige Münze), *Mekelnborger Krankheit* (*jümmers mööd un hungerich un so 'n innerliche Angst vör de Arbeit*). Kinder, die beim Essen den Kopf *mekelnborgsch* mit den Händen auf den Tisch aufstützten, machten das *Mekelnborger Wappen* (Stierkopf, darunter ein Frauenarm bis zum Ellenbogen im Wappenschild von Mecklenburg-Schwerin).

melanklöterich Adj. schwermütig, melancholisch; *he kratzt melanklöterich op sien* → *Fiedel* (Gei-

705 lt. Kurt Flechsenhar

706 HWB 3/298

707 Das c in eck ist ein Dehnungs-c; vgl. -beck, spr. -be:k, Eckhorst, spr. Eekhorst.

ge). Subst. *'n Melanklöterigen kriegen* (trübsinnig werden).

Melkdook (Brustlatz beim Melken) → *Buuschen.*

Melkhöker (*Melkmann;* Milchhändler, Milchmann), der die Milch bei den Bauern in den Dörfern aufkaufte und sie in der Stadt, meist ambulant von Tür zu Tür, vertrieb. Früher wurde die Milch offen mit dem Maß in den *Melkputt* (Milchtopf) geschöpft, den die → *Kööksch* an die Tür brachte. Bis in die Fünfzigerjahre stellte dann der Milchmann die typischen Milchflaschen, die mit einem runden Pappdeckel verschlossen waren, vor die Tür. Häufig fuhr er mit einem knatternden und stinkenden Dreiradlieferwagen der Marke → *Tempo* seine Kundschaft ab. *Melkmann sien Büx* war natürlich nicht die Hose des Milchmannes, sondern die Haut, die sich beim Abkühlen auf der gekochten Vollmilch bildete. *Melkmann sien Koh*[708] bezeichnete scherzh. eine Wasserpumpe, weil viele Milchhändler im Verdacht standen, die Milch mit Wasser zu strecken (*Melkpanscher; de Pump is ja den Melkhöker sien beste Koh*). Ein *Melkbuer* war ein Kleinbauer, der die Milch der eigenen Kühe in der Stadt verkaufte.

Melone (steifer Hut) → *Eierkaker.*

Menagerie (*Menajeree*) nennt man die Zurschaustellung von Tieren auf Jahrmärkten, in Buden od. Vergnügungsvierteln. Auch der Fischhändler Gottfried Claes Carl → *Hagenbeck* fing mit sechs Seehunden im Bottich auf St. Pauli an, ins Schaugeschäft einzusteigen. Zu seiner *Menagerie* gehörten Ziegen und Hühner, ein Affe und ein sprechender Papagei (von Seeleuten mitgebracht), ein „nacktes Riesenschwein", das in Wirklichkeit ein rasierter Eber war, und ein „Lama", das sich bei genauem Betrachten als Reh aus der Lüneburger Heide herausstellte. Als er 1856 das „Lemlersche Karussell" und das „Hundiussche Naturalienkabinett" pachtete, kamen auf dem Spielbudenplatz 19 noch Hyänen, Paviane, Waschbären, zeitweise ein Eisbär für 350 Taler und in Wien erworbene Löwen, Leoparden und Gazellen dazu, die er weiterverkaufte. Der Schauspieler und → *Mattler*-Nachfolger → *Friedrich Eduard Dannenberg,* der im selben Haus wohnte, verdingte sich tagsüber als *Recommandeur*[709] und lockte Neugierige in Hagenbecks Menagerie. Hagenbecks ältester Sohn Carl brachte es danach zum Zirkusdirektor und zum größten Tierhändler der Welt, und er schuf 1907 den Hamburger Tierpark in Stellingen. Von frz. *ménagerie* (Tiergehege).

Mengelmüschen ist etwas aus Resten Zusammengerührtes: von allem etwas. Von *mengen* und *Mengelee* (Gemisch).

mengeln „mengen". 1. etw. vermischen, vermengen; *dat Mehl mit Solt un Peper mengeln.* 2. sich (unter eine Menschenmenge) mischen; *he harr sik nun ook in dat Gewöhl mengelt.*

mennich (*männich, mannich, minnich*) Indef. manch, mancher, manches. Erw.: *mennicheen* (manch einer, manch eine); *mennichmaal* (manchmal, oft).

Merseborch Die Stadt Merseburg liegt irgendwo hinter dem Harz Richtung Leipzig im Anhaltinischen, auf jeden Fall *weit weg von Hamburg.*

708 Kuh

709 Anreißer, Ausrufer, Stimmungsmacher

Wenn beim Marmelspiel eine → *Marmel* weit über das Loch hinausrollte, spotteten die Mitspieler: *Merseborch!* od. kurz: *Merse!* War etwas verloren gegangen, hieß es: *dat is na Merseborch gahn* od. *dat is in Merseborch*[710].

meschant Aus frz. *méchant* (böse gefährlich) wurde während der → *Franzosenzeit* hamb. *meschant* für abscheulich, hässlich, unwohl, garstig od. boshaft. Ein ungepflegtes Haus od. ein verwahrloster Bahnhof wurde als *meschant* bezeichnet. Spottvers: *Napolejon de Groot, mit den meschanten lütten Hoot.* Wenn nur ein Teil der Kleidung korrekt war, hieß es: *baven*[711] *galant un ünnen meschant.*

meschucke bedeutet verrückt, nicht mehr ganz bei Verstand, eben meschugge; *du büst woll meschucke!*; *'n meschucken Hering* (eine verrückte Person). Etym. jidd. *meschuggo* (verrückt).

Messe h.: seem. der Speiseraum der Seeleute an Bord.

Messersteck heißt eines der vielen früheren Spiele im Freien, die spätestens mit dem Einzug der Computer in die Kinderzimmer in Vergessenheit geraten sind. Beim *Messersteck* wurde ein Rechteck auf den blanken Erdboden gezeichnet, in der Mitte geteilt, und dann versuchte ein Spieler, sein Taschenmesser mit geschicktem Wurf von oben im Bereich des Gegners zum Stecken zu bringen. Gelang das, durfte er in Richtung der Klinge eine neue Grenzlinie ziehen und diesen Bereich seinem Territorium hinzufügen, fiel das Messer jedoch um, kam der andere an die Reihe. Dass eine solche „Landnahme" gerade während des „Großdeutschen Reiches" sehr verbreitet war, dürfte Zufall sein und keinen ideologischen Hintergrund haben, denn was sollten die Jungen damals ohne Klapphandy, iPad, MP3-Player und Markenklamotten auch sonst draußen anfangen?

Messfork (Mistgabel) → *Forke.*

[1]Mett (Plur. *Metten*). Regenwurm, unverzichtbar für Angler und Gärtner. Warum „Regen"wurm? *wenn de Metten ut 't Lock kiekt, hett dat regent.* Schimpfw.: → *Mettenmors* (unbedeutende Person); *lange Mett* (dünne, lange Gestalt). Übertr. *Mettensommer* (Altweibersommer, an dem lange Fäden in der Luft schweben); → *Mettensöker* (scherzh. Gärtner); → *Mettenboder* (Angler).

[2]Mett gehacktes od. grob durchgedrehtes schieres Schweinefleisch, gewürzt und geräuchert zur *Mettwurst* verarbeitet bzw. roh mit Salz, Pfeffer und Zwiebeln angerichtet. *Thüringer Mett* bekommt noch Kümmel beigemischt, aber das ist eine Thüringer Spezialität, die jedoch auch an der Elbe schmeckt. Auf heftigen Protest stieß die Bezeichnung „Hackepeter", irrtümlich in unsere Serie geraten, bei den alten Hamburgern; Hackepeter sei berlinisch, hieß es, und dort könne er auch bleiben.

Mettenboder bedeutet, ganz wörtl. übersetzt, „Regenwurmbader" und ist der → *Ökelname* (Neckname) für einen passionierten Angler, der Stunde um Stunde am Wasser sitzt, seine Regenwürmer „badet" und nichts fängt. Vgl. → [1]*Mett* (Wurm).

Mettenmors Schimpfw. für einen unangenehmen Zeitgenossen, den man sich besser vom Leibe hält. Wörtl. „Regenwurmhintern" von → *Metten* (Regenwürmer); *kriggst wat an 'n Ballon, dat*

710 lt. Hans-Joachim Meyer. Vgl. HWB 3/308.
711 oben

du de Kabeljau singen hôörst, du Mettenmors! (handfeste Drohung)[712].

Mettensöker Hier haben wir es wieder einmal mit der Verspottung ehrbarer Handwerker zu tun – *Mettensöker* heißt wörtl. „Regenwurmsucher“ und meint natürlich den Gärtner. Vgl. → *¹Mett.*

Meut (*Mööt*) Begegnung, Treffen; *in de Meut* (entgegen); *in de Meut komen* (zufällig begegnen, über den Weg laufen); *ut de Meut* (aus dem Weg); *sik ut de Meut lopen* (sich verlaufen). Von *meuten* (entgegenkommen, treffen).

Michaeli (29. September) → *Johanni.*

Michel Selbst Auswärtigen muss man es nicht erklären: Die Hauptkirche St. Michaelis in der → *Neustadt* zwischen Krayenkamp und Ludwig-Erhard-Straße, kurz *Michel* genannt, ist das bekannteste Wahrzeichen unserer Stadt. Wenn in irgendeinem Film der Michel mit seinem typischen, 132 Meter hohen Turm und dem offenen Säulenumgang in 82 Meter Höhe eingeblendet wird, wissen die Zuschauer in der ganzen Welt: Das Folgende spielt in Hamburg an der Elbe. St. Michaelis wurde erst 1647 als fünftes → *Kirchspiel* von St. Nikolai abgetrennt. Der erste, 1661 fertiggestellte Kirchenbau brannte bereits 1750 ab, und 1906 bot der erneut lichterloh brennende und einstürzende Michel-Turm ein schauriges Schauspiel. Im Weltkrieg stark beschädigt, wurde 1996 die Turmsanierung abgeschlossen, die für alte Hamburger einen kleinen Schönheitsfehler hatte: Die Kupferplatten präsentierten sich danach nicht mehr grün, sondern kupferfarben braun. Aber das ändert sich im Laufe der Jahre wieder.

mickerich Adj. kümmerlich; klein, schwach; *so 'n mickerigen Spittelfink* (verhungerte Person). Subst. *'n lütt Mick* (schmächtiger Junge).

middenmank (*mirrnmank*) Präp., Adv. inmitten, mittendrin; *middenmank all de Lüüd; he is jümmers middenmank* (er ist überall dabei). Vgl. → *mank,* → *mirrn,* → *twüschen.*

miegen ist eine Tätigkeit, die wir hier im gehobenen Deutsch einmal mit urinieren übersetzen wollen, um Verben zu vermeiden, die mit *pi...* beginnen (lat. *mingere*). Ein *Mieger* od. eine *Miegeemk* bezeichnet eine Ameise, so genannt wegen ihres strengen Sekrets. Vgl. → *Grasmieger* (Mädchen); → *Muusmieg* (Plörre).

Miesepeter bezeichnet einen unzufriedenen, übellaunigen Menschen. Wer *miesepeterich* aussieht, sieht blass und kränklich aus. Von *mies* (schlecht, übel, ungünstig, moralisch verdorben) aus jidd. *mis* (miserabel)[713].

Miet Milbe, kleines Spinnentier, das sich im Gefieder von Vögeln, in menschlichen Betten und Nahrungsmitteln einnistet. Nicht zu verw. mit dem Begriff → *Miete* (*Miet*).

Miete (*Miet*). Hier ist nicht 1. die *Miete* gemeint, das Entgelt an den Hauswirt für die Benutzung der Wohnung, sondern 2. die besondere Form der Vorratshaltung im Freien für den Winter. Dazu wurde ein Haufen von Kartoffeln od. Rüben mit Stroh und Erde bedeckt und auf diese Weise frostsicher gemacht; *'n Miet Winterkantüffeln.* Noch heute findet man am Rande der Felder zum Teil 50 Meter lange Mieten, die allerdings zusätzlich mit weißer

712 Goltz: Schimpfwörterbuch S. 92

713 Wolf: Rotwelsch S. 218

Plastikfolie und alten Autoreifen geschützt sind, ein Bild, das nicht gerade zur Zierde der Landschaft beiträgt. Eine *Holzmiete* war dagegen eher am Haus zu finden. Dabei handelte es sich um ein rundes konisches „Bauwerk" aus gespaltetem Brennholz, um die Scheite zu trocknen und zu lagern. Ein spitzes Schindeldach hielt den Regen ab.

Mietje ist eigentl. der Kosename von Maria und hat in der Form *söte Mietje* durchaus einen positiven Klang. Doch wie so häufig, macht es auch hier die Masse: Im Plur. bekamen die *Mietjes* einen abfälligen Beigeschmack als Arbeiterinnen *(de Mietjes vun de Fabriek)* od. gar als leichte Mädchen, die sich freihalten ließen und gegen entsprechendes Entgelt wohl auch zu weitergehenden Diensten bereit waren.

Milch in Tüten Wenn jemand sich sehr ungeschickt od. ungemein dumm anstellte, schimpfte der Großvater: „Der will wohl die Milch in Tüten kaufen!" Er konnte nicht ahnen, dass das heute ganz normal ist. Vgl. → *Melkhöker.*

minnachtich geringschätzig, herablassend, gering achtend; *minnachtich sünd de Göörn, mit nix nich tofreden,* hieß es, und das wohl schon seit Erschaffung der Welt, wenn die ältere Generation von der jüngeren sprach. Oder die Klage: *he weet, dat mennicheen minnachtich op em dalkiekt.* Vom Verb *minnachten* (gering achten); *schuuvt de ole Tiet nich to minnacht op de Siet* (anders für die bekannte Rechtfertigung: früher war nicht alles schlecht).

mirrn Adv. mitten; lok.: *mirrn in de Döns* (mitten in der Stube); *mirrn op See* (weit draußen auf See); zeitl.: *mirrn in 'n Winter*[714]. Erw.: → *mirrnmank* (inmitten). Vgl. → *mank,* → *middenmank.*

mirrnmank 1. Präp. inmitten; *mirrnmank all de framen Lüüd.* 2. Adv. mittendrin; *de → Schoolmeester weer dor ook mirrnmank; he is jümmers mirrnmank* (er ist überall dabei). Syn.: → *middenmank.* Vgl. → *mank,* → *mirrn.*

Mischmasch ist etwas Zusammengemengtes aus nicht Zusammengehörendem, z. B. ein Gericht aus Innereien und Haferflocken (für die ZDF-Kochshow nicht belegt, aber von Großmutter schon mal ausprobiert ...); auch übertr. als ein *Mischmasch* aus Gerüchten und Fakten. Hamb. *'n Schöttel mit enen groten Mischmasch op 'n Disch* (mit einer Vielfalt von Speisen, euph. „Eintopf" genannt).

Mischpoke rotw. 1. abwert. für die gesamte Familie samt Verwandtschaft; *de ganze Mischpook keem üm de Eck.* 2. üble Gesellschaft. Von jidd. *mischpocho* (Familie).

Missingsch Wenn Hamburger mit plattdeutscher Muttersprache versuchten, im Alltag hochdeutsch zu sprechen, weil sie es wollten od. mussten, kam meistens ein → *Mischmasch* aus Hochdeutsch und Plattdeutsch heraus. Diesen typisch Hamburger Regionaldialekt *(Regiolekt)* nannte man *Missingsch.* Zwar wurde auch in anderen Städten wie z. B. in Kiel, Bremen, Bielefeld und früher sogar in Danzig Missingsch gesprochen, nur wurde es dort nicht unbedingt so genannt. Die Herkunft des Begriffs *Missingsch* wird volksetymologisch gern als „Mischung" von Hochdeutsch und Platt erklärt und dabei nicht versäumt, auf die Ähnlichkeit des Ausdrucks zu

714 HWB 3/334

Ganz Deutschland, ja die ganze Welt kennt Hamburgs Wahrzeichen, die St.-Michaelis-Kirche, kurz Michel genannt, hier im Jahre 1929.

Messing, einer Mischung (Legierung) von Kupfer und Zink, hinzuweisen. Das ist falsch, erklären die Sprachwissenschaftler. Missingsch kommt in Wirklichkeit von *Meißnerisch*, der Meißner Kanzleisprache, aus der Hochdeutsch hervorgegangen ist. Die Grammatik und der Satzbau sind beim Hamburger Missingsch vorwiegend niederdeutsch, das Vokabular ist eine Mischung aus Standardhochdeutsch und niederdeutschen Ausdrücken mit ins vermeintlich Hochdeutsche gezwungenen plattdeutschen Wörtern und Redensarten. Der Plattdeutsche krabbelt die Leiter zum Hochdeutschen empor und stolpert alle Naslang wieder in sein geliebtes Platt zurück[715] – das Ganze kräftig gewürzt mit Hamburger Akzent und Betonung. Stets lag dabei ein *s-pitzer S-tein* im Weg, den Frau Pumeier überbetont vornehm und akzentuiert schon mal als *Sch-tein* bezeichnete. Denn ursprünglich kannte das Hamburgische kein anlautendes *sch* vor Konsonanten, sondern hatte dort ein scharfes *s* (vgl. → *Slackermaschü*, → *sludern*, → *snopen*). Da Missingsch das Plattdeutsche als Muttersprache zwingend voraussetzt, ist mit dem Niedergang des Plattdeutschen als Umgangssprache auch Missingsch als Straßenjargon verschwunden.

mit Kind un Kegel (mit der gesamten Familie) → [2] *Kegel*.

miteens od. *miteins* bedeutet in Hamburg sogleich, sofort, plötzlich, unvermittelt; *miteens keem dor wat vun boben daal* (plötzlich standen wir im Regen). Es gab Kaffeetanten, die dösten regelmäßig beim Kaffeeklatsch ein, waren aber sofort wieder hellwach, wenn das Wort „Sahnetorte" fiel. Die mussten sich sagen lassen: *kiek mol, miteens is se wedder wach!* Syn.: → *batz;* → *stantepee;* → *stracks.*

715 lt. Kurt Tucholsky (1890–1935) im „Schloss Gripsholm"

Mitschnacker bezeichnete einen Mann, der mit Versprechungen, Schokolade od. Bonbons kleine Kinder zum Mitgehen überredete, um ihnen dann Böses anzutun. Das Problem war in den Nachkriegsjahren allgegenwärtig, weil die Jungen und Mädchen wegen der beengten Wohnverhältnisse tagsüber, auf sich allein gestellt und häufig mit dem Wohnungsschlüssel am Band um den Hals („Schlüsselkinder"), auf der Straße spielten und die Trümmergrundstücke und ausgebombten Keller viele Verstecke zum Missbrauch boten.

[1] Modder m., Morast, Schlamm, Dreck, Matsch; *im Modder spielen*. Von mnd. *modder* (Schlamm)[716]. Besser hamb. → [1] *Moder* od. → *Mudd.*

[2] Modder f., Nebenf. von → *Mudder* (Mutter).

[1] Moder m., hamb. für → [1] *Modder*: Matsch, schlammiger Schmutz, Morast, Schimmelbelag. Durch Fäulnis und Verwesung entstandene Stoffe. Urspr. *Feuchtigkeit;* verwandt mit hochd. *Moos.* Erw.: *Modergeruch,* etwa der früher typ. Schulgeruch nach Tinte, geölten Dielen, Schmutz und feuchten Kleidern[717]. Vgl. → *Mudd.*

[2] Moder Nebenf. von → *Mudder* (Mutter). Von mnd. *moder* (Mutter; Gebärmutter)[718]. Erw.: *Moderbodden* (Mutterboden); *Moderbroder* (Onkel mütterlicherseits); *Moderpeerd* (Stute mit Fohlen); *Moderschop* (Mutterschaft); → *Modersöhn* (unehelicher Sohn); → *Modermelk* (Muttermilch).

716 Lübben S. 232
717 Vgl. Duden: Das große Wörterbuch der deutschen Sprache o. S.
718 Lübben S. 233

Modermelk Muttermilch; *mit de Modermelk insogen hebben* (angeboren, von klein auf gewohnt sein).

Modersöhn Muttersohn, urspr. ein unehelicher Sohn, der nur eine Mutter, aber damals im rechtlichen Sinne keinen Vater hatte. Von mnd. *moder-sone*[719]. Offenbar erfreuten sich diese gesellschaftlich benachteiligten Söhne häufig der besonderen Fürsorge ihrer Mütter, sodass im ugs. Verständnis im Laufe der Zeit aus dem Muttersohn ein verwöhntes, verzogenes *Muttersöhnchen* geworden ist, das sich nur schwer in eine Gemeinschaft einordnen kann.

Möhring, Paul → Biografie S. 337.

moi Adj. hübsch, angenehm, milde, gemütlich, langsam; *so 'n moje Deern* (schmuckes Mädchen); *mojen Wind hebben* (beim Segeln); *moi Wedder* (mildes Wetter); *ganz moi* (in aller Ruhe).

Moin Richtige Hamburger grüßen mit einem *Moin! Moin!*, besonders Maulfaule begnügen sich vielleicht sogar mit einem gemurmelten einfachen *Moin!*, wobei es sich um eine allgemeine Grußformel handelt, quasi um einen Gruß-Joker für – und das ist wichtig! – alle Tages- und Nachtzeiten. Falls Sie als Nicht- od. Gerade-eben-Hamburger so einen Gruß einfangen sollten, antworten Sie knapp mit „Moin!“, notfalls auch mit „Morg'n!“, od. tippen Sie, falls Sie sich damit verkleidet haben, nur kurz mit Zeige- und Mittelfinger an Ihren → *Elbsegler* (Hamburger Schirmmütze), beginnen Sie aber um Himmels willen keine Diskussion über mitteleuropäische Zeitzonen, Tageszeiten od. Ähnliches.

719 Lübben S. 233

Diese Mietjes warten am Bordstein in einer engen Gasse der Altstadt auf Kundschaft. Man kann sie auch „Bordsteinschwalben“ nennen.

Mollje (*Mullje*) f., ist ein länglicher flacher Trog aus Holz od. Weidengeflecht („Mulde“), wird meist auf der Schulter getragen und dient dem Transport von Waren (→ *Schlachter*), Baumaterial (Maurer) od. Haushaltsgegenständen[720]. Mutter konnte sie auch als Backtrog verwenden od. um darin die Kartoffeln fürs Mittagsessen aus dem Keller zu holen. Als Futtertrog eignete sie sich ebenfalls. Die *Mollje* war ein derart vielseitiges Utensil, das, gäbe es sie noch, mit Sicherheit in einer dieser schrecklichen nächtlichen TV-Dauerwerbesendungen für 49,95 Euro plus Versandkosten angepriesen werden würde.

Monarch Ein obdachloser Mann, der von Dorf zu Dorf und von Stadt zu Stadt zog und sich seinen Lebensunterhalt erbettelte od. vielleicht auch geringfügige Tätigkeiten dafür ausübte, wurde als *Monarch* bezeichnet. *Monarch* (Alleinherrscher) und *Monarch* (Landstreicher) sind Homonyme, gleich geschriebene Wörter mit unterschiedlicher Bedeutung. Der Bezeichnung *Monarch* für den Landstreicher ist → *Rotwelsch* (Gaunersprache) und als Kontamination entstanden aus jidd. *makor* (Kamerad) und jidd. *nechor* (Fremdling). Vgl. → *Grandmonarch.*

Mookt wi! Die Annahme eines Auftrags wird kurz mit *Mookt wi!* bestätigt, das heißt: Das wird gemacht! (machen wir). Dabei wird auch bei einer Einzelperson der Plural gebraucht. Wer die Redensart ein wenig ausschmücken wollte, ergänzte: *mookt wi, köönt wi, snackt wi, vertellt wi ...*

Mööm → *Muhme* (Tante).

Möösch (*Mööschen*). 1. Botan. (getrockneter) Waldmeister. Ein *Mööschenkranz* ist ein Kranz aus Waldmeisterkraut, massenhaft von Straßenhändlern angeboten und wegen seines guten Geruchs gern im Haus aufgehängt od. zum Schutz gegen Motten im Kleiderschrank aufbewahrt. Ein Mööschenkranz, am Hochzeitsmorgen übers Brautbett gehängt, sollte für alle Zeit den Ehekrach verhindern. 2. Brei für kleine Kinder aus Zwieback od. Mehl mit Milch; Kindervers: *Möller mahl mi Mehl, Mudder mutt mi Mööschen moken.* Ein *Mööschenputt* ist der Topf für den Kinderbrei, ein *Mööschenpröver* ein → *krüscher* Mensch, der im Essen herumstochert, und die *Mööschensupp* ein dickflüssiger Kinderbrei. Solche Suppe kam auch als Vanillepuddingsuppe mit Eischneehäubchen auf den Tisch.

Mopp Der *Mopp* wird quasi amtlich als einem Besen ähnliches Gerät mit langen, in einem Öl getränkten Fransen zum Aufnehmen des Staubes auf dem Fußboden definiert[721], ist im Ggs. zum norddt. → *Feudel* samt → *Leuwagen* in ganz Europa verbreitet und somit alles andere als typ. hamb. Aber sein seem. Ableger, der → *Dweiel,* gehört durchaus in unsere Region, in den Hafen und auf See. Von engl. *mop,* wohl aus frz. *mappe* von lat. *mappa* (Tuch).

Moräne wird der von den Gletschern der Eiszeit verfrachtete Gesteinsschutt genannt, der von Norden teilweise fast die Elbe erreichte.

Moratz (*Maratz, Muratz*) Morast, Schlamm, Matsch.

720 Richey S. 368: Möllje: Mulde: eine hölzerne Wanne (1755).

721 Duden: Das große Wörterbuch der deutschen Sprache o. S.

Morell Neben → *Kassbeer* die hamb. Bezeichnung für die Kirsche. Wir kennen noch heute die *Schattenmorelle* (Sauerkirsche).

Morgen h.: Flächenmaß für Bauernland, urspr. so viel Land, wie ein Mann mit einem (Ochsen-) Gespann an einem Morgen pflügen konnte. Die Größe schwankte regional, selbst auf heutigem Hamburger Gebiet zum Beispiel zwischen *Hamburger Marschmorgen, Altonaer Morgen* od. *Wilhelmburgischer Morgen.* Ein *Großer Hamburger Marschmorgen* wird mit 480 Quadratruten[722] angegeben – das entspricht 9658 Quadratmetern und damit etwas weniger als einem Hektar. Auf der → *Geest* war dieses Flächenmaß nicht üblich. In Teilen des → *Alten Landes* musste wenigstens *vier Morgen Land* besitzen, wer an den politischen Entscheidungen und an der Deichversammlung teilnehmen wollte[723].

Morgengaav Morgengabe. 1. Geschenk, das der Mann seiner Frau am Morgen nach der Hochzeitsnacht überreicht. 2. † In früherer Zeit in den Elbmarschen der feierliche Abschluss eines Ehevertrags, mit dem am Tag nach der Hochzeit die Gütergemeinschaft der Eheleute besiegelt wurde. Dabei überreichte die Braut dem Mann als Sinnbild dafür, dass nun alles gemeinsam Erarbeitete beiden zusammen gehören sollte, einen Kohlstrunk (→ *Strunk*). Im 19. Jh. benutzte man weniger symbolträchtig, dafür aber juristisch haltbar einen → *Ehe-Zarter* (schriftlichen Ehevertrag).

Morgenmäken Dienstmädchen, das morgens zum Helfen ins Haus kommt.

722 → *Rute (1)* (veralt. Längenmaß)
723 HWB 3/380 f.

PAUL MÖHRING
AUTOR DER ZITRONENJETTE

Ein Hamburger Original ist untrennbar mit dem Bühnenschriftsteller Paul Möhring (geb. 26. September 1890 und gest. 25. August 1976 in Hamburg) verbunden: die → *Zitronenjette.* Er schrieb das Volksstück mit Musik über die 1916 gestorbene Zitronenverkäuferin Henriette Müller in den Zwanzigerjahren dem Schauspieler Ernst Budzinski auf den Leib. In seinen letzten Jahren übernahm → *Henry Vahl* die traditionell männlich besetzte Rolle der Zitronenjette im → *St.-Pauli-Theater.* Das Stück brachte es auf mehr als tausend Aufführungen. Möhring arbeitete auch als Redakteur und Theaterhistoriker. 1965 erschien aus seiner Feder die Kulturgeschichte der Reeperbahn mit dem Titel „Das andere St. Pauli“.

Morgensprache (Jahreshauptversammlung) → *Amt.*

Mors (*Moors, Maars*). Der *Mors* ist der Körperteil in Verlängerung des Rückens, auf dem man sitzt, der als nicht besonders fein gilt und der deshalb meist bedeckt getragen wird – es sei denn, er wird einem blankgezogen und mit dem Rohrstock bearbeitet, was zu Zeiten der Prügelpädagogik leider häufiger geschah (→ *Morsvull*). Danach eignete er sich vorübergehend nicht einmal mehr zum Sitzen. Dummerweise glaubt jeder welsche Zeitgenosse südlich der Mainlinie, nach einem Blick auf die HH-Nummer jedem Hamburger auf jedem Autobahnrastplatz ein dumm-vertrauliches „Mors! Mors!" entgegenschmettern zu dürfen. *Gaanich um kümmern!* Raa.: *den Moors tokniepen* (sterben); *op 'n Moors fallen* (Schaden erleiden); abweisend: *klei di an 'n Moors!*; verwünschend: *wenn ik den in 'n Moors harr, wörr ik em in de Elv schieten!*; schadenfroh zu jmdm., der sich erbricht: *is recht, schoon dien Moors!*; vergeblich: *kannst di dreihen, as du wullt, de Moors blifft jümmers achtern.* Vgl. *Hummel, Hummel* → *Johann Wilhelm Bentz.*

Morsvull bedeutet eine schmerzhafte Tracht Prügel auf den → *Mors* (Hintern), in etwas gehobener Sprache auch als → *Fellvoll* bezeichnet.

Moschüt (Plur. *Moschüten*) m., Zwieback, kleines süßes Gebäck. Der Ausdruck war vor allen zwischen Hamburg und Lübeck verbreitet[724]. Syn.: *Tweeback*. Vgl. seem. → *Beschüt.*

mosern heißt nörgeln, sich beleidigt bis streitlustig äußern, aufbegehren[725]. Kein typ. hamb. Ausdruck, der wahrscheinlich von rotw. *mossern* od. *mosern* (angeben, schwatzen, verraten) aus jidd. *mosser* (Verräter, Schwätzer) stammt[726]. Da der Begriff älter ist als die Filme des Schauspielers *Hans Moser* (1880–1964), ist die spätere Gleichsetzung mit dessen Sprechweise nicht korrekt. Hans Moser nuschelte und grantelte sich über die Leinwand, wobei seine „Schauspielkunst" hauptsächlich darin bestand, keinen einzigen Satz akustisch und syntaktisch richtig rüberzubringen – was ihm unverständlicherweise zu großer Beliebtheit bei unseren Großeltern verhalf.

Moses seem. 1. jüngster Schiffsjunge. Der Name ist wohl eine → *Verballhornung* des frz. *mousse* (Schiffsjunge). Viel schöner klingt aber der Hinweis auf den biblischen Moses, der bekanntlich, bevor er die Israeliten aus der ägyptischen Sklaverei führen durfte, als Säugling im Binsenkorb auf dem Nil ausgesetzt worden war. Deshalb hatte er bereits in jungen Jahren einen wenn auch wackeligen Bezug zum Wasser und zur Seefahrt. 2. Das kleinste Beiboot auf Yachtseglern wurde ebenfalls *Moses* genannt. Das war natürlich eine Anspielung auf den genauso seeuntüchtigen Binsenkorb, in dem seinerzeit der kleine Moses auf dem Nil herumschippern musste. Syn.: *Dingi* (kleines Beiboot).

Mott (Plur. *Motten*). 1. Die *Mott* ist natürlich die bekannte Kleidermotte, die im Schrank Löcher in die Wäsche frisst und der man mit stinkenden Mottenkugeln aus der Drogerie od. mit einem ebenfalls stark riechenden → *Mööschenkranz* (Waldmeister) Herr zu werden versucht. Eine *flotte Motte* war ein flatterhaftes Mädchen und

724 Mensing 3/678
725 Küpper S. 548
726 Wolf: Rotwelsch S. 223

eine *dufte Motte* ein böser Mensch[727]. Ra.: *dat du de Motten kriggst!* (Ausruf des Erstaunens). Abergl.: fliegt eine Motte ins Licht, ist einem Todkranken nicht mehr zu helfen. 2. Im übertr. Sinne bedeutete *Motten in de Lung hebben* allerdings, tuberkulosekrank zu sein, die *Schwindsucht* (Tbc; Sucht von *siechen*) zu haben; damit wurde in drastischer Weise ein Vergleich zwischen einer von Tuberkulose zerfressenen Lunge und einem von Motten zerlöcherten Stoffgewebe gezogen[728]. Die → *Piependreiher,* die in Heimarbeit in ungesunden und ärmlichsten Verhältnissen Zigarren drehten, sollen besonders anfällig für die seinerzeit häufig tödlich endende Krankheit gewesen sein; da viele von ihnen in Ottensen lebten, wurde dieser damals Altonaer Stadtteil *Mottenborch* genannt – ein wenig rücksichtsvoller, aber aussagekräftiger Spottname. In Richtung → *Kiez* und Hafen weist ein anderer Spitzname: Dort bezeichnete man einen Pelzmantel abfällig als *Mottenfiffi.*

Mottenborch (Ottensen) → *Mott.*

Mottenfiffi (Pelz) → *Mott.*

Mottjepijochers (Plur.) Kopfläuse, wohl verballh. aus span. *muchos piojos* (viele Läuse)[729].

Möwenschiss wurde an der Küste ein Schnaps genannt, in den man, aus welchem Grund auch immer, einen Schuss Dosenmilch gegeben hatte. Kaum hatten wir dieses „Rezept“ veröffentlicht, meldete sich Anneliese A. und erklärte, in der Gaststätte ihrer Eltern habe es vor 1964 als *Möwenschiss* einen Schnaps gegeben, der mit einer Scheibe Mettwurst und einem Klecks Senf darauf dekoriert gewesen sei. Offenbar wurde in einigen Hamburger Kneipen das Trinken nicht als Genuss, sondern als Mutprobe verstanden.

Mück Stechmücke; *ut de Mück ’n Elefant moken* (eine Sache aufbauschen); *dat baat*[730] *so veel, as wenn de Mück in de Elv pisst* (überflüssiges Bemühen); *dat kann de Mück op ehrn Steert wegdregen* (so gut wie nichts); *beter wat as gor nix, sä de Wulf, dor freet he en Mück* (in der Not frisst der Wolf auch Mücken); *dat drüppelt*[731], *dat nieselt, de Mücken pisst* (ganz leichter Niederschlag). Wetterregel: *wenn de Mücken steekt, gifft ’n Gewitter* (die Mücken stechen vermehrt vor einem Gewitter). Erw.: → *Hein Mück* (kleiner, häufig komischer od. sonderbarer Kerl).

Muckefuck hieß der Ersatzkaffee aus geröstetem Getreide in den Kriegs- und Nachkriegsjahren. „Richtigen“ Kaffee, nämlich Bohnenkaffee, gab es nur zu den allerhöchsten Festlichkeiten. Er musste nach 1945 hintenherum beschafft od. auf dem Schwarzmarkt eingetauscht werden. Der Ausdruck *Muckefuck* ist aus dem Rheinisch-Westfälischen zugewandert und setzt sich aus rhein. *Mucken* (verwestes Holz, braune Stauberde) und rhein. *fuck* (faul) zusammen. Die Herkunft vom frz. *mocca faux* (falscher Mokka), wie immer wieder angeführt, ist unwahrscheinlich[732].

mucken (aufbegehren, aufmucken) → *Mucks.*

727 HWB 3/386 f.
728 Siewert: Nachtjargon S. 130
729 HWB 3/382

730 nützt; vgl. → *baten (2)*
731 tröpfelt; vgl. → *drüppeln*
732 Duden, Bd. 7, S. 541. Kluge S. 572.

Mucken (Plur.) Launen, schlechte Charaktereigenschaften; *Mucken im Kopp hebben.* Adj. → *mucksch.* Unter einem *Mucker* versteht man einen scheinheiligen, heuchlerischen, nörgelnden od. mürrischen Menschen.

Mucker (Heuchler) → *Mucken.*

Mücker 1. Kümmerling, zurückgebliebenes, mickriges Geschöpf, kränkelndes Ferkel; *een Mücker is jümmers dorbi,* sagte Vater mit Blick auf den neuen *Karnickelworp* (Wurf), *he mookt dat nich lang!* Verb → *mückern* (kränkeln, schlecht gedeihen). 2. schüchterner Mensch.

mückern kränkeln, schlecht gedeihen. Eine Nachbarin sagte eines Tages: „Ich glaube, mein Blinddarm *muckert.*" Tatsächlich musste er herausoperiert werden[733].

Mucks bezeichnet ein halblautes Wort, ein Murren od. einen zaghaften Widerstand; *keen Mucks wagen; dat mi ook nich een en Mucks seggt!; keen Mucks mehr doon* (tot sein). Verb *mucken* (aufmucken, einen Laut von sich geben, aufbegehren).

mucksch mürrisch, übellaunig, bockig, beleidigt; *he is mucksch* (er ist eingeschnappt). Verb *muckschen* (schmollen, maulen).

muckschen (schmollen) → *mucksch.*

Mudd 1. Morast, Schlick, Schlamm, → *Modder,* Matsch; *deep in de Mudd.* Richey: *Mudde: Made, Schlamm, dicker Koth. In de Mudde pedden: ins sumpfige treten*[734]. Wenn die Kinder im Morast gespielt hatten und entsprechend aussehend nach Hause zurückkamen, sagte der Nachbar: *na, sünd ji wedder in dat Muddlock wesen? So as ji utsüht, ward Mudder sik bannig freuen*[735]. Syn.: → *Klei (2),* → [1] *Slick,* → *Slackermatsch.* 2. Schmutz, Unordnung; *Gemuddel.* Adj. → *muddelich.* Vgl. → *Muddelschublade;* → *Muddaal.* 3. übertr. Elend; *enen in de Mudd rieten* (jmdn. ins Unglück stürzen).

733 lt. Joachim Wolters

Muddaal Ein Aal, der faulig und → *muddelich* nach dem Schlamm schmeckt, aus dem er gefangen worden ist.

muddelich (*muddich*) Adj. schlammig, faulig, trüb, *moderig,* schmutzig; *dat Water is so muddelich* (trüb braun); *de Aal is muddelich* (schmeckt nach Schlamm; vgl. → *Muddaal*).

Muddelschublade ist im Küchenbereich diejenige – wer hätte sie nicht –, in der sich all das *Gemuse, Gemuddel* findet, was anders nicht geordnet unterzubringen ist, was aber notwendig erscheint; → *muddelich* heißt eigentlich schmutzig, trübe, aber auch unordentlich und durcheinander: *dat finnst woll in de Muddelschuuv,* sagte die Mamsell zum Hausknecht[736].

Mudder Griepsch Hierbei handelt es sich ugs. um eine wunderbar anschauliche Berufsbezeichnung für die Hebamme, die früher im Zeitalter der Hausgeburten das Neugeborene „griff". Von *griepen* (greifen).

734 Richey S. 167
735 lt. Hans-Hermann Wölfert
736 lt. Carl Groth

Mudder Wisch war die liebevolle Bezeichnung für eine Putz- od. Scheuerfrau alten Schlages.

Mudder in diesem Band gebrauchte, von → *Missingsch* beeinflusste Form und Schreibweise für die Mutter, hamb. auch als → [2] *Moder* od. → [2] *Modder* buchstabiert und gesprochen.

Mudderlamm (weibl. Lamm) → *Lemmer.*

Zum Pelzmantel gehörte ein Muff als Handwärmer. Heute trägt man weder Pelz noch Muff.

[1] Muff (Plur. *Muffen*). Der *Muff* war ein weit verbreiteter, röhrenförmiger Handwärmer aus Pelz, Samt od. Wolle für beide Hände, die von links und rechts in die Öffnungen gesteckt werden mussten – ausgesucht unpraktisch und eigentlich überflüssig. Doch Großmutter fand ihn schick, wenn sie Besuche machte od. ins Theater fuhr. Falls sich ein schmuddeliges Mädchen so herausstaffierte, um als feine Dame zu gelten, spottete man: *Jette mit de Muff hett Flöh un Wanzen.* Vgl. frz. *moufle* (Fausthandschuh); → *Müffken.*

[2] Muff 1. Die *Muff* ist eine Muffe, ein Rohrschluss- od. -verbindungsstück; u. U. wegen der Ähnlichkeit in der Form abgel. von → [1] *Muff*. 2. Übertr. der Darmausgang. Wer Angst hat, hat *Muffensausen,* spürt ein schnelles, unwillkürliches Zusammenziehen des Schließmuskels in kurzen Abständen. Bei noch größerer Angst soll es angeblich ab und an nicht mehr zum Schließen kommen – eine nicht ganz stubenreine und im wahrsten Sinne des Wortes anrüchige Erklärung, die aber der semantischen Genauigkeit halber nicht unterschlagen werden darf. 3. derb für lat. *vulva* (weibl. Geschlechtsteil).

[3] Muff modriger, abgestandener Geruch; übertr. auch überholte Lebensweise, bundesweit bekannt geworden, als Studenten zum Auftakt der 68er-Revolte im Hamburger Audimax dem Einmarsch der mittelalterlich gewandeten Professoren ein Transparent mit der Aufschrift „Unter den Talaren – Muff von 1000 Jahren" vorantrugen[737]. Adj. → *muffelich.*

muff Adv. erzürnt; *ik bün di muff* (ich bin dir böse). Syn.: → *sabbel.*

Muffedisen → *Müffken.*

muffelich Adj. 1. muffig, modrig, faulig; *in 'n Keller rüükt dat muffelich; de olen Lüüd sünd recht so 'n beten wat muffelich.* 2. mürrisch; *mook nich so 'n muffig Gesicht!* Subst. *Muffel* (unfreundlicher Mensch). Erw.: → *Muffpott.*

müffeln langsam, beständig od. mühsam kauen. Richey: *forne im Munde essen, wie zahnlose Kin-*

737 bei der Rektoratsübergabe am 9. November 1967 im Audimax an der Schlüterstraße

der und alte Leute[738]. Auch Tiere und vor allem Kaninchen können *müffeln.*

Müffken (Plur. *Müffkens*). Die gestrickten Pulswärmer, in der Luxusausführung sogar aus Pelz, hießen *Müffkens,* dimin. von → [1]*Muff* (kleiner Muff). Schon Richey kannte sie (unter → *Wristen*): *die Theile der Hände und Füsse, hinter dem* carpo[739], *um das Gelencke, welche man an den Händen mit den sogenannten Müffkens, od. Streiff-Handschuen, warm zu halten pfleget*[740]. In Dänemark sind die gestrickten Pulswärmer unter dem Namen *Muffedisen* (Plur. *Muffediser*) noch heute bekannt, und da die dänische Herrschaft vor 1864 bis ins jetzige Hamburg reichte, drang dieser Begriff bis an die Elbe vor[741].

Muffpott Zeitgenosse mit schlechter Laune; *wat büst du denn hüüt för 'n Muffpott?,* sagte Großmutter zum Großvater. Wenn sie sich gewählter ausdrücken wollte, fragte sie: Welche Laus ist dir denn über die Leber gelaufen?

Mühlsteinkragen wird die breiteste, voluminöseste Ausbildung der separaten → *Halskrause* genannt, die sich wie ein Mühlstein um den Hals des Trägers legt, sodass in dieser Bezeichnung weniger Spott als Mitleid mitschwingt. Urspr. war die gefältelte Halskrause Teil der gehobenen spanischen Ausgehkleidung im 16. und 17. Jh. für Mann und Frau, die sich über ganz Europa ausbreitete, wobei ein Potentat den anderen mit immer größeren Ausführungen zu übertreffen versuchte, bis sie quasi einen Mühlstein um den Hals liegen hatten. Diese Mode erreichte auch Hamburg und die Hansestädte, sodass der *Mühlsteinkragen* bald zur Amtstracht von Bürgermeistern, Senatoren, Professoren und Geistlichen gehörte. Es gibt kein Gemälde von Hamburger Bürgermeistern bis zum Ersten Weltkrieg, das nicht von der riesigen weißen Halskrause beherrscht wird. Hamburger Professoren habe ich zuletzt am 9. November 1967 mit Talar und Halskrause gesehen, als sie mittelalterlich gewandet zum Rektoratswechsel in das Audimax einmarschierten und ihnen ein Protesttransparent mit der Aufschrift „Unter den Talaren – Muff von 1000 Jahren“ vorangetragen wurde, was bekanntlich den Beginn der Studentenrevolte markierte. Hamburger Hauptpastoren müssen aber noch heute einen Mühlsteinkragen bei der Predigt zum Talar tragen. Es dauert drei Stunden, die 200 Schleifen mit einer *Tollscheer* (Brenneisen) zu → *tollen* (fälteln). Andere evangelische Geistliche begnügen sich mit einem → *Beffken* (Beffchen). Vgl. → *Kruus* (Krause).

Muhme (*Mööm*) veralt. für Tante. Von ahd. *muoma* (Schwester der Mutter). Im Hamburgischen z. B. noch in → *Roggenmuhme;* ndd. *Mööm,* als *Möömsch* früher auch für die Mutter gebraucht, bes. wenn diese sehr alt war. Vgl. → *Wase.*

Mullworp (Maulwurf) → *Windwörm.*

[1]mulschen faulen, gären, → *mulsch* (matschig) werden (beim Obst).

[2]mulschen nicht allzu fest schlafen, → *dösen; ik heff bloots so 'n beten mulscht* (ich war nur etwas eingenickt).

mulschich (*mulsch*). Wenn das Obst aus dem Garten (grün gepflückt) etwas zu lange auf dem

738 Richey S. 167
739 Med. (der) *Carpus* (Plur. *Carpi*): Handwurzel
740 Richey S. 347
741 lt. Carl Groth

Kleiderschrank nachreifte, war es manchmal außen schön gelb, aber innen bereits braun. Man sprach dann davon, dass es *mulschich* sei; Adj. *mulsch, mulschich* (verrottet, matschig, überreif); *de mulsche Appel* (der faule Apfel); Verb → [1] *mulschen* (faulen, gären).

Mumm Mut, Entschlossenheit; *keen Mumm hebben* (feige sein).

Mümmelmann ist eine scherzh. Bezeichnung für den Hasen. In Hamburg besitzen die Mümmelmänner sogar ein eigenes Viertel im Stadtteil Billstedt, nämlich den *Mümmelmannsberg* – womit vor 1938 allerdings weniger der Hasen als im Sinne der völkischen Kulturpolitik des Werks des Heidedichters Hermann Löns (1866–1914) gedacht werden sollte. 1909 schrieb Löns seine Geschichte vom alten Hasen *Haanrich Mümmelmann,* der während einer Treibjagd auf der Knubbendorfer Heide einen Jäger durch die Kunst des Hakenschlagens so aus dem Konzept bringt, dass der statt des Hasen seinen Nebenmann in der Schützenkette trifft. Mümmelmann rettet seinen Kumpeln *Flinkfoot, Pielsteert, Slapuhr* und *Trine Geelzahn* damit das Leben und wird um Mitternacht bei Vollmond als Held gefeiert. Die Siedlung Mümmelmannsberg hatte übrigens bald nicht den besten Ruf und wurde im Volksmund *Bugsbunnyhill* genannt.

Murks Pfusch – auch in Hamburg gebrauchter Ausdruck für schlechte Arbeit od. für eine mangelhafte Leistung. Von *murksen* (sich ohne Erfolg abmühen, Pfusch abliefern); *wat hett he wedder murkst!* Erw.: *rummurksen* (pfuschen); *vermurksen* (falsch machen, verderben).

musen klein machen, zu → [2] *Muus* (Brei) machen, vermischen; *de Botter, de Eier un 't Mehl hett se muust.*

musenstill mucksmäuschenstill, so still, dass selbst die Mäuse keinen → *Mucks* taten.
Oft auch als Bezeichnung für eine peinliche Gesprächspause gebraucht: *dat weer musenstill, as he dat seggt harr.*

mutt Der Hamburger antwortet auf die Frage „Wie geht's?“, die ja meistens floskelhaft gestellt wird und wenig echte Anteilnahme beinhaltet, ebenso mit der Floskel: *mutt ja!* (es muss ja gehen). Eine weitere Hamburger Lebensweisheit der flachen Umgangssprache lautet: *wat mutt, dat mutt!* (was sein muss, das muss sein!)

Mutterglück war auch so eine scherzh. Bezeichnung für ein Frauengetränk, das aus Frisco und Eierlikör gemischt wurde. Übrigens: Eierlikör mit einem Schuss Kirschlikör hieß *Blutgeschwür.*

mutterseelenallein (*mudderselenalleen*). Adv. mutterlos, ganz allein auf der Welt – von der *Mutterseele* (Menschenseele) verlassen; *ik tapp mudderselenalleen dörch dat Holt* (ganz allein durch den Wald irren).

Müttjen (Tante) → *Wase;* → *Muhme (Mööm).*

Muul (Plur. *Müler*) n., Maul, Mund.

Muulklempner Spottn. für den Dentisten. Vgl. → *Kusentrecker.*

Muulmennige Die Mennige ist ja bekanntlich ein roter Rostschutzanstrich aus Bleioxid und das → *Muul* der Mund. Daraus folgt dann: *Muulmen-*

nige ist der Lippenstift, mit dem man mehr od. minder gelungen *sien Muul* schön rot „anstreichen“ kann[742].

Muultrecker „Maulzieher“ wurde eine saure Frucht od. Speise genannt, die einem den Mund im wahrsten Sinne des Wortes auseinander- od. zusammenzog.

[1] Muus (Plur. *Müüs*) ist die Maus, nicht zu verwechseln mit *dat* → [2] *Muus* (*Moos*; Brei). Mäuse waren (und sind) die unwillkommenen Mitbewohner in Hamburgs Wohnungen, Kellern, Böden, Speichern, Schuppen und natürlich auf dem Lande. Der Gänsemarkt wurde im Volksmund *Müüsmarkt* genannt, und noch vor wenigen Jahren gaben Geschäftsleute dort auf, weil sie der Mäuseplage nicht Herr wurden, zumal die natürlichen Feinde der kleinen Nager sich in der Großstadt nicht mehr entfalten können. Entsprechend häufig taucht die Maus in Redensarten und Komposita auf; *Müüs marken* (Lunte riechen); *markst Müüs?* (hast du es endlich kapiert?); *lütt Müüs hebbt ook Ohren!* (Warnung, wenn kleine Kinder das Gespräch der Erwachsenen mithören); *mit Speck fangt man Müüs*; *wenn de Müüs satt sünd, smeckt dat Mehl bitter*; *mit Mann un Muus ünnergahn.*

[2] Muus (*Moos*) Mus, Brei.

Muuskist ugs. für eine Kiste, in der alter, um nicht zu sagen: uralter Kram aufbewahrt wurde; übertr. war *'n Stück ut de Muuskist* eine Geschichte od. eine Angelegenheit, die eigentl. längst vergessen war und die jetzt wieder hervorgeholt wurde.

742 lt. Helmut Hack

Muuskötel 1. Mäusekot; *du speelst di op as 'n Muuskötel hoochkant.* 2. kleine, mit Zucker überzogene Bonbonkügelchen.

Muusmieg klingt auf Platt weniger unfein als die wörtliche Übersetzung, die drastisch „Mäusepisse“ lauten müsste. Gemeint ist ein Getränk, das zu dünn ausgefallen ist, etwa ein → *Grog* fast nur aus Wasser; *dat is ja Muusmieg!,* schimpft der Gast. Von → *miegen* (urinieren).

Muusplacken (Plur.) wörtl. „Mäuseflecken“, übertr. Leberflecken, für die sich so mancher Junge beim Baden schämte; *gah mi af mit de Muusplacken!* Bei Mädchen sah man häufiger *Sünnenplacken wi mien Süster.* Damit waren natürlich die Sommersprossen gemeint.

Muusspritze Der Begriff *Muusspritze* ist ugs. und nicht typisch hamburgisch. Der Ausdruck bezieht sich nicht auf die Maus (→ [1] *Muus*), sondern auf den Brei (→ [2] *Muus*). Gemeint ist der Regenschirm, und zwar der gute, alte Stockschirm, dem mit einiger Fantasie eine entfernte Ähnlichkeit mit der *Muusspritze*, dem Spritzbeutel zur Verzierung von Torten und Speisen, nachgesagt werden kann.

N

na de Peer kieken sagte in der Kneipe auch jemand, der gar keine Pferde hatte. Diese Umschreibung bedeutete, er musste mal austreten, *'n Lütten moken.* Vgl. → *Tante Meier.*

[1] na [spr.: *no:*] Präp. nach; gemäß der hamb. Aussprache auch häufig *no* geschrieben. Sowohl bei Orten als auch bei Personen und Einrichtungen heißt es im Plattdeutschen einheitlich *na* (nach): *na 'n Pützbüdel, na 'n Joochen, na Oschloh* (zum Friseur, zu Jochen, nach Oldesloe), auch Missg. *nach 'n Bahnhof, nach Hagenbeck, nach Planten un Blomen*; „zu" ist in Hamburg zeitl.: → *zu* Ostern, *zu* Weihnachten. Und dennoch – bevor empörte Leserbriefe eintrudeln, sei gesagt, dass ein bekannter Gassenhauer natürlich den Refrain „Gehn wir mal *zu* Hagenbeck, Hagenbeck, Hagenbeck ..." hat[743]. So singt's sich besser.

[2] na [spr.: *na:*] (*nah*) Präp./Adv. 1. räuml. nahe, nicht weit entfernt von. Dafür auch → *nöög.* Unterschiede: *he geiht na (no) Altona* (nach Altona), aber: *buten ut de Stadt, na (nah) Altona* (nahe Altona). 2. mod. ungefähr, fast; *he weer na an achtig Johr* (er ging auf die achtzig zu).

naaarden [spr.: *na'a:den*] körperlich od. charakterlich in die gleiche Art schlagen, sich vererben; *de Kinner aardt de Öllern na* (die Kinder geraten nach den Eltern); *sien Grootvadder harr dat ook, dat aardt mitünner na* (das vererbt sich mitunter)[744]. Syn.: *naarven* [spr.: *na'a:wen*].

743 Wiegandt: Hamburger Liederbuch, Bd. 1, S. 75 f.
744 HWB 3/423

Nachleck ist der zweiter Kaffee-Aufguss. Besonders in der schlechten Zeit, als Bohnenkaffee etwas Seltenes und Kostbares war, wurde er zweimal → *aufgebüdelt.*

nachsagen hamb. für verpetzen. „Das sag ich nach!", heult die kleine Helga auf dem Schulhof, weil Fritzchen sie am geflochtenen Zopf gezogen hat.

„Schöne englische Pischpitt!", ruft dieser Hausierer, der nicht nur die besagten Töpfe, sondern auch Kannen und Kummen als Nachtgeschirr anbietet, unentbehrlich in einer Zeit, als die Wohnungen keine Badezimmer und die Schlafkammern kein fließend Wasser hatten.

Nachtgeschirr In jeder Wohnung ein Badezimmer und dazu möglichst noch ein Gäste-WC – undenkbar in früherer Zeit! Es war schon gehobener Standard, wenn die Toilette am Treppenabsatz für mehrere Mietparteien untergebracht war, häufiger mussten die Menschen hinunter in den Hof ins Häuschen mit dem Herz in der Tür. Das war nachts im Schlafanzug nicht immer angezeigt, sodass fast jeder ein Nachtgeschirr mit ans Bett nahm, einen Nachttopf od. ugs. → *Pisspott.* Morgens wurde der Inhalt in früheren Jahrhunderten häufig aus dem Fenster auf die ungepflasterte

Straße gekippt, was weder der Hygiene noch der guten Nachbarschaft diente.

Nachtjackenviertel Eine *Nachtjack* (Plur. *Nachtjacken*) war eine Schlafjacke, die über dem Nachthemd getragen wurde, was bei der vorherrschenden Kälte und Muffigkeit in den Schlafkammern modisch nicht gerade den letzten Schrei darstellte, aber als Notwehrmaßnahme gegen Krankheiten angezeigt schien. Aus Armut, Bequemlichkeit od. Schludrigkeit trugen viele Hausfrauen aus der Unterschicht den ganzen Tag über ihre Nachtjacken, gingen so auf die Straße und zum Einkaufen, häufig ungekämmt und ungewaschen. Ein Stadtviertel, das ein derartiges Bild bot, wurde spöttisch *Nachtjackenviertel (Nachtjackenveddel)* genannt. Das traf in Hamburg vor allem auf das → *Gängeviertel* in der → *Neustadt,* aber auch auf St. Pauli zu. In aller Munde war Anfang des vorigen Jahrhunderts das Volksstück „Dat Nachtjackenveddel" von Theodor Franke im → *Ernst-Drucker-Theater*, in dem sich das alltägliche Leben der Familie Knacksteert menschlich, ja allzu menschlich widerspiegelte. Das Stück erlebte 388 Aufführungen. Zum 125-jährigen Bestehen des → *St.-Pauli-Theaters,* wie die Bühne seit 1941 heißt, nahm der damalige Intendant Kurt Simon (1917–1975) „Das Nachtjackenviertel" 1966 mit Christa Siems (1916–1990) in der Hauptrolle wieder auf und kam damit sogar ins Fernsehen.

Nachtjargon Sondersprache auf dem → *Kiez* zwischen Millerntor und Nobistor, auch als *Luden-Abc* bezeichnet. Die Verfremdung wurde von allen Akteuren im Milieu beherrscht, sollte von Freiern und Außenstehenden aber nicht unbedingt verstanden werden. Die Akteure des mehr od. weniger horizontalen Vergnügungsgewerbes, die Zuhälter, Prostituierten, Türsteher, → *Koberer* (Animateure), Barbesitzer, Kellner und Zocker redeten so unter sich. Der Nachtjargon wurde seit den Achtzigerjahren immer weiter zurückgedrängt, als fremdsprachige Gruppen (Albaner, Türken, Russen) die Vorherrschaft auf St. Pauli übernommen hatten[745].

Nakiek Prüfung, Richtigkeitskontrolle. Verb *nakieken* (nachsehen, überprüfen).

Naklapp negative Nachwirkung, Folgeschaden; *de Naklapp vun dat Fest.*

narms Adv. nirgends; *he is narms to finnen; un nu sünd ji narms west* (nun wollt ihr nichts damit zu tun gehabt haben); *narms anners vun* (von nichts anderem); *narms wat vun weten* (überhaupt keine Ahnung haben).

Naver Nachbar, also jemand, der nebenan wohnt und mit dem man auskommen muss, aber nicht immer auskommt. Nachbarschaftsstreit rangiert in seiner Häufigkeit gleich nach dem Ehestreit: *man kann nich länger Freden hebben, as eens Naver will* (... als es dem bösen Nachbarn gefällt) – od. noch drastischer: *lever 'n fett Swien in 'n Stall as so 'n Naver!* Ra.: *beter, dat Kind sleit na sien Vadder as na 'n Naver* (im Aussehen, als es noch keinen DNA-Test gab). Ein weibl. Nachbar war die *Naversch.*

nedden (*nerden, nerrn*) Adv. unten.

nedder Adv. nieder. Vgl. → *Nedderdüütsch.*

Nedderdüütsch Niederdeutsch, das den Eigennamen *Plattdeutsch* hat.

745 vgl. Siewert: Nachtjargon

Nedderhemd ärmelloses Unterhemd, schon bei Richey: *Nedder-Hembt: Unter-Hembde. Een Leven in 't Nedder-Hembt: vie scandaleuse*[746]. Syn.: *Ünnerhemd;* → *Opundaalhemd.*

Neefeld ndd. für *Neuenfelde* in der „dritten Meile" des → *Alten Landes,* 1929 durch die Zusammenlegung von Nincop und Hasselwerder entstanden, nach dem → *Groß-Hamburg-Gesetz* 1937 Hamburger Stadtteil. In Neuenfelde liegt der bekannteste norddeutsche Orgelbauer *Arp Schnitger* (1648–1719) begraben. In jüngster Zeit wurde Neuenfelde durch seinen Widerstand gegen die Startbahnerweiterung des Airbus-Werks auf Finkenwerder bekannt.

neemoodsch neumodisch. Ältere bezeichneten als *neemoodschen Kraam* voller Skepsis und Zurückhaltung die Technik und die Lebensweise der neuen Zeit, die ihnen nicht geheuer ist.

Nees Die *Nees* ist die Nase, das muss nicht näher erklärt werden, denn wir wollen ja keine Fibel für Vorschüler schreiben. Andererseits liegt dieses Riechorgan so offen, hoch, spitz und zentral bei jedem Menschen, dass es sich für mancherlei Redensarten und Vergleiche geradezu anbietet. Eine kleine Auswahl: *en Nees lang* (kurze Strecke od. Zeit); *de Nees na* (geradeaus); *de Nees grood in 't Gesicht hebben* (aussehen wie alle anderen); *de hett tweemol ja seggt, as de Nesen verdeelt sünd* (eine übergroße Nase haben); *spitze Nees un spitzen Kinn, dor sitt de Düvel in; 'n dünne Nees hebben* (feines Gespür haben); *Wind vun wat in de Nees kriegen* (ein Gerücht aufschnappen); *de Nees trecken* (Nase rümpfen); *de Nees begeten* (betrinken); *enen wat op de Nees backen* (ein Geheimnis verraten); *enen wat ut de Nees pulen* (mit List etwas erfahren); *du hest woll lang keen an de Nees hatt?* (Prügel androhen). Rätsel: *wat rüükt an 'n mehrsten in de Aptheek?*[747] Antwort: *de Nees.* Erw.: Ein *Neesdrüppel* ist ein Nasentropfen, ein → *Nesendrücker* ein Armensarg mit flachem Deckel, ein *Nesenpopel* getrockneter Nasenschleim und ein *Nesenwarmer* eine kurze Tabakspfeife. Vgl. → *Nesensnipper;* → *Nesenknieper.*

Negenmöörder Neun[fach]töter. 1. Hornisse, deren Stich schmerzhafter als der einer Wespe ist. Hornissen sollen angeblich mit neun (*negen* – neun) Stichen ein Pferd und mit drei Stichen einen Menschen töten können, was aber nur für Allergiker zutrifft. 2. Singvogel: Neuntöter (Rotrückenwürger).

Negergeld nannten wir früher die schwarzen Lakritzmünzen, die natürlich nicht zum Bezahlen, sondern zum Lutschen gedacht waren. Wer heute versuchen sollte, diese harmlose Bezeichnung zu gebrauchen, hätte sofort die selbst ernannten Sprachwächter am Hals, die im Zeichen der sogenannten Political Correctness eine rassistische Diskriminierung unterstellen würden.

neihen 1. nähen, mit Nadel und Faden zusammenfügen; *vun Huus to Huus neihen* (mit kleinen Stichen nähen), *vun Dörp to Dörp neihen* (mit großen Stichen nähen); *se geiht ut neihen* od. *ut Huus neihen* (als Näherin stundenweise in fremden Haushalten arbeiten). Abergl.: Kleidung darf man nicht am Körper nähen, sonst wird der Träger vergesslich (*de Gedanken ward fastneiht*). 2. sich schnell bewegen, rennen, schnell fahren;

746 frz. ein skandalöses Leben. Richey S. 172.

747 Apotheke

de Blitz neiht to Eer; *dat Leven neiht so rasch dorhen* (geht so schnell vorbei); vgl. → *utneihen*. 3. schlagen, prügeln; *dat Peerd neihen* (mit der Peitsche antreiben); *in de* → *Snuut neihen* (eine runterhauen); *sik neihen loten* (sich missbrauchen lassen).

neren nähren, ernähren, stillen; fressen; *de Jungfern neert sik mit de Nadel* (unverheiratete Frauen müssen sich mit Handarbeiten und Schneiderei ernähren). Ra.: *frömd Broot neert goot* (fremdes Brot macht auch satt). Adj. → *nerich* (knauserig).

nerich Adj. 1. sparsam, geizig[748]; *nerich leven* (knauserig sein); *to nerich to wat wesen* (durch und durch geizig sein). 2. gierig; *nerich op wat wesen*. Von → *neren* (nähren).

Nesendrücker (*Neesquetscher*) Kiste, die bei öffentlichen Begräbnissen Mittelloser kostensparend als Sarg zur Verfügung gestellt wurde und so flach war, dass die Nase des Toten angeblich mit Gewalt hineingequetscht werden musste.

Eine total unpraktische Konstruktion: Eine Brille ohne Bügel, ein sogenannter Nesenknieper, „kniff" und drückte auf die Nasenwurzel, bis sie schmerzte.

748 lt. Carl Groth

Nesenknieper 1. Ein „Nasenkneifer" ist eine Brille ohne Bügel, die durch Federkraft auf der Nase festgeklemmt wird; frz. *pince-nez*. 2. Wenn Kinder sich die zweiflügligen Spaltfrüchte des Ahorns auf die Nase klemmten, sprachen sie auch vom *Nesenknieper*.

Nesensnipper (*Nesenstüver*) war ein 1. Nasenstüber, ein leichter Schlag auf die Nase mit geschlossener Faust, mit dem wir uns auf dem Schulhof pausenlos gegenseitig bedrohten, den ich mir ab und zu von den stärkeren Jungen aus den hinteren Bänken als „schlagendes" Argument auch tatsächlich einfing, wenn od. weil ich ihnen bei einer Auseinandersetzung rhetorisch überlegen war und überheblich ins Hochdeutsche wechselte. Prügel von Gleichaltrigen bekamen immer die besseren Schüler, Prügel vom Lehrer mit dem → *Reetje* allerdings häufiger die schlechteren. Verb *nesenstüvern*. 2. Ein *Nesensnipper* war auch ein Kartenspiel, bei dem der Verlierer so viele Nasenstüber verpasst bekam, wie er zum Schluss Punkte auf der Hand hielt.

Neuenfelde (Stadtteil) → *Neefeld*.

Neustadt dürfte einer der häufigsten Ortsnamen in Deutschland sein. Wir finden ein Neustadt am Rübenberge, an der Weinstraße, an der Aisch, an der Waldnaab, an der Saale, bei Coburg sowie in Sachsen, Thüringen und Holstein. Die Hamburger verstehen unter Neustadt jedoch keine Stadt, sondern einen Stadtteil, der 1188 von Adolf III. und Wirad von Boizenburg westlich der unteren Alster gegründet worden ist. Die (gräfliche) *Neustadt* (1466: lat. *Nova civitate*) bildet zusammen mit der (bischöflichen) → *Altstadt* den Kern Hamburgs.

Das älteste Gebäude der Hansestadt steht weit von der Hamburger Innenstadt entfernt: der Leuchtturm auf der Insel Neuwerk.

Neuwerk Die Insel im Wattenmeer vor Cuxhaven, deren Leucht- und Wehrturm zwischen 1300 und 1310 von Hamburg errichtet worden und damit der älteste Profanbau der Hansestadt ist, kam im Zuge der Gebietsneuregelung 1937 zu Preußen und ging 1946 an Niedersachsen. Hamburg erwarb *Neuwerk* zusammen mit der Düneninsel *Scharhörn* 1969 zurück, um dort einen Tiefwasserhafen anzulegen. Dieser Plan ist vom Tisch. Das Gebiet, verwaltet vom Bezirk Mitte, ist heute Teil des *Nationalparks Hamburgisches Wattenmeer.* Urspr. *nie Ô* (neue Insel) von mnd. ô/ôch („kleinere Insel“)[749]. Dann wegen des Wehrturms *Nigenwerke/Neuwerk* genannt zu *Werk* im Sinne von „Befestigung“[750].

Nevercomebackliner Schiff auf „wilder“ Fahrt rund um den Erdball auf der Suche nach Fracht in exotischen Häfen, also kein Linienfahrer. Ab und zu kam so ein schwimmender Rosthaufen tatsächlich nach langer Zeit → *back* nach Hamburg, häufig musste er aber irgendwo in Südostasien abgewrackt werden[751].

nich na em… Die Formulierung *dat smeckt nich na em un nich na ehr* war die recht deutliche Kritik von Vater am aufgetischten Essen – wenn er sich traute od. wenn Mutter weghörte.

nickköppen nicken – eine Geste der Bejahung. Ggs.: → *schüddköppen* (den Kopf schütteln).

Niederbaum urspr. verschließbare Durchfahrt zwischen dem Hamburger Binnenhafen und dem Niederhafen (vgl. → *Baumwall*). Entsprechend gab es elbaufwärts den *Oberbaum* an der Einfahrt zum Oberhafen (vgl. → *Winser Baum*).

nieschierich Adj. neugierig; *nieschierich as ’n Göör; nieschierich bün ik nich, aver ik mag geern allens weten.* Ra.: *de is so nieschierich, de fraagt ’n fere*[752] *Koh dat Kalf af* (in lästiger Weise fragen). Übrigens kann auch das Land neugierig sein: Wenn der Bauer sagt, *dat Land is nieschierich,* so ist er gespannt, ob ein neues Saatgut auf dem Acker den erwünschten Ertrag erbringen wird[753]. Subst. *Nieschier* (Neugier).

Nieselpriem 1. Schimpfw. für einen energielosen Menschen, der saumselig und temperamentlos ist. Die Erklärung ist nicht jugendfrei, soll unter

749 Lübben S. 252
750 Laur S. 183

751 vgl. Wiegandt: Liederbuch, Bd. 2, S. 128
752 → *feer:* unfruchtbar (bei Tieren), nicht trächtig
753 HWB 3/472

uns Erwachsenen aber angedeutet werden: Das Verb → *nieseln* steht für langsames Regnen und der → *Priem* hier für den Penis[754]. 2. Geizhals; säumiger Zahler.

[1] Niet m., Neid, Missgunst; *ohne Niet geiht woll op düsse Eer nich af.* Syn.: *Afgunst.* Vgl. → *Nietnagel.*

[2] Niet f., Niete, Los ohne Gewinn. Zu ndl. *niet* (nichts).

[3] Niet (Plur. *Nieten*) n., Metallstift od. Bolzen, mit dem Teile so fest verbunden werden, dass sie *niet- un nagelfast* sind und an Ort und Stelle verbleiben.

Nietenkaker „Nietenkocher" auf einer Schiffswerft.

Niethamel Neidhammel, missgünstiger Mensch; *de ene is 'n Niethamel, de anner 'n Striethamel*[755]. Von → [1] *Niet.*

Nietnagel Niednagel, der ein „Neidnagel" ist – angebrochener, aber noch festsitzender Finger- od. Fußnagel bzw. eingerissene Nagelhaut. Abergl.: Ein *Nietnagel* wird durch den Neid eines Dritten od. durch einen neidischen Blick verursacht. Von → [1] *Niet.*

Nimm die Finger von das Fett! Das sagte der Vater zu den Kindern, wenn sie etwas nicht berühren od. etwas unterlassen sollten. Dieser Ausruf führte zu einem ruckartigen Zurückziehen der Hand.

nipp un nau bedeutet formelhaft „ganz genau"; *nipp un nau vertellen, wo mi dat gahn harr* (haargenau erzählen). Adv. *nipp* (genau, aufmerksam); *nipp weten* (genau wissen); *nipp hören* (schlecht hören können).

Nipp 1. kleiner Schluck; *'n Nipp Kaffe.* Von → *nippen.* 2. Henkel an einer Kanne; *an 'n Melkpott is 'n lütt Nipp an.* Hierher gehört auch der *Nippel,* den Mike Krüger bekanntlich rückwärts durch die Lasche zieht.

nippen in kleinen Schlucken trinken, vorsichtig probieren. Syn.: *nippeln.* Erw.: *Nippfloot* (niedriges Hochwasser, das bei Halbmond eintritt); *Nippsaken* (kleine Ziergegenstände; „Nippes").

Nissenhütten waren halbrunde Wellblechbaracken, die die britische Armee nach dem Krieg auch in Deutschland in Internierungs-, Gefangenen- und Entlassungslagern benutzte. Wegen der katastrophalen Wohnungsnot in den zerbombten Städten entstanden überall am Rande der Gemeinden Notunterkünfte aus *Nissenhütten,* in Hamburg an 29 Stellen vor allem in den öffentlichen Grünanlagen. Zeitweise lebten bis zu 10 000 Hamburger in diesen Behausungen, die letzten bis 1958. In einer Nissenhütte hausten auf einer Grundfläche von 40 Quadratmetern zwei Familien, getrennt nur durch einen Vorhang. In einem Block von 30 Nissenhütten wurden bis zu 540 Bewohner untergebracht, zum Teil mit Gemeinschaftsküche und eigener „Nissenschule" (Groß Borstel). Im März 1950 besuchte der neue Bundespräsident Theodor Heuss (1884–1963) eine solche Klasse, die ihn mit einem Lied auf der Mundharmonika begrüßte – soweit die Kinder ein solches Instrument hatten. Heuss war so gerührt, dass er nachträglich je ein Instrument an diejenigen ver-

754 Küpper S. 573
755 HWB 3/497

Ein Hamburger Nissenhütten-Lager im Jahre 1954 an der Lortzingstraße am Eilbekkanal in Barmbek-Süd. Teilweise lebten bis zu 10 000 Hamburger in solchen Blechbaracken, die letzten bis 1958.

mittelte, die kein eigenes besaßen[756]. Die Wellblechbaracken hatte der kanadische Bergbauingenieur und britische Offizier *Peter Norman Nissen* (1871–1930) 1916 im Auftrag der englischen Armee konstruiert. Sie wurden zum Symbol der Notunterkunft für die Kriegsopfer beider Weltkriege.

nixich enthält als Wortstamm natürlich *nix*, also „nichts"; *nixich* ist etwas, was klein, unbedeutend, auch minderwertig ist: *de is doch so wat vun nixich*, also ein kleiner, unbedeutender Mitmensch.

no (hamb. nach) → *¹na.*

noch was bei? fragte der → *Krämer* die Kundin, nachdem er schon einige Tüten und Beutel ihres Einkaufs auf der → *Tonbank* platziert hatte. Sollte heißen: Darf es sonst noch etwas sein?

nödeln (trödeln) → *nölen.*

Nokixel (a.: *Nakieksel*) scherzh. für Wörterbuch, Nachschlagewerk, Lexikon. Bei diesem Ausdruck sträubt sich ernsthaften Germanisten die Feder, und trotzdem scheint er in Hamburg weit verbreitet gewesen zu sein, wobei der Ursprung dieses Kunstwortes offenbar gar nicht mehr realisiert worden ist. Der ist nämlich recht banal: Man lese *nokixeL* rückwärts, und was kommt heraus? Lexikon! *Vadder sä dor ja nich Lexikon to, he dreih dat Woort eenfach üm, lees dat vun achtern: Nokixel*[757]. Es gibt Leute, die eine Pseudo-Erklärung nachschieben, etwa im plattdeutschen Ableger der Wikipedia[758], die sich „Dat friee Nokieksel" nennt: *„Etymologie (woneem dat herkümmt): Dat Woort Nokieksel kümmt vun nokieken (nakieken). Dat meent, dat du dor rinkieken kannst un denn wat plietscher büst."* Nett, aber falsch – wie häufig bei Lexika, die sich die Leser selbst schreiben dürfen.

nölen 1. bummeln, trödeln, zaudern, langsam sein; *man jümmers ran un nich so lang genöölt!; nööl nich so lang, man to!* Richey: *nu nöhlet ins fort: Machet doch einmahl fort*[759]. Adj. *nölich* (träge, langsam). 2. maulen, herumnörgeln; *de Ool nöölt gresich; ole Froonslüüd, de nöölt so veel.* Syn.: *nödeln.*

nöög [spr.: *nö:ch*] Adv. 1. räuml. nahe; *he steiht nöög bi den Muskanten* (er steht direkt bei der Kapelle). Übertr. *sik nöger komen* (sich besser kennenlernen, vertraut miteinander werden). 2. zeitl.: *de Harfst keem vun Dad zu Dag nöger* (es wurde immer herbstlicher). 3. mod. genauer, besser; *as se nöger froogt ward* (beim genauen Nachfragen)[760]. Vgl. → *² na.* Subst. → *Nöögt* (Nähe).

nöögst Adj. nächst, nahe stehend; *de nöögste Fründ* (der beste Freund); *de nöögste Döör.* Superl. zu → *nöög.*

nöögstens Adv. nächstes Mal, später.

Nöögt f., Nähe; *in de Nöögt vun de Stadt* (räuml.); *wenn Wiehnachten keem in de Nöögt* (zeitl.; als sich das Weihnachtsfest näherte). Adv. → *nöög* (nahe).

756 Hamburg-Lexikon S. 505
757 HWB 3/443
758 Wikipedia: freies Internet-Lexikon, das von den Benutzern selbst geschrieben wird
759 Richey S. 174
760 HWB 3/505

Der Rundfunk ist neu, die NORAG macht eine Reportage auf der Straße. Um in die richtige Stimmung für das Thema zu kommen, hatten die Reporter sich entsprechend verkleidet. Schade, dass die Hamburger das zu Hause vor dem Radioapparat nur hören und nicht sehen konnten.

Nööt Nuss; *in de Nööt gahn* (Nüsse sammeln); *dove Nööt* (taube Nuss; übertr. dumme Person); *üm dover Nöte halven* (für nichts und wieder nichts); *wat för dove Nööt doon* (etw. umsonst tun). Wetterregel: *wenn 't veel Nööt gifft, gifft 'n strengen Winter.* Erw.: *Nöötbieter* (Nussknacker); *Nööthaken* (Nusspflückstock mit Hakenspitze); *Nööthakenkraam* (Bagatelle); *Nöötkahl* (Nusskohle, grob gekörnte Steinkohle); *Nöötnapp* („Nussnapf", scherzh. für ein zu kleines Gefäß od. Kornglas in der Wirtschaft); *Nöötschaal* (Nussschale, Bezeichnung für ein kleines Schiff); *Nöötschieter* (Geizhals, Kleinlichkeitskrämer)[761].

761 HWB 3/512 f.

NORAG Die Hauptfunkstelle Königs Wusterhausen übertrug am 22. Dezember 1920 zum ersten Mal in Deutschland eine Art Hörfunkprogramm für alle, und zwar ein Instrumentalkonzert. Am 29. Oktober 1923 wurde der deutsche *Unterhaltungsrundfunk* im Berliner VOX-Haus eröffnet. Bei diesem neuen Medium, mit dem wie mit allen neuen Medien einerseits der Untergang des Abendlandes und vor allem des gedruckten Worts, anderseits Bildung, Kultur und Unterhaltung für alle Volksschichten einhergehen sollte, wollte Hamburg nicht hintanstehen. Im Januar 1924 gründeten Hamburger Kaufleute die *Nordische Rundfunk AG (NORAG)*, die am 2. Mai 1924 mit vier Stunden Programm auf Sendung ging. Am Anfang gab es nur 896 registrierte Hörer, deren Zahl nach einem halben Jahr auf 7000 angestiegen war. Die Teilnehmergebühr betrug zwei Reichsmark im Monat, die – nein, noch nicht von der GEZ, sondern von der Reichspost eingezogen wurden, die davon 60 Prozent abzweigen durfte als Verwaltungs- und Sendeanlagenanteil. Die Detektoren- od. später gar Röhrenempfänger waren anfangs selbst gebaut, die Teile gab es beim Uhrmacher od. Drogisten. Der Empfang musste trotzdem von der Oberpostdirektion genehmigt werden, und vor einer solchen *Audionversuchserlaubnis* für den Betrieb einer privaten Funkempfangsanlage stand eine strenge Prüfung in Elektrotechnik, Schwingungslehre, Antennenbau und Funkrecht. So weit geht die GEZ heute nicht mehr… Seit 1928 befand sich das Funkhaus in der Rothenbaumchaussee. 1934 verstaatlichten die Nationalsozialisten die inzwischen als Norddeutsche Rundfunk GmbH firmierende NORAG und fügte sie 1939 als *Reichssender Hamburg* dem *Großdeutschen Rundfunk* hinzu. Der britische → *NWDR* benutzte nach dem Krieg dessen Einrichtungen. Einige Programmangebote überlebten die NORAG, so das am 9. Juni 1929 zum ersten Mal ausgestrahlte Hamburger *Hafenkonzert*. Auch *Von Binnenland und Waterkant* hören wir noch heute im NDR.

Nordalbingien war im frühen Mittelalter der Teil des sächsischen Bevölkerungsgebiets nördlich der Elbe und umfasste die → *Gaue* Dithmarschen, Holstein und → *Stormarn*. Man kann statt der latinisierten Form natürlich auf gut Deutsch auch „Nordelbien" sagen. Das Grenzgebiet nördlich der Eider hieß *Dänische Mark*.

nördlicher Kaffee → *Blümchenkaffee*.

Nötigung Ein Ritual zwischen Gast und Gastgeber, das im Holsteinischen früher streng beachtet werden musste, das aber auch in Hamburg seine Ableger hatte. Der Gast durfte beim Essen erst zugreifen, wenn er vom Gastgeber genötigt worden war, und zwar nach der dritten Nötigung – die erste und zweite hatte er abzulehnen, selbst wenn sich ihm der Magen vor Hunger umdrehte. Die Dringlichkeit des Anbietens und die Entschiedenheit des Ablehnens bestimmte dabei den Grad der Höflichkeit. Es konnte vorkommen, dass eine Einladung mit üppigem Festmahl am nächsten Tag so kommentiert wurde: Das Essen ging so, aber die Nötigung war nicht gut. Diese Sitte od. besser Unsitte, die heutzutage glücklicherweise auf ein einfaches „Guten Appetit!" geschrumpft ist, konnte zu kleinen Katastrophen führen. Jochen Wiegandt berichtet von einem Jungen, dem man eingeschärft hatte, beim Kindergeburtstag erst nach der dritten Nötigung zuzugreifen, der aber nun heulend und hungrig nach Hause kam, weil er nur einmal aufgefordert worden war und von den Negerküssen und Würstchen deshalb nichts abbekommen hatte[762]. Mein Großvater pflegte selbst am eigenen Tisch, wenn Großmutter mit dem Auftragen nicht fertig wurde, demonstrativ zum Besteck zu greifen und ironisch zu sagen: *wenn 't Nödigen denn gar keen End nehmen will…*

Notkuhle in kleinen Dörfern künstlich angelegte Löschwasservorratsstelle für die Feuerwehr.

Nu ward rieten! sagte Großmutter, wenn sie sich zum wiederholten Male über etwas geärgert hatte und ihr Geduldsfaden zu reißen drohte. Auf Hochdeutsch etwa: „Nun reicht es!" od. „Nun schlägt's dreizehn!"

762 Wiegandt: Liederbuch Schleswig-Holstein, Bd. 2, S. 132 f.

Nück (Plur. *Nücken*) f. 1. Laune, Marotte; *sien Nücken hebben* (launisch sein); *dat Glück, dat hett sien Nücken.* 2. Böswilligkeit; *he sitt so vull Nücken* (er ist heimtückisch). Paarformel: *Nücken un Tücken.* Adj. *nücksch* (launisch, störrisch). Syn.: → *mucksch;* → *tücksch.*

nücksch (launisch) → *Nück.*

nudaags Adv. neulich, vor ein paar Tagen.

nüffeln Nasen zum Gruß aneinanderreiben. Die *Nüff* ist eigentlich der Schweinerüssel und wird übertr. als derber Ausdruck für Mund od. Nase des Menschen gebraucht; *ik geev di glieks een op de Nüff* (du bekommst gleich was an die Schnauze). Ein *Nüff-Nüff* ist in der Kindersprache das Schwein. *Nüffeljoochen* bezeichnet einen ungeschickten, eben *nüffeligen* (tollpatschigen) Mann, *Nüffelliese* die entsprechende Frau dazu.

Nusch 1. Ramsch, wertloses Zeug, Abfall; *dat is allerlei Nusch.* 2. Schmutz; *dat mookt so veel Nusch mit dat Holtböten* (Heizen mit Holz). 3. Ansammlung von Menschen, die nicht zusammenpassen; *all so 'n Nusch findt sik hier op 'n Hoff tohoop, Bessensnieder un Fischwieber, Timmerlüüd un Schoosterdeerns*[763]. Adj. *nuschelich* (unordentlich, schmuddelig; *in sien Bood süht dat böös nuschelich ut*).

nüsseln zögern, langsam arbeiten, nicht zu Ende kommen, nichts ordentlich machen; *dor nüsselt he al twee Daag bi; he kriggt dat jümmers noch so eben trecht nüsselt.* Subst. *Nüsseler* (langsamer Mensch). Adj. *nüsselich* (unsicher, benebelt)[764].

NWDR Der *Nordwestdeutsche Rundfunk (NWDR)* mit Sitz in Hamburg war von 1945 bis 1955 die Rundfunkanstalt für die Länder Hamburg, Schleswig-Holstein, Niedersachsen und Nordrhein-Westfalen und bis 1954 auch für West-Berlin (danach *Sender Freies Berlin* – SFB). Nach dem Ende des Zweiten Weltkriegs gründete die Militärregierung im Mai 1945 zuerst das *Radio Hamburg* (was nichts mit dem heutigen Privatsender zu tun hat), das am 22. September 1945 als gemeinsame Rundfunkanstalt für die gesamte Britische Zone als *NWDR* weitergeführt wurde. Da Bremen und Bremerhaven nicht zum britischen Besatzungsgebiet gehörten, sondern amerikanische Exklaven waren, bekamen sie mit *Radio Bremen* einen eigenen Sender, der bekanntlich bis heute am Leben gehalten wird. Die Organisation in Hamburg übernahm der britische Journalist Hugh Greene (1910–1987), der spätere Generaldirektor der BBC und Bruder des bekannten Schriftstellers Graham Greene (1904–1991). Erster deutscher Generaldirektor des NWDR von 1948 bis 1955 war der sozialdemokratische Politiker *Adolf Grimme* (1889–1963), bis 1932 letzter SPD-Kultusminister von Preußen und erster niedersächsischer Nachkriegskultusminister. Am 1. Januar 1956 teilte der NWDR sich in die Sendeanstalten *Norddeutscher Rundfunk (NDR)* für Hamburg, Niedersachsen und Schleswig-Holstein mit Sitz in Hamburg und *Westdeutscher Rundfunk (WDR)* für Nordrhein-Westfalen mit Sitz in Köln. Heute gehört auch Mecklenburg-Vorpommern zum NDR. Das 1. Hörfunkprogramm lieferte noch viele Jahre lang ein gemeinsames Mantelprogramm, ein Rest davon ist das „Echo des Tages". Vgl. → *NORAG;* → *Pausenzeichen.*

---

763 J. Kinau nach HWB 3/524
764 Mensing 3/824

O

Oberalte Im Zuge der Reformation wurde 1527/28 in den damals vier → *Kirchspielen* zur Verwaltung der jeweiligen bzw. des gemeinsamen → *Gotteskastens,* der Armenkasse, das aus zwölf Bürgern bestehende Gremium der *Oberalten* gewählt, in etwa vergleichbar mit dem heutigen Kirchenvorstand.

Oberbaum (obere Hafensperre) → *Baumwall.*

ochott, ochott! (Interj.) ach Gott! Verschliffen aus *och Gott!*

Ochsenauge → *Ossenoog.*

öckern nörgeln, quengeln; *he öckert üm allens.* Adj. *öckerich* (nörglerisch, unzufrieden); *wat 'n öckerigen Keerl!* [765]

oha! Ausr. des Erstaunens od. der Überraschung, meist in der Silbenverdopplung *ohauehaueha!* gebraucht[766]; *ohauehaueha!, seggt Hein, as Fiete stickeduun in de Elv spattelt.*

Ohlsdorf ist zwar ein Stadtteil Hamburgs, aber vor allem ist Ohlsdorf ein Ort der letzten Ruhe. Der 404 Hektar große Zentralfriedhof, 1877 eröffnet, gilt mit seinen weitläufigen Parkanlagen als gärtnerisches Kunstwerk, was aber nicht darüber hinwegtäuschen darf, dass der Weg fast eines jeden Hamburgers in Ohlsdorf endet. Insofern gelten die Begriffe „Ohlsdorf" sowie „Tod, Grab, Friedhof" als Synonyma. Wenn alte Leute ihren Unternehmungsgeist verloren hatten, größeren Vorhaben auswichen, die Wohnung nicht mehr renovieren od. keine neuen Möbel anschaffen wollten, sagten sie: *ik bün ja doch al mit een Been op Ohlsdorp!* Es gibt allerdings auch unfreiwillige Ohlsdorfer, die noch leben, nämlich die Insassen der Justizvollzugsanstalten Am Hasenberge, Nesselstraße und Suhrenkamp, deren Name → *Santa Fu* zwar an das benachbarte Fuhlsbüttel erinnert, die aber heute zu Ohlsdorf gehören. So sind alle Gaben gerecht verteilt: Der eine bekommt den internationalen Flughafen, der andere die Knackis und die Toten.

Ohlsdorfer Spargel waren scherzh. die Zigaretten, wobei man beachten sollte, dass → *Ohlsdorf* den Zentralfriedhof beherbergt. Damit wurde bereits lange vor der heutigen Jagd auf Raucher angedeutet, wo man landen werde, wenn man nicht mit dem Rauchen aufhörte.

Ohnsorg, Richard → Biografie S. 357.

Ohnsorg-Theater Keine Institution an Elbe und Alster hat das Hamburgische so weit bis in die letzten Winkel Deutschlands getragen wie das Ohnsorg-Theater. 1902 durch → *Richard Ohnsorg* (1876–1947) als niederdeutsche Bühne unter dem Namen *Dramatische Gesellschaft Hamburg* gegründet, 1906 in *Gesellschaft für dramatische Kunst* und 1920 in *Niederdeutsche Bühne Hamburg* umbenannt, konnte das Theater 1936 das ehemalige *Kleine Lustspielhaus* in den Großen Bleichen beziehen. 1946 erhielt die Bühne den Namen *Richard-Ohnsorg-Theater.* Seit 1954 werden Aufführungen des Ohnsorg-Theaters im deutschen Fernsehen gesendet, allerdings nicht wie im Original auf Platt. Um auch außerhalb des niederdeutschen Sprachraums verstanden zu wer-

765 HWB 3/532
766 Mensing 3/829

den, wird bei den Fernsehaufzeichnungen eine norddeutsch eingefärbte Form des Hochdeutschen gesprochen mit einigen plattdeutschen Einsprengseln. Manch Besucher aus dem Süden, der im Fernsehen (fast) alles verstanden hatte, saß dann in freudiger Erwartung im Zuschauerraum an den Großen Bleichen und verstand nun kein einziges plattdeutsches Wort. Die erste Fernsehsendung erfolgte live am 13. März 1954 mit dem Stück „Seine Majestät Gustav Krause" aus dem Bunker des → *NWDR* am → *Heiligengeistfeld.* Die Fernsehausstrahlungen in den Sechziger- und Siebzigerjahren, die allesamt Straßenfeger waren, machten das damalige Ensemble mit → *Heidi Kabel,* → *Henry Vahl,* Otto Lüthje, Ernst Grabbe, Hilde Sicks, Werner Riepel, Karl-Heinz Kreienbaum, Heidi Mahler, Erna Raupach-Petersen, Edgar Bessen, Heinz Lanker, Jochen Schenck, Christa Wehling, Heini Kaufeld, Hanno Thurau od. Jürgen Pooch bundesweit bekannt. Das Theater verlegte 2011 seinen Standort in die Nachbarschaft des Hauptbahnhofs. Am 28. August 2011 eröffnete das Traditionshaus am *Heidi-Kabel-Platz 1* mit einer plattdeutschen Fassung von William Shakespeares „Ein Sommernachtstraum". Die neue Spielstätte in dem 1909 gebauten und heute unter Denkmalschutz stehenden *Bieberhaus* ist moderner und größer. Sie verfügt über modernste Technik sowie eine zusätzliche Studiobühne. Die Kapazität hat sich um rund 50 Plätze erhöht.

ökeln 1. schimpfen. Erw.: *anökeln* (verspotten). 2. necken; daher der → *Ökelname*, der Spitzname. Syn.: → *uzen.*

Ökelname (Ökelnoom) Spitz- od. Beiname, mit dem jemand geneckt wird. Bei dessen Erfindung waren die Hamburger äußerst produktiv, um

RICHARD OHNSORG

DER VATER DES ERFOLGS

Richard Ohnsorg – Hamburger Schauspieler, Regisseur, Bibliothekar, Dr. phil., geboren am 3. Mai 1876 und gestorben am 10. Mai 1947 in der Hansestadt, gründete 1902 mit anderen Laiendarstellern eine plattdeutsche Bühne, die 1920 in *Niederdeutsche Bühne* umbenannt wurde, große Erfolge errang und 1936 ein festes Haus an den Großen Bleichen beziehen konnte.

Seit 1946 heißt die Bühne → *Ohnsorg-Theater* nach ihrem Begründer und nicht etwa, weil dort *ohne Sorge* Komödien dargeboten werden, wie es außerhalb und sogar innerhalb Hamburgs vielfach angenommen wird.

nicht zu sagen: kreativ. Die Angehörigen ganzer Berufsgruppen und die Bewohner bestimmter Straßen und Ortsteile wurden mit *Ökelnamen* bedacht. Man sprach auch von *Ekelnamen,* womit gleich die Bedeutung des Ausdrucks geklärt wäre. Von → *ökeln* (schimpfen). Richey: *Oekel-Nahme: Spott-Nahme. Einige schreiben Ekel-Nahme* [767]. Vgl. engl. *nickname aus 'n ekename* [768].

Öhr (Plur. *Öhren*), ein Ohr am Topf, also ein Henkel.

IK ARME NARR

Das Ohnsorg-Theater führte nicht nur Volksstücke auf, sondern übertrug auch Werke der Klassik ins Plattdeutsche, darunter Goethes „Faust" als „Speel vun Dokter Faust". Das hörte sich so an:

Ik heff Philosophie studeert,
Afkatenkneep [769] *un doktern lehrt,*
Un, leider!, ook na 'n Gloven preestern,
dat de mi heel den Kopp verbeestern.
Dor stah ik nu, ik arme Narr,
un wüsst geern, wat ik dor vun harr.
Bün nu Magister, Dokter gor,
un gah nu neegsten al teihn Johr
bargop, bargdaal, verdwas un dweer,
mien Schölers üm ehr Neesen her
un seh: An 'n Enn is all uns Weten
lütt beten nix un heel bescheten.

767 Richey S. 176
768 Kluge S. 214
769 Advokatenkniffe

Oken m., der (Dach-)Boden eines Hauses, und zwar entweder 1. der Boden über den Ställen auf beiden Seiten der Diele eines Bauernhauses (vgl. → *Hill*) od. 2. der Spitzboden, der spitz zulaufende Raum unmittelbar unter den Dachsparren; *achtern Oken ünner 't Strohdack; ünner de Oken* (im obersten Stockwerk) [770]. Selbst ein abgelegener Raum wurde als Schlafplatz für das → *Gesinde* od. für die Kinder genutzt. Raa.: *Geld achter de Oken steken* (Geld zurücklegen); *'n beten wat achtern Oken hebben* (einen Notgroschen haben).

ökern einwenden, widersprechen, rummeckern; *du hest jümmers wat to ökern* (immer etwas auszusetzen).

ole Maidag → *Maidag (2)*

Olland („Altland") → *Altes Land.*

olle Kamellen sind altbekannte Geschichten. *Kamelle* ist die ndd. Form von Kamille, *olle Kamellen* sind also Kamillenblüten, die zu lange gelagert worden sind und keine Heilwirkung mehr besitzen. Die Redewendung wurde durch die Erzählungen „Olle Kamellen" (1859 ff.) von *Fritz Reuter* (1810–1874) allgemein bekannt.

öllerhaft Adj. alt, bejahrt, von vorgerücktem Alter; *'n öllerhafte Fro* (eine ältere Frau). Eine Steigerung ist *karkenoolt* (uralt, alt wie eine Kirche).

Öllermann (Plur. *Öllerlüüd*). Ein Ältermann war eine Art Beisitzer im Vorstand einer → *Gilde,* in einem → *Amt* od. bei einer → *Bruderschaft.* Früher wählte zum Beispiel die Lotsenbruderschaft einen Öllermann. In den Landgemeinden der Elbmar-

770 HWB 3/538

schen hieß der im vierjährigem Turnus wechselnde Ortsvorsteher ebenfalls Ältermann[771]. Im Mittelalter war der Vorsitzende einer hanseatischen Handelsniederlassung, eines *Kontors*, der Ältermann der ansässigen Kaufleute, der latinisiert den Titel *Comes Hansae* (Konsul der Hanse) trug.

Oma Müsch ist eine weibliche Person, deren Kleidung nicht nur unmodern ist, nein, auch farblich und im Stil überhaupt nicht zueinanderpasst, zusammengesucht wie aus der *Plünnenkiste*.

ondulieren heißt nicht nur in Hamburg, sich die Haare mit einer Brennschere wellen zu lassen. Wer in „Wellen" geht, weil er in der Kneipe zu viel → *Köm* konsumiert hat, hat übertr. einen *ondulierten Gang*; von frz. *onduler* (sich wellen).

Onschekolonsche ist die hamb. Bezeichnung für das Kölnischwasser, also für das Eau de Cologne.

Ool (Aal) → *Aal.*

ool alt; *je oller, je doller,* sagte man, wenn alte Leute männlichen Geschlechts es zu schlimm trieben, fremdgingen, zweifelhaften Damen nachstiegen od. gar Rente und Ersparnisse auf der → *Reeperbahn* durchbrachten.

Oolsch (*Ollsch*). 1. abfällig für eine alte Frau; *'n oles Fischwief.* 2. unabhängig vom Alter (ebenfalls abfällig) für jede Frau, respektlos auch für die eigene Ehefrau; *de verdreihte Oolsch*; *hest mien Oolsch nich sehn?* Raa.: *rut mit de Oolsch an de Fröhjohrsluft* (für alles, was aus dem Haus muss); *dor hett de Becker sien Oolsch dörchjagt* (durch das Loch im Brot).

771 Schleswig-Holstein-Lexikon S. 13

Oomdoom (Wäschestärke) → *Amidaam.*

Oorlog (*Orlog*) m., seem. Krieg, Unfriede (veralt.). Von ndl. *oorlog.* Richey: *Orlog: Krieg. Ist zwar Holländisch, aber bey uns und in allen See-Städten gebräuchlich*[772]. Erw.: *Oorlogsmann* (Matrose bei der Kriegsmarine); *Oorlogsschipp* (bewaffnetes → *Konvoischiff*).

Oors [spr.: *o'ers*] ist der unfeine, aber trotzdem häufig auf der Straße gebrauchte Ausdruck für einen bestimmten Körperteil, der auch als → *Mors, Aars, Gatt, Achtergatt* od. *Achtersteven* bezeichnet wird, um die direkte hochd. Übersetzung „Arsch" zu vermeiden (für die ich von meiner Mutter immer einen strafenden Blick einfing). Wer ein rundes, hässliches und ausdrucksloses Gesicht besitzt, das an die Formen hinten und unten erinnert, hat ein *Oorsgesicht* (woran auch ein höflicherer Begriff nichts ändern würde).
Ein unverhofftes Vergnügen, bei dem man sich vor Freude vielleicht nicht nur auf die Schenkel, sondern auch auf den Hintern schlägt, ist eine *Oorshöög* (vgl. → *högen* – sich freuen). Eine kurze Jacke hieß zu Zeiten, als noch keine mageren Models, sondern heimische Schneider die Kleidung prägten, ein → *Oorsbedreger.* Die Richtung nach → *achtern* benennt das Adv. → *oorslangs* (rückwärts, zurück).

Oorsbedreger („Arschbetrüger") sagte man zu einem kurzen Mantel od. zu einer Jacke, die nicht über den besagten Körperteil reichte; *de* → *Oors* wurde also um die wärmende Wirkung betrogen. Von → [1]*bedregen* (betrügen).

772 Richey S. 178

oorslangs Adv. rückwärts, zurück. Von → *Oors/ Aars* (Hintern).

Öös (*Ööster*) Plur. von → *Aas* (Biest).

Oost bezeichnet die Himmelsrichtung Osten od. übertr. den Ostwind; *he hett 'n oosten Wind sluckt* (er hat sich erkältet). *West is de Hamborger ehr Best, Oost is de Lübecker ehr Troost*, hieß es unter alten Seeleuten, denn Segelschiffe brauchten Westwind, um auf der Elbe nach Hamburg, und Ostwind, um auf der Trave nach → *Lübeck* zu gelangen. Adj. *oosten* (östlich, aus Osten kommend), etwa in *Osterkamp* (östliches Feld) in Marienthal od. *Osterloh* (Iserbrook) für einen östlich gelegenen Eichenwald.

op 'n Pott setten Wenn wir jemanden auf den → *Pott* setzen, sagen wir ihm gehörig die Meinung.

op un daal [spr.: *do:l*] rauf und runter, feststehende Wendung z.B. in → *Opundaaldreiher* (Schrankenwärter), → *Opundaaldisch* (Kurbel-Couchtisch), → *Opundaalhemd* (Unterhemd), → *Opundaalrock* (einteiliges Kinderkleid).

op 'n Stutz auf der Stelle; sofort; *he kunn dat nich op 'n Stutz betahlen; op 'n Stutz is dat nich to moken* (auf die Schnelle); *so veel harr se noch nie so op 'n Stutz seggt* (auf einmal).

Opaonkel od. *Opatante* nannten die Kinder Bekannte der Großeltern, die nicht wirklich mit der Familie verwandt waren, aber bei Oma und Opa aus und ein gingen.

Opbradelsch „Aufgebratenes". In der alten Zeit der Tagelöhner, Knechte und dem sonstigen → *Gesinde* war die Verpflegung dieser Leute oft nicht gerade üppig, und was mittags nicht aufgegessen wurde, gab es dann abends aufgebraten noch einmal. Wenn man fragte, was es denn zum Abendbrot gegeben habe, hieß es etwas mürrisch: *na, wat woll, Opbradelsch!*[773]

opbriesen auffrischen, heftiger wehen; *de Wind briest op.*

opbrummen aufbrummen, etw. Unangenehmes auferlegen; *se hebbt em twee Johr opbrummt* (zu zwei Jahren Gefängnis verurteilt). Vgl. → *²Knast.*

ophüsern bedeutete, etwas mit einer Winde od. einem Flaschenzug außerhalb des Gebäudes hochzuziehen bis zur Budenluke od. der Luke eines Speichers. Das galt auch für Kohlen und Heizmaterial in den Straßen, in denen die Häuser wegen des morastigen Untergrundes keine Keller hatten und die Winterfeuerung deshalb auf den Boden gehievt werden musste.

Oppens, Edith → Biografie S. 361.

oppluustern (sich) aufblasen. 1. die Federn hochstellen; *de Höhner hebbt sik oppluustert; de Hoor oppluustern* (die Frisur toupieren). 2. übertr. sich wichtigmachen, sich aufspielen; *dorbi pluuster he sik op as so 'n kalkuutschen Hohn*[774] (er plusterte sich auf wie ein Truthahn)[775]. Auch umgel. *opplüüstern.*

773 lt. Hans-Hermann Wölfert

774 Vgl. → *Kalkuut* (Truthahn, Puter; vermeintlich ein „indischer Hahn" aus Kalkutta)

775 HWB 3/606

EDITH OPPENS

MEINE LIEBEN HAMBURGER

Sie entstammt dem Hamburger Großbürgertum. Am 27. Oktober 1903 in Alsternähe geboren und in der Sierichstraße aufgewachsen, hatte Edith Oppens zuerst weniger die Heimatgeschichte als die große, weite Welt im Auge. Ihr Großvater war „im Salpetergeschäft" mit und in Nordchile tätig.

1933 emigrierte die promovierte Germanistin nach Chile, lebte seit 1937 in Vaduz und kehrte 1946 nach Hamburg zurück. Edith Oppens wurde Journalistin bei der „Welt" und Autorin beim → *Abendblatt*. Bei dieser Tätigkeit in der Redaktion entdeckte sie, wie spannend die Geschichten und die Geschichte einer Stadt wie Hamburg sein können.

„Je älter ich werde", sagte sie dem Abendblatt, „desto mehr liebe ich meine Heimatstadt, desto mehr versuche ich, sie zu verstehen. Darum interessiert mich ihre Geschichte, besonders die jüngere. Ich möchte wissen, wie die Menschen in Hamburg gelebt haben, unter welchen sozialen Bedingungen, mit welchen Ansprüchen." [776]

Sie forschte im Staatsarchiv, sammelte Tausende von Belegen und fügte diese Mosaiksteinchen zu einer anschaulichen und dabei immer genauen Schilderung der „guten, alten Zeit" zusammen, die gar nicht so gut war. Die Jahre zwischen 1900 und 1930 beleuchtet sie in den beiden Bänden „Hamburg zu Kaisers Zeiten" und „Der Mandrill. Hamburgs zwanziger Jahre", die unsere Untersuchung, wie die Hamburger sprachen, um den Blickwinkel ergänzt, wie die Hamburger lebten.

„Meine lieben Hamburger" lautet der Titel einer Sammlung von Glossen und Geschichten aus der Feder Edith Oppens'. Um die Menschen zwischen Alster und Elbe zu beschreiben, muss man zwei Voraussetzungen erfüllen. Man muss unter ihnen aufgewachsen sein, aber auch Distanz zu ihnen haben, lesen wir. Sie näherte sich kritisch, aber stets gut gelaunt und nie verletzend. Edith Oppens starb am 28. Juni 1990.

776 Das Mädchen aus der Sierichstraße. HA 12.5.1976 S. 5

oprüschen sich fein anziehen, übertr. sich mit allerlei *Rüschen* und Firlefanz schmücken, etwa um zum Rendezvous od. zum → *Köökschenball* zu gehen. Syn.: → *optügen*. Nicht zu verw. mit → *afrüschen* (verhauen werden).

opslaböörsch 1. anspruchsvoll, verschwenderisch; *man nich so opslaböörsch!* 2. aufgedonnert; *dat opslaböörsche Wief.* 3. prahlerisch; *wer hooch ruut will, benimmt sik opslaböörsch.*

opsternaatsch (*opstinaatsch*) heißt starrköpfig, widerspenstig, zänkisch; *'n opsternaatschen Kopp hebben* (dickköpfig sein); Schimpfw.: *Se opsternaatschen Flegel, Se!;* bei Tieren: störrisch *(opsternaatschen Hingst).*

Opticker Ein Optiker (mit k) fertigt optische Geräte, vor allem Brillen, aber ein Opticker (mit ck) bedeutet etwas ganz anderes. Ein solcher *Opticker* ist nämlich ein Parkwächter od. Straßenreiniger, der vornehmlich Papier und anderen Abfall mithilfe eines langen, vorn mit einer Metallspitze versehenen Stabes rückenschonend aufpickt, eben *optickt*.

optügen sich rausputzen, kleidungsmäßig auftakeln, sich mit neuem → *Tüüch* ausstaffieren; *se is optüücht as 'n Pingstoss*[777]. Syn.: → *oprüschen; opdunnern* (aufdonnern).

Opundaaldisch Ein *Opundaaldisch* ist ein durch eine Kurbel in der Höhe verstellbarer Couchtisch, wie er wegen der beengten Wohnverhältnisse während der Fünfzigerjahre weit verbreitet war.

Opundaaldreiher Zu Zeiten, als die Bahnstrecken noch nicht durch Rotlichtanlagen und automatische Halbschranken gesichert waren, musste jede Straße und jeder größere Weg mit Schrankenbäumen gesperrt werden, sobald sich ein Zug näherte. Die Schranken wurden mit Handkurbeln bewegt, und die Schrankenwärter drehten die Bäume in mehreren Schichten, 24 Stunden am Tag und sieben Tage die Woche, rauf und runter, → *op un daal* – sie waren im Volksmund die *Opundaaldreiher*, die Hoch-und-runter-Dreher.

Opundaalhemd ärmelloses Unterhemd, das von Männern und Frauen unter der Oberbekleidung getragen wird. Syn.: → *Nedderhemd; Ünnerhemd.*

Opundaalrock in einem Stück geschnittenes Kinderkleid der Vierländer Tracht, das hinten mit Knöpfen od. später in der Luxusausführung mit einem Reißverschluss geschlossen wurde. Mädchen und auch Jungen mussten ihn bis zur Schulzeit tragen; *ik heff di al as lüttjes Kruupbutt*[778] *kennt, as du noch den Opundaalrock drogen hest*[779].

777 (geschmückter) Pfingstochse
778 Krabbelkind
779 HWB 3/632

Opwaarsfro Aufwartefrau, eine Haushaltshilfe, die stundenweise gegen Bezahlung bei der Hausarbeit hilft.

Oschi Der *Oschi* bezeichnet ganz allgemein ein großes Ding od. eine große Sache.

Ossenoog (Plur. *Ossenogen*). Unter „Ochsenaugen" verstand man in Hamburg weniger die Augen des Ochsens, sondern übertr. etwas Rundes und Kleines. 1. Am bekanntesten waren *Ossenogen* als rundes Hefegebäck mit Apfelstücken od. Rosinen (bzw. mit beiden Zutaten), die in einer speziellen Pfanne, der → *Ossenogenpann,* in Schmalz gebacken wurden. *Ossenogen* aß man traditionell am Heiligen Abend, zu Silvester od. → *Fastnacht.* Für die mit dem → *Rummelpott* laufenden Kinder waren sie als Gabe an der Haustür sehr beliebt. Verse: *Rummel, rummel Froken, geevt uns Ossenogen.* Als Ochsenauge bezeichneten die Hamburger ebenfalls 2. eine Weintraube aus Lissabon (damals noch nicht von Brüsseler Bürokraten nachgemessen, aber recht groß), 3. ein kleines Glas Schnaps, 4. ein rundes Döschen, 5. ein rundes Schiffsfenster, besser als → *Bullauge* bekannt, und 6. einen Schmetterling mit „Augen" auf den Vorderflügeln. Aber da ist noch etwas unter Ochsenaugen, auf dessen Erwähnung eine Leserin bestanden hat: 7. ein Eiergericht, im Jahre 1802 als „Eier auf Fleisch od. Wurstscheiben in der Schüssel geschlagen und darin gebacken" beschrieben. Die Leserin kennt es genauer: „Eine Scheibe Weißbrot, darauf eine Scheibe Wurst, darauf steif geschlagener Eierschnee rundherum auf die Scheibe, und in die Mitte kam das Eigelb. Damit es etwas bunter wurde, hat meine Großmutter auf das Eiweiß noch ein bisschen Paprikapulver, wenn vorhanden, sonst Pfeffer od. aus dem Garten Schnittlauch od. Petersilie getan. Das Ganze kam dann für ein paar Minuten in den Backofen, bis das Eiweiß leicht braun wurde." [780] Irgendwie muss mir diese Spezialität bisher entgangen sein, aber wenn ich das Rezept so lese, glaube ich nicht, dass ich das bedauern sollte.

överladich (reichlich) → *överleidich.*

överleidich Adj. 1. reichlich, im Überfluss; *ik heff överleidich eten* (zu viel gegessen); *dor kummst noch överleidich hen* (oft genug). 2. überflüssig; *'n groten Hoot, wat överleidich is.* 3. ohne Mühe; *dat kann ik överleidich alleen doon* [781]; *dat kann he överleidich moken* (das kann er mit ruhigem Gewissen machen). Älter: överladich.

Oskar vom Pferdemarkt → Biografie S. 364.

Ossenogenpann Eine Ochsenaugenpfanne ist eine Pfanne mit meist sieben runden Vertiefungen, in der die → *Ossenogen* in Schmalz gebacken wurden.

780 lt. Sabine Ewert (Oststeinbek)
781 HWB 3/668 f.

Fritz Krüger

OSKAR VOM PFERDEMARKT

Wir reden von *Oskar vom Pferdemarkt* – mit Pferdemarkt ist der Bereich zwischen Thalia-Theater und Steinstraße gemeint, der 1946 in Gerhart-Hauptmann-Platz umbenannt wurde, und bei Oskar handelt es sich um ein Hamburger Original mit dem bürgerlichen Namen *Fritz Krüger* (geb. 11. April 1902, gest. 18. Februar 1969 in Hamburg).

Der gelernte Maschinenschlosser wuchs auf St. Pauli auf, bevor er zum „König der Straßenhändler" avancierte. Bis 1940 baute er seinen Stand ausgerechnet neben dem riesigen Karstadt-Warenhaus auf, das er spöttisch als „meine Filiale" bezeichnete. Er scherzte: „Ich steh hier ja nur, um Rudi kaputt zu machen!" Gemeint war – und das wusste jeder – *Rudolph Karstadt* (1856–1944) persönlich.

Wegen seiner flotten Sprüche war Oskars Stand immer dicht umlagert, obwohl er nur so banale Dinge wie Rasierklingen („Na, Mutti, mal probier'n?"), Blutstiller („Erst in die Backe schneiden und dann auftupfen!") oder Seife („... haste dir bei deine schwere Arbeit schwarze Pfoten geholt ...") anbot. Ihm verdanken wir die Aussprüche „Wucht in Tüten" oder „frech wie Oskar" sowie das verkaufsfördernde Rezept: „Wer kein Geld hat, langt dem Nebenmann in die Tasche, vielleicht hat der noch was!"

Nach dem Krieg betrieb Oskar erst eine Kantine im Wohnlager Stadtpark, dann zog es ihn wieder auf die Straße, obwohl ihm 1951 als Schlichter einer Schlägerei der Kehlkopf zertrümmert worden war.

P

P vör setten Wer jmdm. ein P vorsetzt, vereitelt etwas, hindert ihn an einem Vorhaben; *wenn wi di dor man keen P vör schrievt!* Wahrscheinlich stammt der Ausdruck von dem Brauch, früher an die Tür von Pocken- od. Pestkranken zur Warnung ein großes P zu schreiben; *dor en P vör setten* könnte auch auf den p-förmigen Bügel eines Vorhängeschlosses hinweisen, das den Zugang zu Haus und Hof versperrt.

Paas† (Plur. *Pasen*). Begriff aus Schlesw. und Dtm., früher auch in Hamburg gebraucht für kleiner Sack, Beutel[782]; *de Hasen sitt di as Pasen* (die Strümpfe hängen dir wie Säcke um die Beine); *he geiht mit Stock un Paas* (er bettelt)[783].

Paddemang od. *Partemang* kommt von frz. *appartement*, ist also etwas Abgeteiltes. Das *Paddemang*, reden wir nicht herum, war in Hamburg ein gewisses Örtchen, das aufzusuchen einem unausweichlichen menschlichen Bedürfnis entspringt. Man sagte auch → *Privee, Aftritt, lütt Huus, Klo, Klosett,* → *Tante Meier,* → *Schiethuus* und vornehm *Abort* od. *Toilette* dazu. Es befand sich außen an der Schmalseite von Bauernhäusern od. freistehend im Hof (aus Holz mit einem ausgesägten Herzchen in der Tür), in der Stadt für alle Mietparteien auf dem Hinterhof od. am Treppenabsatz auf halber Etage. Stand das Haus direkt an einem → *Fleet,* so brachte man die Örtlichkeit in einem Vorbau („Starenkasten") od. einer → [1]*Lööv* (Laube) an der Wasserseite unter. Das hatte den Vorteil, dass kein Eimer entleert werden musste, sondern dass das Gewisse ohne Umweg im Wasser landete, das durch die Schwebeteilchen einen besonderen Geschmack angenommen haben soll. Man benutzte diese Brühe als Trinkwasser und auch gern od. vorgeschriebenermaßen zum Brauen, was dem Hamburger → *Bier* die typische süffige Note verlieh. Die Folge waren Krankheiten, Epidemien und die → *Cholera.* Jochen Wiegandt überliefert das → *Couplet* „Dat Paddemang". Kostprobe (nur auf Platt erträglich): *Vun 't Paddemang scheet man dor ünn/ Direct na 'n Fleet herünner./ De Een scheet dick, de Anner dünn,/ En Drütten noch veel dünner.* [...] *Un keum de Ebb, denn lagern sik/ Da sinn de Kötels dünn un dick. Oh weh, oh weh, wie schood doch,/ Dat Hamborg nich dat ole noch!*[784]

Padden (Plur.) Pfoten, scherzh. für die menschlichen Füße od. Beine gebraucht; *wat hett man uttostahn, bet de Familie op de Padden is* (fertig ist); *flink op de Padden wesen* (schnell laufen können); *sik op de Padden moken* (sich auf die Beine machen, aufbrechen)[785].

Pajatz Ein *Pajatz* od. *Pijatz* ist ein Possenreißer, ein Spaßmacher, ein Clown; *sik to 'n Pajatz moken* (sich lächerlich machen); *as Pajatz gahn* (im Clownskostüm zur Maskerade des Kaninchenzüchtervereins gehen). *Pajatzenkraam* sind die Narreteien. Der Ausrufer für → *Mattlers* Puppenbühne, Jakob Abraham, trieb es auf diesem Gebiet ein wenig zu weit. Er ritt auf einem Automaten-Hahn, was ihm den Spottnamen *Jakob Pijatz* einbrachte und das geflügelte Wort *Mattler sien Hahnrieder* im Hamburger Volksmund in Umlauf brachte. Vgl. → *Hahnrieder.*

782 lt. Carl Groth
783 Mensing 3/946 f.
784 Wiegandt: Hamburger Liederbuch, Bd. 1, S. 30 f., Bd. 2, S. 130
785 HWB 3/695 f.

palen Erbsen od. Bohnen aus der Schote lösen. Wer als Kind einmal *Erbsen palen* musste, wobei sich das Gefäß mit den Erbsen scheinbar überhaupt nicht füllte, während der Haufen der leeren Schoten immer größer wurde, weiß, warum er heute im Supermarkt Erbsen nur noch in Dosen kauft.

Palmaille Die seit dem Jahre 1713 zu → *Altona* gehörende *Palmaille* galt vor allem durch die klassizistischen Bauten des dänischen Architekten Christian Frederik Hansen (1756–1845), der in Nummer 116 wohnte, als große Sehenswürdigkeit. Die Palmaille entstand entlang dreier Spielbahnen, die der letzte Schauenburger der Pinneberger Linie, Graf Otto V. (gest. 1640), im Jahre 1638 hatte anlegen lassen, und zwar für das mit Schlaghämmern betriebene Ballspiel *Palle Maglio* (ital. *palle* – Ball, *maglio* – hölzerner Schläger), eine Art Krocket, das sich im Verlauf des 17. Jahrhunderts von Italien aus in großen Teilen Europas ausbreitete und schließlich umgangssprachlich zu „Palmaille“ abgeschliffen wurde. Aus den Spielbahnen entstanden vielerorts später Prachtstraßen, beispielsweise die *Pall Mall* in London – und der → *Jungfernstieg!* Als die Hamburger nicht mehr immer zum Spielen nach Altona pilgern wollten, legten sie im Jahre 1665 auf dem Damm der Binnenalster eine Spielbahn an und nannten den Jungfernstieg (Reesendamm) zeitweise Palmaille.

palschen planschen, Wasser vergeuden, plätschern, heftig regnen; *de Regen palscht; palsch nich so!* (mach keine Überschwemmung!); *Mudder palsch mi dat Water övern Lief.* Vgl. → *panschen.*

Palten abgerissenes od. abgeschnittenes Stück. 1. Stück vom Brot od. Fleisch. 2. Lappen, Lumpen. Richey: *Lappen, Stücke, Flecke, die man wovon reisset, z. E. vom Kleide: de Palten hangen em bydt: er gehet lumpich und zerrissen. Vom Brodte od. Fleische: he snidt sick eenen goden Palten: er schneidet sich ein derbes Stück*[786]. Erw.: *Paltens les* (Eisschollen); *Palten afsteken* (Grassoden stechen); → *Paltenhauer* (unbeholfener Mensch).

Paltenhauer ungeschickter, ungelenker Mensch. Syn.: → *Pettinhimpen.*

Pamp bezeichnet einen zähen Brei aus Mehl, Milch und (wenn es hochkommt) Eiern. Meine Mutter traktierte mich aus Sorge um meine Konstitution jeden Morgen vor der Schule mit einer solchen Pampe, und mein Vater schimpfte, wenn ich an dieser Zwangsmästung herumwürgte. Davon abgel. das Adj. *pampich:* 1. breiig, zähflüssig, nicht durchgebacken. 2. übertr. frech, unverschämt; *he hett mi dat pampich in 't Gesicht seggt; so 'n pampigen Keerl* (unverschämter Bursche).

Pankokenkapelle Obwohl die Trupps, die aus drei od. vier Musikern mit → *Melonen* (schwarzen Hüten) auf dem Kopf bestanden und die bis in die Fünfzigerjahre auf behördlich genehmigten Wegen durch die Ortsteile zogen, teilweise Töne produziert haben sollen, die platt waren wie ein *Pannkoken* (Pfannkuchen), geht diese Bezeichnung nicht auf die Mehlspeise zurück, sondern auf *Leberecht Pankoken,* den Sohn eines Klarinettenspielers aus Krempe, der in der Mitte des 19. Jh. in Hamburg eine solche Gruppe zusammenbrachte. Sie bestand aus Direktor Pan-

786 Richey S. 180

koken (Schalmei), dem Geigenspieler Krukenberg (Bogen fettig, Saiten aus Bindfäden), dem Posaunisten Klüten (meist unpässlich) und einem Herrn Stint mit seiner Klarinette, die stets verstopft war, obwohl er eifrig die Backen aufblies und rüstig die Finger bewegte. Seitdem spricht man von *Pankokenmusik*. In Altona nannte man derartige Akteure *Schneegänse* nach dem Straßenmusikanten Anton Schneegans.

Eine Pankokenkapelle, wie sie bis in die Fünfzigerjahre zum Hamburger Straßenbild gehörte. Diese Art von Musik hieß nicht so, weil die Musiker gern Pannkoken aßen, sondern weil Leberecht Pankoken als Erster so eine Gruppe ins Leben gerufen hatte.

¹Pans (Plur. *Pansen*). 1. Der *Pans* (Pansen) ist der Wiederkäuermagen des Rinds, der früher gekocht ein billiges Fleischgericht abgab, den die Fleischindustrie zu allerlei „Delikatessen" verarbeitet und verklebt und der heutzutage getrocknet als Hundefutter zu kaufen ist. 2. übertr. Wanst, Bauch, allgem. Magen von Menschen und Tieren; *sik de Pans vullfreten* (viel essen); *enen in de Pans kriegen* (einen Schlag in die Magengegend bekommen). Ein → *Pansenklöner* ist ein Bauchredner. 3. *Pansen* nannte man seem. auch die in einer Salzlake im Vorschiff transportierten ungegerbten Tierhäute, deren Salzschicht im Hafen von den → *Pansenkloppern* entfernt werden musste.

²Pans Das *Pans* ist ein ungezogenes Kind; *dat is 'n richtigen Pans!*, schimpfte Großvater, wenn ihm das → *Göör* von nebenan mal wieder die Äpfel geklaut hatte. Richey: *Pansse: Wir brauchen es aber auch als ein gelindes Schelt-Wort gegen kleine Kinder*[787].

panschen 1. Flüssigkeiten mit Wasser verdünnen – od. sagen wir besser: unerlaubterweise mit Wasser strecken, bes. Bier und Milch. Verbreitete Ansicht: *'n Melkbuer, de nich panschen kann, de ward bestimmt keen rieken Mann.* 2. mit Wasser bespritzen. Abergl.: Ein Mädchen, das sich beim Waschen die Schürze nass *panschte,* wird später einmal einen Trunkenbold zum Mann bekommen. Vgl. → *palschen.*

Pansenklöner od. *Pansenquarker* ist jemand, der aus dem → ¹*Pans(en),* dem Bauch, heraus redet. Es handelt sich also um einen Bauchredner.

Pansenklopper Unter → ¹*Pans(en)* dürfen wir hier nicht den Kuhmagen verstehen, sondern die ungegerbten, bestialisch stinkenden Häute argentinischer Rinder od. Rösser, die in den Vorschiffen aus Südamerika über den Ozean transportiert worden waren, dick mit Salz bestreut, um sie vor der Ver-

787 Richey S. 180

wesung zu bewahren. Das Salz musste im Hamburger Hafen auf dem Kai wieder herausgeklopft, die Felle zu → *Talljen* (mit Zählstrichen notierte Zahl) à 25 Stück gebündelt werden – eine gefürchtete, vom Milzbrand bedrohte und vom Kadavergeruch umwehte Arbeit, um die sich die → *Schauerleute* (Hafenarbeiter) trotz des → *Schietgeldes* (Schmutzzulage) gern drückten, wenn der Ruf ertönte: *veer Mann to 'n Pansenkloppen!*

Panteljoon → *Kinnergröön.*

Pantinen nordd. für Holzschuhe od. Holzpantoffeln. Vgl. → *Tüffeln.*

Pantüffel (Plur. *Pantüffeln*) Pantoffel, Hausschuhe; *sik sülven in 'n Pantüffel scheten* (sich durch eigene Schuld in Schwierigkeiten bringen). Vgl. → *Tüffeln.*

Papagooj (*Papagoy*) ist der Papagei. Dieser exotische und meist bunte Vogel war in einer Hafenstadt wie Hamburg seit Jahrhunderten bekannt. Der Flurname *Pagojenberg* deutet darauf hin, dass hier früher von den Schützengilden mit Armbrüsten auf einen hölzernen Vogel auf der Stange (*Papagojenboom*) um die Königswürde geschossen worden ist. Solche Schützenfeste hießen später *Vogelschießen,* das in Harburg ein weithin bekanntes Schützenfest für Erwachse geblieben ist, sich in den holsteinischen Dörfern des Umlandes aber im 19. Jh. zum Kinder- und Schulfest wandelte. Im Kreis Stormarn hat bis heute nicht nur jede Gemeinde, sondern fast jeder Ortsteil sein eigenes Vogelschießen. In der Kreisstadt Bad Oldesloe schießen die älteren Schüler immer noch mit der Armbrust auf einen bunten Holzpapagei, die Jungen freihändig, die Mädchen mit Auflage.

Pappelagüütz (Kröte) → *Poggüüts.*

Paraplü (*Regendack*) hieß der Regenschirm. Ein großer Schirm, der mehrere Spaziergänger schützen konnte, war ein *Familienparaplü.* Der Schirm wurde damals mit Baumwolle od. mit Aalhaut bespannt, deshalb nannte man ihn auch *boomwollene Minna* od. *Aaldack.* Ra.: *jümmers knickt se tosamen as 'n Paraplü* od. die scharfsinnige Erkenntnis: *nix is 'n Paraplü ahn Övertog*[788]; frz. *parapluie*, aus griech. *pará* (gegen) und frz. *pluie* (Regen). Damen der Gesellschaft gingen früher nicht in die glücklicherweise noch gar nicht erfundenen Sonnenstudios, im Gegenteil, sie schützten ihren vornehmen blassen Teint, etwa beim Flanieren auf dem → *Jungfernstieg* (Reesendamm), mit einem *Parasol,* einem Sonnenschirm. Es gab eine Fülle von Straßenverkäufern, die ihre Ware laut schreiend anpriesen, darunter auch der Paraplü-Verkäufer: *Paraplü, Parasol, koop!*

Parasol (Sonnenschirm) → *Paraplü.*

Paraplü, Parasol, koop! Original-Begleittext: Diese Beschützer der Kleider und der Haut sind aus Frankreich zu uns gekommen, und nach dem siebenjährigen Kriege, als so mancher französische Soldat sich in Deutschland häuslich niederließ, und auf mancherley Art nährte, in unsern Gegenden allgemeiner geworden.

788 Bespannung

Passagen od. *Wohnterrassen* sind eine hamburgische Form der *Erschließung hinterer Grundstücksflächen* des 19. Jhs. Rechtwinklig zur Straße wurden schmale, private Erschließungsstraßen für zwei- bis dreigeschossige Kleinwohnanlagen angelegt, die ein ruhiges, aber beschattetes Wohnen erlaubten: Mühlenkamp, Schlüterstraße, Valentinskamp[789].

Passlatant (Subst.) Zeitvertreib, Nebensache, Nichtstuer, Tourist; *de Arbeit weer hüüt Passlatant; wat is dat för 'n Leven – an de Brügg herumtolungern un na Passlatanten utkieken* (nach Touristen Ausschau halten). Der Ausdruck kommt in der Bedeutung „nur so", „nur aus Langeweile" von frz. *passer le temps* (die Zeit totschlagen).

Pastor (*Paster*). Ein *Pastor* hat im Verständnis der Hamburger evangelisch zu sein, ein katholischer Seelenhirte ist demgegenüber ein → *Pfarrer*, egal, wie er sich selbst bezeichnet. Eine solche konfessionelle Ungenauigkeit in einem Abendblatt-Text brachte die Leser in Aufruhr, die Serie „Sprechen Sie Hamburgisch?" im Dezember 2008 ins Rollen. Die Frage Pastor od. Pfarrer ist für die Geistlichen der Evangelisch-Lutherischen Kirche in Norddeutschland (Nordkirche), der die meisten Christen in Hamburg, Schleswig-Holstein und Mecklenburg-Vorpommern angehören, leicht zu beantworten. In der Nordelbischen Verfassung wurden in Artikel 20 *Pastoren* und *Pastorinnen* genannt. Die Pastoren an den Hauptkirchen der fünf Hamburger Kirchspiele heißen *Hauptpastoren; na 'n Paster gahn* (in die Kirche gehen; Konfirmandenunterricht haben); *vör 'n Paster stahn wüllen* (heiraten wollen); lat. *pastor* (Hirte).

789 von Carl Groth

Pastüür ist 1. ein freches Mädchen od. eine hässliche, unausstehliche Frau; *du ole Pastüür!* Übrigens fällt auf, wie viele hamburgische Begriffe die → *Ohnsorg*-Aufführungen im Fernsehen *auf Hochdeutsch* doch eingestreut enthielten, deren Bedeutung sich aus der Handlung ergab, sodass die Bayern sie nicht unbedingt kennen mussten. → *Henry Vahl* beschimpft als Schneider Nörig seine Tochter (Hilde Sicks) als *Pastüür,* Hans Jensen als Opa Meiners in „Das Hörrohr" seine Schwiegertochter (Christa Wehling) ebenso. 2. Gestell, Figur; *ehr Pastüür is ja to 'n Breken.* Aus frz. *posture* (Stellung, Körperhaltung).

Paternoster Was ist ein Personenumlaufaufzug? Dieser Begriff sagt Ihnen nichts? Nennen wir diese Einrichtung also besser *Paternoster,* denn die an zwei Endlosketten aufgehängten, vorn offenen Kabinen, die die Stockwerke hinauf- und herunterfahren, erinnern an den Rosenkranz, dessen Perlen man auch endlos durch die Finger gleiten lassen und dabei unermüdlich das Paternoster (Vaterunser) beten kann. Dieses vertikale Massenbeförderungsmittel wurde 1886 zuerst in den *Dovenhof* und dann in alle anderen Hamburger → *Kontorhäuser* eingebaut. Es war viel effektiver als die geschlossenen Kabinen, die den leitenden Angestellten vorbehalten blieben. Die Paternoster konnten in kurzer Zeit die gesamte Belegschaft nach oben befördern und hießen deshalb scherzh. „Proletenbagger", während die Einzelfahrstühle als „Bonzenheber" bezeichnet wurden. Man muss allerdings mutig zum richtigen Zeitpunkt auf- und abspringen. Bis 1898 gab es 29 Unfälle, davon fünf mit tödlichem Ausgang. Ich erinnere mich, dass mein Vater mich als kleiner Junge mit in einen Paternoster nahm und beim obersten Stockwerk sagte: „Gleich kannst du einen Kopfstand machen!" Ich brüllte vor

Angst und hätte beinahe in das große Zahnrad gegriffen. Eigentlich sollten alle Paternoster längst stillgelegt worden sein, aber auch in diesem Fall gab es eine Laufzeitverlängerung. Im Springer-Haus drehen sich noch zwei Paternoster. Zu größeren Zwischenfällen kam es nie, nur einmal hatte eine Putzfrau eine große Fensterputzleiter in die Kabine gezerrt, die sich prompt zwischen den Stockwerken verkeilte. Die Leiter ging zu Bruch, doch die Frau konnte unversehrt geborgen werden[790].

patuh (*partu, pattu, petuh*). Das Adv. *patuh* zur Verstärkung einer Aussage bedeutet unbedingt, durchaus, absolut und kommt vom frz. *partout* (überall). Es gehörte urspr. nicht zum Hamburgischen, ist inzwischen aber „eingewandert“: „Die Deern will *patuh* ihr Kleid nicht anziehen!“ In Flensburg kannte man bis zum Krieg die *Petuhtanten,* ältere Damen und Witwen mit einem *Partoutbillet* (Überall-Jahresfahrschein der Fördereederei „Vereinigte“), die keinerlei andere Verpflichtungen hatten als die Verabredung zum Kaffeeklatsch, zu Kaffeefahrten und Dampferausflügen – stets jenseits aktueller Mode gekleidet, nie ohne altmodischen Hut und „bewaffnet“ mit einem Regenschirm, mit dem sie auch mal ihre Stammplätze auf dem Deck verteidigten. Dieser Ausdruck wurde auch in Hamburg geläufig, nur dass die Damen hier auf der Elbe nach Neumühlen od. Blankenese fuhren bzw. die besten Sitze auf einem Alsterdampfer blockierten.

patzich Adj. aufsässig, frech, unverschämt; *de Melkhökers sünd so patzich as Bohnstroh.*

Paulun, Dirks → Biografie S. 371.

790 vgl. Hamburg-Lexikon S. 531

Pausenzeichen Die Älteren haben noch die Pausenzeichen aus dem Radio als typische Tonfolge im Ohr, mit denen die Sender sich früher vor der Stationsangabe akustisch identifizierten. Mit dem Pausenzeichen des → *NWDR* bin ich aufgewachsen, diesem unverwechselbaren *Da-da-daa-da-daa-daaa,* dem Jung und Alt spöttisch den Text „Ist der Rundfunk bee-zaaahlt?“ unterlegten. Vor 1945 hörte ich als kleines Kind auch die Tonfolge *B-B-B-F* im Wohnzimmer, und mir ist erst als Erwachsener klar geworden, warum meine Mutter sofort die Lautstärke herabregelte und meine ältere Schwester und mich aus dem Zimmer zerrte. Das Hören der Londoner BBC[791] hätte im Krieg leicht im KZ enden können, wenn missliebige Nachbarn od. NS-Blockwarte das gemeldet hätten. Heute wird, wenn aktiviert, der Stationsname über RDS[792] im Display des Autoradios od. eines analogen Tuners gezeigt, und es gibt Sender wie Radio Hamburg und seit 2011 auch des NDR, die lassen dort teilweise sogar den Titel und den Interpreten des gerade gespielten Songs durchlaufen.

Pedd (*Pett*). 1. Tritt, Fußtritt; *se geev em noch ’n ornlichen Pedd, dat he koppöver in ’t Gras scheten dee; holl dien Snuut od. du kriegst ’n Pedd!* 2. Schritt[793]. Von → *pedden* (treten). Erw.: → *Pettmöhl;* → *Pettmansülven;* → *Pettinhimpen.*

pedden (*petten*) heißt treten. 1. Schritte machen, gehen, laufen; *vun een Foot op ’n annern pedden* (ungeduldig warten); *övern groten Onkel pedden* (o-beinig gehen); *kort pedden* (hinken);

791 British Broadcasting Corporation

792 Radio Data System, hier: Programme Service Name (PS)

793 HWB 3/760

sik dat Eten in de Fööt pedden (einen Verdauungsspaziergang machen). 2. jmdm. einen Tritt versetzen; *in 'n Mors pedden; enen op 't Muul pedden* (jmdn. zurechtweisen). Raa.: *pedd di man nich op 'n Slips, Krawatten sünd düer!* (spiel dich nicht so auf); *pedd di man keen Plumm*[794] *in 'n Mors, muttst Steen schieten* (zu einem Hochnäsigen). Subst. → *Pedd* (Tritt) od. *Pedder* (Treter).

Pedder „Treter“, von → *pedden* (treten). Zahlr. Erw.: So verstand man z. B. unter einem → *Buttpedder* einen Elb- od. Wattfischer, der – wie man spottete – seinen Fang angeblich weniger fischte als im flachen Wasser „trat“ (einsammelte). Ein → *Hackenpedder* (→ *Hacke*) war ein kleines Kind, das pausenlos am Rockschoß der Mutter hing und ihr ungewollt in die Hacken „trat“. Offenbar bezeichneten ugs. die *langen Pedden* (Plur.) auch beinlange, wollene Strickstrümpfe, mit denen besorgte Mütter ihre Kinder im Frühjahr noch zur Schule schickten, als andere Jungen und Mädchen bereits Kniestrümpfe od. Socken tragen durften. Das hatte allerlei Hänselei zur Folge. Spottvers: *Lange Pedden stecken an, morgen kommt der Weihnachtsmann!*[795]

Peddmess Vom Vieh im Stall festgetretene Unterlage aus Kot, Stroh und Streu, die vor Einführung der Stalltechnik wöchentlich od. 14-tägig mit erheblichem Arbeitsaufwand *ausgemistet* und mit der Schiebkarre auf den großen Misthaufen im Hof gefahren werden musste. Von → *pedden* (treten) und *Mess* (Mist).

794 Pflaume
795 lt. Anne Larkum

DIRKS PAULUN

HÖR MAL ZU!

Niemand konnte das Hamburger → *Missingsch,* diese Umgangssprache, die herauskommt, wenn ein Plattdeutscher Hochdeutsch sprechen will (oder umgekehrt), so treffend parodieren und persiflieren wie der Schriftsteller Dirks Paulun (1903–1976). Er galt als „Missingsch-Professor“ des Hamburger Abendblatts und war Boss des literarischen Kabaretts „Die Wendeltreppe“. Zwar sprach kein Hamburger genau so, aber jeder erkannte seinen Nachbarn od. seine Putzfrau in Pauluns Texten und Kolumnen wieder. Allerdings entziehen sich seine Texte einer lexikalischen Erfassung. Man muss schon mit Alsterwasser getauft sein, um auf Anhieb seinen Buchtitel „Hömmazuh“ in den Satz „Hör mal zu!“ zerlegen zu können oder „Wommasehn!“ in „Wir wollen mal sehen“. Paulun bittet, „mit den Ohren zu lesen“ („Vor sich hinflüstern und sich selbst zuhören!“[796]). Leider ist weder eine Zeitung noch ein Lexikon ein Hörbuch. Pauluns Bücher sind vergriffen und höchstens noch antiquarisch erhältlich – ähnlich wie echtes Hamburger Missingsch im 21. Jahrhundert „vergriffen“ ist. An Paulun wird seit 1984 mit einem Straßennamen erinnert, mit dem Blankeneser *Dirks-Paulun-Weg.*

796 Paulun: Is doch gediegen S. 9

Peek (Plur. *Peken*). Die *Peek* ist eine Pike, urspr. ein Spieß, eine Stoßwaffe, jetzt 1. eine Stange mit eiserner Spitze od. einem Haken an einer Seite zum Abstoßen, Heranholen und Vorwärtsbewegen von Schiffen (→ *staken*, → *peken*), 2. ein Stock zum Abstoßen beim Schlittenfahren (→ *Kreek*), 3. ein Spieß zum Aufhängen der Fische im Räucherofen od. 4. die Stange der → *Fletenkieker*, mit der sie den *Modder* nach etwas Brauchbarem durchsuchten. Erw.: Ein *Peekhaken* war auch ein *Füürhaken* zum Schüren der Glut.

Peerborn (Pferdetränke) → *Born (3)*.

Peerdknüppel bedeutet Rostock. Wie das? Unter den nach Hamburg eingewanderten Mecklenburgern war die halb spöttische, halb verschleiernde plattdeutsche „Übersetzung“ von Ross *(Peerd)* und Stock *(Knüppel)* für die Hansestadt Rostock an der Ostsee in Gebrauch – die alte Heimat im Herzen, was aber nicht jeder Einheimische merken musste.

Peerködelsammler („Pferdeäpfelsammler“) nannte man jene Leute – insbesondere Gartenbesitzer –, die auf der Straße rasch die hinterlassenen Pferdeäpfel zusammenfegten, um sie als wertvollen Dünger in ihren Gärten einer sinnvollen Bestimmung zuzuführen. Als in den Hungerjahren nach dem Krieg jeder Quadratmeter des Grundstücks umgegraben war und als Gemüsegarten der überlebenswichtigen Ernährung der Familie diente, sah man selbst honorige und promovierte Herren mit Schaufel und Eimer verstohlen den Pferdefuhrwerken folgen, um sich sofort auf die Hinterlassenschaft zu stürzen, wenn die Rösser äpfelten.

Peerwisch „Pferdewiese“, eingezäunte Weide meist in Hausnähe, auf der die Pferde des Hofes frei laufen und grasen konnten. Von → [1] *Wisch* (Weide).

peken ist staken od. stochern, ein Wasserfahrzeug mit einer → *Peek* bewegen bzw. sich beim Schlittenfahren abstoßen. Mit solchen Peken, mit zwei Handstielen mit Eisenspitzen, sollen größere Kinder mit einer → *Kreek* (Schlitten) auf einer Eisfläche kurzzeitig Geschwindigkeiten bis zu 20 Kilometer in der Stunde erreicht haben.

Pelle 1. ndd. Haut; *enen op de Pelle rücken* (jmdn. bedrängen); *enen nich vun de Pelle gahn* (jmdn. nicht in Ruhe lassen). 2. dünne Schale bei der Wurst od. bes. bei Kartoffeln, die, ungeschält gekocht, deshalb bekanntlich *Pellkartoffeln* heißen – man muss sie vor dem Essen *pellen* (Haut abziehen). Von lat. *pellis* (Haut), frz. *peler* (enthaaren, schälen) entl. mnd. *pelle* (Schale)[797].

Peng! lautm. für einen Knall, Ausruf bei einem überraschenden Geräusch od. Ereignis. Vgl. → *Poeng* (Punkt).

Pennschieter Eine wörtliche Übersetzung dieses Ausdrucks verbietet sich, aber im übertragenen Sinne handelt es sich beim *Pennschieter* um einen Geizhals, Geizkragen od. Kleinigkeitskrämer, eben um jemanden, der genau auf jeden *Penn* (Pfennig, Geldstück von geringem Wert) schaut. Es soll *Pennschieters* gegeben haben, die die Zündhölzer der Länge nach spalteten od. die das Abendblatt nach dem Lesen in handliche Stücke teilten, wobei wir den Zweck dieser Endverwertung ebenfalls nicht näher erörtern wollen. Ra.:

797 Kluge S. 619 f.

de Pennschieter kann sik bannig slecht vun de Groschens losrieten. Der spätere Bürgermeister *Herbert Weichmann* (1896–1983) galt während seiner Zeit als Finanzsenator (1957–1965) wegen seiner sparsamen Haushaltsführung ebenfalls als Pennschieter, wobei bei dieser Einschätzung zu längst vergangenen Zeiten ausgeglichener Haushalte eine gehörige Portion Respekt mitschwang. Syn., noch drastischer: *Pennkacker.*

Pensum Im Hafen zwischen dem → *Stauerviez* und den → *Schauerleuten* vereinbarte Menge Ladegut in Tonnen, die während einer achtstündigen Schicht zu → *löschen* od. zu laden waren. Wenn dieses *Pensum* bereits nach fünf od. sechs Stunden geschafft war, wurde dafür die volle Schicht bezahlt.

Penunsen (Plur.). Die Ausdrücke *Penunsen* und *Piselotten* [spr.: *pisel'otten*] wurden auf dem → *Kiez* und in Hafennähe als Umschreibung für das Geld gebraucht, haben aber nicht gerade eine hamburgische Geburtsurkunde. *Penunsen* (Geld) ist polnisch. Dieser Ausdruck wanderte im 19. Jh. mit den polnischen Ernte- und Industriearbeitern westwärts, und *Piselotten* bedeutet 1. Habseligkeiten (vgl. *Pisse* – Wertloses), 2. Sold der Soldaten, 3. rotw. Geld.

perdü ist das phonetisch identische, orthografisch aber angeglichene frz. Adj. *perdu:* weg, verloren, kaputt, das ugs. überaus häufig gebraucht worden ist; *perdü gahn* (verloren gehen); *ehr Brögam gung perdu* (ihr Bräutigam machte sich aus dem Staub); *de annern Tähn sünd al lang perdü.*

Perrong Vor dem Ersten Weltkrieg sagte man in Hamburg *Perrong* zum Bahnsteig. Von frz. *perron* (Freitreppe). Siehe → *Gallizismen.*

Persenning Der, die od. das *Persenning* ist eine mit Öl und Teer wasserdicht imprägnierte Plane aus Segeltuch zum Abdecken von Waren und zum Abdichten von Schiffsluken[798]. Von ndl. *presenning.*

Persepter kommt vom lat. *praeceptor* (Lehrer, Erzieher) und bezeichnet nach einigen Quellen einen Dorfschulmeister[799], nach anderen jedoch *is dat 'n Schoolmeester vun de högere School* (Gymnasium) – *vun öllers her weren dat de Schoolmeesters, de Latiensch un Greeksch bipuult harrn. Hüütvandag warrn all de Schoolmeesters op de högere School Persepter naamt*[800]. Vgl. → *Schoolmeester.*

[1] Pesel 1. Penis des Viehs, später auch auf den Menschen übertragen (der Ausdruck, nicht das Glied). 2. Fruchtstand od. Dolde von Pflanzen, dem od. der man mit mehr od. weniger spezieller Fantasie eine gewisse Ähnlichkeit zu der Erklärung unter 1. unterstellen konnte. Vgl. → *Pompesel* (Rohrkolben der Schilfpflanze). 3. Schimpfw. für einen Schmutzfinken, der gern im Dreck wühlt. Verb → *peseln* (sich dreckig machen).

[2] Pesel ist die unbeheizbare Stube in alten Bauernhäusern, die zu größeren Festlichkeit genutzt und die auch Sommerstube od. „beste Stube" hieß. Als „gute Stube" wurde die kleinere → *Döns* bewohnt, die mit einem → *Bilegger,* einem Kachelofen in der Wand, der von der Küche aus befeuert wurde, erwärmt werden konnte. Der *Pesel* diente im Mittelalter als Mehrzweckraum zum Kochen, zur Hausarbeit, zum Lagern von Vorräten

798 Röding lt. HWB 3/755
799 HWB 3/755
800 Wikipedia: Dat friee Nokieksel

od. gar zum Halten von Kleinvieh. Später verlor er diese Mehrfachfunktion und geriet zum (kalten) Festraum und Gästezimmer mit → *Alkoven* und Schränken. Hier bewahrte man auch die Truhen mit der Aussteuer der heiratsfähigen Töchter, die sogenannten *Brautkisten,* auf.

peseln sich dreckig machen; *Opa harr sik vullpeselt* (Großvater hatte gekleckert). Von → ¹ *Pesel (3).*

pesen schnell laufen, rennen; *de is bannig peest!*

Pestakel n., Ereignis, das mit Lärm und Aufregung verbunden ist; *so 'n Pestakel mank de Lüüd!* Verballh. von *Spektakel.*

Pesthoff „Pesthof", Einrichtung zur Unterbringung und Isolierung von Pestkranken, 1527 in der → *Neustadt,* ab 1606 auf St. Pauli. 1797 in *Krankenhoff* als Abschiebeort für „Arme, Kranke und Blödsinnige" umbenannt, da es seit 1713 in Hamburg keine Pest mehr gegeben hat[801]. Vgl. → *Dullkist* (Irrenanstalt); → *Sekenhuus* (Siechenhaus).

Petermennken nannten die Maurer früher das abgeschlagene Viertelstück eines Mauersteins. Richey: *Peter-Männkens: heissen bey den Maurern die abgeschlagenen Viertel-Stücke eines Mauer-Steins*[802].

Petersill Petersilie. Raa.: *glieks büst du still, sünst hack ik di de Nees to Petersill!; em is de Petersill verhogelt* (er ist enttäuscht); *dor in dien Ohren kann man ja Petersill in planten* (zu jmdm. mit schmutzigen Ohren).

801 HWB 3/757
802 Richey S. 184; Mensing 3/1000

Peterwagen Die Hamburger Bezeichnung „Peterwagen" führt uns, einer Anekdote zufolge, in die britische Besatzungszeit nach dem Zweiten Weltkrieg. Ein englischer Kontrolloffizier sollte im Herbst 1946 die ersten fünf als „Radiowagen" bezeichneten Funkstreifenwagen für Hamburg genehmigen, verstand aber die vom Polizeibeauftragten der Hansestadt benutzte Übersetzung *Patrolcar* nicht und ließ sich den Ausdruck buchstabieren. „Listen, Sir, P like Peter ...", versuchte es der Deutsche. „Oh, I know, *Peterwagen!*", rief der Offizier und unterschrieb die Genehmigung.

Pettinhimpen [spr.: *pett'in'himpen*] bezeichnet einen unbeholfenen und ungelenken Menschen, wörtl. „Tritt in den Zylinderhut". Von → *pedden* (treten). Syn.: → *Paltenhauer.*

Pettmansülven „Tritt man selbst!" – eine iron. Aufforderung an jmdn., der sich auf dem Fahrrad abstrampelte od. eine alte Nähmaschine mit Fußantrieb bediente. Zuruf der ersten Motorradfahrer in den Zwanzigerjahren an die strampelnden Radfahrer. Von → *pedden* (treten).

Pettmöhl Tretmühle. Urspr. eine Mühle, die mithilfe eines Tretrads angetrieben wurde. Dabei handelte es sich um eine anstrengende, eintönige und lang andauernde Arbeit od. Strafarbeit, sodass übertr. die *Pettmöhl* (Tretmühle) wie im Hochdeutschen für eine nicht enden wollende Arbeit steht. Von → *pedden* (treten).

Pfahleiche Beim Knicken (Ausholzen) der → *Knicks* (Wallhecken in Holstein) ließen die Bauern einige Eichenbüsche stehen, die zu Bäumen wuchsen, um später als Pfähle für die Koppelzäune dienen zu können.

Ein Omnibus mit Pferden, der um 1860 auf der Strecke zwischen Hamburg und Rothenburgsort verkehrte. Das Oberdeck des Doppeldeckers durften Damen nicht benutzen, damit man ihnen auf der Treppe nicht unter den Rock gucken konnte.

Pfarrer Ein *Pfarrer* ist ein Geistlicher, der einer Gemeinde (Pfarrei) einer christlichen Kirche vorsteht, und ein Pfarrer kann im Prinzip evangelisch od. katholisch sein. Aber in der Hamburger Umgangssprache hat sich eingebürgert, den evangelischen Seelenhirten → *Pastor* und den katholischen Pfarrer zu nennen, selbst wenn er sich selbst nicht immer an diese Unterscheidung hält. Ein Leser schrieb: „Und konfirmiert wurde ich selbstverständlich von unserem Pastor. Der Pfarrer war ein katholischer Geistlicher irgendwo in Oberbayern."

Pfeffersack (*Pepersack*) bedeutet hier weniger einen Sack mit Pfefferkörnern als den Kaufmann, der damit handelte. Mit Gewürzen und vor allem mit Pfeffer konnte man die besten Geschäfte und lange vor Erfindung der Hedgefonds und Leerverkäufe die höchsten Gewinne machen, besonders in einer Hafenstadt wie Hamburg mit ihrem Überseehandel. Deshalb nannte der Volksmund die reichen Kaufleute in ihren Villen und Landsitzen halb ironisch und halb neidisch *Pfeffersäcke.*

Pferdebahn Nach Art der → *Stohlwagen* gab es seit 1824 Pferdeomnibuslinien, die Hamburg mit → *Altona,* Wandsbek und anderen Gemeinden verbanden. Am 16. August 1866 verkehrte die erste Pferdebahn auf Schienen zwischen Rathaus und *Wandsbecker Zollamt.* Der Andrang war riesengroß. Am ersten Sonntag zählte man

8279 Fahrgäste[803]. Die armen Pferde, möchte man aus heutiger Sicht sagen, und selbst damals sah man die Schinderei und beklagte die mangelnden Pferdestärken. Kurze Zeit versuchten die Betreiber es mit dem Dampfantrieb. Allerdings war der nicht besonders geschäftsfördernd und zudem sehr störanfällig, wenn sich feuerspeiende Lokomobile od. Lokomotiven durch die Straßen quälten. Zwischen 1894 und 1898 wurden alle wichtigen Linien im Hamburger Großraum elektrifiziert. Der Hamburger sprach, solange es sie gab, seitdem von der Straßenbahn als der → *Elektrischen.* Einige Wagen der Pferdebahn waren 1866 doppelstöckig, rot und reichlich mit Goldfarbe verziert. Wiegandt: „Auf dem Oberdeck durften nur männliche Fahrgäste fahren, denn der Anblick eines Damenbeins beim Emporsteigen galt als unschicklich."

Pharisäer Ein *Pharisäer* ist ein an der gesamten norddeutschen Küste verbreiteter Kaffeepunsch, der auch in Hamburg nach folgendem Rezept zubereitet wird: Sahne mit Zucker und etwas Vanillezucker sehr steif schlagen, kühl stellen, dann in einen Kaffeebecher einen Teelöffel Zucker geben, mit warmem Rum aufgießen, den heißen, starken Kaffee darüber verteilen und gut umrühren, bis der Zucker gelöst ist. Zuletzt wird das Getränk mit einer dicken Sahnehaube garniert und sofort serviert. Warum nennt man eine solche Kreation aber *Pharisäer?* Fast jeder Ort der Nordseeregion reklamiert für sich folgende Geschichte: Der Dorfpastor hatte wieder einmal gegen den übermäßigen Alkoholkonsum seiner Schäfchen gewettert und stattdessen den Genuss von Kaffee und Kuchen bei Geselligkeiten empfohlen. Die Bauern versteckten den Rum deshalb unter der Sahnehaube der Kaffeetasse. Als der Pastor das merkte, schimpfte er: „Oh, ihr Pharisäer!" Unter Umständen handelte es sich auch gar nicht um einen Pastor, sondern um Hochwürden auf Nordstrand, wo es eine starke katholische und altkatholische Gemeinde gibt und wo besonders lautstark das Urheberrecht am *Pharisäer* reklamiert wird.

Pick n., 1. Pech, schwarzbraune, zähflüssige, klebrige Masse, die aus Teer destilliert und früher, als es noch keine chemische Industrie gab, in vielfältiger Weise im Alltag und beim Schiffbau benutzt wurde. Zungenbrecher: *de Schipper bepickt sien Schipp mit Pick, mit Pick bepickt de Schipper sien Schipp*[804]. Raa.: *tosamen hollen as Pick un Swevel* (unerschütterlich zusammenstehen, wohl nach der vorreformatorischen Angstmache, dass die Hölle aus brennendem Pech und Schwefel bestehe); *Pick an 'n Oors hebben* (als Gast den richtigen Zeitpunkt zum Aufbrechen versäumen, zu lange bleiben); *vun nobeln Pick wesen* (von feiner Herkunft sein). Der → *Pickschooster* (Schuster) benutzt den → *Pickdraht,* einen mit Pech versteiften Hanffaden, zum Nähen des Leders. Auf eine Wunde legte man ein → *Pickplaaster* (Pechpflaster). Straßenn.: → *Pickhuben* (HafenCity). 2. übertr. Unglück, Missgeschick; *ik heff 'n asigen Pick hatt* (ich hatte ziemliches Pech). Das weist auf den imaginären Pechvogel in der Studentensprache hin, auf einen Vogel, der das Missgeschick hatte, an der *Pechrute* (Leimrute) festzukleben[805].

Pickdraht bezeichnet den „Pechdraht", und zwar „Pech" im Sinne von destilliertem Teer und

803 lt. Wiegandt: Hamburger Liederbuch, Bd. 2, S. 132

804 HWB 3/762

805 Duden: Das große Wörterbuch der deutschen Sprache o. S.

→ *Draht* hier nicht als Metalldraht, sondern als Hanfgarn zu verstehen. Der Schuster benutzte zum Nähen des Leders einen mit → *Pick* (Pech) verstärkten und versteiften, gedrehten Faden, der äußerst widerstandsfähig und reißfest war. Der Schuster wurde deshalb in Hamburg auch scherzh. *Meister Pick* od. *Pickschooster* genannt.

Pickelhering norddt. eigentl. gepökelter Hering von engl. *pickleherring* aus *pickle* (Pökel) und *herring* (Hering), jetzt nur noch übertr. gebraucht für eine komische Figur (Hanswurst) in alten engl. Komödien.

Pickhuben bedeutet, schon 1577 erwähnt, wohl „Pechhaufen" und war ursprünglich die östliche Fortsetzung des *Brooks,* einer eingedeichten Insel südlich der → *Altstadt.* Die ansässigen Schiffbauer lagerten hier ihre Pechvorräte. Am 25. April 1672 kam es zu einer *schrecklichen Feuersbrunst auff dem Pickhuven*[806], der nicht nur sämtliche Pechvorräte, sondern auch 34 Häuser zum Opfer fielen (was im wahrsten Sinne des Wortes großes Pech war). Nach dem Zollanschluss wurde die alte Gasse Pickhuben 1886 offizieller Straßenname. Immer wenn die Herkunft einer alten Bezeichnung geklärt zu sein scheint, gibt es bestimmt einen Hobbyforscher, der eine andere Deutung präsentiert, und sei sie noch so unwahrscheinlich. So wird der *Huben* auch mit der Haube in Verbindung gebracht, weil man einem zum Tode Verurteilten an der nahen Richtstätte eine Pechhaube auf seinen kahl geschorenen Haupt verpasste. Es gibt immerhin das ndd. Wort *Pickhuuv* für Pechhaube[807]. Das war eine innen mit Pech bestrichene Haube, die bei Ausschlag auf dem Kopf festgeklebt wurde. Beim Herunterreißen sollte der entfernt werden – in der Praxis leider nicht nur der Ausschlag. Auch die Medizin hat inzwischen einige Fortschritte gemacht ...

806 Pabel: Alte Hamburger Straßennamen S. 188
807 HWB 3/764

Pickhuuv (Pechhaube) → *Pickhuben.*

Pickplaaster war eine mit Pech (→ *Pick*) bestrichene Wundauflage, die besonders bei Geschwüren und Furunkeln zur Anwendung kam. Auf Finkenwerder sollte ein *Pickplaaster,* dick auf die Brust auftragen, gegen Keuchhusten helfen und in Billwerder gegen Frost in den Füßen[808]. Trotzdem müssen damals erstaunlich viele Hamburger diese drastischen Hausmittel überlebt haben.

Pickschooster (Schuster) → *Pickdraht.*

Piedel Der *Piedel* ist in der Kinderspr. das od. vielmehr der, den die Erwachsenen seriös als Penis bezeichnen. Die *Piedelklappe* ist wiederum das, was die Jungens vorn an der Hose aufknöpfen können, um durch die Öffnung im Stehen zu → *pieden* (pinkeln).

Piedelklappe (Hosenschlitz) → *Piedel.*

pieden Kinderspr. für Wasser lassen, pinkeln, was sich aber nur auf die Jungs bezieht, weil sie den dazu notwendigen → *Piedel* besitzen. Mädchen → *miegen.* Vgl. → *pien.*

[1] Piefke Urspr. war der *Piefke* durchaus ein norddt. und hamb. Ausdruck, bedeutete so viel wie „kleine Pfeife" und meinte „kleiner Penis". Ab und zu wurde ein kleiner Junge, der noch nicht wusste, wie die Dinge liefen, mehr od. weniger

808 HWB 3/765

liebevoll als *Piefke* bezeichnet: *na, mien lütt Piefke, wat gifft dat denn nu wedder?* Wurde der Junge erwachsen, geriet die Bezeichnung *Piefke* zum Schimpfwort für einen Dummkopf, weil man unterstellte, dass bei ihm nicht nur ein gewisser Körperteil, sondern auch seine Auffassungsgabe zu klein geraten war[809]. Der Gebrauch wurde nach 1864 überlagert durch das österr. Schimpfwort → *² Piefke.*

² Piefke österr. Schimpfwort für einen Preußen, Deutschen, Reichsdeutschen, Bundesdeutschen, aus hamb. Sicht abwert. für einen Berliner, der laut und prollig auftritt. Und das kam so: Als die Preußen 1864 im Namen des Deutschen Bundes gegen die Dänen zogen und die Österreicher, die um ihren Einfluss fürchteten, auch schnell in den hohen Norden eilten, erlitten die Dänen bei den Düppeler Schanzen vor Sonderburg am 18. April 1864 eine vernichtende Niederlage gegen die anstürmenden Preußen. Zum ersten Mal wurden moderne Krupp-Hinterlader-Kanonen eingesetzt und die Eisenbahn für schnelle Truppentransporte genutzt, zum letzten Mal in der Militärgeschichte allerdings wurden die Angreifer beim Sturm durch Militärmusik angefeuert. Ein gemischtes Musikkorps unter dem preußischen Musikmeister *Johann Gottfried Piefke* (1815–1884) spielte an vorderster Front den „Yorckschen Marsch", was angeblich äußerst motivierend gewirkt und maßgeblich zum Sieg beigetragen hat. Dabei soll eine feindliche Kanonenkugel Piefke den Taktstock aus der Hand geschossen haben. Im Hochgefühl des Sieges komponierte er in der folgenden Nacht den „Düppeler Sturmmarsch"[810]. Die Österreicher standen etwas abseits, wurden ihrerseits am 3. Juli 1866 bei Königsgrätz in Böhmen von den Preußen besiegt und als deutsche Führungsmacht abgelöst. Der preußisch-österreichische Krieg endete mit dem Wiener Frieden und einer beeindruckenden Siegesparade von 50 000 preußischen Soldaten am 31. Juli 1866 vor den Toren der Donaumetropole. Sowohl der populäre Gottfried Piefke als auch sein Bruder Rudolf (1835–1900) kommandierten dabei mit klingendem Spiel je ein Musikkorps. Die herbeieilenden Wiener riefen abfällig: „Die *Piefkes* kommen!", und dieser Ruf gilt bis heute aus österreichischer Sicht mit betont negativem Beigeschmack als Synonym für alle Deutschen nördlich der Mainlinie und vor allem bis 1990 für die lärmenden Touristen aus West-Berlin. Hamburger und Hanseaten mochten dabei nicht so gern mit eingeschlossen werden.

809 zu Piefke Vgl. a. Küpper S. 610

810 Gottfried Piefke komponierte etwa 60 Militärmärsche, darunter den Alexandrinenmarsch, der Königsgrätzer Marsch und das bekannte „Preußens Gloria".

Piek bedeutet auch Hass od. Groll; *'n bannigen Piek op wat hebben.*

Pielepogg (Plur. *Pielepoggen*). Kaulquappe, wegen des langen Schwanzes der Froschlarve auch → *Steertpogg* („Schwanzfrosch") genannt. In einigen Familien wurde dieser Ausdruck auch für die *Sago*-Körner[811] verwendet, die wie Froschlaich in der Suppe schwammen.

piemeln Kinderspr. für Wasser lassen. Vgl. → *pien.*

pien Kinderspr. für Wasser lassen. Syn.: → *klötern (2),* → *pieden,* → *piemeln, pieschern,* → *Pipi moken,* → *pissen,* → *miegen, strullen.* Erw.: *Piepott* (Nachttopf)[812].

811 gekörntes Stärkemehl aus dem Mark der Sago-Palme

812 Mensing 3/1012

[1] Piep Eine *Piep* (älter: *Pipe*) ist, wie es sorgfältig im Wörterbuch erklärt wird, „ein Hohlkörper zum Durchleiten von Luft od. Gasen“[813] – das engl. *pipe* (Rohr) od. die *Pipeline* für Erdgas od. Öl lässt grüßen. 1. Man kann einen kräftigen Luftzug hineinblasen und einen durchdringenden Ton erzeugen, dann haben wir es mit einer Pfeife, beim Schiedsrichter od. auf dem Kasernenhof mit einer Trillerpfeife zu tun. Das Rohr kann auch mehrere Grifflöcher haben, dann haben wir es mit einer Flöte *(Fleit)* zu tun, die als Musikinstrument zu bezeichnen schwerfällt, wenn stundenlang unsaubere Töne aus dem Kinderzimmer schrillen. 2. Wenn nun nikotinhaltiger Rauch durch die *Piep* geleitet und unter Krächzen und Husten inhaliert od. durch die Mundwinkel wieder ausgeblasen wird, haben wir es bekanntlich mit einer Tabakspfeife zu tun; *em geiht de Piep ut* (er verliert die Geduld); *em is de Piep utgahn* (er ist gestorben); *de is keen Piep vull Toback weert* (ein schlechter Mensch). Ein *Piepenkopp* ist das Schimpfwort für einen anderen, das unverhohlen andeutet, dass ein Pfeifenkopf ja etwas Hohles ist, aus dem außer Rauch nichts Anständiges kommt. Vgl. → *Piependreiher;* → *Piepmantjes.*

[2] Piep einzelner, hoher Ton; *nich een Piep seggen* (keinen Laut von sich geben).

Piepe nannte man das Fach im großen Kachelofen, das meist mit einer blanken, häufig reich verzierten Metallklappe verschlossen werden konnte. Darin wurden Getränke od. Speisen, vor allem der zeitig aufgebrühte Kaffee, warm gehalten. Auch der Ziegelstein (→ *Bettstein*), den Oma abends, in Zeitungspapier eingewickelt, mit ins kalte Schlafzimmer nahm, um beim Einschlafen ihre Füße zu wärmen, erhielt in der *Piepe* die richtige Temperatur. Opa soll schon mal seine bestrumpften Füße direkt in die *Piepe* gesteckt haben, um den Frost aus den Zehen zu vertreiben[814].

Ein Kachelofen mit Warmhaltefach (Piepe) im Wohnzimmer war im Jahr 1936 eine Kostbarkeit für die Familie Die Hausfrau heizt mit Briketts an.

piepegaal Adv. vollkommen gleichgültig.

[1] Piepel (Plur. *Piepels*) m. 1. Mensch, Angehöriger der Unterschicht; *de lütt Piepel* (das kleine Kind); *de gewöhnlichen Piepels von den Stroot* (die

813 HWB 3/768 f.

814 lt. Heinz Oellrich

einfachen Leute). 2. Angestellte, Untergebene; *all sien Piepels* (alle seine Mitarbeiter). Von engl. *people* (Leute). Syn.: → *Lüüd.*

[2]**Piepel** Der *Piepel* ist in der Kindersprache der Penis; davon → *piepeln (2/3).*

[1]**piepelich** Adj. leutselig, devot und dabei eingebildet; *de hett sik so piepelich.* Von → [1]*Piepel* (einfacher Mensch).

[2]**piepelich** Adj. 1. kränklich, blass, schwächlich; empfindlich, anfällig; *piepelich utsehn.* Syn.: *piepich; piepsich.* 2. wehleidig. 3. verwöhnt, verweichlicht (wie → *verpiepelt*)[815].

piepeln 1. kränkeln; stöhnen, jammern. Adj. → [2]*piepelich* (kränklich). 2. pinkeln od. gar 3. geschlechtlich verkehren. Von → [2]*Piepel* (Penis).

Piepen (Plur.) ugs. Geld, verkürzt aus „Piepmatz" für den Adler auf den Münzen. Nicht typ., aber auch hamb. gebraucht: *'n poor Piepen* (etwas Kleingeld); *hunnert Piepen* (hundert Mark); *wenn du veel Piepen hest, kannst 'n Düvel danzen loten* (mit Geld kann man alles kaufen)[816]. Syn.: → *Pinke.*

Piependreiher Zigarrenmacher, ein Heim- od. Akkordarbeiter, der Tabakblätter zu Zigarren drehte, an denen zu Zeiten, als das Rauchen in allen Schichten noch weit verbreitet war und sein durfte, ein großer Bedarf bestand. Wegen der ärmlichen und ungesunden Arbeitsverhältnisse bekamen die *Piependreiher* häufig *de Motten in de Lung,* also Tbc. Diese seinerzeit meist tödlich endende Lungeninfektion soll besonders häufig in Ottensen aufgetreten sein, das deshalb im Volksmund *Mottenborch* hieß. Vgl. → *Mott (2).*

Piepgööschen Gemeint ist damit ein Kind, das immer am Rockzipfel der Mutter hängt wie ein *Gööschen,* ein kleines → *Gössel.* Und wenn man eine Gänsemutter mit ihren Jungen sieht, ist oft eines dabei, das ständig piept, weil es sich bemerkbar machen will.

piepich (schwächlich) → [2]*piepelich.*

Piepmantjes (Plur.) sind 1. Knallkörper aus Schwarzpulver. Vor allem werden darunter zu Matten zusammengeflochtene Kleinbatterien verstanden, die, wenn die gemeinsame Lunte abbrannte, Stück für Stück explodierten. Es war dann eher ein Knattern als ein Knallen zu hören. Manchem älteren Leser leuchteten bei diesem Begriff die Augen, und das Abendblatt bekam einige Hinweise zum Selbstbau, zum Beispiel mit Unkraut-Ex und Löschpapier. Wir wollen diese Rezepte aus Sorge um die Gesundheit der Enkel hier nicht weitergeben. Und einige Leser wissen noch, dass man ganz früher in den Spielzeugläden eine passende „Kanone" kaufen konnte, kaum länger als eine Streichholzschachtel. Die zu Matten zusammengebundenen Piepmantjes wurden aufgepult und einzeln mit dem Rest der Zündschnur nach außen in das Mini-Kanonenrohr gesteckt. Die zündete man an, und der *Piepmantje* verließ die Kanone mit einem leichten Knall. Mit einer Matte konnte man rund 100 Mal laden. 2. Teilweise werden auch Läuse od. Kanarienvögel *Piepmantjes* genannt.

Pier seem. Hafenmauer, Anlegestelle des Schiffs im Hafen.

815 HWB 3/778
816 Küpper S. 610. HWB 3/780.

pieren bezeichnet peinigen, Pein bereiten, wehtun. Vgl. → *piesacken.*

piesacken Das nordd. Verb *piesacken* (jmdn. unaufhörlich quälen od. peinigen) hat sich bis in den Süden ausgebreitet. Der Begriff geht auf den Ochsenziemer *(Ossenpessek)* zurück, der urspr. aus der widerstandsfähigen Haut und der Sehne des Ochsenpenis (*peserik*) geflochten wurde. Das deutet darauf hin, dass es seinerzeit nicht beim Piesacken nur mit Worten geblieben ist.

Pieselei billige Kneipe meist in Hafennähe, in der Seeleute und Arbeiter im Stehen Schnaps → *pieseln (2),* also ausdauernd Flüssigkeit durch die Kehle gießen konnten. Der Wirt war der *Piesel.*

pieseln 1. in feinen Tropfen, aber ausdauernd regnen, nieseln. Vgl. → *drieseln,* → *fisseln,* → *grieseln,* und wenn es vom Himmel schüttet, → *pladdern.* 2. seem. Schnaps trinken, daher die → *Pieselei* (Hafenkneipe).

Piesepampel Spottn. für einen dummen, unansehnlichen, unbedeutenden, ungeschickten und kleinlichen Menschen, der trotzdem ehrgeizig und von sich selbst überzeugt sein kann. Wenn wir den Begriff allerdings auseinanderklamüsern, kommen wir zu einer ganz anderen Übersetzung: Der *Piesel* od. → *¹ Pesel* ist ndd. eine der vielen Umschreibungen für das männl. Glied, also für den Penis, und der *Pampel* aus *Pamp* (Brei) ist etwas schlaff Herabhängendes[817]. Der *Piesepampel* ist auf Hochdeutsch, es lässt sich nicht verschweigen, also der *Schlappschwanz.* Falls Sie Ihren Sprössling, der schlapp am Reck hängt und den dritten Klimmzug nicht schafft, noch einmal als „Schlappschwanz!" beschimpfen wollen, denken Sie etymologisch und halten sich besser zurück.

Pijacke (hüftlanger Marinemantel) → *Kolani.*

Pik As wird eine Übernachtungsstätte für obdachlose Männer in der Neustädter Straße 31a (→ *Neustadt*) genannt, die seit 1913 besteht und damals offiziell „Polizei-Asyl" hieß. Was machen Beamte, denen ein Wort, zumal ein solches mit y, zu lang od. zu schwierig zu schreiben ist? Sie kürzen es ab, in diesem Fall als „P.As." Daraus wurde im Volksmund *Pik As.* Im ersten Jahr zählte man 9700 Übernachtungen, 1926 bereits 313000. Diese Zahl ging im „Dritten Reich" drastisch zurück, denn wer damals aufgegriffen wurde, konnte leicht als „arbeitsscheues Element" arretiert werden. Das Gebäude erhielt noch am 11. März 1945 einen Bombentreffer. Nach dem Krieg wurden die Obdachlosen erst ab 18 Uhr aufgenommen und mussten morgens wieder ausziehen. In den Sechzigerjahren führte man eine Bedürftigkeitsprüfung ein, die den Andrang stark verminderte. Heute stehen rund 200 Plätze zur Verfügung[818]. Eigentümer der Einrichtung ist die Freie und Hansestadt Hamburg, Träger „fördern und wohnen", eine Anstalt öffentlichen Rechts. Treffen sich zwei Obdachlose in der Kaiser-Wilhelm-Straße. Fragt der eine: „Wo wohnst du?" Antwort: „Bei den Eltern …" – was bedeutet: im *Pik As.*

Pille Die Pille war bis vor 50 Jahren nicht das, woran Sie denken und was man heute allgemein darunter versteht, sondern ganz einfach eine Art Fußball, jedenfalls ein mehr od. weniger rundes „Spielgerät" zum Kicken auf der Straße.

817 Küpper S. 611

818 Hamburg-Lexikon S. 540

Pimp 1. Der *Pimp* ist eine Kleinigkeit od. Nichtigkeit; *dat is mi Pimp* (das ist mir egal). 2. → *Krempel,* wertloses Zeug; *is nix as Pimp!* Zur Verdeutlichung spricht man meistens vom *Pimpelkraam.* Ein nahezu wertloses Geldstück in der Hosentasche hieß *Pimperling; ik heff mien letzten Pimperling grood utgeven.*

Pimperling (kleine Münze) → *Pimp.*

Pimpf („kleiner Furz") → *Pumpernickel.*

Pinke (Plur.) 1. ugs. Geld, auch über Hamburg hinaus als *Pinke-Pinke* besungen. 2. Spielkasse für den Geldeinsatz. Syn.: → *Piepen.*

Pinkel abwert. für jmdn., der vornehm tut, sich ungebührlich ausstaffiert und häufig auch so benimmt; *wat wull denn de eische Pinkel hier?*

Pinn (Plur. *Pinnen*) Pinne. 1. Eine *Pinn* bezeichnet von alters her einen Schusternagel od. allgem. einen Stift aus Holz, seltener einen kurzen Schmucknagel mit breitem Kopf aus Messing (heute aus Plastik). Nicht nur die Schuhsohlen ließen sich damit *anpinnen,* sondern allerlei Zettel schnell an der *Pinnwand* befestigen. 2. übertr. Spitze des Kinderkreisels, des Regenschirm od. Spazierstocks; *vun mien Handstock is de Pinn weg.* 3. spitzer Hammerkopf *(Pinnhammer).* 4. Zapfen zum Festhalten in der Drechselbank, daher → *Pinökel.* 5. Ohrring *(Pinn in de Ohr),* wie er heute zunehmend von Männern selbst in seriöser Umgebung getragen wird (ich find's schrecklich!), früher jedoch ein Zeichen von Seeleuten und Kutschern. Wandergesellen trugen sogar einen goldenen Ohrring von gewissem Wert. Er diente dazu, beim Todesfall in der Fremde die Kosten der Beerdigung begleichen zu können. 6. Die *Pinn* ist vor allem als Ruderpinne, als Ruderknüppel, als Hebelarm des Steuerruders bekannt. Wer *echt an de Pinn* steht, gilt als zuverlässig.

Pinne (Ruder) Vgl. → *Pinn (6)*

Pinökel ist ugs. ein Jokerwort für etwas Kleines, das hervorsteht od. herunterhängt, für einen Zapfen, Stift (engl. *pin*) od. für den Nippel, den Mike Krüger (der mit der großen Nase aus Quickborn) durch die Lasche ziehen will. Meine Mutter bezeichnete, wenn sie mich als Kind in der Wanne hatte, auch das Ding so, das der liebe Gott mir mitgegeben hat, meiner Schwester aber nicht: „Nun müssen wir Klein Peter aber auch seinen *Pinökel* waschen!" Vgl. → *Pinn (4).*

Pinööt (Plur.) Erdnüsse. Von engl. *peanut* (Erdnuss).

Pipi Kindersprache für Urin; *Pipi machen.* Verb → *pien.* Syn.: *Piesch machen.*

Pirlepause Bei diesem Ausdruck handelt es sich um einen Decknamen für den Eiszapfen, wie er in

→ *Fibeln* und Lesebüchern vorkam. Es gibt dort ein Kinderrätsel: *Hinter unserm Hause/ Hängt 'ne Pirlepause./ Wenn die liebe Sonne scheint,/ Dann die Pirlepause weint.* Die Lösung: Eiszapfen[819].

Piselotten (Geld) → *Penunsen.*

Piss Urin, Pisse. Wer beim Lesen dieses Stichworts zusammengezuckt ist, sollte diesen Abschnitt vielleicht besser überschlagen. Es lässt sich nämlich nicht vermeiden, der Hamburger Umgangssprache in einen Bereich zu folgen, der leicht anrüchig ist. Andererseits ist das Wasserlassen eine derart natürliche Tätigkeit, dass sie früher mit allerlei Heil- und Aberglauben verbunden war. (Heute finden sich solche Tipps, nur im Hinblick auf die Flüssigkeit leicht abgeschwächt, noch in den Randspalten von 40-Cent-Blättern.) Und dann gab es den *Pissbüdel.* Das war jemand, der genau das tat, von dem wir sprechen, obwohl er es gar nicht tun wollte. Auf Hochdeutsch nennt man ihn einen Bettnässer. Um einen Bettnässer zu heilen, wurde sein Urin einem Toten mit in den Sarg gegeben. Jedenfalls glaubte man in Billwerder an die Wirkung, aber in Billwerder glaubte man früher ohnehin so allerlei. Zur hohen Schule der Volksheilkunde gehörten in Billwerder auch folgende Rezepte: Mundfäule bei Kindern wurde mit einem im Urin des Kindes getränkten Tuch behandelt. Bei Diphtherie half angeblich ein Gemisch aus eigenem Urin, Zucker, Heringslake od. Tabakssud. Bei Brustentzündungen von Wöchnerinnen wurde die Brust mit eigenem Urin abgerieben. Das Trinken des eigenen Urins sollte bei Fieber schweißtreibend wirken[820]. Zwar werden solche Kuren heutzutage nicht mehr von den Krankenkassen erstattet (was aber noch genau nachzuprüfen wäre), doch ähnlich dubiose Heilpraktiken sorgen jetzt dafür, dass die durchschnittliche Lebenserwartung nur leicht gestiegen ist. Vgl. → *pissen* (Wasser lassen); → *Pisslappen* (Windel); → *Pisspott* (Nachttopf); → *Pissmieger* (Ameise); → *Pissnelke* (zickiges Mädchen); → *pisswarm* (lauwarm).

Pissandiek [spr.: *piss'an'diek*] ist ein Pflanzenn. für lat. *Taraxacum officinale,* gemeinhin als Löwenzahn, → *Botterbloom* (Butterblume), *Kohbloom* (Kuhblume) od. im ausgeblühten Samenzustand als *Pusteblume* bekannt. Obwohl der Löwenzahn, wenn seine robuste Pfahlwurzel nicht im frühen Stadium konsequent ausgestochen wird, jeden Rasen, jede Wiese und jede freie Fläche überwuchert, dürfte hier nicht gemeint sein, dass die Männer offen auf dem Deich durch den Hosenschlitz urinierten (→ *pissen*) und dabei den Löwenzahn trafen. Selbst die Marschbewohner suchten für diese Tätigkeit Sichtschutz hinten einem Baum od. Schuppen. Nein, hier dürfte es sich um eine der vielen → *Verballhornungen* aus der → *Franzosenzeit* handeln, bei der der frz. *pissenlit* (Löwenzahn) zum *Pissandiek* wurde, weil die Hamburger sich das so besser merken konnten.

Pissbüdel (Bettnässer) → *Piss.*

Pissbuden-Lui Schimpfw. für einen Strichjungen, der in öffentlichen Bedürfnisanstalten auf zahlende Freier wartet[821]. → *Lui* von *Louis* (→ *Lude*).

pissen Ein wenig sträubt sich dem Autor die Feder, doch ganz zurückhaltend sei erklärt, dass mit diesem Wort ugs. die Tätigkeit gemeint ist, die

819 bei Mensing 3/906: *Perlepuse*
820 HWB 3/781 f.
821 Goltz: Schimpfwörterbuch S. 102

der Arzt als Wasser lassen od. urinieren bezeichnet. Die alten Hamburger waren direkter. Schon Richey[822] gebrauchte 1755 das Wort (*eenen goden Pool*[823] *pissen*: „in ziemlicher Menge Wasser lassen"). Später: *enen an 'n Wogen pissen* (jmdn. beleidigen); *se kackt un pisst in een Pott* (sie lacht und weint zugleich); *he pisst op 'n Sneeball un fritt em vör Dost wedder op* (der Geizhals); *wat een weent, dat pisst he nich* (oben statt unten). Erw.: Ein *Pisslappen* ist die Windel, eine → *Pissmieger* die Ameise (wegen der scharfen Ausscheidung), und unangenehm *pisswarm* schmeckt das abgestandene Bier im Glas. Vgl. → *Pisspott.*

Pissnelke So schimpften unreife Jungen, die vor der Pubertät die gleichaltrigen Vertreterinnen des anderen Geschlechts noch für verzichtbare Wesen hielten, ein in ihren Augen zickiges Mädchen auf dem Schulhof od. in der Klasse.

Pisspott (Plur. *Pisspött*) ist der Nachttopf od. das → *Nachtgeschirr,* ein Gefäß, in das man nachts am Bett seine Notdurft verrichten konnte. Die Hamburger nannten ihre Stadt wegen des vielen Regens auch *uns Herrgott sien Pisspott.* Eine baufällige Hütte wird ebenfalls als *Pisspott* bezeichnet. In so einem Verschlag hausten der Fischer und seine Frau, bis er eines Tages einen sprechenden Butt an Land zog, der ihm, weil er ihn leben ließ, jeden Wunsch erfüllte. Doch seine Frau, die Ilsebill, will nicht so, wie er wohl will. Immer unverschämter wurde ihr Verlangen – nach einem Schloss, Königreich, der Kaiser- und Papstwürde, bis sie ihre Hybris überspannte und alles verlor. Verzweifelt rief der Fischer den Butt: *Na, wat will se denn?, sä de Butt. – Ach, sä de Fischer, se will warrn as de leve Gott. – Gah man hen, sä de Butt, se sitt al wedder in 'n Pisspott!* Mit diesem Märchen „Von dem Fischer un siener Fro" machten die Brüder Grimm den Ausdruck *Pisspott* deutschlandweit bekannt und zitierbar.

Piss–Pott Das dürfte jeder Hamburger Junge und jede Hamburger Deern kennen: *Piss gegen Pott!* Gemeint ist hier nicht etwa der → *Nachttopf,* sondern das Eröffnungsritual eines Auswahlverfahrens, das bei so mancher Zusammenstellung von z. B. Fußballmannschaften Anwendung fand: Die beiden stärksten Spieler stellten sich – ähnlich einem Duell – mit mehreren Metern Abstand auf und gingen aufeinander zu. Dabei setzten sie stets den einen Fuß → *knasch* (eng) vor den anderen und sagten bei jedem Schritt im Wechsel laut *Piss* bzw. *Pott.* Wer dann beim Zusammentreffen der Füße seinen Schuh nicht mehr in der verbliebenen Lücke unterbringen konnte, hatte verloren. Der Gewinner durfte als Erster die Wahl eines Mitspielers treffen, und dann ging's *een üm annern* (abwechselnd) weiter bei der Mannschaftsauswahl.

pladdern bedeutet stark regnen, mit klatschendem Geräusch herabströmen; *de Regen pladdert.* Eine Leserin schrieb: „Was ich am Plattdeutschen so mag, ist seine Anschaulichkeit, z. B. *pladdern* für kräftig regnen. Man hört geradezu, wie die Tropfen auf die Straße klatschen. Ähnlich bei einem anderen Wort für regnen: → *dröppeln.* Damit ist leise tropfender Regen gemeint, und ich finde, es klingt geradezu nach einzelnen Tropfen." Auch → *pieseln* muss in diesem Zusammenhang erwähnt werden. Beim Pieseln regnet es in feinen Tropfen – es *nieselt,* es herrscht also das typische hamburgische → *Schmuddelwetter.*

822 Richey S. 190
823 Pfuhl, Sumpf

Planke *Von der Planke gelaufen* ist im eigentlichen Sinne, wer beim Überbordsteigen aufs Schiff von der Planke, dem Brett, fällt und dabei, häufig nicht ganz nüchtern, ertrinkt. Der Weltumsegler Kapitän Carl Kircheiß (1887–1953) hatte zwar alle Gefahren auf den sieben Weltmeeren überlebt, starb dann als Ironie des Schicksals aber am 6. Dezember 1953 um 1.25 Uhr nachts an Land als Fußgänger auf der Elbchaussee kurz vor seiner eigenen Gartenpforte nach einem Verkehrsunfall[824]. Bei einem alten Seemann sprach man an der Küste im Nachruf nicht davon, er sei überfahren worden, sondern auch in diesem Fall, er sei *von der Planke gelaufen*[825].

Planten un Blomen Hamburgischer geht es kaum: Der Park am → *Dammtor* heißt nicht etwa „Pflanzen und Blumen", was auch etwas langweilig und wenig werbewirksam gewesen wäre, sondern von Anfang an auf Platt *Planten un Blomen.* Der damalige Bürgermeister Carl Vincent Krogmann (1889–1978) weihte die Anlage am 6. Juni 1935 ein, die der Gartenarchitekt Karl Plomin (1904–1986) in kürzester Zeit verwirklichen musste. Erst am 29. Oktober 1934 hatte der Senat vier Millionen Reichsmark zur Verfügung gestellt, um das Gelände des 1930 endgültig geschlossenen *Zoologischen Gartens,* der der Konkurrenz → *Hagenbecks* nicht mehr standhalten konnte, und das der benachbarten, 1794 angelegten, aber seit 1904 nicht mehr beschickten Friedhöfe zur *Niederdeutschen Gartenschau* umzugestalten. 1800 Arbeitskräfte, die zuvor meist arbeitslos waren, standen ihm zur Verfügung. Wie bei allen Großprojekten nutzten die Nationalsozialisten auch diesen Gartenbau

„Insel-Springen" im Mai 1973 während der Internationalen Gartenbau-Ausstellung (IGA) in Planten un Blomen. 1935 war es während der Niederdeutschen Gartenschau noch weniger international zugegangen.

824 HA 7.12.1953 S. 3
825 lt. Carl Groth

als Arbeitsbeschaffungsmaßnahme, wogegen ja im Prinzip nichts einzuwenden war und was sie in den Augen der Bevölkerung damals nicht gerade unbeliebter machte. Nicht die exotischen Gewächse standen im Vordergrund, sondern dem Namen und der Vorgabe gemäß Gewächse aus Deutschland und vor allem aus Norddeutschland. Allein 276 000 Sonnenblumen und 36 000 Nelken wurden gesetzt. „Hier pflanzt man deutsch!", kommentiert mein Kollege Matthias Gretzschel die Zielsetzung ironisch in der Rückschau. Abseits aller NS-Propaganda war der neue Park ein „Park für alle Hamburger" geworden, der begeistert angenommen wurde. Schon im ersten Jahr zählte man, obwohl Eintritt bezahlt werden musste, 1,2 Millionen Besucher. Nach dem Krieg ging es internationaler zu. 1953, 1963 und 1973 war *Planten un Blomen* Schauplatz der *Internationalen Gartenbau-Ausstellung (IGA)*[826].

Platen [spr.: *plo:tn*] m., bezeichnete 1. die wenig kleidsame, meist graue Halb- od. Küchenschürze der Frauen bei der Arbeit im Haus und Garten aus robustem dunklem Stoff (im Gegensatz zu der mit einem Brustlatz ausgestatteten → *Schört*)[827]. Der *Platen* verdeckte oft auch die äußeren Zeichen einer Schwangerschaft. Wenn es verdächtig aussah, tuschelten die Nachbarn: *se hett al wedder enen ünner 'n Platen*[828]. Feine Hamburger Damen gingen, um ihren Stand zu betonen, in weißer Schürze in den Garten und taten so, als ob sie dort etwas Nützliches zu verrichten hätten. Die weniger gut gestellte Nachbarschaft spottete dann: *mit 'n witte Schört in 'n Goorn un mit swatte Fööt in de → Puuch* (Bett). Älter: *Plaat.* Syn.: → *Schuut.* Brauch: Nach einem Gastmahl in Bürgerhäusern wurden die Gäste diskret an das Trinkgeld für die Köchin erinnert mit den Worten: *de → Kööksch, de hett ehrn Platen verbrennt.* Abergl.: Wer sich die Hände an der Schürze einer weiblichen Person abtrocknet, bekommt Streit – was allerdings weniger unter den Aberglauben als unter die Lebenserfahrung fallen dürfte. Weiter: *wenn sik en Deern den Platen so nattwascht, kriggt se 'n drinkerigen Mann.* 2. Als Teil der Frauentracht verlor der *Platen* allerdings seine Alltagstauglichkeit, bestand aus blauem → *Kattun,* sonntags zum Ausgehen sogar aus Seide (Moorburg) od. weißem Leinen (Blankenese). In den Vierlanden gehörten 30 Aussteuerschürzen, alle mit Namen und Jahreszahl bestickt, in die Truhe der heiratsfähigen Mädchen, die auf einen standesgemäßen Freier warteten; *twee Platens vörbinnen* (eine Ehe vermitteln); *jeden Platen nalopen* (Schürzenjäger); *bi sien Mudder achtern Platen sitten* (Muttersöhnchen). Ra.: *en Fro kann mehr in Platen* (Geld in der Schürzentasche) *ut de lütt Döör rutdregen, as de Mann in de groot Döör* (die Ernte durch das Dielentor) *rinfohren kann*[829]. Vgl. → *Blangendöör* (Nebentür).

Platt Kurzf. für → *Plattdüütsch; Finkwarder Platt, Hamborger Platt; op Platt* (auf Platt). Erw.: *Havenplatt* (→ *Hafenplatt*); *Quiddjeplatt* („unreines" Platt der Zugereisten).

platt Adj. platt. 1. flach; *dat platte Land* (was sich auf die nicht vorhandenen Berge bezieht und nicht auf die plattdeutsche Sprache, die in der Norddeutschen Tiefebene gesprochen wird). 2. sprachl. plattdeutsch, niederdeutsch, übertr. aber auch klar, volkstümlich od. sogar derb;

826 vgl. Matthias Gretzschel: Besuchermagnet von Anfang an. HA 7.6.2010 S. 15
827 lt. Karl-Hans Schulz
828 lt. Heinz Oellrich
829 HWB 3/791 f.

platt un düütsch (für jedermann verständlich). 3. seem. direkt, von hinten; *platt för de Wind* (mit dem Wind von hinten segeln)[830].

plattbarft (*plattbars, plattbart*) Adj. barfuß, ohne Schuhe und Strümpfe; *sommerdags sünd de Göörn plattbarft lopen.* Häufiges Syn.: → *barfoot.*

Plattdecker Schimpfw. für 1. jmdn., der ein grobes Plattdeutsch spricht, und für 2. einen Zeitgenossen mit groben Manieren. Inwieweit diese beiden Bedeutungen zusammenhängen, kann nur vermutet werden in dem Sinne: Wer kein richtiges und feines → *Platt* spricht, ist auch sonst ein ungeschliffener Kerl. Syn.: *Plattfoot;* → *Plattendrücker.*

plattdüütsch Adj. plattdeutsch, niederdeutsch; *uns plattdüütsche Moderspraak; plattdüütsche Minschen* (Plattdeutsch sprechende Leute); *bi 'n plattdüütschen Melkbuddel groot worrn* (von Kindesbeinen an Plattdeutsch sprechen)[831]. Subst. → *Plattdüütsch.*

Plattdüütsch Plattdeutsch, die plattdeutsche Sprache, die in Nord- od. *Nieder*deutschland gesprochenen Dialekte, deshalb auch *Niederdeutsch* genannt. Ggs.: *Hoochdüütsch* (Hochdeutsch). *Plattdeutsch* war die Sprache der → *Hanse* und die Verkehrs- und Schriftsprache, man könnte auch sagen: die Muttersprache in Hamburg, bis im Gefolge der Reformation im 16. und 17. Jahrhundert in der Kirche, Verwaltung und Schule das Hochdeutsche als Amtssprache eingeführt wurde. Gesprochen wurde Plattdeutsch als tägliche Umgangssprache in der Familie, bei der Arbeit und auf der Straße noch bis ins 20. Jh. hinein, und zwar in allen Ständen[832]. Der Hamburger *Bürgereid* musste bis 1844 *op Platt* geleistet werden; *Platt(düütsch) snacken; de Spraak vun de Hanse weer dat Plattdüütsche.* Ra.: *beter verkehrt hoochdüütsch snacken as gor keen Plattdüütsch verstohn.* Adj. → *plattdüütsch* (plattdeutsch od. niederdeutsch). Syn.: *Platt.* Von → *platt (2).* Vgl. → *Missingsch* (der meist fehlgeschlagene Versuch der Plattdeutschen, hochdeutsch zu sprechen).

plätten Auf Hochdeutsch *bügeln* wir mit dem Bügeleisen, auf Platt *plätten* wir mit dem *Plätteisen*, abgeleitet von *platt* und dem mnd. *pletten* für „platt machen" od. „glatt machen". War zu Großmutters Zeiten schon ein Waschtag eine Tortur für alle Beteiligten, so ging, nachdem die Wäsche endlich sauber, trocken, gestreckt und zusammengelegt war, die Mühe mit dem *Plätten* weiter. Elektrische Bügeleisen mit Teflonsohle, Dampfdüsen und Vorwahltemperatur existierten damals noch nicht. Entweder wurden eiserne Plätteisen auf der Herdplatte erhitzt, od. es gab als Höhepunkt des Komforts ein Ungetüm, das mit Holzkohle befeuert wurde und oft zur Quelle häuslicher Katastrophen geriet. Die Wäsche musste vorher *besprenkelt* od. durch ein feuchtes Leinentuch (*Plätttuch*) geschützt werden. Vgl. → *Plätthusar.*

Platten m., Endstück eines Brotes. Die zuerst abgeschnittene Scheibe war *de eerste Platten,* das Endstück *de letzte Platten*[833]. Vgl. → *Knust.*

830 HWB 3/793
831 HWB 3/794
832 lt. HWB 3/794 f.
833 HWB 3/795

Plattendrücker Schimpfw. für einen Maulhelden. Richey: *Platten-Drükker: it. Platt-Foot: ein Mensch, der nicht an sich halten kann, sondern gerade heraus gehet, und, was er dencket, einem anderen platt ins Gesicht saget* [834]. Syn.: → *Plattdecker.*

Plattenkoken (*Platenkoken*) ist auf einem Backblech gebackener Kuchen.

Plätthusar 1. scherzh. Bezeichnung für Hausmädchen im herrschaftlichen Dienst, weil sie auch für die Wäsche und das → *Plätten* zuständig waren. 2. Spottn. für die Arbeiterinnen in den größeren Wandsbeker Wasch- und Plättbetrieben.

Plätttuch (Bügeltuch) → *plätten.*

plemmplemm verrückt; *du büst ja plemmplemm!*

Pletten (Plur.) Plätzchen, Kekse, Kleingebäck, das bes. in der Vorweihnachtszeit mit viel Liebe, Mühe und bei leuchtenden Kinderaugen von Mutter und Großmutter hergestellt wurde. → *Smoltpletten* war Schmalzgebackenes.

Plie 1. Verstand, Pfiffigkeit; *ik bün ook 'n Kerl, wo Verstand un Plie in hört; dor heff ik keen Plie vun* (davon verstehe ich nichts); 2. Lebensart, Aussehen; *keen Plie hebben; so hett dat doch Plie!* Aus frz. *pli* (Falte, Kniff).

plieren 1. verstohlen, aber auch neugierig od. angestrengt gucken; *he pliert dörch de Döörritz* (er lugt durch den Türspalt); *de Fro pliert in de Sünn.* 2. abgucken, in der Schule auf das Heft des Banknachbarn schielen. Vgl. → *plinken.*

834 Richey S. 187

plietsch 1. schlau, aufgeweckt; *'n plietsche Deern; wat plietsch hebben* (etw. durchschauen). 2. pfiffig, geschickt, findig; *plietsch mutt man sien; he is so klook as 'n Minsch un so plietsch as 'n Swien.*

plinken 1. blinzeln, zwinkern, das Auge schnell öffnen und wieder schließen; *he plinkt mit de Ogen.* 2. blinken. 3. hell klimpern. Adj. *plinkerich* (müde blinzelnd). Syn.: *plinkern, plinkögeln, plinseln,* → *plieren.*

Plinse (Plur. *Plinsen*) f. 1. → *Kartoffelpuffer,* in Fett gebackene Pfannkuchen aus Kartoffelteig. 2. *selten* auch mit Kompott gefüllte Pfannkuchen aus Mehlteig. Aus dem Slaw., sorb. *blinc,* nach Hamburg eingewandert.

plinsen leise jammern od. weinen; *he plins lies vör sik hen.*

plintjern einen kurzen und leichten Mittagsschlaf halten.

Plöger m., „Pflüger" 1. der Bauer od. Knecht, der hinten am *Ploogsteert* (Pflugsterz) den → *Ploog* (Pflug) lenkte, während vorn unter Umständen ein *Ploogdriever* („Pflugtreiber") das od. die Gespannpferde am Zügel und unter der Peitsche hatte. 2. Ein *Plöger* kann aber auch ein Ochse sein, der den Pflug zieht, und da nur bestimmte Ochsen für diese Aufgabe geeignet sind, blieben solche Zugtiere häufig jahrelang vor dem Schlachter bewahrt und boten schließlich kein zartes Fleisch mehr, wenn es sie im hohen Alter doch endlich traf; *dat is woll 'n olen Plöger west, seggt Grootvadder, wenn dat Ossenfleesch so taach* [835] *is.* Verb *plögen* (pflügen).

835 → *taach* (zäh)

Ploog (Plur. *Plöög*) Pflug, das wichtigste landwirtsch. Gerät zur Bodenbearbeitung, heute von furchteinflößenden Trecker-Boliden gezogen, früher von einem Ochsen od. von zwei, sechs bzw. zwölf Pferden, noch früher sogar von Menschen od. Sklaven. Die Bauarten der urspr. hölzernen Pflüge variierten zeitlich und örtlich sehr stark. Der alte Pflug bestand im Wesentlichen aus einem stabilen, tragenden *Ploogboom* (waagerechter Balken des Pfluges), unten mit einem dreieckigen Messer, der → *Ploogschaar* (Pflugschar), die die Erde aufschnitt, und dem → *²Reester* (dem Streichbrett, das die Schollen umlegte). Die Justierung für Breite, Tiefe und Bodenart erfolgte mit einer Vielzahl von Keilen, für die, um sie einzuschlagen, ein *Plooghamer* (Hammer am Pflug) an einer Lederschlaufe am Balken hing. Ab und zu musste auch erst mit einem *Ploogbiel* (mitgeführtes Beil) störendes Buschwerk beseitigt, das *Ploogland* (das zum Pflügen vorgesehene Ackerland) also erst einmal „gerodet" bzw. mit dem → *Ploogstöker* die Pflugschar gereinigt werden. Gelenkt wurde der Pflug vom → *Plöger* (Pflüger) am zweigabeligen *Ploogsteert* (Pflugsterz) mit Haltegriffen. Hatte der Pflug vorn Räder, so besaß das rechte einen größeren Durchmesser, weil es in der zuvor gepflügten Furche lief, während das kleine linke die unbearbeitete Ackerkrume berührte. Bei mehreren Pferden vor dem Pflug war ein *Ploogdriever* vonnöten, ein Knecht, der die Spannpferde lenkte. Meistens handelte es sich jedoch nur um einen *Ploogjung*, um einen Bauern- od. Dorfjungen, der während der Feldbestellung und eigentlich den ganzen Sommer über mithelfen musste und keine Zeit für die Schule hatte, falls es überhaupt eine Schule gab. In einigen Dörfern durfte nur derjenige Knecht *Meisterknecht* werden, der bis auf die Pflugschar den hölzernen Pflug komplett selbst herstellen konnte[836]. In den Vierlanden wurde der hölzerne Pflug erst ab 1860 durch den eisernen Pflug ersetzt; *achtern Ploog gahn* (in der Landwirtschaft arbeiten); *he schall man achtern Ploog* (er soll Bauer werden); *dat is sien Egg un sien Ploog* (sein Ein und Alles)[837]. Vgl. → *Blangenbipeerd* (Pflugbeipferd).

Ploogschaar ist die Pflugschar, das eiserne Messer am Pflug, das die Erde beim Pflügen aufreißt – unverzichtbar für den landwirtsch. Ertrag und nicht erst bei den Friedensbewegten der Achtzigerjahre das Leitwort, sondern bereits bei Jesaja 2,4 das Symbol, in das die Schwerter umgeschmiedet werden sollten. Von mnd. *schar* (Pflugschar, Keil) aus *scharre* (Striegel, Scharreisen)[838]. Vgl. → *²Reester* (Streichbrett am Pflug).

Ploogstöker (*Ploogstock*) m., „Pflugstecher". Dabei handelte es sich um einen längeren Stock od. Stiel mit angesetztem Schabeisen, mit dem der → *Plöger* beim Pflügen mit Pferdegespannen die → *Ploogschaar* von Unkraut od. Lehmklumpen befreien konnte, die sich dort festgesetzt hatten. Mit dem *Ploogstöker* ließen sich auch kleinere Hindernisse zur Seite schieben od. störende Feldsteine im Boden lockern.

836 ausführliche Darstellung bei Mensing 3/1056 ff.
837 HWB 3/806 ff.
838 Lübben S. 320

Plöör (*Plörr*). Dünnen Kaffee od. gepanschte Getränke lehnte man als *Plöör* ab. *Plöör:* verwässertes Getränk ohne Geschmack; wässrige Suppe; auch zu dünn angerührte Farbe. Erw.: *Plöörkraam.* Vgl. → *Muusmieg.*

plötern plappern, schwatzen, ununterbrochen reden. Subst. *Geplöter* (Geschwätz). Vgl. → *Plötertasch.*

Plötertasch Plaudertasche, Schwätzerin, wobei das Grundwort *-tasch* auf eine Person weiblichen Geschlechts hinweist; *höörst du mi överhaupt to, froog de Plötertasch ehrn Mann, dor weer de al dree Daag doot*[839]. Von → *plötern* (schwatzen).

Pluck (Plur. *Plück*) m., Pflock. 1. Dabei kann es sich um einen Schusternagel zum Befestigen der Schuhsohle handeln *(de Schooster kloppt ganz mit Geschick in jeden Stevel dusend Plück),* übertr. also um etwas Kleines und Geringes (vgl. → *Pin*): *keen nie nich 'n Handwark lehrt hett, mag Plück snieden* (wer keine Lehre gemacht hat, muss sich mit geringfügigen Arbeiten durchschlagen), aber auch 2. um einen Riegel od. Klotz zum Verschließen einer Tür bzw. eines Fasses od. eines Hohlkörpers. Ra.: *en Pluck dor vör setten* („einen Riegel vorschieben", eine Handlung unmöglich machen). 3. Kegel. Fiel beim Kegeln nur ein Kegel um, riefen die Mitspieler schadenfroh: *een Pluck!* 4. Scherzn. für einen kleinen dicken Zeitgenossen. Richey: *een korten dikken Pluck: ein kleiner untersetzter Mensch*[840]. 5. Kosen. für einen kleinen Jungen; *so 'n lütten Pluck!* 6. Spottn. für den Schlechtesten in einer Schulklasse, der mitgeschleppt wird und wie ein Pflock im Spundloch „das Loch in der letzten Bank stopft"[841].

Pluckfinken (Plur.) ist ein Gericht aus gewürfeltem Pökelfleisch, das zusammen mit Karotten, Rüben, Äpfeln und Zwiebeln geschmort wurde. Ein Schuss Essig durfte nicht fehlen. Teilweise tat man auch weiße Bohnen dazu, und in Finkenwerder und Moorburg, wo man ja bekanntlich einen sehr eigenen Geschmack hat, gab man auch Pflaumen hinein. Es handelt sich um ein typisches kleinbürgerliches Resteessen am Sonnabend. Singvögel (Finken) wurden nicht benötigt. Unter *Finken* verstand man in diesem Zusammenhang in kleine Stücke geschnittenen Walspeck. Vgl. → *Finken (2).*

plümerant (elend) → *blömerant.*

Plummhöker „Pflaumenhändler", abfällig für einen kleinen → *Krämer,* der natürlich nicht nur Pflaumen, sondern allerlei → *Püttjerkraam* führte.

Plünnen un Lüüs Scherzn. für ein Gericht aus Weißkohl mit Kümmel und Hammelfleisch.

Plünnen (Plur.) ist die Bezeichnung für Lumpen. Häufig wurde auch die Kleidung flapsig *Plünnen* genannt (heute würde man „Klamotten" sagen). Wenn die Kinder sich mal wieder zu viel Zeit beim Anziehen ließen, hieß es: „Nun sieh zu, dass du in die *Plünnen* kommst!" Der Lumpensammler hatte die Bezeichnung *Plünnenhöker,* der mit Sack und Handwagen durch die Straßen zog und seine Lumpen im *Plünnenkeller* od. auf dem *Plünnenböön* (Lumpenboden) sortierte

839 Goltz: Schimpfwörterbuch S. 103
840 Richey S. 188
841 HWB 3/810 f.

und häufig auch gleich dort schlief. Drohung: *nu kannst dien Knaken*[842] *man tosamensöken un för 'n Sössen*[843] *an 'n Plünnenhöker verhanneln.* Ausruf auf der Straße: *Plünnen un Knaken, wer hett hier noch ole Saken? Plünnen un Knaken, ole Buddels, oles Isen!* Ra.: *Plünnen zusammenschmeißen* bedeutet, dass ein bisher getrennt lebendes Paar sich eine gemeinsame Wohnung nimmt od. sogar heiratet. Adj. *plünnich* (armselig, schwach, unausgereift, unvollständig od. abgenutzt).

Plünnenhöker (Lumpensammler) → *Plünnen.*

plünnich (armselig) → *Plünnen.*

Plünnjule unordentlich und nachlässig gekleidetes Mädchen, das zwar keine → *Plünnen* (Lumpen) trug, aber nach dem konservativen Geschmack der Großeltern nicht korrekt angezogen war. Früher reichte es schon, am Sonntag keinen → *Botterlicker,* keine große Schleife am geflochtenen Zopf, zu tragen, um als *Plünnjule* bezeichnet zu werden.

Plünnkreuzer Spottn. für das Faltboot, das Boot des kleinen Mannes in den Nachkriegsjahren. Die Holzkonstruktion war zerlegbar und musste nach dem Zusammenbau mit einer Stoffhaut (spött. → *Plünnen*) überzogen werden. An Wochenenden waren Tausende von „Süßwassermatrosen" auf Hamburgs Wasserwegen unterwegs.

Wer sich keine Yacht oder kein Segelboot leisten konnte, verbrachte seine Freizeit auf dem Wasser eben im Faltboot, das in Hamburg spöttisch Plünnkreuzer genannt wurde, hier im Jahr 1931.

Plünnschooster Der Plünnschuster war ein „Kleiderzusammenflicker", der aus alten Plünnen (Bekleidung und Stoffen) immer noch etwas zusammenbrachte. Allerdings arbeitete dieser Plünnschooster auch immer sehr unordentlich. Deshalb wurde dieses Wort als Schimpfwort für die Menschen verwendet, die gerade herumgepfuscht hatten od. sonst liederlich arbeiteten.

842 Knochen
843 Sechser

Plüschappel wurde der Pfirsich wegen seiner samtartigen Oberfläche genannt.

Plüschmors Wenn die Hummel in die Blüte taucht, um Nektar zu saugen, und dem Betrachter ihr breites, weiches, kurz behaartes Hinterteil darbietet, wie sollte man sie dann wohl anders nennen als *Plüschmors?*

püddern ist eine spezielle Art zu angeln, nämlich → *Aale* mit einem Wurmköder ohne Haken zu fangen. Das geschah meistens nachts, offenbar weil die Fische sich im Dunkeln leichter überlisten ließen. Dazu wurde der *Pödder,* ein gelochtes Bleilot, an dem schöne, dicke Regenwürmer *(Pöddermetten)* als Köder befestigt waren, an einer Angelschnur mit einem Stock *(Pödderschacht)* ins Wasser gehalten. Sobald ein Aal anbiss, beförderte man ihn mit einem Ruck ins Boot. Selbst wenn der arme Fisch nun vor Schreck den Wurm wieder loslassen sollte – es war zu spät! In hohem Bogen landete er an Bord und kam in den Wasserkasten in der Mitte, den → *Bünn.* Am Morgen sortierte man aus: Die kleinen Aale durften zurück in den Fluss, um noch ein bisschen zu wachsen, die größeren Exemplare wurden geräuchert od. frisch als → *grönen Aal* verkauft. Da der Fischer sich von den nächtlichen Anstrengungen erholen musste, setzte die Fischersfrau, etwa von Wilhelmsburg od. Finkenwerder aus, über die Elbe und pries den lebenden und sich in einem geflochtenen Weidenkorb schlängelnden Fang auf dem → *Hopfenmarkt* od. in Hamburgs Straßen und Gassen mit dem lauten, aber eintönigen Ruf an: *Aal, gröön Aal!*

Poeng [spr.: *po:äng*] 1. Punkt, häufig in der Bedeutung: auf die letzte Minute; *jümmers op 'n letzten Poeng!,* schimpfte der Vater, wenn der Sohn erst am späten Abend seine Schularbeiten machte; *op 'n Poeng stimmen* (auf den Punkt genau). Von frz. *à point* (auf den Punkt [gebraten]). Nicht zu verw. mit → *Peng!* (Ausruf nach einem überraschenden Geräusch od. Ereignis).

Pogg (Plur. *Poggen*). Der *Pogg* ist ein Frosch, braun an Land, grün im Wasser, etwas kleiner im Wetterglas, kalt, glitschig, feucht – eben alles andere als ein Kuscheltier; *koolt as 'n Pogg,* sagte man von teilnahmslosen und wenig mitfühlenden Zeitgenossen; *he ward bangen, wenn em 'n Pogg begegent* (ein ängstlicher Mensch); *de Kark is keen Pogg, se hüppt nich weg* (sagte Opa, wenn er am Sonntagmorgen zum Frühschoppen statt in die Kirche gegangen war). Der *Poggenpool* ist ein Froschteich und in Lurup ein Straßenname. Wie → *Poggüüts.* Vgl. → *Üüts.*

Poggenslucker („Froschschlucker") → *Aal.*

Poggüüts Eine *Poggüüts,* auch als *Pappelagüütz* od. *Papagüüz* bezeichnet, ist ein Frosch od. eine Kröte, die hässlich und mit gebeugtem Rücken auf dem Boden hockt; *de Welt is vull Slangen un giftige Poggüütsen; brune Poggüüts* (Landfrosch), *gröne Poggüüts* (Laubfrosch). Abergl.: Eine Warze wird man los, wenn man damit eine auf dem Acker kriechende Kröte berührt. Vgl. → *Pogg,* → *Üüts.*

pökeln (ndd. *pekeln*) bedeutet: Fleisch od. Fisch in Salzlake einlegen und haltbar machen, vor der Zeit der Tiefkühltechnik eine unverzichtbare Methode zur Konservierung in der Seefahrt od. nach der Hausschlachtung, und auch beim → *Schlachter* schmeckt gepökeltes Fleisch bis heute teilweise besser und kräftiger. → *Labskaus* besteht bekanntlich vorwiegend aus Kartoffeln und Pökelfleisch; *Pekelfleesch mutt erst in Water liggen, ehr dat smeckt.* Erw.: *Pekelfatt* (Fass, in dem Fleisch od. Fisch eingepökelt wird).

Pöker Kinderspr. für den Hintern, lautm. auch als → *Popo* bekannt; *denn gifft dat wat op 'n Pöker!* Vgl. → *Pööks* (kleiner Kerl).

Politessen (Plur.) waren früher noch nicht die unbeliebten Hilfsdamen der Polizei, die parkende Autos mit Zetteln versahen od. sogar abschleppen ließen, sondern bedeuteten Hintergedanken, Kniffe, Ränke, Ausflüchte. Man merkt, dass dieser Ausdruck nicht von „Polizei", sondern von „Politik" abgeleitet ist – d. h., eigentlich kommt er von frz. *politesse* (Höflichkeit, Anstand), womit angedeutet ist, auf welch hohem Niveau die Politik einst begann und was aus ihr geworden ist; *he hett Politessen in 'n Kopp* (er hat Hintergedanken); *mook man keen Politessen!* (mach keine Ausflüchte!)[844].

Politikus Wenn Mutter die Suppe aus dem Kochtopf od. der Suppenschüssel auf die Teller füllte, nahm sie hierzu einen großen Suppenlöffel, der *Politikus* genannt wurde. In der Hauptbedeutung ist ein Politikus eine politisch handelnde Person. Im übertragenen Sinne wird (deshalb?) ein schlauer, gerissener Mensch so genannt, später auch ein geschickter Handwerker, was sich auf dessen Arbeit, aber ebenso auf dessen Rechnung beziehen kann. Die Verbindung zwischen Politiker und Schöpflöffel lässt folgende Redewendung erahnen: *he is 'n Politikus, wor de Buer de Grütt mit umröhrt.*

844 Mensing 3/1087 f.

Polizeirevier Blutbuche Auf dem Friedhof → *Ohlsdorf* gibt es seit Jahrzehnten die Ehrengrabstätte der Hamburger Polizei für im Dienst gestorbene (getötete, verunglückte) Polizisten. Diese Grabstätte trägt die einzigartige Bezeichnung *(Polizei-)Revier Blutbuche.* Eine „Versetzung" zu diesem Revier bedeutete und bedeutet nichts anderes, als dass der Beamte dort beigesetzt wurde[845].

[1] Pollack (Plur. *Polacken*) m., war der Pole, und das aus Hamburger Selbstüberschätzung in einem ganz abfälligen Sinn gemeint; → *Quiddjes un Pollacken* (keine „richtigen" Hamburger, hergelaufenes Volk). Ra.: *ook nich to verachten, sä de Pollack, dor harr he op de Luusjagd en Floh fungen.* Wir wollen hier nach der Schuld der jüngeren deutschen Geschichte beileibe keine alten Vorurteile aufwärmen, aber interessant ist die Feststellung, dass früher auf Finkenwerder jeder Fischer, der von der Ostsee kam, als *Pollack* beschimpft wurde[846], wobei unsere tapferen → *Buttpedder* (Elbfischer) die Grenze offenbar großzügig schon kurz hinter Travemünde ansetzten. Adj. → *poolsch* (abf. polnisch).

[2] Pollack (Plur. *Polacken*) m., berlin. Tabakrest im Pfeifenkopf, übertr. hamb. alkoholischer Getränkerest in dem nicht bis auf den Grund geleerten Glas. Der Wirt goss die Reste aus allen schmutzigen Gläsern auf dem Tresen zusammen und verhökerte den Schluck samt → *Leckbier* an einen klammen Kneipenhocker zum Sonderpreis; *Polacken drinken* (Reste schlucken); *he suppt all de Polacken ut*[847]. Der Autor ist erleichtert, hier auf

845 lt. Manfred A. Sahm. Vgl. Helmut Ebeling: Schwarze Chronik einer Weltstadt S. 308.

846 HWB 3/825

847 Mensing 3/1067

keine weitere Diskriminierung unserer östlichen Nachbarn wie unter → [1] *Polack* gestoßen zu sein, sondern auf einen Ausdruck, der nicht auf die Polen, sondern auf das jidd. *polag* (abgesondert) zurückgeht[848].

Poller (seem.) Metallpfeiler an der → *Pier* zum Festmachen von Schiffen. Leider wurden die *Poller* in letzter Zeit auch massenweise von Bauplanern und Bezirksämtern entdeckt, die ganze Straßenzüge *zupollern* ließen, um die Autofahrer am Parken zu hindern.

pomadich Adj. nachlässig, unzuverlässig; *de Deern is doch to pomadich; koom ik hüüt nich, koom ik morgen.* Von *Pomaad* (Pomade, parfümierte Fettcreme).

Pomeranzen (Plur.) waren eigentl. kleine, bittere, nahezu ungenießbare Orangen, wurden hamb. aber gern mit etwas ebenso Rundem und ebenso Ekligem verglichen: mit Pferdeäpfeln; *nu schitt mien Peerd in vullen Loop un dat → luder Pomeranzen; he schall Pomeranzen schieten!* [849]

Pompesel [spr.: *pom'pesel*] Fruchtstand der Schilfpflanze. Der braune Rohrkolben übte eine große Anziehungskraft auf spielende Kinder aus. Meist diente er als Ersatz für die Friedenspfeife beim Indianerspielen (→ *Indje*). Der Name ist wohl eine gewagte Übertragung des Aussehens des Rohrkolbens aus *Pummel* (kleines, rundes Ding) und → *Pesel* (Penis). Syn.: *Pumppösel, Peselbloom, Lampenputzer, Brummpesel, Pumpelbesen, Kattküül* und vor allem → *Bullenpesel.*

pönen bedeutet im hiesigen Küstenslang streichen, anstreichen, anpinseln, anmalen, mit Farbe bedecken und stammt aus der Seefahrt, bei der viel und immer wieder *gepönt* wird: Das Beiboot wird *gepönt,* Holz od. Stahl durch Anstrich geschützt. Das *Pönen* des stehenden Gutes, des Tauwerks und der Trossen, geschieht mit Holzteer, heißt aber → *lappsalven* (labsalben), mit „Salbe" (Teer) laben (einreiben)[850].

Pööks 1. Wenn ein kleines Kind laufen lernte und der → *Pöker* dick in Windeln eingemummelt war, sodass die kleinen Beinchen ihn kaum tragen konnten, nannte man so ein Windelpaket, das da angewackelt kam, *'n lütt Pööks.* 2. Wenn die lieben Kleinen sich in der Sandkiste in die Wolle bekamen, weil sie sich nicht einigen konnten, wer die Backform benutzen durfte, und Klein Fritzchen dem Hänschen die Schaufel auf den Kopf schlug, sah Mutter sich schon mal zu einem leichten erzieherischen Klaps veranlasst. Man nannte das *Pööks kriegen.* Verb → *pööksen* (schlagen, prügeln)[851].

pööksen schlagen, prügeln; *loot dat Pööksen wesen* (prügelt euch nicht); rezipr. *de Göörn pöökst sik* (Prügelei unter Kindern). Von → *Pööks (2).*

Pöölk Als *Pöölk* wurde ein noch nicht schlachtreifes Schwein bezeichnet.

poolsch polnisch; *ut dem poolschen Land* (aus Polen). Wir wollen die aufkeimende Freundschaft zu

848 Wolf: Rotwelsch S. 252. Übrigens handelte es sich beim alten Berliner Polizeigefängnis Nr. 1 am Molkenmarkt, das *Pollackenkrug* genannt wurde, nicht etwa um eine Kneipe od. um ein Gefängnis für Polen, sondern um ein *Sonder*gefängnis von jidd. *polag* (abgesondert).

849 Mensing 3/1089

850 lt. Carl Groth

851 HWB 3/830

Deutschlands östlichem Nachbarn nicht beschädigen, müssen aus reiner Chronistenpflicht jedoch anmerken, dass das Adjektiv *poolsch* früher einen negativen Beigeschmack im Sinne von ungeregelt od. ungeordnet hatte; *poolsch leven* (in wilder Ehe leben); *poolsche Weertschop* (großes Durcheinander*); he mookt dat poolsch* (verkehrt); *poolsch Platt snacken mit 'n Tungenslag* (unverständlich reden). Vgl. → *¹ Pollack* (abf. für Pole).

Poop [spr.: *pu:p*] f., seem. Hinterschiffsaufbau. Die *Poop* war der Aufbau auf dem *Achterdeck* eines Schiffes, die → *² Back (4)* der Aufbau auf dem Vorderschiff. Von engl. *poop* über frz. *poupe* aus lat. *puppis* (hinterer Aufbau auf einem Handelsschiff).

Poos (Plur. *Posen*) „Federpose". 1. Federkiel von Gänsefedern, bis zum Aufkommen der Stahlfedern im 19. Jh. als Schreibgerät benutzt. Die bedeutendsten Werke der klassischen Literatur sind so entstanden. Theodor Fontane schnitzte sich noch jedes Mal selbst einen Federkiel, bevor er im wahrsten Sinne des Wortes zur Feder griff; *Blackfatt un Posen* (Tintenfass und Gänsefeder) Syn.: *Fedderpoos, Spiel.* Ra.: *enen de Posen geven* (jmdm. die Meinung sagen). Vgl. → *Posensteel* (Federhalter). 2. Pfeifenreiniger. 3. Trinkröhrchen. Richey: *Pose: Feder-Kiel, der ungeschnitten ist. Posenschraper: Schreib-Federn-Händler. pöschen: viel und oft trincken, als ob man nur durch einen Feder-Kiel schlurfte*[852]. 4. Plur. *Posen:* Bett; *he krüppt in de Posen* (er geht zu Bett).

Popo Kinderspr. für den Hintern, wie → *Pöker.* Der *Popo* hat vier Buchstaben. Wenn meine Mutter mir als Kind drohte: „Du bekommst gleich was auf deine vier Buchstaben!", so wusste ich selbst in einem Alter, als ich noch gar nicht lesen konnte, was gemeint war. Übrigens: Geschlagen hat meine Mutter mich natürlich nie, im Gegenteil: Wenn ich vorsichtshalber in ein mitleiderregendes Geschluchze ausbrach, tröstete meine Mutter mich, und am Ende weinten wir beide.

Poppenbüttel → *dänisch.*

Poppenlappen Wenn dem Hamburger sehr kalt ist, sagt er: *Ik freer to 'n Poppenlappen.* Das bedeutet, vor Kälte zu zittern, wobei „Puppenlappen" kleine Stofflappen und Flicken zum Spielen sind; *to Poppenlappen hauen* (jemanden zu schlagen, bis die Kleidung in Fetzen hängt)[853].

Portemonottje (Portemonnaie) → *Pottjuuchee.*

Portugaleser In Hamburg nach portugiesischem Vorbild geprägte Goldmünze, im 16. Jh. Zahlungsmittel im Wert von zehn Dukaten, danach nur noch Repräsentationsmedaille und Ehrengeschenk.

Posament (Plur. *Posamenten*) n., Borte, Bordüre, Litze als Besatz von Kleidern od. Decken. Sie wurde von den *Posamentenmakern* angefertigt, die bis 1603 in Hamburg zusammen mit den *Schnurmachern* ein eigenes → *Amt* bildeten[854].

852 Richey S. 191

853 lt. Olaf Haselhorst

854 HWB 3/837

pöschen† (durch ein Röhrchen schlürfen) → *Poos.*

Posenschraper (Spottn. für Schreibfederhändler) → *Poos.*

Posensteel Federhalter aus Holz mit Klemmvorrichtung unten, in die zum Schreiben eine Stahlfeder gesteckt und ins Tintenfass getaucht wird. Von → *Poos* (Federkiel von Gänsefedern).

Potsdamer 1. Ein Bewohner von Potsdam stand in Hamburg übertr. für einen geschwätzigen, dummen, eingebildeten Menschen. Schließlich lag Potsdam dicht bei Berlin. Dort liegt es zwar immer noch, aber heute ist Potsdam nicht mehr preußische Garnisonstadt mit all ihren eingebildeten Monokel- und Uniformträgern, die aus hanseatischer Sicht schon damals Witzfiguren waren. 2. Übrigens wurde ein Wandergeselle, der sich im Winter bei einer Witwe einnistete, das Bratkartoffelverhältnis im Frühjahr aber abrupt beendete, ebenfalls *Potsdamer* genannt.

Pott (Topf) → *Putt.*

Pottjuuchee Warum sagen wir nicht einfach *Geldbörse* im Deutschen, sondern quälen uns mit dem frz. Wort *portemonnaie* herum, das die meisten nicht einmal mithilfe des Dudens richtig schreiben können? Die Hamburger hatten nicht das Geringste gegen → *Gallizismen,* aber sie stutzten sie sich zurecht. So finden wir für Portemonnaie hamb. *Pottjuuchee, Portjuchee, Portmonnee* (klingt wie der misslungene Teil der Rechtschreibreform), *Pottmonee, Puttjemanee, Puttjemaneetje, Puttmanutt,* womit noch nicht einmal alle Formen erfasst sein dürften; *denn weer Ebb in ’t Portmonee, seggt Fiete.*

Pree Porree, Lauch (Gemüsepflanze); *an so ’ne → frische Supp gehört veel Knullen un Pree* (Sellerie und Porree).

preestern predigen, langatmig und meist ohne nachprüfbaren Wahrheitsgehalt erzählen.

Prekel Stachel, Dorn, Feuerhaken. Verb *prekeln* (stechen, stochern); *wat helpt dat Prekel, wenn keen Füür in ’n → Aven*[855] *is.*

prick Adv. 1. genau, gerade, regelmäßig; *segg dat knapp un prick!* 2. Wie ein Leser ergänzt, bedeutete in Harburg während der Nachkriegszeit das Wort *prick* auch „wohlgenährt“. Wenn jemand *glatt und schier* aussah, weil er vielleicht gute Verbindungen zum *Schwarzmarkt* hatte, also ein *Schieber*[856] war, dann hieß es: *de Kerl süht prick ut*[857].

Prick m., (seem.) In die Fahrrinne gesteckte Stange mit Buschwerk od. Stroh als Seezeichen; *en Prick insteken.* Erw.: *Prickengeld* (Hafenabgabe der Fischer für das Einstecken von *Pricken*).

Pricker m., zugespitzes Holzstäbchen zum Verschließen der Würste. Verb → *pricksen.* Dimin. von → *Prick* (Holzstab).

pricksen Nadelarbeiten machen. Von → *Pricker* (angespitztes Holzstäbchen).

Priel schmaler Wasserlauf im Watt od. Deichvorland, aus dem das Wasser auch bei Ebbe nicht ganz abläuft.

---

855 Ofen

856 ugs. *Schieber* (von: Schiebung): jmd., der in wirtschaftlichen Krisenzeiten unsaubere Geschäfte macht.

857 lt. Gerd Koß

Priem Ein mundgerechtes Stück Kautabak (→ *Priemtoback*): *'n Priem achter de → Kusen*[858] *schuven*. Vgl. → *Prüntje*.

Priemtoback Kautabak, ein dünner Strang aus zerkleinerten, gepressten und mit Pflaumensaft getränkten Tabakblättern, von dem jeweils ein mundgerechtes Stück, ein sogenannter → *Priem*, abgebissen wird.

primeln heißt dummes Zeug reden; Adj. *primelich* (dumm daherredend); *he primelt jümmers so vör sik hen*. Inwieweit dieses Verb etwas mit der *Primel* (Schlüsselblume) zu tun hat, sei dahingestellt. Immerhin gibt es hübschere Anblicke als einen *Primelputt* (Blumentopf mit einer Primel); *ingahn as 'n Primelputt* (den Kopf hängen lassen).

Prise h.: seem. aufgebrachtes od. erbeutetes Schiff; *eine Prise nehmen* (ein Schiff aufbringen).

Privee (Plur. *Privees*) n., Abort, Toilette, Syn.: *Aftritt, Appartemang, lütt Huus, Klo, Klosett, → Paddemang, → Schiethuus, → Tante Meier*.

Probe (Kinderspiel) → *Geschi*.

prökeln (*prekeln*). 1. stochern, mit einem spitzen Gegenstand mehrfach in etwas hineinstechen, bohren; *he prökel sik mit 'n Bleestiff in de Tähn; 'n lütt Lock in prökeln*. 2. mit feinen Stichen emsig nähen od. sticken. Syn.: → *prünen*. Vgl. → *Kusenprökel* (Zahnstocher).

Proletenbagger → *Paternoster*.

858 Backenzähne

Proppen (Plur. *Proppens*) Pfropfen, Korken; *nich een Proppen* (kein bisschen); *op 'n Proppen sitten* (kein Geld haben); *an 'n Proppen rüken* (nichts abbekommen); *an 'n Proppen licken* (einen Schluck aus der Flasche nehmen); *för 'n Proppen wesen* (zu wenig sein); *op 'n Proppen gahn* (zugrunde gehen)[859].

prünen Das Verb *prünen* (nähen, stopfen, herumpusseln) steht für mangelhaftes Nähen. Eine Flickschneiderin, der man von vornherein wenig zutraute, es sei denn unordentliche Arbeit, wurde *Prüünbüdel* genannt, aber auch – in dieser Beziehung war der Hamburger nicht kleinlich – *Prüüngreet, Prüünjette* od. *Prüünjule*.

Prüntje Ein *Prüntje* ist eine kleine Menge *('n Prüntje Kaffe)* od. ein mundgerechtes Stück Kautabak (→ *Priem*). Abgeleitet davon sind *Prüntjebüdel* (Umstandskrämer) od. *Prüntjekraam* (Kleinkram) und recht anschaulich *Prüntjesaft* (Tabaksaft im Speichel: *he spee mi sien Prüntjesaft vör de Fööt*). Vgl. → *Prüntjeboden*.

Prüntjeboden (*Prüntjeböön*) nannte man die billigen, nicht nummerierten Plätze mit harten, schmalen Holzbänken auf der Galerie eines Theaters, etwa den 2. Rang im *Ernst-Drucker-Theater* (ab 1941: → *St.-Pauli-Theater*). In Anspielung darauf wurde ab und zu auch die ähnlich unbequeme Kirchenempore so bezeichnet. So weit die Erklärung, *was* der *Prüntjeboden* war, *weshalb* er aber so hieß, lässt sich nur vermuten. Das Publikum im 2. Rang des Ernst-Drucker-Theaters, jedenfalls der männliche Teil davon, kaute während der Vorstellung seinen → *Prüntje* Kautabak, einen → *Priem*, den es ausspuckte, wenn es

859 HWB 3/864

auf der Bühne hoch herging und die Leute vor Begeisterung mit den Stiefeln auf den Boden trampelten, sodass der *Prüntjesaft* in flüssiger Form od. getrocknet vom *Prüntjeböön* auf die Besucher im Parkett herabrieselte.

Prüünbüdel (unordentlich arbeitende Näherin) → *prünen.*

Pudding 1. Mehlspeise, im Leinenbeutel od. Wasserbad gekocht, häufig als Fleischbeilage; *Rookfleesch mit Pudding* (Rauchfleisch mit gesalzenem Mehlpudding). 2. süße Nachspeise, von Mutter selbst gekocht od. mit *Puddingpulver* von Dr. Oetker angerührt – aber nur an Sonn- und Feiertagen; *Pudding mit Vanille.* Von engl. *pudding* (Süßspeise, Nachspeise, Pastete). 3. Wegstrecke, bei der Anfang und Ende identisch sind, also eine Runde, denn ein Pudding ist meist rund; *'n beten üm 'n Pudding gahn* (einen kleinen Spaziergang machen, um den Block gehen, sich die Beine auf der Straße vertreten). Auch der Kreisverkehr wurde als *Pudding* bezeichnet.

Pudding-Abitur ist eine eher abfällige als scherzh. Bezeichnung für den Abschluss auf einer Hauswirtschaftsschule.

Pudel (Hunderasse) → *pudelich.*

pudelich Der *Pudel* ist eine Hunderasse, die urspr. zur Wasserjagd abgerichtet war und deren Name von *pudeln* (im Wasser plätschern, wie ein Hund schwimmen) abgeleitet ist. Im Anschluss sahen Fell und Haare *pudelich (pudelnatt)* aus. Ähnlichkeit mit dem Fell eines Pudels hatte auch die Strickmütze mit Pompon, die deshalb *Pudelmütze* hieß. Wer satt und rund war, war *pudelsatt,* wer das übertrieb, wurde *pudeldick.* Wenn der Wind die Haare zerzaust hatte, waren sie *pudelich.* Bei Goethe erlangte der Pudel früh literarischen Ruhm, als Faust in des *Pudels Kern* Mephisto erkannte.

Pudelmütze (Strickmütze mit Pompon) → *pudelich.*

pudeln (wie ein Hund im Wasser schwimmen) → *pudelich.*

[1] **Puff** 1. Kein bisheriges Hamburg-Lexikon führt diesen Begriff auf, was jedoch nicht darüber hinwegtäuschen kann, dass er in einer Stadt, in der St. Pauli liegt, ugs. weit verbreitet ist. Wer sagt schon Bordell? Urspr. war *Puff* die lautmalerische Bezeichnung für ein Brettspiel mit Würfeln (*Tricktrack*), mit dem sich gewisse Damen an gewissen Orten die Wartezeit vertrieben haben mögen. Wenn ein Kavalier also „zum Puff ging", verhüllte diese Aussage, dass das Würfeln nun wahrlich nicht das Wesentliche seines Besuchs sein sollte.

[2] **Puff** ist auch 2. der Stoß od. 3. der dumpfe Knall od. das puffende Geräusch (vgl. → *Kartoffelpuffer*) bzw. 4. ein Behälter, etwa der *Wäschepuff* zum Sammeln der schmutzigen Wäsche. Erw.: *Puffbohne* (Saubohne). Vgl. → *Puffärmel.*

Puffärmel [spr.: *puff´ermel*] hat weniger mit dem → [1] *Puff* zu tun, denn dort ist eher nackte Haut angesagt, als mit der → *Puffer(form),* die eine entfernte Ähnlichkeit mit dem am Oberarm gebauschten und gerafften Ärmel erkennen lässt.

Puffer ist ein Napfkuchen aus Hefeteig mit einem Loch in der Mitte, etwa das, was die Leute ganz tief im Süden der Republik, aber um Himmels willen nicht in Hamburg!, Gugelhupf nennen. Der runde, hohe Kuchen wird in einer konischen, außen gewellten und in der Mitte mit einem Rohr versehenen *Pufferform* aus Blech gebacken. Wurde der Kuchen mit Brotresten zubereitet und im Wasserbad gegart, handelte es sich um einen → *Großen Hans.*

puffern pupsen, „einen fahren lassen". Von → ² *Puff* (puffendes Geräusch).

Puffgänger Schimpfw.: eifriger Bordellbesucher; *anner Länner, anner Sitten, anner Froons, anner Titten, sä de Puffgänger, dor leeg he mit dree Deerns in 't Bett* [860].

Puhahn (*Puhaan*). Der *Puhahn* ist rhein. Ursprungs und bedeutet eigentlich Pfau. Wie dieser Vogel balzt der *Puhahn* um Aufmerksamkeit, wobei er eine Bedeutung vortäuscht, die er vom Dienstgrad her gar nicht hat. Eine herausgeputzte Frau ist eine *Puhohn*, eine Henne, die ständig auf Wirkung bedacht durchs Leben geht. Hamb. *Puhaan,* Syn. laut HWB: *Polier*[861]. 1. Scherzn. für den Vorarbeiter bei Maurern auf den Bau, der aber um Himmels willen nicht mit dem Polier verwechseln werden darf! Nach einem Eintrag im ersten Band erreichte uns eine Reihe von Leserbriefen, in denen an Kelle, Wasserwaage und Ehre berührte Maurermeister mitteilten, dass der *Puhahn* natürlich nur der 1. Steinträger gewesen sei, der mit der geschulterten → ² *Fiedel* (Tragebrett) über eine wackelige Leiter Mauersteine aufs Gerüst trug und in der → *Kiepe* für Nachschub an Mörtel sorgte. Vor dem Einsatz der Lastkräne waren wegen dieser aus heutiger Sicht unzumutbaren Hand- und Knochenarbeit immer mehr Steinträger als Maurer auf einem Hochbau beschäftigt. Sie mussten morgens rund eine Stunde früher als die Maurer beginnen, um die Kolonne mit Steinen und „aufgerührtem" *Bütten*[862] zu versorgen. Ihr Vorarbeiter, eben der *Puhahn,* war eine Respektsperson. Er durfte die Pausen ausrufen: *Middag, all hööört!*[863] Wenn er sich dabei allzu sehr spreizte und wichtig nahm, ähnelte er eben dem *Puhahn,* dem Pfau. Da es sich bei den Steinträgern um ungelernte Hilfsarbeiter handelte, spotteten die Maurer, die *Puhahns* hätten ihre „Ausbildung" auf der „Puhahnschule" in Buxtehude erhalten. 2. veralt. für den zweiten Schiffszimmermeister auf Werften, später auch für Akkordarbeiter auf Werften.

Puhee Aufheben[s], → *Gewese (1); mook nich so veel Puhee vun dat Pack!* Hamb. Ausdruck für das *Buhei,* das rhein. Ursprungs ist und vom ndl. *boeha/poeha* (Lärm, Tumult, Aufheben) stammt.

pulen herausklauben, aus der Schale lösen, mühselige Kleinarbeit verrichten; *Krabben pulen; Unkruut pulen.* Raa.: *enen wat ut de Nees pulen* (abluchsen); *rein as ut 'n Ei puult* (gerade wie aus dem Ei gepellt). Vgl. → *beipulen.*

Pull (Plur. *Püll*). 1. Haarschopf, Büschel. *Pullhöhner* od. *Pullküken* hatten ein Federbüschel auf dem Kopf, *Pullaanten* [spr.: *pull'a:nten*] waren Enten mit einem Schopf. 2. Baumkrone. Das *Pullholt* war das Wipfelholz von gekappten Baumkronen, aus dem → *Forkenstiele* od. Deichseln gefertigt wurden. Eine *Pullwichel* ist eine Weide mit der typischen Verdickung am Ende des Stamms, die durch das regelmäßige Kappen entstanden ist. Vgl. → *püllen.*

860 Goltz: Schimpfwörterbuch S. 107
861 HWB 3/878
862 Mörtel, „Schleim"
863 lt. Hans Klöppner

püllen bedeutet, die Krone von Bäumen wie Linden, Eschen od. Weiden zu kappen, damit sie wieder ausschlagen; *'n Boom püllen; de Wicheln weren jüst püllt* (die Weiden waren gerade gekappt worden). Nach der Deichordnung von 1772 mussten die an der auswendigen Böschung stehenden Bäume alle drei Jahre *gepüllt* werden[864].

pullen seem. rudern. Von engl. *to pull* (ziehen).

Pullwichel (gekappte Weide) → *Pull.*

pülschen 1. platschen, plätschern, ins Wasser schlagen. 2. heftig regnen; *dat pülscht jümmers mehr.* 3. Wasser verschütten, unvorsichtig eingießen; *loot dat Pülschen sien!*

Pulteravend Polterabend, Feier im Haus der Braut am Vorabend der Hochzeit, im Hamb. Gebiet seit Anfang des 19. Jhs. üblich. Zeitweise erschienen die Gäste maskiert und überreichten mit einem Spruch ihre Geschenke. Wie heute wurde vor der Haustür auch häufig Geschirr zerschlagen, denn Scherben bringen bekanntlich Glück. In den Vierlanden erschienen um 1850 nur Frauen zum Polterabend. Aus Langenhorn hören wir, dass dem Bräutigam ein Pantoffel überreicht wurde, unter dem er während seiner Ehe nun stehen werde[865].

Pulterkamer Rumpelkammer, in der ungeordnet allerlei *Pulterkraam* (Gerümpel und altes Zeug) zu finden war.

Pulvermanns Grab So heißt eine besonders schwierige Sprungkombination auf dem 1920 von dem Kaufmann und leidenschaftlichen Reiter *Eduard F. Pulvermann* (geb. 2. September 1882; gest. 9. April 1944 in Hamburg) geschaffenen Parcours des Deutschen → *Springderbys* in Klein Flottbek. Seit 1924 besteht das berüchtigte Hindernis Nr. 14 aus einem Steilsprung, dem ein tiefer gelegter Wassergraben und leicht bergauf ein 1,20 Meter hoher Aussprung folgen. Pulvermann hatte seine naturnahen Hindernisse der Holsteiner Landschaft abgeschaut. Er baute das Hindernis 1919 beim ersten Nachkriegsturnier in Travemünde auf und machte einen Proberitt. Sein Pferd sprang über das erste → *Rick,* erblickte erst jetzt das Wasser und verweigerte schlagartig. Der Reiter flog in hohem Bogen in den Graben. Sein Freund Erich Freiherr von Buddenbrock-Pläswitz rief: „Das ist Pulvermanns Grab!" So erhielt dies Hindernis seinen Namen. Jahrelang kam kein Reiter in Klein Flottbek fehlerfrei ins Ziel, und besonders viele scheiterten an *Pulvermanns Grab.* Pulvermann wurde 1940 von der Gestapo wegen angeblicher „Heimtücke" verhaftet, im KZ Neuengamme gequält und starb am 9. April 1944 im Gefängnislazarett Langenhorn. 2005 legte man vor seinem Wohnsitz Geffckenstraße 15 in Eppendorf einen „Stolperstein". Neben dem Turnierplatz in Klein Flottbek verläuft der *Eduard-F.-Pulvermann-Weg.*

Pümpel 1. Stößel bzw. Stampfer für den Mörser des Apothekers od. für das Butterfass. 2. Kartoffelstampfer. 3. kegelförmiges Gerät zum Stechen von Pflanzlöchern. 4. Schwimmkörper an Netzen od. Angelschnüren. Syn.: *Flottholt*[866]. 5. Wenn das Wasser im → *Handstein,* Waschbecken od. der Badewanne nicht so richtig ablaufen will, dann muss der *Pümpel* seine Arbeit verrichten. Der *Pümpel* ist eine Saugglocke aus Gummi mit einem Holzstiel,

864 HWB 3/880
865 HWB 3/881 f.
866 HWB 3/884

Original Pumpernickel-Brote, die nicht gerade zu den beliebtesten Backwaren gehörten und irgendwie zum schludrigen Aussehen der Bauersfrau zu passen scheinen. Das Rezept stammt aus dem Westfälischen.

mit der man einen verstopften Abfluss öffnen kann, indem der festgesetzte Schmutz durch Pumpen gelockert und hinuntergespült wird.

Pumpernickel wurde verächtlich das norddt.-westfälische Roggenschrotbrot genannt – nicht von den Einheimischen, die sprachen von → *Swattbroot* (Schwarzbrot). Wer ein Wort nicht erklären kann, der dichtet sich schnell etwas aus dem Französischen zusammen: *Pumpernickel* soll von frz. *c'est bon pour Nickel* stammen (das schwarze Brot sei, so der angebliche Ausruf eines französischen Soldaten, nur für das mit Nickel beschlagene Pferd als Futter geeignet). Das ist natürlich falsch. *Nickel* ist der Vorname Nikolaus, und ein *Pumper* ist ein Furz. Da das Schwarzbrot blähende Wirkung hatte, erlebte man also einen „furzenden Nikolaus", und das nach dem Verzehr des Kommissbrots bei den Soldaten durchaus in der Mehrzahl. Übrigens steckt der *Pimpf,* der jüngste Mitläufer der Jugendbewegung, auch in dem Wortstamm. Er bedeutet nichts anderes als „kleiner Furz".

Punsch m., ist ein heißes Getränk aus Rum od. Arrak, Zitrone, Zucker, Wasser, Tee od. Rotwein und Gewürzen, das nicht nur, aber gerade in Hamburg seit Mitte des 18. Jhs. bei Festen im Winter äußerst beliebt war. Es wärmte, es machte schnell → *duun,* und es löste die Stimmung in einer Weise, wie sie gar nicht geplant war; *dor worr ornlich fiert, mit Punsch achterup; för de Froonslüüd geev dat söten Punsch.* Die Schneider standen in der Wertschätzung der Handwerker ganz unten, sodass *Sniederpunsch* nicht bedeutete, dass dieses Gesöff nur vom → *Snieder* getrunken wurde, sondern dass es hierbei an den erforderlichen Zutaten mangelte. Von engl. *punch* nach Hindi *pāñč* (fünf, wegen der für einen echten Punsch nötigen fünf Grundbestandteile)[867]. Erw.: *Punschpott* (Punschgefäß); *Punschtrien* (Punschterrine); → *Punschbool* (Bowle); → *Punschsnuut;* → *Punschmuul.*

Punschbool 1. Eine *Punschbool* od. *Punschtrien* bezeichnet ein bauchiges Gefäß, eine Terrine od. Bowle, zum Anrichten von → *Punsch.* 2. scherzh. wurde auch der Nachttopf so umschrieben, nach Form und Inhalt eine nicht ganz stubenreine Gleichsetzung, die hier nicht näher erklärt zu werden braucht. 3. Da zum Ausflug mit einem *Gallerie-* od. → *Stohlwagen* ein kräftiger *Punsch* gehörte, was die Beobachter am Straßenrand nicht übersehen und schon gar nicht überhören konnten, schimpften sie einen solchen Ausflugswagen gleich treffend eine *Punschbool.*

Punschmuul 1. scherzh. für dick aufgeworfene Lippen in der Farbe des → *Punsches; de Lütt hett 'n Punschmuul.* 2. Schimpfw. für einen unsauberen Menschen[868]. Vgl. → *Punschsnuut.*

Punschsnuut charakterisiert ein Gesicht mit einer auffallend roten Nase, einer sogenannten Säufernase, bei der unterstellt wird, dass deren Träger dem → *Punsch* und dem Alkohol reichlich und regelmäßig zuspricht. Vgl. → *Punschmuul.*

Punt (Plur. *Punten*) n. Das *Punt* bezeichnet ein flaches Boot mit Stechpaddeln, das während der Weimarer Zeit ein beliebtes Sport- und Freizeitgerät auf der Alster war. Von engl. *punt* (Stechkahn, flaches viereckiges Boot).

Pünt f. 1. Punkt. 2. spitz zulaufendes Teil od. äußerstes Ende; *de Pünt vun 't Land* (Landzunge); *an de Pünt vun 'n Finger* (Fingerspitze); *an de* → *Nüff ehr Pünt* (Nasenspitze); *Münte in de Pünte* (spitzer Mund als Ausdruck des Widerwillens). Von frz. *point* (Punkt).

Purks scherzh. für einen kleinen Kerl, für einen Knirps, wobei es sich sowohl um einen Dreikäsehoch als auch um einen zu klein geratenen Erwachsenen handeln kann.

purren 1. scharren; *de Peer purrt* (scharren mit den Hufen). 2. herumstochern; *im Füür purren* (um es zum Brennen zu bringen)[869], übertr. auch reizen, im Gemüt herumstochern. Richey: *1. mit einer Spitze graben od. klauben. uthpurren: aussticheln, wie z. E. ein verstopfftes Zündloch mit der Räum-Nadel. 2. anstechen, reitzen, keinen Frieden lassen: Latet my ungepurret: Lasset mich ungezerret. anpurren: anreitzen:* stimulare[870]. 3. seem. wecken, die Wachablösung aus Kojen und Hängematten *herauspurren.*

Puschen heißt die nordd. Kurzform für *Pampuschen*, was so viel wie weiche *Filzpantoffeln* od. *Hausschuhe* bedeutet. Ganz Deutschland kennt die Ausdrücke *Pantoffelheld* od. „unter dem Pantoffel stehen", die geradezu nach der Emanzipation des Mannes im häuslichen Bereich verlangen. In Hamburg sagt man: „Komm endlich in die *Puschen!*", wenn sich jemand beeilen soll. Als in den Fünfzigerjahren die ersten flimmernden Fernsehgeräte in den Wohnzimmern auftauchten und Mama und Papa es sich auf dem Sofa mit Bier, Knabberzeug und Puschen

867 Duden: Das große Wörterbuch der deutschen Sprache o. S.
868 HWB 3/889
869 HWB 3/891
870 Richey S. 195. Lat. *stimulare* (anspornen).

gemütlich machten, nannte man das Fernsehgerät spöttisch *Puschenkino*.

Pusteblume (Löwenzahn) → *Botterbloom*.

Pütscher Im Handwerksbereich wurde ein Klein- od. Einmannbetrieb meist abwertend mit *Pütscher* bezeichnet. Dabei gab es gerade hier zuverlässige und befähigte Arbeiter. So hörte man auch schon mal: *dat is en Pütscher, aver he mookt gode Arbeit*[871].

Pütt un Pannen Der Ausdruck *Pütt un Pannen* bezeichnet nicht nur die Töpfe und Pfannen, sondern umfasst formelhaft das Küchengeschirr od. sogar den gesamten Hausrat; Richey: *Unter Schapen und Grapen*[872]*, wie auch Putt und Pann, verstehen wir allerhand Küchen-*Geschirr[873]*; dat is nich Putt noch Pann („eine armsälige Haushaltung“* [874]*); mit Pütt un Pannen* (mit der gesamten Habe).

Putt vull Grütt „Topf mit Grütze“. 1. Abf. Ausdruck für verschiedene Dinge, Personen od. Eigenschaften; *de is dumm as 'n Putt vull Grütt!* Oder: *de kann noch nich mol en Putt vull Grütt → kaken* (kochen). 2. Scherzh. für die Wachtel. Ähnlich: *en Putt vull Müüs* (großes Durcheinander).

Putt (*Pott*) (Plur. *Pütt, Pött*) m. 1. Topf, Behälter; *op 'n Putt gahn* (verloren gehen); *noch veel in 'n Putt hebben* (noch viel erleben müssen); *allens een Putt wesen* (alles das Gleiche); *allens in een Putt smieten* (keine Unterschiede machen); *enen op 'n Putt setten* (jmdn. zurechtweisen); *sien Nees in jeden Putt steken* (neugierig sein); *de Putt is vull* (das Maß ist voll). Richey: *Keen Putt is so scheef, dar findt sick een Deckel to: es ist keine Person so häßlich od. berüchtiget, sie findet im Heirathen ihres gleichen*[875]. 2. Nachttopf; *op 'n Putt gahn* (sein Bedürfnis verrichten). Vgl. → *Pütt un Pannen;* → *Putt vull Grütt;* → *Püttenkieker.*

Püttenkieker ist der Topfgucker und umschreibt 1. einen allzu häuslichen Mann od. 2. einen Neugierigen, der sich in alles einmischt und der nicht abwarten kann, den Deckel zu heben, nachdem er schnuppernd in die Küche eingedrungen ist.

Pütterbuck (Gestell zum Geschirrtrocknen) → *dröög.*

Puttfarken „Schmutzferkel“. 1. Schwein, das im Dreck wühlt, od. 2. Kind, das im Matsch spielt. Als Familienname war *Puttfarken* weit verbreitet.

[1]Püttjer (*Püttscher, Pöttjer*) lautet die Bezeichnung für einen Töpfer od. Ofensetzer, in Hamburg seit 1615 in einem eigenen → *Amt* organisiert. Irgendwie scheint dieses Handwerk nicht allzu beliebt gewesen zu sein, wenn vom *smerigen Püttjer* die Rede ist; spött.: *dor liggt wi all dörteihn, sä de Püttjer, dor full he mit twölf Pütt vun 'n Böön.* Vgl. → *Pütscher.*

[2]Püttjer (*Püttscher*). Ein *Püttjer* kann auch 1. Umstandskrämer od. Pedant sein bzw. 2. ein Tüftler od. Bastler. Spottn.: ein *Püttjerbüdel* ist jmd., der sich mit Kleinigkeiten aufhält und nie zu Rande kommt; von → *püttjern.*

püttjern (*püttschern*) für 1. töpfern. 2. sich mit unwichtigen Arbeiten beschäftigen. 3. basteln.

871 lt. Hans-Hermann Wölfert
872 Pfannen und Eisentiegel
873 Richey S. 226
874 Richey S. 196
875 Richey S. 196

4. pfuschen; *trechtpüttjern*. 5. Flüssigkeiten verschütten. „Püttschert nicht so rum!“, rief die Mutter, als die Kinder beim Abwaschen die Küche unter Wasser setzten. Um die Liste voll zu machen, sei noch erwähnt: 6. flache Steine über die Wasseroberfläche hüpfen lassen. 7. von Eisscholle zu Eisscholle springen[876].

Pütz seem. für den Eimer, der zum Wasserschöpfen an einem Tau über die Bordwand hinabgelassen wird; *'n Pütz Water* (ein Eimer Wasser). Übertr. auch für einen Behälter an Land gebraucht.

876 HWB 3/900

Putzbüdel ist ein leicht abfällig gebrauchter Begriff für den → *Barbier* (Friseur; wörtlich: Putzbeutel), den die Vertreter dieses Handwerks gar nicht so gern hörten; *ik mutt al wedder na 'n Putzbüdel* hieß, es sei wieder Zeit zum Haareschneiden od. Rasieren. Die Barbierstuben waren von außen durch einen am Stock aufgehängten glänzenden Metallteller zu erkennen, der die Dienstbereitschaft des Putzbüdels signalisierte. Vor allem deutete der Teller, auf dem der Rasierschaum geschlagen wurde, darauf hin, dass viele Männer sich beim Barbier zur Morgenrasur einfanden, um sich mit am Lederriemen geschärftem Messer rasieren und einen eventuell vorhandenen

Typische Putzbüdel: Meister, Geselle, Mädchen (ein wenig abseits) und Sohn präsentieren sich stolz vor Otto Karows „Rasier-Salon“ in Hamburg.

Bart *putzen* (nachschneiden, sauber machen) zu lassen. Deshalb sprach man auch vom *Babutz*, *Bartschraper* od. *Snutenfeger*. Die Friseurstuben, in denen übrigens kräftig geraucht wurde, waren Orte zum Austausch von lokalen Neuigkeiten, zum Diskutieren und nicht selten auch zum Politisieren.

Putzfrau → *Reinmachefrau*.

Putzlaputz 1. abf. für das „Mädchen für alles“, das für sämtliche niederen Arbeiten zuständig ist; *ik bün doch nich dien Putzlaputz!* 2. Faktotum, ein Diener, der sich herumkommandieren lassen muss. 3. Als die Dampfschiffe aufkamen, bezeichneten die Matrosen der Segelschiffe einen Dampfschiffmatrosen, den sie nicht für einen vollwertigen Seemann hielten, als *Putzlaputz* od. *Damperjantje*.

Putzmacherin (*Putzmokersch*). Eine Putzmacherin putzte keine Räume, sondern Köpfe, das heißt, sie fertigte Hüte an, einfache und ausgefallene Kreationen, aber immer individuell. Zu ihrer Kundschaft gehörte durchaus auch Frau Pumeier aus dem Hinterhof, die ohne passende und meist leider auch *putzige* (komische, drollige, seltsame) Kopfbedeckung keinen Besuch machte. Eine *Putzmamsell* war ein Mädchen, das bei einer Putzmacherin arbeitete od. das sich als Schneiderin durchzuschlagen versuchte; *so 'n Putzmamsell, de bloots kann Hööt staffeern*. Heute spricht man von *Modistinnen*, und ich könnte mir vorstellen, dass die veralt. Bezeichnung *Putzmokersch* die Freundschaft gefährden könnte.

Putzmamsell (Hutmacherin, Schneiderin) → *Putzmacherin*.

putzmunter Adj. sehr munter, lebhaft.

Puuch Wurde es abends mal sehr spät, lag man am nächsten Tag bis mittags *in de Puuch* (im Bett). *Puuch* (Bett, Bettdecke, Schlafstatt); *de Deern is nich ut de Puuch to kriegen; sik in de Puuch haun* (schlafen gehen). Fast jeder Hamburger kennt die Zeile aus → *Hein Köllischs* „Pingsttour“: *Un denn geihts mit Gejuuch – rin in de Puuch. Puuch* kommt von mnd. *pûghe, puche* (f., Bett od. Oberbett, bes. wenn es alt und schlecht ist)[877]. Man sollte sich kein Bett wie heute vorstellen, sondern eher ein Wandbett od. → *Alkoven*. *Puuch* hat den gleichen Stamm wie *Bucht*, und Bucht bedeutet ja auch Stall od. Kaninchenstall, daher das Verb *inbuchten*. *Rin in de Puuch* ist also ein scherzh. Ausdruck für: Rein mit euch in die unaufgeräumte Schlafkammer.

püük Das Adj. *püük* hat eine Reihe von Bedeutungen: hübsch, prächtig, vornehm, ordentlich, fein, gut, freundlich, schlau, geschickt; *dor weer dat aver püük* (besonders sauber).

püüstern blasen, heftig wehen, durch Blasen ein Feuer anfachen; *he heel glieks Holt un füng an to püüstern* (begann das Feuer anzublasen); *de Oostenwind püüster för dull* (der Ostwind blies heftig). Ein *Püüster* ist ein Blasebalg, ein Gerät, aus dem man zum Anfachen der Glut Luft herauspumpen kann, ein zu Zeiten der Ofenheizung unverzichtbares Hilfsmittel. Es sah damals übrigens nicht viel anders aus als die Blasebälge, die man heute als Zubehör für den Kamin od. den Gartengrill im Baumarkt kaufen kann.

Puustpogg (Frosch, Kröte) → *Üüts*.

877 Lübben S. 286

Q

Quaddel (Plur. *Quaddeln*) kleine Pustel od. Pickel, meistens durch Insektenstiche hervorgerufene Hautschwellung.

Qualle (*Quall*) 1. In der Zoologie ist die Qualle od. Meduse bekanntlich ein gallertartiges Meerestier, das das Schwimmen an der Küste häufig zur Mutprobe macht und die Touristen aus den Badeorten vertreibt. Das geschieht allerdings weiter draußen an Nord- und Ostsee, während 2. im Hamburger Hafen *Quall* ein Schimpfw. für einen dicken, wabbeligen und schmierigen Typen ist.

Qualster Speichel im Sinne von zähem Schleim, von Auswurf, also von einer Konsistenz und Unappetitlichkeit, die wir nicht näher beschreiben wollen, die Michael Richey allerdings bereits 1755 anschaulich beschrieben hat: *qualstern: vielen und dicken Speichel auswerffen*[878]. Früher war auf den Schulhöfen ein total blöder Spruch ohne tieferen Sinn im Umlauf: *auf der Alster schwimmt ein Qualster, auf der Elbe schwimmt dasselbe*. Übertr. gebraucht für schlechtes und blasses Aussehen: *geel as 'n Qualster; utsehn as → Bottermelk mit Qualster.*

Quanten (Plur.) 1. unförmige, große Schuhe. 2. übergroße Füße; *ik pedd di glieks op dien Quanten!* Syn.: *Quadraatlaatschen*. Vgl. → ² *Mauken.*

Quappaal [spr.: *kwapp'o:l*], auch ndd. *Quapp*, hochd. *Quappe* od. *Aalquappe* genannt, hat nichts mit dem Aal zu tun. 1. Es handelt sich vielmehr um den einzigen Fisch aus der Familie der Dorsche, der im Süßwasser lebt – ein merkwürdiger, walzenförmiger, bewegungsarmer Speisefisch, der in norddeutschen Fließgewässern in den Wintermonaten an kiesigen Stellen ablaicht. Auch eisige Minusgrade halten die Quappen-Rognerin nicht davon ab, große Mengen klebriger Eier in den Sand zu setzen, die das Männchen (Milchner) befruchtet. In den Bächen und Flüssen des Hamburger Umlands kommen *Quappen* bis zu drei Pfund vor. In der Elbe sind schon Exemplare mit mehr als sieben Pfund gefangen worden[879]. Der Bestand der *Quappen* ist heute stark gefährdet, sodass sie kaum noch angeboten werden. Früher gehörten sie zum festen Speiseplan der Hansestadt. Ausr.: *Quappen, wüllt Mamsell ook fette Quappen?* Ra.: *as de Quappen in 'n Modder sitten* (im Matsch festsitzen), übertr.: *sik 'n Quapp hollen* (nasse Füße bekommen). 2. Zur fetten Haut auf der gekochten Milch sagte man ebenfalls *Quapp*. 3. Mit Blick auf die wabbelige, fette Form der Aalquappe bezeichnete man eine dicke Person mit Hängebauch scherzh. als *Quappbuuk*[880].

Quappbuuk (Hängebauch) → *Quappaal (3).*

Quarder (*Queder*) m. 1. Einfassung, Bund an Ärmel, Kragen, Rock, Hose; Rock- od. Schürzenbund an älteren Frauentrachten. Richey: *Quarder: [...] Büren-Quarder: Hosen-Rand, der als ein Band üm den Leib gehet, und worin die Hosen benehet od. befasset werden.* 2. abnehmbarer steifer Kragen des älteren Männerhemdes; *de ool Quarder sitt mi so stief un schüert mi den Hals twei; bet an 'n Quarder satt wesen* („bis oben voll sein"); *vull bet an 'n Quarder wesen* („bis zum Kragen abgefüllt sein", stockbetrunken sein);

878 Richey S. 198

879 lt. Claus Peinemann in HA 13.11.2004

880 lt. Heinz Oellrich

enen 'n poor ünnern Quarder brummen (jmdn. verprügeln); *em platzt de Quarder* („ihm platzt der Kragen", er wird wütend)[881].

Quark 1. Weichkäse, weiß und breiig, der von uns Kindern nicht sonderlich geliebt wurde (Mutter vermischte ihn mit Schnittlauch-Röllchen, um die Akzeptanz zu erhöhen); *utsehn wie Köm un Quark* (blass sein). 2. übertr. Unsinn, dummes Zeug; *all neeslang koomt ji mi mit so 'n Quark!* 3. Ärger, Streit; *dat hett 'n Barg Quark geven.* Wer dauernd Streit macht, ist ein Querulant und wird hamb. *Quarkbüdel, Quarkbroder* od. *Quarkkopp* geheißen.

Quarkbüdel (Querulant) → *Quark.*

quarken bedeutet quaken (hochd. ohne r). 1. Ein Frosch kann quaken, ein quakendes Geräusch von sich geben; *de → Poggen höörn al op to quarken*; Ra.: *wenn man de Pogg lang pedd, quarkt he* (wenn man jmdn. lange genug anmacht, reagiert er schließlich). 2. Auch ein Säugling kann ausdauernd *quarken* (plärren); *dat lütt Göör fung an to quarken*, aber häufiger sind es die Älteren, die 3. *quarken*, also nörgeln, meckern, jammern, stöhnen od. sich beschweren; *de överall wat an to quarken harr; he quarkt jümmers egal weg* (nörgelte pausenlos an allem herum). Vgl. → *quesen.*

Quartiersmann (*Quarteersmann*) ist eine Hamburger Bezeichnung für einen Lagerunternehmer, der Schiffsladungen mit Importware wie beispielsweise Kaffeebohnen, Tee od. Gewürze sortierte, begutachtete, Muster anfertigte und dann sachkundig zwischenlagerte, früher in mehrstöckigen Speichern in den alten Lagerhauskomplexen, während die Firmen heute wegen des schnellen Güterumschlags fast alle aus der Speicherstadt in ebenerdige Lagerräume umgezogen sind. *Quartiersleute (Quarteerslüüd)* heißen so, weil sie sich traditionell zu Vierergruppen zusammenschlossen *(Quarteer)*, die nach dem Vormann (→ *Baas*) benannt wurden, während die Teilhaber als → *Consorten* firmierten. Das ergab dann so schöne Bezeichnungen wie zum Beispiel *Wilh. Meyer & Cons. GmbH.* 1886 wurde der Verein Hamburger Quartiersleute gegründet. Die Tracht der Mitglieder bestand aus einer schwarzen Jacke mit Silberknöpfen, einer Lederschürze und einem Zylinder.

Quartiersleute um 1800

quasseln viel und meist unsinniges Zeug reden, was nicht nur, aber recht häufig beim Telefonieren zu beobachten ist. Zu ndd. → *dwars* aus mnd. *dwâs* (töricht, quer, verkehrt)[882].

881 Richey S. 199. HWB 3/915. Mensing 4/6.

882 Lübben S. 90

Quasselstrippe Eine *Quasselstrippe* (urspr. berlin.) ist entweder 1. die technische Einrichtung, um eine *Quasselee* (andauerndes Geschwätz) zu veranstalten (vulgo Telefon genannt), od. 2. der Mensch (hier meist weibl.), der stundenlang die Leitung blockiert. Er wird auch *Quasselbüdel* od. *Quasselkopp* geschimpft, und diese Ausdrücke wollen wir zum Ausgleich dem männl. Geschlecht zuordnen. Vgl. → *quasseln.*

Queder (Einfassung am Saum) → *Quarder.*

Queen [spr.: *kwyn*] Färse, junge Kuh, die noch nicht gekalbt hat; *'n Stück vun 'n Queen* (Kalbsbraten, ein besonders gutes Stück Rindfleisch). Syn.: → *Stark.*

quengeln Wenn Sie sich ein Vorschulkind vorstellen, das im Wartezimmer nicht still sitzen will, herumnörgelt, die Zeitschriften durcheinanderwirft und dauernd etwas anderes haben will, dann wissen Sie, was *quengeln* bedeutet; *du quengelst as so 'n → unnasch Kind.* Adj. *quengelich* (weinerlich, nörgelig). Vgl. → *quarken;* → *quesen;* → *dibbern.*

Quese Blutquese (*Blootquees* – Blutblase nach einer Quetschung).

quesen ist mit → *quarken* gleichzusetzen, nur dass in diesem Fall die Frösche als Verursacher einer solchen Tätigkeit ausfallen; lediglich Menschen *quesen* – nörgeln, meckern, schimpfen, jammern od. stöhnen; *jümmerto sünd wi dorbi, över dat Wedder to quarken un to quesen. 'n Queseree* ist die Nörgelei; *Queseree moken* (herumnörgeln). Vgl. → *quarken;* → *quengeln;* → *dibbern.*

Quetschkommood Bei der *Quetschkommood*, die auch *Quetschkasten* od. bei weniger guten Spielern mit einem hohen Anteil an Misstönen sogar *Quietschkommood* genannt wird, handelt es sich natürlich um die gute alte Ziehharmonika; *bi Musiek vun de Quetschkommood ward een afpedd* (getanzt). Syn.: *Harmonika.*

Besonders glücklich sieht dieser Junge mit seiner „Quetschkommode“ nicht aus. Früher gehörte es zum guten Ton für die Kinder in bürgerlichen Familien, ein Musikinstrument erlernen zu müssen – und dann auch noch ein Bild davon im Fotogeschäft um die Ecke anfertigen zu lassen.

Quetschmadamm Eine *Quetschmadamm* hat nichts mit der → *Quetschkommood,* der Ziehharmonika, zu tun, sondern bezeichnet eine Birnensorte. Von frz. *Cuisse madame.*

Quickborn Mit Quickborn ist hier nicht die Stadt im Kreis Pinneberg gemeint, sondern die *Quickborn-Vereinigung für niederdeutsche Sprache und Literatur e. V.* mit Sitz in Hamburg, die es sich (seit 1904) zur Aufgabe macht, in vierteljährlich erscheinenden Heften die niederdeutsche Sprache zu pflegen und zu fördern. Mitglieder erhalten zusätzlich als Jahresgabe ein plattdeutsches Buch, und im Zweijahresrhythmus wird der Quickborn-Preis vergeben für persönliche Verdienste um das Plattdeutsche[883]. → *Gorch Fock* (1888–1916), mehrere Jahre Vorstandsmitglied, trug in diesem Kreis seine erste plattdeutsche Erzählung vor. Der Name *Quickborn,* der in der hochd. Übersetzung „Jungbrunnen" od. „lebendiger Quell" heute reichlich Patina angesetzt und seinen Ursprung im mnd. *quick* (lebendig) und *born* (Quelle) hat, steht für die Gedichtsammlung „Quickborn" (1852) des niederdeutschen Dichters *Klaus Groth* (geb. 24. April 1819 in Heide, gest. 1. Juni 1899 in Kiel), der das Plattdeutsche, das zur Umgangssprache der Mittel- und Unterschicht abzurutschen und vom Hochdeutschen als Schriftsprache verdrängt zu werden drohte, im 19. Jahrhundert wieder als anerkannte Literatursprache pflegte. Anders als sein bekannter Zeitgenosse *Fritz Reuter* (1810–1874), der die Sache des Volkes in der Sprache des Volkes wiedergab, behandelte Groth auf Plattdeutsch ernste Themen in Prosa und Lyrik auf hohem literarischem Niveau. Er gilt als Schöpfer der neuen niederdeutschen Dichtung, und es gibt zwischen Eider und Elbe wohl keinen Ort, der nicht eine *Klaus-Groth-Straße* aufzuweisen hätte. In Hamburg liegt sie im Stadtteil Borgfelde.

Quicksteert → *Wippsteert.*

883 → www.quickborn-vereinigung.de

Quiddje (a.: *Quittje*). 1. Wer in Hamburg zugezogen ist, wer sich noch nicht als Hamburger fühlt, wer sich als Hamburger fühlen möchte, aber von Hamburgern nicht als Hamburger anerkannt wird (was Generationen dauern kann), wer einen süddeutschen Akzent hat od. gar allzu deutlich betont, ursprünglich aus → *Lübeck* od. – schlimmer noch! – aus → *Bremen* zu stammen, der wird an Elbe und Alster als *Quiddje* (Fremder, Hochdeutschsprechender) bezeichnet, und es gibt Quiddjes, die sind schon deshalb Quiddjes, weil sie gar nicht merken, dass sie Quiddjes sind. Der in Oberschlesien geborene frühere Hamburger Bürgermeister *Herbert Weichmann* (1896–1983) brachte es zwar bis zum Ehrenbürger der Stadt, blieb hinter vorgehaltener Hand aber immer der „Quiddje aus Schlesien". Der Begriff *Quiddje* soll erstmals 1865 in einer Hamburger Zeitung erwähnt worden sein. Die genaue Herkunft des Wortes ist unbekannt. Ein Hinweis deutet auf eine Abwandlung des frz. Wortes *quitté* hin. Mit diesem Begriff bezeichnete man früher die Aufenthaltsgenehmigungen für Händler, wenn diese die Stadttore passieren mussten, um in der Stadt ihre Waren zu verkaufen[884]. Unter Umständen handelt es sich auch um die Ableitung des ostfr. Verbs *quidden*† (schwätzen, plaudern) aus mnd. *queden* (sprechen)[885]; → *quiddjern* ist bei den „richtigen" Hamburgern die abw. Bezeichnung für falsches Platt reden – eben wie die Quiddjes → *Quiddjekraam* (hochdeutsches Kauderwelsch) von sich geben. So ein Möchtegern-Hamburger ist zwar ein → *Geelsnacker,* ein hochdeutsch Radebrechender, der → *geel* (gelb) redet, aber deshalb den Begriff „Quiddje" von der → *Quitt* (Quitte), der gelben Frucht, ableiten zu wollen,

884 lt. mundmische.de
885 Lübben S. 288

dürfte nun doch um zu viele Ecken gedacht sein. 2. Bez. der Volksschüler für Gymnasiasten, für die besser gestellten und gekleideten Schüler höherer Stände. Erw.: *Quiddjemütz* (Schülermütze, blaue Tuchmütze mit hohem Rand und Schirm)[886].

Quiddjekraam hochd. Kauderwelsch der → *Quiddjes,* vollkommen misslungener Versuch der Zugezogenen, Hamburger Platt zu sprechen.

Quiddjemütz (Schülermütze) → *Quiddje (2).*

quiddjern 1. zwitschern, eine Folge von hohen Tönen abgeben. Kinder *quiddjern,* wenn sie tuscheln, lachen und herumalbern. 2. Bodenständige Hamburger gebrauchten das Verb *quiddjern,* wenn Neu- od. Möchtegern-Hamburger versuchten, Platt zu reden, ohne es zu können. So eine Person wurde dann bekanntlich als → *Quiddje* bezeichnet.

quiemeln zündeln, mit einem Brennglas etwas zum Qualmen bringen.

Quitt Quitte, (gelbe) Frucht des Quittenbaums. Von mnd. *quede* (Quitte)[887]. Der Versuch, den Begriff → *Quiddje* (Fremder in Hamburg, Zugereister), der bekanntlich → *geel* („gelb“, hochd. Kauderwelsch) spricht, der Quitte zuzuordnen, weil deren Fruchtfarbe gelb ist, dürfte nun doch etwas zu weit hergeholt sein.

Quivive *Auf dem Kien sein* (rotw. aufmerksam, hellwach, auf der Hut sein) hörte man eher in Berlin, in Hamburg wurde die Redewendung *auf dem Quivive sein* bevorzugt (hamb. auch *Kivief* geschrieben) – wieder ein Erbe der → *Franzosenzeit.* Ein frz. Wachposten forderte die Parole mit der Frage: *qui vive?* (wer lebe hoch?). Vor der Revolution lautete die Antwort: *vive le roi* (es lebe der König), später gab es dann eine andere Parole. Vgl. → *Kien.*

quucken nicht so lebensbedrohend wie → *quuckhalsen* ist *quucken,* was bedeutet, dass jemand rülpst, sich räuspert od. sich verschluckt hat.

quuckhalsen würgen; versuchen, sich zu erbrechen, wenn etwa ein Knochen od. eine Gräte im Hals stecken geblieben ist; *knapp hett de Ool den Sluck to Lief, fang he sik dor en Quuckhalsen an.* Richey: *sich würgen, als einer, dem etwas im Halse stecket, welches er weder hinunter bringen, noch wieder von sich geben kann*[888]. Auch nach reichlichem Alkoholkonsum kann es passieren, dass der Körper anfängt zu *quuckhalsen.* Dann muss man würgen od. sich übergeben. Vgl. → *quucken* (sich verschlucken).

quucksen 1. Ähnlich wie → *quucken* od. → *quuckhalsen* bedeutet *quucksen,* ein würgendes Geräusch von sich geben bzw. unter Rülpsen und Schmatzen sein Essen hinunterschlingen. 2. ein glucksendes Geräusch erzeugen, wie es entsteht, wenn man einen *Quuckser,* ein großes Glas voll Schnaps, in den Hals kippt. Ein *Quuckser un Scheben* war ein Kümmel und ein Bier, das die Hafenarbeiter sich gegen das Kratzen im Hals vor der Schicht (wohlgemerkt: vor!) zu genehmigen pflegten.

Quuckser (großer Kümmelschnaps) → *quucksen.*

886 HWB 3/929
887 Lübben S. 288
888 Richey S. 202

R

raar [spr.: *ro:a*] Adj. 1. selten, knapp; *dat Glück is man raar; dat Geld is man jümmers raar.* 2. kostbar, hübsch*; raar utsehn; he hett sik bannig raar optüücht* (angezogen); *se is so raar as Ries* (aufgeputzt). Wetterregel: *ut 'n Noorden un ut 'n Aars kümmt selten wat Raars.*

Raasch f., Wut, Zorn, Rage; *in de Raasch komen; bannig in de Raasch wesen.* Vgl. → [2]*Toorn* (Zorn).

[1]**Raav** [spr.: *ro:f*] m., der *Raav* ist der große schwarze Vogel, der Rabe od. Kolkrabe (mnd. *rave*), der, soviel er auch badet, immer rabenschwarz bleiben wird und der angeblich seine Brut vernachlässigt, sodass er in menschlichen Ausdrücken wie Rabeneltern, Rabenmutter und Rabenvater herhalten muss; *ik kann doch nix dor för, dat ik Kreih un Raav nich ut 'n anner hollen kann* (welcher Vogel fliegt da?). Abergl.: *wenn de Raav veel üm 't Huus flüggt, gifft dat 'n Doden* (Todesvogel). Syn.: → [2] *Rook.*

[2]**Raav** f., die *Raav* hingegen ist der Schorf auf der heilenden Wunde; *sik 'ne Raav afpulen* od. *puul de Raav nich af!* Erw.: *Schorfraav* (Wundschorf).

Rabauken waren über Hamburg hinaus jugendliche Rüpel und Flegel, die sich laut und gewalttätig benahmen. Handelte es sich um kleine Kinder, die sich wie *Rabauken* aufführten, sprach man von den *lütt Rabaukers,* was nicht gar so streng klang. Der Ausdruck stammt vom ndl. *rabaut* aus afrz. *ribaud* (Schurke, Strolch).

Raboisen Diese Straßenbezeichnung in der → *Altstadt* wurde 1843 nach Überlieferungen aus dem 14. Jh. wieder aufgenommen. Sie geht zurück auf den Namen eines hier an der Stadtmauer gelegenen Befestigungsturms, der so genannt worden war, weil er einem in städtischen Diensten stehenden Mann namens *von der Raboisen* als Wohnung gedient hatte. Nicht zutreffen dürfte die immer wieder gehörte Vermutung, ein Oberbayer sei Grund für die Bezeichnung *Raboisen*, weil er dort bei einem Besuch in Hamburg über das schlechte Kopfsteinpflaster stolperte und fluchte: „Dös is hier ja wie aan Raboisen (Reibeisen)!“

Racker Urspr. war der *Racker* ein → *Schinner* (Schinder), also ein Abdecker od. Henker, der schmutzige und „unehrliche“ Arbeit leisten musste und in der sozialen Skala ganz unten stand – übertr. ein böser Mensch, ein Taugenichts, ein Spitzbube. Richey: *rakken: schmutzen, sudeln, garstig zu Wercke gehen, Schinder-Arbeit thun*[889]. Auch auf ungezogene Kinder angewendet: *so 'n lütt Racker!* Selbst Tiere wie Gäule und Hunde fielen unter diese Sammelbezeichnung: *all de olen Rackers.* Das ugs. *rackern* (schuften, sich abmühen) bedeutet eigentl. „wie ein *Racker* arbeiten“.

Radbacker benötigte man als Klebstoff, um den Schlauch zu flicken, falls das Fahrrad einen Platten hatte. Heute bekommt man eine entsprechende Tube im Baumarkt unter dem Namen „Gummilösung“.

[1]**raken** zusammenholen, zusammenkratzen; *se raakt dat Geld för de Grogs in de Kass.*

889 Richey S. 204

[2] raken 1. berühren, streifen; *dat Schipp mutt ja woll Grund raakt hebben* (Grundberührung gehabt haben). 2. *sik raken* (streiten); *de Kinner raakt sik jümmers mol.*

ramentern (*ramenten*) bedeutet rumoren, lärmen, Spektakel machen, toben; *de Keerl, de ramentert so; he bölkt un ramentert; de Muskanten ramentern mit Pauken un Bummtrummel; allens tweismieten, allens kort un kleen ramentern* (alles kurz und klein schlagen). Ein *Ramenter* ist ein wildes Kind, ein Lärmmacher; *ji Ramenters!* Wenn sich Großmutter in ihrer Ruhe gestört fühlte, sagte sie häufig: *nu ramenter hier nich so rüm!*

rammdösich meint, benommen, schwindelig od. wie betäubt zu sein; *ik bün al meist rammdösich vun den Larm.* Der *Ramm* bezeichnet veralt. einen Schafbock, also ist *rammdösich* eigentl. ein Schaf, das *dösich* herumsteht, weil die Sonne od. sonst irgendwas od. irgendwer zu heiß gewesen ist. Vgl. → *dösen.*

rammeln Hier handelt es sich wieder einmal um ein Verb, bei dessen Erklärung dem Autor ein vorsichtiges Herantasten angeraten zu sein scheint. → *Michael Richey* pflegte 1755 in solchen Fällen ins Lateinische auszuweichen, bei *rammeln* erscheint seine Übersetzung aber sogar auf Griechisch[890]. Zieren wir uns nicht weiter: Unter Erwachsenen bedeutet der Begriff bocken, geschlechtlich verkehren, ein weibl. Tier begatten; *sien Kater rammelt → Navers Katt.* Ein *Rammler* ist ein Kaninchenbock, ein *Ramm* die veralt. Bezeichnung für einen Schafbock od. Widder, der mit gesenktem Kopf gegen etw. anrennt od. stößt. Eine Ramme, die Pfähle einzuschlagen hilft, wird übertr. ebenfalls *Rammbock* genannt, worauf wir nun aber wirklich nicht näher eingehen wollen. Vgl. → *aframmen* (verprügeln).

Ramming seem. Zusammenstoß zweier Schiffe[891]. Engl. *to ram* (etwas rammen).

Ran an 'n Speck! ist eigentlich die Aufforderung, beim Essen nicht zu zögern, ordentlich zuzulangen. Sie wird ugs. gelegentlich auch als Redewendung gebraucht, wenn es darum geht, zu Taten od. Untaten anzuspornen; *nu man ran an 'n Speck,* fangt endlich an zu essen od. zu arbeiten.

Ranzion (veralt.) Lösegeld für Kriegsgefangene od. gekaperte Schiffe. Von mnd. *ranzun,* frz. *rançon,* lat. *redemptio.* Früher das Lösegeld für die in der → *Barbarei* in die Sklaverei geratenen Hamburger Seeleute. Die *Ranzionierung,* der Freikauf, wurde von der → *Sklavenkasse* im Auftrag der → *Admiralität* abgewickelt. Häufig versuchten die in die Sklaverei geratenen Seeleute im → *Bagno* (Gefängnis in Algier) ihren vorherigen Rang auf dem Schiff zu vertuschen, denn das Lösegeld für einen Schiffer (Kapitän) betrug etwa 7000 Mark, für einen Steuermann od. einen Zimmermann 3000 Mark und für einen Matrosen „nur" 2400 Mark. Eine Aufstellung nennt zwischen 1719 und 1747 namentlich 633 Mann, für die 1809 200 Mark aufgewendet werden mussten. Für den Freikauf, die *Ranzionierung,* gab es ein Netzwerk aus mitverdienenden Beamten, Agenten und Kaufleuten in Genua, Livorno und Algier. Die Admiralität musste im Jahre 1759 für die Auslösung des in die Sklaverei geratenen Steuermanns Claus Petersen aufwenden: an den *Dey zu*

890 Richey S. 205

891 lt. Carl Groth

Algier[892] für seine *Ranzion* 1200 Piaster, Zoll darauf 120 Piaster (zehn Punkte = Prozent), an den *Caffetan des Dey* 15 Piaster, für *die Ketten abzunehmen* 17 Piaster, für die Ober-Schreiber 8 Piaster, an die *Drogman* und *Scherifs* 2 Piaster, *Thürschliesser-Lohn* 7 Piaster, (Agenten-)Courtage 12 Piaster (ein Prozent), an die *Shirren des Bagne* 2 Piaster, an den Steuermann für die Überfahrt nach Livorno 10 Piaster, Provision zu Algier 41 Piaster (drei Prozent der Zwischensumme), Schulden des Steuermanns Petersen während seiner Gefangenschaft 3 Piaster – das ergab die stolze Summe von 1438 algerische Piaster, umgerechnet rund 3123 Mark → *Banco*[893].

rapp 1. schnell, leicht, geschwinde (mnd. *rap* – schnell); *rapp op de Been* (schnell zu Fuß); → *rappeln* (schnell reden); → *rappen* (schnell etwas wegnehmen, raffen); → *Rapphohn* (Rebhuhn, das schnell im Unterholz verschwindet); → *Rappelsnuut* etc. (jmd., der schnell und viel redet). 2. patzig, vorlaut, schnippisch; *he hett 'n bannig rappe Snuut* (ein freches Mundwerk). Vgl. → *Jan Rapp*.

Rappe schwarzes Pferd; formelh.: *op Schoosters Rappen* (zu Fuß). Da der Rappe nicht unbedingt schnell, auf jeden Fall aber schwarz sein muss, hat das Wort wohl weniger mit → *rapp* (schnell) als mit dem Raben zu tun.

Rappel Der *Rappel* umschreibt die Verrücktheit od. Tollheit und kommt nur in der Verbindung *'n Rappel kriegen* od. *hebben* vor. Wenn die Sonne im März auf die während des Winters ungeputzten Fenster schien, bekam Großmutter ihren vom Rest der Familie gefürchteten *Rappel*. Sie schritt zum Frühjahrsputz, rückte alle Möbel von der Wand, klopfte die Teppiche draußen über der Stange bis zur Erschöpfung, nahm die Gardinen ab und scheuerte die Dielen. Man glaubt gar nicht, wie ungemütlich eine saubere Wohnung sein kann; *de Oolsch hett ehrn Rappel*, schimpfte Großvater und flüchtete in seine Stammkneipe. Adj. *rappelich* (verrückt, toll).

Rappelkopp → *Rappelsnuut*.

rappeln 1. schnell reden, viel schwatzen, dabei allerlei Unsinn und Unvernünftiges von sich geben; *rappeln as 'ne Neihmaschien; vgl.* → *Rappelsnuut* etc. 2. klappern, rasseln; *dat rappelt woll bi di in 'n Kopp* (du bist nicht bei Trost); vgl. → *Rappel*.

Rappelsnuut Hier haben wir es mit einer Person zu tun, deren Mund pausenlos in Bewegung ist, die schwatzt, tratscht, intrigiert und Unfrieden stiftet. Handelt es sich um ein Kind, so jedenfalls um ein nervendes Kind: *'n lütt söte Deern, aver mit 'n düchtige Rappelsnuut*. Meistens geht es aber um eine erwachsene Frau, der gleich mehrere gleichartige Bezeichnungen zugeordnet werden: *Rappelpuus, Rappelsüster, Rappeltasch* und *Rappeljule; kumm mi bloots nich mit so 'n Rappeljule an!* Dieser Überhang an weiblichen Schimpfwörtern droht erfahrungsgemäß empörte Leserbriefe hervorzurufen, in denen auf geschlechtlicher Ausgewogenheit bestanden wird. Mit Mühe lässt sich ein Wort finden, das sich in diesem Zusammenhang gegen einen Mann richtet: Ein *Rappelkopp* ist ein Verrückter und Ausgeflippter, der *rappelköppisch* (jähzornig, ungehalten, aufgebracht) herumschimpft.

892 türk. *Dey:* Anrede des Befehlshabers der *Janitscharen* (Kerntruppe des türk. Heeres), die Algier beherrschten. Bis 1710 gab es daneben noch einen von der *Hohen Pforte* (osmanische Regierung in Istanbul) ernannten *Pascha*.

893 lt. Sachse: Es waren Räuber auf dem Meer S. 149 ff.

Rappeltuch (seem.) ist im Hafen ein etwa sechs mal acht Meter großes Jutetuch (Sackleinen), das zur Abdeckung von Ladungsgütern verwendet wird.

rappen (*rapsen, rapen*) raffen, rauben, geschwinde wegnehmen[894], an sich reißen. Erw.: *berappen* (vgl. → *betahlen*). Vgl. → *rapp*.

Rapphohn (Plur. *Rapphöhner*). Wer glaubt, das Rebhuhn habe etwas mit der Rebe zu tun, ist einem sprachlichen Missverständnis aufgesessen. In Wirklichkeit handelt es sich um ein *Rapphohn* von → *rapp* (schnell, geschwinde). Die etymologische Erklärung von Michael Richey (1755) liest sich wie ein Vorläufer von „Brehms Tierleben": *Feld-Huhn: also genannt, weil es hurtig und geschwinde im lauffen und fliegen ist, so bald es eine Nachstellung mercket. Diesemnach sollte man billig schreiben Repphuhn, und nicht Rebhuhn, weil letzteres nur zu allerhand unerfindlichen Herleitungen Gelegenheit gegeben hat. Denn einige führen es her von Rebe, weil dieser Vogel gern Trauben isset: andere vom Korn, welches im Angel-Sächsischen Ryp heisset: noch andere von Rapen od. Rüben …*[895] Aha, also *Rapphuhn*, ein schnell im → *Knick* od. Unterholz verschwindendes Federvieh, jedenfalls dann, wenn der Hühnerhund des Jagdpächters es aufstöbert.

rappsnutich sind Menschen mit einem losen Mundwerk (→ *Snuut*), die mit ihrer vorlauten, frechen od. naseweisen Art anderen lästig fallen; *se is en rechte Rappsnuut*, eine viel redende Besserwisserin also, die gern auch andere unterbricht. Auch ein pausenlos plapperndes Kind, → *Plappersnuut* od. *Plappermuul*, nennt man gelegentlich *Rappsnuut*.

Ratschefummel (*Ratzefummel*). Schülerspr.: Radiergummi; *Ratschefummel un Bleefeddern* (Bleistifte). Vgl. → *Bleefedder*.

Rattenteller Das Wort kann durchaus zu falschen Assoziationen bei Landratten führen, denn eine ungenießbare Speise in der Hafengastwirtschaft für Touristen ist damit nicht gemeint. Es handelt sich um die runden Blechscheiben, die im Hafen außerhalb der Schiffe auf die Festmacherleinen aufgesteckt sind, um zu verhindern, dass Ratten über die Taue vom Kai an Bord gelangen. Die Ratten können diese *Rattenteller* od. *Rattenbleche* nicht überwinden, sondern stürzen beim Versuch ins Wasser und werden von der Strömung fortgetrieben. Die Rattenteller haben einen Durchmesser von rund einem Meter mit einem Schlitz bis zur Mitte, um die Bleche auf die Leinen aufstecken zu können. Sie sind meist kegelförmig und werden mit der Kegelspitze in Richtung Schiff aufgesteckt, was den Ratten ein Passieren gänzlich unmöglich macht. Rattenteller werden meist nahe dem Schiffsrumpf, seltener in der Nähe des → *Pollers* angebracht. Heute sind wegen der kürzeren Liegezeiten von Frachtern, den lauten Ladegeräuschen und den nachts angestrahlten Kaianlagen solche Rattenteller kaum noch notwendig. Auf Yachten wird ersatzweise oft eine längs aufgeschnittene Plastikflasche verwendet, die auf die Festmacherleine gesteckt wird und sich um das Seil dreht, wenn eine Ratte daraufspringt.

Rauchwaren (Plur.) bezeichnen als wichtiges Handelsgut seit Zeiten der → *Hanse* nicht etwa Tabakwaren, die es damals noch gar nicht gab,

894 Richey S. 205
895 Richey S. 206

sondern unveredelte („rauhe“) Felle und Pelze. Das Kürschnerhandwerk wurde als *Rauchwerk* bezeichnet, ein Pelzgeschäft als *Rauchwarenhandlung*. Von mhd. *rouch* für roh, mnd. *ruch* für „rauch“ (rau), haarig, zottig; mnd. *dat ru* (die „Rauchseite“ des Fells)[896]. Vgl. → *ruuch* (rau).

Rauhes Haus (soziale Einrichtung in Horn) → *ruuch.*

Redder Urspr. ein enger Feldweg, über Gemeindeland führend und von Hecken od. → *Knicks* eingerahmt. Man könnte auch sagen: ein *Doppel-Knick* mit einem unbefestigten Weg dazwischen.

redig Adj. fertig, ordentlich, bereit; Adv. wirklich, tatsächlich, sehr. Vgl. engl. *ready* (bereit); *dat Eten is al redig* (das Essen ist schon fertig); *'n redige Saak* ist eine ordentliche, korrekte Sache. Bohnen, Birnen und Speck sind ein *rediges* (reelles) Essen. Auch die *Reederei,* die für die Schiffsreise alles ausrüstet, ausrichtet, *redig mookt* (bereit macht), gehört zu dieser Wortfamilie.

Reed Reede, geschützter Ankerplatz für Schiffe an Küsten und Strömen meist in Hafennähe; *op de Reed vör Anker gahn.*

reell [spr.: *re'ell*] klingt beim ersten Hören gar nicht hamburgisch, ist aber einer der am meisten gebrauchten hamb. Ausdrücke für ehrlich, redlich, verlässlich, solide; *'n reellen Keerl* (eine ehrliche Haut); *reell bedeent warrn* (beim → *Krämer*); *reelle Dochter or en Bilöpersch?* (eheliche Tochter od. Stieftochter?); *'ne reelle Mohltiet* (ein anständiges Essen).

896 Kluge S. 669; Lübben S. 308

Reep Ein *Reep* ist ein Tau od. Seil mittlerer Stärke, das die → *Reepschläger* auf den → *Reeperbahnen* durch das Zusammendrehen mehrerer Hanfstränge hergestellten.

Reeperbahn 1. allg. ein schmales, bis zu 400 Meter langes Areal, auf dem die → *Reepschläger* (Schiffs-)Taue herstellten. Die innerstädtischen *Reeperbahnen* verlegte man 1626 in ein noch unbebautes Gebiet vor dem Millerntor. Dort blieben die zwischen Baumreihen angelegten und meist überdachten Bahnen teilweise bis 1883 erhalten. 2. Neben den Bahnen entstand ein Vergnügungsviertel, das heute alle Welt als *St. Pauli* kennt. Zur besseren Verbindung nach → *Altona* wurde dort 1825 eine Straße angelegt, die man *Reeperbahn* nannte und die man weder Einheimischen noch Auswärtigen näher vorstellen muss. Innerhalb kurzer Zeit entwickelte sie sich zum Zentrum des Vergnügungsviertels[897].

Reepschläger (*Reepsleger*). Ein *Reepschläger* ist ein Seiler, ein Handwerker, der auf einer → *Reeperbahn* Taue verschiedener Stärken vorwiegend für die Schifffahrt herstellt. Er spann zuerst rückwärtsgehend einzelne Hanffäden (das *Kabelgaarn*). Zwei bis vier Fäden wurden zu einem Strang geflochten, die Stränge mithilfe eines Rades dann zu Tauen od. Trossen zusammengedreht od. besser *geschlagen,* wie dieser Vorgang hieß (*slaan* – schlagen, h.: mit einem Schlag erzeugen). Die Schiffstaue mussten anschließend geteert und getrocknet werden[898].

Reesbüdel (Prahlhans) → *resen.*

897 HWB 3/1008
898 HWB 3/981

[1] Reester Lederflicken am od. für den Schuh; *'n Reester opsetten.* Richey: *Reester: ein schmales Stücklein Leder, welches die Schu-Flicker an das Ober-Leder setzen, wenn selbiges von der Sohle abgesprungen*[899]. Dem *Flickschooster,* der am Leder sparte, wurde iron. empfohlen: *de Reester schall al gröter sien as dat Lock.* Häufig liefen gerade die Wohlhabenden und Würdenträger mit Flicken herum: *Dokters un Preesters hebbt Flicken un Reesters.* Adj. → *reesterich* (geflickt). Entspr. hochd.-alem. dem *Riester* (kleines Stück Leder), wohl von mhd. *riuze* (Schuster).

899 Richey S. 209

[2] Reester Teil des alten Pflugs, Bezeichnung für das *Streichbrett,* das die Schollen umlegt. Diese Aufgabe übernimmt am neueren Pflug der stark gewölbte obere Teil der eisernen → *Ploogschaar* (Pflugschar), der die aufgepflügte Erde zur Seite dreht[900]. Offenbar verstand man landsch. unter dem *Riester* (ahd. *riostra,* mhd. *riester*) etwas anderes, nämlich den *Pflugsterz* od. kurz *Sterz,* den vom hinteren Teil des Pfluges ausgehenden, paarigen Griff zum Führen des Pfluges; von ahd. *sterz* (Starres, Steifes)[901].

900 Eine ausführliche, illustrierte Beschreibung aller Pflüge finden Sie im Mensing 3/1056 ff.

901 Duden: Das große Wörterbuch der deutschen Sprache o. S.

Reepschläger im Jahre 1952 bei der Arbeit in der Fima Ad. Lohmann und Sohn.

reesterich Adj. geflickt; *ruug un reesterich* (etw.: „verkommen und abgerissen"), Von → [1]*Reester* (Lederflicken).

[1] reestern flicken, (Leder-)Schuhe reparieren. Subst. → [1] *Reester* (Lederflicken).

[2] reestern od. *rüstern:* aus Rüsternholz (aus dem Holz der Ulme bestehend). Von → *Rüster* (Ulme).

Reet 1. Schilf od. mit Schilf bewachsenes Land; *ik schipper mit 'n Kahn achter 't Reet.* 2. Schilfrohr, zurechtgeschnittene Halme des Schilfs, seit Jahrhunderten zum Hausbau und bes. zum Dachdecken benutzt. Ist heute ein *reetgedecktes* Haus etwas Besonderes, waren *Reetdächer* früher auf dem Lande die Norm. Vgl. → *Reetje* (Rohrstock). Syn.: → *Katsch, Kett.*

Reetje Man kann streiten, ob die Prügelpädagogik früherer Jahre zu besseren Pisa-Ergebnissen geführt hätte, auf jeden Fall lag damals ein *Reetje* (kleiner Rohrstock) in jedem Klassenraum, und er wurde noch nach dem Krieg – leider! – nicht nur als Zeigestock benutzt.

reibe (ndd. *riev*) großzügig, reichlich, verschwenderisch, üppig. Schon Michael Richey wusste: *he is allto rywe*[902] (er wendet zu viel auf); *Wust un Eier un Kees is jümmers riev dor* (immer reichlich da). Bis heute: geh nicht so *reibe* mit der Butter um (verschwenderisch).

Reihe Eine Straße, die urspr. nur auf einer Seite bebaut war (*Lange Reihe, Caffamacherreihe*).

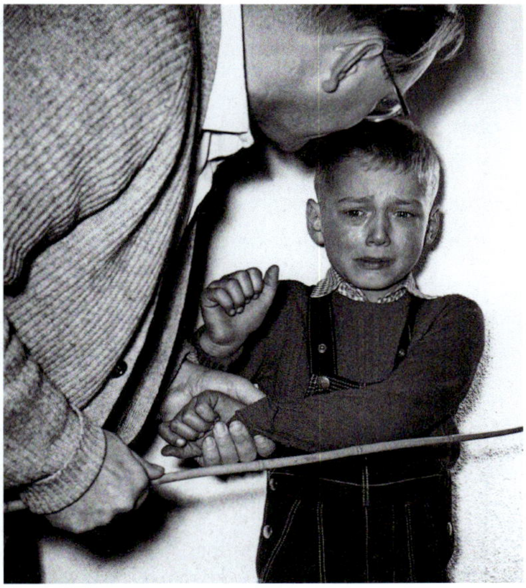

„Erziehung" mit dem Rohrstock. Der Reetje aus Bambus war früher beim Lehrer oder Vater schnell zur Hand.

Reinmachefrau od. hamb. *Reinmakerfro* wurde die Putzfrau *(Putzfro)* genannt, die gegen Bezahlung stundenweise Räume, Läden, Büros od. Wohnungen reinigte. Als die Arbeitskräfte im Wirtschaftswunder vor 1966 immer knapper und die Stellenanzeigen in der Zeitung immer größer wurden, schrieb man solche Stellen unter dem beschönigenden Begriff „Raumpflegerin" aus, bis auch diese stilistische Aufbesserung nicht verhindern konnte, dass die Reinmachefrau alten Schlages heute ausgestorben ist, die weder Lohnsteuerkarte noch Gummihandschuhe, Staubsauger und Putzwagen mit zehn verschiedenen Sprayflaschen kannte, sondern mit → *Fatuch,* → *Handeule,* → *Feudel* und → *Leuwagen* hantierte, auf den Knien feucht die Ecken auswischte, mit angelecktem Kopierstiftstummel auf dem Rand einer Zeitung ihre Stunden ausrechnete und gleich kassierte – in bar und ohne Abzug, versteht sich.

902 Richey S. 213

Reiskuffer Reisekoffer, der früher sprichw. mit dem Begriff „Lärm" verbunden war. Die Koffer, seinerzeit nicht aus Leder od. Plastik, sondern robust wie mit Metall beschlagene Holztruhen gebaut, wurden auf das Dach der Postkutsche gebunden, wo sie wegen der Schlaglöcher in den unbefestigten Landstraßen hin und her hüpften und auf dem Resonanzboden des Kutschendaches einen Heidenlärm veranstalteten, sodass die Postkutsche bereits ein Dorf weiter zu hören war; *se resonneert as 'n Reiskuffer* (sie redet lärmend wie ein auf das Dach der Kutsche schlagender Reisekoffer)[903].

Reling seem. Geländer um das Deck des Schiffs.

Rematismus (Rheumatismus) → *Rieten.*

Remmidemmi 1. Streit, lautes Vergnügen, ausgelassenes Treiben; *Remmidemmi moken* (Krach schlagen); *dor is jümmers bannig Remmidemmi.* 2. Rausch; *mit so 'n lütten Remmidemmi na Huus komen.*

Renzel Rucksack, bes. der auf dem Rücken getragene Ranzen der Schulkinder, in dem die Schüler seit Generationen viel zu viele und viel zu schwere Bücher hin- und herschleppen mussten. Von mnd. *rensel* (Reisesack, Beutel)[904].

[1] **Repel** schmaler Streifen Landes. Erw.: *Doornrepel* (mit Dornenbüschen bewachsener Streifen); Straßenn. → *Kattrepel* (schmaler Gang, in dem nur eine Katze gehen kann).

[2] **Repel** Riffel, großer eiserner od. hölzerner Kamm mit weit auseinanderstehenden, langen, nach oben gerichteten Zähnen, zwischen denen man die Samenkapseln von den Flachsstängeln abstreifte[905]. Von mnd. *repel.* Verb *repen* (Flachs abstreifen).

Repeltähn Mensch mit langen und lückenhaften Zähnen, die wie die Zinken beim → [2] *Repel* weit auseinanderstehen. Adj. *repeltähnig* (mit langen, lückenhaften Zähnen); *se is al repeltähnig* (langzahnig wie eine Hexe); *se süht repeltähnig ut* (sehr alt)[906].

resen bedeutet prahlen, aufschneiden, viel und ichbezogen reden; *Hein weer wedder an 't Resen;* von engl. *to raise* (h.: Krach schlagen). Ein Tourist aus Berlin, der den Wannsee für ein Weltmeer und die Elbe für einen Nebenfluss der Spree hielt, ging an den Landungsbrücken als *Reesbüdel* (→ *Piefke,* Prahlhans) *mit sien opgebügelte Zylinderhoot* an Bord, wie → *Hein Köllisch* beschrieben hat, beendete seine „Reis' no Helgoland"[907] aber äußerst derangiert: *de Grootsnuut sehg grood ut as Bottermelk un Kees.*

Resong Vernunft, Disziplin, Räson; *enen to Resong bringen* (jmdn. zusammenstauchen). Von frz. *raison* (Vernunft).

resonneern lange reden, gegen Gott und die Welt annörgeln, seinen Unmut überflüssigerweise wortreich äußern; *he snack as 'n Afkaat, verstünn to resonneern.* Diese Bedeutung ist

903 HWB 3/1010
904 Lübben S. 298
905 lt. Mensing 4/85
906 Mensing 4/85
907 Wiegandt: Hamburger Liederbuch, Bd. 1, S. 159 ff.

pejorativ[908], urspr. bedeutete *räsonieren* nämlich „vernünftig reden, Schlüsse ziehen“ von frz. *raisonner* (vernünftig reden).

Rhabarber-Express wurde die vom Hauptbahnhof nach Bramfeld fahrende Linie 9 der Straßenbahn liebevoll genannt, weil sie auf dem Teil Fabriciusstraße/Bramfelder See viele Gartenbaubetriebe und Rhabarberfelder passierte[909].

Richey, Michael → Biografie auf dieser Seite.

Rick (Plur. *Ricken*). Ein *Rick* kennt der naturentwöhnte Fernsehzuschauer heute vielleicht noch von der Übertragung des Deutschen → *Springderbys* in Klein Flottbek als Hindernis im Parcours aus genau übereinanderliegenden Stangen. Das trifft den Kern: Das *Rick* (a.: *Rickels*) ist eine hölzerne Stange od. Latte, wie sie früher überall gebraucht wurde. Das *Rickels* kann ein Geländer, ein Lattenzaun od. ein Lattentor als Zugang zu Viehweiden sein. Wie genau seinerzeit jeder Schritt im Leben vom Aberglauben begleitet war, zeigt folgendes Beispiel: Wenn eine Schwangere durch ein Rick kroch, legte sich angeblich die Nabelschnur um den Hals des Ungeborenen. Zum Wäschetrocknen benötigte man Ricken od. *Rickenstaken,* einzelne Stangen eines Gestells zum Trocknen. Hingen die Stücke nass und schwer auf der Leine, musste die durchhängende Wäscheleine zwischen den einzelnen Pfählen durch *Rickenstaken* (Stangen) abgestützt werden. Lang und dünn und unansehnlich – was Wunder, dass eine solche Stange mit einer dementsprechend gestalteten Person verglichen wurde. Schimpfw.: *du sladddrige Rickenstaken!*

Rickels → *Rick.*

908 *pejorativ:* verschlechternd, abwertend (Sprachw.)
909 lt. Hans-Hermann Wölfert

MICHAEL RICHEY

HAMBURGER MUNDART VOR 250 JAHREN

Michael Richey war Schüler des Johanneums und später Professor für Geschichte und Griechisch an dessen Akademischem Gymnasium. Als Mitglied der „Teutsch-übenden Gesellschaft“ sprach und sammelte er Hamburgisch.

Richey, geb. 1678 und gest. 1761 in der Hansestadt, gab das erste hamburgische Wörterbuch heraus, das → „Idioticon Hamburgense oder Wörter-Buch Zur Erklärung der eigenen, in und üm Hamburg gebräuchlichen, Nieder-Sächsischen Mund-Art“. Dieses Werk bildete die Grundlage für alle folgenden Wörterbücher, und auch wir mussten uns häufiger darauf berufen, wenn einige Leser partout anderer Meinung über Zuordnung und Etymologie bestimmter Begriffe waren.

Übrigens scheint schon damals die Frage „Sprechen Sie Hamburgisch?“ auf eine große Resonanz gestoßen zu sein, denn die 1. Auflage 1743 des Idioticons[910] umfasste nur 47 Seiten, während die 2. Auflage 1755 auf 374 Seiten angewachsen war.

910 Mundartwörterbuch

Rickenstaken (Wäschestangen) → *Rick.*

Riedbood sagte man früher auf dem Jahrmarkt zu einem Karussell mit Pferden, nicht mit lebendigen natürlich, sondern mit solchen aus Holz, die schön bemalt waren und sich langsam im Kreis drehten. Heute im Zeitalter gigantischer Fahrgeschäfte findet man so ein Kinderkarussell höchstens noch am Rande von Weihnachtsmärkten, aber früher wurde es durchaus auch von der Jugend zum Anbandeln mit dem anderen Geschlecht genutzt. Jüngling zur → *Deern: wöllt wi mol in de Riedbood?*[911] Syn.: *Riedbaan.* Von → *rieden* (reiten).

rieden reiten. Nicht zu verw. mit dem phon. ähnlichen → *rieten* (reißen). Erw.: → *Riedbood* (Pferdekarussell); *Riedbuck* (Sitzgestell zum Arbeiten in Reithaltung); *Riedputzer* (Stallknecht); *Riedstall* (Reitstall); *Riedstieg* (Reitweg).

Riemels Reim, gereimter Spruch, gereimtes Lied od. Gedicht; *de olen Riemels un Leder.*

Riemen (seem.) hat hier die Bedeutung der Ruder des Ruderbootes. Wer sich *in die Riemen legt,* der strengt sich körperlich besonders an.

[1] **Ries** Reis, Körner der Reispflanze. Reis gehörte in einer Hafenstadt wie Hamburg durchaus zum Speiseplan, war aber im Gegensatz zu den heimischen Getreidesorten eher ein Festessen; *dicken Ries mit Zucker un Kaneel* (Milchreis mit Zimt und Zucker); *so rar as Ries* (kostbar wie Reis). Aus Curslack ist folgende Essensfolge am Heiligabend überliefert: *dicken Ries, Wittbroot, Rookfleesch mit Sempsooß, Mettwust, lütt Rosinenklüüt mit* → *Wittsuur as Nadisch*[912]. Reistüten hatten offenbar eine Form, die an einen Zylinder od. an den Kopf erinnerte, sodass die → *Riestüten* später nur noch als Synonym für die Ohren bekannt waren.

[2] **Ries** Reis, Sprössling, junger Trieb im Sinne des Verses „Es ist ein Reis [= Spross] entsprungen". Erw.: → *Riesbessen* (Reisigbesen).

[3] **Ries** Riese, übergroßer Mensch, der auch im Norden durch die Sagen und Märchen geistert, mit Steinen nach der Kirche wirft, stark, aber dumm ist und am Ende stets von → *plietschen* Menschen besiegt dasteht.

[4] **Ries** altes Zählmaß für 1. Papier; *1 Ries* = 480 Bogen Schreibpapier od. 2. beim Dachdecken; *1 Ries* = 20 Schieferplatten[913].

Riesbessen ist 1. ein Reisigbesen, gebunden aus dünnen Zweigen (meist aus Birkenreisern), mit dem Hof, Diele und Außenbereiche gefegt wurden. Abergl.: Ein *Riesbessen* vor der Tür sollte vor Hexen schützen. Von → [2] *Ries* (Reisig). 2. Eine zänkische Frau hieß übertr. ebenfalls *Riesbessen.*

Riester (Lederflicken) → [1] *Reester.*

Riestüten (Plur.) „Reistüten", nur übertr. gebraucht für die Ohren od. den gesamten Kopf des Menschen: *mook de Riestüten open* (hör zu); *enen wat in de Riestüten flüstern* (die Meinung sagen); *welk an de Riestüten kriegen* (Ohrfeigen

911 lt. Heinz Oellrich

912 HWB 3/1027

913 HWB 3/1027

bekommen)[914]. Wenn die Kinder etwas ausgefressen hatten und das Wort *Riestüten* aus dem Mund von Mutter und Vater hörten, zogen sie ängstlich den Kopf ein. Das klang nach Ohrfeigen, und ganz Hamburg verstand, was damit gemeint war, aber der Bezug zum Ursprung des Begriffs ging mit der Zeit verloren. Der Versuch in einer Nachahmung unserer Serie, die *Riestüten* als am Kopf entsprungenen Reis(ig) zu deuten, dürfte abwegig sein. Wahrscheinlicher ist, dass die viereckige Form der Reistüten im Gegensatz zu den vom → *Krämer* selbst gedrehten spitzen → *Tüten* an einen Zylinder, übertr. an einen Kopf und als Pars pro Toto an die Ohren erinnerte[915]. Ein Leser meinte, wenn man auf eine Reistüte schlage, riesele der Inhalt so → *bregenklöterich* wie das menschliche Gehirn. Eine Nebenbedeutung von *Tüten* bedeutet bereits „Ohren"[916].

Rietan [spr.: *ri:t'an*] Streichholz, wörtl. in der Funktionsbeschreibung „Reiß an!" Kürzer als das Syn. → *Rietsticken* und deshalb früher von Schülern gebraucht.

rieten Auch im Hamburgischen gibt eine Reihe von Verwendungen für das ndd. *rieten* (reißen). So zum Beispiel als Ausdruck der Verwunderung od. Verärgerung mit dem Satz: *nu ward dat woll rieten,* wenn sich ein unerfreuliches Ereignis ankündigt od. eintritt. Ebenso verwendet man es zum Beschreiben eines Aneignungsversuchs, wenn es heißt: *sik wat ünnern Nogel rieten*[917]. Erw.: → *Rietsticken* (Streichholz); *Riet-af-Kalenner* (Abreißkalender); → *Rietenspliet* (Wildfang).

Rieten war das Reißen, ein stechender Schmerz, wie wir ihn bei Rheumatismus kennen und unter dem früher offenbar alle älteren Hamburger gelitten haben, ohne sich an die Sprays und Salben halten zu können, die heute als Wundermittel in jedem Fernsehwerbeblock angepriesen werden. Seinerzeit musste man sich damit behelfen, eine Katze od. einen Hund mit ins Bett zu nehmen, ein Katzenfell umzubinden, ein Senfpflaster aufzulegen, ein gebrauchtes, geteertes Tau aufzutrennen, die schmerzende Stelle tagelang mit Brennnesseln zu peitschen, Löwenzahnsaft od. ein Gemisch aus Terpentinöl und Lebertran einzureiben bzw. Walderdbeer- od. Johannisbeertee zu trinken. Wenn alles nichts half, trug Großmutter Rosskastanien in ihrer Kleidertasche mit sich herum[918]. Es half trotzdem nichts. Irgendwie erinnern mich diese Rezepte an eine Nachbarin, die sich von einem angeblichen Heilkundigen im Hinterhaus ihre Rente abnehmen lässt; *ik heff so 'n Rieten; se kreeg dat Rieten in de Arms un Been.* Syn.: *Rematismus; Riet-mi-düchtich* (Rheumatismus).

Rietenspliet m., wildes Kind, das alles zerreißt; *du büst 'n Rietenspliet, bi den nix heel blifft.* Ausdruck für einen rücksichtslosen Jungen, wobei in dem Schimpfwort eine Spur Anerkennung mitschwingt. Richey: *Ryt un Splyt: Vernichter, der alles zerreisset und zerbricht*[919]. Von → *rieten* (reißen) und → *splieten* (spalten). Syn.: → *Rütentüüt,* a.: *Rütensplüüt.*

914 HWB 3/1028
915 Vgl. Lindow: Plattd. Wörterbuch S. 180
916 HWB 5/225
917 lt. Hans-Alfred Berger
918 HWB 3/1003 f.
919 Richey S. 213

Rietsticken ist ein Streichholz od. Zündholz; *wat mit Rietstickens utröden* (mit Streichhölzern auslosen). Brauchtum: Wenn ein Mädchen ein Streichholz anzündete und dieses abbrannte, ohne dass der abgebrannte Teil abfiel, blieb sein Schatz ihm treu. Syn.: → *Rietan*. Erw.: *Rietstickenlock* (Herdloch zum Anzünden der Feuerung), *Rietstickennasch* (Streichholzschachtel). Von → *rieten* (reißen) und → *Sticken* (kleiner spitzer Stab).

Rietworm Honig- od. Wachsmotte, nährt sich von Wachs und toten Insekten in Bienenstöcken; *in 'n wiesloos* [920] *Volk kümmt de Rietworm* (in einem Volk mit toter Königin); *de Rietworm is dor mank* (von der Honigmotte befallen); *stark Volk kriggt den Rietworm ünner,* sagt der Imker [921]. Von → *rieten* (reißen).

Ringreiten Das *Ringreiten,* heute nur noch vereinzelt zu erleben, war früher ein weit verbreiteter Brauch in den Dörfern bis nach Jütland hinauf, an dem die Bauernsöhne und später auch die Knechte teilnahmen (die Frauen und Mädchen durften jubeln, schmücken, zuschauen und tanzen, aber ansonsten nicht mitmachen). Meist um die Pfingstzeit wurden die Acker- und Zugpferde geputzt, und die Reiter versuchten, im Galopp einen an einem Galgen od. einem Gestell hängenden Ring mit einer kurzen Lanze zu stechen. Der Ring hing dabei so hoch, dass der Reiter sich in die Steigbügel stellen musste, was ein sicheres Zielen erschwerte. Die Regeln waren von Ort zu Ort unterschiedlich. Teilweise nahm der Durchmesser der Ringe, die durch einen Magneten gehalten wurden, im Laufe des Wettkampfes ab. Wer zum Schluss die meisten Ringe gestochen hatte, war der König, bekam eine Schärpe, durfte den Umzug durchs Dorf anführen und abends im Krug den Tanz eröffnen. Wer immer vorbeigestochen hatte, gewann nur Stroh und musste sich mancherorts sogar ein → *Franzbrot* auf den Rücken kleben lassen [922].

Rinnstein (*Rönnsteen*) ist die steinerne Rinne zum Abfluss von Regen- und Schmutzwasser, früher in der Mitte der Straße gelegen (sofern sie gepflastert war), später an den Rand, an den → *Kantstein*, verlegt; *nich över den Rönnsteen komen* (nicht aus dem Haus kommen); *de will mol den Rönnsteen utmeten, wo deep he is,* sagt man von einem Betrunkenen, der auf der Straße liegt. Als *Rönnsteenschipper* verspotteten die Fahrensleute in einem Seehafen wie Hamburg die → *Schuten*- od. *Ewerführer,* die sie als Schiffer nicht ernst nahmen, weil sie mit nur einer Handbreit Wasser unter dem Boot (wenn überhaupt) zwischen Häusern und Straßen umherstakten. Vgl. → *Rönn (2)*.

risch Adv. rasch, schnell, lebhaft, rüstig, zupackend; *se stünd risch op un güng weg.* Hans-Hermann Wölfert erinnert sich: Wenn sich bei meinem Vater im Büro ein Bewerber vorstellte und man den Vater nach seinem Urteil fragte, sagte er: *kannst vergeten* od.: *na, geiht so,* im positiven Fall aber: *de is risch!* Und dann entschied er sich auch schnell.

Risch, Arnold → Biografie S. 423.

920 → *wiesloos* (führerlos)
921 Mensing 4/104 f.
922 vgl. Wiegandt: Liederbuch Schleswig-Holstein, Bd. 2, S. 149 ff.

ARNOLD RISCH

ONKEL MAX IS TOT

Früher kannte jeder Hamburger seinen Namen, heute ist er vergessen: *Arnold Risch*. Er war *der* große Hamburger Volkshumorist des letzten Jahrhunderts. Sich selbst nannte er „niederdeutscher Vortragskünstler", tatsächlich war er ein wahres Multitalent: Dichter, Komponist, Schauspieler und Rezitator, schreibt Gerd Spiekermann [923].

Arnold Risch lebte vom 1. Juli 1890 bis zum 19. Mai 1979. Eigentlich wollte er Kolonialbeamter werden, während sein Vater ihn zum Lehrerberuf drängte. Wie viele Biografien muss auch diese mit der bedauerlichen Mitteilung beginnen, dass dem Lehrerstand ein weiterer hoffnungsvoller Aspirant verloren gegangen war. Risch wurde kein Lehrer, sondern ließ sich von den Musen verführen.

Er gründete mit → *Richard Ohnsorg* die Niederdeutsche Bühne und war selbstverständlich dabei, als bei der → *NORAG,* dem Vorvorläufer des NDR, 1924 die *Niederdeutsche Funkbühne* eingerichtet wurde. 30 Jahre lang war kein Hafenkonzert ohne Arnold Risch denkbar. Seine Bücher wurden Bestseller (wie man damals aber noch nicht sagte).

923 Gerd Spiekermann: Und das freut ein' denn ja auch. HA 1.7.2010 S. 14. Spiekermann ist Redakteur für Niederdeutsch bei NDR 90,3.

Risch erfand kernige Hamburger Figuren wie Tante Dibbermeier, Frau Schneider oder Onkel Hein – und natürlich den armen Onkel Max, der in → *Ohlsdorf* beerdigt werden musste: *Denk mal, Onkel Max is tot,/ das bekümmert ein' doch sehr!/ Gestern noch bei 'n Abendbrot,/ stött möl op – un is nich mehr!*

Risch schloss meistens mit der Sentenz: *... und das freut ein' denn ja auch!* Dieser Spruch wurde zum geflügelten Wort in Norddeutschland. Noch einmal Spiekermann: Arnold Risch spielte auf der Bühne Ein-Mann-Theater und konnte ohne Probleme in seinen Conférencen und Gedichten zwischen Hochdeutsch, Platt und dem Hamburger → *Missingsch* wechseln. Außerdem verstand er es, Musikinstrumente, Tierstimmen und andere Geräusche täuschend echt zu imitieren.

Dem Publikum gefiel es, aber ernsten und (nieder)deutschen Vertretern der Muttersprache gefiel es ganz und gar nicht, dass Risch dem Publikum gefiel. Sie warfen ihm Niveaulosigkeit vor. Deshalb legte er zeit seines Lebens großen Wert auf die Feststellung, von 1930 bis 1940 Plattdeutsch-Dozent an der Hamburger Volkshochschule gewesen zu sein: Wer in einer städtischen Bildungseinrichtung Plattdeutsch unterrichtet, dem wird man doch wohl nicht unterstellen können, falsches Plattdeutsch zu sprechen.

Nach Bühne und Funkhaus betrieb Arnold Risch einen Antiquitätenladen in der Poststraße. Nach dem Tod seiner Frau 1971 kam er ins Pflegeheim Alsterberg (Alsterdorf) und starb 1979 nahezu vergessen. Das → *Abendblatt* widmete ihm einen Nachruf mit der Überschrift: Sein Lachen war wie ein Geschenk [924].

924 HA 22.5.1979 S. 9

Rist, Johann (1607–1667, deutscher Dichter) → *Sprachgesellschaften*.

Ritzenmieger → *Spaltenmieger*.

Ritzenschieber war vor 1930 ein Arbeiter, der die in das Straßenpflaster eingelassenen Schienen und Weichen der Straßenbahn reinigen und im Winter von Eis und Schnee befreien musste. Diese Tätigkeit hatte ein niedriges soziales Prestige, weshalb strenge Väter ihren faulen Söhnen drohend vorhielten, falls sie nicht sorgfältig ihre Schularbeiten erledigten, werde nie etwas Anständiges aus ihnen werden, höchstens *Ritzenschuver* (Ritzenschieber). Damals mussten die Triebwagenführer an ihrem Fahrstand eine Frontscheibe öffnen, um dann mit einer langen Eisenstange von oben die Weichen bei einer Fahrtrichtungsänderung von Hand umzustellen.

Röbenswien Schimpfw. für einen grobschlächtigen, unangenehmen und charakterlich inakzeptablen Menschen. Hannes Wader benutzt dieses Wort in dem Lied „De Groffschmitt“ gegenüber dessen Sohn, der statt zu studieren seinen Scheck im Amüsement verbraucht hat *(Du Aas, du Biest, du Röbenswien. Ziru-ziru-zierallala. Ziru-ziru-zira*). In der Soldatenspr. nannte man einen Frontsoldaten, der auf einem Rübenacker in Deckung lag, ein *Rübenschwein* od. eine *Rübensau*.

rode Grütt → *rote Grütze*.

[1]Rögen Rogen, Fischlaich. Kinderreim: *Wenn 't Sünndag is, wenn 't Sünndag is,/ denn slacht mien Mudder en Hering*[925]*./ Mien Vadder kriggt dat Middelstück,/ mien Mudder, de kriggt Kopp un Steert,/ wi Kinner kriegt den Rögen,/ dor kööt wi uns to högen*[926].

[2]Rögen urspr. kleine, mit Bäumen bewachsene Anhöhe, noch in Flur- und Straßennamen enthalten: *Rögeneck, Rögenfeld, Rögenstieg, Rögenweg* (alle Volksdorf), *Rögengrund, Rögenredder* (beide Bergstedt) und *Rögenoort* (Duvenstedt) – hoffentlich kommt der Postbote da nicht durcheinander …[927]

rögen regen, sich od. etw. bewegen, umrühren, anfassen; *röög di!* (an die Arbeit!); *so wat leevt nich un röögt sik doch* (etwas Unerwartetes); *de Eier röögt sik, dor is Leven in* (kurz vor dem Schlüpfen). Sprichw.: *je mehr man de Schiet röögt, je mehr stinkt he* (wer im Dreck wühlt, erzeugt Gestank). Vgl. → *Röögoors* (Zappelphilipp).

Roggenmuhme (*Roggenmööm*). Auf dem Land haben und hatten die Leute besonders in der Erntezeit immer alle Hände voll zu tun und wenig Zeit, auf die Kinder aufzupassen. Da war es in den Vierlanden schon mal gang und gäbe, den Kindern mit der *Roggenmuhme* Angst zu machen, um sie von den Erntearbeiten fernzuhalten. Angeblich handelte es sich um eine Art Hexe, die sich im hochgewachsenen Roggenfeld versteckte, die Kinder anlockte und verschwinden ließ. Andernorts wurde mit dem → *Roggenwulf*, dem → *Bumann* od. dem *Düstermann* („schwarzen Mann“) gedroht [928].

Roggenwulf Kinderschreck, angeblich ein Dämon in Wolfsgestalt, der im Kornfeld auf kleine Kinder

925 Gemeint ist ein geräucherter Hering, ein → *Bückel*.

926 HWB 3/1061 (→ *högen:* sich freuen)

927 Beckershaus: Straßennamen S. 308

928 nach Hans-Hermann Wölfert

lauere, um sie verschwinden zu lassen. Wie die Warnung vor der → *Roggenmuhme* diente diese Mär dazu, die Kinder vom Betreten des Feldes abzuhalten. Das Wogen der Halme, so wurde den verängstigten Kindern erzählt, rühre daher, dass der *Roggenwulf* sich bewegt habe.

Rökerbood Raum, der übertr. so verqualmt war wie die Luft in einer → *Rökerkaat* (Räucherkate). Diese Bezeichnung wurde häufig für Wirtshausstuben angewendet, in denen die Luft so dick wie Nebel stand, weil dort früher, als es noch erlaubt war, viel und heftig geraucht wurde. Wer so eine dörfliche Gaststube betrat, brauchte einige Minuten und mehrere Hustenanfälle, um sich zu orientieren und seinen Stammtisch zu finden.

rökerich bedeutet „angeräuchert, wie geräuchert aussehen, wie aus der Räucherkammer kommend"; *geel as rökerich* (gelblich braun versifft). Das kann sich auf eine Wohnung beziehen, häufiger aber auf verschlampte Menschen od. Arbeitnehmer, die sich wie Penner am Pförtner vorbeischleichen; *de ole rökerige Mamsell.* Von → *rökern* (räuchern).

Rökerkaat Räucherkate, meist älteres und reetgedecktes Haus mit offener Feuerstelle, aber ohne Schornstein und Abzug, sodass sich der Rauch lange hielt und die *im Rauch* hängenden Fleischwaren würzig und haltbar machte. Eine *Rökerkaat* diente dem gesamten Dorf nach der Hausschlachtung, obwohl fast alle Bauern auch eine *Rökerkamer* (Räucherkammer) für den Eigenbedarf besaßen, häufig auf dem Boden. Das war dann der *Rökerböön* (Räucherboden).

rökern räuchern; Fleisch, Würste, Schinken od. Fisch im Rauch haltbar machen. Bekanntlich heißt der Holsteiner Katenschinken *Katenschinken,* weil er früher (heute leider nur noch in Ausnahmefällen) mehrere Wintermonate lang im Rauch der → *Rökerkaat* (Räucherkate) gehangen hat, und aus einem Hering wird im *Rökeraven* (Räucherofen) – in viel kürzerer Zeit natürlich – ein → *Bückel* (Bückling). Adj. → *rökerich* (angeräuchert). Erw.: *Rökeree* (Räucherei-Betrieb); *Rökeraal* (Räucheraal); → *Rökerbood* (verqualmter Raum); *Rökerfisch* (Räucherfisch); *Rökerspeck* (geräucherter Speck); → *Rökerwiemen* (Räucherstange).

Rökerwiemen Stange od. Gestänge, woran das zu räuchernde Fleisch od. der rohe Fisch über der Feuerstelle aufgehängt od. aufgespießt wurde[929].

Rollfleisch ist die gängige Bezeichnung für Rinder- od. Schweinerouladen, während der Ausdruck *Rouladen* für die Kohlrouladen mit Hackfüllung reserviert war.

Rollmops Der *Rollmops,* der aufgerollte saure Hering mit noch saurerer Gurke im Innern, mit einem Zahnstocher-Spieß zusammengehalten, wurde im Hamburger Straßenjargon auch als *Arme-Leute-Karpfen mit Lenkstange* verspottet.

Rollstrümp (Plur.). Da es früher lange Hosen für uns kleine Jungen noch nicht gab, mussten wir in der kalten Jahreszeit lange Strümpfe tragen. Dazu brauchte man auch ein Leibchen mit Gummistrippen daran als Strumpfhalter. Das war für uns Jungen natürlich mehr als schrecklich. Grässlich war es außerdem, wenn wir selbst gestrickte kratzige Strümpfe anziehen mussten, weil diese angeblich

929 HWB 4/1065

besser wärmten. Sobald wir im Freien und außer Sichtweite der Eltern waren, knöpften wir die Strümpfe ab und rollten sie bis auf die Knöchel hinunter, machten sie also, in unserer Sprachweise, zu *Rollstrümp*. Auch die Anfang der Fünfzigerjahre verbreiteten bayerischen Leserhosen für Knaben endeten weit oberhalb des Knies und passten zu Omas Strickstrümpfen wie die Büx zur Hose. Peinlich! Schließlich kamen zunächst Trainingshosen und schließlich die sogenannten Skihosen auf, die mein Vater mir aber nicht kaufen wollte und die der Lehrer nicht im Unterricht, sondern nur auf dem Schulhof duldete[930].

Rönn (bes. auf Finkw. a. *Rünn*) ist eine Rinne. 1. Das kann eine Dachrinne sein, die früher aus Holz, dann aus Zinkblech gefertigt wurde und in neuerer Zeit, teuer und von nächtlichen Metalldieben bedroht, aus Kupfer hergestellt wird. 2. Abfluss für Regen, Dreckwasser, Jauche, → *Rinnstein;* übertr. Gosse. 3. kleiner Wasserlauf, Rinne od. Röhre, die Gräben miteinander verbindet, im Deichvorland → *Priel.* Eigenn. *Rönne, Rünn;* Straßenn. *Hohle Rönne* (Horn).

Rönnsteenschipper (Ewerführer) → *Rinnstein.*

Röögoors wird ein Mensch genannt, der nicht still sitzen kann, der dauernd in Bewegung ist, den man auch als Zappelphilipp bezeichnen könnte. Aus → *rögen* (bewegen) und → *Oors* (Hintern)[931].

[1] Rook 1. Rauch, aufsteigender Qualm; *Rook un Smook* (Rauch und Qualm); *de swatte Rook.* Richey: *Keen Füer noch Rook: schlechtbestellte Haushaltung. Myn Schorstein treckt allerhand Rook: ich esse alles mit. De Rook treckt achter em up: er saget die Wahrheit nicht*[932]. Übertr.: *Rook in de Köök* (dicke Luft, schlechte Stimmung); *woneem Rook is, mutt ook Füür wesen* (wo Rauch ist, ist auch Feuer). 2. der zum Räuchern im Rauchfang, in der Räucherkammer od. in der Räucherkate (vgl. → *Rökerkaat*) erzeugte Rauch; *wat in 'n Rook hangen* (in den Rauch hängen); *Fisch ut 'n Rook* (Räucherfisch). In Billwerder versuchte man bei Zahnschmerzen den „Zahnwurm" auszutreiben, indem man Holunder- od. Kamillenblüten anzündete und den Rauch einatmete. Abergl.: Wer im Traum Rauch sieht, dem wird eine Krankheit in der Familie angekündigt[933]. Syn.: → *Smook, Qualm.*

[2] Rook veralt. für → [1] *Raav* (Rabe). Richey: *he stillt as 'n Rook: er stiehlet wie ein Rabe*[934]. Diesen schlechten Ruf verdankt der Rabe wohl seiner kleineren Verwandten, der Elster, die als Allesfresser von Jungvögeln bis zum Müll alles zu sich nimmt und bekanntlich alles Glitzernde in ihr Nest trägt, selbst wenn es sich um Oma Goldschmuck od. die Kaffeelöffel aus dem Tafelsilber handelt.

rote Grütze Mit diesem Fruchtdessert hat sich der Norden einen Hauch von Anerkennung auch im kulinarischen Süden erworben. Allerdings versteht Hamburg und sein Umland unter *roter Grütze* nicht das, was eine süddeutsche Großmeierei heutzutage unter diesem Namen vertreibt. Vor allem bemühte sich Mutter, nachdem sie Johannisbeeren, Himbeeren und Kirschen mit Wasser aufgekocht hatte, die feinen Kerne zu entfernen, indem sie den Saft durch ein Tuch od. Sieb goss, bevor sie ihn mit Zucker und Maizena versetz-

930 auch lt. Hans-Hermann Wölfert
931 lt. Olaf Haselhorst
932 Richey S. 215 f.
933 HWB 3/1069 f.
934 Richey S. 216

te, in eine Schüssel füllte und fein mit Zucker bestreute, damit sich beim Erkalten keine Haut bildete. Man *kann* rote Grütze mit Vanillesoße od. Sahne essen, aber am besten schmeckt sie mit viel kalter Milch. Mancher mag die *rode Grütt* eher *sööt* (süß) und mit *Melk* (mit Milch). Oma mochte sie lieber sauer. Auf die Klage: *de rode Grütt is bannig suur!,* antwortete sie: *dat mutt so sien!* Die Geschmäcker sind eben verschieden[935].

Röterpingel Die *Röterpingel,* auch Zugklingel genannt, erzeugte ein anhaltendes, lautstarkes Klingeln. In den Dreißigerjahren kamen an den Fahrrädern die Ballonreifen auf. Auf ihnen fuhr man so schön sanft. Aber bald merkte man, dass das Fahren damit erheblich schwerer als mit schmaler Bereifung ging. Die Mode schlief bald wieder ein. Zur gleichen Zeit kamen die Zugklingeln in Mode. Sie funktionierten ähnlich wie ein Dynamo. Mittels eines Zugseils vom Lenker aus wurde der an der Gabel befestigte Klingelkörper mit einem Rädchen an den Reifen gedrückt, sodass der Klöppel einen Dauerklingelton erzeugte. Ein Nachbar, der bei der Freiwilligen Feuerwehr war, benutzte diese Klingel immer, wenn er zum Alarm gerufen wurde, um sich freie Bahn zu verschaffen[936].

Rothaarige wurden auf der Straße verspottet: *du hast wohl beim Hamburger Brand zu lange über die Mauer geguckt!*

Rothenburg, Walter → Biografie S. 428.

[1]Rott Eine *Rott* ist eine Ratte, die zwar das sinkende Schiff verlässt, sich ansonsten aber im Keller, Stall od. auf dem Boden breitmacht, der Katze trotzt und die Menschen erschreckt und anekelt. Wenn eine Schwangere einer Ratte begegnete, so bekam sie ein Kind, das der Ratte ähnelte – so glaubten man jedenfalls früher. Dieses Nagetier war über Jahrhunderte derart unbeliebt, dass es von negativen Bezügen und Redensarten im Hamburgischen nur so wimmelt: *he hett 'n → Snuut as 'n Rott; 'n Rott op 'n Böön hebben* (verrückt sein); *mit den kann man Rotten un Müüs vergiften* (sagt man über einen unausstehlichen Zeitgenossen). Erw.: → *Rottenbieter* (Rattenfänger-Hund); → *Rottenkruut* (Rattengift); → *Rottensteert* („Rattenschwanz"); *Rottenkopp* (Schimpfw. „Rattenkopf"); → *Rottenswanz* (Zöpfchen).

[2]Rott ist auch eine Rotte, eine „Gruppe von Personen mit gleichen Absichten"[937], die sich zusammenfand od. sich *zusammenrottete.*

rotten faulen, verrotten; *'n rotten Appel; de Holtpöhl*[938] *fungen in de Eer al an to rotten.*

Rottenbieter Als einen „Rattenbeißer" bezeichnet man den Hund einer kleineren Rasse, etwa einen Terrier od. Zwergschnauzer, der äußerst flink und wendig auf den Beinen ist und Gegenstände bzw. Ungeziefer sogar im Sprung schnappen kann. Er wurde auf Bauernhöfen, aber auch auf Seeschiffen und Kuttern eingesetzt, um der Rattenplage Herr zu werden; *'n lüttjen Terrier, 'n fixen Rottenbieter; mien scheunen Hund, mien feinen Rottenbieter, de al so lang bi mi an Bord is, de so fein oppasst* (Gorch Fock)[939].

935 lt. Olaf Haselhorst
936 nach Hans-Hermann Wölfert
937 HWB 3/1091
938 Holzpfähle
939 nach HWB 3/1091

WALTER ROTHENBURG

AN DE ECK VUN DE STEENSTRAAT

Walter Rothenburg, genannt *Wero,* war eine Hamburger Institution mit Talenten als Seemann, Volksdichter, Schlagertexter, Boxpromoter, Astrologe und als sein eigener Verleger. Am 28. Dezember 1889 in Eimsbüttel geboren, sollte er nach der Schule in eine Backstube gesteckt werden, entfloh zur See und begeisterte sich für den Boxsport. Als Veranstalter vor allem für Max Schmeling brachte er die nie wieder erreichte Zuschauerzahl von 100 000 auf der *Dirt Track* (Sandbahn) in Lokstedt zusammen, wo der Ex-Weltmeister 1934 gegen Walter Neusel gewann.

Für den Kampf Schmelings gegen Steve Hamas am 10. März 1935 baute Rothenburg innerhalb von vier Wochen eine Holzlagerhalle an der Zollvereinsstraße zwischen Ausschläger Allee und Ausschläger Elbdeich zur damals größten Sporthalle der Welt um, zur *Hanseatenhalle* in – Rothenburgsort!

Walter Rothenburg schrieb quasi nebenbei die Ur-Hamburger → *Couplets* „An de Eck vun de Steenstroot“, „An de Alster, an de Elbe, an de Bill“, für → *Charly Wittong* „Fohr mi mol röber“ und für Freddy Quinn „Junge, komm bald wieder“. Er machte Fischerkittel (→ *Buscherump*), → *Elbsegler* und blaue → *Büx* zum Markenzeichen Hamburger Volkssänger.

Als Texter war er so produktiv, dass seine Komponisten Lotar Olias, Michael Jary, Gerhard Winkler und Gerhard Jussenhoven kaum nachkamen. Schlager der Nachkriegszeit, der Welterfolg „You, you, you“ und vor allem unsere „heimliche Nationalhymne“ stammen aus seiner Feder: „So ein Tag, so wunderschön wie heute“. Seine letzten Jahre verbrachte er in Ascona am Lago Maggiore, wo er 1975 starb. Als Hamburger Jung wurde er in Ohlsdorf beigesetzt.

Seine fünfte Frau, die er zärtlich Weroline nannte, gab im → *Abendblatt* bekannt, Wero habe den Planeten gewechselt. Nach ihr unterschrieb „Lord Simon“ die Traueranzeige – sein Hund, ein Yorkshireterrier. 1995 wurde der *Walter-Rothenburg-Weg* in Allermöhe nach Wero benannt.

Rottenkruut Rattengift, „Ratzen-Pulver“ (Richey), Arsenik; *he is so schlimm as Rottenkruut* (schlau und verschlagen).

Rottensteert „Rattenschwanz“. 1. kleine runde od. konisch geformte Feile des Tischlers. 2. der erste geflochtene, dünne Zopf der kleinen Mädchen, das „Rattenschwänzchen“, der im Allgemeinen steil absteht. Syn.: *Rottenswanz.*

Rottenswanz → *Rottensteert.*

rottkarich Adj. „rotzfrech“, patzig, aufgebracht. Syn.: *rotterich.*

Rotwelsch Der Sammelbegriff für die Geheimsprache gesellschaftlicher Randgruppen wird als *Rotwelsch* bezeichnet od. schlicht als „Gaunersprache“ bzw. „Bettlerlatein“. *Rot* hieß im späten Mittelalter der lügend und betrügend umherziehende Berufsbettler, Possenreißer und Gaukler, eben das gesamte fahrende Volk, als *welsch* galten die romanischen Sprachen, und weil man sie nicht verstand, war eine *welsche* Redeweise gleich einer unverständlichen Redeweise[940] (vgl. *Kauderwelsch*[941]). Rotwelsch ist im Laufe der Jahrhunderte keineswegs geheim geblieben. Viele Begriffe gingen in die Alltagssprache ein, auch in Hamburg wie → *Kaff,* → *Kien,* → *Monarch* → *Schlawiner* od. → *Schmu.* Die Leser kannten sie und erinnerten sich, sodass wir sie nicht aus unserer Sammlung verbannen wollen, nur weil ihr Ursprung nicht direkt zur Alsterquelle weist.

Rotz ist ein unappetitlich aus der Nase laufender Schleim mit erheblichem Ekelfaktor. Kam ein kleines Kind so daher, nannte man es halbwegs nachsichtig noch *mien lütt* → *Rotznees,* einen Straßenjungen hingegen überall derb abwert. *Rotzbengel* od. → *Rotzlöffel,* selbst wenn ihm gerade nichts aus der Nase lief. Das hatte er in den seltensten Fällen mit einer → *Rotzfahne* (Taschentuch) entfernt, sondern mit einem kurzen Nasenwisch des Unterarms gekonnt in den Ärmel des Pullovers übergeführt, wo der zähe Nasenschleim beim Trocknen einen glänzenden Streifen bildete. Sah Großvater das, spottete er: *Rotz, kumm rin, buten is dat koolt!* Vgl. → *Snapp;* → *Snodder;* → *Qualster;* → *Grüner Harry.*

Rotzbrems Oberlippenbart, dessen Funktion es ist, das, was aus der Nase läuft, nicht in den Mund laufen zu lassen – solange seine Kapazität reicht.

Rotzfahne anschaulicher, aber unfeiner Ausdruck aus der Schülersprache für das Taschentuch, früher natürlich noch nicht aus Papier, sondern ein Lappen von äußerst unästhetischer Konsistenz.

Rotzlöffel vulg. für einen rüpelhaften Halbwüchsigen (nicht typ. hamb.). Zu *löffeln,* übertr. also einer, der sich noch seinen → *Rotz* ableckt[942].

Rotznees „Rotznase“, kleines Kind, dem es entsprechend aus der Nase läuft.

Rouladen → *Rollfleisch.*

Ruffel f., Waschbrett, ein Zinkblech mit Querrippen im hölzernen Rahmen, das hochkant in die → *Balje* gestellt wurde, damit die Waschfrau die Wäsche mit der Hand *ruffeln* konnte.

940 Wolf: Wörterbuch des Rotwelschen S. 9
941 *kaudern:* hausieren, makeln
942 Kluge S. 693

Ruffelwief od. eine *Rufflersch* bezeichnet eine Kupplerin.

Rükelbusch (Plur. *Rükelbüsch*) m., Blumenstrauß. Richey: *Rükel-Busch: Blumen-Sträußchen, üm daran zu riechen*[943]. Von → *rüken* (riechen).

Rükelsch n., Name für versch. stark riechende Pflanzen. 1. Kamille. 2. Beifuß. 3. Minze. 4. Rosmarin [944]. Von → *rüken* (riechen).

rüken riechen. Subst. → *Rüker* (Riecher).

Rüker (Plur. *Rükers*) m., Riecher. 1. ugs. Nase des Menschen; *'n groten Rüker hebben* (eine große Nase haben). 2. Gespür; *'n Rüker för wat hebben* (eine Vorahnung haben); *den richtigen Rüker hebben* (die richtige Entscheidung treffen).

rümen bedeutet freimachen, räumen, roden, das Adj. *rümich* geräumig od. gerodet. Daher der Ausdruck *Rümerdörfer,* die im Gegensatz zu den → *Walddörfern* in „freigeräumter" Heidelandschaft zwischen Alster und Wandse angelegt worden waren.

Rümerdörfer (Hamburger Heidedörfer) → *Walddörfer.*

rümkarjolen (durch die Gegend fahren) → *karjolen.*

Rummel 1. Durcheinander, ein unordentlicher Haufen, ein Rest unsortierter Ware, Gerümpel, wertloses Zeug; *wat kost de Rummel?; de ganze Rummel* (alles). Adj. *rummelich* (unordentlich). 2. Vergnügen (meist im Gewühl vieler Menschen) mit Lärm und Krach. Ein Jahrmarkt mit Fahrgeschäften, Geisterbahn, Buden, Zuckerwatte und Liebesäpfeln, der im Großen auf dem → *Heiligengeistfeld* → *Dom* heißt, wird weiter draußen noch heute *Rummel* genannt. Verb *rummeln* (poltern, Lärm machen). Vgl. → *Rummelpott.*

Rummelpott (*Rummelputt*). Weit verbreitet war früher bei Kindern der Brauch, zu Silvester Rummelpott zu laufen. Die Kleinen verkleideten sich, zogen in Gruppen von Tür zu Tür und baten um kleine Geschenke sowie um → *Snoopkraam.* Dabei sagten sie kurze Verse auf, etwa: *Rummel, rummel roken, schenkt mi 'n Appelkoken!* od. *Rummel, rummel röötjen, gifft mi wat in 't Pöötjen!* Das ndd. *rummeln* bedeutet poltern, Lärm machen, und das taten die Kinder, indem sie einen Stock in einem mit einer Schweinsblase überzogenen Topf (*Pott* od. *Putt*) rieben. Dabei entstand ein brummendes Geräusch, sodass jeder wusste: Der Rummelpott ist da! Lange vor der jetzt importierten unsäglichen Halloween-Drohung „Süß od. sauer", die viele Erwachsene schlichtweg als Erpressung durch verwöhnte Wohlstandskinder empfinden, machte sich auch das Rummelpottlaufen nicht nur Freunde. 1656 wurde es verboten, 1936 erneut. Nicht gerade rücksichtsvoll: *een Huus wieder/ wohnt de Snieder,/ een Huus achter/ wohnt de Slachter,/ een Huus vörder/ wohnt de Möörder.* Zusatz: *giffst du mi nix in 'n Rummelputt, hau ik di de ganze Kaat in 'n Dutt!* Falls immer noch nichts gegeben wurde, hörte man laut auf der Straße: *witten Tweern* [945], *swatten Tweern, giezge Lüüd, de gifft nich geern.*

943 Richey S. 217
944 HWB 3/1103 f.
945 Zwirn

Silvester 1894: Der Rummelpott ist da und nicht zu überhören, denn das Mädchen rechts erzeugt mit der Schweinsblase schaurige Geräusche. Die Kinder erhielten kleine Gaben wie → Snoopkram oder Obst, das vom Weihnachtstisch übrig geblieben war.

rummurksen pfuschen. Vgl. → *Murks.*

rümrütern (herumtoben) → *rütern.*

Rundjer Ein *Rundjer* ist eine gefütterte dunkle Arbeitsjacke, ein Kleidungsstück, das nach dem bekannten Lied die Hamburger → *Kedelklopper* (Kesselreiniger) getragen haben: *Een Rundjer un een blaue Büx – de Mütz ganz kühn im Nacken, Getränk und Brot sind in de Tasch, een grote Tüüt voll Swatten* (Kautabak)[946].

Rundstück Ein *Rundstück* ist ein großes norddt. Brötchen, bes. in Hamburg. Ein richtiges Hamburger Rundstück wird mit weißem Mehl gebacken, sein Äußeres ist rund bis leicht länglich, es hat heute weder Kniff noch Falte, und dieses glatte Stück heißt an der Elbe eben *Rundstück.* So wurde es bereits seit 1610 von Hamburger Bäckern nach holländischem Vorbild angeboten – und kein echter Hamburger kennt das anders. Die urspr. kugelrunden Brötchen wurden seit 1765 offenbar nur noch in länglicher Form und damals mit einem Einschnitt auf der Oberseite angeboten. Richey kannte sie als *weiß Brodt von runder od.* länglicher Figur, theils überschnitten,

946 Wiegandt: Hamburger Liederbuch, Bd. 1, S. 82

theils nicht überschnitten, *so zu ½ bis 1 ß*[947] *gemeiniglich gebacken wird*[948]. Nach der Backordnung von 1671 mussten *Rundstücke* in Hamburg für einen → *Sechsling*[949] zwölf → *Lot*[950], für einen → *Schillen* (Schilling) 24 Lot wiegen. Ausruf 1865: *veer Rundstück för 'n Schilling, dat is doch wirklich billig!*[951] Ganz Spitzfindige bemängeln, dass das *Rundstuck* ja gar kein Rundstück sei, weil es heute nicht rund, sondern länglich und nur auf der Oberseite rundlich ist. Wer aber irgendwo in fernen deutschen Landen, wo die dortigen Einwohner von Brötchen, Schrippen, Semmeln od. noch fremdartigeren Gebilden reden, nach einem *Rundstück* od. gar nach einem *Runds-tück* mit spitzem norddeutschem *s-t* verlangt, muss auf die verständnislose Rückfrage gefasst sein: „Was, bitte, wollen Sie?" Vgl. → *Rundstück warm.*

Rundstück warm In Hamburger Gaststätten wurde früher als schnell zubereitetes Zwischengericht *Rundstück warm* angeboten. Dafür schnitt man ein → *Rundstück* in zwei Hälften, belegte sie mit Scheiben von Schweine- und Rinderbraten und übergoss das Ganze mit warmer, dunkler Bratensoße.

ruselmuselich Adj. unaufgeräumt; *ehr Bood is man bannig ruselmuselich* (ihre Wohnung ist nicht in Schuss).

Rüster Ulme; Furnier aus Rüsternholz (aus dem Holz der Ulme bestehend). Entspr. mhd. *rust* (Ulme). Adj. → ² *reestern.*

947 Schilling
948 Richey S. 218
949 damals ein halber → *Schillen* (Schilling)
950 1 Lot = rd. 15 Gramm
951 HWB 3/1123 f.

rutbenschen (wegjagen) → *benschen.*

Rute Wir meinen hier nicht die *Rute* als biegsamer Zweig der Weide, mit dem früher der → *Schoolmeester* geschlagen, der Vater erzogen und der Nikolaus im Bündel die eingeschüchterten Kinder bedroht hat, auch nicht die Angel- od. Wünschelrute, sondern: 1. veralt. Längenmaß regional unterschiedlicher Größe (von 2,92 m bis 4,67 m). 2. Jägerspr.: der Schwanz (a.: das männliche Glied) des Schalen- und Raubwildes sowie des Hundes.

Ruten-Esch (Karo-Ass im Kartenspiel) → ³ *Esch.*

Rütentüüt m., Scherzn. für ein wildes, zappeliges Kind, das ständig herumkaspert. Auch der Kasper selbst stellt sich gelegentlich vor: *ik bün de Kasper Rütentüüt,* wenn er sich in all seiner Lebhaftigkeit zeigt[952]. Hier wohl von → *rütern* (lärmen, toben); a.: *Rütensplüüt* wie → *Rietenspliet.*

rütern ist das Verb für das Lärmen und Toben. Erw.: *rümrütern; nu rüter man nich so rüm!* Adj. *rüterich* (stürmisch, lärmend). Vgl. → *Rütentüüt* (wildes Kind, Kasper).

Rutschbahn Im Allgemeinen versteht man unter einer Rutschbahn (Rutsche) ein Spielgerät für den Garten od. den Kinderspielplatz. In Hamburg handelt es sich aber, sofern im Winter nicht die gesamte Stadt zur Rutschbahn geworden ist, um eine Straße in Rotherbaum. Und dennoch hat beides miteinander zu tun. Im 19. Jahrhundert lebten Lokale im damaligen Außenbereich von den Ausflügen Hamburger Familien und versuchten außer Kaffee, Kuchen, Speis und Trank auch

952 lt. Carl Groth

allerlei zur Zerstreuung anzubieten, vornehmlich für Kinder, die nicht die ganze Zeit ruhig mit den Erwachsenen am Tisch sitzen wollten. Als Attraktion hatte ein Wirt eine große Rutschbahn aufbauen lassen, die so beliebt war, dass er seinen Gasthof „Zur Rutschbahn“ taufte. In Erinnerung an diese Wirtschaft wurde 1874 die dortige Straße so benannt[953].

ruuch (Komp. *ruger,* Superl. *ruuchst*) rau. 1. nicht glatt, uneben; *rugen Putz; rugen Plöster* (Kopfsteinpflaster); *rugen Grund* (steiniger Meeresgrund). 2. unbearbeitet, unordentlich; *'n rugen Feldsteen; Ruuchpuddel* (eine Art Struwwelpeter mit wirren Haaren). 3. mit od. aus Fell, struppig; *de ruge Mütz* (Pelzmütze); *ruge Uhl* (ungekämmt); *'n rugen → Esau* (fellartig behaarter Mann). Vgl. → *Rauchwaren* (Pelzwaren). Sprichw.: *de ruuchsten Fohlen ward de glattsten Peer.* 4. grob, ungehobelt; *de ruge Bengel.* Übrigens wurden die Neuenfelder lange vor dem Startbahnstreit von ihren Nachbarn in Finkenwerder und Cranz nur *de rugen Neefellers* genannt, was wir aber nicht unbedingt für spätere Interpretationen heranziehen wollen. Erw.: *dat ruge Huus* (*Das Rauhe Haus,* die 1833 in Horn von *Johann Hinrich Wichern* gegründete soziale Einrichtung „für sittlich verwahrloste Kinder“); *Ruuchhuus spelen* (Unsinn machen, sich rüpelhaft aufführen)[954]. Allerdings dürfte es sich beim *rugen Huus* um eine semantische Fehlinterpretation handeln, denn die Kate hieß ursprünglich *Ruges Huus* nach dem Vorbesitzer.

Rüüch Rücken. Erw.: *Rüüchweh* (Rückenschmerzen). Syn.: → [1]*Back (2).*

953 vgl. Beckershaus: Straßennamen S. 315
954 HWB 3/1145 ff.

Ruun Wallach, kastrierter Hengst. Ra.: *fröh Hingst, fröh Ruun!*[955] (wer sich allzu früh hervortut, fällt auch schnell wieder auf den Boden).

Ruup (Plur. *Rupen*) Raupe. Als wir während der Hungerjahre jeden Fleckchen Garten umgruben (Rasen gab es nach dem Krieg nicht) und Gemüse anbauten, freuten sich die Raupen, die besonders im Kohl herumschmarotzten, denn professionellen Pflanzenschutz gab es nicht. Das Rezept des Nachbarn, die Kohlköpfe mit Brennnesselsud zu gießen, erwies sich als kontraproduktiv: In der jaucheähnlichen Soße suhlten sich die Raupen erst recht mit großer Begeisterung. Beim Schneiden od. Abstrippen des Kohls in der Küche wurden die Raupen sorgfältig herausgepult, in einer alten Tasse gesammelt und den Hühnern in ihren provisorischen Verschlag unter der Terrasse gekippt. Ab und zu kochte eine Raupe jedoch mit und wurde erst am Esstisch entdeckt. Die Schwester lief kreidebleich hinaus und wollte sich übergeben, aber Großvater sah es von der praktischen Seite: *beter 'n Ruup in 'n Kohl as gor keen Fett!*

rüüschen 1. schnell bewegen, fahren, preschen; *wo hüüt de Hochbohn rüüscht; de Wogen rüüscht mank de Footgengers.* 2. rutschen, Schlitten fahren; *se rüüschen vun 'n → Diek.* Erw.: *Rüüschbahn* (Rodelbahn). Vgl. → *verrüüschen* (verhauen).

Ruut (Plur. *Ruten*) Raute. 1. Spielkartenfarbe Karo (wegen der Rautenform); *Ruten ut!* (Karo ist Trumpf); → *Ruten-Esch* (Karo-Ass). 2. eingesetzte, meist bleigefasste Fensterscheiben in Rautenform; *ik kiek dörch de Ruut; ut jede Ruut en Snuut*[956].

955 HWB 3/1150
956 HWB 3/1152

S

[1] Saal 1. Das Obergeschoss eines Hauses in einfacherer Wohngegend mit eigenem Zugang von außen über die *Saaltrepp,* eine meist offene Treppe von der Straße zu einer Außentür im ersten Stock. Häufig teilte man ein *Saal*-Stockwerk in bis zu vier bescheidene *Saal*-Wohnungen auf, die jeweils aus einem Vorraum und ein od. zwei Kammern bestanden und an Arbeiterfamilien vermietet wurden; *de bi uns wahnt op den selben Saal.* Bürgerliche Familien wohnten in besseren Vierteln, und dort nicht mehr im Saal, sondern auf → *Etage.* 2. großer, repräsentativer Raum, Vortrags- od. Festsaal; *Saal free!* (Freigabe des Tanzes)[957].

[2] Saal [spr.: *zo:l*] 1. Die Sohle, Schuhsohle, Unterseite von Geräten, aber auch der 2. Tanzboden, der aus Brettern in der Diele des Wirtshauses gelegt wurde, hieß *Saal; de Saal ward leggt*[958].

[3] Saal Tümpel, Sumpfniederung[959], natürliche Viehtränke ohne Zu- und Abfluss; noch in Orts- und Straßennamen erhalten. *Lemsahl* bedeutet also lehmiger Tümpel, wahrscheinlich benannt nach einer ehemaligen Ziegeleikuhle, die sich mit Wasser gefüllt hatte[960]. Straßenn.: *Im Soll* (Bramfeld), *Kronsaalsweg* (Stellingen), *Saalkamp* und *Specksaalredder* (beide Duvenstedt; vgl. → *Specke*).

Saaltrepp (Außentreppe) → [1] *Saal (1).*

Sabbel di rund! Es kann einem ja manchmal wirklich zu viel werden, wenn einer mit dem Erzählen, wovon man eigentlich gar nichts hören will, nicht enden kann. Da kann es denn schon mal rausrutschen: *sabbel di rund, denn kannst kugeln, du geihst mi langsam op 'n Keks.* Dann war endlich Ruhe.

sabbel Adv. erzürnt, böse; *se weer sik en paar Daag sabbel.* Syn.: → *muff.*

Sabbel *Sabbel* ist die hamburgische Bezeichnung für Mund (*sabbeln* – viel sprechen). Ein → *Sabbelbüdel* ist ein gesprächiger Mensch, der auch schon mal → *Tüünkraam* erzählt. Das *Sabbelwater* ist der Alkohol, nach dessen Genuss selbst ein sonst stiller Zeitgenosse zum besagten *Sabbelbüdel* werden kann. Wird es den Zuhörern zu viel, sagt man: *nu holl mol dien Sabbel!* (nun halt mal deinen Mund). Gern wird auch am Telefon gesabbelt. So ist es nicht verwunderlich, dass der hamburgische Volksmund für das Handy bereits den Begriff *Sabbelknaken* („Sprechknochen") geprägt hat.

Sabbelbüdel Wer viel redet und tratscht und dabei eine gehörige Portion *dumm* → *Tüüch* (dummes Zeug) von sich gibt, wird in Hamburg *Sabbelbüdel* genannt. Es gab auch einen Begriff für die weibliche Form solcher Mitmenschen: *Sabbeljette,* wobei dieser Ausdruck genau genommen die → *Verballhornung* der französischen *Serviette* (Mundtuch) gewesen sein soll. Die Verben → *sabbeln* (unnötiges Zeug reden) od. vulg. *sabbern* haben ursprünglich etwas mit dem Mund und dem Speichel darin zu tun und lassen sich mnd. mit *geifern* übersetzen. Um so einen plattdeutschen Dampfplauderer zu stoppen, fährt man ihm mit *holl dien Sabbel!* od. *sabbel di doot!* über den Mund.

sabbeln unnützes Zeug reden, ohne ein Ende finden zu können.

957 HWB 5/4 f.
958 HWB 5/5
959 HWB 5/5
960 Beckershaus: Stadtteile S. 72

Sack (Plur. *Seck*). 1. großer Beutel aus grobem Stoff zur Aufbewahrung od. zum Transport von Schüttgut, Kohlen, Kartoffeln, Getreide etc.; *mit Sack un Pack* (mit der gesamten beweglichen Habe); *wat in 'n Sack hebben* (vorrätig haben); *in 'n Sack hauen* (etw. aufgeben, kündigen, die Arbeitsstelle verlassen). 2. Hohlmaß unterschiedl. Menge, z. B. *1 Sack Kaffe* = 100 Pfund, *1 Sack schwerer Hafer* = 180 Pfund. 3. Tasche, Hosentasche. 4. Schimpfw.: *natte Sack, fule Sack, 'n Sack vun Deern* (ungehorsame Tochter od. Magd).

Saftladen kleines, schlecht geführtes Geschäft.

Salaat Salat; *as 'n Storch in 'n Salaat gahn* (steifbeinig gehen); *dor hebbt wi den Salaat* (nun haben wir die Bescherung).

[1] Saling f., seem. im oberen Teil des Mastes an beiden Seiten quer dazu befestigte kurze Stange, die die Wanten abstützt und dadurch eine bessere Verspannung des Mastes bewirkt, bildet quasi eine Art Plattform im Mast; *mienwegen köönt ji boben op de Saling slapen!* Wohl aus ndd. *sadeling,* eigentl. Versattelung zu *sadel* (Sattel)[961].

[2] Saling m., Straße in Hamm-Nord, kreuzt die Sievekingsallee, nach „einem in der Gegend anhaftenden Flurnamen"[962]. Ein Bezug zur seem. Mastplattform → [1] *Saling* ist nicht zu erkennen.

Salmbook Gesangbuch, Buch mit Texten und Noten von Kirchenliedern. Von *Salm* (Psalm).

Historische Salmi-Blechdose der Firma Haribo, wie wir sie als Kinder kannten. Diese Firma (HAns RIegel, BOnn) gibt es noch heute. Sie füllt mit ihren Produkten (Goldbären usw.) jetzt ganze Supermarkt-Gassen.

Salmi kleines, rautenförmiges Lakritzplätzchen. Als Kinder klebten wir uns mit Spucke einen Stern davon auf den Handrücken und leckten breit mit der Zunge darüber; *he backt sik Salmis op de Hand.* Gerhard von Harscher erzählt: Als die → *Salmis* für die Kinder in Mode kamen, hatte der → *Krämer* immer einen großen *Glashafen* (→ [2] *Haven*) voller *Salmis* auf dem Ladentisch stehen. Das war vorher anders. Da kamen einmal drei Jungs in den Laden. Der erste: „Für fünf Pfennig Salmis." Der Krämer holt die Leiter, klettert hinauf und nimmt das Salmiglas aus dem Regal mit nach unten. Dann füllt er für fünf Pfennig Salmis in eine Tüte und trägt das Glas wieder nach oben ins Regal. Unten angekommen, fragt er den Nächsten: „Und du?" Der antwortet: „Auch für fünf Pfennig Salmis." Wieder klettert der Krämer nach oben, kommt mit dem Salmiglas runter und füllt nochmals eine Tüte ab. Wie er das Glas wieder hochtragen will, dreht er sich um und fragt den dritten Jungen: „Willst du auch für fünf Pfennig Salmis haben?" „Nein", sagt dieser. Also wieder nach oben mit dem Salmiglas. Unten fragt er ihn dann: „Was möchtest du denn haben?" Der antwortet: „Für zehn Pfennig Salmis!"

961 lt. Duden: Das große Wörterbuch der deutschen Sprache o. S.

962 Beckershaus: Straßennamen S. 317

Santa Fu lautet der volkstümliche Name der Fuhlsbüttler Justizvollzugsanstalt, die heute gar nicht mehr in → *Fuhlsbüttel,* sondern im Stadtteil → *Ohlsdorf* liegt.

sapsen (*sapsen, sapschen, sappen*). 1. schmatzen, schlürfen. 2. breiig werden. Wenn Großmutter einen schönen Tortenboden aus Mürbeteig für den Obstkuchen gebacken hatte und ihn dann mit Kirschen od. Erdbeeren belegte, dann *sapste* er – er feuchtete durch, wurde *sapsich* (breiig) od. *zu Saps* (Matsch). Adj. *sapsich* (breiig).

Satte (*Setten*). Eine *Satte* war eine größere flache Schüssel aus Steingut, in der urspr. Milch zur Rahmbildung angesetzt wurde, in der man aber auch allerlei andere Esswaren aufbewahren konnte; *se harr noch 'n Satt Dickmelk utlöpelt; twee grote Schötteln mit Swienskopp un twee Satten mit Suurkohl*[963].

Savelbeen (krumme Beine) → *Wallbeen.*

1–5 Schaar Homofone: 1. f., Schar, Gruppe von Menschen, Schwarm von Vögeln. 2. f., Pflugschar. 3. n., bewaldetes, steiles Ufer; *Hohe Schaar* (Teil einer Elbinsel in der Süderelbe). 4. f., unterste Planke bei → *Ewern.* 5. n., kleine, angegrenzte Abteilung im Stall[964].

Schaardoor Schaartor, ugs. Bezeichnung für ein früheres Stadttor am Herrengrabenfleet in der → *Neustadt* (am heutigen Rödingsmarkt), das vom 14. Jh. bis 1665 bestand. Laut HWB von → 3 *Schaar* (steiles Ufer)[965], nach Beckershaus leitet sich der Name „von der technischen Bezeichnung *share* (*shore:* Küste, Gestade, Vorland) für den als Kai ausgebildeten Uferrand zwischen *Mattentwiete* und *Herrlichkeit*" ab[966]. Straßenn.: *Schaartor* (Neustadt).

Schabbes Sabbat, der jüdische Ruhetag am christlichen Sonnabend, der – man kann es nicht nachdrücklich genug betonen – in Hamburg nur → *Sonnabend* und nicht etwa Samstag heißt.

schabbich 1. Vom Charakter her schäbig, böswillig, gemein; *'n schabbich Keerl* (ein unangenehmer Zeitgenosse); *dat weer 'n ganz Schabbigen,* wunderte sich Fietje, der an einen scharfen Amtsrichter geraten war und sich eine unerwartet hohe Strafe eingefangen hatte. 2. Ein bissiger und bösartiger Hund ist ein *schabbigen Hund,* der niemand an sich heranlässt; deshalb: *so schabbiger de Hund is, so mehr Flöh hett he.* Von mnd. *schabbich* (krätzig); Vgl. mhd. *schebic* (räudig, svw. abgeschabt aussehend).

Schacht kriegen hieß ehedem, Prügel beziehen, verhauen werden. Das Wort hat indes mehrere Bedeutungen; außer dem baulichen, bergbaulichen Schacht auch den Strumpfschacht (*Strumpschecht*), ist im Plattdeutschen *Schacht* ein Stock, eine Gerte, ein Prügel, mit dem man gegebenenfalls *Schacht bezieht. Wi hebbt em örnlich Schacht geven,* wir haben ihn tüchtig verprügelt[967].

Schaffer h.: in → *Ämtern,* → *Gilden* und → *Bruderschaften* gewähltes Vorstandsmitglied, für die Kasse und bei Festlichkeiten für die Bewirtung

963 HWB 4/234
964 lt. HWB 4/36
965 HWB 4/36
966 Beckershaus: Straßennamen S. 320
967 lt. Claus Günther

zuständig. In Bremen ist dieser Begriff in der *Schaffermahlzeit* bis heute erhalten geblieben, die seit 1545 als feierliches Abschiedsessen für Reeder und Schiffer mit genau festgelegter Speisenfolge am zweiten Freitag im Februar ausgerichtet wird.

Schafudder Ausschelte, lautstarker Verweis. Subst. zum Verb → *schafutern* (zetern); *he hett en ornliche Schafudder kregen; nu sünd se dor al wedder an 't Schafutern* (Ehekrach beim Nachbarn).

schafutern schelten, zetern, ausschimpfen. Intens. zu → *futern*. Subst. → *Schafudder* (Schelte).

schallern jmdm. einen Schlag geben; *een schallert kriegen* (eine Ohrfeige einfangen); *de Deern schaller em een vör dat Schemisett*[968].

schamfielen seem. durchscheuern von Tauwerk und Segeln. Um das zu verhindern, werden die beanspruchten und gefährdeten Stellen der Takelage *schamfielt*, geschützt durch Umnähen od. Bekleiden mit Leder, Garn od. festem Tuch. Subst.: *Schamfieling* (Schutzvorrichtung, die das Durchscheuern von Tauen und Segeln verhindern soll)[969].

Schandarm für Gendarm aus frz. *gendarme* (Polizist), wohl auch ein Erbe der → *Franzosenzeit.* Vgl. → *Udel;* → *Schutzmann;* → *Sipo.*

schanghaien (seem., engl. *to shanghai*). Oft hatte die Schifffahrt nicht genügend Matrosen. Deshalb haben die Kapitäne mit Kneipen und auch mit Bordellen vereinbart, dass junge Männer gegen Vergütung → *duun* (betrunken) gemacht und dann aufs Schiff gebracht wurden. Weil diese Methode angeblich aus Schanghai stammt, wurde sie *schanghaien* (Matrosen gewaltsam anheuern) genannt; *schanghaien* ist ein Begriff der Seemannssprache in vielen Häfen, so auch in Hamburg: *ik mutt woll na Hamborg rop un mi dor 'n Matrosen schanghain loten; den harrn se in Nee-Orliens schanghait un duun an Boord bröcht.*

schapich harmlos, einfältig. Das Adj. kommt vom Subst. *Schaap* (Schaf), dem ja entsprechende Eigenschaften zugesprochen werden.

Schapoklack Der *Schapoklack* war der Zylinderhut des kleinen Mannes: Sein Kopfteil konnte eingeklappt werden, sodass er flach im Kleiderschrank kaum Platz wegnahm. Wenn Vater zur Beerdigung eines Nachbarn od. Kunden musste, ließ er den Zylinder mit lautem Klack wieder auf volle Höhe springen und zog mit bemüht betroffenem Gesicht von dannen. Von frz. *Chapeau claque* (Klappzylinder).

Schapp 1. Schrank, Spind; vgl. → *Schapptüüch.* 2. Gefängnis, enger Raum. 3. Kopf: *ik hau di enen an 't Schapp.*

Schapptüüch So wurde die festliche Kleidung (→ *Tüüch*) genannt, die nur zu ganz besonderen Anlässen aus dem → *Schapp* (Schrank, Spind) geholt wird (Sonntagskleid, Sonntagsanzug).

Scharp (Plur. *Scharpen*) f., Scharbe, eine Schollenart mit scharfen Schuppen. Die Scharbe ist einer der häufigsten Plattfische mit aromatischem, weißem Fleisch und mildem Geschmack. Im Gegensatz zu anderen Plattfischen kann man die

968 *Chemisette* (Hemdbrust)
969 lt. Carl Groth

Scharbe nicht hältern, weil sie sofort stirbt. Auf Finkenwerder wurden *Scharpen* deshalb getrocknet verkauft. Vgl. → *Schull* (Scholle).

scharpich Adj. streng, grantig, bissig, scharf wie *scharp* (scharf). Verb *scharpen* (schärfen); *'n scharpen Köter* (ein bissiger Hund); *uns Schoolmeester is man bannig scharpich ween – mannichmol hest wat mit 'n Reetje*[970] *kregen!* [971]

Scharteek bezeichnet in Hamburg die sogenannte Scharteke, was 1. ein altes Schriftstück od. ein antiquarisches, verstaubtes und vergilbtes Buch sein kann, übertr. aber auch 2. abfällig eine alte, hässliche und ungepflegte Frau; *ut de dralle Jungfer is mit de Tiet 'n ole dröge Scharteek worrn.*

Schatull Schatulle. 1. kleines verschließbares Kästchen. 2. In den Vierlanden verstand man darunter einen Sekretär, einen schmalen hohen Schrank mit herunterklappbarer Schreibplatte und zahlreichen kleineren Schubladen, Fächern und „Geheimfächern" dahinter, der Aufbau häufig mit Glas- od. Sprossenfenstern [972].

Schauerleute (Plur., Sing. *Schauermann* od. *Schauer*). Sie sind für das → *Löschen* (Entladen) und Laden der Schiffe zuständig. *Schauerleute* waren hauptsächlich ehemalige od. arbeitslose Seeleute, die Kenntnisse im sachgerechten Laden und Löschen von Stückgut hatten. Die Schauerleute waren in der Regel Tagelöhner, die kurzfristig angestellt wurden, wenn Arbeit anfiel. Normalerweise waren für das → *Stauen* der Schiffe die zugehörigen Schiffsmannschaften zuständig; in Sondersituationen wurden Schauerleute hinzugezogen, wenn besondere Geschwindigkeit notwendig od. die Mannschaft schon abgemustert war, der Kapitän aber seine Ladung noch nicht verkauft hatte. Mitte des 18. Jhs. wurde der Begriff der *Schauern* erstmals in Hamburg erwähnt. Ab 1840 mit Aufkommen der Dampfschiffe und dem Anstieg des Warenaustausches wurden Schauerleute in größerer Zahl benötigt. Die Mannschaften der Schiffe wurden kleiner. Von 1910 bis 1930 war die größte Anzahl von Schauerleuten in den Häfen beschäftigt. In den Fünfzigerjahren wurden sie über den NWDR[973] (NDR) für den jeweiligen Tag gesucht. Mit der Mechanisierung und seit Aufkommen der Container hat sich dieser Berufszweig zum heutigen *Hafenfacharbeiter* gewandelt[974]. Sie arbeiteten in Gruppen, den sogenannten → *Gengs,* was der → *Stauerviez* (Vorarbeiter) überwachte und der → *Tallymann* kontrollierte. Die sogenannten *schwarzen Schauerleute* waren mit dem Kohleumschlag befasst. Der Schauerberuf war eine sehr schmutzige Arbeit, die zudem körperlich anstrengend und gefährlich war. Der Begriff ist vom ndl. *sjouwen* (schleppen, hart arbeiten) abgeleitet. Ein *sjouwerman* war urspr. jemand, der „durch die See watete und Lasten von od. an Bord trug".

schechten (schnell laufen) → *scheckern.*

scheckern (*schechten*) bedeutet, mit großen Schritten zu laufen, zu gehen, sich fortzuschieben; *straatop un straatdaal scheckerten de Jungs; he schecht so gau*[975] *he jümmers kann.*

970 → *Reetje* (Rohrstock)
971 lt. Olaf Haselhorst
972 lt. HWB 4/58
973 Nordwestdeutscher Rundfunk, ab 1956 NDR und WDR
974 lt. Wikipedia
975 schnell

Schauerleute, wie diese Hafenarbeiter in Hamburg genannt wurden, waren meistens Tagelöhner und bekamen eine Schicht bezahlt, wenn ein Schiff ent- oder beladen werden musste, 1935.

scheef Adj. schief; Komp. *schever,* Superl. *scheefst;* Ggs. *graad, liek.* 1. nicht gerade, schräg. Richey: *keen Putt is so scheef, dar findt sick een Deckel to: es ist keine Person so häßlich od. so berüchtiget, sie findet im Heirathen ihres gleichen*[976]. Ra.: *'n beten scheef hett Gott leef; je schever, je lever* (wenn jmd. eine Person mit Behinderung heiratet); *mit dat Krumme an 't Scheve haun* (sich ins Vergnügen stürzen); *op 'n scheven Stevel gahn* (sich aufspielen); *de Mogen sitt mi scheef* (ich habe Hunger). Sprichw.: *allens löppt sik wedder trecht, bloots keen scheve Hacken.* 2. schlecht, übel, falsch; *'n scheven Schilling* (falsche Münze); *du scheven Keerl!;* (seem.) *'n scheven Wind* (widrige Winde)[977].

976 Richey S. 196
977 HWB 4/63 ff.

Scheefbeen aus heutiger Sicht recht rücksichtsloser Ausdruck für jmdn., der hinkt od. schiefe Beine hat. Adj. *scheefbenich* (krummbeinig); *sien scheefbenigen Teckel* (Dackel). Schimpfw.: *du scheefbenich Aas!*

Scheefblatt hamb. Pflanzenn. für die Begonie (Schiefblatt).

Scheefmuul 1. ugs. Bezeichnung für den → *Butt.* Syn.: *Scheefsnuut* (Flügelbutt). 2. Schimpfw. im Hafen für den Lumpen-, Schrott- od. Gelegenheitshändler. Kam ein Schiff mit beschädigter Ladung ein, erschien *dat Scheefmuul* und versuchte, die Fracht für wenig Geld zu übernehmen; *dat Scheefmuul hett dat köfft.* Auf diese Weise gelangten z. B. mit Seewasser versalzene Bananen als Sonderangebot in den Handel. Auch hier das Syn. *Scheefsnuut.*

scheel 1. wörtl. schielend; *sien Ogen stünnen en beten scheel* (er schielte). 2. missgünstig, neidisch; *kiek mi nich so scheel an!* (schau mich nicht so von der Seite an!); *enen mit schelen Ogen ansehn* (misstrauisch beäugen). Von *schelen* (schielen).

Scheet in 'n Wind! ist die hamb. Aufforderung für „verschwinde, hau ab, verdünnisier dich, wir brauchen dich nicht mehr!" *In den Wind schießen* kommt ursprünglich aus der Schifffahrt: Wenn ein Segelboot mit → *Schratsegeln* so manövriert wird, dass der Wind genau von vorn kommt – zum Segelsetzen od. -bergen –, dann ist es in den Wind geschossen, die Segel haben keinen Winddruck mehr, sie flattern od. killen, und das Boot macht keine Fahrt, ist gegebenenfalls aus dem Rennen wie der, den man fortschickt, der nicht mehr mitmachen soll[978].

Scheffel (*Schepel*) altes Hohlmaß für trockenes Schüttgut, bes. für Getreide. Sie kennen alle das Verb *scheffeln,* was nichts anderes bedeutet als *in Scheffel füllen,* zusammenraffen, in großen Mengen anhäufen. In Hamburg maß ein *Scheffel* 105,264 bis 109,92 Liter, zehn Scheffel waren ein *Wispel,* ein Scheffel hatte zwei → *Fass,* ein Fass zwei → *Himten,* ein Himten vier *Spint,* ein Spint 6,578 bis 6,87 Liter. Die Hamburger Maße und Gewichte (Längenmaße, Flächenmaße, Hohlmaße, Hohlmaße für Getränke, Raummaße, Zählmaße, Gewichte) waren auf den Grundzahlen 12 und 16 aufgebaut, bis sie nach der Gründung des Deutschen Reiches per Gesetz im Jahre 1872 durch das Dezimalsystem abgelöst werden mussten. Im täglichen Umgang blieben die alten Bezeichnungen aber zum Teil bis heute erhalten, etwa ein *Pfund* (eigentl. 484,46 g) od. ein *Schock* (60 Stück)[979]. Vgl. → *Faden.*

schelen (schielen) → *scheel.*

schenant (genierlich) → *scheneerlich.*

Schendarm (Gendarm) → *Wachtmeister.*

scheneerlich genierlich, unangenehm; *Fro Frettwust hett en Verhältnis, dat direkt scheneerlich is.* Syn.: *schenant.*

schepen (verschiffen) → *afschepen.*

Scherau, Walter → Biografie S. 441.

scherbeln fröhlich und ausgelassen tanzen; *wi schuuvt un wi scherbelt famoos dörch den Saal.*

Schese hamb. Kurzf. für → *Chaise[longue].*

schesen schnell gehen, fahren, laufen, rennen; *he schees in 'n Galopp na Huus.*

scheten bedeutet „schießen", und man sollte dieses Verb nicht mit → *schieten* verwechseln.

schetterich 1. elend, krank, unwohl, übel, verkatert; *mi is ganz schetterich*; *mien Fro föhlt sik schetterich.* 2. schäbig, unansehnlich, heruntergekommen; *sien schetterichsten Hoot*; *'n schetterige Kaat*[980]. Syn.: → *schietich.*

Scheven Wind Heimisches Gericht: Graupensuppe mit Rauchfleisch und Backpflaumen.

978 lt. Carl Groth

979 Hamburg-Lexikon S. 455 f.

980 verfallene Kate

WALTER SCHERAU

HAMBURGER BÜHNENKOLOSS

Er wurde liebevoll „Der Dicke“ genannt. Das bezog sich einmal auf seinen Leibesumfang, mit dem er die Bühne im → *Ohnsorg-Theater* fast ganz allein füllen konnte, zum anderen aber auf seine kauzige Gemütlichkeit als Darsteller Hamburger Typen alten Schlages, die ihn zu *dem* Vertreter des norddeutschen Humors machte [981].

Geboren wurde er als Walter Voscherau am 10. Januar 1903 in der Hansestadt. Er war der jüngere Bruder Carl Voscheraus (1900–1963) und damit der Onkel des späteren Hamburger Bürgermeisters Henning Voscherau (geb. 1941). Als die Brüder nach dem Krieg die Schauspielerei zu ihrem Beruf machten, musste Walter wegen der Verwechslungsgefahr als der Jüngere auf die ersten beiden Buchstaben im Namen verzichten. Aus Walter Voscherau wurde Walter Scherau.

981 Gerd Spiekermann: 100 Jahre Ohnsorg S. 73 f.

Walter spielte von 1919 bis 1944 mit seinem Bruder als Volksschauspieler in den damals verbreiteten Theatervereinen und trat auch häufig im → *Conventgarten* auf. Nach dem Krieg ging er zu Ohnsorg und war zeitweise Kassierer des Trägervereins und Geschäftsführer der Bühne [982].

Am 13. März 1954 begann für das Ohnsorg-Theater eine völlig neue Zeitrechnung, die die kleine niederdeutsche Volksbühne an den Großen Bleichen zu einem Begriff in ganz Deutschland machte: Das Fernsehen übertrug – live! – zum ersten Mal eine Ohnsorg-Aufführung. Gespielt wurde „Seine Majestät Gustav Krause“ mit Walter Scherau in der Hauptrolle, und zwar in einem eingefärbten Hochdeutsch. Das hatte Scherau durchgesetzt, damit die Schauspieler auch im entfernten Bayern verstanden werden konnten. Intendant → *Hans Mahler* war strikt dagegen. Für ihn bedeutete das Plattdeutsche die Grundlage seines Theater.

Als Autor des Stücks war ein Eberhard Foerster angegeben. Hinter diesem Pseudonym verbarg sich kein Geringerer als Erich Kästner (1899–1974), der im „Dritten Reich“ Schreibverbot hatte, aber als Meister seines Fachs von Reichspropagandaminister Goebbels persönlich beauftragt worden war, unter dem anderen Pseudonym Berthold Bürger das Drehbuch für den Ufa-Jubiläumsfilm „Münchhausen“ mit → *Hans Albers* zu verfassen.

Die Übertragungen aus dem Ohnsorg-Theater gerieten allesamt zu Straßenfegern und bestimmten das Programm der Fernsehgemeinde. Stars der ersten Jahre waren Walter Scherau und → *Heidi Kabel*. Scherau starb am 12. Mai 1962 und liegt in → *Ohlsdorf* begraben.

982 Carl Voscherau ging 1946 ans Thalia-Theater. Nach dem Tod von Just Scheu (1903–1956) übernahm er die Moderation der Funklotterie des NDR, bei der man die damals ungeheuerliche Summe von 10 000 DM gewinnen konnte.

Der Kruckenberg'sche Schienenzeppelin stellte am 21. Juni 1931 während der Fahrt von Bergedorf nach Berlin bei Wittenberge mit 230,2 km/h einen Geschwindigkeitsrekord auf, der erst 1955 gebrochen werden konnte. Der Schienenzeppelin blieb ein Einzelstück und wurde 1939 entsorgt.

schick 1. ugs. in ganz Deutschland: fein, modisch, elegant von frz. *chic.* 2. in Hamburg spez. die Eigenschaft „gut" für alles, was gefällt; das kann eine *schicke* Theateraufführung, ein *schickes* Buch od. *schickes* Wetter sein. Subst. → *Schick.*

Schick Der *Schick* bedeutet 1. ordentlicher Zustand; *so hett dat Schick* (so gehört sich das); *goot to Schick wesen* (sehr ordentlich sein); *keen Schick hebben* (nichts taugen). 2. angemessenes Benehmen (Verb *sich schicken*); *du hest keen Schick* (du hast keinen Anstand). 3. gutes Aussehen (Adj. *schick*); *he hett goden Schick* (er sieht gesund aus); *goot bi Schick wesen* (kräftig, wohlgenährt, alles andere als schlank sein); *lütt un dick hett keen Schick* (Beschreibung eines Dicken). 4. Geschicklichkeit, Talent; *dor hett he keen Schick to* (das kann er nicht).

schicker Adj. betrunken. Von rotw. *schickern,* jidd. *schikkern* (trinken, sich betrinken)[983].

Schieblade ist die hamb. Bezeichnung für die Schublade. Vgl. → *Schuuv.*

983 Wolf: Rotwelsch S. 283

Schienenzeppelin *Franz Friedrich Kruckenberg* (geb. 21. August 1882 in Uetersen, gest. 19. Juni 1965 in Heidelberg) war ein aus einer alten Hamburger Kaufmannsfamilie stammender Maschinenbau-Ingenieur, der unter anderem 1929 den mit einem Flugzeugpropeller aus Eschenholz am Heck angetriebenen *Schienenzeppelin* konstruierte, dessen Kraft von einem BMW-12-Zylinder-Flugzeugmotor mit einer Leistung von 600 PS erzeugt wurde. Am 21. Juni 1931 zwischen 3.27 und 5.05 Uhr steuerte Kruckenberg selbst den Propeller-Triebwagen in nur 98 Minuten die 257 km lange Strecke von Hamburg-Bergedorf zum Lehrter Bahnhof nach Berlin, wobei er zwischen Karstädt und Wittenberge mit 230,2 km/h einen Geschwindigkeitsweltrekord aufstellte, der erst 1955 gebrochen werden konnte. Während der → *Fliegende Hamburger* die schnellste fahrplanmäßige Verbindung zwischen den beiden größten deutschen Städten darstellte, blieb der Schienenzeppelin ein Einzelstück ohne Einsatzmöglichkeit in der täglichen Praxis. Schon 1939 war er so verrottet, dass er entsorgt werden musste und nur als Märklin-Spielzeugmodell weiterlebte. Zwischen Hamburg und Berlin wurde bei einer Testfahrt am 11. Mai 1936 auch ein Dampflok-Geschwindigkeitsweltrekord aufgestellt. Die stromlinienförmig verkleidete Lokomotive 05 002 der DRG-Baureihe 05 erreichte zwischen Friesack und Vietznitz (Havelland) 200,4 km/h.

schier 1. rein, unvermischt, ohne Zusätze; ein *schieres* Stück Fleisch (ohne Knochen, Fett und Sehnen); *schiere* Natur; *schiere* Wahrheit. 2. glatt; *schier* wie die Babyhaut; *'n schier Holt* (ohne Äste). 3. seem. günstig; *'n schiere Bries vun achtern*. 4. ansehnlich; *so schier un wacker seht se ut* (die Brautleute).

schiersnutich glattgesichtig; *mank de Froonslüüd weer ruuchsnutige*[984] *un schiersnutige mank.* Schon Richey kannte den Ausdruck: *der Bauer saget eene schyrsnutige Deern: ein Mädgen, das fein aussiehet*[985]. Von → *schier (2).*

Schiet an 'n Boom! sagt nichts anderes als: Mach, was du willst! od.: Nun ist alles egal! Gerhard von Harscher erklärt die Herkunft des Snacks so: Der Vadder wird kurz vor Weihnachten losgeschickt, um noch schnell einen Tannenbaum zu besorgen. Er geht zuerst zu seinen Stammtischbrüdern, um zu erfahren, wo man am günstigsten einen Tannenbaum erhält. Aber erst wird dort Runde um Runde getrunken, und jedes Mal wenn Vadder mit der Runde dran ist, achtet er sorgfältig darauf, dass von seinem Geld noch zehn Mark für den Tannenbaum übrig bleiben. Als er nur noch diese zehn Mark hat, sagt ihm einer der Freunde, dass man schon für sieben Mark einen recht ansehnlichen Baum bekommen kann. So war die nächste Runde gerettet. Dann ist er wieder an der Reihe und kommt in einen echten Gewissenskonflikt. Er schaut sich immer wieder die sieben Mark an und denkt dabei an seine Familie, die zu Hause auf den Weihnachtsbaum wartet. Schließlich sagt er zu seinen Freunden: *Schiet an 'n Dannenboom!* und bestellt die nächste Runde.

Schiet Auf Platt klingt das Wort *Schiet,* etwa in *Schietkraam* (Dreck, Schmutz), *Schietwedder* (sehr schlechtes Wetter) und selbst in → *Schiethuus* (Toilettenhäuschen auf dem Hof), weit weniger drastisch und ordinär als in der wortwörtlichen hochdeutschen Übersetzung mit Sch..., die

984 faltige
985 Richey S. 231

wir uns deshalb an dieser Stelle auch schenken wollen. Die Anrede „mein kleiner *Schieter*“ od. → *Schietbüdel* kann sogar zärtlich gemeint sein. Eine Redensart muss unbedingt noch erwähnt werden: Wenn Nachbarn der Unterschicht plötzlich durch Lotteriegewinn od. Erbschaft zu Reichtum gekommen waren, großkotzig taten, die früheren Bekannten von oben herab behandelten und als „Neureiche“ kein Fettnäpfchen ausließen, pflegte Großvater anzüglich zu sagen: *wenn Schiet wat ward!* Verb → *schieten.* Adj. → *schietich.* Erw.: → *Klookschieter; Schietfleeg* (Schmeißfliege); → *Schietgeng;* → *Schietgeld; Schietinnebüx* (Feigling); *Schietkeerl* (Straßenfeger); *Schietsnack* (dummes Geschwätz).

Schietbüdel sollte nicht wörtl. ins Hochdeutsche übersetzt werden, denn auf Platt hat das Wort durchaus eine liebevolle Bedeutung; *'n lütt Schietbüdel* bezeichnet ein Windelkind od. kleine Jungen und Mädchen, aber auch Erwachsene und Eheleute können sich so anreden, was dann nicht böse, sondern nett gemeint ist.

schietegaal Adv. vollkommen gleichgültig; *dat is mi schietegaal!*

schieten Die wörtl. Übersetzung stammt aus der Fäkalsprache, übertr. jedoch so etwas wie ablehnen, zurückweisen; *ik schiet di wat!* (das tue ich nicht!); *dor schiet ik op!* (das brauche ich nicht). Subst. → *Schiet.* Vgl. → *anschieten.*

schietenhild Wer es → *hild* hat, hat es eilig, wer es *schietenhild* hat, hat es sehr eilig, wobei das Geschäft, das hier keinen Aufschub duldet, nicht näher beschrieben werden soll.

Schietenkleier Das ist derjenige, der die Drecksarbeit macht, z.B. der Müllmann. Das Verb → *kleien* heißt hochd. kratzen, und → *Schiet* muss wohl nicht übersetzt werden; *ik bün doch nich dien Schietenkleier,* sagt man, wenn man eine unangenehme Tätigkeit nicht machen möchte[986]. Syn.: *Schietkeerl.*

Schietgeld Heute würden wir „Schmutzzulage“ dazu sagen, und es gibt kaum eine Handwerkerrechnung, auf der sie nicht auftaucht – beim Klempner, Heizungsmonteur, jedoch eigenartigerweise nicht beim Schornsteinfeger. Doch der kassiert ohnehin hohe Gebühren für wenig Arbeit. Früher gab es nur in Ausnahmefällen ein *Schietgeld,* um für extrem schmutzige und unbeliebte Arbeiten überhaupt Leute zu bekommen, etwa zum → *Pansenkloppen.*

Schietgeng Eine → *Geng,* eine feste Gruppe von Hafenarbeitern, die die *Schietarbeit* verrichten musste, etwa das Reinigen der Frachtschiffe nach dem Löschen der Ladung.

Schiethuus bezeichnet ein separat stehendes Toilettenhäuschen auf dem Hof, meist zünftig mit einem ausgesägten Herzchen in der Tür; *Stank för Dank, sä de Buer, dor full he mit dat Schiethuus üm.* Eines Tages hatte eine Nachbarin, Frau Anni S., für eine Woche Besuch von ihrer kleinen Nichte. Frau S. galt als → *Etepetete*-Dame (vornehm, fein). Ihre Nichte kam „vom Lande“ und sprach nur Plattdeutsch. Die Siebenjährige durfte mit ihr an einem Nachmittag ins Kino gehen. Während des Films stöhnte die Kleine: *Ta' Anni, ik mutt mol!* Tante Anni erklärte ihr: „Du musst den Gang hinuntergehen und dann

986 lt. Olaf Haselhorst

rechts in die Tür." Das Mädchen hüpfte von dannen. Nach einer Weile erschien es direkt vor der Leinwand und rief laut vom Podest in den Zuschauerraum: *Ta' Anni, woneem is dat Schiethuus, ik kann dat nich finnen!* Die Tante stürmte nach vorn, ergriff das Kind und rannte mit ihm unter lautem Gelächter der Kinobesucher nach draußen ...

Schiethuuskommandant Ehrbare Handwerksberufe mussten sich im Straßenjargon häufig weniger ehrbare Spottbezeichnungen gefallen lassen wie hier der Klempner, zu dessen Aufgaben es gehört, auch mal eine verstopfte Toilette zu reinigen. Man nannte ihn auch *Toilettentaucher.*

schietich Adj. schmutzig, minderwertig, schlecht; *sien Plünn sünd schietich; dat geiht uns schietich* (es geht uns dreckig); *bloots 'n beten schietiges Geld* (nur ein paar lumpige Pfennige). Syn.: *schetterich.*

Schiet-in-de-Büx Schimpfw. für einen kleinen Jungen, der noch nicht trocken hinter den Ohren ist; *dat mark di, du Schiet-in-de-Büx: wenn Kinner as grote Lüüd kacken wüllt, denn barst jem de Oors* (aus Unerfahrenheit Schiffbruch erleiden)[987]. Syn.: *Schiet-in-'t-Hemd; → Büxenschieter.*

Schietkuhle Abfalldeponie. Die Wörter *Müllkippe* od. *Mülldeponie* lernten die Kinder erst später kennen: In den Familien sprach man nur von der *Schietkuhle*. Häufig war das eine ehemalige Kiesgrube (-kuhle), in die Sperrmüll verbracht wurde. Für die Kinder ein Abenteuerspielplatz, für die Erwachsenen ein Ort der tausend Gefahren. Daher war das Spielen dort verboten: *Speel nich in de Schietkuhl,* lautete die ständige Ermahnung [988].

schiffen ugs. für Wasser lassen, ein etwas milderer Ausdruck für → *pissen* od. → *miegen.*

schiften 1. wechseln, und zwar die Übersetzung, die Ebene, die Mannschaft, auch das Hemd od. die Schuhe. Von mnd. *schiften* (teilen, tauschen) und engl. *to shift* (bewegen, wechseln, vertauschen). Im EDV-Zeitalter heißt bekanntlich die „Großmachtaste" der alten Schreibmaschinen, die den Wagen anhob, auf modernen Tastaturen Shift-Taste. 2. seem. *de Wind schift* (der Wind springt um). 3. in der Milch Klümpchen bilden, zur Butter „wechseln": *de Melk is schift* (hat Klümpchen gebildet)[989].

Schillen Schilling, Währungseinheit bzw. Münze mit nach Ort und Zeit unterschiedlichem Wert. Im späten Mittelalter entsprachen 20 Schilling einem Pfund. Vor Einführung der Reichswährung (1872) waren 48 Schilling ein Taler, 16 Schilling eine Mark und ein Schilling sechs Pfennig („Sechser")[990].

Schilleratsen (Plur.) gerahmter Wandschmuck, Fotografien, Ölgemälde, Kupferstiche, Sticktücher, Sinnsprüche, der getrocknete Brautkranz und die erste Locke der Tochter unter Glas. Bei einem Todesfall wurden die *Schilleratsen* verhängt od. abgenommen.

Schinkenboom (Eiche) → *Eek.*

987 Goltz: Schimpfwörterbuch S. 118

988 lt. Olaf Haselhorst

989 Mensing 4/349 f.

990 HWB 5/103

Schinkenbüdel Und noch ein → *Büdel!* 1. Zwar wurden die geräucherten Schinken zum Schutz vor Fliegen und Ungeziefer in einem Leinenbeutel an der Decke der Räucher- od. Speisekammer aufgehängt, aber diesen Zweck verband kaum ein Hamburger mit dem Begriff *Schinkenbüdel.* 2. Übertr. gemeint war eine sehr unkleidsame Damenunterhose, die oben und unten ein Gummiband hatte, innen angeraut war und fast bis zum Knie reichte, wie sie die Weiblichkeit zu Kaisers Zeiten trug; *de Büxen weer so 'n richtig grote Schinkenbüdels mit brede Spitzen ünnen an de Been.* Man nannte so ein Unding auch *Liebestöter,* womit zwar nicht der Zweck, aber recht treffend die Wirkung beschrieben wurde. Eine Leserin übersetzte das knapp und weniger feinfühlig als „Schlüpfer im XXL-Format". 3. Carl Groth weist darauf hin, dass es sich auch urspr. um eine Herrenunterhose handeln könne, „die sparsame Witwen von Beamten und Offizieren ehedem auftrugen, wenn sie zum Zerschneiden zu Putzlappen als → *Fatuch* noch zu schade waren". Es drängt sich die Vermutung auf, dass die abstoßende Wirkung in Richtung *Liebestöter* durch diesen textilen Geschlechtswechsel noch gesteigert worden sein könnte.

Schinner Schinder. 1. Scharfrichter, Henker, Folterknecht od. der Ratsdiener, der die Leibesstrafen zu vollstrecken hatte. Diese Arbeit galt als „unehrlich". Der *Schinner* stand in der sozialen Skala weit unten, durfte in der Regel nicht in der Stadt wohnen, sondern musste vor dem Tor Quartier nehmen. Verb *schinnen* (schinden). 2. Abdecker, der dem verendeten Vieh die Haut abzieht und es entsorgt, was natürlich wegen des Gestanks erst recht fern der Wohnstraßen und am besten vor dem Stadttor zu geschehen hat. Früher wurde das Amt des Henkers und das des Abdeckers von einer Person ausgeübt; *dem Schinner sien Duven* (Krähen); *den hett de Schinner in de Welt sett* (ein unehelich Geborener). Raa.: *Slachter un Schinner sünd Geswisterkinner.* Erw.: *Schinneree* (Abdeckerei). Syn.: *Afdecker*[991]. 3. Leuteschinder, Tierquäler; *du verdreihte Schinner!* 4. Schindmähre, minderwertiges Pferd; *en Schinner, de is riep för 'n Peerslachter.*

Schippe Ein *Schipp* ist ein Schiff, das dürfte so bekannt sein, dass wir nicht näher darauf eingegangen sind, aber eine *Schippe* bezeichnet nordd. eine Schaufel. Kinder spielen in der Sandkiste mit *Schippe und Eimer,* der Straßenwärter *schippt* (schaufelt) das Schlagloch zu, und wenn wir jmdn. *auf die Schippe nehmen,* also übertr. wie den Dreck auf der Schaufel behandeln, dann verulken od. verspotten wir ihn. Von mnd. *schuppe* (Grabscheit, Schaufel, Schöpfschaufel)[992].

Schiss hebben Mit diesem Ausdruck sind wir wieder einmal in der Fäkalsprache od. beim Straßenjargon angekommen, trotzdem war das die gängige Bezeichnung auf dem Schulhof für „Angst haben" od. drastischer für „sich vor Angst in die Hose machen"; *he hett bannig Schiss* (er traut sich nicht).

Schisslaweng (Schwung) → *Zislaweng.*

schl → siehe auch *sl.*

Schlachter (*Slachter*). So und nur so wird in Hamburg der Beruf genannt, der in anderen deutschen Landen Fleischer od. Metzger heißt.

---

991 HWB 4/111
992 Lübben S. 339

Schlachtfest Wenn geschlachtet wurde, wurde gefeiert. Das Schwein, das Jahr über im Verschlag hinter der Kate gemästet, musste im November dran glauben, und die Beteiligten hatten Grund für eine *Swiensköst* (Schlachtfest). Das *Steekfleesch* (Stichfleisch), die Stelle, an der der Schlachter das Tier abgestochen hatte, wurde verspeist, im Schlachtkessel schwammen die Würste, man aß die Bauchspeicheldrüse, und am Abend trugen Boten die begehrten Schlachtpakete mit Kostproben von der Hausschlachtung zu Bekannten und Verwandten. Die Kinder des Dorfes wussten, wenn irgendwo ein Schwein geschlachtet wurde. Sie gingen hin und sangen: *Herzlich tut mich verlangen nach einer warmen Wurst… Giff mi een vun de langen un loot de korten hangen, de sünd se mol wat kleen, denn giff mi twee för een*[993].

Schlachtpaket (Kostprobe von der Hausschlachtung) → *Schlachtfest.*

Schladderdarm Schimpfw. für eine dürre Person, der die Kleider um den Leib schlottern.

Schlappen nannte man ausgetretene und zerschlissene Hauspantoffeln. Jemand, der in *Schlappen* durch das Zimmer schlurfte, war ein *Schlappentrecker.*

Schlawiner (rotw.) war besonders in den Dreißigerjahren ein in ganz Deutschland verbreiteter Ausdruck für einen Schlingel od. Gauner (von Slowene od. *Slawonier* aus Kroatien, die als angeblich besonders gerissene Hausierer durchs Land zogen und natürlich auch nach Hamburg kamen); übertr. ein bes. schlauer, pfiffiger Mensch.

993 Wiegandt: Liederbuch Schleswig-Holstein, Bd. 2, S. 158 f.

Schleef (Schlingel) → *Sleef.*

Schlitzbauten sind eine bauliche Eigenart, die das hamb. Baugesetz von 1882 ermöglichte. Sie bildeten sich in Straßenzügen mit aneinandergereihten, mehrgeschossigen Mietwohnhäusern, die bei großer Bautiefe von 18 bis 20 Metern erst dann eine Belichtung der hinteren Neben- und Küchenräume ermöglichten, wenn man einen T-förmigen Grundriss der Baukörper plante (Winterhude, Barmbek, Eimsbüttel). So entstanden in den Jahrzehnten vor dem Ersten Weltkrieg Häuserzeilen, die, aus der Luft betrachtet, kammartig aussahen[994].

Schlitzmatrose (*Schlitzmatroos*). Kinder von Seeleuten und Marineangehörigen waren dadurch zu erkennen, dass ihr Wortschatz stark mit nautischen Ausdrücken durchsetzt war. So verkündete der zwei Jahre alte Klein Heini, Sohn eines Steuermanns, als er das soeben geborene Schwesterlein zu Gesicht bekam, laut und verblüfft: *Vadder, dat is ja 'n lütt Schlitzmatroos!* (Mädchen).

Schlöpe (*Slööp*) f. 1. flacher, von Pferden gezogener Transportschlitten mit extra breiten Kufen zum Transport von Dung, Erde, Steinen, Feldfrüchten und Ackergeräten. Die *Schlöpe* wurde weniger bei Schnee denn auf morastigem Marschboden und beim Deichbau auf dem Untergrund eingesetzt, auf dem normale Räder einsacken würden[995]. Von *slepen* (schleppen). Richey: *Slöpe: Schleiffe, Schlitten, darauf man etwas fortschleppet*[996]. 2. kleiner Rodelschlitten aus Holz.

994 von Carl Groth
995 Ann: Erinnerungen S. 30
996 Richey S. 261

Hamburger Schmuddelwetter. Etwas anders als heute sah die Mönckebergstraße im September 1956 aus – nur das Wetter ist gleich geblieben.

schm → siehe auch *sm.*

Schmachthagen Ortsn. → *Hagen.*

Schmalzweide (Mischwald zur Mast der Schweine) → *Eek.*

Schmöker Einen großen Teil des Taschengeldes investierte die Jugend in den Fünfzigerjahren, als es noch keine Computer, kein Internet und noch nicht einmal Handys gab, in sogenannte *Schmöker* – literarisch nicht sehr anspruchsvolle Bücher od. Hefte. Sie wurden häufig auf dem Schulhof getauscht und nicht selten im Licht der Taschenlampe unter der Bettdecke gelesen, obwohl die Eltern verboten hatten zu *schmökern* (lesen, blättern).

Schmu (*Smu*). Mogelei, kleine Betrügerei; *Smu moken* (auf harmlose Weise betrügen); *Smugroschen* (unkorrekt abgezweigtes Geld). Die *Smukass* ist das von der Hausfrau vom Haushaltsgeld heimlich beiseitegelegte Geld, meist im Küchenschrank in der leeren Teekanne od. hinter dem Salzfass aufbewahrt; das Dumme war nur, dass wir Kinder dieses Versteck auch kannten; berlin.-rotw. *Schmuh*, wahrscheinl. von *Schmu* (lat. *vulva*) im Sinne von „versteckter Tasche".

Schmuddelwetter (*Smuttelwedder*) feuchtes Wetter, anhaltender Nieselregen; *uns in Hamborg seggt se na, wi kemen mit 'n Regenschirm op de Welt – Hamborger Smuttelwedder ist ja so to seggen weltberühmt.* Von → *smutteln.* Syn.: → *Slackerwedder.* Vgl. → *pladdern.*

schn → siehe auch *sn.*

Schnack → *Snack.*

Schnellläufer Lange vor dem Hanse-Marathon und den Jahren, in denen einem jeder Spaziergang im Park durch keuchende, wabbelnde und stur jeden Rentner samt Hund aus dem Weg treibende Jogger und Walker verleidet wird, gab es in den Stadtteilen die sogenannten *Schnellläufer,* die mancherorts von einer Belustigung zu einer Belästigung zu werden drohten. Diese Leute liefen im nach heutigen Begriffen gemächlichen Hundetrab mit einem Fähnlein in der Hand und einem Barett auf dem Kopf etwa von einem Wirtshaus in Eimsbüttel zu einer Taverne auf St. Pauli und kassierten auf dem Rückweg alle Häuser ab, die sie passiert hatten. Unsere Urgroßeltern müssen leicht zu unterhalten gewesen sein, denn mancher in Papier eingewickelte Sechser flog aus dem Fenster. Als so ein Typ, der von seinem Talent derart überzeugt war, dass er selbst im Stehen kaum die Erde zu berühren schien, allerdings meinem Urgroßvater den Hut unter die Nase hielt, herrschte der ihn an: *Wat is?! – Ich bin ein Schnellläufer!,* sagte der Künstler und reckte die Brust vor. – *Loop doch langsam, du döösbarteligen Keerl!,* schrie Uropa und warf den Läufer mitsamt Hut in den → *Rinnstein.* Berühmt war um 1850 ein Mann namens Steier, der sich als *konzessionierter Schnellläufer und Ballonist der Herzogthümer Schleswig-Holstein* bezeichnete, im Volksmund aber, weil er beim Laufen pustete wie eine Dampfmaschine, nur *Steierpust* genannt wurde. Eines Tages behauptete er, in Begleitung der jungen Amerikanerin Mary Bisse von Gählers[997] Platz in → *Altona* bis zum Ende Eimsbüttels und zurück in 35 Minuten gelaufen zu sein. Das war geschwindelt, und Steierpust landete in einer Zelle im Strafarbeitshaus – ohne Mary natürlich[998].

997 Wilhelm Gähler (1781–1855), ab 1820 Senator und ab 1853 Erster Bürgermeister in Altona

998 Borcherdt I, S. 44

Schnodder → *Snodder.*

Schnüs (*Snusch*) holst. Gemüseeintopf „quer durch den Garten“, der auch in Altona und in dem ehemaligen dänischen od. preußischen Teil des heutigen Hamburgs beliebt war. Im „ARD-Büffet“ wird „Schnüs mit Schinken“ sogar als typ. Gericht für das Land zwischen den Meeren vorgestellt[999]. Mensing führt auf: junge Erbsen, junge Bohnen (Schnittbohnen), gelbe Wurzeln, junge Kartoffeln werden gekocht, dann mit gehackter Petersilie und einem Klümpchen Butter in heiße Milch getan und mit (Katen-)Schinken, gesalzenem Hering od. geräuchertem Speck gegessen [1000]. Das Gericht wurde auch → *Husch un Snusch* genannt, wobei man im alten Hamburg jedoch weniger an einen Eintopf als an eine gemischte Gesellschaft dachte.

Schnute „Zieh keine *Schnute“,* pflegte die Mutter zu sagen, wenn die Tochter ihr Gesicht verzog; ndd. *Snuut* (Plur. *Snuten*) Schnauze, Nase, Gesicht; *wo de Hund de Pott open findt, dar sleit he de Snuut in* (Gelegenheit macht Diebe); *sik op de Snuut schieten loten* (sich alles gefallen lassen); *de Snuut hollen* (den Mund halten); *fiene Snuut* (Spürnase); *lange Snuut* (Rotznase); *Appelsnuut* (Kosen. „Apfelbäckchen“, vgl. → *Otto Ernst*); → *Snuten un Poten* (Eintopfgericht).

Schock (Zählmaß) → *Scheffel.*

Schofel (rotw.). Ein *Schofel* ist 1. ein nicht nobler, ein „ungehobelter“ Mensch od. 2. eine minderwertige Sache. Adj. *schofelich* (schäbig). Von jidd. *schophel* (gering, niedrig, schlecht).

Schohband Schnürsenkel, zwar ein Alltagsgegenstand, aber im Alltag mit einem Aberglauben behaftet: Löst sich das Schuhband bei einem jungen Mädchen, ist ihr Schatz ihr untreu[1001].

scholle „Ich bin *scholle*“, stöhnten Kinder, Arbeiter od. Soldaten, wenn sie völlig ausgelaugt, sozusagen „im Eimer“ od. „platt wie eine Scholle“ waren.

Schoolmeester („Schulmeister“) hieß der Lehrer an der Grundschule, vor allem auf dem Dorf, und wenn es sich um eine Lehrerin (selten) od. um die Frau des Lehrers handelte, wurde sie die *Schoolmeestersche* genannt. Um das 17. und 18. Jh. entstanden zahlreiche ländliche Schulen (alle Jahrgänge in einer Klasse), die häufig vom Gutsherrn gestiftet worden waren, die die ärmeren Kinder jedoch zuerst gar nicht und die Bauernkinder nur dann besuchen durften, wenn sie nicht für Feld-, Hof- und Erntearbeiten benötigt wurden. Entsprechend war die Vorbildung des Dorfschullehrers, der meistens nur ein wenig schreiben, lesen und rechnen konnte und nebenbei in der Regel auch noch das Vieh und vor allem die Schweine des Ortes hüten musste, die zur Mast in die Eichenwälder der → *Walddörfer* getrieben wurden. Friedrich der Große machte seine alten Soldaten zu Schulmeistern, die notfalls den Katechismus, auf jeden Fall aber den Rohrstock kannten. Das Entgelt bestand hauptsächlich aus → *Deputaten*[1002]. In jedem Ort gab es eine *Schoolmeesterkoppel*, die die Lehrer bewirtschaften konnten. Ihre Armut war sprichwörtlich: *Straaf mutt sien!, sä de Schoolmeester, dor freet he den Kinner ehr Botterbroot*

999 ARD-Büffet: Speisekarte Deutschland S. 148
1000 Mensing 4/666 f.
1001 HWB 4/124
1002 Sachleistungen

op; od.: *wenn de Muus in den Schoolmeester sien Schapp kiekt, loopt ehr die Tranen lang de Backen.* Zum Essen ging der Schoolmeester in manchen Dörfern reihum zu den reichen Bauern; → *Wandeldisch* nannte man diese aus heutiger Sicht demütigende Form der „Armenspeisung". Im 19. Jahrhundert wurden begabte Schüler erst auf der Präparandenanstalt[1003] und dann in einem Lehrerseminar auf den Lehrerberuf vorbereitet, später auf einer Pädagogischen Hochschule, in Hamburg auf der Universität. Vgl. → *Persepter.*

Schooster Ein *Schooster* ist ein Handwerker, der Schuhe anfertigt und repariert, hochd. bekanntlich Schuster genannt. Und da die Leute seit alters her Fußzeug benötigten, handelt es sich um ein sehr altes Handwerk, das allerdings im Volksmund nicht mit der entsprechenden Reputation bedacht war. Der Schooster musste wie der → *Snieder* für allerlei abwertende Vergleiche und Zusammensetzungen herhalten. *Schooster!,* schimpften die Hamburger alle unzuverlässigen Handwerker, die es offenbar schon immer gegeben hat, und bei einer überhöhten od. überschlägigen Handwerkerrechnung, die ebenfalls keine Erfindung der Neuzeit ist, hieß es: *na Schooster Blambeck.* Ra.: *op Schoosters Rappen* (abwert.: nicht zu Pferde, sondern zu Fuß). Schimpfw.: *he is ook so 'n Schooster!* (für eine begriffsstutzige Person). Sprichw.: *Schooster, bliev bi dienen Leesten!*[1004] (zu jmdm., der sich etwas anmaßt, was ihm nicht zusteht od. das er nicht kann); *dat löppt sik all trecht, seggt de Schooster, dor weren de Hacken scheef.* Die für den Schneider wenig schmeichelhafte Aufforderung einzutreten erfährt im Hinblick auf den Schuster noch einmal eine Steigerung: *kümmt rin, wenn 't keen Snieder is, de Schooster, de blifft buten!* Erw.: *Flickschooster* (Flickschuster); → *Klockenschooster* (Uhrmacher); *Kusenschooster* (abf. für Zahnarzt); *Peerschooster* (Sattler); → *Plünnschooster* (liederlicher Handwerker); *Schoosterbood* (Schusterwerkstatt); *Schoosterbuck* (dreibeiniger Schemel); *Schoosterkahn* (kleines Wasserfahrzeug mit flachem Boden, so primitiv gebaut, dass es auch *Schoosters un Snieders* hätten zusammenzimmern können); *Schoosterklüten* (Klöße mit gebratenem Speck); *Schoosterkugel* (grüne, mit Wasser gefüllte Glaskugel, die den Schein der Lampe auf die Arbeit des Schusters wirft); *Schoosterpost* (langsame Briefzustellung zu Fuß); *Schoosterverdruss* (eiserner, aufgenagelter Sohlenschoner). Verb *schoostern* (schustern)[1005].

1003 früher Unterstufe der Lehrerausbildung
1004 Leisten (Holzmodell eines Fußes od. Schuhspanner)
1005 HWB 4/136 ff.

Schoot f., seem. die Schot, ein Tau, das die Segel in die richtige Stellung zum Wind bringt. Von mnd. *schôte (Tau, an die untere Ecke des Segels befestigt, um das Segel zu spannen)* [1006].

Schorfraav (Wundschorf) → *²Raav.*

Schört 1. Küchenschürze, meist mit Brustlatz und mit einem Band um die Taille befestigt, von Frauen bei der Hausarbeit getragen. Vgl. → *Platen;* → *Schuut.* 2. knielanger Überrock der älteren Frauentracht: Eine *swatte Schört mit Snöör* (mit Samtschnüren) gehörte in den Vierlanden zur Brautkleidung. Wenn man über eine 15-Jährige sagte, *se geiht al mit Schört un Regenkleed,* so hieß das, sie trage schon Frauenkleidung.

¹Schott n., 1. seem. Trennwand im Rumpf des Schiffes, die feuersicher, auf jeden Fall aber wasserdicht und auch hoch genug sein sollte, damit bei einer Schieflage des Schiffes das Wasser nicht oben über die *Schotten* läuft, was bekanntlich die angeblich unsinkbare „Titanic" 1912 doch zum Sinken gebracht hat. 2. herausnehmbarer Abschluss beim Acker- od. → *Blockwagen.* Von mnd. *schot* („Eingeschossenes", Riegel, Verschluss, Fall- od. Schiebetür, Holzwand, überhaupt alles, wodurch man irgendeine Sperrung *od. Hemmung anlegt)* [1007].

²Schott n., eine nicht mehr gebräuchliche Bezeichnung für eine städtische Abgabe auf Grundbesitz und Vermögen, die bis zum 19. Jh. jährlich ein Viertelprozent des Vermögenswertes betrug. Wohlgemerkt: Der Begriff ist veraltet, die Steuern leben munter weiter. Das *Schott* wurde nach Selbstveranlagung bemessen, eine fragliche Methode, die den Einnahmen der Stadt zu keiner Zeit gutgetan hat. Da man damals noch keine Steuerfahnder und keine angekauften Sünderdateien besaß, setzte man auf die Kraft des heiligen Eides. Im *Bürger-Eid* musste der Neubürger schwören, *getrüw- und unwiegerlick* allerlei Kommunalabgaben, darunter das *Schott,* zu bezahlen [1008]. Von mnd. *schot,* hier im Sinne von das „Zugeschossene", das die Bürger dem Stadtsäckel als direkte Steuer zuschießen.

Schöttelwater („Schüsselwasser" – Abwaschwasser) → *Afwaschwater.*

schotten abschotten, Türen und Fenster gegen eindringendes Wasser mit Brettern abdichten; *de Lüüd hebbt butendieks* [1009] *bi Hoochwater schotten müsst* [1010].

¹Schottsch Schotte, Bewohner von Schottland. Adj. *schottsch* (schottisch, nach schottischer Art). Vgl. → *schottsche Koor* (zweirädrige Handkarre).

²Schottsch ein angeblich aus Schottland stammender Rundtanz, der sich hierzulande großer Beliebtheit erfreute und ein Muss auf jeder Hochzeitsfeier war, sodass das Verb für tanzen auch *schottschen* hieß; *nu wüllt mi mol den Schottsch dreihen.* Syn.: *Schottsch-Quadrilljе* [1011].

Schottsche Karre (*schottsche Koor*) einachsiger Handkarren aus Holz mit großen, eisenbereiften Speichenrädern und zwei Holmen zum Ziehen od. Schieben. Die Ladefläche betrug etwa anderthalb

1006 Lübben S. 333
1007 Lübben S. 333
1008 HWB 4/146
1009 wasserseitig am Deich
1010 HWB 4/148
1011 HWB 4/148 f.

Quadratmeter, die Seitenwände waren 20 Zentimeter hoch. Die *Schottsche Karre* war über Jahrhunderte das gängige Transportmittel der kleinen Händler und der kleinen Leute in Hamburg. Der Kohlenhändler belieferte seine Kundschaft damit, ärmere Familien benutzten sie beim Umzug. Wer keine eigene Karre besaß, konnte sich tageweise so ein Gefährt mieten. Der Name soll von einem ehemaligen *Karrensträfling* namens *Michael Schott* stammen (weshalb wir das Fahrzeug heute eigentlich *Schott'sche Karre* schreiben müssten). So haben es Generationen von Hamburgern in der Schule gelernt. Doch dürfte es sich hierbei um eine der zahlreichen Heimatkunde-Legenden handeln. Auf der Suche nach einer gesicherten Quelle stößt man lediglich darauf, dass der eine Autor schlicht vom anderen abgeschrieben und hier Fehler mit Fehlern belegt hat. Die Karrensträflinge benutzten aller Erkenntnis nach keine zweirädrigen Karren, und der Name *Schottsche Karre* kam zudem erst rund 200 Jahre nach dem Tode von Michael Schott auf. Wahrscheinlich handelt es sich schlicht um eine *schottsche Koor*, um eine „schottische Karre" od. eine Karre nach schottischer Art, deren erstes Exemplar entweder aus Schottland stammte od. von einem Schotten in Hamburg benutzt worden ist.

schottschen (tanzen) → ² *Schottsch.*

schrapen 1. kratzen, scheuern, mit einem Messer od. einem scharfen Gegenstand bearbeiten. → *Wurzeln*, Rüben und vor allem Frühkartoffeln wurden nicht geschält, sondern *geschrapt*. Wer die Kartoffeln im eigenen Garten erntete und unmittelbar danach in die Küche brachte, brauchte zum Schrapen noch nicht einmal ein Messer, sondern konnte die Knollen unter laufendem Wasser aus dem Hahn mit einer Bürste od. durch Reiben mit dem Daumen von der zarten Haut befreien – eine Delikatesse! Auch das Schwein musste nach der Hausschlachtung durch *Schrapen* von den Borsten befreit werden; *dat Swien ward schraapt*. 2. rasieren; *he schraapt sik den Boort*. 3. sparsam leben, (Geld) zusammenkratzen; *he günnt sik nix, schraapt un hungert*. Vgl. → *Schrapenpüüster.*

Schrapenpüüster 1. Schimpfw. für einen Eigenbrötler, bei dem ganz unterschiedliche Eigenschaften „zusammengekratzt" sein können, der besserwisserisch, geizig, ärmlich, hässlich, unbedeutend, dumm, durchtrieben, verschroben, unordentlich od. alles zusammen sein kann. Von → *schrapen* (kratzen). 2. Spottn. für den → *Barbier* (Friseur), der für wenig Lohn am Bart seiner Kunden herumschrapt[1012].

Schratsegel n., seem. in der Normalstellung in Längsrichtung stehendes, nicht an einer Rah befestigtes Segel. Von mnd. *schrâd* (schräg).

Schreiber, Karl-Wilhelm → *Aalweber.*

Schreibweisen Die Schreibweise von Städten, Dörfern, Ortsteilen und Straßennamen unterlag auf Althamburger Gebiet einer anderen Tradition als im benachbarten preußischen Bereich, was vor allem beim *-beck* mit *ck* auffiel, etwa in *Barmbeck* („Lord von Barmbeck"). Als mit dem → *Groß-Hamburg-Gesetz* 1937 große Teile preußischen Gebiets in die Hansestadt eingemeindet wurden, standen sich also widersprechende Schreibweisen gegenüber. Der Senat beschloss daher am 27. September 1946, für alle Bezeichnungen mit *Fleth, Flet, -beck* und *-wärder* ein-

1012 HWB 4/154

heitlich die Formen *Fleet, -bek* und *-werder* zu benutzen. Umgekehrt blieb in der an den Kreis Stormarn abgegebenen Exklave *Groß Hansdorf* (ab 1938: Großhansdorf) im Ortsteil *Schmalenbeck* das hamburgische *ck* bis auf den heutigen Tag erhalten.

Schrubbhobel Dies ist eigentlich ein Tischlerwerkzeug zum groben Vorhobeln, der Ausdruck wird aber auch vielfach benutzt zur Bezeichnung eines grobschlächtigen, sich eben ungehobelt benehmenden Menschen; *du feuhrst di hier op as 'n Schrubbhobel, kumm bilütten mol wedder daal!* [1013]

Schü (Plur. *Schüüs*) ist die Soße od. Tunke, meist die Bratensoße (frz. *jus*); *Fleesch wat, Kantüffeln satt un Schü dorto; Buff mit Schü* (Beefsteak mit Soße).

Schubiak Schuft, Lump, niederträchtiger Mensch, hochd. *Schubiack;* von ndl. *schobbejak* („sich vor Dreck kratzender Jakob").

schüddköppen den Kopf schütteln – eine Geste der Verneinung; *he hett bloots jümmers schüddköppt* (nur immer den Kopf geschüttelt) [1014]. Ggs.: → *nickköppen* (nicken).

Schüffelfett „Schaufelfett" – das war der → *Köm* bei der schweren Arbeit im Tiefbau und beim Ausheben von Gräben, mit dem die Schaufel von Zeit zu Zeit „geschmiert" werden musste. Damit beim *Kleigraben* der Entwässerungsgräben in der Marsch die → *Klei-Erde* (fetter Marschboden) besser von der hölzernen Kleigräber-Schaufel rutschte, brauchte man unbedingt *Schüffelfett.* Ab und an wurde die Buddel benötigt. Sobald einer einen Schluck (od. zwei) genommen hatte, warf er sie zum nächsten Kleigräber. Wenn der sie nicht fangen konnte und die Buddel in den Schlick rauschte, musste er eine neue bezahlen [1015].

schulen heißt 1. schielen, die Augen unterschiedlich drehen; *de Dwarskieker* („Quergucker") *schuult mit dat linke Oog in de rechte Westentasch.* 2. heimlich, verstohlen gucken; sämtliche Schülergenerationen haben während der Klassenarbeit „abgeguckt", auf das Heft des Banknachbarn *geschuult;* 3. Das Verb *schulen* hat auch die Bedeutung „sich unterstellen, Schutz suchen, sich verstecken, sich an einem geschützten Ort aufhalten"; *in 'n Huusingang schuult dat jümmers so schöön* (ist es geschützt und windstill). *Schulau* (Wedel) heißt übrigens deshalb Schulau, weil in einer dortigen *Au* (Bach) die kleinen Schiffe *schulen,* Schutz suchen, konnten, wenn auf der Elbe ein Unwetter herrschte. Vgl. → *schulich.*

schulich (Adj.) verstohlen, geschützt, gemütlich; *'n schulich Stell* (geschützter Platz), *in de schulich Sofaeck* (in der gemütlichen Sofaecke). Von → *schulen.*

Schull (Plur. *Schull[e]n*) Scholle, Plattfisch mit weißer Unterseite und dunkler, häufig rot gefleckter Oberseite; *platt as 'n Schull; Schullen griepen* (Schollen mit der Hand fangen; → *Buttpedder*). Schollen schmecken am besten in den Monaten ohne „r" (Mai bis August), wenn sie abgelaicht und wieder Fleisch angesetzt haben; *över*

1013 lt. Hans-Hermann Wölfert
1014 lt. Gerhard von Harscher
1015 lt. Heinz Oellrich

Schullen mutt Maiwater lopen sien, ehr sünd se nich goot. Eine → *Maischull* wurde zart in Butter gebraten, eine *Finkwarder Schull* deftig in Speck, und mit Kartoffelsalat serviert (bitte, bitte, in Hamburg nicht mit Pommes frites!). Während die Schollen heutzutage „küchenfertig" verkauft werden und gefrostet von irgendwo auf dem Erdball im Laden landen, kamen sie früher frisch vom Kutter und waren so lebendig, dass sie der Fischfrau aus dem Korb sprangen; *Schullen mööt lebennich sien!* Ausruf: *Schullen, lebennige Schullen!,* die, wenn der Fischmann mit Hundekarren über die Dörfer des Umlandes zog, häufig schon leicht angegangen waren, sodass man seinen Ausruf dort spöttisch zurückgab: *de se in Hamborg nich hebben wullen!* Getrocknete Schollen hießen *dröge Schullen* (vgl. → *Klippfisch*), eingesalzene Schollen waren *solten Schullen,* die nicht einzeln, sondern im Bund gehandelt wurden. Plattfische mit scharfen Schuppen waren die → *Scharpen,* kleinere mit stacheliger Seitenlinie die *Bütt* (→ [1]*Butt*).

schülpen (*schülpern*). 1. hin und her schwappen, überschwappen, überfließen von Flüssigkeiten; *dat schülp al jümmers so in den olen Kasten.* 2. schütteln, gießen, schütten; *he schülpt ehr hin und her.* Subst. *Schülper* (Holzschale, die auf dem gefüllten Eimer schwimmt, damit das Wasser beim Tragen nicht überschwappt). Spottn. *Schülpjoochen* (jmd., der immer etwas verschüttet). Werkz. *Schülpsaag* (Säge zum Schneiden dünner Bretter, die einen viereckigen Rahmen und das Sägeblatt in der Mitte hat)[1016].

Schülpsaag (Rahmensäge) → *schülpen.*

Schulterblatt Die Straße *Schulterblatt* im Grenzbereich von St. Pauli, Altona-Altstadt, Altona-Nord und Eimsbüttel erhielt 1841 offiziell diesen Namen, der aber im Volksmund bereits seit 1700 gebräuchlich war. Er geht zurück auf ein Wirtshaus, in dem Seeleute und vor allem Walfänger verkehrten. Der Wirt hatte sich das Schulterblatt eines Wals mitbringen lassen, es bunt bemalt und als nicht zu übersehendes Aushängeschild vor seine Gaststube gehängt. Damals spielte der Walfang, der heute mit Recht unterbleiben sollte, eine wichtige Rolle im Hamburger Wirtschaftsleben, und neben Walöl, Fischbein und Walfleisch fanden Walknochen und Walfischrippen eine praktische Verwendung im Alltag, etwa als Tor- und Eingangsbogen od. als → *Abweiser* am Rande der Fußwege.

Das Schulterblatt eines Wals als Wirtshausschild

1016 HWB 4/181

PAUL SCHUREK
OHNSORGS HAUSAUTOR

In Steilshoop gibt es seit 1977 eine *Schurekstraße,* und die erinnert an den Hamburger Ingenieur, Gewerbeschullehrer und niederdeutschen Lustspielautor Paul Schurek (1890–1962). Er wuchs in bescheidenen Verhältnissen auf und betätigte sich nebenbei als Schriftsteller. Seine ersten Texte veröffentlichte er in Hochdeutsch, später auf Plattdeutsch.

Seine Komödien hatten vor allem am → *Ohnsorg-Theater* großen Erfolg. Eine der ersten Nachkriegsinszenierungen bei Ohnsorg war Schureks „Stratenmusik“ (4. Mai 1946). → *Henry Vahl* brillierte später in Schureks „Snieder Nörig“ (2. März 1969) als schrapender Gnadderbüdel[1017]. Den spielte er so überzeugend, dass er dem Ruf der → *Snieder* wenig Gutes erwies, seinen eigenen Ruf als beliebtester Volksschauspieler jedoch weiter steigerte, falls das überhaupt noch möglich war.

1017 grantiger Pfennigfuchser

Schümanns Austernkeller → *Austernkeller.*

Schummerstünn Früher wurde aus Sparsamkeitsgründen die Petroleumlampe od. gar das elektrische Licht erst angemacht, wenn es wirklich ganz dunkel war. In der Zeit der Dämmerung hieß es: *nu is Schummerstünn, Licht is to düer* (nun ist Dämmerstunde, Licht ist zu teuer). Die Großeltern saßen dann in der Stube und ruhten sich aus. Syn.: *Schummeree* (Dämmerung, Halbdunkel).

Schurek, Paul → Biografie auf dieser Seite.

schurren schlurfen, mit den Füßen scharren, die Schuhe auf der Matte abstreifen; *schurr nich so, goht de Schoh vun kaputt!*

Schute (*Schuut*). Offener Lastkahn mit flachem Boden ohne Kiel und eigenen Antrieb zum Transport von Gütern auf der Elbe, Alster und in den → *Fleeten*, früher aus Holz, ab 1885 zunehmend aus Eisen gefertigt. Sie wurden gestakt od. getreidelt (vom Ufer gezogen), später von kleinen Motor- od. Dampfschleppern gezogen. Abgetakelte → *Ewer* wurden als Schuten genutzt, weshalb der Führer einer Schute mit seinem → *Peekhaken* zum Staken bis heute *Ewerführer* genannt wird. Vgl. → *Ewer.*

1–3 Schütt *Sühst woll, Schütt!* Wer od. was war „Schütt“? Das kommt darauf an: 1. *die Schütt* ist eine Schütte, eine aufgeschüttete Strohlage. 2. *das Schütt* ist eine Pforte, vor allem ein Lattentor in der Umzäunung von → *Koppeln,* hinter die entlaufenes und wieder eingefangenes Vieh *verschüttet*, also eingesperrt wird. Übertr. *geht* auch ein Mensch *verschütt*, der verhaftet wird und damit von der Bildfläche verschwindet. 3. *der Schütt* allerdings, und darum handelt es sich hier, war der Schütze beim Bürgermilitär od. in der Schützengilde. Die Quelle dieser verbreiteten Redensart ist nicht bekannt, wahrscheinlich ging sie als Zitat aus einem längst vergessenen Theaterstück in den Volksmund über. Der Reihe nach:

[1] Schütt f., die Schütte.

[2] Schütt (Plur. *Schütten*) n., Tor, Pforte, Lattentor in der Einzäunung von Viehweiden; *dat Schütt vun de* → *Huuswisch* (das Tor der Hauskoppel); Syn.: → [1] *Heck.* Verb *schütten* (beschlagnahmen, sicherstellen, pfänden). Syn.: → *inschütten.* Vgl. rotw. *Verschütt* (Haft), davon: *verschüttgehen* (verhaftet werden, verloren gehen, spurlos verschwinden). Vgl. → *verschütten.*

[3] Schütt (Plur. *Schütten*) m., Schütze; *uns Schütten* (beim Bürgermilitär); *sühst woll, Schütt?* (wenn etwas eintrifft, was man vorausgesagt hat).

Schutzmann (Plur. *Schutzlüüd*) Polizist, Aufseher, Streifenpolizist mit Helm od. Tschako[1018]. Die Kinder riefen ihn → *Udel* od. → *Uul.*

Schuuf (Plur. *Schufen*). Schublade. Syn.: *Schuuflaad* (Plur. *Schuufladen*).

Schuufkoor (Plur. *Schuufkoren*). Schubkarre, ein äußerst praktisches Gefährt mit einem Rad und zwei Holmen, das heutzutage zwar kaum mehr zum Ausmisten der Ställe benötigt wird, sich dafür aber die Welt der Einzelhausbesitzer und Hobbygärtner erobert hat. Hamb. auch *Schiebkarre* genannt.

Schuuftrompet Wenn ein musikalisch nicht vorgebildeter Hamburger – etwa in der Kirche während des Gottesdienstes – beobachtete, wie bei einer „Trompete" ein Teil des Instruments fleißig hin- und herschoben wurde, sprach er von einer *Schuuftrompet,* von einer „Schiebetrompete". Gemeint war natürlich die Posaune.

Schüürbessen „Scheuerbesen", Schimpfw. für eine Frau, die zu viel rein macht und dem Mann deshalb jegliche Gemütlichkeit im Hause nimmt – auch *Putzteufel* genannt.

Schuut f., h.: Schürze aus Halbwolle od. Sackleinen für grobe Arbeiten[1019]. Vgl. → *Platen;* → *Schört.*

Schwarzbrot (Roggenschrotbrot) → *Swattbroot.*

Schwemmklöße → *Swemmklüten.*

Schwiegerstraße (Bordellstraße am Gänsemarkt) → *Kalkhof.*

Seberklotz (Mundharmonika) → *Snutenhobel.*

sebern seibern; Speichel aus dem Mund laufen lassen, was besonders bei ganz kleinen Kindern und ganz alten Leuten zu beobachten ist. Die Mundharmonika heißt → *Seberklotz,* weil sie sich beim Spielen mit Speichel füllt, den man durch Klopfen auf die Rückseite od. nach ruckartigen Bewegungen wieder heraustropfen lassen muss.

Sechser (*Sössling*) 1. lange Zeit ugs. Bezeichnung für die kleinste Münzeinheit, entsprach dem sechsten Teil der nächsthöheren Einheit, dem halben Schilling (→ *Sechsling*). Wurde später

1018 hoher Polizeihelm

1019 HWB 4/195

Die Sechslingspforte im Stadtteil Hohenfelde, wie sie vor der Zerstörung aussah.

dem Pfennig gleichgesetzt, im 20. Jh. ugs. dem Fünfpfennigstück. 2. allgem. übertr. eine Münzen von geringem Wert; *för 'n holten Sössling* (für nichts); *keen dree Sösslings dögen* (nichts taugen); *'n poor Sösslings in de Supp to breken hebben* (reich sein)[1020].

Sechsling Münzeinheit von urspr. dem sechsfachen Wert der nächstkleineren Einheit, entspr. einem halben Schilling od. sechs Pfennigen (→ *Sechser*). Da an einem Tor ein halber Schilling, ein *Sechsling*, Wegezoll für die Benutzung des Uferweges zur → *Uhlenhorst* zu zahlen war, heißt diese Stelle noch heute → *Sechslingspforte*.

Sechslingspforte urspr. kleines Tor, an dem Wegezoll für die Benutzung des Uferwegs an der Alster zur → *Uhlenhorst* erhoben wurde. Der direkte Weg vom *Lübecker Tor* zur *Uhlenhorst* war seinerzeit durch einen Wallgraben versperrt, sodass die Fuhrwerke und Fußgänger zu einem erheblichen Umweg gezwungen waren. Privatleute (heute würde man sie Investoren nennen) bauten eine Brücke und einen Fußweg und erhoben von den Passanten einen Wegezoll (derzeit als Maut bekannt) in Höhe von einem → *Sechsling* (das war damals ein halber Schilling). Diese Abkassiererei dauerte zwar nur von 1852 bis 1869, aber der Name blieb[1021].

1020 HWB 4/428 f.

1021 vgl. Beckershaus: Straßennamen S. 233 u. 333

seek Adj. siech, chronisch krank und gebrechlich; *arm un seek*. Subst.: *Seke*, m. (Kranker, Dahinsiechender). Syn.: *süük*. Erw.: → *Sekenhuus* (Siechenhaus).

Seemannsgarn An Bord der Segelschiffe mussten die Matrosen, wenn Zeit war od. Flaute herrschte, *Seemannsgarn spinnen*, aus altem Tauwerk dünnes Kabelgarn zum Bekleiden der Trossen und Taue drehen. Dabei wurden → *Döntjes* (plattdeutsche Anekdoten) und Geschichten erzählt, langatmig, häufig geflunkert und in der Regel ohne großen Tiefgang. Wenn so ein Seemann an Land in dieser Weise seine meist nicht der Wahrheit entsprechenden, aber eindrucksvollen Erlebnisse mit → *Klabautermännern* (Schiffskobolden), Piraten, Meerungeheuern und Kannibalen zum Besten gab und die Landratten mit großen Augen an seinen Lippen hingen, war er dabei, im übertragenen Sinne *Seemannsgarn zu spinnen*.

Seep *witte Seep* (weiße Seife) war teuer und nur zum Nachwaschen gedacht, *gröne Seep* (grüne Seife) diente als Schmierseife der Reinigung von Haus und Händen. Ab und zu musste man sie sogar hinunterwürgen. Ein mit grüner Seife bestrichenes → *Rundstück* soll abführende Wirkung gehabt haben. Um die kleinen Kinder der Mutterbrust zu entwöhnen, wurde diese mit grüner Seife bestrichen. Das schmeckte natürlich nicht. Deshalb der Ausspruch, wenn allzu sehr genascht wurde: *Leckertähn, mookst ook gröne Seep?*

Seer (*Sehr*, selt. *Sier*) Schmerz; Schorf, „Blutkruste"; *gegen Seer* (schmerzstillend). Adv. *seer* (schmerzhaft, wund, krank, mit Ausschlag behaftet); *seer doon* (schmerzen): *dat deit mi seer* (das tut mir weh); *böse Seer* (schorfiger Ausschlag der Kopfhaut) od., da schon damals alles Böse angeblich aus dem Ausland kam, auch *engelsch Seer* (engl. Ausschlag) genannt. Von mnd. *seren* (verwunden, versehren). Ganz alte Leute vor allem in Fischbek und Neugraben sprachen von dem *Sierraam*, wenn sie den Schorf auf der heilenden Wunde meinten.

Segen (Sichel) → *Seißel*.

Segg bloots! „Sag bloß!" – der Ausruf des Erstaunens auf eine unerwartete Neuigkeit.

Seibel unsinniges, überflüssiges Zeug; *de ganze Saak hett sik as Seibel rutstellt*. Schimpfw.: *Seibelsack* (Schwafelhans).

Seißel (a.: *Seiß, Seßel, Segen*) Sichel. 1. Handsichel, stark gekrümmt, zum Schneiden von Gras, unverzichtbar nach dem Krieg für Siedler und Kleingärtner, wenn sie abends am Feld- od. Straßenrand Futter für ihre Kaninchen schneiden wollten. 2. Sense.

Eine Handsichel war eine kleine Sense, die man am Wegesrand gut zum Futterschneiden für Ziegen oder Kaninchen gebrauchen konnte.

Sekenhuus Siechenhaus, Heim für Sieche. Heute im Zeitalter der gesetzlichen Pflegeversicherung würde man eine solche Einrichtung Palliativsta-

Der Einzug des Senats am 26. Oktober 1897 in das neue Rathaus, angeführt von Bürgermeister Johannes Versmann (1820–1899). Gemälde von Hugo Vogel, dessen Original im Bürgermeistersaal des Rathauses hängt. 1860 bekam der Rat der Freien und Hansestadt Hamburg als oberstes Verwaltungsgremium die Bezeichnung „Senat".

tion[1022] nennen, früher handelte es sich jedoch eher um ein Armenhaus, in dem hilflose Alte und chronisch Kranke ihrem Ende entgegendämmerten. Nicht zu verwechseln mit dem „Seuchenhaus", das in Hamburg → *Pesthoff* („Pesthof") hieß und seit 1606 auf dem Hamburger Berg in St. Pauli stand. Vorher hatte man die Pestkranken vor die Stadtmauer in das um 1200 entstandene *St.-Georgs-Hospital* abgeschoben, das danach in ein Armenstift umgewandelt wurde, in dem meist Frauen lebten. Die Einrichtung bestand bis 1951. Als letztes existierendes Gebäude wurde 1973 ein 1830 gebautes „Siechenhaus" abgerissen[1023]. Von → *seek* (siech).

1022 lat. *palliativ* (schmerzlindernd, aber nicht mehr heilend)
1023 Hamburg – Von Altona bis Zollenspieker S. 940

Sektsteuer → *Türkensteuer.*

Semikolon scherzh. Ausdruck für kleinen Rausch, Schwips; *'n lütten Semikolon hebben* (leicht betrunken sein).

Senat Seit der Verfassung von 1860 heißt der *Rat,* das oberste Verwaltungsgremium der Freien und Hansestadt Hamburg, offiziell *Senat.* Damals bestand er aus 18 Mitgliedern einschließlich der beiden Bürgermeister. Die Senatoren wurden unter Beteiligung der Bürgerschaft gewählt, amtierten aber lebenslang. Sie konnten nur durch Tod od. Rücktritt aus dem Amt scheiden. 1921 wurde der Senat zu einer Landesregierung unter parlamentarischer Kontrolle. Der Senat blieb auch in der Verfassung von 1952 sowohl die Regierung eines Bundeslandes als auch die Behörde einer Stadt. 1996 schaffte man den „Ewigen Senat" ab. Seine Amtszeit endet seitdem mit der Legislaturperiode od. dem Rücktritt des Ersten Bürgermeisters, der nun allein die Richtlinien der Politik bestimmt und die Senatoren nominiert, die von der Bürgerschaft nicht mehr gewählt, sondern nur bestätigt werden[1024].

Senatsgehege Anzunehmen, das *Senatsgehege* habe etwas mit einem Käfig bei → *Hagenbeck* zu tun, wäre ebenso unhöflich wie unzutreffend. Der Begriff *Gehege* war ursprünglich nicht auf die Tierhaltung beschränkt, sondern bedeutete „abgegrenzter Bereich". So einen Bereich gab es bereits in dem um 1290 erbauten alten Rathaus an der Trostbrücke: ein Geviert, in dem das Gestühl der Ratsherren stand. Es galt als befriedet, was bedeutet: Niemand durfte in Waffen vor den Rat treten. 1860 änderte sich die offizielle Bezeichnung des Rates in → *Senat*. Der engere Bereich der Stadtregierung im neuen, im Jahre 1897 eingeweihten Rathaus hieß fortan *Senatsgehege*[1025].

sengelich Adj. brenzlich. 1. angebrannt; *dat rüükt hier sengelich.* 2. übertr. bedenklich, gefährlich; *nu ward dat sengelich för mi* . Von → *sengeln.*

Sengelmann Scherzn. für den amtlichen Laternenanzünder. Von → *sengeln* (zündeln). Spottreim: *Sengelmann, stick de Lüchten an op 'n Steendamm, dat man wat sehn kann!* [1026]

sengeln 1. verschmoren, zündeln; *dat Dook weer an to sengeln fungen.* 2. Reste der Federkiele beim gerupften Geflügel abbrennen. Adj. → *sengelich.* Erw.: → *Sengelmann* (Laternenanzünder).

seut (süß) häufig in Hamburg, aber nicht einheitlich für *sööt/söte* geschrieben.

[1]Sever Käfer. Syn.: *Käver.* Vgl. → *Maisever.*

[2]Sever Speichel. Verb *severn* (sabbern, Speichel fließen lassen).

Severworm (Engerling) → *Maisever.*

Shanty (Plur. *Shantys*) n., engl. *shanty* zu fr. *chanter* (singen) aus lat. *cantare:* Seemannslied mit Refrain (aus der Zeit der Segelschiffe). Beispiel: *Ik heff mol en Hamborger Veermaster sehn …*

Siek feuchte, sumpfige Niederung; Bodensenke. Von mnd. *sik* (Tümpel). Straßenn. *Siekkamp* (Sasel). Ortsname *Siek* (Dorf bei Ahrensburg), dorthin die *Sieker Landstraße* (Rahlstedt).

Sielkruper Arbeiter, der früher in die Siele und Schächte hineinkrabbelte, um sie per Hand zu reinigen.

siendaag Adv. zeit seines Lebens.

Sierraam (Schorf) → *Seer.*

Sipo Abk. für Sicherheitspolizist, Gendarm, Polizist, im 20. Jh. in Hamburg ab und zu als Synonym für → *Schandarm* gebraucht; *en Sipo nehm em mit no Wacht* (zur Wache abführen).

Sireen Botan.: „echter" Flieder, aus der Türkei über Spanien eingeführt, duftend und schön,

1024 HWB 4/229; Hamburg-Lexikon S. 432
1025 vgl. Tilgner: Kleines Lexikon S. 134
1026 HWB 4/230

aber im Gegensatz zum Holunder (→ *Fleder*) nicht als Hausmittel geeignet.

Sirrs (*Zirrs*) kann einen Rausch, Schwips, Spleen od. → *Fimmel* ausdrücken. „Du hast wohl einen *Sirrs!*" meint: „Du hast wohl einen Vogel im Oberstübchen."

Sklavenkasse In Hamburg wurden zu zivilisierter Zeit zwar keine Sklaven gehalten, aber Hamburger Seeleute gerieten häufiger in die Sklaverei, vor allem wenn sie von nordafrikanischen Piraten, den „türkischen Korsaren", mit ihren schnellen Schiffen und überlegener Bewaffnung aufgebracht worden waren, die es als Muslime als ihr gutes Recht betrachteten, Christen zu überfallen. Die hamburgischen und die Besatzungen anderer europäischer Handelsschiffe wurden auf den Sklavenmärkten Nordafrikas verkauft, zur Arbeit gezwungen, aber in der Regel am Leben gelassen, um je nach Rang vom Kapitän bis zum Matrosen ein Lösegeld erpressen zu können. Irgendwie erinnert die Szenerie ein wenig an die Piraten unserer Jahre vor Somalia. Bei den damaligen Piraten handelte es sich vor allem um aus Spanien vertriebene Mauren, die entweder kein anderes Mittel zum Lebensunterhalt sahen od. aber vom unbändigen Hass auf die Christen getrieben wurden. Ihre „Abnehmer", die Sklavenstaaten Algier, Tunis, Tripolis und teilweise auch Marokko, terrorisierten drei Jahrhunderte lang das Mittelmeer. Diese Staaten gehörten pro forma zum osmanischen Großreich, wenn die *Hohe Pforte* in Istanbul auch wenig Einfluss ausüben konnte. Man sprach in Europa von den *Barbaresken,* in Deutschland nannte man das Gebiet *Barbarien.* Die hamburgische → *Admiralität* erlaubte das Befahren des westlichen Mittelmeeres nur unter Bedeckung im → *Konvoi,* der aber der Kaperflotte meist unterlegen und bei Nebel od. Sturm mehr od. weniger hilflos ausgeliefert war[1027]. Zum Freikauf von Hamburger Kapitänen und Steuerleuten gab es seit 1622 die *Casse der Stücke von Achten,* in die die Mitglieder der Kasse vor Antritt einer Fahrt einen Betrag in Pesos zu acht Realen einzahlen mussten[1028]. Weil für einfache Seeleute unerschwinglich, gründete man 1624 die *Sklavenkasse.* Der Besatzung Hamburger Schiffe wurde je nach Rang ein bestimmter Betrag gleich von der Heuer abgezogen; *lever doot as Slaav,* hieß es. In den Kirchen fanden regelmäßig Sklavenkollekten statt, um die Mittel der Lösegeldkasse aufzustocken. Die *Hamburgische Sklavenkasse* gilt als die erste Sozialversicherung in Deutschland. Die Verwaltung der Kasse lag bei der → *Admiralität* (Schifffahrtsbehörde), die zweitweise zur Kassenführung, Sammlung und zum Freikauf einen *Sklavenvater* anstellte. Der letzte Sklavenvater war der 1748 selbst freigekaufte Steuermann Clas Gerkens. Als er 1801 starb, wurde diese Funktion nicht wieder besetzt. Ursprünglich durften nur Hamburger Seeleute in die Kasse aufgenommen werden. Wegen des heimischen Matrosenmangels musste sie aber auch für Besatzungen von außerhalb geöffnet werden. Übrigens hatte derjenige keinen Anspruch auf „Versicherungsleistungen", der sich nicht tapfer genug gegen die Piraten gewehrt hatte. Heute würde man so etwas „Schadenminderungspflicht" nennen.

slaan [spr.: *slo:n*] stv. schlagen; *he sleit* (schlägt), *he sloog* (schlug), *slaan* (geschlagen). 1. zuschlagen, ausschlagen, einen Schlag versetzen, prügeln; *mit de Fuust op 'n Disch slaan; mit de*

1027 Vgl. Sachse: Es waren Räuber auf dem Meer S. 127 ff.
1028 Hamburg-Lexikon S. 437

Tung slaan (schnalzen); *övern Swengel slaan* (über die Stränge schlagen); *allens kort un kleen slaan* (kurz und klein schlagen); *vör 'n Kopp slaan* (brüskieren); *dat slaag ik op de Achterflicken*[1029] (ich kündige den Dienst); *sik wat in 'n Lief slaan* (essen); *wat in de Pann slaan* (etw. gegen den Hunger unternehmen); *de Klock sleit teihn* (zehn Uhr); *de Finken slaat* (die Vögel singen). Raa.: *Pack sleit sik, un Pack eit*[1030] *sik* (Volk schlägt sich, und Volk verträgt sich); *Hans un Greetje slogen sik, güngen to Bett und verdrogen sik* (Ehealltag). Erw.: *tweislaan* (kaputtschlagen)[1031]. 2. in eine best. Richtung geraten; *he sleit ganz na sien Vadder* (er kommt nach seinem Vater). Sprichw.: *nimm di nix vör, denn sleit di nix fehl* (wer nichts unternimmt, erleidet auch keinen Fehlschlag).

Slaapbaas (Herbergswirt) → *Baas.*

Slach Der *Slach* (Plur. *Sleeg*) hat viele Bedeutungen: Schlag, Hieb, Schlaganfall, Schicksals-, Puls-, Herz-, Donner-, Blitz-, Glocken-, Wagen-, Taubenschlag, kurze Strecke, kurzer Zeitraum, Essensportion, Spielmal, Flurstück od. ein Knoten im Tau. Ein ausgestelltes Hosenbein heißt scherzhaft „Hose mit Schlag"; *halven Slach* besagt: Eine weite Marine-Schlaghose wird über die Knobelbecher (Seestiefel) halbhoch umgekrempelt, damit sie beim Klarschiffmachen (Deckschrubben) nicht nass wird.

Slachball → *Klippball.*

Slachsiet Schlagseite. 1. seem. seitliche Schieflage des Schiffes. 2. unsicherer, schwankender Gang, der nicht nur, aber gerade bei Matrosen auf Landurlaub zu beobachten war, wenn sie in den Hamburger Hafenkneipen ihre gesamte Heuer durch die Kehle hatten rinnen lassen.

Slack (Plur. *Slacken*) 1. Schlacke, Verbrennungsrückstand. 2. Schmutz, Kot, Straßendreck bei → *Slackerwedder* (→ *Schmuddelwetter*). 3. †Richey: *heisset Schlakke auch ein ieder abfallender grosser und schwerer Tropffe. Daher Slack-Regen: ein Regen, der schwer niederfällt*[1032]. → *Slackregen* (Sturzregen).

slack Adj. schlaff, matt vor Erschöpfung und Müdigkeit[1033]. Verb → *slackern* (schlaff herabhängend bewegen).

Slacker ist Matsch, Schlagsahne, die Fettschicht od. die Haut auf der gekochten Milch. Erw.: *Slackerkraam* (matschiges Essen); → *Slackermaschü* (Schlagsahne); → *Slackermatsch* (Matsch).

Slackerbuuschen (Lätzchen) → *Böten.*

slackerich Adj. schmutzig und nass. Richey: *slakkerig: schlackicht, feucht, schmutzig. Slakkerig Wedder: regnicht Wedder. Es ist slakkerig to gahn: der Weg ist kothig*[1034]. Aus mnd. *slaggen* (schlackiges, regnerisches Wetter)[1035]. Erw.: → *Slackersnee* (feuchter Schnee); → *Slackerwedder* (→ *Schmuddelwetter*).

1029 → *Achterflicken* (Hacke des Schuhs)
1030 → *eien* (liebkosen)
1031 HWB 4/268 ff.
1032 Richey S. 259
1033 HWB 4/285
1034 Richey S. 260
1035 Lübben S. 351

Slackermaschü (*Slachrahm*). Schlagsahne, schaumig geschlagener Rahm; *'n dubbelte Portioon Slackermaschü to 'n Koken*; *wunnerborn Schuum, as Slachrahm*; *em bleev 'n lütt beten Slackermaschü in 't Gesicht sitten.* Kurzform: → *Slacker*. Vgl. → *Schü.*

Slackermatsch Wenn die Mutter *ehr lütt Deern* sonntags fein herausputzte – hübsches Kleid, weiße Kniestrümpfe und → *Botterlicker* (große Schleife) im Haar –, dann sollte sich die Kleine nicht gleich wieder dreckig machen: Spiel ja nicht im *Slackermatsch!*, verwarnte sie die Tochter. Syn.: → *Baggermatsch.*

slackern (*schlackern*) bedeutet 1. kleckern, beim Essen herabfallen, deshalb der od. das *Slackerbuuschen* (Lätzchen), das die Folgen des Kleckerns beim Kleinkind mildern soll. 2. Syn. Intens. zu → *sladdern* (sich schlaff herunterhängend bewegen), schlenkern od. schütteln; *dat Schipp slacker sik meist de Masten ut 'n Lief.* Adj. → *slack* (schlaff).

Slackersnee feuchter, nasser, angetauter Schnee, meist schmutziger Schnee; *he hett bi den Slackersnee natte Fööt kregen.* Wenn es große und feuchte Flocken schneite, sagte Großvater: *dat slackert.* Kamen bei deutlichen Minusgraden aber kleine, feine, wirbelnde Flocken vom Himmel, meinte er: *dat fisselt* (→ *fisseln*). Von → *slackerich* (schmutzig und nass).

Slackerwedder ist das Wetter, das angeblich typ. für Hamburg ist od. das man jedenfalls erwartet, wenn man in die Hansestadt fährt: feucht, nieselnd, bedeckt, aus dunklen Regenwolken drohend, leicht windig – mit einem Wort: äußerst ungemütlich. Man wagt nicht einmal, den Regenschirm aufzuspannen, sondern schlägt den Mantelkragen hoch und vergräbt die Hände tief in den Manteltaschen. Dafür gibt es eigentlich nur eine passende Beschreibung: *Hamburger* → *Schmuddelwetter!* Von → *slackerich* (schmutzig und nass). Vgl. → *Slackersnee* (feuchter Schnee).

Slackregen Schlag- od. Sturzregen, unwetterartiger, meist kurzer Niederschlag; → *Slack (3).* Nicht zu verw. mit dem länger anhaltenden und eher durch Nieselregen geprägten → *Slackerwedder* (→ *Schmuddelwetter*).

Slacks m., hoch aufgeschossener junger Mann, ungelenk, gebeugt und alles andere als straff, den man sich ohne Pickel im Gesicht nicht vorstellen kann; *so 'n langen Slacks vun Bengel.* Adj. → *slacksich* (schlaksig).

slacksich Adj. schlaksig, ungelenk in den Bewegungen, hoch aufgeschossen; *so 'n slacksigen Sleef*[1036]. Subst. → *Slacks.*

sladdern besagt 1. sich hin und her bewegen, 2. unordentlich herunterhängen, seem. urspr. die unregelmäßigen Bewegungen der in der Flaute schlaff herabhängenden Segel. Von mnd. *slak* (schlaff), *slaken* (schlaff sein)[1037]. 3. nachlässig gehen, mit den Gliedmaßen schlenkern. Ein *Sladderdarm* ist eine dünne, schlaksige Person (meist männl.), eine *Sladdermietje* eine Schlampe (nur weibl.). Der *Sladderkraam* fasst die Unordnung und das Durcheinander zusammen.

1036 HWB 4/287
1037 Lübben S. 351

Slafittchen Rockschoß, Rockzipfel; Schlafittchen. Zwar hat *Slafittchen* etwas mit den *Fittichen* (Flügeln) zu tun, weil man einen weglaufenden Menschen gerade noch an den Rockzipfeln packen kann, wie man eine flüchtende Gans an den Schwanzfedern festhält, aber übertr. bedeutet *jmdn. am Schlafittchen kriegen,* sich einen frechen Buben od. einen Bösewicht vorzuknöpfen und ihn zur Rechenschaft zu ziehen. Richey: *Daher die Redens-Art: eenen by der Slafittje kriegen, so viel bedeutet, als einen beym Flügel erwischen, das ist, beym Aermel od. beym Kleide zu packen kriegen*[1038].

slampampen (*schlampampen*) 1. unordentlich sein in Bezug auf die Kleidung od. die Haushaltsführung. Daher kommen die *Slampampersch* od. die *Slamtasch* als Schimpfwörter für eine schlampige Frau. Adj. *slampich* (ungepflegt, unsauber). 2. schlemmen, schwelgen, übermäßig essen und trinken; *Freten, Supen un Slampampen* (das große „Fressen" veranstalten); *nu loot uns man ordentlich snabbuliern, spachteln un slampampen.* Richey: *slampampen: im Schmause leben, drauf gehen lassen. Slampamp: üppige Fresserey*[1039].

Slampampersch (Schlampe) → *slampampen.*

slampich (schlampig) → *slampampen.*

Sleef 1. Kochlöffel, Holzlöffel zum Umrühren; *de Hund is mit 'n Sleef utneiht* (das Essen ist angebrannt). Vgl. → *Holtsleef.* 2. übertr. Flegel, Lümmel; *de Buuren sünd rechte Sleeve, d. i. rechte Tölpel,* meinte 1755 der städtische Akademiker Michael Richey zu wissen[1040], und er hatte auch gleich eine gelehrige Worterklärung parat, wie der Küchenlöffel zum Flegel mutieren konnte: *weil nun dergleichen Löffel von den Bauern nicht eben aufs feineste pflegen geschnitten zu werden, so nennen wir einen dummen und ungehobelten Menschen eenen Sleef*[1041]. Das hinterließ Spuren bei den blasierten Stadtmenschen, die um 1820 jeden Bauern mit dem Spottnamen *Sleef van Buten*[1042] bedachten. 3. wohlwollender klingt die Übersetzung „Schlingel" für einen Jungen, der lustige Streiche im Kopf hat; *he harr dat fuustdick achter de Ohren, he weer 'n Sleef.*

[1] Slick Schlick, am Gewässerboden abgelagerter zäher und glitschiger Schlamm; Schlammbank; aufgeweichter Boden, Morast; *sien Fööt versackt in 'n Slick.* Syn.: *Slickfall* (Schlammbank). Vgl. → *Slickhaken;* → *Slickpedder;* → *Klei (2).* Adj. *slickich* (morastig); *dat slickige Ufer*[1043].

[2] Slick Sprachfehler, dessentwegen der S-Laut nicht korrekt ausgesprochen werden kann; *'n Slick op de Tung hebben* (lispeln).

slicken lecken, schlecken; *uns Muschikatt slickt ehr Gatt* (unsere Katze putzt ihren After). Das Lecken an Süßigkeiten wurde meist *slickern* (naschen) genannt. Dementspr. ist *Slickerkraam* das Naschzeug, ein → *Slicker* ein Leckermaul od. ein Feinschmecker und die *Slickeree* die Schlemmerei. Vgl. → *Snoopkraam.*

1038 Richey S. 57
1039 Richey S. 260
1040 Richey S. 261
1041 Richey S. 260
1042 Irgendwelche Vergleiche mit dem belgischen Fußballer Daniel van Buyten (früher HSV) drängen sich auf, sind aber unangebracht.
1043 HWB 4/313

Slicker 1. Leckermaul. 2. Zunge; *den sien Slicker ward sik freien* (es wird ihm schmecken). Adj. *slickerhaft* (naschhaft). Erw.: *Slickeree* (Schlemmerei); *Slickerkraam* (Süßigkeiten); → *Slickerstang* (Zuckerstange). Von → *slicken* (schlecken).

Slickerstang Zuckerstange, lang und rot-weiß gedreht, wie sie früher wie heute auf dem Jahrmarkt od. → *Dom* angeboten wird. Von → *slicken* (schlecken).

Gehört zum Rummel, Jahrmarkt oder Dom wie die Karussells und die Geisterbahn: die Slickerstang, von den → Quiddjes auch Zuckerstange genannt.

Slickhaken Spottn. für den Anker. Von → [1] *Slick.*

Slicklöper (Westküstenbewohner) → *Slickpedder.*

slicknatt Adj. völlig durchnässt, etwa das Heu nach dem Mähen, das wegen Dauerregens nicht eingefahren werden konnte und nun die Konsistenz von → [1] *Slick* anzunehmen drohte.

Slickpedder Ein *Slickpedder* im Singular ist der Scherzn. für einen Jungen, der im → [1] *Slick,* im Dreck, herumwatet und dementsprechend aussieht, aber die *Slickpedders* im Plural weisen spöttisch auf eine ganze Gruppe von Menschen hin, nämlich auf die Bewohner von Cuxhaven[1044]! Das zeigt, dass das Watt, heute Weltkulturerbe, seinerzeit aus Hamburger Sicht nichts anderes als *Slick,* Dreck und Morast war. Überhaupt bezeichnete man in der Hansestadt gern alle Westküstenbewohner od. Neubürger, die von dort stammten, abfällig als *Slicklöper,* als Leute, die bei Ebbe übers Watt liefen, sich von Krabben ernährten und ihren Lebensunterhalt mit dem Aneignen von Treib- und Strandgut bestritten, das womöglich noch von havarierten Hamburger Schiffen stammte.

sliepen 1. schleifen, glätten, schärfen; *Scheer un Messer sliep!* (Ausruf). Ein *Slieper* war ein Scherenschleifer, übertr. ein → *Zigeuner,* wie man früher noch sagte, weil sich diese Volksgruppe angeblich meist durch Scherenschleifen ernährte. 2. Dinge schleifen lassen; *he harr woll 'n beten sliept* (sich nicht ausreichend angestrengt); *he hett sliept* (ist durchs Examen gefallen); *loot dat man sliepen!* (lass es geschehen).

sliepich ist der Kuchen od. das Brot, wenn es innen nicht ganz durchgebacken ist, sondern noch eine Art glitschigen Wasserstreifen hat; *dat Broot is sliepich,* sagt man, falls beim Bäcker der Ofen zu kalt od. der Teig zu weich war. Das passierte allerdings auch Großmutter ab und zu mit dem Sonntagskuchen.

[1] Slipp Zum Wasser geneigte Ablaufbahn bei Werften, auf der kleinere Schiffe od. Boote gebaut, repariert, an Land gezogen od. zu Wasser gelassen werden konnten; *de Ewer is woll op de Slipp hollen.* Ein *Slipphaken* war ein Haken mit leicht zu lösender Sicherung an der hinteren → *Reling* von Fischkuttern.

[2] Slipp 1. Rockschoß, schmal zulaufendes Ende von Kleidungsstücken, bes. beim *Slippenrock,* einem modischen Gehrock aus dem 19. Jh.mit

1044 HWB 4/313

langen, bis an die Kniekehlen reichenden Schößen; *so 'n jungen Mann mit 'n Slippenrock un Lackschoh*. Raa.: *enen bi 'n Slipp to faten kriegen* (jmdn. im letzten Augenblick gerade noch zu fassen bekommen); *bi enen sien Slipp anbinnen* (jmdn. heiraten); *se schall sik sülven op den Slippen → pedden* (sie soll sich um ihre eigenen Fehler kümmern). 2. Ähnlich der *Slips* (Schlips, Krawatte), der nicht in die Kniekehlen, sondern vom Halse baumelte. Raa.: *enen op 'n Slips pedden* (jmdn. beleidigen); *dat Swien 'n roden Slips ümbinnen* (das Schwein schlachten); *pedd di man nich op 'n Slips, Krawatten sünd düer!* (spiel dich nicht so auf). Vgl. → *pedden* (treten); → *Slafittchen*.

slippen 1. ein Schiff auf dem → [1] *Slipp* an Land ziehen. 2. fahren lassen; *ik heff de Keed slippen loten* (die Kette ist mir aus der Hand geglitten).

slippendi vull Ra.: zum Überlaufen voll.

Slipper Hausschuh od. Halbschuh ohne Schnürsenkel, in den man mühelos hineinschlüpfen kann.

Sloop bi de Deern! Wenn ein Hamburger aufschneiderisch etwas versprach, was er höchstwahrscheinlich nicht halten konnte, sagte man ironisch: *sloop bi de Deern un do ehr nix!* – womit stellvertretend ein Vorgang ausgedrückt wird, der ebenfalls nicht gerade wahrscheinlich ist.

Slööpbüx Eine *Slööpbüx* war eine weite, häufig nur bis zum Knie reichende Überziehhose aus hellem Leinenstoff, die zum Schutz beim Melken, Milchverkauf und Schweinefüttern über der gewöhnlichen Hose getragen wurde, was praktisch war, aber nicht gerade elegant aussah. Von → *slööpsch* (unordentlich gekleidet sein).

slööpsch Adj. unordentlich gekleidet sein, abgerissen, aussehen wie ein Landstreicher. Vgl. → *Slöpendriever*, → *Slööpbüx*.

Slöpendriever bezeichnet 1. einen unordentlichen, meist nachlässig gekleideten Mann, und da auch Frauen nicht immer korrekt angezogen waren, wurde eine solche Erscheinung weiblicher Art abschätzig eine *Slöpendrieversch* od. *Slööptasch* genannt. Syn.: Taugenichts, *Landstrieker*, → *Monarch*, *Strömer*, Vagabund, → *Sludderbüdel*, Bummler, *Driever;* Adv. → *slööpsch gahn* (nachlässig gekleidet sein). 2. Ein *Slöpendriever* konnte aber auch ein Schürzenjäger sein, ein Mann, der in aufdringlicher Weise hinter den Frauen her war; *geihst du mit den Slöpendriever?*

Slottbank abschließbare Truhenbank ohne Rückenlehne mit geschnitzten Seitenteilen und aufklappbarer Sitzfläche[1045]. Von *Slott* (Schloss).

Slottkorf („Schlosskorb"), das war ein aus Weidenzweigen geflochtener Korb in der Größe einer Wäschetruhe, der zwei Schlösser hatte. Er war verhältnismäßig leicht, aber stabil für gewichtige Transporte. Bei den Elbfischern waren die *Slottkörv* auch beim Einkaufen in der Stadt im Gebrauch. Nachdem der Fang am Fischmarkt verkauft war und die Besorgungen erledigt waren, wurden die Waren für den Transport nach Hause *in de Slottkorf* an Bord verstaut[1046].

Slu (*Schlu*) ist etwas Umhüllendes, z. B. die Schote von Hülsenfrüchten, die Nussschale, die Kartoffelschale, die Wurstpelle, die Haut od. sogar die

1045 HWB 4/328
1046 lt. Hans-Hermann Wölfert

Eierschale; *de Arfen*[1047] sünd *'n beten hart vun Slu; Kantüffeln in de Slu koken* (Pellkartoffeln) od. bezogen auf die Kreisstadt mit dem Autokennzeichen WL: *Winsen an de Luh, dor gifft dat Kantüffeln mit Slu.* Abergl.: In einem Schaltjahr *sitt de Bohnen verdreiht in de Slu.*

sluddern hat die Bedeutung „schlotternd gehen“, davon Adj. *sludderich* (schlotterig, schlaff herunterhängend, unordentlich). Das führt zu eindrucksvollen Schimpfwörtern wie *Sludderbüdel, Sludderbücks, Sludderjaan, Sludderjoochen, Sluddermichel* (männl.) od. *Sluddergreet, Sludderminsch, Sluddermarie* (weibl.). Vgl. → *sladdern.* Nicht zu verw. mit → *sludern.*

sludern bedeutet tratschen, schwatzen, schlecht über andere reden; *wat to sludern weer, moken de Wieber op de Straat af.* Adj. *sluderhaft* (geschwätzig), Subst. *Sluderee* od. *Sluderkraam* (Klatsch, üble Nachrede). Erw.: *Sluderbüdel* (Plaudertasche), *Sluderbücks, Sludergreet, Sluderfiken, Sludertrien, Sluderwief, Sludertante, Sluderbase, Sludertasch, Sluderoolsch, Sluderkatt* (man beachte die Häufung des weiblichen Bezugs in dieser Aufstellung ...). Vgl. → *klönen.* Nicht zu verw. mit → *sluddern.*

Slummerbaas (Herbergswirt) → *Baas.*

slusen unordentlich und oberflächlich arbeiten; *he sluust so* (er ist unzuverlässig)[1048]. Von mnd. *slosen* (schlendern)[1049]. Adj. *slusich* (nachlässig). Subst. → *Sluus* (einer, der nichts auf sich hält).

1047 Erbsen
1048 Mensing 5/578
1049 Lübben S. 355

Slüsenkruper waren → *Ewer,* die wegen ihrer umlegbaren Masten und flachen Böden bei fast jedem Wasserstand unter den Brücken der → *Fleete* hindurchfahren konnten. Sie brachten Fracht auf dem Wasserweg dorthin, wo andere Schiffe nicht mehr hingelangten. Von den Fischern werden sie → *minnachtich* (herablassend) auch als *Slickrutscher* verspottet[1050].

Slüüs (Plur. *Slüsen*) Schleuse. Erw.: *Slüüskuhl* (Schleusenkuhle). Verb *slüsen* (schleusen). Vgl. → *Slüsenkruper.*

Sluus jmd., der unordentlich und nachlässig ist. Auch im Sinne von „Schelm“ od. „tückischer Kerl“ gebraucht. Erw.: → *Sluusohr* (Schlaumeier).

Sluusohr ist jemand, der 1. es faustdick hinter den Ohren hat, ein hinterlistiger Mensch od. ein Schlaukopf im negativen Sinne; *he is 'n ganzen Sluusohrigen* (durchtriebener Zeitgenosse). Adj. *sluusohrich* (hintersinnig, schlau). 2. Es kann sich aber auch um einen unachtsamen und unordentlichen Menschen handeln. Von → *slusen* (nachlässig und unordentlich arbeiten). 3. Unter Umständen haben wir es real mit einem Hängeohr zu tun; *de Farken mit de Sluusohrn sünd de besten.*

smachten schmachten, hungern. Von mnd. *smacht* (Hunger). Vgl. → *Smachtlappen.*

Smachtlappen „Schmachtlappen“, Bez. für einen 1. Hungerleider od. einen 2. Schwächling, der heute im Allgemeinen eher *Weichei* genannt wird. Von *smachten* (schmachten, verlangen, Hunger leiden). Urspr. war der *Smachtlappen* die ndd.

1050 lt. Hans-Hermann Wölfert

Bezeichnung für das *Hungertuch,* mit dem zu katholischer Zeit und in katholischen Gegenden zur Fastenzeit der Altar abgedeckt wurde. Durch den Brauch, dieses *Velum*[1051] zu nähen und mit biblischen Motiven zu besticken, entwickelte sich im Volksmund aus *am Hungertuch nähen* das mit dem Fasten eher verbundene und weitaus anschaulichere *am Hungertuch nagen,* auf Hamburgisch: *an 't Hungerdook nogen.* Vgl. → *Hunger.*

Smadder m. 1. Matsch, nasser Schmutz, Schlamm. 2. starker Regen, bei dem der Schmutz vom Boden hochspritzt. Verb *smaddern* (nieseln, „schmutzig" regnen)[1052].

Smadding m., seem. Scherzn. für den Bootsmann; *Smadding is bi 'n Eersten in de Kamer* (der Bootsmann ist beim 1. Offizier)[1053].

Smeedplank scherzh. steifer Kragen („geschmiedetes Brett"), Gipsverband.

Smeer (Schmiere, Fett) → *smeren.*

Smeerlappen Schimpfw. für eine unsaubere, schmierige Person, für einen Schmutzfink. Von → *smeren* (schmieren).

smeren 1. schmieren, streichen, gleitfähig machen, bestechen; *de Botter to dick op 't Broot smeren; smeren mit allerlei Salben; dat smeert* (es regnet); *sik de Kehl smeren* (Alkohol trinken); *dat geiht as gesmeert* (das flutscht wie geschmiert). Ra.: *de goot smeert, de goot föhrt* (eine Hand wäscht die andere). 2. unsauber schreiben; *dat Göör smeert de Schoolarbeiten jümmers so.* Subst. *Smeer* (Schmiere). Erw.: *Smeerbüdel* (Schmutzfink); *Smeerbuuk* (Schmerbauch); *Smeerfink* (Schmierfink); → *Smeerlappen* (dreckige Person); *Smeerseep* (Schmierseife); *Smeerwater* (Abwaschwasser); *Smeerwedder* (Nieselwetter).

Smieg (Schmiege) ist im Handwerk eine Abschrägung, die keinen rechten Winkel hat. Der *Schmiegstock* ist ein Winkelmessgerät mit beweglichen und arretierbaren Schenkeln zum Übertragen solcher Schrägungen. In der Holzbearbeitung, in der Metallverarbeitung und vor allem im Schiffbau wird die *Schmiege* auch heute noch verwendet, wobei ein einfacher Zollstock jetzt häufig auch Schmiege genannt wird[1054].

Um einen Winkel zu fixieren, der kein rechter Winkel war, war der Schmiegstock unverzichtbar.

Smitt (Plur. *Smeed*) Schmied: Ra.: *he fritt as 'n Smitt,* das spielt darauf an, dass ein Schmied wegen seiner schweren körperlichen Arbeit stets großen Appetit hat; *he krümmt bi 'n rechten Smitt* (iron.: er gerät an den Falschen). Sprichw.: *wat to 'n Snieder bestimmt ist, ward sien Leefdag keen Smitt* (jeder muss das Handwerk er-

1051 *Velum* (Plur. *Vela*) [lat.]: 1. Seiden- od. Leinentuch zur Bedeckung der Abendmahlsgeräte in der kath. Kirche. 2. Schultertuch des Priestergewandes.

1052 lt. Carl Groth

1053 HWB 4/346

1054 lt. Carl Groth

greifen, das seinen Fähigkeiten entspricht). Verb *smeden* (schmieden). Erw.: *Smeedsgesell* (Geselle des Schmiedehandwerks); *Smeedgerechtichkeit* („Schmiedegerechtigkeit", das Recht, das Schmiedehandwerk betreiben zu dürfen).

Smok Eine *Smokarbeit* ist – nicht nur in Hamburg – eine Verzierung an Textilien, bei der der Stoff durch zahlreiche Zierstiche in Schmuckfältchen gelegt wird, wodurch ein fester od. elastischer Ziereffekt entsteht, der früher den Gummizug ersetzte, als es noch kein Gummiband gab. Um 1900 bes. bei Blusen und Kinderkleidung beliebt; *gesmokte Bluse*. Von *smoken* (in kleine, regelmäßige Fältchen raffen und diese mit Stickstichen festhalten, wobei ein geometrisches Muster entsteht) nach engl. *to smock* zu *smock* (Bauern-, Arbeitskittel)[1055]. Nicht zu verwechseln mit → *Smook* (Rauch).

smoken (fälteln und sticken) → *Smok*.

smöken (Tabak rauchen; schmauchen) → *Smook*.

Smolt Schmalz. 1. zerlassenes tierisches Fett, früher üblich in Küche und als Brotaufstrich; *'n Knuust Broot mit Smolt*: übertr.: *enen Smolt achter de Ohren smeren* (jmdm. schmeicheln). 2. übertriebenes Gefühl od. „schmalziges" Musikstück der Art, mit der uns das Erste sonnabends immer noch malträtiert, wenn Andy Borg od. Florian Silbereisen auf dem Bildschirm erscheint; *allens, wat so an Smolt op 'n musikalischen Markt is*[1056]. Erw.: *Smoltbroot* (Schmalzstulle); *Smoltkoken* (Schmalzgebäck); *Smoltkragen* (Unteroffizierskragen); *Smoltkruuk* od. *Smoltpletten* (Schmalzfass); *Smoltlappen* (Tuch mit Schmalz, das einem Kranken bei Erkältung und Fieber auf die Brust gelegt wurde); → *Smoltmoors* (wabbeliger Hintern).

Smoltmoors wörtl. „Schmalzhintern", hamb. eine nicht ganz feine Bezeichnung für ein breites Gesäß od. für eine Person, die derart gebaut war. Das Schimpfwort bezog sich keineswegs nur auf Frauen od. Waschfrauen. → *Hans Leip* formulierte einmal: *een von de Ballonköpp mit 'n Smoltmoors von der Hapagdirektschon*[1057].

Smook 1. Rauch, aufsteigender Qualm; *de Bood weer een Smook un Rook* (völlig verqualmt); *sik ut 'n Smook moken* (entwischen). Syn.: → *¹Rook, Qualm*. Verb *smöken* (Tabak rauchen, schmauchen); *'n Piep Toback smöken; mien Mann smöökt nich mehr* (mein Mann hat das Rauchen aufgegeben). 2. Dunst, Lufttrübung, Smog. Nicht zu verwechseln mit → *Smok* (Faltennäherei).

Smöökever Der → *Smook* ist der Rauch, Qualm od. Dunst, eine *Smöök* eine Pfeife[1058], ein *Smöökever* ein qualmender Dampfer, auch als *Smöker* bekannt. Zuerst wurde die dampfgetriebene Fähre spöttisch so bezeichnet, die seit 1818 zwischen Hamburg und Harburg verkehrte.

smuddern (*smoddern*) braten, schmoren, „brodeln", womit lautm. das Geräusch nachgeahmt wird, das beim langsamen Braten od. Schmoren mit Dampfentwicklung entsteht; *de Speck smud-*

1055 Duden: Das große Wörterbuch der deutschen Sprache o. S.
1056 → *Hans ut Hamm* nach HWB 4/362
1057 lt. HWB 4/363
1058 meist allerdings → *Piep* genannt

dert in de Pann[1059]. Daher die → *Smuddkantüffeln* – Dampfbratkartoffeln von rohen Kartoffeln, die zugedeckt in der Pfanne *smuddern* (schmoren) müssen.

Smuddkantüffeln heißen hier im Norden (Dampf-) Bratkartoffeln, die aus rohen Kartoffeln zubereitet werden. Sie brauchen etwas länger in der dünn belegten Pfanne als Bratkartoffeln von Salz- od. Pellkartoffeln, um gar und braun zu werden. Zu Beginn der Bratzeit sollte die Pfanne abgedeckt sein. Sie werden meistens in fettem od. durchwachsenem Speck mit Zwiebeln bzw. Schalotten gebraten. Besonders zünftig schmecken sie, wenn sie mit Schinkenresten mit viel Schinkenfett zubereitet werden, wie sie heutzutage auf Wochenmärkten angeboten werden. Von → *smuddern* (braten, schmoren). Syn.: → *Goordampers*.

Smutt (Schmutz) → *Suddel*.

smutteln (*smuddeln*) in feinen Tropfen anhaltend regnen. Von diesem Verb ist die Bezeichnung für das typische Hamburger → *Schmuddelwetter* abgeleitet. Syn.: → *suddeln*.

smutten einen Fisch nach spezieller Art räuchern. Eine etwas drastische Beschreibung des Vorgangs bei → *Rudolf Kinau:* Den Fisch über Nacht in Salz legen, zwei Stunden im Wind trocknen lassen, damit die Haut ein bisschen fester wird, und dann eine doppelte Zeitung darum wickeln, die Zeitung anzünden und abbrennen lassen – dann ist der Fisch gar[1060]. Erw.: *Smuttaal* (geräucherter Aal).

1059 Mensing 4/606
1060 nach HWB 4/368

Smuttje (*Smuutje*) ist die seem. Bezeichnung für einen Schiffskoch, der in der → *Kombüse* die Mannschaft bekocht und verköstigt. Der Hinweis, dass *Smuttje* urspr. „Schmutzfink" im Hinblick auf die Hygiene in seiner Kombüse (Schiffsküche) bedeutete, wird Ihnen hoffentlich nicht den Appetit verderben. Vgl. → *Suddel*.

smuustergrienen schmunzeln, lächeln; *he smuustergrient so ganz plietsch*. Syn.: → *smuustern*.

smuustern 1. schmunzeln, vor Freude still lächeln; *he kloppt em op de Schuller un smuustert dor heel vergnöögt bi*. Syn.: → *smuustergrienen, smuusterlachen, grienen, smunzeln*. 2. schmusen; *in 'n Düüstern is goot smuustern* (im Dunkel lässt sich gut schmusen).

snaaksch [spr.: *sno:ksch*] 1. merkwürdig, sonderbar; *dat kümmt em snaaksch vör; wat sünd dat för snaaksche Grappen!* (sonderbare Einfälle). 2. unangenehm, schlimm; *dor kümmt wedder 'n poor snaaksche Daag* (schlimme Tage).

Snabbelkraam (Leckerei) → *Snoopkraam*.

snabbuliern 1. schnäbeln, die Schnäbel aneinanderreiben. 2. Unter „schnabulieren" versteht man übertr., genießerisch zu essen und zu trinken; *he sitt an 'n Disch un snabbuliert*. Syn.: *snaveln*.

Snack (Plur. *Sneck*). 1. Gespräch, Schwätzchen; *enen in 'n Snack ophollen; sik in den Snack mischen; 'n lütten Snack övern Tuun* (ein Gespräch unter Nachbarn). 2. Erzählung, Geschichte, Redensart; *'n olen Snack vun Grootmudder; so geiht de Snack bi uns* (so wird bei uns erzählt); *fulen Snack* (Lügenkram); *dat is man bloots so 'n Snack* (nur so dahergeredet); *de Snack bestätigt sik, dat Kinner un dune Lüüd en Schutz-*

engel hebbt (über Kinder und Betrunkene wacht ein Schutzengel). Ra.: *goot Koop, goot Snack!* (ein guter Kauf muss gut verhandelt werden). 3. Geschwätz, überflüssiges Gerede; *dumm Snack* (Unsinn). Von → *snacken* (reden). Syn.: *Snackkraam*. Erw.: *Snackeree* (Gerede); → *Snackfatt* (aufgewecktes Kind); *Snackfoortan* (Schwätzer); *Snacksüster* (Klatschbase) [1061].

snacken sprechen, reden, etw. sagen; *se snackt nich veel; bi 't Eten ward nich snackt!; snack morgen mehr!* (hör auf zu faseln); *loot jem snacken!* (kümmere dich nicht um das Gerede); *he kann snacken as 'n Mettwust, de an beiden Sieden open is* (er redet alles in Grund und Boden); *dat ward ja in Hamborg noch jümmers veel plattdüütsch snackt* (Jan Brass); → *vigeliensch snacken* (spotten); *dor lett sik över snacken* (darüber lässt sich reden). Ra.: *wenn een vun 'n Düvel snackt, denn is sien Steert al to sehn* (wer vom Teufel spricht…); *ik snack nich mit Schiet* (ich rede nicht mit jedem); *do wat du wullt, de Lüüd snackt doch* (du wirst dem Klatsch nicht entgehen). Subst. → *Snack*. Adj. *snackich* (schwatzhaft, redselig). Vgl. → *klönen* (plaudern).

Snackfatt ist ein Schimpfwort aus → *Snack* (Gerede) und → *Fatt* (Fass) und bezeichnet 1. einen Schwätzer od. eine Schwätzerin, also eine Person, die viel Unsinn redet, kann aber auch 2. für ein aufgewecktes Kind stehen. Syn.: *Snackfoortan* (Schwätzer).

Snall 1. Schnalle. 2. Drahtschlinge zum Hechtfang. Verb *snallen* (h.: Hechte mit einer Drahtschlinge fangen); *wi hebbt hier Heken snallt.* Vgl. → *Sneer.*

Snapp Der *Snapp* ist der Nasenschleim od. der → *Rotz*, das Adj. *snappich* bedeutet unsauber, verrotzt, eine *Snappnees* ist eine Rotznase, ein *Snappenlicker* ein Rotzbengel, *snapprottich* heißt vorlaut od. naseweis, und für ein Taschentuch sagten wir als Jungen immer → *Rotzlappen* – im Interesse der sprachlichen Aufklärung sei uns die etwas unappetitliche Ausdrucksweise bei diesem Stichwort nachgesehen. Vgl. → *Snodder.*

snasseln trinken, schnasseln. Auch in Hamburg wurde genüsslich getrunken, häufig auch zu viel getrunken – Alkohol natürlich, kein Wasser; *se snasselt en Glas na dat anner; böös een to veel snasselt hebben* (betrunken sein). Umgebildet aus jidd. *schasjenen* (Alkohol zu sich nehmen) [1062].

Großmutter hatte ganz schön zu kurbeln, um mit diesem archaischen Handrührgerät Sahne oder Eiweiß steif zu schlagen. Immerhin erhielt sie hierbei mechanische Unterstützung und brauchte nicht mehr wie beim einfachen Schneebesen reine Handarbeit zu leisten.

snatern schnattern, schwatzen, viel und ununterbrochen reden; *se snatert mit all de Lüüd; dor snatert he as 'n Goos; all de Göös un Aanten snatert.* Subst. *Snateree* (lautes Durcheinander). Schimpfw.: *Snatergoos* (Klatschbase), *Snaterbüdel* (Quasselkopf). Syn.: → *snötern.*

1061 HWB 4/371 ff.

1062 Küpper S. 731

Sneebessen Schneebesen, Gerät zum Eiweißschlagen.

Sneer (Plur. *Sneren*) f., Schlinge, Fanggerät aus Draht od. Schnur; *he dä 'n Hasen ut de Sneer ruthelpen; mit 'n Sneer Heken fangen* (Hechte in der Schlinge fangen). Verb *sneren* (schnüren, mit einer Schlinge fangen)[1063]. Syn.: → *Snall.*

sneren (schnüren) → *Sneer.*

Snieder Ganz korrekt ausgedrückt: Ein *Snieder* ist ein Handwerker, der Kleider näht, hochd. also ein Schneider. Obwohl der Umgang mit Nadel und Faden ganz ohne Nähmaschine früher eine recht → *vigeliensche* (verzwickte) Angelegenheit war, denke man nur einmal an die vielen Taschen und Knöpfe an Rock, Weste und Hose und das Säumen der unzähligen Knopflöcher per Hand, galt ein Schneider nicht viel. Er wurde als dünner, knochiger, magerer Stubenhocker ohne Mumm verspottet, der mühsam seine Groschen → *zusammenschrapte* (zusammenkratzte) und sich das bisschen Geld vom Munde absparte. Obwohl ein Schneider bei den Brüdern Grimm einst *sieben auf einen Streich* erlegt hatte, stellte sich heraus, dass diese sieben nur gewöhnliche Stubenfliegen waren; *dor kann de Snieder op danzen* (auf einem dicken Brei); *freren as 'n Snieder* (vor Kälte zittern); *Snieder sien Knecht* (der Fingerhut); *kümmt rin, wenn 't keen Snieder is!* (Aufforderung einzutreten). Ra.: *dat treckt sik allens na 'n Lief, sä de Snieder, dor harr he de Arms in dat Büxenlock neiht.* Spottreim: *Snieder, Snieder, wipp, wapp, wupp,/ de ganze Woch Kantüffelsupp, sünndags gifft dat ook nich veel,/ denn gifft dat wat mit 'n Bessensteel*[1064].

1063 HWB 4/385
1064 HWB 4/388 f.

Sniederpunsch (minderwertiger Punsch) → *Punsch.*

Sniepel m., „Schniepel". 1. salopp für einen Frack, für einen hinten geteilten, in zwei Spitzen auslaufenden Männerrock; *swatten Sniepel, witte Binn.* Verwandt mit → *Snipp* (Schnabel), deshalb auch 2. eine der vielen Umschreibungen für den Penis, besonders für die winzige, entwicklungsfähige Ausführungen bei kleinen Jungen.

Snipp (Plur. *Snippen*) f. 1. Schnabel. 2. Blesse, weißer Fleck auf der Stirn der Pferde. 3. Schimpfw. für ein schnippisches Mädchen: *Jungfer Schnipp* od. *Madame Schnipp.* Vgl. → *snippsch.*

Snippel Schnipsel, abgeschnittenes kleines Stück; *keen Snippel* (kein bisschen). Verb → *snippeln* (in kleine Stücke schneiden). Vgl. → *Snippelbohnen.*

Snippelbohnen in ganz kleine Stücke geschnittene grüne Schneide- od. Brechbohnen. Ich konnte als Kind nicht verstehen, warum die schönen langen Bohnen kaputtgemacht werden mussten, aber Mutter sparte auf diese Weise das Abziehen der Fäden und konnte das Gemüse in der schlechten Zeit mit einer Mehlschwitze strecken und nahrhafter machen. Wir besaßen extra eine gusseiserne Schnippelbohnen-Maschine, die mit einer Zwinge an die Tischplatte geschraubt und mit einer Handkurbel bedient wurde. Von → *snippeln.*

snippeln etwas in kleine Stücke schneiden. Vgl. → *Snippelbohnen.*

snippsch Adj. schnippisch, kurz angebunden, spitz und oft respektlos-ungezogen antwortend, was meist auf Mädchen od. Frauen bezogen ist. Von *schnupfen,* die Luft durch die Nase ziehen, um eine Missbilligung zu zeigen[1065]; *de snipp'sche Mamsell.* Subst. *Snipp* (h.: Schimpfw. für ein schnippisches Mädchen). In Hamburg sagte man zu derartigen eingebildeten jungen Damen: *Jungfer Snipp* od. *Madame Snipp*[1066].

Snodder (*Schnodder*) ist etwas ganz und gar Unappetitliches, das grau bis grünlich zäh aus der Nase läuft und das wir hochspr. als „Nasenschleim" bezeichnen; *wisch di mol den Snodder vun de Nees!* Ein artiges Kind entfernt den *Snodder* mit einem *Snodderlappen* (Taschentuch), wenn es der Einfachheit halber den Snodder aber durch die Nasenlöcher hochzieht, *snoddert* es, und man schimpft es mit Recht eine *Snoddernees.* Vgl. → *snoddern.* Syn.: → *Rotz;* → *Snapp.*

snoddern bedeutet nicht nur, 1. den Nasenschleim, den → *Snodder,* mit meist unschönem Geräusch durch die Nasenlöcher hochzuziehen, sondern auch 2. viel und unbedacht reden; *sik wat trecht snoddern.* Wer eine so unfeine Ausdrucksweise an den Tag legt, wird als *snodderige Deern* abgetan.

snökern naschen; *wat to snökern hebben.* Syn.: → *snopen.*

snööd Adj. schnöde, niederträchtig, hochmütig; wählerisch beim Essen; *se sünd so snööd to em; enen wat snööd toropen* (arrogant)[1067].

1065 Duden: Das große Wörterbuch der deutschen Sprache o. S.

1066 HWB 4/392

1067 HWB 4/395

Snööf (*Snöövf*). Schnupfen, Erkältung mit laufender Nase; *'n Snööf hollen* (sich erkälten); *sik 'n bannigen Snööf opsackt hebben* (betrunken sein).

Snoopgroschen Zusatzverdienst, Trinkgeld, Taschengeld; *düchtige Lüüd weet Snoopgroschen to moken; Snoophüer* (Zusatzgeschäft, Nebeneinnahme, Gelegenheitsarbeit). → *snopen.*

Snoopkraam Die Kinder hatten was zu → *snopen* (naschen) od. *Snoopkraam* (Süßigkeiten, Naschwerk, Leckereien).

snopen naschen, schlemmen, genießen, etw. außerhalb der Mahlzeiten essen; *Ostern ward snoopt un sleckert; da könnt wi fein snopen; he snoopt ook gern wat, wo wat is.* Adj. *snopich* (vernascht). Vgl. → *Snoopkraam,* → *Snoopgroschen;* → *snökern.*

Snösel Flegel, dummdreister Bengel*; as ik noch so 'n Snösel weer; wat ünnersteihst du Snösel di!* Adj. *snöselich* (vorlaut, frech, dreist). Syn.: → *Flegel;* → *Briet;* → *² Flotz.*

snötern schnell, laut und viel reden; *se snöter un röter wedder, se snackt luder un luder.* Syn.: → *snatern.*

Snuck Schnucke, kleine, genügsame Schafart; evtl. ein Schaf, das → *snuckte* (blökte). Richey: *Snukke: kleine Art Schaaffe, die sich mit der dürren Heide behelffen, und von den grösseren Rhein- und Marschländischen unterschieden werden*[1068]. Syn.: *Heidsnuck.* Vgl. → *Heidsnuckenlüüd.*

1068 Richey S. 275

snucken schluchzen, weinen, klagend Laut geben; *he weenet, dat he snukket*[1069]*; se fangt glieks an to snucken.*

Snuten un Poten „Schnauzen und Pfoten", also die Teile vom Kopf und Fuß des Schweins, die bei der Herbstschlachtung in Salzlauge haltbar gemacht (→ *gepökelt*) wurden, dienten zu Zeiten, als die Tiefkühltechnik noch nicht jeden Haushalt erobert hatte, der Resteverwertung und dem Speisezettel in der kalten Jahreszeit. Die *Snuten un Poten* mussten erst rund zwei Stunden, möglichst zusammen mit Zwiebeln, Lorbeerblatt, einigen Wacholderbeeren und Pfefferkörnern, im geschlossenen Topf kochen. Dann wurde das Fleisch abgelöst und mit dem eingelegten Sauerkraut (evtl. samt Äpfeln od. Ananas) aufgekocht. Dazu gab es *Kartoffelmus* (od. *Erbspüree*). 1912 sangen die → *Gebrüder Wolf*, und ganz Hamburg sang mit: *Dat sünd de Snuten un Poten, dat is 'n fein Gericht…*

Snutenfeger (Friseur) → *Putzbüdel.*

Snutenhobel Scherzn. für das Orchester des ganz kleinen Mannes, die Mundharmonika. Etwas drastischer ist der Ausdruck *Muulsaag* („Maulsäge"), der darauf hindeutet, dass die produzierten Töne auf wenig Beifall trafen. Man hörte in Hamburg auch die Bezeichnung *Seberklotz,* weil man ab und zu die Spucke aus dem Instrument klopfen musste, wenn die Töne zu feucht geworden waren. Syn.: *Snuffelrutsch.*

Snutensnacker Ein *Snutensnacker* ist ein Mensch, der anderen nur nach dem Munde redet, nach der → *Snuut* eben, und keine eigene Meinung hat.

1069 Richey ebd.

Snuut (Gesichtsausdruck) → *Schnute.*

sögen säugen, stillen, mit Muttermilch ernähren; *lehr du dien Mudder Kinner sögen!* (Zurechtweisung für vorlaute Kinder); *de söögt noch Flöh* (ein Langschläfer, der nicht aus dem Bett findet)[1070]. Erw.: → *Söögdeerten* (Säugetiere), *Söögkinner* (Säuglinge). Vgl. → *Söög.*

Sonnabend Das Erste, was wir den Zugereisten aus südlicheren deutschen Landen beibringen, ist die Regel: In Hamburg heißt der Samstag *Sonnabend* – und das nicht nur in Hamburg, sondern in allen evangelischen Stammländern der Reformation bis nach Sachsen hinab. Selbst zu Zeiten multikultureller Vielfalt wird von dieser Regel an der Elbe kein Abstrich gemacht. Der Samstag war hebr. *sabbat* (Ruhetag), lat. *sabbatum*, der Sonnabend bedeutet „Vorabend des Sonntags", mhd. *sunabent.* Die Bedeutung Vorabend (eines Festes) gründet sich in der alten Auffassung, dass der Tag schon mit dem vorangehenden Abend beginne (3. Mose 23, 32). Das Weihnachtsfest beginnt danach mit dem Heiligen Abend am Vortag, dem 24. Dezember.

Söög (Plur. *Sögen*). 1. Sau, Mutterschwein, weibl. Schwein, das schon einmal geworfen hat. Raa.: *de Söög den Steert mit Speck smeren* (jmdn. beschenken, der schon alles hat); *en Söög an 'n Buuk kettelt hebben* (unverschämtes Glück im Spiel, also „Schwein" haben). Richey spielte darauf an, dass Schweinefleisch im mosaischen Glauben verpönt ist: *he kümmt dar an, as de Söge in 't Juden-Huus: er ist da schlecht willkommen*[1071]. 2. Und schließlich handelt es sich

1070 HWB 4/415
1071 Richey S. 277

bei *Söög* um ein weiteres dieser derben und ganz und gar uncharmanten Schimpfwörter, mit denen – lange bevor Alice Schwarzer eingreifen konnte – das weibliche Geschlecht bedacht wurde: *fule Söög* (faules Weib), *ole Söög* (alte Sau). Von → *sögen*.

Söögdeert (Plur.) Säugetier. Von → *Deert* (Tier) und → *sögen* (säugen).

Soot Brunnen, Grube für Regenwasser, Viehtränke. Wetterregel: *Morgenroot bringt Water in 'n Soot* (zeigt sich ein Morgenrot, droht Regen). Noch zwei Sprichwörter: *dat is 'n slechten Soot, wo 'n Water hindregen mutt* (das ist ein schlechter Brunnen, zu dem man das Wasser hintragen muss – übertr.: ein erfolgloser Mensch) od.: *wenn dat Kind versapen is, ward de Soot dichtmookt* (wenn das Kind in den Brunnen gefallen ist, wird er dichtgemacht – übertr.: eine Gefahrenquelle wird so lange verharmlost, bis etwas passiert ist). Erw.: → *Sootammer* (Eimer am Brunnen).

Sootammer Eimer aus Holz mit Metallreifen zum Wasserschöpfen aus dem → *Soot* (Brunnen). Der Bügel hatte eine extra Öse, die in den Haken der Winde über dem Brunnen eingehängt wurde.

Sössknöpen Bezeichnung für die Konfirmanden im Alten Land, weil sie zur Konfirmation ihren ersten Anzug mit langen Hosen bekamen, dessen Jackett sechs auffallend große Knöpfe, jeweils drei in zwei Reihen, aufwies. Deshalb hießen sie *de Sössknöpen* („die sechs Knöpfe").

Söten Und wenn der junge Mann mit seiner *söten Deern* (mit seinem süßen Mädchen) ausging, dann bekam sie manchmal auch einen *Söten* (Kuss) auf den Mund.

Sott 1. Ruß, schwarze, schmierige Schicht, die sich als Rückstand des Qualms einer offenen Flamme absetzt: *swatt as Sott* (schwarz wie Ruß); Wetterregel: *Regen gifft dat, wenn de Sott vun 'n Füürböön leckt* (Regen droht, wenn der Ruß von der Decke über der Feuerstelle tropft). Von *sotten* (rußen, schwärzen). 2. übertr.: Glück; *de hebbt noch mol Sott hatt* (die haben noch einmal Glück gehabt); *Sott bi de Deerns* (Erfolg bei den Mädchen). Vgl. → *Sottje*.

Sottbalken Rauch- od. Räucherbalken, ein geschwärzter Balken über der Feuerstelle. Vgl. → *Sott*.

Sottje Der Schornsteinfeger wurde im Hamburger Volksmund scherzhaft *Sottje* genannt. Diese Bezeichnung geht natürlich auf das plattdeutsche Wort → *Sott* für Ruß zurück, den zu entfernen ja die Aufgabe des Schornsteinfegers war und der an dessen Arbeitskleidung, Gesicht und Händen haften blieb. Er war ein schwarzer Mann, wie die Angehörigen von Berufen, die mit Schmutz zu tun hatten, genannt wurden, und diente im Alltag sowohl als angeblicher Glücksbringer (mit Zylinder: *löppt di 'n Sottje övern Wech, denn hest du Glück)* als auch als Kinderschreck („Wer hat

Angst vorm schwarzen Mann?“). Der Sottje kündigte seinen Besuch mit Kreide auf der Haustür an („*8.2. Sottje*“) od. rief laut durchs Treppenhaus: „*Maandag*[1072] *Sottje!*“

sövensinnich Wer *söven* (sieben) statt der üblichen fünf Sinne fühlt, ist verrückt od. verwirrt, auf jeden Fall aber nicht ganz bei sich; *ik bün sövensinnich, wenn ik ut 'n Bett koom* (schlaftrunken); *wat kiekst du so sövensinnich?,* fragte Mutter, wenn die Tochter vollkommen abwesend bei den Schulaufgaben saß.

Spaanfarken n., Spanferkel; Ferkel, das noch gesäugt wird, od. junges Schwein zum Braten. Von mnd. *spôn* (Muttermilch), *sponen* (von der Muttermilch entwöhnen, *spenich* (entwöhnt)[1073].

Spaangröön Grünspan, giftiger, blaugrüner Belag auf Kupfer und Messing; im Mittelalter auch als Farbstoff aus Spanien eingeführt, deshalb ugs. „spanisches Grün“ genannt aus der Lehnübersetzung von mlat. *viride*[1074]*Hispanum*. Zu → *spaansch* (spanisch).

spaansch Adj. spanisch; aus Spanien kommend, zu Spanien gehörend, nach spanischer Art; *spaansch Peper* (Cayenne-Pfeffer); *spaansch Gröön* (Grünspan; → *Spaangröön*); *spaanschen Wind* (Zuckergebäck aus Eischnee); *spaansche Rieder* („spanischer Reiter“: Palisade aus angespitzten Pfählen)[1075]. Spanien lag fern, und alles Spanische war fremd, merkwürdig od. ungewohnt; *spaansch utsehn* (seltsam aussehen). Seit der Zeit, als Karl V. (1500–1558), ein Spanier, deutscher Kaiser war und die Deutschen (auch die Hamburger) spanische Mode, spanische Sitten und Gebräuche kennenlernten, die ihnen fremdartig und seltsam, eben spanisch vorkamen, sagte der Hamburger: *enen spaansch vörkomen*. Subst.: *Spanjer* (Spanier); *Spaansch* (die spanische Sprache).

Spacken Schimpfw. für einen widerlichen, unsympathischen Zeitgenossen.

spakich Adj. feucht, modrig, stockfleckig (durch Feuchtigkeit); *de Böker sünd spakich*. Verb *spaken* (faulen, schimmeln).

Spaltenmieger 1. Die harmloseste Erklärung für diesen Ausdruck bezieht sich auf ein kleines Kind, das nachts in das Ehebett der Eltern od. Großeltern krabbelte, sich in die Matratzenspalte in der Mitte kuschelte und im Schlaf das machte, was sich bei Kindern häufig nicht vermeiden lässt (→ *miegen* – urinieren). Bekanntlich nannte man ein kleines Mädchen auch → *Grasmieger,* denn während die Jungs eine bestimmte Tätigkeit stehend hinter dem Baum erledigen konnten, mussten die Mädchen in die Hocke gehen, um *ins Gras zu miegen*. 2. Eine andere Erklärung für *Spaltenmieger* und noch vulgärer *Ritzenmieger* zielt auf ältere Mädchen und spielt auf den körperlichen Unterschied zwischen Mann und Frau an, worauf wir hier wirklich nicht im Detail eingehen müssen. Wenn jemand eine hässliche und unattraktive Freundin hatte, höhnte die Clique: *düssen Spaltenmieger kannst liekers in de Elv versupen.*

Spatt Der *Spatt* ist eine Pferdekrankheit, erklärt als Fußlahmheit der Pferde od. Hufkrankheit von Pferden; übertr.: *wi Olen hebbt noch lang keen*

1072 Montag
1073 Lübben S. 366
1074 lat. *viride* (das Grün)
1075 HWB 4/434

Spatt (wir Alten sind noch lange nicht lahm und verbraucht), hieß es am Tisch der Altenteiler.

spatteln 1. Ein Mensch *spattelt,* wenn er mit Armen und Beinen ruckartige Bewegungen macht, wenn er um sich schlägt, wenn er zappelt. Natürlich kann auch ein Tier *spatteln; he spattelt as so 'n Hummer; he spattelt mit Arm un Been as 'n → Maisever*[1076]*, de op 'n Rüüch fullen is.* 2. strampeln; ein Säugling *spattelt* in der Wiege, bis die Decke wegrutscht: *de Lütt schree un spattel sik bloot.* 3. paddeln, sich als Nichtschwimmer mühsam über Wasser halten; *he puust un spattel, kuum, dat he sik över Water hollen kunn.*

Speckdänen war in Schleswig-Holstein bis ins Hamburger Umland hinab nach den Kriegsniederlagen 1918 und 1945 das Schimpfwort für die Deutschen, die plötzlich eine dänische Gesinnung an den Tag legten. Dabei wurde unterstellt, dass der Wechsel der nationalen Vorliebe vor allem durch die Lebensmittelpakete aus Dänemark hervorgerufen worden sei.

Speckdeckel Ob der Ausdruck *Speckdeckel* hamburgisch ist, sei dahingestellt, typisch hamburgisch ist er sicherlich nicht. Es handelt sich um eine Mütze od. Kappe ohne Schirm, wie sie Fischerjungen gern trugen und wie sie Rekruten beim Drill auf dem Kasernenhof tragen mussten. In deutschen Landen hatte eine solche Kopfbedeckung verschiedene Formen und Namen. In Berlin hieß sie (mit verdecktem Schirm als „Vorbau") *Schiebermütze,* wobei an der Spree in diesem Zusammenhang unter einem *Schieber* ein ehrbarer Vorarbeiter auf dem Bau od. in der Fabrik zu verstehen war, der damals eine solche Mütze bei der Arbeit auf dem Kopf hatte. Auch der Schriftsteller Bertolt Brecht (1898–1956) trug in der Weimarer Zeit stets so einen Deckel. Heute wird er bei den jungen Leuten wieder beliebter.

Specke Knüppeldamm, mit Reisig od. anderem Material befestigter Weg durch sumpfiges Gelände. Der *Specksaalredder* in Duvenstedt erhielt 1947 seinen Namen also als ein von → *Knicks* od. Hecken gesäumter, befestigter Weg (vgl. → *Redder*) im feuchten Gelände (vgl. → *³ Saal*).

Speckstipp (Specksoße) → *¹ Stipp.*

Speelbaas (Spielgruppenleiter) → *Speeldeel.*

Speelbood (Plur. *Speelboden*). Spielbude im Sinne einer Schaubude auf Jahrmärkten: Bretterbuden, Zelte, Wagen, Menagerien mit Kuriositäten, Schießbuden, Kasperle- und Marionettentheater, Belustigungen. Seit 1795 sammelten sich immer mehr *Speelboden* auf St. Pauli neben der → *Reeperbahn,* sodass diese Örtlichkeit bald *Speelbodenplatz* (Spielbudenplatz) genannt wurde. Da die Obrigkeit sich damals um Ordnung, Sicherheit und vor allem um den Brandschutz für die durch das Millerntor herbeiströmenden Massen kümmerte, mussten die feuergefährdeten Bretterbuden ab 1840 durch feste Häuser ersetzt

1076 Maikäfer

werden, was dem Spielbudenplatz sein heutiges Aussehen verlieh. Viele kleine Schausteller konnten nicht mehr mithalten und gaben auf (vgl. → *Mattler*). Große Etablissements, Musikhallen, feste Theater, Bordelle und Kiezkneipen entstanden, in denen man nun Vergnügungen ganz anderer Art käuflich erwerben konnte, wodurch St. Pauli weltweit seinen Ruf erhielt, den man leicht euphemistisch als Rotlichtmilieu zu umschreiben pflegt. Vgl. → *Dannenberg*.

Speeldeel Eine *Speeldeel* ist eine regionale Vereinigung zur Pflege der plattdeutschen Sprache und des nordd. Brauchtums, die heute ihr *Speel* (Theaterspiel) nicht allein auf dem Dorf aufführt, sondern teilweise sogar auf Tournee geht. Der Spielleiter solcher Musik- und Theatergruppen heißt *Speelbaas*. Das in Hamburg und weit über Hamburg hinaus wohl bekannteste Beispiel: die *Finkwarder Speeldeel* (wörtl.: Finkenwerder Spieldiele), die 1906 von *Hinrich Wriede* und keinem Geringeren als dem Heimatdichter *Gorch → Fock* (Johann Wilhelm Kinau, 1880–1916) als Theatergruppe auf dem Fischerewer HF 125 im Finkenwerder Kutterhafen gegründet worden ist. Seit 1964 sind auch *„De Veerlanner"*, die *Vierländer Speeldeel*, mit ihrer Kinder-, Jugend- und Erwachsenengruppe ein fester Bestandteil des Vierländer Kulturlebens geworden.

Speelmann (Plur. *Speellüüd*) Musiker ohne festes Engagement, der gegen Entgelt wechselnd bei verschiedenen Festlichkeiten, Umzügen und Tanzveranstaltungen aufspielt.

speen speien, spucken; *dor kannst op speen* (darauf kannst du dich verlassen); *enen op den Kopp speen* (jmdn. rügen); *de See speit* (ist aufgewühlt); *Füür un Flammen speen* (wütend sein). Abergl.: Vor einem Tanzabend ließen Gastwirte eine „weise" Frau dreimal in den Saal spucken, damit viele Gäste kommen. Vor dem Wurstkochen soll man in den Kessel spucken, damit die Würste nicht platzen. Wer auf sein Geld spuckt, verdoppelt es. Ein Gerstenkorn verschwindet, wenn jemand unvermittelt auf das betroffene Auge spuckt.

Spegelschieven (Plur.). Was ist denn das? Großmutter kannte den Ausdruck noch nicht, aber warum sollte man in dem Bemühen, das Niederdeutsche lebendig zu erhalten, den Erzeugnissen moderner Technik nicht auch plattdeutsche Kunstwörter verpassen? *Spegelschieven* sind natürlich die CDs (engl. *compact discs*), und dass der Ausdruck „Spiegelscheiben" gar nicht einmal so falsch gewählt ist, sah ich im vergangenen Sommer, als mein Nachbar Dutzende von sich in der Sonne spiegelnden CD-Rohlingen in seinen Kirschbaum gehängt hatte, um die Stare von den reifen Früchten fernzuhalten. Vgl. → *lesernbregen* (Computer).

spelen heißt spielen, aber neben dem üblichen Gebrauch kann *spelen* als regionale Besonderheit auch das Hilfsverb *sein* und das Part. *gewesen* ersetzen; *he hett al lang krank speelt* bedeutet nicht etwa, dass hier jemand eine Krankheit vorgetäuscht hatte, sondern dass er wirklich krank *war*. Oder: *he speelt nu ook Suldot* (er *ist* Soldat); *he speelt hier Afkaat* (er *ist* hier der Rechtsanwalt); *dat Buer-Spelen is upstunns keen Spaaß* (Bauer sein ist aktuell ein hartes Los); *he hett Bankerott speelt* (er hat Konkurs gemacht) [1077].

1077 Mensing 4/737 f.

Spelunk Spelunke. 1. verrufene, finstere, verräucherte Kneipe mit einem noch finstereren Publikum, in die man nicht gerade Tante Frieda, die aus Reinbek zu Besuch ist, ausführen sollte. Von lat. *spelunca* (Höhle). Vgl. → *Verbrecherkeller.* 2. übertr. elende, unsaubere Unterkunft; *dat is ja 'ne scheune Spelunk!* (verkommene Wohnung).

Spickaal Ein *Spickaal* ist ein Räucheraal, was nicht bedeutet, dass der → *Aal* mit Speck gespickt worden ist wie ein zäher Hasenrücken, sondern dass er überm Rauch trocken und haltbar gemacht wurde. *Spickaal mit Klüten un Speck* ist ein Hamburger Gericht, eine *Spickgoos* ist eine geräucherte Gans, und ein *Spickhering* ist ein geräucherter Hering, der, weil besser als → *Bückel* (Bückling) bekannt, heute als Schimpfwort für einen vertrockneten, hoch aufgeschossenen und mit Akne und Nickelbrille ausgestatteten Jüngling gebraucht wird. Alle diese Ausdrücke kommen von mnd. *spik* (trocken) und haben nur ganz entfernt etwas mit → *spicken* (specken) zu tun.

spicken 1. trockenes Fleisch, vor allem Wild wie Rehrücken, mit einer *Spicknadel* mit Speckstreifen versehen; übertr.: *mit blauen Bohnen spicken* (auf jmdn. schießen). Syn.: *specken.* 2. großzügig füllen; *den Büdel spicken* (sich mit reichlich Geld versehen).

Eine Spelunke in der Niedernstraße (Altstadt) mit großem Fass, die dementsprechend auch „Zum großen Faß" hieß.

Spielbudenplatz → *Speelbood;* → *Dannenberg.*

Spielmannszug (Trommler und Pfeifer) → *Tambuur.*

Spijöök (Plur. *Spijöken*) bedeutet 1. Schabernack, Spaß, Unsinn, Unfug; *he mookt jümmers sien Spijöken; veel Spijöken in 'n Kopp hebben; bloots to 'n Spijöök* (nur so zum Spaß). 2. Gespött; *enen to 'n Spijöök moken* (jmdn. zum Narren halten).

Spill seem. Winde zum → *Hieven* von Ankern od. Lasten auf Schiffen, die im Ggs. zur → *Winsch* eine senkrechte Drehachse hatte und von an *Handspaken* (Speichen) mit äußerster Kraft schiebenden Matrosen bewegt wurde.

Spint (Hohlmaß) → *Scheffel.*

Spitaal (Krankenhaus) → *Hospitaal.*

spiteeisch [spr.: *spite:´isch*] od. *spiteelsch* – hämisch, spöttisch; *lach nich so spiteeisch!; spietsch* (spöttisch, hämisch, schnippisch); *spietschen* (über etw. spotten).

Spitt Es handelt sich 1. um einen Spieß, um eine Stoßwaffe od. einen Säbel aus der Zeit, als noch Mann gegen Mann kämpfen musste, aber 2. und weniger martialisch um einen Bratspieß, auf den man Geflügel, Fleisch, Würste, Schinken, Heringe und Aale aufspießen konnte, um sie zu braten od. zu räuchern. Wenn das ganze Dorf feierte, gab es auch schon mal einen ganzen (natürlich vorher geschlachteten) Ochsen am Spieß. Auf jeden Fall geht es hier um einen langen, dünnen Eisenstab, der zu Vergleichen geradezu einlädt. Ein *Spittel* ist übertr. eine dünne, schmächtige Person, ein *Spittelbeen* nicht nur ein dürres Bein wie das eines Storches, sondern auch ein Schimpfwort für den Rest des Wesens. Am bekanntesten dürfte der *Spittelfink* sein, eine Bezeichnung, bei der sogar so etwas wie Anerkennung mitschwingt für einen schmächtigen Jungen, der immerhin so flink ist wie ein → *Fink.* Ra.: *de kann ook in Fett ümkehrt warrn und blifft doch jümmers 'n Spittelfink.* Syn.: *Spittelfix.* Adj. → *spittelich.*

Spittelfink (schmächtiger Junge) → *Spitt.*

spittelich ist ein Wesen, das als klein, schmächtig und schwächlich beschrieben werden muss; *sien Fro is so spittelich,* sagte man, wenn die arme Frau alt, abgearbeitet und krank war und im wahrsten Sinne des Wortes nur noch aus Haut und Knochen bestand. Wahrscheinlich hatte sie auch *spittelige Hoor,* also nur noch ein paar Haarsträhnen auf dem Kopf, vor denen jeder Friseur Reißaus nehmen würde. Als *so 'n spitteligen Boom* bezeichnete man einen dürren und kümmerlichen Baum, den es allen modernen Untergangsszenarien zum Trotz übrigens schon immer gegeben hat. Das Ganze bezieht sich natürlich auf den → *Spitt,* den Spieß, der dünn, lang und hart ist.

Spitzkopp (ausgewachsener Aal) → *Aal.*

spleißen seem. Tau-Enden miteinander verflechten. Auch zu steifer → *Grog* od. zu starker Kaffee wurde *gespleißt,* also mit Wasser verdünnt.

splieten spalten, reißen, bersten; *dat ool Tüüch, dat splitt; dat Ies is spleten.* Vgl. → *Rietenspliet* (Lümmel).

spöken (*spökern*) heißt spuken, wie ein Gespenst sein Unwesen treiben. *Spöök, Spökeree* od. *Spö-*

kerkraam ist der Spuk bzw. die Geistererscheinung, und *Spökenkieker* nennt man denjenigen, der an Geister glaubt und von allerlei übersinnlichem Kram faselt – d.h., dabei handelt es sich leider viel häufiger um eine *Spökenkiekersch* weiblichen Zuschnitts; *nu mutt dat Schipp ewig op See spöken* (der „Fliegende Holländer"); *bi em spöökt dat in 'n Kopp* (er ist verrückt).

Spökenkieker (Geisterseher) → *spöken.*

Spöön (Sägespäne). Plur. von → *Spoon* (Span).

Spoon (Plur. *Spöön*) m. 1. Span, Hobelspan; Spachtel aus Holz; *nich en Spoon* (kein bisschen); *op den Spoon komen* (auf den Hund kommen); *'n Spoon hebben* (eingebildet sein). Ra.: *de mutt mit söven Sack Spöön in de Höll verbrennt warrn* (der taugt überhaupt nichts). Sprichw.: *wo veel Holt hövelt ward, dor fallt ook veel Spöön* (wo gehobelt wird, da fallen Späne). 2. *Plur.* Sägespäne[1078].

Spöönfreter Spottn. für den Tischler[1079]. Von → *Spöön* (Sägespäne).

spoonfuchtich Adj. 1. wütend, eigentl. „wütend wie ein Spanier" von → *spaansch* (spanisch). 2. merkwürdig; *em keem de ganze Kraam recht spoonfuchtich vör* („spanisch" vorkommen)[1080]. Von → *fuchtich* (wütend).

SPQH ist im Inneren des Rathauses und an anderen Stellen der Stadt zu lesen, eine Abkürzung, die die Hoheitsformel einer überaus selbstbewussten Freien und Hansestadt darstellt: *Senatus Populusque Hamburgensis* („Der Senat und das Volk von Hamburg"). Natürlich nimmt diese Formel ohne die geringste Scheu Bezug auf das *S.P.Q.R.* des antiken Römischen Reiches: *Senatus Populusque Romanus* („Der Senat und das Volk von Rom"). Alle Legionen, die die damalige Welt eroberten, führten sie auf ihren Standarten. Die italienische Hauptstadt benutzt sie noch heute. In Rom sind alle Schrifttafeln, Kanaldeckel, Mülleimer und öffentlichen Einrichtungen mit diesen vier Buchstaben versehen. So weit geht Hamburg glücklicherweise nicht.

Sprachgesellschaften Im 17. Jahrhundert schlossen sich viele Gelehrte und fast alle bedeutenden Dichter jener Zeit zu *Sprachgesellschaften* zusammen, um in kulturreformerischer Absicht der deutschen Sprache einen gleichberechtigten Rang neben dem – nein, nicht dem Englischen! –, sondern damals dem Französischen und den akademischen Sprachen zu verschaffen. 1617 entstand die erste Sprachgesellschaft als *Fruchtbringende Gesellschaft* in Weimar. In Hamburg stiftete *Philipp von Zesen* (geb. 8. Oktober 1619 bei Dessau, gest. 13. November 1689 in Hamburg) 1643 die *Teutschgesinnete Genossenschaft* mit 207 Mitgliedern. *Johann Rist* (geb. 8. März 1607 in Ottensen, gest. 31. August 1667 in Wedel) gründete 1658 in der Hansestadt den *Elbschwanenorden*. Zesen erfand für zahlreiche Fremdwörter Eindeutschungen, die uns heute selbstverständlich erscheinen, z.B. *Ableitung* (für Derivation), *Abstand* (Distanz), *Angelpunkt* (Pol), *Augenblick* (Moment), *Ausflug* (Exkursion), *Besprechung* (Rezension), *Bücherei* (Bibliothek), *Emporkömmling* (Parvenü), *Entwurf* (Projekt), *Farbgebung* (Kolorit), *Gesichtskreis* (Horizont), *Glaubensbekenntnis* (Credo), *Gotteshaus* (Tem-

1078 HWB 4/484 f.
1079 Mensing 4/774
1080 HWB 4/485

pel), *Grundstein* (Fundament), *Kreislauf* (Zirkulation), *Leidenschaft* (Passion), *Letzter Wille* (Testament), *Mundart* (Dialekt), *Nachruf* (Nekrolog), *Rechtschreibung* (Orthografie), *Sinngedicht* (Epigramm), *Sterblichkeit* (Mortalität), *Verfasser* (Autor), *Vollmacht* (Plenipotenz), *Wahlspruch* (Devise), *Weltall* (Universum) od. *Zerrbild* (Karikatur). Bei der Sprachreinigung schossen die Reformer jedoch teilweise über das Ziel hinaus, wenn sie etwa versuchten, die Mumie in *Dörrleiche,* den Anatom in *Entgliederer,* das Kloster in *Jungfernzwinger,* den Botaniker in *Krautbeschreiber,* die Pistole in *Meuchelpuffer,* die Pyramide in *Spitzgebäude,* das Fenster in *Tageleuchter,* den Harem in *Weiberhof* und – allumgreifend – die Natur in *Zeugemutter* umzubenennen. Seine gelehrten, aber volksfernen Gegner unterschoben Philipp von Zesen, um ihn lächerlich zu machen, auch den bekannten *Gesichtserker* für die Nase, der gar nicht von ihm stammte.

Spree (Plur. *Spreen*) f., Star *(Vogel).* Stare treten in Schwärmen auf und können binnen Minuten die Obst- und vor allem die Kirschernte vernichten. Im Obstanbaugebiet des Alten Landes gelten sie als existenzbedrohend. Während der schlechten Nachkriegszeit mussten zwölf- bis 14-jährige Jungen während der Kirschernte *Spreen hüten.* Der Ausdruck „Spreen hüten" ist dabei irreführend. Nicht die Spreen wurden gehütet, sondern die Kirschen vor den Spreen gerettet. Das geschah mit Handklappermühlen, Kochtopfdeckeln od. anderen Lärm machenden Geräten. Dazu wurde geschrien, was die Kehlen hergaben. Wenn wirklich einmal ein Spreen-Schwarm eingefallen war, bekam der arme „Spreenhüter" bösen Ärger mit der Kirschpflückern, denn die Vögel hatten nur noch Kirschenmatsch übrig gelassen. Vgl. → *Kirschböller* (Knallapparat).

Springderby Am 26. Juni 1920 trafen sich die Mitglieder und Gäste des erst am 29. Januar jenes Jahres gegründeten Norddeutschen Vereins zur Zucht und Prüfung des deutschen Halbblutes, um auf dem Poloplatz in Klein Flottbek einer Springprüfung auf allerhöchstem Niveau beizuwohnen, die danach jährlich als *Deutsches Springderby* ausgerichtet wurde. Nur zehn Mal fiel das schwere Jagdspringen aus, von 1940 bis 1948 wegen des Krieges und seiner Folgen und 1972 wegen der Olympischen Sommerspiele in München, wie es hieß, in Wirklichkeit aber wegen totaler Zerstrittenheit in der Führungsriege des ausrichtenden Vereins, wie man hinter vorgehaltener Hand munkelte. Die Hindernisse hatte 1920 vor allem der Kaufmann, Gutsherr und leidenschaftliche Reiter Eduard F. Pulvermann (1882–1944) der Holsteiner Landschaft abgeschaut, denn Klein Flottbek gehörte damals noch nicht zu Hamburg, sondern zur preußischen Provinz Schleswig-Holstein. Der Große Wall mit der weißen Bretterplanke dahinter, der Holsteiner Wegesprung und die Eisenbahnschranken prägen den Charakter des Parcours. Und dann gibt es da noch das berüchtigte Hindernis Nr. 14, eine Senke mit Wassergraben und Ein- und Aussprung, in die Pulvermann kopfüber gestürzt war, als er diese Kombination 1919 in Travemünde mit seinem Pferd Tristan ausprobierte. Seither spricht man spöttisch von → *Pulvermanns Grab.* 1928 verlegte der Verein die Veranstaltung vom Poloplatz an der Jenischstraße auf das heutige Derbygelände an der Jürgensallee/Baron-Voght-Straße. Erst 1933 gelang dem späteren Oberst und deutschen Springreiterchef Harald Momm (1899–1979) auf Baccarat der erste Null-Fehler-Ritt in der Derbygeschichte. Als erste Frau siegte Irmgard von Opel (1907–1986) 1934 auf ihrem Trakehner-Schimmelhengst Nanuk. Auch Hitlers späterer Schwager Hermann

Der erste Sieger im Deutschen Springderby in Klein Flottbek, damals noch auf dem Poloplatz, war am 26. Juni 1920 der Frankfurter Paul Heil auf Cyrano. Heil brachte das Kunststück fertig, unter 27 Startern mit seinen Pferden Hexe und Grey Lad auch die Plätze zwei und drei zu belegen.

Fegelein (1906–1945) trug sich 1937 mit Schorsch in schwarzer Uniform in die Siegerliste ein. Nach dem Krieg gewann der Heider Landwirt Fritz Thiedemann (1918–2000) fünf Mal das Deutsche Springderby – 1950 auf Loretto, 1951 auf Meteor, 1954 auf Diamant, 1958 auf Finale und 1959 auf Retina. Noch erfolgreicher war der Brasilianer Nelson Pessoa (geb. 1935)[1081], der sieben Mal Sieger wurde, 1992, 1993 und 1994 sogar dreimal hintereinander mit demselben Pferd, Vivaldi. Seit 1955 wird das Springderby in Verbindung mit dem Deutschen Dressur-Derby ausgetragen[1082].

Springer, Axel (1912–1985; Verleger) → *Abendblatt*.

Sprock Das *Sprock* ist der Holzabfall, bestehend aus Reisig, Buschholz und abgeschnittenen dürren Zweigen. Man benutzt es zum Beispiel, um – zusammen mit einer zerknüllten Zeitung – das Feuer in Herd und Ofen anzuzünden. Man spricht deshalb auch vom *Anböterholt* (Anmachholz).

1081 nicht zu verwechseln mit seinem Sohn *Rodrigo Pessoa* (geb. 1972), der es zum Olympiasieger und Weltmeister im Springreiten brachte

1082 Jens Meyer-Odewald: Klein Flottbek: Kein Parcours für jedermann. HA 14.5.2010

Vgl. → *inböten* (einheizen). Erw.: → *Sprockeemk* (Waldameise).

Sprockeemk (Plur. *Sprockeemken*) ist die große Waldameise. Die → *Eemken* (Ameisen) tragen das → *Sprock* (Holzreste auf dem Waldboden) zum → *Eemkendutt* (Ameisenhaufen) zusammen; *de groten swatten Sprockeemken dreegt dat Sprock so → flitich op 'n Dutt* [1083].

Sprütt (Plur. *Sprütten*). Eine *Sprütt* ist eine Spritze und kommt von *sprütten* (spritzen). Genauer gesagt: Eine *Sprütt* ist ein Gerät zum Feuerlöschen, und die Angst vor einer Feuersbrunst beherrschte früher noch mehr als jetzt Leben und Vorsorge in einer eng bebauten Stadt, in der Holz das vorherrschende Baumaterial war. Beim → *Großen Brand* 1842 ging ganz Hamburg in Flammen auf. *Füür in de Elvstraat – rut de Sprütt!*, lautete ein Schreckensruf. Im übertr. Sinne bedeutet *ran an de Sprütt* die Aufforderung, tatkräftig zuzupacken, selbst wenn es nicht brennt, und *de eerst Mann an de Sprütt* ist jemand, der überall dabei sein muss und jedes Mal den Ton angeben will. Wer beim Löschen nicht aufpasst, kann schon einmal *sprüttennatt* (klitschnass) werden, und wer zu viel hochprozentige Flüssigkeit in sich hineinlaufen lässt, ist danach bestimmt *sprüttenduun* (stockbetrunken). Ein *Sprüttenhuus* war das Spritzenhaus, das im heutigen Amtsdeutsch „Feuerwehrgerätehaus" genannt wird, und der *Sprüttenmeester* ist der Brandmeister, anschaulicher als „Feuerwehrhauptmann" bezeichnet, der die → *Sprüttenlüüd* unter sich hat.

Sprüttenlüüd (Sing. *Sprüttenmann*) sind die Männer an der Spritze (→ *Sprütt*), die Feuerwehrleute. Wer den Dienst als Bürgergardist nicht mitmachen wollte, musste in Hamburg *Sprüttenmann* werden – offenbar eine frühe Art des Zivildienstes für Wehrdienstverweigerer; *he harr sik bi de Sprüttenlüüd meldt.* Im 19. Jh. trugen die *Sprüttenlüüd* weiße Leinenkittel und wurden deshalb *Wittkittels* od. *Wittröck* genannt. Diese Bezeichnung war noch lange im Volksmund verankert; ein Notgeldschein aus dem Jahre 1921 trug die Inschrift: *treck dien witten Kittel an un do dien Pflicht as Sprüttenmann.* Ein Gericht aus grünen und weißen Bohnen hieß *Sprüttenlüüd un Grashopper*, wobei die *Sprüttenlüüd* die weißen Bohnen und die → *Grashopper* (Heuschrecken, Grillen) die grünen Brechbohnen repräsentierten. Vgl. → *Grashopper un witte Müüs.*

Spucksuppe (mit Kernen) → [2] *Kreek.*

St.-Pauli-Theater (bis 1941 Ernst-Drucker-Theater) ist ein Theater an der Hamburger Reeperbahn (Spielbudenplatz). Es wird am 30. Mai 1841 als Urania-Theater eröffnet und 1844 durch eine Aktiengesellschaft als Actien-Theater betrieben. 1863 ersteigert Carl J. B. Wagner das Theater und nennt es Varieté-Theater, 1884 übernimmt es Ernst Drucker (1856–1918) und spielt erfolgreich Hamburger Volksstücke, aber auch ernste Werke. 1921 kauft Siegfried Simon das Theater. Als er 1924 stirbt, übernimmt seine Frau die Leitung. In dieser Zeit bearbeitet → *Paul Möhring* die Biografie des Hamburger Originals → *Zitronenjette* zu einem Theaterstück, das zum größten Erfolg des Hauses wird. Als die Nationalsozialisten 1941 merken, dass Ernst Drucker Jude ist, wird das Theater in St.-Pauli-Theater umbenannt. Die Familie Collien übernimmt es 1970. Freddy Quinns Musical „Der Junge von St. Pauli" wird uraufgeführt und auch die „Zitronenjette" weitergespielt.

1083 HWB 5/494

Am 30. Mai 2011 erhielt das Haus in Erinnerung an seinen alten Namen den Zusatz: ehemals *Ernst-Drucker-Theater.*

Eigentlich ist Freddy Quinn, 1931 als Manfred Nidl-Petz in Niederösterreich geboren, alles andere als ein Hamburger Jung, aber nach seinen erfolgreichen Schlagern von Seefahrt und Sehnsucht ist er gern von den Hamburgern „adoptiert" worden. Das Foto zeigt ihn in amerikanischer Uniform als „Junge von St. Pauli" im St.-Pauli-Theater am Spielbudenplatz.

staatsch [spr.: *sto:tsch*]. „Das ist mal *'n staatschen Kerl!*", schwärmte → *Heidi Kabel* im → *Ohnsorg-Theater* und benutzte dieses Adjektiv sogar in der hochdeutschen Fernsehaufzeichnung, als sie den neuen Untermieter mit neugierigen Augen begutachtete. Soll heißen: Er macht was her! *staatsch* kann eine ganze Reihe von positiven Eigenschaften ausdrücken: stattlich, fein, prächtig, ansehnlich, würdevoll, repräsentativ, tüchtig od. kräftig.

Stack n., Buhne, rechtwinklig zum Ufer gebauter Damm, meist aus eingerammten Pfählen mit darum geflochtenem Buschwerk und Reisig *(Stackbusch).* Richey: *ein abgestutzter Damm, der quer in den Fluß hinein gelegt wird, üm den Strom von einem Ufer abzuweisen, welches man entweder erhalten, od. Land daran gewinnen will* [1084]. 1733 setzte der Rat eine *Stackdeputatioon* „zur Aufsicht über die Erhaltung und Befestigung der Ufer an der Niederelbe" ein. Das *Depe Staack,* ein befestigter Ufervorsprung an der Billwerder Bucht, heißt heute *Tiefstack* (Billbrook/Moorfleet) [1085].

Stackdeputatioon Abordnung zur Überprüfung der Uferbefestigungen. → *Stack.*

Stackel 1. schwächliches, unbedeutendes Wesen; *ik bün man bloots so 'n armen Stackel, de nix to seggen hett.* Adj. *stackelich* (schwach, hinfällig). 2. niedrige Karte ohne Zählwert beim Kartenspiel *(→ Luusche).*

Stackmeister Ein Stack-Meister war laut Richey ein Bau-Meister in Deichen und Dämmen [1086]. Vgl. → *Stack.*

Stadthaus wird ein ehemals städtisches Verwaltungsgebäude genannt, dem die Straße zwischen Rödingsmarkt und Axel-Springer-Platz ihren Namen Stadthausbrücke (1889) verdankt. Das Gebäude wurde bis vor Kurzem von der Baubehörde genutzt, wird jetzt jedoch zu einem „Luxusquartier am Fleet" mit Läden, Boutiquen, teuren Wohnungen und Hotel umgebaut. Lange

1084 Richey S. 285. Eigentlich ist Micheal Richeys Erklärung klar, deutsch und für jedermann verständlich, um aber als Autor eines Mundartwörterbuchs *(Idioticon Hamburgense)* nicht der mangelnden Wissenschaftlichkeit geziehen zu werden, fügt er die Beschreibung vorsichtshalber noch auf Latein an: *moles in transuersum flumen iacta, ripae vel muniendae vel ampliandae causa.*

1085 HWB 4/506

1086 Richey S. 285

Jahre davor war das Stadthaus das Quartier der Polizeibehörde und während der NS-Zeit als Sitz der Geheimen Staatspolizei (Gestapo) ein gefürchteter Ort der Unterdrückung, Verfolgung und Folterungen. Eine Gedenktafel am Eingang Stadthausbrücke 8 erinnert an die Opfer. Bereits das jetzt nicht mehr zum Komplex gehörende *Görtz-Palais* am Neuen Wall, 1710/11 errichtet und 1726 von der Stadt gekauft, hieß im Volksmund *Stadthaus*. Von 1820 bis 1918 lag hier die Dienstwohnung des Ratsherrn, der das Amt des Ersten Polizeiherrn innehatte. Zwischen 1914 und 1923 erweiterte die Stadt, angestoßen von Hamburgs späterem Oberbaudirektor Fritz Schumacher (1869–1947), die Anlage um den Bau Stadthausbrücke 8, der das Fleet überspannte und eine Verbindung zu den Gebäuden der Baubehörde auf der anderen Seite des Bleichenfleets herstellte[1087].

Stadtpark h.: Straßenjargon für schlechten Tabak. Schlechte Zigarren hießen *Havanna mit Plünneneinlage*.

staff Adj. steif, bewegungsunfähig, „voll“ von Alkohol; *sik staff supen* od. *he leeg staff ünnern Disch* (total betrunken sein); *stuur un staff* (unnachgiebig).

staken 1. ein Wasserfahrzeug mit einem → *Staken* (Stange) abstoßen od. bewegen; *'n Schuut ward op de Elv stakt.* 2. steifbeinig gehen; *he stakt stief üm de Eck.* 3. Heu aufspießen und aufladen. 3. jagen, vertreiben; *enen ut 'n Bett staken* (jmdn. aus dem Bett scheuchen)[1088]. Subst. → *Staken* (Stange).

1087 Hamburg-Lexikon S. 180 u. 457
1088 HWB 4/510

Staken 1. lange Stange od. Stock, Stab, Latte, Pflanzenstütze; *'n Staken in Kopp hebben* (hoch hinaus wollen); *wat op 'n Staken hebben* (etw. im Schilde führen). Erw.: *Stakenbohn* (Stangenbohne); *Stakentuun* (Lattenzaun). 2. Bootshaken zum Bewegen von Flussschiffen wie → *Schuten* od. → *Ewern*. Syn.: → *Peek*. Vgl. → *Stakensteken*.

Stakensteken Bis ins 20. Jh. war das *Stakensteken* („Stangenstechen“) ein Wettkampf auf den → *Fleeten*, bei dem sich die auf ihren Booten stehenden Schiffer mit ihren Bootshaken (→ *Staken*) gegenseitig ins Wasser zu stoßen versuchten[1089]. Man ahnt es schon: Der Letzte, der stehen blieb, hatte gewonnen.

staksich hergeleitet von dem → *Staken* (Stecken), der langen Stange, mit der beispielsweise Boote od. Schuten in flachen Gewässern fortbewegt werden. *Staksich* auf einen Menschen bezogen besagt, dass jener mager und lang aufgeschossen ist; *wat is he för 'n staksigen Jung worrn*, ein hochaufgeschossener, magerer Junge also[1090].

stantepee (*stantepede*) Adv. Die Großmutter sagte immer, wenn etwas sofort zu geschehen hatte: „Aber *stantepede!*“ Aus lat. *stante pede* (stehenden Fußes, sofort, ohne Umschweife, auf der Stelle); *he mag glieks so stantepee to Huus kamen.*

Stapelholmer Wenn um 1900 auf der Werft Blohm + Voss ein Nagel nicht so wie gewollt hineinging, sagten die Zimmermannsleute: *Dat is en Stapelholmer, de geiht lever scheef as rin!* Stapelholm ist eine Landschaft an Eider, Treene und Sorge. Die Menschen dort gelten noch heute als stur.

1089 HWB 4/510
1090 lt. Carl Groth

Stark (Plur. *Starken*). Junge Kuh, die noch nicht gekalbt hat – andernorts *Färse* genannt. *Starkenkoppel* (Hausweide für Jungvieh). Vgl. → *Wischhoff*. Syn.: → *Queen*.

stauen seem. auf einem Schiff sachgemäß unterbringen, verladen.

Stauerviez wird der Vorarbeiter aller → *Schauerleute (Stauer)* auf einem Schiff genannt. Er teilt die Arbeit ein und regelt mit der Schiffsleitung die Löscharbeiten sowie die Beladung (→ *stauen*); *de Stauerviez passt op, dat de Lodung richtich staut ward, dat allens ringeiht un dat sik nix verklemmt*. Früher ging der Stauer noch persönlich an Bord und besprach mit dem Kapitän die anstehenden Lösch- und Ladearbeiten, für die er dann vorübergehend Tagelöhner als Hilfskräfte beschäftigte. Daraus entwickelten sich die *Stauereibetriebe*. Als die Firma größer wurde, schickte der Chef dafür einen Vertreter aufs Schiff, den *Vize (Stauerviez)*. Vgl. → *Lukenviez*.

Stauholz (seem.) sind rohe Bretter, etwa zwei Zentimeter dick und 2,5 Meter lang, oft krumm, mit Rinde und unregelmäßig. Sie werden in Abständen von ein bis zwei Handbreit auf das eiserne Deck eines Laderaumes gelegt, bevor Stückgutladung, z. B. Kisten od. Ballen, darauf gestapelt werden. Dadurch liegen die Ladungsgüter nicht direkt auf dem Eisendeck, sodass Kondenswasser abfließen kann. *Stauholzbretter* werden oft nur einmal benutzt und dann entsorgt.

Steckrübe → *Wruk*.

Steekfleesch → *Schlachtfest*.

Steert heißt der 1. Schwanz von Tieren. Dieser Begriff kommt in vielen Komposita und Redensarten vor, vgl. z. B. → *Wippsteert; de Heisters*[1091] *mit den langen swattbunten Steert; dat Muul geiht em as den Katteker*[1092] *de Steert*. Ra.: *kummst övern Hund, kummst övern Steert* (schaffst du das eine, schaffst du auch das andere). 2. Handgriff od. Endstück eines Gegenstandes: *Steertpott* (Stieltopf); *den Steert dippen* (die Schiffsflagge am Heck kurz zum Gruß senken).

Steertgeld Trinkgeld für die Kinder des Verkäufers beim Verkauf von Vieh.

Steertpitscher wurden abfällig die Lehrer aller Schularten genannt, womit gesagt werden sollte, dass die Unterrichtsvorbereitung häufig nur daraus bestand, den Rohrstock bereitzulegen. Es wäre ungerecht, den vielen fähigen und sich aufopfernden Pädagogen damals wie heute zu nahe zu treten, aber wenn wir jetzt Tag für Tag hören, was Kindern immer noch in kirchlichen Einrichtungen und elitären Internaten wie der Odenwaldschule geschehen ist, besteht kein Grund, allzu selbstgerecht auf die frühere Schulzeit zu blicken.

Steertpogg (Plur. *Steertpoggen*). Frosch mit → *Steert* (Schwanz), also eine Kaulquappe (Froschlarve).

Steertpoggkaar war ein zweirädriger Handwagen der Torfbauern, der häufig von Hunden od. von Hund und Mensch gemeinsam gezogen wurde. Der → *Torf* wurde in Hamburg als Brennmaterial verkauft. Syn.: *Hunnenkaar, Tuckwagen*. Vgl. → *Tucker* (Torfbauer).

1091 Elstern
1092 Eichhörnchen

Steffen, Hans Reimer → *Hans ut Hamm.*

Steierpust → *Schnellläufer.*

Steinstraße Wohl die älteste, schon im 13. Jh. gepflasterte Straße, die den durch die Vorstadt des St.-Jakobi-Kirchspiels verlaufenden Teil der alten Landstraße nach Lübeck bildete. Selbst wer noch nie die *Steenstroot* (Steinstraße) gesehen hat, hat sie sicherlich schon oft zitiert gehört; *he weet vun Gott nich un vun keen Steenstroot*, lautete im Volksmund die Umschreibung für einen unbedarften Menschen. → *Charly Wittong* (1857 bis 1943) wurde 1925 berühmt mit dem → *Couplet* des Hamburger Liedermachers und Box-Promoters → *Walter Rothenburg* (1889–1975): *An de Eck vun de Steenstroot steiht 'n Oolsch mit Stint, will mi vertellen, dat dat Schellfisch sünd. Dor kümmt en Schutzmann, de seggt ganz slau: Mien lebe Fro, dat sünd ja Kabeljau!*

Stellung Die oft blutjunge Tochter in die Stadt *in Stellung* zu schicken, war für die Familien aus den holsteinischen und mecklenburgischen Landgebieten selbstverständlich. Die → *Deerns* lebten in kärglich ausgestatteten und ungeheizten Mädchenzimmern od. in Etagenhaushalten in der Küche, blieben aber meist der Herrschaft verbunden, bis sie das mehr od. weniger zweifelhafte Glück hatten, einen Handwerksburschen, mit dem sie am Lieferanteneingang od. auf dem → *Köökschenball* geschäkert hatten, heiraten zu können. Bürgerliche od. herrschaftliche Haushalte im alten Hamburg hatten mehr od. weniger zahlreiches Personal. Obwohl die „Gnädigste" damals nicht berufstätig war, gingen ihr dienstbare Geister zur Hand. Die Mädchen bedienten in kleidsamer Tracht, zum schwarzen Kleid eine weiße Schürze und auf dem Kopf ein Häubchen, von dem zwei weiße Bänder auf den Rücken hingen. Ein Alleinmädchen hielt sich jeder od. musste sich jeder halten, um den gesellschaftlichen Stand zu wahren. In besser gestellten Familien hatte man ein Kleinmädchen und eine Köchin (→ *Kööksch*). → *Edith Oppens* beschreibt den Bedarf in hanseatischen Villenhaushalten zur Kaiserzeit: Es gab außerdem Mädchen mit speziellen Kenntnissen im Nähen, Plätten und Servieren, eine Küchenhilfe, vielleicht eine → *Jungfer* (Haustochter). Das männliche Personal bestand aus Diener, Kutscher und Gärtner. Sie wurden ergänzt durch die → *Hausschneiderin*, die Kochfrau, die Waschfrau und Lohndiener bei größeren Empfängen[1093].

Vor dem Ersten Weltkrieg musste jede bürgerliche Familie wenigstens ein Alleinmädchen haben, das aus dem Landgebiet nach Hamburg „in Stellung" gegangen war. Besser gestellte Haushalte besaßen mehr Dienstpersonal. Hier nimmt die Köchin (→ Köksch) am Dienstboteneingang die Lieferung des Schlachtergesellen entgegen.

1093 Oppens S. 124 ff.

Steuerbord seem. rechte Seite des Schiffes (in Fahrtrichtung gesehen). Urspr. war das Steuerruder auf der rechten Schiffsseite angebracht, und das linke *Bord* lag also im → *Back*, im Rücken des Steuermanns, weshalb die linke Seite → *Backbord* heißt.

Stevel Stiefel. Ra.: *in 'n Stevel scheten.* Dieser Ausdruck wurde in den Dreißigerjahren oft benutzt, wenn eine Hoffnung nicht erfüllt od. etwas kräftig danebengegangen war. Dann sagte man: *dor hest du di aver bannig in 'n Stevel scheten!* Dieser Ausspruch hatte seinen Ursprung bei → *Hans ut Hamm.* Eine Geschichte handelt davon, dass eine Fischersfrau auf dem Fischmarkt zu einer unentschlossenen → *Oolsch,* die alle Aale immer noch mal anfasste, sagte: *wenn Se glöövt, dat mien schöne Ool von Se ehr Grabbelee dicker, fetter un gröter ward, hebben Se sik ficks in 'n Stevel scheten!*

Stevelband (Plur. *Stevelbanden*) Schnürsenkel für → *Stevel* (Stiefel).

Steven seem. 1. Verlängerung des Kiels, als gerade od. schräg nach oben zeigender Holzbalken (später aus Eisen) als Abschluss des Schiffes ausgeführt, vorn Vordersteven *(Vörsteven)* und hinten *Achtersteven* genannt. 2. Vorderteil des Schiffes. 3. übertr. für Kopf; *vör 'n Steven knallen* (eine runterhauen).

stickeduun stockbetrunken. Von → *Sticken* (Stock) und → *duun* (betrunken). Syn.: → *sprüttenduun.*

Stickel 1. Stachel od. Dorn; *Stickels un Steen.* 2. Kleiner, stachelbewehrter Fisch, den wir in unserer Gegend in Teichen, Tümpeln und Gräben finden. Die Biologen nennen ihn lat. *Gasterosteus aculeatus,* die Hochdeutschen sprechen vom Stichling und die Hamburger eben vom *Stickel.* Man kann ihn weder essen noch als Zierfisch halten, aber man kann ihn beobachten: Das Männchen baut mit Wasserpflanzen und Schleim ein Nest, färbt sich am Bauch leuchtend rot, führt einen olympiareifen Balztanz auf, lockt damit ein neugierig gewordenes Weibchen an, schubst es ins Nest und traktiert es so lange, bis es vor Schreck ablaicht. Nachdem die Eier besamt sind, wird das Weibchen brutal verjagt, und das Männchen lockt das nächste Weibchen an – und so weiter und so fort. Wie soll man so einen Kerl nennen? Macho unter Wasser? Offenbar kennt die heimische Natur Verhaltensweisen, die bei den Menschen sämtliche Feministinnen auf die Straße treiben würden. Als Kinder kannten wir vor allem eines: Wenn man einen am Strohhalm befestigten Regenwurm ins Wasser hielt, biss der Stickling sich daran fest und ließ sich mit einem Ruck aufs Trockene befördern. Ra.: *du büst as so 'n Stickel, nich to geneten*[1094]. Stickels konnte man nicht essen, aber notfalls fressen – nicht die Menschen, nur die Schweine natürlich. Ein Leser aus Neuenfelde berichtet, wie er als Kind einen → *Kescher* in die → *Rönn* (Wasserrinne) gehalten hat, der im Nu voller Stickels war, die zum Laichen in die Entwässerungsgräben zogen. Für eine Fuhre gab der Bauer eine Mark, kochte die Fische aber erst im Kartoffeldämpfer ab, bevor er sie in den Trog schüttete. Auch ein Schweinemagen verträgt nicht alles. Syn.: → *Jimp, Stickler, Stickelgrindje, Stibbergrind.*

Sticken 1. Ein *Sticken* ist vor allem erst einmal ein Stock od. ein Stab, auch in übertr. Bedeutung; *kenen Sticken vör Ogen sehn könen* (keine Hand

1094 genießen

vor Augen sehen). Ein *Stick* begegnet uns meistens in der Bedeutung „kleiner runder Stab", eine Form, wie wir sie von den → *Rietstickens* (Streichhölzer) kennen. 2. Im Adj. dient der Begriff zur Verstärkung der Bedeutung: → *stickeduun* (stockbetrunken), *stickenbalkendüüster* (stockdunkel).

stickum Adv. heimlich, unbemerkt; *ik bün ganz stickum in mien Zimmer gahn.* Rotw. *stiekum* (heimlich, leise) aus jidd. *stieke* (ruhig) zu hebr. *šātaq* (sich legen, beruhigen). Eingew. aus dem Ruhrgebiet. Vgl. ndl. *stiekem* (heimlich).

Stiem Besonders in Elbnähe nannte man den Dampf od. Qualm auch *Stiem,* was ja lautgleich mit dem engl. *steam* (Dampf) ist. Als *Stiemkasten* verspotteten die Anwohner und Fischer, die noch mit Windkraft auf der Elbe fuhren, ein frühes, stinkendes Dampfschiff (engl. *steamer*). Der heiße Dampf, der aus einem kochenden Topf od. Teekessel strömte, wurde in Hamburg → *Bratten* genannt.

Stift Heute würde man ihn „Auszubildender" nennen, früher war der *Stift* (jüngster) Lehrling und bekam schon mal *wat an de* → *Riestüten* (Ohren). Das war aber nicht nur ein → *Backs* (kleine Ohrfeige), vielmehr hatte er schon ordentlich etwas zu → *verknusen* (verdauen). Von den gleichaltrigen Straßenjungen, die weniger auf Wissen denn auf Muskelkraft setzten, wurde ein *Stift* abfällig als → *Bleistiftakrobat* beschimpft.

Stinkbüdel ist 1. ein weiteres Beispiel aus der reichen Ernte hamb. Schimpfwörter und bedeutet so viel wie „Stinkstiefel" für einen streitsüchtigen Menschen. Vgl. → *Brummkrüsel (2).* 2. Etwas wörtlicher zu nehmen od. besser zu riechen ist die scherzh. Bezeichnung → *Hein Stinkbüdel,* die in Anspielung auf die Initialen *H. St.* an den stinkenden Kohlendampfern der Reederei Hugo Stinnes für so einen schwimmenden Umweltverschmutzer stand. Vgl. → *Stinkbüdelsgang.*

Stinkbüdelsgang 1. ist der Spottn. für eine alte, enge Gasse zwischen den Hinterhofreihen der → *Gängeviertel,* in der man natürlich nicht nur → *Stinkbüdels* (Streithammel) traf, in der man aber besser nicht gerade die höheren Töchter spazieren führte, nicht zuletzt des Geruchs (od. sagen wir es direkter: des Gestanks) wegen. 2. seem. der enge Gang zu den Betriebsräumen unter Deck, dem man ebenfalls die oben genannten Attribute zusprechen konnte.

Stinte, heute eher selten, waren früher in Hamburg so zahlreich, dass Jahreszeiten, Straßen und Örtlichkeiten nach ihnen benannt wurden.

Stint Der *Stint* ist ein kleiner Lachsfisch, ähnlich dem Hering, der saisonal massenhaft in der Elbe und den Nebenflüssen vorkam und jetzt, da die Wasserverschmutzung nach 1990 zurückgegangen ist, wieder vorkommt. Es handelt sich um einen Meeresfisch in den Küstengewässern Europas, der zum Laichen in die Unterläufe der großen Ströme wandert. Das geschieht Ende Februar, im März od. Anfang April, wenn das Wasser über 9 Grad Celsius warm wird. Früher wurde er in und an der Elbe in großen Mengen gefangen, in

Netzen, in Reusen od. der Einfachheit halber in geflochtenen Wäschekörben, die man nur in die Gräben und → *Priele* zu halten brauchte (sodass es weniger um ein Fischen als um ein Abschöpfen ging). Der Fang konnte an die Hühner und Schweine verfüttert werden, aber der Stint diente, obwohl er recht klein ist, auch als Speisefisch – früher eher ein Armeleuteessen, heute eine regionale Spezialität. Dazu wird der Kopf entfernt, der Stint ausgenommen, gewaschen, abgetrocknet, mit wenig Salz und Pfeffer gewürzt, in Roggenmehl gewendet und in reichlich heißem Fett in großer Zahl schwimmend ausgebacken. Stinte werden in Norddeutschland serviert, bis alle Gäste satt sind – *Stint satt!,* so steht es auf den Schildern vor den traditionsbewussten Gastwirtschaften. Als Beilage dienen Bratkartoffeln, Kartoffelsalat und schlimmstenfalls sogar Apfelmus. Raa.: *flink as 'n Stint; sik → högen as 'n Stint; enen söken as 'n Stint in de Aalsupp. An de Eck vun de Steenstroot steiht 'n Oolsch mit Stint, will mi vertellen, dat dat Schellfisch sünd,* schrieb → *Walter Rothenburg* in seinem bekannten → *Couplet* (vgl. → *Steinstraße*).

Vorläufer der heutigen Stadtrundfahrten: „Seligs Gr. Rundfahrt" mit dem Stohlwagen. Die Abfahrt der Pferdekutsche erfolgte vom Café „Belvedere" am Alsterdamm 40.

Stintfang Anhöhe an der Norderelbe oberhalb der St.-Pauli-Landungsbrücken, bis 1819 Teil der Wallanlagen und der Stadtbefestigung. Heute steht dort eine Jugendherberge. Am Fuß der Anlage konnten früher reichlich → *Stinte* gefangen werden; *baven op 'n Stintfang ballerten de Kanonen un* → *waarschauten de Lüüd,* und zwar bei Hochwassergefahr.

Stintflaag Eine → [1] *Flaag,* ein kurzer Schauer in den Monaten des Stintfangs von Februar bis April, der Jahreszeit entsprechend häufig mit Hagel und Schnee; *dat is bloots so 'n lütte Stintflaag.* Vgl. → *Stint;* → *Stintflocken.*

Stintflocken waren Schneeflocken, die bereits den Frühling in sich trugen, sofort im ersten Sonnenschein wegtauten und nicht mehr die Kraft des Winters hatten. Sie fielen in den Wochen, wenn die → *Stinte* elbaufwärts zogen, was bekanntlich für die Hamburger das Ende der kalten Jahreszeit signalisierte. Das Bestimmungswort *Stint* steht hier wie auch in → *Stintflaag* (Regenschauer im Frühjahr) für die Zeit des scheidenden Winters.

Stintrock† (neuer: *Stintje*) frackartige Jacke mit kurzen Schößen bzw. (zu) kurzer Mantel[1095].

[1] **Stipp** (*Stippels*) f., Soße, Tunke, häufig ausgelassener Speck, teilweise mit Zwiebeln (→ *Zippelstippels*). *Kantüffeln mit Stipp* sind Kartoffeln mit Soße; *Speckstipp* gibt's zu grünen Bohnen, Linsen od. zu → *Matjes.* Von *stippen* (kurz in etwas eintauchen). So nennt man auch das Eintauchen zu harter Kekse in den Kaffee. Das galt zwar als unfein, war Oma aber ausnahmsweise gestattet, sobald die Zahl ihrer Zähne entscheidend abgenommen hatte. *Stippappeln* sind in Teig getauchte, ausgebackene Apfelscheiben, *Stippmelk* ist geronnene, saure Milch (mit Brot und Zucker gemischt) und *Stippsuur* (→ *Swattsuur*) ein Gericht aus Fleischstücken in einer Soße aus Blut und Essig. Wer's mag: *Stippsuur mit Klüten.*

[2] **Stipp** steht für etwas Kurzes, einen kurzen Stich od. einen kurzen Besuch, der bekanntlich als *Stippvisite (Stippvisiet)* bezeichnet wird; *ik komm mol op 'n Stipp vörbi.*

Stöckebaster → *Bandmoker.*

Stoffregen Sprühregen. Wetterregel: *Stoffregen bringt goot Wedder.*

Stohlwagen („Stuhlwagen") hieß ein mit Sitzen od. Bänken versehener offener Kutschwagen, mit dem eine Familie od. ein Verein einen Ausflug machen konnte od. der ein preiswertes Nahverkehrsmittel darstellte. Man könnte ihn etwas flapsig als „Omnibus ohne Dach, aber mit Pferden" bezeichnen. Der Komfort dieser häufig nur umgerüsteten Ackerwagen war mäßig, die Sicherheit fraglich, sodass heutzutage TÜV und EU sofort einschreiten würden, aber der Spaß der Beteiligten offenbar groß. Im 18. und 19. Jh. waren die Verkehrsmittel eben so. Um 1890 wurde der *Stohlwagen* von der → *Brick* abgelöst. Ein von vier Kaltblütern gezogener offener Ausflugswagen für größere Gesellschaften, bei dem bis zu zwölf Fahrgäste um einen Tisch herum im Kreis saßen, wurde *Galleriewagen* od. → *Punschbool* genannt. Im Winter bei Schneewetter konnten die Räder des Wagens durch Kufen ersetzt werden.

1095 HWB 4/574

Stollen Längliches Hefegebäck mit Rosinen, Mandeln, Zitronat und Gewürzen, nicht nur in Hamburg vor allem zur Weihnachtszeit gebacken. Die Abgrenzung des Begriff zum → *Stuten* und → *Klöben* scheint von Familie zu Familie unterschiedlich gehandhabt worden zu sein.

Stormarn war im frühen Mittelalter neben Dithmarschen und Holstein einer der drei sächsischen → *Gaue* → *Nordalbingiens*. Dort wohnte der Stamm der *Sturmarii*, der „Sturmmänner". Der Gau umfasste das Gebiet der heutigen Kreise Stormarn, Pinneberg und Steinburg, Teile des späteren Kreises Segeberg sowie das Hamburger Gebiet nördlich der Elbe. Als Preußen 1867 Holstein (und noch einiges mehr) annektierte, wurde der Bereich nördlich und östlich von Hamburg bis hin nach Lübeck zum Landkreis Stormarn gemacht. Die Kreisverwaltung war zunächst im Reinbeker Schloss untergebracht, ab 1873 in Wandsbek und blieb dort auch, als Wandsbek 1901 kreisfrei wurde; sie blieb sogar in Wandsbek, als Wandsbek 1937 zu Hamburg kam, und fand erst 1943 in Bad Oldesloe Aufnahme, als sie in Wandsbek ausgebombt worden war. Am 24. April 1945 wurde die Verwaltung auch in Bad Oldesloe ausgebombt, wobei der kommissarische Landrat, Generaladmiral a. D. Rolf Carls (1885–1945), umkam[1096]. Seit 1949 ist Bad Oldesloe offiziell Kreisstadt. Im Zuge des → *Groß-Hamburg-Gesetzes* musste Stormarn zwölf Gemeinden und mehr als die Hälfte seiner Einwohner an Hamburg abtreten – Bergstedt, Billstedt, Bramfeld, Duvenstedt, Hummelsbüttel, Lemsahl-Mellingstedt, Lohbrügge, Poppenbüttel, Rahlstedt, Sasel, Steilshoop und Wellingsbüttel. Stormarn bekam damals allerdings auch etwas von Hamburg, nämlich die Exklave mit den → *Walddörfern* Großhansdorf und Schmalenbeck, in die die Hansestadt 1921 sogar eine U-Bahn gebaut hatte. Wer heute durch Großhansdorf fährt und die zahlreichen HH-Autonummern vor den Häusern sieht, bekommt den Eindruck, dass viele Großhansdorfer sich noch immer wie entführte Hanseaten fühlen. Stormarn verlor 1970 zudem die industriestarken Gemeinden Harksheide und Glashütte, als im Norden Hamburgs die Retortenstadt *Norderstedt* gebildet wurde. Sie gingen (mit Friedrichsgabe und Garstedt aus dem Kreis Pinneberg) an den Kreis Segeberg, der im Gegensatz zu Pinneberg das Füllhorn der Zonenrandförderung bieten konnte. Segeberg wurde damit zum Nachbarn Hamburgs. Stormarn bleibt jedoch einer der wirtschaftlich stärksten Kreise mit steigender Bevölkerungszahl im „Speckgürtel" der Hansestadt.

Störtebeker Was war er nun? Ein plattdeutscher Robin Hood, der den Reichen nahm und den Armen gab? Ein Held od. ein Halunke? Ein Abenteurer aus der Gegend um Rotenburg/Wümme und Verden, ein Verbrecher aus Wismar, ein Freibeuter, *Vitalienbruder*, → *Liekedeler*, ein Seeräuberhauptmann, der den Kaufleuten der → *Hanse* schwer zu schaffen machte? Hieß er nicht eigentlich Johann, war ein Fehdehelfer aus Danzig und überlebte sein angebliches Hinrichtungsdatum um zwölf Jahre? Alle Versuche, sich der Person *Klaus (Claas) Störtebeker* (geb. um

1096 Das Landratsamt war provisorisch in der Berufsschule, der früheren Präparandenanstalt, an der Oldesloer Königstraße untergebracht. Das Gebäude wurde durch eine Luftmine zerstört und nach dem Krieg nicht wieder aufgebaut. Es darf nicht mit der benachbarten (Alten) Stadtschule, der heutigen Stadtbücherei, verwechselt werden. Der alliierte Luftangriff elf Tage vor dem Einmarsch der Engländer galt dem mit Flüchtlingen, Wehrmachthelfern, Nachschub und Material überfüllten Bahnknotenpunkt Bad Oldesloe und forderte 700 Todesopfer.

Bitte nicht erschrecken beim Anblick des Seeräubers Klaus Störtebeker – bei diesem Kinderschreck handelt es sich nur um eine Wachsfigur im Wachsfigurenkabinett „Panoptikum" am Spielbudenplatz aus dem Jahre 1935.

1360, gest. am 20. Oktober 1401) mit den Mitteln historischer, forensischer od. gar genetischer Wissenschaft zu nähern, müssen zur Ernüchterung führen. Eines hingegen ist er gewiss: eine eng mit Hamburg verbundene Legende, an der seit Jahrhunderten gewoben wird und die wir uns nicht nehmen lassen wollen. Danach galt Störtebeker noch vor anderen Kaperkapitänen wie Godeke Michels als der berüchtigtste Seeräuber der Nord- und Ostsee. Er soll einen Vier-Liter-Humpen Bier in einem Zug heruntergestürzt haben, daher der Name „Störtebeker" ndd. „Stürz den Becker". Als die Freibeuter 1398 aus ihrem Schlupfwinkel in Visby auf Gotland vertrieben worden waren, störten sie den Englandhandel in der Nordsee so sehr, dass Hamburg eine Flotte ausrüstete und unter dem Kommando *Simon von Utrechts* (gest. 14. Oktober 1437) Jagd auf Störtebeker machte. Am 22. April 1401 begann vor Helgoland eine erbitterte Seeschlacht. Seit Siegfried kann ein eigentlich unbesiegbarer Held in der Sage bekanntlich nur durch Verrat besiegt werden, und so wird berichtet, dass Störtebeker erst überwunden werden konnte, nachdem ihm ein gekaufter Schurke heimlich flüssiges Blei in die Ruderanlage gegossen hatte, wonach das Piratenschiff manövrierunfähig war. Man brachte Störtebeker samt Gefährten auf dem Hamburger Flaggschiff „Bunte Kuh" in die Hansestadt, verurteilte ihn zum Tode und köpfte ihn am 20. Oktober 1401 auf dem Grasbrook. Der Ehrbare Rat war anwesend, und Störtebeker rang dem Bürgermeister Kersten Miles (gest. 1420) das Versprechen ab, diejenigen seiner Kumpane zu begnadigen, an denen er noch ohne Kopf vorbeilaufen werde. An elf Männern wankte er vorbei, bevor ihm der Henker den Richtblock vor die Füße warf. Kersten Miles brach sein Versprechen, und 73 Seeräuber wurden mit dem Schwert enthauptet. Der Scharfrichter Meister Rosenfeld schaffte das in einem Zuge. Als ihn ein Ratsherr für diese Leistung lobte, meinte der Scharfrichter, er fühle sich gerade so gut in Form, dass er den anwesenden Rat ebenfalls enthaupten könnte. Diese kecke Bemerkung kostete ihn das Leben. Die abgeschlagenen Köpfe der Seeräuber wurden zur Abschreckung an der Elbe aufgespießt, etwa dort, wo heute die Elbphilharmonie entsteht. Dabei war das Köpfen noch eine vergleichsweise humane Todesart. Andere Delinquenten, die nicht wie die Seeräuber Auge in Auge gekämpft hatten, starben auf dem Schafott od. durch den Strang. Beim Abwracken des Piratenschiffes fand man den einen Mast mit Gold, den zweiten mit Silber und den dritten mit

Kupfer ausgegossen. Legenden über Legenden, und neue Legenden kommen hinzu. Als man 1878 bei Erdarbeiten auf dem Grasbrook einen alten Schädel ausbuddelte, sollte ausgerechnet dieser Schädel auf einer jahrhundertelang genutzten Richtstätte der von Störtebeker sein. Er kam ins Museum für Hamburgische Geschichte, wurde dort am 9. Januar 2010 gestohlen, ist inzwischen aber wieder aufgetaucht und wird jetzt im Museum bewacht wie der Kronschatz in London.

störtebekern auf Raubzüge gehen wie → *Störtebeker.*

stoven dämpfen, dünsten, in Dampf mit wenig Flüssigkeit garen. Schon Michael Richey wusste: *unterm Deckel mit kurtzer Brühe kochen; stoovte Kantüffeln* (zerkleinerte und mit Milch-, Petersilien- od. Buttersoße angerichtete Kartoffeln); *gestoovte Muurmannsnesen* (gedünstete Wurzeln).

stracks Adv. geradezu, umgehend, rundweg, zügig; *he gung stracks hendaal.* Vgl. → *miteens.*

Straßenkloppe gehörte zum Alltag der zünftigen Hamburger Jungs, wobei es früher keineswegs so gewalttätig od. gar tödlich ausging, wie wir es heute leider immer wieder erleben müssen. Man stritt sich erst einmal ausgiebig mit dem Mund: *Du hast wohl lange nicht als Rauchwolke über 'n Krematorium geschwebt?; ik hau di enen an 'n Sack, dat du in keen Sarg mehr passt; du weetst woll nich, wat hunnert Meter Verbandsstoff kost?; hast du eine Verabredung mit Petrus?; du kriegst glieks enen an dien Hauptbohnhoff, dat di de ganzen Gesichtszüge entgleist* [1097]. Danach geriet die angekündigte Prügelei zur Nebensache. Nur wer verbal unterlegen war, schlug zu.

Straßenzustand (hist.) → *Fuhlentwiete.*

Stremel ist 1. ein Streifen, ein lang gestrecktes, schmales Stück (ein *Stremel* Lachs; ein *Stremel* Land mit Kartoffeln), ein Band od. Riemen. 2. ein nicht unterbrochener Abschnitt der Zeit, einer Strecke od. eines Gegenstandes; die Wäsche in einem *Stremel* wegplätten; das Kapitel in einem *Stremel* vorlesen; *dat gütt in dicke Stremels* (es goss in Strömen).

[1] Strich kann mancherlei bedeuten, etwas ganz Harmloses, unter das wir hier schnell einen Strich machen wollen, und etwas ganz Spezielles, den *Straßenstrich* nämlich, die Prostitution. Etymologisch wird dieser *Strich* etwas mit dem Verb *(herum)streichen* zu tun haben, denn urspr. *strichen* diese Damen um die Häuser und durch die Straßen auf der Suche nach Freiern, die dafür zu zahlen bereit waren, dass das Vertikale sich gegen Entgelt in die Horizontale begab.

[2] Strich (seem.) Einteilung der Windrose in 32 Kompass-Striche, pro 90 Grad also acht Striche. Ein Kompass-Strich beträgt somit 11,25 Winkelgrade. 45 Grad sind vier Strich, was der Vierstrichpeilung den Namen gab, nämlich beim Anpeilen zweier fester Punkte in etwa 90-Grad-Winkelabstand den Schnittpunkt der Peilungslinien als den Standort des Schiffes zu ermitteln, was durch moderne GPS-Ortsbestimmung [1098] heute kaum noch geschieht; *drei Strich Backbord!*

1097 lt. Hermann Quistorf

1098 GPS (*G*lobal *P*ositioning *S*ystem): satellitengestütztes, weltumspannendes Ortungssystem, wie wir es vor allem beim Navigator im Auto kennen

Mit diesen primitiven Schlittschuhen aus Holz lässt sich heutzutage keine olympische Goldmedaille mehr gewinnen.

Strietschoh (Plur. *Strietschöh*) aus *Striekschoh* ist der Schlittschuh. Das *Strietschohlopen* (Eislaufen) auf einer *Strietschohbahn* (Eisfläche) galt bereits im 19. Jh. als erschwingliches Vergnügen breiter Bevölkerungsschichten. Allerdings darf man sich die Schlittschuhe damals nicht als perfekte Sportgeräte wie bei Kati Witt vorstellen, vielmehr handelte sich um eine an einer Holzsohle befestigte Metallschiene, die mit Lederriemen od. mit krallenartigen Metallzwingen an den Stiefeln befestigt war. Das bekam den Lederabsätzen, wie der Autor es selbst noch erlebt hat, meistens nicht so gut, weshalb man die mit einem Inbusschlüssel in das Leder gedrehten Krallen auch → *Hackenrieter* („Hackenreißer") nannte. Natürlich kann man beim Eislaufen auch *Striet* (Streit) bekommen, wenn man aus Unsicherheit od. Übermut andere Läufer von den Beinen holt, trotzdem kommt der Begriff *Striekschoh* von *strieken,* hier in der Bedeutung „gleiten" von mnd. *striken* (sich in gerader Linie leicht fortbewegen, laufen, eilen, wandern, umherstreichen)[1099]. Richey: *Stryd-Schoe: Schlitt- od. Schritt-Schue, womit man auf dem Eise wacker fortschreitet*[1100]. Auch das hochd. Wort *Schlittschuh* ist unter Anlehnung an den *Schlitten* (mhd. *slīten*, engl. *to slide* – gleiten) aus dem älteren *Schrittschuh* umgebildet worden; ahd. *scritescuoh* (ein Schuh, mit dem man große Schritte machen kann). Im → *Alten Land* wurden die Schlittschuhe auch → *Hallifacks* genannt, was urspr. wohl ein Firmenname war.

strippen melken, die Milch aus dem Euter herausstreichen. Daher der Kinderreim: *stripp, strapp, strull, is de Ammer nich bald vull?* Erw.: → *afstrippen* ([Grünkohl] abstreifen).

Strippentrecker „Strippenzieher", Scherzn. für den Elektriker. Von *Stripp* (eigentl. Schnur, Band) ugs. für die Telefonleitung; *de Minsch op 'n annern Enn von de Stripp.*

Strom (mecklbg.) Der *Strom* war ein Landwirtschaftsvolontär, ein Praktikant auf einem Gut in Mecklenburg[1101]. Dieser Ausdruck ist nun alles andere als hamb., wurde hier wie im übrigen Deutschland jedoch häufig missverstanden. Der niederdeutsche Dichter Fritz Reuter (1810–1874) beschreibt in seinem Roman „Ut mine Stromtid" nicht etwa seine Wanderjahre, sondern seine Zeit als Landwirtschaftseleve auf Gut Demzin, als er nach Todesurteil und Festungshaft wieder Fuß zu fassen suchte. Vgl. unter → *bräsig.*

Strömer 1. Herumtreiber, Landstreicher, Vagabund; *ji verdreihten Strömers!* 2. Wie häufig, wird ein

1099 Lübben S. 386
1100 Richey S. 295
1101 Herrmann-Winter: Wörterbuch für den mecklenburgisch-vorpommerschen Sprachraum S. 312

Schimpfwort, auf Kinder angewendet, zum Kosewort: *ji lütten Strömers!* 3. entlaufender, herrenloser Hund. Verb *strömern* (herumtreiben).

Strumpschacht (Plur. *Strumpschecht*). Beinling, Beinteil des Strumpfes. Laut HWB konnte man bis 1948 fertige *Strumpschecht* kaufen, an die man das Fußteil selbst anstricken musste. Von alten Strümpfen abgeschnitten, diente der *Strumpschacht* als Flaschenwärmer, auch für die Milchflaschen der Säuglinge; *se stickt den heten Buddel in 'n olen Strumpschacht*[1102]. Unten zugeknotet, wurde der *Strumpschacht* als Sparkasse zweckentfremdet, die alte Leute wie *Snieder Nörig* (im → *Ohnsorg-Theater*) unter der Matratze versteckten, weil sie nach zwei Inflationen mit totaler Geldentwertung den Banken nicht mehr trauten; *he hett jümmers Geld in 'n Strumpschacht hatt.* Syn.: → *Hasenschacht.* Vgl. → *Strumpsock.*

Strumpsock (Plur. *Strumpsocken*). Im Gegensatz zu den → *Strumpschecht,* den Beinteilen, sind die *Strumpsocken* die Fußteile eines Strumpfes; *op Strumpsocken* (ohne Schuhe); *de Kinner dörvt nur in Strumpsocken in de Stuuv.* Vgl. → *Hasensocken.*

Strumpstopper Stopfpilz aus Holz, früher auch aus Glas, über den zum Stopfen der Strumpf gezogen wird – od. besser: wurde. Meine Mutter habe ich nach dem Krieg noch Strümpfe stopfen sehen, auch bei Inge Meysel od. → *Heidi Kabel* konnte man diese Tätigkeit beobachten, aber nur auf der Bühne. Bei den Jüngeren scheint sie heute ausgestorben zu sein.

Ein Stopfei, über das die löchrigen Strümpfe gezogen wurden, um in mühseliger Handarbeit gestopft zu werden, dürfte inzwischen ausgestorben sein. Heute sind Socken eher Verbrauchsmaterial vom Grabbeltisch im Supermarkt.

Strund 1. m., etwas Wertloses, Unbrauchbares, Schund, miese Ware, eben „Dreck"; *dat is Strund; as Strund in 'n Pisspott; to Strund gahn* (zugrunde gehen). 2. übertr. als, männl., Schimpfw. für einen schlechten Menschen od. Nichtsnutz; *so 'n Strund von Minsch;* weibl. für eine Herumtreiberin; *ole Strund!* (alte Schlampe)[1103]. Vgl. → *Strundje.* Erw.: → *Strundjagers* („Dreckmöwen"); *Strundmichel* (zerlumpter Zeitgenosse); *Strundhoor* (ordinäre Hure).

Strundjagers (Plur.) „Dreckmöwen", ugs. für Raubmöwen, die angeblich den → *Strund,* den Dreck und die Exkremente anderer Vögel, fressen.

Strundje 1. m., Schimpfw. für einen Straßenjungen, Lümmel od. Flegel. Ehedem wurden die Volksschüler von den Gymnasiasten abw. *Strundjes* genannt. 2. f., in Moorb. Bezeichnung für eine nachlässige Frau. Von → *Strund* („Dreck")[1104].

1102 HWB 4/627

1103 HWB 4/627 f.
1104 HWB 4/628

Strunk 1. Ein *Strunk* ist bekanntlich der harte und unbrauchbare Stängel einer Gemüsepflanze, der zurückbleibt, wenn die Blätter, etwa beim Kohlkopf, entfernt worden sind. Ra.: *he meent, he steiht al in 'm Kohl un steiht doch eerst bi de Strunken* (wenn jemand seinen vermeintlichen Erfolg weit überschätzt). Ein *Kohlstrunk* wurde früher in den Elbmarschen am Tag der Hochzeit von der Braut dem Bräutigam als → *Morgengaav* (Morgengabe) zum Zeichen für die Gütergemeinschaft überreicht. Der Bräutigam warf den *Strunk* durch die Luke der Diele auf den Boden als Symbol dafür, dass von nun an alles gemeinsam in der Ehe Erarbeitete beiden zusammen gehören sollte[1105]. 2. verdorrter Baum, Busch od. Zweig. Adj. *strunkich* (holzig, hart).

struuf bedeutet 1. rau, uneben, nicht glatt; *struve Huut* (raue Haut); auch der Rhabarber-Geschmack im Mund macht die Zunge *struuf*; *de Slöh*[1106] *is struuf* (herb). 2. übertr. unfreundlich; *se föhr mi struuf an.*

Stubben 1. Ein Wurzelstock, ein Baumstumpf, der mit den Wurzeln noch in der Erde steckt. Bäume fällen ist relativ einfach, heutzutage mit der Kettensäge ohnehin, aber den *Stubben* aus der Erde zu bekommen, ist eine Schinderarbeit. In der Nachkriegszeit war es für die Bewohner häufig die einzige Möglichkeit, an Brennmaterial zu kommen, indem sie im Umland in den abgeholzten Flächen Stubben ausgruben und sie mit Axt, Säge, Vorschlaghammer, Keilen und Brechstange so weit zu zerkleinerten, dass die Stücke durch die Ofenklappe passten; *Stubben klöven* (Stubben als Heizmaterial spalten). 2. Scherzh. wurden in Harburg auch die Realschüler *Stubben* genannt, wohl weil sie im mehrgliedrigen Schulsystem aus der Sicht der Gymnasiasten ziemlich weit unten standen.

1105 HWB 3/380
1106 Schlehe

Stube → *Stuuv;* → *Döns;* → *Pesel.*

Stummel 1. verkürztes Stück od. Ende eines länglichen Objekts, etwa ein *Kerzenstummel.* 2. Scherzn. für eine kleine Person od. Kosen. für ein kleines Kind; *mien lütten Stummel!*

stürzen Betttücher, die in der Mitte mürbe geworden waren, wurden früher nicht weggeworfen, sondern *gestürzt.* Die → *Hausschneiderin* schnitt sie durch, kehrte die dünnen Partien nach außen und nähte das Betttuch in der Mitte wieder zusammen. Auch in feinen Hamburger Haushalten galt es nicht als unzulässig, *auf der Naht* zu schlafen, sondern vielmehr als Ausdruck von hanseatischer Sparsamkeit[1107].

Stuten waren in verschiedenen Variationen gebackene längliche Weißbrote aus Weizenmehl, Milch und Wasser, auch → *Rundstücke* od. Rosinenbrötchen. Michael Richey schätzte sie sehr (1755): *weiß Brodt überhaupt; insonderheit aber sind es bey uns kleine gesottene Brödtlein, die wie ein geschoben Vier-Eck aussehen, und zweene Timpfen*[1108] *haben, auch meist für geringe Leute gebacken werden*[1109]. Ein *söten Stuten* enthielt viele Eier, Rosinen und Korinthen und wurde in Hamburg meistens → *Klöben* genannt. Sprichw.: *dat weer noch scheuner, Beckerskinner Stuten geven!* (jmdm. etw. schenken, der es gar nicht

1107 Oppens S. 125
1108 Ecken, Spitzen
1109 Richey S. 299

Abc-Schützen mit Schultüten im Jahre 1935. Damals hießen die ersten Schulwochen Stutenwochen, in denen die Kleinen im Unterricht zart und weich wie ein Stuten, ein Weißbrot, angefasst wurden.

nötig hat). Ein *Stutenbecker* backt nur Weißbrot, kein Schwarzbrot, und die *Stutenfro* trägt das Brot in der *Stutenkiep* (Brottragekorb) auf dem Rücken aus. Die Moorburger Kinder verspotteten die Ausflügler aus Hamburg seinerzeit als *Stutenfreter* (Leckermäuler). Vgl. → *Stutenwochen.*

Stutenwochen (*Stutenweken*) sind „Zärtelwochen", weich und zart wie die → *Stuten* aus Weißbrotteig. 1. In den ersten Schulwochen wurden die Abc-Schützen noch nicht so hart angefasst, um sie nicht gleich zu verschrecken und mit dem Rohrstock zu traktieren – d. h. früher, seit 1968 sollen die Stutenwochen ja angeblich weitaus länger andauern. 2. Flitterwochen, in denen die Frischverheirateten (hoffentlich!) noch rücksichtsvoll miteinander umgehen; *de sünd noch in de Stutenwochen.*

stüttich Adj. 1. stetig, zielstrebig; *de Tiet geiht stüttich ehrn Gang.* 2. kräftig; *'n stüttigen Keerl.*

Stutz → *op 'n Stutz.*

Stütze Mit *Stütze* ist eine Haushaltshilfe gemeint, die der Hausfrau stundenweise zur Hand ging.

Stuurkopp Spottn. für einen starrköpfigen Menschen, der zu keinem Kompromiss und zu keiner Einigung fähig ist.

[1] Stuut 1. weibl. Pferd, Stute; *Hingsten un Stuten op 'n Peermarkt.* Erw.: *Mudderstuut* (Mutterstute); *Stuutfahlen* (weibl. Fohlen). 2. scherzh. für ein Damenfahrrad, also ein Rad ohne Längsstange[1110].

[2] Stuut Steiß; Bürzel bei Enten und Gänsen.

Stuuv (Plur. *Stuven*) ist die Stube, ein Wohnraum, der in Bauernhäusern früher meist → *Döns* genannt wurde. Die *best Stuuv* ist die → *gute Stube* od. der → *Pesel.* Besucher forderte man scherzh. zum Eintreten auf: *man jümmers rin in de gode Stuuv!*

Suddel Der *Suddel* ist nasser, schmieriger Schmutz od. Schlamm. Eine *Suddelee* bedeutet Schmiererei, das Adj. *suddelich* bezeichnet einen unsauberen und unordentlichen Zustand[1111]. Eine heruntergekommene Frau wurde als *Suddelgreet* od. *Suddeltasch* verspottet, das männliche Gegenstück als *Suddelbüdel.* Verb → *suddeln.* Syn.: *Smutt,* weshalb der → *Smuttje,* der Schiffskoch, auch *Suddel* (Schmutzfink) genannt wurde (was auf den unappetitlichen Zustand seiner → *Kombüse* hindeutet).

suddeln 1. schmutzig werden. 2. unordentlich arbeiten. 3. ein bisschen regnen. Syn.: → *smutteln.* Erw.: *Suddelregen* (Nieselregen, → *Schmuddelwetter*). Subst. → *Suddel.*

sülven Adv. selbst.

Sülze Während der Arbeiter- und Soldatenrat mangels Rückhalt in der Bevölkerung am 23. März 1919 die rote Flagge vom Hamburger Rathaus einholen musste, brachen am 23. Juni jenes Jahres blutige Unruhen aus, die ihre Ursache nicht bei den revolutionären Matrosen, sondern in der angeblichen Delikatess-Sülze hatten, die der Fabrikant *Jacob Heil* den hungernden Arbeitslosen, entlassenen Soldaten und Zuwanderern aus dem Umland ohne Lebensmittelmarken für drei bis fünf Mark das Pfund verkauft hatte. Als vor seiner Fabrik an der Kleinen Reichenstraße beim Entladen ein Fass zerbrach, dessen Inhalt bestialisch stank, drang die Menge in die Räume ein und sah, dass die Sülze hauptsächlich aus Kadavern von Hunden, Katzen, Ratten und Mäusen hergestellt worden war. Jacob Heil wurde gehörig verprügelt und in die Alster geworfen, von der Obrigkeit aber schnell geborgen und im Rathaus in Sicherheit gebracht. Der Volkszorn kochte über, als auch in anderen Sülzefabriken keine hygienischeren Zustände vorzufinden waren. Rathaus, → *Stadthaus* und Strafjustizgebäude wurden gestürmt, Gefangene befreit. Der ehemalige Ostafrika-General *Paul von Lettow-Vorbeck* (geb. 20. März 1870 in Saarlouis, gest. 9. März 1964 in Hamburg), der mit 10 000 Soldaten, Freikorps-Kämpfern, 30 Geschützen und gepanzerten Wagen unter den Kaiserfarben Schwarz-Weiß-Rot einzog, schlug die Unruhen nieder. Es gibt alte Hamburger, die haben seit 1919 keine Sülze mehr angerührt. Meine Mutter, sonst wahrlich nicht

1110 HWB 4/649
1111 lt. Hermann Axnick

→ *krüsch,* bekam immer eine grünliche Gesichtsfarbe, wenn sie nur das Wort „Sülze" hörte. Der Volksmund dichtete Schillers „Lied von der Glocke" um: ... *heute muss die Sülze werden,/ frisch, Gesellen, geht zur Hand./* [...] *Nehmt nun Fleisch vom Katzenbalge,/ tut auch Ratten dann hinzu/ und dann kocht das edle Ganze/ mit den Mäusen zum Ragout ...* [1112]

Sünnenplacken (Sommersprossen) → *Muusplacken.*

sünnerbaar Adj. merkwürdig, sonderbar; *he keek mi so sünnerbaar an.* Aus *en sünnerbaren Klaas* wurde der *Sünnerklaas,* ein Spottn. für einen Sonderling od. einen Eigenbrötler; *he leev ganz alleen, weer ook en rechten Sünnerklaas.* Zwischen Bremen und dem Emsland war der *Sünnerklaas,* der „sonderbare Klaus" od. der *ruge*[1113] *Klaas,* als Bezeichnung für den Nikolaus verbreitet, und diese Bedeutung scheint sich vereinzelt bis nach Altona geschlichen zu haben[1114]. Aber das ist nicht hamburgisch. Der Bremer Lehrer *Johann Beyer* (1861–1922) verfasste das Gedicht „Sünnerklaas" (1913), aus dem deutlich wird, dass in Ostfriesland der 6. Dezember, der Nikolaustag, für die Kinder wichtiger war als der Heiligabend am 24. Dezember. Der *sünnerbare Knecht* brachte einerseits reichlich Geschenke, drohte aber andererseits mit der Rute bei kindlichen Verfehlungen.

Sünnerklaas (Eigenbrötler; ostfr. a. Nikolaus) → *sünnerbaar.*

1112 Wiegandt: Hamburger Liederbuch, Bd. 2, S. 168
1113 rau, grob
1114 lt. Manfred A. Sahm

supen saufen. 1. trinken bei Menschen und vor allem bei Tieren; *dat Peerd suupt* (das Pferd trinkt Wasser); *de Köh supen loten* (die Kühe tränken). Raa.: *wi glöövt all an enen Gott, man wi suupt nich all ut enen Pott!; hest woll Black*[1115] *supen!* (zu einem Dummkopf); *suup, suup, suup, kriegst wat in 'n Buuk!* (zu Kindern). 2. regelmäßig und maßlos Alkoholisches zu sich nehmen – eine Tätigkeit, die bekanntlich mit einer steigenden Promillezahl und einem Zustand verbunden ist, der von → *angetütert* (angeheitert) über → *duun* (betrunken) bis zu → *stickeduun* od. → *sprüttenduun* (stockbetrunken) reicht; *supen as 'ne Strandhaubitz*[1116]*; sik staff supen* (sich total betrinken); *sik to 'n Dokter supen* (durch den Alkohol die Gesundheit ruinieren); *ut de Dachrinn supen* (reif für den Entzug). Raa.: → *Suup! Kriegst Charakter!* (scherzh.); *suup di gesund!* (iron.); *dat is 'n Schiet mit de Deern, se suupt Supp!* (das Mädchen ist im Haushalt nicht zu gebrauchen)[1117]. Vgl. → *HSDG* (Hamburg Süd).

Suppenbund Ein heute meist mit einem Gummiband zusammengehaltenes Bund Suppengrün, bestehend aus einen Stück Sellerie, Porree, Petersilienwurzel, Wurzeln und einem Stängel Petersilie, das es an jedem Gemüsestand als Zutat für eine → *frische Suppe* zu kaufen gibt.

süük (siech, chronisch krank) → *seek.*

1115 → *Black* (Tinte)
1116 Über einen bis oben Abgefüllten sagte man: *Voll wie eine Strandhaubitze, es läuft schon oben raus!* Haubitzen waren großkalibrige Geschütze mit einem ständigen steilen Richtwinkel, sodass das Rohr häufig mit Regenwasser volllief.
1117 HWB 4/672

Suup! Kriegst Charakter! Bei dieser Aufforderung zum Trinken geht es sicherlich weniger um die Sorge bezüglich einer Charakterverbesserung als um die Erkenntnis, dass nach mehreren Gläsern von → *Köm* od. → *Knallköm* der Charakter des Trinkenden zum Vorschein kommt.

Suur „In Sauer“ bedeutet eigentlich, Esswaren in einer Essiglauge haltbar machen. Die Redewendung *in Suur leggen* [1118] bezieht sich auf Kulinarisches, z.B. auf die sauer eingelegten gebratenen Heringe; *in Suur liggen* [1119] jedoch bezeichnet den Zustand eines Menschen, der nach einer feuchtfröhlichen Feier mit einem Kater das Bett hütet: *he liggt in Suur*, sagte die Großmutter, wenn Opa anderntags nicht zum Frühstück erschien [1120]. Erw.: → *Swattsuur;* → *Wittsuur;* → *Suursupp;* → *suurmuulsch.*

suurmuulsch Adj. sauertöpfisch, missmutig; *he mookt so 'n suurmuulsch Gesicht* (er hat schlechte Laune). Syn.: *suurbetsch.*

Suursupp *suur Supp* („saure Suppe“), die wir heute wohl besser als süßsaure Suppe bezeichnen sollten. Mit Essig gewürzte Suppe aus Schinkenknochen, Backobst, → *Suppenbund,* Küchenkräutern (→ *Aalkräuter*) und Mehlklößen. Fügt man noch *grünen* (frischen) *Aal* hinzu, erhält man ein typ. Hamburger Nationalgericht, die → *Aalsuppe.*

Suus 1. Geschwindigkeit, Eile; *in vullen Suus* (in voller Fahrt); *jümmers in de Suus* (stets in Eile). 2. Alkoholrausch; *he drinkt sik 'n düchtigen Suus; in Suus un Bruus* (verschwenderisch). Vgl. → *Suusbruus* (Brause; Sekt). 3. Ausflug, „Sause“, Zug durch die Gemeinde; *na endlich, na de Suus, dor geiht dat nu to Huus* (→ *Köllisch*).

Suusbruus „Prickelwasser“. 1. Brause mit Kohlensäure; vgl. → *Bruus.* 2. Sekt. Syn.: *Suuswater.*

Suuswater (Sekt) → *Suusbruus.*

suutje gemächlich, ruhig, sanft, leise; es *suutje* angehen lassen; *man jümmers suutje!* (immer mit der Ruhe). Syn.: *man sinnich;* → *getüütje;* Steigerung: *suutje-getuutje.*

swatt (Komp. *swatter,* Superl. *swattst*) Adj. schwarz; *de swatte Rock,* a.: *de swatte Tweern* (Gehrock, Festtagsanzug, „schwarzer Zwirn“; Syn.: → *Bradenrock*); *de swatte Kist* (Sarg); *dat swatte Brett an de ole Böörs* (schwarzes Brett an der Börse, auf dem die Namen der betrügerischen Bankrotteure angeschlagen wurden) [1121].

Swatt die Farbe Schwarz; *dat Swatt steiht ehr in 'n Wegen* (die schwarze Schrift steht ihr im Weg – will heißen: sie kann nicht lesen) [1122]. Erw.: → *Swatten* (Kautabak); → *Swattbroot* (Schwarzbrot); *Swattdoorn* (Schlehenbusch); *Swattdrossel* (Amsel); *Swattrock* (Pfarrer); → *Swattsuur* (Schwarzsauer).

Swattbroot Schwarzbrot, dunkles Brot aus Roggenvollkorn. Vgl. → *Fienbroot;* → *Pumpernickel.*

Swatten *'n lütt Swatten* war ein dunkles Stück Kautabak, ein → *Priem* od. → *Prüntje.* Ganz früher durften die Matrosen wegen der Feuergefahr

1118 legen
1119 liegen
1120 lt. Olaf Haselhorst

1121 HWB 4/692 ff.
1122 HWB 4/694

auf den Segelschiffen nicht rauchen. Deshalb kauten sie den Tabak, den sie stückweise von einer Tabakstange od. -rolle abbissen. Dieser *Swatte* wurde *mank de Kusen* (zwischen Lippe und Backenzähne) geschoben, sodass sich der Speichel zu einem ekligen Tabaksaft verfärbte, den selbst hartgesottene Seeleute nicht hinunterschluckten, sondern in hohem Bogen ausspuckten – am besten über Bord, und das tunlichst *mit* dem Wind. Diese Sitte od. Unsitte verbreitete sich auch an Land, im Hafen, in den Arbeitervierteln und selbst bei bürgerlichen Vätern und Großvätern. Wenn Opa nach dem Essen im Sessel eingeschlafen war, sabberte ihm häufig der Tabaksaft aus dem Mundwinkel. Mit dem Ausspucken ging es an Land nicht so problemlos wie auf dem Wasser. Deshalb wurden überall Spucknäpfe aufgestellt, woran sich manch Grobian jedoch nicht hielt: *he spee mi sien Prüntjesaft vör de Fööt.*

Swattsuur Schwarzsauer, in einem Essigsud mit Blut gekochtes Schweine- od. Gänseklein. Dazu werden Klöße gereicht *(Swattsuur mit Klüten un Speck).* Ra.: *in Swattsuur kann man sien Vadder un Mudder vertehren und ward dat nich wies* (und wird das nicht gewahr). Syn.: → *Stippsuur.* Vgl. → *Wittsuur.*

Swemmklüten Schwemmklöße. Mehl- od. Grießklöße, die mit dem Esslöffel aus dem Teig gestochen und in die heiße Suppe gegeben werden, bis sie gar sind und an der Oberfläche schwimmen (*swemmen*). Vgl. → *Klackerklüten.*

Swengel Schwengel, Hebelarm der Pumpe, Querholz an der Deichsel, Klöppel. 2. Strang; *över de Swengels slaan* (über die Stränge schlagen; ausgelassen sein; aus der Art schlagen).

swiemelich (schwindelig) → *verswiemelt.*

Swienegel 1. Ein *Swienegel* benennt vor allem ein kleines Säugetier mit Stacheln, also einen Igel. Ra.: *slapen as de Swienegel üm Wiehnachten,* denn bei einem Igel handelt es sich um einen Winterschläfer. Weithin bekannt ist *dat grote Wettlopen twüschen de Haas un de Swienegel op de lüttje Heid bi Buxtehuud* (Buxtehude). Sprichw.: *de Welt is rund, sä de Swienegel, dor rull he sik tosamen.* 2. übertr. bezeichnet *Swienegel* einen Schmutzfink, wenn wir das Äußere meinen, bzw. einen Schuft od. Lump, wenn wir uns auf den Charakter beziehen. Aber das hat weniger etwas mit einem Igel als mit einem Schwein *(Swien)* zu tun. Deshalb sprechen wir bei einem Kind, das sich beschmutzt hat, auch besser von einem Ferkel od. ndd. von einem *Swienfarken.*

Swienschiet mit Dill war die unwillige Antwort von Mutter auf die Frage: *wat gifft dat hüüt to eten?* In einigen Familien lautete die Antwort auch: *Alstersuppe mit Luftklößen!*

Swiensgalopp (*Swiensdraff*). Heute werden ja Geschichten mit einem Rennschwein namens Rudi Rüssel verfilmt, aber im Allgemeinen sehen wir die Schweine doch eher träge im Dreck des Stalls liegen. Und dennoch: Als die Schweine noch zur Mast auf die Hauskoppel od. in die Eichenwälder getrieben wurden, konnten sie sich rasch entfernen, nicht so schnell wie ein Pferd, aber doch in einem ansehnlichen *Swiensgalopp* (eiliger Gang); *wi suust in 'n Swiensgalopp an 'n → Diek.*

Swienskaven Schweinekoben, Verschlag im Schweinestall. Ra.: *de in 'n Swienskaven boren is, is dat Stinken wennt* (gewohnt). Die Hamburger Bürger aßen zwar gern Schweinefleisch, rochen die Borstentiere samt der Gülle aber weniger gern im lebenden Zustand. Deshalb wurde die Schweinehaltung Mitte des 16. Jhs. in der Stadt verboten, sodass die Schweineställe jenseits der Stadttore und vor allem in der Vorstadt St. Georg gebaut werden mussten. Im Gebiet der heutigen Brennerstraße, die so heißt, weil dorthin nicht nur die Schweine, sondern auch die Branntweinbrenner vertrieben worden waren, entstanden viele *Swienskavens* – schließlich wurden alle Bewohner von St. Georg *Swienskavener* genannt. Dieser Scherzname hielt sich bis ins 20. Jh. Speziell wurden die Mitglieder des dortigen Bürgermilitär-Bataillons sowie die Schützen der → *Gilde* von St. Georg so verspottet [1123].

Swiensköst → *Schlachtfest.*

swienspl ietsch Adj. bauernschlau, pfiffig, verschlagen, durchtrieben, eben → *plietsch as 'n Swien; dat is 'n ganzen Swienspl ietschen* (das ist ein ganz Durchtriebener).

Swier (*Schwier*) f. 1. nächtlicher Bummel, Zug durch die Wirthäuser der Gemeinde. Syn. zu → *Swutsch.* Wenn Vater bis zum frühen Morgen einen derartigen Bummel mit viel Alkohol und wahrscheinlich auch nicht gerade ehefördernden Kontakten unternommen hatte und deshalb nicht aus dem Bett kam, sagte Mutter: *he is verswiert, de ole Swierbroder!* Vgl. → *Swietjee* (Leichtfuß). 2. Weise, Lied; *en Swier moken* (einen Spottgesang – meist auf das Nachbardorf – anstimmen). 3. Gefolge wie veralt. *Swiet*†*; de König mit sien Swiet* (frz. *suite* – Folge). 4. a.: Umschweife, Geschwätz. Richey: *Swyr: Gefolge,* it. *Umschweiff im Reden, viele und prächtige Worte. swyren: schwirren, schwärmen, herumlauffen. Wir haben das Wort von den Niederländern, und brauchen es mehrentheils vom unordentlichen Leben. He geit swyren: er ist weitläufftig; gehet aufs sauffen* [1124] .

swiestern 1. tuscheln, hinter dem Rücken über jmdn. reden. 2. flüstern; *dat kann ik ju swiestern!* (das kann ich euch flüstern, also: nachdrücklich raten) [1125].

Swietjee Bruder Leichtfuß, ausschweifender Mensch; *de drifft sik in de Tingeltangels ümher; 'n groten Swietjee un Weertshuuslöper.* Von → *Swier/Swiet* (Bummel). Die hochd. Bezeichnung ist das Fremdwort *Suitier* (Possenreißer, Frauenheld, lustiger Bursche) von frz. *suite* (in der Studentensprache: Posse, Streich). Syn.: → *Swutjer* od. *Swutjee,* hier von → *Swutsch.* Schimpfw.: *Swierbroder* (Saufbruder, Herumtreiber). Schon bei Richey: *Swyr-Broder: liederlicher Schwärmer* [1126] .

Swinnelbuuschen (Brustlatz der Matrosen) → *Buuschen.*

swögen (schwögen). 1. schwatzen; *wat hebbt se quasselt, wat hebbt se swöögt!* 2. schwärmen; *ik bin keen vun de, de vun de olen Tieden swöögt.* Ein *Swöger* ist ein Schwärmer.

swojen ist das, was in Wind od. Strömung ein Schiff macht, das vor Anker liegt (eigentlich hinter dem Anker) Es *swojt,* schwenkt um den Anker, liegt also nicht ruhig, sondern pendelt an

1123 HWB 4/714

1124 Richey S. 302. Lat. *it.* (item): des Weiteren.

1125 HWB 4/717

1126 Richey S. 302

Hamburger Pärchen auf dem Swutsch. Die beiden amüsieren sich im März 1968 auf dem Frühjahrsdom.

der Kette od. dem Tau um den Anker herum, wodurch dieser sich noch tiefer eingräbt[1127].

Swutjer Herumtreiber, der ein liederliches Leben gar nicht nach der Norm kleinbürgerlicher Moral führt; *de Swutjer kennt all Löcker twüschen Blanknees un Billbrook* (er ist mit allen Wassern gewaschen)[1128]. Syn.: *Swutjee* (→ *Swietjee*).

Swutsch Wer *op 'n Swutsch* geht, verlässt sein Heim, um sich, meist nicht allein, etwas zu amüsieren und zu entspannen, ohne festes Ziel irgendwo einzukehren od. ganz einfach vor dem Schlafengehen noch eine Runde zu drehen. Wenn der Vater *op 'n Swutsch* war, klang das nach einem Zug durch die Gemeinde, wenn die Tochter *op 'n Swutsch* war, sollte man eher in Richtung → *Köökschenball* od. an das Händchenhalten mit einem Jüngling mit Strohhut denken. Der Begriff beinhaltet in Hamburg ein augenzwinkerndes Verständnis für die kleinen Freuden und Schwächen der Mitmenschen, obwohl das ndd. Verb → *swutschen* so viel wie „leicht, liederlich und ausschweifend leben und feiern" od. „sich herumtreiben" bedeutet. Wer das tat, war ein → *Swutjer* od. *Swutjee* (→ *Swietjee*). Syn.: → *Swier.*

swutschen (herumtreiben, liederlich leben). Von → *Swutsch* (Zug durch die Gemeinde).

swuustern flüstern, wispern; *de dree harr 't wedder hild*[1129] *mit Swuustern un Köpptosamensteken.*

1127 lt. Carl Groth
1128 Goltz: Schimpfwörterbuch S. 137
1129 eilig

T

taach Adj. 1. zäh; *tagen Slick* (*Modder*); *'n taach Eten* (zähe Speise); → *Rundstück, taach as Sohlenledder* (heute häufig im „Backshop“ zu beobachten). 2. widerstandsfähig, robust, hartnäckig; *'n tagen Keerl.* Über eine Kuh, die sich schwer melken ließ und die die Milch aufzog, sagte man: *dat is 'n Tagen*[1130].

Tagel [spr.: *to:gl*] m. 1. früher Prügelinstrument der Lehrer, als der Lehrstoff und die Disziplin noch nicht wie heute mit aller antiautoritären Geduld vermittelt, sondern schlichtweg in die Schüler hineingeprügelt wurde. Friedrich der Große machte nach seinen vielen Kriegen zahlreiche ausgediente und versehrte Soldaten ohne die geringste pädagogische Vorbildung zu → *Schoolmeestern* auf den Dörfern, die nichts anderes kannten als den Kasernenhofdrill mit dem Stock (vgl. → *Reetje*). Der *Tagel* war aus weißen und roten Lederriemen geflochten und wurde ugs. deshalb *bunter Joseph* genannt. Richey: *bunte Jost: ein sogenannter Tagel, von bunten Riemen geflochten* [1131]. 2. Schläge, Züchtigung; *he mutt Tagels hebben; Tagels kriegen* (verprügelt werden). Erw.: *Tagelee* (Prügelei); *dor weer en Tagelee in de Gangen* (dort gab es eine Schlägerei). Verb *tageln* (sich prügeln). 3. Botan. Knöterich[1132].

Tähn/Tehn Homof.: 1. *Tähn* (Zahn). 2. *Tehn* (Zehe).

Tähnpien Zahnweh ist schlimm, damals wie heute. Wenn die Tähn (Zähne) *Pien* (Pein) bereiteten, gab es eine Fülle von Hausmitteln und Anweisungen, um die Schmerzen zu vertreiben. Sie hatten alle eines gemeinsam: Sie halfen nicht, selbst wenn sie vorschriftsmäßig bei abnehmendem Mond angewendet wurden. In den Vierlanden steckte man sich schwarzen Tabak in die Ohren, auf Finkenwerder hingegen ein Geranienblatt, in Billwerder musste der Rauch von brennenden Holunderbeeren eingeatmet werden, andernorts sollte es brennende Watte sein. Wirkungslos, aber schmerzhaft auch der Tipp, ein Eichenhölzchen anzuspitzen, damit im faulen Zahn zu bohren und den Zahnstocher dann in einen Baum zu stecken. Mehr Ablenkung als medizinischen Nutzen versprach folgender Vorgang: *Tähnpien vergeiht, wenn man sik avends oordig duun suupt.* Großmutter tröstete: *Tähnpien is gor keen Pien,/ aver en Leefsten hebben/ un nich bi em sien,/ dat is en Pien!*[1133] Was half nun wirklich? Ein Besuch beim → *Kusentrecker!*

Auweia! Tähnpien und dicke Backe zu einer Zeit, als der Apotheker noch keine lindernden Tabletten im Angebot hatte.

1130 HWB 5/1
1131 Richey S. 104
1132 HWB 5/6
1133 HWB 5/43

Die harte Ausbildung von Seekadetten in der Takelaasch auf einem Segelschulschiff in Kiel im Jahre 1906

Taille Es wird Frühling, es wird wärmer, und es kommt die Zeit, in der man *per Taille* gehen kann: das heißt, ohne Jacke und ohne Mantel – nur so im Kleid od. Rock und Bluse.

Takelaasch seem. Takelage, die Gesamtheit der Segelausrüstung eines Schiffes. Von mnd. *takel* (Schiffsausrüstung). Verb *takeln,* wobei nicht nur 1. ein Schiff aufgetakelt werden kann, sondern auch 2. die Nachbarin in Barmbek sich mit übertriebenem Aufputz an Kleidung und Schmuck *auftakelt,* wenn sie sonntags auf den → *Swutsch* geht; *Jungdeerns mit grote Takelaasch* (aufgedonnertes Jungvolk). Vgl. → *Takeltüüch* (herausgeputzte Ausflügler aus der Stadt).

Takelbüx (Kinder-)Hose aus Segeltuch (→ *Takelaasch*) mit langen Beinen, die den Vorteil hatte, nicht kaputtzugehen, also quasi unverwüstlich zu sein, aber den Nachteil, bei Regen hart, steif und schwer zu werden. Dann scheuerte sie die Haut an den Oberschenkeln wund. Meist von Mutter od. sogar vom Vater selbst genäht, besaß sie praktischerweise eine → *Piedelklappe,* damit die Jungs im Stehen → *pieden* (pinkeln) konnten, ohne erst die Hose herunterlassen zu müssen. Das ist zwar in aller Welt bei der Herrenkleidung üblich, doch das steife Segeltuch verhinderte bei der *Takelbüx* einen filigranen Hosenschlitz zum Aufknöpfen od. gar mit Reißverschluss, sodass die *Piedelklappe* tatsächlich als Klappe mit zwei Knöpfen ausgeführt werden musste, wie es auch bei der bayerischen Lederhose und teilweise bei den Matrosen üblich war. Meine Mutter nähte mir 1945 eine ähnliche Hose aus einer weggeworfenen Wehrmachts-Zeltbahn mit Latz und gekreuzten Trägern hinten, die ich allein auf dem Rücken nicht festknöpfen konnte. Deshalb bekam ich nicht nur eine *Piedelklappe* vorn, sondern auch eine große Klappe hinten, damit ich nicht alle naslang in der Küche auflief, wenn ich mal musste (Unterwäsche gab es damals nicht).

Takeltüüch Zunächst denkt man an einen Zusammenhang mit der *Takelage* eines Segelschiffs, die sich für Landratten als ein Haufen verworrenen Tauwerks od. unentwirrbarer Bänder und Seile darstellt. Hier meinen wir aber die abfällige Bezeichnung für ungezogenes Volk, Gesindel, Ausflügler aus der Stadt und unliebsame Personen (vgl. → *Takelaasch [2]*). Als *Heinrich von Ohlendorff*[1134] um 1885 versuchte, eine attraktive Verkehrsanbindung von der Hamburg-Lübecker Bahnlinie nach *Volksdorf* zu schaffen, um den beginnenden Ausflugsverkehrs (und wohl auch die Baulandpreise seines dortigen Grundbesitzes) zu fördern, wurde dieses Vorhaben von den Bauern in Volksdorf schroff abgelehnt: *wi wüllt hier keen Takeltüüch hebben!* Sie befürchteten wohl, dass *aufgetakelte* Stadtmenschen die Sonntagsruhe des Dorfes stören könnten. Ohlendorffs Plan scheiterte, bis andere Investoren 1904 die Kleinbahn Altrahlstedt–Volksdorf–Wohldorf bauten[1135].

Tallje (*Talli*; zu *Tall, Tahl* = Zahl). 1. Zählstrich, eine mit Zählstrichen notierte Zahl. Etwas gewagt könnte man auch sagen: ein primitiver Vorläufer

1134 Heinrich Freiherr von Ohlendorff (1836–1928) war ein als Importeur von Guano (Chilesalpeter) reich gewordener Hamburger Kaufmann, Reeder, Zeitungsverleger, Senior der Börse und der Kaufmannschaft, Großgrundbesitzer sowie Guts- und Jagdherr in Volksdorf, Sasel und Bergstedt mit großem Einfluss und zahlreichen Ehrenämtern, der sich entgegen hanseatischem Brauch vom Kaiser hatte nobilitieren lassen. Er förderte den Zollanschluss an das Deutsche Reich 1888 und baute mit dem Dovenhof das erste Kontorhaus samt Paternoster in Hamburg. Sein Stadtpalais in Hamm (Burgstraße) wurde 1943 ausgebombt. Biogr.: Karin von Behr in Hamburgische Biografie, Bd. 2, S. 305 ff.

1135 nach Hans-Hermann Wölfert

des Barcodes. Ein *Tallje-* od. *Tallimann* (Plur. *Tallilüüd;* → *Tallymann*) kontrollierte die Schiffsladung urspr. mit *Talljen* (Kerben) im Kerbholz. Hom. 2. *Talje* (seem. Flaschenzug). 3. *Talje* (rotw. Galgen).

Tallymann *Come, Mister Tallyman, tally me banana,* sang Harry Belafonte auf Jamaika, aber auch im Hamburger Hafen gab es den *Tallymann,* der heute mit den ehemaligen Lehrberufen Warenkontrolleur und → *Quartiersmann* das Berufsbild des Seegüterkontrolleurs ausmacht, der seit 2006 *Fachkraft für Hafenlogistik* heißt. Ein *Tallymann* prüfte im Auftrag des Reeders die Ladung an Bord auf Stückzahl, Maße, Markierung und äußerliche Beschaffenheit – zur Segelschiffzeit zünftig in Gehrock, mit → *Melone,* steifem Kragen und dem Arbeitsgerät, der fünf Fuß langen Messlatte (1,52 m). Der Name geht auf das englische Wort *tally* zurück, was so viel wie „Kerbholz“ bedeutet: Die Anzahl der Ladungsstücke wurde in das Holz eingekerbt. Auch Wirte zählten einst ähnlich, um zu wissen, was der Zecher *auf dem Kerbholz* hatte. Diese Redewendung ging erst im Sinne von „Schulden haben“, dann übertr. von „sich etwas zuschulden kommen lassen“ in die Umgangssprache ein.

talterich heißt 1. zerlumpt, faltig, schlaff, trödelig, aber auch 2. langfaserig beim Fleisch. Subst. *Talterkraam* (Lumpen; Fleischabfall beim Schlachten). Wenn die gelagerten Äpfel im Keller im Frühjahr zusammenschrumpfen, sind sie *talterich un pappich* geworden.

Tambourmajor (Leiter eines Spielmannszuges) → *Tambuur.*

Tambuur Trommler des alten Hamburger Bürgermilitärs; *Klock fief morgens güngen de Tambuurs mit jem ehr Trummel dörch de Straten un slögen dat grote Wecken*[1136]. Syn.: *Trummelsleger.* Von frz. *tambour* (Trommel) aus pers. *tabir.* Noch heute heißt der Leiter eines Spielmannszuges *Tambourmajor.* An unserem Gymnasium war das ehrenvollste Amt, das ein Schüler erreichen konnte, das des *Tambourmajors* des Schulspielmannszuges. Wenn er zu → *Vogelschießen* an der Spitze der Trommler und Pfeifer, die Schülermützen in den Farben der Klassenstufen und dunkle Jacketts trugen[1137], durch die Straßen marschierte und seinen *Tambourstab* in Richtung der Lehrer und Bekannten am Straßenrand zum Gruß senkte, wurde er von den Mädchen glühend bewundert und von uns Jungen auf das Heftigste beneidet. Damals waren Spielmannszüge ausschließlich männlich, heute haben überall, wo es überhaupt noch solche Kapellen gibt, längst die Mädchen und Frauen die Instrumente und das Kommando übernommen – und die junge Frau in Uniform, die bei festlichen Umzügen mit strammen Oberschenkeln an der Spitze paradiert, heißt jetzt *Majorette* von engl. *(drum) majorette.*

Tampen m. 1. seem. Tau-Ende od. kurzes Stück eines Taus. Der *Tampen* konnte zu vielen Zwecken genutzt werden, auch als Prügelinstrument; *wat mit 'n Tampen kriegen.* 2. übertr. Endstück, Ende; *'n Tampen Wust; dat schall mi op den letzten Tampen ook egal wesen* (zu guter Letzt)[1138].

1136 HWB 5/10 f.

1137 Im damaligen dreigliedrigen Schulsystem waren die Spielmannszüge der Mittel- und Volksschulen ganz in Weiß uniformiert und trugen auch keine Schülermützen, sondern Käppis.

1138 HWB 5/12

Tante Meier Bei diesem Ausdruck handelte es sich keineswegs um die Verwandtschaftsbezeichnung innerhalb einer Familie mit weit verbreitetem Namen: In Hamburg bedeutet „Ich geh *maa ehm* nach *Tante Meier*“ nichts anderes als die Absicht, auszutreten, zur Toilette zu gehen. Die Klarform wurde als zu *schaneerlich* (peinlich) empfunden. Allerdings war die Toilette früher nicht so bequem zu erreichen und zu benutzen wie heute. Es galt schon als Komfort, wenn sie am Treppenabsatz für mehrere Mietparteien untergebracht war, aber häufiger war sie im Häuschen auf dem Hof mit Eimer od. Grube unter dem Sitz zu finden (→ *Schiethuus*). In freier Natur ging man nicht nach Tante Meier, sondern nach *Mudder Gröön* (an eine sichtgeschützte Stelle im Grünen). Über die Herkunft des Begriffs *Tante Meier* entbrannten unter den Lesern wilde Spekulationen, weil irgendjemand einmal vor Jahren den → *Tüünkraam* in die Welt gesetzt hatte, „Tante“ sei die Kuh, „Meier“ die Milch und „Tante Meier“ also die Stelle neben der Milchkuh, an der die Bäuerin... Eine ebenso unhygienische wie abwegige Vorstellung. Unter Umständen handelt es sich auch hier um eine → *Verballhornung* aus der → *Franzosenzeit* des Ausdrucks *Tente Mayeur*, des Gemeinschafts- od. Latrinenzeltes im Feldlager. Wenn also so ein schmucker französischer Besatzungssoldat erst noch einmal ins *Tente Mayeur* musste, bevor er mit seiner Hamburger Deern losschob, verstand sie: Er muss erst nach *Tante Meier*.

Tapp (Plur. *Tappen*) Fußstapfe; *Tappen in 'n frischen Snee achterloten* (Spuren im Schnee). Erw.: *Foottappen* (Fußspuren). Verb → [2] *tappen* od. *tappeln* (unsicher gehen).

Tappen (Plur. *Tappens*) m., Zapfen, Zapfhahn, Pflock im Spundloch; *övern Tappen hauen* (sich ausschweifend amüsieren); *den Tappen ut dat Spuntlock hauen* (eine Wirtschaft „auseinandernehmen“). Erw.: → *Tappenstriek* (Zapfenstreich); → *tappendüüster* (stockdunkel); *Tapphahn* (Zapfhahn); *Tapplock* (Spundloch). Verb → [1] *tappen* (zapfen).

[1] tappen zapfen, ausschenken; *ik tapp Beer* (ich schenke Bier aus); *tapp mi een vun 't beste Fatt!* [1139]

[2] tappen unsicher gehen, stapfen; *dörch den dicken Snee tappen.* Spottn.: *Hans-tapp-in-de-Grütt* (Tollpatsch). Syn.: *tappeln.* Erw.: → *Tapperling* (Kind, das laufen lernt).

tappendüüster (stockdunkel) → *zappenduster.*

Tappenstriek Zapfenstreich; Trompetensignal, das das Ende der Ausgehzeit für die Soldaten anzeigt. Danach wurde in der Kaserne das Licht gelöscht, es wurde also → *tappendüüster* (stockdunkel), und nichts ging mehr. Urspr. schlug man abends im Feldlager den → *Tappen* (Zapfen, Pflock) ins Spundloch des Bier- od. Weinfasses und beendete somit den Ausschank.

Tapperling ist ein Kind, das gerade laufen lernt, das noch unsicher auf seinen kleinen Beinchen umhertappert. Von → [2] *tappen* (unsicher gehen).

Taps Tollpatsch, linkische Person; *he is 'n groten Taps* (sehr ungeschickt). Adj. → *tapsich* (ungeschickt, unbeholfen); *tapsich as so 'n jungen Hund.*

1139 HWB 5/14

tapsich Adj. unbeholfen. Von → *Taps* (Tollpatsch).

tasen 1. zerren, ziehen, zausen. 2. sich schleppend bewegen, langsam sprechen; *taas nich so!*

Tass Tee Diese Tasse Tee hat nichts mit einem Getränk zu tun, sondern der Ausruf: *Dat is ja 'ne scheune Tass Tee!* bedeutet, dass etwas Unerwartetes und Unangenehmes den Tagesablauf gestört hat.

Tattergreis Wenn ein alter Mann vom → *Tatterich* befallen war, nannte man ihn wenig rücksichtsvoll einen *Tattergreis; he weer al so 'n richtigen Tattergreis; dat is di villicht 'n Tattergreis: kann nich mehr alleen ut de Büx, aver de jungen Deerns mit de Ogen översluken* (Alter schützt nicht vor Begierde) [1140].

Tatterich (*Tatter*) krankhaftes Zittern bes. im Alter; *'n Tatterich hebben.* Adj. *tatterich* (zittrig). Verb *tattern* (zittern).

Tee Teegetränk, getrocknete Blätter und Knospen des Teestrauchs; *sett di man keen Tee in 'n Kopp* (bilde dir nichts ein); *en Tass Tee deit nich weh.* Vgl. → *Hamburger Tee;* → *Warmtee-Theater.*

Teegeld Im vorletzten Jh. Aufschlag auf den Lohn der Dienstmädchen, meist zehn Taler im Jahr, für Kaffee und Tee. Für das Waschen der Dienstkleidung gab es dazu häufig das *Waschgeld.*

Teeketel 1. Teekessel, in dem das Wasser zum Aufgießen des Tees zum Kochen gebracht wird. Erw.: → *Teeketelfett* (nur Wasser, kein Fett). 2. Schimpfw. für eine ungeschickte Person; *du ole Teeketel!* Vgl. → *Teepott;* → *Teeketelfett* (Wasser).

1140 Goltz: Schimpfwörterbuch S. 138

So sah Großmutters Teekessel für den Kohle- oder Gasherd aus. Als Luxusausführung gab es den Flötenkessel, bei dem der Dampfdruck des kochenden Wassers Familie und Nachbarn durch einen lauten Pfeifton alarmierte.

Teeketelfett Das „Teekesselfett" ist kein Fett, sondern scherzh. ein Schuss reines Wasser aus dem Teekessel, das man zur Verlängerung von Suppen od. zur Verdünnung von Eintöpfen hinzugießt. In der schlechten Zeit goss Mutter aus Fettmangel notgedrungen *Teeketelfett* unter die Bratkartoffeln, damit sie nicht anbrannten.

Teepott 1. In erster Linie ist ein *Teepott* eine Teekanne, die im Gegensatz zur hohen und schlanken Kaffeekanne niedrig und bauchig ist. 2. Daneben wird der Ausdruck als Schimpfwort für einen ungeschickten Menschen, Tölpel, Dummkopf gebraucht: *du büst doch 'n Teepott!* Vgl. → *Teeketel.*

teeren schwarz wie Teer machen, ugs. ironisch gebraucht, wenn eigentl. das Gegenteil ausgesagt werden sollte: *dien Hemd mutt ook mol wedder teert warrn, dat Witte kümmt al dörch.*

Tegel heißt im Hochdeutschen *Ziegel*, wobei wir wieder einmal ein Beispiel dafür haben, dass die hochd. *Lautverschiebung* von *t zu z* im Niederdeutschen nicht stattgefunden hat. Ein *Tegelsteen* (Ziegelstein) aus gebranntem Lehm od. Ton hatte in Hamburg die Maße 22 x 10,5 x 5 od. 22 x 10,5 x 6,5 cm *(Hamburger Normalziegel*[1141]*)*. Angefertigt wurden die Bau-, Mauer- od. Bodensteine in der → *Tegelee* (Ziegelei). Erw.: *Tegelpann* (Dachziegel); *Tegeldack* (Ziegeldach). Straßenn., die auf eine ehemalige Ziegelei hinweisen: *Tegelsbarg* (Poppenbüttel, Hummelsbüttel); *Tegelweg* (Farmsen-Berne, Bramfeld).

Tegelee Ziegelei, ein Betrieb, in dem Ziegel (→ *Tegel*) hergestellt werden. Dabei handelte es sich um keine großen Fabriken, sondern um kleine Fabrikationsstätten, von denen jedes Dorf, wie aus den erhaltenen Flur- und Straßennamen hervorgeht, eine od. mehrere gehabt zu haben scheint, sofern nur der Grundstoff, die Ton- od. Lehmerde, vorhanden war; *all de Wogens, de vun de Farmsener Tegeleen kemen*. Die *Tegellüüd* od. *Tegeler* waren die Arbeiter in einer Ziegelei, wobei diese Tätigkeit im Sommer vor allem von Wander- od. Saisonarbeitern aus Lippe-Detmold ausgeführt wurde, sodass der Ausdruck → *Lipper* od. *Lippscher* im Hamburgischen zu einem Synonym für Ziegeleiarbeiter geworden ist. Sie *kloppten* Tag und Nacht im Akkord Steine, d. h., sie klopften die Ziegelerde in die Form, wobei die Anwohner mehr als genervt waren und froh, wenn die *Lipper* im Herbst wieder abzogen. Schimpfw.: *Tegelstrieker* („Ziegelstreicher") für den → *Fastbecker* (Roggenbrotbäcker), der den Schwarzbrotteig wie ein Ziegeleiarbeiter in die Kastenform strich. Nach dem Backen soll das Roggenbrot damals häufig so hart wie ein Ziegelstein gewesen sein.

Telemichel Fernsehtürme gibt es in vielen Städten, aber nur in Hamburg kann so ein Bauwerk im Volksmund *Telemichel* genannt werden, weil dieser Name als Zusammensetzung aus *Television* und → *Michel* natürlich auf den Turm der St.-Michaelis-Kirche anspielt. Offiziell heißt die 204 m (mit Antenne 271,5 m) hohe Sende- und Empfangsanlage an der Rentzelstraße *Heinrich-Hertz-Turm*. Die Deutsche Bundespost nahm sie am 1. November 1968 in Betrieb. In 128 m Höhe hat der schlanke Turm eine Aussichtsplattform und ein sich in einer Stunde um 360 Grad drehendes Restaurant, das zurzeit nicht bewirtschaftet wird. Im → *Nachtjargon* wurde es *Karussellkaschube* genannt. Der amtliche Name geht auf den in Hamburg geborenen Physiker Heinrich Hertz (1857–1894) zurück. Nach ihm ist die internationale Einheit der Frequenz, das *Hertz (Hz)*[1142], benannt.

Tempo ugs. für einen dreirädrigen Lieferwagen der Firma Vidal & Sohn Tempo-Werk GmbH in Harburg. Aufgrund eines Gesetzes von 1928 durften Kraftfahrzeuge mit weniger als vier Rädern und einem Hubraum von weniger als 200 Kubikzentimetern ohne Führerschein gefahren werden und waren steuerfrei. Deshalb gab es eine große Nachfrage nach den verschiedenen Modellen. Mitte der Fünfzigerjahre waren 101 000 dreirädrige Tempo-Fahrzeuge zum Verkehr zugelassen, Ende 2008 waren es nur noch 87. Im Lieferprogramm befanden sich auch die Vierradlieferwagen *Matador* und *Wiking*. Das Werk in *Bostelbek* hatte bis 1964 die „eigene" Bahnstation *Tempo-Werk*

1141 HWB 5/29

1142 Anzahl der Schwingungen pro Sekunde

Kam aus Harburg und durfte 1951 in ganz Deutschland ohne Führerschein gefahren werden: der Kastenwagen III des Tempo Hanseats.

der Niederelbebahn. Oscar Vidal ging 1955 eine Verbindung mit der *Hanomag* ein; 1959 kamen beide Firmen zum Rheinstahl-Konzern. 1965 gab Vidal seine letzten Geschäftsanteile an den Rheinstahl-Konzern ab, die Marke *Tempo* verschwand. Innerhalb des Rheinstahl-Konzernes kam das Unternehmen zur Hanomag. Der Tempo-Lieferwagen wurde zum *Harburger Transporter* weiterentwickelt, der zunächst unter dem Namen Hanomag vertrieben wurde. Ab 1966 fuhr auch der Tempo Matador mit dem Rheinstahl-Hanomag-Emblem. Das Tempo-Werk wurde 1969 Teil der neuen Hanomag-Henschel Fahrzeugwerke GmbH, welche 1971 von der *Daimler-Benz AG* übernommen wurde. Seitdem ist der heutige Daimler-Konzern Eigner des ehemaligen Tempo-Werkes, wo bis 1978 die „Harburger Transporter" mit Mercedes-Stern als Mercedes L 206/307 weitergebaut wurden[1143].

tens (*tins*). 1. Präp. „am Ende". Kontr. aus *to Enns*, mnd. *to endes; tens de Disch; tens de Plank* (am Ende der Planke). 2. Adv. hinten, am Ende; *Opa sitt jümmers tens* (Großvater sitzt stets hinten an der Schmalseite des Tisches). Subst. *Tensend* (hinteres Ende; eins der beiden Enden eines länglichen Gegenstandes; die andere, vom Betrachter abgewandte Schmalseite des Hauses)[1144]. Syn.: *Achterenn.*

Terz Bei der Redensart *Terz machen* (Streit suchen, sich prügeln) müssen wir wohl die Musiklehre, das Fechten und das lat. *tertia* außer Acht lassen. Der Ausdruck scheint vielmehr auf die hamb. Rockersprache zurückzugehen, wobei die norddt. *Terz* (Schlag) mit dem ndd. → *Dööts* (Kopf) verquickt worden ist[1145]

1143 nach Wikipedia (2013)

1144 Mensing 5/45 ff.

1145 Küpper S. 829

Theriak (*Teriak*), hamb. auch → *Driakel,* war ein Allheilmittel für Mensch und Tier gegen tatsächliche und eingebildete Beschwerden aller Art zu der Zeit, als die „Heilkunst" noch von Kräuterweibern, Wanderdoktoren und Quacksalbern auf den Jahrmärkten beherrscht wurde. In ähnlicher Umgebung sollte man allerdings auch heutzutage noch misstrauisch sein, wenn jemand kleine Döschen mit solcher Wundersalbe anbietet, es sei denn, man plante einen Selbstmord. Die Rezeptur für *Theriak* wurde in der ersten Ausgabe des Deutschen Arzneibuchs[1146] als *Electuarium Theriaca* wie folgt beschrieben: Opium, spanischer Wein, Angelikawurzel, Virginenhohlwurzel, Baldrianwurzel, Meerzwiebel, Zitwerwurzel[1147], Grüner Kardamom, Myrrhe, Eisenvitriol, viel Zimt und noch mehr Honig. Während des Mittelalters galt Theriak als Universalmittel und in der Antike als Gegengift bei Schlangenbissen und Giftattentaten der Familienmitglieder. Mithridates VI. (132 bis 63 v. Chr.), König von Pontos, nahm das Mittel (noch erweitert um Entenblut, Schlangen- und Krötenfleisch) als Vorbeugung gegen Giftanschläge ein. Er wusste, was ihm geschehen konnte, hatte er doch als junger Mann, um an die Macht zu kommen, Vater und Mutter vergiftet. Nach ihm wird das Mittel auch *Mithridatium* genannt.

Tick an de Wand (Marmelspiel) → *Grabbel an de Wand.*

ticktacken bedeutet narren, necken, foppen, einander zerren, → *burrjacken* eigentlich „die Jacke ausklopfen", also übertr. prügeln; *Klock teihn fungen se an, sik to ticktacken, Klock ölven weer dat al burrjacken worrn.* Die Mutter warnte die tobenden Kinder, die sich neckten: „Nach dem Ticktacken kommt das Burrjacken!"

Tide f., norddt. Bezeichnung für den Gezeitenablauf von Flut und Ebbe, für das voraussagbare Steigen und Fallen des Wassers. Von mnd. *getide* (n.), Zeit, bes. bestimmte wiederkehrende Zeit, Flutzeit[1148], zu ndd. *Tiet* (Plur. *Tieden*) für die Zeit.

Tiefstack (Ortsname) → *Stack.*

tieren sich zieren; *tier di nich so!* (zier dich nicht so); *kiek mol, wat de ool dösige Köter sik tiert.*

Tiet (Plur. *Tieden*) f., Zeit, Frist, Termin*; in de Tiet vun* (im Zeitalter der...); *na de Tiet dat* (nachdem); *in de tokomen Tiet* (in Zukunft); *all de Tiet* (die ganze Zeit über); *meist Tiet* (meistens); *bi Tieden* (zuweilen, beizeiten); *op ewige Tieden* (immer); *op de letzte Tiet gahn* (hochschwanger sein). Vgl. → *Tide* (Gezeitenablauf).

Timpen 1. Zipfel, spitz zulaufendes Ende; *Mützen mit Timpen un Troddeln; de Timpen vun de Schört.* 2. Formen von Backwaren und Brot mit ausgeprägten *Timpen; Timpenstuten* (Fastnachtsgebäck, brötchengroßes Weizengebäck mit vier spitzen Ecken). 3. Zinke einer Harke. 4. Rausch; *wat in 'n Timpen hebben* (betrunken sein). Vgl. → *besopen.*

Tingeltangel einfaches bis anrüchiges Amüsierlokal mit Darbietungen niedrigeren Niveaus, vornehmlich auf St. Pauli; *Sudelkraam höört na St. Pauli in 'n Tingeltangel.*

1146 Pharmacopoea germanica; lt. Brockhaus von 1906
1147 Wurmmittel

1148 Lübben S. 121

Titt (Plur. *Titten*) m. Der *Titt* war die weibliche Brustwarze od. die Mutterbrust, übertr. die Muttermilch; *genau op 'n Titt* (genau in die Mitte der neun Kegel); *den Titten kriegen* (gesäugt werden); *enen Semp op den Titt smeren* (Säuglinge von der Brust entwöhnen, indem man die Warzen mit Senf einschmierte); *de hett en bösen Titten sogen* (hat eine schlechte Mutter gehabt); *dat smeckt as Titt* (schmeckt sehr gut); *se is Titt hollen* (Besuch der Ehefrau bei ihren Eltern, bes. bei ihrer Mutter). Vgl. → *Tittbuddel.*

Tittbuddel Die → *Titten* waren die weibl. Brustwarzen od. die Muttermilch, und ein *Tittbuddel* war die Nuckel- od. Milchflasche, die man dem Säugling in den Mund steckte, wenn die Mutterbrust nicht zur Verfügung stand.

to Pott komen zu Pott kommen. Ist jemand zu langsam beim Beenden einer Handlung, sagt man: *nu komm endlich zu Pott* (Topf). Das hängt mit dem Auf-den-Topf-Setzen eines Kleinkindes zusammen. Vgl. → *Pott.*

Tobroot (Aufschnitt) → *Zubrot (2).*

Toilettentaucher (Klempner) → *Schiethuuskommandant.*

tollen kräuseln. 1. mit einem *Tolliesen* (-eisen) od. einer *Tollscheer* (Brennschere) Rüschen und Kanten an Ärmeln, Hauben od. → *Halskrausen* fälteln. 2. mit einer *Tollscheer* die Haare locken; *gau de Hoor tollen* (schnell ein paar Locken brennen)[1149].

1149 HWB 5/111

Tommy (*Tommi*, Plur. *Tommys*). Spottname für den einfachen britischen Soldaten im Ersten und Zweiten Weltkrieg, in Hamburg vor allem für den Besatzungssoldaten nach 1945.

Tonbank (*Toonbank*). Eine *Tonbank* hat nichts mit Musik od. Tönen zu tun, sondern bedeutet in Hamburg 1. einen Laden- od. Verkaufstisch, in Gaststätten auch 2. eine Wirtshaustheke od. einen → *Tresen*. Schon Michael Richey (1755) wusste: *Toon-Banck: die Auslage, od. der Tisch, worauf der Krämer seine Waare vorzeiget, und worin auch das täglich gelösete Geld aufgehoben zu werden pfleget*[1150]. Weiter Richey: *toonen: zeigen, weisen, sehen lassen. Ist eigentlich Holländisch, aber bey uns in der Kaufmannschaft sehr im Gebrauche*[1151].

Tonne (seem.) Die schwimmenden und verankerten Seezeichen auf See und in Seeschifffahrtsstraßen sind *Tonnen* und keine → *Bojen!* Nämlich: *Backbord-* und *Steuerbordtonnen, Untiefentonnen, Wracktonnen* od. auch die *Umgrenzungstonnen* für ausgewiesene Ankerplätze für Schiffe. *Tonnen* sind amtliche Seezeichen, auch wenn das Wort *Boje* noch so klangvoll ist. An *Tonnen* darf man sein Schiff nicht festmachen, ebenso wenig wie man Straßenschilder dementsprechend missbrauchen dürfte. Das Wort leitet sich ab von urspr. als Seezeichen ausgelegten Fässern, die ehedem mit Teer und Pech konserviert waren. Die stählernen Seezeichen unterscheiden sich heute durch Formen, Farben und Befeuerung. Sie sind mit ihren Lichtsignalen in Seekarten verzeichnet, dienen der sicheren Navigation und sind zeitgemäß auch mit Radarreflektoren ausgestattet[1152].

1150 Richey S. 309
1151 ndl. *tonen* (zeigen, vor die Augen bringen)
1152 von Carl Groth

Toormtüter Turmbläser. 1. Seit dem 18. Jh. wird vom Turm der Hamburger St.-Michaelis-Kirche werktags um 10 und 21 Uhr sowie sonntags um 12 Uhr vom *Micheltürmer* ein Choral in alle vier Himmelsrichtungen, beginnend mit der Ostseite, geblasen. 2. *Toormtüter* wird scherzh. auch derjenige genannt, der sich allzu geräuschvoll die Nase putzt.

[1] **Toorn** Turm, vereinz. auch *Toorm*. Erw.: *Toorndöör* (Turmtür); *Toornklock* (Turmuhr); *Toornkreih* (Turmkrähe); *Toornluuk* (Turmluke); *Toornmann* (Türmer); → *Toormtüter* (Turmbläser).

[2] **Toorn** veralt. Zorn, Ärger. Verb *töörnen* (zürnen). Vgl. → *Raasch* (Rage).

Tööt (Plur. *Töten*). 1. weibl. Pferd, Stute; *de Tööt is rammsch* (die Stute ist paarungsbereit)[1153]; *sien Tööt harr fohlt* (ein Fohlen bekommen). Syn.: → *[1]Stuut*. 2. Schimpfw. für „gemeines Weib" od. „dumme Deern", das sich, wenn das Mädchen vom Lande kam und in Hamburg in → *Stellung* war, noch steigern ließ: *Buertööt* („Bauerntrampel").

topass zupass, gelegen, in die Planung passend; *dat keem mi goot topass* (das kam mir sehr gelegen).

Topp (Plur. *Toppen*), m., (Baum-)Wipfel, (Mast-)Spitze, (Sack-, Stoff-)Zipfel; *vun Topp to Tehn* (von Kopf bis Fuß). Interj. *topp!* (das gilt); *dat is Topp!* (das ist Spitze)[1154]. Erw.: → *Toppleger* (Handlanger); *Topplamp* (Lampe an der oberen Mastspitze); *Toppseil* (Segel oben über dem → *Grootseil*) Ra.: *in 't Grootseil sitt de Kraft, in 't Toppseil sitt de Moot* (Mut)[1155].

Toppleger Handlager (auf dem Bau), der die Maurer oben (→ *Topp*) auf dem Gerüst mit Steinen versorgt; *Toppleger spelen* (Hilfsarbeiten verrichten). Vgl. → *Puhahn*.

Torf (*Törf*) ist aus zersetzten Pflanzen entstandene Moorerde, die zum Streuen im Stall od. zum Heizen benutzt wurde. Neben Holz war vor 1900 Torf das wichtigste Brennmaterial in Hamburg. Gestochen wurden die Soden vor allem in Langenhorn, Groß Borstel, Glashütte, Garstedt und Harksheide und von den → *Tuckern* (Torfbauern) meist auf zweirädrigen Hundewagen (→ *Steertpogg*) in die Stadt gebracht und verkauft[1156]. Ruf der *Tucker* (damals muss überhaupt ein pausenloses Geschrei der verschiedenen Straßenhändler geherrscht haben): *Törf vun Wagen verkööpt wi hier,/ sössteihn Soden för 'n Schillen,/ hatt un swatt, hollt prächtich Füür* (bewahrt die Glut).

Torfbuer „Torfbauer", Schimpfw. aus Sicht der Städter für einen Dummkopf vom Lande. Vgl. → *Torfkopp*; → *Holtbuer*.

torfen heißt geistig abwesend sein, mit offenen Augen träumen; *hest em nich sehn? – Nee, ik heff torft!*[1157]

Törf-Ewer Ein *Törf-Ewer* ist ein → *Ewer*, ein Lastensegler, der → *Torf (Törf)* nach Hamburg transportiert. Die Ofenheizungen in der Stadt verbrauchten viel Holz und vor allem Torf, der nicht nur von

---

1153 von → *rammeln* (ein weibl. Tier begatten)
1154 nach Sass S. 206
1155 HWB 5/124
1156 HWB 5/126
1157 lt. Olaf Haselhorst

Deutsches Reich 1934: Arbeitskräfte stechen Torf im Teufelsmoor.

den Torfbauern um Langenhorn und Harksheide geliefert, sondern auch mit Binnenschiffen auf der Elbe aus den Mooren im Gebiet bei Bremervörde herangeschafft wurde. Zeitweise bestimmten diese typischen langsamen, behäbigen, schwerfälligen *Törf-Ewer* das Bild auf dem Fluss und im Binnenhafen. Wenn Großmutter ihren Mann und Sohn, die *op 'n → Swutsch* gehen wollten, zum Abschied ermahnte: *kümmt mi nich ünner 'n Törf-Ewer!*, so war das nicht wörtlich zu nehmen, sondern die witzig-skurrile Steigerung des Unter-die-Räder-Kommens. Gefahr vom Schiffsverkehr drohte den Männern wohl nicht, aber der weniger maritime denn menschliche Verkehr auf und um St. Pauli barg doch mancherlei Gefahr, die leichtsinnige Zecher unterschätzten, sobald sie → *stickeduun* (stockbetrunken) waren.

Torfkopp Über die frühere Wichtigkeit von → *Torf (Törf)* als Brennmaterial in Hamburg ist häufig berichtet worden. Ein *Torfkopp* ist dasselbe wie ein *Dööskopp*. Das ist ein Mensch, dem man nachsagt, nicht sehr helle zu sein, also *Torf im Kopp* zu haben. Vgl. → *Döösbartel.*

Törk (Plur. *Törken*). Türke, Bewohner der Türkei *(Törkei)*. Raa.: *du löppst, as wenn de Törken achter di weren; slapen as 'n Törk* (tief schlafen). Adj. *törkisch* (türkisch); *törkschen Weten* (Mais); *törkschen Bund* (Zierknoten aus Tauwerk). Vgl. → *Türkischer Honig;* → *Türkensteuer.*

Törn (Plur. *Törns*) m. 1. Wegstrecke; *dat is 'n bannigen Törn to lopen.* 2. Tour, Fahrt, Schiffsreise, Ausflug; *he is op 'n langen Törn* (auf großer

Fahrt). Erw.: → *Bummeltörn* (Streifzug). 3. Reihenfolge; *dat is mien Törn* (ich bin an der Reihe). 4. Anfall; *he hett sien Törn* (er ist am Saufen). 5. Arbeitszeit, Schicht; *ik heff mien Törn nu afreten* (meine Schicht ist um)[1158].

toseggen Dieses Wort wird nicht nur für „vorsagen" gebraucht, sondern auch im Sinne von „versprechen" od. „gefallen": 1. zusagen (versprechen); *dat muttst du mi toseggen!* (das musst du mir fest versprechen); *wat ik tosegg, dat gilt!* (sein Versprechen halten); *ik heff dien Mudder fast tosegg, ik wull op dat Gör passen; du hest di för een Johr toseggt* (verpflichtet). Ra.: *toseggen un menen kann Menschen bedenen* (ein ehrliches Versprechen schafft Freunde). 2. vorsagen, soufflieren; *enen wat op 'n Kopp toseggen* (offen aussprechen). Vgl. → *Toseggersch* (Souffleuse). 3. zusagen (gefallen); *de Saken seggt mi to* (gefallen mir); *dien Utsehn seggt mi nich to* (dein Äußeres gefällt mir gar nicht)[1159].

Toseggersch Eine *Toseggersch* ist eine Souffleuse, die den Schauspielern auf der Bühne den Text zuflüstert, wenn sie nicht weiterwissen. → *Henry Vahl* wusste im → *Ohnsorg-Theater* häufig nicht weiter und verstand auch die Souffleuse nicht, sodass seine Mitspieler stark improvisieren mussten, um das Stück so einigermaßen zu dem Ende zu bringen, das Autor und Regisseur ihm zugedacht hatten; *de Toseggersch weer in ehrn Kassen innickt, un so seet ik böös in de Kniep*[1160]. Von → *toseggen (2)* (vorsagen).

Tote Tante Was „Cuba Libre" bedeutet, ist allgemein bekannt. Das Mixgetränk ist in Deutschland unter dem Namen „Rum-Cola" eingeführt. Ursprünglich wurde, wie Nick Eggers erklärt, der Rum mit (einer – je nach Geschmack – mehr od. weniger großen Menge) Eiswasser und einem ordentlichen Schuss Zitronensaft gemischt, als es noch keine Cola gab. Es gibt aber auch eine norddeutsche Version dieses Mixgetränks. Dazu wird anstatt Cola und des Spritzers Zitrone heißer Kakao verwendet. Das nennt sich dann *Tote Tante*.

toven toben, wild herumlaufen, wütend herumbrüllen; *twee Stünnen hett de Oolsch brüllt un toovt*[1161].

töven warten, sich gedulden; *tööv mol 'n beten!; wenn 't noch lang duert, töövt wi noch 'n beten!* (iron. für: nun werde endlich fertig!); *du kannst töven, bet du swatt warrst* (warten, bis man „schwarz wird"); *op Kleveresch*[1162] *töven* (vergebens auf etw. warten); *tööv, di will ik kriegen!* (Drohung: na, warte!). Subst. → ²*Töveree* (Warterei).

¹Töver Zauber, Magie; *gah na Huus, dat keen Töver di bannt!* (damit dich kein Zauberstrahl trifft). Erw.: *Töverring* (Zauberring). Von → *tövern* (zaubern).

²Töver Zuber, Wanne mit drei Beinen zum Wäschewaschen. Vgl. → *Balje*.

¹Töveree Zauberei. Von → *tövern* (zaubern).

²Töveree Warterei, langes Warten. Von → *töven* (warten).

1158 HWB 5/130 f.
1159 HWB 5/143
1160 HWB 5/144

1161 HWB 5/152
1162 Kreuz-Ass

tövern zaubern; etw. zustande bringen, was unmöglich scheint od. etw. auf unerklärliche Weise verschwinden lassen[1163]. Subst. → ¹ *Töver* (Zauber); → ¹*Töveree* (Zauberei); → *Töversche* (Hexe).

Töversche Hexe, Zauberin. Von → *tövern* (zaubern).

Traan Tran, zu dickflüssigem Öl ausgelassenes Walfett, das man zum Braten, als Lampenöl in der *Traanfunzel* od. *Traankrüsel* verwenden konnte, aber auch von Heilern auf dem Dorf bei Frost in den Füßen, bei Gicht und Kindern bei Auszehrung verabreicht wurde. Vgl. → *Lebbertraan* (Lebertran).

Traanbees Der Docht aus Binsenmark in der Tranlampe wurde als die *Traanbees* od. → *Bees* (Binse) bezeichnet.

Traanbüdel (*Tranbüdel*) Schimpfw. für jemanden, der noch nicht wach ist und noch nicht klar denken kann, wobei unterstellt wird, dass in seinen Adern kein Blut, sondern der dickflüssige → *Traan* fließt. Wohlgemerkt: *noch* nicht! Wer immer in diesem Zustand bleibt, ist dann ein richtiger Langweiler, ein *dösiger Traanbüdel.* Syn.: *Traansuse; Trantrine* (vgl. → *Trine*).

Traatsch Tratsch und Klatsch, womit nicht nur das Herziehen über andere Leute im Treppenhaus gemeint ist, sondern vor allem die Person, und zwar eine weibliche, die solches Gerede verbreitet; *de ool Traatsch sleept dat ja woll in 't ganze Dörp rüm*[1164]. Merke: Männer → *sludern,* Frauen → *traatschen.*

traatschen Klatsch verbreiten, über andere herziehen.

trecht Adv. 1. fertig; *dat Eten is trecht.* 2. gesund, wieder in Ordnung; *dat löppt sik allens wedder trecht* (das kommt alles wieder auf die Reihe) – *bloots keen scheve Hacken,* fügt der Schuster hinzu. Von *torecht* (zurecht).

trecken bedeutet ziehen, auch im Hochdt. „in der spez. Bedeutung des Schiffe-Schleppens (vgl. → *treideln*) und der Wanderung großer Volksteile *(Flüchtlingstreck)* bewahrt"[1165]. Eine Zugmaschine wird ugs. bekanntl. *Trecker* genannt. Ndd. *ik treck* (ich ziehe), *ik trock* (ich zog), *trocken* (2. Part.); *ik heff de Wust al lang dörch de Tähn trocken* (ich habe die Wurst bereits aufgegessen); *an enen Strang trecken* (dasselbe Ziel verfolgen); *mit de Schullern trecken* (zucken); *sien Kaninken sülven trecken* (Kaninchen züchten); *de Nees trecken* (die Nase rümpfen); *dat Fell över de Ohrn trecken* (jmdn. betrügen); *'n Flunsch trecken* (das Gesicht verziehen); *Born trecken* (Wasser holen); *Hinnerk weer glieks trocken* (wurde als Soldat eingezogen); *vun dannen trecken* (weggehen). Ra.: *dat treckt sik allens na 'n Lief, sä de Snieder, dor harr he de Arms in dat Büxenlock neiht.*

treideln Lastkähne auf Flüssen an Tauen von Land aus flussaufwärts ziehen, entweder durch Manneskraft *(Treidler, Trecker)* od. durch Pferde. Vom Niederdt. ins Hochdt. übernommen. Die Alsterkähne wurden flussabwärts *gestakt,* aufwärts jedoch *getreidelt,* zwischen 1529 und 1550 über den technisch allerdings unzulänglichen *Alster-Beste-Kanal* und die Trave über 91 km

1163 HWB 5/154
1164 HWB 5/158
1165 Kluge S. 834

sogar bis nach Lübeck. Erw.: *Treidelpadd* (Treidelpfad am Flussufer). Straßenn.: *Treudelberg* (Lemsahl-Mellingstedt), eine der schwierigsten Stellen beim *Treideln* der Alsterkähne. Vgl. → *staken (1)* (mit einer Stange abstoßen).

Treppe haben In den frühen Nachkriegsjahren war es üblich, dass die Treppenhausreinigung von den jeweiligen Etagen-Bewohnern selbst vorgenommen werden musste. Daher der folgende Dialog: „Elli, kommst mit in 'ne Stadt einkaufen?" „Ne, Dora, geht heut nich, *ich hab die Treppe!*"[1166]

Treppenstohl (Treppenstuhl) nannte man den Zugang von außen zum Hochparterre eines Hauses *('n Treppenstohl buten dat Huus)*, bestehend aus einer Treppe vom Gehweg zum Podest vor der hoch gelegenen Eingangstür, häufig zum Schutz vor der Witterung überdacht. Wie ein Chronist um 1890 berichtet, waren die Treppenstühle „in Hamburg jetzt wohl alle beseitigt, weil sie das → *Trottoir* beengen", und er konnte sich nicht verkneifen, mit Blick auf die ungeliebte preußische Nachbarstadt hinzuzufügen: „... in Altona soll es noch welche geben."[1167] Ein Zugang von der Straße zum Keller, also nach unten statt nach oben, hieß → *Kellerhals.*

Tresen 1. Laden- od. Verkaufstisch; *de Aptheker*[1168] *stünn an 'n Tresen.* 2. Schanktisch, Theke; *de Weertsfro achter 'n Tresen.* Von mhd. *trese(n)* (Geldkasten; verschlossene Kämmerei im Rathaus; Tresor) zum Tisch, in dem die Einnahmen aufbewahrt werden.[1169] Syn.: → *Tonbank.*

1166 nach Hannelore Trüde-Kiss
1167 HWB 5/176
1168 Apotheker
1169 Richey S. 313; Kluge S. 835

tribuleern (ärgern. belästigen) → *triezen.*

triezen jmdn. fortwährend ärgern, bedrängen od. schikanieren; *de Baas triezt sien Lüüd op jede Ort.* Heute sagt man *mobben* dazu. Obwohl weder die Tätigkeit noch das Wort auf Hamburg beschränkt war, ist es ndd., genauer seem. Ursprungs. Von mnd. *tritzen* (an Seilen auf- od. niederziehen)[1170], was auf Segelschiffen früher eine gefürchtete Strafe war, wenn der Verurteilte an einem unter den Armen durchgeschlungenen Seil an der Rahe hochgezogen wurde und dort zwischen Leben und Tod hängen blieb. Falls Kapitän Bligh, der bekanntlich ein Meister im Auspeitschen, Kielholen und Verdursten-Lassen war, auf der „Bounty" auch noch das *Triezen* beherrscht hätte, hätte Marlon Brando bestimmt schon einige Hundert Seemeilen eher gemeutert. Syn.: *tribuleern* (ärgern, belästigen).

trilliern (*tirileern*) in höchsten Tönen zwitschern, was bekanntlich vor allem die Singvögel beherrschen; *de Lark*[1171] *trilliert.*

Trine (auch Trien od. Trina gerufen) ist die Kurzform von Katharina; *Appelsina, sööt as mien Trina!* Meist wird *Trine* jedoch im negativen Zusammenhang gebraucht: *Blarrtrine, Buertrine, Funzeltrine, Slabbertrine, Sludertrine, Zippeltrine* od. allgem. dumme Trine. Eine *Trantrine* ist ein Kind od. eine Frau, die trödelt und nicht zurande kommt. Die Hamburger Hausfrau wurde als *Trine Franschbroot* verspottet – wobei wir an dieser Stelle ausdrücklich auf das Präteritum der Aussage hinweisen möchten, um nicht in den Verdacht zu geraten, ein heute völlig überholtes Frauenbild zu verbreiten.

1170 Lübben S. 417
1171 Lerche

Trippmadamm Botan. weiße od. gelbe Fetthenne, die als Teil vom → *Aalkraut* als Küchenkraut zur → *Suursupp* od. zur → *Aalsuppe* gehört.

Trittchen (Plur.), so schreibt ein Leser, waren in seiner Familie die Hausschuhe. Das dürfte wenig hamb. sein. 1. *Trittchen* (von *treten*) wurden im → *Rotwelschen* und in der Soldatensprache die Stiefel genannt. 2. dimin.: Kosef. für Kinderschuhe.

trockner Hanf Der Begriff *trockner Hanf* rief früher nicht gleich das Rauschgiftdezernat auf den Plan, sondern bezeichnete in der Umgangssprache etwas, das nicht die erforderliche Frische hatte bzw. verdorben od. vertrocknet war. Großmutter zum → *Schlachter:* „Das soll Schweinenacken sein? Das ist doch *trockner Hanf!*"

Trojeduus (*Trojedu*) in der Redensart *op Trojeduus:* auf gut Glück, aufs Geradewohl; *ik kann doch nich jeden Lumpen op Trojeduus twee Groschen pumpen!* Wohl von frz. *trois deux* (Drei mit zwei Würfeln)[1172].

Trottoir ist natürlich ein frz. Wort – man möchte beinahe sagen: französischer geht es nicht! Und trotzdem benutzten nicht nur gebildete Leute, sondern auch Frau Pumeier und Tante Dibbermeier[1173] diesen Begriff in Hamburg und anderswo wie selbstverständlich in der täglichen Umgangssprache, bis im Ersten Weltkrieg im Zuge der Kriegspropaganda gegen den „Erbfeind" Frankreich aus einem *Trottoir* der Bürgersteig od. Gehweg wurde (und auch viele andere → *Gallizismen* daran glauben mussten).

Troyer (*Treuer*). 1. gestrickter, meist dunkelblauer Wollpullover des Seemanns und derjenigen Küstenbewohner, die ihre Nähe zum Wasser betonen wollen; *'n dicken Treuer to 'n Övertrecken.* 2. seem. *Treuer*: wollenes Unterhemd des Seemanns.

trüch 1. zurück; *he is wedder trüch; lütten Slach trüch!* (Kommando: ein kleines Stück zurück!); *twee Weken trüch* (vor zwei Wochen). 2. geistig zurückgeblieben; *achter de Russen trüch* (rückständig)[1174].

trüchoors [spr.: *trüch´o:rs*] Adv. 1. rückwärts, mit dem Hintern nach vorn; *trüchoors ut de Döör rutgahn* (rückwärts durch die Tür). Abergl.: In den Vierlanden und, wen wundert's, in Billwerder wurde eine neu gekaufte Kuh *trüchoors* über gekreuzte Besen od. → *Forken* in den Stall geschoben, um sie vor der Verhexung zu schützen – ein krankes Rind konnte die kleinbäuerliche Existenz ruinieren, Tierärzte waren teuer, und ein wenig Hexenkram schadet ja nicht... Ebenda gingen Frauen und Mädchen früher zu Silvester um Mitternacht *trüchoors* auf den Deich. Wenn sie über einem Giebel ein Licht zu sehen glaubten, stand eine Hochzeit bevor, bei einer Wiege eine Geburt und bei einem Reflex, den man als Sarg deuten konnte, ein Todesfall. 2. zurück (räuml.); ausgefallene Milchzähne wurden *trüchoors övern Kopp* geworfen – wer diese Vorschrift nicht beachtete, lief Gefahr, dass ihm keine zweiten Zähne od. diese nur verkrüppelt nachwuchsen. 3. zurück in die Vergangenheit (zeitl.); *trüchoors in ole Tieden; trüchoors denken* (seinen Erinnerungen nachhängen)[1175]. Von → *trüch* (zurück)

1172 HWB 5/184

1173 Frau Pumeier ist die Mutter der fiktiven → *Klein Erna*, und Tante Dibbermeier ist eine Figur von → *Arnold Risch*.

1174 HWB 5/189

1175 HWB 5/189

und → *Oors* (Hintern). Syn.: *trüchut* (auf dem Rückweg); *trüchwarts* (rückwärts).

Trudelband Ein *Trudelband* od. *Trudelreifen* ist ein zum Kinderspielzeug „degradierter" einzelner Fassreifen, meist aus Eisen, den die Jungen mit Stockschlägen zum Trudeln brachten und durch die Gassen trieben. In einem bekannten → *Couplet* hieß er → *Tüdelband.* In Anlehnung an die Kreisform waren O-Beine → *Trudelbännerbeen.*

Trudelbännerbeen sind O-Beine. Ein → *Trudelband* od. → *Tüdelband* ist ein (Fass-)Reifen, der mithilfe eines Stocks zum Rollen od. Trudeln gebracht wird. Die Bezeichnung ist eine Anspielung auf die Ähnlichkeit der Form der Beine mit der Rundung des Reifens[1176].

truschüllich Adj. treuherzig, unschuldig, vertrauensselig; *se kiekt mi ganz truschüllich an; 'n lütt truschüllich Deern.*

Truutje 1. urspr. Koseform für die Liebste; *mien seutes Truutje.* 2. Doch meist die abf. Bezeichnung für eine schwerfällige od. unordentliche Frau; *ole Truutje!* Davon → *truutschich.*

truutschich Adj. aussehen wie eine → *Truutje* – schwerfällig, dicklich, unelegant, unordentlich, ungepflegt[1177].

Tschüs! Inzwischen versteht man in ganz Deutschland den Abschiedsgruß *Tschüs!,* der so schön kurz und prägnant ist. Ursprünglich war er vor allem im Norden und gerade in den Hansestädten zu hören. Fremde Seeleute gebrauchten häufig das spanische *adiós* (lat. *ad deum* – Gott befohlen, span. *a diós* – zu Gott). Auf Französisch hieß es *adieu,* und wie viele frz. Ausdrücke wurde er in Hamburg während der → *Franzosenzeit* ins Plattdeutsche verballhornt. Man verabschiedete sich erst nachäffend, dann ohne bewussten Bezug zum Ursprung mit *adjüüs* (kurz: *tjüs*). Dieser Ausdruck schliff sich durch Erweichung des *j* in der Umgangssprache zu einem einfachen hamb. *tschüüs* bzw. zur Interj. *tschüs!* ab[1178], die wir nach neuer Rechtschreibung großschreiben *(Tschüs sagen).* Da wir einen langen Vokal sprechen, wäre ein Schluss-ß wie in „Fuß" zwar möglich, aber nicht gebräuchlich, ein *ss* am Ende wie in „Fluss" jedoch regelwidrig – und das bereits im Duden *vor* der Rechtschreibreform, der ausschließlich ein *tschüs!* kannte[1179]. Allerdings gibt es einen harten Kern von Leser(innen) und einen Kleinverlag, die auf → *Heidi Kabels* Lied „In Hamburg sagt man Tschüss" in falscher Schreibweise verweisen und aus diesem Fehler nicht nur einen Urheberrechtsanspruch, sondern sogar eine Allgemeingültigkeit ableiten wollen. Nun hat Heidi Kabel bekanntlich gesungen und nicht buchstabiert, und hätte sie es getan, so hätte sie merken müssen, dass man ihr da mit dem *ss* etwas untergeschoben hatte, das sonst in keinem Hamburger Wörterbuch zu finden ist. Jochen Wiegandt veröffentlicht den Titel in seinem „Hamburger Liederbuch" denn auch richtig mit „In Hamburg sagt man Tschüs"[1180]. Abergl.: Einem Finkenwerder Fischer darf man vor dem Auslaufen nicht *Tschüs sagen,* das bringt Unglück. Andere Kapitäne sprach man zum Abschied scherzh. auf ein mögliches Unglück an, um das

1176 lt. Olaf Haselhorst
1177 HWB 5/201
1178 Duden, Bd. 7, S. 870
1179 Duden, Bd. 1, 20. Aufl. (1991), S. 729
1180 Wiegandt: Hamburger Liederbuch, Bd. 1, S. 107 f.

Unglück abzuschrecken: *na, adjüüs ook solang, du büst ja doch bald wedder trüch – to Peer!* [1181]

Tucht 1. Aufzucht, Züchtung, Zucht, Austrieb; *de Kantüffeln fangt an mit de twete Tucht* (setzen erneut Knollen an), davon → *tweetüchtich.* 2. Nachwuchs, Schar gleichaltriger od. gleichartiger Tiere; *'n gode Tucht Farken.* 3. Erziehung, Disziplin, Ordnung. Erw.: *Tuchthuus* (Zuchthaus).

Tuchthuus (Zuchthaus) → *Tucht (3).*

Tuckei (Hühnerei) → *tucken (2).*

tucken 1. zucken, sich ruckartig vorwärts bewegen, wiederholt ziehen; *de Katt tuckt mit 'n Steert.* Ein Torfbauer aus Harksheide und Umgebung wurde → *Tucker* genannt wegen der Art und Weise, wie er die Torfsoden nach Hamburg transportierte – mit dem typischen Hundewagen (*Tuckwagen,* → *Steertpogg*). 2. picken, herausziehen; *'n Amsel weer dorbi, Metten* [1182] *ut de Eer to tucken.* Küken und Hennen lockte man mit dem Ruf: *Tuck! Tuck! Tuck! Tuck!* zu den ausgestreuten Körnern. Daraus entwickelte sich das *Tuckhuhn* in der Kindersprache, das dann natürlich kein Ei, sondern noch infantiler ein *Tuckei* legte.

Tucker (*Tuckbuer*) Torfbauer, der seinen → *Torf* mit dem *Tuckwagen* od. → *Steertpogg* nach Hamburg bringt. Vgl. → *tucken.*

tücksch Adj. hinterlistig, boshaft, launisch, tückisch; *'n ganzen tückschen Keerl* (unberechenbarer Zeitgenosse); *de Peer sünd tücksch.* Subst. *Tück* (Plur. *Tücken*) f. (Hinterlist, Böswilligkeit). Syn.: → *Nück.*

Tüdel Verwirrung, Durcheinander; *in Tüdel komen* (in Verwirrung geraten); *dörch 'n Tüdel wesen* (verwirrt sein). Ein → *Tüderbüdel* ist ein Mensch, der → *Tüdelkraam,* also wirres Zeug, redet. Ist Großmutter im Alter nicht mehr ganz bei sich, ist sie vermeintlich → *tüdelich; ganz so tüdelich, as de Jungen seggt, sünd de Olen meist doch nich.* Verb → *tüdeln* (schwafeln).

Tüdelband 1. Unter einem Tüdelband versteht der Hamburger meistens einen einfachen Bindfaden. Kinder spielten das Spiel „Abnehmen" mit komplizierten Mustern zwischen den Fingern mit einem Tüdelband, denn wer nicht aufpasste, *vertüdelte* sich od. kam in → *Tüdel,* geriet also durcheinander. 2. In dem bekannten → *Couplet An de Eck steiht 'n Jung mit 'n Tüdelband* hat der Begriff *Tüdelband,* auch *Trünnelband,* eine ganz andere Bedeutung. Gemeint ist ein Fass- od. Radreifen aus Eisen od. Holz. Lag so ein Reifen herum, benutzten die Straßenjungen ihn gern als Spielzeug und trieben ihn mit Stockschlägen durch die Gassen (*un he rasselt mit 'n Dassel gegen Kantsteen*). Vornehm auf Hochdeutsch kann man hier für *Tüdelband* auch *Trudelreifen* sagen.

Tüdelbüdel (Wirrkopf) → *Tüderbüdel.*

tüdelich Adj. 1. verwirrt, geistig nicht mehr auf der Höhe; *Oma is man al bannig tüdelich.* 2. schwindelig im Kopf und unsicher auf den Beinen, was meistens die Folge ist, wenn man sich einen *angetüdelt,* also zu tief ins Glas geschaut hat.

1181 HWB 1/40

1182 Regenwürmer

Ein Junge mit einer Fahrradfelge als Trudelreifen, in Hamburg auch Tüdelband genannt, am Elbkai gegenüber dem Köhlbrand.

Tüdelkraam 1. überflüssiges und minderwertiges Zeug, Firlefanz. 2. Unsinn, dummes Geschwätz. Vgl. → *Tüdelüdelüüt.*

tüdeln Wer *tüdelt,* ist entweder dabei, 1. etw. unordentlich zu knoten, zu wickeln od. zu schlingen, od. 2. „unordentlich" zu reden, zu schwafeln; *he tüdelt sik wat her* (er faselt herum). Syn.: *tütern.* Erw.: → *Tüderbüdel* (Schwätzer). Vgl. → *Tüdelband.*

Tüdelüdelüüt ist ein sinnfreies Ersatzwort für 1. eine Antwort, die man nicht genauer geben will *(Tüdelüdelüüt, seggt de Kasper to 'n Udel); de Wiehnachtsmann mit den groten Sack vull Tüdelüdelüüt.* Drehorgellied: *Tüüt, Kasper, Kasper Tüdelüdelüüt,/ morgen kümmt mien Tante,/ bringt mi 'n Tüüt vull Tüdelüdelüüt,/ un denn segg ik danke*[1183]. 2. Unsinn, dummes Geschwätz. Vgl. → *Tüdelkraam.*

Tüder Strick zum Anbinden von Vieh.

Tüderbücks (Schwätzer) → *Tüderbüdel.*

Tüderbüdel 1. Spottn. für einen Schwätzer, der dummes und häufig auch wirres Zeug erzählt. Von → *tüdeln* (schwafeln). Syn.: *Tüderbücks.*

Tüffel (Tollpatsch) → *tüffeln.*

Tüffelachteihn Schimpfw. für einen ausgemachten Trottel und selten ungeschickten od. einfältigen

1183 HWB 5/206

Menschen; *he stellt sik dorbi an as so 'n Tüffelachteihn*. Wem dieses Schimpfw. noch nicht reichte, der gab noch eins zu und nannte sein Opfer *Tüffelnegenteihn. Vergl.* → *tüffeln,* → *achteihn.*

tüffelich Adj. tollpatschig, ungeschickt, einfältig; *tüffelich as 'n Buerknecht; so 'n tüffeliges Mannsbild.* Verb → *tüffeln*. Syn.: → *dösich.*

Tüffelmoker Pantoffelmacher, ein Handwerker, der Holzpantinen herstellte. Die Tätigkeiten waren früher so im Einzelnen zugeordnet, dass man nahezu für jeden Handgriff einen speziellen Handwerker finden konnte. Der Autor kannte aus dem Dorf, in dem er aufwuchs, einen *Tüffelmoker,* der bis ins hohe Alter an seinen Holzsohlen herumschnitzte. War das Werk fertig, klebte er einen Sinnspruch ein, und zwar über Jahrzehnte immer denselben: „Der Löwe ist gut, wenn er eim nix tut." Vgl. → *Tüffeln.*

Tüffeln (Plur.) sind 1. Holzpantoffeln, die im Gegensatz zu den → *Puschen* auch draußen zur Arbeit, im Garten, Stall od. auf dem Bau getragen wurden. Wer *weke Tüffeln* (Filzpantoffeln) brauchte, galt schnell als Weichling. Darauf deuten auch die Redenarten hin: *in 'n Tüffel schieten* (zimperlich sein), *ünner 'n Tüffel stahn* (unter dem Kommando der Ehefrau stehen). Verlobte sollten sich keine Pantoffeln schenken, denn wer *de Tüffeln hett, de hett dat to seggen*. Pantoffeln stellte man nachts mit der Spitze nach außen vors Bett, um Hexen und böse Geister abzuweisen. Verb → *tüffeln* (schwerfällig gehen).

tüffeln tut jemand, der langsam und schwerfällig geht, sich eben wie auf → *Tüffeln* (Holzpantoffeln) fortbewegt. So ein Zeitgenosse ist *tüffelich* (tollpatschig, dumm, einfältig) od. gilt schlicht als → *Tüffel* (Tollpatsch, Trottel). Wer es noch drastischer ausdrücken will, spricht von einem → *Tüffelachteihn*, ein Schimpfwort für einen nicht mehr zu übertreffenden Dummkopf. Ein Bursche, der Tüffeln trägt und sich dementsprechend benimmt, ist ein *Tüffeljung*. Adj. → *tüffelich* (tollpatschig). Vgl. → *achteihn.*

tünen bedeutet flunkern, daherschwatzen, schwafeln; der → *Tüünkraam* ist das Geschwätz, der Unsinn; ein *Tüünbüdel* od. *Tüünpott* gilt als Schwätzer, Aufschneider; Adv. *tüünsch* (wirr, verrückt); *he tüünt vun Saken, de nich Hand un Foot hebbt; dat weet wi al lang, tüün man morgen mehr!*

Tunke ist die mehr od. weniger gelungene regionale Eindeutschung der frz. *Sauce* od., wie man im Deutschen schreibt, der Soße. Von *tunken* (eintauchen).

Tünn Tonne, Gefäß für Flüssigkeiten, übertr. Kanzel. Ra. *Mann in de Tünn* → *Mann.*

Tunte (Plur. *Tunten*). 1. Spottn. für eine ungeschickte, träge, dickliche Frau od. Tante. Verb *tunteln* (trödeln) bzw. *tunten* (dummes Zeug reden). Adj. *tuntich* (unbeholfen, langsam, dumm). Syn.: *Tunzel* (begriffsstutzige Frau). 2. Heute versteht man unter dieser Bezeichnung bekanntlich etwas ganz anderes, wobei eine *Tunte* sich zwar als Frau fühlen mag, aber eigentlich gar keine Frau ist. Derartige Feinheiten unterschieden die alten Hamburger in der Umgangssprache allerdings nicht. Vgl. → *Tussi.*

Tunzel (dümmliche Frau) → *Tunte.*

Türkensteuer (*Törkenstüür*). Die *Reichstürkenhilfe* war im 16. und 17. Jh. nicht etwa eine Hilfe für die Türken, sondern im Gegenteil eine Abgabe zur Finanzierung der Kriege gegen die Türken, die nach dem Fall Konstantinopels (Byzanz; heute Istanbul) im Jahre 1453 militärisch und expansiv das christliche Abendbland bedrohten. Die Kaiser (Friedrich III., Karl V.) hatten zur Abwehr der Türkengefahr die Reichsstände des Heiligen Römischen Reichs um Geld und Truppen gebeten. Deshalb wurde von der Bevölkerung eine *Türkensteuer* erhoben, die auch *Gemeiner Pfennig* od. *Reichspfennig* hieß. Obwohl die Gefahr, von den Türken überrannt zu werden, 1683 nach der Schlacht am *Kahlen Berge* vor Wien fürs Erste gebannt war, wurde die Steuer nicht etwa abgeschafft, sondern danach vielerorts zur kommunalen Abgabe umgewidmet, so auch in Hamburg als *Törkenstüür.* Jetzt kassierte nicht mehr der Kaiser, sondern der Rat. Es gibt kaum ein Beispiel aus Vergangenheit und Gegenwart, dass eine einmal erhobene Abgabe abgeschafft worden wäre, selbst wenn ihr ursprünglicher Zweck weggefallen war. Das bekannteste Beispiel ist die *Sektsteuer* aus dem Jahre 1902, die der Finanzierung der kaiserlichen Kriegsflotte dienen sollte, die dem Bund als Schaumweinsteuer heute aber immer noch rund 450 Millionen Euro im Jahr einbringt, obwohl seitdem schon mehrere deutsche Kriegsflotten versenkt od. verschrottet worden sind. Der Hamburger *Rath* ließ im *Bürgereid* schwören: *Ick will ock myn Jährlickes → Schott* [1184]*, imglicken Törckenstüer... getrüw- und unwiegerlick, by myner Wetenschop* [1185]*, entrichten und bethalen. Also my Gott helpe und syn Hilliges Wort!*

1184 Grund- und Vermögenssteuer

1185 nach bestem Wissen und Gewissen

Türkischer Honig Eine lebhafte Erinnerung für Schüler der Vorkriegszeit ist der Mann mit dem *Türkischen Honig*. Der pflegte sich kurz vor Unterrichtsende mit seinem Lastendreirad vor der Schule aufzustellen, und für fünf Pfennig bekamen die Schüler auf kleinem Butterbrotpapier etwas von dieser süßen Masse. Von einem rot-weiß gestreiften, zuckerigen Block spachtelte er in spechtartiger Geschwindigkeit die jeweilige Menge ab [1186].

tüscheln 1. tuscheln, wispern, flüstern, beruhigen, trösten; *ik tuschel un begöösch ehr* (ich redete auf sie ein und beruhigte sie); *dor tüschelt dat Reet* (es wisperte im Schilf). 2. zum Schweigen bringen; *tüss!* (lass das sein!); *tüss, mien Jung!*

Tüschi (Plur. *Tüschis*). Kosew. für einen Kuss, das laut HWB nur bei → *Hans ut Hamm* belegt sein soll, sich inzwischen aber auf ganz Hamburg ausgebreitet zu haben scheint [1187].

tuseln zausen, jmdn. an den Ohren od. Haaren ziehen; *se tuselt em an 'n Boort.* Wohl von frz. *toucher* (berühren) [1188].

Tussi Den Familiennamen können Frauen ja bei der Heirat wechseln, aber mit dem Vornamen müssen sie ihr Leben lang auskommen. Man fragt sich manchmal, was die Eltern sich bei der Auswahl gedacht haben. Wer seine Tochter Thusnelda nennt, muss schon etwas beschränkt sein, und so etwas soll sich ja vererben. Deshalb bezeichnet *Tussi* (aus Thusnelda) ein begriffsstutziges Mädchen od. eine nicht ganz so ernst zu

1186 lt. Carl Groth

1187 HWB 5/216

1188 Küpper S. 856

nehmende Freundin, die man besser nicht seinen Eltern vorstellen sollte. Der Begriff scheint in Hamburg eingewandert, aber nicht in Hamburg entstanden zu sein. Hier sprach man eher von einer → *Tunte.*

Tütendreiher Sicher, ein → *Krämer,* also ein Lebensmittel- od. „Kolonialwarenhändler", konnte aus einem rechteckigen Stück Packpapier schnell und geschickt eine spitze Tüte drehen, die, wenn er sie oben mit geschickten Kniffen verschloss, sogar Schüttgut wie Salz, Mehl od. Zucker hielt. Aber deshalb muss man den ehrbaren Kleinkaufmann ja nicht gleich als *Tütendreiher* verspotten. Überhaupt, der Krämer wurde mit einer ganzen Reihe unschöner Spottnamen überzogen wie *Boltjekaker* (Bonbonkocher), → *Heringsbenniger,* → *Korinthenkacker,* → *Krinthenpuler,* → *Krauter,* → *Pennschieter* od. → *Plummhöker* (Pflaumenhändler). Einen Krämer gab es seinerzeit fast in jeder Straße, und Tante Emma musste jeden Tag dorthin, denn eingekauft wurde jeweils nur der Tagesbedarf. Meistens ließ man anschreiben, und Frau Pumeier mag deshalb zu dem aufgeführten Schimpfvokabular gegriffen haben, weil der Kaufmann ihr vor den Augen der Nachbarinnen die „Anschreibkladde" mit der aufgelaufenen Summe gezeigt hatte. Nichts war schöner im → *Nachtjackenviertel,* als sich über das Missgeschick anderer Leute das Maul zu zerreißen.

Tütenkleben war früher die ugs. Umschreibung für den unfreiwilligen Aufenthalt im Gefängnis od. Zuchthaus, etwa in → *Santa Fu.* Dort wurden die Inhaftierten mit niederen Arbeiten beschäftigt wie dem Flechten von Körben od. Fußmatten und angeblich mit dem Kleben von Tüten, wozu nicht viel Intelligenz vorausgesetzt werden musste. Im Gegensatz dazu steht der → *Tütendreiher* („Tütendreher"), wie der → *Krämer,* der Lebensmittelhändler, ehedem spöttisch genannt wurde.

tütern (schwätzen) → *tüdeln (2).*

tutich ist jemand, der im Geiste naiv, arglos, treuherzig od. harmlos daherkommt; *'n lütt tutich Göör; brav un tutich, as all de Buerdeerns sünd.*

Tüttelchen Anführungszeichen unten, Anführungszeichen oben, sagte die Lehrerin beim Diktat – bei den Schülern hießen die zwei kleinen Strichlein lediglich *Tüttelchen.*

tutten 1. vorbeischütten; *du hest tutt, wisch dat mol wedder op!* 2. Wenn die Blütenblätter verwelken und abfallen, *tötteln* die Blumen; *tötteln* entstand wahrscheinlich familiär aus *tutten* (vorbeischütten); *dat tutt so bito* (da fällt so viel daneben).

Tüüch heißt Zeug, und zwar 1. Leib- und Oberbekleidung od. Bettwäsche; *junge Lüüd in ehr best Tüüch; slecht in Tüüch* (schlecht gekleidet); *sik in Tüüch smieten* (fein anziehen); → *Schapptüüch* (Festtagskleidung), *swatt Tüüch* (Trauerkleidung); Ra.: *wenn de Dode en annern sien Tüüch ankriegt, treckt he den na* (Tote dürfen nicht in fremder Kleidung beerdigt werden). 2. Unsinn, Unfug; *dumm Tüüch; dumm Tüüch in 'n Kopp hebben* (Flausen im Kopf haben); *dumm Tüüch snacken* (Blödsinn reden). Erw.: *Tüüchkniep* (hölzerne Wäscheklammer), *Tüüchladen* (Textilgeschäft).

Tüüg Zeuge, Augenzeuge, Trauzeuge; *he weer as Tüüg vör Gericht; de Brögam in Swatt, de Bruut un de Tügen liekers.*

Tüünkraam dummes Zeug, Geschwätz, Unsinn. Von → *tünen* (flunkern). Syn.: → *Höhnerkraam, Faselee, Fieselfasel.*

Tuuschfree Der *Tuusch* ist der Tausch, *tuuschen* heißt tauschen, aber was ist eine *Tuuschfree?* So wurde in den Vierlanden die Heirat zwischen zwei Geschwisterpaaren genannt[1189] – nach dem Motto: Heiratest du meine Schwester, heirate ich deine Schwester.

[1] Tüüt Tüte, meist spitz zulaufender Papierbeutel. Tüten gibt es auch heute noch, leider auch als Plastikmüll in der Landschaft. Seinerzeit drehte der → *Krämer* aus rechteckigem Packpapier spitze *Tüten* für Mehl, Zucker, Grieß und Salz, was eine so typische Tätigkeit seines Berufs war, dass er als → *Tütendreiher* verspottet wurde. In die Tüte kam früher so allerlei, aber wenn etwas *nich in de Tüüt komen* sollte, so kam das nicht infrage; *en Tüüt Swatten* (Kautabak); *Tüten kniepen* (Tüten falten). Reistüten hatten offenbar eine rechteckige Form, sodass sie erst mit einem Zylinder, dann mit dem Kopf und letztlich mit den Ohren eines Menschen verglichen wurden; wer einen an die → *Riestüten* od. kurz *an de Tüten* bekam, handelte sich eine Ohrfeige ein.

[2] Tüüt ugs. Bezeichnung für einen Vogel, der laut *tutet,* also schreit und pfeift. Dabei kann es sich um Regenpfeifer, Strandläufer, Schnepfen od. Wachteln handeln, die sich auch auf dem Boden schnell fortbewegen. Ra.: *lopen as 'n Tüüt* (sehr schnell laufen), was *insonderheit bey Kindern gebrauchet wird, die hurtig auf den Beinen sind* (Richey)[1190].

twee Zahlw. zwei. Davon Subst. *Tweeback* (Zwieback), *Tweehuus* (Doppelhaus), → *Tweel* (Astgabel), *Tweemaster* (Zweimastsegler), *Tweepeerstell* (kleiner Bauernhof mit nur zwei Pferden), → *Tweern* (Zwirn, zweifacher Faden), → *Tweeschens* (Zwillinge), → *Tweeschien* (Sonne und Mond gleichzeitig am Himmel), *Tweespenner* (Zweispänner), → *Tweelsteert* (Gabelweihe); Adj. *tweefaartich* (zwitterhaft, bisexuell), *tweejahrich* (zweijährig), → *tweesleeprich* (für zwei Schläfer), *tweetbövelst* (zweitoberst), → *tweetüchtich* (ungleichmäßig). Straßenn.: *Tweeflunken* (Finkenw.) aus *twee* und → *Flunken* (Flügel).

Tweeback (Zwieback) → *Beschüt;* → *Moschüt.*

Tweel (Plur. *Twelen*). Astgabel, Katapult, „Zwille". Verb → *twelen* (sich gabeln, sich spalten). Straßenn.: *Tweeltenbek* (Langenhorn) für „Zwillingsbäche".

Tweelsteert m., Greifvogel mit gegabeltem, „zweifachem" Schwanz (→ *twee* – zwei). 1. Gabelweihe, Roter Milan. 2. in den Vierl. auch für den Bussard gebraucht.

Tweern 1. Zwirn, festes Nähgarn, zweifacher Faden (→ *twee*); *'n Dütten Tweern* (ein Knäuel Zwirn); *so klook wesen as 'n Dütten Tweern* (dumm sein); *mit griesen Tweern neiht wesen* (auffallend schlecht sein). Ra.: *de dat Tweern bi 'n Snieder köfft, ward selten riek* (Material kauft man nicht beim Handwerker, der es erst selbst kaufen muss). Adj. *tweern* (aus Zwirn gefertigt). Vgl. → *Twist.* 2. Anzug aus „feinem Zwirn". 3. übertr. billiger Schnaps; *'n Buddel Tweern* (Fusel)[1191].

1189 HWB 5/225

1190 Richey S. 318

1191 HWB 5/229

Tweeschens (Plur.) sind → *twee* (zwei) von einer Sorte, also Zwillinge. Sing.: *Tweeschen* (Zwilling); *in Tweeschen* (paarweise). Abergl.: Isst eine Frau ein Ei mit doppeltem Dotter, wird sie Zwillinge gebären (Vierl.).

Tweeschien „zweifaches Scheinen“, wenn Sonne und Mond gleichzeitig am Himmel zu sehen sind. Abergl.: Sät man bei *Tweeschien*, wird die Ernte gering ausfallen[1192].

tweesleeprich Adj. für zwei Schläfer vorgesehen; *dat grote tweesleeprige Bett.* Übertr. *'n tweesleepriges Hamborger Bodderbroot* (ein großes Butterbrot aus zwei zusammengeklappten Scheiben)[1193].

tweetüchtich Adj. ungleichmäßig, unterschiedlich; *'n tweetüchtigen Kraam* (eine unklare Angelegenheit). Von → *twee* (zwei) und → *Tucht* (Aufzucht)[1194].

twei entzwei; kaputt, zerrissen, zerbrochen, verletzt; *Ei is 'n Ei, wenn 't fallt, is 't twei; nu is de Pott twei* (nun ist unsere Freundschaft beendet). Auch als Präfix z. B. in *tweigahn* (zerbrechen), *tweikleien* (zerkratzen), *tweikloppen* (zerschlagen), *tweipedden* (zertreten) od. *tweisnieden* (zerschneiden).

twelen sich gabeln, sich spalten. Von → *twee* (Zahlw. zwei). Subst. → *Tweel* (Astgabel, Katapult).

Twiete bezeichnet einen engen Weg od. eine Gasse, die häufig zwei größere Straßen verbindet.

1192 HWB 5/230
1193 HWB 5/230
1194 HWB 5/231

twinkeln flimmern, blinzeln; *de Steerns twinkelt.*

Twist 1. reißfestes Garn aus mehreren zusammengedrehten Baumwollfäden; von engl. *to twist* (drehen, verrenken). 2. Putzwolle, lose zusammengeknüllte Baumwollfasern. 3. kleine Rolle Kautabak; *se kaut al op den letzten Twist*[1195]. Vgl. → *Tweern* (Zwirn).

[1] Twistbüdel ist seem. ein anderer Name für den strapazierfähigen Seesack aus Segeltuch, in dem die Matrosen ihr Gepäck auf großer Fahrt transportierten. Zu → *Twist (1).*

[2] Twistbüdel Als *Twistbüdel* wurde seem. der Maschinist verspottet, der dauernd an seinen öligen Maschinen herumputzen musste; *en grotet Muul, en Buddel Ööl, 'ne Handvull Twist un fardich is de Maschinist!* Zu → *Twist (2).*

twüschen Präp. zwischen zwei Punkten. Vgl. → *mank.*

1195 HWB 5/237

U

U-Bahn → *Hochbahn.*

Über die Brücken fährt man von → *Harburg* in die Hamburger Innenstadt.

überkandidelt Wer *kandidel* ist, der ist heiter, vergnügt, lustig (*wenn se wat drunken harr, denn weer se jümmers so kandidel*) sowie wohlauf und munter *(nu bün ik wedder ganz kandidel).* Wer dabei jedoch überspannt und überdreht, der ist überkandidelt. Von lat. *candidus* (heiter, klar).

überkochen können die Kartoffeln auf dem Herd, wenn man sie nicht rechtzeitig auf kleinere Flamme stellt, aber wenn Großmutter sagte, sie wolle mal eben überkochen, so meinte sie damit, dass sie im Sessel kurz einnicken wollte, was nicht als „richtiger" Mittagsschlaf zählte.

überkriegen verhauen, besiegen, stärker sein.

Udel Diesen Spottnamen, urspr. bezogen auf die Nachtwächter, trugen die Hamburger Polizisten bis weit in das vergangene Jh. hinein, bevor er durch die weniger schöne und abwertende Bezeichnung „Bulle" ersetzt wurde. Als die Nachtwache 1876 aufgelöst worden war, übernahmen die *Konstabler* genannten Polizisten deren Aufgabe. Im Volksmund übernahmen sie aber auch gleich die gängige Bezeichnung für die Nachtwächter: *Ulen* für die ndd. Eulen, Nachteulen, woraus umgangssprachlich *Uhle*, *Udl* od. *Udel* wurde. Die im Nebenberuf tätige Nachtwächtertruppe war wie die Eule zwar des Nachts unterwegs, aber man unterstellte den unmotivierten und schlecht bezahlten Wächtern, anders als der Vogel im Dunkeln gar nichts zu bemerken und ab und zu im Dienst sogar ein Schläfchen zu halten. Vgl. → *Uul* (Eule).

Die Nachtwächter patrouillierten stets zu zweit, vorn de Röper (der Rufer) mit der Rassel in der Hand, der halbstündlich die Zeit auf Plattdeutsch ausrief, hinten de Sliker (der Schleicher), sein Kamerad, der ihm schweigend folgte.

Uelzen umsteigen In den Fünfzigerjahren riefen die Kinder auf dem Schulhof spött. „Uelzen umsteigen", wenn ein Schüler sich übergeben musste und der Mageninhalt auf den Erdboden „umgeleitet" wurde. *Uelzen* stand dabei lautm. für das Würgegeräusch[1196]. Übrigens hatten die vielen Placken auf dem Schulhof damals nicht ihre Ursache in der heute weit verbreiteten Ma-

1196 lt. Britta Busche

Ein Hamburger Wahrzeichen: das Uhlenhorster Fährhaus

gersucht, sondern darin, dass die Kinder in der Pause heimlich das Rauchen ausprobiert hatten, und das zudem mit filterlosen Zigaretten. Besonders widerstandsfähig war der Magen nach den Hungerjahren nämlich nicht.

Uhlenhorst ist seit 1871 Vorort und seit 1894 Stadtteil von Hamburg an der Außenalster, urspr. *Papenhude* geheißen, was darauf hindeutet, dass es dort eine → *Hude* gab, einen Lande- und Liegeplatz für Alsterkähne. *Papenwärder*, ein anderer alter Name, weist auf einen → *Werder* hin, eine Flussinsel, weshalb richtige Hamburger bis heute *auf der Uhlenhorst* und nicht etwa „in“ Uhlenhorst sagen. Mitte des 18. Jhs. nach dem einsamen, unbewohnten Gehöft *Ulenhorst* umbenannt, das so hieß, weil dort die Eulen (vgl. → *Uul*) nisteten. Von 1842 bis 1846 gab es auf der Uhlenhorst ein „Werk- und Armenhaus“, in das die Ärmsten der Armen abgeschoben wurden; *he mutt na de Ulenhorst* bedeutete, ins Arbeitshaus eingewiesen zu werden. Der Volksmund wusste: *Ulenhorst un Armhuus weer domols noch een un datselbe*[1197]. Das mag überraschen, da *Uhlenhorst* heute durchaus als feinerer Stadtteil gilt.

1197 HWB 5/242

ulen fegen, putzen, reinigen, Staub wischen, wohl urspr. mit den Federn einer Eule (vgl. → *Uul*). Deshalb heißt der Handfeger noch heute in Hamburg → *Handeule.*

Ulenflucht Eile, auf die Schnelle, so flink wie das Ausfliegen der Eulen aus dem → *Ulenlock; in de Ulenflucht* (im Nu, in Eile, wie im Fluge); *op de Ulenflucht wesen* (in großer Eile sein). Ra.: *dat hett he in de Ulenflucht schreven* (das hat er flüchtig hingeschmiert). Richey: *in der Uhlen-Flucht: auf grosser Eile, in gantz kurtzer Zeit*[1198].

Ulenlock „Eulenloch". In der Spitze des Giebels von Bauernhäusern befand sich eine runde, herzförmige od. dreieckige Öffnung, die vor Einführung von Schornsteinen sowohl als Rauchabzug als auch als Lichtquelle für den Boden sowie als Einflugloch für Eulen und Schwalben diente. Diese Vögel waren willkommen als Vertilger von Insekten, Ungeziefer und Mäusen, weshalb die Löcher später, obwohl sie nicht mehr als Rauchabzug gebraucht wurden, erhalten blieben[1199]. In der Nacht zum 1. Mai, der *Walpurgisnacht,* fuhren, als die Flüge noch nicht ab Fuhlsbüttel gingen, in den Vierlanden die Hexen bekanntlich auf einem Besenstiel von der Diele durch das → *Hooptlock* (Ernteluke in der Decke) und das *Ulenlock* zum → *Blocksbarg* (Hexensammelplatz, vor allem auf den *Brocken* im Harz).

Ulenspegel 1. ndd. Eigennamen *Ulenspegel,* hochd. *Eulenspiegel,* bezogen auf einen legendenhaften Schalksnarren des 14. od. 15. Jhs. und Held eines urspr. ndd. Volksbuches; wohl zu ndd. → *ulen* (reinigen, wischen) und *spegel* (Spiegel, auch: Hinterteil), also eigentl.: wisch mir den Hintern[1200] od. ugs. weitaus deftiger: leck mich am ... *Till Eulenspiegel* war also ein zu lustigen und mutwilligen Schelmenstreichen aufgelegter Mensch, der hist. von vielen nordd. Städten beansprucht wird, vor allem von Mölln; *in Mölln stünnen se vor Ulenspegel sien Graffsteen* (Grabstein); *mi is, as harrst du vun Ulenspegel lehrt.* Ra.: *wo Damp is, mutt ook Füür wesen, sä Ulenspegel, dor röhr he en Hupen Peerschiet dörch.* 2. allgem. für einen Schelm, Narren od. Scherzbold; *Ulenspegels gifft dat jümmers wedder; sik to 'n Ulenspegel moken* (sich lächerlich machen). Erw.: *Ulenspegelee* (Streich).

um und bei (*üm un bi*) bezeichnet etwas Ungefähres im Sinne von circa, etwa, wird aber im Wesentlichen für zeitliche, weniger für mengenmäßige Angaben verwendet: *So um und bei* siebenmal hab ich ihn getroffen, etwa siebenmal also, und jedes Mal war es *so um und bei* vier Uhr nachmittags, also gegen 16 Uhr traf ich ihn, der *so um und bei* drei Zentner wiegen mag[1201].

umbucken bedeutet umbiegen, umschlagen od. umsäumen; *bucken Se dat Kleed na inwendig um un moken en frischen Sohm* (Saum)[1202].

Umbüdeln Das *Umbüdeln* („Umbeuteln") bezeichnet eine Art Bingospiel, das in einigen Gaststätten des → *Alten Landes* zur Winterzeit von den Dorfbewohnern gespielt wird. Zu gewinnen gibt es Mettwürste und Schinken aus der → *Röker-kaat* (Räucherkate), gesprochen wird dabei ausschließlich Platt. Der Name stammt vom → *Büdel*

1198 Richey S. 325
1199 lt. Hans-Hermann Wölfert
1200 Duden: Das große Wörterbuch der deutschen Sprache o. S.
1201 lt. Carl Groth
1202 HWB 5/248

(Beutel) mit den Bingozahlen, der zum Mischen umgedreht wird.

ümto rings herum; *he geiht dor ümto as de Küper*[1203] üm de Tünn[1204].

ümweiden Das Vieh von einer abgegrasten Weide auf eine andere treiben.

Un nu kümmst du! Wer etwas Schlimmes, Unglaubliches od. Ungeheuerliches erzählte, schloss häufig mit: *un nu kümmst du!,* was eine Aufforderung an den Gesprächspartner war, seine Empörung zu teilen und zu bestätigen.

unaardich [spr.: *un'o:r'dich*] Adj. rüpelhaft, ungehorsam, unartig; *de Schlingels sünd unaardich.* Vgl. → *unnarrsch.*

Undöög Unfug, Unsinn, Neckerei; *de Jung sitt vull Undöög* (der Junge hat nur Flausen im Kopf).

Unkruut Unkraut. Vgl. → *kruden* (jäten); → *pulen.*

unnarrsch (*unnarisch*) Adj. seltsam, komisch; *dat sünd mol unnarrsche Biller!; unnarrsch glupen* (grimmig blicken). Aus → *unnasch* und → *unaardich*[1205].

unnasch (*unasch*). 1. ungehobelt, grob, ungezogen; *sien unnasche Jung.* 2. unsauber, unordentlich; *so 'n unnasche Kledung.* 3. verfressen, gierig; *unnasch freten* (übermäßig viel essen). 4. ungemütlich; *dat Wedder weer al bannig unnasch worrn.* Vgl. → *unnarrsch* (seltsam).

1203 → *Küper* (Böttjer, der beim Auftreiben der Bänder um das Fass läuft)

1204 HWB 5/264

1205 HWB 5/286

Ünnerdöör „Untertür", der untere Teil einer waagerecht geteilten Haustür, → *Blangendöör* od. die beiden unteren Flügel der → *Grootdöör.*

unter der Woche (*ünner de Week*) bedeutet wochentags, an irgendeinem Werktag, aber keinesfalls am Sonntag.

utbückeln (weglaufen) → *bückeln.*

Utbuur 1. „Ausbauer", der Schaufenstervorbau eines Ladens, der ein wenig in die Straße hineinragt; *sien Utbuur weer as 'n Poppenstuuv.* Nach dem → *Großen Brand* von 1842 durften die Ladenfenster keinen Vorsprung mehr haben. Syn.: *Utlucht.* 2. übertr. die gesamte Schaufensterdekoration eines Geschäfts; *'ne scheune Utbuur mit Blomen dor mank*[1206].

utbüxen abhauen, weglaufen, Fersengeld geben. Syn.: → *utneihen.*

Utkiek m. 1. wie → *Kiekut* (Ausblick, Aussicht, Aussichtspunkt, Beobachtungsposten). 2. seem. Mastkorb od. Platz, an dem ein Matrose Ausschau nach Hindernissen hält; *op Utkiek sitten; de Utkiek harr nich to rechte Tiet waarschaut* (Alarm geschlagen). Von → *utkieken* (Ausschau halten).

utkieken Ausschau halten, ausfindig machen, aufpassen, aussuchen; *he kiekt ut, wat sien Vadder nich al kümmt; kiek ut!* (pass auf); *den Schüttenkönich utkieken* (den Schützenkönig „ausgucken"). Subst. → *Utkiek* bzw. → *Kiekut* (Aussichtspunkt, Ausschau).

1206 HWB 5/330

utklamüsern (austüfteln) → *klamüsern.*

utkuddeln flüchtig durchwaschen; ein einzelnes Wäschestück od. wenige Teile schnell mit der Hand waschen: „Das *kuddel* ich mal eben aus.“[1207] Erw.: *Kuddelkraam* (schlechte, verschlissene Wäsche).

Utlucht (Fenstervorbau) → *Utbuur.*

utneihen Reißaus nehmen, weglaufen, entwischen; *he neiht ut, as wenn he 'n Düvel sehn hett; se is mit so 'n annern Keerl utneiht* (durchgebrannt); *de Schimmel neiht ut* (geht durch). Syn.: → *utbüxen, utrieten, utwicksen.*

utplünnern bedeutet sich die → *Plünnen* ausziehen, den Mantel ablegen, sich zum Schlafengehen zurechtmachen. Es gibt Leute, die schon beim In-die-Tür-Kommen das große Erzählen anfangen und nicht in der Stube erscheinen. Dann heißt es: *dat weetst du doch, de mutt sik erst noch utplünnern, un dat duert!*[1208] Vgl. → *anplünnern.*

Utsichten (Plur.) Aussichten, bekannt in der Redensart *Theetje mit de Utsichten* als Umschreibung für einen Optimisten, der wenig Chancen hat, aber eine große Unbekümmertheit an den Tag legt. Nach dem Volksstück „Familie Eggers“ von Julius Schölermann (1846–1895), in dem die Hauptfigur, der Gelegenheitsarbeiter Theodor (*Theetje*) Eggers auf die wiederholte Frage, ob er Arbeit habe, immer antwortete: *Nee, Arbeit nich, aver Utsichten!* Der Spruch geriet zum geflügelten Wort in Hamburg, wenn es galt, zweifelhafte Vorhaben zu verspotten.

1207 lt. Elke Külper

1208 lt. Hans-Hermann Wölfert

utverschaamt ausverschämt. Nahm man sich am Mittagstisch das größte Stück Fleisch vom Teller od. langte beim Nachtisch mehrmals zu, sagte die Großmutter mit gespielt ernster Miene in die Runde: *wat is he hüüt wedder utverschaamt!*

utwringen → *wringen.*

Uul (Plur. *Ulen*). Eule. Der Nachtvogel, der unter Umständen weise, aber keinesfalls schön aussah, war Gegenstand vieler Redensarten, häufig in Verbindung und im Gegensatz zur Krähe *(Kreih)* gebraucht: *bi Ulen un Kreihen* (einsame Gegend, ganz weit draußen); *Ulen un Kreihen schrieven* (unleserlich schreiben); *Minsch, Uul un Kreih, dat is dreierlei* (was sich für den einen schickt, schickt sich nicht für jeden anderen); *dor hett 'n Uul seten* (etwas hat nicht so geklappt, wie man es sich erhofft hat; übertr. aus „missglückter Vogelfang“), in Blankenese mit dem Zusatz: ... *un dor hett 'n Kreih scheten; utsehn as 'n Uul* (abscheulich aussehen); *en Uul fangen* (aus dem Wind laufen); *wat den enen sien Uul, is den annern sien Nachtigall* (was der eine nicht mag, kann für den anderen höchst erstrebenswert sein). Wenn die Nachbarin beim Wäscheaufhängen im Hof laut, aber schrecklich falsch den neuesten Gassenhauer od. solo den Jägerchor aus dem „Freischütz“ schmetterte, meinte Opa nachsichtig: *en Uul is keen Nachtigall.* Abergl.: Die Eule gilt als Unglücksbringer; *wenn de Uul schreet, dat bedüüd en Doden.* Sie hatte, nicht ganz im Sinne des heutigen Tierschutzgedankens, auch abschreckende Wirkung: Eine mit ausgebreiteten Flügeln ans Scheunentor genagelte Eule sollte vor Blitzschlag und Feuer bewahren. Syn.: → *Kattuul.* Vgl. → *Handeule* (Handfeger); → *Udel* (Nachtwächter, Polizist); → *Ulenlock* (Giebelöffnung); → *Uhlenhorst* (Stadtt.); → *Ulen-*

flucht (Eile); → *Ulenspegel* (Eulenspiegel). Verb → *ulen* ([mit den Federn der Eule] zusammenfegen).

Uur (Plur. *Uren*) Uhr. Brauch: *in 't Truurhuus dörv de Uur nich gahn* (im Trauerhaus wird die Uhr angehalten). Abergl.: Fratzen, die jemand schneidet, wenn die Uhr gerade schlägt, bleiben. Zeit: *teihn Uur is Börgertiet* (weil dann die Stadttore geschlossen werden)[1209]. Meistens wird in Hamburg jedoch der Begriff → *Klock* gebraucht.

Uurmaker (Uhrmacher), ein ehrbarer Handwerker, der häufig als → *Klockenschooster* od. *Klockenflicker* verspottet wird.

Üüts (Plur. *Üütsen*). Kröte, Frosch. 1. *Üütsen* sind die bekannten glitschigen od. schleimigen Tiere, die im od. am Wasser leben. Sie stehen nicht gerade hoch in der Beliebtheitsskala, und selbst im Märchen kann die Prinzessin sich nicht überwinden, mit dem Frosch, der ihr ihre goldene Kugel zurückgebracht hat, Tisch und Bett zu teilen. Sie wirft ihn voller Abscheu an die Wand, worauf sich der eklige Frosch allerdings in einen schmucken Prinzen verwandelt[1210]. 2. Wegen des verbreiteten Ekels beim Anblick einer Kröte wird der Begriff Üüts hauptsächlich als Schimpfwort für Frauen und Kinder benutzt; *'n dummes Üüts; du Üüts!; wat büst du doch för 'n Üüts.* 3. Marmelloch, das mit dem Absatz in die Erde gedreht wird[1211]. Syn.: *Itsche, Pogg, Puustpogg, Utze, Utz.*

Uuz (Ulk) → *uzen.*

uzen necken, spotten, sticheln, jmdn. aufziehen; *se uuz em so fürchterlich* (verspotteten ihn lauthals); *mit Froonslüüd is slecht uzen* (versuche keine Frauen zu necken); *uuz du man!* (spotte nur!). Syn.: → *ökeln.* Subst. *Uuz* (Spaß, Ulk); *Uuz drieven* (Unfug treiben); *dat weer bloots en Uuz* (nur im Spaß). *Uzeree* (Streich, Neckerei); *Uzereen mit enen moken* (jmdm. einen Streich spielen)[1212].

1209 HWB 5/321
1210 Märchen der Brüder Grimm S. 5
1211 HWB 5/347
1212 HWB 5/402

V

Vadder Philipp Soldatenspr. *bi Vadder Philipp wesen* (Arrest haben).

Vahl, Henry → Biografie S. 541.

Ernst, steif und bürgerlich mit Vatermörder präsentiert sich hier Lorenz Heinrich Meyer (1862–1945), der Großvater des Autors. Er wurde als Bauernsohn in Moorburg geboren, übernahm aber nicht den väterlichen Hof, sondern eröffnete 1885 eine Buchhandlung in Oldesloe.

Vatermörder Keine Angst, Vater wird nicht ermordet, Vater wird nur gequält, und zwar von der Mode. Vom Biedermeier[1213] bis zur Kaiserzeit gehörte es zur korrekten Herrenkleidung, einen hohe, steifen Kragen zu tragen, der am Hals drückte und schnürte und deshalb die scherzh. Bezeichnung Vatermörder nahelegte. Wir kennen das von alten Gruppenfotos, auf denen das Familienoberhaupt so steif dasteht wie die dicke Pappe, auf die das Bild geklebt worden ist. Vater hätte sich gern etwas lockerer präsentiert, aber der steife Kragen hielt ihn wie eine Zwangsjacke in gerader Haltung. Der Kragen wurde auf das kragenlose Hemd geknöpft, und da ein Kragen für mehrere Hemden passte, nannten die Franzosen ihn *parasite* (Schmarotzer, Mitesser). Das klingt ähnlich wie frz. *parricide,* was nun tatsächlich mit „Vatermörder" übersetzt werden muss. Solche nachträglichen Worterklärungen sind allerdings schon deshalb wenig glaubhaft, weil sie detaillierte Fremdsprachenkenntnisse voraussetzen. Waren die Ecken des Kragens umgeklappt, was den Kehlkopf ein wenig entlastete, so hieß er *Kläppchenkragen.*

Veerlanner Speeldeel → *Speeldeel.*

verbaast [spr.: *-bo:st*] Adj. 1. verdutzt, verblüfft; *he mookt en verbaast Gesicht; enen verbaast ankieken.* Syn.: → *verdattert.* 2. erschrocken, bestürzt; *se weren verbaast, as se em sehn deen*[1214]. Von → *verbasen* (stutzig werden).

verbacksbüdeln verspielen, durch eigene Schuld od. Dummheit verlieren; *he hett all sien Talers verbacksbüdelt.*

verballerst Nu iss doch nicht alles *verballerst* auf!, schimpfte Mutter, wenn ich zulangte, obwohl ich bereits hohl kaute; *för Ballast* (über das Notwendige hinaus, im Übermaß). Der (od. hamb. auch die) *Ballast* ist wie im Hochdeutschen eine wert-

1213 Biedermeier bezeichnet die Zeit zwischen Wiener Kongress 1815 und Märzrevolution 1848, in der man angeblich ein behagliches, ruhiges und friedvolles bürgerliches Leben pflegen konnte.

1214 HWB 5/423

lose Schiffsladung zum Gewichtsausgleich (tote Fracht); *dat Schipp geiht in Ballast* (ohne Fracht); *de hett 'n beten Ballast op de Tung* (der ist betrunken und lallt).

Verballhornung Dieser weit verbreitete Ausdruck ist durchaus hanseatischen Ursprungs, aber da er mit einem negativen Beigeschmack behaftet ist, wird man in Hamburg nicht müde, darauf hinzuweisen, dass der Schuldige nicht an der Elbe, sondern an der Trave, in der Hansestadt Lübeck, zu lokalisieren sei: Der Buchdrucker Johann Ballhorn (1528–1603), der dort 1586 eine Ausgabe des „Lübischen Rechts" veröffentlichte, hatte dabei eine Todsünde der Schwarzen Kunst begangen: Er gab den Satz ohne vorherige Korrektur in den Druck. Sein Werk enthielt derart viele Fehler, Drehungen, Klitterungen und auf unfreiwillige Weise sogar neue Wörter, dass ihm die zweifelhafte Ehre zuteilwurde, den Fachbegriff *Verballhornung* od. *verballhornen* von seinem Namen abgeleitet zu sehen.

verbasen stutzig werden, verwirrt sein. Adj. → *verbaast.*

verbiestern bedeutet verwirren od. sich verirren. Man kann sich bei der Lösung einer Aufgabe, die man nicht zu Ende bringt, *verbiestern,* sich aber auch verlaufen, sich z. B. im Wald *verbiestern.* Wenn ein *Biest* (Tier), eine Kuh od. ein Schaf, sich von der Herde absonderte und nicht zurückfand, hatte es sich *verbiestert.* Der Ausdruck gelangte über das Niederländische in die Hochsprache, was zum Erstaunen der Münchner im Mai 2010 deutlich wurde, als der grantige holländische Bayern-Trainer Louis van Gaal nach dem Gewinn des Doubles fröhlich bekannte, er sei ein *Feier-Biest.*

Nicht gerade die feinste Gesellschaft traf sich in diesem Verbrecherkeller in der Altstadt.

Als er sogar Lederhosen anzog, wurde klar, dass er damit nicht die Bedeutung „Ekel", sondern so etwas Ähnliches wie ein „Feiertier" gemeint hatte. Van Gaal wurde bald danach als Trainer gefeuert. Von lat. *bestia* (wildes Tier).

Verbrecherkeller Vor dem Ersten Weltkrieg gab es in Hamburg und → *Altona* manche Kneipe für *lege Lüüd* (schlechte Leute), in die man nicht gerade die höheren Töchter od. Tante Frieda aus Reinbek ausgeführt hätte. Dort verkehrten Gesetzesbrecher, Gauner, Unterweltgestalten od. Mitläufer, die mit diesem Milieu kokettierten. Bekannt war der „Verbrecherkeller" an der Ecke Niedernstraße/Depenau (Altstadt).

verbumfiedeln vergeuden, durchbringen. War der Seemann nach großer Fahrt endlich an Land, *verbumfiedelte* er die Heuer; *wenn wi de Hüer verbumfiedelt hebbt, gahn wi wedder an Boord.* Syn.: *verfumfeien*; bei Richey klingt das Ganze 1755 noch sehr mahnend: *he hett dat synige verhoret, versnoret un verfumfumfeyet*[1215], hat also das Seine mit Huren, Faulenzen und Wohlleben durchgebracht.

verdattert Adj. verblüfft, verdutzt; *se weer so verdattert, dat se gor nich mehr snacken kunn.* Syn.: → *verbaast.*

verdummdüveln jmdn. für dumm verkaufen, ihn anführen od. übertölpeln. Syn.: *verdummfiedeln.*

Verein geborener Hamburger Der *Verein geborener Hamburger* wurde 1897 als Heimatverein zum Schutz der städtischen Kultur gegründet gegen Überfremdung durch Zugezogene (etwa aus Mecklenburg), die bereits dabei waren, eigene Landsmannschaften zu bilden. Hamburg befand sich in einer Phase rasanten Wachstums. Das Gesicht der Stadt änderte sich durch Industrieansiedlungen und Hafenausbau, und die alteingesessenen Hamburger fühlten sich nicht mehr als Herr im eigenen Haus. Mitglied konnten nur Männer werden, die in den Grenzen des alten Hamburg geboren worden waren, erst seit 1977 auch Frauen. → *Quiddjes* wie Max Brauer (geb. in Ottensen), Herbert Weichmann (Schlesien) od. Axel Springer (Altona) wäre eine Mitgliedschaft im Sinne des Vereins verwehrt geblieben. Die Blütezeit der Geborenen ist vorbei.

verfehren sich erschrecken; *ik heff mi bannig verfehrt, as der Köter op mi dal is.* Syn.: → *verjagen.*

verfumfeien (vergeuden) → *verbumfiedeln.*

vergackeiern foppen, ärgern, zum Narren halten, ugs. verkackeiern. Lt. HWB hamb. auch *verknackeiern*[1216]*: wullt du dienen olen Onkel verknackeiern?* (auf den Arm nehmen); *sik nich verknackeiern loten* (sich nicht aufs Glatteis führen lassen). Wir nehmen einmal an, dass der Ausdruck weder von → *kaken* noch gar von → *kacken* kommt, sondern von → *kakeln,* dem *Gackern* und dem Lärm der Henne, die vorgibt, ein Ei gelegt zu haben – was wiederum die anderen Hennen anspornt, neidisch in das Geschrei einzustimmen. Wie häufig ist in der schlechten Zeit meine Mutter, die mir ein Spiegelei braten wollte, bei einem solchen Konzert zum Hühnerverschlag unter dem Balkon gestürzt, ohne ein Ei zu finden. Seitdem weiß ich, was *vergackeiern* bedeutet.

1215 Richey S. 275

1216 HWB 5/477

vergattern jmdn. zu etwas verpflichten; bei den Soldaten die Wachablösung zur Einhaltung der Vorschriften und Befehle *vergattern.* Von mhd. *vergatern* (versammeln), mnd. *gaderen* (sammeln, zusammenbringen), engl. *to gather* (sammeln), *together* (zusammen); auch *Gatter, Gitter* und die *Gatten,* die durch die Ehe Zusammengebrachten, sind stammverwandt; hamb. *vergaddern*† (sammeln, vergittern, einfriedigen); *he hett sien Finster vergaddert* (vergittert).

vergrellt Adj. erzürnt, wütend, verärgert.

verhackstücken heißt, etwas bis ins Kleinste durchsprechen, abhandeln, verrichten, erledigen; *dor is jümmers wat to verhackstücken* (es gibt immer etwas zu tun); *ik kann gor nich allens vertellen, wat in 't Amt verhackstückt ward; jedeen ut de ganzen Bekanntschaft ward verhackstückt* („durchgehechelt"). Urspr. bedeutete *verhackstücken* „einen Schuh mit einem neuen Hacken flicken". Michael Richey erklärt: *verhackstükken: mit neuem Hinter-Leder versehen*[1217].

verheddern ugs. sich verwirren, durcheinandergeraten. In Hamburg Bezug zu → *Heed* (Werg, ungeordneter Rest der Hanf- und Flachsfasern); *de Wull is verheddert; im Juni deit de längste Dag sik mit de Nacht verheddern* (dauert der Tag bis in die Nacht)*; se verheddert sik nie in 'n Klenner* (sie irrt sich nie im Datum)[1218].

verhohnepipeln Dieser Ausdruck ist nach Hamburg eingewandert, stammt aus dem Obersächsischen und bedeutet verspotten, lächerlich machen. Er geht auf die *Hohlhippen* (dünne, wenn nicht gar hohle Kuchenstücke) zurück, die freche Jungs dort auf der Straße feilboten, wobei sie die getäuschten Käufer auch noch verhöhnten, also *verhohnepipelten*[1219].

verholen seem. ein Schiff im Hafen zu einem anderen Liegeplatz schleppen od. ins → *Dock verholen.*

verjagen *sich verjagen* ist hamburgisch für sich erschrecken; *he hett sik so verjaagt, dat he utneiht is* (er hat sich so erschrocken, dass er abgehauen ist)[1220]. Syn.: → *verfehren.*

verjuuchheien (verjubeln) → *juuchheien.*

verkasematuckeln bedeutet, 1. etw. in kurzer Zeit und größerer Menge zu konsumieren, aber auch, 2. jmdm. etw. genau und detailliert auseinanderzusetzen und Schritt für Schritt zu erklären: Kannst du mir das mal *verkasematuckeln?*

verklookfiedeln erklären, darlegen, auseinandersetzen; *lang un breet verklookfiedelt de Lehrerin de lütt Deerns, woto de Koh ehr Steert hett.* Wie → *verkasematuckeln (2).*

verknusen bedeutet, jmdn. od. etw. leiden bzw. ausstehen zu können, meist in negativem Sinne gebraucht; *ik kann de ole → Fregatt nu mol nich verknusen; mit Swattsuur*[1221] *kannst mi jagen, dat kann ik nich verknusen; so 'n starken Kaffe kann he nich verknusen* (kann er nicht ab); *kannst du dat noch verknusen?* (schaffst du das noch?).

1217 Richey S. 85
1218 HWB 5/467
1219 Küpper S. 877
1220 lt. Olaf Haselhorst
1221 Schwarzsauer

HENRY VAHL

DER LIEBLINGSOPA DER NATION

Henry Vahl war der Volksschauspieler, der wie kein anderer den schrulligen alten → *Gnadderbüdel* mit der rauen Schale, aber dem liebenswerten Kern verkörpern konnte. Neben → *Heidi Kabel* wurde er zum Synonym für das → *Ohnsorg-Theater* und für das Hamburgische auf dem Bildschirm. Deshalb sei er hier stellvertretend für das große Ensemble jener Zeit vorgestellt.

Henry Vahl, am 26. Oktober 1897 in Stralsund geboren, war bis dahin nie über Nebenrollen hinausgekommen. Er stieß 1958 als Einspringer vom Jungen Theater (später: Ernst-Deutsch-Theater) zur Ohnsorg-Bühne, weil Otto Lüthje erkrankt war. Der gewichtige → *Walter Scherau* verhandelte mit ihm. Henry Vahl verlangte 50 Mark Abendgage und Probengeld. Scherau empört: „Dafür kann ich ja Hans Albers holen!" Henry Vahl nahm seinen Hut: „Dann hol doch Hans Albers!"

Er bekam 40 Mark und Probengeld, durfte aber niemandem von dieser Stargage erzählen.

Er spielte den Schustergesellen Matten in „Meister Anecker", und diese Rolle wurde seine Schicksalsrolle. Er war bereits 68 Jahre alt, als das Stück am 13. November 1965 im Fernsehen lief. An diesem Sonnabendabend wurde Henry Vahl, übrigens ein Onkel des Ohnsorg-Jungstars Edgar Bessen, zum Lieblingsopa der Nation.

Er spielte noch rund 100 Rollen, konnte sich aber keine Texte merken. Seine Hänger sind Legende. Schließlich setzte man ihm einen drahtlosen Empfänger ins Ohr. Dummerweise überschnitt sich die hauseigene Frequenz mit dem Polizeifunk. Henry Vahl hörte immer wieder: „Peter 10, bitte kommen!", bis es ihm zu bunt wurde: „Peter, nun geh doch endlich mal ran, damit wir weitermachen können." Das Publikum staunte.

Das Hamburger Original schied 1972 im Zorn aus dem Ensemble des Ohnsorg-Theaters. Henry Vahl machte ein Jahr Theaterpause und übernahm dann im → *St.-Pauli-Theater* die Frauenrolle der → *„Zitronenjette"*, in der er bis 1975 fast 200 Mal auf der Bühne am Spielbudenplatz stand.

Anfang 1976 erlitt Henry Vahl einen Schlaganfall, von dem er sich nicht mehr erholen sollte. Am 21. Juli 1977 starb er in einem Hamburger Krankenhaus.

Verkoppelung Die *Verkoppelung* (von → [1] *Koppel* – abgeteiltes Weideland) bezeichnet die Privatisierung der bis dahin genossenschaftlich genutzten Acker-, Weide- und Wiesenländereien der nicht einem Gut untertänigen Dörfer in Schleswig-Holstein, wobei besonders die Ackerflächen neu geschnitten wurden. Während die → *Allmende* (die Weide-, Moor- und Waldfläche eines Dorfes) gemeinsam genutzt wurde, waren die Äcker, die → *Gewanne,* in oft extrem schmale Besitzstücke geteilt und konnten deshalb nur als → *Feldgemeinschaft* einheitlich bewirtschaftet werden. Man sprach vom → *Flurzwang.* Die *Verkoppelung* begann bereits Ende des 16. Jhs. 1766 erging eine Verordnung für das Herzogtum Schleswig, 1767 erfolgte die Verkoppelung im herzoglichen, 1770 im (dänisch-)königlichen Anteil Holsteins und damit auch im Hamburger Einzugsgebiet. Kommissionen begleiteten den oft schwierigen Prozess, alle Beteiligten bei der Parzellengröße und der Bodengüte gerecht zu behandeln. *Verkoppelt* wurden nicht nur die urbaren Ländereien, sondern unter den Hofbesitzern auch Teile der *Gemeinheiten (Allmenden)* Wald, Moor und Heide. Verlierer dieses Prozesses waren meist die → *Kätner.* Die *Gemeinheitsteilungen* wurden erst in der zweiten Hälfte des 19. Jhs. abgeschlossen. Die *Verkoppelung* trug wesentlich zur Steigerung der Erträge bei, veränderte die Besitzverhältnisse grundlegend und schuf die typische *Holsteiner Knicklandschaft,* da die neuen Besitzer ihre *Koppeln* im großen Stil mit → *Knicks* umgaben[1222].

verlangen *Dat schall mi mol verlangen,* sagte die Großmutter, wenn sie nicht ganz sicher war, wie eine Sache ausgeht (Das möchte ich mal wissen! Da bin ich aber gespannt!)

1222 nach Schleswig-Holstein-Lexikon S. 515 f.

vermasseln (verderben) → *masseln.*

vermengeleren vermengen, vermischen; *allens jümmers vermengeleren un dörchenanner bringen; de Botter weer vermengeleert* (vermanscht); *sik in wat vermengeleren* (sich in etwas einmischen). Syn.: *vermengeln, vermengen.*

vermurksen (falsch machen) → *Murks.*

verneihen verprügeln, verhauen; *se verneiht mi mit 'n Bessensteel.* Wir möchten hier keineswegs den Eindruck erwecken, ganz Hamburg habe sich früher pausenlos geprügelt, wenn wir im Folgenden eine kleine Auswahl von Synonyma aufführen: *verbimsen, verdöschen, verjacksen, verkloppen,* → *verrüüschen, versalen,* → *versusen, vertrimmen,* → *vertageln, verwalken, verwicksen* etc.

vernickeltes Augenmaß Mit diesem Spruch wurde jemand gehänselt, der etwas nicht erkennen od. sehen konnte, obwohl es vor seinen Augen lag. *Was hast du denn für 'n vernickeltes Augenmaß? Kannst wohl nicht richtig kieken!* Die Ausdrucksweise leitet sich her von den preiswerten Nickelbrillen, die man früher trug[1223].

verpiepeln verweichlichen, verzärteln; *uns Jugend is so verpiepelt; sien Deern ward bannig verpiepelt* (verwöhnt)[1224]. Syn.: → *verpöppern* (kleine Kinder verzärteln).

verpöppern Wenn kleine Kinder von Mutter od. Großmutter verwöhnt, gluckenhaft beschützt und verzärtelt wurden und so gar nicht dem zweifelhaften Männlichkeitsideal früherer Zeiten

1223 lt. Carl Groth
1224 HWB 5/504

wie hart wie Krupp-Stahl, zäh wie Leder und flink wie Windhunde entsprachen, galten sie als *verpöppert*[1225]. Syn: → *verpiepeln* (verweichlichen).

verposementiern 1. jmdm. etwas klarmachen, etw. ganz genau auseinandersetzen. 2. verprassen; *dat Vermögen is verposementiert.* Das ab und zu auch zu hörende *verposematuckeln* ist nicht typ. hamb., sondern typ. berlinisch.

verrüüschen bedeutet verprügeln; *he verrüüscht em ganz gehörich.* Syn.: → *verneihen.*

versacken 1. versinken, untergehen, ertrinken; *he versack bet an de Nees in 'n Snee.* 2. *versacken* kann man vor allem an der Theke od. in der → *Köminsel,* wozu bekanntlich reichlich → *Lütt un Lütt* und anderes Hochprozentiges gehört. Wer viel, ja, zu viel Alkohol zu sich genommen hat und nun nach Hause wankt, von dem gibt es nur eine Zustandsbeschreibung: *he is böös versackt.*

verschütten Wer verschüttgeht, ist im urspr. Sinne verhaftet worden, und wer verhaftet worden ist, ist im übertr. Sinne verloren gegangen od. spurlos verschwunden. Der Ausdruck kam über den rotw. *Verschütt*[1226] für Haft in die Umgangssprache und ins Hamburgische: jmdn. verhaften, einsperren; *en Schutzmann verschütt em; loot di nich verschütten, de Udel kommt!; verschütt gahn* (eingesperrt werden); *wi hebbt enen sworen Jung erwischt un verschütt gahn loten.*

verslagen [spr.: *-slo:gn*] bedeutet hier so viel wie lauwarm, nicht mehr total eiskalt; *de Köök is al 'n beten verslagen,* sagte Großmutter zum Großvater, wenn er nach frostiger Nacht aus dem ungeheizten Schlafzimmer zum Frühstück kam und im Küchenherd etwas Anmachholz und ein halbes Brikett zu brennen versuchten, was die Eisblumen am Fenster zwar nicht entfernen, aber wenigstens einen Hauch von Wärme vortäuschen konnte. Part. vom Verb *verslagen* (h. für lauwarm werden).

verspoken (*verspaken*) schimmeln, faulen; *dat Broot is verspookt* (das Brot ist angeschimmelt); *se is doch 'ne ganz ansehnliche Fro, noch keen beten verschimmelt un verspookt.*

versusen 1. verlegen, aus Unachtsamkeit verlieren; *he hett sien Slötel versuust.* 2. Das Hamburgische kennt wahrlich keinen Mangel an Verben für die Tätigkeit des Verprügelns, sodass es nicht überrascht, auch *versusen* in diese Liste aufnehmen zu dürfen: jmd. verprügeln. Vgl. → *verneihen.*

verswiemelt Wenn jemand morgens nicht aus dem Bett kommt und ein verquollenes Gesicht hat, heißt es häufig: „Der siehst ja ganz *verswiemelt* aus!" Wer *versmiemelt* ist, ist übernächtigt und verkatert. Adj. *swiemelich* (schwindelig).

vertageln Und noch einmal: verhauen, durchprügeln. Syn.: → *verneihen.*

Vertell, vertell, de Snee fallt dichter! Damit mahnt man jemanden, sich kürzer zu fassen, weil er zu langatmig erzählt und nicht → *zu Pott kommt*[1227].

Vetter Kirchhoff war ein Ausdruck für ein Hamburger Original, das auf einen reichen Leinenmakler

1225 Mensing 5/415
1226 Wolf: Rotwelsch S. 338
1227 lt. Carl Groth

Die Vierländer Brotfrau hat Körbe und Trageholm abgesetzt und liefert ihre Backware von Haus zu Haus.

mit viel Schalk im Nacken zurückging; *de harr nur → Spijöken in 'n Kopp!*[1228]

vier Buchstaben → *Popo.*

Vierlande (*Veerlann*) heißt das Marschgebiet im Südosten Hamburgs zwischen Elbe und Bille und umfasst die vier alten Kirchspiele Altengamme, Neuengamme, Curslack und Kirchwerder[1229]. Sie gehörten zum Amt Bergedorf und wurden von 1420 bis 1867 → *beiderstädtisch* regiert, ab 1868 von Hamburg allein. Seit dem 17. Jh. versorgten die dortigen Bewohner die Stadt Hamburg mit Obst, Gemüse und Blumen, die auf → *Ewern* über die Dove- und die Gose-Elbe zu den Märkten transportiert wurden. Wenn eine → *Gröönhökersch* in Vierländer Tracht ihre Produkte anbot, wussten die Hamburger, dass sie gute und frische Ware bekamen; *de Froonslüüd, de dor vun Veerlann jümmers Waar uthökern deen.* Loblied auf die Vierlande: *Veerlann is dat Gemüseland,/ dor is dat wunnerschöön,/ dor wasst de Kassberen*[1230] *an de Plank,/ de Eerdberen op de Brööm.* Reim beim Abzählen von Kohlköpfen auf dem Gemüsemarkt: *elf un twölf un elf un twölf,/ Veerlann liggt an de dove Elv.* Maiglöckchen kann man nicht essen, aber die Hamburger liebten sie so sehr, dass in den Vierlanden zwischen 1870 und 1890 geradezu eine *Maiblumenkultur* entstand, um den Bedarf der Städter decken zu können[1231].

Viertel vor drei Hamburgern wird häufig von → *Quiddjes* (Zugereisten) sowie von Mittel- und Süddeutschen unterstellt, sie beherrschten die Bruchrechnung bei den Uhrzeiten nicht, weil sie *Viertel vor* und *Viertel nach* sagten. Uhrzeiten wollen wir hier im Norden nicht in Zähler und Nenner zerlegen, sondern ganz einfach ohne Mathematik anschaulich und praxisnah verstehen. Übersetzen wir einmal: *Viertel drei* in Thüringen und sonst wo weit unten in Deutschland: 14.15 Uhr, *drei viertel drei:* 14.45 Uhr, aber in Hamburg und überall, wo man die Uhr noch richtig liest: *Viertel vor drei:* 14.45 Uhr, *Viertel nach drei:* 15.15 Uhr. Übrigens sagen wir in Hamburg zu 14.55 Uhr *fünf vor drei* und nicht *elf zwölftel drei.*

Viez (Vorarbeiter) → *Stauerviez.*

vigelant (geschickt) → *vigeliensch.*

Vigelien (Geige) → *vigeliensch.*

vigeliensch Wenn eine Sache od. Angelegenheit als *vigeliensch* bezeichnet wird, so meint der Hamburger, dass sie knifflig od. verzwickt ist. Das Wort wird auch im Sinne von hinterhältig, verrückt, schlau, durchtrieben, gewandt od. geschickt gebraucht. *Dascha vigeliensch!,* sagt man in Missingsch. Das Ganze hat etwas mit der Violine zu tun, die auf Plattdeutsch *Vigelien* heißt und die bekanntlich nicht so leicht zu beherrschen und zu spielen ist, ohne dass es schlimme Misstöne gibt. Wer es dennoch schafft, hat es *vigelant* – also geschickt – hinbekommen; *dat speelt keen Vigelien* bedeutet: das spielt keine Rolle, und im Hochdeutschen kennen wir die Ausdrucksweise „Die erste Geige spielen", die auf Platt *de eerst Vigelien spelen* lautet.

Vitalienbrüder (Freibeuter) → *Liekedeler.*

Vogelschießen (Schützen- od. Kinderfest) → *Papagooj.*

1228 lt. Joachim Wolters
1229 vor 1946 *Kirchwärder* geschrieben
1230 → *Kassbeer* (Kirsche)
1231 HWB 5/415; Hamburg-Lexikon S. 506 ff.

von ab sein „Da bin ich nun von ab!“, sagte Hein zu Fiete und meinte damit, dass er das Rauchen, Trinken, Klauen – od. was man ihm sonst noch an Lastern vorwerfen konnte – aufgegeben habe. Erstens hielten solche Vorätze meist nicht lange, und zweitens wird er am Hafen plattdeutsch gesprochen haben: *dor bün ik nu vun af!*

vör Dau un Dag Adv. frühmorgens, „vor Tau und Tag“.

Vörreep (vorderes Bindetau des Erntewagens) → *Binnelboom.*

Vorsetzen Straßenname in der → *Neustadt,* der von *vörsetten* (vorsetzen) kommt. Das bezog sich auf die Uferbefestigung aus hölzernen Spundwänden und Eichenpfählen. Wenn die verrottet waren, wurden sie nicht ausgetauscht, sondern man setzte einfach eine neue Reihe davor.

Vull-Buuk-Avend („Voller-Bauch-Abend“) wurde der Heilige Abend bei den *lütt Lüüd* auf dem Lande auch genannt, die das ganze Jahr über mit karger und ärmlicher Kost auskommen mussten, nach der Hausschlachtung im Herbst aber am Weihnachtsabend ein reichhaltiges Mahl auftischten, bei dem sich die Familie und die eingeladenen alleinstehenden Nachbarn einmal so richtig den Bauch vollschlagen konnten[1232].

vun de Been sien nach getaner schwerer Arbeit völlig ausgelaugt und „von den Beinen“ sein.

vundaag Adv. im Laufe des Tages, heute; *schall dat vundaag noch Regen geven?*

1232 lt. Hans-Hermann Wölfert

Ein schier undurchschaubarer Mastenwald: Dicht an dicht liegen die Segelschiffe 1886 beim Vorsetzen im Hamburger Hafen.

W

Waarscho Mahnung, Warnung; *Waarscho!* (Warnruf). Syn.: *Warschauung*. Verb *waarschauen* (warnen, auf eine Gefahr aufmerksam machen).

[1] Waart [spr.: *vo:* ^{e}*t*] (Plur. *Waarten*) f., Warze, Hautwucherung. Warzen sind zwar nicht lebensbedrohend, aber unangenehm und hässlich anzusehen. Wer die Warzen eines anderen zählt, bekommt selber welche, hieß es in Hamburg. Die Menschen versuchten, sich der Warzen zu entledigen. Es war und ist nicht zu empfehlen, sie mit Salpetersäure und anderen Mixturen wegzuätzen, deshalb musste der Aberglaube helfen. Das *Hamburgische Wörterbuch* überliefert eine Fülle von „Rezepten"[1233]: Am harmlosesten war es noch, die Warze mit einem Stück Speck einzureiben und den Speck anschließend unter der Dachtraufe od. einem Holunderbusch zu vergraben, wie es aus Finkenwerder und Moorburg berichtet wird. In Langenhorn benutzte man zum Überstreichen eine schwarze Schnecke, spießte die auf einen Dorn und wartete, bis sie vertrocknet und hoffentlich auch die Warze mit vertrocknet war. Der Glaube versetzt zwar psychosomatische Berge, aber selten Warzen. In Lohbrügge sollte man die Warze mit einer trockenen Erbse reiben und die Erbse dann schnell ins Feuer werfen. In Billwerder benötigte man den zunehmenden Mond, um kreuzweise über die Warze zu streichen und die Zauberformel zu murmeln: *wat ik ankiek, dat schall gewinnen, wat ik överstriek, dat schall verswinnen*. Anderswo in Hamburg hielt man es mehr mit dem abnehmenden Mond: *so as de Moond schient an de Wand, so goht de Waarten vun de Hand*. In den Vierlanden hatte man schon immer eine größere Nähe zum Sarg und glaubte, die Warzen auf die Toten übertragen zu können, indem man das Blut seiner Warze auf einen Lappen träufeln ließ und den dann in den Sarg schmuggelte. Wem das noch zu kompliziert war, der berührte die Warze mit der Hand des Toten und sprach: *Liek, Liek*[1234]*, witt, nimm all mien Waarten mit*. So recht scheint bis heute kein Mittel gewirkt zu haben, wenn wir die vielen Anti-Warzen-Pflaster und -Tinkturen in den Supermarkt-Regalen betrachten. Vgl. → *Liekdoorn* (Hühnerauge).

1233 HWB 5/630

[2] Waart m., Erpel, Enterich, männl. Ente; *dor kemen de Höhner mit ehrn Hohn un de Aanten mit ehrn Waart un de Göös mit ehrn Ganner* (Ganter)[1235]. Syn.: *Arpel* (Erpel).

Waas (Plur. *Wasen*) f., Wase. 1. Reisigbündel, → *Faschine* zur Uferbefestigung. Syn.: *Bollwaas*. 2. Polster zum Tragen von Lasten auf dem Kopf. Richey: *Weil nun vielleicht die Bauern-Mägde, wenn sie was hartes auf dem Kopfe tragen wollen, eine weiche Wase untergelegt, so heisset daher bey uns ein ausgestopffter Krantz von allerhand Tuch, den die Mägde, zum bequemeren tragen, auf den Kopff legen, eene Waseke*. 3. *Erd-Scholle mit dem Kraute*[1236].

Wache seem. Arbeitsschicht des Seemannes an Bord. Die → *Hundewache* war die Wache ab Mitternacht, die → *Freiwache* die dienstfreie Zeit zwischen den Wachen. Vgl. → *glasen*.

1234 → *Liek* (Leiche, Leib)
1235 HWB 5/629 f.
1236 Richey S. 334

Wachtmeister ist die gängige, wenn auch nicht korrekte Anrede für einen Streifenbeamten der Polizei, aber hier meinen wir mit *Wachtmeister* einen doppelten, gut eingeschenkten → *Köm*[1237]. Der hat allerdings auch etwas mit der Polizei zu tun, und zwar zu Zeiten, als die Polizisten noch → *Udel* od. *Schendarm* hießen, einen *Tschako* trugen und nachts in die Eckkneipe schlurften, angeblich um die Einhaltung der Polizeistunde zu kontrollieren. Der Wirt goss dann erst einmal auf Kosten des Hauses einen sogenannten *Wachtmeister* für den Wachtmeister ein, und der hatte es nun überhaupt nicht eilig, zumal man bekanntlich auf einem Bein nicht stehen kann (und irgendwann auch nicht mehr auf beiden Beinen). Bevor jetzt Beschwerden von der Polizeigewerkschaft und dem Innensenator eintreffen, sei gesagt: Wir reden hier von ganz, ganz alten Zeiten, wirklich!

Waldbeere (Heidelbeere) → *Bickbeere*.

Walddörfer Die Hamburger Grenzen wiesen bis zum → *Groß-Hamburg-Gesetz* 1937 mehrere Exklaven auf preußischem Gebiet auf, wozu vor allem die *Walddörfer* Farmsen, Berne, Volksdorf, Ohlstedt, Wohldorf, Schmalenbeck und Groß Hansdorf zählten. Sie waren bereits im späten Mittelalter ab 1435 in Hamburger Besitz geraten und hießen *Walddörfer,* weil sie damals von Wald umgeben waren. Sie lieferten Hamburg Holz, Holzkohle, dienten der Jagd und vor allem der *Schweinemast* mit Eicheln und Bucheckern. Als Vertreter der städtischen Obrigkeit im Walddörfergebiet fungierten bis 1830 zwei Mitglieder des Hamburger Rats, die sogenannten *Waldherren.* Die Aufsicht vor Ort übte seit 1473 ein *Waldvogt* aus und seit 1698 zwei Holzvögte, die als *Waldreiter* bezeichnet wurden. Sie sollten u.a. die zahlreichen Holzdiebstähle verhindern[1238]. Im Gegensatz zu den Walddörfern standen die ursprünglich holsteinischen *Rümerdörfer* zwischen Alster und Wandse, die auf freier, gerodeter Landschaft lagen (ndd. *rümich* – weit, geräumig): Alsterdorf, Bergstedt, Bramfeld, Meiendorf, Oldenfelde, Rahlstedt, Sasel und Steilshoop, die 1750 bis 1768 teilweise in Hamburger Pfandbesitz waren, aber bis auf Alsterdorf (1803) erst 1937 Teil der Hansestadt wurden. Vgl. → *Eek* (Eiche); → *rümen* (roden).

Wallbeen (Plur.) O-Beine, nach außen gebogene Beine beim Menschen; *he wackelt dor lang mit sien Wallbeen.* Schimpfw.: *Jan Wallbeen.* Syn.: *Savelbeen* (Säbelbeine).

wallen Mädchen, die abends mit jungen Männern flanieren, *wallen.* Syn.: *fründjern.*

Walzer Wer hektisch und überstürzt an eine Aufgabe heranging, musste sich häufig die Redensart *laat di Tiet is ook 'n Walzer* anhören. Das hatte wenig mit dem Tanzboden zu tun, sondern bedeutete „langsam kommt man auch ans Ziel".

Wandeldisch Früher waren die Lehrer in den Dörfern, die → *Schoolmeesters,* meist ohne Vertrag. Sie erhielten keine festen Bezüge, allenfalls eine Wohnmöglichkeit, ein Stückchen Land zum Selbstbewirtschaften und um darauf ein Stück Viehzeug zu halten *(Schoolmeesterkoppel).* Ansonsten mussten sie ringsum bei den Bauern zum Essen gehen. *Wandeldisch* sagte man dazu.

1237 lt. Ingrid Rudolf

1238 Stormarn-Lexikon S. 386

Wenn ein Lehrer starb, hieß es: *he lett nix anners na*[1239] *as Kinner un Böker*[1240].

Wandsbecker Recht Wandsbek, das sich bis 1879 mit ck schrieb und das seinen Weg vom Gut, Schloss, Flecken und Stormarner Kreisstadt bis zum Hamburger Bezirk durchlief, genoss früher in den Augen eines ehrbaren hanseatischen Kaufmanns einen zweifelhaften Ruf. Bankrotteuren, Spielschuldnern, Geschäftemachern und gescheiterten Existenzen soll dort Aufenthalt gewährt worden sein, sodass *Wandsbecker Recht* das bedeutete, was anderswo als Unrecht angesehen wurde: *dat gelt to Wandsbeck*, sagte man abfällig, und Straßenjungen begannen noch jede Prügelei mit dem Schrei *kille, kille, Wandsbek*, als der schlechte Ruf bereits abgeklungen war.

waracken (schuften) → *maracken*[1241].

Warmenteewache (Davidwache) → *Warmtee-Theater.*

Warmtee-Theater steht scherzh. für ein Varieté-Theater, für ein Theater mit einem Programm wie warmer Tee – anspruchslos, abgestanden und durchsichtig und unter Umständen mit einem Publikum, das Schmalzbrote und lauwarme Getränke mit auf den → *Prüntjebööн* brachte. Gemeint war vor allem das *Ernst-Drucker-Theater* am Spielbudenplatz (heute → *St.-Pauli-Theater*). Deshalb hieß die in der Nachbarschaft gelegene → *Davidwache,* die Polizeistation an der Reeperbahn, im Volksmund auch die *Warmenteewache; de → Uhl will di na de Warmenteewache bringen.*

1239 zurück

1240 lt. Hans-Hermann Wölfert

1241 Mensing 5/526 (Wechsel von *w→m* im Anlaut)

Warvel (*Warbel*) 1. Unter einem *Warvel* verstand man vor allem einen hölzernen Drehriegel zum Verschließen von Türen und Fenstern. Richey: *Wirbel, Drehe-Riegel*[1242]. Heinz Oellrich aus → *Neefeld* erinnert sich: Der *Warvel* war ein ca. 20 cm langes schmales Holzstück, an den Enden abgeflacht und mittig mit einer Schraube am Türpfosten befestigt. Er diente zum Zuhalten von Türen und Klappen. Damit die Tür nicht klapperte, wurde der *Warvel* auf einen kleinen Holzkeil an der Tür gedreht. Er war in sicherer Höhe angebracht, damit Kinder ihn nicht erreichen konnten. Von → *warveln* (wirbeln, drehen). An der → *Grootdöör* gab es einen besonders langen *Warvel.* 2. übertr. wurde auch ein Schubriegel, ein Schieber an der Tür, *Warvel* genannt. 3. Drehgelenk in der Ankerkette, das ein Verdrehen der Kette verhindern soll. 4. Wasserwirbel, schnelle Drehbewegung im Wasser. 5. Haarwirbel, die Stelle, an der die Haare kreisförmig wachsen – nicht nur beim Menschen, sondern auch bei Tieren; *dat Swien hett 'n Warvel op 'n Rüüch.* Ein solches Schwein nannte man dann ein *Warvelswien.*

warveln wirbeln, drehen, mit einem → *Warvel* verschließen.

Was hinten drauf kündigte die Hausfrau an, wenn das Essen fast beendet war. Mancher Gast von außerhalb, der kein Hamburgisch sprach, soll in diesem Augenblick mehr als indigniert geguckt haben. Gemeint war jedoch der Nachtisch, das Dessert zum Abschluss des Menüs.

Waschfrau Früher kam in kleinbürgerlichen Haushalten in der Regel alle 14 Tage eine *Waschfrau.* Da wurde am Tage vorher sämtliche schmutzige

1242 Richey S. 334

Wäsche eingeweicht und für den nächsten Tag Bohnen- od. Erbsensuppe gekocht, die dann nur noch aufgewärmt werden musste. Morgens heizte man den großen, in der *Waschküche* eingebauten Waschkessel mit Holz und Kohle an. Die Waschfrau kochte dann die Wäsche und *ruffelte* sie in einer großen Zinkwanne auf der → *Ruffel* (auch Waschbrett genannt) sauber. Danach wurde die Wäsche gespült und ausgewrungen (notfalls durch Körperkraft mit zwei Personen, die an jedem Ende jeweils in Gegenrichtung drehten, od. in der Luxusausführung zwischen zwei Walzen über der → *Balje,* die mit einer Kurbel unter Stöhnen bedient werden mussten und nicht selten alle Knöpfe knacken ließen). Die Wäsche trocknete (sofern es keinen Regenschauer gab) im Garten auf der mit Wäschestangen (→ *Rickenstaken*) abgestützten Wäscheleine zwischen den Wäschepfählen, mit hölzernen Wäscheklammern befestigt, musste dann abgenommen, gestreckt (in der Art eines zweidimensionalen Tauziehens an jeder der vier Ecken) und zusammengelegt werden, indem Mutter und die Hilfskraft, die sie dienstverpflichtet hatte (wir Kinder verdünnisierten uns vorher), aufeinander zugingen wie beim Bauerntanz und die Ecken der großen Stücke übergaben. Danach wurde tagelang geplättet. Eine Erleichterung war Anfang der Fünfzigerjahre die *Heizmangel,* kleine (Hinterhof-)Betriebe mit großer, beheizter Mangel, die das Mangeln der Bett- und Tischwäsche übernahmen.

Die große Wäsche im Jahre 1890 war Schwerstarbeit in der Waschküche. Für die grobe Arbeit mit dem Wäscheknüppel an Waschkessel, Wanne und Balje kam extra eine Waschfrau ins Haus.

Waschgeld (Sonderzahlung an die Dienstmädchen) → *Teegeld.*

Wase uralte Bezeichnung für Tante[1243], engl. *aunt.* Syn.: → *Muhme, Müttjen.*

Wasserkran Der Wasser- od. Zapfhahn wurde teilweise auch *Kraan* [spr.: *kro:n*] genannt, wohl nach südd. Vorbild.

Wat mookt wi jetzt? Frage der Kinder auf der Straße, die überlegten, was sie jetzt spielen könnten. Scherzh. Antwort: *wi treckt uns ut un passt op unser Tüüch op* (wir ziehen uns aus und passen auf unsere Kleider auf).

Waterpedder Das war jemand, der auf dem Rücken schwimmend nur die Beine benutzte od. aufrecht im Wasser stand und sich mit *Waterpedden* über Wasser hielt.

Weber, Karl → *Aalweber.*

[1]Wees (Plur. *Wesen*) f., Waise, elternloses Kind; *dat lüttje Göör stünn as Wees alleen in de Welt.*

[2]Wees (Plur. *Wesen*) f. 1. Kehle, Luftröhre; *de Wees afkniepen* (erwürgen). 2. Rinderdarm als Wursthülle (Finkw.).

Weesch (Plur. *Weschen*) f., weibl. Verwandte, Cousine, auch Tante. Vgl. → *Wase.*

Weeswark n. 1. Aufheben[s], Getue, → *Gewese,* Treiben, → *Gedööns; se takelt de Bruut op – so veel Weeswark för so 'n lütten Ogenblick!; dat Kunststück, wo se so veel Weeswark vun mookt harrn.* 2. Wesensart; *wokeen kann gegen sien binnerst Weeswark an?* 3. Unwesen; *to glieke Tiet harr dat Weeswark op höört* (Spuk). 4. nordd. Anwesen, Besitztum, Geschäft, Bauernhof; *uns Deern hett op 'n groot Weeswark inheirod* (einen reichen Bauernsohn geheiratet); *dicht an den Küper sien Weeswark* (Werkstatt). Syn.: → *Wesen.*

wehrsam (*wersaam*) [spr.: *-so:m*], häufig als Syn. *werich* gebraucht, bezeichnet eine übermäßig fette, schwer verdauliche, lange im Magen liegende Speise. Auch ein widerlich süßes Gericht kann *wehrsam* sein; *he wull 'n Köm, dat weer to wersaam* (*werich*); *wenn man so veel Eier itt, dat ward toletzt to wersaam.*

Wendax war eine Automobilmanufaktur in Hamburg. Die Firma geht auf die Wendenstraße in *Hamm* zurück, in der das Unternehmen ursprünglich seinen Sitz hatte. Eigentlich beschäftigte man sich mit der Herstellung von Draisinen für die Eisenbahn und firmierte unter dem Namen *Draisinenbau Dr. Alpers.* 1949 begann der Bau von Automobilen. *Wendax* war eines der ersten Unternehmen, die nach dem Krieg einen 1,5-t-Transporter auf den Markt brachten. Das Fahrzeug war mit einem VW-Käfer-Motor bestückt und hatte Frontantrieb. Die Motoren stammten aus den Beständen der ehemaligen deutschen Wehrmacht. Da sich Volkswagen aber weigerte, Motoren an Fremdunternehmen zu liefern – der eigene Transporter war bereits in der Entwicklung –, kam es nicht zur Serienproduktion. Dem dreisitzigen Roadster *Aero WS 400* wurden Konstruktions- und Verarbeitungsmängel nachgesagt. Der Antrieb erfolgte über ein einzelnes Hinterrad. Dies erlaubte es, auf ein kostspieliges Differentialgetriebe zu verzichten, führte aller-

1243 Richey S. 334

dings zu schlechten Fahreigenschaften. Zudem war der Aero WS 400 teurer als ein Volkswagen dieser Zeit. Auch die ab 1950 angebotenen Limousinen *Wendax WS 700* und *750* mit ILO-Motor konnten nur wenige Käufer finden. Nach dem Artikel *In Sachen Wendax* eines Motorjournalisten war der Ruf des Unternehmens ruiniert. Ende 1951 musste Wendax Vergleich anmelden, und die Automobilproduktion wurde eingestellt. Der Draisinenbau überlebte dagegen noch eine Weile[1244].

Werder od. *Warder* bezeichnet eine Insel in einem Fluss, eine häufige Erscheinung zwischen Bille, Norder- und Süderelbe, selbst wenn viele dieser Elbinseln heute gar keine Inseln mehr sind: *Billwerder, Finkenwerder, Ossenwarder, Allwerder, Fresenwarder, Gorrieswerder, Hasselwarder, Karkwarder, Moorwarder* od. *Olenwarder; twüschen de Elv un den Diek legen noch en poor Warders.* Straßenn.: *Am Werder* (Harburg), *Entenwerder* (Rothenburgsort), *Reetwerder* (Bergedorf). Wer beim Stichwort „Werder" an einen Fußballverein gedacht hat, befindet sich zwar im anderen Ressort, liegt aber trotzdem nicht so falsch: An den von Gräben durchzogenen Wiesen an der Weser kickten früher ein paar Fußballspieler, gründeten einen Verein und nannten ihn nach der dortigen Flussinsel *Werder Bremen.*

werich → *wehrsam.*

Wesen 1. Anwesen, Gut*; wo Krischaan Meyer sien Wesen steiht; wer in der Stadt Hamburg mit Wohnung od. Wesen unaufgefordert bleibet* (amtl.). 2. Wesensart, Veranlagung, Charakter, Benehmen; *fremde Lüüd, de harrn en anneres Wesen un en annere Oort* (Art).. 3. Aufheben[s], → *Gewese,* Umstände; *so 'n Wesen moken* (übertriebene Umstände machen). 4. Unwesen; *sien Wesen drieven*[1245]. Syn.: → *Weeswark.*

wesen ndd. unregelm. Verb wie *sien* (sein); *he weer* (er war); *dat mook wesen* (das kann sein); *wokeen kann dat west hebben* (wer kann das gewesen sein?).

Wesengröön „Waisengrün" (nicht etwa „Wiesengrün", wie häufig missverstanden), zwischen 1633 und 1876 jährlicher Umzug der Waisenkinder zum Spendensammeln im Mai, später im Juni mit anschließendem Volksfest vor dem Steintor; Tag des Ausflugs der Hamburger Heimkinder. Bitte der Kinder: *Beleev der Herr, de Madamm, de Mamsell, de Armen to bedenken, ook enen in de Hand to schenken! Gotts Lohn wegen de Armen!* Das Geld in den Sammelbüchsen kam dem Waisenhaus (→ *Wesenhuus*) zugute, was man den Waisenkindern (→ *Wesenkind*) direkt in die Hand gab, durften sie selbst behalten[1246]. Vgl. → *Kinnergröön.*

Wesenhuus (Plur. *Wesenhüüs*) Waisenhaus zur Betreuung der → *Wesenkinner.* 1607 errichtete die Stadt am → *Schaardoor* ein Waisenhaus, das 1679 erneuert und 1801 abgerissen wurde[1247]. 1785 bis 1842 kamen die Kinder in einem neuen Waisenhaus in der Admiralitätsstraße unter, das danach auf die → *Uhlenhorst* verlegt wurde[1248].

1244 nach Wikipedia (2013)

1245 HWB 5/762 f.

1246 HWB 5/763

1247 Daran erinnert noch der Straßenname *Beim Alten Waisenhause* in der Altstadt/Neustadt zwischen *Rödingsmarkt* und *Schaartor.*

1248 HWB 5/764

Beim → *Wesengröön,* dem jährlichen Umzug der Waisenkinder, sammelten sie Spenden für das Waisenhaus und für sich selbst.

Wesenkind (Plur. *Wesenkinner*) Waisenkind, elternloses Kind, meist im → *Wesenhuus* betreut.

Wetenschop Wissenschaft, Wissen, Kenntnis, Kunstgriff; *bi mien Wetenschop* (nach bestem Wissen); *dat is man de Wetenschop halver* (nur zum Ausprobieren); *jedeen Ding hett sien Wetenschop, sä de ool Fro, dor puust se dat Licht mit 'n Oors ut.*

wetten wetzen. 1. ein stumpf gewordenes Schneidewerkzeug schärfen. 2. so schnell wie möglich von einem zum anderen Punkt rennen; *se wetten de Stroot lang.* Vgl. → *birsen* (hin und her laufen). Nicht zu verw. mit *wedden* (wetten, eine Wette abschließen).

Wettern Die *Wettern* war ein breiter, rechtwinklig zur Elbe od. ihren Nebenflüssen angelegter Entwässerungsgraben in der Marsch.

Wickel h.: Haarschopf; *enen bi 'n Wickel kriegen* (jmdn. fassen od. erwischen); *bi 'n Wickel hebben* (über ein Thema od. eine Person reden bzw. lästern). Vgl. → *Grips.*

Wiege → *Bett od. Wiege?*

Wienken-Broot So wurden in Butter gebratene Brotscheiben bezeichnet, die vorher in Wein (ndd. *Wien*) eingeweicht worden waren. Richey: *Wynken-Brodt: in Wein eingeweichtes Brodt. Man pflegt es in grossen Scheiben zu rösten, und den Wein mit Zucker und Gewürz anzumachen, od. auch zum Ueberguß den so genannten Lutter-Dranck*[1249] *zu nehmen. In Wochen-Stuben ward es ehedem praefentiret, auch wol an Gevattern*[1250] *und gute Freunde versandt*[1251].

Wieser ist einer, der die Richtung od. einen Wert anzeigt, also ein Zeiger – etwa der Uhrzeiger od. der Zeiger in einem Barometer. Von *wiesen* (weisen).

wiesloos Adj. führerlos. Ein Bienenvolk ohne aktive Königin ist *wiesloos; wenn de Immen wiesloos sünd, denn huult se binnen*[1252]. Von *wiesen* (weisen).

wiesnees Adj. naseweis; *so 'n lütt wiesneesigen Jung!* (vorlautes Kind). Subst. *Wiesneesen* (Plur.).

Windpedder wurde scherzh. 1. ein Fahrrad genannt, das technisch nicht in Ordnung war, sodass man mit dem Pedal „in den Wind“ trat, weil die Achse des Tretkurbellagers ausgeleiert war od. der Mitnehmer in der hinteren Nabe nicht richtig funktionierte. 2. *Windpedder* war auch ein Radfahrer, der gegen den in Hamburg nicht seltenen Sturm anstrampeln musste.

Windwörm teilw. für Maulwürfe. Eine Leserin schrieb: Mien Tante, Mudders Süster ut Verlannen, se wahnt butendieks[1253] an de Elv, besöökt uns un vertell: *Hüüt Nacht mutt dat dull weiht hebben, de Windwörm weren buten!* Op mien dummes Gesicht stünn de Fraag, wat is dat? Dor weer mi verkloort, dat sünd de „Maul-

1249 lt. HWB 3/185: *Lutterdrank*†, mit Gewürzen und Kräutern versetzter Wein; sollte um 1600 nur in Apotheken hergestellt werden.
1250 Taufpaten
1251 Richey S. 339
1252 HWB 5/790
1253 wasserseitig am Deich

würfe“, wenn de Wind op de Löcker steiht, denn huult dat in ehr Bau, se kriggt Angst und kommt rut. Der Ausdruck „Windwürmer“ wird nicht gerade im Gartenkatalog zu finden sein, in dem ansonsten, seitdem nicht mehr der Rasen, sondern der Maulwurf gesetzlich geschützt ist, allerlei elektronischer und chemischer Firlefanz zum Vergrämen angeboten wird – der nichts hilft, sondern die Wühler im Boden höchstens zum hämischen Gelächter veranlasst. Aber die Vierländer Tante hat richtig beobachtet: Wenn Sie leere, unverschlossene Flaschen mit der Öffnung nach oben in die Gänge drücken, erzeugt der Wind ein derartiges Heulen unter der Erde, dass sich die Maulwürfe schleunigst zum Nachbarn verziehen werden. Syn.: *Mullworp* (Plur. *Mullworpen*).

Winkelafkaat (Winkeladvokat) → *Afkaat.*

Winsch (seem.) 1. von engl. *winch*, Winde zum Heben schwerer Lasten. Die *Winsch* ist einfach ausgedrückt eine „Seilaufwickeltrommel“, die von Hand od. maschinell betrieben wird und die mit od. ohne Zahnradübersetzung größere Zugkräfte zu entwickeln vermag. Mit der *Winsch* lichtet man auf Schiffen den Anker, hebt Lasten beim → *Löschen* und Laden, und auf Segelbooten holt man damit, von Hand od. elektrisch betrieben, die *Schoten,* die Leinen der Segel, dicht. In der Schifffahrt ist als Vorgänger die → *Spill* anzusehen, die meist mit senkrechter Drehachse über *Handspaken* (Speichen) von im Kreis schiebenden Seeleuten betrieben wurde. So *hievte* man den Anker od. zog auf Werften sogar Schiffe auf einer → *Slippbahn* (Aufschleppe) hoch. 2. Ladewinde auf einem Schiff. Die Ladebäume arbeiten in der Regel paarweise. Dabei steht einer über dem Kai, der andere über der Ladeluke, jeweils über dem Punkt, an dem die Last angehoben od. abgesetzt wird. Beide Windenläufer sind verbunden und haben einen gemeinsamen Ladehaken. Der *Winschmann* bedient die *Winschen* jetzt so, dass die Last senkrecht nach oben schwebt, sich dann quer über das Schiff bewegt, bis sie senkrecht unter dem anderen Baum hängt, ehe sie auf dem Kai abgesetzt wird[1254].

Winser Baum (*Winserboom*). Der *Winser Baum,* abgeleitet vom alten Winser Tor, bildete seit dem Mittelalter die schwimmende Hafensperre (vgl. → *Baum*) am nördlichen Mündungsarm der Bille zum Schutz des Binnenhafens, später *Oberbaum* als Gegenstück zum → *Niederbaum* am → *Baumwall* genannt.

Wippsteert ist die ndd. Bezeichnung für die Bachstelze, deren Schwanz (→ *Steert*) beim Hüpfen am Ufer auf und ab wippt. Neckn.: *Gertje Wippsteert*. Im übertr. Sinne nennt man so einen unsteten und unruhigen Menschen, der nicht still sitzen kann; *lütt Wippsteert* (überaktives Kind). Syn.: *Quicksteert; quicksteerten* (immer in Bewegung sein, nicht auf einer Stelle bleiben können).

[1] Wisch (Plur. *Wischen*) f., veralt. für Wiese, Weide, → *Koppel*; *de Koh op de Wisch; de Wischen staht vull vun Blööm*; noch häufig in Flur- und Straßennamen, z. B. *Kulenwisch* in Hummelsbüttel. Richey kannte bereits 1755 eine Redensart mit *Wisch: vam Disch na de Wisch: wird gesagt von denjenigen, die sich so überladen, daß sie gleich den Abtritt suchen müssen*[1255]. Dieser Ausdruck hielt sich bis in die Jetztzeit, und das

1254 lt. Kurt Flechsenhar
1255 Richey S. 342

auch in der Stadt, in der Hauskoppeln eher selten sind. *Vun Disch to Wisch,* sagte der Großvater von Olaf Haselhorst in der schlechten Zeit zu seinen drei Söhnen, wenn diese direkt nach Tisch – also nach dem Essen der durch hohen Wasseranteil sehr dünnen Kartoffelsuppe – sofort auf die Toilette rannten, um die sehr flüssige Mahlzeit wieder loszuwerden. Erw.: → *Wischhoff,* → *Huuswisch* (Hauskoppel).

[2] Wisch m., Schmierzettel, abf. Schriftstück; *so 'n Wisch vun de Schoolmeester.*

Wischhoff m., → *Koppel* od. eingezäuntes Stück einer Wiese am Bauernhaus, in das die Kühe zum Melken getrieben wurden und auf dem ansonsten so allerlei Getier wie Schafe, Gänse und Jungvieh weidete. Von → [1] *Wisch.* Syn.: → *Huuswisch.*

Wispel (Hohlmaß) → *Scheffel.*

witschen 1. (schnell) entschlüpfen; *he witsch üm de Eck na de Dööر rin; mook gau de Dööр to, dat de Muus dor nich rutwitschen kann* (schnell die Tür zu, damit die Maus dort nicht entwischen kann). 2. beim → *Kleien* (Gräben ausheben in der Marsch) „mit einem ruckartigen Wurf wegwerfen". Der Spaten zum Hinauswerfen des Kleis war der *Witscher* (nicht zu verw. mit dem → *Wittscher* – Quast)[1256].

Witscher (Spaten beim *Kleien*) → *witschen (2).*

Wittbecker (Weißbrot-Bäcker) → *Fastbecker.*

witteln weißen, mit weißer Farbe streichen; *ik wittel de Köök* (ich streiche die Küche). Der große, breite Pinsel zum Weißen der Wände war der → *Wittscher* od. *Wittelquast.* Syn.: → *wittschern.*

Wittfro (Plur. *Wittfroon*). Witwe; *se weer al fief Johr Wittfro; de Wittfroon sünd as wenn se heel dull sünd* (die Witwen sind darauf versessen, wieder zu heiraten)[1257]. Der Witwer war der → *Wittmann.*

wittkesich Adj. käseweiß, blass; *en wittkesich Snuut* (blass im Gesicht), wobei davon ausgegangenen werden darf, dass sich die Farbe des Vergleichs auf Weißkäse wie Quark bezieht. Syn.: → *wittsnutich, wittnesich.*

Wittkittels (Feuerwehrmänner) → *Sprüttenlüüd.*

Wittmann (Plur. *Wittmenner*). Witwer; *he weer en Wittmann, sien selig Fro weer in 't Wochenbett doot bleven.* Da *witt* auch weise heißen kann, deutete der Volksmund den Ausdruck um und spottete: Ein *Wittmann* ist ein Witwer, der Gelegenheit gehabt hat, ohne seine Frau klug und weise zu werden ...

Wittong, Charly → Biografie S. 556.

Wittscher (*Wittelquast*) 1. Quast zum Weißen der Wände. 2. daraus entstand der Spottn. *Wittscher* für den Maler. Von → *wittschern* (weißen).

wittschern weißen, (Wände) mit weißer Farbe streichen; *de Moler stünn op de Ledder un wittscher de Deek.* Subst. → *Wittscher* (Quast; spött. für Maler). Syn.: → *witteln.*

1256 Mensing 5/670

1257 HWB 5/827

CARL FRIEDRICH WITTMAACK

SÄNGER IN BLAUER BÜX

Charly Wittong war der Künstlername für den Volkssänger Carl Friedrich Wittmaack, der am 26. November 1876 in Altona geboren wurde und mit 18 Jahren im „Schusterkeller", dann bei Emil Naucke (1855–1900) und → *Hein Köllisch* (1857–1901) auf der Bühne stand.

Der Texter und Veranstalter → *Walter Rothenburg* (1889–1975) machte ihn, der bis dahin mit Zylinder und in albernen Fantasiekostümen aufgetreten war, zum Hamburger → *Buttje* mit blauer → *Büx* und → *Elbsegler* und schrieb ihm plattdeutsche → *Couplets.*

„Schalli", wie er genannt wurde, füllte die Säle und hatte unzählige Verehrer und noch mehr Verehrerinnen. Wittong starb am 24. Oktober 1943 bei Lüneburg, wurde aber in Hamburg beigesetzt. Walter Rothenburg rief ihm in Anspielung auf ihr gemeinsames Lied vom „Hamborger Fährjung" am Grabe nach: „Charly, wi fohrt all mal röver, de enen so, de annern so. Nu büst du vörut fohrt. Gode Reis!"

wittsnutich käsig weiß *(witt)* um den Mund (→ *Snuut*), blass, kränklich; *du sühst man bannig angrepen un wittsnutich ut.* Syn.: → *wittkesich, wittnesich.* Vgl. → *Wittsnuut* (Naseweis).

Wittsnuut Hier geht es nicht darum, dass jemand → *wittsnutich,* also kränkelnd blass, sondern dass jemand naseweis ist (h. *witt* – weise). *Wittsnuut* ist also ein Schimpfwort für einen Besserwisser. Urspr. war ein Jagdhund, der alles scharf witterte und erspürte, *naseweis* (mnd. *nese-wis*[1258]), was bei Hunden erwünscht, bei Mitmenschen od. gar bei Kindern aber höchst unerwünscht ist.

Wittsuur Weißsauer, in einem Essigsud gekochtes Schweine- od. Gänseklein, bei dessen Zubereitung im Gegensatz zum Schwarzsauer (→ *Swattsuur*) kein Blut verwendet wird. *Wittsuur mit Klüten* gehörte in vielen Familien als Festessen zu Weihnachten, Neujahr, Ostern und Pfingsten[1259].

wohren 1. dauern, währen. 2. bewahren, warten, pflegen. 3. aufpassen; *wohr di weg!* (Vorsicht! Weg da! Pass auf!). Syn.: → *Warschau!* (Achtung!); *pass op!* Wenn bei der dörflichen Zusammenkunft des → *Häkelbüdelclubs* die Frauen des Dorfes nebeneinander am Tisch saßen und Handarbeiten machten, fiel häufig die Warnung: *wohr di, Naversch, mien Dochter neiht!,* was bedeutete, dass der Faden in der Nadel zu lang war, sodass beim Durchziehen die Nachbarin gestochen werden konnte[1260].

1258 Lübben S. 246
1259 HWB 5/829 f.
1260 lt. Hanne Dahl

Wolf, Gebrüder → Biografie S. 558.

wöltern hin und her rollen, sich wälzen – eine Tätigkeit, die hauptsächlich auf dem Rücken liegend begonnen wird und somit mehr den Tieren als den Menschen zuzuordnen ist; *de Katt wölter sik in 'n Gras.*

[1] Woort n. Das Wort ist die kleinste bedeutungstragende sprachliche Einheit, muss hier nicht näher erklärt werden und ist alles andere als typ. hamb., zumal die Hamburger eher als wortkarg denn als geschwätzig wie andere deutsche Stämme gelten – aber:

[2] Woort f. Die *Woort* bedeutet Wurt od. Warft und bezeichnet einen künstlich aufgeschütteten Hügel im Marschgebiet, auf dem ein Gehöft sicher vor Sturmflut und Hochwasser steht und auf den das Vieh bei Überschwemmung getrieben werden kann. Wir kennen die Warften alle von den Halligen, sie finden sich aber auch in den *Elbmarschen.*

wormstickerich bezieht sich nicht nur auf alte, wurmstichige Möbel, sondern bezeichnet im übertragenen Sinne auch einen kränklichen Menschen: *he is man al en wormstickeriger Keerl.* Auch eine Sache, ein Vorhaben kann *wormstickerich* sein, weil in ihr der Wurm steckt.

Wörtel → *Wurzel.*

wracken heißt nicht nur 1. zerlegen, abreißen *(afwracken),* sondern hatte früher auch die Bedeutung 2. verwerfen, ausmerzen, für untauglich erklären, minderwertige Ware aussortieren. Das kam bei der amtlichen *Bierprobe* zum Tragen, bei der die Biere verschiedener Brauer bewertet und aufgelistet wurden. Wer ganz schlecht abschnitt, der wurde *gewrackt,* d. h., man schlug seinen Bierfässern mit der Axt den Boden ein (übrigens eine interessante Empfehlung an die Stiftung Warentest). Richey: *E. E. Rath will ock, dat alle Provere guet Beer uthproven, un dat quade wraken*[1261] (1529).

wriggen ist die Tätigkeit, ein Boot nicht zu rudern, sondern durch das Hin- und Herdrehen des → *Riemens* (Ruders) hinten nach Art einer Schiffschraube fortzubewegen.

wringen 1. zusammendrehen, „umeinander drehen". Richey: *uthwringen: ein nasses Zeug hart zusammen drehen, damit das Wasser herauslauffe*[1262]. 2. ringen; *de Hannen wringen* (die Hände ringen).

Wrist (Plur. *Wristen*) f. 1. Spann, oberer Teil des Fußes. 2. Handgelenk, Handwurzel; *dat Melken, dat hüllt op de Wristen.*

wrögelich 1. ausgelassen, übermütig. 2. launisch, unzufrieden; von *wrögeln* (h.: in etw. wühlen, aber auch schuften, sich balgen, sich durch etw. zwängen, rütteln).

Wroost, Wilfried → Biografie S. 560.

Wrubbels (Plur.) sind keine Staubkörner und keine Krümel, sondern das, was beim Radieren mit dem Radiergummi entsteht und was man wegpustet od. wegwischt[1263].

1261 Der Ehrbare Rat hat verfügt, dass die amtlich bestellten Prüfer das Bier sorgfältig verkosten und das schlechte *wracken* (aussortieren). Nach Richey S. 346.

1262 Richey S. 347

1263 lt. Carl Groth

GEBRÜDER WOLF
SNUTEN, POTEN UN EN TÜDELBAND

1895 taten sich drei gesangsbegabte Söhne des jüdischen Schlachtergesellen Isaac Joseph Isaac aus der Neustadt zum „Wolf-Trio" zusammen und unterhielten ihr Publikum unter großem Beifall mit → *Couplets,* Parodien, Plaudereien und szenischen Possen. Um von vornherein antisemitischen Anfeindungen zu entgehen, wählten sie den Künstlernamen „Wolf", den sie 1924 auch amtlich als Familiennamen annahmen. Ludwig Wolf (1867–1955), Leopold Wolf (1869–1926) und James Wolf (1870–1943) wurden schnell populär.

1906 schied James aus, um Zeitungshändler zu werden. Aus dem Trio wurde das „Wolf-Duo". Den ganz großen Durchbruch erlebten sie 1911/12 unter dem Namen „Gebrüder Wolf" als waschechte Waterkant-Typen in Hafenarbeiterkluft.

Sie bauten ihr plattdeutsches Repertoire kräftig aus. Ihre → *Snuten un Poten* wurden zum Gassenhauer, und Hamburgs heimliche Nationalhymne, der *Jung mit 'n* → *Tüdelband,* geht auf Ludwig Wolfs Couplet „Een echt Hamborger Jung" zurück.

1926 starb Leopold Wolf. An seine Stelle trat sein zweitältester Sohn James Iwan Wolf (1893 bis 1981), der fortan mit seinem Onkel Ludwig auf der Bühne stand. Im „Dritten Reich" waren sie immer größeren Einschränkungen unterworfen und bekamen 1939 Auftrittsverbot. James Iwan Wolf emigrierte nach Shanghai und später nach New York. Sein Onkel James wurde nach Theresienstadt deportiert und von den Nationalsozialisten im KZ ermordet. Ludwig überlebte und starb 1955 in Hamburg[1264].

In ihrer Heimatstadt gerieten die Gebrüder Wolf nach 1945 nahezu in Vergessenheit, während ihre Lieder weiter in aller Munde waren. Am 5. Juni 2008 wurde auf St. Pauli der *Gebrüder-Wolf-Platz* eingeweiht. Zum Gedenken an das NS-Opfer James Wolf verlegte man vor der Bismarckstraße 11 (Eimsbüttel) einen Stolperstein.

1264 Vgl. Wiegandt: Hamburger Liederbuch, Bd. 2, S. 59 u. Huckeriede/Müller: An de Eck steiht 'n Jung mit 'n Tüdelband

Wruk (Plur. *Wruken*). Kennen Sie *Wruken?* Nein? In Hamburg muss man den Begriff auch nicht kennen, denn in Hamburg heißen diese Gewächse nach wie vor Steckrüben. Allerdings bestanden die aus dem Osten vertriebenen Mitbürger darauf, auch an der Alster die Bezeichnung benutzen zu dürfen, die in ihrer pommerschen und ostpreußischen Heimat üblich war: *Wruken* für Kohlrüben[1265]. Ob nun Wruken od. Steckrüben – die eigentlich als Viehfutter angebauten Rüben hielten uns, häufig nachts vom benachbarten Feld „besorgt", nach dem Kriege am Leben. Täglich Steckrüben in Wasser, an Sonntagen vielleicht noch ein paar Kartoffeln dazu – ich mag dem lieben Gott gegenüber undankbar sein, aber selbst mit Schmalz, Schweinebacke und Nackenkasseler rühre ich heute kein Steckrübengericht mehr an.

Wuhling f., Beengtheit, Gewühl, Durcheinander; *'n böös Wuhling in dat lütt → Kabuff.* 2. seem. Durcheinander, Unordnung; *de Wuhling an Deck opkloren.*

wunnerwarken eigentl. Wunder bewirken, aber auch auffällig hantieren, geschäftig sein. Rückbezüglich *sik wunnerwarken,* sich wundern, über etwas staunen; se *weern an 't Wunnerwarken* (sie haben mächtig gestaunt).

wuppen bewältigen können; *de Jung kunn em nich mehr wuppen.*

wurachen (sich abrackern) → *maracken.*

Wurzeln Auch in den Hamburger Sprachgebrauch schleicht sich zunehmend etwas Fremdes ein, zumal die → *Grünhöker* häufig nicht mehr in Norddeutschland aufgewachsen sind. Warum sagen wir plötzlich Möhren? Falsch, das sind *Wurzeln!* Das beliebte Mischgemüse heißt *Erbsen und Wurzeln*, die kleine runde Form nicht Möhrchen, sondern überall *Karotten*. Natürlich bleibt es auch beim *Rotkohl*. Nichts mit Blaukraut! Da wir gerade dabei sind: Das deftige Gericht im Winter nennt man in Hamburg und Holstein → *Grünkohl* und nicht etwa Braunkohl. In Hamburg sprach man früher nicht von Wurzeln, sondern von *Wörteln; 'n Bund Wörteln; as de Wörteln to Welt komen* (eine leichte Geburt haben).

wuschig ist ein Begriff, der aus Mecklenburg eingewandert ist und der nervös, verwirrt od. sexuell erregt bedeutet[1266]. Die heutige Jugend benutzt dafür das Wort *geil,* und das in einer Häufigkeit und Frequenz, dass wir Älteren im Stillen sagen: Denn sie wissen nicht, was sie reden.

Wust (Plur. *Wüst*). Die *Wust* ist natürlich die Wurst, wobei beachtet werden muss, dass sie sich ndd. ohne r schreibt. Raa.: *mit de Wust na 'n Schinken smieten* (wenig geben, viel bekommen*); enen Wust wesen* (jmdn. gleichgültig sein); *bi 'n Hund de Wust köpen* (etwas vollkommen verkehrt anpacken); *wo geern freet de Hund Wust, wenn he man wat harr!* (sagt man zu einem Aufschneider); *allens hett mol en Enn, bloots de Wust hett twee* (wenn etwas zu Ende geht); *binn de Muus op de Wust, denn bitt se wiss an* (etwa: Gelegenheit macht Diebe); *uns Herrgott weet allens, man nich, wat in de Wust is* (Gott ist allwissend, doch der Mensch verschweigt seine Sünden); *as de Mann ward de*

1265 Herrmann-Winter: Wörterbuch S. 395

1266 Herrmann-Winter: Wörterbuch S. 396

WILFRIED WROOST
HAMBURGER EIN LEBEN LANG

Wilfried Wroost war zeitlebens (14. September 1889 bis 14. August 1959) nicht nur ein Hamburger, sondern auch ein Plattdeutscher. Er bezog den Stoff und die Figuren seiner Volksstücke aus dem Milieu seiner Heimatstadt. Das → *Ohnsorg-Theater* verdankt ihm als Autor viele Höhepunkte, so zum Beispiel „De Kortenleggersch" oder die Aufführung „Mien Mann, de fohrt to See" mit Werner Riepel, Christa Wehling, Edgar Bessen, Herma Koehn, → *Heidi Kabel,* Hilde Sicks, Otto Lüthje und → *Henry Vahl.*

Unvergesslich die Szene, als sich Heidi Kabel und Hilde Sicks um den Nachlass des vermeintlich in der Nordsee ertrunkenen Wirts prügelten, der aber in Wirklichkeit in → *Santa Fu* eine Strafe wegen Zollvergehens absaß.

Als Erzähler veröffentlichte Wilfried Wroost unter anderem „Vadder Soodmann" (1919), „Lot mi an Land. Een Hupen Döntjes von de Hamburger Waterkant" (1925) od. „Minschen bi 'n Michel" (1954). Ihm zu Ehren wurde in Wilstorf 1950 die Liliencronstraße [1267] in *Wroostweg* umbenannt.

1267 Es gab nach den Hamburger Eingemeindungen 1937 auch eine Liliencronstraße in Rahlstedt. Da der Dichter Detlev Freiherr von Liliencron (1844–1909) in Rahlstedt begraben liegt, blieb der Straßenname dort erhalten.

Wust braadt (jedem geschieht es nach seinem Benehmen); *wenn 'n sülven nich hangen will, mutt woll de Hund de Wust klaut hebben* (wenn einer dem anderen die Schuld zuschiebt). Erw.: → *Grüttwust* (Grützwurst); *Wustbood* (Wurstbude), *Wustfinger* (kurzer, dicker Finger); → *Wustkruut* (Wurstkraut).

Wustkruut Küchenkraut, das bei der Hausschlachtung der Wurst beimischt wird und ihr den speziellen Geschmack verleiht, vor allem Thymian und Majoran (→ *Mairaan*).

X

X n., der Buchstabe X, auch im Hamb. in den Raa.: *enen 'n X för 'n U moken* (jmdn. betrügen); *sik so licht keen X för 'n U vormoken loten* (sich nicht so einfach übers Ohr hauen lassen)[1268].

Xantippen (Plur.). Mit diesem unschönen Ausdruck belegten zumindest in Moorburg die Männer ihre zu Hause zurückgebliebenen Frauen, wenn sie faul in der verräucherten Fischerkneipe saßen, einen → *Grog* nach dem anderen tranken und ansonsten den lieben Gott einen guten Mann sein ließen. Dabei hatten die Frauen, die ihren Männern beim Weggehen hinterhergeschimpft hatten, wohl weniger Zank als die Sorge um den Haushalt und das letzte Geld im Auge. Das Ganze bezog sich natürlich auf Xanthippe, auf das angeblich zänkische Eheweib des Sokrates – was zeigt, dass sich bereits im Altertum jeder Faulpelz als Philosoph bezeichnen und sich mit lauen Sprüchen in der Gegend herumtreiben durfte, wenn er seine Frau nur kräftig als streitsüchtig verleumden konnte, mit der zu Hause kein Auskommen sei.

1268 HWB 5/881

Z

Zacken h.: Rausch; *'n lütten Zacken hebben* (beschwipst sein). Syn. → *Glimmer.*

Zampelbüdel (od. kurz *Zampel*) hieß der häufig über der Schulter getragene Beutel aus Sackleinen od. Segeltuch, in dem die Hafenarbeiter ihre Mahlzeiten und oft auch Werkzeug wie Sackhaken od. Probenzieher bei sich trugen. Damit ließ sich in die angelandeten Säcke stechen und eine Probe des Inhalts entnehmen, ohne sie zu beschädigen, denn *Zampel* kommt angeblich vom engl. *sample* (Muster, Probe). Am Riemen war meistens noch der → *Kaffeteng* (Kaffeebehälter) befestigt; *mit Zampelbüdel un Kaffeteng*. Es war nicht immer zu vermeiden, dass sich beim Rückweg aus dem Freihafen die eine od. andere Handvoll von diesem od. jenem in den Zampelbüdel „verirrt" hatte, sprich: geschmuggelt wurde; *ik heff hüüt 'n goden Zampel hatt* (allerhand durchgeschmuggelt).

zampeln schmuggeln, stehlen, etw. aus dem Freihafen mitgehen lassen. Allerdings gab es Zöllner an der Freihafengrenze, die streng kontrollierten, aber dem Massenansturm nach Schichtende häufig nicht gewachsen waren. Eines Tages, so wird erzählt, griff sich ein Zöllner einen Arbeiter heraus, dessen → *Zampelbüdel* ihm verdächtig prall und schwer zu sein schien. „Was ist da drin?", herrschte der Beamte den → *Schauermann* an. „*Kaninkenfoder, wat denn sünst!*", antwortete der. – „Öffnen Sie den Beutel!" – Zutage kamen die schönsten Kaffeebohnen: „Das soll Kaninchenfutter sein? Das ist ja Kaffee!" – „*Ja*", *sä de Keerl*, „*Kaninkenfoder! Wenn se dat nich freet, kriegt se gor nix!*"

Zanzel (Plur. *Zanzeln*) f. 1. Schimpfw. für eine schwatzhafte Frau. 2. abf. für eine unzuverlässige Hausangestellte[1269].

zappenduster (*tappendüüster*). Alte Hamburger gebrauchten den Ausdruck als → *tappendüüster* (stockdunkel; aussichtslos); *nu grummelt dat al, dat ward tappendüüster* (ein Gewitter zieht auf); *nu is 't tappendüüster* (sagt man beim Kartenspiel, wenn das Spiel offensichtlich verloren geht). Der → *Tappen* war der Zapfen, der Pflock, der früher im Feldlager ins Spundloch des Bierfasses geschlagen wurde, wenn der Ausschank für die Landsknechte abends endete. Dieser *Streich* (Schlag) auf den *Zapfen* war also der Zapfenstreich (→ *Tappenstriek*), der den Schlussstrich zog. Danach war es *zappenduster,* wurde das Licht gelöscht, ging nichts mehr. Später war übertr. der *Zapfenstreich* ein Trompetensignal, das den Ausgang der Soldaten beendete und sie in die Kaserne zurückrief. Nach dem Zapfenstreich wurde es in der Kaserne *zappenduster* od. *tappendüüster*[1270]. Vgl. → *düüster* (dunkel).

Zarter (Vertrag) → *Ehe-Zarter.*

Zeeg (Ziege) → *Zick.*

Zesen, Philipp von (1619–1689, deutscher Dichter) → *Sprachgesellschaften.*

Zick (*Zeeg;* Plur. *Zicken*) Ziege. 1. weibl. Haustier als Milchgeber; *he harr dree Zicken un een Buck*[1271] *in 'n Stall.* 2. Schimpfw. für Mädchen und Frauen; *he treckt mit de Zick to 'n Buck,* sagte man auf Finkenwerder, wenn der Mann seiner Frau auf dem Deich vorausging. Zungenbrecher: *Smitt sien Zick, de schitt witt, witt schitt Smitt sien Zick* (Vierlande)[1272]. Eine *Zimtzicke* ist schlicht eine dumme Ziege, weil der Zimt nicht nur für ein Gewürz, sondern auch für etwas Dummes und Wertloses steht.

Ziehschein (seem.) wird der Betrag genannt, den die Reederei monatlich von der Heuer eines Seemanns auf großer Fahrt an dessen Familie zu Hause überweist. Der Betrag darf bis zu 75 Prozent der Nettoheuer betragen, der Rest steht dem Seemann an Bord od. in ausländischen Häfen zur Verfügung, auf Wunsch sogar in Fremdwährung. Die Bezeichnung *Ziehschein* geht auf das Formular, den „Schein", zurück, der ausgefüllt werden musste, um die Buchhaltung zu ermächtigen, das Haushaltsgeld für die Familie von der Heuer ab„ziehen" zu dürfen[1273].

Ziehwagen Ein *Ziehwagen* war ein Wagen mit Deichsel, der von Hand gezogen wurde. Er war in der Regel kleiner als und nicht so stabil wie ein → *Blockwagen,* soll aber bis zu einem Zentner

1269 HWB 5/883
1270 Küpper S. 939. Kluge (S. 903) verweist wenig überzeugend auf rotw. *zofon* (Mitternacht) und meint, *zappenduster* sei so dunkel wie um Mitternacht.
1271 (Ziegen-)Bock
1272 HWB 5/888
1273 lt. Kurt Flechsenhar

getragen haben. Ich kannte ihn als Kinderspielzeug. Unter ein vergilbtes Foto in einem Familienalbum hatte meine ältere Schwester mit weißem Stift geschrieben: „Peter mit seinem Ziehwagen". Es zeigt mich als Dreijährigen, der einen großen Gummiball in einem kleinen Holzwagen transportieren will, der nicht höher war als die Buchsbaumeinfassung daneben.

Zigarrenbudiek (Tabakladen) → *Budiek.*

Zigeuner Die Großeltern und selbst Mutter und Vater benutzten noch die Bezeichnung *Zigeuner* ohne weitergehende böse Absicht und nicht Rom od. Sinto, wie es die Pol. Corr. jetzt vorschreibt; *to 'n Zigeuner gahn* (sich wahrsagen lassen); *bruun as 'n Zigeuner* (sonnengebräunt).

Zimtzicke (dumme Ziege) → *Zick.*

[1]Zippel 1. Zipfel, spitz zulaufendes Stück; *'n Zippel vun dat Dischdoog.* 2. Und dann ist *Zippel* eine der unzähligen Umschreibungen für den Penis; *klei di an 'n Zippel!* Eine spitz zulaufende Wollmütze nennt man *Zippelmütz.*

[2]Zippel ist 1. die Zwiebel, aber wie unzählige andere hamburgische Ausdrücke wird *Zippel* auch als Schimpfwort für 2. eine weibl. Person benutzt; *düsse verdreihte Zippel! Zippelhökersch* heißt die Zwiebelverkäuferin.

Zippelstippels ausgelassener Speck mit Zwiebeln, Speckstippe. Vgl. → [1]*Stipp.*

JOHANNE HENRIETTE MARIE MÜLLER
ZITRONENJETTE

So lautete der Neckname für die kleinwüchsige Johanne Henriette Marie Müller (1841 bis 1916), die mit dem Ruf *„Zitroon, Zitroon!"* auf den Straßen um den Graskeller und in Lokalen Zitronen verkaufte.

Meist sturzbetrunken, landete sie regelmäßig mit ihrem Henkelkorb im Rinnstein und wurde zur Zielscheibe der Straßenjungen. Wegen geistiger Verwirrung musste sie schließlich in die Anstalt Friedrichsberg eingewiesen werden.

Als bekanntes Hamburger Original war sie Vorlage für zwei Theaterstücke. Die „Zitronenjette" von → *Paul Möhring* brachte es auf mehr als tausend Aufführungen im → *St.-Pauli-Theater.* Die Titelrolle, in diesem Dreiakter mit Musik männlich besetzt, übernahm in seinen letzten Jahren als Schauspieler auch → *Henry Vahl.*

Trotz aller Schicksalsschläge und Niederungen im Leben der Zitronenjette ist sie ein Hamburger Original, an das an der Ludwig-Erhard-Straße nahe dem Michel mit einem Denkmal des Bildhauers Hansjörg Wagner erinnert wird.

Zittlöösch Botan.: eigtl. die Herbstzeitlose, doch vorwiegend wurde die Narzisse so genannt.

zu Ostern In Nordd. und Hamburg sagen wir *zu* Ostern, *zu* Weihnachten usw., „an" Ostern ist süddt. Stil.

zu un zu In Hamburg eine Steigerung der Aussage. Missg.: „Dascha zu un zu schön!" bedeutet „besonders schön".

Zislaweng (*Schisslaweng*). „Das Wort *Zislaweng* hat so einen wundervollen dynamischen Ausdruck, und ich kenne es für etwas mit viel Schwung tun", schrieb eine Leserin. *Zislaweng* bezeichnet eine schnelle Wendung mit Schwung und Geschicklichkeit; *mit 'n flotten Zislaweng; mit 'n Zislaweng afpedden* (mit Schwung tanzen); *mit 'n beten Plie*[1274] *un 'n Zislaweng geiht dat allens.* Wohl berlin. verballhornt aus frz. *ainsi cela vint* (so ging das zu).

Zitronenjette (Hamburger Original) → Biografie S. 563.

Zubrot 1. Natürlich spricht man mehr od. weniger scherzhaft auch von Zubrot, wenn es sich um einen Nebenverdienst od. um Schwarzarbeit handelt. 2. Aber darum geht es hier nicht. Selbst Dudens Universalwörterbuch erklärt: *zu Brot od. anderen Speisen gereichte Beilage.* Auf Hamburgisch bedeutet *Zubrot*, ndd. *Tobroot*, Brotbelag, Aufschnitt od. Aufstrich: *avends geev dat Tobroot – Wust, Schinken, Spickaal, Sprotten, Bückel, Hack, Kees; se hett nich noog Tobroot in 't Huus.*

Zuckersnuut 1. Bez. für eine wohlgeformten, niedlichen Mund bzw. Pars pro Toto für das ganze Gesicht. 2. Kosen. für die Liebste; *söte Zuckersnuut.* Allerdings wurden iron. in den Vierlanden auch die Kühe so gerufen, wenn sie zum Melken zusammengetrieben werden sollten.

zue (geschlossen) → *abbe.*

Zugehfrau Als *Zugehfrau* bezeichnete man früher in Hamburg eine Haushaltshilfe, die anders als etwa die Dienstboten nicht mit im Haushalt des Arbeitgebers lebte, also „zum Dienst ging". Jetzt findet der Begriff nur noch in Bayern in der Form „Zugeherin" als Synonym für *Putzfrau* Verwendung, wobei heutzutage eine Frau, die putzt, nicht mehr als Putzfrau bezeichnet werden darf, weil sie sonst sofort das Putzen einstellen würde.

zukehr gehen Das bedeutet, jemandem die Leviten zu lesen: So machte Großvater sich am Sonntagvormittag immer rechtzeitig auf den Heimweg, da er fürchtete, wenn er vom Frühschoppen → *duun* und zu spät zum Mittagessen käme, dass Großmutter mit ihm *zukehr* ginge.

zumachen „Mach mal zu!", heißt ugs. nicht, jemand solle die Tür zumachen, sondern er möge sich beeilen.

Zunft Vereinigung von Gewerbetreibenden und bes. Handwerkern eines bestimmten Handwerkzweigs, in Hamburg → *Amt* genannt. Übrigens galten auch die Kinder der außerhalb der Stadtmauern und am Deich wohnenden Nicht-Hamburger als *nicht zünftich* in den Augen der städtischen Jugend.

1274 → *Plie* (Pfiffigkeit)

Braun, Harry u. Klaus Rahn: Der Hamburger Hafen. Eine Zeitreise in Bildern. Hrsg. von Dorothée Engel. Erfurt: Sutton 2008.

Budich, Carl: Witze aus Schleswig-Holstein. Husum: Husum Druck- u. Verl.ges. 1980.

Bull, Reimer: Jakob sien Geschichten. Hamburg: Quickborn-Verl. 2011.

Claudius, Hermann: Mank Muern. Hamburg: Verlag der Fehrs-Gilde 1971.

Cyriacks, Hartmut u. Peter Nissen [Hrsg.]: Dat groote plattdüütsche Leesbook. 3. Aufl. Hamburg: Quickborn-Verl. 2003.

Cyriacks, Hartmut u. Peter Nissen: 2000 Wörter Plattdüütsch. 8. Aufl. Hamburg: Quickborn-Verl. 2008.

Cyriacks, Hartmut u. Peter Nissen: Sprachführer Plattdüütsch. Ein Lehr- und Lernbuch. 8. Aufl. Hamburg: Quickborn-Verl. 2007.

Cyriacks, Hartmut u. Peter Nissen: Sprichwörter Plattdüütsch und ihre Bedeutungen. 8. Aufl. Hamburg: Quickborn-Verl. 2007.

Dahms, Geerd: Das Hamburger Gängeviertel. Unterwelt im Herzen der Großstadt. Berlin: Osburg 2010.

Dat Niee Testament. Plattdüütsch vun Rudolf Muuß. 3. Aufl. Breklum: Breklumer Verl. 2003.

Dein, Erich von: Plattdütsche Erinnerungen ut ganz oole Tieden bitt hüt. Geesthacht: Flügge 1986.

Deppisch, Walter: 99 Wörter Hamburgisch. Hamburg: Asmus 1972.

Deutsche Balladen. Gütersloh: Bertelsmann 1952.

Dornseiff, Franz: Der deutsche Wortschatz nach Sachgruppen. 8. Aufl. Berlin: de Gruyter 2004.

Draeger, Heinz-Joachim: Von Koggen und Kaufleuten. Eine Hansestadt im Mittelalter. 4. Aufl. Hamburg: Convent 2007.

Duden Band 7: Das Herkunftswörterbuch. Etymologie der deutschen Sprache. 4. Aufl. Mannheim: Dudenverlag/Bibliographisches Institut 2007.

Duden: Das große Buch der Zitate und Redewendungen. 2. Aufl. Mannheim: Dudenverlag/Bibliographisches Institut 2007.

Duden: Das große Wörterbuch der deutschen Sprache. 4. Aufl. [CD-ROM]: Mannheim: Dudenverlag/Bibliographisches Institut 2012.

Duden: Deutsches Universalwörterbuch. 6. Aufl. Mannheim: Dudenverlag/Bibliographisches Institut 2007.

Duden: Geographische Namen in Deutschland. 2., überarb. Aufl. von Dieter Berger. Mannheim: Dudenverlag 1999.

Eckardt, Emanuel: Hamburg. Eine Liebeserklärung. Hamburg: Ellert & Richter 2010.

Engel, Dorothée [Hrsg.]: Der Jungfernstieg. gestern – heute – übermorgen. Hamburg: Hanse 2003.

Faszination Deutschland: Hamburg. München: Kunth 2007.

Fock, Gorch (Pseud. von Johann Kinau; „Gorch" ist eigentl. Vorn.) → Gorch Fock

Frakstein, Silke: Wo oolt büst Du, Frau Wastein? Quickborn: MoinMoin-Verl. 2004.

Freiwald, Eckhard: Hamburg – meine Heimatstadt. Altstadt und Neustadt. 2. Aufl. Hamburg: Toro 2004.

Fründt, Hermann u. Hans-Jürgen: Plattdüütsch. Das echte Norddeutsch. Kauderwelsch Bd. 120. 5. Aufl. Bielefeld: Reise Know-How 2007.

Gerkens, Ernst: Hamburgensien. Autobiografische Beiträge zum zwanzigsten Jahrhundert. Norderstedt: Books on Demand 2008.

Glagla, Helmut: Das plattdeutsche Liederbuch. 123 niederdeutsche Volkslieder von der Frührenaissance bis ins 20. Jahrhundert. Hrsg. von Michael Korth. München: Heimeran 1980.

Glagla, Helmut: Hamburg im plattdeutschen Drehorgellied des 19. Jahrhunderts. Eine Anthologie. Hamburg: Museum für Hamburgische Geschichte 1974.

Goltz, Reinhard u. Peter Nissen: Plattdeutsch für Zugereiste. Heide: Boyens 1987 (Taschenbuch 2006).

Goltz, Reinhard: Moin Moin. Plattdeutsche Wort-Geschichten. 2. Aufl. Hamburg: Quickborn-Verl. 2007.

Goltz, Reinhard: Von Blubberbüxen, Landhaien und Troonbüdels. Das Schimpfwörterbuch für Hamburger. Leer: Schuster 1995.

Gorch Fock [d. i. Johann Wilhelm Kinau]: Sämtliche Werke in fünf Bänden. Hrsg. von Jakob Kinau. Hamburg: M. Glogau jr. 1937.

Goscinny, René un Albert Uderzo bring das ersse Asterixbuch auf Hamburgisch unner die Leute: Hammonia-City (Asterix auf Hamburgisch). Mit Alsterwasser getauft von Hartmut Cyriacks, Reinhard Goltz un Peter Nissen. 5. Aufl. Köln: Ehepa 2007.

Gottwaldt, Alfred B.: Lübeck-Büchener Eisenbahn. Privatbahn als Wegbereiter neuer Verkehrstechniken. Düsseldorf: Alba 1975.

Graßmann, Antjekathrin [Hrsg.]: Lübeck-Lexikon. Die Hansestadt von A bis Z. Lübeck: Schmidt-Römhild 2006.

Greß, Gerhard: Verkehrsknoten Hamburg. Freiburg: EK-Verl. 2001.

Gretzschel, Matthias: Kleine Hamburger Stadtgeschichte. Regensburg: Pustet 2008.

Gretzschel, Matthias: St. Michaelis. Der Hamburger Michel. Fotos von Michael Zapf. Hamburg: Axel Springer 1996.

Grimm, Brüder: Märchen der Brüder Grimm. Berlin: Knaur 1937. 25. Tsd. München: Droemer 1949.

GRIMM: Deutsches Wörterbuch von Jacob und Wilhelm Grimm. 1854–1971. Leipzig: Hirzel 1854 ff./Stuttgart: S. Hirzel. Fotomechanischer Nachdruck Deutscher Taschenbuch Verlag. 33 Bde. München: 1984.

Grobecker, Kurt u. Kerstin v. Stürmer: Hamburg skandalös. Chronik der Peinlichkeiten. Hamburg: Convent 2000.

Grobecker, Kurt: „Manchmal war es sogar komisch …" Episoden aus Hamburgs schwersten Jahren 1941 bis 1948. Hamburg: Convent 2004.

Grobecker, Kurt: Denkwürdigkeiten aus Hamburgs Geschichte. Band 3. Hamburg: Kabel 1997.

Groth, Carl: Simpelrezepte eines brutzelnden Fachlaien, der gern handwerkt. 2. Aufl. Hamburg: Selbstverlag 2011.

Groth, Klaus: Quickborn. Neu hrsg. von Ulf Bichel. Heide: Boyens 2004.

Günther, Claus: Limericks Plattdüütsch. 160 humoristische Gedichte aus und über Norddeutschland. Hamburg: Quickborn-Verl. 2005.

Gutmann, Hermann: Hamburger Geschichte(n) od.: Was uns die Bibel verschweigt. Bremen: Temmen 2005.

Hamburg lebenswert: Die schönsten Seiten aller 104 Stadtteile. Hrsg. von Berndt Röttger, Hinnerk Blombach u. Miriam Opresnik. Hamburg: Axel Springer/ Hamburger Abendblatt 2007.

Haider, Lars [Hrsg.]: Das große Hamburg-Buch. Hamburg: Axel Springer/Hamburger Abendblatt 2012.

Hamburg Lexikon. Hrsg. von Franklin Kopitzsch u. Daniel Tilgner. Hamburg: Zeise 1998, 3. Aufl.: Hamburg: Ellert & Richter 2005. Neuausgabe: Hamburg: Ellert & Richter 2010.

Hamburg von Altona bis Zollenspieker. Das Haspa-Handbuch für alle Stadtteile der Hansestadt. Redakt. Leitung: Daniel Tilgner. Hamburg: Hoffmann u. Campe 2002.

Hamburger Hochbahn AG [Hrsg.]: Stationen Hamburger Architektur. Die Hochbahn setzt Zeichen. Seit 100 Jahren. Hamburg: HHA 2008.

Hamburger Hochbahn AG [Hrsg.]: Von null auf hundert in nur sechs Jahren. 1906 bis 1912: Wir bauen Hamburgs erste U-Bahn. Hamburg: Völker 2007.

Hamburger Küche: Regionale Küche mit Tradition. Köln: Komet o. J.

Hamburgisches Koch-Buch od. vollständige Anweisung zum Kochen für angehende Köche, Köchinnen und Haushälterinnen, besonders aber für Hausfrauen in Hamburg und Niedersachsen, verfaßt von einigen Hamburgischen Hausfrauen. Achte, vermehrte und verbesserte Auflage. Hamburg u. Lüneburg: Herold u. Wahlstad 1830. [Faksimile Olms 1988]

Hamburgisches Wörterbuch. Auf Grund der Vorarbeiten von Christoph Walther und Agathe Lasch hrsg. von

Beate Hennig u. Jürgen Meier. Bearb. von Beate Hennig, Jürgen Meier u. Jürgen Ruge. 5 Bde. mit Nachträgen. Neumünster: Wachholtz 2006. (Vorab 30 Lieferungen mit Nachträgen. Neumünster: Wachholtz 1956 ff.) [HWB]

Hanke, Christian: Hamburgs Straßennamen erzählen Geschichte. Hamburg: Schubert 1997.

Hans ut Hamm vertellt [d. i. Hans Reimer Steffen]. Vergneugte Hamborger Döntjes. Hamburg: Broschek 1934.

Harder, Irmgard: Dat Glück kümmt mit 'n Bummeltog. 2. Aufl. Hamburg: Quickborn-Verl. 1971.

Harenberg: Lexikon der Sprichwörter und Zitate. 3. Aufl. Dortmund: Harenberg 2002.

Harmening, Dieter: Wörterbuch des Aberglaubens. 2. Aufl. Stuttgart: Reclam 2009.

Harte, Günter u. Johanna Harte: Hochdeutsch–Plattdeutsches Wörterbuch. 3. Aufl. Leer: Schuster 1997.

Harte, Günter: Lebendiges Platt. Hamburg: Quickborn-Verl. 1977.

Hartig, Joachim [Hrsg.]: Heiteres von und über Klaus Groth. Ein Schmunzel-Brevier auf Hoch und Platt. Heide: Boyens 1982.

Heins, Carl: Mit 'm Zisslaweng. Hamburg: Matari 1964.

Hennig, Beate u. Jürgen Meier: Kleines Hamburgisches Wörterbuch. 2. Aufl. Neumünster: Wachholtz 2006.

Herrmann-Winter, Renate: Plattdeutsch-hochdeutsches Wörterbuch für den mecklenburgisch-vorpommerschen Sprachraum. 5. Aufl. Rostock: Hinstorff 2003.

Hoffmann, Egbert A.: Grundstein für die Zukunft. 7. Oktober 1989 Grundsteinlegung zum Neubau des Axel-Springer-Verlagshauses. Hamburg: Axel Springer 1989.

Hoffmann, Gerd [Hrsg.]: Hamburg in frühen Luftaufnahmen 1921 bis 1932. Freie und Hansestadt Hamburg. Landesbetrieb Geoinformation und Vermessung. Erfurt: Sutton 2008.

Höpken, Heinrich: Vörlesbook för Wiehnachten. 5. Aufl. Oldenburg: Isensee 2009.

Huckeriede, Jens u. Angela Müller: An de Eck steiht 'n Jung mit 'n Tüdelband. Gebrüder Wolf – Hamburger Gesangshumoristen und Revuestars 1895 bis 1953. 2. Aufl. Hamburg: Kunstwerk e.V. 2003.

Iken, Matthias u. Jörn Lauterbach [Hrsg.]: Hamburger Momente. 100 Kolumnen mit ganz besonderen Einblicken in den Alltag der Hansestadt. Edition Hamburger Abendblatt. Hamburg: Axel Springer/Hamburger Abendblatt 2010.

Irlenkäuser, Olaf u. Stephan Samtleben: Hamburg. 69 Dichter und ihre Stadt. Hamburg: Hoffmann und Campe 2006.

Irlenkäuser, Olaf: Hamburg. Geschichte & Geschichten. Berlin: Culturcon 2009.

Jaacks, Gisela [Hrsg.]: Hamburgs Geschichte. Mythos und Wirklichkeit. Hamburg: Ellert & Richter 2008.

Jacobs, Ulla u. Heidrun Schaaf: Die besten Rezepte aus Hamburg und Schleswig-Holstein. München: Mosaik o. J.

Jenssen, Martin u. Khosrow Nosratian: Spektakuläre Hamburger Kriminalfälle. Von Liebe, Mord und rauschenden Partys. Gudenberg-Gleichen: Wartberg 1996.

Kahl, Heinrich [Hrsg.]: Wiehnachtsbook för Lütt un Groot. Plattdeutsches Weihnachtsbuch. Edition Fehrs-Gilde. 4. Aufl. Neumünder: Wachholtz 2011.

Kamphausen, Alfred: Unter alten Reetdächern. Hamburg: Christians 1976.

Kellner, Klaus: Bremisches Wörterbuch. Was man in Bremen so sacht. Bremen: Kellner-Verl. 2011.

Kemper, Hella u. Kerstin Schmidtfrerick u. Eva-Christiane Wetterer: Hummelbuch. Hamburg-Brevier. 2. Aufl. Hamburg: Murmann 2007.

Kinau, Johann Wilhelm *Pseud.* → Gorch Fock

Kinau, Rudolf: Dat groote Rudl Kinau Book. 41 Geschichten un Stremels ut al sien Beuker. Hamburg: Quickborn-Verl. 1986.

Kinau, Rudolf: För jeeden wat! Hamburg: Quickborn-Verl. 1958.

Kleinelümern, Ute u. Hanno Ballhausen: Alles über Hamburg. Erstaunliches & Kurioses. Köln: Komet o. J.

Kleßmann, Eckart: Das Hamburger Weihnachtsbuch. Hamburg: Kabel/Hamburger Abendblatt 1982/95.

Kluge, Friedrich: Etymologisches Wörterbuch der deutschen Sprache. 23. Aufl. Berlin: de Gruyter 1999.

König, Werner: dtv-Atlas Deutsche Sprache. 16. Aufl. München: Deutscher Taschenbuch Verlag 2007.

Kopal, Gustav: Mattler sin Hahnrieder. Dannenberg und Döhntjes von St. Pauli. Hamburg: Dörling 1911.

Kopitzsch, Franklin u. Dirk Brietzke [Hrsg.]: Hamburgische Biografie: Personenlexikon. Band 1: Hamburg: Christians 2001. Band 2: Hamburg: Christians 2003. Band 3: Göttingen: Wallstein 2006. Band 4: Göttingen: Wallstein 2008. Band 5: Göttingen: Wallstein 2010.

Krämer, Walter u. Wolfgang Sauer: Lexikon der populären Sprachirrtümer. Frankfurt a. M.: Eichborn 2001.

Krieger, Martin: Geschichte Hamburgs. München: C. H. Beck 2006.

Kruse, Peter: L'Arronge. Der Hamburger Salon. Hamburg: Murmann 2008.

Küpper, Heinz: Pons-Wörterbuch der deutschen Umgangssprache. 1. Aufl., 4. Nachdr. Stuttgart: Klett 1990.

Kürtz, Jutta: Das Kochbuch aus Schleswig-Holstein. Münster: Hölker 1976.

Lammers, Wulf: Die Plattdeutsche Sprache. Ursprung, Entwicklung, Verwandte, Prognose. 2. Aufl. Neumünster: Wachholtz 1998.

Laubenthal, Klaus: Lexikon der Knastsprache. Von Affenkotelett bis Zweidrittelgeier. Berlin: Lexikon Imprint Verlag 2001.

Laur, Wolfgang: Historisches Ortsnamenlexikon von Schleswig-Holstein. Gottorfer Schriften zur Landeskunde Schleswig-Holsteins, Bd. 8. Schleswig: Arbeitsgemeinschaft für Landes- und Volkstumsforschung 1967.

Laur, Wolfgang: Die Orts- und Gewässernamen der Freien und Hansestadt Hamburg. Ein historisches Lexikon unter Einbeziehung relevanter Flurnamen. Neumünster: Wachholtz 2012.

Lebendiges Museum. Museumsdorf Volksdorf. Hrsg. De Spieker e. V. Hamburg: Bergstedt Saaten 2012.

Leip, Hans: Jan Himp und die kleine Brise. Hamburg: Wegner 1949.

Lindow, Wolfgang u. Dieter Möhn, Hermann Niebaum, Dieter Stellmacher, Hans Taubken, Jan Wirrer: Niederdeutsche Grammatik. Leer: Schuster 1998.

Lindow, Wolfgang: Plattdeutsch-Hochdeutsches Wörterbuch. 5. Aufl. Leer: Schuster 1998.

Lübben, August: Mittelniederdeutsches Handwörterbuch. Nach dem Tode des Verfassers vollendet von Christoph Walther. Faksimile der Ausgabe Leipzig 1888: Darmstadt: Wissenschaftliche Buchgesellschaft 1965.

Lüden, Walter: Hamburg vor 50 Jahren. Hamburg: Convent 2005.

Mackensen, Lutz: Etymologisches Wörterbuch. Stuttgart: Reclam 1966.

Martens, Peter [Hrsg.]: Plattdeutsches Hamburg-Buch. Mit Holzschnitten und Zeichnungen von Paul Helms. Edition Fehrs-Gilde. Neumünster: Wachholtz 1989.

Meiners, Gerold: Plattdüütsch in sess Weken. Een Lees- un Lehrbook för Anfänger un Kunnige. Oldenburg: Isensee 1997.

Mensing, Otto [Hrsg.]: Schleswig-Holsteinisches Wörterbuch (Volksausgabe). 5. Bde. Neumünster: Wachholtz 1927–1935. Unveränderter Neudruck: 5. Bde. Neumünster: Wachholtz 1973.

Meyer-Odewald, Jens: Das Hotel Vier Jahreszeiten. Ein Stück Hamburg – Geschichte und Geschichten. Tinnum/Sylt: Eiland 2009.

Meyer-Odewald, Jens: In Hamburg sagt man Tschüss. Erinnerungen an Heidi Kabel. Hamburg: Axel Springer/Hamburger Abendblatt 2010.

Mischke, Joachim: Hamburg Musik! Hamburg: Hoffmann und Campe 2008.

Moede, Martina [Hrsg.]: Hamburg Gedichte. Neumünster: Wachholtz 2011.

Möhring, Paul: Das andere St. Pauli. Kulturgeschichte der Reeperbahn. Hamburg: Matari o. J.

Möller, Vera: Klein Erna. Eins, zwei, drei… und vier in Tüte. Klein Erna. Ganz dumme Hamburger Geschichten. Nacherzählt und gezeichnet von Vera Möller. Band 1–4. Hamburg: Christians 1950–1959.

Möller, Vera: Klein Erna. Ganz dumme Hamburger Geschichten. Hamburg: Ellert & Richter 2011.

Möller, Vera: Klein Erna. Hamburger Geschichten. 2. Aufl. Hamburg: Die Hanse/EVA 2007.

Muuß, Rudolf: Dat Niee Testament. Plattdüütsch. 3. Aufl. Breklum: Breklumer Verl. 2003.

Niegot, Gundula: Hamburg. Rundgänge durch die Geschichte. Erfurt: Sutton 2005.

Nissen, Johann Peter: Kleines Hamburg-Abc. Husum: Husum Druck u. Verl. 2006.

Oppens, Edith: Der Mandrill. Hamburgs zwanziger Jahre. Hamburg: Seehafen-Verl. 1969.

Oppens, Edith: Hamburg zu Kaisers Zeiten. Hamburg: Hoffmann u. Campe 1976.

Oppens, Edith: Meine lieben Hamburger. Hamburg: Christians 1973.

Pabel, Reinhold: Alte Hamburger Straßennamen. Bremen: Temmen 2001.

Paschen, Joachim: Hamburg vor dem Kriege. Bilder vom Alltag 1933–1940. Hrsg. Landesmedienzentrum Hamburg. Bremen: Temmen o. J.

Pasdzior, Michael: Der Hamburger Hafen. Hamburg: Edition Maritim 2008.

Paulun, Dirks: Hömmazuh. Studien in Hamburger Hochdeutsch. Hamburg: Köhler 1951.

Paulun, Dirks: Is doch gediegen. Ein heiterer Streifzug durch das Dickicht des Hamburger Hochdeutsch. Hamburg: Broschek 1973.

Paulun, Dirks: Missingsch. Studien in Hamburger Hochdeutsch. Hamburg: Köhler o. J.

Paulun, Dirks: Platt auf deutsch. Herkunft und Bedeutung plattdeutscher Wörter. München: Bruckmann 1974.

Puls, Dierk: Dierk Puls vertellt lüttje Döntjes vun Flensborg bit Hamborg. Hamburg: Glogau 1978.

Puvogel, Friedrich: Wandsbek zwischen Stormarn, Preußen und Hamburg. Eine Chronik von 1850 bis 1900. Berkenthin: Schwanenverlag 2001.

Rehbein, Franz: Landarbeiterleben [1911]. Illustriert und neu hrsg. v. Guntram Turkowski. Heide: Boyens 2007.

Richey, Michael: Idioticon Hamburgense od. Wörter-Buch, Zur Erklärung der eigenen, in und üm Hamburg gebräuchlichen, Nieder-Sächsischen Mund-Art. Jetzo vielfältig vermehret, und mit Anmerckungen und Zusätzen Zweener berühmten Männer, nebst einem Vierfachen Anhange angefertiget [d. i. 2. Aufl.]. Hamburg: König 1755. [Faksimile]

Rieß, Curt: Das gab's nur einmal. o. O. [Hamburg]: Sternbücher 1956.

Ringelnatz, Joachim: Kuttel Daddeldu. Zürich: Diogenes 1994.

Risch, Arnold: Auf Helgoland ist alles anders. Hamburg: Köhler 1959.

Risch, Arnold: Dat lustige Arnold Risch-Book. Hamburg: Köhler & Krüger 1928.

Risch, Arnold: Onkel Max is' tot … Die besten Texte Hoch, Platt und Missingsch. Hrsg. von Gerd Spiekermann. Hamburg: Quickborn-Verl. 2001.

Risch, Arnold: Und das freut ein' denn ja auch! 16.–20. Tsd. Hamburg: Köhler 1929.

Röding, Johann Hinrich: Allgemeines Wörterbuch der Marine. 4. Band [Tafelband]. Hamburg: Nemnich u. Leipzig: Böhme 1798. Nachwort zur Reprintausgabe von Lothar Eich, Leipzig 1986. Leipzig: Zentralantiquariat der DDR 1987.

Röhrich, Lutz: Lexikon der sprichwörtlichen Redensarten. 3 Bde. 4. Aufl. Freiburg: Herder 2003.

Römmer, Dirk: Schiet ok! Hamburg: Quickborn-Verl. 2009.

Roth, Hansjörg: Barthel und sein Most. Rotwelsch für Anfänger. Frauenfeld (CH): Huber 2007.

Rumold, Barbara u. Rosemarie Lauer: Ich, Klein Erna. Die besten Klein-Erna-Witze. Frankfurt a. M.: Eichborn 1987.

Sachse, Günter: Es waren Räuber auf dem Meer. Die Hamburgische Sklavenkasse. München: C. Bertelsmann 1986.

SASS: der neue SASS. Plattdeutsches Wörterbuch. Mit den Sass'schen Schreibregeln. Bearb. von Heinrich Kahl u. Heinrich Thies. Edition Fehrs-Gilde. 6. Aufl. Neumünster: Wachholtz 2011.

SASS: Plattdeutsche Grammatik. Formen und Funktionen. Hrsg. von der Fehr-Gilde. Bearb. von Heinrich Thies. 1. Aufl. Neumünster: Wachholtz 2010.

Sass, Johannes: Hamburger Originale und originelle Hamburger. Hamburg: Krögers Buchdruckerei o. J. [1959].

Scharnweber, Werner: Die Kanäle Schleswig-Holsteins in Vergangenheit und Gegenwart. Bremen: Temmen 2011.

Schewe, Heinz: Verliebt in Hamburg. Hamburg: Christians 1971.

Schleswig-Holstein-Lexikon. Hrsg. von Klaus-Joachim Lorenzen-Schmidt u. Ortwin Pelc. Neumünster: Wachholtz 2000.

Schloz, Harald [u. a.]: Es begann 1676. Hamburg, Geschichte, Katastrophen, Feuerbrünste, Hamburger Feuerkasse. Hamburg: L-u.-H-Verl. 2001.

Schmidt, Johannes: In Alt-Stormarn und Hamburg. Ein Dorfschullehrer und Heimatdichter erzählt aus seinem Leben. Bearb. von Wiulhelm Huth und Hans-Jürgen Perrey. Hamburg: Schubert 1996.

Schmidt, Wilhelm: Geschichte der deutschen Sprache. 10. verbesserte und erweiterte Auflage unter der Leitung von Helmut Langner und Norbert Richard Wolf. Stuttgart: Hirzel 2007.

Schütz, Wolfgang [Hrsg.]: Op de Muur, op de Luur. Kleine plattdeutsche Gedichte, Lieder und Abzählverse. Neumünster: Wachholtz 2006.

Sieg, Wolfgang: Blutfleck auffe Häkeldecke. Kaputte Geschichten ausse heile Welt. 7. Aufl. Hamburg: Quickborn-Verl. 1980.

Siewert, Klaus: Die Kedelkloppersprook. Geheimsprache aus dem Hamburger Hafen. 2. Aufl. Hamburg: GSV Geheimsprachenverlag 2009.

Siewert, Klaus: Hamburgs „Nachtjargon". Die Sprache auf dem Kiez in St. Pauli. 2. Aufl. Hamburg: GSV Geheimsprachenverlag 2009.

Sonntag, Christian: Medienkarrieren. Biografische Studien über Hamburger Nachkriegsjournalisten 1946–1949. München: Meidenbauer 2006.

Spiekermann, Gerd: 100 Jahre Ohnsorg-Theater. Hamburg: Die Hanse 2002.

Spiekermann, Gerd: Kattenschiet! 4. Aufl. Hamburg: Quickborn-Verl. 2005.

Spiekermann, Gerd: Wiehnachtsmann kiek mi an… 10. Aufl. Hamburg: Quickborn-Verl. 2010.

Sprechen Sie Platt? Für Norddeutsche und solche, die es noch werden wollen. Wien: Tosa/Ueberreuter 2006.

Staisch, Erich: Hauptbahnhof Hamburg. Geschichte der Eisenbahn in Norddeutschland. 2. Aufl. Hamburg: Hoffmann und Campe 1981.

Steffen, Hans Reimer *Pseud.* → Hans ut Hamm

Stormarn Lexikon. Hrsg. von Barbara Günther. Neumünster: Wachholtz 2003.

Strunz, Claus [Hrsg.]: 100 Dinge in Hamburg, die Sie als echter Hamburger erlebt haben müssen. Hamburg: Axel Springer/ Hamburger Abendblatt 2009.

Strunz, Claus [Hrsg.]: Die Hamburg-Chronik 2010. Was die Hansestadt bewegte. Das Jahrbuch vom Hamburger Abendblatt. Hamburg: Axel Springer/ Hamburger Abendblatt 2010.

Strunz, Claus [Hrsg.]: Hamburg maritim. Entdecken Sie den schönsten Hafen der Welt. Hamburg: Axel Springer/ Hamburger Abendblatt 2010.

Strunz, Claus [Hrsg.]: Kochen Sie norddeutsch? Unsere Lieblingsrezepte für leckere norddeutsche Gerichte. Redakt. Leitung: Yvonne Weiß. Hamburg: Axel Springer/ Hamburger Abendblatt 2010.

Suhr, Christoffer: Der Ausruf in Hamburg vorgestellt in Ein hundert und Zwanzig Colorirten Blättern gezeichnet radiert und geäzt von Professor Suhr. mit Erklärungen begleitet [Pastor K. J. H. Hübbe, Allermöhe]. Hamburg 1808 [Faksimile 1979 nach einer Vorlage aus der Staats- und Universitätsbibliothek Hamburg]

Tilgner, Daniel: Das Bremer Schnackbuch. Begriffe, Redensarten und ’n büschen Tünkram. 3. Aufl. Bremen: Edition Temmen 2011.

Tilgner, Daniel: Kleines Lexikon Hamburger Begriffe. 6. Aufl. Hamburg: Ellert & Richter 2004.

Unbehauen, Peter: Dass ihr euch ja nich’ schietig macht! 111 Lieder und Spiele von Hamburger Straßen und Höfen. Hamburg: Dölling u. Galitz 2000.

Urmes, Dietmar: Handbuch der geographischen Namen. Wiesbaden: Marix Verl. 2004.

Vahl, Henry: Wie das Leben so s-pielt. Deutschlands beliebtester Fernsehopa. Aufgeschr. von Rudolf Kinzel. Hamburg: Seehafen 1977.

Verg, Erik: Das Abenteuer, das Hamburg heißt. Der weite Weg zur Weltstadt. Hamburg: Ellert & Richter 1990.

Verg, Erik: Vierzig Jahre Hamburger Abendblatt. Eine Stadt und ihre Zeitung. Hamburg: Axel Springer 1988.

Vertell doch mal! Hartpuckern. 25 plattdeutsche Geschichten. Hrsg. vom NDR Landesfunkhaus Schleswig-Holstein in Zusammenarbeit mit dem Ohnsorg-Theater. Neumünster: Wachholtz 2010.

Voss, Anne: Spezialitäten aus Schleswig-Holstein und Hamburg. Innsbruck-Rum: Fleischmann & Mair 1996.

Wegner, Matthias: Hans Albers. Hamburger Köpfe. Hrsg. von der ZEIT-Stiftung. 2. Aufl. Hamburg: Ellert & Richter 2005.

Wellerdiek, Karl-Heinz: Das große Klein-Erna-Buch. Zweihundertzweiunzwanzich Hamburger Döntjes von ’n echt plietschen Deern. Hamburg: Elbsommer 2011.

Wiegandt, Jochen [Hrsg.]: An de Eck steiht ’n Jung mit ’n Tüdelband. Hamburger Liederbuch. Band 1: Noten und Lieder. Band 2: Lexikon. 5. Aufl. Hamburg: Dölling u. Galitz 2007.

Wiegandt, Jochen [Hrsg.]: Dor bin ick to Hus. Liederbuch Schleswig-Holstein. Band 1: Lieder. Band 2: Lexikon. 2. Aufl. Hamburg: Dölling u. Galitz 2007.

Wiegandt, Jochen [Hrsg.]: Kennt ji all dat niege Leed? Liederbuch für Mecklenburg-Vorpommern. Hamburg: Dölling u. Galitz 2003.

Wietzorek, Paul: Das historische Hamburg. Petersberg: Imhof 2008.

Winkelmann, Joachim: Eduard F. Pulvermann 1882–1944. Geschichte eines Hamburger Kaufmanns und Reiters. Hamburg u. München: Poesel Press 2007.

Wolf, Siegmund A.: Deutsche Gaunersprache. Wörterbuch des Rotwelschen. Hamburg: Buske 1993.

Wriede, Paul: Hamburger Volkshumor in Redensarten und Döntjes. Hamburg: Quickborn-Verl. 1966.

Wolkenhauer, Olaf: Nich lang schnacken. Ein plattdeutsches Konversationshandbuch. Hamburg: Quickborn-Verl. 2012.

Ziemann, Johanna Maria [Hrsg.]: Kinderlieder aus Norddeutschland. Freiburg: Belchen 2001.

Zum Vergleich

Elfers, Achim: Kleines (ost)westfälisches Wörterbuch. 8. Aufl. Borchen: Möllmann 2010.

Groth, Karl-Heinz [Hrsg.]: So spricht Schleswig-Holstein. 2. Aufl. Hamburg: Ellert & Richter 2011.

Groth, Karl-Heinz u. Stephan Richter [Hrsg.]: So spricht und feiert Schleswig-Holstein. Hamburg: Ellert & Richter 2011.

Imhof, Isabelle: Schwiizertüütsch. Das Deutsch der Eidgenossen. Kauderwelsch Bd. 71. 12. Aufl. Bielefeld: Reise Know-How 2010.

Kohls, Sybille: Berlinerisch. Das Deutsch der Hauptstadt. Kauderwelsch Bd. 139. 5. Aufl. Bielefeld: Reise Know-How 2012.

Schierer, Alfred u. Thomas Zauner: Sprechen Sie Österreichisch? Ein Sprachführer für Einheimische und Zugereiste. Wien: Ueberreuter 2002.

Sprechen Sie Berlinerisch? Für Berliner und solche, die es werden wollen. Wien: Tosa/Ueberreuter 2006.

Sprechen Sie Bremisch? Bremen: Bremer Tageszeitungen 2011.